Das Deliktsrecht Rußlands

STUDIEN DES INSTITUTS FÜR OSTRECHT MÜNCHEN

IOR

Begründet von Professor Dr. Reinhart Maurach
Herausgegeben von Professor Dr. Friedrich-Christian Schroeder, Dr. h.c. (Breslau), Regensburg

Band 46

PETER LANG
Frankfurt am Main · Berlin · Bern · Bruxelles · New York · Oxford · Wien

Cornelia Stefanie Wölk

Das Deliktsrecht Rußlands

nach dem neuen Zivilgesetzbuch

PETER LANG
Europäischer Verlag der Wissenschaften

Bibliografische Information Der Deutschen Bibliothek
Die Deutsche Bibliothek verzeichnet diese Publikation in der Deutschen Nationalbibliografie; detaillierte bibliografische Daten sind im Internet über <http://dnb.ddb.de> abrufbar.

Zugl.: Hamburg, Univ., Diss., 2003

D 18
ISSN 0073-8492
ISBN 3-631-51419-0

www.peterlang.de

VORWORT

Bei dem vorliegenden Buch handelt es sich um eine auf den Stand vom 30.04.2003 aktualisierte Fassung meiner Dissertation.

Herrn Prof. Dr. Otto Luchterhandt danke ich für die Betreuung meiner Dissertation, insbesondere dafür, daß er mir bei der Gestaltung der Arbeit freie Hand gelassen, mir gleichzeitig aber mit hilfreichen Anregungen zur Seite gestanden hat.

Mein Dank gebührt aber auch allen anderen Mitarbeitern der Seminarabteilung für Ostrechtsforschung der Universität Hamburg – Dr. Magdalena Bytomski, Brigitte Fuhr, Helga Jakobi, Dr. Günther Tontsch und Roman Brüschke –, die mich über die ganze Zeit hinweg mit Ratschlägen, Auskünften sowie moralisch unterstützt haben.

Dem Institut für Ostrecht München e.V. sowie Herrn Prof. Dr. Dr. h.c. Friedrich-Christian Schroeder danke ich für die Aufnahme der Arbeit in die Studienreihe.

Ein ganz besonderer Dank gilt meiner Freundin Natalia Drygina aus Moskau, mit der ich Dank ihrer Kenntnisse als Juristin und Übersetzerin viele während der Anfertigung der Arbeit auftauchende juristische und übersetzungstechnische Probleme diskutieren konnte und die dazu auch trotz eigener hoher Arbeitsbelastung gerne bereit war.

Schließlich danke ich meinen Eltern, die stets hinter meinem Promotionsvorhaben standen und mir bei vielen praktischen Problemen geholfen haben.

Hamburg, August 2003

Cornelia Wölk

INHALTSVERZEICHNIS

ABKÜRZUNGSVERZEICHNIS

a. A.	anderer Ansicht
a. E.	am Ende
a.F.	alte Fassung
Abs.	Absatz
AcP	Archiv für civilistische Praxis
AMG	Arzneimittelgesetz
Anm.	Anmerkung
„Anordnung“	Anordnung vom 18.05.1981 „Über das Verfahren des Ersatzes des Schadens, der einem Bürger durch gesetzwidrige Handlungen von Organen der Ermittlung, der Voruntersuchung, der Staatsanwaltschaft und der Gerichte zugefügt wurde“
APO	Arbitrageprozeßordnung
ArbitrageGG	Gesetz „Über die Arbitragegerichte“
Art.	Artikel
AtG	Gesetz über die friedliche Verwendung der Kernenergie und den Schutz gegen ihre Gefahren (Atomgesetz)
AtomG	Gesetz „Über die Nutzung der Atomenergie“
Aufl.	Auflage
BBergG	Bundesberggesetz
BBG	Bundesbeamtengesetz
BGB	Bürgerliches Gesetzbuch
BGBl. I	Bundesgesetzblatt Teil I
BGH	Bundesgerichtshof
BGHZ	Entscheidungen des Bundesgerichtshofs in Zivilsachen
BImSchG	Gesetz zum Schutz von schädlichen Umwelteinwirkungen durch Luftverunreinigungen, Geräusche, Erschütterungen und ähnliche Vorgänge

BNA RF	Bjulleten' normativnych aktov ministerstv i vedomstv Rossijskoj Federacii (Bulletin der Normativakte der Ministerien und Behörden der Rußländischen Föderation)
BNA SSSR	Bjulleten' normativnych aktov ministerstv i vedomstv SSSR (Bulletin der Normativakte der Ministerien und Behörden der UdSSR)
BVerfGE	Entscheidungen des Bundesverfassungsgerichts
BVS RF	Bjulleten' Verchovnogo Suda Rossijskoj Federacii (Bulletin des Obersten Gerichtshofs der Rußländischen Föderation)
BVS RSFSR	Bjulleten' Verchovnogo Suda RSFSR (Bulletin des Obersten Gerichtshofs der RSFSR)
BVS SSSR	Bjulleten' Verchovnogo Suda SSSR (Bulletin des Obersten Gerichtshofs der UdSSR)
bzw.	beziehungsweise
ChiP	Chozjajstvo i pravo (Wirtschaft und Recht)
d. h.	das heißt
EG	Europäische Gemeinschaften
EGBGB	Einführungsgesetz zum Bürgerlichen Gesetzbuch
EMRK	Europäische Konvention zum Schutze der Menschenrechte und Grundfreiheiten
„Erlaß"	Erlaß des Präsidiums des Obersten Sowjets der UdSSR vom 18.05.1981 „Über den Ersatz des Schadens, der einem Bürger durch gesetzwidrige Handlungen von staatlichen und gesellschaftlichen Organisationen sowie von Amtspersonen bei der Erfüllung ihrer Amtspflichten zugefügt wurde"

etc.	et cetera
f.	folgende
FamGB	Familiengesetzbuch
FKZ	Federal'nyj Konstitucionnyj Zakon (Föderationsverfassungsgesetz)
Fn.	Fußnote
FZ	Federal'nyj Zakon (Föderalgesetz)
GenTG	Gesetz zur Regelung der Gentechnik – Gentechnikgesetz
GerichtssystemG	Gesetz „Über das Gerichtssystem"
GG	Grundgesetz
GiP	Gosudarstvo i pravo (Staat und Recht)
GUS	Gemeinschaft unabhängiger Staaten
GZG	Grundlagen der Zivilgesetzgebung
HaftpflichtG	Haftpflichtgesetz
HaushaltsGB	Haushaltsgesetzbuch
Hrsg.	Herausgeber
i. d. F.	in der Fassung
i. d. R.	in der Regel
i. S. d.	im Sinne des
i. V. m.	in Verbindung mit
„Instruktion"	Instruktion vom 02.03.1982 über die Anwendung der Anordnung „Über das Verfahren des Ersatzes des Schadens, der einem Bürger durch gesetzwidrige Handlungen von Organen der Ermittlung, der Voruntersuchung, der Staatsanwaltschaft und der Gerichte zugefügt wurde"
IPR	internationales Privatrecht
Jg.	Jahrgang
KG	Kommanditgesellschaft
LKW	Lastkraftwagen
LuftverkehrsGB	Luftverkehrsgesetzbuch
LuftVG	Luftverkehrsgesetz
lit.	littera (Buchstabe)
MAP	Ministerium für Antimonopolpolitik und Unterstützung des Unternehmertums

MassenmedienG	Gesetz „Über die Massenmedien“
m. E.	meines Erachtens
m. w. N.	mit weiteren Nachweisen
n.F.	neue Fassung
NJW	Neue Juristische Wochenzeitschrift
Nr.	Nummer
OHG	offene Handelsgesellschaft
o. ä.	oder ähnliche, oder ähnlichem, oder ähnliches
PatentG	Patentgesetz der Rußländischen Föderation
PflichtsozialversicherungsG	Gesetz „Über die Pflichtversicherung gegen Unfälle und Berufskrankheiten“
PHi	Produkthaftpflicht international
PKW	Personenkraftwagen
Pos.	Position
ProdHaftG	Gesetz über die Haftung für fehlerhafte Produkte – Produkthaftungsgesetz
„Regeln“	Regeln über den Ersatz des Schadens durch Arbeitgeber, der Arbeitnehmern durch Körperverletzungen, Berufskrankheiten oder andere Gesundheitsschädigungen im Zusammenhang mit der Erfüllung von Pflichten im Arbeitsverhältnis zugefügt wurde
RF	Rußländische Föderation
RGZ	Entscheidungen des Reichsgerichts in Zivilsachen
RIW	Recht der internationalen Wirtschaft
RJu	Rossijskaja justicija (Rußländische Justiz)
RL	Richtlinie
Rn.	Randnummer
ROW	Recht in Ost und West
RSFSR	Rossijskaja Socialističeskaja Federativnaja Sovetskaja respublika (Rußländische Sozialistische Föderative Sowjetrepublik)

russ.	russisch
S.	Seite
SA	Sobranie aktov Prezidenta i Pravitel'stva Rossijskoj Federacii (Sammlung der Akte des Präsidenten und der Regierung der Rußländischen Föderation)
SGiP	Sovetskoe gosudarstvo i pravo (Sowjetstaat und Recht)
SJu	Sovetskaja justicija (Sowjetische Justiz)
sog.	sogenannt
SP RSFSR	Sobranie postanovlenij Pravitel'stva RSFSR (Sammlung der Verordnungen der Regierung der RSFSR)
StGB	Strafgesetzbuch
StPO	Strafprozeßordnung
SSSR	Sojus Sovetskich Socialističeskich Respublik (Union der Sozialistischen Sowjetrepubliken)
StrEG	Gesetz über die Entschädigung für Strafverfolgungsmaßnahmen
StVG	Straßenverkehrsgesetz
SU RSFSR	Sobranie uzakonenij i razprojaženij Rabočego i Krest'janskogo Pravitel'stva RSFSR (Sammlung der Gesetze und Verordnungen der Arbeiter- und Bauernregierung der RSFSR)
SZ	Sobranie Zakonodatel'stva Rossijskoj Federacii (Sammlung der Gesetzgebung der Rußländischen Föderation)
u. a.	unter anderem, und anderer
u. ä.	und ähnliche, und ähnlichem, und ähnlicher, und ähnliches
UdSSR	Union der Sozialistischen Sowjetrepubliken
UmweltHG	Umwelthaftungsgesetz
UmweltschutzG	Gesetz „Über den Umweltschutz“
UrheberG	Gesetz „Über das Urheberrecht und verwandte Rechte“

usw.	und so weiter
VerbraucherschutzG	Verbraucherschutzgesetz
VerfGG	Gesetz über das Verfassungsgericht der Rußländischen Föderation
VerfRF	Verfassung der Rußländischen Föderation
VersR	Versicherungsrecht
vgl.	vergleiche
VKS	Vestnik Konstitucionnogo Suda (Informationsblatt des Verfassungsgerichts)
Vol.	Volume
VSNDiVS RF	Vedomosti S-ezda narodnych deputatov Rossijskoj Federacii i Verchovnogo Soveta Rossijskoj Federacii (Bekanntmachungen des Kongresses der Volksdeputierten und des Obersten Sowjets der Rußländischen Föderation)
VSNDiVS RSFSR	Vedomosti S-ezda narodnych deputatov i Verchovnogo Soveta RSFSR (Bekanntmachungen des Kongresses der Volksdeputierten und des Obersten Sowjets der RSFSR)
VSNDiVS SSSR	Vedomosti S-ezda narodnych deputatov i Verchovnogo Soveta SSSR (Bekanntmachungen des Kongresses der Volksdeputierten und des Obersten Sowjets der UdSSR)
VVAS	Vestnik Vysšego Arbitražnogo Suda Rossijskoj Federacii (Nachrichten des Höchsten Arbitragegerichts der Rußländischen Föderation)
VVS RSFSR	Vedomosti Verchovnogo Soveta RSFSR (Bekanntmachungen des Obersten Sowjets der RSFSR)
VVS SSSR	Vedomosti Verchovnogo Soveta SSSR (Bekanntmachungen des Obersten Sowjets der UdSSR)

WarenzeichenG	Gesetz „Über Warenzeichen und Dienstleistungszeichen sowie Herkunftszeichen“
WiRO	Wirtschaft und Recht in Osteuropa
WRV	Weimarer Reichsverfassung
z. B.	zum Beispiel
z. T.	zum Teil
ZEuP	Zeitschrift für europäisches Privatrecht
ZGB	Zivilgesetzbuch der Rußländischen Föderation
Ziff.	Ziffer
zit.:	zitiert
ZPO	Zivilprozeßordnung
ZVglRWiss	Zeitschrift für vergleichende Rechtswissenschaft

EINLEITUNG

Das Deliktsrecht Rußlands stellt eine Materie dar, die für jeden von Bedeutung ist, der sich in Rußland aufhält oder dort eine Niederlassung gründet. Die Möglichkeit, als Schuldner für eine deliktische Schadenszufügung nach dem rußländischen Recht zu haften, läßt sich ebensowenig ausschließen wie die Möglichkeit, als Geschädigter Gläubiger eines deliktischen Anspruchs nach dieser Rechtsordnung zu werden. Das gilt sowohl für natürliche als auch für juristische Personen. Das rußländische Deliktsrecht ist aber nicht nur für Personen von Bedeutung, die sich dort aufhalten. Deliktische Ansprüche nach rußländischem Recht können zum Beispiel auch dann entstehen, wenn eine Person Waren nach Rußland exportiert bzw. aus Rußland importiert oder über eine Person ehrverletzende Behauptungen in Rußland verbreitet werden.

Sofern es um die Gefährdungs- und die Produkthaftung geht, ist das Deliktsrecht Rußlands – obwohl es nicht zum Kernbereich des Wirtschaftsrechts gezählt wird – gerade auch für die in Rußland unternehmerisch tätigen Personen von Belang. Das Risiko einer Investition in Rußland oder des Exports von Waren nach Rußland läßt sich nicht umfassend abschätzen, wenn man nicht das Risiko einer deliktischen Haftung bedenkt.

Ziel dieser Arbeit ist es, die Bestimmungen des neuen Zivilgesetzbuchs zum Deliktsrecht (Art. 1064-1101) schwerpunktmäßig und umfassend zu erläutern. Sofern sich außerhalb des Zivilgesetzbuchs Vorschriften in Spezialgesetzen (z. B. im Bereich des Umwelt- oder des Transportrechts) befinden, die eine deliktische Haftung vorsehen, werden sie zum Teil ebenfalls erwähnt oder es wird auf sie verwiesen. Sie können aber nicht in allen Einzelheiten erläutert werden, weil dazu in erheblichem Umfang auf Rechtsmaterien außerhalb des Deliktsrechts eingegangen werden müßte.

Sehr ausführlich berücksichtigt wird in dieser Arbeit die aktuelle höchstrichterliche Rechtsprechung zum Deliktsrecht, soweit sie offiziell veröffentlicht wurde, die erheblichen Einfluß auf die Rechtsprechung der untergeordneten Gerichte und damit auf die praktische Anwendung des Deliktsrechts hat. Deshalb wird im ersten Teil der Arbeit unter anderem kurz dargestellt, vor welchen Gerichten deliktische Ansprüche geltend gemacht werden können, und auch auf einige Verfahrensfragen eingegangen, insbesondere auf diejenigen, die speziell bei der Durchsetzung deliktischer Ansprüche zu beachten sind. Da sehr viele problematische Rechtsfragen zum Deliktsrecht durch die höchstrichterliche Rechtsprechung noch nicht geklärt wurden, kann sich die Darstellung in weiten Bereichen aber nur auf die einschlägigen Kommentierungen, Lehrbücher und anderen wissenschaftlichen Abhandlungen stützen.

Im Teil A. dieser Arbeit wird ein Überblick über die Geschichte des rußländischen Deliktsrechts dargestellt. Darüber hinaus wird im Zusammenhang mit der Erläuterung der einzelnen Vorschriften deren Entwicklungsgeschichte beschrieben, sofern das für das Verständnis der Vorschriften von Bedeutung ist oder aus anderen Gründen die Historie der Bestimmungen von besonderem Interesse ist. Vorweggenommen im Teil A. werden auch einige allgemeine Fragen zur Dogmatik des Deliktsrechts, insbesondere die Systematik des Deliktsrecht, der Deliktsaufbau und die Abgrenzung zu vertraglichen Schuldverhältnissen erörtert. Auf die einzelnen Anspruchsgrundlagen wird sodann in den folgenden Teilen eingegangen. Dabei wird zunächst im Teil B. der Grundtatbestand der deliktischen Haftung erläutert und anhand dieses Grundtatbestandes die allgemeinen Voraussetzungen der deliktischen Haftung (Kausalität, Rechtswidrigkeit, Verschulden, Schaden), die auch für die Spezialtatbestände von Bedeutung sind, abgehandelt. Dabei orientiert sich die Reihenfolge der Darstellung nicht streng an dem in der rußländischen Rechtswissenschaft üblichen Deliktsaufbau, sondern eher an dem aus dem deutschen Recht bekannten Aufbau, weil dadurch bestimmte Probleme für deutsche Juristen besser verständlich erläutert werden können. Außerdem werden weitere Fragen im Zusammenhang mit dem Grundtatbestand erörtert, die für alle Anspruchsgrundlagen des Deliktsrechts von Bedeutung sind, wie die Haftung mehrerer Schädiger, die Haftung für Arbeitnehmer, das Regreßrecht, die Fragen der Haftungsausfüllung, die Verjährung sowie die Beweislast. In den folgenden Teilen werden die Besonderheiten der Spezialtatbestände der deliktischen Haftung betrachtet: Der Teil C. betrifft die Gefährdungshaftung für Quellen erhöhter Gefahr. Das Staatshaftungsrecht ist Gegenstand des Teils D. Erörtert wird ferner die Haftung von und für Minderjährige, Geschäftsunfähige sowie Personen, welche die Bedeutung ihrer Handlungen nicht erkennen oder steuern können (Teil E.). Die Produkthaftung wird im Teil F. dargestellt. Der Teil G. betrifft keine Schadensersatzansprüche, sondern Unterlassungs-, Beseitigungs- und andere nicht auf Schadensersatz gerichtete Ansprüche, die aber in engem Zusammenhang mit dem Deliktsrecht stehen. Schließlich werden im Teil H. dieser Arbeit die wichtigsten Ergebnisse zusammengefaßt.

In die Darstellung des rußländischen Deliktsrechts fließen auch rechtsvergleichende Betrachtungen mit ein. Ein umfassender Vergleich des deutschen und des rußländischen Deliktsrechts unter strenger Berücksichtigung der Methoden zur Rechtsvergleichung wird jedoch nicht angestrebt, weil bereits die Erläuterungen zum rußländischen Recht einen sehr umfangreichen Raum einnehmen. Es werden deshalb lediglich einige aus Sicht der Verfasserin dogmatisch besonders interessante Bereiche aus rechtsvergleichender Sicht betrachtet und die Vorschriften auch unter diesem Aspekt bewertet.

Als Titel für diese Arbeit wurde „Das Deliktsrecht Rußlands nach dem neuen Zivilgesetzbuch" gewählt, obwohl der rußländische Gesetzgeber den einschlägigen Abschnitt im Zivilgesetzbuch nicht mit „Deliktsrecht", sondern mit „Schuldverhältnisse aus Schadenszufügung" überschrieben hat und auch im deutschen BGB der entsprechende Abschnitt nicht als „Deliktsrecht", sondern als „Unerlaubte Handlungen" bezeichnet wird. Allerdings wird – was im folgenden noch näher dargestellt wird[1] – der Begriff des Deliktsrechts sowohl in der russischen als auch in der deutschen Rechtssprache als Synonym für die „Schuldverhältnisse aus Schadenszufügung" bzw. die „Unerlaubten Handlungen" verwendet. Aus diesem Grund bietet es sich geradezu an, das in dieser Arbeit beschriebene Rechtsinstitut mit dem sowohl dem rußländischen als auch dem deutschen Rechtswissenschaftler vertrauten Begriff des Deliktsrechts zu bezeichnen.

Innerhalb der vorliegenden Arbeit werden die – leider häufig umständlich formulierten und deshalb nicht leicht verständlichen – einschlägigen russischen Gesetzestexte umfassend in ihrer deutschen Übersetzung zitiert, um auch dem Leser, der über keine Kenntnisse der russischen Sprache verfügt oder nicht alle Originalquellen zur Hand hat, eine genaue Kenntnis von deren Wortlaut zu verschaffen, ohne die eine präzise Prüfung, ob ein Anspruch besteht oder nicht, nicht möglich ist. Dabei werden die Gesetze nicht in der in Rußland gebräuchlichen Weise, sondern so wie in Deutschland üblich zitiert, also nach Absätzen und Sätzen. Soweit innerhalb des Gesetzestextes zur Ordnung Nummern angegeben werden, werden diese als Ziffern (Ziff.) zitiert. Buchstaben in

---

1 Vgl. S. 67 ff.

Gesetzen oder Kommentaren werden nicht unter Beachtung des russischen Alphabets transliteriert, sondern in der Reihenfolge des deutschen Alphabets benannt.

A. Allgemeine Grundlagen

I. DIE RECHTSQUELLEN DES RUSSISCHEN DELIKTS-RECHTS

Das rußländische Deliktsrecht ist nicht in einer Kodifikation abschließend geregelt. Die einschlägigen Bestimmungen befinden sich vielmehr – ebenso wie im deutschen Recht – in verschieden Gesetzen und anderen Rechtsnormen. Hervorzuheben sind folgende Rechtsquellen:

1. Das Zivilgesetzbuch der Rußländischen Föderation

Zentrale Bedeutung für das rußländische Deliktsrecht hat das 59. Kapitel (Art. 1064-1101) des *Zweiten Teils des Zivilgesetzbuchs der Rußländischen Föderation* vom 26.01.1996[2] (im folgenden: ZGB), welches die *„Schuldverhältnisse aus Schadenszufügung"* regelt. Es befindet sich im vierten Abschnitt des ZGB, welcher das besondere Schuldrecht[3] enthält, und ist in vier Abschnitte gegliedert:

- § 1. Allgemeine Vorschriften über den Schadensersatz (Art.1064-1083)
- § 2. Ersatz des Schadens, der dem Leben oder der Gesundheit eines Bürgers zugefügt wird (Art. 1084-1094)

---

2 Nr. 14-FZ, SZ 1996, Nr. 5, Pos. 410, geändert durch Gesetze vom 12.08.1996, Nr. 110-FZ, SZ 1996, Nr. 34, Pos. 4205, 24.10.1997, Nr. 133-FZ, SZ 1997, Nr. 43, Pos. 4903, 17.12.1999, Nr. 213-FZ, SZ 1999, Nr. 51, Pos. 6288, 26.11.2002, Nr. 152-FZ, SZ 2002, Nr. 48, Pos. 4737, 10.01.2003, Nr. 8-FZ, SZ 2003, Nr. 2, Pos. 160, 10.01.2003, Nr. 15-FZ, SZ 2003, Nr. 2, Pos. 167, und 26.03.2003, Nr. 37-FZ, SZ 2003, Nr. 13, Pos. 1179. Deutsche Übersetzungen des Zweiten Teils des ZGB befinden sich z. B. in: *H. Roggemann/W. Bergmann*, Zivilgesetzbuch der Russischen Föderation (Zweiter Teil) von 1995, *S. Solotych*, Das Zivilgesetzbuch der Russischen Föderation – Zweiter Teil –, und *G. Brunner/K. Schmid/K. Westen*, Wirtschaftsrecht der osteuropäischen Staaten, Russland IV 1 b. Der vorliegenden Arbeit wird die Übersetzung von *Roggemann/Bergmann* zugrundegelegt, wobei jedoch bei einzelnen Begriffen von dieser Übersetzung abgewichen wird.

3 Russ.: Otdel'nye vidy objazatel'stv = einzelne Schuldverhältnisse.

- § 3. Ersatz des durch mangelhafte Waren, Arbeiten oder Dienstleistungen zugefügten Schadens (Art. 1095-1098)
- § 4. Ersatz immateriellen Schadens (Art. 1099-1101).

Mit heranzuziehen sind zudem zahlreiche Vorschriften des *Ersten Teils des Zivilgesetzbuchs der Rußländischen Föderation* vom 30.11.1994[4], der den Allgemeinen Teil, das Sachenrecht sowie das Allgemeine Schuldrecht umfaßt. Hervorzuheben sind insbesondere Art. 151 ZGB, der neben den Art. 1099-1101 ZGB den Ersatz immaterieller Schäden regelt, und Art. 152 ZGB, der Ansprüche im Falle der Verletzung von Ehre, Würde und geschäftlichem Ansehen vorsieht. Auf weitere Vorschriften des Ersten Teils des ZGB wird jeweils in deren Zusammenhang verwiesen.

2. Sonstige Gesetze

In zahlreichen Spezialgesetzen befinden sich ferner Bestimmungen über den Ersatz zugefügter Schäden, die Bezug zum Deliktsrecht des ZGB haben, indem sie die Vorschriften des ZGB für bestimmte Bereiche ergänzen oder in ihnen auf die Vorschriften des ZGB zum Deliktsrecht verwiesen wird.

Insbesondere gilt das für das *Verbraucherschutzgesetz* vom 07.02.1992[5] (im folgenden: VerbraucherschutzG). Dieses Gesetz enthält

---

4 Nr. 51-FZ, SZ 1994, Nr. 32, Pos. 3301, geändert durch Gesetze vom 20.02.1996, Nr. 18-FZ, SZ 1996, Nr. 9, Pos. 773, 12.08.1996, Nr. 111-FZ, SZ 1996, Nr. 34, Pos. 4026, 08.07.1999, Nr. 138-FZ, SZ 1999, Nr. 28, Pos. 3471, 16.04.2001, Nr. 45-FZ, SZ 2001, Nr. 17, Pos. 1644, 15.05.2001, Nr. 54-FZ, SZ 2001, Nr. 21, Pos. 2063, 21.03.2002, Nr. 31-FZ, SZ 2002, Nr. 12, Pos. 1093, 14.11.2002, Nr. 161-FZ, SZ 2002, Nr. 48, Pos. 4746, 26.11.2002, Nr. 152-FZ, SZ 2002, Nr. 48, Pos. 4737, und 10.01.2003, Nr. 15-FZ, SZ 2003, Nr. 2, Pos. 167. Deutsche Übersetzungen des Ersten Teils des ZGB befinden sich z. B. in: *H. Roggemann/W. Bergmann*, Zivilgesetzbuch der Russischen Föderation (Erster Teil) von 1994, *Brunner/Schmid/ Westen*, Wirtschaftsrecht der osteuropäischen Staaten, Russland II 1, III 1, IV 1 a, VI 2 a; *S. Solotych*, Das Zivilgesetzbuch der Russischen Föderation. – Erster Teil –, und *S. Breidenbach*, Handbuch Wirtschaft und Recht in Osteuropa, RUS 200. Der vorliegenden Arbeit wird die Übersetzung von *Roggemann/Bergmann* zugrundegelegt, wobei in Einzelfällen davon abgewichen wird.

5 Nr. 2300-1, VSNDiVS RF 1992, Nr. 15, Pos. 766, geändert durch Gesetz vom 02.06. 1993, Nr. 5076-I, VSNDiVS RF 1993, Nr. 29, Pos. 1111, 09.01.1996, Nr. 2-FZ, SZ 1996, Nr. 3, Pos. 140, 17.12.1999, Nr. 212-FZ, SZ 1999, Nr. 51, Pos. 6287,

Vorschriften, die neben den Art. 1095-1098 ZGB den Ersatz von durch mangelhafte Waren, Arbeiten oder Dienstleistungen zugefügte Schäden regeln.

Auch in den Umweltgesetzen existieren Regelungen über den Ersatz zugefügter Schäden, beispielsweise in Art. 77 ff. des Gesetzes „Über den *Umweltschutz*“ vom 10.01.2002[6] (im folgenden: UmweltschutzG), Art. 53 ff. des Gesetzes „Über die *Nutzung der Atomenergie*“ vom 21.11.1995[7] (im folgenden: AtomG) sowie Art. 131 des *Wassergesetzbuchs der Rußländischen Föderation* vom 16.11.1995[8].

Bestimmungen über den Ersatz zugefügter Schäden finden sich ferner in den Transportgesetzen und Verkehrsordnungen (z. B. Art. 116 ff. des *Luftverkehrsgesetzbuchs der Rußländischen Föderation* vom 19.03.1997[9] (im folgenden LuftverkehrsGB), Art. 132 der *Eisenbahnverkehrsordnung der Rußländischen Föderation* vom 08.01.1998[10] (im folgenden: Eisenbahnverkehrsordnung a.F.) bzw. Art. 113 der *Eisenbahnverkehrsordnung der Rußländischen Föderation* vom 10.01.2003[11] (im folgenden: Eisenbahnverkehrsordnung n.F.), die die Eisenbahnverkehrsordnung a.F. zum 19.05.2003 abgelöst hat (vgl. Art. 127 der Eisenbahnverkehrsordnung n.F.), Art. 310 ff. des *Seehandelsgesetzbuchs der Rußländischen Föderation* vom 30.04.1999[12], Art. 126 ff. der *Kraftverkehrs-*

---

und 30.12.2001, Nr. 196-FZ, SZ 2002, Nr. 1, Pos. 2. Deutsche Übersetzungen des Gesetzes befinden sich in *Breidenbach*, Handbuch Wirtschaft und Recht in Osteuropa, RUS 290, sowie in dem Beitrag von *A. Reinsch/A. Knaul*, WiRO 1997, Nr. 7, S. 263-272.

6 Nr. 7-FZ, SZ 2002, Nr. 2, Pos. 133.

7 Nr. 170-FZ, SZ 1995, Nr. 48, Pos. 4552, geändert durch Gesetze vom 10.02.1997, Nr. 28-FZ, SZ 1997, Nr. 7, Pos. 808, 10.07.2001, Nr. 94-FZ, SZ 2001, Nr. 29, Pos. 2949, und 28.03.2002, Nr. 33-FZ, SZ 2002, Nr. 13, Pos. 1180.

8 Nr. 167-FZ, SZ 1995, Nr. 47, Pos. 4471, geändert durch Gesetze vom 30.12.2001, Nr. 194-FZ, SZ 2001, Nr. 51, Pos. 5030, und 24.12.2002, Nr. 176-FZ, SZ 2002, Nr. 52, Pos. 5132.

9 Nr. 60-FZ, SZ 1997, Nr. 12, Pos. 1383, geändert durch Gesetz vom 08.07.1999, Nr. 150-FZ, SZ 1999, Nr. 28, Pos. 3483.

10 Nr. 2-FZ, SZ 1998, Nr. 2, Pos. 218. Eine deutsche Übersetzung befindet sich in *Brunner/Schmid/Westen*, Wirschaftsrecht der osteuropäischen Staaten, Russland IV 2 a.

11 Nr. 18-FZ, SZ 2003, Nr. 2, Pos. 170.

12 Nr. 81-FZ, SZ 1999, Nr. 18, Pos. 2207, geändert durch Gesetz vom 26.05.2001, Nr. 59-FZ, SZ 2001, Nr. 22, Pos. 2125.

ordnung vom 08.01.1969[13], Art. 11, 42-44 des *Binnenschiffahrtsgesetzes der Rußländischen Föderation* vom 07.03.2001[14]).

Weitere Beispiele sind das Gesetz „Über die *Massenmedien*" vom 27.12.1991[15] (Art. 56 ff.) sowie das Gesetz „Über die *Reklame*" vom 18.07.1995[16] (Art. 31).

Darüber hinaus gibt es in zahlreichen weiteren Gesetzen Bestimmungen über den Ersatz zugefügter Schäden, die an dieser Stelle nicht im einzelnen aufgeführt werden können, z. B. in den Rentengesetzen und anderen Gesetzen der Sozialgesetzgebung, der Versicherungsgesetzgebung und den Gesetzen über die Rehabilitation von Opfern politischer Unterdrückungsmaßnahmen und politisch unterdrückten Völkern[17].

Die Vorschriften über den Ersatz zugefügter Schäden außerhalb des ZGB werden im Rahmen dieser Arbeit jedoch nicht alle umfassend abgehandelt. Auf diese Bestimmungen wird nur insoweit eingegangen, als ein Bezug zu den Vorschriften über das Deliktsrecht im ZGB besteht.

---

13 SP RSFSR 1969, Nr. 2-3, Pos. 8, geändert durch Verordnungen des Ministerrats der RSFSR vom 28. 11.1969, Nr. 648, SP RSFSR 1969, Nr. 26, Pos. 141, 17.09.1974, Nr. 510, SP RSFSR 1974, Nr. 24, Pos. 134, 16.05.1980, Nr. 253, SP RSFSR 1980, Nr. 13, Pos. 106, 20.03.1984, Nr. 101, 18.11.1988, Nr. 474, SP RSFSR 1988, Nr. 23, Pos. 135, 18.02.1991, Nr. 98, und der Regierung der RF vom 26.05.1992, Nr. 347, 24.01.1993, Nr. 55, SA 1993, Nr. 5, Pos. 394, 12.02.1994, Nr. 95, SA 1994, Nr. 8, Pos. 597, und 28.04.1995, Nr. 433, SZ 1995, Nr. 19, Pos. 1762.

14 Nr. 24-FZ, SZ 2001, Nr. 11, Pos. 1001, geändert durch Gesetz vom 05.04.2003, Nr. 43-FZ, SZ 2003, Nr. 14, Pos. 1256.

15 Nr. 2124-I, VSNDiVS RF 1992, Nr. 7, Pos. 300, geändert durch Gesetze vom 13.01.1995, Nr. 6-FZ, SZ 1995, Nr. 3, Pos. 169, 06.06.1995, Nr. 87-FZ, SZ 1995, Nr. 24, Pos. 2256, 19.07.1995, Nr. 114-FZ, SZ 1995, Nr. 30, Pos. 2870, 27.12.1995, Nr. 211-FZ, SZ 1996, Nr. 1, Pos. 4, 02.03.1998, Nr. 30-FZ, SZ 1998, Nr. 10, Pos. 1143, 20.06.2000, Nr. 90-FZ, SZ 2000, Nr. 26, Pos. 2737, 05.08.2000, Nr. 110-FZ, SZ 2000, Nr. 32, Pos. 3333, 04.08.2001, Nr. 107-FZ, SZ 2001, Nr. 32, Pos. 3315, 21.03.2002, Nr. 31-FZ, SZ 2002, Nr. 12, Pos. 1093, und 25.07.2002, Nr. 116-FZ, SZ 2002, Nr. 30, Pos. 3033.

16 Nr. 108-FZ, 1995, Nr. 30, Pos. 2864, i. d. F. der Gesetze vom 18.06.2001, Nr. 76-FZ, SZ 2001, Nr. 26, Pos. 2580, 14.12.2001, Nr. 162-FZ, SZ 2001, Nr. 51, Pos. 4827, und 30.12.2001, Nr. 196-FZ, SZ 2002, Nr. 1, Pos. 2.

17 Vgl. die Auflistung bei *Tolstoj* in: *A. Sergeev/Ju. Tolstoj*, Graždanskoe pravo, Band 3, S. 22.

3. *Rechtsnormen unterhalb der Gesetzesebene*

Zivile Rechtsbeziehungen können nicht nur durch das ZGB und andere Föderalgesetze (vgl. Art. 3 Abs. 2 ZGB), sondern auch durch *Erlasse*[18] des Präsidenten der Rußländischen Föderation (im folgenden: RF) (vgl. Art. 3 Abs. 3 ZGB), Verordnungen der Regierung der RF[19] (vgl. Art. 3 Abs. 4 ZGB) sowie Rechtsakte der Ministerien und sonstigen föderalen Organen der Exekutive (vgl. Art. 3 Abs. 7 ZGB), z. B. *Anordnungen*[20], *Regeln*[21], *Instruktionen*[22], *Verfügungen*[23], *Verfahrensregelungen*[24] und *Briefe*[25], geregelt werden. Bestimmungen, die für das rußländische Deliktsrecht relevant sind, sind deshalb auch in solchen untergesetzlichen Rechtsakten zu finden. Auf diese Rechtsakte wird näher im Zusammenhang mit der Darstellung der einzelnen Vorschriften des ZGB zu Deliktsrecht eingegangen.

4. Rechtsprechung

In der Literatur werden von einigen Autoren auch die *erläuternden Leitentscheidungen des Plenums*[26] *des Obersten Gerichtshofs und des Höchsten Arbitragegerichts der RF* den Rechtsquellen zugerechnet[27].

---

18 Russ.: ukazy; sie dürfen nicht der Verfassung und Föderalgesetzen widersprechen, vgl. Art. 90 der *Verfassung der Rußländischen Föderation* vom 12.12.1993 (im folgenden VerfRF), veröffentlicht in der Rossijskaja Gazeta vom 25.12.1993, S. 3 ff., geändert durch Erlasse des Präsidenten der RF vom 09.01.1996, Nr. 20, SZ 1996, Nr. 3, Pos. 152, 10.02.1996, Nr. 173, SZ 1996, Nr. 7, Pos. 676, und 09.06.2001, Nr. 369, SZ 2001, Nr. 24, Pos. 2421.

19 Russ.: postanovlenija; sie werden von der Regierung auf Grundlage und in Vollzug der Verfassung, der Föderalgesetze und der Erlasse des Präsidenten erlassen, vgl. Art. 115 VerfRF.

20 Russ.: položenija.

21 Russ.: pravila.

22 Russ.: instrukcii.

23 Russ.: razporjaženija.

24 Russ.: porjadka.

25 Russ.: pis'ma.

26 Russ.: postanovlenija Plenuma. Wörtlich übersetzt handelt es sich dabei um Beschlüsse des Plenums. Mit der Übersetzung „Erläuternde Leitentscheidung" wird jedoch der Inhalt dieser Entscheidungsform am zutreffendsten umschrieben.

27 So z. B. von *V. Stampe*, Der Funktionsbereich der russischen Wirtschaftgerichtsbarkeit, S. 12 ff., vgl. auch *Bednarz*, Die neue Arbitragegesetzgebung in Rußland, in: *F. Schroeder*, Die neuen Kodifikationen in Rußland, S. 170.

Solche erläuternden Leitentscheidungen enthalten keine Einzelfallentscheidungen, sondern Erläuterungen zur Anwendung bestimmter Rechtsakte, somit abstrakt-generelle Regelungen.

Rechtsgrundlage für die erläuternden Leitentscheidungen des Plenums des Obersten Gerichtshofs ist Art. 58 Ziff. 1 des Gesetzes der *RSFSR* „Über den *Gerichtsaufbau*" vom 08.07.1981[28]. Danach erörtert das Plenum des Obersten Gerichtshofs unter anderem die Materialien zur Erforschung und Verallgemeinerung der Gerichtspraxis und der Gerichtsstatistik und gibt den Gerichten leitende Erläuterungen in Fragen der Anwendung der Gesetzgebung. Derartige leitende Erläuterungen sind für alle Gerichte der RF verbindlich[29].

Rechtsgrundlage für die erläuternden Leitentscheidungen des Plenums des Höchsten Arbitragegerichts ist Art. 13 des Gesetzes „Über die *Arbitragegerichte*" (im folgenden: ArbitrageGG) vom 28.04.1995[30]. Gemäß Abs. 1 Ziff. 1 dieser Vorschrift erörtert das Plenum des Höchsten Arbitragegerichts die Materialien zur Erforschung und Verallgemeinerung der Praxis der Anwendung von Gesetzen und anderen normativen Rechtsakten durch die Arbitragegerichte und gibt Erläuterungen zu Fragen der Gerichtspraxis. Die dazu gefaßten Beschlüsse sind für alle Arbitragegerichte der RF verbindlich (Abs. 2).

Für die Praxis haben die erläuternden Leitentscheidungen des Plenums des Obersten Gerichtshofs und des Höchsten Arbitragegerichts große Bedeutung. Die Eigenschaft der erläuternden Leitentscheidungen als Rechtsquelle ist allerdings umstritten[31]. Im Rahmen der vorliegenden

---

28 VVS RSFSR 1981, Nr. 28, Pos. 976, geändert durch Gesetze vom 29.05.1992, Nr. 2869-I, VSNDiVS RF 1992, Nr. 27, Pos. 1560, 03.07.1992, Nr. 3200-I, VSNDiVS RF 1992, Nr. 30, Pos. 1794, 16.07.1993, Nr. 5451-I, VSNDiVS RF 1993, Nr. 33, Pos. 1313, 28.11.1994, Nr. 50-FZ, SZ 1994, Nr. 32, Pos. 3300, 04.01.1999, Nr. 3-FZ, SZ 1999, Nr. 1, Pos. 5, 02.01.2000, Nr. 37-FZ, SZ 2000, Nr. 2, Pos. 158, und 25.07.2002, Nr. 116-FZ, SZ 2002, Nr. 30, Pos. 3033.

29 *M. Maršunov*, Kommentarij k zakonodatel'stvu o sudostrojstve RF, S. 277 f.

30 Nr. 1-FKZ, SZ 1995, Nr. 18, Pos. 1589. Deutsche Übersetzungen des Gesetzes befinden sich in *T. Wölk*, Wirtschaftsgerichtsbarkeit in der Russischen Föderation, *Brunner/Schmid/Westen*, Wirtschaftsrecht der osteuropäischen Staaten, Russland VI 3 a, und *Breidenbach*, Handbuch Wirtschaft und Recht in Osteuropa, RUS 910.

31 Vgl. *Stampe*, Der Funktionsbereich der russischen Wirtschaftsgerichtsbarkeit, S. 13 ff. Gegen die Eigenschaft der erläuternden Leitentscheidungen des Plenums des Obersten Gerichtshofs als Rechtsnorm spricht sich z. B. *Maršunov*, Kommentarij k zakonodatel'stvu o sudostrojstve RF, S. 278, aus. Nach Auffassung von *M.*

Arbeit soll diese Problematik jedoch nicht weiter vertieft werden, weil die erläuternden Leitentscheidungen unabhängig von ihrer Eigenschaft als Rechtsquelle für die Auslegung des Deliktsrechts eine wichtige Rolle spielen und deshalb entsprechend berücksichtigt werden.

Die erläuternden Leitentscheidungen des Plenums des Obersten Gerichtshofs der UdSSR und des Obersten Gerichtshofs der RSFSR werden teilweise auch noch zur Auslegung des geltenden Deliktsrechts herangezogen. Das Plenum des Obersten Gerichtshofs der RF hat durch die erläuternde Leitentscheidung vom 22.04.1992 ausdrücklich angeordnet, daß bis zur Annahme entsprechender Gesetzgebungsakte der RF die Normen der ehemaligen UdSSR und die Erläuterungen über ihre Anwendung, die in erläuternden Leitentscheidungen des Plenums des Obersten Gerichtshofs der UdSSR enthalten sind, in dem Teil durch die Gerichte angewendet werden dürfen, der nicht der Verfassung der RSFSR[32], der Gesetzgebung der RF und dem Abkommen über die Gründung der Gemeinschaft unabhängiger Staaten widerspricht[33]. Im Hinblick auf die Arbitragegerichte hat das Plenum des Höchsten Arbitragegerichts durch die erläuternde Leitentscheidung vom 15.04.1992 festgestellt, daß die vor der Entstehung der heutigen Arbitragegerichtsbarkeit ergangenen instruktiven Hinweise der Staatsarbitrage der UdSSR und der Staatsarbitrage der RF ihre Gültigkeit auf dem Gebiet der RF insofern weiter behalten, als sie nicht im Widerspruch zur Gesetzgebung der RF stehen[34].

Für die Auslegung des Deliktsrechts sind insbesondere die erläuternden Leitentscheidungen des Plenums des Obersten Gerichtshofs der RF von besonderem Interesse, vor allem aber folgende:

- die erläuternde Leitentscheidung Nr. 11 des Plenums des Obersten Gerichtshofs der RF vom 18.08.1992 *„Über einige Fragen, die bei der Verhandlung von Streitigkeiten über die Verteidigung der Ehre und Würde*

Treušnikov, Arbitražnyj process, S. 27, stellen die erläuternden Leitent-scheidungen des Plenums des Höchsten Arbitragegerichts keine Rechtsnormen dar.

32 Am 22.04.1992 galt noch die Verfassung der RSFSR, die geltende Verfassung war noch nicht angenommen worden.

33 BVS RF 1992, Nr. 7, S. 11 f.

34 VVAS 1992, Nr. 1, S. 77.

von Bürgern sowie des geschäftlichen Ansehens von Bürgern und juristischen Personen durch die Gerichte entstehen"[35],

- die erläuternde Leitentscheidung Nr. 3 des Plenums des Obersten Gerichtshofs der RF vom 28.04.1994 *„Über die Gerichtspraxis bei Streitigkeiten über den Ersatz des Schadens, der durch eine Gesundheitsbeschädigung verursacht wurde"*[36],
- die erläuternde Leitentscheidung Nr. 7 des Plenums des Obersten Gerichtshofs der RF vom 29.09.1994 *„Über die Praxis der Verhandlung von Streitigkeiten über den Verbraucherschutz durch die Gerichte"*[37] und
- die erläuternde Leitentscheidung Nr. 10 des Plenums des Obersten Gerichtshofs der RF vom 20.12.1994 *„Einige Fragen der Anwendung der Gesetzgebung über den Ersatz des immateriellen Schadens"*[38].

Zu den Rechtsquellen zählen in keinem Fall die (Einzelfall-) Entscheidungen der ordentlichen Gerichte und der Arbitragegerichte[39], nämlich *Urteile*[40] sowie (prozeßleitende) *Beschlüsse* der Spruchkörper[41]. Allerdings sind auch diese Entscheidungen für die Auslegung des Deliktsrechts von Bedeutung und werden deshalb mit herangezogen.

---

35 BVS RF 1992, Nr. 11, S. 7-8, i. d. F. der erläuternden Leitentscheidung Nr. 11 vom 21.12.1993, BVS RF 1994, Nr. 3, S. 7-10 und der erläuternden Leitentscheidung Nr. 6 vom 25.04.1995, BVS RF 1995, Nr. 7, S. 3-6.

36 BVS RF 1994, Nr. 7, S. 3-9.

37 BVS RF 1995, Nr. 1, S. 4-10, i. d. F. der erläuternden Leitentscheidung Nr. 6 vom 25.04.1995, BVS RF 1995, Nr. 7, S. 3-6, der erläuternden Leitentscheidung Nr. 10 vom 25.10.1996, BVS RF 1997, Nr. 1, S. 9-18, der erläuternden Leitentscheidung Nr. 2 vom 17.01.1997, BVS RF 1997, Nr. 3, S. 4-8, der erläuternden Leitentscheidung Nr. 32 vom 21.11.2000, BVS RF 2001, Nr. 2, S. 2-5, und der erläuternden Leitentscheidung Nr. 11 vom 10.10.2001, BVS RF 2001, Nr. 12, S. 1-2.

38 BVS RF 1995, Nr. 3, S. 9-11, i. d. F. der erläuternden Leitentscheidung Nr. 10 vom 25.10.1996, BVS RF 1997, Nr. 1, S. 9-18, und der erläuternden Leitentscheidung Nr. 1 vom 15.01.1998, BVS RF 1998, Nr. 3, S. 2-3.

39 Vgl. *Stampe*, Der Funktionsbereich der russischen Wirtschaftsgerichtsbarkeit, S. 17.

40 Mit „Urteil" werden in dieser Arbeit alle Entscheidungen übersetzt, durch die eine Instanz abgeschlossen wird. Bei diesen Entscheidungen kann es sich um „rešenija" (Urteile erster Instanz), „postanovlenija" und „opredelenija" handeln.

41 Solche prozessleitenden Beschlüsse ergehen vor allem in Form einer „opredelenie", können aber auch in einer „postanovlenie" enthalten sein.

II. DIE GESCHICHTE DES RUßLÄNDISCHEN DELIKTSRECHTS

Im folgenden wird ein kurzer Überblick über das Deliktsrecht in den rußländischen Kodifikationen des (Zivil-)rechts bis hin zur Entstehungsgeschichte des heutigen ZGB dargestellt.

1. Das Deliktsrecht in den Kodifikationen des zaristischen Rußlands

a) Das Gesetzbuch des Zaren Aleksej Michajlovič von 1649

Die Gesetzgebung Rußlands befand sich im 17. Jahrhundert in einem äußerst undurchsichtigen Zustand[42]. Um das zu beseitigen, beschlossen am 16.07.1648 *Zar Aleksej Michajlovič*, der Bojarenrat und die Versammlung der Geistlichkeit, ein neues Gesetzbuch herauszugeben. Es wurde daraufhin eine Kommission unter dem *Fürsten Odojevskij* ernannt, die den Entwurf ausarbeiten sollte. Dabei sollte die Kommission das vorhandene Rechtsmaterial sammeln und ordnen sowie für Fälle, die überhaupt nicht geregelt waren, neue Normen schaffen. Nachdem der Entwurf in verhältnismäßig kurzer Zeit ausgearbeitet worden war, wurde er der Landesversammlung zur Durchsicht und Bestätigung vorgelegt. 1649 wurde die Durchsicht beendet. Sodann wurde das Gesetzbuch auch vom Zaren bestätigt und vom 07.04.1649 bis 20.05.1649 zu ersten Mal gedruckt. Damit erhielt Rußland erstmals in seiner Geschichte ein umfassendes Gesetzeswerk[43].

Das *Gesetzbuch des Zaren Aleksej Michajlovič*[44] bestand aus 25 Kapiteln, wobei sich das Zivilrecht nicht in einem geschlossenen Kapitel befand, sondern mit anderen Rechtgebieten vermischt und auf verschiedene Kapitel verteilt war. Das Deliktsrecht war ausgesprochen zersplittert, lückenhaft, kasuistisch und ohne System aufgebaut, was durch nachfolgenden Überblick über die einzelnen Bestimmungen verdeutlicht werden soll.

---

[42] Vgl. zu dem vor diesem Zeitpunkt bestehenden russischen Recht *Wladjimjirsiki-Budanoff*, ZVglRW, S. 219 ff.

[43] Vgl. *L. Schultz*, Russische Rechtsgeschichte, S. 144 f.; *Wladjimjirski-Budanoff*, ZVglRWiss 1900, Band 14, S. 276 ff.

[44] Russ.: Uloženie carja Alekseja Michajloviča bzw. Sobornoe Uloženie, abgedruckt in: *K. Sofronenko*, Pamjatniki russkogo prava, Band 6.

Die einschlägigen Vorschriften befanden sich vor allem im X. Kapitel, das in erster Linie grundlegenden Fragen des gerichtlichen Verfahrens gewidmet war. Die Haftung des Eigentümers von Vieh, das fremde Weiden und Felder beschädigt, wurde durch die Art. 208-210, die Haftung bei Verletzung der Rechte von Bodeneigentümern durch verbotene Eigenmacht in Art. 211 geregelt. Des weiteren gab es Bestimmungen über die Haftung für die Beschädigung bzw. den Diebstahl fremder Vogelfallen (Art. 217) sowie von Bienenstöcken und Honig (Art. 218-219), unerlaubtes Holzfällen (Art. 220), Apfel- (Art. 221) und Gemüsediebstahl (Art. 222). Art. 223 betraf die Ansprüche wegen vorsätzlicher Brandstiftung im Wald, Art. 224 die vorsätzliche Brandstiftung durch Verbrennen von Heu. Des weiteren existierten Vorschriften über die Haftung des Eigentümers von Vieh, das einen vom Eigentümer errichteten Zaun durchbricht und Schaden anrichtet (Art. 230), die Haftung bei Beschädigung von Grenzzeichen (Art. 231), die Haftung bei Entzug von Boden durch verbotene Eigenmacht und Veränderung von Grenzzeichen (Art. 233), die Haftung des Damm- und Mühlenbauers, falls infolge des Damm- oder Mühlenbaus Äcker, Mähweiden oder andere Mühlen beschädigt werden (Art. 238) sowie die Haftung bei Beschädigung fremder Bienenstockbäume (Art. 240). Art. 242 regelte die Schadensersatzpflicht bei Fischwilderei und Abmähen fremder Weiden. Wenn Amtspersonen, die das Erscheinen vor Gericht zu sichern hatten, einen von ihnen zu bewachenden Räuber aus Nachlässigkeit vor der Gerichtsverhandlung laufen ließen, hatten sie an Stelle des Räubers dem Geschädigten den von dem Räuber zugefügten Schaden zu ersetzen (Art 270-271). Wer einen Hund auf einen anderen hetzte, hatte die dadurch entstandenen Schäden zu ersetzen (Art. 281). Art. 284 betraf die Haftung des Halters von Hunden und bestimmter Arten von Nutzvieh, falls dieser die Tiere nicht hinreichend unter Verschluß hielt. Schließlich waren Bestimmungen zur Schadenshöhe in den Art. 285-287 enthalten.

Vorschriften mit deliktsrechtlichem Charakter befanden sich des weiteren im IX. Kapitel, das in erster Linie zollrechtliche, aber auch damit verbundene zivilrechtliche und strafrechtliche Normen enthielt. Im Interesse des freien Warenverkehrs wurde den Herren vererbbarer und nicht vererbbarer Güter[45] verboten, Handels-, Durchfahrts- und Brückenzölle von Adligen, Bojarenkindern, Ausländern, im (Militär-) Dienst stehenden Personen und ihren Leuten sowie Reservisten und Kurieren zu erheben. Bei Zuwiderhandlungen gegen dieses Verbot wurden sie auf Antrag eines Adligen, Bojarensohns oder Ausländers verpflichtet, den zweifachen Zoll zurückzuzahlen (Art. 2). Den Herren vererbbarer und nicht vererbbarer Güter wurde ferner die Pflicht auferlegt, Brücken und Überfahrten in Ordnung zu halten. Falls sie diese Pflicht verletzten und vorbeireisenden Militärpersonen und anderen Leuten Verluste entstanden waren, waren alle Verluste jenen vorbeireisenden Leuten zu ersetzen (Art. 12). Bei staatlichen Brücken und Überfahrten hatten die entsprechenden (vereidigten) Amtspersonen[46] und Pächter[47] die Verluste der Vorbeireisenden zu ersetzen (Art. 13). Diese Vorschriften waren jedoch in erster Linie nicht zugunsten einzelner Personen, die unter dem Mißbrauch der Gutsherren litten, sondern allgemein zur Bekämpfung der Selbstherrlichkeit erlassen worden[48]. Sie waren deshalb nicht eindeutig zivilrechtlicher Natur.

b) Die Sammlung der Gesetze des Rußländischen Reichs (Svod zakonov) von 1832

Anfang des 19. Jahrhunderts setzte *Zar Alexander I* eine Kommission ein, die den Auftrag einer neuen Kodifikation des rußländischen Rechts hatte. Der von dieser Kommission erarbeitete und 1810 dem Reichsrat vorgelegte Entwurf eines Zivilgesetzbuchs enthielt weitgehende Entlehnungen aus dem französischen *Code civil.* Der Entwurf wurde deshalb vom Reichsrat abgelehnt und der Leiter der Kommission, *Graf Speranskij*, 1812 nach Sibirien verbannt. Erst am 22.03.1821 kehrte *Speranskij* aus der Verbannung zurück und übernahm erneut die Aufsicht über die Kodifikationsarbeiten. Mangels Interesses von *Zar Alexander I* gerieten die Arbeiten bald ins Stocken. Erst unter *Zar Nikolaus I* wurden die Kodifikationsarbeiten wiederbelebt, weil er ein

45 Russ.: votčiniki i pomeščniki, beide Arten von Gutsherren besaßen Land, das ihnen für ihre Dienste verliehen wurde, wobei den pomeščniki im Gegensatz zu den votčiniki nicht das Recht zustand, das Land zu verkaufen oder zu vererben.

46 Russ.: celoval'niki i vernye golovy.

47 Des Rechts, die betreffenden Abgaben einzuziehen, russ.: otkupščiki.

48 *Sofronenko*, Pamjatniki russkogo prava, S. 76.

großes Interesse daran hatte. Ergebnis dieser Kodifikationsarbeiten war die 56 Bände umfassende *„Vollständige Sammlung der Gesetze"*[49]. Aus diesem gesammelten Rohmaterial wurden in den Jahren 1826-1832 die neuen Gesetzbücher zusammengestellt. Es entstand dadurch die *„Sammlung der Gesetze des Rußländischen Reichs"*[50], die in acht Hauptgebiete und 15 Bände eingeteilt war[51]. Sie wurde durch Zarenerlaß vom 31.01.1833 zum alleinigen Gesetzbuch erklärt und trat am 01.01.1835 in Kraft[52]. Im Laufe der Jahre erschienen weitere Ausgaben, z. B. 1842, 1857, 1887 und 1914[53], in denen zahlreiche Gesetzesänderungen berücksichtigt wurden.

Das Zivilrecht – das vom französischen *Code civil* beeinflußt worden sein soll[54] – war im Band 10 der Sammlung der Gesetze des Rußländischen Reichs enthalten[55]. Die Vorschriften zum Deliktsrecht[56] befanden sich im Zweiten Buch des Zivilgesetzbuchs, das sich mit „dem Verfahren, dem Erwerb und der Beurkundung der Rechte an Vermögensgegenständen im allgemeinen" befaßte. Allerdings waren die deliktsrechtlichen Regelungen – nicht wie in den späteren Kodifikationen – Bestandteile des Schuldrechts. Vielmehr gab es im II. Teil des Zweiten Buchs neben dem Schuldrecht einen gesonderten Abschnitt (Kapitel VI., Art. 574-689), der „Von dem Recht auf Entschädigung für verursachten Schaden und Verluste" handelte. Der 1. Abschnitt dieses Kapitels („Über

---

49 Russ.: Polnoe sobranie zakonov.

50 Russ.: Svod zakonov Rossijskoj Imperii.

51 Vgl. zur Entstehungsgeschichte des Svod zakonov: *Schultz*, Russische Rechtsgeschichte, S. 199-203; *Wladjimjirski-Budanoff*, ZVglRWiss 1900, Band 24, S. 292 f.; *A. Mickevič*, Žurnal rossijskogo prava 2001, Nr. 5, S. 154 ff.; *E. Bernasconi-Mamie*, Das russische Produktehaftpflichtrecht, S. 60 f.

52 Vgl. *Klibanski*, Handbuch des gesamten russischen Zivilrechts, S. XV; *C. Leuthold*, Russische Rechtskunde, S. 7 f.; vgl. auch *Roggemann/Bergmann*, Zivilgesetzbuch der Russischen Föderation (Erster Teil) von 1994, S. 35.

53 *Schultz*, Russische Rechtsgeschichte, S. 219; *Leuthold*, Russische Rechtskunde, S. 7 f.; vgl. auch *Roggemann/Bergmann*, Zivilgesetzbuch der Russischen Föderation (Erster Teil) von 1994, S. 16.

54 Vgl. *Schultz*, Russische Rechtsgeschichte, S. 218; *Roggemann/Bergmann*, Zivilgesetzbuch der Russischen Föderation (Erster Teil) von 1994, S. 43. Die Frage des französichen Einflusses auf den Svod Zakonov von 1832 ist allerdings nicht unumstritten, vgl. *Bernasconi-Mamie*, Das russische Produktehaftpflichtrecht, S. 60 f.

55 Eine deutsche Übersetzung befindet sich in *Klibanski*, Handbuch des gesamten russischen Zivilrechts.

56 Die folgende Darstellung des Deliktsrechts orientiert sich nicht an dem ursprünglichen Text von 1832, sondern berücksichtigt auch die nachfolgenden Änderungen.

die Entschädigung bei Enteignung unbeweglichen Vermögens, für seine zeitweilige Besitznahme und für die Herstellung des Rechts der Teilnahme an seiner Benutzung") behandelte allerdings Materien, die nach heutigem deutschen Rechtsverständnis in erster Linie Gegenstand anderer Rechtsinstitute sind. Geregelt war dort nämlich die „Entschädigung für Vermögensgegenstände, welche im Staats- oder öffentlichen Interesse enteignet werden" und die „Entschädigung für die zeitweilige (staatliche) Besitznahme von Vermögensgegenständen und für die Beteiligung an der Nutzung fremden unbeweglichen Vermögens", somit Materien, die nicht Gegenstand des (geltenden deutschen) BGB sind. Auch der 2. Abschnitt, der sich mit der „privaten Entschädigung" befaßte, behandelte im ersten Unterabschnitt (Art. 609-643) eine Materie, die nach heutigem deutschen Rechtsverständnis vorrangig nicht durch das Deliktsrecht, sondern durch die Vorschriften über das Eigentümer-Besitzer-Verhältnis (§§ 987 ff. BGB) geregelt wird, nämlich die „Entschädigung für den Besitz fremden Vermögens".

Erst in den Art. 644-689 folgten die Vorschriften, die nach heutigem Verständnis dem Deliktsrecht zuzuordnen wären. Die Systematik dieses Abschnitts war sehr eigentümlich. Es wurde zunächst in einem Abschnitt (Art. 644-683) sehr ausführlich die „Entschädigung für Schaden und Verluste, welche durch ein Verbrechen oder Vergehen verursacht worden sind", geregelt. Dabei gab es neben „allgemeinen" Vorschriften, die für jede Art von Verbrechen oder Vergehen galten (Art. 644-655), Spezialvorschriften, die nur bestimmte Arten von Verbrechen bzw. Vergehen (z. B. Tötungsdelikte (Art. 657 f.), Körperverletzung (Art. 660-662), Vergewaltigung (Art. 663), Entführung (Art. 664), Freiheitsberaubung (Art. 665), Ehrverletzungen (Art. 667-670), Vermögensdelikte (Art. 671-672), Sachbeschädigung (Art. 673-674), Amtsdelikte (Art. 677-682)) betrafen. Von der Systematik her nicht in diesen Abschnitt gehörte der (nachträglich eingefügte) Art. 683, der – in Anlehnung an das deutsche Recht – die Haftung der Eisenbahn- und Dampfschiffunternehmen regelte, wobei die Rechtsprechung diese Bestimmung im Sinne eines Gefährdungstatbestandes auslegte[57].

Die Haftung für Schäden und Verluste, die aus Handlungen hervorgegangen sind, welche nicht als Verbrechen oder Vergehen erachtet werden, war Gegenstand eines weiteren Abschnitts, der Art. 684-689.

---

57 Vgl. *M. Will*, Quellen erhöhter Gefahr, S. 193 f.

Das Zivilgesetzbuch von 1832 regelte somit erst den Spezialfall, daß die unerlaubte Handlung zugleich ein Verbrechen oder Vergehen darstellt, und befaßte sich erst dann mit den übrigen unerlaubten Handlungen. In Art. 684 war – offenbar in Anlehnung an Art. 1382 des *Code civil* – eine Generalklausel enthalten: Danach war jeder verpflichtet, den Schaden und die Verluste zu entschädigen, welche er jemandem durch sein Tun oder Unterlassen zugefügt hat, sollte auch dieses Tun oder Unterlassen weder ein Verbrechen noch ein Vergehen darstellen, sofern nur erwiesen wird, daß er hierzu weder durch die Anforderungen des Gesetzes oder der Regierung, noch durch persönliche Notwehr, noch durch das Zusammentreffen solcher Umstände gezwungen war, die er nicht abwenden konnte. Darüber hinaus regelten Art. 686 die Haftung von Eltern für ihre bei ihnen wohnenden minderjährigen Kinder, Art. 687 die Haftung der Herrschaften für ihre Diener und der Machtgeber für ihre Bevollmächtigten sowie Art. 688 die Tierhalterhaftung[58].

Das Deliktsrecht des Zivilgesetzbuchs von 1832 war somit teilweise ähnlich kasuistisch aufgebaut wie das in dem Gesetzbuch des Zaren Aleksej Michajlovič von 1649. Das ist darauf zurückzuführen, daß es sich bei dem Zivilgesetzbuch von 1832 – wie bereits oben dargelegt – nicht um eine grundlegende Neukodifikation handelte, sondern im wesentlichen um eine Sammlung des damals bereits geltenden Rechts. Die Existenz einer Generalklausel sowie weiterer allgemeiner Vorschriften stellte aber immerhin einen „Fortschritt" gegenüber dem Gesetzbuch des Zaren Aleksej Michajlovič von 1649 dar.

c) Der Entwurf eines neuen Zivilgesetzbuchs

Da das Zivilgesetzbuch von 1832 bedeutende Mängel aufwies, wurde auf Befehl des *Zaren Alexander III* im Jahre 1882 eine Kommission zu dem Zweck errichtet, einen Entwurf eines neuen Zivilgesetzbuchs auszuarbeiten[59]. In den Jahren 1899 bis 1903 wurden fünf Teilentwürfe veröffentlicht, unter anderem 1899 das Obligationenrecht, das in den Art. 1065-1106 Bestimmungen über den Ersatz des durch unerlaubte

---

58 Eine Beschreibung des Schadensersatzrechts des Svod zakonov von 1832 befindet sich in *Leuthold*, Russische Rechtsgeschichte, S. 133 ff.

59 Vgl. *F. Neubecker*, ZVglRWiss 1910, Band 24, S. 200 f.; *Schultz*, Russische Rechtsgeschichte, S. 222 f.; *W. von Seeler*, Der Entwurf eines Russischen Zivilgesetzbuchs, S. 9; *Bernasconi-Mamie*, Das russische Produktehaftpflichtrecht, S. 61.

Handlungen verursachten Schadens enthielt[60]. Im Jahre 1905 wurde ein mit zahlreichen Änderungen versehener zweiter Entwurf eines Zivilgesetzbuchs in einem Band veröffentlicht[61]. Die Kommission hatte als Quelle nicht nur das rußländische Recht, sondern auch das geltende Zivilrecht Westeuropas benutzt. Es wurden unter anderem eine Reihe ausländischer Gesetzbücher und einzelne Gesetze zivilrechtlichen Inhalts ins Russische übersetzt und in modernster Weise rechtsvergleichend gearbeitet[62]. Der Entwurf stand deshalb unter anderem auch unter einem starkem Einfluß des deutschen BGB[63]. Am 13.10.1913 wurde ein Teil des Entwurfs – das Schuldrecht – der Reichsduma vorgelegt. Wegen des Ausbruchs des 1. Weltkriegs konnte der Entwurf jedoch nicht mehr von der Reichsduma angenommen werden[64].

Das Deliktsrecht war im fünften Buch des Entwurfs des Zivilgesetzbuches[65] von 1905 enthalten, und zwar in dessen Abschnitt III, der die außervertraglichen Schuldverhältnisse behandelte. Es befand sich im Kapitel IV. dieses Abschnitts (Art. 2601-2640)[66], der (wohl in Anlehnung an die Terminologie des deutschen BGB) die Überschrift „Ersatz für Schaden, der durch unerlaubte Handlungen zugefügt wurde“ trug. In den Art. 2601-2615 waren allgemeine Vorschriften enthalten. Die Art. 2616-2640 sollten besondere Arten von unerlaubten Handlungen regeln.

Art. 2601 sah vor, daß derjenige, der vorsätzlich oder fahrlässig eine unerlaubte Handlung (Handlung oder Unterlassung) begeht, verpflichtet ist, den durch diese Handlung zugefügten Schaden zu ersetzen. Die Vor-

---

60 Vgl. *von Seeler*, Der Entwurf des Russischen Zivilgesetzbuchs, S. 9. Eine Übersetzung des 1899 veröffentlichten Teilentwurfs eines Obligationenrechts befindet sich in *N. von Seeler*, Bürgerliches Gesetzbuch. Buch V. Das Recht der Forderungen.

61 Vgl. *Schultz*, Russische Rechtsgeschichte, S. 222 f.; *von Seeler*, Der Entwurf des Russischen Zivilgesetzbuchs, S. 9.

62 *Neubecker*, ZVglRWiss 1910, Band 24, S. 201; vgl. auch *Roggemann/Bergmann*, Zivilgesetzbuch der Russischen Föderation (Erster Teil) von 1994, S. 35; *Bernasconi-Mamie*, Das russische Produktehaftpflichtrecht, S. 61 f.

63 Sehr eindrucksvoll deutlich wird dies bei Durchsicht des mit Anmerkungen der Kommission versehenen Entwurfs, herausgegeben von *I. Tjutrjumov*, Graždanskoe Uloženie, Proekt-, Band 2, Dort befinden sich unzählige Hinweise auf das BGB und andere deutsche Zivilgesetze sowie Zitate der deutschen rechtswissenschaftlichen Literatur.

64 Vgl. *Schultz*, Russische Rechtsgeschichte, S. 222 f.

65 Russ.: Graždanskoe Uloženie.

66 Eine zusammenfassende Darstellung des Abschnitts in deutscher Sprache befindet sich bei *von Seeler*, Der Entwurf des Russischen Zivilgesetzbuches, S. 264 ff.

schrift hatte somit – in Anlehnung an den *Code civil* – den Charakter einer Generalklausel, weil jede Schadensart und nicht nur die Schädigung bestimmter Rechtsgüter die Ersatzpflicht auslösen sollte[67]. Verschiedene Gründe, die die Haftung ausschlossen (Handeln innerhalb eines dem Schädiger zustehenden Rechts, Zustimmung zur Vornahme der Handlung, höhere Gewalt, Zwang, Erfüllung eines verbindlichen Befehls, Notwehr, Notstand in Bezug auf Tiere und Sachen) enthielten die Art. 2602-2606[68]. Die Art. 2607-2609 behandelten die Deliktsfähigkeit sowie die Rechtsfolgen der von Minderjährigen oder Geisteskranken begangenen unerlaubten Handlungen. Diese Vorschriften lehnten sich im wesentlichen an die §§ 827-829, 832 BGB an, mit dem Unterschied, daß die Deliktsunfähigkeit bis zum vollendeten zehnten Lebensjahr andauern, die unbeschränkte Deliktsfähigkeit dagegen bereits mit Vollendung des siebzehnten Lebensjahres beginnen sollte[69]. Die Haftung des Arbeitgebers für die von seinen Bediensteten und Arbeitern begangenen unerlaubten Handlungen (Art. 2610) orientierte sich in ihrem ersten Abschnitt an § 831 BGB. Im zweiten und dritten Abschnitt sollte diese Haftung jedoch auch auf den Fiskus erstreckt werden, nämlich wenn der Schaden beim Betreiben von Handel oder Gewerbe, bei der Ausführung eines Baues oder eines sonstigen Unternehmens wirtschaftlicher Natur verursacht wurde. Haften sollte der Fiskus auch für die Vollständigkeit und Unversehrtheit des von ihm unabhängig vom Willen des Eigentümers in amtliche Verwahrung oder Besitz genommenen Vermögens[70]. Mehrere Schädiger sollten gesamtschuldnerisch haften (Art. 2612). Vorschriften zur Bestimmung der Schadenshöhe enthielten Art. 2613 und 2614. Art. 2615 sah in Anlehnung an § 852 BGB eine dreijährige Verjährungsfrist vor.

Der „besondere Teil" enthielt Sonderregelungen für den Fall einer Aneignung oder Beschädigung fremden Vermögens (Art. 2616, 2617), der Tötung oder Zufügung einer Körperverletzung (Art. 2618-2623), der Freiheitsentziehung (Art. 2624) und der Beleidigung (Art. 2625). Dabei betrafen die Art. 2621 und 2622 die Sonderfälle, daß der Tod bzw. die Körperverletzung jemandem durch eine Eisenbahn bzw. die mit dem

---

67 Vgl. *Tjutrjumov*, Graždanskoe Uloženie, Proekt-, Band 2, S. 1238; *von Seeler*, Der Entwurf des Russischen Zivilgesetzbuches, S. 264.

68 Vgl. dazu *von Seeler*, Der Entwurf des Russischen Zivilgesetzbuches, S. 265 f.

69 Vgl. dazu *von Seeler*, Der Entwurf des Russischen Zivilgesetzbuches, S. 266.

70 Vgl. dazu *von Seeler*, Der Entwurf des Russischen Zivilgesetzbuches, S. 266 f.

Eisenbahnverkehr verbundenen Gefahren oder in Fabriken, Werken oder im Berggewerbe infolge von Maschinen, anderen Werkzeugen oder anderen gefährlichen Produktionsbedingungen zugefügt wurde. Bei diesen Fallgruppen sollte das Verschulden des Besitzers der Gefahrenquelle (unwiderleglich) vermutet werden[71]. Im Falle einer böswilligen Entstellung, einer anderen Körperverletzung, einer Freiheitsberaubung, Beleidigung (Art. 2626) oder der Begehung einer Lusttat an einer Frau sowie der Verführung einer Jungfrau mittels eines Heiratsversprechens, das der Schuldige nicht einhält (Art. 2627), sollte das Gericht dem bzw. der Geschädigten einen Ersatz des immateriellen Schadens zusprechen können. Vorschriften über die Haftung des Gebäudeeigentümers bzw. -besitzers sowie des Bauherren waren Gegenstand der Art. 2629-2634. Vorgesehen waren ferner Bestimmungen über die Haftung des Verantwortlichen für Maschinen, Dampfkessel und andere gefährliche Gegenstände (Art. 2635) und die Haftung des Tierhalters bzw. -hüters (Art. 2636). In beiden Fällen sollte das Verschulden des Besitzers vermutet werden, verbunden mit der Möglichkeit, sich zu exculpieren. Die (persönliche) Haftung von Amtspersonen war Gegenstand des Art. 2638. Eine Überleitung der Haftung auf den Staat war nicht vorgesehen. Richter sollten nach Art. 2639 des Entwurfs für unrichtige Entscheidungen nur bei Vorsatz oder offenkundiger Nachlässigkeit haften. Schließlich sollte Art. 2640 die Verpflichtung einer Prozeßpartei zum Ersatz des durch Sicherung des Klageanspruchs oder die vorläufige Vollstreckung eines (später aufgehobenen und rechtskräftig zugunsten der Gegenpartei abgeänderten) Urteils der anderen Partei entstandenen Schadens regeln, somit einen Sachverhalt, der im deutschen Recht Gegenstand der Zivilprozeßordnung (vgl. Art. 717 Abs. 2 und 3 ZPO) ist. Von diesen einzelnen unerlaubten Handlungen orientierten sich einige Bestimmungen an denen des BGB (z. B. Art. 2619, 2620, 2624, 2630, 2638). Zum Teil wichen sie jedoch von den Bestimmungen des BGB ab oder orientierten sich an den Kodifikationen anderer Staaten[72].

Das Deliktsrecht im Entwurf eines Zivilgesetzbuchs von 1905 lehnte sich damit in Bezug auf die prinzipielle Regelung, die Generalklausel des Art. 2601, an den *Code civil* an, im Detail allerdings mehr an das

---

[71] *Tjutrjumov*, Graždanskoe Uloženie, Proekt-, Band 2, S. 1283.

[72] Vgl. dazu *von Seeler*, Der Entwurf des Russischen Zivilgesetzbuches, S. 268 ff.

deutsche BGB[73]. Der Einfluß des BGB führte wohl auch dazu, daß die das Zivilgesetzbuch von 1832 beherrschende Systematik, aufgrund der zunächst ausführlich Einzelfälle geregelt wurden und erst dann wenige allgemeine Vorschriften folgten, „umgekehrt“ wurde, also in dem Entwurf die Spezialtatbestände erst den allgemeinen Regelungen folgten. Lediglich bei den im „besonderen Teil“ vorgesehenen Sondervorschriften über unerlaubte Handlungen, die gleichzeitig ein Verbrechen bzw. Vergehen darstellen, war der Einfluß der Systematik des Zivilgesetzbuchs von 1832 noch zu spüren.

2. Das Zivilgesetzbuch der RSFSR von 1922

Nach der Oktoberrevolution wurde zunächst das Zivilrecht des zaristischen Rußlands durch eine Reihe von Dekreten abschnittsweise beseitigt, bis schließlich durch Art. 22 der *Volksgerichtsordnung* vom 30.11.1918[74] die Anwendung der Gesetze der Zarenregierung generell verboten wurde[75].

Bereits im Jahre 1921 – im Zuge der *Neuen Ökonomischen Politik* und der damit einhergehenden Erweiterung der privatrechtlichen Sphäre – erkannte die Sowjetregierung jedoch, daß die Verabschiedung neuer Gesetzgebungswerke notwendig war, um ein Mindestmaß an Rechtssicherheit – gerade auch für ausländische Investoren – zu schaffen. Das Allrußländische Zentrale Exekutivkomitee erließ deshalb am 22.05.1922 ein Dekret über *die grundlegenden privaten Vermögensrechte, die von der RSFSR anerkannt, von ihren Gesetzen gesichert und den Gerichten der RSFSR geschützt werden*[76]. Ziff. VI des Dekrets übertrug dem Präsidenten des Allrußländischen Zentralen Exekutivkomitees und dem Rat der Volkskommissare die Aufgabe, ein neues Zivilgesetzbuch auszuarbeiten. Aufgrund dieses Dekrets wurde Ende Juli 1922 eine Gesetzgebungskommission beim Volkskommissariat für Justiz zur Ausarbeitung

---

73 Vgl. dazu *von Seeler*, Der Entwurf des Russischen Zivilgesetzbuches, S. 264.

74 SU RSFSR 1918, Nr. 85, Pos. 889.

75 Vgl. hierzu *H. Freund*, Das Zivilrecht Sowjetrußlands, S. 12-17; *H. Roggemann*, Jahrbuch für Ostrecht, 1971, Nr. 1, S. 153 ff.; *Roggemann/Bergmann*, Zivilgesetzbuch der Russischen Föderation (Erster Teil) von 1994, S. 36.

76 SU RSFSR 1922, Nr. 36, Pos. 423.

eines Entwurfs des ZGB gebildet[77]. Der von dieser Kommission in ausgesprochen kurzer Zeit erstellte und deshalb auch mit Mängeln versehene Entwurf wurde am 31.10.1922 vom Allrußländischen Zentralen Exekutivkomitee angenommen und trat am 01.01.1923 in Kraft[78].

Das *Zivilgesetzbuch der RSFSR* von 1922 (im folgenden: ZGB 1922)[79] bestand nur aus 435 sehr kurz gefaßten Artikeln. Es regelte das Zivilrecht – im Vergleich zum Zivilgesetzbuch von 1832 und dem Entwurf von 1905 – ausgesprochen rudimentär. Im Aufbau und den Begriffsbestimmungen folgte es allerdings weitgehend dem Entwurf von 1905, der sich wiederum stark an das deutsche BGB angelehnt hatte[80].

Das Deliktsrecht war nunmehr Bestandteil des Schuldrechts und Gegenstand der Art. 403-415 ZGB 1922. Die das Deliktsrecht des Zivilgesetzbuchs von 1832 bestimmende und im Entwurf von 1905 teilweise immer noch vorgesehene Kasuistik war im ZGB 1922 nicht mehr vorhanden.

Art. 403 ZGB 1922 enthielt einen Grundtatbestand, wonach derjenige, welcher der Person oder dem Vermögen eines anderen einen Schaden zufügt, verpflichtet war, den zugefügten Schaden zu ersetzen. Der Schädiger hatte nachzuweisen, daß er den Schaden nicht abwenden konnte oder er zur Zufügung des Schadens ermächtigt war oder der Schaden infolge Vorsatzes oder grober Fahrlässigkeit des Geschädigten selbst entstanden war. Diese Vorschrift wurde zunächst dahingehend ausgelegt, daß sie eine reine Verursachungshaftung begründe, also ein

---

77 Vgl. *Roggemann*, Jahrbuch für Ostrecht 1971, Nr. 1, S. 158 f.; *A. Faria e Castro*, Die Merkmale der unerlaubten Handlung im sowjetischen Zivilrecht unter Berücksichtigung ihrer historischen Entwicklung, S. 13.

78 Vgl. Ziff. 1 der Verordnung des Allrußländischen Zentralen Exekutivkomitees über die *Einführung des Zivilgesetzbuchs der RSFSR*, angenommen in der IV. Session IX. Einberufung am 31. Oktober 1922. Veröffentlicht wurden das Zivilgesetzbuch und die Verordnung in der SU RSFSR 1922, Nr. 71, Pos. 904.

79 Eine deutsche Übersetzung des ZGB 1922 befindet sich in *Freund*, Das Zivilrecht Sowjetrußlands.

80 *T. Brendel*, Jahrbuch für Ostrecht, 1995, Nr. 2, S. 206; *L. Sprague*, The Journal of East European Law 2000, Nr. 1, S. 9; *Bernasconi-Mamie*, Das russische Produktehaftpflichtrecht, S. 62; vgl. auch die Ausführungen von *Sawadsky* in: *A. Maklezow/N. Timaschew/N. Aleksejew/S. Sawadsky*, Das Recht Sowjetrusslands, S. 247 ff., dazu, inwieweit in das ZGB 1922 Bestimmungen aus dem Entwurf von 1905 übernommen wurden.

Verschulden für einen Schadensersatzanspruch nicht erforderlich sei[81]. Später kam es jedoch zu einen Umschwung vom Verursacherprinzip zum Verschuldensprinzip, d. h. die Auslegung der Vorschrift wurde dahingehend geändert, daß ein Anspruch aus Art. 403 ZGB 1922 ein Verschulden voraussetzt, wobei der Schädiger sein fehlendes Verschulden zu beweisen hatte[82].

Daneben kannte das ZGB 1922 noch drei weitere haftungsbegründende Tatbestände. Art. 404 ZGB 1922 regelte die Gefährdungshaftung von Personen und Unternehmen, deren Tätigkeit mit einer erhöhten Gefahr verbunden war. Die Besitzer einer Quelle erhöhter Gefahr hafteten nur dann nicht, wenn sie beweisen konnten, daß der Schaden infolge höherer Gewalt, Vorsatz oder grober Fahrlässigkeit des Geschädigten selbst entstanden war[83]. Art. 405 ZGB 1922 ordnete an, daß ein Geschäftsunfähiger für einen von ihm zugefügten Schaden grundsätzlich nicht haftete. Stattdessen haftete die Person, die verpflichtet war, ihn zu beaufsichtigen. Art. 407 ZGB 1922 regelte die Haftung von Behörden, wobei diese nur in den gesetzlich vorgesehenen Fällen zum Schadensersatz verpflichtet und damit privilegiert waren[84].

Falls der Schädiger aufgrund der Art. 403-405 ZGB 1922 nicht zum Schadensersatz verpflichtet war, konnte das Gericht dennoch den Schädiger entsprechend seiner Vermögenslage und der Vermögenslage des

---

81 *A. Gojchbarg/I. Koblenc*, Graždanskij kodeks RSFSR, Anm. 2 zu Art. 403; *A. Malickij*, Graždanskij kodeks sovetskich respublik, S. 576; vgl. dazu ausführlich bei *Faria e Castro*, Die Merkmale der unerlaubten Handlung im sowjetischen Zivilrecht unter Berücksichtigung ihrer historischen Entwicklung, S. 76 ff; *Bernasconi-Mamie*, Das russische Produktehaftpflichtrecht, S. 64 ff. Auch der im Exil lebende russische Autor *Sawadsky* (in: *Maklezow/Timaschew/Aleksejew/Sawadsky*, Das Recht Sowjetrusslands, S. 290) nahm (im Jahre 1925) an, daß Art. 403 ZGB 1922 die Frage der Schuld vollkommen beiseite lasse, somit allein die objektive Seite der Schadenszufügung für einen Anspruch aus dieser Vorschrift ausreiche, und kritisierte die Regelung daher heftig.

82 Vgl. *Serebrovskij* in: *S. Bratus'*, Sovetskoe graždanskoe pravo, S. 517; *Flejšic* in: *S. Bratus'*, Sovetskoe graždanskoe pravo, Band 2, S. 300; *V. Tarchow*, Vorlesungen über das sowjetische Zivilrecht, S. 112 f. Ausführlich wird die Änderung der Auslegung des Art. 403 ZGB 1922 von *Faria e Castro*, Die Merkmale der unerlaubten Handlung im sowjetischen Zivilrecht unter Berücksichtigung ihrer historischen Entwicklung, S. 85 ff., und *Bernasconi-Mamie*, Das russische Produktehaftpflichtrecht, S. 66 f., beschrieben.

83 Näheres zur Entwicklungsgeschichte der Gefährdungshaftung vgl. unten S. 209 ff.

84 Vgl. dazu ausführlich unten S. 363.

Geschädigten zum Schadensersatz verpflichten (Art. 406 ZGB 1922). Es konnte somit in einem breiten Anwendungsbereich (bei allen haftungsbegründenden Tatbeständen mit Ausnahme der Haftung von Behörden) zu einer reinen Billigkeitshaftung kommen.

Art. 408 ZGB 1922 ordnete die – im Grundsatz heute immer noch geltende – gesamtschuldnerische Haftung mehrerer Schädiger an.

Die Art. 409-411 ZGB 1922 enthielten Bestimmungen zur Haftungsausfüllung. Der Schadensersatz sollte in der Regel in der Wiederherstellung des alten Zustandes bestehen und nur sofern das nicht möglich war, in dem Ersatz der zugefügten Schäden (Art. 410 ZGB 1922). Gemäß Art. 411 ZGB 1922 hatte das Gericht bei Bestimmung der Höhe des Schadensersatzes die Vermögenslage des Geschädigten und des Schädigers zu berücksichtigen und konnte somit auch hierbei Billigkeitserwägungen einfließen lassen. Besonderheiten im Falle der Verursachung des Todes des Geschädigten regelte Art. 409 ZGB 1922.

Art. 412 ZGB 1922 sah vor, daß sozialversicherte Personen – das waren alle Personen, die Lohnarbeit verrichteten – beim Eintritt des Versicherungsfalls Schadensersatz von den Organen der Sozialversicherung erhalten. Im Gegenzug dafür wurde das Unternehmen, das die Versicherungsbeiträge geleistet hatte, von der Schadensersatzpflicht befreit (Art. 413 ZGB). Nur wenn der Schädiger nicht Versicherer des Geschädigten war, hatte der Geschädigte – wenn er von der Sozialversicherung keinen vollen Schadensersatz erlangte – das Recht auf ergänzende Forderung gegen den Schädiger (Art. 414 ZGB 1922). Nicht sozialversicherte Personen – das waren Personen, die keine Lohnarbeiten verrichteten – konnten keine höhere Entschädigung verlangen als versicherte Personen von der Sozialversicherung erlangt hätten (Art. 415 ZGB 1922). Sie wurden entsprechend ihrer Vermögenslage und dem Grad ihrer persönlichen Nützlichkeit nach dem Ermessen des Gerichts einer bestimmten Kategorie von Arbeitern oder Angestellten gleichgestellt.

3. Die Grundlagen der Zivilgesetzgebung der UdSSR von 1961 und das Zivilgesetzbuch der RSFSR von 1964

Nach dem 2. Weltkrieg wurde die Ausarbeitung eines unionseinheitlichen Zivilgesetzbuchs vorbereitet. Allerdings scheiterte dieses Vorhaben. Erst unter der Regierung von *Chruščev* nahmen die Reformbestrebungen konkrete Form an. Durch Verfassungsänderung vom

11.02.1957[85] erhielt die UdSSR im Bereich des Zivilrechts das Recht der Grundlagengesetzgebung, während den Unionsrepubliken die Ausarbeitung der einzelnen Zivilgesetzbücher zufiel[86].

Dementsprechend wurden die *„Grundlagen der Zivilgesetzgebung der UdSSR und der Unionsrepubliken“* (im folgenden: GZG 1961) vom 08.12.1961[87], verabschiedet, die am 01.02.1962 in Kraft traten[88]. Sie regelten das sowjetische Zivilrecht jedoch nicht abschließend, sondern hatten lediglich den Charakter von allgemeinen Richtliniengesetzen der Union[89] und waren darauf ausgerichtet, durch neue Zivilgesetzbücher der Unionsrepubliken ausgefüllt zu werden.

In den Art. 88-94 enthielten die GZG 1961 Regelungen zum Deliktsrecht. Regeln zu den allgemeinen Haftungsgründen (den Grundtatbestand) sah Art. 88 GZG 1961 vor. Art. 89 GZG 1961 enthielt neue Grundsätze zur Behördenhaftung. Die Gefährdungshaftung für den durch eine Quelle erhöhter Gefahr verursachten Schaden war Gegenstand des Art. 90 GZG 1961. Art. 93 GZG 1961 ordnete die Berücksichtigung des Mitverschuldens des Geschädigten an und ermöglichte eine Verringerung der Höhe des Schadensersatzes mit Rücksicht auf die Vermögenslage des Schädigers. Die Haftung für gesundheitliche Schädigung oder den Tod eines Bürgers, für den der Schädiger Versicherungsbeiträge zu entrichten bzw. nicht zu entrichten hatte, war Gegenstand der Art. 91 und 92 GZG 1961. Die Regreßansprüche der Organe der staatlichen Sozialversicherung oder Sozialfürsorge regelte Art. 94 GZG 1961.

Auf Basis der GZG 1961 wurde das *Zivilgesetzbuch der RSFSR* vom 11.06.1964[90] (im folgenden: ZGB 1964) verabschiedet. In Kraft trat es am 01.10.1964[91].

---

85 VVS SSSR 1957, Nr. 4, Pos. 63. Betroffen war Art. 14 lit. u.

86 Vgl. *Roggemann*, Jahrbuch für Ostrecht, 1971, Nr. 1, S. 170.

87 VVS SSSR 1961, Nr. 50, Pos. 525. Eine von *Rathfelder* erstellte Übersetzung befindet sich in *W. Meder*, Grundlagen des Zivilrechts und des Zivilprozeßrechts der UdSSR.

88 Vgl. Art. 1 des Gesetzes der UdSSR über die *Bestätigung der Grundlagen der Zivilgesetzgebung der UdSSR und der Unionsrepubliken* vom 08.12.1961, VVS SSSR 1961, Nr. 50, Pos. 525.

89 *Meder*, Grundlagen des Zivilrechts und des Zivilprozeßrechts in der UdSSR, S. 4.

90 Eine von *Bank* gleich nach Inkrafttreten erstellte Übersetzung des ZGB 1964 befindet sich in *W. Meder*, Zivilgesetzbuch der RSFSR, eine Übersetzung des ZGB auf dem Stand von 1987 in: *D. Frenzke*, Das Zivilgesetzbuch und das Ehe- und Familiengesetzbuch der Russischen Sowjetrepublik (RSFSR).

Die Art. 444-471 ZGB 1964 – die wiederum Bestandteil des Schuldrechts waren – regelten in ausführlicher Weise das in den Art. 88-94 GZG 1961 grundsätzlich behandelte Deliktsrecht.

Der Grundtatbestand war nunmehr in Art. 444 ZGB 1964 enthalten, wonach Schaden, der der Person oder dem Vermögen eines Bürgers sowie Schaden, der einer Organisation zufügt wird, durch die Person, die den Schaden zugefügt hat, in vollem Umfang zu ersetzen war. Der Schädiger war nur dann von der Ersatzpflicht befreit, sofern er beweisen konnte, daß ihn kein Verschulden traf. Damit wurde das Prinzip der Verschuldenshaftung auch gesetzlich verankert. Die Gefährdungshaftung für Quellen erhöhter Gefahr war nun Gegenstand des Art. 454 ZGB 1964. Die gesamtschuldnerische Haftung mehrerer Schädiger wurde durch Art. 455 ZGB 1964 angeordnet.

Neu im Verhältnis zum ZGB 1922 waren die Bestimmungen über Notwehr (Art. 448 ZGB 1964) und Notstand (Art. 449 ZGB 1964), die Haftung von Organisationen für ihre Arbeitnehmer (Art. 445 ZGB 1964) und die Rechtsfolgen im Falle der Auflösung einer ersatzpflichtigen juristischen Person (Art. 470 ZGB 1964). Das Mitverschulden des Geschädigten war nunmehr bei allen haftungsbegründenden Tatbeständen nach den Regeln des Art. 458 ZGB 1964 zu berücksichtigen.

Die Haftung von Behörden wurde im ZGB 1964 – ausführlicher als im ZGB 1922 – in den Art. 446 und 447 geregelt und auch zugunsten geschädigter Bürger geändert: Während sie nach dem ZGB 1922 nur in gesetzlich besonders vorgesehenen Fällen eintrat, war sie nach Art. 446 Satz 1 ZGB 1964 nur in gesetzlich besonders vorgesehenen Fällen ausgeschlossen. Detaillierter waren auch die Regelungen, die sich mit der Haftung von und für von Minderjährigen (Art. 450 und 451 ZGB 1964) und Geschäftsunfähigen bzw. zeitweise Unzurechnungsfähigen (Art. 452 und 453 ZGB 1964) zugefügten Schäden befaßten.

Ausführlicher waren zudem die Bestimmungen zur Haftungsausfüllung. Art. 457 ZGB 1964 ordnete an, daß entweder eine Naturalrestitution stattzufinden hatte oder sämtliche verursachten Schäden auszugleichen waren. Sonderregelungen über die Haftung für Gesundheitsschäden oder den Tod eines Bürgers waren in den Art. 459-462, 464-469 und 471 ZGB 1964 enthalten. Nach wie vor war vorgesehen, daß ein sozialversi-

---

[91] Vgl. Art. 1 des Gesetzes der RSFSR über die *Bestätigung des ZGB der RSFSR* vom 11.06.1964, VVS RSFSR 1964, Nr. 24, Pos. 406.

cherter Geschädigter in erster Linie Leistungen der Sozialversicherung erhielt. Der Geschädigte hatte jedoch einen Anspruch gegen den Schädiger auf Zahlung von Schadensersatz, soweit der Schaden durch die ihm von der Sozialversicherung gewährte Unterstützung oder Rente nicht gedeckt wurde (Art. 460 ZGB 1964).

Das Regreßrecht der Organe der Sozialversicherung regelte Art. 463 ZGB 1964. Neu war die Regelung eines jedermann zustehenden Regreßrechts (Art. 456 ZGB 1964)[92].

4. Die Grundlagen der Zivilgesetzgebung von 1991

Die Grundlagen der Zivilgesetzgebung der UdSSR von 1961 wurden im Zuge der Reformgesetzgebung durch die am 31.05.1991 verabschiedeten „*Grundlagen der Zivilgesetzgebung der UdSSR und der Unionsrepubliken*“[93] (im folgenden: GZG 1991) ersetzt.

Der sowjetische Gesetzgeber hatte vorgesehen, daß die GZG 1991 am 01.01.1992 in Kraft treten sollten[94]. Nach dem Untergang der UdSSR Ende 1991 war es zunächst unklar, ob die GZG 1991 für ihre Rechtsnachfolgerin, die Rußländische Föderation, in Kraft getreten waren[95]. Daran änderte auch dadurch nichts, daß Ziff. 2 der Verordnung des Obersten Sowjets der RSFSR vom 12.12.1991 „Über die *Ratifizierung des Abkommens über die Gründung der Gemeinschaft unabhängiger Staaten*“[96] vorsah, daß auf dem Gebiet der RSFSR bis zur Annahme

---

92 Eine Darstellung des Deliktsrechts des ZGB 1964 – mit Ausnahme des Staatshaftungsrechts sowie der Haftung für unerlaubte Handlungen Minderjähriger und Geschäftunfähiger – befindet sich in *T. Heidemann*, Unternehmenshaftung in Rußland, S. 47-105.

93 Nr. 2211-I, VSNDiVS SSSR 1991, Nr. 26, Pos. 733, geändert durch Verordnung des Obersten Sowjets der RF vom 09.07.1993, Nr, 5352-I, VSNDiVS RF 1993, Nr. 32, Pos. 1243, und Gesetze vom 30.11.1994, Nr. 52-FZ, SZ 1994, Nr. 32, Pos. 3302, 26.01.1996, Nr. 15-FZ, SZ 1996, Nr. 5, Pos. 411, sowie 26.11.2001, Nr. 147-FZ, SZ 2001, Nr. 49, Pos. 4553.

94 Vgl. Ziff. 1 der Verordnung des Obersten Sowjets der UdSSR „Über die *Einführung der Grundlagen der Zivilgesetzgebung der UdSSR und der Unionsrepubliken*“ vom 31.05.1991, Nr. 2212-I, VSNDiVS SSSR 1991, Nr. 26, Pos. 734.

95 Vgl. hierzu *W. Seiffert*, WiRO 1992, Nr. 5, S. 139; *Brendel*, Jahrbuch für Ostrecht 1995, Nr. 2, S. 207.

96 VSNDiVS RSFSR 1991, Nr. 51, Pos. 1798; eine deutsche Übersetzung von *Waehler* befindet sich in den Mitteilungen Nr. 4 (Jg. 3/1992/1) der Vereinigung für deutsch-sowjetisches Wirtschaftsrecht e. V., S. 20).

entsprechender Gesetzgebungsakte der RSFSR Normen der ehemaligen UdSSR in dem Teil Anwendung finden, der nicht der Verfassung der RSFSR, der Gesetzgebung der RSFSR und dem Abkommen über die Gründung der GUS widerspricht. Beendet wurde diese Diskussion durch die Verordnung des Obersten Sowjets der RF vom 14.07.1992 „Über die *Regelung der zivilrechtlichen Beziehungen während der Durchführung der Wirtschaftsreformen*"[97], die die GZG 1991 mit Wirkung vom 03.08.1992 in Kraft setzte. Diese Rechtslage wurde durch den Obersten Gerichtshof der RF bestätigt[98].

Das Deliktsrecht wurde in den GZG 1991 im 19. Kapitel in den Art. 126-132 geregelt. Art. 126 GZG 1991 enthielt den Grundtatbestand der Verschuldenshaftung sowie weitere allgemeine Bestimmungen. Art. 127 GZG 1991 regelte die Staatshaftung, Art. 128 GZG 1991 die Gefährdungshaftung. Besonderheiten bei dem Ersatz von Schäden, die dem Leben oder der Gesundheit eines Bürgers zugefügt wurden, berücksichtigte Art. 130 GZG 1991. Art. 132 GZG 1991 enthielt Bestimmungen über die Berücksichtigung des Mitverschuldens des Geschädigten sowie der Vermögenslage des Schädigers.

Grundlegend neu waren die Art. 129 und 131 GZG 1991. Durch Art. 129 GZG 1991 wurden Regelungen über die Produkthaftung in das sowjetische Deliktsrecht eingefügt. Art. 131 GZG 1991 führte den Ersatz immaterieller Schäden in das sowjetische Deliktsrecht ein[99].

Die oben aufgeführten sieben Artikel waren trotz ihrer Länge und Ausführlichkeit lediglich als Grundlagenregelungen konzipiert und darauf angelegt, durch Gesetzgebungsakte der Republiken ausgefüllt zu werden. Ergänzend waren deshalb weiterhin die Art. 444 ff. ZGB 1964 heranzuziehen.

Im einzelnen wurde das Verhältnis des ZGB 1964 und der GZG 1991 durch die bereits erwähnte Verordnung des Obersten Sowjets der RF vom 14.07.1992 „Über die *Regelung der zivilrechtlichen Beziehungen*

---

97 Nr. 3301-I, VSNDiVS RF 1992, Nr. 30, Pos. 1800, geändert durch Verordnung des Obersten Sowjets der RF vom 03.03.1993, Nr. 4604-I, VSNDiVS RF 1993, Nr. 11, Pos. 393; eine deutsche Übersetzung von *Waehler* befindet sich in den Mitteilungen Nr. 6 (Jg. 4 1993/1) der Vereinigung für deutsch-russisches Wirtschaftsrecht e. V., S. 38.

98 Erläuternde Leitentscheidung Nr. 17 des Plenums des Obersten Gerichtshofs der RF vom 22.12.1992, BVS RF 1993, Nr. 2, S. 7.

99 Eine Gesamtdarstellung des Deliktsrechts der GZG 1991 befindet sich in *Heidemann*, Unternehmenshaftung in Rußland, S. 105-123.

während der Durchführung der Wirtschaftsreformen", zum Teil geändert durch die Verordnung vom 03.03.1993 „Über *einige Fragen zur Anwendung der Gesetzgebung der UdSSR auf dem Gebiet der Rußländischen Föderation*"[100], geregelt. Gemäß Ziff. 2 der Verordnung vom 14.07.1992 galt das ZGB 1964 nur insoweit weiter, als es anderen Gesetzen der RF, die nach der Unabhängigkeitserklärung am 12.06.1990 erlassen wurden, sowie sonstigen in der RF geltenden Gesetzen – somit auch den GZG 1991 – nicht widersprach. Die GZG 1991 wiederum galten nur so weit, als sie rußländischen Gesetzen, die nach dem 12.06.1990 erlassen wurden, nicht widersprachen, d. h. im Zweifel gingen spätere Gesetze den GZG 1991 vor (Ziff. 1 der Verordnung vom 14.07.1992)[101].

Es bestand somit folgende Normenhierarchie: Erstrangig galten die Rechtsnormen der rußländischen Gesetzgebung, die nach dem 12.06.1990 erlassen wurden. In zweiter Linie galten die GZG 1991, sofern sie den Normen der ersten Gruppe nicht widersprachen. In dritter Linie galten die Bestimmungen des ZGB 1964, soweit sie nicht im Widerspruch zu den Normen der ersten beiden Gruppen standen[102].

Soweit allerdings die Art. 444 ff. ZGB 1964 durch das Gesetz „Über die *Einführung von Änderungen und Ergänzungen in das Zivilgesetzbuch der RSFSR*" vom 24.12.1992[103] den neuen Bestimmungen der GZG 1991 angepaßt wurden, hatten die geänderten Bestimmungen als das jüngere Gesetz im Zweifel vor den GZG 1991 den Vorrang.

5. Die Entstehungsgeschichte des geltenden ZGB

Nach dem Zerfall der Sowjetunion wurden in der Rußländischen Föderation alsbald die Arbeiten zur Schaffung eines neuen ZGB aufgenommen. Mit der federführenden Ausarbeitung eines Entwurfs wurde das *Zentrum für Privatrecht beim Präsidenten der RF* unter der Leitung

---

100 Nr. 4604-I, VSNDiVS RF 1993, Nr. 11, Pos. 393, geändert durch Gesetze vom 30.11.1994, Nr. 52-FZ, SZ 1994, Nr. 32, Pos. 3302, und 26.01.1996, SZ 1996, Nr. 5, Pos. 411; eine deutsche Übersetzung von *Waehler* befindet sich in den Mitteilungen Nr. 6 (Jg. 4/1993/1) der Vereinigung für deutsch-russisches Wirtschaftsrecht e. V., S. 35 ff.

101 Vgl. hierzu *C. Hüper*, WiRO 1995, Nr. 5, S. 161, 162.

102 Vgl. *Heidemann*, Unternehmenshaftung in Rußland, S. 39.

103 Nr. 4115-I, VSNDiVS RF 1993, Nr. 4, Pos. 119.

von Herrn *Prof. Dr. Alekseev* betraut[104]. Zur Ausarbeitung des Entwurfs wurde allerdings eine Arbeitsgruppe gebildet, der neben im Zentrum für Privatrecht fest angestellten Juristen auch Mitglieder des Instituts für Gesetzgebung und vergleichende Rechtswissenschaft beim Ministerrat der RF, Beamte des Justizministeriums, Universitätsprofessoren, hohe Richter und Rechtsberater angehörten[105].

Das Zentrum für Privatrecht stand bei der Vorbereitung des ZGB unter erheblichem Zeitdruck, weil sowohl die Regierung als auch das Parlament das Vorhaben für vordringlich erachteten. Es schlug deshalb vor, die Kodifikation schrittweise zu verwirklichen und fertigte zunächst einen Entwurf des Ersten Teils des ZGB an. Der Entwurf wurde mehrfach überarbeitet und im Spätsommer 1993 dem Präsidenten vorgelegt[106]. Anschließend wurde er publiziert und öffentlich diskutiert. Da viele Einwände gegen den Entwurf vorgebracht wurden, wurde er nochmals überarbeitet[107].

Nachdem die Regierung den Entwurf gebilligt hatte, ordnete der Präsident durch Erlaß vom 05.05.1994[108] an, daß der Entwurf zur „erstrangigen Beratung" in die Staatsduma eingebracht werden sollte. Die Staatsduma behandelte den Entwurf am 26.05.1994 in erster Lesung und überwies ihn an den Ausschuß für Gesetzgebung zur Beratung, der dem Plenum eine größere Anzahl von Änderungen empfahl. In der letzten

---

104 Vgl. *H. Arnold*, RIW 1995, Nr. 11, S. 899; *W. Bergmann/M. Glöckner*, WiRO 1995, Nr. 12, S. 445; *O. Sadikov*, ZEuP 1996, Nr. 2, S. 260; *Roggemann/Bergmann*, Zivilgesetzbuch der Russischen Föderation (Erster Teil) von 1994, S. 41; *S. Alekseev*, in: Graždanskij kodeks Rossii, S. 24.

105 Vgl. *Arnold*, RIW 1995, Nr. 11, S. 899; *Sadikov*, ZEuP 1996, Nr. 2, S. 260; *Solotych*, Das Zivilgesetzbuch der Russischen Föderation – Erster Teil –, S. 16; *Roggemann/Bergmann*, Zivilgesetzbuch der Russischen Föderation (Erster Teil) von 1994, S. 36. Der Arbeitsgruppe gehörten neben *Alekseev* u. a. *Makovskij, Avilov, Golubov, Dozorcev, Kalmykov, Kozyr', Suchanov, Chochlov, Braginskij und Vitrjanskij* an, vgl. *M. Braginskij/V. Vitrjanskij*, Dogovornoe pravo, S. 8, nach Angaben von *Alekseev* (in: Graždanskij kodeks Rossii, S. 24) darüber hinaus *Komarov, Jarošenko* und *Jakovlev*.

106 Vgl. *G. Garbrecht*, WiRO 1994, Nr. 3, S. 104; *Roggemann/Bergmann*, Zivilgesetzbuch der Russischen Föderation (Erster Teil) von 1994, S. 45; vgl auch *Alekseev*, in: Graždanskij kodeks Rossii, S. 31.

107 *Arnold*, RIW 1995, Nr. 11, S. 901; *Sadikov*, ZEuP 1996, Nr. 2, S. 260; *Roggemann/Bergmann*, Zivilgesetzbuch der Russischen Föderation (Erster Teil) von 1994, S. 47 f.; vgl auch *Alekseev*, in: Graždanskij kodeks Rossii, S. 32.

108 Nr. 856, SZ 1994, Nr. 3, Pos. 161.

Sitzung der Staatsduma vor der Sommerpause 1994 fand die zweite Lesung statt. Dabei wurden zahlreiche Änderungen eingefügt[109].

Die Staatsduma nahm den Entwurf am 21.10.1994 in dritter Lesung an. Er wurde sodann dem Föderationsrat zugeleitet, in dem vor allem die Bestimmungen zum Eigentums- und Bodenrecht kontrovers diskutiert wurden. Der Föderationsrat billigte den Entwurf schließlich, nachdem man sich darauf geeinigt hatte, daß die bodenrechtlichen Vorschriften erst nach Verabschiedung eines neuen Bodengesetzbuchs in Kraft treten werden (vgl. Art. 13 des Gesetzes „Über die *Einführung von Teil I des Zivilgesetzbuchs der Rußländischen Föderation*" vom 30.11.1994[110] (im folgenden: Gesetz über die Einführung von Teil I des ZGB)[111]). Am 30.11.1994 wurde er vom Präsidenten unterzeichnet. In Kraft trat der Erste Teil des ZGB am 01.01.1995 (vgl. Art. 1 des Gesetzes über die Einführung von Teil I des ZGB).

Durch Verfügung des Präsidenten vom 01.07.1994[112] wurde angeordnet, daß das Justizministerium und das Forschungszentrum für Privatrecht eine gemeinsame Arbeitsgruppe zur Vorbereitung des Entwurfs für den Zweiten Teil des ZGB zu bilden haben und zu den Beratungen der Arbeitsgruppe auch Vertreter des Obersten Gerichtshofs, des Höchsten Arbitragegerichts, des Instituts für Gesetzgebung und vergleichende Rechtswissenschaft beim Ministerrat, des Instituts für Staat und Recht der Rußländischen Akademie der Wissenschaften, der Moskauer Staatsuniversität und der Akademie für Außenhandel hinzugezogen werden. Gleichzeitig wurde angeordnet, daß der Entwurf im 4. Quartal 1994 fertiggestellt werden soll. Geleitet wurde das Projekt von den Professoren

---

109 *M. Glöckner*, WiRO 1994, Nr. 9, S. 367 f.; *Arnold*, RIW 1995, Nr. 11, S. 902; *Roggemann/Bergmann*, Zivilgesetzbuch der Russischen Föderation (Erster Teil) von 1994, S. 48.

110 Nr. 52-FZ, SZ 1994, Nr. 32, Pos. 3302, geändert durch Gesetze vom 16.04.2001, Nr. 45-FZ, SZ 2001, Nr. 17, Pos. 1644, und 26.11.2001, Nr. 147-FZ, SZ 2001, Nr. 49, Pos. 4553. Eine Übersetzung des Gesetzes befindet sich in *Roggemann/ Bergmann*, Zivilgesetzbuch der Russischen Föderation (Erster Teil) von 1994, S. 301 ff., die im folgenden zugrundeglegt wird.

111 Vgl. *Arnold*, RIW 1995, Nr. 11, S. 902; *Roggemann/Bergmann*, Zivilgesetzbuch der Russischen Föderation (Erster Teil) von 1994, S. 48 f.; *Alekseev*, in: Graždanskij kodeks Rossii, S. 35.

112 Nr. 347-rp, SZ 1994, Nr. 11, Pos. 1280.

Alekseev und *Makovskij*[113]. Im Laufe des Jahres 1995 schloß das Forschungszentrum für Privatrecht die Arbeiten am Entwurf zum Zweiten Teil des ZGB ab[114]. Der Präsident leitete am 01.11.1995 den Entwurf der Staatsduma zur „vorrangigen Behandlung" zu. Bereits am 17.11.1995 fand die erste Lesung und am 28.11.1995 eine parlamentarische Anhörung statt[115]. Schließlich nahm die Staatsduma den Entwurf am 22.12.1995 in dritter Lesung an. Am 26.01.1996 wurde er vom Präsidenten unterzeichnet. In Kraft trat der Zweite Teil des ZGB am 01.03.1996 (vgl. Art. 1 des Gesetzes „Über die *Einführung von Teil II des Zivilgesetzbuches der Rußländischen Föderation*" vom 26.01.1996[116] (im folgenden: Gesetz über die Einführung von Teil II des ZGB)).

Erst mehr als fünf Jahre nach Inkrafttreten des Zweiten Teils des ZGB, nämlich am 26.11.2001, wurde der *Dritte Teil des Zivilgesetzbuchs* der Rußländischen Föderation[117] verabschiedet, der das Erbrecht und das internationale Privatrecht regelt. In Kraft trat er gemäß Art. 1 des *Gesetzes* „Über die *Einführung von Teil III des Zivilgesetzbuchs der Rußländischen Föderation*" vom 26.11.2001[118] (im folgenden: Gesetz über die Einführung von Teil III des ZGB) am 01.03.2002.

Bei der Ausarbeitung des ZGB haben Experten aus dem Ausland mitgewirkt. Die Arbeitsgruppe am Zentrum für Privatrecht hat sich bei der Vorbereitung des Ersten Teils von niederländischen, italienischen, und US-amerikanischen Juristen beraten lassen[119]. Auch mit deutschen

---

113 Darüber hinaus waren an dem Projekt insbesondere *Braginskij, Chochlov, Dozorcev, Jakovlev, Kalmykov, Komarov, Kozyr', Suchanov* und *Vitrjanskij* beteiligt, vgl. *Roggemann/Bergmann*, Zivilgesetzbuch der Russischen Föderation (Zweiter Teil) von 1995, S. 32.

114 Vgl. *Bergmann/Glöckner*, WiRO 1995, Nr. 12, S. 445.

115 *Roggemann/Bergmann*, Zivilgesetzbuch der Russischen Föderation (Zweiter Teil) von 1995, S. 32.

116 Nr. 15-FZ, SZ 1996, Nr. 5, Pos. 411, geändert durch Gesetz vom 26.11.2001, Nr. 147-FZ, SZ 2001, Nr. 49, Pos. 4553. Eine deutsche Übersetzung befindet sich in *Roggemann/Bergmann*, Zivilgesetzbuch der Russischen Föderation (Zweiter Teil) von 1995, S. 433 ff., die im folgenden zugrundegelegt wird.

117 Nr. 146-FZ, SZ 2001, Nr. 49, Pos. 4552.

118 Nr. 147-FZ, SZ 2001, Nr. 49, Pos. 4553.

119 *Glöckner*, WiRO 1994, Nr. 9, S. 367 f.; *Arnold*, RIW 1995, Nr. 11, S. 901; *Solotych*, Das Zivilgesetzbuch der Russischen Föderation – Erster Teil –, S. 16; *Roggemann/Bergmann*, Zivilgesetzbuch der Russischen Föderation (Erster Teil) von 1994, S. 16, 42; *F. Feldbrugge*, Review of Central and East European Law

Experten fanden ausführliche Beratungen statt. Dabei haben die deutschen Berater sowohl schriftlich zu den Entwürfen Stellung genommen als auch die Entwürfe mit den Entwurfsverfassern im Rahmen von gemeinsamen Arbeitssitzungen diskutiert[120]. Trotz dieser Beratung war der ausländische Einfluß auf das ZGB begrenzt[121]. Dabei soll der Einfluß des niederländischen Rechts am stärksten gewesen sein, weil es sich dabei um die jüngste westeuropäische Zivilrechtskodifikation handelt[122]. Ein weiterer Beweggrund soll die vom niederländischen Gesetzgeber gewählte Aufhebung der Trennung von Zivil- und Handelsrecht gewesen sein, für die sich die Verfasser des ZGB-Entwurfs ebenfalls entschieden hatten[123]. Betrachtet man jedoch die Einzelheiten der Vorschriften, lassen sich keine umfangreichen Parallelen zum niederländischen Recht feststellen[124].

Deutlich zu spüren ist hingegen der Einfluß des ZGB 1964 und der GZG 1991 auf das geltende ZGB[125]. Das geltende ZGB regelt in etwa die gleichen Materien wie das ZGB 1964. Auch deren Gliederung lehnt sich an das ZGB 1964 an[126]. Zurückzuführen ist dies zum einen darauf, daß die Verfasser der Entwürfe im sowjetischen Recht ausgebildet waren und bisher ausschließlich dieses Recht die rußländische Rechtspraxis beherrschte. Zudem war ein radikaler Bruch nicht angestrebt worden und

---

1995, Nr. 3/4, S. 238; *Sprague*, The Journal of East European Law 2000, Nr. 1, S. 18 f.; *Alekseev*, in: Graždanskij kodeks Rossii, S. 25.

120 Vgl. *Bergmann/Glöckner*, WiRO 1995, Nr. 12, S. 445; *Garbrecht*, WiRO 1994, Nr. 3, S. 104; *Glöckner*, WiRO 1994, Nr. 6, S. 232, und Nr. 9, S. 367 f.; *Arnold*, RIW 1995, Nr. 11, S. 901; *Roggemann/Bergmann*, Zivilgesetzbuch der Russischen Föderation (Zweiter Teil) von 1995, S. 32 f.

121 Vgl. dazu auch *A. Steininger*, Das russische Kaufrecht, S. 41 ff.

122 Vgl. *Solotych*, Das Zivilgesetzbuch der Russischen Föderation – Erster Teil –, S. 15; *Feldbrugge*, Review of Central and East European Law 1995, Nr. 3/4, S. 238; *Sprague*, The Journal of East European Law 2000, Nr. 1, S. 4 f.

123 *Solotych*, Das Zivilgesetzbuch der Russischen Föderation – Erster Teil –, S. 15; vgl. dazu auch *Garbrecht*, WiRO 1994, Nr. 3, S. 104

124 Vgl. *Steininger*, Das russische Kaufrecht, S. 43.

125 *Solotych*, Das Zivilgesetzbuch der Russischen Föderation – Erster Teil –, S. 16, 73 f.; *Solotych*, Das neue russische ZGB aus rechtsvergleichender Sicht, in: *Schroeder*, Die neuen Kodifikationen in Rußland, S. 29 f.; *Arnold*, RIW 1995, Nr. 11, S. 899.

126 *Solotych*, Das Zivilgesetzbuch der Russischen Föderation – Erster Teil –, S. 16; *Arnold*, RIW 1995, Nr. 11, S. 899.

wäre möglicherweise aufgrund der tatsächlich vorhandenen Lebensumstände auch nicht durchsetzbar gewesen[127].

Gerade in Bezug auf das geltende rußländische Deliktsrecht ist der Einfluß des sowjetischen Rechts deutlich zu erkennen. Während mit dem Erlaß des geltenden ZGB erhebliche Veränderungen auf dem Gebiet des Eigentums-, Vertrags- und Gesellschaftsrechts verbunden waren, unterscheidet sich das Deliktsrecht nicht grundlegend von seinen Vorgängern[128]. Das neue ZGB wiederholt – häufig auch im Detail – eine Reihe von Prinzipien der deliktischen Haftung, die bereits im ZGB 1964 und in den GZG 1991 verankert waren. Das betrifft vor allem die Vorschriften, die nun Gegenstand des § 1 (Allgemeine Vorschriften) des 59. Kapitels des ZGB sind. Sie enthalten allerdings viele Änderungen. Völlig neu ist z. B. der Unterlassungsanspruch des Art. 1065 ZGB. Vorschriften über den Ersatz von Schäden an Leben oder Gesundheit (§ 2 des 59. Kapitels des neuen ZGB) waren ebenfalls bereits im ZGB 1964 und den GZG 1991 vorhanden. Sie wurden jedoch so grundlegend geändert, daß jeder Artikel des Abschnitts von den Änderungen betroffen war. Die Vorschriften des § 3 (Produkthaftung) und des § 4 (Ersatz des immateriellen Schadens) des 59. Kapitels des ZGB waren hingegen im ZGB 1964 noch nicht vorhanden. Ansatzweise Regelungen dieser Materien erschienen erst in den GZG 1991 (Art. 129 und 131)[129]. Insgesamt stellt das geltende Deliktsrecht somit ein Konglomerat aus bereits im sowjetischen Recht verankerten Prinzipien und neuen Rechtsgrundsätzen dar, die von der sowjetischen Rechtswissenschaft zum Teil sogar lange Zeit vollkommen abgelehnt wurden[130].

Sofern der rußländische Gesetzgeber an Vorschriften aus dem sowjetischen Recht angeknüpft hat, hat er auch die vorhandene Terminologie im wesentlichen beibehalten und sich – sofern er Änderungen vorgenommen hat – überwiegend darauf beschränkt, ungenaue Formulierungen zu beseitigen. Neue Begriffe werden in erster Linie in den neuen

---

127 *Arnold*, RIW 1995, Nr. 11, S. 899; *Solotych*, Das Zivilgesetzbuch der Russischen Föderation – Erster Teil –, S. 16.

128 *A. Neumüller*, Das Umwelthaftungsrecht der RF, S. 45.

129 Eine zusammenfassende Gegenüberstellung des alten und neuen Rechts befindet sich z. B. in dem Beitrag von *Jarošenko*, Objazatel'stva vsledstvie pričinenija vreda, in: *O. Kozyr'/A. Makovskij/S. Chochlov*, Graždanskij kodeks RF. Čast' vtoraja, S. 579 ff.

130 Dies gilt zum Beispiel für den Ersatz des immateriellen Schadens, vgl. dazu unten S. 275 ff.

Abschnitten über die Produkthaftung und den Ersatz des immateriellen Schadens verwendet.

Die in gewissem Umfang im Verhältnis zum sowjetischen Recht bestehende Kontinuität spiegelt sich auch darin wieder, daß in den nach dem Inkrafttreten des Zweiten Teils des ZGB erschienenen Kommentaren und Lehrbüchern zum Deliktsrecht nach wie vor in nicht unerheblichem Umfang Rechtsprechung und Literatur aus der Zeit vor dem Inkrafttreten des neuen Deliktsrechts bei der Auslegung des geltenden Rechts herangezogen wird. Die sowjetische Literatur und Rechtsprechung zum Deliktsrecht bleibt somit grundsätzlich von Bedeutung[131]. Aus diesem Grund muß diese Rechtsprechung und Literatur auch im Rahmen der vorliegenden Arbeit berücksichtigt werden.

Der Einfluß des Deliktsrechts nach dem ZGB 1964 und nach den GZG 1991 auf das heutige Recht soll jedoch an dieser Stelle nicht im Detail vertieft werden. Vielmehr wird im Zusammenhang mit der Darstellung der einzelnen Vorschriften des geltenden Rechts analysiert, inwieweit sie auf das sowjetische Recht zurückgehen.

6. Das Verhältnis des alten Rechts zum neuen Recht

Mit der Einführung des Ersten Teils des geltenden rußländischen ZGB wurden das ZGB 1964 und die GZG 1991 nicht vollständig außer Kraft gesetzt, sondern nur in dem Umfang, wie es Art. 2 des Gesetzes über die Einführung von Teil I des ZGB[132] vorsah. Da der Erste Teil des geltenden ZGB keine umfassende Regelung des besonderen Schuldrechts und damit des Deliktsrechts enthält, wurden die Art. 444 ff. ZGB 1964 und die Art. 126-132 GZG 1991 durch das Gesetz über die Einführung von Teil I des ZGB noch nicht außer Kraft gesetzt, sondern galten zunächst neben dem Ersten Teil des geltenden ZGB weiter.

Art. 4 Satz 1 des Gesetzes über die Einführung von Teil I des ZGB sieht vor, daß bis zur Anpassung der auf dem Gebiet der RF geltenden Gesetze und anderen Normativakte an das ZGB Teil I die Gesetze und anderen Normativakte der RF, ferner die GZG 1991 und die anderen Gesetzgebungsakte der UdSSR, die auf dem Gebiet der RF gelten, im Rahmen und in der Weise, wie dies durch die Verfassung der RF be-

---

131 So auch *Neumüller*, Das Umwelthaftungsrecht der RF, S. 45.

132 Vgl. Fn. 110, zum Inhalt des Gesetzes vgl. *Hüper*, WiRO 1995, Nr. 5, S. 161-165.

stimmt ist, durch die Verordnung des Obersten Sowjets der RSFSR vom 12.12.1991 „Über die *Ratifizierung des Abkommens über die Gründung der Gemeinschaft Unabhängiger Staaten*", durch die Verordnung des Obersten Sowjets der RF vom 14.07.1992 „Über die *Regulierung der zivilrechtlichen Beziehungen während der Durchführung der Wirtschaftsreformen*" sowie vom 03.03.1993 „Über *einige Fragen der Anwendung der Gesetzgebung der UdSSR auf dem Gebiet der Rußländischen Föderation*" insoweit fortgelten, als sie nicht zum ZGB Teil I im Widerspruch stehen.

Erst das Gesetz über die Einführung von Teil II des ZGB[133] setzte in Art. 2 das gesamte Schuldrecht und damit das Deliktsrecht des ZGB 1964 sowie in Art. 3 die schuldrechtlichen Bestimmungen einschließlich des Deliktsrechts der GZG 1991 mit Wirkung vom 01.03.1996 außer Kraft.

Allerdings sieht Art. 4 Abs. 1 des Gesetzes über die Einführung von Teil II des ZGB vor, daß bis zur Anpassung der auf dem Gebiet der RF geltenden Gesetze und anderen Rechtsakte an das ZGB Teil II die Gesetze und anderen Rechtsakte der RF sowie Gesetzgebungsakte der UdSSR, die auf dem Gebiet der RF gelten, in dem Rahmen und in der Weise, wie dies durch die Gesetzgebung der RF bestimmt ist, insoweit fortgelten, als sie nicht zum ZGB Teil II in Widerspruch stehen. Deliktsrechtliche Bestimmungen außerhalb des ZGB können somit weiter angewendet werden, obwohl sie vor dem Zweiten Teil des ZGB in Kraft getreten sind, soweit sie den Art. 1064 ff. ZGB nicht widersprechen. Dies betrifft z. B. das Verbraucherschutzgesetz[134].

Art. 9 des Gesetzes über die Einführung von Teil II des ZGB stellt zudem ausdrücklich klar, daß das Verbraucherschutzgesetz neben dem Zweiten Teil des ZGB anzuwenden ist.

Eine Sonderregelung über die Anwendbarkeit einiger Bestimmungen des Deliktsrechts enthält Art. 12 des Gesetzes über die Einführung von Teil II des ZGB. Die Art. 1069 und 1070 ZGB erstrecken sich auch auf Fälle, in denen dem Betroffenen Schaden vor dem 01.03.1996, jedoch nicht vor dem 01.03.1993 entstanden ist, und der entstandene Schaden nicht ersetzt wurde. Dasselbe gilt auch für die Art. 1085-1094 ZGB.

---

133 Vgl. Fn. 116, zum Inhalt des Gesetzes vgl. *H. Schmitt/A. Weber*, WiRO 1996, Nr. 3, S. 86-89.

134 Vgl. Fn. 5.

Durch die Art. 2 und 3 des Gesetzes über die Einführung von Teil III des ZGB wurden die Bestimmungen zum Erbrecht und zum Internationalen Privatrecht des ZGB 1964 und der GZG 1991, die bis zum 28.02.2002 fortgalten, außer Kraft gesetzt.

III. ZUM BEGRIFF UND DER FUNKTION DER DELIKTISCHEN SCHULDVERHÄLTNISSE

Im folgenden Abschnitt werden Definitionen des Begriffs „Schuldverhältnisse aus Schadenszufügung", andere für diese Schuldverhältnisse verwendete Bezeichnungen sowie die Funktionen vorgestellt, welche diese Schuldverhältnisse haben. Für die praktische Anwendung der Art. 1064 ff. ZGB sind diese Betrachtungen zwar nur von geringer Relevanz. Sie spiegeln jedoch die Sichtweise dieser Schuldverhältnisse in der rußländischen Rechtswissenschaft wieder und sind deshalb für das Verständnis der Literatur von Bedeutung.

1. Der Begriff des „Schuldverhältnisses aus Schadenszufügung"

Der rußländische Gesetzgeber hat als Überschrift für das 59. Kapitel des ZGB die Bezeichnung *„Schuldverhältnisse aus Schadenszufügung"*[135] gewählt und damit in etwa die Bezeichnung beibehalten, mit der die entsprechenden Kapitel des ZGB 1964 und der GZG 1991 überschrieben worden waren[136]. Der Begriff des „Schuldverhältnisses aus Schadenszufügung" wird im Gesetz allerdings nicht konkret definiert. Art 1064 ZGB gibt nur einen Anhaltspunkt, worin die grundlegende Idee besteht, die diese Schuldverhältnisse charakterisiert. In der rußländischen rechtswissenschaftlichen Literatur ist deshalb versucht worden, eine Definition des Begriffs „Schuldverhältnis aus Schadenszufügung" zu entwickeln[137].

---

135 Russ.: objazatel'stva vsledstvie pričinenija vreda.

136 Das Kapitel über das Deliktsrecht war im ZGB 1964 und den GZG 1991 war mit „Schuldverhältnisse, die aus Schadenszufügung entstehen" (russ.: objazatel'stva voznikajuščie vsledstvie pričinenija vreda) überschrieben.

137 Im deutschen Recht wird die unerlaubte Handlung definiert als widerrechtliche Verletzung der allgemeinen, zwischen allen Personen bestehenden, gewissermaßen nachbarlichen Rechtsbeziehungen, die von jedermann zu beachten sind, weil sie die

Korneev definiert diesen Begriff in Anlehnung an den Wortlaut des Art. 1064 Abs. 1 Satz 1 ZGB dahingehend, daß kraft eines Schuldverhältnisses aus Schadenszufügung diejenige Person, die einer anderen Person oder dem Vermögen einer natürlichen oder juristischen Person einen Schaden zufügt, verpflichtet ist, den zugefügten Schaden in vollem Umfang zu ersetzen, und die geschädigte Person das Recht hat, zu fordern, daß der ihr entstandene Schaden ersetzt wird[138].

Tolstoj umschreibt die Schuldverhältnisse aus Schadenszufügung als außervertragliche Schuldverhältnisse, die durch die Verletzung von Vermögens- und persönlichen Nichtvermögensrechten des Geschädigten entstehen, absoluten Charakter haben und dazu berufen sind, die möglichst volle Wiederherstellung dieser Rechte auf Kosten des Schädigers oder anderer Personen, denen durch Gesetz die Pflicht zum Schadensersatz auferlegt wurde, zu gewährleisten[139].

Malein definiert das Schuldverhältnis aus Schadenszufügung als zivilrechtliches Schuldverhältnis, kraft dessen der Geschädigte das Recht hat, von der Person, die für die Zufügung des Schadens verantwortlich ist, zu verlangen, den Vermögensschaden in natura oder durch Geldzahlung sowie in den gesetzlich vorgesehenen Fällen den immateriellen Schaden zu ersetzen und die Produktionstätigkeit des Schädigers zu unterbrechen oder zu beenden[140].

Ähnliche Definitionen gab es bereits in der Literatur zum sowjetischen Deliktsrecht. So bezeichnet *V. Smirnov* das Schuldverhältnis aus Schadenszufügung als Schuldverhältnis, kraft dessen eine Person, die der Person oder dem Vermögen eines Bürgers oder einer Organisation einen

---

Grundlage des Gemeinschaftslebens bilden, vgl. BGHZ 34, 375, 380; *Staudinger-Hager*, vor § 823 Rn. 25.

138 In: *E. Suchanov*, Graždanskoe pravo, Band 2, Halbband 2, S. 363; eine ähnliche Definition befindet sich bei *B. Zavidov/O. Gusev*, Graždansko-pravovaja otvetstvennost', S. 462: „Als Schuldverhältnis infolge Schadenszufügung wird eine solche zivilrechtliche Beziehung bezeichnet, nach der der Geschädigte (Gläubiger) berechtigt ist, vom Schädiger (Schuldner) den vollen Ersatz des Schadens zu verlangen, der durch unrechtmäßige Handlungen (Unterlassung) des Schädigers zugefügt wurden, und der Schuldner verpflichtet ist, den Schaden in vollem Umfang zu ersetzen."

139 In: *Sergeev/Tolstoj*, Graždanskoe pravo, Band 3, S. 7.

140 In: *A. Kalpin*, Graždanskoe pravo. Čast' vtoraja, S. 506 f.

Schaden zugefügt hat, verpflichtet ist, diesen Schaden zu ersetzen[141]. *Kuznecova* definiert das Schuldverhältnis aus Schadenszufügung als zivilrechtliches Schuldverhältnis, kraft dessen eine Person (der Geschädigte – Gläubiger) das Recht hat, von einer anderen Person (dem Schädiger – Schuldner) den vollen Ersatz eines rechtswidrig zugefügten Schadens im Wege der Zurverfügungstellung bestimmten Vermögens in natura oder des Schadensersatzes zu fordern[142]. *Broslavskij* spricht von einem Schuldverhältnis, kraft dessen eine Person (der Geschädigte – Gläubiger) das Recht hat, von einer anderen Person (dem Schädiger – Schuldner) Ersatz des Schadens, der infolge der Schadenszufügung entstanden ist, in vollem Umfang zu verlangen[143]. *Verdnikov* führt aus, daß kraft eines Schuldverhältnisses aus Schadenszufügung der Geschädigte berechtigt ist, von der Person, die für den Schaden verantwortlich ist, die Wiederherstellung des vorherigen Zustandes oder Schadensersatz zu fordern[144].

Diese Definitionen stellen allerdings nur – mehr oder weniger treffende – zusammenfassende Umschreibungen der Schuldverhältnisse aus Schadenszufügung dar. Für die Auslegung der Tatbestandsmerkmale der Art. 1064 ff. ZGB sind sie nicht relevant, so daß eine detaillierte Auseinandersetzung mit den einzelnen Definitionen für die praktische Rechtsanwendung nicht notwendig ist. Die Definition von *Tolstoj* beschreibt jedoch die Schuldverhältnisse aus Schadenszufügung am treffensten, weil sie – im Gegensatz zu den anderen Definitionen – nicht nur die wesentlichen gesetzlichen Tatbestandsmerkmale, sondern auch die wesentlichen Charakteristika dieser Schuldverhältnisse (außervertraglich, Verletzung absoluter Rechte, voller Schadensersatz auf Kosten des Schädigers oder anderer Personen, die dazu kraft Gesetzes verpflichtet sind) aufführt.

---

141 Objazatel'stva, voznikajuščie iz pričinenija vreda, S. 9; vgl. auch *Smirnov* in: *V. Smirnov/Ju. Tolstoj/A. Jurčenko*, Sovetskoe graždanskoe pravo, Teil 2, S. 297, und *Smirnov* in: *O. Ioffe/Ju. Tolstoj/B. Čerepachin*, Sovetskoe graždanskoe pravo, Band 2, S. 364.

142 In: *O. Krasavčikov*, Sovetskoe Graždanskoe pravo, Band 2, 2. Aufl., S. 324.

143 In: *Ja. Kunik*, Sovetskoe graždanskoe pravo, S. 444.

144 In: *V. Rjasencev*, Sovetskoe graždanskoe pravo, Band 2, S. 356.

2. *Weitere in der Literatur verwendete Bezeichnungen*

In der rußländischen Rechtswissenschaft werden an Stelle des vom Gesetzgeber gewählten Begriffs der „Schuldverhältnisse aus Schadenszufügung" auch folgende Bezeichnungen verwendet:

- deliktische Schuldverhältnisse[145]
- Schuldverhältnisse aus Rechtsverletzung[146]
- außervertragliche Schuldverhältnisse[147]
- Schuldverhältnisse aus unerlaubten Handlungen[148].

Der Begriff „Schuldverhältnisse aus Schadenszufügung" kennzeichnet das Resultat einer Handlung, die Begriffe „deliktische Schuldverhältnisse", „Schuldverhältnisse aus Rechtsverletzung" sowie „Schuldverhältnisse aus unerlaubten Handlungen" den Charakter einer Handlung und die Bezeichnung „außervertragliche Schuldverhältnisse" die Bege-

---

145 Russ.: deliktnye objazatel'stva; vgl. *Jarošenko* in: *O. Sadikov*, Graždanskoe pravo Rossii. Čast' vtoraja, S. 629; *Fajzutdinov* in: *O. Sadikov*, Kommentarij k Graždanskomu kodeksu RF, Anm. 1 und 2 zu Art. 1064; *K. Jarošenko*, ChiP, 1996, Nr. 12, S. 3; *Malein* in: *Kalpin*, Graždanskoe pravo. Čast' vtoraja, S. 509; *Korneev* in: *Suchanov*, Graždanskoe pravo, Band 2, Halbband 2, S. 366; *A. Guev*, Postatejnyj kommentarij k časti vtoroj Graždanskogo kodeksa RF, Anm. 1 zu Art. 1064; *Tolstoj* in: *Sergeev/Tolstoj*, Graždanskoe pravo, Band 3, S. 4; *E. Flejšic*, Objazatel'stva iz pričinenija vreda i neosnovatel'nogo obogaščenija, S. 7; *Flejšic* in: *Bratus'*, Sovetskoe graždanskoe pravo, Band 2, S. 291; *V. Smirnov/A. Sobčak*, Obščee učenie o deliktnych objazatel'stvach v sovetskom graždanskom prave, S. 7; *S. Doncov/M. Marinina*, Imuščestvennaja otvetstvennost' za vred, pričinennyj ličnosti, S. 13; *A. Borisov*, Kommentarij k Graždanskomu kodeksu RF časti pervoj i vtoroj, S. 1091; *Zavidov/Gusev*, Graždansko-pravovaja otvetstvennost', S. 462.

146 Russ.: objazatel'stva iz pravonarušenija; vgl. *Jarošenko* in: *Sadikov*, Graždanskoe pravo Rossii. Čast' vtoraja, S. 629; *Flejšic*, Objaztel'stva iz pričinenija vreda i neosnovatel'nogo obogaščenija, S. 7; *Flejšic* in: *Bratus'*, Sovetskoe graždanskoe pravo, Band 2, S. 290.

147 Russ.: vnedogovornye objazatel'stva; vgl. *Jarošenko* in: *Sadikov*, Graždanskoe pravo Rossii. Čast' vtoraja, S. 629; *Flejšic*, Objaztel'stva iz pričinenija vreda i neosnovatel'nogo obogaščenija, S. 7; *Malein* in: *Kalpin*, Graždanskoe pravo. Čast' vtoraja, S. 509.

148 Russ.: objazatel'stva iz nedozvolennych dejstvij; vgl. *Jarošenko* in: *Sadikov*, Graždanskoe pravo Rossii. Čast' vtoraja, S. 629. Diese Bezeichnung war auch als Kapitelüberschrift in dem Entwurf eines Zivilgesetzbuchs von 1905 vorgesehen, vgl. S. 45.

hung einer Handlung außerhalb der Grenzen vertraglicher Beziehungen[149].

Allerdings spiegelt keine der aufgeführten Bezeichnungen das Wesen der Schuldverhältnisse aus den Art. 1064 ff. ZGB in vollem Umfang wider[150]. Ungenau sind insbesondere die Bezeichnungen „Schuldverhältnisse aus Rechtsverletzung" und „außervertragliche Schuldverhältnisse". Eine Rechtsverletzung ist jede Handlung, die dem Recht widerspricht, somit auch die Nichterfüllung von vertraglichen Schuldverhältnissen[151]. Außerdem beruhen Schuldverhältnisse aus Schadenszufügung nicht immer auf einer Rechtsverletzung[152], sondern können auch bei rechtmäßigem Handeln entstehen[153]. Deshalb ist die Bezeichnung „Schuldverhältnisse aus Rechtsverletzung" nicht geeignet, die aus den Art. 1064 ff. ZGB folgenden Schuldverhältnisse exakt zu umschreiben. Der Begriff „außervertragliche Schuldverhältnisse" geht weiter als der der Schuldverhältnisse aus Schadenszufügung. Zu den außervertraglichen Schuldverhältnissen zählen nämlich nicht nur die Schuldverhältnisse aus Schadenszufügung, sondern sämtliche Schuldverhältnisse, die durch Umstände entstehen, die unmittelbar im Gesetz vorgesehen sind (sofern kein Vertrag vorliegt)[154], insbesondere die Schuldverhältnisse aus ungerechtfertigter Bereicherung (Art. 1102-1109 ZGB)[155]. Deshalb ist es zutreffender, die Schuldverhältnisse aus Schadenszufügung nicht mit den außervertraglichen Schuldverhältnissen gleichzusetzen, sondern sie als eine „Art der außervertraglichen Schuldverhältnisse"[156] zu bezeichnen oder zur „Kategorie der außervertraglichen Schuldverhältnisse"[157] zu zählen bzw. ihnen „außervertraglichen Charakter"[158] zuzuschreiben.

---

149 *Jarošenko* in: *Sadikov*, Graždanskoe pravo Rossii. Čast' vtoraja, S. 629.

150 *Jarošenko* in: *Sadikov*, Graždanskoe pravo Rossii. Čast' vtoraja, S. 629.

151 Vgl. *Flejšic*, Objaztel'stva iz pričinenija vreda i neosnovatel'nogo obogaščenija, S. 7; *Jarošenko* in: *Sadikov*, Graždanskoe pravo Rossii. Čast' vtoraja, S. 629.

152 Vgl. *Tolstoj* in: *Sergeev/Tolstoj*, Graždanskoe pravo, Band 3, S. 4.

153 Vgl. dazu unten S. 157.

154 *E. Suchanov*, Graždanskoe pravo, Band 1, S. 434.

155 Vgl. *Korneev* in: *Suchanov*, Graždanskoe pravo, Band 2, Halbband 2, S. 366.

156 *Jarošenko*, ChiP 1996, Nr. 12, S. 3; *Korneev* in: *Suchanov*, Graždanskoe pravo, Band 2, Halbband 2, S. 361; *Jarošenko* in: *M. Braginskij*, Kommentarij časti vtoroj Graždanskogo kodeksa RF, S. 351.

157 *Ėrdelevskij* in: *S. Grišaev*, Graždanskoe pravo, S. 458.

158 *Tolstoj* in: *Sergeev/Tolstoj*, Graždanskoe pravo, Band 3, S. 4.

Die Bezeichnung „deliktische Schuldverhältnisse" wird in der rußländischen Rechtswissenschaft neben der vom Gesetzgeber gewählten Bezeichnung „Schuldverhältnisse aus Schadenszufügung" am häufigsten verwendet[159]. Sie soll nach Auffassung von *Jarošenko* sogar am genauesten sein, sofern man unter „Delikt" eine einen Schaden zufügende rechtswidrige Handlung versteht, die nicht in der Nichterfüllung vertraglicher Schuldverhältnisse besteht[160]. Da der Begriff der deliktischen Schuldverhältnisse auch im deutschen Recht für die Schuldverhältnisse aus unerlaubter Handlung gemäß §§ 823 ff. BGB oft benutzt wird[161], wird er – wie bereits in der Einleitung klargestellt wurde – der vorliegenden Arbeit zugrundegelegt.

3. Zum Begriff der Haftung (otvetstvennost')

Der Gesetzgeber benutzt im 59. Kapitel des ZGB nicht nur den Begriff der „Schuldverhältnisse aus Schadenszufügung", sondern häufig den Begriff *„otvetstvennost'"*, so z. B. in den Überschriften der Art. 1064, 1068-1070 und 1073-1080 ZGB. Im ZGB definiert wird dieser Begriff allerdings nicht. Übersetzt wird der Begriff *„otvestvennost'"* in erster Linie mit *„Haftung"*, obwohl er weit mehr umfaßt als der deutsche Rechtsbegriff „Haftung"[162]. Er wird deshalb gelegentlich auch mit *„Verantwortlichkeit"* übersetzt[163].

---

159 Vgl. Fn. 145.

160 Vgl. *Jarošenko* in: *Sadikov*, Graždanskoe pravo Rossii. Čast' vtoraja, S. 629.

161 Vgl. z. B. *Staudinger-Hager*, Kommentierung zu §§ 823 ff.; MüKo-*Mertens*, Kommentierung vor §§ 823-853; *Soergel/Zeuner*, Kommentierung vor § 823; *Erman/Schiemann*, Kommentierung vor § 823; *K. Larenz/C. Canaris*, Lehrbuch des Schuldrechts II/2, S. 349 ff.; *J. Esser/H. Weyers*, Schuldrecht, Band II, Teilband 2, S. 129 ff.

162 Vgl. *Heidemann*, Unternehmenshaftung in Rußland, S. 9 ff. *Heidemann* weist zutreffend darauf hin, daß es aufgrund der verschiedenen Inhalte des Begriffs „otvetstvennost'" schwierig ist, diesen präzise in die deutsche Rechtssprache zu übertragen. Er benutzt den Begriff „Haftung" deshalb als Begriff der deutschen Rechtsterminologie und unterlegt dem rußländischen Recht den eindeutig definierten deutschen Begriff der „Haftung". Dabei klammert er die von der russischen Terminologie über die zivilrechtliche Haftung auf Schadensersatz hinausgehenden Inhalte aus.

163 Vgl. *Faria e Castro*, Die Merkmale der unerlaubten Handlung im sowjetischen Zivilrecht unter Berücksichtigung ihrer historischen Entwicklung, S. 19 ff.; z. T. auch *Neumüller*, Umwelthaftung in Rußland, S. 35 ff. In der vorliegenden Arbeit

In der Literatur wird zudem neben dem Begriff der „Schuldverhältnisse aus Schadenszufügung" der der *„Haftung für die Zufügung von Schaden" (otvetstvennost' za pričinenie vreda)* als gleichbedeutend verwendet. Deshalb wird hier im folgenden kurz dargestellt, wie der Begriff *otvetstvennost'/Haftung* in der rußländischen Rechtswissenschaft verstanden wird.

Der Begriff *„otvetstvennost'"* hat verschiedene Bedeutungen und wird in unterschiedlichen Zusammenhängen verwendet. Er ist nicht auf rechtliche Zusammenhänge beschränkt. Es ist auch von sozialer, moralischer, wirtschaftlicher und politischer Verantwortlichkeit[164] die Rede[165].

Zudem wird der Begriff *„otvetstvennost'"* nicht nur im Zivilrecht, sondern in verschiedenen rechtlichen Zusammenhängen gebraucht. Es ist auch im Strafrecht[166] und im Verwaltungsrecht[167] von ihm die Rede[168].

Die *juristische Haftung (juridičeskaja otvetstvennost')* im allgemeinen stellt die Rechtsfolge der Verletzung rechtlicher Vorschriften dar[169]. Es handelt sich bei ihr um die Auswirkung eines nicht ordnungsgemäßen

---

wird für den Begriff „otvetstvennost'" der Begriff „Haftung" verwendet, sofern dies die zivilrechtliche Haftung betrifft. Sofern nicht von der zivilrechtlichen Haftung die Rede ist, wird der Begriff „otvetstvennost'" auch mit „Verantwortlichkeit" übersetzt, wenn dies im jeweiligen Zusammenhang passender ist.

164 In diesem Zusammenhang ist es m. E. vorzuziehen, den Begriff „otvetstvennost'" mit „Verantwortlichkeit" zu übersetzen.

165 *Suchanov*, Graždanskoe pravo, Band 1, S. 427; *Braginskij/Vitrjanskij*, Dogovornoe pravo, S. 607; vgl. auch *V. Chochlov*, Pravovedenie 1997, Nr. 1, S. 98.

166 Der Begriff „ugolovnaja otvetstvennost'" (der m. E. besser mit „strafrechtliche Verantwortlichkeit" als mit „strafrechtliche Haftung" zu übersetzen ist) wird in vielen Artikeln des Strafgesetzbuchs verwendet, die an dieser Stelle wegen der großen Anzahl nicht im einzelnen aufgezählt werden können.

167 Sehr häufig verwendet wird der Begriff „administrativnaja otvetstvennost'" (der m. E. besser als „administrative Verantwortlichkeit" und nicht als „administrative Haftung" zu übersetzen ist) sowohl im *Gesetzbuch der RSFSR über administrative Rechtsverletzung* vom 20.06.1984, VVS RSFSR 1984, Nr. 27, Pos. 909, (geändert durch eine große Anzahl von Gesetzen, die im folgenden im Hinblick auf das Außerkrafttreten dieses Gesetzbuchs zum 30.06.2002 nicht mehr im einzelnen aufgezählt werden), als auch in dem seit dem 01.07.2002 geltenden *Gesetzbuch der Rußländischen Föderation über administrative Rechtsverletzungen* vom 30.12.2001, Nr. 195-FZ, SZ 2002, Nr. 1, Pos. 1, geändert durch Gesetz vom 25.04.2002, Nr. 41-FZ, SZ 2002, Nr. 18, Pos. 1721, 25.07.2002, Nr. 112-FZ, SZ 2002, Nr. 30, Pos. 3026, und 31.10.2002, Nr. 133-FZ, SZ 2002, Nr. 133-FZ, SZ 2002, Nr. 44, Pos. 4298, und 31.12.2002, Nr. 187-FZ, SZ 2003, Nr. 1, Pos. 2.

168 Vgl. dazu auch *Heidemann*, Unternehmenshaftung in Rußland, S. 9.

169 *Suchanov*, Graždanskoe pravo, Band 1, S. 427.

(unrechtmäßigen) Verhaltens, das Rechte und Interessen anderer Personen verletzt. Folglich stellt ihre Anwendung eines der Mittel zum Schutz verletzter Rechte und Interessen dar. Die wichtigste Besonderheit dieses Mittels besteht in der Anwendung von Maßnahmen mit Hilfe von staatlichem, einschließlich gerichtlichem, Zwang, d. h. der öffentlichen Gewalt[170]. Die juristische Haftung wird dementsprechend definiert als eine Form der staatlich-zwangsweisen Einwirkung auf die Verletzer von Rechtsnormen, die die Anwendung von gesetzlich vorgesehenen Sanktionen – Maßregeln der Haftung – gegenüber ihnen einschließt, die für sie negative Folgen nach sich ziehen[171].

Die – für die vorliegende Arbeit relevante – *zivilrechtliche Haftung (graždansko-pravovaja otvetstvennost')* ist dadurch gekennzeichnet, daß die Zwangsmaßnahmen/Sanktionen gegenüber dem Schädiger materieller Art sind[172]. Die Anwendung der zivilrechtlichen Sanktionen (Maßnahmen der Haftung) hat immer zur Folge, daß dem Schädiger alle negativen materiellen Folgen seines Verhaltens auferlegt werden[173]. Zudem werden die materiellen Sanktionen, die dem Rechtsverletzer auferlegt werden, zugunsten der verletzten Partei beigetrieben. Ferner ist die zivilrechtliche Haftung auf einen äquivalenten Ersatz des dem Geschädigten zugefügten Schadens gerichtet; ihre Anwendung hat das Ziel, den Vermögensbereich des Geschädigten vor der Rechtsverletzung wiederherzustellen. Die Höhe der zivilrechtlichen Haftung soll im Prinzip der Höhe des vom Verletzten erlittenen Schadens entsprechen, sie jedoch nicht übersteigen[174]. Die zivilrechtliche Haftung wird demzufolge definiert als eine Form des staatlichen Zwangs, der in der Geltendmachung von materiellen Sanktionen gegenüber dem Rechtsverletzer zugunsten

---

170 *Suchanov*, Graždanskoe pravo, Band 1, S. 428; *N. Duchno/V. Ivankin*, GiP 2000, Nr. 6, S. 13.

171 *Suchanov*, Graždanskoe pravo, Band 1, S. 429; vgl. auch *Duchno/Ivankin*, GiP 2000, Nr. 6, S. 12 f.

172 *Suchanov*, Graždanskoe pravo, Band 1, S. 429 f.; *Braginskij/Vitrjanskij*, Dogovornoe pravo, S. 609; *V. Gribanov*, in: Osuščestvlenie i zaščita graždanskich prav, S. 310; *Illarinova* in: *T. Illarinova/B. Gongalo/V. Pletnev*; Graždanskoe pravo. Čast' pervaja, S. 420.

173 *Suchanov*, Graždanskoe pravo, Band 1, S. 430 f.; *Gribanov*, in: Osuščestvlenie i zaščita graždanskich prav, S. 311.

174 *Suchanov*, Graždanskoe pravo, Band 1, S. 430 f.; vgl. auch *Braginskij/Vitrjanskij*, Dogovornoe pravo, S. 610 f.; *Chochlov*, Pravovedenie 1997, Nr. 1, S. 101; *O. Ioffe*, Otvetstvennost' po sovetskomu graždanskomu pravu, S. 14 ff.

des Geschädigten durch das Gericht besteht, welche die negativen materiellen Folgen seines Verhaltens auf den Rechtsverletzer abwälzen und auf eine Wiederherstellung des verletzten Vermögensbereichs des Geschädigten gerichtet sind[175].

Innerhalb der zivilrechtlichen Haftung sind die *vertragliche Haftung (dogovornaja otvetstvennost')* und die *außervertragliche Haftung (vnedogovornaja otvetstvennost')* voneinander zu unterscheiden[176]. Die vertragliche Haftung tritt ein, wenn vertragliche Pflichten nicht oder nicht ordnungsgemäß erfüllt wurden. Werden hingegen die Pflichten aus dem vertraglichen Schuldverhältnis erfüllt, entsteht die Frage der Haftung nicht[177]. Die *deliktische Haftung* stellt einen Unterfall der außervertraglichen Haftung dar[178]. Sie entsteht aus der Tatsache der Schadenszufügung. In dem Moment, in dem ein deliktisches Schuldverhältnis entstanden ist, gehört zu seinem Inhalt die Haftung, d. h. die Möglichkeit, den Schädiger zu Sanktionen heranzuziehen[179]. Die Entstehung eines deliktischen Schuldverhältnisses und die Bedingungen für die Haftung für zugefügte Schäden fallen somit zusammen[180]. Die deliktische Haftung ergänzt bzw. „begleitet" nicht irgendein anderes Schuldverhältnis (so wie dies bei der vertraglichen Haftung der Fall ist), sondern sie stellt den Inhalt der Pflicht des Rechtsverletzers bei einem Schuldverhältnis aus Schadenszufügung dar[181].

---

175 *Suchanov*, Graždanskoe pravo, Band 1, S. 431; vgl. auch *Malein* in: *A. Kalpin/M. Masljaev*, Graždanskoe pravo. Čast' pervaja, S. 503.

176 *Braginskij/Vitrjanskij*, Dogovornoe pravo, S. 623; *Egorov* in: *A. Sergeev/Ju. Tolstoj*, Graždanskoe pravo, Band 1, S. 556; *Illarinova* in: *Illarinova/Gongalo/Pletnev*, Graždanskoe pravo. Čast' pervaja, S. 431; *Tarchov* in: *Z. Cybulenko*, Graždanskoe pravo Rossii. Čast' pervaja, S. 437 f.; *Ėrdelevskij* in: *Grišaev*, Graždanskoe pravo, S. 179; *Ja. Parcij*, Kommentarij k Zakonu RF „O zaščite prav potrebitelej, Anm. 1 zu Art. 14; vgl. zur Abgrenzung vertraglicher und deliktischer Schuldverhältnisse unten S. 86 ff.

177 *Korneev* in: *Suchanov*, Graždanskoe pravo, Band 2, Halbband 2, S. 364; *Braginskij/Vitrjanskij*, Dogovornoe pravo, S. 623; vgl. auch *Ėrdelevskij* in: *Grišaev*, Graždanskoe pravo, S. 179.

178 *Suchanov*, Graždanskoe pravo, Band 1, S. 434.

179 *Korneev* in: *Suchanov*, Graždanskoe pravo, Band 2, Halbband 2, S. 364; vgl. auch *Malein* in: *Kalpin/Masljaev*, Graždanskoe pravo. Čast' pervaja, S. 523; *Zavidov/Gusev*, Graždansko-pravovaja otvetstvennost', S. 468; *Ėrdelevskij* in: *Grišaev*, Graždanskoe pravo, S. 179.

180 *Korneev* in: *Suchanov*, Graždanskoe pravo, Band 2, Halbband 2, S. 366.

181 *Korneev* in: *Suchanov*, Graždsnskoe pravo, Band 2, Halbband 2, S. 364.

Unterschieden werden ferner die Begriffe des *„Grundes der zivilrechtlichen/deliktischen Haftung“ (osnovanie graždansko-pravovoj/deliktnoj otvetstvennosti)* und der *„Voraussetzungen der zivilrechtlichen/deliktischen Haftung“ (uslovija graždansko-pravovoj/deliktnoj otvetstvennosti)*. Dargestellt werden sie jedoch nicht an dieser Stelle, sondern in Kapitel V. im Zusammenhang mit dem Deliktsaufbau[182].

4. Die Funktionen des Deliktsrechts

Dem Deliktsrecht werden in der rußländischen Rechtswissenschaft verschiedene Funktionen zugeschrieben, die im folgenden kurz vorgestellt werden.

a) Ausgleichsfunktion

Das Deliktsrecht hat in erster Linie eine *Ausgleichsfunktion*[183]. Sie besteht in der Beseitigung der negativen Folgen einer rechtswidrigen Einwirkung auf materielle und immaterielle Rechtsgüter des Geschädigten durch Ersatz des zugefügten Schadens[184].

b) Präventionsfunktion

Zum anderen hat das Deliktsrecht auch eine *Präventionsfunktion*[185]. Es soll die Beteiligten dazu anhalten, Zivilrechtsverletzungen einzuschränken. Präventive Bedeutung hat bereits die Existenz der Vorschriften über die deliktische Haftung, die der Verletzte mit dem Ziel der Verteidigung seiner Rechte und Interessen nutzen kann. Potentielle Rechtsverletzer, die mögliche Folgen einer Schadenszufügung kennen, werden zu einer Korrektur ihres Verhaltens bewegt und entgehen da-

---

182 S. 82 ff.

183 Eine solche Funktion hat auch das deutsche Deliktsrecht, vgl. *Staudinger-Hager*, vor § 823 Rn. 9; MüKo-*Mertens*, vor §§ 823-853 Rn. 41.

184 *Ėrdelevskij* in: *Grišaev*, Graždanskoe pravo, S. 458; *Korneev* in: *Suchanov*, Graždanskoe pravo, Band 2, Halbband 2, S. 362; vgl. auch *Zajcev* in: *Z. Krylov/Ė. Gavrilov*, Rossijskoe graždanskoe pravo, S. 372; *V. Smirnov*, Objazatel'stva, voznikajuščie iz pričinenija vreda, S. 13; *Smirnov/Sobčak*, Obščee učenie o deliktnych objazatel'stvach v sovetskom graždanskom prave, S. 50.

185 Diese wird auch dem deutschen Deliktsrecht zugeschrieben, vgl. *Staudinger-Hager*, vor § 823 Rn. 10; MüKo-*Mertens*, vor §§ 823-853 Rn. 44.

durch Vermögensverlusten sowie anderen negativen Folgen, die mit den Forderungen der Geschädigten verbunden sind[186]. Die Präventionsfunktion ergibt sich insbesondere aus Art. 1065 ZGB[187], der die Möglichkeit vorsieht, die Gefahr einer Schadenszufügung durch Einreichung einer Klage auf Verbot einer Tätigkeit abzuwehren, infolge derer der Person oder dem Vermögen eines Bürgers oder dem Vermögen einer juristischen Person ein Schaden zugefügt werden kann.

c) Schutzfunktion

Schließlich hat das Deliktsrecht auch eine *Schutzfunktion*[188]. Sie besteht darin, daß es der Sicherung der Rechte und Interessen der Rechtssubjekte des Zivilrechts gegen Verstöße dient und diese Rechte und Interessen im Falle eines Verstoßes verteidigt. Sie umfaßt somit zwei Funktionen: den Schutz und die Verteidigung der Rechte und Interessen. Der *„Schutz"* besteht in einem System von Maßnahmen, die dazu bestimmt sind, Rechts- und Interessenverletzungen nicht zuzulassen. Die *„Verteidigung"* entfaltet ihre Wirkung, wenn die Rechts- bzw. Interessenverletzung bereits stattgefunden hat. Zwar haben auch die vertragsrechtlichen Vorschriften eine Schutzfunktion. Bei den Schuldverhältnissen aus unerlaubter Handlung kennzeichnet sie jedoch das Wesen dieser Schuldverhältnisse[189].

---

186 *Korneev* in: *Suchanov*, Graždanskoe pravo, Band 2, Halbband 2, S. 362; *Ėrdelevskij* in: *Grišaev*, Graždanskoe pravo, S. 458; *Smirnov/Sobčak*, Obščee učenie o deliktnych objazatel'stvach v sovetskom graždanskom prave, S. 50; *Smirnov*, Objazatel'stva, voznikajuščie iz pričinenija vreda, S. 13.

187 *Zajcev* in: *Krylov/Gavrilov*, Rossijskoe graždanskoe pravo, S. 372.

188 In der Literatur zum deutschen Deliktsrecht ist stattdessen von einer Straffunktion die Rede, vgl. *Staudinger-Hager*, vor § 823 Rn. 11.

189 *Korneev* in: *Suchanov*, Graždanskoe pravo, Band 2, Halbband 2, S. 361 f.; vgl. hierzu auch *Smirnov*, Objazatel'stva, voznikajuščie iz pričinenija vreda, S. 11.

IV. ZUR SYSTEMATIK DES RUßLÄNDISCHEN DELIKTSRECHTS

1. Die Einordnung der deliktischen Ansprüche in das Gesamtsystem des ZGB

Die Einordnung der deliktischen Ansprüche in das Gesamtsystem des ZGB ergibt sich aus Art. 8 ZGB. In Art. 8 Abs. 1 ZGB sind die Entstehungsgründe ziviler Rechte und Pflichten aufgelistet. Gemäß Ziff. 6 dieser Vorschrift entstehen zivile Rechte und Pflichten infolge einer Schadenszufügung gegenüber einer anderen Person.

Die Rechtsfolgen deliktischer Ansprüche – die Verpflichtung des Schuldners zur Zahlung von Schadensersatz und der Ersatz des immateriellen Schadens – sind in Art. 12 ZGB verankert: Danach erfolgt der Schutz ziviler Rechte u. a. durch Schadensersatz und den Ersatz des immateriellen Schadens.

2. Die innere Systematik des rußländischen Deliktsrechts – Zum Begriff des Generaldelikts

Das rußländische Deliktsrecht enthält in Art. 1064 Abs. 1 Satz 1 ZGB eine Grundnorm, wonach ein Schaden, der der Person oder dem Vermögen eines Bürgers sowie Schaden, der dem Vermögen einer juristischen Person zugefügt wurde, durch die Person, die den Schaden zugefügt hat, vollständig zu ersetzen ist.

In der rußländischen Rechtswissenschaft wird im Zusammenhang mit dieser Vorschrift oft der Begriff des „*Generaldelikts*" verwendet[190]. Gelegentlich werden in diesem Zusammenhang auch Vergleiche zu Art.

[190] *Fajzutdinov* in: *O. Sadikov*, Kommentarij k Graždanskomu kodeksu RF časti vtoroj, Anm. 5 zu Art. 1064; *Sadikov*, Graždanskoe pravo Rossii. Čast' vtoraja, S. 631; *Tolstoj* in: *Sergeev/Tolstoj*, Graždanskoe pravo, Band 3, S. 22; *Korneev* in: *Suchanov*, Graždanskoe pravo, Band 2, Halbband 2, S. 366; *V. Emel'janov*, RJu 2001, Nr. 1, S. 24; *S. Bratus'/O. Sadikov*, Kommentarij k Graždanskomu pravu RSFSR, Anm. 2 zu Art. 444; *Smirnov* in: *Smirnov/Tolstoj/Jurčenko*, Sovetskoe graždanskoe pravo, Teil 2, S. 301; *Smirnov/Sobčak*, Obščee učenie o deliktnych objazatel'stvach, S. 30, 66; *E. Kozyminych*, RJu 2001, Nr. 2, S. 34.

1382 des französischen *Code civil* gezogen[191], der eine deliktische Generalklausel[192] enthält, die lautet:

> *„Jedes Verhalten eines Menschen, das einem anderen einen Schaden zufügt, verpflichtet denjenigen, durch dessen Verschulden der Schaden entstanden ist, zum Schadensersatz[193].“*

Die Verwendung des Begriffs des Generaldelikts und die gezogenen Parallelen zum französischen Recht führen dazu, daß in der deutschen Literatur zum rußländischen Deliktsrecht Art. 1064 Abs. 1 Satz 1 ZGB als *haftungsrechtliche*[194] bzw. *deliktsrechtliche*[195] *Generalklausel* bezeichnet und ausgelegt wird, die einen generellen Anspruch unabhängig von der Art des verletzten Schutzgutes gewähren soll[196]. Das ist jedoch nicht zutreffend[197]. Bereits nach seinem Wortlaut stellt Art. 1064 Abs. 1 Satz 1 ZGB keine echte Generalklausel in einem solchen Sinne dar, weil bei juristischen Personen nur deren Vermögen und nicht deren immaterielle Rechtsgüter geschützt werden. Außerdem ist sehr zweifelhaft, ob Art. 1064 Abs. 1 Satz 1 ZGB lückenlos jede Art von Rechten schützt[198]. Art. 1064 Abs. 1 Satz 1 ZGB könnte somit allenfalls – so wie gelegentlich die §§ 823 Abs. 1, 823 Abs. 2 und 826 BGB in der deutschen

---

191 Vgl. *Korneev* in: *Suchanov*, Graždanskoe pravo, Band 2, Halbband 2, S. 367.

192 Die Generalklausel des Art. 1382 Code civil wird in der deutschen rechtswissenschaftlichen Literatur gelegentlich auch als „große“ deliktsrechtliche Generalklausel bezeichnet und den drei „kleinen“ Generalklauseln der §§ 823 Abs. 1, 823 Abs. 2 und 826 BGB gegenübergestellt, vgl. *K. Larenz/C. Canaris*, Lehrbuch des Schuldrechts II/2, S. 354 ff.

193 Übersetzung zitiert aus *C. von Bahr*, Deliktsrecht in Europa. Landesberichte Frankreich. Griechenland, S. 75.

194 *Neumüller*, Umwelthaftung in Rußland, S. 160.

195 *A. Trunk*, Osteuropa Recht, 1999, Nr. 4, S. 315; *Neumüller*, Umwelthaftung in Rußland, S. 46; *J. Lippott*, Die Strukturreform der Rechte an technischen Erfindungen beim Übergang zur Marktwirtschaft, S. 155.

196 *R. Arzig/T. Galander*, Russisches Wirtschaftsrecht, S. 210; *Solotych*, Das Zivilgesetzbuch der Russischen Föderation – Erster Teil –, S. 59; *Solotych*, Das neue russische ZGB aus rechtsvergleichender Sicht, in: *Schroeder*, Die neuen Kodifikationen in Rußland, S. 40.

197 Die deliktische Grundnorm des ZGB 1964 – Art. 444 – als deliktische Generalklausel zu verstehen, lehnte *Heidemann*, Unternehmenshaftung in Rußland, S. 52, ab.

198 Vgl. dazu unten S. 134 ff.

rechtswissenschaftlichen Literatur[199] – als *„kleine Generalklausel"* bezeichnet werden.

In der rußländischen Rechtswissenschaft wird der Begriff „Generaldelikt" zudem in einem anderen Sinne verstanden als in der deutschen Rechtswissenschaft der Begriff „Generalklausel". Der Begriff „Generaldelikt" wird für Art. 1064 Abs. 1 ZGB zum einen dann verwendet, um den Unterschied zwischen dieser Norm und den *„Spezialdelikten"* (Spezialtatbeständen) darzustellen[200]. Des weiteren werden unter dem Begriff „Generaldelikt" die allgemeinen Voraussetzungen zusammengefaßt, die grundsätzlich erfüllt sein müssen, damit ein Anspruch aus Delikt entsteht (Schaden, Kausalität, Rechtswidrigkeit, Verschulden)[201]. Schließlich wird der Begriff „Generaldelikt" in Zusammenhang mit der Frage verwendet, wann ein Verhalten als rechtswidrig einzustufen ist. Aus dem „Prinzip des Generaldelikts" soll folgen, daß bereits die Tatsache der Schadenszufügung rechtswidrig ist (und der Schädiger nicht zusätzlich eine Rechtsnorm verletzen muß)[202]. Daß der Begriff „Generaldelikt" in der rußländischen Rechtswissenschaft nicht im Sinne einer haftungsrechtlichen Generalklausel verwendet wird, ergibt sich auch daraus, daß Autoren, die diesen Begriff verwenden, gleichzeitig betonen, daß Art. 1064 Abs. 1 Satz 1 ZGB nur absolute Rechte schützt[203].

---

199 Vgl. *Larenz/Canaris*, Lehrbuch des Schuldrechts II/2, S. 354 ff.; *Staudinger-Hager*, vor § 823 BGB Rn. 19; *Erman/Schiemann*, vor § 823 Rn. 1; *Esser/Weyers*, Schuldrecht, Band II, Teilband 2, S. 145 sprechen von partiellen Generalklauseln.

200 Vgl. *Korneev* in: *Suchanov*, Graždanskoe pravo, Band 2, Halbband 2, S. 367; *Tolstoj* in: *Sergeev/Tolstoj*, Graždanskoe pravo, Band 3, S. 22.

201 Vgl. *Korneev* in: *Suchanov*, Graždanskoe pravo, Band 2, Halbband 2, S. 367; *Jarošenko* in: *Sadikov*, Graždanskoe pravo Rossii. Čast' vtoraja, S. 631.

202 *Fajzutdinov* in: *Sadikov*, Kommentarij k Graždanskomu kodeksu RF časti vtoroj, Anm. 5 zu Art. 1064; *Tolstoj* in: *Sergeev/Tolstoj*, Graždanskoe pravo, Band 3, S. 22; *Korneev* in: *Suchanov*, Graždanskoe pravo, Band 2, Halbband 2, S. 366; *Emel'janov*, RJu 2001, Nr. 1, S. 24; *A. Makovskij*, in: Graždanskij kodeks Rossii, S. 104; *Bratus'/Sadikov*, Kommentarij k Graždanskomu pravu RSFSR, Anm. 2 zu Art. 444; *Smirnov* in: *Smirnov/Tolstoj/Jurčenko*, Sovetskoe graždanskoe pravo, Teil 2, S. 301; *Smirnov/Sobčak*, Obščee učenie o deliktnych objazatel'stvach, S. 66, 68; *Kozyminych*, RJu 2001, Nr. 2, S. 34. Nähres dazu wird unten S. 154 f. im Zusammenhang mit dem Begriff der Rechtswidrigkeit ausgeführt.

203 Vgl. *Fajzutdinov* in: *Sadikov*, Kommentarij k Graždanskomu kodeksu RF časti vtoroj, Anm. 5 zu Art. 1064; *Tolstoj* in: *Sergeev/Tolstoj*, Graždanskoe pravo, Band 3, S. 4 ff., 22; *Bratus'/Sadikov*, Kommentarij k Graždanskomu kodeksu RSFSR, Anm. 2 zu Art. 444.

Damit es zu keinen Mißverständnissen kommt, werden deshalb im folgenden für Art. 1064 Abs. 1 Satz 1 ZGB nicht die Begriffe „Generaldelikt" oder „Generalklausel" verwendet, sondern Art. 1064 Satz 1 ZGB als *„Grundtatbestand"* bezeichnet[204].

Neben dem Grundtatbestand, der die allgemeinen Voraussetzungen der Schadenshaftung bestimmt, sieht das ZGB eine Reihe von Sonderfällen vor, auf die Spezialtatbestände anzuwenden sind. In der rußländischen Rechtswissenschaft werden sie von mehreren Autoren als *„Spezialdelikte"*[205] bezeichnet. Zu diesen Spezialtatbeständen zählen die Vorschriften über die Haftung für Schäden, die Minderjährige (Art. 1073, 1074 ZGB) bzw. Geschäftsunfähige (Art. 1076, 1078 ZGB) zugefügt haben, die Bestimmungen über die Staatshaftung (Art. 1069, 1070 ZGB) sowie die Vorschriften über die Haftung für Schäden infolge von Mängeln an Waren, Arbeiten und Dienstleistungen (Art. 1095-1098 ZGB)[206]. Nicht zutreffend sein kann, die Vorschriften über die Haftung für Schäden, die dem Leben oder der Gesundheit eines Bürgers zugefügt wurden (Art. 1084-1094 ZGB), zu den Spezialtatbeständen zu zählen[207]. Diese Vorschriften haben lediglich haftungsausfüllenden Charakter und können sowohl dann angewendet werden, wenn die Voraussetzungen des Grundtatbestandes des Art. 1064 Abs. 1 Satz 1 ZGB erfüllt sind, als auch dann, wenn die Voraussetzungen einer der Spezialtatbestände vorliegen.

Ob die Gefährdungshaftung (Art. 1079 ZGB) einen zweiten Grundtatbestand der deliktischen Haftung oder einen Spezialtatbestand dar-

---

204 Der Begriff „Grundtatbestand" wird auch in der deutschen rechtswissenschaftlichen Literatur für die §§ 823 Abs. 1, 823 Abs. 2 und 826 BGB verwendet, vgl. *Larenz/Canaris*, Lehrbuch des Schuldrechts II/2, S. 354 ff.; MüKo-*Mertens*, vor §§ 823-853 Rn. 1; *Soergel/Zeuner*, vor § 823 Rn. 3; *Esser/Weyers*, Schuldrecht, Band II, Teilband 2, S. 144; RGRK-*Steffen*, § 823 Rn. 1; *H. Kötz/G. Wagner*, Deliktsrecht, Rn. 45; *E. Deutsch*, Allgemeines Haftungsrecht, Rn. 55.

205 Russ.: special'nye delikty, vgl. *Korneev* in: *Suchanov*, Graždanskoe pravo, Band 2, Halbband 2, S. 367; *Tolstoj* in: *Sergeev/Tolstoj*, Graždanskoe pravo, Band 3, S. 22; *Smirnov/Sobčak*, Obščee učenie o deliktnych objazatel'stvach v sovetskom graždanskom prave, S. 31.

206 *Jarošenko* in: *Kozyr'/Makovskij/Chochlov*, Graždanskij kodeks RF. Čast' vtoraja, S. 580; *Tolstoj* in: *Sergeev/Tolstoj*, Graždanskoe pravo, Band 3, S. 22 f., *Fajzutdinov* in: *Sadikov*, Kommentarij k Graždanskomu kodeksu časti vtoroj, Anm. 2 zu Art. 1069. Zu den Spezialdelikten des ZGB 1964 vgl. *Smirnov/Sobčak*, Obščee učenie o deliktnych objazatel'stvach v sovetskom graždanskom prave, S. 31.

207 So aber *Sergeev/Tolstoj*, Graždanskoe pravo, Band 3, S. 23 und S. 46, und offenbar auch *Em* in: *Suchanov*, Graždanskoe pravo, Band 2, Halbband 2, S. 424.

stellt, ist umstritten. Zur Begründung werden verschiedene Theorien herangezogen. Im Zusammenhang mit diesen Theorien wird auch die Frage diskutiert, ob bei einer solchen Haftung ohne Verschulden überhaupt von Haftung die Rede sein kann. Für die praktische Rechtsanwendung sind diese Fragen zwar unerheblich, für die systematische Einordnung der Gefährdungshaftung jedoch von Bedeutung.

Einige Autoren sind der Auffassung, daß bei fehlendem Verschulden keine zivilrechtliche Haftung vorliege[208]. Begründet wird das allerdings mit unterschiedlichen Argumenten: Einige sind der Meinung, daß die Verpflichtung zum Ersatz des Schadens, der das Ergebnis zufälliger, schuldloser Handlungen des Rechtsverletzers sei, nicht in die Kategorie der Haftung eingeordnet werden könne, weil der Gesetzgeber in diesem Zusammenhang nur das *„Modell der Haftung"* verwende. Grundlage für die Verpflichtung zum Ersatz eines nicht schuldhaft zugefügten Schadens in den gesetzlich vorgesehenen Fällen sei stattdessen das *Risikoprinzip*[209]. Andere meinen, in diesen Fällen sei es richtiger, nicht von Haftung zu sprechen, sondern von der Verpflichtung, einen Schaden zu ersetzen oder eine Strafe zu zahlen[210].

Die Mehrheit vertritt jedoch die Meinung, auch bei fehlendem Verschulden liege ein Fall der deliktischen Haftung vor[211]. Allerdings wird das mit Argumenten begründet, die auf unterschiedlichen Theorien basieren:

Für die Vertreter der einen Auffassung gibt es zwei Haftungsgründe, nämlich die Haftung für Verschulden und die Haftung ohne Verschul-

---

208 *S. Alekseev*, Pravovedenie 1958, Nr. 1, S. 48; vgl. dazu auch *Smirnov/Sobčak*, Obščee učenie o deliktnych objazatel'stvach v sovetskom graždanskom prave, S. 52; *Jarošenko* in: *Sadikov*, Graždanskoe pravo Rossii. Čast' vtoraja, S. 645. Auch im deutschen Rechts sind einige Autoren der Auffassung, die Gefährdungshaftung zähle nicht zum Deliktsrecht, z. B. *Larenz/Canaris*, Lehrbuch des Schuldrechts II/2, S. 352; *Soergel/Zeuner*, vor § 823 Rn. 2.

209 Sog. teoria isključitel'no vinovnogo načala/teoria viny i riska; *O. Krasavčikov*, Vozmeščenie vreda, pričinennogo istočnikom povyšennoj opasnosti, S. 137 ff.; vgl. dazu auch *Smirnov/Sobčak*, Obščee učenie o deliktnych objazatel'stvach v sovetskom graždanskom prave, S. 52.

210 Sog. teorija viny i special'nych juridičeskich faktov/teorija viny i zakona; vgl. dazu *Smirnov/Sobčak*, Obščee učenie o deliktnych objazatel'stvach v sovetskom graždanskom prave, S. 52 f.

211 Z. B. *Sergeev/Tolstoj*, Graždanskoe pravo, Band 3, S. 10 f.; *K. Jaičkov*, in: Voprosy graždanskogo prava 1957, S. 170 ff.; *Smirnov/Sobčak*, Obščee učenie o deliktnych objazatel'stvach v sovetskom graždanskom prave, S. 51.

den[212]. Die verschuldensfreie Haftung soll dabei gleichrangig neben der Verschuldenshaftung stehen[213]. Die Vertreter dieser Auffassung sehen in der Gefährdungshaftung folglich eine *zweite Grundnorm*[214].

Die anderen meinen, daß die zivilrechtliche Haftung in jedem Fall ein Verschulden voraussetzt und nur die Interessen des Geschädigten und andere praktische Erwägungen den Gesetzgeber zwingen, Ausnahmen vom Prinzip der Haftung für Verschulden zu bestimmen. Die Gefährdungshaftung sei somit eine ausdrückliche gesetzliche Ausnahme von dem sonst geltenden Verschuldensprinzip[215]. Die Vertreter dieser Auffassung betrachten die Gefährdungshaftung deshalb als einen *Spezialtatbestand*[216].

Die erstgenannte Auffassung, wonach bei fehlendem Verschulden überhaupt keine zivilrechtliche Haftung vorliegen soll, wird überwiegend abgelehnt[217]. Gegen sie spricht vor allem der Gesetzeswortlaut: Der Gesetzgeber verwendet auch in den Fällen der Schadensersatzpflicht ohne Verschulden den Begriff der Haftung (vgl. Art. 1070, 1079 ZGB). Deshalb wird in der vorliegenden Arbeit auch in diesen Fällen der Begriff „Haftung" benutzt.

---

212 Sog. teorija dvuch načal; vgl. dazu *Krasavčikov*, Vozmeščenie vreda, pričinennogo istočnikom povyšennoj opasnosti, S. 121 ff.; *Smirnov/Sobčak*, Obščee učenie o deliktnych objazatel'stvach v sovetskom graždanskom prave, S. 51; *Jaičkov*, in: Voprosy graždanskogo prava 1957, S. 170 ff.

213 Vgl. *Heidemann*, Unternehmenshaftung in Rußland, S. 48 f.; *Jaičkov*, in: Voprosy graždanskogo prava 1957, S. 170 ff.

214 *Fajzutdinov* in: *Sadikov*, Kommentarij k Graždanskomu kodeksu RF časti vtoroj, Anm. 1 zu Art. 1079; *Jarošenko* in: *Sadikov*, Graždanskoe pravo Rossii. Čast' vtoraja, S. 645; *Bratus'/Sadikov*, Kommentarij k Graždanskomu kodeksu RSFSR, Anm. 1 zu Art. 454; *Jaičkov*, in: Voprosy graždanskogo prava 1957, S. 170 ff.

215 Sog. teorija viny s iskljućeniem/teorija stimulirovanija; vgl. dazu *Smirnov/Sobčak*, Obščee učenie o deliktnych objazatel'stvach v sovetskom graždanskom prave, S. 51; *Krasavčikov*, Vozmeščenie vreda, pričinennogo istočnikom povyšennoj opasnosti, S. 119 ff.; *A. Beljakova*, Vozmeščenie pričinennogo vreda, S. 13. Diese Theorie liegt z. B. den Arbeiten von Serebrovskij in *Bratus'*, Sovetskoe graždanskoe pravo, S. 521, und *O. Ioffe*, Sovetskoe graždanskoe pravo, S. 477, zugrunde.

216 *Jarošenko*, Objazatel'stva vsledstvie pričinenija vreda, in: *Kozyr'/Makovskij/Chochlov*, Graždanskij kodeks RF. Čast' vtoraja, S. 580; *Tolstoj* in: *Sergeev/Tolstoj*, Graždanskoe pravo, Band 3, S. 22 f.; *Korneev* in: *Suchanov*, Graždanskoe pravo, Band 2, Halbband 2, S. 367.

217 *Jarošenko* in: *Sadikov*, Graždanskoe pravo Rossii. Čast' vtoraja, S. 645; *Smirnov/Sobčak*, Obščee učenie o deliktnych objazatel'stvach v sovetskom graždanskom prave, S. 51, 53.

Schwieriger ist die Frage, ob die Gefährdungshaftung einen zweiten Grundtatbestand darstellt oder den Spezialtatbeständen zuzuordnen ist. In der vorliegenden Arbeit wird die Gefährdungshaftung (Art. 1079 ZGB) nicht als zweiter Grundtatbestand, sondern als Spezialtatbestand eingeordnet. Eine Haftung ohne Verschulden sieht das ZGB nicht nur in Art. 1079 ZGB, sondern auch im Bereich der Staatshaftung (Art. 1070 ZGB) und der Produkthaftung (Art. 1095 ZGB) vor. Betrachtet man den Inhalt dieser Normen, kann man in ihnen keine Abwandlungen der Haftung für eine Quelle erhöhter Gefahr gemäß Art. 1079 ZGB erblicken. Einleuchtend wäre eine Einordnung des Art. 1079 ZGB als zweiter Grundtatbestand, wenn diese Vorschrift eine generelle Regelung für alle Quellen erhöhter Gefahr enthalten und darüber hinaus im ZGB Sondervorschriften für bestimmte Gefahrenquellen existieren würden. Das trifft jedoch auf die Vorschriften des ZGB, die neben Art. 1079 ZGB eine Haftung ohne Verschulden vorsehen, nicht zu. Als Grundtatbestand einordnen könnte man Art. 1079 ZGB nur gegenüber bestimmten Vorschriften in Spezialgesetzen, die eine Gefährdungshaftung für bestimmte Gefahrenquellen vorsehen, z. B. Art. 53 ff. AtomG, die eine Gefährdungshaftung für die durch Strahleneinwirkung zugefügten Verluste und Schäden vorsehen.

Das Verhältnis zwischen dem Grundtatbestand und den Spezialtatbeständen läßt sich wie folgt beschreiben: Wenn das Gesetz einen Spezialtatbestand vorsieht, müssen die Normen dieses Spezialtatbestandes auf die dort geregelten Sachverhalte angewendet werden. Die Normen des Grundtatbestandes werden hingegen angewendet, wenn für den betreffenden Sachverhalt kein Spezialtatbestand existiert[218]. Im Teil B. dieser Arbeit wird allerdings zunächst der Grundtatbestand des Art. 1064 ZGB behandelt und anschließend die einzelnen Spezialtatbestände.

---

218 *Korneev* in: *Suchanov*, Graždanskoe pravo, Band 2, Halbband 2, S. 368; *Smirnov/Sobčak*, Obščee učenie o deliktnych objazatel'stvach v sovetskom graždanskom prave, S. 31.

V. DER DELIKTSAUFBAU IM RUßLÄNDISCHEN RECHT IM VERGLEICH ZUM DEUTSCHEN RECHT

Die rußländische Rechtswissenschaft geht von einem vierstufigen Aufbau aus, der als *„Tatbestand der Zivilrechtsverletzung“*[219] bezeichnet wird. Dieser Tatbestand besteht aus folgenden vier Voraussetzungen[220]:

- Zufügung eines Schadens
- Rechtswidrigkeit des Verhaltens des Schädigers
- Kausalzusammenhang zwischen dem rechtswidrigen Verhalten des Schädigers und dem zugefügten Schaden
- Verschulden des Schädigers.

Hinsichtlich der Reihenfolge dieser Voraussetzungen gibt es hin und wieder Abweichungen. Von Bedeutung sind sie im Ergebnis jedoch nicht.

Viele Autoren setzen den „Tatbestand der Zivilrechtsverletzung“ mit dem *„Grund der zivilrechtlichen/deliktischen Haftung“ (osnovanie*

---

219 Russ.: sostav graždanskogo pravonarušenija; vgl. *Korneev* in: *Suchanov*, Graždanskoe pravo, Band 2, Halbband 2, S. 368; *Smirnov/Sobčak*, Obščee učenie o deliktnych objazatel'stvach v sovetskom graždanskom prave, S. 31; *Alekseev*, Pravovedenie 1958, Nr. 1, S. 47; *Braginskij/Vitrjanskij*, Dogovornoe pravo, S. 702; *Gribanov*, in: Osuščestvlenie i zaščita graždanskich prav, S. 319; *Illarinova* in: *Illarinova/Gongalo/Pletnev*; Graždanskoe pravo. Čast' pervaja, S. 422; *Tarchov* in: *Cybulenko*, Graždanskoe pravo Rossii. Čast' pervaja, S. 427.

220 Urteil Nr. 8051/99 des Höchsten Arbitragegerichts vom 18.04.2000, VVAS 2000, Nr. 7, S. 28; *Ėrdelevskij* in: *Grišaev*, Graždanskoe pravo, S. 459; *Jarošenko* in: *Sadikov*, Graždanskoe pravo Rossii. Čast' vtoraja, S. 631; *Fajzutdinov* in: *Sadikov*, Kommentarij k Graždanskomu kodksu RF časti vtoroj, Anm. 3 zu Art. 1064; *Korneev* in: *Suchanov*, Graždanskoe pravo, Band 2, Halbband 2, S. 369, 385; *Malein* in: *Kalpin*, Graždanskoe pravo. Čast' vtoraja, S. 510; *Jarošenko* in: *Braginskij*, Kommentarij časti vtoroj Graždanskogo kodeksa RF, S. 352; *Jarošenko*, ChiP 1996, Nr. 12, S. 3 f.; *Zajcev* in: *Krylov/Gavrilov*, Rossijskoe graždanskoe pravo, S. 372 f.: *Smirnov/Sobčak*, Obščee učenie o deliktnych objazatel'stvach v sovetskom graždanskom prave, S. 57; *Smirnov*, Objazatel'stva, voznikajuščie iz pričinenija vreda, S. 25; *G. Matveev*, Osnovanija graždanskopravovoj otvetstvennosti, S. 9; *Braginskij/Vitrjanskij*, Dogovornoe pravo, S. 703; *Tarchov* in: *Cybulenko*, Graždanskoe pravo Rossii. Čast' pervaja, S. 427; *Zavidov/Gusev*, Graždansko-pravovaja otvetstvennost', S. 467.

graždansko-pravovoj/deliktnoj otvetstvennosti) gleich[221]. Gelegentlich werden die Begriffe „Grund der zivilrechtlichen/deliktischen Haftung" und *„Voraussetzungen der zivilrechtlichen/deliktischen Haftung" (uslovija graždansko-pravovoj/deliktnoj otvetstvennosti)* synonym verwendet bzw. miteinander vermischt[222]. Andere unterscheiden diese Begriffe wie folgt: (Einziger und allgemeiner) Grund der zivilrechtlichen/deliktischen Haftung ist die Verletzung ziviler Vermögens- und persönlicher Rechte, weil die zivilrechtliche Haftung die Haftung eines Beteiligten am Vermögensverkehr gegenüber dem anderen, die Haftung des Verletzers gegenüber dem Geschädigten darstellt; ihr allgemeines Ziel ist die Wiederherstellung des verletzten Rechts auf Grundlage des Prinzips, daß das Ausmaß der Haftung dem Ausmaß des zugefügten Schadens bzw. der zugefügten Verluste entsprechen muß[223]. Grund der deliktischen Haftung soll deshalb allein die Tatsache der Schadenszufügung sein[224]. Bei den Voraussetzungen der zivilrechtlichen/deliktischen Haftung handelt es sich dagegen um die im Gesetz genannten Erfordernisse, die den Haftungsgrund kennzeichnen und für die Anwendung der entsprechenden Sanktionen notwendig sind. Bei diesen Voraussetzungen handelt es sich um die Erfordernisse Rechtswidrigkeit, Kausalität und Verschulden[225]. Diese Erfordernisse werden auch als *„allgemeine Voraussetzungen" (obščie uslovija)* der zivilrechtlichen/deliktischen Haftung bezeichnet, weil sie immer vorliegen müssen, sofern gesetzlich nichts anderes vorgesehen ist[226].

---

221 *Alekseev*, Pravovedenie 1958, Nr. 1, S. 47 f.; *Matveev*, Osnovanija graždansko-pravovoj otvetstvennosti, S. 5; *Jarošenko*, Objazatel'stva vsledstvie pričinenija vreda, in: *Kozyr'/Makovskij/Chochlov*, Graždanskij kodeks RF. Čast' vtoraja, S. 580; *Jarošenko* in: *Sadikov*, Graždanskoe pravo Rossii. Čast' vtoraja, S. 645.

222 *Jarošenko* in: *Braginskij*, Kommentarij časti vtoroj Graždanskogo kodeksa RF, S. 351; *Jarošenko*, ChiP 1996, Nr. 12, S. 3; *Smirnov/Sobčak*, Obščee učenie o deliktnych objazatel'stvach, S. 56; vgl. auch *Borisov*, Kommentarij k Graždanskomu kodeksu RF časti pervoj i vtoroj, S. 1091.

223 *Braginskij/Vitrjanskij*, Dogovornoe pravo, S. 705; *Korneev* in: *Suchanov*, Graždanskoe pravo, Band 2, Halbband 2, S. 369.

224 *Korneev* in: *Suchanov*, Graždanskoe pravo, Band 2, Halbband 2, S. 370.

225 *Korneev* in: *Suchanov*, Graždanskoe pravo, Band 2, Halbband 2, S. 368, 370; *Braginskij/Vitrjanskij*, Dogovornoe pravo, S. 705.

226 *Fajzutdinov* in: *Sadikov*, Kommentarij k Graždanskomu kodeksu RF časti vtoroj, Anm. 3 zu Art. 1064; vgl. auch *Braginskij/Vitrjanskij*, Dogovornoe pravo, S. 705; *Korneev* in: *Suchanov*, Graždanskoe pravo, Band 2, Halbband 2, S. 368 ff; *Zajcev* in: *Krylov/Gavrilov*, Rossijskoe graždanskoe pravo, S. 372; *Malein* in: *Kalpin*,

Gelegentlich werden die Voraussetzungen der zivilrechtlichen/deliktischen Haftung auch mit dem Begriff des Generaldelikts in Verbindung gebracht. In ihrer Gesamtheit sollen sie das Generaldelikt darstellen bzw. zum Inhalt dieses Begriffs gehören[227].

Zwingend notwendig ist, daß die Voraussetzungen der Zufügung eines Schadens[228] und des Kausalzusammenhangs[229] vorliegen. Grundsätzlich notwendig ist auch, daß der Schädiger rechtswidrig gehandelt hat[230]. Von diesem Grundsatz gibt es jedoch eine Ausnahme: Ein durch rechtmäßige Handlungen zugefügter Schaden ist in den durch Gesetz bestimmten Fällen zu ersetzen (Art. 1064 Abs. 3 Satz 1 ZGB)[231]. Gleiches gilt für das Verschulden: Es ist grundsätzlich eine notwendige Voraussetzung der deliktischen Haftung[232]. Durch Gesetz kann die Schadensersatzpflicht aber auch bei fehlendem Verschulden des Schädigers bestimmt werden (Art. 1064 Abs. 2 Satz 2 ZGB)[233]. Im Zusammenhang mit den gesetzlich vorgesehenen Fällen, in denen die Haftung auch ohne Rechtswidrigkeit und/oder Verschulden eintritt, ist gelegentlich von einem *„abgekürzten" bzw. „eingeschränkten" Tatbestand*[234] die Rede[235].

Die herrschende Meinung im deutschen Recht geht hingegen von einem dreistufigen Deliktsaufbau aus, der aus den Elementen

---

Graždanskoe pravo. Čast' vtoraja, S. 510; *Zavidov/Gusev*, Graždansko-pravovaja otvetstvennost', S. 467.

227 Vgl. *Korneev* in: *Suchanov*, Graždanskoe pravo, Band 2, Halbband 2, S. 367, 373; *Jarošenko* in: *Sadikov*, Graždanskoe pravo Rossii. Čast' vtoraja, S. 631.

228 Vgl. *Korneev* in: *Suchanov*, Graždanskoe pravo, Band 2, Halbband 2, S. 370; *Tolstoj* in: *Sergeev/Tolstoj*, Graždanskoe pravo, Band 3, S. 7.

229 Vgl. *Fajzutdinov* in: *Sadikov*, Kommentarij k Graždanskomu kodeksu RF časti vtoroj, Anm. 6 zu Art. 1064; *Jarošenko* in: *Sadikov*, Graždanskoe pravo Rossii. Čast' vtoraja, S. 641; *Korneev* in: *Suchanov*, Graždanskoe pravo, Band 2, Halbband 2, S. 377; *Tolstoj* in: *Sergeev/Tolstoj*, Graždanskoe pravo, Band 3, S. 14.

230 Vgl. *Jarošenko* in: *Braginskij*, Kommentarij časti vtoroj Graždanskogo kodeksa RF, S. 351; *Jarošenko*, ChiP 1996, Nr. 12, S. 3; *Tolstoj* in: *Sergeev/Tolstoj*, Graždanskoe pravo, Band 3, S. 15.

231 Vgl. dazu unten S. 157.

232 Vgl. *Korneev* in: *Suchanov*, Graždanskoe pravo, Band 2, Halbband 2, S. 379.

233 Vgl. dazu unten S. 174 f.

234 Russ.: ucečennyj sostav bzw. ograničennyj sostav.

235 Vgl. *Korneev* in: *Suchanov*, Graždanskoe pravo, Band 2, Halbband 2, S. 368, *Jarošenko* in: *Sadikov*, Graždanskoe pravo Rossii. Čast' vtoraja, S. 631; *Tolstoj* in: *Sergeev/Tolstoj*, Graždanskoe pravo, Band 3, S. 10, 12. Es ist allerdings umstritten, ob in diesen Fällen überhaupt von Haftung die Rede sein kann, vgl. dazu oben S. 79 f.

- Tatbestand
- Rechtswidrigkeit
- Schuld

besteht[236].

Auf der Ebene der Tatbestandsmäßigkeit wird geprüft, ob eine Handlung bzw. ein zurechenbares Unterlassen vorliegt, ob das betreffende Verhalten in den Schutzbereich der (eventuell) einschlägigen Norm fällt (Sind die in der Norm genannten Rechtsgüter (z. B. die des § 823 Abs. 1 BGB) beeinträchtigt? Ist (insbesondere im Falle des Art. 823 Abs. 2 BGB) ein Schutzgesetz verletzt?), ob ggf. eine Verkehrssicherungspflicht verletzt wurde und ob ein Kausalzusammenhang besteht[237]. Das Vorliegen eines Schadens stellt dagegen kein Element des Tatbestandes dar[238].

Der Deliktsaufbau im deutschen Recht unterscheidet sich somit vom rußländischen Deliktsaufbau im wesentlichen dadurch, daß der Schaden nicht im Zusammenhang mit den tatbestandlichen Voraussetzungen, sondern im Rahmen der Haftungsausfüllung behandelt wird. Das hat zur Folge, daß im deutschen Recht sehr viel deutlicher als im rußländischen Recht zwischen der haftungsbegründenden und der haftungsausfüllenden Kausalität unterschieden wird. Die Ursache dafür, daß im deutschen Recht strenger als im rußländischen Recht zwischen Haftungsbegründung und Haftungsausfüllung getrennt wird, besteht vermutlich darin, daß im deutschen BGB die haftungsausfüllenden Normen in einem gesonderten Abschnitt im allgemeinen Schuldrecht (§§ 249 ff. BGB) enthalten sind, während im rußländischen Recht die haftungsausfüllenden Normen überwiegend im Deliktsrecht selbst enthalten sind und ein Rückgriff auf Vorschriften aus dem allgemeinen Schuldrecht nur ausnahmsweise stattfindet[239].

---

236 *Larenz/Canaris*, Lehrbuch des Schuldrechts II/2, S. 362 ff.; *Staudinger-Hager*, § 823 Rn. A 1-4; RGRK-*Steffen*, § 823 Rn. 3; *E. Deutsch/H. Ahrens*, Deliktsrecht, Rn. 13 ff.

237 Vgl. *Staudinger-Hager*, § 823 Rn. A 1; RGRK-*Steffen*, § 823 Rn. 3; *Larenz/Canaris*, Lehrbuch des Schuldrechts II/2, S. 362 f., die allerdings der Auffassung sind, daß der Kausalzusammenhang außerhalb der Tatbestandsmäßigkeit liege.

238 *Staudinger-Hager*, § 823 Rn. A 1; *Larenz/Canaris*, Lehrbuch des Schuldrechts II/2, S. 363.

239 Vgl. dazu unten S. 213 ff.

Die folgende Darstellung der einzelnen Tatbestände in den Teilen B.-G. dieser Arbeit orientiert sich nicht strikt an dem rußländischen Deliktsaufbau. Stattdessen wird eine differenziertere Untergliederung gewählt, um die einzelnen Probleme besser darstellen zu können. Vor allem wird der Schaden nicht im Rahmen des Tatbestandes, sondern – wie im deutschen Recht – erst im Zusammenhang mit der Haftungsausfüllung erörtert[240].

VI. DIE ABGRENZUNG DER DELIKTISCHEN SCHULDVERHÄLTNISSE VON DEN VERTRAGLICHEN SCHULDVERHÄLTNISSEN

1. Notwendigkeit der Abgrenzung

Deliktische Schuldverhältnisse entstehen zum einen zwischen Personen, die nicht in vertraglichen Beziehungen stehen. Sie können allerdings zum anderen auch zwischen Personen entstehen, zwischen denen vertragliche Beziehungen vorhanden sind, wenn der zugefügte Schaden nicht mit der Verletzung vertraglicher Pflichten im Zusammenhang steht[241]. Aus diesem Grund ist es erforderlich, vertragliche Schuldverhältnisse und deliktische Schuldverhältnisse voneinander abzugrenzen.

Vor allem ist eine Abgrenzung deshalb notwendig, weil sich die Haftung nach unterschiedlichen Normenkomplexen richtet. Für die deliktischen Schuldverhältnisse gelten in erster Linie die Art. 1064 ff. ZGB, bei der Verletzung von Vertragspflichten greifen in erster Linie die Vorschriften über das jeweilige Schuldverhältnis ein, die im besonderen Schuldrecht des ZGB enthalten sind.

Darüber hinaus bestehen weitere Unterschiede zwischen deliktischen und vertraglichen Schuldverhältnissen. Die deliktische Haftung, ein-

240 Eine vom rußländischen Deliktsaufbau abweichende Darstellung haben auch *Heidemann*, Unternehmenshaftung in Rußland, S. 50 ff., und *Faria e Castro*, Die Merkmale der unerlaubten Handlung im sowjetischen Zivilrecht unter Berücksichtigung ihrer historischen Entwicklung, S. 26 ff., gewählt.

241 *Jarošenko*, ChiP 1996, Nr. 12, S. 3; *Braginskij*, Kommentarij časti vtoroj Graždanskogo kodeksa RF, S. 351; *Jarošenko* in: *Sadikov*, Graždanskoe pravo Rossii. Čast' vtoraja, S. 630.

schließlich ihrer Formen und ihrer Höhe, wird allein durch das Gesetz bestimmt. Die Vorschriften über die deliktische Haftung haben zwingenden Charakter und können nicht vertraglich abbedungen werden[242]. Von diesem Grundsatz gibt es nur eine Ausnahme: Durch Gesetz oder Vertrag kann die Pflicht des Schädigers bestimmt werden, den Geschädigten eine über den Schadensersatz hinausgehende Entschädigung zu zahlen (Art. 1064 Abs. 1 Satz 3 ZGB). Bei den vertraglichen Schuldverhältnissen werden der Grund, die Umstände und die Höhe der Haftung hingegen sowohl durch gesetzliche Vorschriften als auch durch die Vereinbarung zwischen den Parteien – den Vertrag – geregelt[243]. Die deliktische Haftung wird deshalb als strenger empfunden[244].

Wenn ein und derselbe Fall einerseits nach den Regeln über die vertragliche Haftung beurteilt wird und andererseits nach den Vorschriften über die deliktische Haftung, kann man daher zu unterschiedlichen Ergebnissen kommen[245].

2. *Grundregel*

Ein wesentliches Kriterium zur Unterscheidung von vertraglichen und deliktischen Schuldverhältnissen wird in der Entstehung des Schuldverhältnisses gesehen. Bei der vertraglichen Haftung besteht bereits ein Schuldverhältnis, wenn vertragliche Pflichten verletzt wurden. Deliktische Schuldverhältnisse entstehen hingegen erst durch die Tatsache der Schadenszufügung[246].

---

242 *Korneev* in: *Suchanov*, Graždanskoe pravo, Band 2, Halbband 2, S. 365; *Jarošenko* in: *Sadikov*, Graždanskoe pravo Rossii. Čast' vtoraja, S. 631; *Smirnov/Sobčak*, Obščee učenie o deliktnych objazatel'stvach v sovetskom graždanskom prave, S. 102; vgl. auch *Malein* in: *Kalpin/Masljaev*, Graždanskoe pravo. Čast' pervaja, S. 523; *K. Jarošenko*, Žurnal rossijskogo prava 1997, Nr. 1, S. 139.

243 Zu den – zum Teil weitergehenderen Unterschieden – zwischen deliktischer und vertraglicher Haftung im sowjetischen Recht, vgl. *Smirnov/Sobčak*, Obščee učenie o deliktnych objazatel'stvach v sovetskom graždanskom prave, S. 102 ff.

244 *Suchanov*, Graždanskoe pravo, Band 1, S. 434; *Suchanov*, Graždanskoe pravo, Band 2, Halbband 2, S. 424; vgl. auch *Jarošenko*, Žurnal rossijskogo prava 1997, Nr. 1, S. 139.

245 *Korneev* in: *Suchanov*, Graždanskoe pravo, Band 2, Halbband 2, S. 365; vgl. auch *Egorov* in: *Sergeev/Tolstoj*, Graždanskoe pravo, Band 1, S. 556.

246 *Heidemann*, Unternehmenshaftung in Rußland, S. 32; *Smirnov/Sobčak*, Obščee učenie o deliktnych objazatel'stvach v sovetskom graždanskom prave, S. 8 f., 99 f.; *Smirnov* in: *Ioffe/Tolstoj/Čerepachin*, Sovetskoe graždanskoe pravo, Band 2,

Deliktische und vertragliche Schuldverhältnisse werden auch nach folgender Formel voneinander abgegrenzt: Wenn der Schaden infolge der Nicht- oder Schlechterfüllung vertraglicher Pflichten entstanden ist, werden die deliktsrechtlichen Normen nicht angewendet, sondern der Schaden nach den Regeln über die Haftung für die Nichterfüllung vertraglicher Pflichten oder nach den Bedingungen des Vertrages ersetzt, der zwischen den Parteien geschlossen wurde[247].

Schon das Plenum des Obersten Gerichtshofs der UdSSR führte dazu in Punkt 2 seiner erläuternden Leitentscheidung Nr. 16 vom 23.10.1963 aus, daß die Regeln, die den Ersatz des außervertraglichen Schadens bestimmen, nicht auf die Fälle des Ersatzes eines Schadens angewendet werden, der durch die Nichterfüllung eines Schuldverhältnisses zugefügt wurde, das der Beklagte durch einen Vertrag auf sich genommen hat oder bei ihm aus anderen Gründen entstanden ist, die durch Gesetz vorgesehen sind[248].

Die Frage, in welchem Verhältnis die vertraglichen und deliktischen Vorschriften zueinander stehen, ist somit eine Frage der Anwendbarkeit der jeweiligen Normenkomplexe. Es besteht deshalb kein Konkurrenz-, sondern vielmehr ein Ausschließlichkeitsverhältnis. Die vertraglichen

---

S. 364; *N. Malein*, Vozmeščenie vreda, pričinennogo ličnosti, S. 8; vgl. auch *Korneev* in: *Suchanov*, Graždanskoe pravo, Band 2, Halbband 2, S. 364, 366; *B. Zavidov*, Pravovye problemy vozmeščenija moral'nogo vreda v Rossii, S. 5. Ähnlich sieht dies der BGH in BGHZ 24, 188, 192, für das deutsche Recht: „Nach Deliktsrecht bringt der Verstoß gegen das Gesetz eine Verbindlichkeit (die Schadensersatzpflicht) überhaupt erst zur Entstehung, während nach Vertragsrecht eine bereits bestehende Verbindlichkeit im Falle ihrer Verletzung in eine Schadensersatzpflicht umgewandelt wird."

247 *Korneev* in: *Suchanov*, Graždanskoe pravo, Band 2, Halbband 2, S. 365; vgl. auch *Jarošenko* in: *Sadikov*, Graždanskoe pravo Rossii. Čast' vtoraja, S. 630; *Jarošenko* in: *Braginskij*, Kommentarij časti vtoroj Graždanskogo kodeksa RF, S. 351; *Jarošenko*, ChiP 1996, Nr. 12, S. 3; *M. Rožkova*, VVAS 2002, Nr. 2, S. 95; *Malein*, Vozmeščenie vreda, pričinennogo ličnosti, S. 8; vgl. auch BVS RSFSR 1989, Nr. 1, S. 10; *Zavidov*, Pravovye problemy vozmeščenija moral'nogo vreda v Rossii, S. 5; *Parcij*, Kommentarij k Zakonu RF „O zaščite prav potrebitelej", Anm. 1 zu Art. 14; *Ja. Parcij*, ChiP 1996, Nr. 12, S. 37.

248 BVS SSSR 1963, Nr. 6, S. 14, allerdings außer Kraft gesetzt durch Punkt 27 der erläuternden Leitentscheidung Nr. 13 des Plenums des Obersten Gerichtshofs der UdSSR vom 05.09.1986, BVS SSSR 1986, Nr. 6, S. 19, i. d. F. der erläuternden Leitentscheidung Nr. 12 des Plenums des Obersten Gerichtshofs der UdSSR vom 22.09.1989, BVS SSSR 1989, Nr. 6, S. 19, vgl. auch BNA SSSR 1990, Nr. 4, S. 45; ähnlich *Verdnikov* in: *V. Rjasencev*, Sovetskoe Graždanskoe pravo, Teil 2, S. 380 f.

und deliktischen Haftungsregeln sind streng voneinander zu trennen[249] und können nicht gleichzeitig angewendet werden[250]. Insbesondere ist es nicht zulässig, daß der Geschädigte in derselben Sache gleichzeitig aus Vertrag und aus Delikt Klage erhebt[251].

Aus den vertraglichen Haftungsregeln wird allerdings nur gehaftet, wenn eine ausdrücklich im Gesetz für die betreffende Vertragsart aufgeführte Pflicht oder eine vertraglich ausdrücklich vereinbarte Pflicht verletzt wurde. Vor- oder nachvertragliche Pflichten sind der rußländischen Zivilrechtswissenschaft, zwar nicht unbekannt[252], spielen aber nur in weit geringerem Umfang eine Rolle als in der deutschen[253]. Weiter verbreitet ist in der rußländischen Rechtswissenschaft das Schlagwort der sog. *„passiven Pflichten"*. Diese bestehen darin, Verletzungen von absoluten subjektiven Rechten einer anderen Person zu unterlassen. Die Haftung für die Verletzung solcher „passiven Pflichten" soll sich aber nach den Vorschriften über die deliktische Haftung richten[254]. Im rußländischen Recht findet somit – im Gegensatz zum deutschen Recht – keine Erweiterung der vertraglichen Schuldverhältnisse durch die Konstruktion vertraglicher Neben- und Schutzpflichten statt, sondern es wird

---

249 Vgl. *T. Levšina*, in: Pravovye problemy rynočnoj ėkonomiki v Rossijskoj Federacii, S. 40.

250 Vgl. *Heidemann*, Unternehmenshaftung in Rußland, S. 33.

251 Vgl. *Suchanov*, Graždanskoe pravo, Band 1, S. 435. Im rußländischen Recht ist bei dieser Konstellation von einer „Konkurrenz der Klagen" (russ.: konkurencija iskov) die Rede.

252 Vgl. *Braginskij/Vitrjanskij*, Dogovornoe pravo, S. 659 f.

253 Vgl. *Solotych*, Das neue russische ZGB aus rechtsvergleichender Sicht, in: *Schroeder*, Die neuen Kodifikationen in Rußland, S. 40; *Solotych*, Das Zivilgesetzbuch der Russischen Föderation – Erster Teil – S. 58 f.. Zum sowjetischen Recht führte *Heidemann*, Unternehmenshaftung in Rußland, S. 34, aus, daß es die dem deutschen Recht bekannten Nebenpflichten und Schutzpflichten aus Vertrag nicht kannte.

254 Vgl. *Smirnov/Sobčak*, Obščee učenie o dekiktnych objazatel'stvach v sovetskom graždanskom prave, S. 100; *Heidemann*, Unternehmenshaftung in Rußland, S. 34; vgl. zu den passiven Pflichten auch *Malein* in: *Kalpin/Masljaev*, Graždanskoe pravo. Čast'pervaja, S. 523; *Em* in: *Suchanov*, Graždanskoe pravo, Band 1, S. 93 f.; *M. Apranič*, Pravovedenie 2001, Nr. 2, S. 129 f.; *Zavidov/Gusev*, Graždansko-pravovaja otvetstvennost', S. 468; *Ramzaev* in: *Cybulenko*, Graždanskoe pravo Rossii. Čast' pervaja, S. 161, *Tarchov* in: *Cybulenko*, Graždanskoe pravo Rossii. Čast' pervaja, S. 427.

ausschließlich das Deliktsrecht angewendet[255], wenn keine durch Vertrag oder Gesetz für das betreffende Schuldverhältnis vorgesehene Pflicht verletzt wurde.

3. Vergleich zum deutschen Recht

Im deutschen Recht besteht im Gegensatz zum rußländischen Recht kein Ausschließlichkeitsverhältnis zwischen vertraglichen und deliktischen Schuldverhältnissen. Vielmehr kann ein Schadensersatzanspruch wegen ein und derselben Pflichtverletzung sowohl aus Vertrag als auch aus Delikt begründet sein. Nach der Rechtsprechung und herrschenden Lehre bestehen beide Ansprüche grundsätzlich nebeneinander und unabhängig voneinander[256]. Bei dem Zusammentreffen von Ansprüchen aus Vertragsverletzung und unerlaubter Handlung handelt es sich um eine echte Anspruchskonkurrenz, die sich aus dem gleichen Rangverhältnis von Deliktsrecht und Vertragsrecht ergibt[257]. Verstößt ein Handeln oder Unterlassen sowohl gegen eine allgemeine Rechtspflicht als auch gegen eine vertraglich begründete Pflicht, so sind die Rechtsfolgen sowohl den Vorschriften über Delikts- als auch über Vertragsrecht zu entnehmen, wobei unter den beiden rechtlichen Gesichtspunkten Schadensersatzansprüche entstehen können, die nach Voraussetzung, Inhalt und Verwirklichung dem ihnen eigentümlichen Rechtsbereich unterliegen[258]. Es sind somit sowohl alle vertraglichen als auch alle deliktischen Anspruchsgrundlagen zu prüfen, weil vielfach die vertragliche Haftung für den Geschädigten günstiger ist, in einigen Fällen allerdings auch die deliktische Haftung.

---

255 *Solotych*, Das neue russische ZGB aus rechtsvergleichender Sicht, in: *Schroeder*, Die neuen Kodifikationen in Rußland, S. 40; vgl. auch *Solotych*, Das Zivilgesetzbuch der Russischen Föderation – Erster Teil –, S. 58 f.

256 BGHZ 9, 301, 302; 17, 214, 217; 24, 188, 191 f., 32, 194, 203; 32, 297, 302; 55, 392, 395; 61, 203, 204; 66, 315, 319; 67, 359, 363; 96, 221, 228; 100, 157, 182; 101, 337, 344; 116, 297, 300; 123, 394, 398; BGH NJW 1957, 1150, 1151; 1974, 234, 235; 1978, 2241, 2242; 1991, 562, 563; 1994, 2755, 2756; 1998, 2282, 2283; MüKo-*Mertens*, vor §§ 823-853 Rn. 29; *Staudinger-Hager*, vor § 823 Rn. 38; *Soergel/Zeuner*, vor § 823 Rn. 35, 40; *Erman/Schiemann*, vor § 823 Rn. 25; *Palandt-Thomas*, vor § 823 Rn. 4.

257 BGHZ 9, 301, 302; 24, 188, 191; 66, 315, 319.

258 BGHZ 24, 188, 192.

Bei der vertraglichen Haftung nach deutschem Recht ist die Beweislast für den Geschädigten günstiger: Bei der Haftung aus Delikt hat der Geschädigte bei Bestreiten des Gegners das Vorliegen aller Tatbestandsmerkmale, also regelmäßig auch das Verschulden zu beweisen. Bei der Haftung aus Vertrag sieht hingegen § 282 BGB eine Verschuldensvermutung zugunsten des Geschädigten vor. Die vertragliche Haftung für Erfüllungsgehilfen gemäß § 278 BGB sieht keinen Entlastungsbeweis vor, während bei der deliktischen Haftung für Verrichtungsgehilfen nach § 831 Abs. 1 Satz 2 BGB eine Exculpationsmöglichkeit besteht. Bis zum 31.12.2001 galten zudem unterschiedliche Regelungen über die Verjährung vertraglicher und deliktischer Ansprüche: Ansprüche aus Delikt verjährten gemäß § 852 BGB in drei Jahren, während sich die Verjährung bei vertraglichen Ansprüchen nach dem jeweiligen Vertrag richtete. Im Zuge des Schuldrechtsmodernisierungsgesetzes wurde zum 01.01.2002 § 852 BGB aufgehoben und in § 195 BGB eine regelmäßige Verjährung von drei Jahren eingeführt, die sowohl für vertragliche als auch deliktische Ansprüche gilt. Günstiger für den Geschädigten war das deutsche Deliktsrecht bis zum 31.07.2002 nur insofern, als es einen Anspruch auf Schmerzensgeld (§ 847 BGB) vorsah, während ein solcher Anspruch bei Verletzung vertraglicher Ansprüche nicht begründet sein konnte[259]. Dieser Unterschied besteht jedoch nach dem Inkrafttreten des Zweiten Gesetzes zur Änderung schadensersatzrechtlicher Vorschriften am 01.08.2002 nicht mehr, weil dadurch die Regelung des § 847 BGB aufgehoben und durch einen allgemeinen Anspruch auf Schmerzensgeld ersetzt wurde, der auch die Vertragshaftung mit einbezieht (vgl. § 253 Abs. 2 BGB n.F.).

Diese im deutschen Recht bestehenden Unterschiede zwischen vertraglichen und deliktischen Ansprüchen werfen die Frage auf, ob das im rußländischen Recht zwischen vertraglichen und deliktischen Ansprüchen bestehende Ausschließlichkeitsverhältnis für den Geschädigten nicht ungünstig ist, wenn die unerlaubte Handlung im Rahmen eines Vertragsverhältnisses begangen wurde. Bei genauer Betrachtung ist das im Ergebnis jedoch nicht der Fall. Vielmehr gewährt das rußländische

---

259 Vgl. hierzu die Gegenüberstellungen in *Staudinger-Hager*, vor § 823 Rn. 37; *Soergel/Zeuner*, vor § 823 Rn. 42; *Erman/Schiemann*, vor § 823 Rn. 25; *Palandt-Thomas*, 61. Aufl., vor § 823 Rn. 4; *Esser/Weyers*, Schuldrecht, Band II, Teilband 2, S. 150. Vgl. auch Ziff. A. III. 3. der Begründung des Zweiten Gesetzes zur Änderung schadensersatzrechtlicher Vorschriften, veröffentlicht unter www.bmj.de.

Deliktsrecht einen gegenüber dem Vertragsrecht gleichwertigen Schutz[260]. Bei deliktischen Ansprüchen nach dem rußländischen Recht hat nicht der Geschädigte das Verschulden des Schädigers zu beweisen, vielmehr besteht – ebenso wie im Vertragsrecht (Art. 401 Abs. 2 ZGB) – eine Verschuldensvermutung (Art. 1064 Abs. 2 ZGB)[261]. Im rußländischen Recht besteht zudem weder bei der vertraglichen (Art. 402 ZGB) noch bei der deliktischen (Art. 1068 ZGB) Gehilfenhaftung eine mit § 831 Abs. 2 BGB vergleichbare Möglichkeit einer Exculpation[262]. Sowohl vertragliche als auch deliktische Ansprüche verjähren nach rußländischem Recht regelmäßig in drei Jahren (Art. 195 ZGB)[263]. Zudem haben für den Geschädigten günstige vertragliche Regelungen gemäß Art. 1064 Abs. 1 Satz 3 ZGB Vorrang vor den Bestimmungen über die deliktische Haftung. Das im rußländischen Recht zwischen vertraglicher und deliktischer Haftung bestehende Ausschließlichkeitsverhältnis hat deshalb für den Geschädigten keine Nachteile[264]. Das rußländische Recht ist sogar teilweise für den Geschädigten günstiger: Nach herrschender Meinung kann im deutschem Recht die deliktische Haftung durch vertragliche Abreden grundsätzlich ausgeschlossen oder begrenzt werden[265]. Eine vertragliche Haftungserleichterung aufgrund ausdrücklicher Vereinbarung oder einer Vorschrift des dispositiven Gesetzesrechts gilt auch für das Deliktsrecht[266]. Im rußländischen Recht

---

260 Vgl. auch *Solotych*, Das neue russische ZGB aus rechtsvergleichender Sicht, in: *Schroeder*, Die neuen Kodifikationen in Rußland, S. 40; *Solotych*, Das Zivilgesetzbuch der Russischen Föderation – Erster Teil –, S. 59.

261 *Solotych*, Das neue russische ZGB aus rechtsvergleichender Sicht, in: *Schroeder*, Die neuen Kodifikationen in Rußland, S. 41; *Solotych*, Das Zivilgesetzbuch der Russischen Föderation – Erster Teil –, S. 59; vgl. zur Verschuldensvermutung im einzelnen unten S. 317.

262 *Solotych*, Das neue russische ZGB aus rechtsvergleichender Sicht, in: *Schroeder*, Die neuen Kodifikationen in Rußland, S. 41; *Solotych*, Das Zivilgesetzbuch der Russischen Föderation – Erster Teil –, S. 59; vgl. zur Gehilfenhaftung des Art. 1068 ZGB unten S. 192 ff.

263 Vgl. zur Verjährung im einzelnen unten unten S. 309 ff.

264 So auch *Heidemann*, Unternehmenshaftung in Rußland, S. 35, für das sowjetische Recht.

265 Vgl. BGHZ 9, 301, 306; 54, 264, 267; 98, 59, 64; 98, 235, 237; 116, 297, 301; 123, 394, 399; BGH NJW 1965, 151; 1979, 2148; 1992, 687; 1998, 2282; *Palandt-Heinrichs*, § 276 Rn. 35; MüKo-*Mertens*, §§ 823-853 Rn. 34; *Staudinger-Hager*, vor § 823 Rn. 41; *Soergel/Zeuner*, vor § 823, Rn. 66.

266 *Erman/Schiemann*, vor § 823 Rn. 26.

ist das hingegen ausgeschlossen, da die Vorschriften zum Deliktsrecht grundsätzlich zwingend und Abweichungen nur zugunsten des Geschädigten möglich sind[267].

4. Verweise auf die Art. 1064 ff. ZGB

Die oben (unter 2.) geschilderte Grundregel über die Abgrenzung von vertraglichen und deliktischen Schuldverhältnissen wird jedoch vielfach durchbrochen. Es existieren zahlreiche Vorschriften, gemäß denen die Normen, die deliktische Rechtsbeziehungen regeln, auf einzelne Schuldverhältnisse, die vertraglich entstanden sind, angewendet werden. Nach den Vorschriften, die deliktische Schuldverhältnisse regeln, können somit auch Schäden ersetzt werden, die infolge der Verletzung einer vertraglichen Verpflichtung entstanden sind.

a) Vorschriften im 59. Kapitel des ZGB

Die wichtigste dieser Verweisungsnormen ist im 59. Kapitel des ZGB, nämlich in Art. 1084 ZGB, enthalten. Danach ist ein Schaden, der dem Leben oder der Gesundheit eines Bürgers bei der Erfüllung von vertraglichen Pflichten sowie bei der Erfüllung von Pflichten im Militär- oder Polizeidienst und anderen entsprechenden Pflichten zugefügt wird, gemäß den Vorschriften dieses Kapitels zu ersetzen, soweit vertraglich oder gesetzlich nicht eine erhöhte Haftung bestimmt ist[268]. Ein dem Leben oder der Gesundheit eines Bürgers zugefügter Schaden wird somit auch dann nach den Vorschriften des Deliktsrechts ersetzt, wenn der Schaden auf der Schlechterfüllung eines Vertrages beruht. Eine dem Art. 1084 ZGB ähnliche Vorschrift befand sich bereits in Art. 130 Abs. 3 GZG 1991. Eingefügt wurde die Vorschrift, weil das Gesetz für die deliktischen Schuldverhältnisse gewöhnlich ein höheres Maß an Schadensersatz oder andere für den Verletzten günstigere Bedingungen vorsieht als in Verträgen festgelegt wird[269]. Sie dient somit dem effektiveren

267 Vgl. dazu oben S. 87.

268 Vgl. dazu näher unten S. 87 ff.

269 *Suchanov*, Graždanskoe pravo, Band 2, Halbband 2, S. 424; vgl. auch *Jarošenko*, Žurnal rossijskogo prava 1997, Nr. 1, S. 139.

Schutz der Rechtsgüter Leben und Gesundheit und betrifft beliebige Schuldverhältnisse, an denen ein Bürger beteiligt ist[270].

Allerdings folgt aus dem oben dargestellten Umstand, daß das rußländische Recht keine Neben- und Schutzpflichten kennt, daß bei Schäden, die dem Leben oder der Gesundheit eines Bürgers zugefügt werden, ohnehin das Deliktsrecht anzuwenden ist. Die Pflicht, das Leben oder die Gesundheit des Vertragspartners zu schützen, ist in aller Regel nicht ausdrücklich im Vertrag vorgesehen. Auch ohne die Vorschrift des Art. 1084 ZGB wäre somit bei Personenschäden das Deliktsrecht und nicht die Vorschriften über die vertragliche Haftung anzuwenden. Bereits in der Literatur zum sowjetischen Deliktsrecht wurde trotz Fehlen einer dem Art. 1084 ZGB entsprechenden Vorschrift davon ausgegangen, daß bei Personenschäden ausschließlich das Deliktsrecht einschlägig ist, unabhängig davon, ob zwischen dem Schädiger und dem Geschädigten vertragliche Beziehungen bestehen oder nicht[271].

Art. 1084 ZGB ist weit auszulegen: Durch Vertrag oder Gesetz können nicht nur für den Geschädigten günstigere Bedingungen im Hinblick auf die Höhe, sondern auch hinsichtlich des Grundes der Haftung festgelegt werden[272]. Bei Schäden für das Leben oder die Gesundheit werden somit die Vorschriften ZGB angewendet – sofern nicht eine höhere Haftung vertraglich oder gesetzlich vorgesehen ist –, auch wenn in dem betreffenden Spezialgesetz oder Vertrag nicht ausdrücklich auf sie verwiesen wird[273]. Es gilt somit für Schäden, die dem Leben oder der Gesundheit eines Bürgers zugefügt wurden, entgegen dem allgemeinen Prinzip, nach dem spezielle Vorschriften Vorrang vor den allgemeinen Vorschriften haben, ein anderes Prinzip: Bei einer Kollision der Vorschriften des ZGB und eines Spezialgesetzes, gelten die Normen des ZGB, d. h. die allgemeinen Vorschriften, wenn die Vorschriften des Spezialgesetzes den Umfang der Haftung senken[274].

---

270 *Malein* in: *Kalpin*, Graždanskoe pravo. Čast' vtoraja, S. 509.

271 *Smirnov/Sobčak*, Obščee učenie o deliktnych objazatel'stvach v sovetskom graždanskom prave, S. 101; *Heidemann*, Unternehmenshaftung in Rußland, S. 34.

272 *Jarošenko* in: *Braginskij*, Kommentarij časti vtoroj Graždanskogo kodeksa RF, S. 377; *K. Jarošenko*, Pravo i ėkonomika 1998, Nr. 2, S. 92.

273 Vgl. *Malein* in: *Kalpin*, Graždanskoe pravo. Čast' vtoraja, S. 509; *Jarošenko*, Objazatel'stva vsledstvie pričinenija vreda, in: *Kozyr'/Makovskij/Chochlov*, Graždanskij kodeks RF. Čast vtoraja, S. 584.

274 *Jarošenko*, Pravo i ėkonomika 1998, Nr. 2, S. 92.

So ist z. B. gemäß Art. 20 des Gesetzes vom 20.04.1995 „Über den *staatlichen Schutz der Richter, der Amtspersonen der Rechtspflege- und Kontrollorgane*“[275] für den Fall, daß einem Richter, einem Schöffen, einem Gerichtsvollzieher, einer Amtsperson eines Rechtspflege- oder Kontrollorgans, einem Mitarbeiter eines föderalen Organs des Staatsschutzes oder einer Einrichtung des Strafvollzugssystems bei seiner Diensttätigkeit Körperverletzungen oder anderer Schaden an seiner Gesundheit zugefügt wird, die eine weitere Möglichkeit einer Berufstätigkeit ausschließen, ihm eine Entschädigung in Form des Unterschiedes zwischen seinem monatlichen Arbeitslohn (durchschnittlicher monatlicher Geldunterhalt) und der ihm im Zusammenhang damit festgesetzten Rente ohne Berücksichtigung der Summe der Auszahlungen, die er aus der staatlichen Versicherung erhalten hat, monatlich auszuzahlen ist. Diese Vorschrift senkt die Höhe des Schadensersatzes, der dem Verletzten wegen der Gesundheitsbeschädigung nach dem ZGB zusteht. Das ZGB sieht weder eine Anrechnung der Rente noch des Verdienstes vor, den der Verletzte nach der Gesundheitsbeschädigung erhält. Deshalb muß in diesem Zusammenhang die Höhe des Schadensersatzes nach den Vorschriften des ZGB (Art. 1085 ff.) bestimmt werden[276]. Dies gilt auch bei Ersatz des Schadens im Falle des Todes einer der aufgeführten Personen an die Personen, die ein Recht auf Ersatz im Zusammenhang mit dem Verlust des Ernährers nach Art. 1088 f. ZGB haben, weil auch in diesem Fall Art. 20 des Gesetzes über den Schutz der Richter, der Amtspersonen der Rechtspflege- und Kontrollorgane eine Anrechnung von Zahlungen anordnet, die das ZGB nicht vorsieht[277].
In Punkt 4 der durch die Verordnung des Ministeriums für Arbeit und soziale Entwicklung der RF Nr. 3 vom 09.10.1996 bestätigten Erläuterung „Über das *Verfahren der Auszahlung von Geldbeträgen als Schadensersatz in Höhe des Verdienstes (oder eines entsprechenden Teils von ihm) in Abhängigkeit vom Grad des Verlustes der Erwerbsfähigkeit an*

---

275 Nr. 46-FZ, SZ 1995, Nr. 17, Pos. 1455, geändert durch Gesetze vom 21.07.1998, Nr. 117-FZ, SZ 1998, Nr. 30, Pos. 3613, 06.01.1999, Nr. 11-FZ, SZ 1999, Nr. 2, Pos. 238, 29.02.2000, Nr. 42-FZ, SZ 2000, Nr. 10, Pos. 1067, 18.06.2001, Nr. 76-FZ, SZ 2001, Nr. 26, Pos. 2580, 29.11.2001, Nr. 160-FZ, SZ 2001, Nr. 49, Pos. 4556, und 11.12.2002, Nr. 167-FZ, SZ 2002, Nr. 50, 4928.

276 *Jarošenko* in: *Braginskij*, Kommentarij časti vtoroj Graždanskogo kodeksa RF, S. 376; *Jarošenko*, ChiP 1996, Nr. 12, S. 17; *Jarošenko* in: *Sadikov*, Graždanskoe pravo Rossii. Čast' vtoraja, S. 666 f.

277 *Jarošenko* in: *Braginskij*, Kommentarij časti vtoroj Graždanskogo kodeksa RF, S. 376; *Jarošenko* in: *Sadikov*, Graždanskoe pravo Rossii. Čast' vtoraja, S. 666 f.

Bürger, die infolge der Katastrophe von Černobyl geschädigt wurden“[278] war vorgesehen, daß Rentnern, die infolge der Katastrophe von Černobyl bei der Erfüllung ihrer Pflichten im Militärdienst eine Körperbehinderung erlitten haben und die mehr als eine Rente erhalten, nur eine Rente nach deren Wunsch sowie ein Schadensersatzbetrag ausgezahlt wird. Durch diese Regelung wurden diejenigen benachteiligt, die Ansprüche auf mehrere Renten hatten. Der Oberste Gerichtshof der RF hat diese Regelung deshalb für unwirksam erklärt, weil nach Art. 1085 Abs. 2 ZGB bei Bestimmung des ausgefallenen Verdienstes Renten nicht berücksichtigt werden dürfen und nach Art. 1084 und 1085 ZGB andere Gesetze den Umfang und die Höhe des Schadensersatzes im Vergleich zu dem Schadensersatz, der dem Geschädigten nach dem ZGB zusteht, nicht senken dürfen[279].

Art. 17 des Gesetzes „Über die *Steuerorgane der Rußländischen Föderation*“ vom 21.03.1991[280] sieht vor, daß im Falle des Todes eines Mitarbeiters des staatlichen Steuerdienstes im Zusammenhang mit der Erfüllung der Diensttätigkeit der Familie des Getöteten oder den Personen, die von ihm unterhalten wurden, eine einmalige Beihilfe in Höhe eines zehnjährigen Geldunterhalts des Verstorbenen auszuzahlen ist. Diese Regelung erhöht die Haftung im Vergleich zum ZGB, weil das ZGB die Zahlung einer einmaligen Beihilfe nicht vorsieht. Deshalb ist Art. 17 des Gesetzes „Über die Steuerorgane der Rußländischen Föderation“ anzuwenden[281]. Darüber hinaus sind monatliche Schadensersatzzahlungen nach Art. 1088 f. ZGB zu leisten. Das Recht auf Zahlung einer einmaligen Beihilfe beeinträchtigt nämlich nicht das Recht auf Schadensersatz nach Art. 1088 f. ZGB[282]. Gleiches gilt für die entsprechenden Regelun-

---

278 Registriert beim Justizministeriums der RF am 14.10.1996 unter der Nr. 1176; veröffentlicht in der Finansovaja Rossija 1996, Nr. 14, und den Rossijskie vesti vom 24.10.1996, Nr. 202.

279 Vgl. BVS RF 1998, Nr. 5, S. 1 ff.

280 Nr. 943-I, VSNDiVS 1991, Nr. 15, Pos. 492, geändert durch Gesetze vom 24.06.1992, Nr. 3119-I, VSNDiVS 1992, Nr. 34, Pos. 1966, 02.07.1992, Nr. 3181-I, VSNDiVS 1992, Nr. 33, Pos. 1912, 25.02.1993, Nr. 4549-I, VSNDiVS 1993, Nr. 12, Pos. 429, 13.06.1996, Nr. 57-FZ, SZ 1996, Nr. 17, Pos. 2958, 16.11.1997, Nr. 144-FZ, SZ 1997, Nr. 47, Pos. 5341, 08.07.1999, Nr. 151-FZ, SZ 1999, Nr. 28, Pos. 3484, 07.11.2000, Nr. 135-FZ, SZ 2000, Nr. 46, Pos. 4537, 30.12.2001, Nr. 196-FZ, SZ 2002, Nr. 1, Pos. 2, und 29.05.2002, Nr. 57-FZ, SZ 2002, Nr. 22, Pos. 2026.

281 Vgl. *Jarošenko*, Pravo i ėkonomika 1998, Nr. 2, S. 92.

282 *Jarošenko*, Pravo i ėkonomika 1998, Nr. 4, S. 73. Zum Schadensersatzanspruch nach Art. 1088 f. ZGB vgl. unten S. 248 ff.

gen in Art. 29 des Gesetzes „Über die *Polizei*" vom 18.04.1991[283] und Art. 9 des *Gesetzes* „Über die *Brandsicherheit*" 21.12.1994[284][285].

Einen weiteren Fall, in dem die Vorschriften des 59. Kapitels des ZGB trotz Vorliegens vertraglicher Beziehungen anzuwenden sind, sieht Art. 1095 ZGB vor. Danach sind Schäden aufgrund von Mängeln an einer Ware, Arbeit oder Dienstleistung unabhängig davon, ob der Geschädigte einen Vertrag abgeschlossen hat oder nicht, nach den Art. 1095-1098 ZGB zu ersetzen. Einzelheiten zu dieser Vorschrift werden jedoch nicht an dieser Stelle, sondern im Teil F. dieser Arbeit[286] erörtert.

b) Weitere Verweisungsnormen im ZGB

Das ZGB sieht außerhalb des Deliktsrechts weitere Fälle vor, in denen die Vorschriften, die deliktische Schuldverhältnisse regeln, auf einzelne Schuldverhältnisse angewendet werden, die vertraglich entstanden sind.

Art. 580 ZGB bestimmt, daß der Schaden, der dem Leben, der Gesundheit oder dem Vermögen eines beschenkten Bürgers infolge von Mängeln der geschenkten Sache zugefügt wurde, durch den Schenker gemäß den Vorschriften des 59. Kapitels des ZGB zu ersetzen ist, sofern

---

283 VSNDiVS RSFSR 1991, Nr. 16, Pos. 503, geändert durch Gesetze vom 18.02.1993, Nr. 4510-I, VSNDiVS RF 1993, Nr. 10, Pos. 360, 01.07.1993, Nr. 5304-I, VSDNiVS RF 1993, Nr. 32, Pos. 1231, 15.06.1996, Nr. 73-FZ, SZ 1996, Nr. 25, Pos. 2964, 31.03.1999, Nr. 68-FZ, SZ 1999, Nr. 14, Pos. 1666, 06.12.1999, Nr. 209-FZ, SZ 1999, Nr. 49, Pos. 5905, 25.07.2000, Nr. 105-FZ, SZ 2000, Nr. 31, Pos. 3204, 07.11.2000, Nr. 135-FZ, SZ 2000, Nr. 46, Pos. 4537, 04.08.2001, Nr. 108-FZ, SZ 2001, Nr. 32, Pos. 3316, 30.12.2001, Nr. 194-FZ, SZ 2001, Nr. 53, Pos. 5030, 30.06.2002, Nr. 78-FZ, SZ 2002, Nr. 27, Pos. 2620, 25.07.2002, Nr. 112-FZ, SZ 2002, Nr. 30, Pos. 3026, 25.07.2002, Nr. 116-FZ, SZ 2002, Nr. 30, Pos. 3033, und 10.01.2003, Nr. 15-FZ, SZ 2003, Nr. 2, Pos. 167.

284 Nr. 69-SZ 1994, Nr. 35, Pos. 3649, geändert durch Gesetze vom 22.08.1995, Nr. 151-FZ, SZ 1995, Nr. 35, Pos. 3530, 18.04.1996, Nr. 32-FZ, SZ 1996, Nr. 17, Pos. 1911, 24.01.1998, Nr. 13-FZ, SZ 1998, Nr. 4, Pos. 430, 07.11.2000, Nr. 135-FZ, SZ 2000, Nr. 46, Pos. 4537, 27.12.2000, Nr. 150-FZ, SZ 2001, Nr. 1, Pos. 2, 06.08.2001, Nr. 110-FZ, SZ 2001, Nr. 33, Pos. 3413, 30.12.2001, Nr. 196-FZ, SZ 2002, Nr. 1, Pos. 2, 25.07.2002, Nr. 116-FZ, SZ 2002, Nr. 30, Pos. 3033, und 10.01.2003, Nr. 15-FZ, SZ 2003, Nr. 2, Pos. 167.

285 Vgl. *Jarošenko*, Pravo i ėkonomika 1998, Nr. 4, S. 73; vgl. auch *Tolstoj* in: *Sergeev/Tolstoj*, Graždanskoe pravo, Band 3, S. 10.

286 Vgl. S. 480 ff.

bewiesen ist, daß diese Mängel vor der Übergabe der Sache an den Beschenkten entstanden sind, nicht zu den offenen Mängel gehören und der Schenker, obwohl er die Mängel kannte, den Beschenkten über sie nicht in Kenntnis gesetzt hat.

Die Haftung des Beförderers für Schäden an Leben oder Gesundheit der zu befördernden Person richtet sich ebenfalls nach dem 59. Kapitel des ZGB, soweit durch Gesetz oder den Beförderungsvertrag nicht eine erhöhte Haftung des Beförderers bestimmt ist (Art. 800 ZGB). Bei Verlust, Fehlbestand oder Beschädigung des Transportguts haftet der Beförderer hingegen nach den Normen über die vertragliche Haftung (Art. 796 ZGB).

c) Verweisungsnormen außerhalb des ZGB

Auch außerhalb des ZGB gibt es Normen, aufgrund derer die Vorschriften des 59. Kapitels des ZGB unter bestimmten Voraussetzungen auf vertragliche Schuldverhältnisse anzuwenden sind.

> Art. 117 LuftverkehrsGB[287] bestimmt, daß sich die Haftung des Beförderers für einen Schaden, der beim Lufttransport dem Leben oder der Gesundheit eines Passagiers des Flugzeugs zugefügt wurde, nach den Vorschriften des 59. Kapitels des ZGB richtet, wenn durch Gesetz oder den Luftbeförderungsvertrag des Passagiers nicht eine höhere Haftung vorgesehen ist.

Darüber hinaus wird in einigen Vorschriften im Zusammenhang mit der Haftung für Schäden, die dem Leben oder der Gesundheit zugefügt wurden, nicht unmittelbar auf die Vorschriften des 59. Kapitels des ZGB, sondern allgemein auf die Gesetzgebung der RF verwiesen.

> So obliegt der Eisenbahn z. B. gemäß Art. 132 der Eisenbahnverkehrsordnung a.F.[288] bzw. Art. 113 der Eisenbahnverkehrsordnung n.F.[289] die Haftung für einen Schaden, der dem Leben oder der Gesundheit eines Reisenden zugefügt wurde, gemäß der Gesetzgebung der RF.
> Die zivilrechtliche Haftung für Schäden, die juristischen und natürlichen Personen durch Strahleneinwirkung bei der Erfüllung von Arbeiten auf

---

287 Vgl. Fn. 9.
288 Vgl. Fn. 10.
289 Vgl. Fn.11.

dem Gebiet der Nutzung der Atomenergie zugefügt werden, trägt die Betreiberorganisation in dem Verfahren, wie es durch die Gesetzgebung der RF bestimmt ist (Art. 53 AtomG[290]).
Die Bestimmung des Umfangs und der Höhe des Ersatzes des Schadens, der der Gesundheit oder dem Vermögen von Bürgern infolge der Verletzung der Gesetzgebung auf dem Gebiet des Umweltschutzes zugefügt wurde, wird entsprechend der Gesetzgebung durchgeführt (Art. 79 Abs. 2 UmweltschutzG[291]).
Wenn einem Weltraumobjekt der RF oder Vermögen an Bord eines solchen Objekts bei der Weltraumtätigkeit ein Schaden zugefügt wurde, wird der Ersatz des zugefügten Schadens in vollem Umfang der Organisation oder dem Bürger, die das Weltraumobjekt besitzen, das den Schaden zugefügt hat, in dem Verfahren und zu den Bedingungen auferlegt, die im ZGB vorgesehen sind (Art. 30 Abs. 2 des Gesetzes „Über die *Weltraumtätigkeit*" vom 20.08.1993[292]). Auch der Schaden, der der Person oder dem Vermögen eines Bürgers sowie der Schaden, der dem Vermögen einer juristischen Person durch ein Weltraumobjekt der RF zugefügt wurde, wird in dem Umfang und in dem Verfahren ersetzt, wie es durch das ZGB vorgesehen ist (Art. 30 Abs. 3 des Gesetzes „Über die Weltraumtätigkeit").

d) Rechtsgrund- oder Rechtsfolgenverweisungen?

Von der rußländischen Rechtswissenschaft wird die Frage, ob es sich bei den oben dargestellten Verweisungsnormen um Rechtsgrund- oder Rechtsfolgenverweisungen handelt, nicht ausdrücklich erörtert. Allerdings spricht der Wortlaut der Verweisungsnormen, mit denen auf sämtliche Vorschriften des 59. Kapitels des ZGB verwiesen wird, deutlich dafür, daß es sich um Rechtsgrundverweisungen handelt, somit nicht nur die haftungsausfüllenden Normen des 59. Kapitels des ZGB, sondern auch die haftungsbegründenden Vorschriften anzuwenden sind. Zudem wird in Kommentierungen zu Art. 580 und 800 ZGB ausdrücklich auf einige haftungsbegründende Vorschriften des 59. Kapitels des ZGB (Art.

290 Vgl. Fn. 7.
291 Vgl. Fn. 6.
292 Nr. 5663-I, veröffentlicht in der Rossijskaja gazeta vom 06.10.1993, geändert durch Gesetze vom 29.11.1996, Nr. 147-FZ, SZ 1996, Nr. 50, Pos. 5609, und 10.01.2003, Nr. 15-FZ, SZ 2003, Nr. 2, Pos. 167.

1064, 1079, 1095)[293] verwiesen. Es ist deshalb davon auszugehen, daß es sich bei den Verweisungsnormen um Rechtsgrundverweisungen handelt.

VII. DELIKTSRECHT UND INTERNATIONALES PRIVATRECHT

Wie bereits oben[294] angesprochen, gilt in der Rußländischen Föderation seit dem 01.03.2002 ein neues internationales Privatrecht. Im folgenden werden diejenigen Regelungen des neuen internationalen Privatrechts kurz vorgestellt, die das Deliktsrecht betreffen. Dabei wird auch auf die entsprechenden Regelungen im deutschen internationalen Privatrecht eingegangen, welche durch das Gesetz zum internationalen Privatrecht für außervertragliche Schuldverhältnisse und für Sachen vom 21.05.1999[295] neu gefaßt wurden und am 01.06.1999 in Kraft traten.

Für die Frage, welches Recht auf deliktische Ansprüche anzuwenden ist, gilt im rußländischen internationalen Privatrecht grundsätzlich das *Recht des Tatorts (lex loci delicti commissi)*, nach dem das Recht des Staates anzuwenden ist, auf dessen Gebiet der Schaden zugefügt wurde. Dabei ist im rußländischen Recht nach Art. 1219 Abs. 1 Satz 1 ZGB grundsätzlich der *Handlungsort* maßgeblich:

> *„Auf Schuldverhältnisse, die aus Schadenszufügung entstanden sind, wird das Recht des Staates angewendet, wo die Handlung oder ein anderer Umstand stattfand, welcher als Grundlage für die Forderung auf Schadensersatz gedient hat."*

Dieser Grundsatz galt bereits im sowjetischen internationalen Privatrecht nach Art. 566^4 Satz 1 ZGB 1964[296] und Art. 167 Satz 1 GZG 1991. Im deutschen internationalen Privatrecht gilt ebenfalls das Prinzip des

---

293 Vgl. *Guev*, Postatejnyj Kommentarij k časti vtoroj Graždanskogo kodeksa RF, Anm. 1 und 2 zu Art. 580, Anm. 2 zu Art. 800; *Ljandres* in: *Sadikov*, Kommentarij k Graždanskomu kodeksu RF časti vtoroj, Anm. 2 zu Art. 800.

294 S. 59.

295 BGBl. I, S. 1026.

296 Art. 566^4 ZGB 1964 wurde durch Erlaß des Präsidiums des Obersten Sowjets der RSFSR vom 14.06.1977, VVS RSFSR 1977, Nr. 24, Pos. 586, in das ZGB 1964 eingefügt.

Handlungsortes gemäß Art. 40 Abs. 1 Satz 1 EGBGB[297], wonach Ansprüche aus unerlaubter Handlung dem Recht des Staates unterliegen, in dem der Ersatzpflichtige gehandelt hat.

An Stelle des Handlungsortes ist allerdings nach Art. 1219 Abs. 1 Satz 2 ZGB in bestimmten Fällen der *Erfolgsort* maßgeblich: Falls infolge einer solchen Handlung oder anderen Umstands ein Schaden in einem anderen Staat eingetreten ist, kann auch das Recht dieses Staates angewendet werden, wenn der Schädiger den Eintritt des Schadens in diesem Staat vorhergesehen hat oder vorhersehen mußte. Nach dem deutschen internationalen Privatrecht kann ebenfalls an Stelle des Rechts des Handlungsortes das Recht des Staates angewendet werden, in dem der Erfolg eingetreten ist. Allerdings obliegt die Entscheidung über die Anwendung des Erfolgsortprinzips im Gegensatz zum rußländischen Recht nicht dem Gericht, es wird vielmehr das Recht des Erfolgsortes angewendet, wenn der Verletzte dies verlangt (vgl. Art. 40 Abs. 1 Satz 2 EGBGB – „kollisionrechtliche Ersetzungsbefugnis").

Das Tatortprinzip wird sowohl im rußländischen als auch im deutschen internationalen Privatrecht mehrfach durchbrochen. Die Ausnahmen vom Tatortprinzip, die das rußländische Recht nunmehr vorsieht, sind entweder völlig neu oder galten im sowjetische Recht zumindest noch nicht in dieser Form.

Das Tatortprinzip des Art. 1219 Abs. 1 Satz 1 ZGB wird zum einen gemäß Art. 1219 Abs. 2 Satz 1 ZGB im Falle einer gemeinsamen Staatsangehörigkeit der Beteiligten durchbrochen:

> *„Auf Schuldverhältnisse, die aus einer Schadenszufügung im Ausland entstanden sind, wird, sofern die Parteien Bürger oder juristische Personen desselben Staates sind, das Recht dieses Staates angewendet."*

Eine Durchbrechung des Tatortprinzips im Falle einer gemeinsamen Staatsangehörigkeit der Beteiligten war bereits in Art. 566^4 Satz 2 ZGB 1964 und Art 167 Satz 2 GZG 1991 vorgesehen, allerdings bezog sie sich nur auf sowjetische Bürger bzw. juristische Personen. Nach diesen Vorschriften waren die Rechte und Pflichten der Parteien bei Schuldverhältnissen, die aus einer Schadenszufügung im Ausland entstehen, nach

---

297 Das Tatortprinzip galt bereits vor Inkrafttreten dieser Vorschrift nach ständiger Rechtsprechung, vgl. RGZ 96, 96, 98; BGHZ 57, 265, 267 f.; 87, 95, 97 ff.; 108, 200, 202; 119, 137, 139.

dem sowjetischen Recht zu bestimmen, wenn die Parteien sowjetische Bürger oder Organisationen/juristische Personen waren. Eine Durchbrechung des Tatortprinzips bei gemeinsamer deutscher oder ausländischer Staatsangehörigkeit der Beteiligten galt früher auch nach deutschem internationalen Privatrecht[298]. Diese wurde jedoch durch das oben erwähnte[299] Gesetz zum internationalen Privatrecht für außervertragliche Schuldverhältnisse und für Sachen mit Wirkung zum 01.06.1999 aufgehoben.

Eine weitere Ausnahme vom Tatortprinzip gilt im rußländischen internationalen Privatrecht gemäß Art. 1219 Abs. 2 Satz 2 ZGB im Falle eines gemeinsamen Wohnortes der Beteiligten: Falls die Parteien eines Schuldverhältnisses, das aus einer Schadenszufügung im Ausland entstanden ist, nicht Bürger desselben Staates sind, aber einen Wohnort in ein und demselben Staat haben, wird das Recht dieses Staates angewendet. Das deutsche internationale Privatrecht sieht insoweit eine ähnliche Regelung vor: Hatten der Ersatzpflichtige und der Verletzte zur Zeit des Haftungsereignisses ihren gewöhnlichen Aufenthalt in demselben Staat, so ist das Recht dieses Staates anzuwenden (Art. 40 Abs. 2 Satz 1 EGBGB). Die Durchbrechung des Tatortprinzips im Falle eines gemeinsamen Wohnortes bzw. gewöhnlichen Aufenthalts ist im deutschen internationalen Privatrecht allerdings insofern weitgehender als im rußländischen Recht, als sie nicht nur im Falle einer Schadenszufügung im Ausland, sondern auch bei im Inland zugefügten Schäden gilt.

Für Gesellschaften, Vereine oder juristische Personen bestimmt das deutsche internationale Privatrecht, daß dem gewöhnlichen Aufenthalt der Ort gleichsteht, an dem sich die Hauptverwaltung oder, wenn eine Niederlassung beteiligt ist, an dem sich diese befindet (Art. 40 Abs. 2 Satz 2 EGBGB). Im rußländischen Recht ist nach Art. 1219 Abs. 2 Satz 1 ZGB maßgeblich, ob sie „juristische Personen desselben Staates“ wie die andere Partei sind. Grundsätzlich dürfte insoweit der Ort der staatlichen Registrierung der juristischen Person (Art. 54 Abs. 2 ZGB) entscheidend sein. Wie diese Frage bei im Ausland befindlichen Vertretungen oder Filialen einer juristischen Person gehandhabt wird, läßt sich den einschlägigen Kommentierungen noch nicht entnehmen.

---

298 Vgl. hierzu näher *Palandt-Heldrich*, Art. 40 EGBGB Rn. 5; *G. Kegel/K. Schurig*, Internationales Privatrecht, S. 637 f.

299 Vgl. S. 100.

Das internationale Privatrecht vieler Staaten erlaubt es zunehmend, daß die Parteien deliktischer Schuldverhältnisse das anwendbare Recht vereinbaren können[300]. Diese Möglichkeit sieht auch das deutsche internationale Privatrecht in Art. 42 Satz 1 EGBGB vor: Nach Eintritt des Ereignisses, durch das ein außervertragliches Schuldverhältnis entstanden ist, können die Parteien das Recht wählen, dem es unterliegen soll. Das sowjetische internationale Privatrecht sah dagegen nicht vor, daß die Parteien eines deliktischen Schuldverhältnisses selbst bestimmen konnten, welches Recht auf das zwischen ihnen bestehende Schuldverhältnis anzuwenden ist. Eine solche Möglichkeit besteht nun aber nach dem neuen rußländischen internationalen Privatrecht gemäß Art. 1219 Abs. 3 ZGB:

> *„Nach Begehung der Handlung oder des Eintritts eines anderen Umstandes, die eine Schadenszufügung zur Folge hatten, können die Parteien die Anwendung des Rechts des Gerichtsstaates auf das Schuldverhältnis, das aus Schadenszufügung entstanden ist, vereinbaren."*

Die Möglichkeit einer Rechtswahl ist daher sowohl nach dem deutschen[301] als auch nach dem rußländischen Recht erst nach Entstehung des deliktischen Schuldverhältnisses möglich. Nach rußländischem Recht gilt darüber hinaus die Einschränkung, daß nur das Recht des Gerichtsstaats gewählt werden kann. Begründet wird dies mit dem Schutz des Geschädigten, bei dem es sich häufig um die wirtschaftlich schwächere Partei handelt[302].

Die Bestimmung des *Anwendungsbereichs des Deliktsstatuts* wird in den einzelnen Staaten unterschiedlich gehandhabt und bereitet Schwierigkeiten[303]. Der rußländische Gesetzgeber hat deshalb zum Zwecke der Klarstellung in Art. 1220 ZGB einen Katalog zusammengestellt, in dem die wichtigsten Fragen zusammengefaßt sind, die dem Deliktsstatut unterliegen. Diese Vorschrift lautet:

---

300 Vgl. *A. Bankovskij*, GiP 2002, Nr. 3, S. 62 ff.

301 Nach der überwiegenden im Schrifftum zu Art. 42 EGBGB vertretenen Meinung ist eine vorherige Rechtswahl unzulässig, vgl. *Erman/Hohloch*, Art. 42 EGBGB Rn. 9; *Palandt-Heldrich*, Art. 42 EGBGB Rn. 1; *Staudinger-von Hoffmann*, Art. 42 EGBGB Rn. 3.

302 Vgl. *Bankovskij*, GiP 2002, Nr. 3, S. 66.

303 Vgl. *Bankovskij*, GiP 2002, Nr. 3, S. 62.

„Auf Grundlage des Rechts, das auf Schuldverhältnisse, die aus Schadenszufügung entstanden sind, anzuwenden ist, wird insbesondere bestimmt:
1) die Fähigkeit der Person, für zugefügten Schaden zu haften;
2) die Auferlegung der Haftung für einen Schaden auf eine Person, die kein Schädiger ist;
3) die Grundlagen der Haftung;
4) die Grundlagen der Begrenzung der Haftung und die Befreiung von ihr;
5) die Art und Weise des Schadensersatzes;
6) der Umfang und die Höhe des Schadensersatzes."

Aus dem Wort „insbesondere" ergibt sich, daß die Aufzählung in Art. 1220 ZGB nicht abschließend ist[304], also das Gericht auch auf weitere Fragen das Deliktsstatut anwenden kann.

Die Idee, einen Katalog zusammenzustellen, in dem festgelegt ist, welche Rechtsfragen dem Deliktsstatut unterliegen, stammt ursprünglich nicht vom rußländischen Gesetzgeber. Derartige Kataloge gab es zuvor bereits in Art. 11 des EG-Vorentwurfs über das auf vertragliche und außervertragliche Schuldverhältnisse anzuwendende Recht sowie Art. 142 Abs. 1 des schweizerischen IPR-Gesetzes[305]. Das deutsche internationale Privatrecht kennt hingegen trotz der Neukodifikation des internationalen Deliktsrechts im Jahre 1999 keine dem Art. 1220 ZGB vergleichbare Vorschrift[306]. Der Anwendungsbereich des Deliktsstatuts wird vielmehr nach wie vor von der Rechtsprechung und der Lehre bestimmt. Nach deutschem Recht beurteilen sich die Voraussetzungen einer Haftung aus unerlaubter Handlung nach Tatbestand, Kausalität, Rechtswidrigkeit und Verschulden (insbesondere auch die Deliktsfähigkeit und der notwendige Verschuldensgrad), die Person des Ersatzberechtigten, das Einstehen für Verrichtungsgehilfen oder für aufsichtsbedürftige Personen sowie das Bestehen einer Gefährdungshaftung nach dem Deliktsstatut. Nach dem Deliktsstatut bestimmen sich ferner alle

304 *A. Borisov*, Kommentarij k Graždanskomu kodeksu RF časti tret'ej, Anm. zu Art. 1221 (Druckfehler, gemeint ist Art. 1220).

305 Abgedruckt sind diese Vorschriften in *Staudinger-von Hoffmann*, vor Art. 40 EGBGB, Rn. 20 f.

306 Ein Entwurf eines solchen Kataloges wurde allerdings von Firsching in seinem Gutachen für die Schuldrechtskomission des Deutschen Rats für IPR erstellt. Der Text ist abgedruckt in *Staudinger-von Hoffmann*, vor Art. 40 EGBGB, Rn. 22.

Rechtsfolgen einer unerlaubten Handlung, insbesondere Art und Umfang einer Schadensersatzpflicht. Schließlich wird nach dem Deliktsstatut die Frage des Haftungsausschlusses, die Übertragbarkeit und Vererblichkeit des Anspruchs, die Verjährung sowie die Beweislast beurteilt[307]. Im Ergebnis unterscheidet sich der Anwendungsbereich des Deliktstatuts im deutschen Recht somit nicht wesentlich vom rußländischen Recht. Die zuletzt genannten Gesichtspunkte (Vererblichkeit, Verjährung und Beweislast) werden zwar nicht in dem Katalog des Art. 1220 ZGB ausdrücklich genannt. Allerdings spricht viel dafür, daß auch nach rußländischem Recht diese Fragen nach dem Deliktsstatut bestimmt werden, zumal der Katalog des Art. 1220 ZGB nicht abschließend ist.

VIII. DIE PROZESSUALE GELTENDMACHUNG VON DELIKTISCHEN ANSPRÜCHEN

Die Verfassung der RF kennt drei Gerichtszweige:

- das Verfassungsgericht (Art. 125 der Verfassung der Rußländischen Föderation[308], im folgenden: VerfRF),
- die Gerichte der allgemeinen Gerichtsbarkeit, d. h. die ordentlichen Gerichte (Art. 126 VerfRF) und
- die Arbitragegerichte (Art. 127 VerfRF).

Deliktische Ansprüche können entweder vor den *ordentlichen Gerichten* oder den *Arbitragegerichten* geltend gemacht werden. Die Auslegung des Deliktsrechts wird deshalb durch diese Gerichte, insbesondere durch die ordentlichen Gerichte, bestimmt[309]. Es wird daher die

---

307 *Palandt-Heldrich*, Art. 40 EGBGB Rn. 16-18; *Staudinger-von Hoffmann*, vor Art. 40 EGBGB Rn. 23-50; *Kegel/Schurig*, Internationales Privatrecht, S. 643 f.; *Erman/Hohloch*, Art. 40 EGBGB Rn. 60-64; *J. Kropholler*, Internationales Privatrecht, S. 506.

308 Vgl. dazu Fn. 18.

309 Ansprüche aus unerlaubten Handlungen können – bei entsprechender Schiedsvereinbarung – auch vor Schiedsgerichten verhandelt werden. Schiedsvereinbarungen werden jedoch in der Regel im Rahmen von Vertragsschlüssen getroffen und beziehen sich auf die Ansprüche aus bestimmten Verträgen. Daß nach Begehung einer unerlaubten Handlung eine Schiedsvereinbarung geschlossen wird, ist zwar möglich, dürfte in der Praxis weniger häufig vorkommen, so daß die Schieds-

Zuständigkeit und der Instanzenzug sowie einige andere Verfahrensfragen der ordentlichen Gerichte sowie der Arbitragegerichte im folgenden kurz erläutert und voneinander abgegrenzt, damit die von diesen Gerichten zitierten Entscheidungen besser eingeordnet werden können.

1. Die ordentlichen Gerichte

a) Zuständigkeit

Die ordentlichen Gerichte[310] sind nicht nur für Zivil-, sondern auch für Verwaltungs- und Strafsachen zuständig (vgl. Art. 19 des Gesetzes „Über das *Gerichtssystem*“ vom 31.12.1996[311], im folgenden: GerichtssystemG).

Die Zuständigkeit für deliktische Schuldverhältnisse ergab sich bis zum 31.01.2003 aus Art. 25 Ziff. 1 der *Zivilprozeßordnung der RSFSR* vom 11.06.1964[312] (im folgenden: ZPO RSFSR). Danach waren die or-

---

gerichte im folgenden nicht näher betrachtet werden. Zur Schiedsgerichtsbarkeit in der Rußländischen Föderation vgl. *D. Lentz*, Die internationale Wirtschaftsschiedsgerichtsbarkeit in der Russischen Föderation, sowie *P. Märkl*, Schiedsgerichtsbarkeit in Rußland.

310 Früher auch Volksgerichte (russ.: narodnye sudy).

311 Nr. 1-FKZ, SZ 1997, Nr. 1, Pos. 1, geändert durch Gesetz vom 15.12.2001, Nr. 5-FKZ, SZ 2001, Nr. 51, Pos. 4825. Eine deutsche Übersetzung des Gesetzes von *A. Reinsch* befindet sich in WiRO 1997, Nr. 8, S. 307-311.

312 VVS RSFSR 1964, Nr. 24, Pos. 407, geändert durch Erlasse des Präsidiums des Obersten Sowjets vom 18.12.1965, VVS RSFSR 1965, Nr. 51, Pos. 1291, 05.08.1966, VVS RSFSR 1966, Nr. 32, Pos. 773, 12.02.1968, VVS RSFSR 1968, Nr. 7, Pos. 252, 12.12.1973, VVS RSFSR 1973, Nr. 51, Pos. 1110, 18.12.1974, VVS RSFSR 1974, Nr. 51, Pos. 1346, 03.02.1977, VVS RSFSR 1977, Nr. 6, Pos. 129, 14.06.1977, VVS RSFSR 1977, Nr. 24, Pos. 586, 01.08.1980, VVS RSFSR 1980, Nr. 32, Pos. 987, 08.06.1981, VVS RSFSR 1981, Nr. 23, Pos. 800, 11.09.1981, VVS RSFSR 1981, Nr. 37, Pos. 1264, 16.11.1981, VVS RSFSR 1981, Nr. 46, Pos. 1555, 12.01.1984, VVS RSFSR 1984, Nr. 3, Pos. 106, 25.04.1984, VVS RSFSR 1984, Nr. 18, Pos. 592, 24.01.1985, VVS RSFSR 1985, Nr. 5, Pos. 163, 20.02.1985, VVS RSFSR 1985, Nr. 9, Pos. 305, 01.04.1986, VVS RSFSR 1986, Nr. 14, Pos. 413, 19.11.1986, VVS RSFSR 1986, Nr. 48, Pos. 1397, 24.02.1987, VVS RSFSR 1987, Nr. 9, Pos. 250, 05.01.1988, VVS RSFSR 1988, Nr. 1, Pos. 1, 29.01.1988, VVS RSFSR 1988, Nr. 5, Pos. 137, 12.04.1989, VVS RSFSR 1989, Nr. 16, Pos. 398, sowie Gesetze vom 21.03.1991, Nr. 945-I, VSNDiVS RSFSR 1991, Nr. 15, Pos. 494, 04.03.1992, Nr. 2438-I, VSNDiVS 1992, Nr. 15, Pos. 768, 29.05.1992, Nr. 2869-I, VSNDiVS RF 1992, Nr. 27, Pos. 1893, 24.06.1992, Nr. 3119/1-I, VSNDiVS 1992, Nr. 29, Pos. 1689, 03.07.1992,

dentlichen Gerichte unter anderem für zivile Rechtsstreitigkeiten zuständig, wenn eine der Parteien ein Bürger ist. Die Zugehörigkeit der deliktischen Schuldverhältnisse zum Zivilrecht ergibt sich aus Art. 2 Abs. 1 ZGB, wonach die Zivilgesetzgebung u. a. vertragliche und sonstige Verbindlichkeiten, somit auch die deliktischen Schuldverhältnisse, regelt.

Die ZPO RSFSR wurde – bis auf die Kapitel 34-36 – zum 01.02.2003 außer Kraft gesetzt. Stattdessen trat die *Zivilprozeßordnung der Rußländischen Föderation* vom 14.11.2002[313] (im folgenden: ZPO RF) in Kraft (vgl. Art. 1 des Gesetzes „Über die *Einführung der Zivilprozeßordnung der Rußländischen Föderation*" vom 14.11.2002[314]). Die Zuständigkeit der ordentlichen Gerichte für deliktische Schuldverhältnisse ergibt sich nunmehr aus Art. 22 Abs. 1 Ziff. 1 ZPO RF. Danach sind die ordentlichen Gerichte unter anderem für Klagen unter Beteiligung von Bürgern, Organisationen, Organen der Staatsmacht, Organen der örtlichen Selbstverwaltung zum Schutz verletzter oder bestrittener Rechte, Freiheiten und gesetzlicher Interessen bei Streitigkeiten, die aus zivilen (und anderen nicht wirtschaftlichen) Rechtsbeziehungen entstehen, zuständig.

b) Instanzenzug und andere Verfahrensfragen

Der Gerichtsaufbau der ordentlichen Gerichtsbarkeit ist grundsätzlich dreistufig. Auf unterer Stufe entscheiden die Bezirksgerichte (vgl. Art. 21 GerichtssystemG). Auf der nächsten Stufe stehen die Gerichte der Föderationssubjekte (Oberste Gerichte der Republiken, Regionsgerichte (Gebietsgerichte), Gerichte der Städte mit föderaler Bedeutung, Gerichte

---

Nr. 3200-I, VSNDiVS RF 1992, Nr. 30, Pos. 1794, 31.03.1993, Nr. 4717-I, VSNDiVS RF 1993 Nr. 17, Pos. 593, 28.04.1993, Nr. 4882-I, VSNDiVS RF 1993, Nr. 22, Pos. 787, 30.11.1994, Nr. 52-FZ, SZ 1994, Nr. 32, Pos. 3302, 29.04.1995, Nr. 68-FZ, SZ 1994, Nr. 18, Pos. 1596, 30.11.1995, Nr. 189-FZ, SZ 1995, Nr. 49, Pos. 4696, 31.12.1995, Nr. 226-FZ, SZ 1996, Nr. 1, Pos. 19, 21.08.1996, Nr. 124-FZ, SZ 1996, Nr. 35, Pos. 4134, 26.11.1996, Nr. 140-FZ, SZ 1996, Nr. 49, Pos. 5499, 17.03.1997, Nr. 50-FZ, SZ 1997, Nr. 12, Pos. 1373, 16.11.1997, Nr. 144-FZ, SZ 1997, Nr. 47, Pos. 5341, 25.06.1998, Nr. 90-FZ, SZ 1998, Nr. 26, Pos. 3010, 04.01.1999, Nr. 3-FZ, SZ 1999, Nr. 1, Pos. 5, 07.08.2000, Nr. 120-FZ, SZ 2000, Nr. 33, Pos. 3346, 24.07.2002, Nr. 102-FZ, SZ 2002, Nr. 30, Pos. 3019, 25.07.2002, Nr. 112-FZ, SZ 2002, Nr. 30, Pos. 3026, 14.11.2002, Nr. 137-FZ, SZ 2002, Nr. 46, Pos. 4531, und 31.12.2002, Nr. 187-FZ, SZ 2003, Nr. 1, Pos. 2.

313 Nr. 138-FZ, SZ 2002, Nr. 46, Pos. 4532.

314 Nr. 137-FZ, SZ 2002, Nr. 46, Pos. 4531.

der autonomen Gebiete und Gerichte der autonomen Kreise, vgl. Art. 20 GerichtssystemG). Auf der dritten Stufe folgt der Oberste Gerichtshof der RF in Moskau (vgl. Art. 19 GerichtssystemG).

Durch Art. 28 GerichtssystemG wurde 1996 eine weitere Gerichtsart, nämlich die Friedensgerichte, eingeführt, die in Zivil-, Verwaltungs- und Strafsachen in der Eigenschaft eines Gerichts der ersten Instanz verhandeln. Sie sind damit eine Art „Vorinstanz" für die ordentliche Gerichtsbarkeit[315]. Die Bezirksgerichte sind die den Friedensrichtern direkt übergeordnete Instanz. Sie können somit Gerichte erster und zweiter Instanz sein (Art. 21 GerichtssystemG). Die Gerichte der Föderationssubjekte können ebenfalls in erster Instanz in den in Art. 115 ZPO RSFSR/Art. 26 ZPO RF vorgesehenen Fällen tätig werden. Zugleich überprüfen sie in zweiter Instanz Urteile der Bezirksgerichte. Sie werden ferner im Aufsichtsverfahren und bei neu eingetretenen Umständen tätig (Art. 20 GerichtssystemG). Der Oberste Gerichtshof verhandelt als Gericht zweiter Instanz, im Aufsichtsverfahren und bei neu eingetretenen Umständen (Art. 19 GerichtssystemG). In den in Art. 116 ZPO RSFSR/Art. 27 ZPO RF vorgesehenen besonderen Fällen ist er sogar erstinstanzlich tätig.

Klagen vor den ordentlichen Gerichten gegen Bürger sind grundsätzlich am Wohnsitz des Beklagten zu erheben (Art. 117 Satz 1 ZPO RSFSR/Art. 28 Satz 1 ZPO RF). Als Wohnsitz eines Bürgers gilt nach Art. 20 ZGB der Ort, wo der Bürger ständig oder vorwiegend wohnt. Gegen eine juristische Person konnte nach Art. 117 Satz 2 ZPO RSFSR Klage am Sitz des Organs oder des Vermögens der juristischen Person erhoben werden. Der Sitz einer juristischen Person bestimmt sich nach dem Ort ihrer staatlichen Registrierung, wenn nicht entsprechend dem Gesetz in den Gründungsdokumenten der juristischen Person anderes vorgesehen ist (Art. 54 Abs. 2 ZGB). Mit Inkrafttreten der ZPO RF hat sich daran grundsätzlich nichts geändert, abgesehen davon daß die Bestimmung nunmehr nicht nur für juristische Personen, sondern für alle Organisationen gilt. Art. 28 Satz 2 ZPO RF sieht vor, daß eine Klage gegen eine Organisation am Sitz der Organisation zu erheben ist.

Für deliktische Ansprüche bestehen darüber hinaus besondere Gerichtsstände: Klagen auf Ersatz eines Schadens, der durch eine Körperverletzung, andere Gesundheitsbeschädigung oder infolge des Todes des

---

[315] Vgl. *A. Steininger*, Osteuropa Recht 1997, Nr. 4, S. 292.

Ernährers zugefügt wurde, können vom Kläger auch am Gericht seines Wohnsitzes oder des Ortes der Schadenszufügung erhoben werden (vgl. Art. 118 Satz 5 ZPO RSFSR/Art. 29 Abs. 5 ZPO RF). Nach Art. 118 Satz 6 ZPO RSFSR konnten Klagen auf Ersatz des Schadens, der dem Vermögen eines Bürgers oder einer juristischen Person zugefügt wurde, auch am Ort der Schadenszufügung erhoben werden. Die ZPO RF sieht dagegen eine entsprechende Bestimmung nicht mehr vor.

Klagen auf Ersatz des Schadens, der einem Bürger infolge einer gesetzwidrigen Verurteilung, eines gesetzwidrigen Strafverfahrens, der gesetzwidrigen Anwendung von Maßnahmen zur Sicherung der Durchführbarkeit eines Strafverfahrens in Form von Untersuchungshaft oder der gesetzwidrigen Verhängung einer Ordnungsstrafe in Form von Inhaftierung oder Besserungsarbeiten zugefügt wurde, konnten auch am Wohnort des Klägers erhoben werden (Art. 118 Satz 11 ZPO RSFSR). Ähnliches gilt gemäß Art. 29 Abs. 6 ZPO RF: Danach können Klagen auf Ersatz des Schadens, der einem Bürger infolge einer gesetzwidrigen Verurteilung, eines gesetzwidrigen Strafverfahrens, der gesetzwidrigen Anwendung von Maßnahmen zur Sicherung der Durchführbarkeit eines Strafverfahrens in Form von Untersuchungshaft, der schriftlichen Verpflichtung, seinen Aufenthaltsort nicht zu verlassen, oder der gesetzwidrigen Verhängung einer Ordnungsstrafe in Form von Inhaftierung zugefügt wurde, auch am Gericht des Wohnortes des Klägers erhoben werden.

Gemäß Art. 17 Abs. 2 VerbraucherschutzG können Klagen nach dem VerbraucherschutzG können – nach Wahl des Klägers[316] – am Wohnort des Klägers, am Aufenthaltsort des Beklagten oder dem Ort der Schadenszufügung erhoben werden. Art. 29 Abs. 7 ZPO RF enthält eine davon etwas abweichende Regelung: Danach können Klagen über den Verbraucherschutz auch am Wohn- oder Aufenthaltsort des Klägers oder am Ort des Abschlusses oder der Erfüllung des Vertrages erhoben werden. Sofern diese Regelungen einander widersprechen, dürfte Art. 29 Abs. 7 ZPO RF als das neuere Gesetz vorgehen.

---

[316] Vgl. Punkt 5 der erläuternden Leitentscheidung Nr. 7 des Plenums des Obersten Gerichtshofs der RF vom 29.09.1994, BVS RF 1995, Nr. 1, S. 5, i. d. F. der erläuternden Leitentscheidungen Nr. 10 vom 25.10.1996, BVS RF 1997, Nr. 1, S. 15, Nr. 2 vom 17.01.1997, BVS RF 1997, Nr. 3, S. 5, und Nr. 32 vom 21.11.2000, BVS RF 2001, Nr. 2, S. 2 f.

Die Wahl zwischen mehreren in Art. 118 ZPO RSFSR/Art. 29 ZPO RF vorgesehenen Gerichtsständen obliegt dem Kläger (Art. 118 Satz 12 ZPO RSFSR/Art. 29 Abs. 10 ZPO RF).

Vor den ordentlichen Gerichten der RF können grundsätzlich auch ausländische Bürger sowie ausländische Unternehmen und Organisationen klagen und verklagt werden. Dabei gelten hinsichtlich der Zuständigkeit auch für Ausländer die Vorschriften der ZPO (vgl. Art. 434^1 ZPO RSFSR/Art. 22 Abs. 2, 402 ff. ZPO RF). Ausländische natürliche Personen können somit in der RF klagen und verklagt werden, wenn sie dort einen Wohnsitz haben, ausländische Organisationen, wenn sie in der RF einen Sitz haben (Art. 402 Abs. 2 ZPO RF). Als noch die ZPO RSFSR galt, konnten ausländische juristische Personen vor einem ordentlichen Gericht der RF allerdings nur verklagt werden, wenn sie eine in der RF registrierte Tochtergesellschaft oder Vermögen hatten, dagegen konnten sie nicht in der RF vor den ordentlichen Gerichten verklagt werden, wenn sie in der RF eine Vertretung oder eine Filiale eröffnet hatten[317]. Dies wurde durch die ZPO RF geändert. Nunmehr können die Gerichte der RF Streitigkeiten unter Beteiligung ausländischer Personen unter anderem auch unter folgenden Voraussetzungen verhandeln:

- wenn sich auf dem Gebiet der RF ein Verwaltungsorgan, eine Filiale oder eine Vertretung der ausländischen Person befindet (Art. 402 Abs. 3 Ziff. 1 ZPO RF),
- der Beklagte Vermögen hat, das sich auf dem Gebiet der RF befindet (Art. 402 Abs. 3 Ziff. 2 ZPO RF),
- bei Streitigkeiten über den Ersatz eines Schadens, der durch eine Körperverletzung, andere Gesundheitsbeschädigung oder infolge des Todes des Ernährers zugefügt wurde, der Schaden auf dem Gebiet der RF zugefügt wurde oder der Kläger seinen Wohnsitz in der RF hat (Art. 402 Abs. 3 Ziff. 4 ZPO RF),
- bei Streitigkeiten über den Ersatz eines Schadens, der dem Vermögen zugefügt wurde, wenn die Handlung oder ein anderer Umstand, der als Grund für die Klageerhebung gedient hat, auf dem Gebiet der RF stattgefunden hat (Art. 402 Abs. 3 Ziff. 5 ZPO RF),
- bei Streitigkeiten über den Schutz der Ehre, Würde und des geschäftlichen Ansehens, wenn der Kläger seinen Wohnsitz in der RF hat (Art. 402 Abs. 3 Ziff. 9 ZPO RF).

---

317 Vgl. *M Burian/J. Strzebniok*, PHi 2001, Nr. 2, S. 69.

Bei Klagen vor den ordentlichen Gerichten sind grundsätzlich Gerichtsgebühren einzuzahlen (vgl. Art. 79 ZPO RSFSR/Art. 88 ZPO RF). Bei Klagen aus deliktischen Ansprüchen wird der Kläger jedoch in vielen Fällen von der Zahlung von Gerichtsgebühren befreit, nämlich bei Klagen auf Ersatz eines Schadens, der durch eine Körperverletzung, andere Gesundheitsbeschädigung oder den Tod des Ernährers zugefügt wurde, und bei Klagen auf Ersatz des materiellen Schadens, der durch ein Verbrechen zugefügt wurde. Art. 80 Ziff. 4, 6 ZPO RSFSR/Art. 89 Ziff. 4, 6 ZPO RF, Art. 5 Abs. 2 Ziff. 4, 6 des Gesetzes „Über die *staatliche Gebühr*" vom 09.12.1991[318]). Beide Parteien wurden gemäß Art. 80 Ziff. 11 ZPO RSFSR sowie Art. 5 Abs. 2 Ziff. 21 des Gesetzes „Über die staatliche Gebühr" von der Pflicht zur Zahlung von Gerichtsgebühren bei Streitigkeiten befreit, die mit dem Ersatz des Schadens verbunden sind, der einem Bürger infolge einer gesetzwidrigen Verurteilung, eines gesetzwidrigen Strafverfahrens, der gesetzwidrigen Anwendung von Maßnahmen zur Sicherung der Durchführbarkeit eines Strafverfahrens in Form von Untersuchungshaft, oder der gesetzwidrigen Verhängung einer Ordnungsstrafe in Form von Inhaftierung oder Besserungsarbeiten zugefügt wurde. Nach Art. 89 Ziff. 1 ZPO RF werden nunmehr beide Parteien von der Pflicht zur Zahlung von Gerichtsgebühren bei Streitigkeiten befreit, die mit dem Ersatz des Schadens verbunden sind, der einem Bürger infolge einer gesetzwidrigen Verurteilung, eines gesetzwidrigen Strafverfahrens, der gesetzwidrigen Anwendung von Maßnahmen zur Sicherung der Durchführbarkeit eines Strafverfahrens in Form von Untersuchungshaft, der schriftlichen Verpflichtung, seinen Aufenthaltsort nicht zu verlassen, oder der gesetzwidrigen Verhängung einer Ordnungsstrafe in Form von Inhaftierung zugefügt wurde.

---

318 Nr. 2005-I, VSNDiVS 1992, Nr. 11, Pos. 521, geändert durch Gesetze vom 29.05.1992, Nr. 2870-I, VSNDiVS 1992, Nr. 24, Pos. 1292, 24.06.1992, Nr. 3119-I, VSNDiVS 1992, Nr. 34, Pos. 1966, 17.02.1993, Nr. 4499-I, VSNDiVS 1993, Nr. 10, Pos. 359, 06.03.1993, Nr. 4618-I, VSNDiVS 1993, Nr. 14, Pos. 486, 07.07.1993, Nr. 5334-I, VSNDiVS 1993, Nr. 32, Pos. 1236, 29.12.1994, Nr. 79-FZ, SZ 1995, Nr. 1, Pos. 3, 22.08.1995, SZ 1995, Nr. 35, Pos. 3505, 31.12.1995, Nr. 226-FZ, SZ 1996, Nr. 1, Pos. 19, 20.08.1996, Nr. 118-FZ, SZ 1996, Nr. 35, Pos. 4128, 19.07.1997, Nr. 105-FZ, SZ 1997, Nr. 29, Pos. 3506, 21.07.1998, Nr. 117-FZ, SZ 1998, Nr. 30, Pos. 3613, 13.04.1999, Nr. 76-FZ, SZ 1999, Nr. 16, Pos. 1934, 07.08.2001, Nr. 112-FZ, SZ 2001, Nr. 33, Pos. 3415, 21.03.2002, Nr. 31-FZ, SZ 2002, Nr. 12, Pos. 1093, 25.07.2002, Nr. 115-FZ, SZ 2002, Nr. 30, Pos. 3032, und 25.07.2002, Nr. 116-FZ, SZ 2002, Nr. 30, Pos. 3033.

Auch bei Klagen, die auf einer Verletzung von Verbraucherrechten beruhen, sind gemäß Art. 17 Abs. 3 VerbraucherschutzG, Art. 5 Abs. 2 Ziff. 21 des Gesetzes „Über die staatliche Gebühr" keine Gerichtsgebühren einzuzahlen. Nach der ZPO RF (Art. 89 Ziff. 8) ist allerdings nur der Kläger bei Klagen, die mit der Verletzung von Verbraucherrechten verbunden sind, von der Einzahlung der Gerichtsgebühren befreit. Diese Regelung dürfte den bisherigen Bestimmungen vorgehen, da es sich insofern um das neuere Gesetz handelt.

Von der Einzahlung von Gerichtsgebühren befreit sind ferner Kläger bei Klagen auf Ersatz des Schadens, der durch nicht ordnungsgemäße Reklame der Gesundheit, dem Vermögen, der Ehre, der Würde und dem geschäftlichen Ansehen zugefügt wurde (vgl. Art. 31 Abs. 1 Satz 3 des Gesetzes „Über die *Reklame*")[319]. Bei Erhebung einer Klage auf Ersatz des immateriellen Schadens ist hinsichtlich der Gerichtsgebühren folgendes zu beachten: Obwohl der immaterielle Schaden in Geld ersetzt wird, bestimmt sich die Höhe der einzuzahlenden Gebühr nach Art. 4 Abs. 1 Ziff. 7 des Gesetzes „Über die staatliche Gebühr" (danach haben bei Klagen mit Nichtvermögenscharakter Bürger 10 % eines Mindestarbeitlohns[320] und juristische Personen einen zehnfachen Mindestarbeitslohn zu entrichten) und nicht in Prozenten der Geldsumme, die vom Gericht als Ersatz des vom Kläger erlittenen immateriellen Schadens bestimmt wurde[321]. Im Ergebnis werden die Gerichtskosten der unterlege-

---

319 Vgl. Fn. 16.

320 Ein Mindestarbeitslohn beträgt zur Zeit 100 Rubel pro Monat (das entspricht ca. 3 €), sofern es um Steuern, Abgaben, Strafen und andere Zahlungen geht, die gemäß der Gesetzgebung der RF in Abhängigkeit vom Mindestarbeitslohn ausgeführt werden, vgl. Art. 5 Satz 1 des Gesetzes „Über den *Mindestarbeitslohn*" vom 19.06.2000, Nr. 82-FZ, SZ 2000, Nr. 26, Pos. 2729. Die Berechung von Zahlungen bei zivilrechtlichen Schuldverhältnissen, die in Abhängigkeit vom Mindestarbeitslohn festgelegt werden, geschieht ebenfalls auf Grundlage eines Basisbetrags von 100 Rubel, vgl. Art. 5 Satz 2 des Gesetzes „Über den Mindestarbeitslohn". Sofern es um Arbeitslöhne und die Bestimmung der Höhe von Beihilfen während einer zeitweiligen Arbeitsunfähigkeit geht, beträgt der Mindestarbeitslohn seit dem 01.05.2002 450 Rubel, vgl. Art. 1 i. V. m. Art. 3 des Gesetzes „Über den Mindestarbeitslohn" i. d. F. der Gesetze vom 29.04.2002, Nr. 42-FZ, SZ 2002, Nr. 18, Pos. 1722, und 26.11.2002, Nr. 152-FZ, SZ 2002, Nr. 48, Pos. 4737.

321 Vgl. Punkt 10 der erläuternden Leitentscheidung Nr. 10 des Plenums des Obersten Gerichtshofs der RF vom 20.12.1994, BVS RF 1995, Nr. 3, S. 11; Punkt 11 der erläuternden Leitentscheidung Nr. 11 des Plenums des Obersten Gerichtshofs der RF vom 18.08.1992, BVS RF 1992, Nr. 11, S. 8, i. d. F. der erläuternden Leitentschei-

nen Partei auferlegt (vgl. Art. 90 ZPO RSFSR/Art. 98 ZPO RF). Das Gericht verurteilt ferner die unterlegene Partei dazu, der obsiegenden Partei die Ausgaben für die Hilfe eines Vertreters seiner rechtlichen Interessen in angemessenem Umfang und unter Berücksichtigung der konkreten Umstände zu erstatten (vgl. Art. 91 ZPO RSFSR/Art. 100 ZPO RF).

2. *Die Arbitragegerichte*

Bei den Arbitragegerichten[322] handelt es sich um staatliche Wirtschaftsgerichte und nicht um Schiedsgerichte[323]. Da es bei der Verwendung des Begriffs „Arbitragegericht" häufig zu Verwechslungen mit den Schiedsgerichten kommt, benutzen verschiedene Autoren für die Arbi-

---

dung vom 25.05.1995, BVS RF 1995, Nr. 7, S. 5, die sich allerdings noch auf die alte Fassung des Gesetzes „Über die staatliche Gebühr" beziehen, weshalb als einschlägige Vorschrift dort Art. 3 Abs. 1 lit. e) genannt wird, dem nunmehr Art. 4 Abs. 1 Ziff. 7 entspricht. Anderer Ansicht ist insoweit nur *A. Ėrdelevskij*, (vgl. Kompensacija moral'nogo vreda, S. 182, Zakonnost' 1997, Nr. 5, S. 39 f.; Kompensacija moral'nogo vreda v Rossii i za rubežom, S. 120 ff.). Nach dessen Auffassung gehören Klagen auf Ersatz des immateriellen Schadens nicht zu den Klagen mit Nichtvermögenscharakter, sondern zu denen mit Vermögenscharakter, deren Streitwert im Zeitpunkt der Klageerhebung nicht bestimmt werden kann, mit der Folge, daß bei Klageerhebung nach Art. 4 Abs. 1 Ziff. 7 des Gesetzes „Über die staatliche Gebühr" ebenfalls nur 10 % eines Mindestarbeitslohns einzuzahlen sind. Wenn die Klage auf Ersatz des immateriellen Schadens abgewiesen wird, soll es bei den Gerichtgebühren in dieser Höhe bleiben. Wenn hingegen der Klage auf Ersatz des immateriellen Schadens stattgegeben wird, soll die Höhe der Gerichtsgebühren nach den Sätzen neu bestimmt werden, die für Klagen mit Vermögenscharakter gelten. Vom Beklagten soll dann nicht nur der vom Kläger eingezahlte Betrag zugunsten des Klägers, sondern auch die aufgrund der Neuberechung weiter angefallenen Gerichtsgebühren zugunsten der Staatskasse beigetreiben werden. Gegen diese vorgeschlagene Vorgehensweise ist insofern nichts einzuwenden, als dadurch der Kläger nicht mehr belastet und ihm der Zugang zu einer gerichtlichen Geltendmachung seiner Forderung nicht erschwert wird, gleichzeitig dem Staat ein höheres, der Bedeutung des Rechtsstreits angemessenes Gebührenaufkommen sichert. In der Praxis durchgesetzt hat sie sich aber – aufgrund der entgegenstehenden Auffassung des Obersten Gerichtshofs – offensichtlich nicht.

322 Russ.: arbitražnye sudy.

323 Russ.: tret'ejskie sudy.

tragegerichte sogar von vornherein die Bezeichnung „Wirtschaftsgerichte“[324].

a) Zuständigkeit

Laut Art. 22 Abs. 1 der bis zum 31.08.2002 in Kraft befindlichen *Arbitrageprozeßordnung* vom 05.05.1995[325] (im folgenden: APO a.F.) waren die Arbitragegerichte unter anderem zuständig für Wirtschaftsstreitigkeiten aus zivilen Rechtsbeziehungen zwischen juristischen Personen und Bürgern, die eine unternehmerische Tätigkeit ohne Errichtung einer juristischen Person ausüben und den Status eines Einzelunternehmers haben.

In Art. 22 Abs. 2 APO a.F. wurde zudem näher definiert, welche Streitigkeiten zu den von den Arbitragegerichten zu entscheidenden Wirtschaftsstreitigkeiten zählten, wobei es sich bei den in Art. 22 Abs. 2 APO a.F. aufgeführten Fallgruppen um eine beispielhafte Aufzählung handelte, die nicht abschließend war[326].

Unter anderem gehörten hierzu Streitigkeiten über den Schadensersatz[327]. Diese Streitigkeiten konnten nicht nur auf der Nichterfüllung vertraglicher Schuldverhältnisse beruhen, sondern konnten auch außervertraglichen Charakter haben[328]. Somit zählten auch die deliktischen Ansprüche zu dieser Fallgruppe.

Zu den von den Arbitragegerichten gemäß Art 22 Abs. 2 APO a.F. zu entscheidenden Streitigkeiten zählten ferner die Streitigkeiten über den Schutz von Ehre, Würde und geschäftlichem Ansehen. Hierunter fielen

---

324 Z. B. *T. Wölk*, Wirtschaftsgerichtsbarkeit in der Russischen Föderation, *Lentz*, Die internationale Wirtschaftsschiedsgerichtsbarkeit in Rußland, S. 41 ff., *Stampe*, Der Funktionsbereich der russischen Wirtschaftsschiedsgerichtsbarkeit.

325 Nr. 70-FZ, SZ 1995, Nr. 19, Pos. 1709, i. d. F. des Gesetzes vom 24.07.2002, Nr. 96-FZ, SZ 2002, Nr. 30, Pos. 3013. Eine deutsche Übersetzung befindet sich in *T. Wölk*, Wirtschaftsgerichtsbarkeit in der Russischen Föderation, S. 115 ff., *Breidenbach*, Handbuch Wirtschaft und Recht in Osteuropa, RUS 910, *Brunner/Schmid/Westen*, Wirtschaftsrecht der osteuropäischen Staaten, Russland VI. 3. a.

326 *Andreeva* in: *M. Treušnikov/V. Šerstjuk*, Arbitražnyj process, S. 71; *Stampe*, Der Funktionsbereich der russischen Wirtschaftsgerichtsbarkeit, S. 160 f.

327 Russ.: vozmeščenie ubytkov.

328 *V. Jarkov*, Arbitražnyj process, S. 77.

vor allem Ansprüche aus Art. 152 ZGB[329], die im Teil G. dieser Arbeit[330] abgehandelt werden.

Bestanden Zweifel, ob die ordentlichen Gerichte oder die Arbitragegerichte für eine zivile Rechtsstreitigkeit zuständig sind, war zunächst zu prüfen, ob die Arbitragegerichte nach Art. 22 APO a.F. zuständig sind. Waren die Arbitragegerichte nicht zur Entscheidung berufen, waren die ordentlichen Gerichte gemäß Art. 25 ZPO RSFSR (jetzt: Art. 22 ZPO RF) zuständig[331]. Für Staatshaftungsfälle ergab sich die Zuständigkeitsverteilung zwischen den ordentlichen Gerichten und den Arbitragegerichten aus Punkt 4 der erläuternden Leitentscheidung Nr. 12/12 des Plenums des Obersten Gerichtshofs der RF und des Höchsten Arbitragegerichts der RF vom 18.08.1992[332]. Danach waren Streitigkeiten über den Ersatz von Schäden, die durch Rechtsakte staatlicher oder anderer Organe sowie durch Handlungen von Amtspersonen zugefügt wurden, die nicht der Gesetzgebung entsprachen, durch das (ordentliche) Gericht zu entscheiden, wenn die Forderungen von einem Bürger erhoben wurden, oder durch das Arbitragegericht, wenn die Forderungen von einer Organisation oder einem unternehmerisch tätigen Bürger geltend gemacht wurden[333].

Zum 01.09.2002 trat die neue *Arbitrageprozeßordnung der Rußländischen Föderation* vom 24.07.2002[334] in Kraft (vgl. Art. 1 des Gesetzes „Über die *Einführung der Arbitrageprozeßordnung der Rußländischen Föderation*" vom 24.07.2002[335]), sofern das Gesetz „Über die Einführung der Arbitrageprozeßordnung der Rußländischen Föderation" nicht für einzelne Bestimmungen einen anderen Zeitpunkt bestimmt hatte. Art.

329 Vgl. *Andreeva* in: *V. Jakovlev*, Kommentarij k Arbitražnomu processual'nomu kodeksu Rossijskoj Federacii, Anm. 12 zu Art. 22; *Andreeva* in: *Treušnikov/ Šerstjuk*, Arbitražnyj process, S. 77.

330 Vgl. S. 542 ff.

331 Vgl. *Steininger*, Osteuropa Recht 1997, Nr. 4, S. 290, *Žujkov* in: *M. Treušnikov*, Naučno-praktičeskij kommentarij k Graždanskomu processual'nomu kodeksu RSFSR, Anm. 6 zu Art. 25. Vgl. zur Abgrenzung der Zuständigkeit des Höchsten Arbitragegerichts die erläuternde Leitentscheidung des Plenums des Obersten Gerichtshofs und des Höchsten Arbitragegerichts der RF Nr. 12/12 vom 18.08.1992, BVS RF 1992, Nr. 11, S. 9 f. und VVAS 1992, Nr. 1, S. 86.

332 BVS RF 1992, Nr. 11, S. 10, und VVAS 1992, Nr. 84 ff.

333 VVAS 1992, Nr. 1, S. 86.

334 Nr. 95-FZ, SZ 2002, Nr. 30, Pos. 3012.

335 Nr. 96-FZ, SZ 2002, Nr. 30, Pos. 3013.

27 Abs. 1 APO n.F. sieht vor, daß die Arbitragegericht für wirtschaftliche Streitigkeiten und andere Sachen zuständig sind, die mit der Ausübung der unternehmerischen oder anderen wirtschaftlichen Tätigkeit verbunden sind. Sie entscheiden wirtschaftliche Streitigkeiten und verhandeln andere Sachen unter Beteiligung von Organisationen, die juristische Personen sind, Bürgern, die unternehmerische Tätigkeit ohne Gründung einer juristischen Person ausüben und den Status eines Einzelunternehmers haben, der im gesetzlich festgelegten Verfahren erworben wurde (im folgenden – Einzelunternehmer), und in den Fällen, die in der APO n.F. und anderen Föderalgesetzen vorgesehen sind, unter Beteiligung der RF, der Subjekte der RF, kommunaler Gebietskörperschaften, staatlicher Organe, Organe der örtlichen Selbstverwaltung, anderer Organe, Amtspersonen, Gebietskörperschaften, die nicht den Status einer juristischen Person haben, und Bürger, die nicht den Status eines Einzelunternehmers haben (im folgenden – Organisationen und Bürger). Die Zuständigkeit der Arbitragerichte für wirtschaftliche Streitigkeiten und andere Sachen aus zivilen Rechtsbeziehungen, die mit der Ausübung der unternehmerischen und anderen wirtschaftlichen Tätigkeit durch juristische Personen und Einzelunternehmer, sowie in den in der APO n.F. und anderen Föderalgesetzen vorgesehenen Fällen, durch andere Organisationen und Bürger, verbunden sind, ergibt sich aus Art. 28 APO n.F. Einen dem Art. 22 Abs. 2 APO a.F. vergleichbaren Katalog gibt es in der APO n.F. nicht.

Die Abgrenzung der Zuständigkeit zwischen den Arbitragegerichten und den ordentlichen Gerichten ergibt sich nunmehr aus Art. 22 Abs. 3 ZPO RF. Danach verhandeln und entscheiden die ordentlichen Gerichte die in Art. 22 Abs. 1 und 2 ZPO RF vorgesehenen Streitigkeiten mit Ausnahme der wirtschaftlichen Streitigkeiten und anderen Streitigkeiten, die durch ein Föderationsverfassungsgesetz oder ein Föderalgesetz in die Zuständigkeit der Arbitragegerichte fallen. Falls sich ein Kläger an ein Gericht mit mehreren Anträgen wendet, die mehrere miteinander verbundene Ansprüche enthalten, von denen einer in die die Zuständigkeit des Gerichts der ordentlichen Gerichtsbarkeit fällt, die anderen in die des Arbitragegerichts, ist die Streitigkeit von dem ordentlichen Gericht zu verhandeln und zu entscheiden, wenn eine Trennung der Ansprüche nicht möglich ist (vgl. Art. 22 Abs. 4 ZPO RF).

b) Instanzenzug und andere Verfahrensfragen

Die Arbitragegerichte sind ebenfalls dreistufig aufgebaut. Auf unterster Ebene stehen die Arbitragegerichte der Föderationssubjekte. Sie sind zugleich Gerichte erster Instanz sowie Berufungsgerichte (Appellationsgerichte) und überprüfen die von ihnen erlassenen Gerichtsurteile bei neu eintretenden Umständen (Art. 25 GerichtssystemG, Art. 36 ArbitrageGG, Art. 34 APO n.F.). Die zweite Ebene bilden die föderalen Arbitragegerichte der Kreise (Arbitragegerichte mehrerer zusammengefaßter Föderationssubjekte). Sie verhandeln als Gerichte der Revisionsinstanz (Kassationsinstanz) und überprüfen die von ihnen erlassenen rechtskräftigen Gerichtsurteile bei neu eintretenden Umständen (Art. 24 GerichtssystemG, Art. 26 ArbitrageGG). An oberster Stelle steht das Höchste Arbitragegericht der RF in Moskau. Es nimmt die gerichtliche Aufsicht über die Tätigkeit der Arbitragegerichte wahr. Es verhandelt außerdem als Gericht der ersten Instanz in den in Art. 10 ArbitrageGG und Art. 24 Abs. 2 APO a.F./Art. 34 Abs. 2 APO n.F. vorgesehenen Fällen, im Aufsichtsverfahren und überprüft die von ihm erlassenen rechtskräftigen Gerichtsurteile bei neu eintretenden Umständen (Art. 23 GerichtssystemG).

Klagen vor dem Arbitragegericht sind grundsätzlich am Sitz oder Wohnort des Beklagten zu erheben (Art. 25 Abs. 1 APO a.F./Art. 35 APO n.F.). Nach Art. 25 Abs. 2 APO a.F. wurde bei einer Klage gegen eine juristische Person, die sich auf deren Tätigkeit in einer gesonderten Unterabteilung stützt, der Gerichtsstand nach dem Sitz des gesonderten Teils bestimmt. Gemäß Art. 36 Abs. 5 APO n.F. kann nunmehr eine Klage gegen eine juristische Person, die aus der Tätigkeit ihrer Filiale bzw. ihrer Vertretung, die außerhalb des Sitzes der juristischen Person gelegen sind, beim Arbitragegericht des Sitzes der juristischen Person oder seiner Filiale bzw. Vertretung erhoben werden (Art. 36 Abs. 5 APO n.F.).

Auch vor den Arbitragegerichten können ausländische Personen unter bestimmten Voraussetzungen klagen und verklagt werden. Dabei verhandeln die Arbitragegerichte Streitigkeiten mit Beteiligung ausländischer Personen nicht nur dann, wenn sich diese auf dem Gebiet der RF befinden bzw. ein Bürger dort seinen Wohnsitz hat (vgl. Art. 212 Abs. 1 APO a.F./Art. 247 Abs. 1 Ziff. 1 APO n.F.). Die Arbitragegerichte können Streitigkeiten mit Beteiligung ausländischer Personen unter anderem auch dann verhandeln,

- wenn sich eine Filiale oder eine Vertretung der ausländischen Person auf dem Gebiet der RF befindet oder wenn der Beklagte Vermögen auf dem Gebiet der RF hat (Art. 212 Abs. 2 Ziff. 2 APO a.F./Art. 247 Abs. 1 Ziff. 1 APO n.F.),
- wenn in einer Streitigkeit über den Ersatz eines Schadens, der dem Vermögen zugefügt wurde, die Handlung oder ein anderer Umstand, der als Grundlage für die Erhebung der Klage auf Schadensersatz diente, auf dem Gebiet der RF stattgefunden hat (Art. 212 Abs. 2 Ziff. 4 APO a.F./Art. 247 Abs. 1 Ziff. 4 APO n.F.) oder der Schaden auf dem Gebiet der RF eingetreten ist (Art. 247 Abs. 1 Ziff. 4 APO n.F.) oder
- wenn sich in einer Streitigkeit über den Schutz der Ehre, Würde und des geschäftlichen Ansehens der Kläger auf dem Gebiet der RF aufhält (Art. 212 Abs. 2 Ziff. 6 APO a.F.) bzw. sich in einer Streitigkeit über den Schutz des geschäftlichen Ansehens der Kläger auf dem Gebiet der RF aufhält (Art. 247 Abs. 1 Ziff. 6 APO n.F.).

Nach der APO n.F. (Art. 247 Abs. 1 Ziff. 10) sind die Arbitragegerichte auch in anderen Fällen mit Beteiligung ausländischer Personen zuständig, wenn eine enge Verbindung der streitigen Rechtsbeziehung zum Gebiet der RF besteht.

Auch bei den Arbitragegerichten sind Gerichtsgebühren zu entrichten (vgl. Art. 91 APO a.F./Art. 102 APO n.F.). Allerdings gibt es keine dem Art. 80 ZPO RSFSR/Art. 89 ZPO RF vergleichbare Vorschrift über die Befreiung von der Einzahlung der Gerichtsgebühren. Solche Befreiungen können aber durch Föderalgesetz vorgesehen werden (vgl. Art. 105 APO n.F.). Im Ergebnis haben die Parteien die Gerichtskosten entsprechend dem Ausgang des Rechtsstreits zu tragen (vgl. Art. 95 Abs. 1 APO a.F./Art. 110 APO n.F.). Eine Erstattung der Kosten für einen Vertreter der rechtlichen Interessen der Partei vor Gericht sah die APO a.F. im Gegensatz zur ZPO nicht vor. Nach Art. 110 Abs. 2 APO n.F. werden nunmehr auch im Arbitrageprozeß die Ausgaben für die Bezahlung der Dienstleistungen eines Vertreters, die die Person getragen hat, zu deren Gunsten der Gerichtsakt ergangen ist, durch das Arbitragegericht von der anderen Person, die an der Streitigkeit beteiligt war, in angemessenem Umfang beigetrieben.

B. Der Grundtatbestand des Art. 1064 ZGB

In diesem Teil der Arbeit wird nicht ausschließlich der Grundtatbestand des Art. 1064 ZGB erörtert, sondern auch allgemeine Fragen der deliktischen Haftung wie Kausalität, Rechtswidrigkeit, Verschulden, Schaden (einschließlich der Höhe des zu zahlenden Schadens), Haftung mehrerer Schädiger, Haftung für Schäden, die ein Dritter verursacht hat, Regreß, Beweislast und Verjährung. In den darauffolgenden Teilen wird dann nur noch auf die Besonderheiten der Spezialtatbestände eingegangen.

I. VERGLEICH DES ART. 1064 ZGB MIT SEINEN VORLÄUFERBESTIMMUNGEN IM ZGB 1964 UND DEN GZG 1991

Art. 1064 Abs. 1 Satz 1 ZGB lautet:

> *„Schaden, der der Person oder dem Vermögen eines Bürgers sowie Schaden, der dem Vermögen einer juristischen Person zugefügt wurde, ist durch die Person, die den Schaden zugefügt hat, vollständig zu ersetzen."*

Diese Bestimmung geht auf den Art. 444 Satz 1 ZGB 1964[336] zurück, der folgenden Wortlaut hatte:

> *„Schaden, der der Person oder dem Vermögen eines Bürgers sowie Schaden, der einer Organisation zugefügt wurde, ist durch die Person, die den Schaden zugefügt hat, vollständig zu ersetzen, mit Ausnahme der Fälle, die durch die Gesetzgebung der UdSSR vorgesehen sind."*

Die Bestimmungen unterscheiden sich im wesentlichen darin, daß in Art. 444 Satz 1 ZGB 1964 an Stelle von juristischen Personen Organisationen genannt waren, bei den Organisationen nur von einem Schaden und nicht von einem Schaden am Vermögen der Organisationen die Rede war und daß durch Gesetz Ausnahmefälle geregelt werden konn-

---

336 I. d. F. des Erlasses des Präsidiums des Obersten Sowjets der RSFSR vom 28.05.1986, VVS RSFSR 1986, Nr. 23, Pos. 638.

ten, in denen der den genannten Rechtsgütern zugefügte Schaden nicht vollständig zu ersetzen war.

Die weitere Vorläuferbestimmung des Art. 1064 Abs. 1 Satz 1 ZGB, Art. 126 Abs. 1 GZG 1991, stimmte bereits – bis auf eine geringfügige Abweichung in der Wortstellung[337] – mit Art. 1064 Abs. 1 Satz 1 ZGB überein.

Die Änderung des im ZGB 1964 verwendeten Begriffs „Organisationen“ im ZGB 1964 in „juristische Personen“ ist auf eine Neuregelung der Frage, auf welche Rechtssubjekte die Zivilgesetze angewendet werden sollten, zurückzuführen. Das ZGB 1964 war auf Beziehungen zwischen staatlichen, genossenschaftlichen und anderen gesellschaftlichen Organisationen untereinander, zwischen Bürgern und staatlichen, genossenschaftlichen und anderen gesellschaftlichen Organisationen und der Bürger untereinander anwendbar (vgl. Art. 2 ZGB 1964)[338]. Zu den Subjekten des Zivilrechts nach den GZG 1991 und dem geltenden ZGB gehören hingegen Bürger (natürliche Personen) und juristische Personen (vgl. Art. 1 Abs. 1 Satz 2 GZG 1991 und Art. 2 Abs. 1 Satz 2 ZGB).

Auf das ZGB 1964 und die GZG 1991 geht auch die Bestimmung des Art. 1064 Abs. 2 Satz 1 ZGB zurück, wonach der Schädiger von der Schadensersatzpflicht befreit wird, sofern er beweist, daß der Schaden nicht durch sein Verschulden zugefügt wurde. Sie stimmt mit Art. 444 Satz 2 ZGB 1964 und Art. 126 Abs. 1 Satz 2 GZG 1991 fast wörtlich überein. Nur im Hinblick auf die Formulierung existieren zwei kleine Unterschiede, die sich jedoch auf die Auslegung und Übersetzung nicht auswirken[339].

Fast identisch sind Art. 1064 Abs. 3 Satz 1 ZGB, Art. 126 Abs. 4 GZG 1991 und Art. 444 Satz 3 ZGB 1964, wonach ein durch rechtmäßige Handlungen zugefügter Schaden nur in den durch Gesetz

---

[337] Die Wendung für „vollständig“ (russ.: v polnom ob-eme) befand sich in Art. 126 Abs. 1 GZG 1991 vor der Wendung für „die den Schaden zugefügt hat“ (russ.: pričinivšim vred). In Art. 1064 Abs. 1 Satz 1 ZGB ist dies umgekehrt. Dieser Unterschied kommt jedoch bei der Übersetzung nicht zum Tragen und ist für die Auslegung nicht von Bedeutung.

[338] I. d. F.des Erlasses des Präsidiums des Obersten Sowjets der RSFSR vom 24.02.1987, VVS RSFSR 1987, Nr. 9, Pos. 250.

[339] Die ersten Worte des Art. 1064 Abs. 2 Satz 1 ZGB lauten: „Lico, pričinivšee vred“, die des Art. 444 Satz 2 ZGB 1964 hingegen: „Pričinivšij vred“. Zudem heißt es in Art. 1064 Abs. 2 Satz 1 ZGB: „osvoboždaetsja ot vozmeščenija vreda“, in Art. 444 Satz 2 ZGB 1964: „osvoboždaetsja ot ego vozmeščenija“.

bestimmten Fällen zu ersetzen ist. Art. 1064 Abs. 3 Satz 1 ZGB und Art. 126 GZG 1991 enthalten allerdings das Wort „nur“ nicht mehr. Im Ergebnis hat das aber keine Auswirkungen.

Art. 1064 ZGB enthält jedoch gegenüber Art. 444 ZGB 1964 und Art. 126 GZG 1991 eine Reihe neuer Bestimmungen:

Art. 1064 Abs. 1 Satz 2 ZGB ermöglicht, daß durch Gesetz die Schadensersatzpflicht auch einer Person auferlegt werden kann, die kein Schädiger ist. Art. 1064 Abs. 1 Satz 3 ZGB ordnet an, daß durch Gesetz oder Vertrag die Pflicht des Schädigers bestimmt werden kann, den Geschädigten eine über den Schadensersatz hinausgehende Entschädigung zu zahlen.

Art. 1064 Abs. 2 Satz 2 ZGB stellt nunmehr ausdrücklich klar, daß durch Gesetz die Schadensersatzpflicht auch bei fehlendem Verschulden des Schädigers bestimmt werden kann. Fälle der Haftung ohne Verschulden gab es aber auch schon im ZGB 1964 (vgl. Art. 447, 454) und den GZG 1991 (vgl. Art. 127 Abs. 2, Art. 128).

Neu eingefügt wurde schließlich Art. 1064 Abs. 3 Satz 2 ZGB, wonach der Schadensersatz verweigert werden kann, wenn der Schaden auf Ersuchen oder mit Einwilligung des Geschädigten zugefügt wurde und die Handlungen des Schädigers die sittlichen Grundsätze der Allgemeinheit nicht verletzen. Der dieser Vorschrift zugrundeliegende Grundsatz ist allerdings völlig neu. Er wurde bereits praktiziert, als noch das sowjetische Recht galt[340].

II. DIE EINZELNEN VORAUSSETZUNGEN

1. Die Subjekte der deliktischen Schuldverhältnisse

Wie bei allen anderen Schuldverhältnissen sind an deliktischen Schuldverhältnissen Gläubiger und Schuldner beteiligt.

---

340 Vgl. BVS RSFSR 1970, Nr. 7, S. 9; *Smirnov/Sobčak*, Obščee učenie o deliktnych objazatel'stvach v sovetskom graždanskom prave, S. 69 f.

a) Gläubiger

Gläubiger des Anspruchs aus Art. 1064 ZGB ist der Geschädigte, d. h. die Person, der Schaden zugefügt wurde[341]. Dabei kann – nach dem eindeutigen Wortlaut des Art 1064 ZGB – jeder Bürger (natürliche Person)[342] – unabhängig von seinem Alter, seiner Geschäftsfähigkeit und seinem Gesundheitszustand[343] – und jede juristische Person[344] – einschließlich juristischer Personen des öffentlichen Rechts (die RF, die Subjekte der RF und kommunalen Gebietskörperschaften)[345] – Geschädigter sein. Auch Filialen und andere Unterabteilungen juristischer Personen können bei Schädigung des ihnen zugeteilten Vermögens mit Vollmacht der juristischen Person als Gläubiger auftreten[346].

Ausländer und Staatenlose kommen ebenfalls als Gläubiger in Betracht. Die durch die Zivilgesetzgebung festgelegten Regeln finden auch auf Rechtsverhältnisse Anwendung, an denen ausländische Bürger oder Staatenlose und ausländische juristische Personen teilnehmen, soweit durch ein Föderalgesetz nichts anderes bestimmt ist (Art. 2 Abs. 1 Satz 4 ZGB).

Wird einem Naturobjekt, das allgemein genutzt wird, ein Schaden zugefügt, sind Geschädigte sowohl der Eigentümer (i. d. R. die staatliche oder kommunale Gebietskörperschaften) als auch die Nutzer[347].

Stirbt der Geschädigte infolge oder nach der Schadenszufügung, gehen dessen Ansprüche im Zusammenhang mit der Schädigung materieller Rechtsgüter im Wege der Erbfolge auf seine Erben über. Die Ein-

---

341 *Korneev* in: *Suchanov*, Graždanskoe pravo, Band 2, Halbband 2, S. 363, 388; *Jarošenko*, ChiP 1996, Nr. 12, S. 3; *Jarošenko* in: *Braginskij*, Kommentarij časti vtoroj Graždanskogo kodeksa RF, S. 351; *Jarošenko* in: *Sadikov*, Graždanskoe pravo Rossii. Čast' vtoraja, S. 629; *Fajzutdinov* in: *Sadikov*, Kommentarij k Graždanskomu kodeksu RF, Anm. 2 zu Art. 1064; *Malein* in: *Kalpin*, Graždanskoe pravo. Čast' vtoraja, S. 507; *Ėrdelevskij* in: *Grišaev*, Graždanskoe pravo, S. 458; *Zavidov/Gusev*, Graždansko-pravovaja otvetstvennost', S. 463.

342 Vgl. Art. 17-47 ZGB.

343 *Korneev* in: *Suchanov*, Graždanskoe pravo, Band 2, Halbband 2, S. 388; *Zavidov/Gusev*, Graždansko-pravovaja otvetstvennost', S. 463.

344 Vgl. Art. 48-123 ZGB.

345 *Jarošenko* in: *Sadikov*, Graždanskoe pravo Rossii. Čast' vtoraja, S. 647; *Korneev* in: *Suchanov*, Graždanskoe pravo, Band 2, Halbband 2, S. 388; *Zavidov/Gusev*, Graždansko-pravovaja otvetstvennost', S. 463.

346 *Korneev* in: *Suchanov*, Graždanskoe pravo, Band 2, Halbband 2, S. 389.

347 *Malein* in: *Kalpin*, Graždanskoe pravo. Čast' vtoraja, S. 507.

zelheiten des Übergangs dieser Ansprüche ergeben sich aus dem Erbrecht (Art. 1110 ff. ZGB). Anderes gilt für das Recht auf Ersatz des Schadens, der dem Leben oder der Gesundheit eines Bürgers zugefügt wurde. Dieses Recht sowie andere Rechte, die untrennbar mit der Person des Erblassers verbunden sind, gehören nicht zum Erbe (Art. 1112 Satz 2 ZGB). Nicht zur Erbschaft gehören ferner persönliche Nichtvermögensrechte und andere immaterielle Rechtgüter (Art. 1112 Satz 3 ZGB). Somit sind auch andere deliktische Ansprüche infolge der Verletzung immaterieller Rechtsgüter, einschließlich des Anspruchs auf Ersatz des immateriellen Schadens, nicht vererbbar. Im Falle des Todes des Geschädigten haben aber die in Art. 1088 ZGB aufgeführten Personen, die infolge des Todes des Geschädigten ihren Ernährer verloren haben, einen unmittelbaren Anspruch auf Schadensersatz gegen den Schädiger[348].

b) Schuldner

Schuldner des Anspruchs aus Art. 1064 ZGB ist grundsätzlich der Schädiger[349], d. h. die Person, durch deren Verhalten einer anderen Person ein Schaden zugefügt wurde[350]. Unmittelbarer Schädiger kann nur eine natürliche Person – unabhängig von ihrer Geschäftsfähigkeit – sein[351]. Durch Gesetz kann die Schadensersatzpflicht jedoch einer Person auferlegt werden, die kein unmittelbarer Schädiger ist (vgl. Art. 1064 Abs. 1 Satz 2 ZGB). Möglich ist dies allerdings nur bei deliktsfähigen natürlichen Personen und juristischen Personen (einschließlich der juristischen Personen des öffentlichen Rechts)[352]. Die gesetzlich vorgesehen

---

348 Vgl. dazu unten S. 248 ff.

349 *Korneev* in: *Suchanov*, Graždanskoe pravo, Band 2, Halbband 2, S. 363, 385; *Jarošenko*, ChiP 1996, Nr. 12, S. 3; *Jarošenko* in: *Braginskij*, Kommentarij časti vtoroj Graždanskogo kodeksa RF, S. 351; *Jarošenko* in: *Sadikov*, Graždanskoe pravo Rossii. Čast' vtoraja, S. 629; *Fajzutdinov* in: *Sadikov*, Kommentarij k Graždanskomu kodeksu RF časti vtoroj, Anm. 2 zu Art. 1064; *Malein* in: *Kalpin*, Graždanskoe pravo. Čast' vtoraja, S. 507; *Ėrdelevskij* in: *Grišaev*, Graždanskoe pravo, S. 458; *Zavidov/Gusev*, Graždansko-pravovaja otvetstvennost', S. 463.

350 Vgl. *Zavidov/Gusev*, Graždansko-pravovaja otvetstvennost', S. 464; *Ė. Gavrilov*, RJu 2000, Nr. 6, S. 22.

351 *Malein* in: *Kalpin*, Graždanskoe pravo. Čast' vtoraja, S. 507.

352 *Malein* in: *Kalpin*, Graždanskoe pravo. Čast' vtoraja, S. 507; *Smirnov/Sobčak*, Obščee učenie o deliktnych objazatel'stvach v sovetskom graždanskom prave, S. 14; *Jarošenko* in: *Sadikov*, Graždanskoe pravo Rossii. Čast' vtoraja, S. 647; *Zavidov/Gusev*, Graždansko-pravovaja otvetstvennost', S. 464.

Ausnahmen werden jedoch nicht an dieser Stelle, sondern im einzelnen unter IV.[353] erörtert.

Stirbt der Schädiger, so geht die Pflicht zum Schadensersatz auf seine Erben nach den Vorschriften des Erbrechts über, weil im Wege der Erbfolge nicht nur Rechte, sondern auch Pflichten übergehen (vgl. Art. 1112 ZGB).

2. Die geschützten Rechtsgüter

Art. 1064 ZGB schützt die Rechtsgüter *„Person“*[354] und *„Vermögen“*[355], definiert sie jedoch nicht näher. Von der höchstrichterlichen Rechtsprechung gibt es bisher keine ausdrückliche Stellungnahme dazu, was unter „Person“ und „Vermögen“ im einzelnen zu verstehen ist. Die rußländische rechtswissenschaftliche Literatur befaßt sich mit dieser Frage nur am Rande – ganz im Gegensatz zur deutschen Rechtsprechung und Literatur, wo die Frage der von § 823 Abs. 1 BGB geschützten Rechtsgüter sehr ausführlich behandelt wird. Das hat zur Folge, daß Unklarheit darüber besteht, wie die Begriffe „Person“ und „Vermögen“ in Art. 1064 Abs. 1 ZGB auszulegen sind.

a) Das Rechtsgut „Person“

aa) Die Auslegung des Rechtsguts „Person“. Von der ganz herrschenden Meinung wird das Rechtsgut „Person“ sehr weit ausgelegt. Es werden dazu alle immateriellen Rechtsgüter gezählt, die in Art. 150 Abs. 1 Satz 1 ZGB aufgeführt werden[356]. Gemäß Art. 150 Abs. 1 Satz 1 ZGB gehören zu den immateriellen Gütern

- das Leben,
- die Gesundheit,

---

[353] S. 192 ff.

[354] Russ.: ličnost'.

[355] Russ.: imuščestvo.

[356] *Guev*, Postatejnyj kommentarij k časti vtoroj Graždanskogo kodeksa RF, Anm. 1 zu Art. 1064; *Jarošenko* in: *Braginskij*, Kommentarij časti vtoroj Graždanskogo kodeksa RF, S. 352; *Jarošenko*, ChiP 1996, Nr. 12, S. 4; *Tolstoj* in: *Sergeev/Tolstoj*, Graždanskoe pravo, Band 3, S. 4. Von dieser weiten Auslegung des Begriffs „Person“ gehen offenbar auch *Roggemann/Bergmann*, Zivilgesetzbuch der Russischen Föderation (Zweiter Teil) von 1995, S. 404, aus.

- die Würde der Person und die persönliche Unantastbarkeit,
- die Ehre und der gute Ruf,
- das geschäftliche Ansehen,
- die Unantastbarkeit des Privatlebens,
- das persönliche und das familiäre Geheimnis,
- das Recht auf Freizügigkeit,
- die freie Wahl des Aufenthaltsortes und des Wohnsitzes,
- das Recht am eigenen Namen,
- das Urheberrecht,
- andere persönliche Nichtvermögensrechte und
- andere immaterielle Rechte, die einem Bürger von Geburt an oder kraft Gesetzes zustehen.

Der Katalog der in Art. 150 Abs. 1 Satz 1 ZGB aufgeführten immateriellen Rechtsgüter ist nicht abschließend[357], sondern hat nur beispielhaften Charakter[358]. Gelegentlich werden deshalb in der Literatur neben den in Art. 150 Abs. 1 Satz 1 ZGB ausdrücklich aufgeführten Rechtsgütern noch weitere Rechtsgüter genannt, die unter das Rechtsgut „Person" in Art. 1064 Abs. 1 Satz 1 ZGB fallen, wie z. B. die persönliche Freiheit[359] und die körperliche Unversehrtheit[360]. Von ihrem Wesen her handelt es sich bei den immateriellen Rechten i. S. d. Art. 150 Abs. 1 Satz 1 ZGB um absolute Rechte[361].

---

357 *Litovkin* in: *Sadikov*, Kommentarij k Graždanskomu kodeksu RF, Anm. 1 zu Art. 150; *Šerstobitov* in: *Suchanov*, Graždanskoe pravo, Band 1, S. 726; *Ėrdelevskij* in: *Grišaev*, Graždanskoe pravo, S. 475; *V. Gapeev/S. Zinčenko/A. Luk'jancev*, Novyj Graždanskij kodeks RF. Čast' pervaja, S. 178; *A. Ėrdelevskij*, Čelovek i zakon 1997, Nr. 4, S. 56; *A. Ėrdelevskij*, RJu 1998, Nr. 6, S. 19; *A. Ėrdelevskij*, Kompensacija moral'nogo vreda, S. 88; *A. Ėrdelevskij*, Zakon 1997, Nr. 1, S. 120; *A. Ėrdelevskij*, Zakon 2001, Nr. 12, S. 83.

358 *Jarošenko* in: *O. Sadikov*, Kommentarij k Graždanskomu kodeksu RF časti pervoj, Anm. 1 zu Art. 150; *Faddeeva* in: *Sergeev/Tolstoj*, Graždanskoe pravo, Band 1, S. 313; *Jarošenko* in: *Braginskij*, Kommentarij časti pervoj Graždanskogo kodeksa, S. 222; *Krasavčikova* in: *Illarinova/Gongalo/Pletnev*, Graždanskoe pravo. Čast' pervaja, S. 169; *Šeljutto* in: *O. Sadikov*, Graždanskoe pravo Rossii. Obščaja čast', S. 282; *Ramzaev* in: *Cybulenko*, Graždanskoe pravo Rossii. Čast' pervaja, S. 160.

359 *Jarošenko* in: *Braginskij*, Kommentarij časti vtoroj Graždanskogo kodeksa RF, S. 352; *Jarošenko*, ChiP 1996, Nr. 12, S. 4

360 *Tolstoj* in: *Sergeev/Tolstoj*, Graždanskoe pravo, Band 3, S. 4, 5.

361 *Šerstobitov* in: *Suchanov*, Graždanskoe pravo, Band 1, S. 726 f.; *A. Mochov*, RJu 2001, Nr. 9, S. 25; *Faddeeva* in: *Sergeev/Tolstoj*, Graždanskoe pravo, Band 1, S. 314; *Šeljutto* in: *Sadikov*, Graždanskoe pravo Rossii. Obščaja čast', S. 282; *Krasavčikova* in: *Illarinova/Gongalo/Pletnev*, Graždanskoe pravo. Čast' pervaja,

Gelegentlich wird das Rechtsgut „Person" jedoch sehr eng ausgelegt: Nach Auffassung von *Heidemann* – der zum sowjetischen Deliktsrecht Stellung nahm – soll mit dem Rechtsgut „Person" nicht etwa die Person in einem umfassenden Sinne gemeint sein, sondern lediglich deren Leben und Gesundheit. Sonstige Angriffe auf die Person seien deliktsrechtlich nicht geschützt. Insbesondere sei die Ehre aus dem Schutzbereich der Deliktsnorm ausgenommen[362]. Als Argument für diesen Schluß zieht er den Wortlaut des Art. 444 ZGB 1964 heran, nach dem das Rechtsgut „Person" ausdrücklich nur natürlichen Personen zugeordnet war. Außerdem weist er darauf hin, daß in den weiteren Vorschriften des Deliktsrechts des ZGB 1964 nur die Rechtsgüter Leben und Gesundheit (vgl. Art. 459 ff. ZGB 1964) genannt wurden. Ferner beruft er sich darauf, daß der Begriff des Personenschadens und des Gesundheitsschadens in der sowjetischen Literatur synonym gebraucht[363] und außerdem behauptet worden sei, ein Personenschaden liege in der durch die Beeinträchtigung der Gesundheit hervorgerufenen Arbeitsunfähigkeit[364].

Neumüller vertritt ebenfalls eine enge Auslegung des Rechtsguts „Person": Unter ihm sei nicht die Verletzung aller personenbezogenen Rechte wie Leben, Gesundheit, Ehre, Privatsphäre sowie Immaterialgüterrechte zu subsumieren. Aus Art. 1084, 1085 ZGB ergebe sich, daß lediglich die Schädigung der menschlichen Gesundheit sowie die Tötung einer Person zum Schadensersatz verpflichte. Die Verpflichtung zum Schadensersatz wegen Verletzung sonstiger persönlicher Rechte werde dagegen nicht von den allgemeinen deliktischen Haftungsvorschriften erfaßt, sondern von Sonderbestimmungen wie Art. 152 Abs. 5 ZGB für den Fall der Verletzung der persönlichen Ehre[365].

In der rußländischen Literatur zum geltenden Deliktsrecht nennen *Korneev*[366] und *Malein*[367] als Beispiele für einen Personenschaden nur Schäden an Leben oder Gesundheit. Ob sie damit auch zum Ausdruck

---

S. 170; *Ramzaev* in: *Cybulenko*, Graždanskoe pravo Rossii. Čast' pervaja, S. 161; *Ėrdelevskij*, Kompensacija moral'nogo vreda, S. 97.

362 Unternehmenshaftung in Rußland, S. 54.

363 *Verdnikov* in: *Rjasencev*, Sovetskoe Graždanskoe pravo, Teil 2, S. 406.

364 *Bratus'/Sadikov*, Kommentarij k Graždanskomu kodeksu RSFSR, Anm. 3 zu Art. 444.

365 Umwelthaftung in Rußland, S. 138.

366 In: *Suchanov*, Graždanskoe pravo, Band 2, Halbband 2, S. 371.

367 In: *Kalpin*, Graždanskoe pravo. Čast' vtoraja, S. 510 f.

bringen wollen, das Rechtsgut „Person“ erfasse nur Leben und Gesundheit, bleibt allerdings offen.

Die enge Auslegung des Rechtsguts „Person“ widerspricht nicht nur der herrschenden Meinung zum geltenden Recht. Es sind auch die Argumente, mit denen die enge Auslegung des Begriffs „Person“ in Art. 1064 Abs. 1 ZGB begründet wird, nicht überzeugend. Die Tatsache, daß Art. 1064 Abs. 1 ZGB das Rechtsgut „Person“ nur im Hinblick auf natürliche Personen und nicht bei juristischen Personen schützt, ist kein Grund dafür, unter das Rechtsgut „Person“ nur die Rechtsgüter Leben und Gesundheit zu subsumieren. Dasselbe gilt für die Tatsache, daß die Art. 1084-1094 ZGB Sonderregelungen enthalten, die den Ersatz des Schadens betreffen, der dem Leben oder der Gesundheit eines Bürgers zugefügt wird. Die Existenz von Sondervorschriften für Schäden an Leben oder Gesundheit rechtfertigt es nicht, andere immaterielle Rechtsgüter aus dem Rechtsgut „Person“ i. S. d. Art. 1064 Abs. 1 ZGB auszuklammern. Anderenfalls würde es im rußländischen Zivilrecht im Bereich zahlreicher – verfassungsrechtlich geschützter – immaterieller Rechtsgüter Haftungslücken geben: Im Falle einer engen Auslegung wäre nur bei einer Verletzung der Rechtsgüter Ehre, Würde und geschäftliches Ansehen über die Vorschrift des Art. 152 Abs. 5 ZGB Schadensersatz zu erlangen. Im Falle einer Freiheitsberaubung könnte dann z. B. – sofern dabei nicht gleichzeitig die Rechtsgüter Gesundheit oder Würde betroffen wären – kein Schadensersatz gefordert werden.

Gegen eine Beschränkung des Rechtsguts „Person“ in 1064 Abs. 1 ZGB auf Leben und Gesundheit spricht zudem ein Vergleich mit der Vorschrift des Art. 1095 ZGB, der die Produkthaftung betrifft. Art. 1095 ZGB nennt als geschützte Rechtgüter Leben, Gesundheit und Vermögen. Wenn unter das Rechtsgut der Person in Art. 1064 Abs. 1 ZGB nur die Rechtsgüter Leben und Gesundheit fallen würden, hätte der Gesetzgeber in Art. 1095 ZGB ebenso wie in Art. 1064 Abs. 1 ZGB nur den Begriff „Person“ verwenden können und hätte den Anwendungsbereich des Art. 1095 ZGB nicht ausdrücklich auf die Rechtsgüter Leben und Gesundheit beschränken müssen. Ein Vergleich des Wortlauts des Art. 1064 Abs. 1 ZGB und des Art. 1095 ZGB spricht deshalb dafür, daß das Rechtsgut „Person“ nicht mit den Rechtsgütern Leben und Gesundheit gleichzusetzen ist. Die in der Literatur ganz überwiegend vertretene Auffassung, wonach das Rechtsgut „Person“ alle immateriellen Rechtsgüter eines

Bürgers erfaßt, ist daher einleuchtender als die enge Auslegung dieses Begriffs[368].

bb) Die einzelnen immateriellen Rechtsgüter. Die in Art. 150 Abs. 1 ZGB aufgeführten Rechtsgüter werden in der rußländischen Rechtswissenschaft wie folgt definiert bzw. näher konkretisiert:

Das *Recht auf Leben* (vgl. dazu Art. 20 Abs. 1 VerfRF) wird als das höchste Rechtsgut charakterisiert, das im Moment der Trennung eines lebensfähigen Kindes vom Organismus seiner Mutter entsteht und fortdauert, solange das gesamte Gehirn funktioniert[369].

Das *Rechtsgut Gesundheit* wird durch die Art. 22 Abs. 1, 41 VerfRF geschützt. Gesundheit stellt das volle körperliche, seelische und soziale Wohlergehen dar und nicht nur das Nichtvorhandensein von Krankheiten[370].

Der *Schutz der Würde der Person* ist in Art. 21 VerfRF verfassungsrechtlich verankert. Unter Würde versteht die rußländische Rechtswissenschaft die Selbsteinschätzung bzw. die subjektive Einschätzung einer Person, d. h. das Bewußtwerden ihrer persönlichen Eigenschaften, Fähigkeiten, Weltanschauungen, ihrer erfüllten Pflicht und ihrer gesellschaftlichen Bedeutung. Die Selbsteinschätzung muß auf sozial bedeutsamen Kriterien zur Einschätzung moralischer und anderer Eigenschaf-

---

368 Die von *Neumüller*, Umwelthaftung in Rußland, vertretene Auffassung ist auch in sich widersprüchlich: Auf Seite 46 führt *Neumüller* noch zutreffend aus, daß zu den geschützten Rechten der Person insbesondere Leben, Gesundheit und Arbeitsfähigkeit sowie Ehre und Privatsphäre gehören. Auf S. 138 vetritt er dann die enge Auslegung des Rechtsguts „Person". Die enge Auslegung dieses Rechtsguts steht auch im Widerspruch zu der von *Neumüller* vertretenen Auffassung, Art. 1064 ZGB sei eine deliktische bzw. haftungsrechtliche Generalklausel (vgl. S. 46 und S. 160). Versteht man Art. 1064 ZGB in diesem Sinne, muß man unter das Rechtsgut „Person" konsequenterweise alle immateriellen Rechtsgüter eines Bürgers subsumieren.

369 *Malein* in *Kalpin/Masljaev*, Graždanskoe pravo. Čast' pervaja, S. 157; *Ėrdelevskij*, Kompensacija moral'nogo vreda, S. 88 f.; *Ėrdelevskij*, Zakon 1997, Nr. 1, S. 120; *A. Ėrdelevskij*, Kompensacija moral'nogo vreda v Rossii i za rubežom, S. 140 f.; *A. Ėrdelevskij*, Moral'ny vred i kompensacija za stradanija, S. 72.

370 *Malein* in: *Kalpin/Masljaev*, Graždanskoe pravo. Čast' pervaja, S. 158; *S. Narižnij/ K. Golubev*, RJu 2001, Nr. 4, S. 20; *S. Doncov/V. Gljancev*, Vozmeščenie vreda po sovetskomu zakonodatel'stvu, S. 160; vgl. auch *Krasavčikova* in: *Illarinova/ Gongalo/Pletnev*, Graždanskoe pravo. Čast' pervaja, S. 175; *Ėrdelevskij*, Kompensacija moral'nogo vreda, S. 90; *Ėrdelevskij*, Zakon 1997, Nr. 1, S. 121; *Ėrdelevskij*, Kompensacija moral'nogo vreda v Rossii i za rubežom, S. 8, 141; *Ėrdelevskij*, Moral'nyj vred i kompensacija za stradanija, S. 2, 73.

ten einer Person basieren[371]. Definiert wird die Würde dementsprechend auch als Selbsteinschätzung eines Bürgers, die auf der Einschätzung durch die Gesellschaft, seiner Kollegen, Freunde, Partner u. a. basiert[372].

Die *persönliche Unantastbarkeit* wird durch Art. 22 Abs. 1 VerfRF garantiert. Unter ihr versteht man die Möglichkeit, selbständig alle Fragen des Privatlebens zu entscheiden, und das Verbot der Einmischung dritter Personen, mit Ausnahme der durch Gesetz oder durch Vereinbarung mit dem Bürger vorgesehenen Fälle[373]. Definiert wird sie auch als die vom Staat garantierte persönliche Sicherheit und Freiheit eines Menschen, die darin besteht, daß Angriffe auf

- Leben, Gesundheit, körperliche Unantastbarkeit und sexuelle Freiheit (physische Unantastbarkeit),
- Ehre, Würde, sittliche Freiheit (sittliche Unantastbarkeit),
- den normalen Verlauf psychischer Prozesse (psychische Unantastbarkeit),
- die individuelle Freiheit des Menschen, die sich in der ihm zur Verfügung gestellten Möglichkeit äußert, über sich und seine Freizeit zu verfügen, nach seinem Ermessen seinen Aufenthaltsort zu bestimmen sowie sich nicht unter Beobachtung oder Schutz zu befinden,

nicht zugelassen, verhindert und unter Strafe gestellt werden[374].

Die *Ehre* und den *guten Ruf* schützt Art. 23 VerfRF. Die Ehre stellt die objektive positive Einschätzung der moralischen, sittlichen, ethischen, geschäftlichen, beruflichen und anderen Eigenschaften eines

---

371 *Faddeeva* in: *Sergeev/Tolstoj*, Graždanskoe pravo, Band 1, S. 317; ähnlich: *Ramzaev* in: *Cybulenko*, Graždanskoe pravo Rossii. Čast' pervaja, S. 169; *Djuževa* in: *Suchanov*, Graždanskoe pravo, Band 1, S. 733; *A. Anisimov*, Čest', dostoinstvo, delovaja reputacija: graždansko-pravovaja zaščita, S. 6.

372 *A. Guev*, Postatejnyj kommentarij k časti pervoj Graždanskogo kodeksa RF, Anm. 1 zu Art. 152; *A. Guev*, Kommentarij k postanovlenijam Plenuma Verchovnogo Suda RF po graždanskim delam, S. 191; vgl. auch *Krasavčikova* in: *Illarinova/Gongalo/Pletnev*, Graždanskoe pravo. Čast' pervaja, S. 186; *Šeljutto* in: *Sadikov*, Graždanskoe pravo Rossii. Obščaja čast', S. 285; *V. Bykov*, RJu 2002, Nr. 4, S. 46.

373 *Malein* in: *Kalpin/Masljaev*, Graždanskoe pravo. Čast' pervaja, S. 166; vgl. auch *Krasavčikova* in: *Illarinova/Gongalo/Pletnev*, Graždanskoe pravo. Čast' pervaja, S. 178.

374 Vgl. *Petruchin* in: *B. Topornin/Ju. Baturin/P. Orechov*, Konstitucija Rossijskoj Federacii, Anm. 1 zu Art. 22; *Mochov*, RJu 2001, Nr. 9, S. 25.

Menschen durch die gesellschaftliche Meinung dar, somit das Verhältnis der Gesellschaft zu einem Bürger[375].

Das *geschäftliche Ansehen* umfaßt einen bestimmten Aspekt der Ehre[376], nämlich die Einschätzung der beruflichen Eigenschaften. Bei dem Ansehen handelt es sich um die sich über eine Person gebildete Meinung, die auf einer gesellschaftlich bedeutsamen Einschätzung seiner Eigenschaften beruht[377]. Das geschäftliche Ansehen ist somit die öffentliche Meinung über die beruflichen Qualitäten und Fehler einer natürlichen oder juristischen Person[378]. Dabei betonen einige, daß das geschäftliche Ansehen nur die positiven beruflichen Eigenschaften betrifft[379], andere dagegen, daß das geschäftliche Ansehen nicht nur positive, sondern auch negative Bewertungen der beruflichen Qualitäten einer Person umfaßt[380].

Das *Recht auf Unantastbarkeit des Privatlebens sowie auf persönliche und familiäre Geheimnisse* (Art. 23 Abs. 1 VerfRF) stellt das Recht einer Person dar, nach ihrem Ermessen das persönliche Verhalten bei der individuellen Lebenstätigkeit zu bestimmen. Der rechtliche Schutz dieses Rechtsguts ist auf einen Ausschluß jeglicher Einmischung in ihr Pri-

---

375 Vgl. *Faddeeva* in: *Sergeev/Tolstoj*, Graždanskoe pravo, Band 1, S. 317; *Guev*, Postatejnyj kommentarij k časti pervoj Graždanskogo kodeksa RF, Anm. 1 zu Art. 152; *Guev*, Kommentarij k postanovlenijam Plenuma Verchovnogo Suda RF po graždanskim delam, S. 191; *Djuževa* in: *Suchanov*, Graždanskoe pravo, Band 1, S. 733; *Krasavčikova* in: *Illarinova/Gongalo/Pletnev*, Graždanskoe pravo. Čast' pervaja, S. 186; *Šeljutto* in: *Sadikov*, Graždanskoe pravo Rossii. Obščaja čast', S. 285; *Ramzaev* in: *Cybulenko*, Graždanskoe pravo Rossii. Čast' pervaja, S. 169; *Anisimov*, Čest', dostoinstvo, delovaja reputacija: graždansko-pravovaja zaščita, S. 6; *Ėrdelevskij*, Kompensacija moral'nogo vreda, S. 108; *Bykov*, RJu 2002, Nr. 4, S. 46.

376 Vgl. *A. Ėrdelevskij*, Zakon 1998, Nr. 11/12, S. 104.

377 *Faddeeva* in: *Sergeev/Tolstoj*, Graždanskoe pravo, Band 1, S. 317; *Jarošenko* in: *Braginskij*, Kommentarij časti pervoj Graždanskogo kodeksa RF, S. 228; *M. Braginskij/E. Suchanov/K. Jarošenko*, ChiP 1995, Nr. 5, S. 21 f.

378 Vgl. *Djuževa* in: *Suchanov*, Graždanskoe pravo, Band 1, S. 733 f.; *Braginskij/ Suchanov/Jarošenko*, ChiP 1995, Nr. 5, S. 22; *Ramzaev* in: *Cybulenko*, Graždanskoe pravo Rossii. Čast' pervaja, S. 169; *Ėrdelevskij*, Zakon 1998, Nr. 11/12, S. 104; *Ėrdelevskij*, Kompensacija moral'nogo vreda, S. 108; *Šeljutto* in: *Sadikov*, Graždanskoe pravo Rossii. Obščaja čast', S. 285.

379 *S. Potapenko*, Pravo i ėkonomika 2000, Nr. 6, S. 69; *Bykov*, RJu 2002, Nr. 4, S. 46.

380 Vgl. *M. Šeljutto*, Žurnal rossijskogo prava 1997, Nr. 12, S. 33; *V. Koževnikov*, Pravovedenie 1993, Nr. 6, S. 38; *Anisimov*, Čest', dostoinstvo, delovaja reputacija: graždansko-pravovaja zaščita, S. 18.

vatleben von anderen Personen gerichtet, mit Ausnahme der durch Gesetz vorgesehenen Fälle[381]. Es ermöglicht dem Menschen, die Informationen über sich selbst zu kontrollieren und eine Verbreitung von Nachrichten persönlichen oder intimen Charakters zu verhindern[382].

Das Privatleben stellt die Lebenstätigkeit eines Menschen im besonderen Bereich der familiären, persönlichen und intimen Beziehungen dar, die nicht der Kontrolle von seiten des Staates, gesellschaftlicher Organisationen und Bürgern unterliegen. Es umfaßt die Freiheit der Einsamkeit, des Gedankens, die Freiheit, mit anderen Personen in Kontakt zu treten oder solche Kontakte zu unterlassen, die Äußerungsfreiheit und die Freiheit zu rechtmäßigen Handlungen außerhalb des Bereichs dienstlicher Beziehungen, das Geheimnis von Wohnung, Tagebüchern und anderen persönlichen Aufzeichnungen, Briefen und anderen Postsendungen, telegraphischen und anderen Mitteilungen, des Inhalts von Telefon- und anderen Gesprächen, das Geheimnis der Adoption sowie die garantierte Möglichkeit, seine persönlichen und familiären Geheimnisse einem Geistlichen, Arzt, Rechtsanwalt, Notar ohne die Gefahr ihrer Verbreitung anzuvertrauen[383].

Das persönliche Geheimnis betrifft Informationen über die verschiedenen Seiten der individuellen Lebenstätigkeit eines bestimmten Menschen[384], also der Tätigkeiten, die nicht mit seiner beruflichen oder gesellschaftlichen Tätigkeit verbunden sind und die eine Wertschätzung seines Charakters, seines Aussehens, seiner Gesundheit, seiner materiellen Lage, seines Familienstandes, seiner Lebensweise, der Einzelheiten seiner Biographie sowie seiner Beziehungen zu Verwandten, Bekannten und anderes zum Ausdruck bringen[385].

Das Recht auf *Freizügigkeit und das Recht, den Aufenthaltsort sowie den Wohnsitz zu wählen* (Art. 27 Abs. 1 VerfRF) gewährleisten, daß ein Bürger selbst nach seinem persönlichen Ermessen entscheiden kann, wo und wie lange er wohnt, welche Orte er besucht und wo sich sein ständi-

---

381 *Faddeeva* in: *Sergeev/Tolstoj*, Graždanskoe pravo, Band 1, S. 321; vgl. auch *Krasavčikova* in: *Illarinova/Gongalo/Pletnev*, Graždanskoe pravo. Čast' pervaja, S. 180 f.

382 *Kašenov* in: *L. Okun'kov*, Kommentarij k Konstitucii RF, Anm. zu Art. 23.

383 *Petruchin* in: *Topornin/Baturin/Orechov*, Konstitucija Rossijskoj Federacii, Anm. 1 zu Art. 23; vgl. auch *Šerstobitov* in: *Suchanov* Graždanskoe pravo, Band 1, S. 741 und 748.

384 *Šerstobitov* in: *Suchanov*, Graždanskoe pravo, Band 1, S. 748.

385 *Malein* in: *Kalpin/Masljaev*, Graždanskoe pravo. Čast' pervaja, S. 165.

ger oder zeitweiliger Wohnsitz befindet. Die Freizügigkeit ermöglicht nicht nur eine Änderung des Wohnsitzes und des Aufenthaltsortes, sondern auch die Seßhaftigkeit, d. h. Unveränderlichkeit des Wohnsitzes (Aufenthaltsorts) eines Bürgers innerhalb des Staates (oder eines Teils von ihm), wenn das ständige Verbleiben an diesem Ort dem Willen und dem Wunsch des Bürgers entspricht[386].

Unter *Namen* im weiten Sinne versteht man den Vornamen eines Bürgers, seinen Vatersnamen und seinen Familiennamen, soweit nicht anderes aus der Gesetzgebung oder aus einem nationalen Brauch folgt (vgl. Art. 19 ZGB)[387]. Darüber hinaus wird auch die Unterschrift zu den Komponenten des Namens gezählt[388].

Das *Urheberrecht* wird als geistiges Eigentum i. S. d. Art. 44 Abs. 1 Satz 2 VerfRF verfassungsrechtlich geschützt. Geregelt wird es durch das Gesetz „Über das *Urheberrecht und verwandte Rechte*" vom 09.07.1993[389] (im folgenden: UrheberG). Ob eine Verletzung des Urheberrechts vorliegt, muß deshalb unter Hinzuziehung dieses Gesetzes bestimmt werden.

Zu den *anderen persönlichen Nichtvermögensrechten* zählen z. B. das Brief-, Telefon-, Post- und Telegrammgeheimnis (Art. 23 Abs. 2 VerfRF), das Recht, seine nationale Zugehörigkeit frei festzulegen und anzugeben (Art. 26 Abs. 1 VerfRF), das Recht auf freie Wahl der Umgangs- und Unterrichtssprache und der Sprache der Erziehung und des Schaffens (Art. 26 Abs. 2 VerfRF), das Recht auf freie Ausreise aus der RF und ungehinderte Rückkehr in die RF (Art. 27 Abs. 2 VerfRF), die Gewissensfreiheit und Freiheit des Glaubensbekenntnisses (Art. 28 VerfRF), die Freiheit des Gedankens und des Wortes (Art. 29 Abs. 1

---

386 *Faddeeva* in: *Sergeev/Tolstoj*, Graždanskoe pravo, Band 1, S. 322; vgl. auch *Krasavčikova* in: *Illarinova/Gongalo/Pletnev*, Graždanskoe pravo. Čast' pervaja, S. 184.

387 Vgl. ausführlich zum Recht am Namen bei *A. Ėrdelevskij*, Zakonnost' 1999, Nr. 10, S. 15 ff.

388 *Malein* in: *Kalpin/Masljaev*, Graždanskoe pravo. Čast' pervaja, S. 161.

389 Nr. 5351-1, VSNDiVS 1993, Nr. 32, Pos. 1242, geändert duch Gesetze vom 19.07.1995, Nr. 110-FZ, SZ 1995, Nr. 30, Pos. 2866, und 07.02.2003, Nr. 22-FZ, SZ 2003, Nr. 6, Pos. 505. Eine deutsche Übersetzung befindet sich in *Breidenbach*, Handbuch Wirtschaft und Recht in Osteuropa, RUS 460.

VerfRF) und das Recht auf gerichtlichen Schutz seiner Rechte und Freiheiten (Art. 46 Abs. 1 VerfRF)[390].

Zu den *anderen immateriellen Rechten* gehört insbesondere das geistige Eigentum, das gemäß Art. 44 Abs. 1 Satz 2 VerfRF verfassungsrechtlich geschützt ist. Neben dem ausdrücklich in Art. 150 Abs. 1 ZGB genannten Urheberrecht zählen hierzu Patente, die im *Patentgesetz der Rußländischen Föderation* vom 23.09.1992[391] (im folgenden: PatentG) geregelt werden, und Warenzeichen, die durch das Gesetz „Über *Warenzeichen und Dienstleistungszeichen sowie Herkunftskennzeichen*“ vom 23.09.1992[392] (im folgenden: WarenzeichenG) näher bestimmt werden.

Darüber hinaus werden zu den anderen immateriellen Rechten folgende Rechte gezählt: das Recht, sich mit denjenigen Dokumenten und Materialien vertraut zu machen, die die Rechte und Freiheiten des Bürgers unmittelbar betreffen (Art. 24 Abs. 2 VerfRF), das Recht, Informationen frei zu suchen, zu erhalten, weiterzugeben, zu erzeugen und zu verbreiten (Art. 29 Abs. 4 VerfRF), das Recht auf Vereinigung, einschließlich des Rechts auf Gründung von Gewerkschaften zum Schutze seiner Interessen (Art. 30 VerfRF), das Recht, sich friedlich ohne Waffen zu versammeln, Versammlungen, Meetings, Demonstrationen, Umzüge und Streikwachen zu veranstalten (Art. 31 VerfRF), das Recht, an der Verwaltung der Angelegenheiten des Staats teilzunehmen (Art. 32 VerfRF), das Recht sich an Staatsorgane und Organe der örtlichen Selbstverwaltung zu wenden sowie Eingaben an diese zu richten (Art. 33 VerfRF), das Recht auf freie Nutzung seiner Fähigkeiten und seines Vermögens für eine unternehmerische oder eine andere gesetzlich nicht verbotene wirtschaftliche Tätigkeit (Art. 34 Abs. 1 VerfRF), das Recht auf Arbeit, das Verbot von Zwangsarbeit, das Recht auf Erholung (Art.

---

390 Vgl. *Guev*, Postatejnyj kommentarij k časti pervoj Graždanskogo kodeksa RF, Anm. 2 zu Art. 150.

391 Nr. 3517-I, VSNDiVS RF 1992, Nr. 42, Pos. 2319, geändert durch Gesetz vom 30.12.2001, Nr. 194-FZ, SZ 2001, Nr. 53, Pos. 5030. Deutsche Übersetzungen befinden sich in *Breidenbach*, Handbuch Wirtschaft und Recht in Osteuropa, RUS 450, und *Brunner/Schmid/Westen*, Wirtschaftsrecht der osteuropäischen Staaten, Russland V 1 a.

392 Nr. 3520-I, VSNDiVS RF 1992, Nr. 42, Pos. 2322, 27.12.2000, Nr. 150-FZ, SZ 2001, Nr. 1, Pos. 2, 30.12.2001, Nr. 194-FZ, SZ 2001, Nr. 53, Pos. 5030, und 11.12.2002, Nr. 166-FZ, SZ 2002, Nr. 50, Pos. 4927. Eine deutsche Übersetzung befindet sich in *Breidenbach*, Handbuch Wirtschaft und Recht in Osteuropa, RUS 480.

37 VerfRF), das Recht auf Schutz von Mutter und Kind (Art. 38 VerfRF), das Recht auf medizinische Versorgung (Art. 41 VerfRF) und juristischen Beistand (Art. 48 VerfRF), das Recht auf eine gesunde Umwelt (Art. 42 VerfRF) und das Recht auf Bildung (Art. 43 VerfRF)[393].

cc) Nicht geschützte immaterielle Rechtsgüter. Nicht durch Art. 1064 Abs. 1 Satz 1 ZGB geschützt sind nach dessen eindeutigem Wortlaut die immateriellen Rechtsgüter einer juristischen Person. Juristischen Personen können als künstliche Rechtspersönlichkeiten zwar nicht sämtliche in Art. 150 Abs. 1 ZGB aufgeführten persönlichen Nichtvermögensrechte zustehen[394]. Beeinträchtigt werden können aber ihr geschäftliches Ansehen und andere mit Vermögensrechten verbundene immaterielle Rechtsgüter (insbesondere das geistige Eigentum). Die dadurch entstehenden Lücken werden zum Teil durch die Vorschrift des Art. 152 ZGB geschlossen, der bei Verletzung des geschäftlichen Ansehens einer juristischen Person Ansprüche auf Widerruf, Veröffentlichung einer Antwort und Schadensersatz vorsieht[395]. Bei den Immaterialgüterrechten bestehen nur Ansprüche aus Spezialgesetzen (UrheberG, WarenzeichenG, PatentG).

b) Das Rechtsgut „Vermögen"

Das Rechtsgut „Vermögen" wird in Art. 1064 ZGB nicht definiert. Das ZGB kennt auch keine allgemeine Definition des Begriffs „Vermögen". Der Begriff wird vielmehr im gesamten Zivilrecht uneinheitlich verwendet. In bestimmten Zusammenhängen werden darunter nur Sachen bzw. eine Gesamtheit von Sachen verstanden. In anderen Zusammenhängen wird der Begriff „Vermögen" für eine Vereinigung aller mit Geldwert ausgestatteten Sachen und anderer vermögenswerter Rechte verwendet. Wenn man den Begriff „Vermögen" in einer Norm des Zivilrechts zutreffend verstehen möchte, muß man deshalb in jedem Fall die

---

393 *Guev*, Postatejnyj kommentarij k časti pervoj Graždanskogo kodeksa RF, Anm. 3 zu Art. 150.

394 Vgl. *Šerstobitov* in: *Suchanov*, Graždanskoe pravo, Band 1, S. 726.

395 Vgl. dazu unten S. 552 ff.

genaue Bedeutung des Begriffs „Vermögen“ im Wege der Auslegung der betreffenden Rechtsnorm feststellen[396].

Im Schrifttum existieren drei verschiedene Auffassungen dazu, welche Rechte der Begriff des Vermögens im Grundtatbestand der deliktischen Haftung umfaßt:

In der deutschsprachigen Literatur wird – vor allem von *Neumüller* – eine Auffassung vertreten, nach der von einem weiten Begriff der Schädigung des Vermögens auszugehen ist, von dem – anders als beim Tatbestandsmerkmal der Verletzung sonstiger Rechte in § 823 Abs. 1 BGB – auch reine (primäre) Vermögensschäden ohne gleichzeitige Verletzung sonstiger (absoluter) Rechtsgüter umfaßt sind. Art. 1064 ZGB sei im Sinne einer haftungsrechtlichen Generalklausel auszulegen, mit der Folge, daß auch die Schädigung des Vermögens an sich unter den Begriff des Vermögensschadens subsumiert werden könne[397]. Für diese Auffassung soll – neben dem Wortlaut des Art. 1064 Abs. 1 ZGB – die Legaldefinition des Art. 128 ZGB sprechen, wonach zu den Objekten ziviler Rechte unter anderem Sachen, einschließlich Geld und Wertpapiere, sowie sonstiges Vermögen, darunter auch Vermögens-

---

396 Vgl. *Masevič* in: *Sadikov*, Kommentarij k Graždanskomu kodeksu RF, Anm. 2 zu Art. 128; *Levšina* in: *Sadikov*, Kommentarij k Graždanskomu kodeksu RF časti pervoj, Anm. 1 zu Art. 128; *Mozolin* in: *T. Abova/A. Kabalkin/V. Mozolin*, Graždanskij kodeks RF. Čast' pervaja, Anm. 3 zu Art. 128; *Sergeev* in: *Sergeev/Tolstoj*, Graždanskoe pravo, Band 1, S. 224.

397 *Neumüller*, Umwelthaftung in Rußland, S. 161. Auch *Solotych* (Das neue russische ZGB aus rechtsvergleichender Sicht in: *Schroeder*, Die neuen Kodifikationen in Rußland, S. 40, Das Zivilgesetzbuch der Russischen Föderation – Erster Teil –, S. 59) und *Arzig/Galander*, Russisches Wirtschaftsrecht, S. 218, sind der Meinung, die deliktische Haftung gewähre einen generellen Anspruch auf Schadensersatz, unabhängig von der Art des verletzten Schutzguts, so daß auch ein reiner Vermögensschaden einen deliktischen Anspruch begründe. Von einer weiten Auslegung des Begriffs „Vermögen“ in Art. 1064 Abs. 1 ZGB geht offensichtlich auch *Trunk*, Osteuropa Recht 1999, Nr. 4, S. 315, aus, der Art. 1064 ZGB als „deliktische Generalklausel“ bezeichnet. Gleiches gilt für *Lippott*, Die Strukturreform der Rechte an technischen Erfindungen beim Übergang zur Marktwirtschaft, S. 155, nach dessen Auffassung das rußländische Deliktsrecht auf der Generalklausel des Art. 1064 Abs. 1 ZGB beruhe, wonach jede rechtswidrige und schuldhafte Schädigung eine Schadensersatzpflicht des Schädigers auslöse. Ferner äußert *Bernasconi-Mamie*, Das russische Produktehaftpflichtrecht, S. 194, die Ansicht, das russische Recht sehe eine Haftung auch für reine Vermögensschäden vor, ohne dies allerdings näher zu begründen.

rechte, gehören[398]. Von einem weiten Vermögensbegriff geht auch Art. 132 Abs. 2 Satz 2 ZGB aus. Danach gehören zu einem Unternehmen als Vermögensgesamtheit alle Arten des für seine Tätigkeit bestimmten Vermögens, einschließlich der Grundstücke, der Gebäude, der Bauwerke, der Ausrüstung, des Inventars, der Rohstoffe, der Produktion, der Forderungen, der Verbindlichkeiten sowie der Rechte an den das Unternehmen, seine Produktion, Arbeit und Dienstleistungen individualisierenden Bezeichnungen (Firma, Warenzeichen, Markenzeichen) und andere ausschließliche Rechte.

Andere legen den Begriff des Vermögens im Deliktsrecht sehr eng aus. In der Literatur zum sowjetischen Deliktsrecht wurde von *Heidemann* die Auffassung vertreten, daß der Begriff des Vermögens lediglich körperliche Vermögensgegenstände erfasse, während Rechte sowie sonstige immaterielle Vermögensgegenstände ausgeklammert seien. Soweit in haftungsrechtlichem Zusammenhang im sowjetischen Recht von Vermögen die Rede sei, dürfe dieser Begriff nicht dem weiten deutschen Vermögensbegriff gleichgesetzt werden. Vermögen im sowjetischen Haftungsrecht sei ein enger, lediglich auf Vermögenswerte bezogener Rechtsbegriff. Begründet wird diese Auffassung damit, daß die im Gesetz (vgl. Art. 457 ZGB 1964 und Art. 1082 des geltenden ZGB) genannten Beispiele für Schädigungen des Vermögens sich ausschließlich auf körperliche Gegenstände bezögen. Die Schädigung des Vermögens sei als Beschädigung und Zerstörung von Sachen beschrieben worden[399]. Aber auch in der Literatur zum geltenden Deliktsrecht wird der Begriff des „Vermögens“ zum Teil sehr eng ausgelegt. So vertritt *Suchanov*[400] die Auffassung, der Begriff des Vermögens im Sinne des Art. 1064 Abs. 1 Satz 1 ZGB umfasse nur Sachen, allerdings ohne dies näher zu begründen. *Burian/Strzebniok*[401] meinen, eine Verletzung des Vermögens im Deliktsrecht komme in erster Linie bei Verletzung von Eigentum und berechtigtem Besitz in Betracht. Dabei berufen sie sich darauf, daß in der rußländischen Literatur die Auffassung vertreten werde, bei dem Schaden, der dem Vermögen zugefügt worden sei, handele es sich um den Schaden, der infolge seiner Beschädigung, Zerstö-

---

398 *Neumüller*, Umwelthaftung in Rußland, S. 161.
399 *Heidemann*, Unternehmenshaftung in Rußland, S. 53.
400 Graždanskoe pravo, Band 1, S. 300.
401 PHi 2001, Nr. 2, S. 61.

rung oder Unbrauchbarmachung entstanden sei[402]. Insbesondere den Begriffen Beschädigung und Zerstörung sei zu entnehmen, daß eine Verletzung des Vermögens nur bei einer Einwirkung auf körperliche Gegenstände vorliegen solle.

In der rußländischen Literatur zum geltenden Deliktsrecht wird von der Mehrzahl der Autoren eine „vermittelnde" Position vertreten. Sie gehen davon aus, daß Art. 1064 ZGB zwar nicht das Vermögen als solches, aber neben dem Eigentum auch andere Vermögensrechte mit absolutem Charakter schützt[403]. Bei absoluten Rechtsbeziehungen steht der Träger des absoluten Rechts einer unbestimmten Anzahl von verpflichteten Personen gegenüber[404]. Die Verpflichtung besteht darin, die Vornahme bestimmter Handlungen zu unterlassen[405]. Bei relativen Rechtsbeziehungen stehen der berechtigten Person als Verpflichtete eine konkrete Person (oder mehrere bestimmte Personen) gegenüber[406]. Die Verpflichtung besteht in der Vornahme bestimmter Handlungen[407]. Bei absoluten Rechtsbeziehungen kann somit jede beliebige Person ein subjektives Recht verletzen, bei den relativen Rechtsbeziehungen kann dies in der

---

402 Dabei berufen sich *Burian/Strzebniok* auf *Levšina* in: *Sadikov*, Kommentarij k Graždanskomu kodeksu RF časti vtoroj, Anm. 1 zu Art. 1095.

403 *Tolstoj* in: *Sergeev/Tolstoj*, Graždanskoe pravo, Band 3, S. 4; vgl. auch *Fajzutdinov* in: *Sadikov*, Kommentarij k Graždanskomu kodeksu RF časti vtoroj, Anm. 5 zu Art. 1064; *Emel'janov*, RJu 2001, Nr. 1, S. 25; *Zavidov/Gusev*, Graždansko-pravovaja otvetstvennost', S. 469.

404 *Egorov* in: *Sergeev/Tolstoj*, Graždanskoe pravo, Band 1, S. 87; *Grišaev* in: *Kalpin/Masljaev*, Graždanskoe pravo. Čast' pervaja, S. 69; *Ėrdelevskij* in: *Grišaev*, Graždanskoe pravo, S. 20; *Em* in: *Suchanov*, Graždanskoe pravo, Band 1, S. 100; *Šerstobitov* in: *Suchanov*, Graždanskoe pravo, Band 1, S. 726; *Gribanov*, in: Osuščestvlenie i zaščita graždanskich prav, S. 294; *Čubarov* in: *Sadikov*, Graždanskoe pravo Rossii. Obščaja čast', S. 365; *Maksimenko* in: *Cybulenko*, Graždanskoe pravo Rossii. Čast' pervaja, S. 49.

405 *Grišaev* in: *Kalpin/Masljaev*, Graždanskoe pravo. Čast' pervaja, S. 69; *Šerstobitov* in: *Suchanov*, Graždanskoe pravo, Band 1, S. 726.

406 *Egorov* in: *Sergeev/Tolstoj*, Graždanskoe pravo, Band 1, S. 87; *Suchanov*, Graždanskoe pravo, Band 1, S. 592 f.; *Em* in: *Suchanov*, Graždanskoe pravo, Band 1, S. 100; *Grišaev* in: *Kalpin/Masljaev*, Graždanskoe pravo. Čast' pervaja, S. 69; *Ėrdelevskij* in: *Grišaev*, Graždanskoe pravo, S. 20; *Čubarov* in: *Sadikov*, Graždanskoe pravo Rossii. Obščaja čast', S. 365; *Maksimenko* in: *Cybulenko*, Graždanskoe pravo Rossii. Čast' pervaja, S. 49; *Gribanov*, in: Osuščestvlenie i zaščita graždanskich prav, S. 294.

407 *Grišaev* in: *Kalpin/Masljaev*, Graždanskoe pravo. Čast' pervaja, S. 69.

Regel nur eine bestimmte Person sein[408]. Nach dieser Auffassung wird Art. 1064 ZGB somit ähnlich wie § 823 Abs. 1 BGB ausgelegt, da zu den sonstigen Rechten im Sinne des § 823 BGB nur absolute, also von jedermann zu achtende Rechte gehören[409].

Zu den absoluten vermögenswerten Rechten im rußländischen Recht zählt in jedem Fall das Eigentum[410]. Des weiteren gehören zu den absoluten vermögenswerten Rechten die in Art. 216 Abs. 1 ZGB aufgezählten dinglichen Rechte von Nichteigentümern, nämlich

- das Recht auf lebenslangen vererblichen Besitz an einem Grundstück (Art. 265-267 ZGB),
- das Recht auf ständige (unbefristete) Nutzung eines Grundstücks (Art. 268-273 ZGB),
- Dienstbarkeiten (Servitute) (Art. 274-277 ZGB),
- das Recht der wirtschaftlichen Verfügung über das Vermögen (Art. 294, 295 ZGB) und
- das Recht der operativen Verwaltung (Art. 296-300 ZGB)[411].

Die Aufzählung der dinglichen Rechte in Art. 216 ZGB ist jedoch nicht abschließend[412], sondern hat nur beispielhaften Charakter[413]. Der Gesetzgeber (und zwar nur der Gesetzgeber, nicht jedoch eine beliebige

---

408 *Grišaev* in: *Kalpin/Masljaev*, Graždanskoe pravo. Čast' pervaja, S. 69; *Egorov* in: *Sergeev/Tolstoj*, Graždanskoe pravo, Band 1, S. 87.

409 Vgl. RGZ 57, 353, 356; 95, 283, 284; *Staudinger-Hager*, § 823 Rn. B 124.

410 Vgl. *Grišaev* in: *Kalpin/Masljaev*, Graždanskoe pravo. Čast' pervaja, S. 69; *Ėrdelevskij* in: *Grišaev*, Graždanskoe pravo. S. 20; *Em* in: *Suchanov*, Graždanskoe pravo, Band 1, S. 100.

411 Vgl. *Tolstoj* in: *Sergeev/Tolstoj*, Graždanskoe pravo, Band 3, S. 4, Band 1, S. 315, 317; *Mozolin* in: *Abova/Kabalkin/Mozolin*, Graždanskij kodeks RF. Čast' pervaja, Anm. 1 zu Art. 216; *Masljaev* in: *Kalpin/Masljaev*, Graždanskoe pravo. Čast' pervaja, S. 290; *Suchanov* in: *Braginskij*, Kommentarij časti pervoj Graždanskogo kodeksa RF, S. 279; *Tolstoj* in: *Sergeev/Tolstoj*, Graždanskoe pravo, Band 1, S. 329 ff.; *Čubarov* in: *Sadikov*, Graždanskoe pravo Rossii. Obščaja čast', S. 367; *Čubarov* in: *Sadikov*, Kommentarij k Graždanskomu kodeksu RF, Anm. 1 zu Art. 209; *Antinov* in: *Cybulenko*, Graždanskoe pravo Rossii. Čast' pervaja, S. 329.

412 *Čubarov* in: *Sadikov*, Graždanskoe pravo Rossii. Obščaja čast', S. 367; *Pletnev* in: *Illarinova/Gongalo/Pletnev*, Graždanskoe pravo. Čast' pervaja, S. 279; *Mozolin* in: *Abova/Kabalkin/Mozolin*, Graždanskij kodeks RF. Čast' pervaja, Anm. 3 zu Art. 216; *Ėrdelevskij* in: *Grišaev*, Graždanskoe pravo, S. 212.

413 *Antinov* in: *Cybulenko*, Graždanskoe pravo Rossii. Čast' pervaja, S. 329; *Tolstoj* in: *Sergeev/Tolstoj*, Graždanskoe pravo, Band 1, S. 331.

Person nach ihrem Ermessen)[414] kann weitere dingliche Rechte vorsehen[415]. Zu diesen anderen dinglichen Rechten werden insbesondere das Pfandrecht und das Grundpfandrecht/Hypothek (Art. 334-358)[416], der Besitz[417], das Recht der Familie eines Wohnungseigentümers auf Nutzung dieses Wohnraums (Art. 292 ZGB)[418], das lebenslange oder befristete Wohnrecht in einem Wohnraum, der im Eigentum einer anderen Person steht, aufgrund eines Vermächtnisses (Art. 1137 Abs. 2 Satz 2 ZGB)[419] und das Recht einer Institution, über die Einnahmen und das

---

414 Vgl. *Čubarov* in: *Sadikov*, Kommentarij k Graždanskomu kodeksu RF, Anm. 1 a) zu Art. 209; *Čubarov* in: *Sadikov*, Graždanskoe pravo Rossii. Obščaja čast', S. 364, 367.

415 Vgl. *Masljaev* in: *Kalpin/Masljaev*, Graždanskoe pravo. Čast' pervaja, S. 291 f.; *Mozolin* in: *Abova/Kabalkin/Mozolin*, Graždanskij kodeks RF. Čast' pervaja, Anm. 3 zu Art. 216.

416 *Čubarov* in: *Sadikov*, Graždanskoe pravo Rossii. Obščaja čast', S. 368; *Suchanov*, Graždanskoe pravo, Band 1, S. 596; Masljaev in: *Kalpin/Masljaev*, Graždanskoe pravo. Čast' pervaja, S. 291; *Čubarov* in: *Sadikov*, Kommentarij k Graždanskomu kodeksu RF, Anm. 1 a) zu Art. 209; *Antinov* in: *Cybulenko*, Graždanskoe pravo Rossii. Čast' pervaja, S. 329; *Mozolin* in: *Abova/Kabalkin/Mozolin*, Graždanskij kodeks RF. Čast' pervaja, Anm. 3 zu Art. 216; *Tolstoj* in: *Sergeev/Tolstoj*, Graždanskoe pravo, Band 1, S. 331; *Suchanov* in: *Braginskij*, Kommentarij časti pervoj Graždanskogo kodeksa RF, S. 280; *E. Suchanov*, ChiP 1995, Nr. 6, S. 45.

417 *Čubarov* in: *Sadikov*, Graždanskoe pravo Rossii. Obščaja čast', S. 371; *Pletnev* in: *Illarinova/Gongalo/Pletnev*, Graždanskoe pravo. Čast' pervaja, S. 297; *Masljaev* in: *Kalpin/Masljaev*, Graždanskoe pravo. Čast' pervaja, S. 291; *Guev*, Postatejnyj kommentarij k časti pervoj Graždanskogo kodeksa RF, Anm. 1 zu Art. 216.

418 Vgl. *Masljaev* in: *Kalpin/Masljaev*, Graždanskoe pravo, Čast' pervaja, S. 291, der dieses Recht sogar ausdrücklich auch zu den absoluten Rechten zählt; *Suchanov*, Graždanskoe pravo, Band 1, S. 595; *Čubarov* in: *Sadikov*, Graždanskoe pravo Rossii. Obščaja čast', S. 367; *Antinov* in: *Cybulenko*, Graždanskoe pravo Rossii. Čast' pervaja, S. 330; *Tolstoj* in: *Sergeev/Tolstoj*, Graždanskoe pravo, Band 1, S. 331 f.; *Suchanov* in: *Braginskij*, Kommentarij časti pervoj Graždanskogo kodeksa RF, S. 280; *Suchanov*, ChiP 1995, Nr. 6, S. 45.

419 Dies war für die entsprechende Vorläuferbestimmung in Art. 538 ZGB 1964 anerkannt (vgl. *Čubarov* in: *Sadikov*, Graždanskoe pravo Rossii. Obščaja čast', S. 367; *Čubarov* in: *Sadikov*, Kommentarij k Graždanskomu kodeksu RF, Anm. 1 a) zu Art. 209; *Suchanov*, Graždanskoe pravo, Band 1, S. 595; *Pletnev* in: *Illarinova/Gongalo/Pletnev*, Graždanskoe pravo. Čast' pervaja, S. 300; *Masljaev* in: *Kalpin/Masljaev*, Graždanskoe pravo. Čast' pervaja, S. 292; *Antinov* in: *Cybulenko*, Graždanskoe pravo Rossii. Čast' pervaja, S. 330; *Tolstoj* in: *Sergeev/Tolstoj*, Graždanskoe pravo, Band 1, S. 331 f.) und muß deshalb auch für Art. 1137 Abs. 2 Satz 2 ZGB gelten.

aus diesen Einnahmen erworbene Vermögen zu verfügen (Art. 298 Abs. 2 ZGB)[420], gezählt.

In der höchstrichterlichen Rechtsprechung gibt es – bedauerlicherweise – noch keine eindeutige Stellungnahme dazu, wie der Begriff des Vermögens in Art. 1064 ZGB auszulegen ist. Eine Entscheidung des Obersten Gerichtshofs der RF scheint auf den ersten Blick auf eine weite Auslegung des Begriffs „Vermögen" hinzudeuten. In dem entschiedenen Fall hatten drei Militärangehörige bei ihrer Entlassung aus dem Militärdienst bestimmte Zahlungen nicht rechtzeitig erhalten. Infolge der Inflation hatten die nicht ausgezahlten Geldbeträge ihre Kaufkraft verloren. Der Oberste Gerichtshof der RF führte dazu aus, daß „dies ohne Zweifel ihnen Schäden zugefügt hat, die gemäß den Art. 15, 1064 und 1082 ZGB voll ersetzt werden müssen"[421]. Diese Äußerung könnte man dahingehend verstehen, daß der Oberste Gerichtshof der RF den Begriff des Vermögens in Art. 1064 Abs. 1 ZGB weit auslegt, wenn er davon ausgeht, daß inflationsbedingte Verluste – bei denen es sich nach deutschem Rechtsverständnis um reine Vermögensschäden handelt und nicht um Schäden an Sachen oder absoluten Rechten – nach Art. 1064 ZGB zu ersetzen sind. Allerdings hat *V. Gljancev*[422], der Richter am Obersten Gerichtshof der RF ist, in der Literatur wiederholt geäußert, daß die einer Person zustehenden Geldmittel bereits ab dem Tag, an dem die Person ein Recht auf Erhalt des Geldes hat, ihr Eigentum darstellen. Es spricht somit vieles dafür, daß der Oberste Gerichtshof der RF bei seiner Entscheidung davon ausgegangen ist, daß die nicht rechtzeitige Auszahlung der Geldbeträge keine reine Vermögensschädigung, sondern eine Eigentumsverletzung (somit die Verletzung eines absoluten Rechts) darstellte. Aus der Entscheidung des Obersten Gerichtshofs der RF kann somit keine eindeutige Schlußfolgerung gezogen werden, wie der Begriff

---

420 *Čubarov* in: *Sadikov*, Graždanskoe pravo Rossii. Obščaja čast', S. 368; *Čubarov* in: *Sadikov*, Kommentarij k Graždanskomu kodeksu RF, Anm. 1 a) zu Art. 209; *Masljaev* in: *Kalpin/Masljaev*, Graždanskoe pravo, Čast' pervaja, S. 292; *Pletnev* in: *Illarinova/Gongalo/Pletnev*, Graždanskoe pravo. Čast' pervaja, S. 299 f.; *Antinov* in: *Cybulenko*, Graždanskoe pravo Rossii. Čast' pervaja, S. 329; *Tolstoj* in: *Sergeev/Tolstoj*, Graždanskoe pravo, Band 1, S. 331.

421 BVS RF 2001, Nr. 11, S. 18; vgl. auch Punkt 13 der erläuternden Leitentscheidung Nr. 7 des Plenums des Obersten Gerichtshofs der RF vom 14.02.2000, BVS RF 2000, Nr. 4, S. 16.

422 Vgl. RJu 1997, Nr. 11, S. 7; in: *Sadikov*, Kommentarij k Graždanskomu kodeksu RF časti vtoroj, Anm. 1 zu Art. 1084.

des Vermögens in Art. 1064 Abs. 1 ZGB nach der Rechtsprechung auszulegen ist.

Abzulehnen ist die Auffassung, wonach der Begriff des Vermögens im Deliktsrecht ausschließlich körperliche Gegenstände (Sachen) umfaßt. Zwar beziehen sich die in Art. 1082 ZGB (Art. 457 ZGB 1964) genannten Beispiele für eine Naturalrestitution (Bereitstellung einer Sache, Instandsetzung einer beschädigten Sache) allein auf Schäden an Sachwerten. Daraus kann aber nicht geschlossen werden, daß nur die Beschädigung und Zerstörung von Sachen als ersatzfähig anzusehen ist[423]. Daß in Art. 1082 ZGB und Art. 457 ZGB 1964 als Beispiele für eine Naturalrestitution nur Sachbeschädigungen aufgeführt werden, dürfte damit zusammenhängen, daß eine Naturalrestitution insbesondere bei Sachbeschädigungen in Betracht kommt. Diese Bestimmungen dürfen aber nicht eine enge Auslegung des Begriffs „Vermögen" in Art. 1064 Abs. 1 ZGB zur Folge haben.

Schwieriger zu entscheiden ist dagegen die Frage, ob das Rechtsgut „Vermögen" in Art. 1064 Abs. 1 Satz 1 ZGB jegliche vermögenswerte Rechte und somit auch Forderungen betrifft oder nur Vermögensrechte mit absolutem Charakter erfaßt.

Bei genauer Betrachtung zeigt sich jedoch, daß die Argumente, die zur Begründung für einen weiten Begriff des Vermögens im Sinne von Art. 1064 Abs. 1 Satz 1 ZGB angeführt werden, letztlich nicht überzeugen. Wie bereits eingangs dargelegt, wird der Begriff „Vermögen" im ZGB nicht einheitlich verwendet. Vielmehr muß bei jeder Vorschrift, in der dieser Begriff verwendet wird, gesondert festgestellt werden, in welchem Sinne der Begriff zu verstehen ist. Aus diesem Grund ist es nicht möglich, sich auf den Wortlaut des Art. 1064 Abs. 1 Satz 1 ZGB zu berufen. Es kann aus demselben Grund auch nicht die Vorschrift des Art. 128 ZGB zur Auslegung des Begriffs „Vermögen" herangezogen werden. Nicht überzeugend ist ferner, eine weite Auslegung des Begriffs „Vermögen" unter Hinweis darauf zu fordern, daß Art. 1064 Abs. 1 Satz 1 ZGB den Anspruch als Generalklausel erhebe. In der rußländischen rechtswissenschaftlichen Literatur ist zwar öfters davon die Rede, daß Art. 1064 Abs. 1 Satz 1 ZGB ein „Generaldelikt" darstellt. Unter „Generaldelikt" versteht die rußländische Rechtswissenschaft jedoch – wie

423 So zutreffend *Neumüller*, Umwelthaftung in Rußland, S. 160.

bereits dargelegt[424] – nicht dasselbe wie die deutsche Rechtswissenschaft unter dem Begriff „Generalklausel". Schließlich ergibt sich auch nicht aus den von *Neumüller* angeführten Zitaten aus der sowjetischen rechtswissenschaftlichen Literatur, daß der Begriff „Vermögen" in Art. 1064 Abs. 1 Satz 1 ZGB weit auszulegen ist. Die zitierten Fundstellen betreffen nicht die in den Bereich der Haftungsbegründung gehörende Frage, wann eine Schädigung des Rechtsguts „Vermögen" vorliegt, sondern die in den Bereich der Haftungsausfüllung gehörende Frage, was unter einem Vermögensschaden (im Gegensatz zum immateriellen Schaden) zu verstehen ist[425]. *Neumüller* vermischt somit zwei streng voneinander zu trennende Komplexe miteinander. Die Auffassung, der Begriff „Vermögen in Art. 1064 Abs. 1 Satz 1 ZGB erfasse sämtliche vermögenswerten Rechte, läßt sich daher nicht überzeugend begründen.

Es spricht somit vieles dafür, im Ergebnis davon auszugehen, daß der Begriff „Vermögen" in Art. 1064 Abs. 1 ZGB nur absolute vermögenswerte Rechte erfaßt. Die Anhänger dieser Auffassung begründen zwar nicht im einzelnen, weshalb nur absolute Rechte darunter fallen sollen. Für diese Auslegung kann man vor allem als Argument nennen, daß auch der Begriff „Person" in Art. 1064 Abs. 1 ZGB nur absolute Rechte erfaßt. Würde man den Begriff „Vermögen" in Art. 1064 Abs. 1 ZGB dahingehend auslegen, daß dieser sämtliche vermögenswerten Rechte, somit auch relative vermögenswerte Rechte umschließt, dürfte dies zu-

---

424 Vgl. dazu oben S. 75 ff.

425 Insbesondere wird die Auffassung von *Neumüller* nicht von *Beljakova*, Imuščestvennaja otvetstvennost' za pričinenie vreda, S. 12, geteilt. *Beljakova* erläutert dort lediglich anhand eines „Stromkabelfalls", was unter dem Begriff „Schäden" (russ.: ubytki) zu verstehen ist und welche Positionen ersatzfähig sind. Das Rechtsgut „Vermögen" wird dort nicht definiert. Aus dem geschilderten „Stromkabelfall" (Infolge einer Durchtrennung eines Stromkabels kam es in einem Betrieb zum Produktionsstillstand und damit zu Vermögensschäden) ergibt sich auch nicht mittelbar, daß nach Auffassung von *Beljakova* das Rechtsgut „Vermögen" sämtliche vermögenswerten Rechte umfaßt. Aus dem geschilderten Beispielsfall ergibt sich nicht eindeutig, ob das beschädigte Stromkabel im Eigentum des Betriebs stand, somit also das Rechtsgut „Eigentum" des Betriebs betroffen war, oder nicht, also nur das Vermögen als solches geschädigt wurde. In dem Beispielsfall ist allerdings davon die Rede, daß der Betrieb einen Anspruch auf Ersatz der Kosten für den Austausch des Stromkabels habe. Dies spricht dafür, daß das Stromkabel im Eigentum des Betriebs stand und somit dieses Rechtsgut geschädigt wurde. Wie der Begriff des Vermögens nach Auffassung von *Beljakova* auszulegen ist, läßt sich dem angeführten Zitat somit überhaupt nicht entnehmen.

dem dazu führen, daß es bei der Verletzung von relativen vermögenswerten Rechten zu Schwierigkeiten bei der Abgrenzung zu vertraglichen Ansprüchen kommt. Würde man den Begriff „Vermögen“ derart weit auslegen, wären bei einer Vertragsverletzung an sich immer gleichzeitig die Voraussetzungen des Art. 1064 Abs. 1 ZGB erfüllt. Die Art. 1064 ff. ZGB dürften nur wegen des oben dargestellten Ausschließlichkeitsverhältnisses zwischen vertraglicher und deliktischer Haftung nicht angewendet werden.

Gegen die Auffassung, der Begriff des Vermögens in Art. 1064 Abs. 1 ZGB erfasse nur absolute Rechte, kann man allerdings einwenden, das führe im Ergebnis zu unbilligen Ergebnissen. Das rußländische Deliktsrecht kennt keine den §§ 823 Abs. 2, 826 BGB vergleichbaren Vorschriften. Das hat zur Folge, daß bei Straftaten gegen das Vermögen als solches, bei denen kein absolutes vermögenswertes Recht verletzt wurde, nach dem rußländischen Deliktsrecht kein Schadensersatz zu erlangen ist. Dem ist jedoch entgegenzuhalten, daß der Geschädigte in diesem Fall nicht schutzlos ist. Er kann nämlich seine Schadensersatzansprüche im Strafverfahren gegen den Schädiger geltend machen (vgl. Art. 29, 54 *Strafprozeßordnung der RSFSR* vom 27.10.1960[426], die größtenteils zum 30.06.2002 außer Kraft getreten ist/Art. 44 der am 01.07.2002 in Kraft getretenen *Strafprozeßordnung der Rußländischen Föderation* vom 18.12.2001[427]).

Nicht zum Vermögen im Sinne des Art. 1064 Abs. 1 ZGB zählt das geistige Eigentum einer Person, einschließlich der ausschließlichen Rechte an ihm[428]. Das ergibt sich aus der Aufzählung der Objekte ziviler Rechte in Art. 128 ZGB, in der die Ergebnisse der geistigen Tätigkeit, einschließlich der ausschließlichen Rechte an ihnen (geistiges Eigentum) nicht zu den vermögenswerten Rechten gezählt, sondern neben ihnen

---

426 Geändert durch eine große Anzahl von Gesetzen, die im Hinblick auf das Außerkrafttreten der StPO der RSFSR im folgenden nicht mehr im einzelnen aufgezählt werden. Zum Außerkrafttreten dieses Gesetzes vgl. näher unten S. 361.

427 Nr. 174-FZ, SZ 2001, Nr. 52, Teil 1, Pos. 4921, geändert durch Gesetze vom 29.05.2002, Nr. 58-FZ, SZ 2002, Nr. 22, Pos. 2027, 24.07.2002, Nr. 98-FZ, SZ 2002, Nr. 30, Pos. 3015, 24.07.2002, Nr. 103-FZ, SZ 2002, Nr. 30, Pos. 3020, 25.07.2002, Nr. 112-FZ, SZ 2002, Nr. 30, Pos. 3026, und 31.10.2002, Nr. 133-FZ, SZ 2002, Nr. 44, Pos. 4298. Zum Inkrafttreten der Strafprozeßordnung vgl. im einzelnen unten S. 361.

428 *Guev*, Postatejnyj kommentarij k časti vtoroj Graždanskogo kodeksa RF, Anm. 1 zu Art. 1064.

genannt werden. Die Ergebnisse der geistigen Tätigkeit werden vielmehr den immateriellen Rechtsgütern zugerechnet[429]. Für juristische Personen, bei denen nur das Vermögen durch Art. 1064 Abs. 1 Satz 1 ZGB geschützt ist, bedeutet das, daß ihnen bei Verletzung ihres geistigen Eigentums keine deliktischen Schadensersatzansprüche zustehen. Geschützt ist das geistige Eigentum juristischer Personen somit nur durch die einschlägigen Spezialgesetze[430]. Insoweit besteht ein grundlegender Unterschied zum deutschen Recht: Dort zählen die Immaterialgüterrechte (Urheberrechte, Patentrechte, Gebrauchsmusterrechte, Geschmacksmusterrechte, Markenrechte) zu den sonstigen Rechten im Sinne des § 823 Abs. 1 BGB[431], deren Verletzung nicht nur natürliche, sondern auch juristische Personen geltend machen können.

3. Schädigendes Verhalten

Ein Schaden kann sowohl infolge eines aktiven Handelns als auch eines Unterlassens eintreten[432]. In Art. 1069 ZGB, der die Haftung für

---

429 *Trachtengerc* in: *Sadikov*, Kommentarij k Graždanskomu kodeksu RF časti pervoj, Anm. 1 zu Art. 138; *Rassudovskij* in: *Abova/Kabalkin/Mozolin*, Graždanskij kodeks RF. Čast' pervaja, Anm. 2 zu Art. 138; *Zenin* in: *Suchanov*, Graždanskoe pravo, Band 1, S. 623.

430 Dies wird offensichtlich von *Lippott*, Die Strukturreform der Rechte an technischen Erfindungen beim Übergang zur Marktwirtschaft, S. 155, nicht zutreffend erkannt. *Lippott* geht davon aus, daß das rußländische Deliktsrecht auf einer Generalklausel des Art. 1064 Abs. 1 ZGB beruhe, wonach jede rechtswidrige und schuldhafte Schädigung eine Schadensersatzpflicht des Schädigers auslöse. Gemäß Art. 1064 Abs. 2 ZGB werde das Verschulden vermutet. Für die Verletzung von Patenten bedeute dies, daß der haftungsbegründende Tatbestand des Art. 1064 ZGB in den meisten Fällen leicht nachweisbar sein dürfte. *Lippott* scheint somit gar nicht zu erkennen, daß bei der Verletzung von Patenten juristischer Personen Art. 1064 Abs. 1 Satz 1 ZGB gar nicht einschlägig ist, weil bei juristischen Personen nach dieser Vorschrift nur das Vermögen geschützt wird und das geistige Eigentum nicht unter den Begriff „Vermögen", sondern unter den Begriff „Person" in Art. 1064 Abs. 1 Satz 1 ZGB fällt.

431 *Staudinger-Hager*, § 823 Rn. B 137; *Palandt-Thomas*, § 823 Rn. 15; *Larenz/Canaris*, Lehrbuch des Schuldrechts II/2, S. 392; *Esser/Weyers*, Schuldrecht, Band II, Teilband 2, S. 163; *Erman/Schiemann*, § 823 Rn. 40; MüKo-*Mertens*, § 823 Rn. 153.

432 *Jarošenko* in: *Braginskij*, Kommentarij časti vtoroj Graždanskogo kodeksa RF, S. 351; *Jarošenko* in: *Sadikov*, Graždanskoe pravo Rossii. Čast' vtoraja, S. 640; *Korneev* in: *Suchanov*, Graždanskoe pravo, Band 2, Halbband 2, S. 374;

Schaden betrifft, der durch staatliche Organe, Organe der örtlichen Selbstverwaltung und ihrer Amtspersonen zugefügt wurde, wird sogar ausdrücklich erwähnt, daß ein Schaden sowohl infolge einer Handlung als auch einer Unterlassung entstehen kann.

Besonderheiten bei Unterlassungsdelikten bestehen im Zusammenhang mit der Rechtswidrigkeit, die jedoch nicht an dieser Stelle, sondern unten[433] abgehandelt werden.

4. Kausalität

Eine notwendige Voraussetzung für die deliktische Haftung ist das Bestehen eines Kausalzusammenhangs zwischen den Handlungen des Schädigers und dem eingetretenen Schaden[434]. Wenn kein Kausalzusammenhang festgestellt wird, kann dem Beklagten keine Verpflichtung zum Schadensersatz auferlegt werden[435]. Festgestellt wird der Kausalzusammenhang anhand objektiver Kriterien[436].

Smirnov/Sobčak, Obščee učenie o deliktnych objazatel'stvach v sovetskom graždanskom prave, S. 70; *Smirnov* in: *Ioffe/Tolstoj/Čerepachin*, Sovetskoe graždanskoe pravo, Band 2, S. 368; vgl. auch *M. Zacharov/Ju. Koršunov/Ju. Cederbaum*, Vozmeščenie rabotadatel'jami vreda, pričinennogo zdorov'ju rabotnika pri ispolnenii trudovych objazannostej, § 5 zu Art. 4; *Kozyminych*, RJu 2001, Nr. 2, S. 32.

433 S. 157 ff.

434 *Jarošenko* in: *Sadikov*, Graždanskoe pravo Rossii. Čast' vtoraja, S. 641; *Jarošenko*, Objazatel'stvach vsledstvie pričinenija vreda, ChiP 1996, Nr. 12, S. 5; *Jarošenko* in: *Braginskij*, Kommentarij časti vtoroj Graždanskogo kodeksa RF, S. 355; *Malein* in: *Kalpin*, Graždanskoe pravo. Čast' vtoraja, S. 512; *Zajcev* in: *Krylov/Gavrilov*, Rossijskoe graždanskoe pravo, S. 373; *Tolstoj* in: *Sergeev/Tolstoj*, Graždanskoe pravo, Band 3, S. 14; *Fajzutdinov* in: *Sadikov*, Kommentarij k Graždanskomu kodeksu RF časti vtoroj, Anm. 6 zu Art. 1064; *Korneev* in: *Suchanov*, Graždanskoe pravo, Band 2, Halbband 2, S. 377; *Smirnov/Sobčak*, Obščee učenie o deliktnych objazatel'stvach v sovetskom graždanskom prave, S. 71.

435 *Kozyminych*, RJu 2001, Nr. 2, S. 33.

436 *Suchanov*, Graždanskoe pravo, Band 1, S. 445; *Illarinova* in: *Illarinova/Gongalo/Pletnev*, Graždanskoe pravo. Čast' pervaja, S. 428; *Smirnov/Sobčak*, Obščee učenie o deliktnych objazatel'stvach v sovetskom graždanskom prave, S. 71, 72; *A. Beljakova*, Imuščestvennaja otvetstvennost' za pričinenie vreda, S. 21; *O. Ioffe*, Objazatel'stvennoe pravo, S. 113; *Kofman* in: *O. Krasavčikov*, Sovetskoe graždanskoe pravo, Band 1, 487; *G. Matveev*, Vina v sovetskom graždanskom prave, S. 56; *N. Egorov*, SGiP 1981, Nr. 9, S. 126.

Zur Frage der Kausalität werden in der rußländischen Rechtswissenschaft zahlreiche Theorien diskutiert[437]. Dabei handelt es sich zum einen um verschiedene aus der deutschen Rechtswissenschaft bekannte Theorien und zum anderen um von der sowjetischen Rechtswissenschaft entwickelte Theorien:

Zu den aus der deutschen Rechtswissenschaft bekannten und auch in der rußländischen Rechtswissenschaft diskutierten Theorien gehören vor allem die Äquivalenztheorie und die Adäquanztheorie[438].

Die *Äquivalenztheorie* („Theorie von der Gleichwertigkeit der Bedingungen", russ.: *teorija ravnocennych uslovij*) basiert auf der Annahme, daß für die juristische Bewertung alle Bedingungen gleichwertig sind. Kausal ist danach jede Bedingung, die nicht hinweggedacht werden kann, ohne daß die eingetretene Folge entfiele[439]. Die *Adäquanztheorie* (russ.: *teorija adėkvatnogo pričinenija*) basiert dagegen auf dem typischen Geschehensablauf. Nach dieser Theorie ist es nicht wichtig, ob das Ereignis eine Reihe von anderen Ereignissen hervorgerufen hat. Entscheidend ist vielmehr, ob das Ereignis geeignet ist, Folgen dieser Art herbeizuführen und durch entsprechende Bedingungen hervorgerufen zu werden. Ein Kausalzusammenhang soll vorliegen, wenn derartige Bedingungen im allgemeinen derartige Folgen nach sich ziehen. Ein Kausalzusammenhang soll demgegenüber nicht vorliegen, wenn die Aufeinanderfolge untypisch ist. Es werden somit nur jene Bedingungen berücksichtigt, die eine allgemein anerkannte Bedeutung haben[440].

Die Äquivalenztheorie war zunächst lange Zeit die in der Sowjetunion im Strafrecht herrschende Theorie, die Adäquanztheorie die im

---

437 Vgl. dazu ausführlich *Braginskij/Vitrjanskij*, Dogovornoe pravo, S. 711-721.

438 *Braginskij/Vitrjanskij*, Dogovornoe pravo, S. 715, nennen darüber hinaus die *„Theorie der notwendigen Bedingung"* (russ.: *teorija vydeljaemogo (neobchodimogo) uslovija*), die eine Gleichwertigkeit aller Bedingungen ablehnt und davon ausgeht, daß es möglich ist, aus der Gesamtheit aller der Folge vorausgegangenen Ereignisse eines als Ursache im engeren Sinne des Wortes auszusondern. Ursache soll eine der Bedingungen sein, der man die eingetretene Folge zurechnen muß.

439 Dargestellt wird diese Theorie im heutigen Schrifttum von *Braginskij/Vitrjanskij*, Dogovornoe pravo, S. 714 f.; vgl. zu dieser Theorie im sowjetischen Schrifttum bei *Matveev*, Osnovanija graždanskopravovoj otvetstvennosti, S. 96 f.; *Matveev*, Vina v sovetskom graždanskom prave, S. 57 f.; *Egorov*, SGiP 1981, Nr. 9, S. 128.

440 Dargestellt wird diese Theorie im heutigen Schrifttum von *Braginskij/Vitrjanskij*, Dogovornoe pravo, S. 715; vgl. zu dieser Theorie im sowjetischen Schrifttum bei *Matveev*, Osnovanija graždanskopravovoj otvetstvennosti, S. 91; *Matveev*, Vina v sovetskom graždanskom prave, S. 58 f.

Zivilrecht herrschende Theorie[441]. Später kritisierten sowjetische Rechtswissenschaftler diese Theorien als für das sozialistische Recht unannehmbar[442] und entwickelten stattdessen auf Grundlage der marxistisch-leninistischen Philosophie folgende Theorien:

Die Vertreter der *„Theorie der notwendigen und zufälligen Kausalität" (teorija neobchodimoj i slučajnoj pričinnoj svjazi)* gehen davon aus, daß von den Ursachen, die ein Resultat hervorrufen, einige nur zufällig seinen Eintritt fördern, während andere das Resultat notwendig nach sich ziehen. Die Handlung eines Menschen soll aber nur dann als Ursache für ein Resultat anerkannt werden, wenn die Verbindung zwischen der Handlung und dem Resultat eine notwendige Entwicklung darstellt. Wenn dagegen zwischen dem Verhalten und dem Resultat nur eine zufällige Kausalität besteht, haftet der Handelnde nicht für das eingetretene Resultat[443].

Heutzutage wird diese Theorie überwiegend abgelehnt[444]. Gegen sie wird vor allem eingewendet, daß bei dieser Theorie die Grenze der juristisch bedeutsamen Kausalität dort gesetzt werde, wo schon ein schuldhaftes Verhalten ausgeschlossen sei. Wenn zwischen dem Verhalten einer Person und einem eingetretenen Resultat eine notwendige Verbindung bestehe, kann und muß sie dieses Resultat vorhersehen. Wenn die Verbindung zwischen dem Verhalten der Person und dem Resultat zufälligen

441 Vgl. *Matveev*, Vina v sovetskom graždanskom prave, S. 54.

442 Vgl. *Matveev*, Osnovanija graždanskopravovoj otvetstvennosti, S. 91; *Matveev*, Vina v sovetskom graždanskom prave, S. 54.

443 *I. Novickij/L. Lunc*, Obščee učenie ob objazatel'stve, S. 307 ff.; *Matveev*, Osnovanija graždansko-pravovoj otvetstvennosti, S. 97 ff.; *Matveev*, Vina v sovetskom graždanskom prave, S. 62 ff.; vgl. zu dieser Theorie im sowjetischen Schrifttum bei *Smirnov/Sobčak*, Obščee učenie o deliktnych objazatel'stvach v sovetskom graždanskom prave, S. 74 f.; *V. Kofman*, Pravovedenie 1960, Nr. 3, S. 45 ff.; *Kofman* in: *Krasavčikov*, Sovetskoe graždanskoe pravo, Band 1, S. 488 f.; *Ioffe*, Otvetstvennost' po sovetskomu graždanskomu pravu, S. 221 ff.; vgl. zu dieser Theorie im heutigen Schrifttum bei *Tarchov* in: *Cybulenko*, Graždanskoe pravo Rossii. Čast' pervaja, S. 436; *Braginskij/Vitrjanskij*, Dogovornoe pravo, S. 716 f.; *Egorov* in: *Sergeev/Tolstoj*, Graždanskoe pravo, Band 1, S. 574; *Malein* in: *Kalpin/Masljaev*, Graždanskoe pravo. Čast' pervaja, S. 509; vgl. ausführlich zu dieser Theorie und ihren philosophischen Hintergrund bei *Faria e Castro*, Die Merkmale der unerlaubten Handlung im sowjetischen Zivilrecht unter Berücksichtigung ihrer historischen Entwicklung, S. 37 ff.

444 Vgl. *Egorov* in: *Sergeev/Tolstoj*, Graždanskoe pravo, Band 1, S. 574; *Illarinova* in: *Illarinova/Gongalo/Pletnev*, Graždanskoe pravo. Čast' pervaja, S. 430.

Charakter hat, so ist es ihr nicht möglich, es vorherzusehen. Außerdem sei es nicht weniger schwierig, die zufällige von der notwendigen Verbindung abzugrenzen, als die Ursache und die Folge festzustellen[445].

Die Anhänger der *„Theorie der notwendigen Ursächlichkeit" (teorija neobchodimoj pričinnosti)*[446] nehmen an, daß eine Ursächlichkeit immer eine notwendige Verbindung zwischen Erscheinungen darstelle, von denen eine (Ursache) unter den konkreten Umständen zwingend die Entstehung des gegebenen Resultats (Folge) nach sich ziehe. Eine Kausalität sei von den Seiten der allgemeinen gegenseitigen Verbindungen jene, die eine notwendige Verbindungen der Erscheinungen hervorrufe. Folglich sei die Kausalität die notwendige Verbindung zwischen Erscheinungen, bei der eine Erscheinung (Ursache) der anderen (Folge) vorausgehe und sie hervorrufe[447].

An dieser Theorie wird kritisiert, daß sie zu einer Haftung für die entferntesten Ereignisse führt, weil man die Kette der nach dieser Theorie kausalen Beziehungen bis zur Unendlichkeit fortsetzen könne. Deshalb versuchten die Anhänger dieser Theorie die Kette der kausalen Beziehungen mit der Hilfe subjektiver Kriterien zu begrenzen. Die Entscheidung der Frage über die juristisch bedeutsame Kausalität werde somit in Abhängigkeit vom Verschulden und der Rechtswidrigkeit gestellt. Die Theorie habe deshalb im Strafrecht, wo es keine Verantwortlichkeit ohne Schuld gäbe, einen bestimmten Wert. Im Zivilrecht, das eine Haftung unabhängig vom Verschulden zulasse, verliere die Theorie ihre praktische und in vielem auch ihre theoretische Bedeutung[448].

Die Vertreter der *„Theorie der direkten und mittelbaren Kausalität" (teorija prjamoj i kosvennoj pričinnoj svjazi)* sind der Meinung, daß die

---

445 *Egorov* in: *Sergeev/Tolstoj*, Graždanskoe pravo, Band 1, S. 574; *Egorov*, SGiP 1981, Nr. 9, S. 127.

446 Vertreten wird diese Theorie vor allem im strafrechtlichen Schrifttum, vgl. *T. Sergeeva*, SGiP 1950, Nr. 3, S. 30 ff.; *T. Cereteli*, Pričinnaja svjaz' v ugolovnom prave, S. 92 ff.. Vgl. zu dieser Theorie im zivilrechtlichen sowjetischen Schrifttum bei *Matveev*, Osnovanija graždansko-pravovoj otvetstvennosti, S. 104 ff.; *Matveev*, Vina v sovetskom graždanskom prave, S. 64 f. Vgl. zu dieser Theorie im heutigen Schrifttum bei *Braginskij/Vitrjanskij*, Dogovornoe pravo, S. 716; *Egorov* in: *Sergeev/Tolstoj*, Graždanskoe pravo, Band 1, S. 572 f.

447 *Gribanov*, in: *P. Orlovskij/S. Korneev*, Graždanskoe pravo, Band 1, S. 528.

448 *Egorov* in: *Sergeev/Tolstoj*, Graždanskoe pravo, Band 1, S. 572 f.

direkte Kausalität immer wesentliche Bedeutung hat und in der juristischen Praxis berücksichtigt werden muß. Die mittelbare Kausalität soll nur dann als wesentlich anerkannt und in der Praxis berücksichtigt werden, wenn der Schädiger von den gewöhnlichen Resultaten der menschlichen Tätigkeit abgewichen ist. Wenn dagegen die Handlungen einer Person mittelbar Schäden bedingen, jedoch dabei keine Faktoren schaffen, die von den gewöhnlichen Resultaten der menschlichen Tätigkeit abweichen, ist die Kausalität zwischen diesen Handlungen und Schäden als unwesentlich anzuerkennen und darf in der juristischen Praxis nicht berücksichtigt werden[449].

> Die Argumente der letzteren Theorie werden auch in der heutigen Literatur von mehreren Autoren herangezogen[450]. Die „Theorie der direkten und mittelbaren Kausalität" sei sowohl vom theoretischen als auch vom praktischen Standpunkt her am vertretbarsten. Diese Theorie stütze sich auf zwei grundlegende Thesen, die aus der allgemeinphilosophischen Lehre von der Ursächlichkeit folgen. Die Ursächlichkeit stelle erstens die objektive Verbindung zwischen Erscheinungen dar und existiere unabhängig von unserem Bewußtsein. Kraft dessen sei es unrichtig, bei der Entscheidung der Frage über die Kausalität von der Möglichkeit oder dem Maß der Vorhersehbarkeit des schädigenden Resultats durch den Rechtsverletzer auszugehen. Die Möglichkeit, Schäden vorherzusehen, habe subjektiven Charakter und habe lediglich bei Entscheidung der Frage über die Schuld des Rechtsverletzers Bedeutung, jedoch nicht bei der Kausalität. Die Ursache und die Folge als solche hätten zweitens nur hinsichtlich des entsprechenden Einzelfalls Bedeutung. Wenn der Rahmen des konkreten Falls verlassen werde, werde er mit der ganzen Kette der Wechselwirkung der materiellen Welt verbunden, in der die Vorstellungen über die Ursache und die Folge aufeinandertreffen und sich verflechten sowie ständig die Orte wechseln. Das rechtswidrige Verhalten einer Person stelle nur dann die Ursache von Schäden dar, wenn es

449 *Kofman* in: *Krasavčikov*, Sovetskoe graždanskoe pravo, Band 1, S. 488; *Kofman*, Pravovedenie 1960, Nr. 3, S. 45 ff., insbesondere S. 57; *Egorov*, SGiP 1981, Nr. 9, S. 128 f.; vgl. zu dieser Theorie in der heutigen Literatur bei *Malein* in: *Kalpin/Masljaev*, Graždanskoe pravo. Čast' pervaja, S. 510; *Egorov* in: *Sergeev/Tolstoj*, Graždanskoe pravo, Band 1, S. 570 ff.; *Braginskij/Vitrjanskij*, Dogovornoe pravo, S. 717.

450 Vgl. vor allem *Egorov* in: *Sergeev/Tolstoj*, Graždanskoe pravo, Band 1, S. 570 ff.; *Malein* in: *Kalpin/Masljaev*, Graždanskoe pravo. Čast' pervaja, S. 510; *Illarinova* in: *Illarinova/Gongalo/Pletnev*, Graždanskoe pravo. Čast' pervaja, S. 429.

direkt (unmittelbar) mit diesen Schäden verbunden sei. Das Vorliegen eines mittelbaren Zusammenhangs zwischen dem rechtswidrigen Verhalten der Person und den Schäden bedeute, daß sich das entsprechende Verhalten jenseits des konkreten Falles und der juristisch bedeutsamen Kausalität befinde. Eine direkte (unmittelbare) Kausalität finde statt, wenn in der Kette der sich nacheinander entwickelnden Ereignisse zwischen dem rechtswidrigen Verhalten einer Person und den Schäden keine Umstände existierten, die Bedeutung für die zivilrechtliche Haftung hätten. In jenen Fällen, wenn zwischen dem rechtwidrigen Verhalten einer Person und den Schäden keine Umstände existierten, denen das Zivilrecht bei Entscheidung der Frage über die Haftung Bedeutung verleihe (das rechtswidrige Verhalten anderer Personen, die Einwirkung höherer Gewalt), bestehe ein mittelbarer Kausalzusammenhang[451].

Nach der *„Theorie der Möglichkeit und der Wirklichkeit“ (teorija vozmožnosti i dejstvitel'nosti)*[452] besteht der Einfluß, den verschiedene Umstände auf den Eintritt rechtswidriger Folgen haben, darin, daß einer von ihnen eine abstrakte Möglichkeit begründet, andere eine konkrete Möglichkeit und dritte die Wirklichkeit des Resultats. Wenn ein unrechtmäßiges Verhalten nur die Rolle einer abstrakten Möglichkeit spielt, ist die Haftung ausgeschlossen. Wenn es die konkrete Möglichkeit des Resultats hervorruft oder gar das Ergebnis von einem möglichen in ein wirkliches verwandelt hat, liegt ein Kausalzusammenhang vor, der für die Heranziehung zur Haftung ausreichend ist[453]. Hinsichtlich der Kriterien zur Abgrenzung der abstrakten und konkreten Möglichkeit sowie der Grenze zwischen einem Verhalten, das die Möglichkeit eines Resultats begründet und es in die Wirklichkeit verwandelt, wird folgender Standpunkt vertreten: Wenn alle Umstände bekannt sind, die zum Eintritt des Resultats beigetragen haben, können zu den Umständen, die die Möglichkeit in die Wirklichkeit verwandelt haben, nur jene gezählt

---

451 *Egorov* in: *Sergeev/Tolstoj*, Graždanskoe pravo, Band 1, S. 570 ff.; vgl. auch *Egorov*, SGiP 1981, Nr. 9, S. 129.

452 Vertreten wird diese Theorie vor allem von *Ioffe*, Objazatel'stvennoe pravo, S. 113 ff.; vgl. dazu auch bei *Matveev*, Osnovanija graždansko-pravovoj otvetstvennosti, S. 103 ff.; *Kofman*, Pravovedenie 1960, Nr. 3, S. 47 ff.; *Kofman*, in: *Krasavčikov*, Sovetskoe graždanskoe pravo, Band 1, S. 489 f.; *Egorov*, SGiP 1981, Nr. 9, S. 126; im heutigen Schrifttum setzen sich mit dieser Theorie *Egorov* in: *Sergeev/Tolstoj*, Graždanskoe pravo, Band 1, S. 573 f.; *Braginskij/Vitrjanskij*, Dogovornoe pravo, S. 717 f., auseinander.

453 *Ioffe*, Objazatel'stvennoe pravo, S. 118.

werden, deren ursächliche Kraft ihren Ausdruck in individuellen – physischen oder sozialen – Besonderheiten des gegebenen Resultats gefunden haben[454]. Die Möglichkeit ist konkret, wenn sie durch objektiv wiederholbare Umstände in die Wirklichkeit verwandelt wurde. Die Möglichkeit ist abstrakt, wenn ihre Verwandlung in die Wirklichkeit durch objektiv nicht wiederholbare Umstände hervorgerufen wurde[455].

> Gegen diese Theorie wird ebenfalls eingewendet, daß die Kriterien, durch die die juristisch bedeutsame Kausalität abgesondert werde, faktisch von der subjektiven Voraussetzung für die Haftung, nämlich dem Verschulden abhänge. Wenn nämlich die Möglichkeit durch unter den gegebenen Umständen objektiv wiederholbare Umstände in die Wirklichkeit verwandelt werde, dann konnte und mußte derjenige, der diese Möglichkeit geschaffen hat, auch den Eintritt des rechtswidrigen Resultats vorhersehen. Wenn dagegen die Möglichkeit durch unter den gegebenen Umständen objektiv nicht wiederholbare Umstände in die Wirklichkeit verwandelt werde, dann hat die Person, die diese Möglichkeit geschaffen hat, den Eintritt des rechtswidrigen Resultats nicht vorhergesehen und konnte dies auch nicht, weil der Eintritt des rechtswidrigen Resultats mit objektiv nicht wiederholbaren Umständen verbunden ist, die vorauszusehen nicht möglich ist[456].

Inwieweit bei der praktischen Rechtsanwendung aufgrund der verschiedenen Theorien unterschiedliche Ergebnisse erzielt werden, ist nicht ersichtlich. Vielmehr wird die Auffassung vertreten, daß die Theorien nur verschiedene Aspekte eines solch schwierigen Begriffs wie der Kausalität zwischen einer Rechtsverletzung und den von ihr hervorgerufenen negativen Folgen betonen. Deshalb wiedersprächen sich die verschiedenen Konzeptionen nicht, sondern ergänzten einander. Alle ohne Ausnahme förderten das Verständnis des Begriffs des Kausalzusammenhangs. In jeder der Theorien gäbe es einen rationalen Kern. Daher könnten die von ihrem Wesen her verschiedenen theoretischen Vorstellungen über den Kausalzusammenhang zur Bestimmung der notwendigen Annahmen und Art und Weisen zur Feststellung eines Kausalzusammen-

---

454 *Ioffe*, Objazatel'stvennoe pravo, S. 119.

455 *Ioffe*, Objazatel'stvennoe pravo, S. 120.

456 Vgl. *Egorov* in: *Sergeev/Tolstoj*, Graždanskoe pravo, Band 1, S. 573 f.; *Egorov*, SGiP 1981, Nr. 9, S. 126.

hangs in der einen oder anderen Situation verwendet werden[457]. Jede der Theorien könne in dem einen oder anderen Maße zur Lösung der praktischen Aufgaben beitragen[458]. Es wird auch darauf hingewiesen, daß zwischen den Theorien keine prinzipiellen Unterschiede bestünden und keine der Theorien dem Gericht eine genaue Formel dafür in die Hand gäbe, wie die juristisch bedeutsame Kausalität im konkreten Rechtsstreit festgestellt werde[459].

Diesen zuletzt genannten Auffassungen ist im wesentlichen zuzustimmen. Keine dieser sehr abstrakt formulierten von der sowjetischen Rechtswissenschaft entwickelten Theorien – auch nicht die von mehreren Autoren favorisierte Theorie der direkten und mittelbaren Kausalität – ermöglicht es in der praktischen Rechtsanwendung, eindeutig zu bestimmen, wann ein Verhalten für ein bestimmtes Resultat kausal war und wann nicht. Dies gilt um so mehr, als die Anhänger der verschiedenen Theorien auch nur wenige Fallbeispiele heranziehen und keine eindeutigen Fallgruppen herausgearbeitet haben. Vor diesem Hintergrund läßt sich in keiner Weise bestimmen, welche der Theorien am ehesten praktikabel ist.

Nicht erkennbar ist auch, daß sich die Rechtsprechung an einer der Theorien orientiert. Sie hat auch keine eindeutigen Kriterien herausgearbeitet, anhand derer bestimmt werden kann, wann ein Kausalzusammenhang besteht und wann nicht. All dies führt dazu, daß im Ergebnis eine erhebliche Rechtsunsicherheit besteht, wenn es zu entscheiden gilt, ob eine Handlung für einen entstandenen Schaden kausal ist oder nicht[460].

Praktisch nur bedingt verwertbare Lösungsvorschläge werden auch für den Fall angeboten, daß ein Schaden infolge der Handlungen (Unterlassungen) mehrerer Personen zugefügt wird. *Korneev* meint, das Gericht habe in einem solchen Fall festzustellen, welche Handlung der hauptursächliche, entscheidende und grundlegende Umstand für die Schadenszufügung sei und als dessen Ursache anerkannt werden müsse.

---

457 *Braginskij/Vitrjanskij*, Dogovornoe pravo, S. 718.

458 *Korneev* in: *Suchanov*, Graždanskoe pravo, Band 2, Halbband 2, S. 378.

459 *Malein* in: *Kalpin/Masljaev*, Graždanskoe pravo. Čast' pervaja, S. 510.

460 Eine solche Unsicherheit wurde bereits von *Heidemann*, Unternehmenshaftung in Rußland, S. 56, in seiner Abhandlung zum sowjetischen Deliktsrecht festgestellt. Daß in der Rechtsprechung und Literatur zum geltenden Deliktsrecht zur Frage der Kausalität inzwischen greifbarere Lösungsvorschläge herausgearbeitet wurden, kann nicht festgestellt werden.

Zweitrangige, beiläufige und unwesentliche Bedingungen seien nicht zu berücksichtigen[461]. *Egerov* geht davon aus, daß alle rechtswidrigen Handlungen, die direkt (unmittelbar) mit dem eingetretenen Resultat verbunden seien, notwendig als Ursachen betrachtet werden müßten, wenn die individuellen Besonderheiten dieser rechtswidrigen Handlungen ihre Wiederspiegelung in dem rechtswidrigen Resultat gefunden hätten[462]. Vorgeschlagen wird auch, daß das Gericht ein Sachverständigengutachten – gegebenenfalls auch ein zweites Sachverständigengutachten – einholen kann, wenn es Zweifel hat, welche der verschiedenen Handlungen für die Schadensentstehung kausal ist[463].

Zwischen haftungsbegründender und haftungsausfüllender Kausalität wird im rußländischen Recht nicht so deutlich unterschieden wie im deutschen Recht. Völlig unbekannt ist dieser Unterschied jedoch nicht. Der Oberste Gerichtshof der RF geht zum Beispiel davon aus, daß bei der Verhandlung einer Streitigkeit über den Ersatz eines Schadens, der durch eine Gesundheitsbeschädigung zugefügt wurde, das Gericht feststellen muß, ob ein Kausalzusammenhang zwischen der Verletzung und der eingetretenen Erwerbsunfähigkeit besteht[464]. Auch in der Literatur[465] wird erkannt, daß es bei Schäden an Leben oder Gesundheit notwendig ist, mehrere Kausalitäten zu unterscheiden. In diesen Fällen muß zum einen ein Kausalzusammenhang zwischen den Handlungen (Unterlassungen) des Schädigers und der Gesundheitsbeschädigung bzw. dem Tod des Geschädigten festgestellt werden. Zum anderen muß ein Kausalzusammenhang zwischen der Gesundheitsbeschädigung (dem Tod) des Geschädigten und den geltend gemachten Vermögensschäden bestehen. Zwischen haftungsbegründender und haftungsausfüllender Kausalität wird jedoch nicht nur bei Schäden an Leben oder Gesundheit, sondern auch bei anderen Schäden unterschieden. Der Kläger muß sowohl dann, wenn er konkrete, als auch dann, wenn er künftige (abstrakte) Aufwendungen nach Art. 15 Abs. 2 Satz 1 ZGB geltend macht, einen Kausalzu-

---

461 In: *Suchanov*, Graždanskoe pravo, Band 2, Halbband 2, S. 378.

462 In: *Sergeev/Tolstoj*, Graždanskoe pravo, Band 1, S. 572.

463 *Malein* in: *Kalpin/Masljaev*, Graždanskoe pravo. Čast' pervaja, S. 510; vgl. auch *Korneev* in: *Suchanov*, Graždanskoe pravo, Band 2, Halbband 2, S. 378.

464 BVS RF 1993, Nr. 8, S. 4.

465 Vgl. *Sergeev* in: *Sergeev/Tolstoj*, Graždanskoe pravo, Band 3, S. 47; *Fajzutdinov* in: *Sadikov*, Kommentarij k Graždanskomu kodeksu RF časti vtoroj, Anm. 6 zu Art. 1064; *Smirnov/Sobčak*, Obščee učenie o deliktnych objazatel'stvach v sovetskom graždanskom prave, S. 71.

sammenhang zwischen der Rechtsverletzung und den Schäden sowie ihre Höhe beweisen[466]. Auch bei der Geltendmachung des entgangenen Gewinns nach Art. 15 Abs. 2 ZGB muß der Geschädigte den Kausalzusammenhang zwischen der Rechtsverletzung und den nicht erzielten Einkünften sowie die Höhe der nicht erzielten Einkünfte beweisen[467].

5. Rechtswidrigkeit

Die deliktische Haftung setzt des weiteren voraus, daß der Schädiger rechtswidrig gehandelt hat. In Art. 1064 Abs. 1 Satz 1 ZGB wird das zwar nicht ausdrücklich erwähnt, allerdings ergibt es sich im Umkehrschluß aus Art. 1064 Abs. 3 Satz 1 ZGB, wonach ein durch rechtmäßige Handlungen zugefügter Schaden in den durch Gesetz bestimmten Fällen zu ersetzen ist.

a) Zum Begriff der Rechtswidrigkeit

In der rußländischen Rechtswissenschaft gibt es unterschiedliche Ansichten dazu, wann ein Verhalten als rechtswidrig einzustufen ist.

Die Anhänger einer Auffassung gehen davon aus, daß bereits die Tatsache einer Schadenszufügung das allgemeine gesetzliche Verbot verletzt, einem anderen einen Schaden zuzufügen, so daß alle Handlungen, durch die ein Schaden zugefügt wird, rechtswidrig sind. Unter Rechtswidrigkeit wird danach die Verletzung eines fremden subjektiven Rechts ohne Ermächtigung dazu verstanden[468]. Ob die Handlung gleichzeitig

---

466 *Klejn* in: *Sadikov*, Kommentarij k Graždanskomu kodeksu RF časti pervoj, Anm. 4 zu Art. 15; vgl. auch *Abova* in: *Abova/Kabalkin/Mozolin*, Graždanskij kodeks RF. Čast' pervaja, Anm. 4 zu Art. 15; Anm. 4 zu Art. 393; vgl. auch *Braginskij/ Vitrjanskij*, Dogovornoe pravo, S. 647. Näheres zu Art. 15 ZGB wird unten S. 231 ff. ausgeführt.

467 *Klejn* in: *Sadikov*, Kommentarij k Graždanskomu kodeksu RF časti pervoj, Anm. 5 zu Art. 15; vgl. auch *Abova* in: *Abova/Kabalkin/Mozolin*, Graždanskij kodeks RF. Čast' pervaja, Anm. 4 zu Art. 15; *Komarov* in: *Abova/Kabalkin/Mozolin*, Graždanskij kodeks RF. Čast' pervaja Anm. 4 zu Art. 393. Näheres zum Ersatz des entgangenen Gewinns wird unten S. 215 ff. ausgeführt.

468 *V. Kofman*, Pravovedenie 1957, Nr. 1, S. 68; *Tolstoj* in: *Sergeev/Tolstoj*, Graždanskoe pravo, Band 3, S. 15; *Emel'janov*, RJu 2001, Nr. 1, S. 24; *Smirnov/Sobčak*, Obščee učenie o deliktnych objazatel'stvach v sovetskom graždanskom prave, S. 66; *Jarošenko* in: Objazatel'stva vsledstvie pričinenija vreda, in: *Kozyr'/*

irgendwelche anderen Verbote verletzt, hat keine Bedeutung[469]. In diesem Zusammenhang ist auch die Rede davon, daß die deliktischen Schuldverhältnisse vom „Prinzip des Generaldelikts" ausgingen, gemäß es dem jedem verboten ist, dem Vermögen oder Person irgendeines anderen einen Schaden zuzufügen. Jegliche Schadenszufügung gegenüber einem anderen soll danach rechtswidrig sein, wenn die Person nicht ermächtigt war, den Schaden zuzufügen[470]. Diese Auffassung ist in etwa mit der im deutschen Recht herrschenden Lehre vom Erfolgsunrecht vergleichbar. Danach ist jedes Tun, das ursächlich für den Erfolg geworden ist, rechtswidrig, sofern nicht ausnahmsweise ein Rechtfertigungsgrund vorliegt. Die Tatbestandsmäßigkeit indiziert demnach die Rechtswidrigkeit[471].

Die Anhänger einer anderen Auffassung gehen davon aus, daß die Rechtswidrigkeit durch die Verletzung von Normen des objektiven Rechts bestimmt wird. Rechtswidrig ist eine Handlung danach, wenn sie unter Verletzung von Gesetzen oder anderer Normen und Regeln begangen wurde[472]. Zur Begründung wird ausgeführt, daß die Position des Gesetzgebers, der die Folgen der Schadenszufügung durch rechtswidrige Handlungen einerseits und rechtmäßige andererseits unterscheide, Grund zur Annahme gäbe, daß er der zweiten Position gefolgt sei. Allein die Tatsache der Schadenszufügung ziehe nicht immer die Pflicht nach sich,

---

Makovskij/Chochlov, Graždanskij kodeks RF. Čast' vtoraja, S. 637; vgl. auch *Zajcev* in: *Krylov/Gavrilov*, Rossijskoe graždanskoe pravo, S. 373.

469 *Emel'janov*, RJu 2001, Nr. 1, S. 24.

470 *Fajzutdinov* in: *Sadikov*, Kommentarij k Graždanskomu kodeksu RF časti vtoroj, Anm. 5 zu Art. 1064; vgl. auch *Tolstoj* in: *Sergeev/Tolstoj*, Graždanskoe pravo, Band 3, S. 22; *Korneev* in: *Suchanov*, Graždanskoe pravo, Band 2, Halbband 2, S. 366; *Emel'janov*, RJu 2001, Nr. 1, S. 24 f.; *Makovskij*, in: Graždanskij kodeks Rossii, S. 104; *Smirnov/Sobčak*, Obščee učenie o deliktnych objazatel'stvach v sovetskom graždanskom prave, S. 66; *V. Ponomar'*, RJu 1998, Nr. 12, S. 21.

471 Vgl. BGHZ 24, 21, 24 f.; 39, 103, 108; 118, 201, 207; *Staudinger-Hager*, § 823 H 14; MüKo-*Grundmann*, § 276 Rn. 13, 22; *Palandt-Thomas*, § 823 Rn. 33.

472 *Jarošenko* in: *Sadikov*, Graždankoe pravo Rossii. Čast' vtoraja, S. 637; *Jarošenko*, ChiP 1996, Nr. 12, S. 6; *Jarošenko* in: *Braginskij*, Kommentarij časti vtoroj Graždanskogo kodeksa RF, S. 357; *A. Ėrdelevskij*, RJu 1994, Nr. 7, S. 36; *Ėrdelevskij*, Kompensacija moral'nogo vreda, S. 85; *Ėrdelevskij*, Moral'nyj vred i kompensacija za stradanija, S. 18; *Ėrdelevskij*, Kompensacija moral'nogo vreda v Rossii i za rubežom, S. 77; *Doncov/Gljancev*, Vozmeščenie vreda po sovetskomu zakonodatel'stvu, S. 19 f.; *Michajlič* in: *Bratus'/Sadikov*, Kommentarij k Graždanskomu pravu RSFSR, Anm. 2 zu Art. 444.

ihn zu ersetzen. Ein Schaden, der infolge von rechtmäßigen Handlungen entstanden sei, müsse in der Regel nicht ersetzt werden[473]. Diese Auffassung ist in etwa vergleichbar mit der Lehre vom Handlungsunrecht im deutschen Recht. Nach dieser Lehre ist ein Verhalten rechtswidrig, wenn es gegen ein Gebot, Verbot oder die im konkreten Fall zu beachtende Sorgfalt verstößt[474].

Manche Autoren verbinden beide Ansätze miteinander[475]. Ein Verhalten soll dann rechtswidrig sein, wenn es erstens Rechtsnormen und zweitens gleichzeitig subjektive Rechte einer konkreten Person verletzt[476]. Mißachtet der Schädiger nur moralische Prinzipien der Gesellschaft und verletzt er keine Rechtsakte oder subjektive Rechte eines anderen, so handelt er nicht rechtswidrig und ist nicht schadensersatzpflichtig[477].

Ob und wann die unterschiedlichen Auffassungen darüber, wann eine Handlung als rechtswidrig einzustufen ist, zu unterschiedlichen Ergebnissen führen, wird in der Literatur nicht erörtert. Einleuchtender ist m. E. die Auffassung, wonach bereits die Tatsache der Schadenszufügung rechtswidrig und nicht zusätzlich die Verletzung einer Rechtsnorm erforderlich ist. Art. 1064 Abs. 1 ZGB ordnet ohne Einschränkung den Ersatz von Schäden an, die der Person eines Bürgers oder dem Vermögen zugefügt wurden. Die Verletzung einer Rechtsnorm wird nicht gefordert. Das ZGB sieht nur bestimmte Fälle (Einwilligung, Notstand, Notwehr) vor, in denen eine Schadenszufügung ausnahmsweise nicht rechtswidrig ist. Das spricht dafür, daß die Zufügung eines Schadens immer rechtswidrig ist, wenn nicht ausnahmsweise ein Rechtfertigungsgrund vorliegt. Die Gerichte prüfen auch nicht ausdrücklich, ob der Schädiger neben dem Verbot, einen Schaden zuzufügen, irgendwelche

473 *Jarošenko* in: *Sadikov*, Graždanskoe pravo Rossii. Čast' vtoraja, S. 638.

474 *Soergel/Zeuner*, § 823 Rn. 4; *Esser/Weyers*, Schuldrecht, Band II, Teilband 2, S. 170 f.; *Kötz/Wagner*, Deliktsrecht, Rn. 98 ff.; *Larenz/Canaris*, Lehrbuch des Schuldrechts II/2, S. 365.

475 Auch im deutschen Recht werden Elemente beider Positionen miteinander kombiniert, so von *Larenz/Canaris*, Lehrbuch des Schuldrechts II/2, S. 365 ff.

476 *Korneev* in: *Suchanov*, Graždanskoe pravo, Band 2, Halbband 2, S. 374; *Malein* in: *Kalpin*, Graždanskoe pravo. Čast' vtoraja, S. 511; *Smirnov* in: *Ioffe/Tolstoj/Čerepachin*, Sovetskoe graždanskoe pravo, Band 2, S. 368.

477 *Malein* in: *Kalpin*, Graždanskoe pravo. Čast' vtoraja, S. 512.

anderen Rechtsnormen verletzt hat. Nur wenn sich der Schädiger auf das Vorliegen von Rechtfertigungsgründen beruft, prüft es diese[478].

b) Haftung trotz rechtmäßigen Handelns

Die Zufügung eines Schadens durch rechtmäßige Handlungen hat im allgemeinen keine Haftung zur Folge[479]. Allerdings ist gemäß Art. 1064 Abs. 3 Satz 1 ZGB auch ein durch rechtmäßige Handlungen zugefügter Schaden in den durch Gesetz bestimmten Fällen zu ersetzen. Die gesetzlich vorgesehenen Ausnahmefälle, in denen eine Schadensersatzpflicht bei nicht rechtswidriger Schädigung eintritt, werden jedoch nicht mehr als Fälle der deliktischen Haftung betrachtet[480].

Das Hauptbeispiel für eine Schadensersatzpflicht trotz rechtmäßigen Handelns ist Art. 1067 Satz 1 ZGB. Danach ist ein Schaden, der im Notstand zugefügt wird, von der Person, die den Schaden zugefügt hat, zu ersetzen, soweit diese Gefahr unter den gegebenen Umständen nicht hätte abgewendet werden können. Nach dieser Vorschrift muß somit ein im Notstand zugefügter Schaden dem Geschädigten ersetzt werden, obwohl die Schadenszufügung rechtmäßig ist. Die Einzelheiten des Art. 1067 ZGB werden nicht an dieser Stelle, sondern unten[481] im Zusammenhang mit den anderen Rechtfertigungsgründen abgehandelt.

c) Rechtswidrigkeit bei Unterlassungen

Wird ein Schaden durch eine Unterlassung zugefügt, ist die Schadenszufügung nur dann rechtswidrig, wenn der Schädiger verpflichtet war, eine bestimmte Handlung vorzunehmen[482]. Zudem muß der Schädi-

---

478 Vgl. *Emel'janov*, RJu 2001, Nr. 1, S. 24.

479 *Korneev* in: *Suchanov*, Graždanskoe pravo, Band 2, Halbband 2, S. 375; *Fajzutdinov* in: *Sadikov*, Kommentarij k Graždanskomu kodeksu RF časti vtoroj, Anm. 5 zu Art. 1064; *Tolstoj* in: *Sergeev/Tolstoj*, Graždanskoe pravo, Band 3, S. 15 f.

480 Vgl. *Smirnov/Sobčak*, Obščee učenie o deliktnych objazatel'stvach v sovetskom graždanskom prave, S. 65; *Heidemann*, Unternehmenshaftung in Rußland, S. 57; *Korneev* in: *Suchanov*, Graždanskoe pravo, Band 2, Halbband 2, S. 377.

481 S. 162 ff.

482 *Korneev* in: *Suchanov*, Graždanskoe pravo, Band 2, Halbband 2, S. 374 f.; *Jarošenko* in: *Sadikov*, Graždanskoe pravo Rossii. Čast' vtoraja, S. 640; *Fajzutdinov* in: *Sadikov*, Kommentarij k Graždanskomu kodeksu RF časti vtoroj,

ger, der die Handlung unterlassen hat, die Möglichkeit gehabt haben, die ihm vorgeschriebene Handlung vorzunehmen[483].

Typische Beispiele für rechtswidrige Unterlassungen sind

- die Nichtbeachtung der Regeln über den Arbeitsschutz und die Sicherheitstechnik[484],
- die Nichterfüllung oder nicht ordnungsgemäße Erfüllung von Pflichten durch Amtspersonen[485] (vgl. hierzu auch den Straftatbestand der Pflichtverletzung, Art. 293 des *Strafgesetzbuchs der Rußländischen Föderation* vom 13.06.1996[486] (im folgenden StGB)),

---

Anm. 5 zu Art. 1064; *Zajcev* in: *Krylov/Gavrilov*, Rossijskoe graždanskoe pravo, S. 373; *Egorov* in: *Sergeev/Tolstoj*, Graždanskoe pravo, Band 1, S. 569; *Smirnov* in: *Ioffe/Tolstoj/Čerepachin*, Sovetskoe graždanskoe pravo, Band 2, S. 368.

483 *Smirnov* in: *Ioffe/Tolstoj/Čerepachin*, Sovetskoe graždanskoe pravo, Band 2, S. 368.

484 *Malein* in: *Kalpin*, Graždanskoe pravo. Čast' vtoraja, S. 512; *Korneev* in: *Suchanov*, Graždanskoe pravo, Band 2, Halbband 2, S. 375, 377; *Sadikov*, Graždanskoe pravo Rossii. Čast' vtoraja, S. 640; *Jarošenko* in: *Braginskij*, Kommentarij časti vtoroj Graždanskogo kodeksa RF, S. 351; *Smirnov* in: *Ioffe/Tolstoj/Čerepachin*, Sovetskoe graždanskoe pravo, Band 2, S. 368; *Zacharov/Koršunov/Cederbaum*, Vozmeščenie rabotadatel'jami vreda, pričinennogo zdorov'ju rabotnika pri ispolnenii trudovych objazannostej, § 5 zu Art. 4.

485 *Jarošenko* in: *Braginskij*, Kommentarij časti vtoroj Graždanskogo kodeksa RF, S. 351; *Jarošenko* in: *Sadikov*, Graždanskoe pravo Rossii. Čast' vtoraja, S. 640.

486 Nr. 73-FZ, SZ 1996, Nr. 25, Pos. 2954, geändert durch Gesetze vom 27.05.1998, Nr. 77-FZ, SZ 1998, Nr. 22, Pos. 2332, 25.06.1998, Nr. 92-FZ, SZ 1998, Nr. 26, Pos. 3012, 09.02.1999, Nr. 24-FZ, SZ 1999, Nr. 7, Pos. 871, 09.02.1999, Nr. 26-FZ, SZ 1999, Nr. 7, Pos. 873, 15.03.1999, Nr. 48-FZ, SZ 1999, Nr. 11, Pos. 1255, 18.03.1999, Nr. 50-FZ, SZ 1999, Nr. 12, Pos. 1407, 09.07. 1999, Nr. 156-FZ, SZ 1999, Nr. 28, Pos. 3489, 09.07.1999, Nr. 157-FZ, SZ 1999, Nr. 28, Pos. 3490, 09.07.1999, Nr. 158-FZ, SZ 1999, Nr. 28, Pos. 3491, 09.03.2001, Nr. 25-FZ, SZ 2001, Nr. 11, Pos. 1002, 20.03.2001, Nr. 26-FZ, SZ 2001, Nr. 13, Pos. 1140, 19.06.2001, Nr. 83-FZ, SZ 2001, Nr. 26, Pos. 2587, 19.06.2001, Nr. 84-FZ, SZ 2001, Nr. 26, Pos. 2588, 07.08.2001, Nr. 121-FZ, SZ 2001, Nr. 33, Pos. 3424, 17.11.2001, Nr. 144-FZ, SZ 2001, Nr. 47, Pos. 4404, 17.11.2001, Nr. 145-FZ, SZ 2001, Nr. 47, Pos. 4405, 29.12.2001, Nr. 192-FZ, SZ 2001, Nr. 53, Pos. 5028, 04.03.2002, Nr. 23-FZ, SZ 2002, Nr. 10, Pos. 966, 07.05.2002, Nr. 48-FZ, SZ 2002, Nr. 19, Pos. 1793, 07.05.2002, Nr. 50-FZ, SZ 2002, Nr. 19, Pos. 1795, 25.06.2002, Nr. 72-FZ, SZ 2002, Nr. 26, Pos. 2518, 24.07.2002, Nr. 103-FZ, SZ 2002, Nr. 30, Pos. 3020, 25.07.2002, Nr. 112-FZ, SZ 2002, Nr. 30, Pos. 3026, 31.10.2002, Nr. 133-FZ, SZ 2002, Nr. 44, Pos. 4928, und 08.04.2003, Nr. 45-FZ,

- die nicht ordnungsgemäße Erziehung oder Aufsicht über Minderjährige oder Personen, die für geschäftsunfähig erklärt wurden[487],
- die Erfüllung der Straftatbestände der unterlassenen Hilfeleistung gegenüber einem Kranken (Art. 124 StGB) und des Verlassens in Gefahr (Art. 125 StGB)[488].

d) Die Rechtfertigungsgründe

Als nicht rechtswidrig ist das Verhalten des Schädigers einzustufen, wenn er sich auf einen Rechtfertigungsgrund berufen kann. Die wichtigsten Rechtfertigungsgründe sind folgende:

aa) Notwehr. Art. 1066 ZGB sieht vor, daß ein in Notwehr[489] zugefügter Schaden nicht zu ersetzen ist, soweit dabei die Grenzen der Notwehr nicht überschritten wurden. Diese Regelung war bereits in Art. 448 ZGB 1964 enthalten. Nur die Überschrift des Artikels wurde leicht verändert.

Grundlage für das Notwehrrecht des Art. 1066 ZGB ist das Selbstverteidigungsrecht des Art. 14 ZGB[490], wenngleich beide Vorschriften nicht auf dasselbe hinauslaufen[491]. Bei dem Notwehrrecht des Art. 1066 ZGB handelt es sich vielmehr um eine Art und Weise der Selbstverteidigung[492].

Im ZGB wird der Begriff der Notwehr nicht näher erläutert. Eine Legaldefinition befindet sich allerdings in Art. 37 Abs. 1 StGB. Danach ist die Notwehr die Verteidigung der Person und der Rechte des sich Verteidigenden oder anderer Personen und vom Gesetz geschützten Interes-

---

SZ 2003, Nr. 15, Pos. 1304. Eine deutsche Übersetzung befindet sich in *F. Schroeder/T. Bednarz*, Strafgesetzbuch der Russischen Föderation.

487 *Jarošenko* in: *Braginskij*, Kommentarij časti vtoroj Graždanskogo kodeksa RF, S. 351; *Jarošenko* in: *Sadikov*, Graždanskoe pravo Rossii. Čast' vtoraja, S. 640.

488 *Jarošenko* in: *Braginskij*, Kommentarij časti vtoroj Graždanskogo kodeksa RF, S. 351.

489 Russ.: pričinenie vreda v sostojanii neobchodimoj oborony = Schadenszufügung bei notwendiger Verteidigung.

490 Vgl. *Guev*, Postatejnyj kommentarij k časti vtoroj Graždanskogo kodeksa RF, Anm. 1 a) zu Art. 1066; *Solotych*, Das Zivilgesetzbuch der Russischen Föderation – Erster Teil –, S. 26.

491 *Tolstoj* in: *Sergeev/Tolstoj*, Graždanskoe pravo, Band 3, S. 16.

492 *Gribanov*, in: Osuščestvlenie i zaščita graždanskich prav, S. 300; vgl. auch *Klejn* in: *Sadikov*, Kommentarij k Graždanskomu kodeksu RF časti pervoj, Anm. 2 zu Art. 14.

sen von Gesellschaft oder Staat gegen einen gesellschaftlich gefährlichen Angriff, wenn dieser Angriff mit für das Leben des sich Verteidigenden oder einer anderen Person gefährlichen Gewalt oder mit der unmittelbaren Drohung der Anwendung solcher Gewalt verbunden war. Diese Legaldefinition im StGB wird von der rußländischen Rechtswissenschaft auch zur Auslegung des Begriffs der Notwehr im ZGB herangezogen[493].

Notwehr setzt einen rechtswidrigen Angriff auf die Person oder das Vermögen des Schädigers voraus. Der Angriff muß zudem von einem Menschen ausgehen, nicht dagegen von einem Tier, einer juristischen Person oder einer Sache. In diesen Fällen kann aber ein Notstand im Sinne von Art. 1067 ZGB vorliegen[494].

Der Angriff muß außerdem

- gegenwärtig sein und
- tatsächlich stattfinden.

Gegenwärtig ist ein Angriff, der schon begonnen hat und noch nicht beendet ist[495]. Das Notwehrrecht ist auch bereits dann gegeben, wenn ein Angriff tatsächlich droht[496]. Der Angriff ist noch vorhanden, wenn zwar der Schaden schon teilweise zugefügt wurde, aber eine weitere Schadenszufügung droht. Wenn jedoch der Angriff bzw. andere Handlungen, die für einen Angriff charakteristisch sind, schon beendet sind (unabhängig davon, ob bereits ein Schaden zugefügt wurde oder es gelungen ist, ihn zu vermeiden), liegt keine Notwehrsituation mehr vor, weil die Gefahr des Angriffs entfallen ist oder sich bereits in einem Schaden verwirklicht hat. Es können jedoch Notwehrmaßnahmen ergriffen werden, wenn der Angriff nicht beendet, sondern nur unterbrochen wurde[497]. Eine Notwehrlage gilt nach der Rechtsprechung nicht als beseitigt, wenn der Akt der Selbstverteidigung unmittelbar auf den zwar bereits beendeten

---

493 Vgl. *Jarošenko* in: *Sadikov*, Graždanskoe pravo Rossii. Čast' vtoraja, S. 638; *Fajzutdinov* in: *Sadikov*, Kommentarij k Graždanskomu kodeksu RF časti vtoroj, Anm. 1 zu Art. 1066.

494 *Guev*, Postatejnyj kommentarij k časti vtoroj Graždanskogo kodeksa RF, Anm. 1 c) zu Art. 1066.

495 *Kelina* in: *A. Naumov*, Kommentarij k Ugolovnomu kodeksu RF, Anm. 5 zu Art. 37.

496 *Kelina* in: *Naumov*, Kommentarij k Ugolovnomu kodeksu RF, Anm. 5 zu Art. 37.

497 *Guev*, Postatejnyj kommentarij k časti vtoroj Graždanskogo kodeksa RF, Anm. 1 d) zu Art. 1066.

Angriff folgte, aber nach den Umständen des Falles für den Verteidigenden nicht klar war, daß der Angriff bereits beendet war[498].

Als *tatsächlich* gilt ein Angriff, der in der realen Wirklichkeit und nicht in der Einbildung des Verteidigenden stattgefunden hat[499]. Die Frage, ob ein Angriff tatsächlich vorliegt, wird unter Berücksichtigung der konkreten Umstände entschieden[500].

Notwehr ist nach der Legaldefinition des Art. 37 Abs. 1 StGB sowohl zur Verteidigung des eigenen Lebens, der Gesundheit oder Vermögens eines Bürgers als auch des Lebens, der Gesundheit und des Vermögens anderer Bürger sowie des Staates möglich. Nach Art. 1066 ZGB ist somit auch die *Nothilfe* zugunsten eines anderen gerechtfertigt.

Ein durch Notwehr dem Angreifer zugefügter Schaden ist nicht rechtwidrig. Wird im Zusammenhang mit einer Notwehrhandlung jedoch einer dritten Person ein Schaden zugefügt, ist dieser nach allgemeinen Grundsätzen zu ersetzten[501].

Die Verteidigung gegen einen Angriff, der nicht mit für das Leben des sich Verteidigenden oder einer anderen Person gefährlichen Gewalt oder mit der unmittelbaren Drohung der Anwendung solcher Gewalt verbunden war, ist rechtmäßig, wenn dabei die Grenzen der Notwehr nicht überschritten würden, das heißt bei vorsätzlichen Handlungen, die offensichtlich dem Charakter und dem Grad der gesellschaftlichen Gefährlichkeit des Angriffs nicht entsprechen (Art. 37 Abs. 2 StGB). Offensichtlich nicht dem Angriff entspricht die Verteidigung, die durch solche Mittel und Wege ausgeführt wird, deren Anwendung weder durch den Charakter, noch die Gefährlichkeit des Angriffs, noch den tatsächlichen Umständen seiner Ausführung herausgefordert wurde[502].

Im Falle der Überschreitung der Grenzen der Notwehr haftet der Schädiger gegenüber dem Geschädigten nach den allgemeinen Grund-

---

498 Punkt 5 der erläuternden Leitentscheidung Nr. 14 des Plenums des Obersten Gerichtshofs der UdSSR vom 16.08.1984, BVS SSSR 1984, Nr. 5, S. 11.

499 *Kelina* in: *Naumov*, Kommentarij k Ugolovnomu kodeksu RF, Anm. 6 zu Art. 37.

500 *Guev*, Postatejnyj kommentarij k časti vtoroj Graždanskogo kodeksa RF, Anm. 1 d) zu Art. 1066.

501 *Fajzutdinov* in: *Sadikov*, Kommentarij k Graždanskomu kodeksu RF, Anm. 4 zu Art. 1066; *Borisov*, Kommentarij k Graždanskomu kodeksu RF časti pervoj i vtoroj, S. 1095.

502 BVS SSSR, 1976, Nr. 4, S. 44. Beispiele für Fälle, in denen die Grenzen der Notwehr nicht überschritten wurden, befinden sich in BVS RF 1994, Nr. 5, S. 13 f. und BVS 1998, Nr. 1, S. 8 f.

sätzen. Die Höhe des Schadensersatzes muß dabei vom Gericht in Abhängigkeit des Schuldmaßes sowohl des Geschädigten, dessen Handlungen den Schaden hervorgerufen haben, als auch des Schädigers bestimmt werden. Dabei darf das Gericht auch die Vermögenslage des Schädigers berücksichtigen[503].

bb) Notstand. Zu den Rechtfertigungsgründen zählt ebenfalls der Notstand[504] (Art. 1067 ZGB). Gemäß Satz 1 dieser Vorschrift muß ein Schaden, der in Notstand, das heißt zur Abwendung einer Gefahr, die dem Schädiger selbst oder anderen Personen droht, zugefügt wird, von der Person, die den Schaden zugefügt hat, ersetzt werden, soweit diese Gefahr unter den gegebenen Umständen durch andere Mittel nicht hätte abgewendet werden können.

Diese Bestimmung geht auf Art. 449 Abs. 1 ZGB 1964 zurück, allerdings war der Begriff des Notstandes dort noch nicht definiert. Die nunmehr in Art. 1067 Satz 1 ZGB enthaltende Definition des Notstandes entspricht in etwa dem Begriff des Notstandes in Art. 39 Abs. 1 StGB. Der Kreis der nach dem ZGB nicht als rechtswidrig einzustufenden Notstandshandlungen ist allerdings weiter als derjenige des StGB. Art. 39 Abs. 2 StGB verbietet die Überschreitung der Grenzen des Notstands, d. h. die Herbeiführung eines Schadens, der offensichtlich dem Charakter und dem Grad der drohenden Gefahr und den Umständen, unter denen die Gefahr beseitigt wurde, nicht entspricht, wenn für die genannten Interessen ein gleicher oder ein bedeutenderer Schaden als der abgewendete herbeigeführt worden ist. Das ZGB enthält dagegen eine solche Einschränkung nicht. Dies erklärt sich dadurch, daß das ZGB bei

---

503 Vgl. Punkt 8 der erläuternden Leitentscheidung Nr. 3 des Plenums des Obersten Gerichtshofs der RF vom 28.04.1994, BVS RF 1994, Nr. 7, S. 4; Punkt 5 der erläuternden Leitentscheidung Nr. 13 des Plenums des Obersten Gerichtshofs der RSFSR vom 20.12.1988, BVS RSFSR 1989, Nr. 3, S. 8 (allerdings außer Kraft gesetzt durch Punkt 39 der erläuternden Leitentscheidung Nr. 3 vom 28.04.1994); *Korneev* in: *Suchanov*, Graždanskoe pravo, Band 2, Halbband 2, S. 375; *Jarošenko* in: *Braginskij*, Kommentarij časti vtoroj Graždanskogo kodeksa RF, S. 357; vgl. auch *Borisov*, Kommentarij k Graždanskomu kodeksu RF časti pervoj i vtoroj, S. 1095.

504 Russ.: pričinenie vreda v sostojanii krajnej neobchodimosti = Schadenszufügung bei äußerster Notwendigkeit.

einer Schadenszufügung in Notstand eine Schadensersatzpflicht des Schädigers vorsieht, obwohl dieser rechtmäßig gehandelt hat[505].

Die Notstandshandlung des Schädigers ist darauf gerichtet, eine tatsächliche Gefahr, die ihm oder anderen Personen droht, zu beseitigen. Gefahrenquellen können nicht nur rechtswidrige Handlungen natürlicher und juristischer Personen sein, sondern auch Naturkatastrophen (Erdbeben, Erdrutsche, Schneeverwehungen usw.), schwere Krankheiten, Hunger, Sachen (Fahrzeuge, Gifte, Sprengstoffe, Brennstoffe, Unternehmen mit gefährlichen Produktionsbedingungen usw.) sowie wilde Tiere und Haustiere[506].

Eine Notstandslage liegt nicht mehr vor, wenn der Schaden bereits eingetreten ist. Wenn jedoch der Schaden nur teilweise zugefügt wurde und die Gefahr einer weiteren Schadenszufügung besteht, liegt eine Notstandslage vor[507].

Nach dem Wortlaut des Art. 1067 ZGB ist nicht eindeutig, ob es sich bei dieser Vorschrift überhaupt um einen Rechtfertigungsgrund handelt. *Roggemann/Bergmann*[508] sind z. B. der Auffassung, daß der Notstand gemäß Art. 1067 ZGB grundsätzlich keinen Rechtfertigungsgrund darstellt und die deliktische Haftung nicht ausschließt. Diese Meinung entspricht jedoch nicht dem Verständnis der rußländischen Rechtswissenschaft von Art. 1067 ZGB. Danach ist die Zufügung eines Schadens im Notstand eine rechtmäßige Handlung, wobei aber nicht ausgeschlossen ist, daß der Person, die in dieser Situation gehandelt hat, die Pflicht zum Schadensersatz auferlegt wird[509].

Die Auferlegung der Schadensersatzpflicht trotz rechtmäßigen Handelns wird damit gerechtfertigt, daß der Geschädigte ebenfalls keine rechtswidrige Handlung begangen hat und nur Opfer des Zusammentref-

---

505 *Jarošenko* in: *Sadikov*, Graždanskoe pravo Rossii. Čast' vtoraja, S. 638 f.; vgl auch *Malein* in: *Kalpin/Masljaev*, Graždanskoe pravo. Čast' pervaja, S. 506.

506 *Guev*, Postatejnyj kommentarij k časti vtoroj Graždanskogo kodeksa RF, Anm. 1 c) zu Art. 1067.

507 *Guev*, Postatejnyj kommentarij k časti vtoroj Graždanskogo kodeksa RF, Anm. 1 d) zu Art. 1067.

508 Zivilgesetzbuch der Russischen Föderation (Zweiter Teil) von 1995, S. 406.

509 *Fajzutdinov* in: *Sadikov*, Kommentarij k Graždanskomu kodeksu RF časti vtoroj, Anm. 1 zu Art. 1067; *Korneev* in: *Suchanov*, Granždanskoe pravo, Band 2, Halbband 2, S. 376.

fens von Umständen wurde, die zufälligen Charakter haben[510], es somit ungerecht wäre, die negativen Folgen der Notstandshandlung allein beim Geschädigten zu belassen[511]. Die Richtigkeit der Regelung wird zudem damit begründet, daß die Handlung des Schädigers einerseits nicht rechtswidrig ist, weil keine Rechtsnorm verletzt wurde, andererseits die Handlung gegenüber dem Geschädigten rechtswidrig ist, weil dessen subjektive Rechte verletzt wurden[512].

Aus dem Wortlaut des Art. 1067 ZGB folgt, daß Notstandshandlungen nicht nur im Interesse des Handelnden, sondern auch im Interesse Dritter Personen möglich sind. In diesen Fällen kann das Gericht unter Berücksichtigung der Umstände, unter denen ein solcher Schaden zugefügt wurde, die Ersatzpflicht dem Dritten auferlegen, in dessen Interessen der Schädiger handelte, oder sowohl diesen Dritten als auch den Schädiger vollständig oder teilweise von der Schadensersatzpflicht befreien (Art. 1067 Satz 2 ZGB). Diese Bestimmung war bereits im ZGB 1964 (Art. 449 Satz 2) enthalten.

Das Gericht hat somit bei einer im Interesse Dritter in Notstand begangenen Handlung drei Möglichkeiten:

- Es kann die Pflicht zum Schadensersatz dem Schädiger auferlegen.
- Es kann die Pflicht zum Schadensersatz der Dritten Person auferlegen, in deren Interesse der Schädiger gehandelt hat.
- Es kann die Person, die den Schaden zugefügt hat und den Dritten vom Schadensersatz ganz oder teilweise befreien. In diesem Fall trägt der Geschädigte die Vermögensverluste.

Ein Bürger ist nach der Rechtsprechung des Obersten Gerichtshofs der RF insbesondere dann von der Schadensersatzpflicht zu befreien, wenn die Schadenszufügung infolge rechtmäßiger Handlungen eines Bürgers zur Unterbindung von Rowdytum sowie anderen strafbaren Erscheinungen oder bei der vorläufigen Festnahme eines Straftäters stattfand[513].

---

510 *Fajzutdinov* in: *Sadikov*, Kommentarij k Graždanskomu kodeksu RF časti vtoroj, Anm. 1 zu Art. 1067.

511 *Tolstoj* in: *Sergeev/Tolstoj*, Graždanskoe pravo, Band 3, S. 16.

512 *Korneev* in: *Suchanov*, Granždanskoe pravo, Band 2, Halbband 2, S. 376.

513 Vgl. Punkt 9 der erläuternden Leitentscheidung Nr. 3 des Plenums des Obersten Gerichtshofs der RF vom 28.04.1994, BVS RF 1994, Nr. 7, S. 4; Punkt 4 der er-

Wenn der Schädiger in Notstand sowohl im eigenen Interesse als auch im Interesse eines Dritten gehandelt hat, besteht für das Gericht ferner die Möglichkeit, die Pflicht zum Schadensersatz beiden nach dem Prinzip der anteiligen Haftung unter Berücksichtigung der tatsächlichen Umstände aufzuerlegen, unter denen der Schaden zugefügt wurde[514].

cc) Andere Rechtsvorschriften, die eine Schadenszufügung erlauben. Rechtmäßig ist eine Schadenszufügung ferner dann, wenn eine Person dabei ihr durch Gesetz oder andere Rechtsakte auferlegte Pflichten erfüllt hat[515].

So sind beispielsweise Tätigkeiten beim Löschen eines Brandes, die Verhinderung seiner Ausbreitung u. ä. in der Regel mit der Beschädigung des Vermögens von Bürgern oder juristischen Personen verbunden. Das Personal des Brandschutzes und andere am Löschen eines Brandes Beteiligte werden deshalb gemäß Art. 22 des Gesetzes der RF „Über die *Brandsicherheit*" vom 21.12.1994[516] vom Ersatz des zugefügten Schadens befreit, wenn diese unter den Bedingungen eines Notstandes gehandelt haben.

Auch beim Kampf mit Epidemien, Viehseuchen und anderen außergewöhnliche Ereignissen kann es notwendig sein, Vermögen zu zerstören, insbesondere Tiere zu töten. In Fällen des Notstandes wird dem Schädiger eine Berechtigung zur Schadenszufügung eingeräumt. Durch diese Berechtigung wird der Schädiger in Abweichung von den allgemeinen Regeln über die Haftung für Schaden, der im Notstand zugefügt wurde, auch von der Pflicht befreit, den Schaden zu ersetzen[517].

---

läuternden Leitentscheidung Nr. 13 des Plenums des Obersten Gerichtshofs der RSFSR vom 20.12.1989, BVS RSFSR 1989, Nr. 3, S. 8.

514 Vgl. Punkt 9 der erläuternden Leitentscheidung Nr. 3 des Plenums des Obersten Gerichtshofs der RF vom 28.04.1994, BVS RF 1994, Nr. 7, S. 4; Punkt 6 der erläuternden Leitentscheidung Nr. 13 des Plenums des Obersten Gerichtshofs der RSFSR vom 20.12.1989, BVS RSFSR 1989, Nr. 3, S. 8; *Fajzutdinov* in: *Sadikov*, Kommentarij k Graždanskomu kodeksu RF časti vtoroj, Anm. 2 zu Art. 1067.

515 *Korneev* in: *Suchanov*, Granždanskoe pravo, Band 2, Halbband 2, S. 375; *Jarošenko* in: *Braginskij*, Kommentarij časti vtoroj Graždanskogo kodeksa RF, S. 357; vgl. auch *Smirnov/Sobčak*, Obščee učenie o deliktnych objazatel'stvach v sovetskom graždanskom prave, S. 68.

516 Vgl. Fn. 284.

517 Vgl. *Jarošenko* in: *Sadikov*, Graždanskoe pravo Rossii. Čast' vtoraja, S. 639; *Korneev* in: *Suchanov*, Granždanskoe pravo, Band 2, Halbband 2, S. 375.

Ungeklärt ist, inwieweit sich einige Vorschriften des StGB, die die Strafbarkeit einer Schadenszufügung ausschließen, auf die zivilrechtliche Schadensersatzpflicht auswirken. Dies betrifft insbesondere Art. 38 StGB (Schadenszufügung bei der vorläufigen Festnahme einer Person, die eine Straftat begangen hat), Art. 40 StGB (Schadenszufügung aufgrund eines physischen oder psychischen Zwangs), Art. 41 StGB (Schadenszufügung bei einem begründeten Risiko zur Erreichung eines gesellschaftlich nützlichen Ziels) und Art. 42 StGB (Ausführung eines Befehls oder einer Anweisung). In der Literatur wird – von wenigen Ausnahmen abgesehen[518] – nicht erörtert, inwieweit eine zivilrechtliche Schadensersatzpflicht nach den Art. 1064 ff. ZGB ausgeschlossen ist, wenn der Schädiger unter den Voraussetzungen der Art. 38, 40-42 StGB gehandelt hat. Soweit zu dieser Frage Stellungnahmen vorliegen, ist davon auszugehen, daß die Art. 38, 40-42 StGB nicht unmittelbar im Zusammenhang mit deliktischen Ansprüchen angewendet werden können und allenfalls eine Anwendung der Normen in Verbindung mit Art. 1067 ZGB in Betracht kommt[519]. Vor allem für den Fall der vorläufigen Festnahme gilt, daß die Frage, ob ein dabei zugefügter Schaden zu ersetzen ist, nicht nach Art. 38 StGB zu beurteilen ist, sondern nach Art. 1067 ZGB[520].

dd) Einwilligung des Geschädigten. Nicht rechtswidrig ist schließlich ein Schaden, der auf Ersuchen oder mit Einwilligung des Geschädigten zugefügt wurde. Dieser Grundsatz ist im geltenden ZGB ausdrücklich in Art. 1064 Abs. 3 Satz 2 ZGB verankert worden:

> *„Der Schadensersatz kann verweigert werden, wenn der Schaden auf Ersuchen oder mit Einwilligung des Geschädigten zugefügt wurde und die*

---

518 Vgl. z. B. *Zavidov/Gusev*, Graždansko-pravovaja otvetstvennost', S. 472 f.

519 *Zavidov/Gusev*, Graždansko-pravovaja otvetstvennost', S. 473.

520 Insbesondere aus dem Hinweis des Obersten Gerichtshofs der RF in Punkt 9 der erläuternden Leitentscheidung Nr. 3 vom 28.04.1994, BVS RF 1994, Nr. 7, S. 4, ergibt sich, daß die vorläufige Festnahme eines Straftäters nicht ein Fall der Notwehr, sondern des Notstandes darstellt, mit der Folge, daß der Schädiger grundsätzlich den bei der vorläufigen Festnahme zugefügten Schaden zu ersetzen hat und nur durch das Gericht von der Schadensersatzpflicht befreit werden kann. Dieser Umstand kritisiert *Ponomar'*, RJu 1998, Nr. 12, S. 21 f. Er schlägt deshalb vor, eine Regelung in das ZGB einzufügen, gemäß der ein bei einer vorläufigen Festnahme eines Verbrechers zugefügter Schaden grundsätzlich nicht zu ersetzen ist.

Handlungen des Schädigers die sittlichen Grundsätze der Allgemeinheit nicht verletzen."

Für die Wirksamkeit der Einwilligung ist erforderlich, daß sie von einer geschäftsfähigen Person frei geäußert wird. Außerdem muß die Einwilligung des Geschädigten selbst rechtsmäßig sein[521].

Ausdrücklich gesetzlich vorgesehen ist das Erfordernis der Einwilligung z. B. in Art. 47 der Grundlagen der Gesetzgebung der RF „Über den *Schutz der Gesundheit der Bürger*" vom 22.07.1993[522]. Danach ist die Entnahme von Organen und (oder) Gewebe eines Menschen zu Transplantationszwecken nur mit dessen Einwilligung möglich, ein Zwang zur Entnahme ist nicht zulässig. Allerdings ist – selbst bei Vorliegen einer Einwilligung – die Entnahme solcher Organe, wie z. B. des Herzens oder beider Nieren, welche unvermeidlich zum Tod des Spenders führt, unzweifelhaft nicht rechtmäßig und zieht eine Schadensersatzpflicht nach sich[523].

Allein die Einwilligung des Geschädigten führt nicht dazu, daß die Handlung des Schädigers rechtmäßig ist. Art. 1064 Abs. 3 Satz 2 ZGB verlangt, daß die Handlung zudem die sittlichen Grundsätze der Allgemeinheit nicht verletzen darf. Ob die Handlungen des Schädigers die sittlichen Grundsätze der Allgemeinheit verletzen oder nicht, hat das Gericht, ausgehend von den konkreten Umständen und einer Bewertung der Handlungen, festzustellen[524].

Nicht die sittlichen Grundsätze der Allgemeinheit verletzt z. B. die Einwilligung eines Kranken in die Durchführung einer Operation oder die Anwendung neuer, nichterprobter Präparate und Heilungsmethoden,

521 *Korneev* in: *Suchanov*, Graždanskoe pravo, Band 2, Halbband 2, S. 375.

522 Nr. 5487-I, VSNDiVS RF 1993, Nr. 33, Pos. 1318, geändert durch Erlaß des Präsidenten der RF vom 24.12.1993, Nr. 2288, SA 1993, Nr. 52, Pos. 5086, sowie Gesetze vom 02.03.1998, Nr. 30-FZ, SZ 1998, Nr. 9, Pos. 1143, 20.12.1999, Nr. 214-FZ, SZ 1999, Nr. 51, Pos. 6289, 02.12.2000, Nr. 139-FZ, SZ 2000, Nr. 49, Pos. 4740, 10.01.2003, Nr. 15-FZ, SZ 2003, Nr. 2, Pos. 167, und 27.02.2003, Nr. 29-FZ, SZ 2003, Nr. 9, Pos. 805.

523 *Jarošenko* in: *Sadikov*, Graždanskoe pravo Rossii. Čast' vtoraja, S. 639 f.

524 *Jarošenko* in: *Braginskij*, Kommentarij časti vtoroj Graždanskogo kodeksa RF, S. 358.

bei denen die Möglichkeit negativer Folgen nicht ausgeschlossen ist[525], sowie die Einwilligung des Eigentümers in die Zerstörung oder Beschädigung einer ihm gehörenden Sache, wenn dabei nicht die Rechte und Interessen anderer Personen verletzt werden[526].

Unklar ist, inwieweit die Sterbehilfe auf Ersuchen eines Kranken die sittlichen Grundsätze der Allgemeinheit verletzt. Medizinischem Personal ist gemäß Art. 45 der Grundlagen der Gesetzgebung der RF „Über den *Schutz der Gesundheit der Bürger*"[527] verboten, das Ersuchen eines Kranken, seinen Todes durch irgendwelche Handlungen oder Mittel zu beschleunigen sowie künstliche lebenserhaltende Maßnahmen zu beenden. Die Vornahme solcher Handlungen durch medizinisches Personal ist deshalb eindeutig rechtswidrig[528]. Inwieweit das auch für andere Personen gilt, ist in der Literatur umstritten. *Jarošenko* vertritt die Auffassung, daß auch die Vornahme solcher Handlungen durch andere Personen zweifellos die sittlichen Grundsätze der Allgemeinheit verletzt und sie den dadurch entstandenen Schaden (z. B. Unterhaltszahlungen an Hinterbliebene) zu ersetzen haben[529]. *Tolstoj* betrachtet die Sterbehilfe hingegen nicht als grundsätzlich rechtswidrig. Seiner Meinung nach widerspricht es nicht den sittlichen Grundsätzen der Allgemeinheit, wenn ein enger Freund zur Linderung der Leiden eines tödlich Erkrankten auf Ersuchen des Kranken ihm eine erhöhte Dosis Schlafmittel gibt, um den Tod zu beschleunigen. Eine Schadensersatzklage von Personen, die dadurch den Ernährer verloren haben, müsse abgewiesen werden, weil der Schaden durch eine rechtmäßige Handlung zugefügt worden sei[530]. Einzelheiten zu der Frage, ob und wann die Sterbehilfe durch Nichtmediziner die sittlichen Grundsätze der Allgemeinheit verletzt,

---

525 *Fajzutdinov* in: *Sadikov*, Kommentarij k Graždanskomu kodeksu RF časti vtoroj, Anm. 5 zu Art. 1064; *Guev*, Postatejnyj kommentarij k časti vtoroj Graždanskogo kodeksa RF, Anm. 3 b) zu Art. 1064; *Smirnov/Sobčak*, Obščee učenie o deliktnych objazatel'stvach v sovetskom graždanskom prave, S. 70.

526 *Fajzutdinov* in: *Sadikov*, Kommentarij k Graždanskomu kodeksu RF časti vtoroj, Anm. 5 zu Art. 1064; vgl. auch *Smirnov/Sobčak*, Obščee učenie o deliktnych objazatel'stvach v sovetskom graždanskom prave, S. 70.

527 Vgl. Fn. 522.

528 Vgl. *Jarošenko* in: *Sadikov*, Graždanskoe pravo Rossii. Čast' vtoraja, S. 640; *Krasavčikova* in: *Illarinova/Gongalo/Pletnev*, Graždanskoe pravo. Čast' pervaja, S. 175.

529 In: *Sadikov*, Graždanskoe pravo Rossii. Čast' vtoraja, S. 640.

530 In: *Sergeev/Tolstoj*, Graždanskoe pravo, Band 3, S. 10.

können an dieser Stelle jedoch – vor allem wegen der dabei zu berücksichtigenden verfassungsrechtlichten Bewertungen – nicht vertieft werden, weil dies weit über den Rahmen dieser Arbeit hinausgehen würde. Einzelheiten können ohnehin nur durch die Rechtsprechung unter Betrachtung des konkreten Falls geklärt werden.

6. Verschulden

Ferner ist es für den Eintritt einer Schadensersatzpflicht aus Art. 1064 Abs. 1 Satz 1 ZGB erforderlich, daß der Schädiger schuldhaft gehandelt hat.

a) Der Begriff des Verschuldens

In der Literatur zum sowjetischen Recht wurde das Verschulden in Anlehnung an die im Strafrecht gebräuchliche Definition als die psychische Beziehung einer Person zu ihrem Verhalten in Form des Vorsatzes oder der Fahrlässigkeit definiert[531]. Diesen Verschuldensbegriff legen auch sehr viele Autoren zugrunde, die zum geltenden Zivilrecht Stellung nehmen[532]. *Korneev* sowie *Braginskij/Vitrjanskij* sprechen sich jedoch gegen diesen Verschuldensbegriff aus und bezeichnen ihn sogar als nutzlos[533]. Begründet wird dies damit, daß im Zivilrecht, in dem es in

---

531 Vgl. *N. Malein*, Ochrana prav ličnosti sovetskim zakonodatel'stvom, S. 77; *Kofman*, Pravovedenie 1957, Nr. 1, S. 65; *Ioffe*, Objazatel'stvennoe pravo, S. 128; *Matveev*, Vina v sovetskom graždanskom prave, S. 178; *Matveev*, Osnovanija graždansko-pravovoj otvetstvennosti, S. 185; *Braginskij* in: *Bratus'/Sadikov*, Kommentarij k Graždanskomu kodeksu RSFSR, Anm. 1 zu Art. 222; *Smirnov/Sobčak*, Obščee učenie o deliktnych objazatel'stvach v sovetskom graždanskom prave, S. 79; *Kofman*, Pravovedenie 1960, Nr. 3, S. 53; *Ėrdelevskij*, RJu 1994, Nr. 7, S. 36.

532 Vgl. *Malein* in: *Kalpin*, Graždanskoe pravo. Čast' vtoraja, S. 513; *Malein* in: *Kalpin/Masljaev*, Graždanskoe pravo. Čast' pervaja, S. 510; *Egorov* in: *Sergeev/ Tolstoj*, Graždanskoe pravo, Band 1, S. 575; *Illarinova* in: *Illarinova/Gongalo/ Pletnev*, Graždanskoe pravo. Čast' pervaja, S. 424; *Tarchov* in: *Cybulenko*, Graždanskoe pravo Rossii. Čast' pervaja, S. 428; *Ėrdelevskij* in: *Grišaev*, Graždanskoe pravo, S. 181; *Ėrdelevskij*, Moral'nyj vred i kompensacija za stradanija, S. 21; *Ėrdelevskij*, Kompensacija moral'nogo vreda v Rossii i za rubežom, S. 79.

533 Vgl. *Braginskij/Vitrjanskij*, Dogovornoe pravo, S. 721 ff., vgl. vor allem S. 748, 750 f., 759; *Korneev* in: *Suchanov*, Graždanskoe pravo, Band 2, Halbband 2, S. 379.

erster Linie um den finanziellen Ausgleich von Schäden gehe, die subjektive Beziehung des Schädigers zu seinem Verhalten keine entscheidende Bedeutung habe. Insbesondere bei juristischen Personen sei es problematisch, von einer subjektiven psychischen Beziehung zu ihrem Verhalten und seinen Folgen zu sprechen[534]. Stattdessen schlagen sie vor, im Zivilrecht in Anlehnung an Art. 401 ZGB davon auszugehen, daß der Schädiger schuldhaft gehandelt hat, wenn er nicht die notwendige Sorgfalt und Vorsicht an den Tag gelegt hat[535]. Ein zivilrechtliches Verschulden soll vorliegen, wenn eine Person die objektiv möglichen Maßnahmen zur Beseitigung oder zur Nichtzulassung von negativen Resultaten ihrer Handlungen nicht trifft, die von den Umständen der konkreten Situation bestimmt werden[536].

Der Auffassung, wonach es problematisch ist, den aus dem Strafrecht stammende Verschuldensbegriff im geltenden Zivilrecht anzuwenden, ist zuzustimmen. Im ZGB ist in Art. 401 nicht von einer psychischen Beziehung einer Person zu ihren Verhalten die Rede, sondern davon, daß eine Person schuldlos handelt, wenn sie bei dem Maß der Sorgfalt und Vorsicht, der von ihr entsprechend dem Wesen der Verbindlichkeit und der Verkehrsitte zu verlangen war, alle Maßnahmen zur ordnungsgemäßen Erfüllung ihrer Verbindlichkeit getroffen hat. Es ist deshalb nur folgerichtig, den Begriff des Verschuldens an der Einhaltung bzw. Nichteinhaltung der notwendigen Sorgfalt und Vorsicht aufzuhängen. Inwieweit sich diese neue Definition des Verschuldens in Literatur und Rechtsprechung durchsetzen wird, bleibt jedoch abzuwarten.

b) Deliktsfähigkeit

Schuldhaftes Handeln setzt voraus, daß der Schädiger deliktsfähig ist. Das ZGB enthält im Gegensatz zum deutschen BGB (§§ 827, 828) keine Vorschriften, die ausdrücklich und umfassend regeln, wann eine Person nicht deliktsfähig ist. Allerdings ergibt sich das mittelbar aus den Art. 1073-1078 ZGB.

---

534 Vgl. *Suchanov*, Graždanskoe pravo, Band 1, S. 447 f. *Braginskij/Vitrjanskij*, Dogovornoe pravo, S. 721 f., 744. Näher zum Verschulden juristischer Personen vgl. unten S. 175 ff.

535 *Korneev* in: *Suchanov*, Graždanskoe pravo, Band 2, Halbband 2, S. 397, Band 1, S. 449, *Braginskij/Vitrjanskij*, Dogovornoe pravo, S. 758.

536 *Suchanov*, Graždanskoe pravo, Band 1, S. 447 ff.

Die *Deliktsfähigkeit*[537] stellt einen Unterfall der *Geschäftsfähigkeit*[538] dar, die die Fähigkeit eines Bürgers voraussetzt, durch seine Handlungen zivile Rechte zu erwerben und auszuüben sowie zivile Pflichten einzugehen und sie zu erfüllen. Die Geschäftsfähigkeit umfaßt die *Rechtsgeschäftsfähigkeit*[539], d. h. die Möglichkeit, Rechtsgeschäfte abzuschließen, und die Deliktsfähigkeit, d. h. die Fähigkeit, für seine Handlungen zu haften. Die Rechtsgeschäftsfähigkeit und die Deliktsfähigkeit fallen nicht zusammen, sondern werden durch das Gesetz unter verschiedenen Voraussetzungen verliehen[540].

Deliktsfähig sind grundsätzlich alle in vollem Umfang geschäftsfähigen Personen, d. h. alle Personen, die das achtzehnte Lebensjahr vollendet haben (vgl. Art. 21 Abs. 1 ZGB) oder vor Vollendung des achtzehnten Lebensjahres die Ehe geschlossen haben und die Eheschließung gesetzlich zugelassen war (vgl. Art. 21 Abs. 2 ZGB, Art. 13 des *Familiengesetzbuchs der Rußländischen Föderation* vom 29.12.1995[541] (im folgenden: FamGB)), Bürger, die das sechzehnte Lebensjahr vollendet haben und denen unter den Voraussetzungen des Art. 27 ZGB die unbeschränkte Geschäftsfähigkeit verliehen wurde sowie ehemals Geschäftsunfähige, die durch das Gericht wieder für geschäftsfähig erklärt wurden (Art. 29 Abs. 3 ZGB). Voll deliktsfähig sind außerdem Minderjährige, die das vierzehnte Lebensjahr vollendet haben (vgl. 1074 Abs. 1 ZGB)[542]. Die Fähigkeit Minderjähriger im Alter von vierzehn bis achtzehn Jahren, Rechtsgeschäfte abzuschließen, ist demgegenüber nach Maßgabe des Art. 26 ZGB beschränkt.

---

537 Russ.: deliktosposobnost'.

538 Russ.: deesposobnost'.

539 Russ.: sdelkosposobnost'.

540 *Jarošenko* in: *Sadikov*, Graždanskoe pravo Rossii. Čast' vtoraja, S. 661.

541 223-FZ, SZ 1996, Nr. 1, Pos. 16, geändert durch Gesetze vom 15.11.1997, Nr. 140-FZ, SZ 1997, Nr. 46, Pos. 5243, 27.06.1998, Nr. 94-FZ, SZ 1998, Nr. 26, Pos. 3014, und 02.01.2000, Nr. 32-FZ, SZ 2000, Nr. 2, Pos. 153.

542 *Korneev* in: *Suchanov*, Graždanskoe pravo, Band 2, Halbband 2, S. 385, 408; *Fajzutdinov* in: *Sadikov*, Kommentarij k Graždanskomu kodeksu RF, Anm. 1 zu Art. 1074; *Jarošenko* in: *Sadikov*, Graždanskoe pravo Rossii. Čast' vtoraja, S. 663; *Sergeev* in: *Sergeev/Tolstoj*, Graždanskoe pravo, Band 3, S. 35; *Borisov*, Kommentarij k Graždanskomu kodeksu RF časti pervoj i vtoroj, S. 1102; *G. Makarov*, ChiP 2000, Nr. 1, S. 108; *Illarinova* in: *Illarinova/Gongalo/Pletnev*; Graždanskoe pravo. Čast' pervaja, S. 422.

An der Deliktsfähigkeit dieser Personen ändert sich auch dann nichts, wenn sie infolge des Mißbrauchs von Spirituosen oder Rauschmitteln für beschränkt geschäftsfähig erklärt wurden. Diese Bürger haben den von ihnen zugefügten Schaden selbst zu ersetzen (vgl. Art. 1077 ZGB)[543]. Wegen des Mißbrauchs von Spirituosen für beschränkt geschäftsfähig erklärt werden können auch Minderjährige im Alter von vierzehn bis achtzehn Jahren[544].

Nicht deliktsfähig sind zum einen Minderjährige, die das vierzehnte Lebensjahr nicht vollendet haben (Minderjährige im Kindesalter[545]), vgl. Art. 1073 Abs. 1 ZGB[546]. Bei der Frage der Deliktsfähigkeit wird somit – im Gegensatz zur Geschäftsfähigkeit, vgl. Art. 28 ZGB – nicht zwischen Minderjährigen bis zur Vollendung des sechsten Lebensjahres und Minderjährigen im Alter von sechs bis vierzehn Jahren differenziert, sondern es werden alle Minderjährigen bis zur Vollendung des vierzehnten Lebensjahres als nicht deliktsfähig eingestuft. Des weiteren sind auch für geschäftsunfähig erklärte Bürger nicht deliktsfähig (vgl. 1076 Abs. 1 ZGB)[547]. Für geschäftsunfähig erklärt werden kann gemäß Art. 29 ZGB ein Bürger, der infolge einer psychischen Störung die Bedeutung seiner Handlung nicht erkennen oder diese nicht steuern kann.

Geschäftsfähige Bürger oder Minderjährige im Alter von vierzehn bis achtzehn Jahren, die einen Schaden in einem Zustand zufügen, in dem sie die Bedeutung ihrer Handlungen nicht erkennen oder diese nicht steuern konnten, sind zwar grundsätzlich verschuldensfähig[548], dennoch

---

543 *Sergeev* in: *Sergeev/Tolstoj*, Graždanskoe pravo, Band 3, S. 36; vgl. dazu auch unten S. 475 f.

544 *Guev*, Postatejnyj kommentarij k časti vtoroj Graždanskogo kodeksa RF, Anm. 1 zu Art. 1077.

545 Russ.: maloletnie.

546 *Korneev* in: *Suchanov*, Graždanskoe pravo, Band 2, Halbband 2, S. 385, 405; *Fajzutdinov* in: *Sadikov*, Kommentarij k Graždanskomu kodeksu RF, Anm. 1 zu Art. 1073; *Sergeev* in: *Sergeev/Tolstoj*, Graždanskoe pravo, Band 3, S. 32.

547 *Korneev* in: *Suchanov*, Graždanskoe pravo, Band 2, Halbband 2, S. 385, 410; *Fajzutdinov* in: *Sadikov*, Kommentarij k Graždanskomu kodeksu RF časti vtoroj, Anm. 1 zu Art. 1076; *Jarošenko* in: *Sadikov*, Graždanskoe pravo Rossii. Čast' vtoraja, S. 661; *Jarošenko* in: *Sadikov*, Graždanskoe pravo Rossii. Čast' vtoraja, S. 664.

548 Vgl. *Korneev* in: *Suchanov*, Graždanskoe pravo, Band 2, Halbband 2, S. 411; *Jarošenko* in: *Braginskij*, Kommentarij časti vtoroj Graždanskogo kodeksa RF, S. 368; vgl. auch *Jarošenko* in: *Sadikov*, Graždanskoe pravo Rossii. Čast' vtoraja, S. 665.

haften sie nach der Vorschrift des Art. 1078 Abs. 1 ZGB nicht für den durch sie zugefügten Schaden. Die Tatbestandsmerkmale des Art. 29 ZGB und des Art 1078 Abs. 1 ZGB fallen teilweise zusammen (Person, die die Bedeutung ihrer Handlung nicht erkennen oder nicht steuern kann). Es handelt sich jedoch bei den in diesen Vorschriften beschriebenen Zuständen um zwei verschiedene: Der in Art. 29 ZGB beschriebene Zustand ist mit einer psychischen Störung der Person, die für geschäftsunfähig erklärt wurde, verbunden. Der in Art. 1078 Abs. 1 ZGB beschriebene Zustand tritt bei einer geschäftsfähigen Person auf und ist zeitlich begrenzt, weil er durch unerwartete Umstände hervorgerufen wurde[549]. In einem Zustand der Unzurechnungsfähigkeit[550] im Sinne des Art. 1078 Abs. 1 ZGB befindet sich ein Bürger z. B. im Falle einer psychischen Krankheit, einer seelischen Aufregung oder Erschütterung, der Einwirkung von Hypnose, des Ohnmachtzustandes, des Affektzustandes, der Bewußtlosigkeit, der Trunkenheit, des Mißbrauchs von Betäubungsmitteln[551]. Dieser Zustand muß durch einen Arzt im gesetzlich festgelegten Verfahren festgestellt werden[552]. Ein Bürger ist nicht in der Lage, seine Handlungen zu steuern, wenn ihm zwar bewußt ist, daß er einen Schaden zufügt, jedoch nicht in der Lage ist, diese Handlung zu unterlassen[553].

549 *Korneev* in: *Suchanov*, Graždanskoe pravo, Band 2, Halbband 2, S. 411.

550 Vgl. *Fajzutdinov* in: *Sadikov*, Kommentarij k Graždanskomu kodeksu časti vtoroj, Anm. 1 zu Art. 1078; *Sergeev* in: *Sergeev/Tolstoj*, Graždanskoe pravo, Band 3, S. 36.

551 *Zajcev* in: *Krylov/Gavrilov*, Rossijskoe graždanskoe pravo, S. 377; *Jarošenko* in: *Braginskij*, Kommentarij časti vtoroj Graždanskogo kodeksa RF, S. 368; *Malein* in: *Kalpin*, Graždanskoe pravo. Čast' vtoraja, S. 519; *Fajzutdinov* in: *Sadikov*, Kommentarij k Graždanskomu kodeksu časti vtoroj, Anm. 1 zu Art. 1078; *Guev*, Postatejnyj kommentarij k časti vtoroj Graždanskogo kodeksa RF, Anm. 1 a) zu Art. 1078; *Sergeev* in: *Sergeev/Tolstoj*, Graždanskoe pravo, Band 3, S. 36; *Korneev* in: *Suchanov*, Graždanskoe pravo, Band 2, Halbband 2, S. 411; *Makarov*, ChiP 2000, Nr. 1, S. 109.

552 *Guev*, Postatejnyj kommentarij k časti vtoroj Graždanskogo kodeksa RF, Anm. 1 a) zu Art. 1078.

553 *Guev*, Postatejnyj kommentarij k časti vtoroj Graždanskogo kodeksa RF, Anm. 1 a) zu Art. 1078.

c) Fälle der Haftung ohne Verschulden

Durch Gesetz kann die Schadensersatzpflicht auch bei fehlendem Verschulden des Schädigers bestimmt werden (Art. 1064 Abs. 2 Satz 2 ZGB). Eine solche verschuldensunabhängige Haftung befindet sich in folgenden Bestimmungen des ZGB:

- Art. 1079 ZGB (Gefährdungshaftung),
- Art. 1070 ZGB (Haftung von Organen der Ermittlung, Voruntersuchung, der Staatsanwaltschaft und der Gerichte),
- Art. 1095 ZGB (Haftung für durch mangelhafte Waren, Arbeiten oder Dienstleistungen zugefügten Schaden),
- Art. 1073 Abs. 4 Satz 2 ZGB (Haftung von Minderjährigen im Alter bis zu 14 Jahren),
- Art. 1076 Abs. 3 ZGB (Haftung von für geschäftsunfähig erklärten Bürgern),
- Art. 1078 Abs. 1 Satz 2 ZGB (Haftung von Bürgern, die nicht in der Lage sind, die Bedeutung ihrer Handlungen zu erkennen).

Diese Vorschriften werden nicht an dieser Stelle, sondern in den Teilen C.-F.[554] im einzelnen dargestellt und erörtert.

Auch außerhalb des ZGB gibt es zahlreiche Vorschriften, die eine Haftung ohne Verschulden vorsehen, z. B. folgende:

- Der Betreiber eines Flugzeugs ist verpflichtet, den Schaden zu ersetzen, der bei Betrieb des Flugzeugs entstanden ist, es sei denn, er beweist, daß der Schaden infolge höherer Gewalt oder des Vorsatzes des Geschädigten zugefügt worden ist (Art. 116 Abs. 2 LuftverkehrsGB[555]).
- Der Eigentümer eines Schiffes haftet auch ohne Verschulden für Schaden, der durch gefährliche und schädliche Substanzen zugefügt wurde, (Art. 328 Seehandelsgesetzbuch[556]).
- Die Haftung der Betreiberorganisation einer Atomanlage für Verluste und Schaden, die durch Strahleneinwirkung zugefügt wurden, tritt unabhängig vom Verschulden der Betreiberorganisation ein (Art. 54 AtomG[557]).

---

554 Vgl. S. 319 ff.

555 Vgl. Fn. 9.

556 Vgl. Fn. 12.

557 Vgl. Fn. 7.

- Die Haftung für Schaden, der einem Weltraumobjekt der RF bei der Weltraumtätigkeit zugefügt wurde, entsteht unabhängig von dem Verschulden des Schädigers (Art. 30 Abs. 1 des Gesetzes „Über die *Weltraumtätigkeit*“ [558]).

d) Das Verschulden juristischer Personen

Die rußländische Rechtswissenschaft geht – im Gegensatz zur deutschen Rechtswissenschaft – davon aus, daß nicht nur natürliche, sondern auch juristische Personen schuldhaft handeln können. Dabei haften juristische Personen stets für eigenes und nicht für fremdes Verschulden[559].

Die Begründung des Verschuldens juristischer Personen war in der sowjetischen Rechtswissenschaft mit den verschiedenen Theorien über das Wesen der juristischen Person verbunden. Zu diesen Theorien zählen z. B. die *Theorie vom sozialen Beziehungssystem*[560], die *Theorie vom Zweckvermögen*[561], die *Direktorentheorie* sowie die *Kollektivtheorie*, wobei in erster Linie die beiden zuletzt genannten Theorien im Zusammenhang mit der Begründung des Verschuldens juristischer Personen herangezogen wurden.

Die Anhänger der *Direktorentheorie* gehen davon aus, daß der Leiter der juristischen Person als Substrat der juristischen Person auftrete und von ihr untrennbar sei[562]. Folglich haftet eine juristische Person für Schäden, die durch Handlungen des Direktors und seiner Administration zugefügt werden. Gegen diese Theorie wird jedoch eingewendet, daß es zwar manchmal tatsächlich vorkomme, daß ein Schaden infolge schuldhaften Verhaltens der Administration einer juristischen Person zugefügt werde. In der Regel würden außervertragliche Schäden jedoch nicht durch die Administration, sondern die Arbeitnehmer der juristischen Person zugefügt werden. Um in diesen Fällen ein Verschulden der juristischen Person zu begründen, muß ein Verschulden der Administration bei der Auswahl und Beaufsichtigung der Arbeitnehmer bewiesen

---

558 Vgl. Fn. 292.

559 Vgl. *Solotych*, Das neue russische ZGB aus rechtsvergleichender Sicht, in: *Schroeder*, Die neuen Kodifikationen in Rußland, S. 34.

560 *O. Krasavčikov*, SGiP 1976, Nr. 1, S. 47 ff.

561 *Suchanov*, Graždanskoe pravo, Band 1, S. 169 ff., insbesondere S. 173.

562 Vgl. zur Direktorentheorie im allgemeinen bei *Ju. Tolstoj*, Soderžanie i graždanskopravovoaja zaščita prava sobstvennosti v SSSR, S. 60 ff., inbesondere S. 88 ff.

werden[563]. Wenn die Organe der juristischen Person beweisen, daß sie den Arbeitnehmer bei der Einstellung überprüft haben, haftet die juristische Person nicht für den Schaden, der von dem Arbeitnehmer bei Erfüllung seiner Arbeitspflichten zugefügt wurde[564]. Bei der Haftung der juristischen Person handelte es sich nach dieser Theorie folglich um eine Haftung für fremdes und nicht für eigenes Verschulden[565].

In der sowjetischen Rechtswissenschaft durchgesetzt hat sich die von *A. Venediktov*[566] und *S. Bratus'*[567] Ende der 40er Jahre entwickelte *Kollektivtheorie*, die davon ausgeht, daß das Kollektiv der Arbeitnehmer und Bediensteten bzw. das Kollektiv der Mitglieder von Kooperativen oder Kolchosen mit der juristischen Person identisch ist. Die Handlungen der Mitglieder des Kollektivs, die in Verbindung mit der Erfüllung der Arbeitsaufgaben stehen, gelten als Handlungen der juristischen Person selbst. Die Schuld jedes Mitarbeiters kommt der Schuld der juristischen Person gleich. Wenn ein Schaden von Arbeitnehmern der juristischen Person verursacht wird, stellt die Haftung der juristischen Person eine Haftung für eigenes und nicht für fremdes Verschulden dar[568].

Die Kollektivtheorie hat zwar in ihrer ursprünglichen Konzeption unter den heutigen Bedingungen der Marktwirtschaft keine Bedeutung

---

563 Vgl. *Korneev* in: *Suchanov*, Graždanskoe pravo, Band 2, Halbband 2, S. 386; *Ioffe*, Otvetstvennost' po sovetskomu graždanskomu pravu, S. 64; *V. Smirnov*, in: Problemy graždanskogo i administrativnogo prava 1962, S. 259.

564 Vgl. *Korneev* in: *Suchanov*, Graždanskoe pravo, Band 2, Halbband 2, S. 381; *Smirnov*, in: Problemy graždanskogo i administrativnogo prava 1962, S. 259 f.

565 Vgl. *Ioffe*, Otvetstvennost' po sovetskomu graždanskomu pravu, S. 64.

566 Gosudarstvennaja socialističeskaja sobstvennost', S. 657 ff.

567 SGiP 1949, Nr. 11, S. 78; Juridičeskie lica v sovetskom graždanskom prave, S. 151.

568 Vgl. *Ioffe*, Otvetstvennost' po sovetskomu graždanskomu pravu, S. 66 f.; *Ioffe*, Objazatel'stvennoe pravo, S. 137; *Smirnov/Sobčak*, Obščee učenie o deliktnych objazatel'stvach v sovetskom graždanskom prave, S. 82 ff.; *Matveev*, Vina v sovetskom graždanskom prave, S. 209 ff.; *Matveev*, Osnovanija graždansko-pravovoj otvetstvennosti, S. 232 ff.; *Smirnov*, in: Problemy graždanskogo i administrativnogo prava 1962, S. 255, 265 ff.; *Smirnov* in: *Ioffe/Tolstoj/Čerepachin*, Sovetskoe graždanskoe pravo, Band 2, S. 371; *Beljakova*, Imuščestvennaja otvetstvennost' za pričinenie vreda, S. 27; *Solotych*, Das neue russische ZGB aus rechtsvergleichender Sicht, in: *Schroeder*, Die neuen Kodifikationen in Rußland, S. 34; *Solotych*, Das Zivilgesetzbuch der Russischen Föderation – Erster Teil –, S. 33; *Korneev* in: *Suchanov*, Graždanskoe pravo, Band 2, Halbband 2, S. 386; *Braginskij/Vitrjanskij*, Dogovornoe pravo, S. 744 ff.; *Zacharov/Koršunov/Cederbaum*, Vozmeščenie rabotadatel'jami vreda, pričinennogo zdorov'ju rabotnika pri ispolnenii trudovych objazannostej, § 4 zu Art. 4.

mehr. Der Grundsatz dieser Theorie, daß die Handlungen der Arbeitnehmer oder der Mitglieder der juristischen Person, die bei der Erfüllung ihrer Arbeits- bzw. Mitgliedspflichten begangen wurden, als Handlungen der juristischen Person selbst gelten und juristische Personen für eigene und nicht für fremde Handlungen haften, ist jedoch auch heute noch von Bedeutung und hat bei der Regelung der Haftung für Arbeitnehmer in Art. 1068 ZGB seine Wiederspiegelung in der Gesetzgebung gefunden[569]. Auch heute gilt noch, daß das Verschulden der juristischen Person in dem Verschulden bestimmter natürlicher Personen besteht[570]. Diese Personen können Organe, Gesellschafter, Mitglieder, Vertreter, Arbeitnehmer und Bedienstete der juristischen Person sein. Ein Verschulden dieser Personen wird aber nur dann als Verschulden der juristischen Person selbst angesehen, wenn die Personen die Handlungen im Rahmen ihrer Dienst-/Arbeitspflichten vorgenommen haben[571].

e) Die Verschuldensformen

Wie im deutschen Recht gibt es im rußländischen Zivilrecht (sowie Strafrecht, vgl. Art. 24 Abs. 1 StGB) zwei Verschuldensformen, nämlich *Vorsatz* und *Fahrlässigkeit*[572] (vgl. Art. 401 ZGB), wobei verschiedene Arten des Vorsatzes und der Fahrlässigkeit existieren.

Für den Haftungseintritt haben die Verschuldensformen keine Bedeutung. Der Schädiger haftet in vollem Umfang, unabhängig davon, ob seine Handlungen bzw. Unterlassungen vorsätzlich oder fahrlässig wa-

---

569 *Korneev* in: *Suchanov*, Graždanskoe pravo, Band 2, Halbband 2, S. 387, Band 1, S. 448; vgl. auch *Tarchov* in: *Cybulenko*, Graždanskoe pravo Rossii. Čast' pervaja, S. 432; *Ėrdelevskij*, Zakon 1998, Nr. 11/12, S. 104, *Tolstoj* in: *Sergeev/Tolstoj*, Graždanskoe pravo, Band 3, S. 6, 13. Näher zu Art. 1068 ZGB vgl. unten S. 192 ff.

570 Vgl. *Korneev* in: *Suchanov*, Graždanskoe pravo, Band 2, Halbband 2, S. 382; *Egorov* in: *Sergeev/Tolstoj*, Graždanskoe pravo, Band 1, S. 575; *Malein* in: *Kalpin/Masljaev*, Graždanskoe pravo. Čast' pervaja, S. 511; *Tarchov* in: *Cybulenko*, Graždanskoe pravo Rossii. Čast' pervaja, S. 431.

571 *Korneev* in: *Suchanov*, Graždanskoe pravo, Band 2, Halbband 2, S. 382, Band 1, S. 448; vgl. auch *Jarošenko* in: *Sadikov*, Graždanskoe pravo Rossii. Čast' vtoraja, S. 649; *Ėrdelevskij*, Zakon 1998, Nr. 11/12, S. 104; *Malein* in: *Kalpin/Masljaev*, Graždanskoe pravo. Čast' pervaja, S. 511.

572 *Jarošenko* in: *Sadikov*, Graždanskoe pravo Rossii. Čast' vtoraja, S. 642.

ren[573]. Relevant sind die Verschuldensformen nur bei einer Berücksichtigung des Mitverschuldens des Geschädigten (Art. 1083 ZGB)[574].

aa) Vorsatz. Das ZGB enthält keine Definition des Vorsatzes. Deshalb wird in der rußländische Rechtswissenschaft zum Teil auch im Zivilrecht auf die strafrechtliche Definition des Vorsatzes in Art. 25 StGB verwiesen[575] bzw. die Definitionen lehnen sich an die strafrechtliche Definition an[576].

Nach der strafrechtlichen Definition gilt eine Handlung als vorsätzlich, die mit direktem oder bedingtem Vorsatz begangen wurde (vgl. Art. 25 Abs. 1 StGB). Als mit *direktem Vorsatz* begangen gilt eine Handlung, wenn eine Person die gesellschaftliche Gefährlichkeit ihrer Handlungen (Unterlassung) erkannt, die Möglichkeit oder Unvermeidlichkeit des Eintritts gesellschaftlich gefährlicher Folgen vorausgesehen und ihren Eintritt gewollt hat (vgl. Art. 25 Abs. 2 StGB). Als mit *bedingtem Vorsatz* begangen gilt eine Handlung, wenn eine Person die gesellschaftliche Gefährlichkeit ihrer Handlungen (Unterlassung) erkannt, die Möglichkeit oder Unvermeidlichkeit des Eintritts gesellschaftlich gefährlicher Folgen vorausgesehen und diese Folgen nicht gewünscht, jedoch bewußt zugelassen oder ihnen gleichgültig gegenübergestanden hat (Art. 25 Abs. 3 StGB).

---

573 Punkt 20 der erläuternden Leitentscheidung Nr. 14 des Obersten Gerichtshofs der RF vom 05.11.1998, BVS RF 1999, Nr. 1, S. 5; *Jarošenko* in: *Sadikov*, Graždanskoe pravo Rossii. Čast' vtoraja, S. 642; *Jarošenko* in: *Braginskij*, Kommentarij časti vtoroj Graždanskogo kodeksa RF, S. 356, 374; *Korneev* in: *Suchanov*, Graždanskoe pravo, Band 2, Halbband 2, S. 380; *Fajzutdinov* in: *Sadikov*, Kommentarij k Graždanskomu kodeksu RF časti vtoroj, Anm. 7 zu Art. 1064; *Zajcev* in: *Krylov/Gavrilov*, Rossijskoe graždanskoe pravo, S. 373; *Zacharov/Koršunov/Cederbaum*, Vozmeščenie rabotadatel'jami vreda, pričinennogo zdorov'ju rabotnika pri ispolnenii trudovych objazannostej, § 6 zu Art. 4; *Kozyminych*, RJu 2001, Nr. 2, S. 33.

574 *Jarošenko* in: *Sadikov*, Graždanskoe pravo Rossii. Čast' vtoraja, S. 643; *Jarošenko*, ChiP 1996, Nr. 12, S. 15; *Jarošenko* in: *Braginskij*, Kommentarij časti vtoroj Graždanskogo kodeksa RF, S. 374.

575 *Jarošenko* in: *Sadikov*, Graždanskoe pravo Rossii. Čast' vtoraja, S. 642; *Zajcev* in: *Krylov/Gavrilov*, Rossijskoe graždanskoe pravo, S. 386; *Jarošenko* in: *Braginskij*, Kommentarij časti vtoroj Graždanskogo kodeksa RF, S. 374.

576 *Guev*, Postatejnyj kommentarij k časti vtoroj Graždanskogo kodeksa, Anm. 1 zu Art. 1083.

Das ZGB unterscheidet jedoch nicht zwischen direktem und bedingtem Vorsatz. Deshalb definiert die Mehrzahl der Autorem im zivilrechtlichen Schrifttum den Vorsatz unabhängig von der strafrechtlichen Terminologie. Nach diesen Definitionen handelt vorsätzlich, wer das schädliche Resultat seiner Handlungen vorhersieht und seinen Eintritt will oder bewußt zuläßt[577]. *Korneev*[578] sowie *Braginskij/Vitrjanskij*[579], die nicht den herkömmlichen Begriff des Verschuldens zugrunde legen, fassen hingegen unter den Begriff des Vorsatzes nur absichtliche Handlungen oder Unterlassungen, die darauf gerichtet sind, einer anderen Person einen Vermögensschaden zuzufügen.

bb) Fahrlässigkeit. Da das ZGB auch keine Definition der Fahrlässigkeit kennt, wird in der Literatur gelegentlich auch die Definition der Fahrlässigkeit aus dem StGB herangezogen[580]. Das StGB unterscheidet zwei Formen der Fahrlässigkeit, nämlich die Leichtfertigkeit[581] und die Nachlässigkeit[582] (vgl. Art. 26 Abs. 1 StGB). Als aus *Leichtfertigkeit* begangen gilt eine Handlung, wenn eine Person die Möglichkeit des Eintritts gesellschaftlich gefährlicher Folgen ihrer Handlungen (Unterlassung) vorhergesehen hat, jedoch ohne hierfür ausreichende Gründe in Selbstüberschätzung mit einer Abwendung dieser Folgen gerechnet hat (vgl. Art. 26 Abs. 2 StGB). Als aus *Nachlässigkeit* begangen gilt eine Handlung, wenn eine Person die Möglichkeit des Eintritts gesellschaftlich gefährlicher Folgen infolge ihrer Handlungen (Unterlassung) nicht vorhergesehen hat, obwohl sie bei erforderlicher Aufmerksamkeit und

---

577 Vgl. *Tarchov* in: *Cybulenko*, Graždanskoe pravo Rossii. Čast' pervaja, S. 430; *Suchanov*, Graždanskoe pravo, Band 1, S. 447; *Braginskij* in: *Sadikov*, Graždanskoe pravo Rossii. Obščaja čast', S. 681; *Fajzutdinov* in: *Sadikov*, Kommentarij k Graždanskomu kodeksu RF časti vtoroj, Anm. 7 zu Art. 1064; *Malein* in: *Kalpin/Masljaev*, Graždanskoe pravo. Čast' pervaja, S. 510; *A. Tokanova*, Žurnal rossijskogo prava 2001, Nr. 1, S. 101; *Ėrdelevskij* in: *Grišaev*, Graždanskoe pravo, S. 181; *Smirnov/Sobčak*, Obščee učenie o deliktnych objazatel'stvach v sovetskom graždanskom prave, S. 80; *Ėrdelevskij*, Moral'nyj vred i kompensacija za stradanija, S. 21; *Ėrdelevskij*, Kompensacija moral'nogo vreda v Rossii i za rubežom, S. 79.

578 In: *Suchanov*, Graždanskoe pravo, Band 2, Halbband 2, S. 379.

579 Dogovornoe pravo, S. 758.

580 Vgl. *Jarošenko* in: *Sadikov*, Graždanskoe pravo Rossii. Čast' vtoraja, S. 642.

581 Russ.: legkomyslie.

582 Russ.: nebrežnost'.

Vorsicht diese Folgen vorhersehen mußte und konnte (vgl. Art. 26 Abs. 3 StGB).

Die Mehrzahl der Autoren greift jedoch nicht auf die strafrechtliche Definition der Fahrlässigkeit zurück. Stattdessen wird das Verhalten einer Person als fahrlässig angesehen, wenn sie die schädlichen Folgen ihres Handelns vorhersieht, aber leichtfertig darauf hofft, sie zu vermeiden, oder wenn sie den Eintritt der schädlichen Folgen nicht vorhergesehen hat, obwohl sie sie vorhersehen mußte[583]. Andere stellen darauf ab, ob der Schuldner die geforderten Sorgfalt und Vorsicht an den Tag gelegt hat[584].

Gegen eine Übertragung der strafrechtlichen Definitionen der Fahrlässigkeit spricht vor allem, daß das ZGB nicht zwischen Leichtfertigkeit und leichter Fahrlässigkeit, sondern zwischen grober Fahrlässigkeit[585] und (einfacher/leichter) Fahrlässigkeit[586] unterscheidet. Den Begriff der groben Fahrlässigkeit im ZGB kann man nicht auf eine der im StGB erwähnten Fahrlässigkeitsformen zurückführen[587]. Näher erläutert werden die verschiedenen Fahrlässigkeitsformen im ZGB nicht, sie werden nur erwähnt (vgl. z. B. Art 401, 693, 697, 901 und 1083 ZGB). In der Literatur werden die grobe und die einfache Fahrlässigkeit wie folgt voneinander abgegrenzt:

Die *grobe Fahrlässigkeit* wird definiert als unentschuldbare Verletzung einfachster, elementarster Forderungen an die Sorgfalt und Umsicht, die jedem bekannt sind[588], bzw. als Verletzung der gewöhnlichen,

---

583 *Braginskij* in: *Sadikov*, Graždanskoe pravo. Obščaja čast', S. 681; *Malein* in: *Kalpin/Masljaev*, Graždanskoe pravo. Čast' pervaja, S. 510 f.; *Suchanov*, Graždanskoe pravo, Band 1, S. 447; *Tarchov* in: *Cybulenko*, Graždanskoe pravo Rossii. Čast' pervaja, S. 430; vgl. auch *Ėrdelevskij* in: *Grišaev*, Graždanskoe pravo, S. 181.

584 Vgl. *Braginskij/Vitrjanskij*, Dogovornoe pravo, S. 758; *Korneev* in: *Suchanov*, Graždanskoe pravo, Band 2, Halbband 2, S. 379; *Ioffe*, Objazatel'stvennoe pravo, S. 133; ähnlich *Smirnov/Sobčak*, Obščee učenie o deliktnych objazatel'stvach v sovetskom graždanskom prave, S. 80; *Tokanova*, Žurnal rossijskogo prava 2001, Nr. 1, S. 101.

585 Russ.: grubaja neostorožnost'.

586 Russ.: (prostaja/legkaja) neostorožnost'.

587 *Jarošenko* in: *Sadikov*, Graždanskoe pravo Rossii. Čast' vtoraja, S. 643.

588 *Korneev* in: *Suchanov*, Graždanskoe pravo, Band 2, Halbband 2, S. 381; vgl. auch *Braginskij/Vitrjanskij*, Dogovornoe pravo, S. 758 f.; *Smirnov/Sobčak*, Obščee učenie o deliktnych objazatel'stvach v sovetskom graždanskom prave, S. 81; *Egorov* in: *Sergeev/Tolstoj*, Graždanskoe pravo, Band 1, S. 577; *Malein* in: *Kalpin/*

für alle offensichtlichen Anforderungen, die gegenüber einer Person erhoben werden, die eine bestimmte Tätigkeit ausführt[589]. Als Beispiele für ein grob fahrlässiges Verhalten werden das Überqueren einer Straße ohne Benutzung einer vorhandenen Unterführung, das Ignorieren der Umzäunung eines Bauplatzes und das Fahren trotz roter Ampel genannt[590]. Nur *einfache Fahrlässigkeit* liegt vor, wenn eine Person nicht die Anforderungen beachtet, die ihr gegenüber als bestimmte Person unter Berücksichtigung ihrer Erfahrungen, ihres Wissens oder ihrer beruflichen Ausbildung erhoben werden[591].

f) Das Verschulden des Geschädigten

Nicht selten entsteht ein Schaden nicht nur durch Handlungen oder Unterlassungen des Schädigers, sondern auch das Verhalten des Geschädigten selbst. In diesen Fällen wäre es häufig ungerecht, die Haftung für den Schaden in vollem Umfang dem Schädiger aufzuerlegen[592]. Art. 1083 Abs. 1 und 2 ZGB ordnet deshalb an, daß das Verschulden des Geschädigten zu berücksichtigen ist.

Dogmatisch wird das Mitverschulden wie folgt eingeordnet: Die Verpflichtung des Schädigers, dem Geschädigten Schadensersatz zu leisten, stellt das Hauptschuldverhältnis dar. Fällt dem Geschädigten ebenfalls ein Verschulden zur Last, entsteht gleichzeitig ein anderes deliktisches Schuldverhältnis, bei dem der Schädiger die Rolle des Gläubigers einnimmt und der Geschädigte die des Schuldners. Das Recht des Gläubigers dieses Schuldverhältnisses besteht in der Minderung der Höhe des Schadens, den er ersetzen muß. Die Pflicht des Schuldners – des Geschädigten – besteht im Verzicht auf die Forderung, vollen Schadensersatz zu erhalten. Dieses Schuldverhältnis hat sekundären (abhängigen)

Masljaev, Graždanskoe pravo. Čast' pervaja, S. 511; ähnlich: *Sergeev* in: *Sergeev/Tolstoj*, Graždanskoe pravo, Band 3, S. 45.

589 *Fajzutdinov* in: *Sadikov*, Kommentarij k Graždanskomu kodeksu RF časti vtoroj, Anm. 2 zu Art. 1083; *Makarov*, ChiP 2000, Nr. 1, S. 98; *Smirnov/Sobčak*, Obščee učenie o deliktnych objazatel'stvach v sovetskom graždanskom prave, S. 81.

590 *Jarošenko* in: *Sadikov*, Graždanskoe pravo Rossii. Čast' vtoraja, S. 643; *Korneev* in: *Suchanov*, Graždanskoe pravo, Band 2, Halbband 2, S. 393 f.; vgl. zu weiteren Beispielen *A. Fedotov*, Žurnal rossijskogo prava 2001, Nr. 12, S. 97.

591 *Malein* in: *Kalpin/Masljaev*, Graždanskoe pravo. Čast' pervaja, S. 511; *Braginskij* in: *Sadikov*, Graždanskoe pravo. Obščaja čast', S. 682.

592 *Korneev* in: *Suchanov*, Graždanskoe pravo, Band 2, Halbband 2, S. 391.

Charakter, weil dessen Grundlage ein Schuldverhältnis ist, das ursprünglich zwischen dem Schädiger und dem Geschädigten entstanden ist[593].

Art. 1083 ZGB differenziert danach, ob der Geschädigte vorsätzlich oder grob fahrlässig gehandelt hat:

Schaden, der infolge des Vorsatzes des Geschädigten entstanden ist, wird nicht ersetzt (Art. 1083 Abs. 1 ZGB). Eine Art. 1083 Abs. 1 ZGB entsprechende Vorschrift war im ZGB 1964 und den GZG 1991 noch nicht enthalten. Art. 1083 Abs. 1 ZGB gilt unabhängig davon, ob ein Fall der Verschuldenshaftung oder der Haftung ohne Verschulden vorliegt[594], somit auch in bezug auf die Haftung für Schäden, die durch eine Quelle erhöhter Gefahr verursacht wurden.

Hat der Geschädigte selbst durch grobe Fahrlässigkeit zur Entstehung oder Vergrößerung des Schadens beigetragen, so muß die Höhe des Schadensersatzes in Abhängigkeit vom Schuldmaß des Geschädigten und des Schädigers herabgesetzt werden (Art. 1083 Abs. 2 Satz 1 ZGB). Das Gericht hat somit die Pflicht – und nicht nur das Recht –, die Höhe des Schadensersatzes herabzusetzen, wenn der Geschädigte grob fahrlässig und der Schädiger schuldhaft gehandelt hat[595]. Einfache Fahrlässigkeit des Geschädigten wird hingegen nicht angerechnet[596]. Der Grund hierfür besteht darin, daß bei den Schuldverhältnissen aus Schadenszufügung – im Gegensatz zu den vertragliche Schuldverhältnissen – der Schaden für den Geschädigten meist unerwartet eintritt[597]. In den Fällen

---

593 *Korneev* in: *Suchanov*, Graždanskoe pravo, Band 2, Halbband 2, S. 392.

594 *Jarošenko*, ChiP 1996, Nr. 12, S. 15; *Jarošenko* in: *Braginskij*, Kommentarij časti vtoroj Graždanskogo kodeksa RF, S. 374.

595 *Fajzutdinov* in: *Sadikov*, Kommentarij k Graždanskomu kodeksu RF, časti vtoroj, Anm. 3 zu Art. 1083; *Guev*, Postatejnyj kommentarij k časti vtoroj Graždanskogo kodeksa RF, Anm. 3 zu Art. 1083.

596 *Fajzutdinov* in: *Sadikov*, Kommentarij k Graždanskomu kodeksu RF, časti vtoroj, Anm. 3 zu Art. 1083; *Guev*, Postatejnyj kommentarij k časti vtoroj Graždanskogo kodeksa RF, Anm. 3 zu Art. 1083; *Korneev* in: *Suchanov*, Graždanskoe pravo, Band 2, Halbband 2, S. 380, 394; *Tolstoj* in: *Sergeev/Tolstoj*, Graždanskoe pravo, Band 3, S. 13; vgl. auch *Zacharov/Koršunov/Cederbaum*, Vozmeščenie rabotadatel'jami vreda, pričinennogo zdorov'ju rabotnika pri ispolnenii trudovych objazannostej, § 2 zu Art. 7.

597 Vgl. *Tolstoj* in: *Sergeev/Tolstoj*, Graždanskoe pravo, Band 3, S. 13.

des Art. 1083 Abs. 2 Satz 1 ZGB wird auch häufig von einer gemischten Schuld bzw. gemischten Haftung gesprochen[598].

Die Bewertung, ob es sich bei der Fahrlässigkeit des Geschädigten um grobe oder einfache Fahrlässigkeit handelt, die die Höhe des Schadensersatzes nicht beeinflußt, obliegt dem Gericht[599]. Das Gericht muß in jedem Fall konkret unter Berücksichtigung der tatsächlichen Umstände (Wesen der Tat, Umstände der Schadenszufügung, individuelle Besonderheiten des Geschädigten) entscheiden. Grobe Fahrlässigkeit des Geschädigten liegt insbesondere vor, wenn er in betrunkenem Zustand zur Entstehung oder Vergrößerung eines Schadens beigetragen hat[600]. Jedoch genügt allein die Tatsache, daß sich der Geschädigte in betrunkenem Zustand befunden hat, nicht für die Annahme, daß der Geschädigte grob fahrlässig gehandelt hat. Wenn der Schaden auch dann eingetreten wäre, wenn der Geschädigte nicht betrunken gewesen wäre, darf die Höhe des Schadensersatzes nicht herabgesetzt werden[601].

---

598 *Jarošenko*, ChiP 1996, Nr. 12, S. 16; *Jarošenko* in: *Braginskij*, Kommentarij časti vtoroj Graždanskogo kodeksa RF, S. 375; *Zajcev* in: *Krylov/Gavrilov*, Rossijskoe graždanskoe pravo, S. 385; *Fajzutdinov* in: *Sadikov*, Kommentarij k Graždanskomu kodeksu RF časti vtoroj, Anm. 3 zu Art. 1083; *Gavrilov*, RJu 2000, Nr. 6, S. 21; vgl. zur gemischten Schuld bzw. Haftung auch *Suchanov*, Graždanskoe pravo, Band 1, S. 459; *Illarinova* in: *Illarinova/Gongalo/Pletnev*; Graždanskoe pravo. Čast' pervaja, S. 425, 432 f.; *Tarchov* in: *Cybulenko*, Graždanskoe pravo Rossii. Čast' pervaja, S. 440; BVS RSFSR 1988, Nr. 1, S. 7.

599 Vgl. *Jarošenko*, ChiP 1996, Nr. 12, S. 15.

600 Punkt 23 der erläuternden Leitentscheidung Nr. 3 des Plenums des Obersten Gerichtshofs der RF vom 28.04.1994, BVS RF 1994, Nr. 7, S. 7; welcher zurückgeht auf Punkt 21 der erläuternden Leitentscheidung Nr. 13 des Plenums des Obersten Gerichtshofs der UdSSR vom 05.09.1986, BVS SSSR 1986, Nr. 6, S. 18 (der durch Punkt 39 der erläuternden Leitentscheidung Nr. 3 vom 28.04.1994 außer Kraft gesetzt wurde) und Punkt 17 der erläuternden Leitentscheidung Nr. 16 des Plenums Obersten Gerichtshofs der UdSSR vom 23.10.1963, BVS SSSR 1963, Nr. 6, S. 19, i. d. F. der erläuternden Leitentscheidung Nr. 6 vom 30.03.1973, BVS SSSR 1973, Nr. 3, S. 15, (der durch Punkt 27 der erläuternden Leitentscheidung vom 05.09.1986 außer Kraft gesetzt wurde); vgl. auch BVS RSFSR 1989, Nr. 5, S. 2; BVS RSFSR 1982, Nr. 9, S. 13; BVS RSFSR 1982, Nr. 2, S. 5; *Jarošenko* in: *Sadikov*, Graždanskoe pravo Rossii. Čast' vtoraja, S. 643 f.; *Fajzutdinov* in: *Sadikov*, Kommentarij k Graždanskomu kodeksu RF časti vtoroj, Anm. 2 zu Art. 1083.

601 Vgl. *V. Gljancev*, RJu 1997, Nr. 11, S. 9; *Zacharov/Koršunov/Cederbaum*, Vozmeščenie rabotadatel'jami vreda, pričinennogo zdorov'ju rabotnika pri ispolnenii trudovych objazannostej, § 3 zu Art. 7.

Welches Maß der groben Fahrlässigkeit vorliegt, ist ebenfalls aufgrund einer Analyse der Umstände in jedem konkreten Fall unter Berücksichtigung der geistigen Fähigkeiten der Person, seines Alters, seines Gesundheitszustands u. ä. zu bestimmen[602].

Grobe Fahrlässigkeit des Geschädigten hat der Oberste Gerichtshof der RF z. B. bei folgender Konstellation angenommen[603]: Der Kläger verlangte vom Beklagten Schadensersatz wegen Beschädigung seines Kraftfahrzeugs. Der Schaden an dem Kraftfahrzeug des Klägers entstand dadurch, daß aus dem Traktor des Beklagten eine erhebliche Menge an Motoröl auslief. Als der Kläger auf den Ölfleck auffuhr, verlor er die Kontrolle über sein Fahrzeug und kippte in den Straßengraben. Nach Meinung des Gerichts hatte ein grob fahrlässiges Handeln des Klägers die Entstehung des Schadens gefördert. Der Kläger hätte versuchen müssen, sein Fahrzeug anzuhalten, als er den Ölfleck sah. Nach dem Gutachten eines Kraftfahrzeugsachverständigen wäre es dem Kläger so möglich gewesen, zu verhindern, auf den Ölfleck aufzufahren.
Kein grob fahrlässiges Verhalten des Geschädigten hat der Oberste Gerichtshof der RSFSR darin gesehen, daß dieser einen stark beschädigten Bürgersteig benutzt hat, zumal auch andere Bürger auf diesem Bürgersteig gegangen sind[604].

Eine dem Art. 1083 Abs. 2 Satz 1 ZGB ähnliche Bestimmung war bereits Art. 458 Satz 1 ZGB 1964[605] enthalten, die wie folgt lautete:

„Hat der Geschädigte selbst durch grobe Fahrlässigkeit zur Entstehung oder Vergrößerung des Schadens beigetragen, so ist in Abhängigkeit vom Schuldmaß des Geschädigten (und bei Verschulden des Schädigers – in Abhängigkeit von dessen Schuldmaß) die Höhe des Schadensersatzes herabzusetzen oder der Schadensersatz abzulehnen, soweit durch Gesetz der UdSSR nichts anderes vorgesehen wurde."

Im Zusammenhang mit dieser Vorschrift existierten lange Zeit unterschiedliche Standpunkte darüber, ob grobe Fahrlässigkeit des Geschädigten nicht nur zu einer Herabsetzung des Schadensersatzes, sondern

---

602 *Korneev* in: *Suchanov*, Graždanskoe pravo, Band 2, Halbband 2, S. 394.
603 BVS RF 1997, Nr. 5, S. 7 f.
604 BVS RSFSR 1998, Nr. 1, S. 6 f.
605 I. d. F. des Erlasses des Präsidiums des Obersten Sowjets der RSFSR vom 12.12.1973, VVS RSFSR 1973, Nr. 51, Pos. 1114.

auch zu einer Befreiung des Schädigers von der Pflicht zum Schadensersatz führt, wenn der Schaden durch eine Quelle erhöhter Gefahr zugefügt wurde[606]. Dieser Streit wurde mit der Verabschiedung der Regelung des Art. 1083 Abs. 2 Satz 2 ZGB beigelegt, die wie folgt lautet:

> „*Liegt grobe Fahrlässigkeit des Geschädigten und kein Verschulden des Schädigers vor, so muß die Höhe des Schadensersatzes in Fällen, in denen die Haftung des Schädigers ohne sein Verschulden eintritt, herabgesetzt werden oder es kann der Schadensersatz verweigert werden, soweit gesetzlich nichts anderes bestimmt ist.*"

Diese Vorschrift betrifft alle Fälle, in denen der Schädiger den Schaden trotz fehlenden Verschuldens ersetzen muß[607]. Sie schreibt dem Gericht vor, entweder die Höhe des Schadensersatzes zu verringern oder einen Ersatz des Schadens völlig abzulehnen, wenn im Gesetz nichts anderes vorgesehen ist[608].

Wurde der Schaden dem Leben oder der Gesundheit eines Bürgers zugefügt, so ist die Verweigerung des Schadensersatzes nicht zulässig (Art. 1083 Abs. 2 Satz 3 ZGB). In diesen Fällen kann die Höhe des Schadensersatzes nur herabgesetzt werden.

Nicht berücksichtigt wird das Verschulden des Geschädigten gemäß Art. 1083 Abs. 2 Satz 4 ZGB bei dem Ersatz zusätzlicher Aufwendungen (Art. 1085 Abs. 1), bei dem Ersatz von Schaden, der im Zusammenhang mit dem Tod des Ernährers zugefügt wird (Art. 1089), sowie beim Ersatz von Bestattungskosten (Art. 1094). Art. 1083 Abs. 2 Satz 4 ZGB ist ebenfalls neu. Art. 458 ZGB 1964 ordnete lediglich an, daß durch die Gesetzgebung der UdSSR vorgesehen werden kann, daß das Verschulden des Geschädigten nicht berücksichtigt wird. Ein solches Gesetz gab es allerdings nicht. Nur die – inzwischen außer Kraft getretenen – Regeln über den *Ersatz des Schadens durch Arbeitgeber, der Arbeitnehmern durch Körperverletzungen, Berufskrankheiten oder andere Gesundheitsschädigungen im Zusammenhang mit der Erfüllung von Pflichten im Arbeitsverhältnis zugefügt wurde,* (im folgenden:

---

606 *K. Jarošenko*, Žizn' i zdorov'e pod ochranoj zakona. S. 62 ff.

607 Vgl. hierzu oben S. 174 f.

608 *Guev*, Postatejnyj kommentarij k časti vtoroj Graždanskogo kodeksa RF, Anm. 3 zu Art. 1083; *Fajzutdinov* in: *Sadikov*, Kommentarij k Graždanskomu kodeksu RF časti vtoroj, Anm. 3 zu Art. 1083.

„Regeln“)[609] sahen eine Reihe von Fällen vor, bei denen grobe Fahrlässigkeit des Geschädigten nicht berücksichtigt wurde und den Umfang des Ersatzes nicht beeinflußte. Die Existenz verschiedener Regelungen – für Schäden an Arbeitnehmern einerseits und für Schäden, die nicht im Zusammenhang mit einem Arbeitsverhältnis entstanden sind – bei Schäden für Leben und Gesundheit wurde als ungerecht empfunden[610]. Durch die Einführung von Art. 1083 Abs. 2 Satz 4 ZGB wurde nunmehr diese Diskrepanz nicht beseitigt, sondern die Anzahl der Fälle, bei denen das Mitverschulden nicht angerechnet werden darf, sogar noch erweitert. Die Vorschrift wird auf alle Fälle angewendet, in denen dem Leben oder der Gesundheit eines Bürgers ein Schaden zugefügt wurde, somit auch auf Fälle, die nicht im ZGB normiert sind. Dies ergibt sich aus dem Prinzip des Vorrangs der Normen des ZGB vor den zivilrechtlichen Bestimmungen anderer Gesetze (vgl. Art. 3 Abs. 2 ZGB)[611].

Da Minderjährige im Alter bis vierzehn Jahre nicht deliktsfähig sind, ist auch das Mitverschulden eines Geschädigten in diesem Alter grundsätzlich nicht zu berücksichtigen: Nach ständiger Rechtsprechung darf das Gericht nicht die Frage des Verschuldens eines Geschädigten erörtern, der noch nicht das vierzehnte Lebensjahr vollendet hat, mit Ausnahme der Fälle, in denen die Zufügung eines Schadens gegenüber dem Geschädigten mit der Begehung eines Verbrechens durch ihn zusammenhängt[612]. Nicht berücksichtigt werden darf auch das Mitverschulden von Personen, die für geschäftsunfähig erklärt wurden, weil diese nicht deliktsfähig sind und deshalb deren Verhalten nicht unter dem Gesichtspunkt der Schuldhaftigkeit oder Nichtschuldhaftigkeit betrachtet werden

[609] Vgl. dazu im einzelnen unten S. 225 f.

[610] Vgl. *Jarošenko*, Objazatel'stva vsledstvie pričinenija vreda, in: *Kozyr'/Makovskij/Chochlov*, Graždanskij kodeks RF čast' vtoraja, S. 587.

[611] *Jarošenko* in: *Braginskij*, Kommentarij časti vtoroj Graždanskogo kodeksa RF, S. 375.

[612] Vgl. Punkt 23 der erläuternden Leitentscheidung Nr. 3 des Plenums des Obersten Gerichtshofs der RF vom 28.04.1994, BVS RF 1994, Nr. 7, S. 7; Punkt 23 der erläuternden Leitentscheidung Nr. 13 des Plenums des Obersten Gerichtshofs der RSFSR vom 20.12.1988, BVS RSFSR 1989, Nr. 3, S. 10 (allerdings außer Kraft gesetzt durch Punkt 39 der erläuternden Leitentscheidung Nr. 3 des Obersten Gerichtshof der RF vom 28.04.1994, BVS RF 1994, Nr. 7, S. 9); BVS RSFSR 1982, Nr. 1, S. 9.

kann[613]. Anders ist dies bei Personen, die bereits das vierzehnte Lebensjahr erreicht haben, weil sie für den von ihnen zugefügten Schaden selbst haften und deshalb deren Verschulden auch berücksichtigt werden muß, wenn sie sich in der Lage des Geschädigten befinden[614].

Berücksichtigt werden darf das Mitverschulden des Geschädigten auch beim Anspruch auf Ersatz des immateriellen Schadens[615].

III. DIE HAFTUNG MEHRERER SCHÄDIGER

Gemäß Art. 321 ZGB haften mehrere an einem Schuldverhältnis beteiligte Schuldner grundsätzlich zu einem gleichen Anteil. Art. 322 ZGB erlaubt als Ausnahme von diesem Grundsatz, daß durch Vertrag oder Gesetz eine gesamtschuldnerische Haftung bestimmt wird. Eine solche Ausnahme sieht das Deliktsrecht vor: Mehrere Personen, die einen Schaden gemeinschaftlich zufügen, haften gegenüber dem Geschädigten gesamtschuldnerisch[616] (Art. 1080 ZGB). Dieser Grundsatz war bereits in Art. 455 ZGB 1964 und Art. 126 Abs. 2 GZG 1991 verankert.

1. Die Voraussetzungen der gesamtschuldnerischen Haftung mehrerer Schädiger

Eine „gemeinschaftliche“ Schadenszufügung liegt vor, wenn es sich dabei um das unteilbare Resultat der Handlungen von zwei oder mehreren Personen handelt[617]. Dabei kann es sich sowohl um Bürger als auch

[613] *Korneev* in: *Suchanov*, Graždanskoe pravo, Band 2, Halbband 2, S. 395; vgl. auch *Malein* in: *Kalpin/Masljaev*, Graždanskoe pravo. Čast' pervaja, S. 519.

[614] *Korneev* in: *Suchanov*, Graždanskoe pravo, Band 2, Halbband 2, S. 395; *Ju. Bespalov*, RJu 1998, Nr. 10, S. 25.

[615] *Gavrilov*, RJu 2000, Nr. 6, S. 21; *Ėrdelevskij*, Kompensacii moral'nogo vreda v Rossii i za rubežom, S. 137.

[616] Russ.: solidarno = solidarisch.

[617] *Guev*, Postatejnyj kommentarij k časti vtoroj Graždanskogo kodeksa RF, Anm. 1 zu Art. 1080; *Fajzutdinov* in: *Sadikov*, Kommentarij k Graždanskomu kodeksu RF časti vtoroj, Anm. 1 zu Art. 1080; *S. Doncov*, SJu 1971, Nr. 2, S. 27; *S. Doncov/M. Teljuškin*, SJu 1973, Nr. 17, S. 20; *Ėrdelevskij* in: *Grišaev*, Graždanskoe pravo, S. 466.

um juristische Personen handeln[618]. Für den Eintritt der gesamtschuldnerischen Haftung ist zudem erforderlich, daß ein Kausalzusammenhang zwischen den Handlungen der Schädiger und dem von ihnen gemeinschaftlich zugefügten Schaden besteht[619]. Die Schuldformen der Schädiger spielen für die Frage der gemeinschaftlichen Schadenszufügung keine Rolle[620].

Für die Anwendung von Art. 1080 Abs. 1 ZGB ist es nicht erforderlich, daß zwischen den Schädigern eine Absprache bestand oder diese vorsätzlich gehandelt haben. Sie ist auch bei einem fahrlässigen Verhalten möglich oder sogar dann, wenn die Schädiger zufällig einer dritten Person einen Schaden zugefügt haben (z. B. wenn beim Zusammenstoß von zwei Kraftfahrzeugen einem Fußgänger einen Schaden zugefügt wird)[621].

In Art. 1079 Abs. 3 Satz 1 ZGB ist eine Fallgestaltung der gesamtschuldnerischen Haftung sogar ausdrücklich im Gesetz vorgesehen: Danach haften die Besitzer von Quellen erhöhter Gefahr gesamtschuldnerisch für den Schaden, der Dritten infolge der Wechselwirkung von Quellen erhöhter Gefahr (Zusammenstoß von Fahrzeugen u. ä.) zugefügt wird[622].

Bei gemeinschaftlich begangenen strafbaren Handlungen ist Punkt 12 der erläuternden Leitentscheidung des Plenums des Obersten Gerichtshofs der UdSSR vom 23.03.1979 „*Über die Praxis der Anwendung der Gesetzgebung über den Ersatz des durch eine Straftat zugefügten materiellen Schadens durch die Gerichte*“[623] zu beachten. Danach haften grundsätzlich alle Personen gesamtschuldnerisch, die einen Schaden

618 *Guev*, Postatejnyj kommentarij k časti vtoroj Graždanskogo kodeksa RF, Anm. 1 zu Art. 1080.

619 Vgl. *Malein* in: *Kalpin*, Graždanskoe pravo. Čast' vtoraja, S. 508; *Korneev* in: *Suchanov*, Graždanskoe pravo, Band 2, Halbband 2, S. 387 f.; *Fajzutdinov* in: *Sadikov*, Kommentarij k Graždanskomu kodeksu RF časti vtoroj, Anm. 1 zu Art. 1080; *Ju. Gil'man*, Pravovedenie 1968, Nr. 12, S. 46; *Doncov/Teljuškin*, SJu 1973, Nr. 17, S. 20; *V. Smirnov*, Regressnye iski v objazatel'stvach iz pričinenija vreda, S. 27; *Ėrdelevskij* in: *Grišaev*, Graždanskoe pravo, S. 466.

620 *Guev*, Postatejnyj kommentarij k časti vtoroj Graždanskogo kodeksa RF, Anm. 1 zu Art. 1080; vgl. auch *Doncov*, SJu 1971, Nr. 2, S. 27.

621 *Illarinova* in: *Illarinova/Gongalo/Pletnev*, Graždanskoe pravo. Čast' pervaja, S. 434; *Guev*, Postatejnyj kommentarij k časti vtoroj Graždanskogo kodeksa RF, Anm. 1 zu Art. 1080.

622 Vgl. dazu im einzelnen unter S. 349 ff.

623 BVS SSSR 1979, Nr. 3, S. 14.

durch gemeinschaftliche strafbare Handlungen zugefügt haben. Eine gesamtschuldnerische Haftung wird allerdings nicht auferlegt,

- bei Personen, die zwar in derselben Sache, aber für selbständige Straftaten verurteilt wurden, die mit dem gemeinsamen Entschluß nicht im Zusammenhang stehen,
- wenn eine Person wegen einer Straftat aus Eigennutz, z. B. wegen eines Vermögensdelikts verurteilt wurde, die anderen Personen jedoch wegen der Verletzung von Amtspflichten, obwohl die Handlungen derjenigen, die die Amtspflichten verletzt haben, objektiv in irgendeiner Weise denjenigen, der aus Eigennutz gehandelt hat, bei der Begehung der Straftat unterstützt haben.

Wird ein Schaden gemeinschaftlich von einer voll geschäftsfähigen Person und einem Minderjährigen im Alter von vierzehn bis achtzehn Jahren zugefügt, haften beide Schädiger gemäß Art. 1080 ZGB gesamtschuldnerisch und nicht nur die voll geschäftsfähige Person[624], obwohl für die Haftung von Minderjährigen im Alter von vierzehn bis achtzehn Jahren nach Art. 1074 ZGB Sonderregelungen bestehen. Entscheidend ist dafür, daß Minderjährige im Alter von vierzehn bis achtzehn Jahren – wie bereits oben dargelegt[625] – voll deliktsfähig sind.

2. Die Rechtsfolgen der gesamtschuldnerischen Haftung

Die Rechtsfolgen der gesamtschuldnerischen Haftung ergeben sich grundsätzlich aus den Art. 323-325 ZGB. Der Gläubiger ist berechtigt, Erfüllung sowohl von allen Schuldnern zusammen als auch von jedem von ihnen einzeln zu verlangen, und zwar sowohl vollständig als auch zu einem Teil der Schuld. Solange der Gläubiger keine vollständige Befriedigung von einem der Gesamtschuldner erlangt hat, hat er das Recht, das Nichterhaltene von den übrigen Gesamtschuldnern zu verlangen. Die Gesamtschuldner bleiben so lange verpflichtet, bis die Verbindlichkeit vollständig erfüllt ist (Art. 323 ZGB). Die vollständige Erfüllung der Gesamtschuld durch einen Schuldner befreit die übrigen Schuldner von der Pflicht zur Erfüllung an den Gläubiger (Art. 325 Abs. 1 ZGB). Die

---

624 *Guev*, Postatejnyj kommentarij k časti vtoroj Graždanskogo kodeksa RF, Anm. 3 zu Art. 1074 und Anm. 3 zu Art. 1080.

625 Vgl. dazu S. 171.

gesamtschuldnerische Haftung ist nach dem rußländischen Recht somit ebenso wie nach dem deutschen Recht günstiger für den Gläubiger, weil sie ihm mehr Möglichkeiten zur Verfügung stellt, einen vollen Schadensersatz zu erlangen[626].

Ein Gesamtschuldner ist nicht berechtigt, Einwendungen gegen eine Gläubigerforderung zu erheben, die auf solchen Verhältnissen der anderen Schuldner zu dem Gläubiger beruhen, an denen dieser Schuldner nicht beteiligt ist (Art. 324 ZGB).

Wenn ein Schuldner die Gesamtschuld gegenüber dem Gläubiger erfüllt hat, sind die übrigen Schuldner zwar gegenüber dem Gläubiger, jedoch nicht von der Haftung befreit. Es findet nämlich ein Ausgleich zwischen den Gesamtschuldnern statt, der nach den Regeln des allgemeinen Schuldrechts grundsätzlich wie folgt verläuft: Soweit sich aus den Verhältnissen zwischen den Gesamtschuldnern nichts anderes ergibt, hat der Schuldner, der die Gesamtschuld erfüllt hat, einen Regreßanspruch gegen die übrigen Schuldner zu gleichen Anteilen unter Abzug des auf ihn selbst entfallenden Anteils (Art. 325 Abs. 2 Ziff. 1 ZGB). Der von einem der Gesamtschuldner an den Schuldner, der die Gesamtschuld erfüllt hat, nicht gezahlte Teil fällt zu gleichen Anteilen diesem Schuldner sowie den übrigen Schuldnern zur Last (Art. 325 Abs. 2 Ziff. 2 ZGB).

Für gemeinschaftlich durch unerlaubte Handlungen zugefügte Schäden enthält Art. 1081 Abs. 2 ZGB jedoch eine Sonderregelung, wonach der Schädiger, der einen gemeinschaftlich zugefügten Schaden ersetzt hat, berechtigt ist, von jedem Schädiger einen dem Schuldmaß dieses Schädigers entsprechenden Anteil der dem Geschädigten gezahlten Entschädigung zu verlangen. Läßt sich das Schuldmaß nicht feststellen, so gelten die Anteile als gleich hoch (d. h. es gilt die allgemeine Regel des Art. 325 Abs. 2 Ziff. 1 ZGB). Die Vorschrift des Art. 1081 Abs. 2 ZGB ist neu. Im ZGB 1964 und den GZG 1991 gab es keine dem Art. 1081 Abs. 2 ZGB gleichlautende oder vergleichbare Regelung. Gleich hoch sollen die Anteile nicht nur dann sein, wenn sich das Schuldmaß nicht feststellen läßt, sondern auch, wenn im Falle einer verschuldensunabhängigen Haftung keiner der Schädiger schuldhaft gehandelt hat[627].

---

626 Vgl. *Egorov* in: *Sergeev/Tolstoj*, Graždanskoe pravo, Band 1, S. 557.

627 Vgl. *Ėrdelevskij*, Kompensacija moral'nogo vreda, S. 128; *A. Ėrdelevskij*, Zakonnost' 1997, Nr. 5, S. 37; *Ėrdelevskij*, Kompensacija moral'nogo vreda v Rossii i za rubežom, S. 120; *Ėrdelevskij*, Moral'nyj vred i kompensacija za stradanija, S. 54.

Zahlt einer der Schädiger seinen Anteil nicht an die Person, die den Schaden ersetzt hat, entfällt dieser Anteil zu gleichen Anteilen auf alle anderen Schädiger (einschließlich desjenigen, der dem Geschädigten den Schaden ersetzt hat)[628]; es wird somit die allgemeine Vorschrift des Art. 325 Abs. 2 Ziff. 2 ZGB angewendet.

3. Die Möglichkeit, die Schädiger anteilig haftbar zu machen

Gemäß Art 1080 Abs. 2 ZGB ist das Gericht auf Antrag des Geschädigten und in seinem Interesse berechtigt, die Personen, die den Schaden gemeinschaftlich zufügt haben, anteilig haftbar zu machen, wobei die Anteile gemäß Art. 1081 Abs. 2 ZGB (nach dem Schuldmaß des jeweiligen Schädigers) bestimmt werden.

Diese Regelung ist ebenfalls neu. Allerdings wurde die Möglichkeit, mehrere Schädiger anteilig haftbar zu machen, bereits vor Inkrafttreten des geltenden ZGB von der Rechtsprechung unter besonderen Voraussetzungen für zulässig erklärt[629]. Gemäß Punkt 12 der erläuternden Leitentscheidung des Plenums des Obersten Gerichtshof der UdSSR vom 23.03.1979[630] waren die Gerichte berechtigt, Angeklagten, durch deren gemeinschaftliche Handlungen ein Schaden zugefügt wurde, eine anteilige und keine gesamtschuldnerische Haftung aufzuerlegen, wenn diese Art und Weise der Verurteilung zur Zahlung den Interessen des Klägers entsprach und den Schadensersatz gewährleistete. Art. 1080 Abs. 2 ZGB enthält nunmehr eine ähnliche Regelung, die allerdings eine anteilige Haftbarmachung nicht nur im Zusammenhang mit den Folgen einer Straftat, sondern auch in anderen Fällen einer gemeinschaftlichen Schadenszufügung vorsieht.

Sehr fraglich ist allerdings, in welchen Fällen es dem Interesse des Geschädigten dient, die Schädiger anteilig haftbar zu machen. In aller Regel ist die gesamtschuldnerische Haftung beider Schädiger für den Geschädigten günstiger, weil sie ihm mehr Möglichkeiten bietet, im Rahmen der Vollstreckung den gesamten Schadensersatzbetrag beizu-

---

628 *Guev*, Postatejnyj kommentarij k časti vtoroj Graždanskogo kodeksa RF, Anm. 2 c) zu Art. 1081.

629 In der Literatur wurde das Problem der anteiligen Haftbarmachung von Gesamtschuldnern sehr kontrovers behandelt, vgl. dazu *S. Doncov*, SGiP 1977, Nr. 5, S. 123 ff.

630 BVS SSSR 1979, Nr. 3, S. 14.

treiben[631]. In der Literatur wird lediglich ein hypothetischer Fall genannt, in dem es dem Interesse entspricht, mehreren Schädigern eine anteilige und keine gesamtschuldnerische Haftung aufzuerlegen. Das soll dann der Fall sein, wenn sich der Geschädigte mit einem der Schädiger in einer derart engen Beziehung befindet, daß er sich um das finanzielle Wohlergehen dieses Schädigers sorgt und deshalb verhindern möchte, daß sein Erbe von der im Falle einer gesamtschuldnerischen Haftung bestehenden Möglichkeit Gebrauch macht, von diesem Schädiger den gesamten Schadensbetrag beizutreiben, und dieser Schädiger auch nicht die Möglichkeit hat, bei den anderen Schädigern Regreß zu nehmen (z. B. weil diese insolvent sind)[632].

IV. DIE HAFTUNG FÜR SCHÄDEN, DIE EINE ANDERE PERSON VERURSACHT HAT

Im Regelfall ist ein Schaden vom Schädiger zu ersetzen. Wie bereits oben[633] dargelegt, kann aber durch Gesetz die Schadensersatzpflicht einer Person auferlegt werden, die kein Schädiger ist (vgl. Art. 1064 Abs. 1 Satz 2 ZGB). Im folgenden werden die im ZGB vorgesehenen Fälle aufgeführt, in denen Personen für von anderen Personen zugefügte Schäden haften, und erörtert, inwieweit diese beim tatsächlichen Schädiger Regreß nehmen können.

1. Die Haftung für Arbeitnehmer

Der wichtigste Fall der Haftung für von anderen Personen zugefügte Schäden ist der der Haftung für von Arbeitnehmern zugefügte Schäden. Diese Haftung ergibt sich aus Art. 1068 Abs. 1 Satz 1 ZGB. Danach ersetzt eine juristische Person oder ein Bürger den Schaden, der durch ihren (seinen) Arbeitnehmer in Erfüllung der Arbeitnehmerpflichten

---

631 Vgl. *Ėrdelevskij*, Kompensacija moral'nogo vreda, S. 127; *Ėrdelevskij*, Zakonnost' 1997, Nr. 5, S. 37; *Ėrdelevskij*, Kompensacija moral'nogo vreda v Rossii i za rubežom, S. 120; *Ėrdelevskij*, Moral'nyj vred i kompensacija za stradanija, S. 53.

632 *Ėrdelevskij*, Kompensacija moral'nogo vreda, S. 127 f.; *Ėrdelevskij*, Zakonnost' 1997, Nr. 5, S. 37; *Ėrdelevskij*, Kompensacija moral'nogo vreda v Rossii i za rubežom, S. 120; *Ėrdelevskij*, Moral'nyj vred i kompensacija za stradanija, S. 53.

633 Vgl. S. 123 f.

(Dienstpflichten, Amtspflichten) zugefügt wird. Diese Bestimmung geht auf Art. 445 ZGB 1964 und Art. 126 Abs. 2 GZG 1991 zurück, wobei allerdings nach Art. 445 ZGB 1964 nur Organisationen und keine Bürger für die von ihren Arbeitnehmern zugefügten Schäden hafteten. Dieser Unterschied ist darauf zurückzuführen, daß zu Sowjetzeiten Bürger sich nur selten in der Rolle des Arbeitgebers befanden.

Der Gesetzgeber geht davon aus, daß im Falle des Art. 1068 Abs. 1 Satz 1 ZGB der Arbeitgeber für seine eigenen und nicht für fremde Handlungen haftet. Die Handlungen des Arbeitnehmers werden als Handlungen des Arbeitgebers selbst betrachtet[634]. Um einer juristischen Person oder einem Bürger die Haftung für einen Schaden aufzuerlegen, der durch ihren bzw. seinen Arbeitnehmer zugefügt wurde, genügt es deshalb, daß die Handlungen des Arbeitnehmers, der den Schaden zugefügt hat, die allgemeinen Voraussetzungen der zivilrechtlichen Haftung – Kausalität, Rechtswidrigkeit, Verschulden – erfüllen[635].

Zurückzuführen ist das auf die oben dargelegte[636] – auf der Kollektivtheorie basierenden – Ansicht, wonach juristische Personen nicht für fremdes, sondern für eigenes Verschulden haften und das Verschulden der Arbeitnehmer als Verschulden der juristischen Person gilt. Diese Konzeption wurde in Art. 1068 ZGB auch auf Arbeitgeber übertragen, bei denen es sich nicht um juristische Personen, sondern um Bürger handelt.

Diese dogmatische Konstruktion und der Umfang der Haftung für Arbeitnehmer nach Art. 1068 Abs. 1 Satz 1 ZGB unterscheidet sich deutlich vom deutschen Recht. Während Art. 1068 Abs. 1 Satz 1 ZGB davon ausgeht, daß die Handlungen des Arbeitnehmers als Handlungen des Arbeitgebers anzusehen sind, greift nach § 831 BGB die Haftung des Geschäftsherrn ein, wenn er schuldhaft seine Auswahl-, Ausrichtungs- oder Überwachungspflicht verletzt hat und ein anderer dadurch einen

---

634 *Jarošenko*, ChiP 1996, Nr. 12, S. 7; *Jarošenko* in: *Braginskij*, Kommentarij časti vtoroj Graždanskogo kodeksa RF, S. 358; *Jarošenko* in: *Sadikov*, Graždanskoe pravo Rossii. Čast' vtoraja, S. 649; *Korneev* in: *Suchanov*, Graždanskoe pravo, Band 2, Halbband 2, S. 387; *Tolstoj* in: *Sergeev/Tolstoj*, Graždanskoe pravo, Band 3, S. 6.

635 Vgl. *Jarošenko*, ChiP 1996, Nr. 12, S. 7; *Jarošenko* in: *Braginskij*, Kommentarij časti vtoroj Graždanskogo kodeksa RF, S. 358; *Jarošenko* in: *Sadikov*, Graždanskoe pravo Rossii. Čast' vtoraja, S. 649.

636 Vgl. S. 176 f.

Schaden erlitten hat, der von der Hilfsperson durch eine unerlaubte Handlung rechtswidrig herbeigeführt wurde[637]. Infolge dieses Unterschiedes sieht Art. 1068 Abs. 1 Satz 1 ZGB im Gegensatz zu § 831 BGB keine Exculpationsmöglichkeit vor. Von deutscher Seite wird die Konzeption des Art. 1068 Abs. 1 Satz 1 ZGB heftig kritisiert. Dabei richten sich die Einwände nicht nur gegen die in Art. 1068 Abs. 1 ZGB fehlende Exculpationmöglichkeit[638]. Kritisiert wird vor allem die von der rußländischen Rechtswissenschaft in Form der Kollektivtheorie erarbeitete und vom Gesetzgeber zugrundegelegte Konstruktion, wonach die Handlungen der Organe und Mitarbeiter einer juristischen Person als deren eigene Handlungen gelten[639]. *Solotych*[640] weist darauf hin, daß in der rußländischen Rechtswissenschaft nicht erkannt werde, daß die uneingeschränkte deliktische Haftung juristischer Personen für ihre Mitarbeiter nach Art. 1068 ZGB eine Ausnahme vom nach wie vor gültigen – und in Art. 1064 Abs. 2 ZGB verankerten – Verschuldensprinzip darstellt, und kritisiert, daß diese Haftung für Beschäftige auch noch auf natürliche Personen ausgeweitet wurde. *Heidemann*[641] sieht insofern einen inneren Widerspruch in der juristischen Konstruktion, als der Arbeitnehmer in eine Doppelstellung gerät, wenn die juristische Person ihn als unmittelbaren Schädiger in Regreß nimmt: In diesem Fall ist er zugleich Schuldner und – durch sein Aufgehen in der juristischen Person – Gläubiger der Regreßforderung. Dieser Kritik an der dogmatischen Konstruktion der Haftung für Arbeitnehmer ist zuzustimmen. Dennoch kann man sich bei der praktischen Rechtsanwendung darüber nicht hinwegsetzen, sondern muß die von der rußländischen Rechtswissenschaft entwickelten Prinzipien zugrundelegen.

---

637 *Staudinger-Belling/Eberl-Borges*, § 831 Rn. 2 f.; vgl. auch *Soergel/Zeuner*, § 831 Rn. 1; *Palandt-Thomas*, § 831 Rn. 1.

638 Dies wird von *Roggemann/Bergmann*, Zivilgesetzbuch der Russischen Föderation (Zweiter Teil) von 1995, S. 37, kritisiert.

639 *Solotych*, Das neue russische ZGB aus rechtsvergleichender Sicht, in: Die neuen Kodifikationen in Rußland, S. 34; *Solotych*, Das Zivilgesetzbuch der Russischen Föderation – Erster Teil –, S. 33 f.; zur Kritik gegenüber der entsprechenden Regelung im sowjetischen Recht vgl. *Heidemann*, Unternehmenshaftung in Rußland, S. 65.

640 Das neue russische ZGB aus rechtsvergleichender Sicht, in: Die neuen Kodifikationen in Rußland, S. 34; Das Zivilgesetzbuch der Russischen Föderation – Erster Teil –, S. 33 f.

641 Unternehmenshaftung in Rußland, S. 65.

Damit eine juristische Person oder ein Bürger nach Art. 1068 ZGB haftet, ist es außerdem notwendig, daß ihr bzw. sein Arbeitnehmer den Schaden *in Erfüllung* der Arbeitnehmerpflichten, Dienstpflichten oder Amtspflichten zugefügt hat[642]. Ein Handeln eines Arbeitnehmers in Erfüllung seiner Arbeitnehmerpflichten (Dienstpflichten, Amtspflichten) liegt nicht nur dann vor, wenn der Arbeitnehmer seine Pflichten erfüllt, die im Arbeitsvertrag vorgesehen sind, sondern auch, wenn er andere Aufgaben erfüllt, die nicht zu seinen unmittelbaren Pflichten gehören, oder wenn er beliebige andere Handlungen vornimmt, sofern sie in den Rahmen des Arbeitsverhältnisses passen[643].

Der Begriff des Arbeitnehmers ergibt sich aus Art. 1068 Abs. 1 Satz 2 ZGB. Als Arbeitnehmer im Sinne des 59. Kapitels des ZGB gelten Bürger, die eine Arbeit auf Grundlage eines Arbeitsvertrages (Kontrakts), sowie Bürger, die eine Arbeit auf der Grundlage eines zivilrechtlichen Vertrags ausführen, soweit sie dabei im Auftrag der entsprechenden juristischen Person oder des entsprechenden Bürgers und unter ihrer (seiner) Kontrolle über die Sicherheit der Arbeitsausführung handelten oder hätten handeln müssen.

Diese Definition wurde neu in das ZGB eingeführt, weil die Unbestimmtheit des Begriffs des „Arbeitnehmers" in Art. 445 ZGB 1964 und Art. 126 Abs. 2 GZG 1991 bei deliktischen Rechtsverletzungen früher zu Schwierigkeiten in der Rechtsanwendungspraxis führte[644]. Nach dem Wortlaut dieser Vorschriften zählten zu der Kategorie der Arbeitnehmer nur jene, die mit dem Arbeitgeber durch einen Arbeitsvertrag (Kontrakt) verbunden waren. Der Oberste Gerichtshof der RF führte allerdings in Punkt 7 seiner erläuternden Leitentscheidung Nr. 3 vom 28.04.1994 dazu aus, daß die Pflicht einer Organisation, einen durch Verschulden ihrer Arbeitnehmer zugefügten Schaden zu ersetzen, nicht nur dann eintritt, wenn es sich bei ihnen um ständige Arbeitnehmer der Organisation handelt, sondern auch in den Fällen einer Schadenszufügung durch Aushilfs-

---

642 *Fajzutdinov* in: *Sadikov*, Kommentarij k Graždanskomu kodeksu RF časti vtoroj, Anm. 1 zu Art. 1068; *Jarošenko* in: *Sadikov*, Graždanskoe pravo Rossii. Čast' vtoraja, S. 648.

643 *Jarošenko*, Žurnal rossijskogo prava 1997, Nr. 1, S. 142; vgl auch *Fajzutdinov* in: *Sadikov*, Kommentarij k Graždanskomu kodeksu RF časti vtoroj, Anm. 3 zu Art. 1068.

644 Vgl. *Fajzutdinov* in: *Sadikov*, Kommentarij k Graždanskomu kodeksu RF časti vtoroj, Anm. 2 zu Art. 1068.

oder nicht festangestellte Arbeitnehmer sowie Personen, die Arbeiten aufgrund einer Arbeitsvereinbarung[645] erfüllen[646]. Der Begriff des Arbeitnehmers in Art. 2 der inzwischen außer Kraft getretenen „Regeln“[647] war demgegenüber weiter und umfaßte auch Mitglieder von Kolchosen und anderen Kooperativen sowie Bürger, die auf Grundlage eines zivilrechtlichen Werkvertrages oder Auftrages arbeiten.

Art. 1068 Abs. 1 Satz 2 ZGB definiert nunmehr nicht nur den Begriff des Arbeitnehmers, sondern erweitert in Anlehnung an Art. 2 der „Regeln“ und die Praxis des Obersten Gerichtshofs der RF den Kreis der Arbeitnehmer um Personen, die eine Arbeit aufgrund eines zivilrechtlichen Vertrages ausführen[648]. Diese Novelle hat der Gesetzgeber ausschließlich im Interesse des Geschädigten eingefügt, weil insbesondere juristische Personen, die im Bereich des Kleingewerbes tätig sind, sowie Einzelunternehmer häufig bei Ausübung ihrer unternehmerischen Tätigkeit zivilrechtliche Verträge über die Ausführung einzelner Arbeiten schließen[649].

Bei Arbeitsverträgen (Kontrakten) i. S. d. Art. 1068 Abs. 1 Satz 2 ZGB handelt es sich um die nach den Vorschriften des *Arbeitsgesetzbuchs der Rußländischen Föderation* vom 30.12.2001[650] geschlossenen Verträge. Bei den zivilrechtlichen Verträgen i. S. d. Art. 1068 Abs. 1 Satz 2 ZGB kann es sich z. B. um Werkverträge (Art. 702-729 ZGB), Verträge über die Ausführung von Arbeiten im Bereich der wissenschaftlichen Forschung, Konstruktions- und Versuchstätigkeit und Technologie (Art. 769-778 ZGB), Dienstleistungsverträge (Art. 779-783), Auftragsverträge (Art. 971-979 ZGB) und Agentenverträge (Art. 1005-1011 ZGB) handeln[651].

Nicht selten sind Fälle, in denen der unmittelbare Schädiger – ein konkreter Arbeitnehmer – nicht festgestellt werden kann, weil der Scha-

---

645 Arbeitsvereinbarungen werden in der Regel zwischen einem Betrieb und einem auf Honorarbasis beschäftigten Mitarbeiter geschlossen.

646 BVS RF 1994, Nr. 7, S. 4.

647 Vgl. näher zu den „Regeln“ unten S. 225 f.

648 *Jarošenko*, ChiP 1996, Nr. 12, S. 7; *Jarošenko* in: *Braginskij*, Kommentarij časti vtoroj Graždanskogo kodeksa RF, S. 359.

649 *Jarošenko* in: *Sadikov*, Graždanskoe pravo Rossii. Čast' vtoraja, S. 648.

650 Nr. 197-FZ, SZ 2002, Nr. 1, Pos. 3, geändert durch Gesetz vom 24.07.2002, Nr. 97-FZ, SZ 2002, Nr. 30, Pos. 3014.

651 *Guev*, Postatejnyj kommentarij k časti vtoroj Graždanskogo kodeksa RF, Anm. 1 a) zu Art. 1068.

den das Resultat kollektiver Handlungen darstellt (z. B. bei Umweltschäden). In diesen Fällen gilt die juristische Person als einziger Schädiger und die notwendigen Elemente der Rechtverletzung werden nur hinsichtlich der kollektiven Tätigkeit festgestellt[652].

Im Falle einer gerichtlichen Auseinandersetzung tritt als Beklagter der Arbeitgeber auf, und der unmittelbare Schädiger – der Arbeitnehmer – wird als dritte Person (Nebenintervenient) hinzugezogen. Der Arbeitnehmer, der den Schaden in den in Art. 1068 Abs. 1 ZGB vorgesehenen Fällen zugefügt hat, haftet gegenüber dem Arbeitgeber allerdings im Wege des Regresses, wenn die gesetzlich vorgesehenen Voraussetzungen dafür erfüllt sind[653]. Bei Arbeitnehmern richtet sich der Regreß nach den Vorschriften des Arbeitsrechts und nicht des Zivilrechts[654].

Neu im ZGB ist die Regelung des Art. 1068 Abs. 2. Danach ersetzen Personengesellschaften und Produktionsgenossenschaften den Schaden, der durch ihre Gesellschafter (Genossen) bei der Ausübung der unternehmerischen, Produktionstätigkeit oder einer anderen Tätigkeit der Gesellschaft oder Genossenschaft zugefügt wird. Diese Regelung ist notwendig, weil die Personengesellschaften und Produktionsgenossenschaften ihre Tätigkeit häufig durch ihre Gesellschafter bzw. Genossen ausüben, die zu den Personengesellschaften bzw. Produktionsgenossenschaften nicht in arbeitsrechtlichen Beziehungen stehen können. Deshalb sieht Art. 1068 Abs. 2 ZGB eine spezielle Regelung der Haftung der Personengesellschaften und Produktionsgenossenschaften für ihre Gesellschafter vor[655].

Zu den Personengesellschaften zählen die offene Handelsgesellschaft (Art. 69-81 ZGB) und die Kommanditgesellschaft (Art. 82-86 ZGB). Bei beiden Gesellschaftsformen handelt es sich – anders als im deutschen Recht – um juristische Personen, was sich daraus ergibt, daß deren

---

652 *Jarošenko* in: *Sadikov*, Graždanskoe pravo Rossii. Čast' vtoraja, S. 649; *Jarošenko* in: *Braginskij*, Kommentarij časti vtoroj Graždanskogo kodeksa RF, S. 359.

653 *Fajzutdinov* in: *Sadikov*, Kommentarij k Graždanskomu kodeksu RF časti vtoroj, Anm. 5 zu Art. 1068; *Tolstoj* in: *Sergeev/Tolstoj*, Graždanskoe pravo, Band 3, S. 6; *Makarov*, ChiP 2000, Nr. 1, S. 107. Näher zum Regreß vgl. unten S. 199 ff.

654 *Jarošenko* in: *Braginskij*, Kommentarij časti vtoroj Graždanskogo kodeksa RF, S. 358 f.

655 Vgl. *Fajzutdinov* in: *Sadikov*, Kommentarij k Graždanskomu kodeksu RF časti vtoroj, Anm. 6 zu Art. 1068; *Jarošenko*, ChiP 1996, Nr. 12, S. 7; *Jarošenko* in: *Braginskij*, Kommentarij časti vtoroj Graždanskogo kodeksa RF, S. 359; *Jarošenko* in: *Sadikov*, Graždanskoe pravo Rossii. Čast' vtoraja, S. 648.

Rechtverhältnisse in dem Abschnitt des ZGB über juristische Personen (Art. 48 ff.) geregelt werden. Art. 1068 Abs. 2 ZGB wird allerdings nur auf die persönlich haftenden Gesellschafter der OHG und KG (und nicht auf die Kommanditisten der KG) angewendet[656].

Ebenfalls um juristische Personen handelt es sich bei den Produktionsgenossenschaften, deren Rechtsverhältnisse in Art. 107-112 ZGB sowie dem Gesetz über die *Produktionsgenossenschaften* vom 08.05.1996[657] geregelt werden. Welche Tätigkeiten zur Produktionstätigkeit einer Produktionsgenossenschaft gehören, ergibt sich aus Art. 107 ZGB.

2. *Weitere Fälle der Haftung für von anderen Personen zugefügte Schäden*

Weitere Fälle der Haftung für Schäden, die eine andere Person zugefügt hat, sind in folgenden Vorschriften enthalten:

- Art. 1073 Abs. 1 ZGB (Haftung von Eltern, Adoptiveltern und Vormündern für Minderjährige, die das vierzehnte Lebensjahr nicht vollendet haben),
- Art. 1073 Abs. 2 ZGB (Haftung von Erziehungs-, Heilanstalten, Anstalten der Sozialfürsorge und anderer Einrichtungen für Minderjährige, die das vierzehnte Lebensjahr nicht vollendet haben),
- Art. 1073 Abs. 3 ZGB (Haftung von Aufsichtspflichtigen für Minderjährige, die das vierzehnte Lebensjahr nicht vollendet haben),
- Art. 1074 Abs. 2 ZGB (Subsidiäre Haftung von Eltern, Adoptiveltern, Pflegern, Erziehungs-, Heilanstalten, Anstalten der Sozialfürsorge und vergleichbaren Anstalten für Minderjährige im Alter von vierzehn bis achtzehn Jahren),
- Art. 1076 Abs. 1 ZGB (Haftung des Vormundes oder der aufsichtspflichtigen Organisation für Bürger, die für geschäftsunfähig erklärt wurden),

---

656 *Guev*, Postatejnyj kommentarij k časti vtoroj Graždanskogo kodeksa RF, Anm. 2 zu Art. 1068.

657 Nr. 41-FZ, SZ 1996, Nr. 20, Pos. 2321, geändert durch Gesetze vom 14.05.2001, Nr. 53-FZ, SZ 2001, Nr. 21, Pos. 2062, und 21.03.2002, Nr. 31-FZ, SZ 2002, Nr. 12, Pos. 1093.

- Art. 1078 Abs. 3 ZGB (Haftung von Familienangehörigen für Personen, die Bedeutung ihrer Handlungen nicht erkennen oder nicht steuern konnten),
- Art. 1079 (Gefährdungshaftung, es haftet nicht der unmittelbare Schädiger, sondern der Besitzer der Quelle erhöhter Gefahr).

Die Einzelheiten zu Art. 1079 ZGB werden im Teil C.[658], zu Art. 1073-1078 ZGB im Teil E.[659] dieser Arbeit erörtert.

3. Der Regreß beim tatsächlichen Schädiger

Die Person, die den Schaden ersetzt hat, der durch eine andere Person (einen Arbeitnehmer in Erfüllung seiner Dienst-, Amts- oder anderen Arbeitnehmerpflichten, eine Person, die ein Fahrzeug führt u. ä.), zugefügt wird, ist berechtigt, gegen diese Person einen Rückgriffsanspruch (Regreßanspruch) in Höhe der gezahlten Entschädigung geltend zu machen, soweit durch Gesetz nicht eine andere Höhe bestimmt ist (Art. 1081 Abs. 1 ZGB). Eine ähnliche Vorschrift war bereits in Art. 456 Satz 1 ZGB 1964 enthalten.

Das Regreßrecht wird definiert als eine Forderung des Gläubigers gegenüber dem Schuldner – dem unmittelbaren Schädiger – auf Rückzahlung des aufgrund dessen Schuld an den Geschädigten gezahlten Ersatzes[660].

Die Rechtsfolge des Art. 1081 Abs. 1 ZGB besteht darin, daß die Person, die den Schaden ersetzt hat, gegenüber dem tatsächlichen Schädiger ein Regreßrecht (Rückforderungsrecht) hat. Dabei entspricht die Höhe der Rückforderung in der Regel dem gezahlten Schadensersatz. Ausnahmen von diesem Prinzip können durch Gesetz festgelegt werden[661]. Arbeitnehmer, die bei Ausführung ihrer Arbeitspflichten einen Schaden zufügen, haften z. B. gegenüber ihrem Arbeitgeber nach den Vorschriften der Art. 238-250 des *Arbeitsgesetzbuchs*[662], die unter bestimmten Voraussetzungen die Höhe des Schadensersatzes begrenzen. Wenn hin-

---

658 S. 319 ff.

659 S. 444 ff.

660 *Fajzutdinov* in: *Sadikov*, Kommentarij k Graždanskomu kodeksu RF časti vtoroj, Anm. 1 zu Art. 1081.

661 *Fajzutdinov* in: *Sadikov*, Kommentarij k Graždanskomu kodeksu RF časti vtoroj, Anm. 1 zu Art. 1081; *Malein* in: *Kalpin*, Graždanskoe pravo. Čast' vtoraja, S. 508.

662 Vgl. Fn. 650.

gegen Arbeitnehmer nicht bei Ausführung ihrer Arbeitspflichten (z. B. bei der eigenmächtigen Benutzung technischer Mittel zu persönlichen Zwecken) einen Schaden zufügen, haften sie gegenüber ihrem Arbeitgeber nach den zivilrechtlichen Vorschriften, d. h. in vollem Umfang[663]. Auch Bürger, die Arbeiten auf Grundlage eines zivilrechtlichen Vertrages leisten, sollen nicht zwingend verpflichtet sein, im Wege des Regresses den vollen Schadensbetrag zu erstatten. Ihnen kann unter Berücksichtigung ihrer Vermögenslage die Pflicht zum Schadensersatz auch nur in geringerer Höhe auferlegt werden. Das soll sich aus Art. 1068 ZGB und Art. 1083 Abs. 3 ZGB ergeben, die auch für Regreßforderungen gelten[664].

Das Regreßrecht gegenüber dem Schuldner entsteht im Zeitpunkt der Auszahlung des Betrages an den Geschädigten, der im Zusammenhang mit der Schadenszufügung ersetzt werden muß. Erst ab diesem Zeitpunkt läuft die Frist für die Erhebung der Regreßklage. Das Gericht darf einer Regreßklage nicht stattgeben, wenn im Zeitpunkt der Entscheidungsfällung der Kläger den zugefügten Schaden nicht ersetzt hat[665].

Art. 1081 Abs. 2 ZGB betrifft das Rückgriffsrecht des Schädigers, der einen gemeinschaftlich zugefügten Schaden dem Geschädigten ersetzt hat, gegenüber den übrigen Schädigern. Diese Bestimmung wurde bereits oben[666] im Zusammenhang mit der Haftung mehrerer Schädiger erörtert.

Eine Sonderregelung des Rückgriffsrechts der haftenden Körperschaft gegenüber der Amtsperson, die einen Schaden zugefügt hat, enthält Art. 1081 Abs. 3 ZGB. Diese Vorschrift ist neu im ZGB. Die Ein-

---

663 Punkt 17[1] der erläuternden Leitentscheidung Nr. 15 des Plenums des Obersten Gerichtshofs vom der UdSSR vom 23.09.1977, Sbornik postanovlenij Plenumov Verchovnych Sudov SSSR i RSFSR (RF) po graždanskim delam, S. 50 f.

664 *Guev*, Postatejnyj kommentarij k časti vtoroj Graždanskogo kodeksa RF, Anm. 1 zu Art. 1081.

665 BVS RF 1994, Nr. 8, S. 10; Punkt 18 der erläuternden Leitentscheidung Nr. 15 des Plenums des Obersten Gerichtshofs vom der UdSSR vom 23.09.1977, Sbornik postanovlenij Plenumov Verchovnych Sudov SSSR i RSFSR (RF) po graždanskim delam, S. 51; *Fajzutdinov* in: *Sadikov*, Kommentarij k Graždanskomu kodeksu RF časti vtoroj, Anm. 2 zu Art. 1081; *B. Bulaevskij*, Kommentarij sudebnoj praktiki 2002, Vypusk 8, S.65.

666 S. 190.

zelheiten dieser Vorschrift werden im Zusammenhang mit der Staatshaftung im Teil D. dieser Arbeit[667] behandelt.

Personen, die einen Schaden gemäß Art. 1073 bis 1076 ZGB ersetzt haben, besitzen keinen Rückgriffsanspruch gegen die Person, die den Schaden zugefügt hat (Art. 1081 Abs. 4 ZGB). Eine ähnliche Bestimmung war bereits in Art. 456 Satz 2 ZGB 1964 vorgesehen. Einzelheiten zu dieser Vorschrift werden im Teil E. dieser Arbeit im Zusammenhang mit den Art. 1073-1076 ZGB erörtert[668].

V. SCHADEN

Ein deliktischer Schadensersatzanspruch setzt – neben den bereits dargestellten Erfordernissen – einen Schaden voraus. Ist kein Schaden entstanden, kann auch keiner ersetzt werden[669]. Im folgenden wird erörtert, wann ein Schaden vorliegt und welche Schäden in welchem Umfang und in welcher Höhe ersetzt werden.

1. Der Bergriff des Schadens

Definiert wird der Schaden (russ.: *vred*) in der rußländischen Rechtswissenschaft überwiegend als Verletzung oder Beeinträchtigung eines Vermögensrechts oder eines immateriellen Rechtsguts[670]. Gelegentlich wird der Begriff des Schadens auch etwas ausführlicher umschrieben, nämlich als ungünstige, negative Folgen, die bei Verletzung oder Beein-

---

667 S. 423 f.

668 S. 444 ff.

669 Vgl. *Tolstoj* in: *Sergeev/Tolstoj*, Graždanskoe pravo, Band 3, S. 7 f.

670 Vgl. *Malein* in: *Kalpin/Masljaev*, Graždanskoe pravo. Čast' pervaja, S. 507; *Suchanov*, Graždanskoe pravo, Band 1, S. 441; *Beljakova*, Imuščestvennaja otvetstvennost' za pričinenie vreda, S. 7; *B. Topornin*, Otvetstvennost' za jadernyj uščerb, S. 34; *Tarchov* in: *Cybulenko*, Graždanskoe pravo Rossii. Čast' pervaja, S. 433; *Smirnov* in: *Ioffe/Tolstoj/Čerepachin*, Sovetskoe graždanskoe pravo, Band 2, S. 367; *Malein*, Vozmeščenie vreda, pričinennogo ličnosti, S. 7; *Verdnikov* in: *Rjasencev*, Sovetskoe graždanskoe pravo, Teil 2, S. 383; *Smirnov* in: *Smirnov/Tolstoj/Jurčenko*, Sovetskoe graždanskoe pravo, Teil 2, S. 300; ähnlich *Fajzutdinov* in: *Sadikov*, Kommentarij k Graždanskomu kodeksu RF časti vtoroj, Anm. 4 zu Art. 1064.

trächtigung von dem Geschädigten gehörenden Vermögens- oder persönlichen Nichtvermögensrechten oder Rechtsgütern entstehen[671].

Anstelle des Begriffs *„vred"* verwendet der rußländische Gesetzgeber gelegentlich den Begriff *„uščerb"* (so z. B. in Art. 1088 ZGB, Art. 52 VerfRF). Die Mehrzahl der Autoren benutzt beide Begriffe synonym[672]. Beide Begriffe werden durch „Schaden", „Verlust", „Einbuße", „Nachteil"[673] in die deutsche Sprache übersetzt. Gelegentlich wird in der rußländischen Rechtswissenschaft zwischen *„vred"* und *„uščerb"* differenziert: Danach soll der Begriff *„uščerb"* die natürlich-dingliche Form, in der ein Schaden ausgedrückt wird, darstellen[674]. Darüber hinaus wird im Gesetz der Begriff *„ubytok"* verwendet (vgl. Art. 15, 393 ff., 1082 ZGB), der in die deutsche Sprache ebenfalls durch die Begriffe „Schaden", „Verlust", „Einbuße", „Nachteil"[675] übersetzt werden kann. Dieser Begriff wird in der russischen Rechtssprache nur für den Schaden benutzt, der in Geld ausgedrückt wird[676]. Der Begriff *„vred"* ist somit weiter als der Begriff *„ubytok"*[677].

2. Der Grundsatz des vollen Schadensersatzes

Nach der allgemeinen Regel des Art. 1064 Abs. 1 Satz 1 ZGB ist ein Schaden grundsätzlich vollständig zu ersetzen. Dieser Grundsatz gilt

---

671 *Smirnov/Sobčak*, Obščee učenie o deliktnych objazatel'stvach v sovetskom graždanskom prave, S. 58; ähnlich *Malein* in: *Kalpin*, Graždanskoe pravo. Čast' vtoraja, S. 510; *Illarinova* in: *Illarinova/Gongalo/Pletnev*, Graždanskoe pravo. Čast' pervaja, S. 427.

672 *Korneev* in: *Suchanov*, Graždanskoe pravo, Band 2, Halbband 2, S. 371; *Malein* in: *Kalpin/Masljaev*, Graždanskoe pravo. Čast' pervaja, S. 507; *Beljakova*, Imuščestvennaja otvetstvennost' za pričinenie vreda, S. 7 f.; *Zavidov*, Pravovye problemy vozmeščenija moral'nogo vreda v Rossii, S. 5.

673 Vgl. *H. Engelbert/A. Berson*, Rechtswörterbuch Russisch-Deutsch.

674 Vgl. *Smirnov/Sobčak*, Obščee učenie o deliktnych objazatel'vach v sovetskom graždanskom prave, S. 58.

675 Vgl. *Engelbert/Berson*, Rechtswörterbuch Russisch-Deutsch; *G. Décsi/S. Karcsay*, Wörterbuch der Rechts- und Wirtschaftssprache.

676 *Korneev* in: *Suchanov*, Graždanskoe pravo, Band 2, Halbband 2, S. 371; *Beljakova*, Imuščestvennaja otvetstvennost' za pričinenie vreda, S. 8; *Tarchov* in: *Cybulenko*, Graždanskoe pravo Rossii. Čast' pervaja, S. 433; *Zavidov*, Pravovye problemy vozmeščenija moral'nogo vreda v Rossii, S. 5; *Smirnov/Sobčak*, Obščee učenie o deliktnych objazatel'stvach v sovetskom graždanskom prave, S. 58 f.

677 *Malein* in: *Kalpin/Masljaev*, Graždanskoe pravo. Čast' pervaja, S. 507.

nach Art. 15 Abs. 1 ZGB nicht nur im Deliktsrecht, sondern für das gesamte Zivilrecht[678].

Vollständiger Schadensersatz bedeutet unter anderem, daß nicht nur der tatsächlich entstandene Schaden, sondern auch der entgangene Gewinn gemäß Art. 15 Abs. 2, 393-395 ZGB zu ersetzen ist[679]. Der Grundsatz des vollen Schadensersatzes setzt ferner voraus, daß nicht nur der materielle, sondern – in den gesetzlich vorgesehenen Fällen – auch der immaterielle Schaden zu ersetzen ist[680].

Das sowjetische Deliktsrecht kannte den Grundsatz des vollen Schadensersatzes ebenfalls (vgl. Art. 444 ZGB 1964). Allerdings wurde dieses Prinzip nur sehr unvollkommen realisiert[681]: Vor allem wurden immaterielle Schäden nicht ersetzt[682], entgangener Gewinn nur unter bestimmten, sehr engen Voraussetzungen[683]. Nach Art. 458 ZGB 1964 konnte die Höhe des Schadensersatzes im Hinblick auf das Mitverschulden des Geschädigten und die Vermögenslage des Schädigers gesenkt werden. Außerdem wurde die Höhe des zu leistenden Schadensersatzes nach Art. 460-462, 464 ZGB 1964 durch Leistungen der Sozialversicherung beeinflußt. Ferner konnte der Schädiger nach Art. 449 Satz 2 ZGB 1964 im Falle des Notstands ganz oder teilweise von der Pflicht zum Schadensersatz befreit werden.

Im geltenden Deliktsrecht wird der Grundsatz des vollen Schadensersatzes sehr viel weitgehender umgesetzt. Allerdings gilt er auch heute nicht lückenlos. In einzelnen gesetzlich vorgesehenen Fällen kann die Pflicht zum Schadensersatz dem Schädiger nicht vollständig, sondern in geringerem Umfang auferlegt werden. Beispiele hierfür sind Art. 1067 Satz 2 (vollständige oder teilweise Befreiung des Schädigers von der

678 Vgl. *Tarchov* in: *Cybulenko*, Graždanskoe pravo Rossii. Čast' pervaja, S. 434.

679 *Guev*, Postatejnyj kommentarij k časti vtoroj Graždanskogo kodeksa RF, Anm. 1 zu Art. 1064; vgl. auch *Suchanov*, Graždanskoe pravo, Band 1, S. 441. Näher erläutert werden diese Vorschriften unten S. 213 ff.

680 *Fajzutdinov* in: *Sadikov*, Kommentarij k Graždanskomu kodeksu RF časti vtoroj, Anm. 4 zu Art. 1064; *Jarošenko* in: *Braginskij*, Kommentarij časti vtoroj Graždanskogo kodeksa RF, S. 352. Näher zum Ersatz des immateriellen Schadens vgl. unten S. 272 ff.

681 Vgl. dazu *Heidemann*, Unternehmenshaftung in Rußland, S. 92 ff., insbesondere S. 98 f.; *Braginskij/Vitrjanskij*, Dogovornoe pravo, S. 640 f.

682 Vgl. dazu unten S. 275 ff.

683 Vgl. dazu unten S. 215.

Schadensersatzpflicht im Falle des Notstandes)[684], 1073 Abs. 4 Satz 2 (Haftung von Minderjährigen, die das vierzehnte Lebensjahr nicht vollendet haben)[685], 1076 Abs. 3 (Haftung von Geschäftsunfähigen)[686], 1078 Abs. 1 Satz 2 (Haftung von Personen, die die Bedeutung ihrer Handlungen nicht erkennen oder nicht steuern konnten)[687] sowie 1083 Abs. 2 (Berücksichtigung des Mitverschuldens des Geschädigten)[688] und 1083 Abs. 3 sowie 1090 Abs. 4 ZGB (Berücksichtigung der Vermögenslage des Schädigers)[689]. Vertraglich können jedoch keine Ausnahmen vom Grundsatz des vollen Schadensersatzes vereinbart werden.

Die Pflicht des Schädigers, den Geschädigten eine über den Schadensersatz hinausgehende Entschädigung zu zahlen, kann dagegen durch Gesetz oder Vertrag bestimmt werden (Art. 1064 Abs. 1 Satz 3 ZGB). Das kommt in erster Linie bei Schäden vor, die dem Leben oder der Gesundheit eines Bürgers zugefügt wurden[690], vgl. Art. 1084, 1085 Abs. 3, Art. 1089 Abs. 3 und 4 ZGB. Häufig geschieht es in Tarifverträgen[691].

Im Zusammenhang mit dem Grundsatz des vollen Schadensersatzes steht auch die Vorschrift des Art. 1072 ZGB. Danach haben eine juristische Person oder ein Bürger, die ihre Haftung im Rahmen einer freiwilligen oder einer Pflichtversicherung zugunsten des Geschädigten (Art. 931 ZGB, Art. 935 Abs. 1 ZGB) versichert haben, die Differenz zwischen der Versicherungssumme und der tatsächlichen Schadenshöhe zu ersetzen, wenn die Versicherungssumme für den vollständigen Ersatz des zugefügten Schadens unzureichend ist.

Vergleichbare Vorschriften gab es im ZGB 1964 und den GZG 1991 nicht. Das hängt damit zusammen, daß das geltende ZGB erstmals Vorschriften enthält, die eine Versicherung der zivilrechtlichen Haftung regeln.

---

684 Vgl. dazu oben S. 164 f.

685 Vgl. dazu unten S. 464 ff.

686 Vgl. dazu unten S. 473 ff.

687 Vgl. dazu unten S. 476 ff.

688 Vgl. dazu oben S. 181 ff.

689 Vgl. dazu unten S. 210 ff., 262.

690 *Jarošenko*, ChiP 1996, Nr. 12, S. 5; *Tolstoj* in: *Sergeev/Tolstoj*, Graždanskoe pravo, Band 3, S. 9; *Jarošenko* in: *Braginskij*, Kommentarij časti vtoroj Graždanskogo kodeksa RF, S. 352.

691 Vgl. *Jarošenko* in: *Braginskij*, Kommentarij časti vtoroj Graždanskogo kodeksa RF, S. 352.

Der in Art. 1072 ZGB erwähnte Art. 931 ZGB sieht in Abs. 1 vor, daß durch einen Vertrag über die Versicherung des Haftungsrisikos für Verbindlichkeiten, die entstehen, wenn dem Leben, der Gesundheit oder dem Vermögen anderer Personen Schaden zugefügt wird, das Haftungsrisiko des Versicherungsnehmers oder einer anderen Person, die dafür haftbar gemacht werden kann, versichert werden kann. Der ebenfalls in Art. 1072 ZGB aufgeführte Art. 935 Abs. 1 ZGB bestimmt, daß durch Gesetz die in ihm genannten Personen verpflichtet werden können,

- das Leben, die Gesundheit oder das Vermögen anderer im Gesetz genannten Personen für den Fall, daß ihrem Leben, ihrer Gesundheit oder ihrem Vermögen Schaden zugefügt wird,
- das eigene Haftpflichtrisiko, das eintritt, wenn dem Leben, der Gesundheit oder dem Vermögen anderer Personen Schaden zugefügt wird oder wenn Verträge mit anderen Personen verletzt werden,

zu versichern. Die Art. 931 und 935 ZGB betreffen somit die Versicherung einer deliktischen Haftung[692], wobei der Unterschied darin besteht, daß im Falle des Art. 935 ZGB die Pflicht zum Abschluß der Haftpflichtversicherung aus dem Gesetz folgt und bei Art. 931 ZGB das nicht der Fall ist.

Der Hintergrund für die Regelung des Art. 1072 ZGB ist, daß die Person, zu deren Gunsten der Versicherungsvertrag als abgeschlossen gilt, berechtigt ist, die Schadensersatzforderung in Höhe der Versicherungssumme unmittelbar gegen den Versicherer geltend zu machen, wenn die Schadenshaftung aus dem Grunde versichert ist, daß ihre Versicherung zwingend ist, sowie in anderen Fällen, in denen eine solche Haftung durch Gesetz oder den Versicherungsvertrag bestimmt ist (Art. 931 Abs. 4 ZGB). Für den Fall, daß die von der Versicherung gezahlte Entschädigung zum vollen Schadensersatz nicht ausreicht, sieht das Gesetz in Art. 1072 ZGB deshalb im Interesse des Geschädigten eine zusätzliche (subsidiäre) Haftung des Versicherungsnehmers/Schädigers vor[693].

---

692 Vgl. *Roggemann/Bergmann*, Zivilgesetzbuch der Russischen Föderation (Zweiter Teil) von 1995, S. 325.

693 *Fajzutdinov* in: *Sadikov*, Kommentarij k Graždanskomu kodeksu RF časti vtoroj, Anm. zu Art. 1072; *Borisov*, Kommentarij k Graždanskomu kodeksu RF časti pervoj i vtoroj, S. 1100. Zur subsidiären Haftung vgl. Art. 399 ZGB.

Art. 1072 ZGB gilt allerdings nur, wenn der Versicherungsnehmer sein Risiko im Wege der freiwilligen oder Pflichtversicherung[694] *zugunsten des Geschädigten* versichert hat[695]. Der Vertrag über die Versicherung des Haftpflichtrisikos gilt als zugunsten der Personen abgeschlossen, denen Schaden zugefügt werden kann (Begünstigte), selbst wenn der Vertrag zugunsten des Versicherungsnehmers oder einer anderen Person abgeschlossen wurde, die für die Schadenszufügung haftbar ist, oder wenn im Vertrag nicht bestimmt ist, zu wessen Gunsten er abgeschlossen wurde (Art. 931 Abs. 3 ZGB).

Wenn der Versicherungsnehmer das Haftungsrisiko einer anderen Person versichert hat, wird Art. 1072 ZGB nicht angewendet. Die Regelung des Art. 1072 ZGB ist auch bei Verträgen über die Sachversicherung (Art. 930 ZGB), die Versicherung des Haftungsrisikos für Vertragsverletzungen (Art. 932 ZGB), die Versicherung des unternehmerischen Risikos und die Personenversicherung (Art. 934 ZGB) nicht einschlägig[696].

Eine Pflichtversicherung der zivilrechtlichen Haftung ist nur in gesetzlich vorgesehenen Fällen zulässig. Die wichtigsten dieser gesetzlichen Regelungen sind das Gesetz „Über die *Pflichtsozialversicherung gegen Unfälle und Berufskrankheiten*" vom 24.07.1998[697], welches unten[698] im Zusammenhang mit der Haftung für Schäden, die dem Leben oder der Gesundheit eines Bürgers zugefügt wurden, näher erörtert wird, und das Gesetz „Über die *Pflichtversicherung der zivilen Haftung der Besitzer von Transportmitteln*" vom 25.04.2002[699], das größtenteils zum

---

694 Zum Unterschied zwischen der freiwilligen und der Pflichtversicherung vgl. Art. 927 ZGB.

695 *Guev*, Postatejnyj kommentarij k časti vtoroj Graždanskogo kodeksa RF, Anm. 1 zu Art. 1072.

696 *Guev*, Postatejnyj kommentarij k časti vtoroj Graždanskogo kodeksa RF, Anm. 1 zu Art. 1072.

697 Nr. 125-FZ, SZ 1998, 31, Pos. 3803, geändert durch Gesetze vom 17.07.1999, Nr. 181-FZ, SZ 1999, Nr. 29, Pos. 3702, 02.01.2000, Nr. 10-FZ, SZ 2000, Nr. 2, Pos. 131, 25.10.2001, Nr. 141-FZ, SZ 2001, Nr. 44, Pos. 4152, 30.12.2001, Nr. 196-FZ, SZ 2002, Nr. 1, Pos. 2, 11.02.2002, Nr. 17-FZ, SZ 2002, Nr. 7, Pos. 628, 26.11.2002, Nr. 152-FZ, SZ 2002, Nr. 48, Pos. 4737, 08.02.2003, Nr. 25-FZ, SZ 2003, Nr. 6, Pos. 509, und 22.04.2003, Nr. 47-FZ, SZ 2003, Nr. 17, Pos. 1554.

698 Vgl. S. 226 ff.

699 Nr. 40-FZ, SZ 2002, Nr. 18, Pos. 1720.

01.07.2003 in Kraft getreten ist und teilweise auch später in Kraft treten wird (vgl. Art. 33 des Gesetzes).

Ein weiteres Beispiel für eine solche Pflichtversicherung stellt die Regelung des Art. 18 der Grundlagen der Gesetzgebung der RF „Über das *Notariat*" vom 11.02.1993[700] dar. Diese Regelung schreibt Notaren, die eine Privatpraxis betreiben, vor, eine Pflichtversicherung abzuschließen. Die Versicherungssumme darf nicht niedriger als der 100-fache gesetzliche Mindestarbeitslohn[701] sein. Art. 17 Abs. 1 Satz 1 der Grundlagen der Gesetzgebung „Über das Notariat" sieht vor, daß ein Notar, der eine Privatpraxis betreibt und vorsätzlich Informationen über eine vorgenommene notarielle Handlung verbreitet oder eine notarielle Handlung vorgenommen hat, die der Gesetzgebung widerspricht, verpflichtet ist, den dadurch entstandenen Schaden zu ersetzen. Wenn die Ersatzleistung der Versicherung den zugefügten Schaden nicht in vollem Umfang ausgleicht, hat der Notar den darüber hinausgehenden Schaden nach Art. 1072 ZGB auf eigene Rechnung zu ersetzen.

3. Die Arten des Schadens

Zu unterscheiden sind zwei Arten von Schäden: Vermögensschäden (materielle Schäden) und Nichtvermögensschäden (immaterielle Schäden). Diese Unterscheidung ist von Bedeutung, weil für beide Schadensarten unterschiedliche Vorschriften gelten. Wenn in einem Rechtsstreit sowohl ein materieller als auch ein immaterieller Schaden geltend gemacht wird, darf das Gericht den Klägern keinen Gesamtbetrag zusprechen, sondern es muß angeben, in welcher Höhe der materielle Schaden und in welcher Höhe der immaterielle Schaden zu ersetzen ist[702].

a) Vermögensschaden/materieller Schaden

Um einen *Vermögensschaden* bzw. einen *materiellen Schaden* (russ.: *imuščestvennyj vred*) handelt es sich, wenn er in Geld bewertet werden

---

700 Nr. 4462-I, VSNDiVS RF 1993, Nr. 10, Pos. 357, geändert durch Gesetze vom 30.12.2001, Nr. 194-FZ, SZ 2001, Nr. 194-FZ, SZ 2001, Nr. 53, Pos. 5030, und 24.12.2002, Nr. 176-FZ, SZ 2002, Nr. 52, Pos. 5132.

701 Vgl. zum Mindestarbeitsohn Fn. 320.

702 Vgl. BVS RF 1999, Nr. 5, S. 23 f.

kann[703]. Er besteht in dem Unterschied der Vermögenslage des Geschädigten vor und nach der Schadenszufügung[704]. Ein Vermögensschaden/materieller Schaden kann sowohl bei der Verletzung materieller als auch immaterieller Rechtsgüter (Rechte) entstehen. Wenn z. B. der Gesundheit eines Bürgers (also einem immateriellen Rechtsgut) ein Schaden zugefügt wurde, entsteht in der Regel ein Vermögensschaden, der im Verdienstausfall (oder dem Ausfall anderer Einkommen) und/oder den Kosten für die Wiederherstellung der Gesundheit besteht. Wenn durch die Verbreitung verleumdender, nicht der Wirklichkeit entsprechender Behauptungen über einen Bürger dessen immaterielle Rechtsgüter (Ehre, Würde) verletzt wurden, so kann das dessen Entlassung aus dem Arbeitsverhältnis und damit ebenfalls die Zufügung eines Vermögensschadens zur Folge haben[705].

b) Nichtvermögensschaden/immaterieller Schaden

Bei einem *Nichtvermögensschaden* (russ.: *neimuščestvennyj vred*) handelt des sich um einen Schaden, der nicht (genau) in Geld bewertet werden kann. Er entsteht in der Regel bei einer Verletzung immaterieller Rechtgüter. Er kann aber auch bei einer Schädigung materieller Rechte eintreten[706].

Darüber hinaus gibt es in der russischen Rechtssprache den Begriff des *„moral'nyj vred"* (wörtlich übersetzt: *moralischer Schaden*). Inwieweit der *„neimuščestvennyj vred"* ein Oberbegriff zum *„moral'nyj vred"* darstellt oder ob beide Begriffe synonym zu gebrauchen sind, wird im Schrifttum zum geltenden Recht nicht näher diskutiert. In einigen Gesetzen, die Anfang der 90er Jahre verabschiedet wurden, wurden beide Begriffe nebeneinander verwendet, was dafür spricht, daß beide Begriffe Synonyme darstellen[707]. Im geltenden ZGB wird nur noch der

---

703 *Jarošenko* in: *Sadikov*, Graždanskoe pravo Rossii. Čast' vtoraja, S. 631.

704 *Korneev* in: *Suchanov*, Graždanskoe pravo, Band 2, Halbband 2, S. 371; *Beljakova*, Imuščestvennaja otvetstvennost' za pričinenie vreda, S. 8; vgl. auch *Zavidov*, Pravovye problemy vozmeščenija moral'nogo vreda v Rossii, S. 5 f.

705 *Sadikov*, Graždanskoe pravo Rossii. Čast' vtoraja, S. 632.

706 *Jarošenko* in: *Sadikov*, Graždanskoe pravo Rossii. Čast' vtoraja, S. 632.

707 Vgl. Art. 39 des Gesetzes der UdSSR „Über die *Presse und andere Massenmedien*" vom 12.06.1990, Art. 7 Abs. 7 ZGB 1964 in der Fassung vom 21.03.1991 und Art. 62 des Gesetzes der RSFSR „Über die *Massenmedien*" vom 27.12.1991. Zum Wortlaut und den Fundstellen dieser Gesetze vgl. unten S. 277. Auch *N. Malein*,

Begriff des *„moral'nyj vred"* benutzt (vgl. Art. 12, 151, 152, 1099-1101 ZGB) und in Art. 151 ZGB als „körperliche und seelische Leiden" umschrieben. Dies spricht dafür, den Begriff des *„neimuščestvennyj vred"* als Oberbegriff für alle Arten von Nichtvermögensschäden zu verstehen, den Begriff des *„moral'nyj vred"* als Unterbegriff, der Nichtvermögensschäden in Form von körperlichen und seelischen Leiden umfaßt[708]. Einzelheiten zu dieser Frage müssen jedoch noch von der rußländischen Rechtswissenschaft geklärt werden.

In der vorliegenden Arbeit wird der *„moral'nyj vred"* im folgenden nicht wörtlich als „moralischer Schaden", sondern mit dem in der deutschen Rechtssprache üblichen Begriff des *„immateriellen Schadens"* übersetzt.

4. Die Art und Weise des Schadensersatzes

Art. 1082 ZGB sieht vor, daß das Gericht, das auf Schadensersatz erkennt, gemäß den Umständen die Person, die für die Schadenszufügung haftbar ist, verpflichtet, den Schaden in natura zu ersetzen (eine Sache der gleichen Art und Qualität bereitzustellen, die beschädigte Sache instandzusetzen u. ä.) oder den zugefügten Schaden vollständig zu ersetzen (Art. 15 Abs. 2 ZGB). Das ZGB kennt somit – wie das ZGB 1964 (Art. 457) – zwei verschiedene Art und Weisen des Schadensersatzes, nämlich den Schadensersatz in natura und den Ersatz des zugefügten Schadens in Geld.

Schadensersatz in natura kommt nur im Falle einer Zerstörung oder Beschädigung von Vermögen in Betracht[709], nicht dagegen bei einer Verletzung von Leben, Gesundheit und anderen immateriellen Rechtsgütern[710]. In den zuletzt genannten Fällen ist nur eine Zahlung von Schadensersatz möglich[711]. Wenn z. B. ein Arzt, der einem Bürger einen Gesundheitsschaden zugefügt hat, an Stelle der Zahlung von Schadenser-

---

GiP 1993, Nr. 3, S. 32, und *Gochbarg/Koblenc*, Graždanskij kodeks RSFSR, Anm. 5 zu Art. 410, scheinen beide Begriffe synonym zu verwenden.

708 Dafür sprechen auch die Ausführungen von *Ėrdelevskij* in: Kompensacija moral'nogo vreda, S. 7 f., und RJu 1998, Nr. 6, S. 21.

709 *Korneev* in: *Suchanov*, Graždanskoe pravo, Band 2, Halbband 2, S. 396.

710 Vgl. *Suchanov*, Graždanskoe pravo, Band 2, Halbband 2, S. 423; *Malein* in: *Kalpin*, Graždanskoe pravo. Čast' vtoraja, S. 522 und 529.

711 *Korneev* in: *Suchanov*, Graždanskoe pravo, Band 2, Halbband 2, S. 396; *Topornin*, Otvetstvennost' za jadernyj uščerb, S. 34.

satz den Geschädigten behandeln möchte, darf das Gericht diese Form des Schadensersatzes nur anerkennen, wenn der Geschädigte dem ausdrücklich zugestimmt hat[712].

Ein *Ersatz der zugefügten Schäden in Geld* kommt im Gegensatz zum Schadensersatz in natura bei allen Arten von Schäden und nicht nur bei Zerstörung oder Beschädigung von Vermögen in Betracht[713].

Die Wahl der Art und Weise des Schadensersatzes hängt nicht nur vom Wunsch des Geschädigten oder des Schädigers, sondern auch von den konkreten Umständen des Falls ab[714]. Die Entscheidung darüber liegt im Ermessen des Gerichts[715]. Das Gesetz begrenzt das Ermessen des Gerichts nur dahingehend, daß es „gemäß den Umständen" entscheiden muß.

In der Praxis überwiegt der Schadensersatz in Geld[716]. Möglich ist auch eine Kombination beider Art und Weisen des Schadensersatzes[717].

5. Die Berücksichtigung der Vermögenslage des Schädigers bei Bestimmung der Schadenshöhe

Das rußländische Deliktsrecht sieht vor, daß unter besonderen Voraussetzungen bei Bestimmung der Schadenshöhe auch die Vermögenslage des Schädigers berücksichtigt werden kann. Diese Rechtsfolge wird in Art. 1083 Abs. 3 ZGB angeordnet:

> *„Wenn der Schaden durch einen Bürger zugefügt wurde, kann das Gericht die Höhe des Schadensersatzes unter Berücksichtigung seiner Ver-*

---

712 *Korneev* in: *Suchanov*, Graždanskoe pravo, Band 2, Halbband 2, S. 396.

713 *Korneev* in: *Suchanov*, Graždanskoe pravo, Band 2, Halbband 2, S. 396.

714 *Korneev* in: *Suchanov*, Graždanskoe pravo, Band 2, Halbband 2, S. 396; vgl. dazu auch BVS RF 1992, Nr. 4, S. 10.

715 *Korneev* in: *Suchanov*, Graždanskoe pravo, Band 2, Halbband 2, S. 396; vgl. auch *Guev*, Postatejnyj kommentarij k časti vtoroj Graždanskogo kodeksa RF, Anm. 2 zu Art. 1082.

716 *Fajzutdinov* in: *Sadikov*, Kommentarij k Graždanskomu kodeksu RF časti vtoroj, Anm. 1 zu Art. 1082; *Borisov*, Kommentarij k Graždanskomu kodeksu RF časti pervoj i vtoroj, S. 1110.

717 *Fajzutdinov* in: *Sadikov*, Kommentarij k Graždanskomu kodeksu RF časti vtoroj, Anm. 1 zu Art. 1082; *Guev*, Postatejnyj kommentarij k časti vtoroj Graždanskogo kodeksa RF, Anm. 2 zu Art. 1082; *Borisov*, Kommentarij k Graždanskomu kodeksu RF časti pervoj i vtoroj, S. 1110.

mögenslage herabsetzen, es sei denn, der Schaden wurde durch vorsätzliche Handlungen zugefügt.“

Ähnliche Regelungen waren bereits in Art. 93 Satz 2 GZG 1961 und Art. 458 Satz 2 ZGB 1964 enthalten. Allerdings war im Wortlaut dieser Vorschriften noch nicht vorgesehen, daß die Berücksichtigung der Vermögenslage des Schädigers bei vorsätzlichen Handlungen unzulässig ist. Die Vorschriften wurden nur durch die Rechtsprechung des Obersten Gerichtshofs der UdSSR dahingehend eingeschränkt, daß die Vermögenslage des Schädigers nicht berücksichtigt werden durfte, wenn der Schädiger eine Straftat aus Eigennutz begangen hatte[718]. Durch Art. 132 Abs. 2 GZG 1991 wurde die Möglichkeit einer Berücksichtigung der Vermögenslage des Schädigers noch weiter eingeschränkt: Nach dieser Vorschrift war die Berücksichtigung der Vermögenslage des Schädigers untersagt, wenn der Schaden durch eine vorsätzliche Straftat zugefügt wurde. Nach Art. 1083 Abs. 3 des geltenden ZGB darf die Vermögenslage des Schädigers nunmehr bei allen vorsätzlichen Handlungen nicht berücksichtigt werden.

Die Vorschrift Art. 1083 Abs. 3 ZGB hat allgemeinen Charakter und wird auf alle Fälle der Schadenszufügung durch einen Bürger angewendet. Die Vermögenslage des Schädigers wird deshalb auch bei dem Ersatz zusätzlicher Aufwendungen gemäß Art. 1085 ZGB, dem Schadensersatz im Zusammenhang mit dem Tod des Ernährers nach Art. 1089 ZGB und dem Ersatz der Bestattungskosten gemäß Art. 1094 ZGB berücksichtigt[719]. Ebenso darf bei Bestimmung der Höhe des Ersatzes des immateriellen Schadens die Vermögenslage des Schädigers berücksichtigt werden[720]. In Art. 1083 Abs. 3 ZGB ist insoweit keine Ausnahme

---

718 Punkt 11 der erläuternden Leitentscheidung Nr. 1 des Obersten Gerichtshofs der UdSSR vom 23.03.1979, BVS SSSR 1979, Nr. 3, S. 13.

719 *Fajzutdinov* in: *Sadikov*, Kommentarij k Graždanskomu kodeksu RF časti vtoroj, Anm. 6 zu Art. 1083; *Guev*, Postatejnyj kommentarij k časti vtoroj Graždanskogo kodeksa RF, S. 736.

720 Vgl. Punkt 36 der erläuternden Leitentscheidung Nr. 3 des Plenums des Obersten Gerichtshofs der RF vom 28.04.1994, BVS RF 1994, Nr. 7, S. 8; vgl. auch *Jarošenko*, ChiP 1996, Nr. 12, S. 16; *Jarošenko* in: *Braginskij*, Kommentarij časti vtoroj Graždanskogo kodeksa RF, S. 375; *Ju. Koršunov*, ChiP 1995, Nr. 4, S. 137; *V. Žujkov*, Kommentarij rossijskogo zakonodatel'stva, Vypusk 1, S. 66; *M. Šeljutto*, Kommentarij sudebnoj praktiki 1996, Vypusk 2, S. 64; *M. Šeljutto*, Kommentarij sudebnoj praktiki 1997, Vypusk 3, S. 55; *Ėrdelevskij*, Kompensacija moral'nogo

vorgesehen[721]. Art. 1083 Abs. 3 ZGB wird auch dann angewendet, wenn sich mehrere Bürger in der Rolle des Schädigers befinden. Das Gericht kann die Höhe des Schadensersatzes zudem in den Fällen herabsetzen, bei denen die Pflicht zum Schadensersatz nicht dem Schädiger selbst obliegt (z. B. weil er minderjährig ist), sondern andere Personen (z. B. seine Eltern oder sein Vormund) an seiner Stelle haften[722].

Nach Art. 1083 Abs. 3 ZGB darf nur die Vermögenslage von Bürgern, nicht jedoch die von juristischen Personen berücksichtigt werden[723]. Die Vermögenslage des Schädigers hat auch dann keine Bedeutung, wenn dem Arbeitgeber die Haftung für dessen Handlungen nach Art. 1068 ZGB obliegt. Das Gesetz sieht in Art. 1083 Abs. 3 ZGB die Möglichkeit der Berücksichtigung der Vermögenslage nur bei Bürgern vor, die unmittelbare Schädiger sind. Die Vorschrift ist lediglich dann anwendbar, wenn das Haftungssubjekt und der unmittelbare Schädiger in einer Person zusammenfallen[724].

Maßgeblich für die Vermögenslage des Schädigers ist dessen Verdienst, andere Arbeitseinkommen, vorhandenes Vermögen, die Zusammensetzung seiner Familie und der Kreis der Personen, die von ihm unterhalten werden[725]. Das Gericht ist nach Art. 1083 Abs. 3 ZGB zudem nur berechtigt, die Höhe des Schadensersatzes herabzusetzen, nicht jedoch, den Schädiger ganz vom Schadensersatz zu befreien[726].

---

vreda v Rossii i za rubežom, S. 137. Diese Rechtsprechung wird auch in der Entscheidung in BVS RF 1995, Nr. 4, S. 15, angewendet: BVS RF 1995, Nr. 4, S. 15: Danach müssen die tatsächlichen Möglichkeiten des Schädigers berücksichtigt werden, wenn eine natürliche Person zur Zahlung eines Geldbetrages als Ersatz des immateriellen Schadens ein verurteilt wird.

721 *Jarošenko* in: *Sadikov*, Graždanskoe pravo Rossii. Čast' vtoraja, S. 636 f.; vgl. auch *Jarošenko* in: *Braginskij*, Kommentarij časti vtoroj Graždanskogo kodeksa RF, S. 393.

722 *Guev*, Postatejnyj kommentarij k časti vtoroj Graždanskogo kodeksa RF, Anm. 2 zu Art. 1083.

723 Vgl. *Fajzutdinov* in: *Sadikov*, Kommentarij k Graždanskomu kodeksu RF časti vtoroj, Anm. 6 zu Art. 1083; *Ramzaev* in: *Cybulenko*, Graždanskoe pravo Rossii. Čast' pervaja, S. 165.

724 *Fajzutdinov* in: *Sadikov*, Kommentarij k Graždanskomu kodeksu RF časti vtoroj, Anm. 4 zu Art. 1068; vgl. auch *Makarov*, ChiP 2000, Nr. 1, S. 107.

725 Vgl. *Malein* in: *Kalpin/Masljaev*, Graždanskoe pravo. Čast' pervaja, S. 520.

726 *Guev*, Postatejnyj kommentarij k časti vtoroj Graždanskogo kodeksa RF, Anm. 2 zu Art. 1083; vgl. auch BVS RSFSR 1988, Nr. 1, S. 13.

Bei Schäden an Leben oder Gesundheit eines Bürgers kann die Vermögenslage des Schädigers nach Maßgabe des Art. 1090 Abs. 4 ZGB berücksichtigt werden. Diese Vorschrift wird allerdings nicht hier, sondern im Zusammenhang mit den anderen Sondervorschriften zur Schadenshöhe bei Schäden an Leben oder Gesundheit[727] näher erörtert.

6. Der Ersatz des materiellen Schadens

a) Die allgemeinen Regeln zur Bestimmung der Schadenshöhe bei materiellen Schäden

Allgemeine Vorschriften zu Bestimmung der Schadenshöhe befinden sich in den Art. 15, 393-395 ZGB, die zum Teil nicht nur im Bereich der vertraglichen, sondern auch der deliktischen Haftung angewendet werden.

aa) Art. 15 ZGB. In Art. 15 Abs. 2 Satz 1 ZGB befindet sich eine allgemeine – auch für deliktische Ansprüche maßgebliche[728] – Vorschrift, aus der hervorgeht, welche Schäden zu ersetzen sind[729]. Danach sind unter einem Schaden die Aufwendungen zu verstehen, welche die Person, deren Recht verletzt worden ist, zur Wiederherstellung des verletzten Rechts hatte oder haben wird, der Verlust oder die Schädigung ihres Vermögens (konkreter Schaden), die entgangenen Einnahmen, die diese Person unter gewöhnlichen Umständen des zivilrechtlichen Verkehrs hätte erlangen können, wenn ihr Recht nicht verletzt worden wäre (entgangener Gewinn).

Der Unterschied zwischen dem konkreten Schaden und dem entgangenen Gewinn besteht darin, daß sich im ersten Fall das Vermögen des Geschädigten verringert und im zweiten Fall nicht so vergrößert, wie es sich hätte vergrößern sollen, wenn die Schädigung unterblieben wäre[730].

---

727 S. 260.

728 Vgl. *Illarinova* in: *Illarinova/Gongalo/Pletnev*, Graždanskoe pravo. Čast' pervaja, S. 438.

729 Definiert wird in Art. 15 ZGB allerdings nicht der in allen haftungsbegründenden und haftungsausfüllenden Vorschriften des Deliktsrechts verwendete Begriff „vred", sondern der lediglich in Art. 1082 ZGB im Zusammenhang mit der Haftungsausfüllung benutzte Begriff „ubytok".

730 Vgl. *Tarchov* in: *Cybulenko*, Graždanskoe pravo Rossii. Čast' pervaja, S. 434.

Wie sich aus der Definition in Art. 15 Abs. 2 Satz 1 ZGB ergibt, umfaßt der konkrete Schaden zum einen den Vermögensverlust, d. h. den Wert des Vermögens, das der Geschädigte hatte und das er infolge der Schädigung eingebüßt hat. Wenn z. B. ein Gegenstand verloren gegangen ist, besteht der Verlust in dem Wert des Gegenstandes[731]. Zudem umfaßt der konkrete Schaden die Vermögensschädigung, d. h. den Betrag, um den sich das Vermögen infolge der Rechtsverletzung verringert hat. Wenn z. B. ein Teil einer Sammlung gestohlen wurde, besteht der konkrete Schaden nicht nur in dem gestohlenen Teil, sondern auch in der Minderung des Wertes der Sammlung[732].

Nach Art. 15 Abs. 2 Satz 1 ZGB hat der Schädiger zudem nicht nur die Aufwendungen zu ersetzen, für die der Geschädigte bereits aufgekommen ist, sondern auch diejenigen Aufwendungen, die er künftig haben wird. Das war im ZGB 1964 noch nicht vorgesehen. Durch diese Änderung wird dem Geschädigten vor allem dann geholfen, wenn er nicht über die notwendigen Mittel für eine Reparatur verfügt. In diesem Fall ermöglicht Art. 15 Abs. 2 Satz 1 ZGB nunmehr, daß der Geschädigte zunächst die Reparaturkosten einklagt und erst dann die Reparatur durchführen läßt[733].

Bei der Bestimmung der Höhe der künftigen Aufwendungen ist zu berücksichtigen, daß nicht beliebige, sondern nur notwendige (angemessene) Aufwendungen zu ersetzen sind, die der Geschädigte innerhalb einer normalen (angemessenen) Frist nach der Rechtsverletzung haben wird. Außerdem muß der Geschädigte einen angemessenen Preis zugrundelegen[734]. Ferner ist Punkt 10 der erläuternden Leitentscheidung Nr. 6/8 des Plenums des Obersten Gerichtshofs der RF und des Plenums des Höchsten Arbitragegerichts vom 01.06.1996 zu beachten, der folgendes vorsieht:

> *„Bei der Entscheidung von Streitigkeiten, die mit dem Ersatz von Schäden verbunden sind, die Bürgern oder juristischen Personen durch eine Verletzung ihrer Rechte zugefügt wurden, ist unbedingt zu beachten, daß zum konkreten Schaden nicht nur die tatsächlich von der entsprechenden*

---

731 *Malein* in: *Kalpin/Masljaev*, Graždanskoe pravo. Čast' pervaja, S. 507.

732 *Malein* in: *Kalpin/Masljaev*, Graždanskoe pravo. Čast' pervaja, S. 508.

733 Vgl. *Braginskij* in: *Sadikov*, Graždanskoe pravo. Obščaja čast', S. 673.

734 *Klejn* in: *Sadikov*, Kommentarij k Graždanskomu kodeksu RF časti pervoj, Anm. 4 zu Art. 15.

Person getragenen Aufwendungen, sondern auch die Aufwendungen zählen, die die Person zur Wiederherstellung des verletzten Rechts haben wird (Art. 15 Abs. 2 ZGB). Die Notwendigkeit dieser Aufwendungen und ihre voraussichtliche Höhe müssen durch eine begründete Berechnung und Beweise bestätigt werden, in deren Eigenschaft ein Kostenplan (Kalkulation) der Ausgaben für die Beseitigung der Mängel an Waren, Arbeiten und Dienstleistungen oder ein Vertrag, der die Höhe der Haftung für die Verletzung von Verbindlichkeiten bestimmt, vorgelegt werden können[735]*."*

Art. 15 Abs. 2 Satz 1 ZGB sieht zudem ausdrücklich vor, daß auch der entgangene Gewinn zu ersetzen ist. Darin besteht ein weiterer Unterschied zur Rechtslage während der Geltung des ZGB 1964. Nach Art. 219 Satz 2 ZGB 1964 zählten zu den ersatzfähigen Schäden zwar auch die entgangenen Einnahmen, die der Gläubiger erhalten hätte, wenn das Schuldverhältnis vom Schuldner erfüllt worden wäre. Allerdings wurden Bürgern entgangene Einnahmen nur soweit ersetzt, als es sich dabei um Einkünfte aus Arbeit handelte. Ein Anspruch auf Ersatz anderer entgangener Gewinne bestand nicht[736]. Unternehmen, die im Rahmen des Plans am sozialistischen Wirtschaftsleben teilnahmen, konnten den entgangenen Gewinn in Höhe der Differenz zwischen ihren Kosten und dem Gewinn in Höhe der Planvorgaben ersetzt verlangen[737]. Unternehmen, die nicht im Rahmen der Planwirtschaft arbeiteten, mußten ihren entgangenen Gewinn konkret nachweisen[738].

Der entgangene Gewinn kann jedoch auch nach dem geltenden Recht nur dann geltend gemacht werden, wenn die Möglichkeit, ihn zu erzielen, tatsächlich und nicht nur in der Vorstellung des Geschädigten bestand[739]. Art. 393 Abs. 4 ZGB schreibt in diesem Zusammenhang vor, daß bei der Bestimmung des entgangenen Gewinns die vom Gläubiger

---

735 *„Über einige Fragen, die mit der Anwendung des Ersten Teils des Zivilgesetzbuchs der Rußländischen Föderation verbunden sind"*, BVS RF 1996, Nr. 9, S. 2.

736 Vgl. *M. Šiminova*, Kompensacija vreda graždanam. S. 152; *Heidemann*, Unternehmenshaftung in Rußland, S. 93.

737 Vgl. *Doncov/Gljancev*, Vozmeščenie vreda po Sovetskomu zakonodatel'stvu, S. 59; *Heidemann*, Unternehmenshaftung in Rußland, S. 85 f., 94; *Braginskij/Vitrjanskij*, Dogovornoe pravo, S. 640 f.

738 Vgl. *Heidemann*, Unternehmenshaftung in Rußland, S. 86, 94; *Doncov/Gljancev*, Vozmeščenie vreda po Sovetskomu zakonodatel'stvu, S. 60.

739 Vgl. *Malein* in: *Kalpin/Masljaev*, Graždanskoe pravo. Čast' pervaja, S. 508.

zu dessen Erzielung unternommenen Maßnahmen sowie die zu diesem Zweck getroffenen Vorbereitungen berücksichtigt werden.

Bei Berechnung der Höhe des entgangenen Gewinns kommt es nach Art. 15 Abs. 2 Satz 1 ZGB darauf an, ob der Geschädigte den Gewinn unter den gewöhnlichen Umständen des zivilrechtlichen Verkehrs erzielt hätte. Unter den gewöhnlichen Umständen des zivilrechtlichen Verkehrs versteht man die für ihn typischen Voraussetzungen für das Funktionieren des Marktes, auf den nicht unvorhersehbare Umstände oder Umstände einwirken, die als höhere Gewalt aufgefaßt werden[740].

Außerdem ist bei Berechnung der Höhe des entgangenen Gewinns Punkt 11 der erläuternden Leitentscheidung Nr. 6/8 des Plenums des Obersten Gerichtshofs der RF und des Plenums des Höchsten Arbitragegerichts vom 01.06.1996[741] zu beachten, der folgendes vorsieht:

> *„Die Höhe einer nicht erzielten Einnahme (entgangener Gewinn) muß unter Berücksichtigung der angemessenen Ausgaben bestimmt werden, die der Gläubiger gehabt hätte, wenn das Schuldverhältnis erfüllt worden wäre.“*

Daraus folgt, daß als entgangener Gewinn nicht etwa der nicht erzielte Umsatz, sondern der nach Abzug aller Aufwendungen erzielte Reingewinn zu ersetzen ist.

Für die Frage der Höhe des entgangenen Gewinns ist zudem die Regelung des Art. 15 Abs. 2 Satz 2 ZGB maßgeblich:

> *„Hat die Person, die das Recht verletzte, infolgedessen Einnahmen erlangt, so ist die Person, deren Recht verletzt worden ist, berechtigt, neben dem Ersatz der anderen Verluste auch Ersatz des entgangenen Gewinns in nicht geringerer Höhe als jene Einnahmen zu verlangen.“*

Diese Vorschrift war ebenfalls im ZGB 1964 noch nicht enthalten. Durch diese Regelung soll verhindert werden, daß der Schädiger an der

---

740 *Klejn* in: *Sadikov*, Kommentarij k Graždanskomu kodeksu RF časti pervoj, Anm. 5 zu Art. 15.

741 *„Über einige Fragen, die mit der Anwendung des Ersten Teils des Zivilgesetzbuchs der Rußländischen Föderation verbunden sind“*, BVS RF 1996, Nr. 9, S. 2. Daß diese Rechtsprechung auch bei deliktischen Ansprüchen anwendbar ist, wird von *Guev*, Kommentarij k postanovlenijam Plenuma Verchovnogo Suda RF po graždanskim delam, S. 32, bestätigt.

Rechtsverletzung „verdient“[742]. Eine solche Situation kommt zwar in erster Linie bei vertraglichen Schuldverhältnissen vor, ist jedoch auch bei deliktischen Schuldverhältnissen nicht ausgeschlossen (z. B. wenn ein Unternehmer das geschäftliche Ansehen seines Konkurrenten beschädigt und dadurch seinen Gewinn steigert).

bb) Die maßgeblichen Preise für die Höhe des Schadensersatzes (Art. 393 Abs. 3 ZGB). Bei der Frage, welche Preise bei der Ermittlung der Schadenshöhe zugrundegelegt werden müssen, wird auch bei deliktischen Schuldverhältnissen die Regelung des Art. 393 Abs. 3 ZGB herangezogen[743]. Danach werden zur Ermittlung des Schadens, soweit durch Gesetz, durch sonstige Rechtsakte oder durch Vertrag nichts anderes bestimmt ist, die Preise berücksichtigt, die am Ort, an dem die Verbindlichkeit hätte erfüllt werden müssen, bzw. am Tag der freiwilligen Befriedigung der Forderung des Gläubigers durch den Schuldner galten, und wenn die Forderung nicht freiwillig erfüllt worden ist, die Preise, die am Tage der Klageerhebung galten. Von den Umständen ausgehend kann das Gericht der Forderung nach Ersatz des Schadens unter Berücksichtigung der Preise, die am Tag des Erlasses der Entscheidung galten, stattgeben. Letzteres kommt insbesondere dann in Betracht, wenn die Preise in dem Zeitraum zwischen der Klageerhebung und dem Erlaß der Entscheidung gestiegen sind[744]. Die Preise, die durch Gesetz, andere Rechtsakte oder Vertrag vorgesehen sind, dürfen vom Gericht bei Bestimmung der Höhe des Schadensersatzes nicht geändert werden[745].

Eine dem Art. 393 Abs. 3 ZGB entsprechende Regelung gab es im ZGB 1964 noch nicht. Der Hintergrund für diese Neuregelung ist die in der RF seit dem Anfang der 90er Jahre bestehende – zeitweise galoppierende – Inflation, aufgrund derer es nicht gerecht wäre, allein von den nominellen Geldbeträgen auszugehen[746]. Für deliktische Schuldverhältnisse bedeutet diese Regelung, daß nicht die Preise zugrundezulegen

---

[742] Vgl. *Braginskij* in: *Sadikov*, Graždanskoe pravo. Obščaja čast', S. 674.

[743] *Korneev* in: *Suchanov*, Graždanskoe pravo, Band 2, Halbband 2, S. 397; *Illarinova* in: *Illarinova/Gongalo/Pletnev*, Graždanskoe pravo. Čast' pervaja, S. 438.

[744] Vgl. *Guev*, Postatejnyj kommentarij k časti pervoj Graždanskogo kodeksa RF, Anm. 4 zu Art. 393.

[745] *Korneev* in: *Suchanov*, Graždanskoe pravo, Band 2, Halbband 2, S. 397.

[746] Vgl. *Braginskij* in: *Sadikov*, Graždanskoe pravo, Obščaja čast', S. 674; *Suchanov*, Graždanskoe pravo, Band 1, S. 442; *Braginskij/Vitrjanskij*, Dogovornoe pravo, S. 642.

sind, die der Geschädigte bei Anschaffung seines beschädigten Vermögens ursprünglich bezahlt hat, sondern die Preise, die in dem Moment gelten, wenn entweder der Schädiger den Schaden freiwillig ersetzt, oder wenn das nicht der Fall ist, am Tage der Klageerhebung bzw. am Tag des Erlasses der Gerichtsentscheidung gelten.

cc) Spezialvorschriften zur Schadenshöhe. In bestimmten Fällen, insbesondere bei Umweltschäden, Schäden an der Tierwelt, an Fischressourcen u. ä., ist es schwierig, die Höhe des zugefügten Schadens zu bestimmen. Für diese Fälle wurden deshalb Rechtsnormen geschaffen, die Grundsätze zur Bestimmung der Schadenshöhe enthalten. In diesen Rechtsnormen werden entweder Taxen festgelegt, Berechnungsmethoden bestimmt oder es wird auf andere Vorgehensweisen verwiesen[747]. Fehlen solche Rechtsnormen, werden die tatsächlichen Ausgaben für die Wiederherstellung der zerstörten Umwelt zugrundegelegt[748].

> So bestimmt z. B. Art. 36 Abs. 3 des Gesetzes „Über *besonders geschützte Naturgebiete*" vom 14.03.1995[749], daß Schaden, der Naturobjekten und -komplexen innerhalb der Grenzen besonders geschützter Naturgebiete zugefügt wurde, entsprechend den im vorgeschriebenen Verfahren festgelegten Taxen und Methoden zur Berechnung der Schadenshöhe, und, sofern solche Normen fehlen, in Höhe der tatsächlichen Ausgaben für ihre Wiederherstellung zu ersetzen ist.
> In Art. 77 Abs. 3 UmweltschutzG[750] ist vorgesehen, daß ein Umweltschaden, der durch ein Subjekt wirtschaftlicher oder anderer Tätigkeit zugefügt wurde, entsprechend den im vorgeschriebenen Verfahren festgelegten Taxen und Methoden zur Berechnung der Höhe eines Umweltschadens ersetzt wird, und, sofern sie fehlen, in Höhe der tatsächlichen Ausgaben für die Wiederherstellung des geschädigten Zustandes der Umwelt unter Berücksichtigung der erlittenen Schäden, einschließlich des entgangenen Gewinns. Art. 78 Abs. 1 Satz 2 UmweltschutzG

---

747 *Jarošenko*, ChiP 1996, Nr. 12, S. 4; *Jarošenko* in: *Sadikov*, Graždanskoe pravo Rossii. Čast' vtoraja, S. 632; *Fajzutdinov* in: *Sadikov*, Kommentarij k Graždanskomu kodeksu RF časti vtoroj, Anm. 4 zu Art. 1064; *Jarošenko* in: *Braginskij*, Kommentarij časti vtoroj Graždanskogo kodeksa RF, S. 352; *Korneev* in: *Suchanov*, Graždanskoe pravo, Band 2, Halbband 2, S. 397.

748 *Sadikov*, Graždanskoe pravo Rossii. Čast' vtoraja, S. 632 f.

749 Nr. 33-FZ, SZ 1995, Nr. 12, Pos. 1024; geändert durch Gesetz vom 30.12.2001, Nr. 196-FZ, SZ 2002, Nr. 1, Pos. 2.

750 Vgl. Fn. 6.

ordnet an, daß die Bestimmung der Höhe eines Umweltschadens, der durch die Verletzung der Gesetzgebung auf dem Gebiet des Umweltschutzes zugefügt wurde, in Höhe der tatsächlichen Ausgaben für die Wiederherstellung des geschädigten Zustandes der Umwelt ersetzt wird, unter Berücksichtigung der erlittenen Schäden, einschließlich des entgangenen Gewinns, sowie entsprechend den Projekten für Rekultivierungs- und anderen Wiederherstellungsarbeiten, und, sofern sie fehlen, entsprechend den Taxen und Methoden zur Berechnung der Höhe von Umweltschäden, die von den Organen der ausführenden Gewalt bestätigt wurden, die die staatliche Verwaltung auf dem Gebiet des Umweltschutzes durchführen. Gemäß Punkt 7 der erläuternden Leitentscheidung des Plenums des Höchsten Arbitragegerichts vom 21.10.1993[751] darf das Fehlen von Taxen und Methoden zur Schadensberechnung aber nicht zur Versagung des Schadensersatzes führen. In diesem Fall wird der Schaden in Höhe der tatsächlichen Ausgaben für die Wiederherstellung des verletzten Zustandes der natürlichen Umwelt unter Berücksichtigung der erlittenen Schäden, einschließlich des entgangenen Gewinns ersetzt. Zur Bestimmung der Höhe des Schadens, der der natürlichen Umwelt durch ökologische Rechtsverletzungen zugefügt wurde, kann das Gericht ein entsprechendes Sachverständigengutachten anordnen.
Art. 131 des Wassergesetzbuchs[752] sieht vor, daß Bürger und juristische Personen, die Wasserobjekten einen Schaden zugefügt haben, ihn entsprechend den Methoden zur Berechnung des Schadens, der Wasserobjekten zugefügt wurde, ersetzen, und, sofern solche Normen fehlen, in Höhe der tatsächlichen Ausgaben für die Wiederherstellung der Wasserobjekte unter Berücksichtigung der erlittenen Schäden, einschließlich des entgangenen Gewinns. Entsprechendes gilt gemäß Art. 56 des Gesetzes „Über die *Tierwelt*“ vom 24.04.1995[753] für Schäden, die Objekten der Tierwelt und ihrem Lebensraum zugefügt wurden.
Art. 51 Satz 4 des Gesetzes „Über den *Erdkörper*“ vom 21.02.1992[754] bestimmt, daß die Höhe des Schadens, der dem Staat durch einen Nutzer

---

751 VVAS 1994, Nr. 3, S. 42.

752 Vgl. Fn. 8.

753 Nr. 52-FZ, SZ 1995, Nr. 17, Pos. 1462.

754 Nr. 2395-I, VSNDiVS RF 1992, Nr. 16, Pos. 834, geändert durch Gesetze vom 26.06.1992, Nr. 3134-I, VSNDiVS RF 1992, Nr. 29, Pos. 1690, 25.12.1992, Nr. 4229-I, VSNDiVS RF 1993, Nr. 2, Pos. 74, 03.03.1995, Nr. 27-FZ, SZ 1995, Nr. 10, Pos. 823, 10.02.1999, Nr. 32-FZ, SZ 1999, Nr. 7, Pos. 879, 02.01.2000, Nr. 20-FZ, SZ 2000, Nr. 2, Pos. 141, 14.05.2001, Nr. 52-FZ, SZ 2001, Nr. 21, Pos. 2061, 08.08.2001, Nr. 126-FZ, SZ 2001, Nr. 33, Pos. 3429, und 29.05.2002, Nr. 57-FZ, SZ 2002, Nr. 22, Pos. 2026. Eine Übersetzung befindet sich in *Breidenbach*, Handbuch Wirtschaft und Recht in Osteuropa, RUS 835.

des Erdkörpers schuldhaft zugefügt wurde, vom föderalen Organ für die Verwaltung des staatlichen Rohstoffonds ermittelt wird. Nach Vereinbarung der beteiligten Parteien kann der Schadensersatz statt in Geldform auch durch Arbeiten zur Wiederherstellung des ursprünglichen Zustandes des Erdkörpers geleistet werden (Art. 51 Satz 5).

dd) Zinsen (Art. 395 ZGB). Nach Art. 395 Abs. 1 Satz 1 ZGB sind für die Nutzung fremder Geldmittel infolge deren unberechtigten Einbehalts, der Verweigerung ihrer Rückgabe, sonstigen Zahlungsverzugs, ungerechtfertigter Erlangung oder Einsparung zu Lasten einer anderen Person Zinsen auf diesen Betrag zu zahlen.

Die Höhe der Zinsen bestimmt sich nach dem am Wohnsitz des Gläubigers und, wenn der Gläubiger eine juristische Person ist, an deren Sitz geltenden Bankenzinssatz am Tage der Erfüllung der Geldschuld oder ihres betreffenden Teils. Bei der Geltendmachung der Schuld auf gerichtlichem Wege kann das Gericht der Gläubigerforderung ausgehend vom Bankenzinssatz am Tage der Klageerhebung oder am Tage des Erlasses der Entscheidung stattgeben. Diese Bestimmungen finden Anwendung, soweit kein anderer Zinssatz durch Gesetz oder Vertrag bestimmt ist (Art. 395 Abs. 1 Satz 2-4 ZGB).

Übersteigt der Schaden, der dem Gläubiger durch die unberechtigte Nutzung seiner Geldmittel zugefügt wurde, den ihm aufgrund von Art. 395 Abs. 1 ZGB zustehenden Zinsbetrag, so ist er berechtigt, vom Schuldner Ersatz des diesen Betrag übersteigenden Schadens zu verlangen (Art. 395 Abs. 2 ZGB).

Die Zinsen für die Nutzung fremder Geldmittel werden bis zum Tage der Zahlung dieser Mittel an den Gläubiger berechnet, soweit durch Gesetz, durch sonstige Rechtsakte oder durch Vertrag keine kürzere Frist für die Zinsberechnung bestimmt ist (Art. 395 Abs. 3 ZGB).

Aus dem Wortlaut des Art. 395 Abs. 1 ZGB geht nicht eindeutig hervor, ob und inwieweit diese Vorschrift bei deliktischen Schadensersatzansprüchen heranzuziehen ist, falls der Schuldner den Schadensersatzbetrag nicht oder nicht rechtzeitig zahlt. In der Literatur wurde diese Frage deshalb ausführlich diskutiert[755]. Diese Diskussionen haben das

---

[755] Vgl. dazu vor allem *D. Lavrov*, Pravovedenie 1997, Nr. 3, S. 89 ff. Inwieweit Art. 395 ZGB bei Schäden, die dem Leben oder der Gesundheit eines Bürgers zugefügt wurden, herangezogen wird, wird im einzelnen unten erläutert, vgl. S. 217 f.

Plenum des Obersten Gerichtshofs und des Höchsten Arbitragegerichts der RF beendet, indem sie entschieden haben, daß Art. 395 Abs. 1 ZGB auch im Falle einer Schadensersatzpflicht unter den folgenden Voraussetzungen anzuwenden ist:

„*Wenn ein Gericht einer Partei eine Pflicht zum Schadensersatz in Geld auferlegt, entsteht auf seiten des Schädigers eine Geldschuld auf Zahlung der vom Gericht bestimmten Beträge. Ab dem Zeitpunkt, in dem die Gerichtsentscheidung rechtskräftig geworden ist, sofern nicht ein anderer Zeitpunkt im Gesetz vorgeschrieben ist, ist der Gläubiger berechtigt, bei Zahlungsverzug auf den in der Entscheidung bestimmten Betrag Zinsen auf Grundlage von Art. 395 Abs. 1 ZGB aufzuschlagen. Eine Verzinsung findet auch dann statt, wenn die Verpflichtung zum Ersatz in Geld durch Vereinbarung der Parteien festgelegt wurde*[756]. “

Eine Verpflichtung zur Zahlung von Zinsen kann nach dieser Entscheidung auch dann entstehen, wenn der Schaden ursprünglich in natura zu ersetzen war:

„*Wenn durch Vereinbarung der Parteien die Pflicht, ein Schuldverhältnis in natura zu erfüllen (eine Sache bereitzustellen, Arbeiten durchzuführen, Dienstleistungen zu erbringen) durch die Verpflichtung des Schuldners, einen bestimmten Betrag zu zahlen, ersetzt wird, sind ab dem Ablauf der Frist zur Zahlung dieses Betrages, der durch Gesetz oder die Vereinbarung der Parteien bestimmt wurde, auf den geschuldeten Betrag Zinsen auf Grundlage von Art. 395 Abs. 1 ZGB zu berechnen, wenn anderes nicht durch Vereinbarung der Parteien bestimmt wurde*[757]. “

Nach rußländischen Recht kann der Gläubiger somit grundsätzlich erst ab einem späten Zeitpunkt, nämlich ab Rechtskraft der Gerichtsentscheidung bzw. ab dem Ablauf einer von den Parteien vereinbarten Zahlungsfrist Zinsen verlangen. Vorher erlittene Zinsverluste werden nicht ausgeglichen.

---

756 Punkt 23 der erläuternden Leitentscheidung Nr. 13/14 vom 08.10.1998, BVS RF 1998, Nr. 12, S. 5.

757 Punkt 25 der erläuternden Leitentscheidung Nr. 13/14 vom 08.10.1998, BVS RF 1998, Nr. 12, S. 5.

b) Sonderregelungen über den Ersatz materieller Schäden, die dem Leben oder der Gesundheit zugefügt wurden

Für den Ersatz materieller Schäden, die dem Leben oder der Gesundheit eines Bürgers zugefügt wurden, gelten zahlreiche Spezialvorschriften, die im folgenden erörtert werden.

aa) Rechtsquellen. Der Ersatz des Schadens, der dem Leben und der Gesundheit eines Bürgers zugefügt wird, wird in § 2 des 59. Kapitels des ZGB, den Art. 1084-1094 ZGB sehr detailliert geregelt. Bereits das ZGB 1964 (Art. 459-471) und die GZG 1991 (Art. 130) enthielten derartige Regelungen. Allerdings waren diese Vorschriften noch nicht so ausführlich wie die heutige Regelung. Zudem wurden sämtliche Vorschriften geändert oder ergänzt.

Die Ausführlichkeit, mit der die Art und Weise sowie die Höhe des Ersatzes von Schäden, die dem Leben und der Gesundheit eines Bürgers zugefügt wurden, im rußländischen Recht geregelt wird, steht in deutlichem Gegensatz zum deutschen Recht. Abgesehen von einigen Sonderregelungen (§§ 842-846 BGB) gelten für diese Art von Schäden die allgemeinen Regelungen der §§ 249 ff. BGB, die für alle Arten von Schäden bestimmt sind. Das Herausarbeiten der Einzelheiten, wie die Höhe des zu ersetzenden Schadens zu berechnen ist, hat der deutsche Gesetzgeber der Rechtsprechung überlassen. Der sowjetische und der rußländische Gesetzgeber haben diesen Weg nicht gewählt und stattdessen den Gerichten für diese Art von Schäden, die für den Geschädigten häufig mit sehr tiefgreifenden Folgen verbunden sind, genaue Vorgaben gemacht, um eine einheitliche Rechtsanwendungspraxis zu gewährleisten. Der Hintergrund für dieses Vorgehen besteht darin, daß die Gerichte in erster Linie eine reine Anwendung von Rechtsvorschriften betreiben und sich schwer tun, Vorschriften, die dem Rechtsanwender einen gewissen Spielraum lassen, auszulegen und Kriterien herauszuarbeiten, wie die Vorschriften in der Praxis anzuwenden sind.

Wie bereits oben[758] dargelegt, wird auch ein Schaden, der dem Leben oder der Gesundheit eines Bürgers bei der Erfüllung von vertraglichen Verpflichtungen sowie bei der Erfüllung von Pflichten im Militär- oder Polizeidienst und anderen entsprechenden Pflichten zugefügt wird, nach

758 Vgl. S. 93 ff.

den Art. 1084-1095 ZGB ersetzt, soweit vertraglich oder gesetzlich nicht eine erhöhte Haftung bestimmt ist (Art. 1084 ZGB). Die Art. 1085-1094 ZGB sind somit dispositiv, d. h. sie gelten nur insoweit, als keine anderen Regelungen vorhanden sind, die eine erhöhte Haftung bestimmen. Vertragliche Regelungen oder die Normen anderer Föderalgesetze können jedoch nicht angewendet werden, wenn sie eine geringere Haftung als die Art. 1085-1094 ZGB vorsehen. Das widerspräche Art. 1084 und Art. 3 ZGB, nach dem die Vorschriften des ZGB Vorrang vor anderen Normen haben[759].

Zu den *vertraglichen Verpflichtungen* im Sinne des Art. 1084 ZGB zählen sowohl Verpflichtungen aus Arbeitsverträgen als auch aus zivilrechtlichen Verträgen (z. B. Werk-, Auftrags-, Dienstleistungsverträge, aber auch andere Verträge, auf deren Grundlage ein Bürger eine Tätigkeit verrichtet)[760]. Angewendet werden die Art. 1084-1094 ZGB vor allem bei Arbeitsunfällen und Berufskrankheiten[761]. Dabei spielt keine Rolle, ob die Geschädigten fest angestellt waren oder nicht. Auch nicht fest angestellte Personen oder Arbeitnehmer, die nur Stundenlohn erhalten oder auf mehreren Stellen beschäftigt sind, haben einen Anspruch auf Schadensersatz nach den Art. 1084-1094 ZGB[762].

Pflichten im Militärdienst können durch Einberufung oder schriftlichen Vertrag (Kontrakt) begründet werden. Zu den Pflichten im Militärdienst zählt auch die Erfüllung militärischer Pflichten bei militärischen Lehrgängen, Überprüfungslehrgängen und Kommandoübungen sowie die Erfüllung anderer Pflichten durch Militärangehörige und mit ihnen gleichgestellten Personen, die unmittelbar mit dem Militärdienst in den Streitkräften der RF, der Truppen des Innenministeriums und der Eisenbahntruppen verbunden sind. Unter die Vorschrift fällt auch der Dienst bei den Organen des föderalen Sicherheitsdienstes (FSB), beim Grenz-

---

759 *Guev*, Postatejnyj kommentarij k časti vtoroj Graždanskogo kodesa RF, Anm. 4 zu Art. 1084; vgl. auch *Jarošenko*, Žurnal rossijskogo prava 1997, Nr. 1, S. 140 f.

760 *Zajcev* in: *Krylov/Gavrilov*, Rossijskoe graždanskoe pravo, S. 379; *Borisov*, Kommentarij k Graždanskomu kodeksu časti pervoj i vtoroj, S. 1112; *Jarošenko* in: *Sadikov*, Graždanskoe pravo Rossii. Čast' vtoraja, S. 666; *Sadikov*, Kommentarij k Graždanskomu kodeksu RF časti vtoroj, Anm. 1 zu Art. 1084; *Guev*, Postatejnyj kommentarij k časti vtoroj Graždanskogo kodeksa RF, Anm. 2 zu Art. 1084; *E. Denisova*, Zakonnost' 1998, Nr. 12, S. 36; *V. Kazancev*, RJu 1996, Nr, 11, S. 35.

761 Vgl. *Suchanov*, Graždanskoe pravo, Band 2, Halbband 2, S. 424.

762 Vgl. *Guev*, Postatejnyj kommentarij k časti vtoroj Graždanskogo kodeksa RF, Anm. 2 c) zu Art. 1084.

schutz der RF, dem Außengeheimdienst der RF und anderen Diensten der RF. Zum *Polizeidienst* gehört die Tätigkeit in allen Unterabteilungen des Innenministeriums, z. B. der Kriminalpolizei, des Brandschutzes, des Ermittlungsapparates und der Abteilung für Visa und Registrierung. Zu den *„anderen entsprechenden Pflichten"* zählen z. B. der Dienst bei den Organen der Steuerpolizei oder die Pflichten, die sich aus dem Gesetz „Über die *operative Fahndungstätigkeit*" vom 12.08.1995[763] ergeben[764].

Über den Ersatz des Schadens, der dem Leben oder der Gesundheit eines Bürgers bei der Erfüllung von Pflichten im Militär- oder Polizeidienst und anderen entsprechenden Pflichten zugefügt wurde, gibt es in einigen Spezialgesetzen Sonderregelungen. Beispiele sind das Gesetz „Über den *Status der Militärangehörigen*" vom 27.05.1998[765], das Gesetz „Über die *Polizei*"[766], das Gesetz „Über den *staatlichen Schutz der Richter, der Amtspersonen der Rechtspflege- und Kontrollorgane*",[767] das Gesetz „Über die *Brandsicherheit*"[768] und das Gesetz „Über die *Steuerorgane der Rußländischen Föderation*"[769]. Diese Gesetze sind vor dem Zweiten Teil des ZGB in Kraft getreten und enthalten zum Teil Regelungen, die den Art. 1085-1094 ZGB widersprechen. Das bedeutet allerdings nicht, daß die oben genannten Gesetze gar nicht mehr angewendet werden. Sie behalten insoweit ihre Bedeutung, als sie nicht dem Zweiten Teil des ZGB widersprechen, also die Lage des Geschädigten gegenüber den Art. 1084-1094 ZGB nicht verschlechtern, sondern Spezialvor-

---

763 Nr. 144 -FZ, SZ 1995, Nr. 33, Pos. 3349, geändert durch Gesetze vom 18.07.1997, Nr. 101-FZ, SZ 1997, Nr. 29, Pos. 3502, 21.07.1998, Nr. 117-FZ, SZ 1998, Nr. 30, Pos. 3613, 05.01.1999, Nr. 6-FZ, SZ 1999, Nr. 2, Pos. 233, 30.12.1999, Nr. 225-FZ, SZ 2000, Nr. 1, Pos. 8, und 20.03.2001, Nr. 26-FZ, SZ 2001, Nr. 13, Pos. 1140.

764 *Guev*, Postatejnyj kommentarij k časti vtoroj Graždanskogo kodeksa RF, Anm. 3 zu Art. 1084.

765 Nr. 76-FZ, SZ 1998, Nr. 22, Pos. 2331, geändert durch Gesetze vom 31.12.1999, Nr. 229-FZ, SZ 2000, Nr. 1, Pos. 12, 19.06.2000, Nr. 82-FZ, SZ 2000, Nr. 26, Pos. 2729, 07.08.2000, Nr. 122-FZ, SZ 2000, Nr. 33, Pos. 3348, 27.12.2000, Nr. 150-FZ, SZ 2001, Nr. 1, Pos. 2, 26.07.2001, Nr. 105-FZ, SZ 2001, Nr. 31, Pos. 3173, 30.12.2001, Nr. 194-FZ, SZ 2001, Nr. 53, Pos. 5030, 30.12.2001, Nr. 196-FZ, SZ 2002, Nr. 1, Pos. 2, 07.05.2002, Nr. 49-FZ, SZ 2002, Nr. 19, Pos. 1794, 21.05.2002, Nr. 56-FZ, SZ 2002, Nr. 21, Pos. 1919, 28.06.2002, Nr. 75-FZ, SZ 2002, Nr. 26, Pos. 2521, und 27.11.2002, Nr. 155-FZ, SZ 2002, Nr. 48, Pos. 4740.

766 Vgl. Fn. 283.

767 Vgl. Fn. 275.

768 Vgl. Fn. 284.

769 Vgl. Fn. 280.

schriften enthalten, die im 59. Kapitel des ZGB nicht vorgesehen sind[770]. Sie sind deshalb insoweit anzuwenden, als sie eine höhere Haftung des Schädigers als die Art. 1085-1094 ZGB vorsehen oder bestimmte Fragen detaillierter regeln. Wenn sie dagegen nicht dem ZGB entsprechen, werden sie nicht angewendet[771]. Auch das Gesetz der RSFSR vom 15.05.1991 „Über den *sozialen Schutz der Bürger, die dem Strahleneinfluß infolge der Katastrophe am Atomkraftwerk von Černobyl ausgesetzt waren*"[772] wird nur unter diesen Voraussetzungen angewendet[773].

Für den Ersatz von Schäden, die dem Leben oder der Gesundheit eines Arbeitnehmers zugefügt wurden, waren früher neben den Art. 1084-1094 ZGB die *Regeln über den Ersatz des Schadens durch Arbeitgeber, der Arbeitnehmern durch Körperverletzungen, Berufskrankheiten oder andere Gesundheitsschädigungen im Zusammenhang mit der Erfüllung von Pflichten im Arbeitsverhältnis zugefügt wurde*[774], (im folgenden: „Regeln") maßgeblich. Auch die „Regeln" wurden nach Inkrafttreten des ZGB nur insoweit angewendet, als sie den Vorschriften des ZGB

---

770 *Gljancev*, RJu 1997, Nr. 11, S. 7 und 8; *Gljancev* in: *Sadikov*, Kommentarij k Graždanskomu kodeksu RF časti vtoroj, Anm. 1 zu Art. 1084.

771 *Gljancev*, RJu 1997, Nr. 11, S. 7 und 8; *Jarošenko* in: *Sadikov*, Graždanskoe pravo Rossii. Čast' vtoraja, S. 666. Vgl. zu diesen Vorschriften auch *Jarošenko*, Pravo i ėkonomika 1998, Nr. 2, S. 90 ff., und Nr. 4, S. 73 ff., sowie die Entscheidungen des Obersten Gerichtshofs der RF in BVS RF 1997, Nr. 11, S. 2, BVS RF 2002, Nr. 1, S. 14.

772 VSNDiVS RSFSR 1991, Nr. 21, Pos. 699, geändert durch Gesetze vom 18.06.1992, Nr. 3061-I, VSNDiVS RF 1992, Nr. 32, Pos. 1861, 24.11.1995, Nr. 179-FZ, SZ 1995, Nr. 48, Pos. 4561, 11.12.1996, Nr. 149-FZ, SZ 1996, Nr. 51, Pos. 5680, 16.11.1997, Nr. 144-FZ, SZ 1997, Nr. 47, Pos. 5341, 17.04.1999, Nr. 79-FZ, SZ 1999, Nr. 16, Pos. 1937, 05.07.1999, Nr. 127-FZ, SZ 1999, Nr. 28, Pos. 3460, 07.08.2000, Nr. 122-FZ, SZ 2000, Nr. 33, Pos. 3348, 27.12.2000, Nr. 150-FZ, SZ 2001, Nr. 1, Pos. 2, 12.02.2001, Nr. 5-FZ, SZ 2001, Nr. 7, Pos. 610, 06.08.2001, Nr. 110-FZ, SZ 2001, Nr. 33, Pos. 3413, 30.12.2001, Nr. 194-FZ, SZ 2001, Nr. 53, Pos. 5030, 25.07.2002, Nr. 116-FZ, SZ 2002, Nr. 30, Pos. 3033, 11.12.2002, Nr. 168-FZ, SZ 2002, Nr. 50, Pos. 4929, und 24.12.2002, SZ 2002, Nr. 52, Pos. 5132.

773 Vgl. *Gljancev* in: *Sadikov*, Kommentarij k Graždanskomu kodeksu RF časti vtoroj, Anm. 1 zu Art. 1084.

774 Bestätigt durch die Verordnung des Obersten Sowjets der RF vom 24.12.1992, Nr. 4214-I, VSNDiVS 1993, Nr. 2, Pos. 71, i. d. F. der Gesetze Nr. 180-FZ vom 24.11.1995, SZ 1995, Nr. 48, Pos. 4562, und 24.07.1998, Nr. 125-FZ, SZ 1998, Nr. 31, Pos. 3803.

nicht widersprachen[775]. Die „Regeln" waren zwar an sich nur für Schadenszufügungen im Zusammenhang mit einen Arbeitsverhältnis konzipiert worden, wurden aber – sofern das ZGB keine entsprechende Regelung enthielt – zum Teil auch bei Tötungen oder Gesundheitsbeschädigungen von Bürgern, die nicht im Zusammenhang mit einem Arbeitsverhältnis standen, entsprechend angewendet[776].

Art. 29 i. V. m. Art. 27 des Gesetzes „Über die *Pflichtsozialversicherung gegen Unfälle und Berufskrankheiten*" vom 24.07.1998[777] (im folgenden: PflichtsozialversicherungsG) ordnete jedoch an, daß gleichzeitig mit dem Inkrafttreten der Vorschriften des Föderalgesetzes, das die Versicherungstarife bestimmt, die für die Bildung der Mittel für die Durchführung der Pflichtsozialversicherung gegen Unfälle und Berufskrankheiten notwendig sind, das PflichtsozialversicherungsG in Kraft tritt und die „Regeln" außer Kraft gesetzt werden. Dieses Gesetz – das Gesetz „Über die *Versicherungstarife für die Pflichtsozialversicherung gegen Unfälle und Berufskrankheiten*" vom 02.01.2000[778] – trat am 06.01.2000 in Kraft, so daß an diesem Tag auch das PflichtsozialversicherungsG in Kraft trat und die „Regeln" außer Kraft gesetzt wurden.

Der Grund dafür, daß die „Regeln" mit dem Inkrafttreten des PflichtsozialversicherungsG außer Kraft gesetzt wurden, besteht darin, daß die von ihnen geregelte Materie nunmehr im wesentlichen vom PflichtsozialversicherungsG erfaßt wird. Das PflichtsozialversicherungsG regelt – an Stelle der „Regeln" – den Ersatz des Schadens, der dem Leben oder der Gesundheit eines Arbeitnehmers (und anderen versicherten Personen) bei der Erfüllung von Pflichten aus einem Arbeitsvertrag (Kontrakt) und in anderen im PflichtsozialversicherungsG festgelegten Fällen zugefügt wurde (Art. 1 Abs. 1). Nach dem PflichtsozialversicherungsG versichert sind natürliche Personen, die der Pflichtsozialversicherung gegen Unglücksfälle bei der Produktion und

---

775 Vgl. BVS RF 1995, Nr. 9, S. 3; *Gljancev*, RJu 1997, Nr. 11, S. 7; *E. Mamilova*, Kommentarij sudebnoj praktiki 1999, Vypusk 5, S. 99 ff.; *A. Ėrdelevskij*, Zakon 1997, Nr. 4, S. 14; *Denisova*, Zakonnost' 1998, Nr. 12, S. 35; *Kazancev*, RJu 1996, Nr. 10, S. 36; vgl. auch *Jarošenko*, Žurnal rossijskogo prava 1997, Nr. 1, S. 141.

776 Vgl. z. B. *Sadikov*, Kommentarij k Graždanskomu kodeksu RF časti vtoroj, Anm. 1 zu Art. 1084; *Gljancev*, RJu 1997, Nr. 11, S. 7 ff.

777 Vgl. Fn. 697.

778 Nr. 10-FZ, SZ 2000, Nr. 2, Pos. 131.

Berufskrankheiten unterliegen (vgl. Art. 3 PflichtsozialversicherungsG). Der Pflichtversicherung unterliegen unter anderem natürliche Personen, die Arbeiten auf Grundlage eines Arbeitsvertrages (Kontrakts) oder eines zivilrechtlichen Vertrages – wenn der Vertrag eine solche Pflichtversicherung vorsieht – erfüllen (Art. 5 Abs. 1 PflichtsozialversicherungsG). Versicherungsnehmer sind nach Art. 3 PflichtsozialversicherungsG nicht die versicherten natürlichen Personen, sondern die juristischen oder natürlichen Personen, die der Pflichtsozialversicherung unterliegende Personen einstellen (also die Arbeitgeber). Der Versicherungsnehmer hat auch die Versicherungsbeiträge an den Versicherer, den Fond für Sozialversicherung der Rußländischen Föderation, zu entrichten (vgl. Art. 17 Abs. 2, 20 PflichtsozialversicherungsG). Im Versicherungsfall besteht ein Anspruch der versicherten Person (also des Arbeitnehmers) gegen den Versicherer (vgl. Art. 3, 7 PflichtsozialversicherungsG). Ein Versicherungsfall liegt bei einer Gesundheitsbeschädigung eines Versicherten infolge eines Unglücksfalls bei der Produktion oder einer Berufskrankheit vor (vgl. Art. 3 PflichtsozialversicherungsG). Ein Unglücksfall bei der Produktion ist nach Art. 3 des PflichtsozialversicherungsG ein Ereignis, infolge dessen der Versicherte eine Verletzung oder eine andere Gesundheitsbeschädigung bei der Erfüllung seiner Pflichten aus den Arbeitsvertrag (Kontrakt) oder in anderen in dem PflichtsozialversicherungsG festgelegten Fällen sowohl auf dem Gebiet des Versicherers oder als auch außerhalb von ihm oder während der Fahrt zum Arbeitsplatz oder der Rückfahrt von ihm mit einem Transport, den der Versicherer zu Verfügung gestellt hat, erlitten hat, das die Notwendigkeit der Versetzung des Versicherten auf einen anderen Arbeitsplatz, einen zeitweisen oder ständigen Verlust der Berufsfähigkeit oder seinem Tod zur Folge hatte. Bei einer Berufskrankheit handelt es sich nach Art. 3 PflichtsozialversicherungsG um eine chronische oder heftige Krankheit des Versicherten, die das Ergebnis einer Einwirkung von einem schädlichen Produktionsfaktor (schädlichen Produktionsfaktoren) ist und einen zeitweisen oder ständigen Verlust seiner Berufsfähigkeit zur Folge hatte. Nach dem PflichtsozialversicherungsG werden allerdings nicht alle Schäden ersetzt: Der Verdienstausfall und der immaterielle Schaden sind weiterhin vom Schädiger zu ersetzen (Art. 8 Abs. 3 PflichtsozialversicherungsG).

In einer Übergangsregelung des PflichtsozialversicherungsG (Art. 28 Abs. 1) ist bestimmt, daß Personen die vor Inkrafttreten des PflichtsozialversicherungsG eine Körperverletzung, eine Berufskrankheit oder eine andere Gesundheitsbeschädigung erlitten hatten, die im Zusammenhang mit der Erfüllung ihrer Arbeitspflichten stehen und im festgelegten Verfahren bestätigt wurden, sowie Personen, die ein Recht auf Schadensersatz im Zusammenhang mit dem Tod des Ernährers haben, durch den Versicherer einen Versicherungsschutz gemäß dem PflichtsozialversicherungsG, unabhängig vom Zeitpunkt des Erleidens der Körperverletzung, der Berufskrankheit oder der anderen Gesundheitsbeschädigung gewährleistet wird. Das PflichtsozialversicherungsG erstreckt sich somit auch auf Fälle aus der Zeit vor seinem Inkrafttreten. Die „Regeln" haben deshalb selbst für „Altfälle" kaum noch Bedeutung und werden im folgenden nicht mehr im einzelnen erörtert[779].

bb) Zeitlicher Geltungsbereich der Art. 1085-1094 ZGB. Bei der Frage des zeitlichen Geltungsbereichs der Art. 1085-1094 ZGB ist zu beachten, daß sie unter bestimmten Voraussetzungen rückwirkend gelten: Nach Art. 12 des Gesetzes über die Einführung von Teil II des ZGB erstrecken sich die Art. 1085-1094 ZGB auf Fälle, in denen dem Betroffenen Schaden vor dem 01.03.1996, jedoch nicht vor dem 01.03.1993 entstanden ist, und der Schaden nicht ersetzt wurde. Lediglich Art. 1084 ZGB gilt nicht rückwirkend, sondern erst ab dem 01.03.1996[780].

In der Literatur wird erwogen, die Art. 1085-1094 ZGB auch dann rückwirkend anzuwenden, wenn die Frage über den Ersatz des dem Geschädigten im Zeitraum zwischen dem 01.03.1993 und dem 01.03.1996 zugefügten Schadens nicht verhandelt wurde oder eine Klage auf Ersatz des in diesem Zeitraum zugefügten Schadens zwar erhoben, aber das Gericht keine Entscheidung getroffen hat, mit der Folge, daß der Schaden nicht ersetzt wurde[781]. Inwieweit dieser Vorschlag in der Praxis umgesetzt wird, ist jedoch nicht erkennbar.

Die Art. 1085-1094 ZGB werden in keinem Fall rückwirkend auf vor dem 01.03.1996 entstandene Schadensersatzansprüche angewendet, wenn über diese Forderungen bereits im gesetzlich festgelegten Verfah-

---

779 Vgl. zur Rechtslage unter der Berücksichtigung der „Regeln": *C. Becker/O. Schröder*, WiRO 1998, Nr. 8, S. 294 ff.

780 Vgl. *Sergeev* in: *Sergeev/Tolstoj*, Graždanskoe pravo, Band 3, S. 47.

781 *Gljancev* in: *Sadikov*, Kommentarij k Graždanskomu kodeksu RF časti vtoroj, Anm. 3 zu Art. 1085.

ren entschieden und die Zahlungen bereits vollzogen wurden[782]. Wenn die Art. 1085-1094 ZGB anwendbar wären, würde dies nämlich bedeuten, daß die bereits festgesetzten Zahlungen so umzurechnen wären, daß sie den Vorschriften des ZGB entsprechen. Es enthalten jedoch weder das ZGB noch das Gesetz über die Einführung von Teil II des ZGB eine Grundlage für eine solche Umrechnung[783]. Die Art. 1085-1094 ZGB werden ferner auch dann nicht rückwirkend angewendet, wenn der Schaden zwar vor dem 01.03.1993 zugefügt wurde, aber für den Zeitraum nach dem 01.03.1993 wiederkehrende Schadensersatzzahlungen (Verdienstausfall, Schadensersatz im Zusammenhang mit dem Tod des Ernährers) zu leisten sind, die noch nicht ersetzt wurden[784].

cc) Schadensersatz bei Körperverletzungen und anderen Gesundheitsbeschädigungen. Bei Körperverletzungen und anderen Gesundheitsbeschädigungen wird dem Geschädigten der zugefügte Schaden nach den folgenden Grundsätzen ersetzt.

(1) Vom Schädiger zu ersetzende Nachteile. Wird einem Bürger eine Körperverletzung oder eine andere Gesundheitsbeschädigung zugefügt, so sind der ausgefallene Verdienst (Einkommen), den (das) der Geschädigte bezogen hatte oder mit Sicherheit hätte erhalten können, sowie die durch die Gesundheitsbeschädigung bedingten zusätzlichen Aufwendungen, darunter Aufwendungen für medizinische Behandlung, zusätzliche Ernährung, den Erwerb von Arzneimitteln, Versorgung mit Prothesen, Fremdpflege, Kurbehandlung, die Anschaffung von Sonderfahrzeugen, die Umschulung auf einen anderen Beruf, zu ersetzen, wenn festgestellt wird, daß der Geschädigte dieser Art von Hilfe und Pflege bedarf und keinen Anspruch auf deren kostenlose Gewährung hat (Art. 1085 Abs. 1 ZGB).

Ersetzt werden dem Geschädigten bei Körperverletzungen und Gesundheitsbeschädigungen somit der ausgefallene Verdienst bzw. das ausgefallene Einkommen sowie die zusätzlichen Aufwendungen.

---

782 *Gljancev* in: *Sadikov*, Kommentarij k Graždanskomu kodeksu RF časti vtoroj, Anm. 3 zu Art. 1085; vgl. auch *Ėrdelevskij*, Zakon 1997, Nr. 4, S. 14.

783 *Gljancev* in: *Sadikov*, Kommentarij k Graždanskomu kodeksu RF časti vtoroj, Anm. 3 zu Art. 1085.

784 Vgl. *Ėrdelevskij*, Zakon 1997, Nr. 4, S. 14.

Der ausgefallene Verdienst wird ersetzt, wenn der Geschädigte infolge der Gesundheitsbeschädigung nicht mehr in der Lage ist, seine frühere Tätigkeit oder seine bisherige Arbeit auszuüben. Wenn der Geschädigte infolge der Gesundheitsbeschädigung keinen solchen Vermögensschaden erlitten hat (z. B. weil es sich bei dem Geschädigten um einen nicht arbeitenden Rentner handelt, der weiterhin seine Rente bezieht), fehlt es an einem zu ersetzenden Schaden[785].

Das ausgefallene Einkommen wird in erster Linie Bürgern ersetzt, die Einkünfte aus unternehmerischer Tätigkeit erzielen. Ein Einkommen können aber auch Personen beziehen, die einmalige Arbeiten auf Grundlage eines zivilrechtlichen Vertrages erfüllen, ohne Unternehmer zu sein[786].

Bei Ersatz des ausgefallenen Verdienstes (Einkommens) wird grundsätzlich die tatsächliche Höhe des Verdienstes (Einkommens) zugrundegelegt, das der Geschädigte im Zeitpunkt der Schadenszufügung hatte. Das ZGB sieht nunmehr im Interesse des Geschädigten – und im Gegensatz zum ZGB 1964 – auch die Möglichkeit vor, Ersatz für den ausgefallenen Verdienst (Einkommen) zu verlangen, den der Geschädigte mit Sicherheit erhalten hätte. Durch diese neue Regelung soll z. B. der Fall erfaßt werden, daß der Geschädigte nach Beendigung seiner Ausbildung einen Arbeitsvertrag abgeschlossen hat, aber die neue Arbeitsstelle wegen der Schadenszufügung nicht antreten kann, oder der Fall, daß der Geschädigte unmittelbar vor der Schadenszufügung in eine besser bezahlte Position befördert wurde[787]. In beiden Fällen ist für die Schadensberechnung das Einkommen maßgeblich, das die Geschädigten in Zukunft hätten erzielen können (der Absolvent bei seiner neuen Arbeitsstelle, der Beförderte in seiner neuen Position). Von der Regelung erfaßt sein soll auch der Fall, daß der Geschädigte neben seiner Hauptarbeit einen Werkvertrag über die Verrichtung einer zusätzlichen Tätigkeit abgeschlossen hat, diese Tätigkeit aber aufgrund der Schadenszufügung

---

785 *Suchanov*, Graždanskoe pravo, Band 2, Halbband 2, S. 426.

786 *Guev*, Postatejnyj kommentarij k časti vtoroj Graždanskogo kodeksa RF, Anm. 1 b) zu Art. 1085.

787 Vgl. *Jarošenko*, Objazatel'stva vsledstvie pričinenija vreda, in: *Kozyr'/Makovskij/Chochlov*, Graždanskij kodeks RF. Čast' vtoraja, S. 584 f.; *Suchanov*, Graždanskoe pravo, Band 2, Halbband 2, S. 426; *Jarošenko* in: *Braginskij*, Kommentarij časti vtoroj Graždanskogo kodeksa RF, S. 378; *Jarošenko*, Žurnal rossijskogo prava 1997, Nr. 1, S. 142; vgl. auch *Gljancev* in: *Sadikov*, Kommentarij k Graždanskomu kodeksu RF časti vtoroj, Anm. 1 zu Art. 1085.

nicht zu Ende führen kann. In diesen Fällen ist auch die Vergütung aus dem Werkvertrag zu ersetzen, die der Geschädigte nicht erhalten hat, aber hätte erhalten können[788].

Die Aufzählung der Arten von zusätzlichen Aufwendungen in Art. 1085 Abs. 1 ZGB hat beispielhaften Charakter[789]. Zu ersetzen sind beliebige zusätzliche Aufwendungen, allerdings nur, wenn festgestellt wird, daß der Geschädigte diese Art von Hilfe oder Pflege benötigt und keinen Anspruch auf deren kostenlose Gewährung hat[790]. Zu den weiteren ersatzfähigen zusätzlichen Aufwendungen zählen z. B. die Ausgaben für die Hin- und Rückfahrt zum Kurort für den Geschädigten selbst und – wenn das notwendig ist – auch für eine Begleitperson, für die technische Wartung und die Reparatur von Sonderfahrzeugen sowie den Erwerb von Kraftstoffen für die Sonderfahrzeuge[791]. Die Notwendigkeit der zusätzlichen Aufwendungen muß durch ein sozialmedizinisches Gutachten und im Streitfall durch das Gericht festgestellt werden[792]. Wenn der Geschädigte verschiedene Arten von zusätzlichen Aufwendungen benötigt, werden die Ausgaben für alle Arten von zusätzlichen Aufwen-

788 Vgl. *Guev*, Postatejnyj kommentarij k časti vtoroj Graždanskogo kodeksa RF, Anm. 1 a) zu Art. 1085.

789 *Suchanov*, Graždanskoe pravo, Band 2, Halbband 2, S. 430; *Jarošenko*, ChiP 1996, Nr. 12, S. 19; *Jarošenko* in: *Braginskij*, Kommentarij časti vtoroj Graždanskogo kodeksa RF, S. 378; *Sergeev* in: *Sergeev/Tolstoj*, Graždanskoe pravo, Band 3, S. 51.

790 *Suchanov*, Graždanskoe pravo, Band 2, Halbband 2, S. 430; *Jarošenko* in: *Braginskij*, Kommentarij k časti vtoroj Graždanskogo kodeksa RF, S. 378.

791 Vgl. Art. 8 Abs. 1 PflichtsozialversicherungsG. Gleiches galt vor Inkrafttreten des PflichtsozialversicherungsG, vgl. Art. 21 Satz 2 der „Regeln“; Punkt 29 der erläuternden Leitentscheidung des Plenums des Obersten Gerichtshofs der RF Nr. 3 vom 28.04.1994, BVS RF 1994, Nr. 4, S. 7 f.; *Jarošenko* in: *Sadikov*, Graždanskoe pravo Rossii. Čast' vtoraja, S. 668; *Jarošenko* in: *Braginskij*, Kommentarij k časti vtoroj Graždanskogo kodeksa RF, S. 378; *Zacharov/Koršunov/Cederbaum*, Vozmeščenie rabotadateljami vreda, pričinennogo zdorov'ju rabotnika pri ispolnenii trudovych objazannostej, § 9, 13 zu Art. 21.

792 Vgl. Art. 8 Abs. 2 PflichtsozialversicherungsG; *Suchanov*, Graždanskoe pravo, Band 2, Halbband 2, S. 430; *Jarošenko* in: *Sadikov*, Graždanskoe pravo Rossii. Čast' vtoraja, S. 668; *Guev*, Postatejnyj kommentarij k časti vtoroj Graždanskogo kodeksa RF, Anm. 1 c) zu Art. 1085; vgl. auch *Zacharov/Koršunov/Cederbaum*, Vozmeščenie rabotadateljami vreda, pričinennogo zdorov'ju rabotnika pri ispolnenii trudovych objazannostej, § 5-13 zu Art. 21.

dungen ersetzt[793]. Ansprüche auf kostenlose Gewährung zusätzlicher Aufwendungen ergeben sich aus der Sozialgesetzgebung[794].

Der Umfang und die Höhe des Schadensersatzes, der dem Geschädigten gemäß Art. 1085 ZGB zusteht, können durch Gesetz oder Vertrag erhöht werden (Art. 1085 Abs. 3 ZGB). Dies geschieht in der Praxis vor allem durch Spezialgesetze und (individuelle und kollektive) Arbeitsverträge, ist aber auch bei zivilrechtlichen Verträgen möglich. Eine Verringerung des Schadensersatzes ist ausgeschlossen und selbst durch ein Spezialgesetz nicht möglich[795].

(2) Die Höhe des Schadensersatzes. Bei der Berechnung der Höhe des Schadensersatzes ist danach zu differenzieren, ob es sich um den Ersatz des ausgefallenen Verdienstes (Einkommens) oder den Ersatz von zusätzlichen Aufwendungen handelt.

(a) Die Höhe des zu ersetzenden ausgefallenen Verdienstes (Einkommens). Die Höhe des zu ersetzenden ausgefallenen Verdienstes (Einkommens) des Geschädigten wird in Prozent nach seinem durchschnittlichen Monatsverdienst (Einkommen) von der Körperverletzung oder anderen Gesundheitsbeschädigungen oder vor dem Verlust der Erwerbsfähigkeit berechnet, entsprechend dem Grad der durch den Geschädigten eingebüßten Berufsfähigkeit oder, wenn der Geschädigte über keine Berufsfähigkeit verfügte, nach dem Grad der eingebüßten allgemeinen Erwerbsfähigkeit (Art. 1086 Abs. 1 ZGB).

Die Höhe des zu ersetzenden ausgefallenen Verdienstes (Einkommens) wird somit dadurch ermittelt, daß der durchschnittliche Monatsverdienst (das durchschnittliche Monatseinkommen) des Geschädigten zum Grad der Berufsfähigkeit bzw. allgemeinen Erwerbsfähigkeit in Relation gesetzt wird.

---

793 Vgl. Art. 21 Satz 4 der „Regeln"; *Sergeev* in: *Sergeev/Tolstoj*, Graždanskoe pravo, Band 3, S. 51.

794 Vgl. Art. 28-30 des Gesetzes „Über den *sozialen Schutz der Behinderten in der Rußländischen Föderation*" vom 24.11.1995, Nr. 181-FZ, SZ 1995, Nr. 48, Pos. 4563, 24.07.1998, Nr. 125-FZ, SZ 1998, Nr. 31, Pos. 3803, 04.01.1999, Nr. 5-FZ, SZ 1999, Nr. 2, Pos. 232, 17.07.1999, Nr. 172-FZ, SZ 1999, Nr. 29, Pos. 3693, 08.08.2001, Nr. 123-FZ, SZ 2001, Nr. 33, Pos. 3426, 29.12.2001, Nr. 188-FZ, SZ 2001, Nr. 53, Pos. 5024, 29.05.2002, Nr. 57-FZ, SZ 2002, Nr. 22, Pos. 2026, und 10.01.2003, Nr. 15-FZ, SZ 2003, Nr. 2, Pos. 167.

795 *Suchanov*, Graždanskoe pravo, Band 2, Halbband 2, S. 426.

Wie der durchschnittliche Monatsverdienst (Einkommen) zu bestimmen ist, richtet sich nach Art. 1086 Abs. 2-5 sowie Art. 1085 Abs. 2 ZGB:

Art. 1086 Abs. 2 ZGB bestimmt, daß in den ausgefallenen Verdienst (das ausgefallene Einkommen) des Geschädigten alle einkommensteuerpflichtigen Arten seiner Arbeitsvergütung aus Arbeitsverträgen und zivilrechtlichen Verträgen, sowohl aus der hauptberuflichen als auch aus der nebenberuflichen Tätigkeit eingerechnet werden. Einmalige Zahlungen, unter anderem Ausgleichszahlungen für nicht in Anspruch genommenen Urlaub und Kündigungsabfindungen, werden nicht berücksichtigt. Leistungen, die während einer zeitweiligen Arbeitsunfähigkeit oder des Schwangerschafts- und Mutterschaftsurlaubs gezahlt wurden, werden dagegen berücksichtigt. Einnahmen aus unternehmerischer Tätigkeit sowie Urheberhonorare werden in den ausgefallenen Verdienst eingerechnet, wobei die Einnahmen der gewerblichen Tätigkeit den Angaben der Steuerbehörde zu entnehmen sind. Alle Arten des Verdienstes werden vor der Versteuerung berücksichtigt[796].

In diesem Zusammenhang ist außerdem die Regelung des Art. 1085 Abs. 2 Satz 1 ZGB zu beachten. Danach werden bei Bestimmung der Höhe des ausgefallenen Verdienstes (Einkommens) die Behindertenrente, die dem Geschädigten im Zusammenhang mit der Körperverletzung oder einer anderen Gesundheitsbeschädigung, sowie andere Arten von Renten, Beihilfen, und andere ähnliche Leistungen, die sowohl vor als auch nach der Zufügung der Gesundheitsbeschädigung zugesprochen worden sind, nicht berücksichtigt und ziehen keine Minderung des Schadensersatzes nach sich (werden auf den Schadensersatz nicht angerechnet).

Eine dem Art. 1085 Abs. 2 ZGB vergleichbare Regelung gab es im ZGB 1964 nicht. Die Art. 460 und 461 ZGB 1964 sahen vor, daß der Schaden nur insoweit zu ersetzen war, als er durch die dem Geschädigten gezahlte Beihilfe oder durch die ihm nach der Gesundheitsbeschädigung zugesprochene und tatsächlich gezahlte Rente übersteigt. Die Art. 460 und 461 ZGB 1964 waren allerdings bereits durch Gesetz vom 24.12.1992[797] aufgehoben worden, so daß schon vor Inkrafttreten des Zweiten Teils des geltenden ZGB Renten, Beihilfen u. ä. nicht mehr

796 Vgl. auch Art. 12 Abs. 2 PflichtsozialversicherungsG.

797 Vgl. Fn. 103.

anzurechnen waren. Art. 1085 Abs. 2 Satz 1 ZGB stellt diese Rechtslage nunmehr ausdrücklich klar. Bei den Renten im Sinne des Art. 1085 Abs. 2 Satz 1 ZGB handelt es sich sowohl um Behindertenrenten als auch um andere Arten von Renten (Altersrenten, Renten für langjährige Dienste)[798].

Der Verdienst (das Einkommen), den (das) der Geschädigte nach der Gesundheitsbeschädigung erhält, wird gleichfalls nicht auf den Schadensersatz angerechnet (Art. 1085 Abs. 2 Satz 2 ZGB). Wenn der Geschädigte nach der Schadenszufügung bei seinem bisherigen oder einem neuen Arbeitgeber weiter arbeitet, hat er somit ein Recht auf Schadensersatz und den Verdienst, wobei die Höhe des Schadensersatzes nicht im Hinblick auf den Verdienst gemindert werden darf[799]. Bei dem Verdienst (Einkommen) im Sinne des Art. 1085 Abs. 2 Satz 2 ZGB ist nicht der Verdienst (Einkommen) gemeint, den/das der Geschädigte mit der ihm verbliebenen Berufsfähigkeit erzielen könnte, sondern das tatsächliche Einkommen, das er nach der Gesundheitsbeschädigung erzielt. Auch wenn der Geschädigte seinen Beruf wechselt und dadurch einen höheren Verdienst (Einkommen) als vor der Gesundheitsbeschädigung erzielt, beeinflußt das nicht die Höhe des Schadensersatzes, den er wegen der Gesundheitsbeschädigung erhält[800].

Die Grundregel, wie der durchschnittliche Monatsverdienst zu berechnen ist, ergibt sich aus Art. 1086 Abs. 3 ZGB. Danach wird der durchschnittliche Monatsverdienst (Monatseinkommen) des Geschädigten berechnet, indem der Gesamtbetrag des Verdienstes (Einkommens) der der Gesundheitsbeschädigung vorausgegangenen zwölf Monate durch zwölf geteilt wird[801]. Ist der Geschädigte im Zeitpunkt der Schadenszufügung weniger als zwölf Monate einer Beschäftigung nachgegangen, so wird der durchschnittliche Monatsverdienst (Monatseinkommen) berechnet, indem der Gesamtbetrag des Verdienstes (Einkommens) für die tatsächliche Beschäftigungszeit, die der Gesundheitsbeschädigung vorausgegangen ist, in Monaten durch die Anzahl dieser Monate geteilt wird. Unvollständige Beschäftigungsmonate des Geschä-

---

798 *Guev*, Postatejnyj kommentarij k časti vtoroj Graždanskogo kodeksa RF, Anm. 2 a) zu Art. 1085.

799 *Guev*, Postatejnyj kommentarij k časti vtoroj Graždanskogo kodeksa RF, Anm. 2 b) zu Art. 1085.

800 *Sergeev* in: *Sergeev/Tolstoj*, Graždanskoe pravo, Band 3, S. 50.

801 Vgl. auch Art. 12 Abs. 3 Satz 1 PflichtsozialversicherungsG.

digten werden auf dessen Wunsch durch vorhergehende vollständige Beschäftigungsmonate ersetzt oder von der Berechnung ausgeschlossen, soweit sie nicht ersetzt werden können.

Für Geschädigte, die zum Zeitpunkt der Schadenszufügung keiner Beschäftigung nachgingen, bestimmt Art. 1086 Abs. 4 ZGB eine Sonderregelung. Bis zum 28.11.2002 lautete sie:

> *„Ging der Geschädigte zum Zeitpunkt der Schadenszufügung keiner Beschäftigung nach, so wird auf dessen Wunsch der Verdienst vor der Kündigung oder die ortsübliche Höhe der Vergütung eines Arbeitnehmers seiner Qualifikation, jedoch mindestens das Fünffache des gesetzlichen Mindestarbeitslohnes[802], berücksichtigt."*

Der zweite Halbsatz wurde durch Gesetz vom 26.11.2002[803], das am 29.11.2002 in Kraft trat, abgeändert und lautet nunmehr:

> *„..., jedoch mindestens die entsprechend dem Gesetz festgelegte Höhe des Existenzminimums der arbeitsfähigen Bevölkerung der Rußländischen Föderation im ganzen, berücksichtigt."*

Der in Art. 1086 Abs. 4 ZGB verankerte Grundsatz ist ebenfalls neu. Während der Geltung des ZGB 1964 wurde bei einem Geschädigten, der im Zeitpunkt der Schadenszufügung nicht arbeitete, immer nur ein Mindestarbeitslohn zugrunde gelegt[804]. Art. 1086 Abs. 4 ZGB wird auch bei nicht arbeitenden Personen – einschließlich Rentnern – angewendet[805]. Die Vorschrift erlaubt es, den Verdienst, den der Rentner in den letzten zwölf Monaten erhalten hat, bevor er in Rente ging, oder die ortsübliche Vergütung eines Arbeitnehmers seiner Qualifikation zugrundezulegen[806].

Nicht von Art. 1086 ZGB erfaßt wird der Fall, daß der Geschädigte weniger als einen Monat einer Beschäftigung nachgegangen ist. In die-

---

[802] Vgl. zum Mindestarbeitslohn Fn. 320.

[803] Nr. 152-FZ, SZ 2002, Nr. 48, Pos. 4737.

[804] Vgl. *Jarošenko*, Objazatel'stva vsledstvie pričinenija vreda, in: *Kozyr'/Makovskij/Chochlov*, Graždanskij kodeks RF. Čast' vtoraja, S. 585.

[805] *Zajcev* in: *Krylov/Gavrilov*, Rossijskoe graždanskoe pravo, S. 381; *Gljancev* in: *Sadikov*, Kommentarij k Graždanskomu kodeksu RF časti vtoroj, Anm. 4 zu Art. 1086.

[806] *Gljancev* in: *Sadikov*, Kommentarij k Graždanskomu kodeksu RF časti vtoroj, Anm. 4 zu Art. 1086.

sem Fall soll Art. 1086 Abs. 4 ZGB entsprechend angewendet werden[807]. Vor Außerkrafttreten der Vorschrift wurde auch vorgeschlagen, Art. 15 der „Regeln" entsprechend anzuwenden[808]. Art. 15 der „Regeln" sah vor, daß der Verdienst durch die Anzahl der Tage dividiert wird, an denen der Geschädigte gearbeitet hat, und dieser Betrag mit der Anzahl der Arbeitstage im Monat multipliziert wird, die im Durchschnitt für das Jahr berechnet wurde. Außerdem wurde vorgeschlagen, nach Wunsch des Geschädigten entweder Art. 15 der „Regeln" entsprechend anzuwenden oder den Verdienst nach Art. 1086 Abs. 4 ZGB zu bestimmen[809]. Nach Außerkrafttreten der „Regeln" ist allerdings sehr zu bezweifeln, ob der in Art. 15 der „Regeln" niedergelegte Grundsatz überhaupt noch entsprechend angewendet werden kann. Auf der Grundlage des geltenden Rechts spricht deshalb alles für eine entsprechende Anwendung des Art. 1086 Abs. 4 ZGB, obwohl im Falle einer Anwendung von Art. 15 der „Regeln" möglicherweise im Einzelfall ein gerechteres Ergebnis erzielt werden könnte.

Im Zusammenhang mit dem bereits oben[810] dargelegten Grundsatz, wonach auch das Einkommen zu berücksichtigen ist, das der Geschädigte hätte erzielen können, steht die Regelung des Art. 1086 Abs. 5 ZGB, die folgendes vorsieht:

> *„Hat sich der Verdienst (das Einkommen) des Geschädigten vor der Körperverletzung oder der anderen Gesundheitsbeschädigung derart dauerhaft verändert, daß dies zur Verbesserung seiner Vermögenslage geführt hat (Gehaltserhöhung auf seinem Dienstposten, Versetzung auf einen höher bezahlten Arbeitsplatz, Arbeitsantritt nach abgeschlossener Direktausbildung oder Direktstudium oder andere Fälle, in denen die Dauerhaftigkeit oder die Möglichkeit einer Veränderung des Arbeitsentgelts nachgewiesen wird), wird bei der Bestimmung des durchschnittlichen Monatsverdienstes nur der Verdienst (das Einkommen) berücksich-*

---

807 *Borisov*, Kommentarij k Graždanskomu kodeksu RF časti pervoj i vtoroj, S. 1115; *Guev*, Postatejnyj kommentarij k časti vtoroj Graždanskogo kodeksa RF, Anm. 4 zu Art. 1086.

808 Vgl. *Sergeev* in: *A. Sergeev/Ju. Tolstoj*, Graždanskoe pravo, Band 3, 2. Aufl. S. 49 f., so immer noch in der 3. Aufl., S. 48, allerdings ohne Hinweis auf Art. 15 der „Regeln"; *Gljancev*, RJu 1997, Nr. 11, S. 7.

809 *Gljancev* in: *Sadikov*, Kommentarij k Graždanskomu kodeksu RF časti vtoroj, Anm. 3 zu Art. 1086 und Anm. 1 zu Art. 1084.

810 S. 230 f.

tigt, den (das) er nach der entsprechenden Veränderung bezogen hat oder hätte beziehen müssen[811]*.“*

Wenn z. B. ein Geschädigter in den letzten vier Monaten vor der Gesundheitsbeschädigung auf einem höher bezahlten Dienstposten gearbeitet hat, wird nur der durchschnittliche Verdienst dieser vier Monate und nicht der vergangenen zwölf Monate zugrundegelegt[812]. Nicht entscheidend ist die Zeitdauer der dauerhaften Veränderung. Selbst wenn der Geschädigte den erhöhten Verdienst noch gar nicht erhalten hat (z. B. wenn er auf einen höher bezahlten Dienstposten befördert wurde, diesen aber wegen eines Unfalls nicht antreten konnte), wird er bei der Berechnung des Verdienstausfalls berücksichtigt, weil auch der Verdienst zu berücksichtigen ist, den der Geschädigte hätte erzielen können[813].

Wenn der durchschnittliche Monatsverdienst (Einkommen) nach den Regeln des Art. 1086 Abs. 2-5 und 1085 Abs. 2 ZGB ermittelt wurde, wird er sodann zum Grad des Verlustes der Berufsfähigkeit bzw. der allgemeinen Erwerbsfähigkeit in Relation gesetzt.

Bei Bestimmung des Verlustes der Berufsfähigkeit bzw. der allgemeinen Erwerbsfähigkeit ist der zeitweise von dem ständigen Verlust der Berufsfähigkeit bzw. der allgemeinen Erwerbsfähigkeit zu unterscheiden[814]. Bei einem zeitweisen Verlust der Berufsfähigkeit bzw. der allgemeinen Erwerbsfähigkeit ist der betroffene Bürger in der Regel vollständig arbeitsunfähig und verliert deshalb in diesem Zeitraum seinen Verdienst (sein Einkommen) vollständig. Die zeitweise Erwerbsunfähigkeit wird von der behandelnden Heilanstalt festgestellt und durch Ausgabe eines Arbeitsbefreiungsscheins an den betroffenen Bürger bescheinigt[815].

Der ständige Verlust der Berufsfähigkeit bzw. der allgemeinen Arbeitsfähigkeit muß festgestellt werden, wenn der Geschädigte nicht nur eine kurzzeitige Gesundheitsbeschädigung erlitten hat, bei der ein ausgefallener Verdienst für die Dauer der Krankheit ersetzt werden kann, son-

---

811 Vgl. auch Art. 12 Abs. 6 PflichtsozialversicherungsG.

812 *Gljancev* in: *Sadikov*, Kommentarij k Graždanskomu kodeksu RF časti vtoroj, Anm. 5 zu Art. 1086.

813 *Guev*, Postatejnyj kommentarij k časti vtoroj Graždanskogo kodeksa RF, Anm. 5 c) zu Art. 1086; vgl. auch *Gljancev* in: *Sadikov*, Kommentarij k Graždanskomu kodeksu RF časti vtoroj, Anm. 5 zu Art. 1086.

814 *Sergeev* in: *Sergeev/Tolstoj*, Graždanskoe pravo, Band 3, S. 49.

815 *Sergeev* in: *Sergeev/Tolstoj*, Graždanskoe pravo, Band 3, S. 49.

dern die Gesundheitsbeschädigung auf unbestimmte Zeit weiter andauert oder die Gesundheit des Geschädigten nicht mehr wiederhergestellt werden kann[816]. Unter der Berufsfähigkeit wird die Fähigkeit eines Menschen zur Erfüllung einer Arbeit einer bestimmten Qualifikation, eines bestimmten Umfangs und einer bestimmten Güte[817], d. h. seine Fähigkeit zur Arbeit in seiner Fachrichtung und seiner vorhandenen Qualifikation verstanden[818]. Bei vollständigem oder teilweisem Verlust der Berufsfähigkeit kommt es nicht darauf an, ob der Geschädigte überhaupt noch über eine Fähigkeit zu unqualifizierter Arbeit verfügt[819].

Wenn der Geschädigte über keinen Beruf verfügt, wird der Grad des Verlustes der allgemeinen Erwerbsfähigkeit berücksichtigt. Bei der Erwerbsfähigkeit handelt es sich um die Gesamtheit der angeborenen und erworbenen Fähigkeiten eines Menschen zu einer Handlung, die auf die Erzielung eines sozial bedeutenden Ergebnisses in Form eines bestimmten Produktes, Erzeugnisses oder einer Dienstleistung gerichtet ist[820], d. h. die Fähigkeit zu unqualifizierter Arbeit, die keine speziellen Kenntnisse und Fähigkeiten voraussetzt[821]. Wenn der Geschädigte diese Fähigkeit teilweise behält und damit auch einen Teil seines bisherigen Verdienstes (Einkommens), wird die Höhe des ihm zustehenden Schadensersatzes entsprechend gesenkt[822].

---

816 Vgl. *Suchanov*, Graždanskoe pravo, Band 2, Halbband 2, S. 427; *Sergeev* in: *Sergeev/Tolstoj*, Graždanskoe pravo, Band 3, S. 49.

817 Vgl. Art. 3 PflichtsozialversicherungsG und Punkt 2.1. der mit dem Inkrafttreten des PflichtsozialversicherungsG außer Kraft getretenen „Anordung über die *Feststellung des Grades des Verlustes der Berufsfähigkeit durch arbeitsärztliche Expertenkommissionen in Prozenten bei Arbeitnehmern, die eine Körperverletzung, eine Berufskrankheit oder eine andere Gesundheitsbeschädigung bei Erfüllung ihrer Arbeitspflichten erlitten haben*“, bestätigt durch die Verordnung der Regierung der RF Nr. 392 vom 23.04.1994, Nr. 392, SZ 1994, Nr. 2, Pos. 101.

818 *Suchanov*, Graždanskoe pravo, Band 2, Halbband 2, S. 427 f.

819 *Sergeev* in: *Sergeev/Tolstoj*, Graždanskoe pravo, Band 3, S. 49; *Gljancev* in: *Sadikov*, Kommentarij k Graždanskomu kodeksu RF časti vtoroj, Anm. 2 zu Art. 1086.

820 Vgl. Punkt 2.1. der – allerdings zwischenzeitlich außer Kraft getretenen – „Anordung über die Feststellung des Grades des Verlustes der Berufsfähigkeit durch arbeitsärztliche Expertenkommissionen in Prozenten bei Arbeitnehmern, die eine Körperverletzung, eine Berufskrankheit oder eine andere Gesundheitsbeschädigung bei Erfüllung ihrer Arbeitspflichten erlitten haben“, vgl. Fn. 817.

821 *Suchanov*, Graždanskoe pravo, Band 2, Halbband 2, S. 428 f.

822 *Suchanov*, Graždanskoe pravo, Band 2, Halbband 2, S. 428.

Der Grad des Verlustes der Berufsfähigkeit wird – wenn ein Arbeitnehmer eine Körperverletzung, eine Berufskrankheit oder eine andere Gesundheitsbeschädigung erlitten hat, die im Zusammenhang mit der Erfüllung von Arbeitspflichten steht – von einer sozialmedizinischen Gutachterkommission[823] oder – in den übrigen Fällen – auf Grundlage des Ergebnisses eines gerichtsmedizinischen Gutachtens festgestellt[824]. Abhängig von dem festgestellten Grad des Verlustes der Berufsfähigkeit wird eine Behinderung der I., II. oder III. Gruppe festgestellt[825]. Eine Behinderung der I. Gruppe wird für zwei Jahre festgestellt, eine Behinderung der II. und III. Gruppe für ein Jahr[826]. Ohne weitere Nachuntersuchung wird die Behinderung bei Männern über 60 Jahren, Frauen über

---

823 Mediko-social'naja ėkspertnaja komissija (MSĖK); vgl. Punkt 16 der „Musteranordnung über die *Anstalten des staatlichen Dienstes für sozialmedizinische Gutachten*", bestätigt durch die Verordnung der Regierung der RF vom 13.08.1996, Nr. 965, SZ 1996, Nr. 34, Pos. 4127, i. d. F. der Verordnungen der Regierung der RF vom 21.09.2000, Nr. 707, SZ 2000, Nr. 39, Pos. 3880, und 26.10. 2000, Nr. 820, SZ 2000, Nr. 45, Pos. 4478; früher hieß diese Kommission vražebno-trudovaja ėkspertnaja komissija (VTĖK) = arbeitsärztliche Gutachterkommission; vgl. Punkt 1.2. der – inzwischen außer Kraft getretenen – „Anordung über die Feststellung des Grades des Verlustes der Berufsfähigkeit durch arbeitsärztliche Expertenkommissionen in Prozenten bei Arbeitnehmern, die eine Körperverletzung, eine Berufskrankheit oder eine andere Gesundheitsbeschädigung bei Erfüllung ihrer Arbeitspflichten erlitten haben", vgl. Fn. 817.

824 Vgl. Art. 7 und 8 des Gesetzes „Über den *sozialen Schutz der Behinderten in der Rußländischen Föderation*" (Fundstelle vgl. Fn. 794); Punkt 1.5. der – außer Kraft getretenen – „Anordung über die Feststellung des Grades des Verlustes der Berufsfähigkeit durch arbeitsärztliche Expertenkommissionen in Prozenten bei Arbeitnehmern, die eine Körperverletzung, eine Berufskrankheit oder eine andere Gesundheitsbeschädigung bei Erfüllung ihrer Arbeitspflichten erlitten haben", vgl. Fn. 817; *Zajcev* in: *Krylov/Gavrilov*, Rossijskoe graždanskoe pravo, S. 380; *Malein* in: *Kalpin*, Graždanskoe pravo. Čast' vtoraja, S. 523; *Jarošenko* in: *Sadikov*, Graždanskoe pravo Rossii. Čast' vtoraja, S. 668; *Jarošenko* in: *Braginskij*, Kommentarij časti vtoroj Graždanskogo kodeksa RF, S. 380; *Sergeev* in: *Sergeev/Tolstoj*, Graždanskoe pravo, Band 3, S. 49.

825 Vgl. Art. 1 und Art. 8 Abs. 3 des Gesetzes „Über den sozialen Schutz der Behinderten in der Rußländischen Föderation" (Fundstelle vgl. Fn. 794), sowie Punkt 3 der Anordnung „Über die *Anerkennung einer Person als Behinderter*", bestätigt durch die Verordnung der Regierung der RF vom 13.06.1996, Nr. 965, SZ 1996, Nr. 34, Pos. 4127, i. d. F. der Verordnungen der Regierung der RF vom 21.09.2000, Nr. 707, SZ 2000, Nr. 39, Pos. 3880, und 26.10.2000, Nr. 820, SZ 2000, Nr. 45, Pos. 4478.

826 Vgl. Punkt 20 der Anordnung „Über die Anerkennung einer Person als Behinderter", vgl. Fn. 825.

55 Jahren, Behinderten mit irreversiblen anatomischen Beschädigungen und einigen anderen Kategorien von Behinderten festgestellt[827]. Wenn der Geschädigte weiterhin in seinem Beruf arbeiten kann, jedoch nur unter der Veränderung einiger Bedingungen, die eine Absenkung des Gehaltes zur Folge haben, oder der Geschädigte zwar in seinem Beruf, aber unter größeren Anstrengungen als früher arbeiten kann, wird ein Verlust der Berufsfähigkeit bis zu 25 % festgestellt. Kann der Geschädigte seinen bisherigen Beruf weiter ausüben, aber in einem geringeren Umfang oder mit geringerer Qualifikation (und infolge dessen mit geringerem Einkommen) oder kann er nicht mehr in seinem bisherigen Beruf arbeiten, aber in einem anderen Beruf mit geringerer Qualifikation und Bezahlung, wird ein Verlust der Berufsfähigkeit in Höhe von 25-60% festgestellt[828]. Wenn ein qualifizierter Arbeitnehmer seine bisherige Arbeit nur unter besonderen Bedingungen und bedeutenden Einschränkungen ausüben kann, liegt ein Verlust der Berufsfähigkeit in Höhe von etwa 70-90% vor. Wenn der Geschädigte – auch unter besonderen Bedingungen – keinen Beruf mehr ausüben kann, ist ein 100%iger Verlust der Berufsfähigkeit gegeben[829]. Bei vollständigem Verlust der Berufsfähigkeit (100%igem Verlust) wird der gesamte Verdienst ersetzt[830]. Bei teilweisem Verlust der Berufsfähigkeit wird der Verdienst teilweise, je nach dem Grad der Berufsunfähigkeit, erstattet[831].

> *Beispiel:* Wenn der durchschnittliche Monatsverdienst des Geschädigten vor der Gesundheitsbeschädigung 10000 Rubel und der Grad des Verlustes der Berufsfähigkeit 60 % beträgt, ist ein monatlicher Schadensersatz von 6000 Rubel zu zahlen.

---

827 Vgl. Punkt 29 der Anordnung „Über die Anerkennung einer Person als Behinderter", vgl. Fn. 825.

828 *Zacharov/Koršunov/Cederbaum*, Vozmeščenie rabotadatel'jami vreda, pričinennogo zdorov'ju rabotnika pri ispolnenii trudovych objazannostej, § 9 zu Art. 9.

829 *Suchanov*, Graždanskoe pravo, Band 2, Halbband 2, S. 428; *Zacharov/Koršunov/Cederbaum*, Vozmeščenie rabotadatel'jami vreda, pričinennogo zdorov'ju rabotnika pri ispolnenii trudovych objazannostej, § 9 zu Art. 9.

830 *Sergeev* in: *Sergeev/Tolstoj*, Graždanskoe pravo, Band 3, S. 49; *Zajcev* in: *Krylov/Gavrilov*, Rossijskoe graždanskoe pravo, S. 380.

831 Vgl. *Sergeev* in: *Sergeev/Tolstoj*, Graždanskoe pravo, Band 3, S. 49; *Zajcev* in: *Krylov/Gavrilov*, Rossijskoe graždanskoe pravo, S. 380.

Der durch die Gesundheitsbeschädigung dem Geschädigten entstandene Schaden wird ihm ab dem Tag ersetzt, an dem er einen Teil seines Verdienstes eingebüßt hat und nicht erst von dem Moment an, in dem die sozialmedizinische Expertenkommission den Grad des Verlustes der Erwerbsfähigkeit festgestellt hat[832].

(b) Die Höhe der zu ersetzenden zusätzlichen Aufwendungen. Die Frage, nach welchen Grundsätzen zusätzliche Aufwendungen ersetzt werden, regelt das ZGB nicht näher. Allerdings befanden sich solche Grundsätze in Art. 22 der „Regeln", die entsprechend herangezogen wurden[833].

Art. 22 Satz 1 der „Regeln" ordnete an, daß die Höhe der zusätzlichen Aufwendungen auf Grundlage von Rechnungen der entsprechenden Organisationen und anderen Dokumenten oder nach den Preisen bestimmt wird, die sich in der Gegend gebildet haben, in der der Geschädigte diese Ausgaben getätigt hat. Diese Vorschrift wurde insbesondere dann entsprechend herangezogen, wenn es um den Ersatz der Ausgaben für zusätzliche Ernährung[834] und die Kosten für eine Kurbehandlung[835] ging. Für eine entsprechende Anwendung des Art. 22 Satz 1 der „Regeln" ist zwar nach dem Außerkrafttreten dieser Vorschrift kein Raum mehr. Am Ergebnis dürfte sich aber nicht viel ändern. Auch heute ist noch davon auszugehen, daß die Kosten für zusätzliche Ernährung und eine Kurbehandlung in voller Höhe ersetzt werden, sofern diese Ausgaben durch Quittungen, Rechnungen oder andere Dokumente belegt werden[836]. Bei den Kosten für die Kurbehandlung ist ferner zu beachten, daß sie nach

---

832 Vgl. BVS RF 1992, Nr. 11, S. 13; BVS RSFSR 1991, Nr. 3, S. 13; *Guev*, Postatejnyj kommentarij k časti pervoj Graždanskogo kodeksa RF, Anm. 4 zu Art. 150.

833 Vgl. BVS RF 1997, Nr. 12, S. 17; *Suchanov*, Graždanskoe pravo, Band 2, Halbband 2, S. 430.

834 Vgl. Punkt 29 der erläuternden Leitentscheidung des Plenums des Obersten Gerichtshofs der RF Nr. 3 vom 28.04.1994, BVS RF 1994, Nr. 7, S. 8; *Malein* in: *Kalpin*, Graždanskoe pravo. Čast' vtoraja, S. 524; *Sergeev* in: *Sergeev/Tolstoj*, Graždanskoe pravo, Band 3, 2. Aufl., S. 53; *Zacharov/Koršunov/Cederbaum*, Vozmeščenie rabotadateljami vreda, pričinennogo zdorov'ju rabotnika pri ispolnenii trudovych objazannostej, § 1 zu Art. 22.

835 Vgl. BVS RF 1997, Nr. 12, S. 17; *Malein* in: *Kalpin*, Graždanskoe pravo. Čast' vtoraja, S. 524.

836 Vgl. *Guev*, Postatejnyj kommentarij k časti vtoroj Graždanskogo kodeksa RF, Anm. 1 c) zu Art. 1085.

der Rechtsprechung unabhängig davon zu ersetzen sind, ob der Geschädigte diese Kosten tatsächlich getragen hat[837].

Die Heilungskosten werden in Höhe der tatsächlich aufgewendeten Summe ersetzt[838]. Die Preise für Prothesen sind staatlich reguliert. Deshalb ist bei Bestimmung der Höhe der ersatzfähigen Kosten für Prothesen von diesen Preisen sowie von den Rechnungen der Organisationen auszugehen, die die entsprechenden Arbeiten ausführen[839].

Wenn der Geschädigte Sonderfahrzeuge (Automobil mit Handsteuerung, Beiwagen zu einem Motorrad) benötigt, ist der Schaden nach der Rechtsprechung innerhalb der Grenzen der Kosten des Sonderfahrzeugs zu ersetzen, das die medizinisch-soziale Expertenkommission bestimmt hat[840]. Art. 22 Satz 6 der „Regeln" ordnete an, daß die Ausgaben für den Erwerb oder die Generalüberholung von Sonderfahrzeugen im Rahmen ihres Wertes ersetzt werden[841]. Auch wenn diese Regelung nicht mehr in Kraft ist, dürfte insofern heute nach dem im Deliktsrecht geltenden Grundsatz des vollen Schadensersatzes nichts anderes gelten, also die Ausgaben für den Erwerb oder die Generalüberholung eines Sonderfahrzeugs in tatsächlicher Höhe zu ersetzen sein.

Manche Geschädigte benötigen eine spezielle medizinische Pflege, d. h. eine systematische Hilfe gegenüber Personen, die an einer schweren Krankheit leiden (i. d. R. bettlägerigen Personen), eine gewöhnliche ständige Pflege oder eine Haushaltshilfe (z. B. zum Reinigen der Wohnung oder zum Wäsche waschen). Auch diese Kosten sind vom Schädiger zu ersetzen, wenn die Notwendigkeit der Pflege durch ein sozialmedizinisches Gutachten festgestellt wurde[842]. Art. 22 Satz 2 der „Regeln"

---

837 BVS RF 1997, Nr. 12, S. 17.

838 *Guev*, Postatejnyj kommentarij k časti vtoroj Graždanskogo kodeksa RF, Anm. 1 c) zu Art. 1085.

839 *Guev*, Postatejnyj kommentarij k časti vtoroj Graždanskogo kodeksa RF, Anm. 1 c) zu Art. 1085; vgl. auch *Zacharov/Koršunov/Cederbaum*, Vozmeščenie rabotodateljami vreda, pričinennogo zdorov'ju rabotnika pri ispolnenii trudovych objazannostej, § 1 und 5 zu Art. 22.

840 Vgl. Punkt 30 der erläuternden Leitentscheidung des Plenums des Obersten Gerichtshofs der RF Nr. 3 vom 28.04.1994, BVS RF 1994, Nr. 7, S. 8; *Malein* in: *Kalpin*, Graždanskoe pravo. Čast' vtoraja, S. 524.

841 Hierauf nahmen *Sergeev* in: *Sergeev/Tolstoj*, Graždanskoe pravo, Band 3, 2. Aufl., S. 53, Bezug.

842 Vgl. *Guev*, Postatejnyj kommentarij k časti vtoroj Graždanskogo kodeksa RF, Anm. 1 c) zu Art. 1085; *Bespalov*, RJu 1998, Nr. 10, S. 26; *Ju. Koršunov*, ChiP 1996, Nr. 10, S. 140.

ordnete an, daß die Kosten für eine spezielle medizinische Pflege (z. B. durch eine Krankenschwester) in Höhe von maximal zwei Mindestarbeitslöhnen und in den anderen Fällen (also die Kosten für eine gewöhnliche ständige Pflege) bis zu 60% dieses Betrages (also von zwei Mindestarbeitslöhnen) zu ersetzen sind. Die Kosten für eine Haushaltshilfe waren nach Art. 22 Satz 3 der „Regeln" in Höhe von 50% eines Mindestarbeitslohns zu ersetzen. Diese Grundsätze wurden auch nach Inkrafttreten des ZGB im Zusammenhang mit dem Ersatz zusätzlicher Aufwendungen nach Art. 1085 ZGB entsprechend angewendet[843]. *Guev*[844] weist jedoch darauf hin, daß die Art. 1084-1094 ZGB für den Ersatz der Kosten für eine spezielle medizinische Pflege, eine gewöhnliche ständige Pflege oder eine Haushaltshilfe keine Einschränkung der Höhe nach vorsehen, so daß sie in tatsächlicher Höhe zu ersetzen sind. Dieser Ansicht ist zuzustimmen. Selbst wenn Art. 22 der „Regeln" noch nicht außer Kraft gesetzt wäre, würde eine entsprechende Anwendung dieser Vorschrift gegen den Grundsatz des vollen Schadensersatzes verstoßen. Allerdings spricht nichts dagegen, den in Art. 22 Satz 5 der „Regeln" ausdrücklich formulierten Grundsatz weiterhin anzuwenden, wonach der Geschädigte einen Anspruch auf Ersatz der Kosten für Fremdpflege (medizinische und häusliche) unabhängig davon hat, von wem sie erbracht wird (von speziell dafür angestellten Personen oder von Angehörigen des Geschädigten). Der Anspruch auf Ersatz der Kosten für Fremdpflege besteht ferner unabhängig davon, ob der Geschädigte die Kosten dafür tatsächlich getragen hat und ob dem Geschädigten ein Zuschlag für ständige Betreuung zu seiner Rente gezahlt wird[845].

---

843 Vgl. *Jarošenko* in: *Braginskij*, Kommentarij k časti vtoroj Graždanskogo kodeksa RF, S. 379; *Suchanov*, Graždanskoe pravo, Band 2, Halbband 2, S. 430; *Sergeev* in: *Sergeev/Tolstoj*, Graždanskoe pravo, Band 3, 2. Aufl., S. 53.

844 Postatejnyj kommentarij k časti vtoroj Graždanskogo kodeksa RF, Anm. 1 c) zu Art. 1085.

845 Vgl. Punkt 31 der erläuternden Leitentscheidung des Plenums des Obersten Gerichtshofs der RF Nr. 3 vom 28.04.1994, BVS RF 1994, Nr. 7, S. 8; Punkt 20 der erläuternden Leitentscheidung Nr. 13 des Plenums des Obersten Gerichtshofs der UdSSR vom 05.09.1986, BVS SSSR 1986, Nr. 6, S. 17 f., der allerdings durch Punkt 39 der erläuternden Leitentscheidung Nr. 3 des Plenums des Obersten Gerichtshofs der RF vom 28.04.1994 außer Kraft gesetzt wurde; *Sergeev* in: *Sergeev/ Tolstoj*, Graždanskoe pravo, Band 3, S. 53; *Malein* in: *Kalpin*, Graždanskoe pravo. Čast' vtoraja, S. 524; *Suchanov*, Graždanskoe pravo, Band 2, Halbband 2, S. 430; *Zacharov/Koršunov/Cederbaum*, Vozmeščenie rabotadateljami vreda, pričinennogo

(c) Besonderheiten bei Minderjährigen. Auch Schäden, die Minderjährigen zugefügt werden, werden grundsätzlich nach den allgemeinen Vorschriften des Deliktsrechts ersetzt. Zur Höhe des Schadensersatzes in dem Fall, daß einem Minderjährigen eine Körperverletzung oder eine Gesundheitsbeschädigung zugefügt wird, enthält Art. 1087 ZGB jedoch einige Sondervorschriften, die danach unterscheiden, ob es sich um einen Minderjährigen handelt, der das vierzehnte Lebensjahr noch nicht vollendet hat, oder um einen Minderjährigen im Alter von vierzehn bis achtzehn Jahren.

Wird einem Minderjährigen, der das vierzehnte Lebensjahr nicht vollendet hat (Minderjähriger im Kindesalter) und keinen Verdienst (kein Einkommen) besitzt, eine Körperverletzung oder eine anderweitige Gesundheitsbeschädigung zugefügt, so ist die Person, die für den Schaden haftet, verpflichtet, die durch die Gesundheitsbeschädigung bedingten Aufwendungen zu ersetzen (Art. 1087 Abs. 1 ZGB). Diese Vorschrift betrifft nur Minderjährige bis zur Vollendung des vierzehnten Lebensjahres, die über absolut kein Einkommen verfügen[846]. Diesen Minderjährigen werden nur die durch die Körperverletzung oder Gesundheitsbeschädigung bedingten Aufwendungen ersetzt, insbesondere die in Art. 1085 Abs. 1 ZGB erwähnten zusätzlichen Aufwendungen und andere Ausgaben, die im Zusammenhang mit der Gesundheitsbeschädigung entstanden sind, wenn festgestellt wurde, daß der Geschädigte diese Art von Hilfe benötigt[847]. Dabei sind den Minderjährigen nicht nur die in Art. 1085 Abs. 1 ZGB genannten zusätzlichen Aufwendungen zu ersetzen, sondern auch andere, wie z. B. die Ausgaben für häuslichen Unterricht und besondere Lehrmaterialien[848]. Daß in Art. 1087 Abs. 1 ZGB von einem ausgefallenen Verdienst oder einem ausgefallenen Einkommen keine Rede ist, bedeutet jedoch nicht, daß Minderjährige, die das vierzehnte Lebensjahr noch nicht vollendet haben, in keinem Fall

---

zdorov'ju rabotnika pri ispolnenii trudovych objazannostej, § 8 zu Art. 21 und § 6 zu Art. 22.

846 *Guev*, Postatejnyj kommentarij k časti vtoroj Graždanskogo kodeksa RF, Anm. 1 zu Art. 1087.

847 *Guev*, Postatejnyj kommentarij k časti vtoroj Graždanskogo kodeksa RF, Anm. 1 zu Art. 1087; *Gljancev* in: *Sadikov*, Kommentarij k Graždanskomu kodeksu RF časti vtoroj, Anm. 1 zu Art. 1087; vgl. auch *Suchanov*, Graždanskoe pravo, Band 2, Halbband 2, S. 429; *Bespalov*, RJu 1998, Nr. 10, S. 25.

848 Vgl. *Jarošenko* in: *Braginskij*, Kommentarij časti vtoroj Graždanskogo kodeksa RF, S. 380.

einen Anspruch auf Ersatz des ausgefallenen Verdienstes oder des ausgefallenen Einkommens haben. Wenn ein solcher Minderjähriger über einen Verdienst oder ein Einkommen verfügt, ist neben den in Art. 1087 Abs. 1 ZGB erwähnten Ausgaben auch der ausgefallene Verdienst oder das ausgefallene Einkommen zu ersetzen[849].

Nach Art. 1087 Abs. 2 ZGB in der bis zum 28.11.2002 gültigen Fassung galt für Minderjährige ab vierzehn Jahren folgende Regelung: Im Falle, daß der minderjährige Geschädigte das vierzehnte Lebensjahr vollendet hat, sowie in den Fällen, in denen einem Minderjährigen im Alter von vierzehn bis achtzehn Jahren, der keinen Verdienst (kein Einkommen) hat, ein Schaden zugefügt wird, ist die Person, die für den Schaden haftet, verpflichtet, neben den Aufwendungen, die durch die Gesundheitsbeschädigung bedingt sind, auch den Schaden zu ersetzen, der infolge des Verlustes oder der Minderung seiner Erwerbsfähigkeit entstanden ist, wobei das Fünffache des gesetzlich festgelegten Mindestlohns zugrundezulegen ist. Der letzte Halbsatz dieser Vorschrift wurde durch Gesetz vom 26.11.2002[850], das am 29.11.2002 in Kraft trat, abgeändert und lautet nunmehr:

> *„..., wobei die entsprechend dem Gesetz festgelegte Höhe des Existenzminimums der arbeitsfähigen Bevölkerung der Rußländischen Föderation im ganzen zugrundezulegen ist."*

Art. 1087 Abs. 2 ZGB betrifft Minderjährige, die im Kindesalter (also im Alter bis vierzehn Jahren) geschädigt wurden und das vierzehnte Lebensjahr vollendet haben, sowie Minderjährige, denen im Alter von vierzehn bis achtzehn Jahren ein Schaden zugefügt wurde[851]. Diesen Minderjährigen wird neben den durch die Gesundheitsbeschädigung bedingten Aufwendungen auch der infolge des Verlustes oder der Minderung der Erwerbsfähigkeit entstandene Schaden ersetzt, weil bei Minderjährigen im Alter von vierzehn bis achtzehn Jahren davon ausgegangen wird, daß sie bereits arbeiten und einen Verdienst (Einkommen) erzielen könnten. Ersetzt werden ihnen deshalb – im Gegensatz zu den Minderjährigen vor

849 *Guev*, Postatejnyj kommentarij k časti vtoroj Graždanskogo kodeksa RF, Anm. 1 zu Art. 1087.

850 Nr. 152-FZ, SZ 2002, Nr. 48, Pos. 4737.

851 Vgl. *Guev*, Postatejnyj kommentarij k časti vtoroj Graždanskogo kodeksa RF, Anm. 2 zu Art. 1087.

Vollendung des vierzehnten Lebensjahres – die im Zusammenhang mit dem Verlust oder der Minderung der Erwerbsfähigkeit entstandenen Schäden unabhängig davon, ob sie tatsächlich über einen Verdienst (Einkommen) verfügen oder nicht. Es wird somit auch nach dieser Vorschrift nicht zwingend der tatsächliche, sondern der Verdienst ersetzt, den der Geschädigte hätte haben können[852].

Bei im Zeitpunkt der Schadenszufügung nicht arbeitenden Minderjährigen im Alter von vierzehn bis achtzehn Jahren wird bei Berechnung des monatlichen Durchschnittsverdienstes nicht die Regel des Art. 1086 Abs. 4 ZGB angewendet, sondern in jedem Fall das Fünffache des gesetzlich festgelegten Mindestarbeitslohns bzw. die Höhe des Existenzminimums der arbeitsfähigen Bevölkerung der RF zugrundegelegt. Wenn hingegen ein Minderjähriger im Alter von vierzehn bis achtzehn Jahren einen Verdienst (Einkommen) hat, so ist in der Regel bei der Berechnung der Schadenshöhe dieser Verdienst (Einkommen) zugrundezulegen. Für diesen Fall sieht jedoch Art. 1087 Abs. 3 ZGB – in der bis zu 28.11.2002 gültigen Fassung – folgendes vor:

> *„Verfügt der Minderjährige im Zeitpunkt der Beschädigung seiner Gesundheit über einen Verdienst, so wird der Schaden entsprechend der Höhe dieses Verdiensts ersetzt, wobei der Schadensersatz mindestens das Fünffache des gesetzlich festgelegten Mindestarbeitslohns betragen muß.“*

Der letzte Halbsatz der Vorschrift wurde durch Gesetz vom 26.11.2002[853], das am 29.11.2002 in Kraft trat, abgeändert und lautet nunmehr:

> *„..., wobei der Schadensersatz mindestens die entsprechend dem Gesetz festgelegte Höhe des Existenzminimums der arbeitsfähigen Bevölkerung der Rußländischen Föderation im ganzen betragen muß.“*

Durch die Regelung des Art. 1087 Abs. 3 ZGB wird verhindert, daß ein arbeitender Minderjähriger im Alter von vierzehn bis achtzehn Jahren schlechter dasteht als ein nicht arbeitender.

---

852 Vgl. *Gljancev* in: *Sadikov*, Kommentarij k Graždanskomu kodeksu RF časti vtoroj, Anm. 2 zu Art. 1087.

853 Nr. 152-FZ, SZ 2002, Nr. 48, Pos. 4737.

Nach Beginn der Erwerbstätigkeit ist der Minderjährige, dessen Gesundheit beschädigt wurde, berechtigt, entsprechend dem durch ihn bezogenen Verdienst eine Erhöhung des Schadensersatzes zu verlangen, wobei der Schadensersatz nicht niedriger sein darf als die Vergütung, die für seinen Dienstposten festgelegt ist, oder als der Verdienst eines Arbeitnehmers der gleichen Qualifikation an seinem Arbeitsplatz ist (Art. 1087 Abs. 4 ZGB).

Der Sinn des Art. 1087 Abs. 4 ZGB besteht darin, daß der Geschädigte nach Beginn der Erwerbstätigkeit so gestellt werden soll, als ob seine Berufsfähigkeit infolge der Schadenszufügung nicht gemindert wurde. Die Vorschrift kommt dem Geschädigten z. B. dann zugute, wenn ihm ein Teil des Verdienstes in Form einer Prämie für die tatsächlich aufgewendete Arbeitszeit oder für den Umfang der geleisteten Arbeit gezahlt wird. Bei dieser Form der Bezahlung kann der Verdienst des Geschädigten niedriger sein als die übliche Vergütung in seiner Position, insbesondere bei längeren Zeiträumen der Arbeitslosigkeit. In dieser Situation spiegelt sich der tatsächliche Verdienstausfall bei der Berechnung des Schadensersatzes nicht wieder. Auf Wunsch des Geschädigten kann deshalb sein Verdienst erhöht werden, und zwar ausgehend von der Höhe der Vergütung für die von ihm eingenommene Position für zwölf Monate[854]. Zudem soll der höchste Verdienst zugrundegelegt werden, den an dem Arbeitsplatz des Geschädigten diejenigen Personen erzielen, die eine Arbeit der gleichen Qualifikation wie der Geschädigte erfüllen. Nur bei einer solchen Anwendung der Vorschrift sollen die Interessen des geschädigten Minderjährigen ausreichend berücksichtigt werden, weil ihm die Möglichkeit, den höchstmöglichen Verdienst in dem von ihm erlernten Beruf zu erzielen, genommen wurde[855]. Im übrigen ist der in Art. 1087 Abs. 4 ZGB erwähnte Verdienst nach den Regeln des Art. 1086 Abs. 2 ZGB zu bestimmen[856].

Das ZGB 1964 sah in Art. 465 bereits Sonderregelungen vor, die den Ersatz von Schäden regelten, die der Gesundheit eines Minderjährigen zugefügt wurden. Allerdings wurden die Rechte der Minderjährigen in

---

854 *Gljancev* in: *Sadikov*, Kommentarij k Graždanskomu kodeksu RF časti vtoroj, Anm. 4 zu Art. 1087.

855 *Gljancev* in: *Sadikov*, Kommentarij k Graždanskomu kodeksu RF časti vtoroj, Anm. 4 zu Art. 1087.

856 *Guev*, Postatejnyj kommentarij k časti vtoroj Graždanskogo kodeksa RF, Anm. 3 b) zu Art. 1087.

Art. 1087 ZGB gegenüber Art. 465 ZGB 1964 deutlich verbessert. Nach Art. 465 ZGB hatten nur Minderjährige, denen vor Vollendung des fünfzehnten Lebensjahres ein Gesundheitsschaden zugefügt wurde, mit Vollendung des fünfzehnten Lebensjahres einen Anspruch auf Ersatz des Schadens, der infolge des Verlustes oder der Minderung der Erwerbsfähigkeit entstanden war. Zudem wurde nicht das Fünffache des gesetzlich festgelegten Mindestlohns zugrundegelegt, sondern der durchschnittliche Verdienst eines unqualifizierten Arbeitnehmers in der entsprechenden Gegend.

> In den Art. 1084-1094 ZGB ist zwar nicht unmittelbar vorgesehen, daß bei einem Minderjährigen, der infolge einer Schadenszufügung durch eine andere Person eine Behinderung erlitten hat und deren Mutter – weil sie ihr Kind betreuen muß – ihren Arbeitsplatz aufgeben mußte, die Mutter einen Anspruch auf Ersatz ihres entgangenen Verdienstes hat. Die Mutter kann nach der Rechtsprechung des Obersten Gerichtshofs den entgangenen Verdienst dennoch geltend machen, weil dieser zu den Schäden gehört, die gemäß Art. 15 ZGB in vollem Umfang zu ersetzen sind[857].

dd) Der Schadensersatz bei Tötung des Geschädigten. Wie bereits oben dargelegt[858], gehen im Falle des Todes des Geschädigten dessen Ansprüche, die auf der Verletzung immaterieller Rechtsgüter beruhen, nicht auf seine Erben über. Es können aber bestimmte, ausdrücklich im Gesetz genannte Personen einen Schadensersatzanspruch aus eigenem Recht geltend machen, die durch den Tod des Geschädigten die Möglichkeit verloren haben, von ihm Unterhalt zu beziehen.

(1) Gläubiger. Der – abschließende[859] – Katalog der Personen, die im Falle des Todes des Geschädigten ein Recht auf Schadensersatz haben, befindet sich in Art. 1088 Abs. 1 ZGB. Nach dieser Vorschrift haben im Falle des Todes des Geschädigten (Ernährers) folgende Personen Anspruch auf Schadensersatz:

---

857 BVS 2002, Nr. 12, S. 12 f.

858 Vgl. S. 123.

859 Vgl. *Mamilova*, Kommentarij sudebnoj praktiki 1999, Vypusk 5, S. 100.

- nichterwerbsfähige Personen, die der Verstorbene unterhalten hat oder denen gegenüber er im Zeitpunkt seines Todes unterhaltspflichtig war;
- ein Kind des Verstorbenen, das nach seinem Tod geboren wurde;
- ein Elternteil, der Ehegatte oder ein anderer Familienangehöriger, unabhängig von seiner Erwerbsfähigkeit, der nicht erwerbstätig ist und die Kinder, Enkelkinder oder Geschwister des Verstorbenen, die dieser unterhalten hatte, betreut, die das vierzehnte Lebensjahr nicht vollendet oder bereits vollendet haben, jedoch nach Feststellung der Gesundheitsbehörden aus gesundheitlichen Gründen pflegebedürftig sind;
- Personen, die vom Verstorbenen Unterhalt bezogen haben und innerhalb von fünf Jahren nach seinem Tode erwerbsunfähig geworden sind.

Ein Elternteil, der Ehegatte oder ein anderer Familienangehöriger, der nicht erwerbstätig ist und die Kinder, Enkelkinder oder Geschwister des Verstorbenen betreut und während der Betreuung erwerbsunfähig wird, behält auch nach der Beendigung der Betreuung dieser Personen den Anspruch auf Schadensersatz[860].

Der Kreis der Anspruchsberechtigen wurde in Art. 1088 Abs. 1 ZGB im Vergleich zu dem in Art. 460 ZGB 1964[861] und Art. 130 GZG 1991 vorgesehenen erweitert.

Der Anspruch der nicht erwerbsfähigen Personen, die der Verstorbene unterhalten hat oder denen gegenüber er im Zeitpunkt seines Todes unterhaltspflichtig war, bestand bereits nach Art. 460 Satz 3 ZGB 1964[862]. Nicht erwerbsfähig sind Personen, die nicht nur ihre Berufsfähigkeit, sondern auch die allgemeine Erwerbsfähigkeit eingebüßt haben[863]. Dazu zählen Personen, die das Rentenalter erreicht haben (Frauen mit 55, Männer mit 60 Jahren), Personen, die als Behinderte der I., II. oder III. Gruppe anerkannt wurden, und Minderjährige[864]. Uner-

---

860 Die in Art. 1088 Abs. 1 ZGB genannten Personen haben auch einen Schadensersatzanspruch nach dem PflichtsozialversicherungsG (vgl. Art. 7 Abs. 2).

861 Seit dem Gesetz der Rußländischen Föderation „Über die *Einführung von Änderungen und Ergänzungen in das Zivilgesetzbuch der RSFSR*“ vom 24.12.1992, Nr. 4215-I, VSNDiVS 1993, Nr. 4, Pos. 119, waren die im Falle des Todes des Geschädigten anspruchsberechtigten Personen in Art. 459^1 ZGB 1964 aufgeführt.

862 Später Art. 459^1 ZGB 1964, vgl. Fn. 861.

863 *Guev*, Postatejnyj kommentarij k časti vtoroj Graždanskogo kodeksa RF, Anm. 1 a) zu Art. 1088.

864 *Malein* in: *Kalpin*, Graždanskoe pravo. Čast' vtoraja, S. 525; *Jarošenko* in: *Sadikov*, Graždanskoe pravo Rossii. Čast' vtoraja, S. 668; *Koršunov*, ChiP 1996, Nr. 7, S. 153.

heblich ist, worauf die Erwerbsunfähigkeit zurückzuführen ist (ob sie von Geburt an oder aufgrund einer Verletzung besteht)[865]. Bei den Personen, gegenüber denen der Verstorbene unterhaltspflichtig war, handelt es sich in erster Linie um dessen Kinder, aber auch um andere Personen, denen gegenüber nach Art. 80-90, 93-97 FamGB eine Unterhaltspflicht bestand[866]. Einen Schadensersatzanspruch haben die Unterhaltsberechtigten selbst dann, wenn sie vom Verstorbenen tatsächlich keinen Unterhalt erhalten hatten (z. B. die nicht erwerbsfähigen Eltern des Verstorbenen, die von ihm keine Hilfe erhalten, jedoch ein Recht auf sie hatten) oder erhalten konnten[867]. Nicht erwerbsfähigen Personen steht aber auch dann ein Schadensersatzanspruch zu, wenn sie nur rein tatsächlich vom Geschädigten unterhalten wurden. Ob es sich bei dem Unterhaltenen um ein Familienmitglied oder eine andere Person handelte und wie lange er bereits vom Verstorbenen unterhalten wurde, ist unerheblich[868]. Entscheidend ist, daß der Verstorbene sie unterstützt hat und daß es sich dabei um eine ständige und die einzige Einkommensquelle handelte[869].

Der Schadensersatzanspruch eines Kindes des Verstorbenen, das nach dessen Tod geboren wird, war ebenfalls bereits in Art. 460 Satz 3 ZGB 1964[870] vorgesehen. Der Anspruch besteht allerdings nur, wenn die Vaterschaft des Verstorbenen durch eine Eintragung auf der Geburtsurkunde des Kindes bestätigt wurde[871]. Bei der Berechnung der Höhe des Schadensersatzes wird das noch nicht geborene Kind des Verstorbenen zunächst nicht berücksichtigt. Nach dessen Geburt ist deshalb der Scha-

---

865 *Guev*, Postatejnyj kommentarij k časti vtoroj Graždanskogo kodeksa RF, Anm. 1 a) zu Art. 1088.

866 *Jarošenko*, ChiP 1996, Nr. 12, S. 20; *Jarošenko* in: *Braginskij*, Kommentarij k časti vtoroj Graždanskogo kodeksa RF, S. 381.

867 Vgl. *Suchanov*, Graždanskoe pravo, Band 2, Halbband 2, S. 431; *Sergeev* in: *Sergeev/Tolstoj*, Graždanskoe pravo, Band 3, S. 52.

868 Vgl. *Sergeev* in: *Sergeev/Tolstoj*, Graždanskoe pravo, Band 3, S. 52; *Guev*, Postatejnyj kommentarij k časti vtoroj Graždanskogo kodeksa RF, Anm. 1 b) zu Art. 1088; *Ėrdelevskij*, Zakon 1997, Nr. 4, S. 14.

869 *Guev*, Postatejnyj kommentarij k časti vtoroj Graždanskogo kodeksa RF, Anm. 1 b) zu Art. 1088.

870 Später Art. 459^1 ZGB 1964, vgl. Fn. 861.

871 *Malein* in: *Kalpin*, Graždanskoe pravo. Čast' vtoraja, S. 525.

densersatz, der den anderen anspruchsberechtigten Personen ausgezahlt wird, neu zu berechnen[872].

Elternteile, Ehegatten und andere Familienangehörige, die Kinder, Enkelkinder oder Geschwister des Verstorbenen betreuen, haben einen Anspruch auf Schadensersatz unabhängig davon, ob sie die Betreuung bereits zu Lebzeiten des Verstorbenen oder erst nach seinem Tod übernommen haben. Wenn die Betreuten aus gesundheitlichen Gründen pflegebedürftig sind, spielt deren Alter keine Rolle, sondern der Schadensersatzanspruch besteht so lange, wie sich der Gesundheitszustand des Pflegebedürftigen nicht ändert und der Anspruchsberechtigte den Pflegebedürftigen tatsächlich betreut[873]. Damit wurde der Kreis der Anspruchsberechtigten gegenüber Art. 460 Satz 3 ZGB 1964[874] erweitert: Nach dieser Vorschrift hatten nur Ehegatten und Eltern des Verstorbenen einen Anspruch, und zwar lediglich bis die Betreuten das achte Lebensjahr[875] vollendet hatten. Ebenfalls neu ist, daß die Elternteile, Ehegatten oder anderen Familienangehörigen, die Kinder, Enkelkinder oder Geschwister des Verstorbenen betreuen, ihren Schadensersatzanspruch beibehalten, wenn sie während der Betreuung erwerbsunfähig werden. Diese Regelung gilt auch dann, wenn die Familienangehörigen die Betreuung des Minderjährigen aus gesundheitlichen Gründen beenden, bevor der Minderjährige das vierzehnte Lebensjahr erreicht[876]. Der Anspruch der Eltern, Ehegatten und anderen Familienangehörigen endet allerdings, wenn sie ein Arbeitsverhältnis eingehen[877].

Wie bereits nach dem ZGB 1964, haben auch heute Personen, die vom Geschädigten unterhalten werden, aber zum Zeitpunkt seines Todes arbeitsfähig sind, keinen Anspruch auf Schadensersatz. Dabei kann es sich nicht nur um die Eltern oder den Ehegatten des Verstorbenen handeln, sondern auch um Geschwister, Onkel, Tanten und andere Famili-

---

872 *Jarošenko*, ChiP 1996, Nr. 12, S. 20; *Jarošenko* in: *Braginskij*, Kommentarij časti vtoroj Graždanskogo kodeksa RF, S. 381; vgl. dazu näher unten S. 256 ff.

873 *Jarošenko*, ChiP 1996, Nr. 12, S. 20; *Jarošenko* in: *Braginskij*, Kommentarij časti vtoroj Graždanskogo kodeksa RF, S. 381; *Gljancev* in: *Sadikov*, Kommentarij k Graždanskomu kodeksu RF časti vtoroj, Anm. 2 zu Art. 1088.

874 Später Art. 459^1 ZGB 1964, vgl. Fn. 861.

875 Nach Art. 459^1 ZGB 1964 (vgl. Fn. 861) war maßgeblich, ob der Betreute das vierzehnte Lebensjahr vollendet hatte.

876 *Gljancev* in: *Sadikov*, Kommentarij k Graždanskomu kodeksu RF časti vtoroj, Anm. 3 zu Art. 1088.

877 *Sergeev* in: *Sergeev/Tolstoj*, Graždanskoe pravo, Band 3, S. 52.

enmitglieder[878]. Allerdings können diese Personen nach der geltenden Gesetzgebung ein Recht auf Schadensersatz erhalten, wenn sie innerhalb von fünf Jahren nach dem Tod des Ernährers erwerbsunfähig geworden sind, z. B. weil sie das Rentenalter erreicht haben oder bei ihnen eine Behinderung eingetreten ist[879]. Dieses Recht entsteht aber nur dann, wenn sie nicht von einer anderen Person Schadensersatz wegen Beschädigung ihrer Gesundheit erhalten und die Erwerbsunfähigkeit von den zuständigen Behörden im gesetzlich festgelegten Verfahren festgestellt wurde. Der Schadensersatzanspruch besteht zudem nur so lange, wie die Erwerbsunfähigkeit andauert[880]. Durch diesen nachträglichen Schadensersatzanspruch wird das Recht der anderen Personen, die bereits Schadensersatz erhalten, nicht beeinträchtigt. Der Grund dafür ist, daß der Anteil am Verdienst, der auf die arbeitsfähige, aber vom Verstorbenen unterhaltene Person entfiel, der zunächst arbeitsfähigen Person zwar nicht im Wege des Schadensersatzes ausgezahlt, dieser Anteil aber auch nicht unter den anderen Personen aufgeteilt wurde[881].

Die in Art. 1088 Abs. 1 ZGB aufgeführten Personen haben nur ab bzw. bis zu einem bestimmten Alter oder nur für einen bestimmten Zeitraum einen Anspruch auf Schadensersatz. Im einzelnen ergibt sich dies aus Art. 1088 Abs. 2 ZGB. Nach dieser Vorschrift erhalten Schadensersatz:

- minderjährige Personen bis zur Vollendung des achtzehnten Lebensjahres;
- Schüler und Studenten, die das achtzehnte Lebensjahr vollendet haben, bis zum Abschluß ihrer Direktausbildung oder ihres Direktstudiums, jedoch nicht über das dreiundzwanzigste Lebensjahr hinaus;
- Frauen nach Vollendung des fünfundfünfzigsten und Männer nach Vollendung des sechzigsten Lebensjahres auf Lebenszeit;

---

878 *Guev*, Postatejnyj kommentarij k časti vtoroj Graždanskogo kodeksa RF, Anm. 1 e) zu Art. 1088.

879 *Jarošenko*, ChiP 1996, Nr. 12, S. 20; *Jarošenko*, Objazatel'stva vsledstvie pričinenija vreda, in: *Kozyr'/Makovskij/Chochlov*, Graždanskij kodeks RF. Čast' vtoraja, S. 585 f.; *Jarošenko* in: *Braginskij*, Kommentarij k časti vtoroj Graždanskogo kodeksa RF, S. 381; *Sergeev* in: *Sergeev/Tolstoj*, Graždanskoe pravo, Band 3, S. 52.

880 *Guev*, Postatejnyj kommentarij k časti vtoroj Graždanskogo kodeksa RF, Anm. 1 e) zu Art. 1088.

881 *Jarošenko*, ChiP 1996, Nr. 12, S. 20; *Jarošenko* in: *Braginskij*, Kommentarij k časti vtoroj Graždanskogo kodeksa RF, S. 381.

- Behinderte im gesamten Zeitraum der Behinderung;
- ein Elternteil, ein Ehegatte oder ein anderer Familienangehöriger, der die Kinder, Enkelkinder oder Geschwister des Verstorbenen, die dieser unterhalten hat, betreut, bis zur Vollendung des vierzehnten Lebensjahres oder der Veränderung des Gesundheitszustandes des Betreuten[882].

Unerheblich ist, wo die in Art. 1088 Abs. 2 ZGB erwähnten Schüler und Studenten ausgebildet werden und ob sie ein Stipendium erhalten. Auch die Ausbildung in Form einer Assistenz, Adjunktur[883], Aspirantur oder Internatur[884] fällt unter diese Vorschrift[885].

Die Gründe, die ein Recht auf Schadensersatz im Zusammenhang mit dem Tod des Ernährers verleihen, müssen von den Personen, die das Recht geltend machen, bewiesen werden. Verwandtschaftliche Beziehungen müssen durch entsprechende Dokumente bewiesen oder durch das Gericht in einem besonderen Verfahren festgestellt werden. Daß Kinder des Verstorbenen von ihm unterhalten wurden, muß nicht bewiesen werden, und zwar auch dann nicht, wenn sie nach seinem Tod geboren wurden[886]. Etwas anderes gilt für andere Personen (z. B. Brüder, Schwestern, Enkel des Verstorbenen)[887]. In diesem Fall muß der Kläger Beweise dafür vorlegen, daß er vom Verstorbenen unterhalten wurde[888]. Das kann in Form einer Bestätigung der zuständigen Behörde über die Zusammensetzung der Familie des Verstorbenen und die Tatsache, daß die Familienmitglieder von dem Verstorbenen unterhalten wurden, oder der Vorlage einer entsprechenden Gerichtsentscheidung geschehen[889]. Die Tatsache, daß Personen im Alter von achtzehn bis dreiundzwanzig Jahren, die ein Recht auf Schadensersatz haben, einer Direktausbildung

882 Vgl. auch Art. 7 Abs. 3 PflichtsozialversicherungsG.

883 Vorbereitungsdienst für Militärangehörige.

884 Praktischer Vorbereitungsdienst für Mediziner.

885 *Guev*, Postatejnyj kommentarij k časti vtoroj Graždanskogo kodeksa RF, Anm. 2 zu Art. 1088.

886 Vgl. *Guev*, Postatejnyj kommentarij k časti vtoroj Graždanskogo kodeksa RF, Anm. 2 zu Art. 1088; *Gljancev* in: *Sadikov*, Kommentarij k Graždanskomu kodeksu RF časti vtoroj, Anm. 1 zu Art. 1088.

887 Vgl. *Gljancev* in: *Sadikov*, Kommentarij k Graždanskomu kodeksu RF časti vtoroj, Anm. 1 zu Art. 1088; *Guev*, Postatejnyj kommentarij k časti vtoroj Graždanskogo kodeksa RF, Anm. 1 d) zu Art. 1088.

888 *Gljancev* in: *Sadikov*, Kommentarij k Graždanskomu kodeksu RF časti vtoroj, Anm. 1 zu Art. 1088.

889 Vgl. dazu auch Art. 37 der „Regeln".

oder einem Direktstudium nachgehen, ist durch eine Bestätigung der Bildungseinrichtung nachzuweisen[890].

(2) Die Höhe des Schadensersatzes. Die Höhe des Ersatzes des durch den Tod des Ernährers entstandenen Schadens, wird durch Art. 1089 ZGB bestimmt. Nach Art. 1089 Abs. 1 Satz 1 ZGB wird Personen, die einen Anspruch auf den Ersatz des Schadens im Zusammenhang mit dem Tod des Ernährers haben, der Schaden in Höhe des Anteils des nach den Vorschriften des Art. 1086 ZGB berechneten Verdienstes (Einkommens) des Verstorbenen ersetzt, den sie zu seinen Lebzeiten für ihren Unterhalt bezogen haben oder auf den sie einen Anspruch hatten.

Bei der Bestimmung der Höhe des Schadensersatzes wird somit der monatliche Verdienst (Einkommen) des Verstorbenen zugrundegelegt. Von diesem Betrag soll nach Art. 1089 Abs. 1 ZGB jeder Gläubiger den Anteil erhalten, der ihm zu Lebzeiten des Verstorbenen zustand. Nicht im ZGB geregelt ist, wie diese Anteile der Gläubiger im einzelnen berechnet werden. Allerdings gab es eine solche Regelung in Art. 27 der „Regeln", die bei Anwendung des Art. 1089 ZGB entsprechend herangezogen wurde[891]. Dieser Vorschrift entspricht nunmehr Art. 12 Abs. 8 PflichtsozialversicherungsG. Es spricht somit vieles dafür, die in Art. 27 der „Regeln" und Art. 12 Abs. 8 PflichtsozialversicherungsG enthaltenen Grundsätze auch heute noch entsprechend anzuwenden[892]. Nach diesen Vorschriften sind aus dem durchschnittlichen Monatsverdienst des Verstorbenen die Anteile folgender Personen herauszurechnen:

- der Anteil des Geschädigten selbst[893],
- der Anteil, der auf die arbeitsfähigen Personen entfiel, die von dem Geschädigten unterhalten wurden, aber keinen Anspruch auf Unterhalt hatten (z. B. erwachsene, arbeitsfähige Kinder des Geschädigten)[894].

---

890 *Sergeev* in: *Sergeev/Tolstoj*, Graždanskoe pravo, Band 3, S. 53.

891 *Sergeev* in: *Sergeev/Tolstoj*, Graždanskoe pravo, Band 3, S. 53; *Gljancev* in: *Sadikov*, Kommentarij k Graždanskomu kodeksu RF časti vtoroj, Anm. 1 zu Art. 1089.

892 So auch *Sergeev* in: *Sergeev/Tolstoj*, Graždanskoe pravo, Band 3, S. 53.

893 Vgl. auch *Suchanov*, Graždanskoe pravo, Band 2, Halbband 2, S. 432; *Malein* in: *Kalpin*, Graždanskoe pravo. Čast' vtoraja, S. 525; *Sergeev* in: *Sergeev/Tolstoj*, Graždanskoe pravo, Band 3, S. 53; vgl. auch *Jarošenko* in: *Sadikov*, Graždanskoe pravo Rossii. Čast' vtoraja, S. 669.

Der verbleibende Anteil des durchschnittlichen Verdienstes wird durch die Anzahl der Personen geteilt, die einen Anspruch auf Schadensersatz haben[895]. Dabei sind die Anteile – auch die herausgerechneten Anteile – alle gleich[896].

Beispiel: Der Verstorbene hinterläßt ein minderjähriges Kind im Alter von zehn Jahren, ein erwachsenes Kind im Alter von neunzehn Jahren, das – obwohl es arbeitfähig ist und keiner Ausbildung nachgeht – noch vom Verstorbenen unterhalten wurde, und seine Witwe, die das minderjährige Kind betreut. Der durchschnittliche monatliche Verdienst des Verstorbenen betrug 10000 Rubel. Herauszurechnen sind die Anteile des Verstorbenen und des erwachsenen Kindes des Verstorbenen. An die Witwe und das minderjährige Kind sind monatlich je 2500 Rubel Schadensersatz zu zahlen, so daß der monatlich insgesamt vom Schädiger zu zahlende Schadensersatz 5000 Rubel beträgt.

Auf den Anspruch, der zu Lebzeiten des Verstorbenen bestand bzw. bestanden hätte, wird bei Personen abgestellt, die einen Anspruch auf Unterhalt hatten, aber tatsächlich keinen Unterhalt erhalten haben (z. B. Eltern des Geschädigten, die gegenüber dem Geschädigten einen Unterhaltsanspruch nach Art. 87 FamGB hatten, von diesem Anspruch aber keinen Gebrauch gemacht haben, sowie Kinder des Verstorbenen, die nach seinem Tod geboren wurden)[897].

Gemäß Art. 1089 Abs. 1 Satz 2 ZGB ist bei der Berechnung des Schadensersatzes für die Personen, die einen Anspruch auf Schadensersatz im Zusammenhang mit dem Tod des Ernährers haben, zudem folgende Regelung zu beachten:

„Bei der Bestimmung des Schadensersatzes an diese Personen werden auf den Verdienst (das Einkommen) die vom Verstorbenen zu Lebzeiten

---

894 Vgl. auch *Suchanov*, Graždanskoe pravo, Band 2, Halbband 2, S. 432; *Sergeev* in: *Sergeev/Tolstoj*, Graždanskoe pravo, Band 3, S. 53; *Malein* in: *Kalpin*, Graždanskoe pravo. Čast' vtoraja, S. 525.

895 *Malein* in: *Kalpin*, Graždanskoe pravo. Čast' vtoraja, S. 525; *Sergeev* in: *Sergeev/Tolstoj*, Graždanskoe pravo, Band 3, S. 53; *Suchanov*, Graždanskoe pravo, Band 2, Halbband 2, S. 432; vgl. auch Art 12 Abs. 8 PflichtsozialversicherungsG.

896 *Jarošenko* in: *Sadikov*, Graždanskoe pravo Rossii. Čast' vtoraja, S. 669; vgl. auch *Suchanov*, Graždanskoe pravo, Band 2, Halbband 2, S. 432.

897 Vgl. *Guev*, Postatejnyj kommentarij k časti vtoroj Graždanskogo kodeksa RF, Anm. 1 b) zu Art. 1089; *Suchanov*, Graždanskoe pravo, Band 2, Halbband 2, S. 432.

bezogene Rente, Unterhalt auf Lebenszeit und andere ähnliche Leistungen angerechnet."

Diese Regelung gab es im ZGB 1964 noch nicht. Ein Beispiel für den Unterhalt auf Lebenszeit ist die Leibrente (Art. 595-600 ZGB). Zu den ähnlichen Leistungen zählen vor allem staatliche Beihilfen[898].

Nach Art. 1089 Abs. 2 ZGB werden bei Bestimmung der Höhe des Schadensersatzes die Renten, die Personen im Zusammenhang mit dem Tod des Ernährers zugesprochen wurden, sowie andere Arten von Renten, die sowohl vor als auch nach dem Tod des Ernährers zugesprochen wurden, sowie Verdienst (Einkommen) und Stipendien, die diese Personen erhalten, nicht auf den Schadensersatz angerechnet. Diese Vorschrift ist neu. Nach Art. 460 und Art. 461 ZGB 1964[899] waren den Hinterbliebenen zugesprochene Renten und Beihilfen hingegen anzurechnen.

Die für jede Person, die Anspruch auf den Ersatz des im Zusammenhang mit dem Tod des Ernährers entstandenen Schadens hat, festgelegte Höhe des Schadensersatzes unterliegt keiner weiteren Neuberechnung, es sei denn,

- ein Kind wird nach dem Tode des Ernährers geboren;
- den Personen, die die Kinder, Enkelkinder oder Geschwister des verstorbenen Ernährers betreuen, wird die Zahlung einer Entschädigung gewährt oder eine solche Zahlung wird eingestellt (Art. 1089 Abs. 3 Satz 1 ZGB).

In den in Art. 1089 Abs. 3 Satz 1 ZGB aufgeführten Fällen ist eine Neuberechnung notwendig, weil sich die Zahl der Gläubiger entweder erhöht oder verringert[900]. Im ersten Fall erhöht sich die Zahl der Gläubiger. Im zweiten Fall erhöht bzw. verringert sie sich[901].

---

898 *Guev*, Postatejnyj kommentarij k časti vtoroj Graždanskogo kodeksa RF, Anm. 1 c) zu Art. 1089.

899 Die Art. 460 und 461 ZGB 1964 wurden jedoch durch Gesetz vom 24.12.1992 (vgl. oben S. 249, Fn. 861) außer Kraft gesetzt, so daß bereits seit dem Renten und Beihilfen nicht mehr anzurechnen sind.

900 *Sergeev* in: *Sergeev/Tolstoj*, Graždanskoe pravo, Band 3, S. 54.

901 *Suchanov*, Graždanskoe pravo, Band 2, Halbband 2, S. 434; *Guev*, Postatejnyj kommentarij k časti vtoroj Graždanskogo kodeksa RF, Anm. 2 e) und f) zu Art. 1089.

Beispiel 1: Der Verstorbene hinterläßt einen fünfzehnjährigen Sohn und eine Ehefrau, die arbeitet. Der Verdienst des Verstorbenen betrug monatlich 10000 Rubel. Einen Anspruch auf Schadensersatz hat nur der Sohn. Die Höhe des an ihn zu zahlenden Schadensersatzes beträgt (da der Anteil des Verstorbenen herauszurechnen ist) monatlich 5000 Rubel. Ein halbes Jahr nach dem Tod des Verstorbenen bringt dessen Witwe eine Tochter zur Welt und hört auf, zu arbeiten, um die Tochter zu betreuen. Ab diesem Zeitpunkt haben neben dem Sohn auch die Tochter und die Witwe einen Schadensersatzanspruch. Die Höhe des zu zahlenden Schadensersatzes ist deshalb nach Art. 1089 Abs. 3 Satz 1 ZGB neu zu berechnen. Nunmehr ist der Verdienst des Verstorbenen durch vier Personen (den Verstorbenen, seine Witwe, seinen Sohn, seine Tochter) zu teilen. Die Witwe, der Sohn und die Tochter haben einen Schadensersatzanspruch von jeweils 2500 Rubel monatlich, so daß der Schädiger insgesamt nicht mehr monatlich 5000, sondern 7500 Rubel zu zahlen hat.
Beispiel 2: Zum Zeitpunkt des Todes des Verstorbenen wurden von ihm seine Ehefrau und seine dreijährige Tochter unterhalten. Sein Verdienst betrug monatlich 9000 Rubel. Nach Herausrechnung seines Anteils erhielten seine Witwe und seine Tochter jeweils 3000 Rubel monatlich. Nachdem die Tochter das fünfte Lebensjahr vollendet hat, fängt die Witwe des Verstorbenen wieder zu arbeiten an. Ihr Schadensersatzanspruch entfällt damit, so daß die Höhe des Schadensersatzes nach Art. 1089 Abs. 3 Satz 1 ZGB neu zu berechnen ist. Nunmehr erhält nur noch die Tochter nach Herausrechnung des Anteils des Verstorbenen Schadensersatz in Höhe von monatlich 4500 Rubel.

Nach dem Wortlaut des Gesetzes ist eine Neuberechnung in anderen als den im Gesetz genannten Fällen ausgeschlossen. Zum Beispiel wird im Falle des Todes einer der Schadensersatzempfänger die Höhe der Schadensersatzbeträge, die an die anderen Anspruchsberechtigten ausgezahlt wird, nicht geändert. Keine Neuberechnung notwendig ist, wenn eine Person, die vom Verstorbenen Unterhalt empfangen hat, innerhalb von fünf Jahren erwerbsunfähig wird, weil der Anteil am Verdienst (Einkommen) des Verstorbenen, der auf diese Personen entfiel, bei der Berechnung der Anteile der übrigen Schadensersatzempfänger von vornherein herausgerechnet wurde[902]. In der Literatur wird allerdings vorgeschlagen, eine Neuberechnung auch in anderen Fällen zuzulassen, z. B.

---

902 *Sergeev* in: *Sergeev/Tolstoj*, Graždanskoe pravo, Band 3, S. 54; *Gljancev* in: *Sadikov*, Kommentarij k Graždanskomu kodeksu RF časti vtoroj, Anm. 4 zu Art. 1089.

wenn bei der Berechnung der Anteile eine anspruchsberechtigte Person nicht berücksichtigt wurde (etwa weil dieser Person der Tod des Verstorbenen nicht bekannt war)[903] oder wenn sich der Kreis der anspruchsberechtigten Personen verringert[904]. Eine Neuberechnung auch in diesen Fällen im Wege einer analogen Anwendung des Art. 1089 Abs. 3 Satz 1 ZGB zuzulassen, wäre zwar eine gerechte Lösung. Es bestehen jedoch keine Anhaltspunkte dafür, daß diese Rechtsansicht in die Praxis umgesetzt wird.

Die Höhe des Schadensersatzes nach Art. 1089 ZGB kann durch Gesetz oder Vertrag erhöht werden (Art. 1088 Abs. 3 Satz 2 ZGB). Als Gesetz in diesem Sinne gelten gemäß Art. 3 Abs. 3 ZGB nur Föderalgesetze, nicht jedoch Gesetze der Subjekte der RF[905].

Im Falle des Todes eines Bürgers kann ferner ein Schaden in Form der Kosten entstehen, die für die Bestattung des Verstorbenen erforderlich sind. Art. 1094 Satz 1 ZGB ordnet deshalb an, daß Personen, die für den Schaden haften, der infolge des Todes des Geschädigten entstanden ist, verpflichtet sind, der Person, die diese Kosten getragen hat, die erforderlichen Bestattungskosten zu ersetzen.

Erstattet werden nur die erforderlichen Bestattungskosten. Welche Bestattungskosten als erforderlich gelten, wird im ZGB nicht konkretisiert. Nach der Rechtsprechung zählen zu den erforderlichen Kosten neben den Kosten, die für den Erwerb eines Sarges, eines Grabmals, das dem Standard am jeweiligen Ort entspricht, von Kränzen durch die engsten Verwandten, von Bekleidung, für die Umfriedung des Grabes und für den Transport aufgewendet werden müssen, auch die Ausgaben für Rituale und Gedenkfeiern[906]. Zu Sowjetzeiten waren die Ausgaben für Gedenkfeiern und religiöse Zeremonien nicht zu ersetzen[907]. Die heutige Gerichtspraxis geht davon aus, daß die Ausgaben für Gedenkfei-

---

903 *Sergeev* in: *Sergeev/Tolstoj*, Graždanskoe pravo, Band 3, S. 54 f.

904 *Borisov*, Kommentarij k Graždanskomu kodeksu RF časti pervoj i vtoroj, S. 1118.

905 Vgl. BVS RF 1999, Nr. 5, S. 8.

906 *Jarošenko* in: *Braginskij*, Kommentarij časti vtoroj Graždanskogo kodeksa RF, S. 386; *Gljancev* in: *Sadikov*, Kommentarij k Graždanskomu kodeksu RF časti vtoroj, Anm. zu Art. 1094; *Borisov*, Kommentarij k Graždanskomu kodeksu RF časti pervoj i vtoroj, S. 1122; *Malein* in: *Kalpin*, Graždanskoe pravo. Čast' vtoraja, S. 526; *Sergeev* in: *Sergeev/Tolstoj*, Graždanskoe pravo, Band 3, S. 55; *Suchanov*, Graždanskoe pravo, Band 2, Halbband 2, S. 433; *Bespalov*, RJu 1998, Nr. 10, S. 26; vgl. auch BVS RSFSR 1983, Nr. 3, S. 12.

907 Vgl. BVS SSSR 1976, Nr. 4, S. 39 f.

ern vom Schädiger zu ersetzen sind, sich aber in vernünftigen Grenzen halten müssen[908]. Diese Praxis wurde durch das Gesetz „Über die *Bestattung und das Beerdigungswesen*“ vom 12.01.1996[909] in ihrem Wesen bestätigt, in dessen Art. 3 die Bestattung als zeremonielle Handlungen beim Begraben des Körpers (Leichnams) eines Menschen nach seinem Tod entsprechend den Bräuchen und Traditionen definiert wird.

Das Gesetz „Über die Bestattung und das Beerdigungswesen“ enthält darüber hinaus in Art. 9 ein (nicht abschließendes) Verzeichnis der garantierten Bestattungsdienstleistungen, die unentgeltlich dem Ehegatten, engen Verwandten, anderen Verwandten, dem gesetzlichen Vertreter oder anderen Personen, die die Pflicht, die Bestattung des Verstorbenen durchzuführen, auf sich genommen haben, zur Verfügung gestellt werden. Zu diesen Dienstleistungen zählen vor allem die Ausstellung der für die Bestattung notwendigen Dokumente, die Zurverfügungstellung und Anlieferung eines Sarges und anderer für die Bestattung notwendiger Gegenstände, den Transport des Körpers (Leichnams) des Verstorbenen zum Friedhof (Krematorium) sowie die Bestattung (Einäscherung und Herausgabe der Urne mit der Asche). Nur diejenigen Dienstleistungen, die über die staatlich garantierten Dienstleistungen hinaus erbracht werden, müssen vom Ehegatten, den Verwandten, dem gesetzlichen Vertreter des Verstorbenen oder den anderen Personen, die die Pflicht zur Durchführung der Bestattung auf sich genommen haben, bezahlt werden[910]. Folglich hat der Schädiger nur den Teil der erforderlichen Ausgaben zu ersetzen, der nicht durch die gemäß diesem Gesetz unentgeltlich zur Verfügung gestellten Dienstleistungen abgedeckt ist[911].

---

908 *Gljancev* in: *Sadikov*, Kommentarij k Graždanskomu kodeksu RF časti vtoroj, Anm. zu Art. 1094; *Borisov*, Kommentarij k Graždanskomu kodeksu RF časti pervoj i vtoroj, S. 1122; *Malein* in: *Kalpin*, Graždanskoe pravo. Čast' vtoraja, S. 526; *Jarošenko* in: *Braginskij*, Kommentarij časti vtoroj Graždanskogo kodeksa RF, S. 386.

909 Nr. 8-FZ, SZ 1996, Nr. 3, Pos. 146, geändert durch Gesetze vom 28.06.1997, Nr. 91-FZ, SZ 1997, Nr. 26, Pos. 2952, 21.07.1998, Nr. 117-FZ, SZ 1998, Nr. 30, Pos. 3613, 07.08.2000, Nr. 122-FZ, SZ 2000, Nr. 33, Pos. 3348, 30.05.2001, Nr. 64-FZ, SZ 2001, Nr. 23, Pos. 2282, 11.12.2002, Nr. 170-FZ, SZ 2002, Nr. 50, Pos. 4931, und 10.01.2003, Nr. 8-FZ, SZ 2003, Nr. 2, Pos. 160, und 10.01.2003, Nr. 15-FZ, SZ 2003, Nr. 2, Pos. 167.

910 *Gljancev* in: *Sadikov*, Kommentarij k Graždanskomu kodeksu RF časti vtoroj, Anm. zu Art. 1094.

911 *Borisov*, Kommentarij k Graždanskomu kodeksu RF časti pervoj i vtoroj, S. 1122; *Jarošenko* in: *Braginskij*, Kommentarij časti vtoroj Graždanskogo kodeksa RF,

Anspruchsberechtigt ist jede Person, die die Bestattungskosten getragen hat. Das können nicht nur die Personen sein, die einen Anspruch auf Ersatz des infolge des Todes des Ernährers entstandenen Schadens nach Art. 1088 ZGB haben, sondern jede beliebige Person – auch Unternehmen, Anstalten oder Organisationen –, die diese Ausgaben freiwillig beglichen hat[912].

Eine Bestattungsbeihilfe, die den Bürgern, die diese Kosten getragen haben, gewährt wurde, wird nicht auf den Schadensersatz angerechnet (Art. 1094 Satz 2 ZGB).

ee) Nachträgliche Änderung der Höhe des Schadensersatzes. Die Höhe des Schadensersatzes bei einer Schädigung von Leben oder Gesundheit eines Bürgers ist grundsätzlich unveränderlich. Eine nachträgliche Änderung kommt nur in den im Gesetz vorgesehenen Fällen in Betracht, die im folgenden dargestellt werden.

(1) Änderung auf Verlangen des Geschädigten bzw. des Schädigers. In Art. 1090 ZGB sind – abschließend[913] – Gründe aufgeführt, aus denen der Geschädigte und der Schädiger eine Änderung der Höhe des Schadensersatzes verlangen können.

Eine Änderung der Höhe des Schadensersatzes kommt zum einen dann in Betracht, wenn sich der Gesundheitszustand und damit der Grad der Erwerbsfähigkeit des Geschädigten nach dem Zeitpunkt der gerichtlichen Zuerkennung des Schadensersatzes ändert:

Der Geschädigte kann eine Änderung der Höhe des Schadensersatzes unter den Voraussetzungen des Art. 1090 Abs. 1 ZGB verlangen. Danach ist ein Geschädigter, der seine Erwerbsfähigkeit teilweise eingebüßt hat, berechtigt, von der Person, die zum Ersatz des Schadens verpflichtet ist, jederzeit eine entsprechende Erhöhung zu verlangen, soweit sich später die Erwerbsfähigkeit des Geschädigten im Zusammenhang mit der

---

S. 386; *Gljancev* in: *Sadikov*, Kommentarij k Graždanskomu kodeksu RF časti vtoroj, Anm. zu Art. 1094.

912 *Sergeev* in: *Sergeev/Tolstoj*, Graždanskoe pravo, Band 3, S. 55; *Guev*, Postatejnyj kommentarij k časti vtoroj Graždanskogo kodeksa RF, Anm. 2 zu Art. 1094; *Suchanov*, Graždanskoe pravo, Band 2, Halbband 2, S. 433.

913 Vgl. *Borisov*, Kommentarij k Graždanskomu kodeksu časti pervoj i vtoroj, S. 1119; *Jarošenko* in: *Braginskij*, Kommentarij časti vtoroj Graždanskogo kodeksa RF, S. 382.

zugefügten Gesundheitsbeschädigung im Vergleich zur Erwerbsfähigkeit im Zeitpunkt der gerichtlichen Zuerkennung des Schadensersatzes verringert hat.

Der Schädiger hat unter den Voraussetzungen des Art. 1090 Abs. 2 ZGB die Möglichkeit, eine Änderung der Höhe des Schadensersatzes herbeizuführen. Diese Vorschrift sieht vor, daß die Person, die zum Ersatz des Schadens verpflichtet ist, der der Gesundheit des Geschädigten zugefügt wurde, berechtigt ist, eine entsprechende Minderung der Höhe des Schadensersatzes zu verlangen, soweit sich die Erwerbsfähigkeit des Geschädigten im Vergleich zur Erwerbstätigkeit im Zeitpunkt der gerichtlichen Zuerkennung des Schadensersatzes verbessert hat.

Wenn sich der Geschädigte und der Schädiger in den in Art. 1090 Abs. 1 und 2 ZGB genannten Fällen nicht über eine Erhöhung bzw. eine Minderung der Höhe des Schadensersatzes einigen können, muß diese Frage durch das Gericht entschieden werden[914].

Art. 1083 Abs. 3 ZGB, der eine Berücksichtigung der Vermögenslage des Schädigers bei Bestimmung der Höhe des Schadensersatzes ermöglicht, soweit es sich bei dem Schädiger um einen Bürger handelt[915], wird auch dann angewendet, wenn der Schädiger dem Leben oder Gesundheit des Geschädigten einen Schaden zugefügt hat. Eine Änderung der Höhe des Schadensersatzes bei einer Schädigung von Leben oder Gesundheit ist deshalb – im Gegensatz zum ZGB 1964 – auch bei Verbesserung (Art. 1090 Abs. 3 ZGB) oder Verschlechterung (Art. 1090 Abs. 4 ZGB) der Vermögenslage des Schädigers möglich:

Nach Art. 1093 Abs. 3 ZGB ist der Geschädigte berechtigt, eine Erhöhung des Schadensersatzes zu verlangen, soweit die Vermögenslage des Bürgers, der zum Ersatz des Schadens verpflichtet ist, sich verbessert hat, die Höhe des Schadensersatzes jedoch gemäß Art. 1083 Abs. 3 ZGB herabgesetzt wurde.

Art. 1090 Abs. 3 ZGB läßt somit eine Erhöhung des Schadensersatzes zu, wenn der Grund für seine Herabsetzung (die schlechte Vermögenslage des Schädigers) entfallen ist. Bei Anwendung dieser Vorschrift werden verschiedene Umstände berücksichtigt, z. B. daß der Schuldner mehr Geld verdient, seine Arbeitsfähigkeit wieder hergestellt wird, so-

---

914 *Guev*, Postatejnyj kommentarij k časti vtoroj Graždanskogo kodeksa RF, Anm. 1 zu Art. 1090.

915 Vgl. zu Art. 1083 Abs. 3 ZGB unten S. 210 ff.

fern er eine Behinderung hatte, er einen großen Geldbetrag im Wege der Schenkung oder der Erbfolge erhalten hat sowie alle anderen Umstände, die von einer beständigen Verbesserung des Wohlstands des Schädigers zeugen[916].

Art. 1090 Abs. 4 ZGB sieht vor, daß das Gericht auf Verlangen des Bürgers, der den Schaden zugefügt hat, die Höhe des Schadensersatzes herabsetzen kann, wenn sich seine Vermögenslage im Zusammenhang mit einer Behinderung oder dem Eintritt in das Rentenalter im Vergleich zur Vermögenslage im Zeitpunkt der gerichtlichen Zuerkennung des Schadensersatzes verschlechtert hat, es sei denn, der Schaden wurde durch vorsätzliche Handlungen zugefügt.

Die in Art. 1090 Abs. 4 ZGB genannten Gründe für eine Herabsetzung der Höhe des Schadensersatzes (der Schädiger erleidet eine Behinderung bzw. erreicht Rentenalter) sind abschließend[917]. In anderen Fällen kann die Höhe des Schadensersatzes nicht wegen einer Verschlechterung der Vermögenslage des Schädigers herabgesetzt werden. Wenn sich allerdings die Vermögenslage des Schädigers im Zusammenhang mit der Behinderung oder dem Eintritt in das Rentenalter nicht ändert (z. B. weil der Schädiger weiter arbeitet), besteht kein Anlaß dafür, die Höhe des Schadensersatzes herabzusetzen[918]. Die Regelung, daß das Gericht die Höhe des Schadensersatzes nicht bei vorsätzlichem Handeln des Schädigers herabsetzen darf, ist zwingend[919].

(2) Automatische Erhöhung bei Steigerung der Lebenshaltungskosten oder Erhöhung des Mindestarbeitslohns. Art. 1091 ZGB in der bis zum 28.11.2002 gültigen Fassung sah zwei Fälle vor, in denen sich die Höhe des Schadensersatzes zwingend[920] und automatisch erhöhte, ohne daß der Geschädigte aktiv werden mußte:

Nach Art. 1091 Abs. 1 ZGB a.F. waren die Beträge des Schadensersatzes, der an Bürger im Zusammenhang mit dem Tode oder der Ge-

---

916 *Gljancev* in: *Sadikov*, Kommentarij k Graždanskomu kodeksu RF časti vtoroj, Anm. 2 zu Art. 1090.

917 *Guev*, Postatejnyj kommentarij k časti vtoroj Graždanskogo kodeksa RF, Anm. 3 zu Art. 1090.

918 *Gljancev* in: *Sadikov*, Kommentarij k Graždanskomu kodeksu RF časti vtoroj, Anm. 3 zu Art. 1090.

919 *Guev*, Postatejnyj kommentarij k časti vtoroj Graždanskogo kodeksa RF, Anm. 4 zu Art. 1090.

920 *Borisov*, Kommentarij k Graždanskomu kodeksu RF časti pervoj i vtoroj, S. 1119.

sundheitsbeschädigung des Geschädigten gezahlt wird, im Falle einer Steigerung der Lebenshaltungskosten in einem gesetzlich festgelegten Verfahren zu indexieren[921].

Art. 1091 Abs. 2 ZGB a.F. bestimmte folgendes: Wird der Mindestarbeitslohn im gesetzlich bestimmten Verfahren erhöht, so werden die Beträge des Schadensersatzes für ausgefallenen Verdienst (Einkommen) und andere Leistungen, die im Zusammenhang mit der Gesundheitsbeschädigung oder dem Tod des Geschädigten gerichtlich zuerkannt wurden, entsprechend der Erhöhung des Mindestarbeitslohns (Art. 318 ZGB) angehoben[922]. Nach Art. 318 ZGB in der bis zum 28.11.2002 gültigen Fassung erhöhte sich ein Betrag, der bei einer Geldverbindlichkeit unmittelbar für den Unterhalt eines Bürgers, als Ersatz für einen an Gesundheit oder Leben zugefügten Schaden, aufgrund eines Vertrages als Unterhalt auf Lebenszeit oder in anderen Fällen gezahlt wird, proportional zur durch Gesetz bestimmten Erhöhung des Mindestarbeitslohns. Die Erhöhung der Schadensersatzbeträge für die anderen Leistungen war insbesondere für die Betreuungskosten von Bedeutung[923].

Durch Gesetz vom 26.11.2002[924], das am 29.11.2002 in Kraft trat, wurde Art. 1091 ZGB – im Zusammenhang mit einer Änderung des PflichtsozialversicherungsG – wie folgt vereinfacht:

> *„Die Beträge des Schadensersatzes, der an Bürger im Zusammenhang mit dem Tode oder der Gesundheitsbeschädigung des Geschädigten gezahlt wird, sind im Falle einer Steigerung der Lebenshaltungskosten in einem gesetzlich festgelegten Verfahren zu indexieren (Art. 318)[925].“*

---

921 Ähnliches gilt gemäß Art. 12 Abs. 10 PflichtsozialversicherungsG für die nach diesem Gesetz zu zahlenden Versicherungsleistungen. Danach erhöhen sich im Zusammenhang mit einer Steigerung der Lebenshaltungskosten die Beträge des Verdienstes, aus denen die monatliche Versicherungsleistung berechnet wird, in dem durch die Gesetzgebung der RF vorgesehenen Verfahren.

922 Ähnliches galt bis zum 28.11.2002 für Versicherungsleistungen nach Art. 12 Abs. 11 PflichtsozialversicherungsG: *„Bei Erhöhung des Mindestarbeitslohns im zentralisierten Verfahren erhöhen sich die Beträge der monatlichen Versichrungsleistungen proportional zur Erhöhung des Mindestarbeitslohns“.*

923 Vgl. *Jarošenko* in: *Braginskij*, Kommentarij časti vtoroj Graždanskogo kodeksa RF, S. 384; *Guev*, Postatejnyj kommentarij k časti vtoroj Graždanskogo kodeksa RF, Anm. 4 zu Art. 1091.

924 Nr. 152-FZ, SZ 2002, Nr. 48, Pos. 4737.

925 Art. 12 Abs. 11 PflichtsozialversicherungsG wurde ebenfalls durch Gesetz vom 26.11.2002 entsprechend geändert und lautet nun wie folgt: *„Die Höhe der monat-*

Art. 318 ZGB wurde durch dieses Gesetz ebenfalls geändert und lautet nunmehr:

> *„Ein Betrag, der bei einer Geldverbindlichkeit unmittelbar für den Unterhalt eines Bürgers, als Ersatz für einen an Gesundheit oder Leben zugefügten Schaden, aufgrund eines Vertrages als Unterhalt auf Lebenszeit oder in anderen Fällen gezahlt wird, wird unter Berücksichtigung des Inflationsniveaus in dem Verfahren und den Fällen indexiert, die gesetzlich vorgesehen sind."*

ff) Das Verfahren bei Auszahlung des Schadensersatzes. Art. 1092 ZGB regelt das Verfahren bei Auszahlung des Schadensersatzes.

Nach Art. 1092 Abs. 1 Satz 1 ZGB gilt der Grundsatz, daß Schadensersatz aufgrund der Minderung der Erwerbsfähigkeit oder des Todes des Geschädigten monatlich gezahlt wird. Dieses Verfahren entspricht dem Verfahren bei der Auszahlung des Verdienstes, dessen vollständigen oder teilweisen Verlust die Schadensersatzsumme ausgleichen soll[926].

Die Praxis hat allerdings gezeigt, daß eine monatliche Auszahlung des Schadensersatzes nicht immer den Interessen der Geschädigten entspricht. Deshalb sieht Art. 1092 Abs. 1 Satz 2 ZGB eine weitere Möglichkeit der Auszahlung vor:

> *„Liegen wichtige Gründe vor, so kann das Gericht unter Berücksichtigung der Möglichkeiten des Schädigers auf Verlangen des anspruchsberechtigten Bürgers die Auszahlung des Schadensersatzes in Form eines Gesamtbetrages, bestehend aus monatlichen Zahlungen für höchstens drei Jahre, beschließen."*

---

lichen Versicherungsleistung wird unter Berücksichtigung der Inflationsniveaus und in den Grenzen der Mittel, die für diese Zwecke im Fond für Sozialversicherung der Rußländischen Föderation für das entsprechende Finanzjahr vorgesehen sind, indexiert. Der Koeffizient für die Indexierung und ihre regelmäßige Wiederkehr wird durch die Regierung der Rußländischen Föderation bestimmt." Art. 12 Abs. 11 PflichtsozialversicherungsG wurde allerdings durch Gesetz vom 08.02.2003, Nr. 25-FZ, SZ 2003, Nr. 6, Pos. 508, für das Jahr 2003 suspendiert.

926 *Jarošenko*, ChiP 1996, Nr. 12, S. 21; *Jarošenko*, Objazatel'stva vsledstvie pričinenija vreda, in: *Kozyr'/Makovskij/Chochlov*, Graždanskij kodeks RF. Čast' vtoraja, S. 586; *Jarošenko* in: *Braginskij*, Kommentarij časti vtoroj Graždanskogo kodeksa RF, S. 384.

Diese Möglichkeit war im ZGB 1964 und den GZG 1991 noch nicht vorgesehen.

Ein wichtiger Grund im Sinne des Art. 1092 Abs. 1 Satz 2 ZGB liegt unter anderem vor, wenn der Schädiger an einen entfernten Ort oder gar ins Ausland zieht bzw. gezogen ist und es deshalb nicht sichergestellt oder gar unmöglich ist, daß der Geschädigte die ihm zustehenden Schadensersatzzahlungen erhält. Das ist zum Beispiel bei einem Umzug ins Ausland der Fall, wenn es mangels eines Abkommens mit dem betreffenden Staat nicht möglich ist, das Urteil im Ausland zu vollstrecken[927]. Das Gericht hat auch eine schwierige Vermögenslage des Geschädigten zu berücksichtigen, z. B. wenn dieser den Gesamtbetrag für den Unterhalt seiner Kinder oder andere notwendige Ausgaben benötigt[928].

Voraussetzung für eine Auszahlung des Schadensersatzes in Form eines Gesamtbetrages ist zudem, daß der Schädiger zur Zahlung des Gesamtbetrages überhaupt in der Lage ist. Dabei ist die Vermögenslage des Schädigers unabhängig davon zu berücksichtigen, ob es sich um einen Bürger oder eine juristische Person handelt[929]. Erhebt der Schädiger keine Einwände gegen eine Auszahlung des Schadensersatzbetrages in Form eines Gesamtbetrages, wird davon ausgegangen, daß er über die entsprechenden finanziellen Möglichkeiten verfügt[930].

Wenn das Gericht einer Forderung auf Auszahlung des Schadensersatzes in Form eines Gesamtbetrages stattgibt, bestimmt es den Zeitraum, für den der Schadensersatzbetrag auszuzahlen ist. Dabei darf dieser Zeitraum selbst dann nicht drei Jahre überschreiten, wenn der Schädiger und der Geschädigte gegen eine Auszahlung des Schadensersatzbetrages für einen noch längeren Zeitraum keine Einwände haben[931].

---

927 *Sergeev* in: *Sergeev/Tolstoj*, Graždanskoe pravo, Band 3, S. 56; *Gljancev* in: *Sadikov*, Kommentarij k Graždanskomu kodeksu RF časti vtoroj, Anm. 1 zu Art. 1092.

928 Vgl. *Gljancev* in: *Sadikov*, Kommentarij k Graždanskomu kodeksu RF časti vtoroj, Anm. 1 zu Art. 1092.

929 *Gljancev* in: *Sadikov*, Kommentarij k Graždanskomu kodeksu RF časti vtoroj, Anm. 2 zu Art. 1092; *Sergeev* in: *Sergeev/Tolstoj*, Graždanskoe pravo, Band 3, S. 56; vgl. auch *Guev*, Postatejnyj kommentarij k časti vtoroj Graždanskogo kodeksa RF, Anm. 1 zu Art. 1092.

930 *Guev*, Postatejnyj kommentarij k časti vtoroj Graždanskogo kodeksa RF, Anm. 1 zu Art. 1092.

931 *Guev*, Postatejnyj kommentarij k časti vtoroj Graždanskogo kodeksa RF, Anm. 1 zu Art. 1092.

Wenn der Geschädigte eine einmalige Zahlung erhält, bedeutet das nicht zwingend, daß er dadurch sein Recht, monatliche Zahlungen zu erhalten, für die gesamte Zukunft einbüßt. Wenn z. B. der Geschädigte nach dem Ergebnis des sozialmedizinischen Gutachtens ein lebenslanges Recht auf Schadensersatz hat und das Gericht dem Geschädigten eine einmalige Schadensersatzzahlung für drei Jahre zuspricht, hat es im Urteil darauf hinzuweisen, daß der Schuldner über die einmalige Zahlung hinaus nach dem Ablauf der drei Jahre an den Geschädigten monatliche Schadensersatzzahlungen zu leisten hat. Wenn hingegen der Geschädigte nach dem sozialmedizinischen Gutachten nur ein Jahr lang erwerbsunfähig ist und das Gericht ihm eine einmalige Zahlung für dieses Jahr zuspricht, endet das Recht des Geschädigten auf Schadensersatz mit der einmaligen Zahlung. Weiterer Schadensersatz steht dem Geschädigten nur zu, wenn in einem neuen sozialmedizinischen Gutachten festgestellt wird, daß die Erwerbsunfähigkeit länger als ein Jahr andauert[932].

Falls die Umstände, an die das Gesetz den Anspruch auf eine einmalige Zahlung knüpft, erst eintreten, nachdem die Gerichtsentscheidung gefällt wurde, hat das Gericht die Forderung des Geschädigten auf eine einmalige Zahlung aufgrund dieser neu eingetretenen Umstände im Klageverfahren zu verhandeln[933].

Das Verfahren bei der Auszahlung des Ersatzes von zusätzlichen Aufwendungen nach Art. 1085 Abs. 1 ZGB hängt von deren Art ab. Die Ausgaben für eine ständige Betreuung sind monatlich zu ersetzen. Die Ausgaben für zusätzliche Ernährung, den Erwerb von Medikamenten u. ä. werden ersetzt, wenn eine entsprechende Forderung geltend gemacht und Dokumente vorgelegt werden, die diese Ausgaben bestätigen. Die Ausgaben für den Erwerb von Transportmitteln, für Kuraufenthalte, Fahrscheine u. ä. werden grundsätzlich nach deren Vornahme erstattet[934].

Der Ersatz von zusätzlichen Aufwendungen (Art. 1085 Abs. 1 ZGB) kann aber auch für die Zukunft durch das Gericht beschlossen werden, wenn der Zeitraum aufgrund eines ärztlichen Gutachtens bestimmt wird

---

932 *Gljancev* in: *Sadikov*, Kommentarij k Graždanskomu kodeksu RF časti vtoroj, Anm. 2 zu Art. 1092.

933 *Gljancev* in: *Sadikov*, Kommentarij k Graždanskomu kodeksu RF časti vtoroj, Anm. 3 zu Art. 1092.

934 *Jarošenko*, ChiP 1996, Nr. 12, S. 21; *Jarošenko* in: *Braginskij*, Kommentarij časti vtoroj Graždanskogo kodeksa RF, S. 384.

sowie wenn es erforderlich ist, die entsprechenden Dienstleistungen und Vermögenswerte, darunter Kuraufenthalt, Fahrscheine, Sonderfahrzeuge, im voraus zu bezahlen (Art. 1092 Abs. 2 ZGB). Wenn z. B. in einem ärztlichen Gutachten festgestellt wird, daß der Geschädigte für ein Jahr lang eine ständige Betreuung benötigt, sind die Kosten hierfür für diesen Zeitraum im voraus zu zahlen[935]. Erforderlich ist zudem, daß der Geschädigte verlangt, daß der Ersatz für zusätzliche Aufwendungen im voraus gezahlt wird[936]. Die Beweislast dafür, ob eine Vorauszahlung der zusätzlichen Aufwendungen notwendig ist oder nicht, soll nicht dem Geschädigten, sondern dem Schädiger obliegen, weil der Geschädigte durch das Verschulden des Schädigers zu den nicht geplanten Ausgaben gezwungen wurde[937].

gg) Besonderheiten bei der Auflösung von juristischen Personen. Die Schadensersatzzahlungen im Falle einer Schädigung von Leben oder Gesundheit eines Bürgers erstrecken sich häufig über viele Jahre oder gar Jahrzehnte. Dies führt zu Problemen, wenn eine juristische Person, die für einen dem Leben oder der Gesundheit zugefügten Schaden haftet, aufgelöst wird. In Art. 1093 ZGB befinden sich deshalb für diesen Fall Sonderregelungen.

Das Verfahren des Schadensersatzes im Falle der Auflösung einer juristischen Person, die für einen dem Leben oder der Gesundheit zugefügten Schaden haftet, hängt von dem Grund ab, aus dem die juristische Person aufgelöst wurde.

Grundsätzlich keine Schwierigkeiten ergeben sich bei der Umwandlung (vgl. Art. 57-59 ZGB) einer juristischen Person in Form einer Verschmelzung, Aufnahme, Abspaltung oder des Formwechsels. Art. 1093 Abs. 1 ZGB bestimmt für den Fall, daß eine juristische Person umgewandelt wird, die in einem festgelegten Verfahren für einen dem Leben oder der Gesundheit zugefügten Schaden haftbar gemacht wurde, die Pflicht zur Leistung der entsprechenden Zahlungen auf ihren Rechts-

---

935 *Gljancev* in: *Sadikov*, Kommentarij k Graždanskomu kodeksu RF časti vtoroj, Anm. 4 zu Art. 1092.

936 *Guev*, Postatejnyj kommentarij k časti vtoroj Graždanskogo kodeksa RF, Anm. 2 b) zu Art. 1092.

937 *Gljancev* in: *Sadikov*, Kommentarij k Graždanskomu kodeksu RF časti vtoroj, Anm. 4 zu Art. 1092.

nachfolger übergeht. Ihm gegenüber sind auch Schadensersatzforderungen geltend zu machen.

Art. 58 Abs. 1 ZGB sieht vor, daß bei der Verschmelzung juristischer Personen ihre Rechte und Pflichten auf die neu entstandene juristische Person dem Übergabeakt entsprechend übergehen. Bei der Aufnahme einer juristischen Person in eine andere Person gehen auf die letztere die Rechte und Pflichten der aufgenommenen juristischen Person dem Übergabeakt entsprechend über (Art. 58 Abs. 2 ZGB). Für den Fall der Aufspaltung einer juristischen Person bestimmt Art. 58 Abs. 3 ZGB, daß ihre Rechte und Pflichten auf die neu entstandenen juristischen Personen der Spaltungsbilanz entsprechend übergehen. Bei der Ausgliederung einer oder mehrerer juristischer Personen aus einer juristischen Person gehen auf jede von diesen die Rechte und Pflichten der umgewandelten Person der Spaltungsbilanz entsprechend über (Art. 58 Abs. 4 ZGB). Beim Wechsel einer juristischen Person einer Rechtsform in eine juristische Person einer anderen Rechtsform (Formwechsel) gehen auf die neu entstandene juristische Person die Rechte und Pflichten der umgewandelten Person dem Übergabeakt entsprechend über (Art. 58 Abs. 5 ZGB). Auch bei einer Privatisierung handelt es sich um einen Fall der Umwandlung einer juristischen Person, so daß die Pflicht zur Zahlung des Schadensersatzes an den Geschädigten auf das neu geschaffene Unternehmen unabhängig von dessen Eigentumsform übergeht[938]. Wenn die Pflicht zum Schadensersatz auf mehrere juristische Personen übergegangen ist, haften sie gesamtschuldnerisch[939].

Wenn bei der Aufspaltung, Ausgliederung oder dem Formwechsel einer juristischen Person mehrere juristische Personen entstehen, ist in der Spaltungsbilanz anzugeben, welche juristische Person verpflichtet ist, an den Geschädigten den Schadensersatz auszuzahlen (vgl. Art. 59 Abs. 1 ZGB). Umstritten ist, wie in dem Fall zu verfahren ist, wenn sich aus der Spaltungsbilanz nicht ergibt, welche der neu geschaffenen juristischen Personen für den Schaden haftet. Für diesen Fall schlägt

---

938 *Gljancev* in: *Sadikov*, Kommentarij k Graždanskomu kodeksu RF časti vtoroj, Anm. 1 zu Art. 1093; *Koršunov*, ChiP 1996, Nr. 8, S. 139 f.; *Jarošenko*, Žurnal rossijskogo prava 1997, Nr. 1, S. 145; vgl. auch *V. Gljancev*, BVS RF 1994, Nr. 9, S. 10.

939 *Guev*, Postatejnyj kommentarij k časti vtoroj Graždanskogo kodeksa RF, Anm. 2 e) zu Art. 1093.

Gljancev[940] vor, daß die juristische Person für den Schaden aufzukommen hat, die auf Grundlage der Abteilung geschaffen wurde, die den Schaden verursacht hat. *Malein*[941] ist hingegen der Ansicht, daß die neu geschaffenen juristischen Personen anteilig haften sollen, und zwar entsprechend dem Anteil der auf sie übergangenen vermögenswerten Rechte und Pflichten. Nach der herrschenden Meinung[942] ist in diesem Fall die Vorschrift des Art. 60 Abs. 3 ZGB anzuwenden. Danach haften die neu entstandenen juristischen Personen als Gesamtschuldner für die Verbindlichkeiten der umgewandelten juristischen Person gegenüber ihren Gläubigern, wenn die Spaltungsbilanz die Bestimmung des Rechtsnachfolgers nicht ermöglicht. Die von der herrschenden Meinung vorgeschlagene Lösung ist im Ergebnis vorzuziehen. Hierfür spricht nicht nur, daß sie sich an einer bestehenden gesetzlichen Regelung orientiert, sondern auch für den Geschädigten am günstigsten ist, weil er im Falle einer Insolvenz einer der neu entstandenen juristischen Personen immer noch die Möglichkeit hat, von der anderen juristischen Person den gesamten Schadensersatzbetrag zu fordern.

Die Liquidation einer juristischen Person führt zu ihrer Beendigung, ohne daß die Rechte und Pflichten im Wege der Rechtsnachfolge auf andere Personen übergehen (Art. 61 Abs. 1 ZGB). Art. 1093 Abs. 2 Satz 1 ZGB sieht deshalb für den Fall vor, daß eine juristische Person liquidiert wird, die in einem festgelegten Verfahren für einen dem Leben und der Gesundheit zugefügten Schaden haftbar gemacht wurde, die entsprechenden Zahlungen zwecks ihrer Auszahlung an den Geschädigten in einem durch Gesetz oder andere Rechtsakte bestimmten Verfahren kapitalisiert werden müssen. Bei der Kapitalisierung muß die juristische Person der Organisation, die in Zukunft die Zahlungen an den Geschädigten vornehmen soll, einen Betrag übertragen, der zur Begleichung dieser Zahlungen ausreicht. Bei dieser Organisation kann es sich entwe-

---

940 BVS RF 1994, Nr. 9, S. 10 f.

941 In *Kalpin*: Graždanskoe pravo. Čast' vtoraja, S. 526 f.

942 *Gljancev* in: *Sadikov*, Kommentarij k Graždanskomu kodeksu RF časti vtoroj, Anm. 1 zu Art. 1093; *Sergeev* in: *Sergeev/Tolstoj*, Graždanskoe pravo, Band 3, S. 56; *Borisov*, Kommentarij k Graždanskomu kodeksu RF časti pervoj i vtoroj, S. 1121; vgl. auch *Guev*, Postatejnyj kommentarij k časti vtoroj Graždanskogo kodeksa RF, Anm. 2 e) zu Art. 1093.

der um ein Organ der staatlichen Sozialversicherung oder eine andere Organisation handeln, die ähnliche Funktionen erfüllt[943].

Nicht im ZGB geregelt ist der Fall, daß eine juristische Person liquidiert wurde, ohne daß zuvor eine Kapitalisierung stattgefunden hat. In Art. 32 der „Regeln“ war für diesen Fall vorgesehen, daß die Schadensersatzklage gegen ein Organ der Staatsversicherung zu erheben ist. In der Praxis erwies sich dieses Verfahren allerdings als nicht praktikabel[944], weil das Organ der Staatsversicherung (die im Jahre 1992 gegründete Rosgosstrach Aktiengesellschaft[945]) nur über Geldmittel verfügt, die sich aus eingezahlten Versicherungsbeiträgen zusammensetzen. Andere Finanzierungsquellen, insbesondere Zuschüsse aus dem Staatshaushalt, sieht das Gesetz für die Staatsversicherung nicht vor[946]. Der Oberste Gerichtshof der RF hat deshalb für diese Fallkonstellation entschieden, daß die Schadensersatzklage gegen das Organ der staatlichen Sozialversicherung – das Organ des Fonds für Sozialversicherung der RF – zu erheben ist. Der Fond für Sozialversicherung setzt sich nämlich nicht nur aus Versicherungsbeiträgen zusammen, sondern erhält auch Haushaltsmittel. Er enthält somit auch staatliche Geldmittel für Zwecke der Sozialversicherung, aus denen Beträge für gesetzlich vorgesehene Ziele ausgezahlt werden können[947].

Inzwischen hat der Gesetzgeber dieses Problem durch Erlaß des PflichtsozialversicherungsG zumindest für diejenigen Personen gelöst, die der Pflichtsozialversicherung gegen Unfälle bei der Produktion und Berufskrankheiten unterliegen. Die Personen, die unter den Anwendungsbereich dieses Gesetzes fallen, haben einen direkten Anspruch gegen den Fond für Sozialversicherung der RF, so daß sich im Falle der Liquidation der juristischen Person, bei der sie angestellt waren, keine

---

943 *Sergeev* in: *Sergeev/Tolstoj*, Graždanskoe pravo, Band 3, S. 56 f. In Art. 32 der „Regeln“ und Art. 470 ZGB 1964 war eine Übertragung des Schadensersatzbetrages an die Staatsversicherung vorgesehen.

944 *Jarošenko* in: *Sadikov*, Graždanskoe pravo Rossii. Čast’ vtoraja, S. 670; *Jarošenko* in: *Braginskij*, Kommentarij k časti vtoroj Graždanskogo kodeksa RF, S. 385; *Jarošenko*, Žurnal rossijskogo prava 1997, Nr. 1, S. 145.

945 Vgl. die Verordnung der Regierung der RF vom 10.02.1992, Nr. 76, „Über die *Gründung der Rußländischen Staatsversicherungsgesellschaft*“, SP RSFSR 1992, Nr. 7, Pos. 37.

946 *Jarošenko* in: *Sadikov*, Graždanskoe pravo Rossii. Čast’ vtoraja, S. 670; *Jarošenko*, Žurnal rossijskogo prava 1997, Nr. 1, S. 145.

947 BVS RF 1995, Nr. 12, S. 2 f.

Probleme ergeben. Für Personen, die vor Inkrafttreten des PflichtsozialversicherungsG eine Körperverletzung, eine Berufskrankheit oder eine Gesundheitsbeschädigung erlitten haben, die mit der Erfüllung von Arbeitspflichten verbunden ist, sowie Personen, die einen Anspruch auf Schadensersatz im Zusammenhang mit dem Tod des Ernährers haben, sieht Art. 28 Abs. 5 PflichtsozialversicherungsG eine Übergangsregelung vor: Diesen Personen wird eine Versorgung nach dem PflichtsozialversicherungsG in vollem Umfang unabhängig davon gewährt, ob eine Kapitalisierung der Zahlungen bei Liquidation der juristischen Personen stattgefunden hat, die gegenüber dem Geschädigten für die Auszahlung des Ersatzes des Schadens haften, der durch eine Körperverletzung, eine Berufskrankheit oder eine andere Gesundheitsbeschädigung zugefügt wurde, die mit der Erfüllung von Arbeitspflichten verbunden ist.

Durch Gesetz oder andere Rechtsakte können auch andere Fälle festgelegt werden, in denen die Kapitalisierung der Zahlungen vorgenommen werden kann (Art. 1093 Abs. 2 Satz 2 ZGB).

hh) Rechtsfolgen bei Verzug. Eine Zeit lang bestand Unklarheit darüber, ob bei deliktischen Ansprüchen auf Ersatz des Schadens, der dem Leben oder der Gesundheit des Geschädigten zugefügt wurde, die Vorschrift des Art. 395 ZGB[948] angewendet werden kann, wenn der Schadensersatz nicht oder nicht rechtzeitig gezahlt wird[949]. Das Plenum des Obersten Gerichtshofs der RF und des Höchsten Arbitragegerichts der RF hat deshalb in Punkt 24 seiner erläuternden Leitentscheidung Nr. 13/14 vom 08.10.1998 ausgeführt, daß Art. 395 ZGB anwendbar ist, wenn der Schädiger mit dem Geschädigten nicht in arbeitsrechtlichen Beziehungen stand:

> *„Ansprüche eines Bürgers auf Ersatz des Schadens, der seinem Leben oder seiner Gesundheit zugefügt wurde, sind zivilrechtlicher Natur und werden durch die Art. 1084-1094 ZGB geregelt, wenn der Ersatz von*

---

948 Vgl. zum Inhalt dieser Vorschrift oben S. 220.

949 Vgl. *Gljancev*, RJu 1997, Nr. 11, S. 7, der sich für eine Anwendung des Art. 395 ZGB bei deliktischen Ansprüchen aussprach, allerdings mit der Einschränkung, daß dies nicht für deliktische Ansprüche gelten soll, die im Rahmen eines Arbeitsverhältnisses entstanden sind; vgl. auch *Gljancev* in: *Sadikov*, Kommentarij k Graždanskomu kodeksu RF časti vtoroj, Anm. 1 zu Art. 1084. Ebenfalls dieser Auffassung war *Bespalov*, RJu 1998, Nr. 10, S. 26. Für eine Anwendung des Art. 395 ZGB plädierte auch *Jarošenko*, Žurnal rossijskogo prava 1997, Nr. 1, S. 145.

einer Person zu leisten ist, mit der der Geschädigte nicht in arbeitsrechtlichen Beziehungen stand. Im Falle der Nichtzahlung oder nicht rechtzeitigen Zahlung des Schadensersatzbetrages kann dieser Person die Verpflichtung zur Zahlung von den in Art. 395 ZGB festgelegten Zinsen auferlegt werden[950]."

Der Grund dafür, daß Art. 395 ZGB nicht anwendbar sein soll, wenn der Geschädigte mit dem Schädiger in arbeitsrechtlichen Beziehungen stand, besteht darin, daß für diesen Fall in Art. 51 der „Regeln" eine Vorschrift über die Rechtsfolgen bei einer nicht rechtzeitigen Zahlung vorgesehen war[951]. Nach Außerkrafttreten der „Regeln" dürfte Art. 395 ZGB grundsätzlich nun auch bei deliktischen Ansprüchen anwendbar sein, bei denen der Geschädigte mit dem Schädiger in arbeitsrechtlichen Beziehungen stand. Allerdings hat in diesem Fall der Geschädigte bei Unglücksfällen bei der Produktion und bei Berufskrankheiten in dem im PflichtsozialversicherungsG vorgesehenen Umfang einen Anspruch gegen den Versicherer und nicht gegen den Arbeitgeber. Falls der Versicherer die Versicherungsleistungen nicht oder nicht rechtzeitig auszahlt, hat der Versicherer nach Art. 15 Abs. 8 PflichtsozialversicherungsG Verzugszinsen in Höhe von 0,5 % der nicht ausbezahlten Versicherungssumme für jeden Tag des Verzuges zu entrichten.

7. Der Ersatz des immateriellen Schadens

Neben dem materiellen Schaden ist unter bestimmten Voraussetzungen auch der immaterielle Schaden zu ersetzen.

a) Der Begriff des immateriellen Schadens

Der Begriff des immateriellen Schadens wird in Art. 151 ZGB definiert als *„körperliche und seelische Leiden"*. Näher wird er in Punkt 2

---

950 BVS RF 1998, Nr. 12, S. 5. Diese Rechtsprechung soll auch dann gelten, wenn der Schaden infolge von Mängeln an Waren, Arbeiten oder Dienstleistungen zugefügt wurde, vgl. *Guev*, Kommentarij k postanovlenijam Plenuma Verchovnogo Suda RF po graždanskim delam, S. 122.

951 Vgl. *Gljancev*, RJu 1997, Nr. 11, S. 7.

der erläuternden Leitentscheidung Nr. 10 des Plenums des Obersten Gerichtshofs der RF vom 20.12.1994[952] wie folgt umschrieben:

> „*Unter einem immateriellen Schaden versteht man körperliche oder seelische Leiden, die durch Handlungen (Unterlassungen) zugefügt wurden, die sich gegen die einem Bürger von Geburt an oder kraft Gesetzes gehörenden Rechtsgüter (Leben, Gesundheit, Würde der Person, geschäftliches Ansehen, Unantastbarkeit des Privatlebens, das persönliche und familiäre Geheimnis u. ä.) richten oder seine persönlichen Nichtvermögensrechte (Recht auf Benutzung seines Namens, das Urheberrecht und andere Nichtvermögensrechte entsprechend den Gesetzen über den Schutz der Rechte an den Ergebnissen der geistigen Tätigkeit) oder Vermögensrechte eines Bürgers verletzen. Der immaterielle Schaden besteht insbesondere in den seelischen Erlebnissen im Zusammenhang mit dem Verlust des Arbeitsplatzes, der Aufdeckung eines Familien- oder Arztgeheimnisses, der Verbreitung von nicht der Wirklichkeit entsprechenden Behauptungen, die die Ehre, Würde oder das geschäftliche Ansehen eines Bürgers verleumden, der zeitlichen Begrenzung oder dem Entzug irgendwelcher Rechte, körperlichem Schmerz, der mit der Zufügung einer Verletzung, einer anderen Gesundheitsbeschädigung oder einer Erkrankung in Verbindung steht, die infolge der seelischen Leiden erduldet wurde, und anderem.*“

Körperliche Leiden können in Form von beliebigen schmerzhaften und anderen unangenehmen und unerträglichen Empfindungen auftreten (z. B. Juckreiz, Übelkeit, Brennen, Schwindel, Atemnot)[953]. Auch *seelische Leiden* können sich durch verschiedene Emotionen äußern, nämlich in Form von Angst, Kränkung, Empörung, Scham, Kummer, Verlustgefühlen, Hilflosigkeit, Einsamkeit, Minderwertigkeit, Demütigung[954].

---

952 BVS RF 1995, Nr. 3, S. 9.

953 *Ėrdelevskij*, Kompensacija moral'nogo vreda, S. 189; *Ėrdelevskij*, Zakon 2001, Nr. 12, S. 82; *Ėrdelevskij*, Kompensacija moral'nogo vreda v Rossii i za rubežom, S. 130; vgl. auch *Guev*, Postatejnyj kommentarij k časti vtoroj Graždanskogo kodeksa RF, Anm. 2 a) zu Art. 1101.

954 *Ėrdelevskij*, Čelovek i zakon 1997, Nr. 4, S. 54; *Ėrdelevskij*, Moral'nyj vred: sootnošenie s drugimi vidami vreda, RJu 1998, Nr. 6, S. 19; *Ėrdelevskij*, Kompensacija moral'nogo vreda, S. 1, 189; *Ėrdelevskij*, Zakon 2001, Nr. 12, S. 82; *Ėrdelevskij*, Kompensacija moral'nogo vreda v Rossii i za rubežom, S. 130.

b) Die Rechtsvorschriften über den Ersatz immaterieller Schäden

Vorschriften über den Ersatz immaterieller Schäden befinden sich sowohl innerhalb als auch außerhalb des ZGB.

aa) Vorschriften im ZGB. Im Ersten Teil des ZGB gibt es zwei Vorschriften, die den Ersatz immaterieller Schäden vorsehen, nämlich die Art. 12 und 151. Diese Vorschriften gelten für alle Arten von Ansprüchen, also sowohl für vertragliche als auch deliktische Ansprüche[955]. Gemäß Art. 12 ZGB gehört der Ersatz des immateriellen Schadens zu den Arten des Schutzes ziviler Rechte. Art. 151 ZGB regelt die allgemeinen Voraussetzungen für den Ersatz immaterieller Schäden.

Speziell für deliktische Ansprüche enthalten die Art. 1099-1101 ZGB einige zusätzliche Bestimmungen über den Ersatz immaterieller Schäden. Der Ersatz des immateriellen Schadens bei deliktischen Ansprüchen richtet sich jedoch nicht nur nach den Art. 1099-1101 ZGB, sondern auch nach Art. 151 ZGB. Dies ergibt sich aus Art. 1099 Abs. 1 ZGB. Danach bestimmen sich die Gründe und die Höhe des Ersatzes des immateriellen Schadens, der einem Bürger zugefügt wird, nach den Vorschriften des 59. Kapitels des ZGB (somit insbesondere den Art. 1099-1101 ZGB) und Art. 151 ZGB.

bb) Vorschriften außerhalb des ZGB. Auch außerhalb des ZGB gibt es zahlreiche Vorschriften, die den Ersatz immaterieller Schäden vorsehen. Aufgrund der großen Anzahl ist es nicht möglich, alle an dieser Stelle abschließend aufzuzählen, so daß nur einige wichtige Beispiele genannt werden, nämlich

- Art. 15 VerbraucherschutzG[956],
- Art. 62 des Gesetzes „Über die *Massenmedien*"[957],
- Art. 31 des Gesetzes „Über die *Reklame*"[958] und
- Art. 18 des Gesetzes „Über den *Status der Militärangehörigen*"[959].

955 Vgl. *Guev*, Postatejnyj kommentarij k časti vtoroj Graždanskogo kodeksa RF, Anm. 3 zu Art. 1099; *A. Ėrdelevskij*, RJu 1997, Nr. 12, S. 40.

956 Vgl. Fn. 5.

957 Vgl. Fn. 15.

958 Vgl. Fn. 16.

959 Vgl. Fn. 765.

c) Zur Entwicklungsgeschichte der Regelungen über den Ersatz immaterieller Schäden

In den vorrevolutionären Kodifikationen des rußländischen Zivilrechts gab es zwar keine allgemeinen Vorschriften über den Ersatz immaterieller Schäden. Dennoch war dieses Rechtsinstitut dem vorrevolutionären Recht nicht fremd: Vorgesehen war ein Ersatz immaterieller Schäden bei Ehrverletzungen, allerdings unter der Voraussetzung, daß auch die Vermögensinteressen des Geschädigten betroffen waren[960].

Das ZGB 1922, die GZG 1961 und das ZGB 1964 kannten keinen Anspruch auf Ersatz von immateriellen Schäden. Klagen auf Ersatz des immateriellen Schadens gab es zwar noch vereinzelt in den 20er Jahren, jedoch wurden sie abgewiesen[961]. Nur vereinzelt sprachen sich Autoren bis zum Beginn der 30er Jahre für den Ersatz immaterieller Schäden aus[962].

Überwiegend wurde jedoch in der Literatur während der Sowjetzeit ein Anspruch auf Ersatz immaterieller Schäden abgelehnt[963]. Begründet wurde dies vor allem damit, daß der immaterielle Schaden nicht in einer konkreten Geldsumme bewertet werden könne[964]. Darüber hinaus wurde eingewendet, daß der materielle Ersatz eines immateriellen Schadens,

---

960 Vgl. hierzu näher bei *Ėrdelevskij*, Kompensacija moral'nogo vreda, S. 78 f.; *Ėrdelevskij*, Kompensacija moral'nogo vreda v Rossii i za rubežom, S. 69; *Zavidov/ Gusev*, Graždansko-pravovaja otvetstvennost', S. 481 f.; *Zavidov*, Pravovye problemy vozmeščenija vreda v Rossii, S. 7.

961 Vgl. *Malein*, GiP 1993, Nr. 3, S. 32; *Ėrdelevskij*, Kompensacija moral'nogo vreda, S. 79.

962 Vgl. *Ėrdelevskij*, Kompensacija moral'nogo vreda, S. 80 m. w. N.

963 Vgl. *Gochbarg/Koblenc*, Graždanskij kodeks RSFSR, Anm. 5 zu Art. 410; *Smirnov/Sobčak*, Obščee učenie o deliktnych objazatel'stvach v sovetskom graždanskom prave, S. 59 ff.; *Smirnov* in: *Ioffe/Tolstoj/Čerepachin*, Sovetskoe graždanskoe pravo, Band 2, S. 367; *L. Majdanik/N. Sergeeva*, Material'naja otvetstvennost' za povreždenie zdorov'ja, S. 15; *Sedugin* in: *E. Flejšic/O. Ioffe*, Kommentarij k GK RSFSR, Anm. 1 zu Art. 444; *Broslavskij* in: *Kunik*, Sovetskoe graždanskoe pravo, S. 445; *Verdnikov* in: *Rjasencev*, Sovetskoe graždanskoe pravo, Teil 2, S. 383; *Jakušev* in: *O. Krasavčikov*, Sovetskoe graždanskoe pravo, Band 2, S. 369; *Beljakova* in: *P. Orlovskij/S. Korneev*, Graždanskoe pravo, Band 2, S. 405; *Tarchow*, Vorlesungen über das sowjetische Zivilrecht, S. 112.

964 *Jakušev* in: *O. Krasavčikov*, Graždanskij kodeks RSFSR, Teil II, Anm. II zu Art. 444; vgl. auch *Vološin* in *V. Rjasencev*, Sovetskoe graždanskoe pravo, S. 371; *Smirnov* in: *Ioffe/Tolstoj/Čerepachin*, Sovetskoe graždanskoe pravo, S. 367; *Beljakova* in: *Orlovskij/Korneev*, Graždanskoe pravo, Band 2, S. 405.

der seinem Wesen nach eine Umsetzung solcher Rechtsgüter wie Leben, Gesundheit, Ehre, schöpferische Leistungen des Menschen in Geld sei, mit den grundlegenden Anschauungen der sowjetischen sozialistischen Gesellschaft und der hohen Achtung der Person des Menschen nicht verträglich sei[965]. Es wurde sogar behauptet, ein Ersatz des immateriellen Schadens sei zwar den Rechtssystemen der Ausbeuterstaaten bekannt; die Praxis zeige aber, daß er den Werktätigen nichts als Demütigungen bringe, den Ausbeutern aber in einer Reihe von Fällen als zusätzliche Profitquelle diene[966].

Ab den 60er Jahren sprachen sich wieder einige Autoren für eine Einführung des Ersatzes immaterieller Schäden aus[967]. Dabei beriefen sie sich insbesondere auf folgende Argumente:

- Mit der Ausweitung der vom Zivilrecht geschützten Interessen eines Bürgers und der Anerkennung persönlicher nichtvermögenswerter Beziehungen als Gegenstand der zivilrechtlichen Regulierung sei es notwendig, auch die materielle Haftung für die Zufügung immateriellen Schadens zuzulassen.
- Die geltende Gesetzgebung verbinde bereits in einigen Fällen materielle Folgen mit immateriellen Faktoren. Z. B. könne derjenige, der den Erblasser getötet habe, nicht dessen Erbe sein und könnten Eltern, denen die Elternrechte entzogen wurden, nicht deren Kinder beerben (vgl. Art 531 ZGB 1964). Bei der Herabsetzung einer Vertragsstrafe könne das Gericht nicht nur das materielle, sondern auch jegliches andere Interesse des Gläubigers berücksichtigen (Art. 190 ZGB 1964)[968].
- Der Ersatz immaterieller Schäden sei auch in der Gesetzgebung einiger anderer sozialistischer Länder vorgesehen[969].
- Die Gerichtspraxis der UdSSR gehe bereits den Weg des Ersatzes immaterieller Schäden, z. B. wenn sie den Schädiger dazu verurteile, die

---

965 *Flejšic*, Objazatel'stva iz pričinenija vreda i neosnovatel'nogo obogoščenija, S. 24.

966 *Tarchow*, Vorlesungen über das sowjetische Zivilrecht, S. 112.

967 Z. B. *Beljakova*, Vozmeščenie pričinennogo vreda, S. 27 ff.; *Beljakova*, Imuščestvennaja otvetstvennost' za pričinenie vreda, S. 10; *Malein*, Vozmeščenie vreda, pričinennogo ličnosti, S. 15 ff.; *N. Malein*, Graždanskij zakon i prava ličnosti v SSSR, S. 163 ff.; *Šiminova*, Kompensacija vreda graždanam, S. 48 ff.; *M. Šiminova*, SGiP 1970, Nr. 1, S. 118 ff.; *Majdanik/Sergeeva*, Material'naja otvetstvennost' za povreždenie zdorov'ja, S. 15 ff.

968 *Malein*, Vozmeščenie vreda, pričinennogo ličnosti, S. 19.

969 *Šiminova*, Kompensacija vreda graždanam, S. 48; *Šiminova*, SGiP 1970, Nr. 1, S. 119; *Malein*, Vozmeščenie vreda, pričinennogo ličnosti, S. 18; *Malein*, Graždanskij zakon i prava ličnosti v SSSR, S. 166.

Kosten für die Durchführung kosmetischer Operationen oder den Erwerb von Beiwagen (zu Motorrädern)[970] zu zahlen[971].

Die Vertreter der Auffassung, nach der eine Regelung über den Ersatz immaterieller Schäden geschaffen werden sollte, konnten sich lange Zeit nicht durchsetzen. Erst in Art. 39 des Gesetzes der UdSSR „Über die *Presse und andere Massenmedien*" vom 12.06.1990[972] sah die sowjetische Gesetzgebung einen Anspruch auf Ersatz immaterieller Schäden in Geld vor. Diese Vorschrift lautete:

> *„Immaterieller (Nichtvermögens-) Schaden, der einem Bürger infolge der Verbreitung von nicht der Wirklichkeit entsprechenden Behauptungen durch ein Massenmedium zugefügt wurde, die die Ehre und die Würde des Bürgers verleumden oder ihm einen anderen immateriellen Schaden zufügen, wird auf Entscheidung des Gerichts durch das Massenmedium sowie durch die schuldigen Amtspersonen und Bürger ersetzt. Die Höhe des Ersatzes des immateriellen (Nichtvermögens-) Schadens in Geldform wird durch das Gericht bestimmt."*

Kurze Zeit später wurden fast gleichlautende Vorschriften in Art. 7 Abs. 7 der Neufassung des ZGB 1964 vom 21.03.1991[973] und in Art. 62 des Gesetzes der RSFSR „Über die *Massenmedien*" vom 27.12.1991[974] eingefügt.

Die Möglichkeit, Ersatz des immateriellen Schadens im Falle einer Gesundheitsbeschädigung zu erhalten, wurde erstmals in Art. 89 Abs. 1 des Gesetzes der RSFSR „Über den *Schutz der natürlichen Umwelt*" vom 19.12.1991[975] vorgesehen. Danach war ein Schaden, der der

---

970 Vgl. Punkt 16 der erläuternden Leitentscheidung Nr. 16 des Plenums des Obersten Gerichtshofs der UdSSR vom 23.10.1963, BVS SSSR 1963, Nr. 3, S. 13 (der allerdings inzwischen durch Punkt 27 der erläuternden Leitentscheidung vom 05.08.1986, BVS SSSR 1986, Nr. 6, S. 19, außer Kraft gesetzt wurde).

971 *Šiminova*, Kompensacija vreda graždanam, S. 50; *L. Majdanik*, SJu 1969, Nr. 16, S. 23; *Malein*, Graždanskij zakon i prava ličnosti v SSSR, S. 166.

972 Nr. 1552-I, VVS SSSR 1990, Nr. 26, Pos. 492.

973 VSNDiVS RSFSR 1991, Nr. 15, Pos. 494.

974 Vgl. Fn. 15.

975 Vgl. Nr. 2060-I, VSNDiVS RF 1992, Nr. 10, Pos. 457, i. d. F. der Gesetze der RF vom 21.02.1992, Nr. 2397-I, VSNDiVS 1992, Nr. 10, Pos. 459, 02.06.1993 Nr. 5076-I, VSNDiVS RF 1993, Nr. 29, Pos. 1111, und 10.07.2001, Nr. 93-FZ, SZ 2001, Nr. 29, Pos. 2948. Eine deutsche Übersetzung dieses Gesetzes befindet sich

Gesundheit eines Bürgers infolge eines ungünstigen Einflusses der natürlichen Umwelt, der durch die Tätigkeit eines Unternehmens, einer Institution oder einzelner Bürgern zugefügt wurde, in vollem Umfang zu ersetzen. Bei der Bestimmung der Schadenshöhe waren unter anderem die Aufwendungen, die mit immateriellen Verletzungen verbunden sind, zu berücksichtigen (vgl. Abs. 2).

Mit Einführung von Art. 13[976] des Verbraucherschutzgesetzes der RF vom 07.02.1992[977] wurde die Haftung bei Zufügung immaterieller Schäden bedeutend erweitert und auch auf bestimmte vertragliche Beziehungen erstreckt.

Durch Inkraftsetzung der GZG 1991 wurde die Möglichkeit des Ersatzes immaterieller Schäden nochmals erweitert. Während Art. 39 des Gesetzes der UdSSR „Über die Presse und andere Massenmedien", Art. 7 ZGB 1964 i. d. F. vom 21.03.1991 und Art. 62 des Gesetzes der RSFSR „Über die Massenmedien" die Möglichkeit des Ersatzes immaterieller Schäden bei Ehrverletzungen nur zugunsten von Bürgern und nur dann anordneten, wenn diese über ein Massenmedium verbreitet wurden, sahen die GZG 1991 in Art. 7 Abs. 6 einen sehr weit umfassenderen Anspruch vor. Nach dieser Vorschrift war ein Bürger oder eine juristische Person, über die Behauptungen verbreitet wurden, die seine/ihre Ehre, Würde oder das geschäftliche Ansehen verleumden, berechtigt, neben dem Widerruf dieser Behauptungen Ersatz des materiellen und immateriellen Schadens zu fordern, der ihnen durch die Verbreitung zugefügt wurde. Durch Art. 131 GZG 1991 wurde außerdem erstmals eine Sonderbestimmung über den Ersatz immaterieller Schäden in das Deliktsrecht eingefügt. Diese Vorschrift lautete:

> *„Immaterieller Schaden (körperliche oder seelische Leiden), der einem Bürger durch unrechtmäßige Handlungen zugefügt wurde, wird vom Schädiger ersetzt, wenn dieser schuldhaft gehandelt hat. Immaterieller Schaden wird in Geldform oder anderer materieller Form und in der*

---

in *Breidenbach*, Handbuch Wirtschaft und Recht in Osteuropa, RUS 830. Das UmweltschutzG vom 19.12.1991 wurde inzwischen durch Art. 84 Abs. 1 UmweltschutzG vom 10.01.2002 (vgl. Fn. 6) außer Kraft gesetzt.

976 Diese Vorschrift wurde durch Gesetz vom 09.01.1996 geändert (vgl. dazu unten S. 492) und befindet sich nun in Art. 15 VerbraucherschutzG. Art. 15 VerbraucherschutzG wird unten, S. 528 ff., im Zusammenhang mit der Produkthaftung erörtert.

977 Vgl. Fn. 5.

vom Gericht bestimmten Höhe unabhängig von dem zu ersetzenden materiellen Schaden ersetzt."

Art. 131 GZG 1991 ordnete den Ersatz des immateriellen Schadens nur bei schuldhaftem Verhalten an. Die Möglichkeit, unter bestimmten Voraussetzungen einen Ersatz des immateriellen Schadens auch bei nicht schuldhaftem Handeln des Schädigers zu erhalten, wurde erstmals in den (inzwischen außer Kraft getretenen) „Regeln"[978] i. d. F. vom 24.12.1992 vorgesehen. Art. 25 der „Regeln" sah vor, daß der Arbeitgeber verpflichtet war, dem Geschädigten, der eine arbeitsbedingte Körperbeschädigung erlitten hat, den immateriellen Schaden (körperliche und seelische Leiden) zu ersetzen. Nach Art. 30 der „Regeln" war der Arbeitgeber zudem verpflichtet, der Familie, die ihren Ernährer infolge einer arbeitsbedingten Körperbeschädigung verloren hat, den immateriellen Schaden zu ersetzen. Dies Vorschriften enthielten keinen ausdrücklichen Hinweis darauf, daß der immaterielle Schaden nur zu ersetzen war, wenn der Schädiger schuldhaft gehandelt hatte. Art. 3 Abs. 1 der „Regeln" sah vor, daß der Arbeitgeber verpflichtet war, in vollem Umfang den Schaden zu ersetzten, der der Gesundheit eines Arbeitnehmers in Erfüllung seiner Arbeitspflichten durch eine Quelle erhöhter Gefahr (Art. 454 ZGB 1964) zugefügt wurde, es sei denn, er beweist, daß der Schaden infolge höherer Gewalt oder des Vorsatzes des Geschädigten zugefügt wurde. Daraus folgte, daß auch der immaterielle Schaden, der durch eine Quelle erhöhter Gefahr zugefügt wurde, unabhängig vom Verschulden des Schädigers zu ersetzen war. So hatte es auch das Plenum des Obersten Gerichtshofs der RF in Punkt 36 seiner erläuternden Leitentscheidung Nr. 3 vom 28.04.1994[979] bestätigt:

„*Gemäß Art. 3 Abs. 1, Art. 25, 30 der „Regeln" ist ein Unternehmen unabhängig von seinem Verschulden verpflichtet, einem geschädigten Arbeitnehmer den immateriellen Schaden zu ersetzen, der durch eine Quelle erhöhter Gefahr zugefügt wurde.*"

---

978 Vgl. Fn. 774.

979 BVS RF 1994, Nr. 7, S. 8; vgl. auch Punkt 3 der erläuternden Leitentscheidung Nr. 10 des Plenums des Obersten Gerichtshofs der RF vom 20.12.1994, BVS RF 1995, Nr. 3, S. 9.

Der Ersatz des immateriellen Schadens im Zusammenhang mit der Haftung des Staates wurde erstmals in Art. 18 Abs. 5 des Gesetzes „Über den *Status der Militärangehörigen*" vom 22.01.1993[980] vorgesehen. Diese Vorschrift garantierte den Militärangehörigen den Ersatz des immateriellen und materiellen Schadens, der durch rechtswidrige Handlungen von Amtspersonen der Organe der Staatsmacht und der staatlichen Verwaltung, die Organe der örtlichen Selbstverwaltung, die Organe der Militärverwaltung, Unternehmen, Institutionen, Organisationen und gesellschaftlichen Vereinigungen sowie anderen Personen infolge eines gesetzwidrigen Straf- oder anderen Verfahrens, der gesetzwidrigen Anwendung von Maßnahmen zur Sicherung eines Strafverfahrens in Form von Untersuchungshaft, einer gesetzwidrigen Verurteilung, einer gesetzwidrigen Herabsetzung des Dienstpostens oder des militärischen Dienstgrades, der Nichtbeachtung der Bedingungen des Dienstvertrages oder die gesetzwidrige Entziehung von Rechten und Vorzugsbedingungen zugefügt wurde.

Der geltende Rechtszustand zur Frage des Ersatzes immaterieller Schäden bei deliktischen Ansprüchen wurde im wesentlichen mit dem Inkrafttreten der Art. 12 und 151 ZGB am 01.01.1995 und der Art. 1099-1101 ZGB am 01.03.1996 erreicht.

Aufgrund der zahlreichen geschilderten Vorschriften, die einen Ersatz immaterieller Schäden unter verschiedenen Voraussetzungen vorsehen, muß bei älteren Fällen sorgfältig geprüft werden, welche Vorschriften im Zeitpunkt der Schadenszufügung in Kraft waren und ob die zu jedem Zeitpunkt in Kraft befindlichen Vorschriften überhaupt einen Ersatz des geltend gemachten immateriellen Schadens vorsehen. Für die Übergangsfälle gilt nach der Rechtsprechung des Obersten Gerichtshofs der RF folgendes:

> „*Wurde ein immaterieller Schaden vor Inkrafttreten des Gesetzgebungsakts zugefügt, der das Recht des Geschädigten auf seinen Ersatz vorsieht, sind die Forderungen des Klägers nicht begründet, und zwar auch in dem Fall, daß der Kläger nach Inkrafttreten dieses Aktes seelische und körperliche Leiden empfindet, weil zum Zeitpunkt der Schadenszufügung diese Art von Haftung nicht eingeführt war und nach der allgemeinen*

[980] Nr. 4338-I, VSNDiVS RF 1993, Nr. 6, Pos. 188. Dieses Gesetz wurde inzwischen außer Kraft gesetzt und duch das Föderalgesetz „Über den Status der Militärangehörigen" vom 27.05.1998 ersetzt.

Regel über die zeitliche Geltung eines Gesetzes das Gesetz, das die Haftung im Vergleich zu der zum Zeitpunkt der Begehung der rechtswidrigen Handlung geltenden verschärft, keine Rückwirkung haben darf (Art. 54 VerfRF). Wenn jedoch die rechtswidrige Handlung (Unterlassung) des Beklagten, der dem Kläger seelische oder körperliche Leiden zugefügt hat, vor Inkrafttreten des Gesetzes begonnen hat, das die Haftung für die Zufügung eines immateriellen Schadens bestimmt, und nach Inkrafttreten dieses Gesetzes fortdauert, ist der immaterielle Schaden zu ersetzen[981]. "

d) Die besonderen Voraussetzungen für den Ersatz von immateriellen Schäden

aa) Verletzung persönlicher Nichtvermögensrechte, anderer immaterieller Güter oder andere gesetzlich geregelte Fälle. Gemäß Art. 1099 Abs. 1 i. V. m. Art. 151 ZGB kann das Gericht die Pflicht zum Ersatz des immateriellen Schadens in Geld auferlegen, wenn einem Bürger durch Handlungen, die seine persönlichen Nichtvermögensrechte verletzen oder die dem Bürger zustehenden anderen immateriellen Güter angreifen, sowie in anderen gesetzlich bestimmten Fällen ein immaterieller Schaden (körperliche oder seelische Leiden) zugefügt worden ist. Ersetzt werden kann der immaterielle Schaden einem Bürger somit grundsätzlich nur dann, wenn er durch Handlungen zugefügt wurde, die seine persönlichen Nichtvermögensrechte verletzen oder sich gegen andere dem Bürger gehörende immaterielle Rechtsgüter richten. In anderen Fällen kann ein immaterieller Schaden ersetzt werden, wenn dies im Gesetz vorgesehen ist[982].

---

981 Punkt 6 der erläuternden Leitentscheidung Nr. 10 des Plenums des Obersten Gerichtshofs der RF vom 20.10.1994, BVS 1995, Nr. 3, S. 10; BVS RF 1997, Nr. 2, S. 9.

982 Vgl. Punkt 2 der erläuternden Leitentscheidung Nr. 10 des Plenums des Obersten Gerichtshofs der RF vom 20.12.1994, BVS 1995, Nr. 3, S. 9; *Ėrdelevskij*, Kompensacija moral'nogo vreda, S. 88, *Ėrdelevskij*, Zakon 2001, Nr. 12, S. 82; *Ėrdelevskij*, Moral'nyj vred i kompensacija za stradanija, S. 38; *Žujkov*, Kommentarij rossijskogo zakonodatel'stva, Vypusk 1, S. 52. Anderer Ansicht sind insoweit *Narižnij/Golubev*, RJu 2001, Nr. 4, S. 21. Nach deren Auffassung ist der immaterielle Schaden bei Verletzung von Vermögensrechten immer auf Grundlage von Art. 151, 1099 ZGB zu ersetzen, wenn durch die Verletzung des Vermögensrechts gleichzeitig immaterielle Rechtsgüter, vor allem das psychische Wohlergehen, beeinträchtigt wurden. Folgt man dieser Ansicht, so wäre allerdings bei der Verletzung von Vermögensrechten wegen des damit verbundenen Ärgers fast immer ein

Mit dem Inkrafttreten des Art. 151 ZGB wurde der Umfang der zu ersetzenden immateriellen Schäden im Bereich des Deliktsrechts im Vergleich zur vorherigen Rechtslage eingeschränkt. Nach dem zuvor geltenden Art. 131 GZG 1991 war ein immaterieller Schaden, der einem Bürger durch unrechtmäßige Handlungen zugefügt wurde, auch in dem Fall zu ersetzen, daß im Gesetz ein spezieller Hinweis auf die Möglichkeit seines Ersatzes fehlte[983]. Dies bedeutete, daß der immaterielle Schaden unabhängig von der Art des verletzten Rechtsguts, also nicht nur bei Verletzung immaterieller Rechte, sondern auch bei Verletzung von Vermögensrechten immer zu ersetzen war[984].

bb) Ersatz des immateriellen Schadens bei der Verletzung von Vermögensrechten. Körperliche und seelische Leiden und damit ein immaterieller Schaden treten zwar am häufigsten infolge einer Verletzung von immateriellen Rechtsgütern und Rechten auf. Es ist allerdings auch möglich, daß körperliche oder seelische Leiden und damit ein immaterieller Schaden bei der Verletzung von Vermögensrechten entsteht. Das kann z. B. bei einem Diebstahl oder der Beschädigung eines Kraftfahrzeugs[985], dem Verlust einer in Verwahrung gegebenen Sache[986], dem Diebstahl eines Albums mit Erinnerungsfotos von nahestehenden Personen[987] oder dem Inbrandsetzen eines Hauses[988] der Fall sein. Ein immaterieller Schaden, der durch Handlungen (Unterlassung) zugefügt wird, die Vermögensrechte eines Bürgers verletzen, ist nach Art. 1099 Abs. 2

---

immaterieller Schaden zu ersetzen. Damit würde die eindeutige in Art. 151, 1099 Abs. 2 ZGB zum Ausdruck gekommene Entscheidung des Gesetzgebers, nur in den im Gesetz vorgesehenen Fällen bei der Verletzung von Vermögensrechten den Ersatz immaterieller Schäden zu gewähren, umgangen werden. Deshalb kann der zuletzt genannten Ansicht nicht gefolgt werden.

983 Vgl. Punkt 2 der erläuternden Leitentscheidung Nr. 10 des Plenums des Obersten Gerichtshofs der RF vom 20.12.1994, BVS 1995, Nr. 3, S. 9.

984 Vgl. *Faddeeva* in: *Sergeev/Tolstoj*, Graždanskoe pravo, Band 1, S. 324; *Jarošenko* in: *Braginskij*, Kommentarij časti pervoj Graždanskogo kodeksa RF, S. 226; *Malein*, GiP 1993, Nr. 3, S. 36.

985 *Jarošenko* in: *Sadikov*, Graždanskoe pravo Rossii. Čast' vtoraja, S. 633; *Naritžnyj/Golubev*, RJu 2001, Nr. 4, S. 20; *Koršunov*, ChiP 1995, Nr. 4, S. 138.

986 *Jarošenko* in: *Sadikov*, Graždanskoe pravo Rossii. Čast' vtoraja, S. 633.

987 *Naritžnyj/Golubev*, RJu 2001, Nr. 4, S. 21.

988 *Guev*, Postatejnyj kommentarij k časti vtoroj Graždanskogo kodeksa RF, Anm. 2 zu Art. 1099; *Naritžnyj/Golubev*, RJu 2001, Nr. 4, S. 21.

ZGB allerdings nur in den durch das Gesetz vorgesehenen Fällen zu ersetzen.

Vorgesehen ist der Ersatz des immateriellen Schadens bei der Verletzung von Vermögensrechten eines Bürgers in Art. 15 VerbraucherschutzG[989] und Art. 6 des Gesetzes „Über die *Grundlagen der touristischen Tätigkeit in der Rußländischen Föderation*" vom 24.11.1996[990]. Dabei hat die zuerst genannte Vorschrift einen breiten Anwendungsbereich[991] und deshalb eine erhebliche praktische Bedeutung. Näher erläutert wird Art. 15 VerbraucherschutzG im Teil F. dieser Arbeit im Zusammenhang mit der Produkthaftung[992]. Art 6 des Gesetzes „Über die Grundlagen der touristischen Tätigkeit" hat daneben keine wesentliche Bedeutung, weil in dieser Vorschrift der Tourist als Verbraucher touristischer Dienstleistungen definiert wird. Wenn es diese Vorschrift nicht gäbe, wäre der immaterielle Schaden deshalb nach Art. 15 VerbraucherschutzG zu ersetzen[993].

In der Literatur wird darüber hinaus vertreten, auch Art. 18 Abs. 5 des Gesetzes „Über den *Status der Militärangehörigen*"[994] sehe vor, daß im Falle einer Verletzung von Vermögensrechten (z. B. wenn bestimmte materielle Vergünstigungen entzogen werden) der immaterielle Schaden zu ersetzen sei[995]. Nach dieser Vorschrift wird der Ersatz des immateriellen Schadens und der Verluste, die Militärangehörigen durch staatliche Organe und Organe der örtlichen Selbstverwaltung zugefügt wurden, gemäß den Föderalgesetzen und anderen normativen Rechtsakten der RF vorgenommen. Der Oberste Gerichtshof der RF hat jedoch klargestellt, daß die Gesetzgebung der RF nicht vorschreibt, daß ein immaterieller Schaden zu ersetzen ist, der Militärangehörigen durch Verletzung ihrer Vermögensrechte zugefügt wurde. Deshalb findet in den Fällen, in denen Militärangehörige vor Gericht die Handlungen von Amtspersonen anfechten, die ihnen nur einen Vermögensschaden zufügen (Nichtauszahlung der finanziellen Versorgung, Kompensationen, Nichtherausgabe verschiedener Arten von Versorgung u. ä.), ein Ersatz des immateriellen

---

989 Vgl. dazu unten S. 528 ff.

990 Nr. 132-FZ, SZ 1996, Nr. 49, Pos. 5491.

991 Vgl. zum Anwendungsbereich des VerbraucherschutzG unten S. 482 ff.

992 S. 480 ff.

993 Ėrdelelvskij, Kompensacija moral'nogo vreda, S. 99.

994 Vom 27.05.1998, vgl. Fn. 765.

995 *Nariżnij/Golubev*, RJu 2001, Nr. 4, S. 20.

Schadens nicht statt[996]. Der Oberste Gerichtshof der RF hat auch die Klage von zwei Militärangehörigen auf den Ersatz des immateriellen Schadens abgewiesen, der ihnen dadurch entstanden sein sollte, daß aufgrund einer Verordnung der Regierung der RF ihnen entgegen Art. 20 Abs. 1 des Gesetzes „Über den Status der Militärangehörigen" nicht die Möglichkeit gewährt wurde, unentgeltlich im Gebiet der GUS zu ihrem Urlaubsort zu fahren, weil ihnen dadurch nur ein materieller Schaden entstanden ist, nicht jedoch körperliche oder seelische Leiden[997].

Nach der Rechtsprechung des Obersten Gerichtshofs der RF nicht zu ersetzen ist der immaterielle Schaden ferner bei Straftaten gegen das Vermögen, weil weder die Zivil- noch die andere Gesetzgebung für diesen Fall die Möglichkeit des Ersatzes immaterieller Schäden vorsieht[998]. Das führt dazu, daß selbst dann, wenn in den eingangs genannten Beispielsfällen die Voraussetzungen eines Straftatbestands erfüllt sind, der immaterielle Schaden grundsätzlich nicht zu ersetzen ist, es sei denn, es wurden nicht nur materielle, sondern auch immaterielle Rechtsgüter verletzt[999]. Ferner ist nach der Rechtsprechung ein immaterieller Schaden, der dadurch entstanden ist, daß eine Person ihre unternehmerische Tätigkeit aufgrund eines Gesetzes eines Subjekts der RF, das der föderalen Gesetzgebung widersprach, einstellen mußte. Begründet wurde dies damit, daß durch das Gesetz die Vermögensrechte des Antragstellers verletzt wurden und für diesen Fall ein Ersatz immaterieller Schäden gesetzlich nicht vorgesehen ist[1000].

cc) Ersatz des immateriellen Schadens unabhängig vom Verschulden des Schädigers. Immaterieller Schaden ist grundsätzlich nur bei einem Verschulden (also Vorsatz oder Fahrlässigkeit) des Schädigers zu ersetzen[1001]. Ausnahmen von diesem Grundsatz müssen im Gesetz vorgese-

---

996 Vgl. Punkt 15 der erläuternden Leitentscheidung Nr. 9 des Plenums des Obersten Gerichtshofs der RF vom 14.02.2000, BVS RF 2000, Nr. 4, S. 16.

997 Vgl. BVS RF 2002, Nr. 1, S. 18 f.

998 Vgl. BVS RF 2001, Nr. 3, S. 16.

999 Zu einem anderen Ergebnis würden insoweit *Nariżnij/Golubev*, RJu 2001, Nr. 4, S. 21, aus den in Fn. 982 genannten Gründen kommen, wenn durch die Straftaten gegen das Vermögen das psychische Wohlbefinden des Geschädigten beeinträchtigt wurde.

1000 Vgl. BVS RF 2002, Nr. 8, S. 20.

1001 *Gljancev* in: *Sadikov*, Kommentarij k Graždanskomu kodeksu RF časti vtoroj, Anm. 1 zu Art. 1100; *Sadikov*, Graždanskoe pravo Rossii. Čast' vtoraja, S. 635;

hen sein[1002]. Dies hat das Plenum des Obersten Gerichtshofs der RF ausdrücklich in Punkt 3 seiner erläuternden Leitentscheidung Nr. 10 vom 20.12.1994[1003] bekräftigt:

> „*Gemäß der geltenden Gesetzgebung ist das Verschulden des Schädigers eine der zwingenden Voraussetzungen für den Eintritt der Haftung für die Zufügung eines immateriellen Schadens. Eine Ausnahme stellen die Fälle dar, die direkt im Gesetz vorgesehen sind.*"

Eine solche Ausnahmeregelung befindet sich in Art. 1100 ZGB. Durch diese Regelung wurde der Anspruch auf Ersatz des immateriellen Schadens gegenüber Art. 131 GZG 1991 erweitert, der einen Anspruch auf Ersatz des immateriellen Schadens nur bei schuldhaftem Verhalten vorsah. Immaterieller Schaden wird nach Art. 1100 ZGB unabhängig vom Verschulden des Schädigers ersetzt, wenn:

- der Schaden dem Leben und der Gesundheit eines Bürgers durch eine Quelle erhöhter Gefahr zugefügt wird;
- der Schaden dem Bürger infolge einer gesetzwidrigen Verurteilung, eines gesetzwidrigen Strafverfahrens, der gesetzwidrigen Anwendung von Maßnahmen zur Sicherung der Durchführbarkeit eines Strafverfahrens in Form von Untersuchungshaft oder der schriftlichen Verpflichtung, seinen Aufenthaltsort nicht zu verlassen, der gesetzwidrigen Verhängung einer Ordnungsstrafe in Form von Inhaftierung oder Besserungsarbeiten zugefügt wird;
- der Schaden durch die Verbreitung von Behauptungen zugefügt wird, die die Ehre, die Würde und das geschäftliche Ansehen verleumden;
- in anderen gesetzlich bestimmten Fällen.

Jarošenko, ChiP 1996, Nr. 12, S. 5; *Guev*, Postatejnyj kommentarij k časti vtoroj Graždanskogo kodeksa RF, Anm. 1 zu Art. 1100; *Borisov*, Kommentarij k Graždanskomu kodeksu RF časti pervoj i vtoroj, S. 1128; *Zavidov/Gusev*, Graždansko-pravovaja otvetstvennost', S. 485; *Krasavčikova* in: *Illarinova/Gongalo/Pletnev*, Graždanskoe pravo. Čast' pervaja, S. 173; *Ramzaev* in: *Cybulenko*, Graždanskoe pravo Rossii. Čast' pervaja, S. 164.

1002 *Gljancev* in: *Sadikov*, Kommentarij k Graždanskomu kodeksu RF časti vtoroj, Anm. 1 zu Art. 1100.

1003 BVS RF 1995, Nr. 3, S. 9, i. d. F. der erläuternden Leitentscheidungen des Plenums des Obersten Gerichtshofs der RF Nr. 10 vom 25.10.1996, BVS RF 1997, Nr. 1, S. 9 ff., und Nr. 1 vom 15.01.1998, BVS RF 1998, Nr. 1, S. 2 f.

Die Aufzählung der Fälle in Art. 1100 ZGB, in denen immaterielle Schäden unabhängig vom Verschulden des Schädigers ersetzt werden, stimmt – mit Ausnahme der Produkthaftung[1004] – mit den Fällen überein, in denen das ZGB eine Haftung für die Zufügung materieller Schäden ohne Verschulden vorsieht. Aus den Worten „in anderen gesetzlich bestimmten Fällen“ am Ende von Art. 1100 ZGB folgt allerdings, daß die Aufzählung der Fälle in Art. 1100 ZGB, in denen der immaterielle Schaden unabhängig vom Verschulden des Schädigers zu ersetzen ist, nicht abschließend ist[1005].

dd) Ersatz des immateriellen Schadens unabhängig vom materiellen Schaden. Immaterieller Schaden wird unabhängig vom Ersatz des Vermögensschadens ersetzt (Art. 1099 Abs. 3 ZGB). Diese Vorschrift basiert ebenfalls auf dem Grundsatz des vollen Schadensersatzes. Wenn sowohl ein immaterieller als auch ein materieller Schaden zugefügt wurde, wird der immaterielle Schaden neben dem materiellen Schaden ersetzt[1006]. Wird nur ein immaterieller Schaden zugefügt, ist er unabhängig davon zu ersetzen, ob auch ein materieller Schaden ersetzt wird[1007]. Ersetzt werden kann ein immaterieller Schaden auch dann, wenn die Forderung des Klägers auf Ersatz des materiellen Schadens abgewiesen wurde[1008]. Der Ersatz des materiellen Schadens beeinflußt somit nicht das Recht des Geschädigten auf Ersatz des immateriellen Schadens. Ab-

---

1004 Vgl. dazu unten S. 516 f., 529 f. Bei der Produkthaftung nach dem VerbraucherschutzG wird der immaterielle Schaden gemäß Art. 15 VerbraucherschutzG nur bei einem Verschulden des Schädigers ersetzt.

1005 Vgl. *Guev*, Postatejnyj kommentarij k časti vtoroj Graždanskogo kodeksa RF, Anm. 1 zu Art. 1100; *Guev*, Kommentarij k postanovlenijam Plenuma Verchovnogo Suda RF po graždanskim delam, S. 245; *Sergeev* in: *Sergeev/Tolstoj*, Graždanskoe pravo, Band 3, S. 9; *Borisov*, Kommentarij k Graždanskomu kodeksu RF časti pervoj i vtoroj, S. 1128.

1006 Vgl. hierzu auch BVS RF 1999, Nr. 5, S. 23.

1007 *Jarošenko*, ChiP 1996, Nr. 12, S. 4 f.; *Jarošenko* in: *Braginskij*, Kommentarij časti vtoroj Graždanskogo kodeksa RF, S. 352; *Jarošenko* in: *Sadikov*, Graždanskoe pravo Rossii. Čast' vtoraja, S. 636; *Guev*, Postatejnyj kommentarij k časti vtoroj Graždanskogo kodeksa RF, Anm. 3 zu Art. 1099.

1008 *Guev*, Postatejnyj kommentarij k časti vtoroj Graždanskogo kodeksa RF, Anm. 3 zu Art. 1099.

hängig von den konkreten Umständen kann das Gericht sogar den immateriellen Schaden höher festsetzen als den materiellen Schadens[1009].

Auch prozessual ist der Anspruch auf Ersatz des immateriellen Schadens vom Anspruch auf Ersatz des materiellen Schadens unabhängig. Das hat der Oberste Gerichtshof der RF ausdrücklich bekräftigt:

> *„Das Gericht kann eine erhobene Klage auf Ausgleich der dem Kläger zugefügten seelischen und körperlichen Leiden selbständig verhandeln, weil kraft der geltenden Gesetzgebung die Haftung für zugefügten immateriellen Schaden nicht in direkter Abhängigkeit vom Vorhandensein eines Vermögensschadens steht und sowohl neben der materiellen Haftung als auch selbständig angewendet werden kann[1010].“*

e) Ersatz des immateriellen Schadens bei juristischen Personen?

In der Rechtsprechung und in der Literatur besteht keine einheitliche Meinung zur Frage, ob auch juristische Personen einen Ersatz des immateriellen Schadens verlangen können.

Die ordentlichen Gerichte beantworten diese Frage positiv: Das Plenum des Obersten Gerichtshofs der RF hat in Punkt 5 seiner erläuternden Leitentscheidung Nr. 10 vom 20.12.1994[1011] darauf hingewiesen, daß die Regeln, die den Ersatz des immateriellen Schadens in Verbindung mit der Verbreitung von Behauptungen, die das geschäftliche Ansehen eines Bürgers verleumden, auch in den Fällen der Verbreitung solcher Äußerungen über juristische Personen angewendet werden. Dabei beruft sich das Gericht auf Art. 152 Abs. 7 ZGB, wonach die Bestimmungen des Art. 152 ZGB, der in Abs. 5 auch einen Anspruch auf Ersatz des immateriellen Schadens vorsieht, entsprechende Anwendung auf den Schutz des geschäftlichen Ansehens einer juristischen Person finden. Auch in der Literatur sprechen sich einige Autoren dafür aus, daß juristische Personen ebenfalls einen Anspruch auf Ersatz des immateriellen Schadens haben können[1012]. Unter anderem wird auf die Rechtsprechung des Euro-

---

1009 *Gljancev* in: *Sadikov*, Kommentarij k Graždanskomu kodeksu RF časti vtoroj, Anm. 2 zu Art. 1099.

1010 Punkt 9 der erläuternden Leitentscheidung Nr. 10 des Plenums des Obersten Gerichtshofs der RF vom 20.12.1994, BVS RF 1995, Nr. 3, S. 10 f.

1011 BVS RF 1995, Nr. 3, S. 10.

1012 Vgl. *V. Plotnikov*, ChiP 1995, Nr. 11, S. 98; *I. Marusin*, Pravovedenie 1997, Nr. 1, S. 92. Zur Rechtslage vor Inkrafttreten des Art. 151 ZGB vgl. *Smirnov* in:

päischen Gerichtshofs für Menschenrechte verwiesen, die nicht ausschließt, daß auch juristischen Personen der Ersatz immaterieller Schäden zuerkannt wird[1013].

Die herrschende Meinung in der Literatur lehnt die Position des Obersten Gerichtshofs jedoch mit unterschiedlichen Argumenten ab: Vor allem wird eingewendet, daß Art. 152 Abs. 7 ZGB nicht isoliert, sondern nur im Zusammenhang mit Art. 152 Abs. 2-6 und Art. 151 ZGB betrachtet werden müsse. Art. 151 Satz 1 ZGB definiere den immateriellen Schaden als körperliches oder seelisches Leid. Art. 151 Satz 2 ZGB sehe vor, daß bei Bestimmung der Höhe des Ersatzes des immateriellen Schadens das Ausmaß des körperlichen und seelischen Leids und die individuellen Besonderheiten der Person, welcher der Schaden zugefügt wurde, berücksichtigt werden müßten. Zudem stelle Art. 1101 Abs. 2 ZGB auf die Art des dem Geschädigten zugefügten körperlichen und seelischen Leids ab. Seelisches und körperliches Leid und damit einen immateriellen Schaden könne nur ein Bürger, aber nicht eine juristische Person empfinden, was mit deren Rechtsnatur als künstliche Rechtspersönlichkeit zusammenhänge[1014]. Art. 152 Abs. 7 ZGB sehe eine nur entsprechende Anwendung der Bestimmungen des Art. 152 ZGB auf juristische Personen vor, die der Rechtsnatur der juristischen Personen

---

Erörterung der Grundlagen der Zivilgesetzgebung. „Runder Tisch“ der Zeitschrift Pravovedenie“, Teil 2 (russ.), Pravovedenie 1992, Nr. 2, S. 107.

1013 Vgl. *T. Nešataeva/V. Starženeckij*, VVAS 2001, Nr. 2, S, 60 (unter Hinweis auf das Urteil vom 06.04.2000 in der Sache Komingersol gegen Portugal).

1014 *A. Bonner*, RJu 1996, Nr. 6, S. 46; *Jarošenko* in: *Sadikov*, Graždanskoe pravo Rossii. Čast’ vtoraja, S. 637; *Jarošenko* in: *Sadikov*, Kommentarij k Graždanskomu kodeksu RF časti pervoj, Anm. 12 zu Art. 152; *Ėrdelevskij* in: *Grišaev*, Graždanskoe pravo, S. 474; *A. Ėrdelevskij*, ChiP 1996, Nr. 11, S. 105 f.; *Ėrdelevskij*, Čelovek i zakon 1997, Nr. 4, S. 57; *Ėrdelevskij*, Moral’nyj vred i kompensacija za stradanija, S. 9; *Ėrdelevskij*, Kompensacija moral’nogo vreda v Rossii i za rubežom, S. 99; *Ėrdelevskij*, Zakon 2001, Nr. 12, S. 83; *Reznik* in: *Abova/Kabalkin/Mozolin*, Graždanskij kodeks RF. Čast’ pervaja, Anm. 10 zu Art. 152; *Potapenko*, Pravo i ėkonomika 2000, Nr. 6, S. 70; *K. Golubev/S. Naričnij*, RJu 1999, Nr. 7, S. 24; *Šeljutto*, Žurnal rossijskogo prava 1997, Nr. 12, S. 41; *Šeljutto* in: *Sadikov*, Graždanskoe pravo Rossii. Obščaja čast’, S. 285; *Jarošenko* in: *Braginskij*, Kommentarij časti pervoj Graždanskogo kodeksa RF, S. 231; *Djuževa* in: *Suchanov*, Graždanskoe pravo, Band 1, S. 740; *Braginskij/Suchanov/Jarošenko*, ChiP 1995, Nr. 5, S. 23; *Faddeeva* in: *Sergeev/Tolstoj*, Graždanskoe pravo, Band 1, S. 324 f.; *Zavidov/Gusev*, Graždansko-pravovaja otvetstvennost’, S. 493; *Zavidov*, Pravovye problemy vozmeščenija vreda v Rossii, S. 17; *A. Bočarnikov*, Pravovedenie 1999, Nr. 1, S. 265.

entsprächen. Darunter falle der Ersatz des immateriellen Schadens nicht. Art. 23 Abs. 1 VerfRF garantiere nur dem Menschen den Schutz seiner Ehre sowie seines guten Namens, nicht dagegen jedem Rechtssubjekt. Außerdem seien in den Vorschriften, die die allgemeinen Grundsätze des Ersatzes des immateriellen Schadens regeln, juristische Personen in keiner Weise erwähnt[1015]. Ferner sei die Zuerkennung von Ersatz des immateriellen Schadens dazu da, dem Bürger die ihm entstandenen Leiden zu erleichtern. Diese Funktion des Ersatzes könne auf juristische Personen nicht angewendet werden[1016].

Das Höchste Arbitragegericht hat sich dieser Kritik angeschlossen:

> *„Da eine juristische Person keine körperlichen und seelischen Leiden empfinden kann, ist es nicht möglich, ihr einen immateriellen Schaden zuzufügen. Deshalb ist ausgehend vom Sinn der Art. 151, 152 ZGB das Recht auf Ersatz des immateriellen Schadens nur einer natürlichen Person eingeräumt[1017].“*

Vom dogmatischen Standpunkt her einleuchtender ist die zuletzt genannte Auffassung. Der Oberste Gerichtshof der RF beachtet nicht, daß nach Art. 152 Abs. 7 ZGB die übrigen Bestimmungen des Art. 152 ZGB, somit auch die über den Ersatz immaterieller Schäden, nur *entsprechend* auf juristische Personen anzuwenden sind, also nur insoweit, als dies mit der Rechtsnatur der juristischen Personen zu vereinbaren ist. Körperliche und seelische Leiden oder vergleichbare Emotionen können juristische Personen in der Tat nicht empfinden. Aus diesem Grund können bei juristischen Personen von vornherein nicht die Voraussetzungen für den Ersatz eines immateriellen Schadens erfüllt sein.

In jedem Fall führt die unterschiedliche Rechtsprechung der ordentlichen Gerichte und der Arbitragegerichte zu einem äußerst unbefriedigenden Ergebnis: Fügt eine juristische Person einer anderen juristischen Person einen immateriellen Schaden zu, sind die Arbitragegerichte für die Entscheidung dieses Rechtsstreits zuständig[1018], mit der Folge, daß

1015 *Potapenko*, Pravo i ėkonomika 2000, Nr. 6, S. 70.

1016 *Jarošenko* in: *Sadikov*, Graždanskoe pravo Rossii. Čast' vtoraja, S. 637.

1017 Urteil Nr. 813/98 vom 01.12.1998, VVAS 1999, Nr. 2, S. 85; siehe auch das Urteil Nr. 1509/97 vom 05.08.1997, VVAS 1997, Nr. 12, S. 64, und die von *Šeljutto*, Žurnal rossijskogo prava, 1997, Nr. 12, S. 41, zitierte Entscheidung des Moskauer Arbitragegerichts Nr. KA-A 40/544-97.

1018 Vgl. dazu S. 115 f.

der immaterielle Schaden nicht ersetzt wird. Fügt hingegen ein Bürger einer juristischen Person einen immateriellen Schaden zu, fällt der Rechtsstreit in den Zuständigkeitsbereich der ordentlichen Gerichte[1019], die davon ausgehen, daß der der juristischen Person zugefügte immaterielle Schaden ersatzfähig ist. Es wäre deshalb sehr zu begrüßen, wenn sich das Plenum des Obersten Gerichtshofs und das Plenum des Höchsten Arbitragegerichts in einer gemeinsamen erläuternden Leitentscheidung auf eine einheitliche Auslegung in dieser Rechtsfrage verständigen könnten.

f) Ersatz des immateriellen Schadens gegenüber Angehörigen eines Geschädigten

Nach rußländischem Recht können einen Anspruch auf Ersatz des immateriellen Schadens auch Personen haben, die infolge der Tötung einer anderen Person seelische Leiden erdulden mußten. Dies gilt insbesondere für die Angehörigen eines Getöteten[1020].

Ein solcher Anspruch ergibt sich aus Art. 151 ZGB. Im Falle der Tötung eines Angehörigen werden persönliche Nichtvermögensrechte bzw. andere immaterielle Güter im Sinne des Art. 151 ZGB verletzt. Zum einen wird das psychische Wohlergehen und damit auch die Gesundheit der Angehörigen beeinträchtigt[1021]. Verletzt werden des weiteren die familiären Beziehungen, die ebenfalls ein immaterielles Rechtsgut darstellen[1022]. Im Falle der Tötung eines Elternteils kann darüber hinaus das Recht des Kindes auf elterliche Sorge und Erziehung beeinträchtigt

---

1019 Vgl. dazu oben S. 106 f.

1020 Vgl. Punkt 2 der erläuternden Leitentscheidung Nr. 10 des Plenums des Obersten Gerichtshofs der RF vom 20.12.1994, BVS RF 1995, Nr. 3, S. 9; *Ėrdelevskij*, Kompensacija moral'nogo vreda, S. 102 ff.; *Ėrdelevskij*, Čelovek i zakon 1997, Nr. 4, S. 56; *A. Ėrdelevskij*, Zakonnost' 1998, Nr. 2, S. 16 ff.; *Ėrdelevskij*, Zakon 1997, Nr. 1, S. 122; *Ėrdelevskij*, Kompensacija moral'nogo vreda v Rossii i za rubežom, S. 143; *Ėrdelevskij*, Moral'nyj vred i kompensacija za stradanija, S. 76.

1021 *Ėrdelevskij*, Zakon 1997, Nr. 1, S. 122; *Ėrdelevskij*, Kompensacija moral'nogo vreda v Rossii i za rubežom, S. 143; *Ėrdelevskij*, Moral'nyj vred i kompensacija za stradanija, S. 77.

1022 *Ėrdelevskij*, Kompensacija moral'nogo vreda, S. 104; *Ėrdelevskij*, Zakonnost' 1998, Nr. 2, S. 17; *Ėrdelevskij*, Zakon 1997, Nr. 1, S. 122; *Ėrdelevskij*, Kompensacija moral'nogo vreda v Rossii i za rubežom, S. 143; *Ėrdelevskij*, Moral'ny vred i kompensacija za stradanija, S. 77.

sein[1023]. Daneben bestand früher auch ein Anspruch auf Ersatz des immateriellen Schadens aus Art. 30 der „Regeln“, wenn eine Familie ihren Ernährer infolge eines Arbeitsunfalls verloren hatte. Seit dem Außerkrafttreten der „Regeln“ kann ein Anspruch auf Ersatz des immateriellen Schadens bei Tötung eines Angehörigen nur noch aus Art. 151 ZGB abgeleitet werden.

Der Kreis der Anspruchsberechtigen ist nicht nach Art. 1088 f. ZGB, sondern nach den Grundsätzen des Art. 151 ZGB zu bestimmen. Entscheidend ist danach, ob der Anspruchsteller seelische Leiden erdulden mußte. Einen Anspruch auf Ersatz des immateriellen Schadens können somit auch Angehörige haben, denen nach Art. 1088 ZGB kein Anspruch auf Ersatz des materiellen Schadens zusteht[1024]. Welche Personen im einzelnen zu diesen gehören, ist noch nicht abschließend geklärt. In der Literatur wird vorgeschlagen, hierzu folgende Personen zu zählen: Ehegatten, Verwandte ersten und zweiten Grades, Adoptiveltern und Adoptierte, tatsächliche Erzieher und Zöglinge sowie Personen, die in einer eheähnlichen Gemeinschaft leben, wenn sie zusammen wohnen und einen gemeinsamen Haushalt führen. Stiefväter und -mütter, Stiefsöhne und -töchter sollen nur dann zum Kreis der Personen gehören, die ein Recht auf Ersatz des immateriellen Schadens im Falle der Tötung des Angehörigen haben, wenn sie sich gegenüber dem Geschädigten gleichzeitig in der Rolle des Erziehers bzw. des Zöglings befunden haben[1025]. Die Einbeziehung von Partnern einer eheähnlichen Lebensgemeinschaft wird damit begründet, daß die psychischen Bindungen zwischen diesen Personen nicht weniger eng seien als zwischen Ehepartnern. Für die Frage des Ersatzes des durch den Tod eines der Partner der eheähnlichen Lebensgemeinschaft zugefügten immateriellen Schadens habe die staatliche Registrierung der Ehe keine Bedeutung[1026].

Bei der Bestimmung der Höhe des Ersatzes des immateriellen Schadens im Falle der Tötung eines Menschen soll das Gericht den Ver-

---

1023 *Ėrdelevskij*, Kompensacija moral'nogo vreda, S. 106; *Ėrdelevskij*, Zakonnost' 1998, Nr. 2, S. 19.

1024 *Jarošenko* in: *Sadikov*, Graždanskoe pravo Rossii. Čast' vtoraja, S. 670 f.; *Mamilova*, Kommentarij sudebnoj praktiki 1999, Vypusk 5, S. 103.

1025 *Ėrdelevskij*, Kompensacija moral'nogo vreda, S. 105; *Ėrdelevskij*, Zakonnost' 1998, Nr. 2, S. 18.

1026 *Ėrdelevskij*, Kompensacija moral'nogo vreda, S. 106; *Ėrdelevskij*, Zakonnost' 1998, Nr. 2, S. 19.

wandtschaftsgrad zwischen dem Verstorbenen und dem Kläger, die Nähe ihrer gegenseitigen Beziehung, die Zeitdauer, in der der Verstorbene und der Kläger zusammen gelebt haben, die familiäre Situation des Klägers sowie die Art und Weise, wie der Kläger die Todesnachricht erhalten hat, berücksichtigen[1027]. Dabei soll auch eine Rolle spielen, ob der Geschädigte vor den Augen seiner Verwandten gestorben ist[1028]. Falls zwischen dem Verstorbenen und dem Kläger keine engen Beziehungen bestanden haben, soll das ein Grund dafür sein, die Höhe des Ersatzes des immateriellen Schadens zu senken[1029].

Ein Anspruch auf Ersatz des immateriellen Schadens kann nach der Rechtsprechung[1030] außerdem einem Ehepartner zustehen, wenn der andere Ehepartner mehrere Monate lang gesetzwidrig in Untersuchungshaft festgehalten wurde. Dieser Anspruch ergibt sich ebenfalls aus Art. 151 ZGB, weil durch die gesetzwidrige Untersuchungshaft das private und familiäre Leben sowie die Würde des Ehepartners des Inhaftierten verletzt wird.

g) Ersatz des immateriellen Schadens durch Geldzahlung

Der Ersatz des immateriellen Schadens erfolgt in Geld (Art. 1101 ZGB). Das ergibt sich auch aus Art. 151 Satz 1 ZGB: Danach kann das Gericht dem Schädiger die Pflicht zum Ausgleich des immateriellen Schadens in Geld auferlegen. Andere Formen des Ersatzes, wie z. B. die Verpflichtung zu einer öffentlichen Entschuldigung, sind nicht zulässig[1031].

Art. 131 GZG 1991 sah demgegenüber noch vor, daß der immaterielle Schaden nicht nur in Geld, sondern auch in anderer materieller Form (z. B. indem Waren oder Dienstleistungen zur Verfügung gestellt werden) ersetzt werden konnte. Heutzutage ist eine solche Form des Ersatzes von immateriellen Schäden nur bei entsprechender Vereinba-

---

[1027] Vgl. *Malein* in: *Kalpin*, Graždanskoe pravo. Čast' vtoraja, S. 532; *Ėrdelevskij*, Zakon 1997, Nr. 1, S. 122; *Ėrdelevskij*, Kompensacija moral'nogo vreda v Rossii i za rubežom, S. 144; *Ėrdelevskij*, Moral'nyj vred i kompensacija za stradanija, S. 77; *Ėrdelevskij*, Kompensacija moral'nogo vreda, S. 202.

[1028] *Ėrdelevskij* in: *Grišaev*, Graždanskoe pravo, S. 477; *Ėrdelevskij*, Zakon 1997, Nr. 1, S. 122; *Ėrdelevskij*, Zakon 2001, Nr. 12, S. 83.

[1029] *Ėrdelevskij*, Zakon 1997, Nr. 1, S. 122.

[1030] Vgl. BVS 2003, Nr. 1, S. 23 f.

[1031] Vgl. *Marusin*, Pravovedenie 1997, Nr. 1, S. 94.

rung der Parteien möglich[1032]. Es ist auch nicht ausgeschlossen, daß der Schädiger freiwillig Handlungen vornimmt, die darauf gerichtet sind, dem Geschädigten seine Leiden zu erleichtern[1033].

h) Die Höhe des Ersatzes immaterieller Schäden

aa) Bei der Bestimmung der Höhe des Ersatzes immaterieller Schäden zu berücksichtigende Grundsätze. Die Bestimmung der Höhe des Ersatzes immaterieller Schäden hat der Gesetzgeber dem Ermessen des Gerichts überlassen[1034]. Das Gesetz nennt jedoch in Art. 1101 und Art. 151 ZGB Kriterien, an denen sich die Höhe des Ersatzes immaterieller Schäden orientieren soll[1035], wobei diese Kriterien nur als Beispiele fungieren[1036].

Bei Bestimmung der Höhe des Ersatzes immaterieller Schäden bei deliktischen Ansprüchen sind nach Art. 1101 Abs. 2 ZGB folgende Grundsätze zu beachten:

> *„Die Höhe des Ersatzes von immateriellem Schaden wird durch das Gericht in Abhängigkeit von der Art des dem Geschädigten zugefügten kör-*

1032 *Gljancev* in: *Sadikov*, Kommentarij k Graždanskomu kodeksu RF časti vtoroj, Anm. 1 zu Art. 1101; *Jarošenko* in: *Braginskij*, Kommentarij časti vtoroj Graždanskogo kodeksa RF, S. 392.

1033 Vgl. *Ėrdelevskij*, Čelovek i zakon 1997, Nr. 4, S. 57; *Ėrdelevskij*, Zakon 2001, Nr. 12, S. 83; *Ėrdelevskij*, Moral'nyj vred i kompensacija za stradanija, S. 37; *Ėrdelevskij*, Kompensacija moral'nogo vreda v Rossii i za rubežom, S. 92.

1034 *Žujkov*, Kommentarij rossijskogo zakonodatel'stva, Vypusk 1, S. 64; *Jarošenko*, ChiP 1996, Nr. 12, S. 5; *Jarošenko* in: *Sadikov*, Graždanskoe pravo Rossii. Čast' vtoraja, S. 636; *Ėrdelevskij* in: *Grišaev*, Graždanskoe pravo, S. 476; *Ramzaev* in: *Cybulenko*, Graždanskoe pravo Rossii. Čast' pervaja, S. 167 f.; *Ėrdelevskij*, Čelovek i zakon 1997, Nr. 4, S. 58; *Ėrdelevskij*, Kompensacija moral'nogo vreda, S. 181; *Ėrdelevskij*, Zakonnost' 1997, Nr. 5, S. 38; *Ėrdelevskij*, Kompensacija moral'nogo vreda v Rossii i za rubežom, S. 122; *Ėrdelevskij*, Moral'nyj vred i kompensacija za stradanija, S. 58; *Šeljutto*, Kommentarij sudebnoj praktiki 1997, Vypusk 3, S. 53; *Tokanova*, Žurnal rossijskogo prava 2001, Nr. 1, S. 102; *Koršunov*, ChiP 1995, Nr. 4, S. 137; *Zavidov*, Pravovye problemy vozmeščenija moral'nogo vreda v Rossii, S. 21, 26.

1035 Vgl. *Jarošenko* in: *Sadikov*, Kommentarij k Graždanskomu kodeksu RF časti pervoj, Anm. 3 zu Art. 151; *Faddeeva* in: *Sergeev/Tolstoj*, Graždanskoe pravo, Band 1, S. 324; *Šeljutto*, Kommentarij sudebnoj praktiki 1997, Vypusk 3, S. 53.

1036 Vgl. *Jarošenko* in: *Braginskij*, Kommentarij časti vtoroj Graždanskogo kodeksa RF, S. 392.

perlichen und seelischen Leids sowie, wenn die Schadensersatzpflicht vom Verschulden abhängt, vom Schuldmaß des Schädigers bestimmt. Bei der Bestimmung der Höhe des Schadensersatzes sind die Grundsätze der Angemessenheit und der Gerechtigkeit zu berücksichtigen. Die Art des körperlichen und seelischen Leids wird durch das Gericht unter Berücksichtigung der tatsächlichen Umstände, unter denen der Schaden zugefügt worden ist, und der individuellen Besonderheiten des Geschädigten gewürdigt."

Weitere Kriterien zur Bestimmung der Höhe des Ersatzes immaterieller Schäden enthält Art. 151 Satz 2 und 3 ZGB, wobei diese teilweise auch in Art. 1101 Abs. 2 ZGB genannt werden. Danach berücksichtigt das Gericht bei der Bestimmung der Höhe des Ausgleichs für den immateriellen Schaden das Schuldmaß des Schädigers sowie sonstige erörterungswürdige Umstände. Das Gericht muß auch das Maß der mit den individuellen Besonderheiten des Geschädigten verbundenen körperlichen und seelischen Leiden berücksichtigen.

Hinsichtlich des zu berücksichtigenden Schuldmaßes besteht zwischen Art. 151 ZGB und Art. 1101 ZGB ein Widerspruch: Nach Art. 151 ZGB ist das Schuldmaß immer zu berücksichtigen, während nach Art. 1101 ZGB das Schuldmaß nur dann zu berücksichtigen ist, wenn die Schadensersatzpflicht vom Verschulden abhängt. Das bedeutet, daß nach Art. 1101 ZGB in den in Art. 1100 ZGB vorgesehenen Fällen das Schuldmaß nicht berücksichtigt werden soll. *Gavrilov* kritisiert, daß diese Ausnahme nicht gerechtfertigt sei und es logischer wäre, das Schuldmaß gemäß Art. 151 ZGB in allen Fällen zu berücksichtigen, in denen ein Verschulden vorliegt[1037]. *Ėrdelevskij* ist hingegen der Auffassung, daß im Falle eines Widerspruchs zwischen den Vorschriften des Art. 151 ZGB und des Art. 1101 ZGB die Vorschrift des Art. 1101 ZGB vorgehen müsse, weil sie die jüngere und zudem die speziellere Vorschrift zur Bestimmung der Höhe des immateriellen Schadens sei[1038]. Die zuletzt genannte Meinung ist vom dogmatischen Standpunkt her die überzeugendere. Die zuerst genannte Auffassung setzt sich über den eindeutigen Wortlaut des Art. 1101 ZGB hinweg. Das von ihr angestrebte Ergebnis mag zwar gerechter sein. Ohne eine Gesetzesänderung ist es jedoch nicht zu erzielen.

1037 RJu 2000, Nr. 6, S. 22.

1038 Kompensacija moral'nogo vreda, S. 187.

Zu den sowohl nach Art. 151 als auch nach Art. 1101 ZGB zu berücksichtigenden individuellen Besonderheiten des Geschädigten werden z. B. dessen Alter, Geschlecht und sein Gesundheitszustand gezählt[1039]. Umstritten ist, inwieweit persönliche Besonderheiten der Psyche des Geschädigten, das Maß seiner Emotionalität oder seine Verletzbarkeit berücksichtigt werden darf. Für eine Berücksichtigung dieser Umstände wird angeführt, daß das Maß und die Tiefe der psychischen Reaktionen direkt von den individuellen Besonderheiten der Psyche, des Intellekts, der Selbsteinschätzung des Geschädigten und dem Stellenwert des verletzten Rechtsguts für den Geschädigten abhänge[1040]. Dagegen wird eingewendet, daß damit das Prinzip des „gleichen Rechts für alle" verletzt werde[1041]. Nach der zuerst genannten Auffassung darf z. B. im Falle einer Narbe am Bein von einem Hundebiß einem Geschädigten, der besonderen Wert auf sein Äußeres legt, ein höherer Ersatz des immateriellen Schadens zugesprochen werden als einer Person, die keinen Wert auf ihr Äußeres legt. Nach der zuletzt genannten Meinung ist dies hingegen unzulässig. Im Ergebnis am angemessensten erscheint es jedoch, sich in dieser Frage für einen „Mittelweg" zu entscheiden. Wenn es z. B. medizinisch erwiesen ist, daß ein Geschädigter besonders schmerzempfindlich ist, oder bei einer Person eine Narbe zurückbleibt, die aus beruflichen Gründen auf ein ansprechendes Äußeres angewiesen ist, sollte dies bei der Höhe des Ersatzes des immateriellen Schadens berücksichtigt werden. Nicht mehr nachvollziehbare oder übertriebende Empfindlichkeiten des Geschädigten sollten dagegen nicht dazu führen, ihm einen höheren Ersatz des immateriellen Schadens zuzusprechen.

Umstritten ist auch, inwieweit die Vermögenslage des Geschädigten im Zusammenhang mit dessen individuellen Besonderheiten berücksichtigt werden darf. Nach Meinung von *Ėrdelevskij*[1042] darf sie bei der Verletzung von Vermögensrechten berücksichtigt werden. Im übrigen lehnt er es jedoch ab, bei gleichartigen immateriellen Schäden im Hinblick auf die Vermögenslage des Geschädigten einen Ersatz des immateriellen Schadens in unterschiedlicher Höhe zuzusprechen. Seiner Mei-

---

1039 *Ėrdelevskij* in: *Grišaev*, Graždanskoe pravo, S. 476; vgl. auch *Ėrdelevskij*, Kompensacija moral'nogo vreda, S. 180.

1040 *V. Uskov*, RJu 2000, Nr. 12, S. 25.

1041 *Gavrilov*, RJu 2000, Nr. 6, S. 22.

1042 Kompensacija moral'nogo vreda, S. 207 ff.; Moral'nyj vred i kompensacija za stradanija, S. 68.

nung nach würde dies den Prinzipien der Angemessenheit und der Gerechtigkeit sowie den allgemeinen Regeln über die Berücksichtigung der Vermögenslage bei deliktischen Schuldverhältnissen widersprechen, weil nach Art. 1083 Abs. 3 ZGB lediglich die Vermögenslage des Schädigers zum Anlaß genommen werden darf, die Höhe des Schadensersatzes zu senken. Die Möglichkeit, den Haftungsumfang im Hinblick auf die Vermögenslage des Geschädigten oder des Schädigers zu erhöhen, werde im ZGB nicht vorgesehen. Außerdem dürften nach Art. 1101 ZGB bei der Bestimmung der Höhe des Ersatzes nur jene tatsächlichen Umstände berücksichtigt werden, die mit der Zufügung des immateriellen Schadens zusammenhingen und mit den von dem Geschädigten erduldeten Leiden verbunden seien. Nach anderer Auffassung muß die Vermögenslage des Geschädigten in allen Fällen berücksichtigt werden. Dabei soll der Ersatz des immateriellen Schadens umso größer sein, je höher die Einkünfte des Geschädigten sind. Das wird damit begründet, daß durch den Ersatz des immateriellen Schadens dem Geschädigten die Möglichkeit geschaffen werden soll, durch die zugesprochene Summe positive Emotionen zu erleben, die den erlittenen körperlichen oder seelischen Leiden entsprechen sollen. Bei einer Person, die sehr hohe Einkünfte hat, soll dafür ein entsprechend größerer Betrag notwendig sein als bei einer Person mit einem nur niedrigen Einkommen[1043]. Die Argumente der zuerst genannten Auffassung sind jedoch vom dogmatischen Standpunkt her überzeugender. Wenn man berücksichtigt, daß in der RF die Mehrheit der Bevölkerung sehr niedrige Einkommen erzielt, ein geringer Teil der Bevölkerung jedoch über sehr hohe Einkünfte bzw. Vermögen verfügt, würde eine Berücksichtigung der Vermögenslage des Geschädigten dazu führen, daß in den meisten Fällen die Geschädigten mit einem geringen Ersatz des immateriellen Schadens abgefunden werden könnten, während anderen Personen für vergleichbare immaterielle Schäden ein Vielfaches dieser Entschädigung zugesprochen werden müßte. Dies würde dem Grundsatz der Gleichheit und der Gerechtigkeit in keiner Weise entsprechen.

Zudem hat der Oberste Gerichtshof der RF in Punkt 8 seiner erläuternden Leitentscheidung Nr. 10 vom 20.12.1994[1044] Gesichtspunkte genannt, nach denen die Höhe des Ersatzes immaterieller Schäden be-

---

1043 Vgl. *Uskov*, RJu 2000, Nr. 12, S. 25.
1044 BVS RF 1995, Nr. 3, S. 10.

stimmt werden soll, die allerdings überwiegend mit den in Art. 151, 1101 ZGB aufgeführten übereinstimmen. Danach hängt die Höhe des Ersatzes vom Charakter und Umfang der dem Kläger zugefügten seelischen und körperlichen Leiden, dem Schuldmaß des Beklagten in jedem konkreten Fall sowie sonstigen erörterungswürdigen Umständen ab und kann nicht in Abhängigkeit zur Höhe der stattgegebenen Klage auf Ersatz des materiellen Schadens, der Verluste und anderen materiellen Forderungen gestellt werden. Das Maß der seelischen und körperlichen Leiden wird vom Gericht unter Berücksichtigung der tatsächlichen Umstände der Zufügung des immateriellen Schadens, der individuellen Besonderheiten des Geschädigten und anderer konkreter Umstände bewertet, die für die Schwere der von ihm erduldeten Leiden sprechen. Dabei hat das Gericht nicht nur die bereits vom Geschädigten bis zur Verhandlung durchgemachten Leiden zu berücksichtigen, sondern auch diejenigen, die er wahrscheinlich in Zukunft durchmachen wird. Dies kommt z. B. bei einer unauslöschlichen Verunstaltung oder dem Verlust von Gliedmaßen in Betracht, was zu einer Erschwerung des Privatlebens oder dazu führen kann, daß der Geschädigte nicht mehr in seinem Beruf arbeiten kann[1045].

Darüber hinaus wurden von der Rechtsprechung und der Literatur hinsichtlich einzelner Verletzungsarten weitere Grundsätze aufgestellt, die bei der Bestimmung der Höhe des Ersatzes immaterieller Schäden berücksichtigt werden sollen:

Die Höhe des immateriellen Schadens bei Gesundheitsbeschädigungen wird gemäß Punkt 36 der erläuternden Leitentscheidung des Plenums des Obersten Gerichtshofs der RF vom 28.04.1994 vom Gericht ausgehend vom Schweregrad der Verletzung, anderweitigen Gesundheitsbeschädigung bzw. anderer Umstände, die von den vom Geschädigten erduldeten körperlichen und seelischen Leiden zeugen, bestimmt[1046].

Bei der Bestimmung der Höhe des immateriellen Schadens, der dadurch entstanden ist, daß nicht der Wirklichkeit entsprechende Behauptungen, die die Ehre, die Würde oder das geschäftliche Ansehen ver-

---

[1045] Vgl. *Žujkov*, Kommentarij rossijskogo zakonodatel'stva, Vypusk 1, S. 65; *Suchanov*, Graždanskoe pravo, Band 2, Halbband 2, S. 431; *Koršunov*, ChiP 1995, Nr. 4, S. 137; *Ramzaev* in: *Cybulenko*, Graždanskoe pravo Rossii. Čast' pervaja, S. 164.

[1046] BVS RF 1994, Nr. 7, S. 8.

leumden, in einem Massenmedium verbreitet wurden, kann das Gericht auch das Wesen und den Inhalt der Publikation, den Verbreitungsgrad der nicht wahrheitsgemäßen Behauptungen und andere erörterungswürdige Umstände berücksichtigen[1047]. Der Verbreitungsgrad hängt von der Auflage des Druckwerks, seinem Verbreitungsort, vom Publikum, für das eine Fernsehsendung bestimmt ist und anderen Faktoren ab[1048]. Bedeutung hat auch, inwieweit die verbreitete Behauptung ehrenrührig ist und welche Folgen sie nach sich gezogen hat (z. B. Zerfall der Familie, Entlassung aus dem Arbeitsverhältnis, Nichtwahl in ein bestimmtes Amt)[1049].

Bei der Beschädigung von Vermögen ist aufzuklären, welche Leiden, Unbequemlichkeiten und andere Probleme seelischer oder körperlicher Art für den Geschädigten infolge des ihm zugefügten Vermögensschadens entstanden sind. Dabei ist zu berücksichtigen, welches Vermögen beschädigt wurde, welche Bedeutung es für den Geschädigten hat, und zwar weniger unter dem Gesichtspunkt seines Preises, sondern welche Bedeutung es für die Befriedigung seiner Bedürfnisse hat, wann und unter welchen Umständen das Vermögen beschädigt wurde und welche Folgen im Bereich seelischer und körperlicher Leiden sich für den Geschädigten ergeben haben[1050].

bb) Bestimmung des genauen Betrages. Sehr schwierig ist es, genaue Angaben dazu zu machen, welche Beträge die Gerichte für welche immateriellen Schäden im einzelnen zusprechen. Den deutschen Schmerzensgeldtabellen entsprechende Kataloge der bisherigen Rechtsprechung der rußländischen Gerichte zum Ersatz immaterieller Schäden wurden noch nicht veröffentlicht. Es wird zwar in mehreren höchstrichterlichen Entscheidungen aufgeführt, in welcher Höhe der Kläger einen Anspruch

---

1047 Punkt 11 der erläuternden Leitentscheidung Nr. 11 des Plenums des Obersten Gerichtshofs der RF vom 18.08.1992, BVS RF 1992, Nr. 11, S. 8, i. d. F. der erläuternden Leitentscheidung Nr. 6 vom 25.04.1995, BVS RF 1995, Nr. 7, S. 5 f.

1048 *Šeljutto*, Kommentarij sudebnoj praktiki 1997, Vypusk 3, S. 54 f.

1049 *Ėrdelevskij* in: *Grišaev*, Graždanskoe pravo, S. 477; *Ėrdelevskij*, Zakon 2001, Nr. 12, S. 83 f.; *Ėrdelevskij*, Kompensacija moral'nogo vreda v Rossii i za rubežom, S. 144 f.; *Ėrdelevskij*, Kompensacija moral'nogo vreda, S. 202.

1050 *Žujkov*, Kommentarij rossijskogo zakonodatel'stva, Vypusk 1, S. 65 f.; *Koršunov*, ChiP 1995, Nr. 4, S. 138; vgl. auch *Ėrdelevskij*, Kompensacija moral'nogo vreda v Rossii i za rubežom, S. 169; *Ėrdelevskij*, Moral'nyj vred i kompensacija za stradanija, S. 96; *Ėrdelevskij*, Kompensacija moral'nogo vreda, S. 207.

auf Ersatz des immateriellen Schadens geltend gemacht bzw. in welcher Höhe das Gericht einen Ersatz des immateriellen Schadens zuerkannt hat. Die Zahlen sind jedoch leider wenig aussagekräftig. In den veröffentlichten höchstrichterlichen Entscheidungen wird die Art und das Ausmaß des immateriellen Schadens häufig nicht genau beschrieben und außerdem nicht immer angegeben, wann der Schaden zugefügt und die Entscheidung gefällt wurde. Ohne diese Daten können jedoch die genannten Rubelbeträge nicht annähernd präzise umgerechnet werden, weil sich der Rubelkurs seit Einführung des Anspruchs auf Ersatz des immateriellen Schadens im Jahre 1990 aufgrund galoppierender Inflation und der Währungsreform im Jahre 1998 ständig verändert hat. Man kann daher nur in etwa erahnen, in welcher Größenordnung (umgerechnet) der immaterielle Schaden von den rußländischen Gerichten zugesprochen wird[1051]. Feststellen läßt sich aber, daß in der RF kein derart exorbitant hoher Ersatz für immaterielle Schäden zuerkannt wird, wie dies im US-amerikanischen Recht der Fall ist[1052]. In der Regel werden Beträge zugesprochen, die noch unter den in Deutschland üblichen Beträgen liegen. Dabei ist allerdings zu berücksichtigen, daß auch die Einkommen in der RF deutlich unter den in Deutschland üblichen Einkommen liegen.

Das Fehlen einer umfassenden Zusammenstellung der bisherigen Rechtsprechung über den Ersatz immaterieller Schäden führt dazu, daß sowohl auf seiten der Parteien als auch auf seiten des Gerichts erhebliche Unsicherheiten darüber bestehen, in welcher Höhe ein Ersatz des immateriellen Schadens angemessen ist. Die Kläger verlangen deshalb in der Praxis häufig bei weitem überhöhte Beträge. Dabei gehen die Kläger kein finanzielles Risiko ein, weil die Höhe der Gerichtsgebühren, unabhängig vom geltend gemachten Betrag, immer 10 % eines Mindestarbeitslohns beträgt[1053]. Es wird deshalb in der Literatur vorgeschlagen, für Klagen auf Ersatz von immateriellen Schäden progressive Gerichtsgebühren einzuführen[1054].

1051 Einige Beispiele aus der neuesten Rechtsprechung: Schwere Körperverletzung – 40.000 Rubel (= ca. 120 €), Tötung des Sohnes bei einem Autounfall – 15.000 Rubel (= ca. 450 €), vgl. BVS RF 2002, Nr. 2, S. 14; Tötung des Sohnes bei einem Autounfall – 25.000 Rubel (= ca. 750 €), vgl. BVS 2001, Nr. 5, S. 3, Tötung eines Sohnes infolge rechtswidriger Handlungen eines Mitarbeiters der Organe für innere Angelegenheiten – 30.000 Rubel (= ca. 900 €), vgl. BVS RF 2002, Nr. 7, S. 7.

1052 Vgl. auch *Trunk*, Osteuropa Recht 1999, Nr. 4, S. 317.

1053 Vgl. dazu oben S. 112.

1054 Vgl. *Gavrilov*, RJu 2000, Nr. 6, S. 21.

In der Literatur wurde von *A. Ėrdelevskij*[1055] eine Methode zur Berechnung der Höhe immaterieller Schäden entwickelt. Dabei geht *Ėrdelevskij* von einem Basiswert von 720 Mindestarbeitslöhnen für die Zufügung eines schweren Gesundheitsschadens, der mit besonderer Brutalität zugefügt wurde, aus. 720 Mindestarbeitslöhne entsprechen dem Verdienst von zehn Jahren, wenn man einen monatlichen Verdienst von sechs Mindestarbeitslöhnen zugrundelegt. Von diesem Basiswert ausgehend hat *Ėrdelevskij* eine Tabelle verschiedener Arten von immateriellen Schäden zusammengestellt, in der aufgeführt ist, in welcher Höhe (angegeben in Mindestarbeitslöhnen) sie grundsätzlich zu ersetzen sind, d. h. in welcher Höhe ein immaterieller Schaden vermutet wird. Diese Tabelle sieht wie folgt aus[1056]:

Art der Rechtsverletzung	relative Einheiten	Mindest-arbeits-löhne
Zufügung eines schweren Gesundheitsschadens	0,80	576
Zufügung eines schweren Gesundheitsschadens, der mit besonderer Brutalität, Verhöhnungen oder Qualen für den Geschädigten zugefügt wurde	1,00	720
Zufügung eines mittelschweren Gesundheitsschadens	0,30	216
Zufügung eines mittelschweren Gesundheitsschadens, der mit besonderer Brutalität, Verhöhnungen oder Qualen für den Geschädigten zugefügt wurde	0,50	360
Zufügung eines leichten Gesundheitsschadens	0,03	24
Zufügung von Schlägen	0,025	18
Mißhandlung	0,30	216
Drohung mit Tötung oder Zufügung eines schweren Gesundheitsschadens	0,20	144
Nötigung zur Entnahme von Organen oder Häuten eines Menschen zur Transplantation	0,40	288

1055 Kompensacija moral'nogo vreda, S. 193 ff.; Moral'nyj vred i kompensacija za stradanija, S. 63 ff.; Kompensacija moral'nogo vreda v Rossii i za rubežom, S. 133 ff.; GiP 1997, Nr. 4, S. 8 ff.

1056 Diejenigen Positionen, die das in dieser Arbeit nicht behandelte Arbeitsrecht betreffen, werden im folgenden nicht aufgeführt.

Nötigung zur Entnahme von Organen oder Häuten eines Menschen zur Transplantation, die gegenüber einer abhängigen oder hilflosen Person begangen wurde	0,50	360
Ansteckung mit einer Geschlechtskrankheit	0,05	36
Ansteckung mit einer HIV-Infektion	0,50	360
Unterlassene Hilfeleistung gegenüber einem Kranken, die die Zufügung eines mittelschweren Gesundheitsschadens bei dem Kranken zur Folge hatte	0,03	24
Unterlassene Hilfeleistung gegenüber einem Kranken, die die Zufügung eines schweren Gesundheitsschadens bei dem Kranken zur Folge hatte	0,30	216
Entführung eines Menschen	0,80	576
Entführung eines Menschen unter Zufügung körperlicher Leiden	1,00	720
Entführung eines Menschen unter Zufügung eines schweren oder mittelschweren Gesundheitsschadens	1,50	1080
Gesetzwidriger Freiheitsentzug (für einen Tag)	0,30	216
Gesetzwidriger Freiheitsentzug (für einen Tag) unter Zufügung körperlicher Leiden	0,50	360
Gesetzwidriger Freiheitsentzug (für einen Tag) unter Zufügung eines schweren oder mittelschweren Gesundheitsschadens	0,80	576
Gesetzwidrige Unterbringung in einer psychiatrischen Einrichtung (für einen Tag)	0,30	216
Gesetzwidrige Unterbringung in einer psychiatrischen Einrichtung (für einen Tag) unter Zufügung eines schweren oder mittelschweren Gesundheitsschadens	0,70	504
Verbreitung falscher verleumdender Behauptungen	0,03	24
Verbreitung falscher verleumdender Behauptungen in einem Massenmedium	0,05	36
Verbreitung falscher verleumdender Behauptungen in einem Massenmedium, verbunden mit der Beschuldigung, eine schwere Straftat begangen zu haben	0,30	216
Beleidigung	0,015	12

Beleidigung in einem Massenmedium	0,03	24
Geschlechtsverkehr oder andere Handlungen sexuellen Charakters unter Anwendung von Gewalt, Drohung oder Ausnutzung des hilflosen Zustandes des Geschädigten	0,60	432
Geschlechtsverkehr oder andere Handlungen sexuellen Charakters unter Anwendung von Gewalt, Drohung oder Ausnutzung des hilflosen Zustandes des Geschädigten, verbunden mit der Drohung der Tötung oder Zufügung eines schweren Gesundheitsschadens	1,00	720
Geschlechtsverkehr oder andere Handlungen sexuellen Charakters unter Anwendung von Gewalt, Drohung oder Ausnutzung des hilflosen Zustandes des Geschädigten, die einen schweren Gesundheitsschaden oder eine HIV-Infektion zur Folge hatten	1,50	1080
Nötigung zu Handlungen sexuellen Charakters durch Erpressung oder Drohung	0,10	72
Diskriminierung eines Bürgers	0,20	144
Verletzung der Unantastbarkeit des Privatlebens	0,03	24
Verletzung des Brief-, Telefon-, Postgeheimnisses oder Geheimnisses sonstiger Kommunikation	0,03	24
Verletzung der Unantastbarkeit der Wohnung	0,025	18
Verletzung der Unantastbarkeit der Wohnung unter Anwendung von Gewalt oder Drohung	0,20	144
Unrechtmäßige Weigerung, einem Bürger Informationen zur Verfügung zu stellen	0,025	18
Verhinderung der Ausübung des Wahlrechts	0,03	24
Verletzung der Nichtvermögensrechte eines Autors oder Erfinders	0,20	144
Verletzung des Rechts auf Freiheit des Gewissens oder des Glaubensbekenntnisses	00,25	18
Aufdeckung des Adoptionsgeheimnisses oder des Geheimnisses der künstlichen Befruchtung	0,20	144
Kindesunterschiebung	0,50	360
Verletzung der Vermögensrechte von Verbrauchern	0,05	36

Verletzung der Vermögensrechte von Verbrauchern, die einen bedeutenden Schaden zur Folge hatte	0,20	144
Tötung eines nahen Verwandten	0,30	216
Tötung eines nahen Verwandten mit besonderer Brutalität	0,80	576
Schändung der Leiche oder Grabstätte eines nahen Verwandten	0,025	18
Strafrechtliche Verfolgung eines Unschuldigen	0,50	360
Strafrechtliche Verfolgung eines Unschuldigen, verbunden mit der Beschuldigung, eine schwere Straftat begangen zu haben	1,00	720
Verurteilung eines Unschuldigen	0,40	288
Verurteilung eines Unschuldigen, die schwere Folgen nach sich gezogen hat	1,00	720
Gesetzwidrige vorläufige Festnahme	0,20	144
Gesetzwidrige Untersuchungshaft (für einen Tag)	0,04	28,8
Andere gesetzwidrige Freiheitsbeschränkung (für einen Tag)	0,01	7,2
Nötigung, eine Aussage zu machen	0,30	216
Nötigung, eine Aussage zu machen unter Anwendung von Gewalt, Verhöhnung oder Folter	0,80	576
Andere Beeinträchtigung von Rechten oder Freiheiten eines Bürgers durch rechtswidrige Handlungen oder Entscheidungen von Organen der Staatsgewalt und der Verwaltung	0,05	36
Andere Beeinträchtigung von Rechten oder Freiheiten eines Bürgers durch rechtswidrige Handlungen oder Entscheidungen von Organen der Staatsgewalt und der Verwaltung, die einen bedeutenden Schaden zur Folge hatten	0,20	144

Unter Berücksichtigung der Kriterien, die in Art. 151, 1101 ZGB aufgeführt sind, sowie der in Art. 1083 ZGB genannten Umstände (Mitverschulden des Geschädigten, Vermögenslage des Schädigers) ist anschließend der in der Tabelle aufgeführte Umfang des Ersatzes des immateriellen Schadens zu erhöhen bzw. zu senken. Dabei geht *Ėrdelevskij* davon aus, daß der tatsächliche Ersatz des immateriellen Schadens die in der Tabelle genannten Werte um nicht mehr als das Vierfache übersteigen soll. Bei der Senkung der Höhe der in der Tabelle genannten Werte sollen dagegen keine Grenzen zu beachten sein. Es soll auch möglich sein, daß dem Geschädigten gar kein Ersatz des immateriellen Schadens zugesprochen wird. Einfließen sollen die in den Art. 151, 1101 und 1083 ZGB genannten Umstände mit Hilfe folgender Formel:

$$D = d \cdot f_v \cdot i \cdot c \cdot (1 - f_s)$$

Die Komponenten in der Formel haben dabei folgende Bedeutung:

- D die Höhe des tatsächlichen Ersatzes des immateriellen Schadens
- d die Höhe des gemäß der oben aufgeführten Tabelle vermuteten Ersatzes des immateriellen Schadens
- f_v das Maß des Verschuldens des Schädigers; dabei muß $0 \leq f_v \leq 1$ sein
- i Koeffizient für die individuellen Besonderheiten des Geschädigten; dabei muß $0 \leq i \leq 2$ sein
- c Koeffizient für die Berücksichtigung der erörterungswürdigen tatsächlichen Umstände der Schadenszufügung, dabei muß $0 \leq c \leq 2$ sein
- f_s Maß des Verschuldens des Geschädigten, dabei muß $0 \leq f_s \leq 1$ sein.

Bei Berücksichtigung des Verschuldens des Schädigers sind folgende Faktoren einzusetzen:
$f_v = 0{,}25$ bei einfacher Fahrlässigkeit
$f_v = 0{,}5$ bei grober Fahrlässigkeit
$f_v = 0{,}75$ bei bedingtem Vorsatz
$f_v = 1{,}0$ bei direktem Vorsatz

In der oben aufgeführten Formel spiegeln sich die Kriterien der Angemessenheit und der Gerechtigkeit nicht unmittelbar wieder. Berücksichtigt wurden sie aber bei der Festlegung der Höhe des gemäß der Tabelle vermuteten immateriellen Schadens. Nicht sinnvoll soll es nach Auffassung von *Ėrdelevskij* sein, die Vermögenslage des Schädigers in die Formel mit einfließen zu lassen, weil dieser Umstand weder mit der Rechtsverletzung selbst noch mit den vom Verletzten durchgemachten Leiden zusammenhänge. Sofern man in der Formel dennoch die Vermögenslage des Schädigers in der Formel berücksichtigen möchte, könne das wie folgt geschehen:

$$D = d \cdot f_v \cdot i \cdot c \cdot (1 - f_s) \cdot p$$

Dabei steht der Buchstabe p für das Vermögen des Schädigers und muß zwischen 0,5 und 1 ($0{,}5 \leq p \leq 1$) betragen.

Inwieweit sich mit Hilfe der Berechnungsmethode von *Ėrdelevskij* sinnvolle Ergebnisse erzielen lassen, ist schwer einzuschätzen. In jedem Fall wird man die Berechnungsmethode nicht schematisch anwenden können, sondern man muß jedes Mal das Ergebnis überprüfen und gegebenenfalls auch korrigieren. Es wird immer wieder Fallkonstellationen geben, die Besonderheiten aufweisen, die in der von *Ėrdelevskij* entwickelten Formel nicht berücksichtigt wurden. Die Formel kann allenfalls in bestimmten Standardsituationen einen Anhaltspunkt liefern.

Im rußländischen Schrifttum gibt es kaum Stellungnahmen zu dieser Berechnungsmethode, ein Autor spricht sich jedoch dafür aus[1057]. Ob sich diese Berechnungsmethode in der Rechtsprechung durchsetzen wird, bleibt abzuwarten, ist jedoch zu bezweifeln.

i) Vergleich zum deutschen Recht

Zwischen dem geltenden deutschen und dem rußländischen Recht gibt es hinsichtlich des Ersatzes immaterieller Schäden einige gravierende Unterschiede. Diese bestehen jedoch teilweise nach dem Inkrafttreten des Zweiten Gesetzes zur Änderung schadensersatzrechtlicher Vorschriften am 01.08.2002 nicht mehr. Dabei hat sich das deutsche Recht dem russischen Recht in einigen Bereichen „angeglichen“, ohne daß sich der deutsche Gesetzgeber das rußländische Recht unmittelbar zum Vorbild genommen hat[1058]. Zurückzuführen ist diese „Angleichung“ darauf, daß das deutsche Recht seit über hundert Jahren unverändert

---

1057 *Zavidov*, Pravovye problemy vozmeščenija moral'nogo vreda v Rossii, S. 26.

1058 Vgl. dazu unter Ziff. A III. 3. der Begründung des Zweiten Gesetzes zur Änderung schadensersatzrechtlicher Vorschriften, veröffentlicht unter www.bmj.de, in dem auf die „europäischen Nachbarrechtsordnungen“ sowie das Recht Frankreichs und des Vereinigten Königreichs, nicht jedoch auf das rußländische Recht Bezug genommen wird.

geblieben ist[1059], während das rußländische Recht im Bereich des Ersatzes immaterieller Schäden sehr viel „modernere“ Regelungen vorsieht, die im Grundsatz nun auch im deutschen Recht gelten. Bei einigen Fragen des Ersatzes immaterieller Schäden gibt es aber auch heute deutliche Unterschiede zwischen dem deutschen und dem rußländischen Recht. Dazu im einzelnen:

Das rußländische Recht unterschied sich vom deutschen Recht, das bis zum 31.07.2002 gegolten hat, zum einen dadurch, daß es auch bei Vertragsverletzungen einen Anspruch auf Ersatz des immateriellen Schadens aus Art. 151 ZGB gewährt. Der in § 847 BGB vorgesehene Schmerzensgeldanspruch war hingegen unanwendbar, wenn Ersatzansprüche wegen Verletzung der in dieser Vorschrift bezeichneten Rechtsgüter aus der Verletzung von Vertragspflichten hergeleitet werden[1060]. Immaterielle Schäden bei Vertragsverletzungen wurden bisher nur nach den Sondervorschriften der §§ 611 a und 651 f Abs. 2 BGB ersetzt. Dieser Unterschied besteht ab dem 01.08.2002 nicht mehr: § 847 BGB wurde aufgehoben und stattdessen in Art. 253 Abs. 2 BGB ein einheitlicher und übergreifender Anspruch auf Schmerzensgeld eingeführt, der nicht mehr danach unterscheidet, auf welchem Rechtsgrund die Haftung für die Verletzung beruht, somit auch die Vertragshaftung mit einbezieht.

Ein weiterer Unterschied zum deutschen Recht besteht insoweit, als das rußländische Recht ein Anspruch auf Ersatz des immateriellen Schadens bei Verletzung von Vermögensrechten gewährt, wenn dies durch Gesetz vorgesehen ist (Art. 1099 Abs. 2 ZGB). Im deutschen Recht gibt es bei Verletzung von Vermögensrechten im Bereich des Deliktsrechts dagegen keine Möglichkeit, für immaterielle Schäden einen Ersatz zu erhalten. Ein Anspruch auf Schmerzensgeld wurde nur im Falle der Verletzung des Körpers oder der Gesundheit oder im Falle der Freiheitsentziehung gewährt (§ 847 Abs. 1 BGB) oder wenn gegen eine Frau ein Verbrechen oder Vergehen gegen die Sittlichkeit begangen oder sie durch Hinterlist oder Drohung oder durch Mißbrauch eines Abhängigkeitsverhältnisses zur Gestattung der außerehelichen Beiwohnung bestimmt wurde (§ 847 Abs. 2 BGB). Daran hat auch das Zweite Gesetz

---

[1059] Vgl. Ziff. A. I. der Begründung des Zweiten Gesetzes zur Änderung schadensersatzrechtlicher Vorschriften, veröffentlicht unter www.bmj.de.

[1060] BGH VersR 1965, 364; *Staudinger-Schäfer*, § 847 Rn. 16; MüKo-*Stein*, § 847 Rn. 12.

zur Änderung schadensersatzrechtlicher Vorschriften nichts geändert. Nach § 253 Abs. 2 BGB n.F. kann nur bei einer Verletzung des Körpers, der Gesundheit, der Freiheit oder der sexuellen Selbstbestimmung Schadensersatz auch wegen des Schadens, der nicht Vermögensschaden ist, eine billige Entschädigung in Geld gefordert werden.

Das rußländische Recht über den Ersatz immaterieller Schäden unterschied sich vom bisherigen deutschen Recht außerdem hinsichtlich der Frage, ob ein Verschulden erforderlich ist. Nach rußländischem Recht ist der immaterielle Schaden grundsätzlich nur bei Verschulden, in den in Art. 1100 ZGB vorgesehenen Fällen jedoch unabhängig vom Verschulden des Schädigers zu ersetzen. Dabei handelt es sich bei den in Art. 1100 ZGB genannten Fällen – mit Ausnahme der Produkthaftung – um diejenigen Fälle, bei denen auch der materielle Schaden unabhängig vom Verschulden zu ersetzen ist. Im rußländischen Recht ist somit die Frage des Verschuldenserfordernisses sowohl bei materiellen als auch bei immateriellen Schäden weitgehend aufeinander abgestimmt, so daß im Falle einer verschuldensunabhängigen Haftung in der Regel auch ein Anspruch auf Ersatz des immateriellen Schadens gewährt wird. Für das deutsche Recht, das bis zum 31.07.2002 gegolten hat, traf dies hingegen nicht zu: § 847 BGB fand nur in den Fällen Anwendung, in denen eine unerlaubte Handlung im Sinne des 25. Titels des BGB zu einer Verletzung der in § 847 BGB bezeichneten Rechtsgüter geführt hatte. Es machte dabei keinen Unterschied, ob zur Erfüllung des Tatbestands der unerlaubten Handlung Verschulden erforderlich war, ob eine nicht widerlegte Verschuldensvermutung Platz griff oder ob die Haftung unabhängig von einem Verschulden eintrat. § 847 BGB war somit auch anwendbar in den Fällen der §§ 829, 831, 832, 833 Satz 1 und 2, 836 und 839 i. V. m. Art. 34 GG[1061]. Ob im deutschen Recht im Falle einer verschuldensunabhängigen Haftung auch der immaterielle Schaden zu ersetzen war, hing somit davon ab, in welcher Kodifikation sich die einschlägige haftungsbegründende Norm befand. § 847 BGB beschränkte sich nahezu ausschließlich auf die außervertragliche Verschuldenshaftung und war bei der außerhalb des 25. Titels des BGB in Sondergesetzen geregelten Gefährdungshaftung unanwendbar[1062]. Eine Ausnahme

---

1061 *Staudinger-Schäfer*, § 847 Rn. 12; vgl. auch *Soergel/Zeuner*, § 847 Rn. 3; MüKo-*Stein*, § 847 Rn. 11; *Palandt-Thomas*, 61. Aufl., § 847, Rn. 2.

1062 *Staudinger-Schäfer*, § 847 Rn. 14; *Soergel/Zeuner*, § 847 Rn. 9.

war nur in § 53 Abs. 3 LuftVG vorgesehen. Das führte dazu, daß in weiten Bereichen der Gefährdungshaftung kein Schmerzensgeldanspruch bestand. Dies wurde vielfach kritisiert[1063]. Der Gesetzgeber hat daraus nunmehr Konsequenzen gezogen: Die Sondergesetze, die die Gefährdungshaftung regeln, wurden dahingehend geändert, daß auch wegen des Schadens, der nicht Vermögensschaden ist, eine billige Entschädigung in Geld verlangt werden kann (vgl. § 87 AMG n.F., § 11 StVG n.F., § 6 HaftpflichtG n.F., § 36 LuftVG n.F., § 32 Abs. 5 GenTG n.F., § 8 ProdHaftG n.F., § 13 UmweltHG n.F., § 29 Abs. 2 AtG n.F.).

Deutliche Unterschiede bestehen zwischen dem deutschen und dem rußländischen Recht, sofern es um den Ersatz immaterieller Schäden bei Verletzung des Persönlichkeitsrechts geht. Im rußländischen Recht werden immaterielle Schäden bei der Verletzung von Persönlichkeitsrechten nach allgemeinen Grundsätzen (Art. 151, 1099-1101 ZGB) ersetzt. Eine Sondervorschrift besteht nur hinsichtlich des Verschuldens: Nach Art. 1100 ZGB ist der immaterielle Schaden bei der Verbreitung von Behauptungen, die die Ehre, die Würde und das geschäftliche Ansehen verleumden, unabhängig vom Verschulden des Schädigers zu ersetzen. Bei anderen Persönlichkeitsverletzungen besteht ein Anspruch auf Ersatz des immateriellen Schaden nur bei Verschulden des Schädigers. Nach § 253 Abs. 1 BGB kann wegen eines Schadens, der nicht Vermögensschaden ist, Entschädigung in Geld nur in den durch das Gesetz bestimmten Fällen gefordert werden. Das BGB sieht jedoch bei Verletzung des Persönlichkeitsrechts unmittelbar keinen Schmerzensgeldanspruch vor. Ein Anspruch auf Geldentschädigung für immaterielle Schäden bei Persönlichkeitsverletzungen folgt aber nach ständiger Rechtsprechung aus den Art. 1, 2 Abs. 1 GG[1064]. Nach dieser Rechtsprechung besteht der Anspruch auf Geldentschädigung für immaterielle Schäden bei Persönlichkeitsverletzungen aber nur dann, wenn es sich um eine schwerwiegende Verletzung des Persönlichkeitsrechts handelt, den Schädiger der

---

[1063] Vgl. *Erman/Schiemann*, vor § 823 Rn. 6; *Larenz/Canaris*, Lehrbuch des Schuldrechts II/2, S. 603; *Deutsch*, Allgemeines Haftungsrecht, Rn. 704; Ziff. A. III. 3. der Begründung des Zweiten Gesetzes zur Änderung schadensersatzrechtlicher Vorschriften, veröffentlicht unter www.bmj.de.

[1064] Vgl. BGHZ 26, 349 ff. (*„Herrenreiter-Entscheidung"*); BGHZ 30, 7, 17 f.; BGHZ 35, 363, 367 f. (*Ginsengwurzel-Fall*); BGHZ 39, 124, 130 ff. (*Fernsehansagerin-Fall*); BVerfGE 34, 269 (*Soraya-Entscheidung*); BGHZ 128, 1, 15 (*Caroline von Monaco I*); BGH NJW 1996, 984, 985 (*Caroline von Monaco II*); BVerfG NJW 2000, 2187 f.; BGH, NJW 2000, 2195, 2197.

Vorwurf einer schweren Schuld trifft und eine Genugtuung durch Unterlassung, Gegendarstellung oder Widerruf nicht möglich oder nach Lage des Falls nicht ausreichend ist[1065]. Nach deutschem Recht werden immaterielle Schäden bei Verletzung des Persönlichkeitsrechts somit nur unter sehr viel engeren Voraussetzungen ersetzt als nach rußländischem Recht. Der deutsche Gesetzgeber hat die Reform des Schadensersatzrechts auch nicht zum Anlaß genommen, an dem geltenden Rechtszustand etwas zu ändern[1066].

VI. VERJÄHRUNG

Die Verjährung zivilrechtlicher und damit auch der deliktischen Ansprüche richtet sich nach den Art. 195-208 ZGB. Die Verjährung ist prozessual als Klageverjährung ausgestaltet worden, d. h. nach Eintritt der Verjährung kann der Anspruch nicht mehr mit Erfolg klageweise geltend gemacht werden[1067]. Der Eintritt der Verjährung führt jedoch nicht dazu, daß keine Klage mehr erhoben werden kann: Der Antrag auf Schutz eines verletzten Rechts wird durch das Gericht unabhängig vom Ablauf der Klageverjährungsfrist zur Verhandlung angenommen (Art. 199 Abs. 1 ZGB). Die Klageverjährung wird durch das Gericht nur auf einen von einer Streitpartei vor Erlaß der Gerichtsentscheidung gestellten Antrag festgestellt. Der Ablauf der Klageverjährungsfrist, deren Feststellung eine Streitpartei beantragt, führt zur Abweisung der Klage durch das Gericht (Art. 199 Abs. 2 ZGB). Die Verjährung ist also als Einrede ausgestaltet[1068].

1065 Vgl. BGHZ 35, 363, 368 f.; BGHZ 39, 124, 130 ff ; BVerfGE 34, 269, 286; BGH NJW 1970, 1077 f.; NJW 1971, 698, 699; NJW 1985, 1617, 1619.

1066 Vgl. Ziff. B (Zu Art. 2 Nr. 2 b) der Begründung des Zweiten Gesetzes zur Änderung schadensersatzrechtlicher Vorschriften, veröffentlicht unter www.bmj.de

1067 *Braginskij*, Kommentarij časti pervoj Graždanskogo kodeksa RF, S. 258; *Suchanov*, Graždanskoe pravo, Band 1, S. 469.

1068 *Masevič* in: *Sadikov*, Kommentarij k Graždanskomu kodeksu RF, Anm. 3 zu Art. 198 und 199; *Braginskij*, Kommentarij časti pervoj Graždanskogo kodeksa RF, S. 260.

1. Maßgebliche Frist

Die allgemeine Klageverjährungsfrist beträgt drei Jahre (Art. 196 ZGB). Für einzelne Arten von Forderungen können jedoch durch Gesetz (allerdings nicht durch Vertrag, vgl. Art. 198 ZGB) besondere Klageverjährungsfristen, die kürzer oder länger als die allgemeine Frist sind, bestimmt werden (Art. 197 Abs. 1 ZGB). Im ZGB sind für die Ansprüche aus den Art. 1064 ff. ZGB generell keine kürzeren oder längeren Verjährungsfristen vorgesehen, so daß sie somit grundsätzlich auch in drei Jahren verjähren. Abweichende Verjährungsfristen für deliktische Ansprüche können sich jedoch aus Spezialgesetzen ergeben. So können z. B. Klagen auf Ersatz eines Umweltschadens, der durch die Verletzung der Gesetzgebung auf dem Gebiet des Umweltschutzes entstanden ist, im Laufe von zwanzig Jahren erhoben werden (Art. 78 Abs. 3 UmweltschutzG[1069]).

Eine Ausnahme gilt für Ansprüche wegen des Schutzes persönlicher Nichtvermögensrechte und anderer immaterieller Rechtsgüter sowie Ansprüche auf Ersatz des an Leben oder Gesundheit eines Bürgers entstandenen Schadens. Auf diese Ansprüche erstreckt sich die Klageverjährung gemäß Art. 208 ZGB nicht[1070]. Für einen großen Teil der deliktischen Ansprüche bedeutet dies, daß für sie die dreijährige Verjährungsfrist des Art. 196 ZGB nicht gilt[1071]. Werden jedoch Ansprüche auf Ersatz des dem Leben oder Gesundheit eines Bürgers zugefügten Schadens nach Ablauf von drei Jahren seit der Entstehung des Rechts auf Ersatz eines solchen Schadens erhoben, werden sie nach Art. 208 ZGB für die zurückliegende Zeit nur für die der Klageerhebung vorangegangenen drei Jahre befriedigt.

Der Oberste Gerichtshof der RF hat festgestellt, daß auch Ansprüche auf Ersatz des immateriellen Schadens nicht der Verjährung unterliegen,

---

1069 Vgl. Fn. 6.

1070 Die persönlichen Nichtvermögensrechte waren auch schon nach dem sowjetischen Zivilrecht unverjährbar, vgl. Art. 90 ZGB 1964. Darüber hinaus unterlagen Ansprüche aus Gesundheitsbeschädigung durch einen Arbeitsunfall nicht der Verjährung, vgl. dazu ausführlich *Heidemann*, Unternehmenshaftung in Rußland, S. 101 f.

1071 In der Literatur wurde der Gedanke vertreten, auch bei Umweltschäden keine Verjährung eintreten zu lassen, vgl. dazu *Neumüller*, Umwelthaftung in Rußland, S. 131 f. Mit Inkrafttreten von Art. 78 Abs. 3 UmweltschutzG dürfte dies jedoch nicht mehr vertretbar sein, sondern es muß davon ausgegangen werden, daß bei allen Umweltschäden innerhalb von zwanzig Jahren Klage erhoben werden muß.

weil sie sich aus einer Verletzung persönlicher Nichtvermögensrechte und anderer immaterieller Güter ergeben[1072]. Ferner erstreckt sich nach der Rechtsprechung des Obersten Gerichtshofs der RF die Verjährung nicht auf eine Forderung auf Schutz der Ehre, der Würde oder des geschäftlichen Ansehens, die im Verfahren nach Art. 152 Abs. 1-3, 5-7 ZGB erhoben wurde[1073].

1072 Vgl. Punkt 7 der erläuternden Leitentscheidung Nr. 10 des Plenums des Obersten Gerichtshofs der RF vom 20.12.1994, BVS RF 1995, Nr. 3, S. 10. Gegen diese Auffassung des Obersten Gerichtshofs spricht sich jedoch *A. Ėrdelevskij* (Kompensacija moral'nogo vreda, S. 144 ff., Kompensacija moral'nogo vreda v Rossii i za rubežom, S. 182 ff.; GiP 1997, Nr. 10, S. 22 ff., Zakon 1997, Nr. 12, S. 102 f.) aus. Seiner Meinung nach handelt es sich bei Forderungen auf Ersatz des immateriellen Schadens um Foderungen mit Vermögenscharakter, die in Verbindung mit der Verletzung von persönlichen Nichtvermögensrechten und anderen einem Bürger gehörenden immateriellen Rechtsgütern entstehen. Der Ersatz des immateriellen Schadens stelle eine der Arten der materiellen Haftung dar. Wenn im Falle einer materiellen Haftung die Verjährungsfristen nicht angewendet würden, würde dies den grundlegenden Prinzipien und dem Sinn der Zivilgesetzgebung widersprechen. Diese Auffassung von *Ėrdelevskij* wird jedoch von anderen Autoren nicht aufgegriffen. Es ist deshalb davon auszugehen, daß in der Praxis der Standpunkt des Obersten Gerichtshofs befolgt wird.

1073 Vgl. Punkt 10 der erläuternden Leitentscheidung Nr. 11 des Plenums des Obersten Gerichtshofs der RF vom 18.08.1992, BVS RF 1992, Nr. 11, S. 8, i. d. F. der erläuternden Leitentscheidung Nr. 6 vom 25.04.1995, BVS RF 1995, Nr. 7, S. 5. Daß auch Ansprüche auf Ersatz des materiellen Schadens nach Art. 152 Abs. 5 ZGB nicht der Verjährung unterliegen sollen, wird von *Šeljutto*, Žurnal rossijskogo prava 1997, Nr. 12, S. 39, mit folgender Begründung kritisiert: Bei dem Ersatz des materiellen Schadens nach Art. 152 Abs. 5 ZGB handele es sich nicht um eine Art und Weise des unmittelbaren Schutzes immaterieller Rechte – der Ehre, Würde oder des geschäftlichen Ansehens – sondern um eine Art und Weise des Schutzes materieller Rechte, die durch den Angriff auf die genannten immateriellen Rechtsgüter verletzt worden seien. Bestätigt werde dies dadurch, daß die Ansprüche auf Ersatz des dem Leben oder der Gesundheit eines Bürgers zugefügten (materiellen) Schadens in Art. 208 ZGB gesondert als nicht der Verjährung unterliegende Ansprüche aufgeführt seien, obwohl auch sie sich aus einer Verletzung immaterieller Rechtsgüter – dem Leben und der Gesundheit – ergäben. Diese Ansprüche dienten – ebenso wie die Ansprüche auf Ersatz des materiellen Schadens, der durch die Verbreitung nicht der Wirklichkeit entsprechender die Ehre, die Würde oder das geschäftliche Ansehen verleumdender Behauptungen zugefügt wurde – dem Schutz von Vermögensrechten und fielen nicht unter die Kategorie der Ansprüche wegen des Schutzes persönlicher Nichtvermögensrechte und anderer immaterieller Güter. Die Ansprüche auf Ersatz des materiellen Schadens nach Art. 152 Abs. 5 ZGB seien jedoch in Art. 208 ZGB nicht gesondert als nicht der Verjährung unterliegende Ansprüche aufgeführt worden. Ebenso sei für diese Ansprüche – im Gegensatz zu den Ansprüchen auf Er-

2. Beginn der Verjährungsfrist

Die Klageverjährungsfrist beginnt von dem Tage an zu laufen, an dem eine Person von der Verletzung ihres Rechtes erfahren hat oder erfahren mußte (Art. 200 Abs. 1 Satz 1 ZGB). Der Lauf der Verjährungsfrist beginnt somit in dem Moment, in dem der Gläubiger seinen Anspruch mit Hilfe eines Gerichts realisieren kann[1074]. Die Verjährungsfrist beginnt auch dann an zu laufen, wenn der Gläubiger den Schuldner nicht kennt. Allerdings soll in diesem Fall ein triftiger Grund für eine Wiederherstellung der Klageverjährungsfrist nach Ablauf der Verjährungsfrist gemäß Art. 205 ZGB vorliegen[1075]. Falls der Geschädigte aufgrund einer Gesundheitsbeschädigung erst lange Zeit nach der Schadenszufügung erwerbsunfähig wird, beginnt die Verjährungsfrist ab dem Zeitpunkt an zu laufen, ab dem der Geschädigte seine Erwerbsunfähigkeit kannte[1076]. Bei Regreßforderungen beginnt die Klageverjährung vom Zeitpunkt der Erfüllung der zugrundeliegenden Verbindlichkeit an zu laufen (Art. 200 Abs. 3 ZGB).

Durch das ZGB oder andere Gesetze können Ausnahmen von der Regelung des Art. 200 Abs. 1 Satz 1 ZGB bestimmt werden (Art. 200 Abs. 1 Satz 2 ZGB). Der Verjährungsbeginn kann somit für einzelne Arten von Ansprüchen abweichend festgelegt werden. Für die Ansprüche aus

---

satz des an Leben oder Gesundheit zugefügten Schadens – in Art. 208 ZGB kein zeitlicher Rahmen festgelegt worden. Überzeugend sind diese Argumente letztlich jedoch nicht. Auch die Ansprüche auf Ersatz des materiellen Schadens nach Art. 152 Abs. 5 ZGB dienen dem Schutz persönlicher Nichtvermögensrechte und anderer immaterieller Rechtsgüter. Lediglich der dadurch entstandene Schaden und die Art und Weise des Schadensersatzes sind materiell. Zudem spricht gegen eine Anwendung des Art. 208 ZGB auf Ansprüche aus Art. 152 Abs. 5 ZGB nicht die Tatsache, daß in Art. 208 ZGB kein zeitlicher Rahmen für den Ersatz des Schadens nach Art. 152 Abs. 5 ZGB festgelegt wurde. Aus dieser Tatsache kann man nur den Schluß ziehen, daß der materielle Schaden nach Art. 152 Abs. 5 ZGB für die gesamte zurückliegende Zeit zu ersetzen ist.

1074 *Abova* in: *Abova/Kabalkin/Mozolin*, Graždanskij kodeks RF. Čast' pervaja, Anm. 1 zu Art. 200; *Masevič* in: *Sadikov*, Kommentarij k Graždanskomu kodeksu RF, Anm. 2 zu Art. 200; vgl. auch *Suchanov*, Graždanskoe pravo, Band 1, S. 471.

1075 *Masevič* in: *Sadikov*, Kommentarij k Graždanskomu kodeksu RF, Anm. 2 zu Art. 200; *Kirillova* in: *Illarinova/Gongalo/Pletnev*, Graždanskoe pravo. Čast' pervaja, S. 260; vgl. auch *G. Bustin/A. Krylov*, NYSBA International Law Practicum, Vol. 9/2, S. 25.

1076 *Masevič* in: *Sadikov*, Graždanskoe pravo, Obščaja čast', S. 353.

den Art. 1064 ff. ZGB besteht jedoch keine von Art. 200 Abs. 1 Satz 1 ZGB abweichende Regelung des Verjährungsbeginns.

3. Unterbrechung und Hemmung der Klageverjährung

Wie das deutsche Recht, sieht auch das rußländische Recht die Möglichkeit einer Unterbrechung oder Hemmung der Verjährungsfrist vor.

Unterbrochen wird der Lauf der Klageverjährung durch Erhebung einer Klage im bestimmten Verfahren sowie durch Vornahme von Handlungen, die die Anerkennung der Schuld beinhalten. Nach der Unterbrechung beginnt der Lauf der Klageverjährungsfrist von neuem; die vor der Unterbrechung abgelaufene Zeit wird auf die neue Frist nicht angerechnet (Art. 203 ZGB).

Gehemmt wird der Lauf der Klageverjährungsfrist, wenn die Klageerhebung durch einen außerordentlichen und unter den gegebenen Bedingungen unvermeidlichen Umstand (höhere Gewalt) verhindert worden ist, wenn der Kläger oder der Beklagte sich in den Streitkräften im Kriegszustand befindet, aufgrund einer von der Regierung der RF auf gesetzlicher Grundlage erlassenen Stundung der Erfüllung von Verbindlichkeiten (Moratorium) oder wenn das Gesetz oder ein sonstiger, das betreffende Rechtsverhältnis bestimmender Rechtsakt, außer Kraft treten (Art. 202 Abs. 1 ZGB). Allerdings wird die Verjährung nur unter der Voraussetzung gehemmt, daß die in Art. 201 Abs.1 ZGB genannten Umstände innerhalb der letzten sechs Monate der Verjährungsfrist, oder, wenn diese Frist sechs Monate oder weniger beträgt, innerhalb der Verjährungsfrist entstanden sind oder weiterbestanden haben (Art. 202 Abs. 2 ZGB).

Vom Tage des Wegfalls des Umstands, der die Hemmung der Klageverjährung begründete, läuft die Verjährungsfrist weiter. Der übrige Teil der Frist wird bis zu sechs Monaten, und wenn die Klageverjährungsfrist sechs Monate oder weniger beträgt, bis zur Verjährungsfrist verlängert (Art. 202 Abs. 3 ZGB).

VII. BEWEISLAST

1. Die allgemeinen Regeln der Beweislastverteilung im rußländischen Recht

Die Beweislast wird sowohl im Verfahren vor den ordentlichen Gerichten als auch vor den Arbitragegerichten nach dem gleichen Grundsatz auf die Parteien verteilt: Jede Partei hat die Umstände zu beweisen, auf die sie sich zur Begründung ihrer Ansprüche und Einwendungen beruft (vgl. Art. 50 Satz 1 ZPO RSFSR/Art. 56 Abs. 1 ZPO RF, Art. 53 Abs. 1 Satz 1 APO a.F./Art. 65 Abs. 1 Satz 1 APO n.F.). Der Kläger hat somit die Umstände zu beweisen, welche die Grundlage der Klage darstellen, d. h. die Tatsachen, mit denen die Existenz der streitigen Rechtsbeziehung verbunden ist, sowie die Tatsachen, aus denen sich ergibt, daß das Recht des Klägers durch den Beklagten verletzt wurde oder bestritten wird. Der Beklagte muß hingegen die Tatsachen beweisen, auf die er sich bei der Erhebung von Einwendungen gegen die Klage beruft[1077]. Das Prinzip der Beweislastverteilung im rußländischen Recht entspricht somit im Grundsatz dem deutschen Recht.

Wie im deutschen Recht, spielen zudem die gesetzlichen und tatsächlichen Vermutungen eine wichtige Rolle bei der Beweislastverteilung[1078]. *Vermutungen* stellen die Annahme des Vorhanden- oder Nichtvorhandenseins einer Tatsache dar, solange nichts anderes bewiesen wurde[1079]. Bei den *gesetzlichen Vermutungen* handelt es sich um spezielle Regelungen, die in Normen des materiellen Rechts enthalten sind und die Beweislast für bestimmte Tatsachen in Abweichung von der allgemeinen Regel einer bestimmten Partei auferlegen[1080]. Die *tatsächli-*

1077 *Lapač* in: *S. Zinčenko/A. Luk'jancev*, Kommentarij k Arbitražnomu processual'nomu kodeksu RF, Anm. 1 zu Art. 53.

1078 Vgl. *Komissarov* in: *K. Komissarov/Ju. Osipkov*, Graždanskij process, S. 187; *Pučinskij* in: *Jakovlev*, Kommentarij k Arbitražnomu processual'nomu kodeksu RF, Anm. 4 zu Art. 53; *M. Rožkova*, ChiP 2000, Nr. 9, S. 122. Zu den verschiedenen Definitionen des Begriffs „Vermutung" im rußländischen Recht vgl. *A. Fedotov*, Žurnal rossijskogo prava 2001, Nr. 4, S. 45 ff.; *Zajcev* in: *M. Vikut/I. Zajcev*, Graždanskij process Rossii, S. 164 f.

1079 *Molčanov* in: *Treušnikov/Šerstjuk*, Arbitražnyj process, S. 172 f.; vgl. auch *Zajcev* in: *Vikut/Zajcev*, Graždanskij process Rossii, S. 165.

1080 *Molčanov* in: *Treušnikov*, Arbitražnyj process, S. 138; *Treušnikov*, Naučno-praktičeskij kommentarij k Graždanskomu processual'nomu kodeksu RSFSR, Anm. 4 zu *chen Vermutungen* sind dagegen nicht in Rechtsnormen fixiert[1081]. Bei ihnen handelt es sich vielmehr um die Annahme, daß eine gesuchte Tatsache, Erscheinung oder Merkmal wahrscheinlich existiert hat, existiert oder existieren wird, kraft dessen, daß eine andere Tatsache, Erscheinung oder Merkmal unbestreitbar existiert hat, existiert oder existieren wird[1082].

1. Beweislastverteilung im Deliktsrecht

Die Beweislast wird im rußländischen Deliktsrecht zwischen dem Geschädigten und dem Schädiger nur teilweise nach der allgemeinen Regel über die Beweislastverteilung verteilt. Für bestimmte Tatbestandsmerkmale existieren nämlich gesetzliche Vermutungen.

a) Schaden

Hinsichtlich des Schadens gilt der allgemeine Grundsatz über die Beweislastverteilung: Seinen Eintritt sowie dessen Höhe hat der Geschädigte zu beweisen[1083]. Kann der Kläger keinen Schaden beweisen, entsteht die Frage der Haftung überhaupt nicht und die Klage ist abzuweisen[1084]. Diese Beweislastverteilung gilt nach den allgemeinen Grundsätzen der ZPO grundsätzlich auch für den immateriellen Schaden[1085]. Allerdings wird darauf hingewiesen, daß die Gerichte in der Praxis faktisch eine Vermutung des immateriellen Schadens anwenden und annehmen, daß auch ein immaterieller Schaden entstanden ist, wenn sie

---

Art. 50; *Rožkova*, ChiP 2000, Nr. 9, S. 128; vgl. auch *Rešetnikova* in: *Jarkov*, Arbitražnyj process, S. 131 f.; *Molčanov* in: *Treušnikov/Šerstjuk*, Arbitražnyj process, S. 172.

1081 *Komissarov* in: *Komissarov/Osipkov*, Graždanskij process, S. 188.

1082 *Fedotov*, Žurnal rossijskogo prava, 2001, Nr. 4, S. 46.

1083 *Malein* in: *Kalpin*, Graždanskoe pravo. Čast' vtoraja, S. 513; *Jarošenko* in: *Sadikov*, Graždanskoe pravo Rossii. Čast' vtoraja, S. 642; *Rožkova*, ChiP 2000, Nr. 9, S. 124; *Rožkova*, VVAS 2002, Nr. 2, S. 93; vgl. auch *Čecot* in: *V. Musin/M. Čečina/D. Čečot*, Graždanskij process, S. 192; *Kozyminych*, RJu 2001, Nr. 2, S. 33; vgl. auch das Urteil Nr. 4264 des Höchsten Arbitragegerichts vom 15.09.1998, VVAS 1998, Nr. 12, S. 78.

1084 *Rožkova*, ChiP 2000, Nr. 9, S. 125.

1085 *Žujkov*, Kommentarij rossijskogo zakonodatel'stva, Vypusk 1, S. 60; *Ėrdelevskij*, RJu 1994, Nr. 7, S. 35; *Ėrdelevskij*, Moral'nyj vred i kompensacija za stradanija, S. 17; *Ėrdelevskij*, Kompensacija moral'nogo vreda v Rossii i za rubežom, S. 76.

die Tatsache festgestellt haben, daß eine rechtswidrige Handlung begangen wurde[1086].

b) Kausalität

Gleiches gilt für die Kausalität: Die Kausalität zwischen der Handlung des Schädigers und dem eingetretenen Schaden hat ebenfalls der Geschädigte zu beweisen[1087]. Ist der Kläger nicht in der Lage, die Kausalität zwischen dem eingetretenen Schaden und der Handlung des Beklagten zu beweisen, kann dem Beklagten die Haftung für den Schaden nicht auferlegt werden[1088].

c) Rechtswidrigkeit

In bezug auf die Rechtswidrigkeit wird von der allgemeinen Regel über die Beweislastverteilung abgewichen: Das Gesetz geht von der Vermutung der Rechtswidrigkeit eines Verhaltens aus, das eine Schadenszufügung zur Folge hatte. Danach ist jede Schadenszufügung als rechtswidrig zu betrachten, wenn das Gesetz nichts anderes vorsieht. Der Geschädigte hat somit nicht die Pflicht, die Rechtswidrigkeit des Verhaltens des Schädigers zu beweisen. Die Rechtswidrigkeit wird vielmehr vorausgesetzt[1089]. Beweist der Schädiger, daß er sich nicht rechtswidrig verhalten hat, wird er vom Ersatz des zugefügten Schadens befreit[1090]. Zur Begründung der Vermutung der Rechtswidrigkeit berufen sich

---

1086 *Ėrdelevskij*, RJu 1994, Nr. 7, S. 35; *Ėrdelevskij*, Kompensacija moral'nogo vreda, S. 84; *Ėrdelevskij*, Moral'nyj vred i kompensacija za stradanija, S. 17 f.; *Ėrdelevskij*, Kompensacija moral'nogo vreda v Rossii i za rubežom, S. 76; vgl. auch *Zavidov*, Pravovye problemy vozmeščenija moral'nogo vreda v Rossii, S. 13.

1087 *Jarošenko* in: *Sadikov*, Graždanskoe pravo Rossii. Čast' vtoraja, S. 642; *Rožkova*, ChiP 2000, Nr. 9, S. 124; *Rožkova*, VVAS 2002, Nr. 2, S. 93; vgl. auch *Čecot* in: *Musin/Čečina/Čečot*, Graždanskij process, S. 192, sowie das Urteil Nr. 4264 des Höchsten Arbitragegerichts vom 15.09.1998, VVAS 1998, Nr. 12, S. 78.

1088 *Rožkova*, ChiP 2000, Nr. 9, S. 125.

1089 *Korneev* in: *Suchanov*, Graždanskoe pravo, Band 2, Halbband 2, S. 366, 374; *Jarošenko* in: *Sadikov*, Graždanskoe pravo Rossii. Čast' vtoraja, S. 643; *Rožkova*, ChiP 2000, Nr. 9, S. 123.

1090 *Rožkova*, ChiP 2000, Nr. 9, S. 123; *Korneev* in: *Suchanov*, Graždanskoe pravo, Band 2, Halbband 2, S. 366; vgl. auch *Rožkova*, VVAS 2002, Nr. 2, S. 93.

einige Autoren auf das – bereits oben erläuterte[1091] – „Prinzip des Generaldelikts“[1092].

d) Verschulden

Ähnliches gilt für das Verschulden: Um die prozessuale Situation des Geschädigten zu erleichtern und ihm den Schadensersatz tatsächlich zu garantieren[1093], sieht das Gesetz eine Vermutung des Verschuldens des Schädigers[1094] vor. Sie ergibt sich aus Art. 1064 Abs. 2 Satz 1 ZGB: Danach wird der Schädiger von der Schadensersatzpflicht befreit, sofern er beweist, daß der Schaden nicht durch sein Verschulden zugefügt wurde. Es wird deshalb angenommen, daß der Schädiger schuldhaft gehandelt hat[1095]. Der Geschädigte ist von der Pflicht befreit, das Verschulden des Schädigers zu beweisen. Die Verschuldensvermutung des Art. 1064 Abs. 2 Satz 1 ZGB ist jedoch widerlegbar. Der Schädiger hat die Möglichkeit, das Fehlen seines Verschuldens mit dem Ziel der Befreiung von der Haftung zu beweisen[1096].

1091 S. 77.

1092 *Korneev* in: *Suchanov*, Graždanskoe pravo, Band 2, Halbband 2, S. 366; *Smirnov/Sobčak*, Obščee učenie o deliktnych objazatel'stvach v sovetskom graždanskom prave, S. 66; *Heidemann*, Unternehmenshaftung in Rußland, S. 58.

1093 *Rožkova*, ChiP 2000, Nr. 9, S. 126.

1094 *Ėrdelevskij* in: *Grišaev*, Graždanskoe pravo, S. 459; *Jarošenko* in: *Braginskij*, Kommentarij časti vtoroj Graždanskogo kodeksa RF, S. 356; *Korneev* in: *Suchanov*, Graždanskoe pravo, Band 2, Halbband 2, S. 380; *Suchanov*, Graždanskoe pravo, Band 1, S. 449; *Tolstoj* in: *Sergeev/Tolstoj*, Graždanskoe pravo, Band 3, S. 12; *Kozyminych*, RJu 2001, Nr. 2, S. 33; *Zajcev* in: *Vikut/Zajcev*, Graždanskij process Rossii, S. 165; *M. Treušnikov*, Graždanskij process, S. 135.

1095 *Jarošenko* in: *Sadikov*, Graždanskoe pravo Rossii. Čast' vtoraja, S. 643; *Fajzutdinov* in: *Sadikov*, Kommentarij k Graždanskomu kodeksu RF časti vtoroj, Anm. 7 zu Art. 1064; vgl. auch *Čecot* in: *Musin/Čečina/Čečot*, Graždanskij process, S. 192; *Suchanov*, Graždanskoe pravo, Band 1, S. 449.

1096 *Rožkova*, ChiP 2000, Nr. 9, S. 126; *Jarošenko*, ChiP 1996, Nr. 12, S. 5; *Jarošenko* in: *Braginskij*, Kommentarij časti vtoroj Graždanskogo kodeksa RF, S. 356; *Korneev* in: *Suchanov*, Graždanskoe pravo, Band 2, Halbband 2, S. 380; *Rešetnikova* in: *Jarkov*, Arbitražnyj process, S. 131; vgl. auch *Suchanov*, Graždanskoe pravo, Band 1, S. 449; *Čecot* in: *Musin/Čečina/Čečot*, Graždanskij process, S. 192; *Rožkova*, VVAS 2002, Nr. 2, S. 93; *Treušnikov*, Graždanskij process, S. 135.

Eine Vermutung des Mitverschuldens des Geschädigten gibt es dagegen nicht. Das Mitverschulden des Geschädigten muß vielmehr vom Schädiger bewiesen werden[1097].

3. Die Pflicht zum Erstbeweis

Neben der Beweislastverteilung spielt im rußländischen Prozeßrecht die sogenannte *„Pflicht zum Erstbeweis"* eine Rolle. Dabei handelt es sich um die Bestimmung des Prozeßbeteiligten, dem als erstem die Pflicht obliegt, seine juristische Position zu beweisen, wobei die von ihm gelieferten Beweise für eine endgültige Schlußfolgerung des Gerichts über das Vorliegen oder Nichtvorliegen der gesuchten Tatsachen ausreichend sein müssen[1098].

Bei Streitigkeiten aus deliktischen Schuldverhältnissen muß der Kläger mit dem Beweis beginnen: Erst nachdem er das Gericht von dem Vorliegen der Tatsachen, die die Klageforderungen begründen, überzeugt hat, geht die Beweislast und das mit ihr verbundene Risiko einer Niederlage auf den Beklagten über[1099].

1097 *Korneev* in: *Suchanov*, Graždanskoe pravo, Band 2, Halbband 2, S. 394; *Fajzutdinov* in: *Sadikov*, Kommentarij k Graždanskomu kodeksu RF časti vtoroj, Anm. 5 zu Art. 1083; *Guev*, Postatejnyj kommentarij k časti vtoroj Graždanskogo kodeksa RF, Anm. 4 zu Art. 1083; *Borisov*, Kommentarij k Graždanskomu kodeksu RF časti pervoj i vtoroj, S. 1111.

1098 *Rožkova*, ChiP 2000, Nr. 9, S. 127; Pučinskij in: *Jakovlev*, Kommentarij k Arbitražnomu processual'nomu kodeksu RF, Anm. 7 zu Art. 53.

1099 *Rožkova*, ChiP 2000, Nr. 9, S. 127.

C. Die Gefährdungshaftung für Quellen erhöhter Gefahr

Im folgenden Abschnitt wird die Gefährdungshaftung der Besitzer von Quellen erhöhter Gefahr[1100] erörtert, die in Art. 1079 ZGB geregelt ist.

I. DIE ENTWICKLUNGSGESCHICHTE DER GEFÄHRDUNGSHAFTUNG FÜR QUELLEN ERHÖHTER GEFAHR

Die in Art. 1079 ZGB geregelte *Gefährdungshaftung für Quellen erhöhter Gefahr* geht auf Art. 404 ZGB 1922 zurück. Nach dieser Vorschrift hafteten Personen und Unternehmen, deren Tätigkeit mit einer erhöhten Gefahr für die Umgebung verbunden ist, wie z. B. Eisenbahnen, Straßenbahnen, Fabrikunternehmen, Händler brennbarer Materialien, Halter wilder Tiere, Personen, die Gebäude und andere Bauwerke errichten usw., für den Schaden, der durch die Quelle erhöhter Gefahr zugefügt wurde, es sei denn, sie beweisen, daß der Schaden infolge höherer Gewalt, des Vorsatzes oder grober Fahrlässigkeit des Geschädigten zugefügt worden ist.

Die Regelung des Art. 404 ZGB 1922 wurde mit einigen, aber nicht grundlegenden Änderungen in die GZG 1961 und das ZGB 1964 übernommen: Nach Art. 90 GZG 1961 und Art. 454 ZGB 1964 waren Organisationen und Bürger, deren Tätigkeit mit einer erhöhten Gefahr für die Umgebung verbunden ist (Transportorganisationen, Industrieunternehmen, Baubetriebe, Besitzer von Kraftfahrzeugen u. ä.), verpflichtet, den Schaden zu ersetzen, der durch die Quelle erhöhter Gefahr zugefügt wurde, es sei denn, sie beweisen, daß der Schaden infolge höherer Gewalt oder des Vorsatzes des Geschädigten zugefügt wurde. Mit diesen Regelungen fast identisch war Art. 128 Abs. 1 GZG 1991. Es war nur an Stelle von Organisationen von juristischen Personen die Rede[1101].

Das geltende ZGB hat die Gefährdungshaftung für Quellen erhöhter Gefahr in Art. 1079 ZGB beibehalten, regelt sie jedoch sehr viel umfassender als das in den Vorläuferbestimmungen der Fall war. Auf die Einzelheiten der neuen Regelungen soll jedoch nicht an dieser Stelle, son-

---

1100 Russ.: istočniki povyšennoj opasnosti.
1101 Vgl. zum Grund für diese Änderung S. 120.

dern im Zusammenhang mit den einzelnen Bestimmungen dieser Norm eingegangen werden.

II. DIE EINZELNEN TATBESTANDSMERKMALE DES ART. 1079 ZGB

Gemäß Art. 1079 Abs. 1 Satz 1 ZGB sind juristische Personen und Bürger, deren Tätigkeit mit einer erhöhten Gefahr für ihre Umgebung verbunden ist (Nutzung von Beförderungsmitteln, mechanischen Anlagen, Hochspannung, Kernenergie, Sprengstoffen, starken Giften u. ä.; Ausübung der Bautätigkeit und anderweitiger damit verbundener Tätigkeit), verpflichtet, den Schaden zu ersetzen, der durch die Quelle der erhöhten Gefahr zugefügt wird, es sei denn, sie beweisen, daß der Schaden infolge höherer Gewalt oder des Vorsatzes des Geschädigten zugefügt worden ist.

1. Schaden bei Betrieb einer Quelle erhöhter Gefahr

Voraussetzung für eine Haftung nach Art. 1079 ZGB ist zunächst, daß ein Schaden bei Betrieb einer „Quelle erhöhter Gefahr" zugefügt wurde.

a) Definition

In Art. 1079 Abs. 1 Satz 1 ZGB ist sowohl von einer *„Quelle erhöhter Gefahr"* als auch einer *„Tätigkeit, die mit einer erhöhten Gefahr verbunden ist"*, die Rede. Auch in Art. 454 ZGB 1964 und Art. 128 GZG 1991 wurden beide Begriffe verwendet. Dies führte dazu, daß seit langem der Inhalt des Begriffs der Quelle erhöhter Gefahr umstritten ist. In der Literatur zum sowjetischen Deliktsrecht haben sich hierzu drei verschiedene Positionen herauskristallisiert:

Einige Autoren vertreten die Auffassung, bei einer Quelle erhöhter Gefahr handele es sich um bestimmte Art und Weisen der menschlichen Tätigkeit (sog. Tätigkeitstheorie). So meint *Verdnikov*, unter einer Quelle erhöhter Gefahr verstehe man eine Tätigkeit, die mit einer Nutzung bestimmter (vor allem technischer) Sachen verbunden ist und die sich nicht ununterbrochenen und allumfassend vom Menschen kontrollieren läßt, und infolge dessen eine größere Wahrscheinlichkeit einer Schadenszufügung hervorruft[1102].

Andere Autoren betrachten die Quellen erhöhter Gefahr als Gegenstände (sog. Objekttheorie). So ist *Flejšic* der Meinung, daß unter einer Quelle erhöhter Gefahr Eigenschaften von Sachen oder Naturkräfte zu verstehen sind, die beim erreichten Stand der technischen Entwicklung sich nicht voll vom Menschen kontrollieren lassen und – weil sie sich nicht der vollen Kontrolle unterordnen – eine erhöhte Wahrscheinlichkeit der Zufügung eines Schadens an Leben bzw. Gesundheit des Menschen oder an materiellen Rechtsgütern hervorrufen[1103]. *Krasavčikov* definiert Quellen erhöhter Gefahr als materielle Gegenstände (vorzugsweise Ausrüstung oder Produktionsmittel), die besondere und spezifische quantitative und qualitative Beschaffenheiten besitzen, kraft derer der Besitz (die Nutzung, die Schaffung, die Aufbewahrung und der Transport usw.) von ihnen unter besonderen zeitlichen und räumlichen Bedingungen mit einer erhöhten Gefahr (objektive Möglichkeit einer Beeinträchtigung von persönlichen oder materiellen Rechtsgütern) für die Umwelt verbunden ist[1104].

Weitere Autoren verbinden beide Positionen miteinander. Nach Auffassung von *Majdanik/Sergeeva* sind unter einer Quelle erhöhter Gefahr Gegenstände, Sachen oder Ausrüstung zu verstehen, die sich im Betrieb befinden und dabei eine erhöhte Gefahr für die Umgebung hervorrufen[1105]. *A. Beljakova* zählt zu den Quellen erhöhter Gefahr bestimmte materielle Gegenstände (Mechanismen, Anlagen, Kraftfahrzeuge usw.), die im Verlauf der Tätigkeit ihrer Nutzung (ihres Betriebes) eine Schadensträchtigkeit an den Tag legen, die sich nicht oder nicht in

---

1102 In *Rjasencev*, Sovetskoe graždanskoe pravo, Teil 2, S. 396. Ebenfalls nicht als Objekt, das in Bewegung gebracht wurde, sondern als Tätigkeit, die mit bestimmten Objekten verbunden ist, bezeichnete *Ioffe*, Objazatel'stvennoe pravo, S. 804, die Quelle erhöhter Gefahr.

1103 Objazatel'stva iz pričinenija vreda i neosnovatel'nogo obogašenija, S. 132.

1104 Vozmeščenie vreda, pričinennogo istočnikom povyšennoj opasnosti, S. 34.

1105 Material'naja otvetstvennost' za povreždenie zdorov'ja, S. 48. Ebenfalls zu den materiellen Gegenständen zählt *Sobčak*, O ponjatii istočnika povyšennoj opasnosti v graždanskom prave, Pravovedenie 1964, Nr. 2, S. 144 ff., die Quellen erhöhter Gefahr.

vollem Maße vom Menschen kontrollieren läßt, infolge dessen sie eine erhöhte Gefahr für ihre Umgebung hervorrufen[1106].

Nach der Rechtsprechung des Plenums des Obersten Gerichtshofs der RF (allerdings noch zu Art. 454 ZGB 1964) ist als Quelle erhöhter Gefahr eine beliebige Tätigkeit anzusehen, deren Ausübung eine erhöhte Wahrscheinlichkeit einer Schadenszufügung wegen der Unmöglichkeit einer vollen Kontrolle über sie von seiten des Menschen hervorruft, sowie die Tätigkeit bei der Nutzung, dem Transport, der Aufbewahrung von Sachen, Substanzen und anderen Gegenständen zu Produktions-, Wirtschafts- oder anderen Zwecken, die solche Eigenschaften besitzen. Die materielle Haftung für Schaden, der durch den Betrieb solcher Quellen zugefügt wurde, muß sowohl bei ihrer zielgerichteten Nutzung eintreten als auch bei einer Entwicklung ihrer schädigenden Eigenschaften aus eigenem Antrieb (z. B. im Falle der Zufügung eines Schadens infolge der Bewegung eines Kraftfahrzeugs aus eigenem Antrieb)[1107]. In dieser Definition ist sowohl von einer Tätigkeit als auch von Gegenständen die Rede, was darauf hindeuten könnte, daß nach Auffassung der Rechtsprechung eine Quelle erhöhter Gefahr sowohl eine Tätigkeit als auch ein Gegenstand sein kann. Allerdings stellt der Oberste Gerichtshof auf die *Tätigkeit* bei der Nutzung, dem Transport oder der Aufbewahrung von Gegenständen ab. Das spricht eher dafür, daß er sich der Position angeschlossen hat, wonach eine Tätigkeit und nicht die Eigenschaft von Sachen haftungsbegründend ist.

Mehrere Autoren sind der Meinung, mit dem Inkrafttreten des Art. 1079 ZGB habe der Streit um den Begriff der Quelle erhöhter Gefahr an Bedeutung verloren: Der Gesetzgeber habe bei der Formulierung des Art. 1079 ZGB deutlich gemacht, daß er die Auffassung bevorzuge, wonach es sich bei einer „Quelle erhöhter Gefahr“ nicht um einen Gegenstand, sondern um eine Tätigkeit handele[1108]: Während Art. 454

1106 Vozmeščenie vreda, pričinennogo istočnikom povyščennoj opasnosti, S. 11. Der Definition von *Beljakova* ähnelt die Definition von *Smirnov/Sobčak*, Obščee učenie o deliktnych objazatel'stvach v sovetskom graždanskom prave, S. 33.

1107 Punkt 17 der erläuternden Leitentscheidung Nr. 3 vom 28.04.1994, BVS RF 1994, Nr. 7, S. 6, der zurückgeht auf Punkt 11 der erläuternden Leitentscheidung Nr. 13 des Plenums des Obersten Gerichtshofs der UdSSR vom 05.09.1986, BVS SSSR 1986, Nr. 6, S. 14, der allerdings durch Punkt 39 der erläuternden Leitentscheidung Nr. 3 vom 28.04.1994 außer Kraft gesetzt wurde.

1108 *Em* in: *Suchanov*, Graždanskoe pravo, Band 2, Halbband 2, S. 414; vgl. auch *Jarošenko* in: *Sadikov*, Graždanskoe pravo Rossii. Čast' vtoraja, S. 655.

ZGB 1964 und Art. 128 GZG 1991 mit „Haftung für Schaden, der durch eine Quelle erhöhter Gefahr zugefügt wurde“ überschrieben gewesen seien, laute die Überschrift des Art. 1079 ZGB nunmehr: „Haftung für Schaden infolge einer Tätigkeit, die eine erhöhte Gefahr für die Umgebung hervorruft“. In Art. 1079 Abs. 1 Satz 1 ZGB seien außerdem im Gegensatz zu seinen Vorläuferbestimmungen keine Gegenstände, sondern nur Tätigkeiten als Beispiele aufgeführt. Auch damit solle deutlich gemacht werden, daß es sich nach dem Willen des Gesetzgebers bei einer „Quelle erhöhter Gefahr“ im Sinne des Art. 1079 Abs. 1 Satz 1 ZGB um eine Tätigkeit, einen Prozeß, eine Bewegung handele[1109].

Andere Autoren weisen jedoch nicht zu Unrecht darauf hin, daß trotz der Neuformulierung der Vorschrift, die die Haftung für Quellen erhöhter Gefahr anordne, einiges für die Konzeption der Objekttheorie spräche. Der Gesetzgeber habe die Haftung nach Art. 1079 Abs. 1 Satz 3 ZGB demjenigen auferlegt, der die Quelle erhöhter Gefahr auf Grundlage des Eigentumsrechts, des Rechts auf wirtschaftliche Verfügung oder operative Verwaltung besitze. Das Besitzrecht könne nur an einem materiellen Gegenstand ausgeübt werden[1110]. *Rožkova*[1111] vertritt deshalb die Position, nach der es sich bei einer Quelle erhöhter Gefahr i. S. d. Art. 1079 ZGB um einen Gegenstand handelt. Sie definiert die Quelle erhöhter Gefahr als einen materiellen Gegenstand, der sich unter der Kontrolle eines Menschen befindet, aber kraft der ihm charakteristischen Eigenschaften nicht vollständig von letzterem kontrolliert werden kann, was einen erhöhten Wahrscheinlichkeitsgrad der Zufügung eines Schadens für die Umgebung schafft.

Andere gehen nicht so weit und schließen sich der vermittelnden Position an. Dies gilt vor allem für *Em*[1112] und *Sergeev*[1113]. Letztere berufen sich darauf, daß eine Tätigkeit, die mit einer erhöhten Gefahr für die Umgebung verbunden ist, immer mit einem materiellen Objekt verbunden sein muß, ebenso wie materielle Objekte nicht ohne die mit ihnen

---

1109 *Jarošenko*, ChiP 1996, Nr. 12, S. 11; *Jarošenko* in: *Braginskij*, Kommentarij časti vtoroj Graždanskogo kodeksa RF, S. 369; vgl. auch *Guev*, Postatejnyj kommentarij k časti vtoroj Graždanskogo kodeksa RF, Anm. 1 b) zu Art. 1079.

1110 Vgl. *Rožkova*, VVAS 2002, Nr. 2, S. 89; *Sergeev* in: *Sergeev/Tolstoj*, Graždanskoe pravo, Band 3, S. 39.

1111 VVAS 2002, Nr. 2, S. 93.

1112 In: *Suchanov*, Graždanskoe pravo, Band 2, Halbband 2, S. 416.

1113 In: *Sergeev/Tolstoj*, Graždanskoe pravo, Band 3, S. 39.

verbundene Tätigkeit als Quellen erhöhter Gefahr anerkannt werden könnten. Dabei stehe in einigen Fällen das Wesen der Tätigkeit im Vordergrund (nämlich dann, wenn andere Tätigkeiten mit demselben materiellen Objekt keine erhöhte Gefahr für die Umgebung hervorrufen) und in anderen Fällen das Wesen des materiellen Objekts (wenn jede beliebige Tätigkeit, die mit der Nutzung des Objekts verbunden ist, eine erhöhte Gefahr darstellt)[1114].

Die zuletzt dargestellte Position ist im Ergebnis am überzeugendsten. Der Wortlaut des Art. 1079 ZGB spricht deutlich dafür, daß es sich bei einer Quelle erhöhter Gefahr sowohl um eine Tätigkeit als auch um einen materiellen Gegenstand handelt. Eine Quelle erhöhter Gefahr allein als materiellen Gegenstand anzusehen, verbietet die Überschrift des Art. 1079 ZGB, in der ausdrücklich von einer Tätigkeit die Rede ist. Würde man die Quelle erhöhter Gefahr allerdings nur als Tätigkeit ansehen, wäre es nicht zu erklären, weshalb der Besitzer der Quelle erhöhter Gefahr für den entstandenen Schaden haften soll.

b) Beispiele

In Art. 1079 Abs. 1 Satz 1 ZGB ist eine Aufzählung von Tätigkeiten enthalten, die mit einer erhöhten Gefahr verbunden sind (Nutzung von Beförderungsmitteln, mechanischen Anlagen, Hochspannung, Kernenergie, Sprengstoffen, starken Giften, u. ä.; Ausübung der Bautätigkeit und anderweitiger damit verbundenen Tätigkeit). Diese Aufzählung unterscheidet sich von denen in Art. 404 ZGB 1922 (Eisenbahnen, Straßenbahnen, Fabrikunternehmen, Händler von brennbaren Materialien, Halter wilder Tiere, Personen, die Gebäude und andere Bauwerke errichten), Art. 454 ZGB 1964 und Art. 128 GZG 1991 (Transportorganisationen, Industriebetriebe, Baubetriebe, Besitzer von Kraftfahrzeugen u. ä.). Diese Änderungen und Erweiterungen sind auf den technischen Fortschritt zurückzuführen[1115].

Die in Art. 1079 Abs. 1 Satz 1 ZGB enthaltene Aufzählung von Tätigkeiten, die mit einer erhöhten Gefahr verbunden sind, ist nicht ab-

---

1114 *Sergeev* in: *Sergeev/Tolstoj*, Graždanskoe pravo, Band 3, S. 39.

1115 *Jarošenko*, ChiP 1996, Nr. 12, S. 10 f.; *Jarošenko* in: *Braginskij*, Kommentarij časti vtoroj Graždanskogo kodeksa RF, S. 369.

schließend, sondern hat beispielhaften Charakter[1116]. Eine abschließende Aufzählung wäre wegen der ständigen Entwicklung von Wissenschaft und Technik auch gar nicht möglich[1117]. Zu den Quellen erhöhter Gefahr zählen auch beliebige andere Tätigkeiten, die mit einer erhöhten Gefahr für ihre Umgebung verbunden sind, z. B. die Tätigkeit anderer, nicht in Art. 1079 Abs. 1 Satz 1 ZGB aufgeführter Industrieunternehmen oder die Produktion, Aufbewahrung und Anwendung von leichtentzündlichen Substanzen und Brennstoffen, die Förderung, Umarbeitung und Reinigung von Gas und Erdöl oder das Aufbewahren von Feuerwaffen[1118]. Nicht zu diesen Tätigkeiten zählt z. B. das Schießen aus Jagd-[1119], Gas- und kleinkalibrigen Waffen[1120]. Ebenfalls keine Quelle erhöhter Gefahr stellt die Benutzung von Haushaltselektrogeräten dar[1121].

Am häufigsten wird Art. 1079 ZGB angewendet, wenn bei der Nutzung von Transportmitteln ein Schaden zugefügt wurde. Die Gerichts-

---

1116 *Zajcev* in: *Krylov/Gavrilov*, Rossijskoe graždanskoe pravo, S. 378; *Fajzutdinov* in: *Sadikov*, Kommentarij k Graždanskomu kodeksu RF časti vtoroj, Anm. 1 zu Art. 1079; *Guev*, Postatejnyj kommentarij k časti vtoroj Graždanskogo kodeksa RF, Anm. 1 a) zu Art. 1079; *Jarošenko* in: *Braginskij*, Kommentarij časti vtoroj Graždanskogo kodeksa RF, S. 369; *Jarošenko*, ChiP 1996, Nr. 12, S. 10; *Jarošenko* in: *Sadikov*, Graždanskoe pravo Rossii. Čast' vtoraja, S. 656; *Em* in: *Suchanov*, Graždanskoe pravo, Band 2, Halbband 2, S. 416; *Sergeev* in: *Sergeev/Tolstoj*, Graždanskoe pravo, Band 3, S. 40; *Rožkova*, VVAS 2002, Nr. 2, S. 90. Auch die Aufzählung der Quellen erhöhter Gefahr in Art. 454 ZGB war lediglich beispielhaft, vgl. *A. Beljakova*, Vozmeščenie vreda, pričinennogo istočnikom povyšcennoj opasnosti, S. 5; *Zacharov/Koršunov/Cederbaum*, Vozmeščenie rabotadatel'jami vreda, pričinennogo zdorov'ju rabotnika pri ispolnenii trudovych objazannostej, § 3 zu Art. 3.

1117 *Fajzutdinov* in: *Sadikov*, Kommentarij k Graždanskomu kodeksu RF časti vtoroj, Anm. 1 zu Art. 1079; *Jarošenko* in: *Sadikov*, Graždanskoe pravo Rossii. Čast' vtoraja, S. 657; *Em* in: *Suchanov*, Graždanskoe pravo, Band 2, Halbband 2, S. 416; *Sergeev* in: *Sergeev/Tolstoj*, Graždanskoe pravo, Band 3, S. 40; *Majdanik/Sergeeva*, Material'naja otvetstvennost' za povreždenie zdorov'ja, S. 48; *Flejšic*, Objazatel'stva iz pričinenija vreda i neosnovatel'nogo obogaščenija, S. 133.

1118 Vgl. *Malein* in: *Kalpin*, Graždanskoe pravo. Čast' vtoraja, S. 520; *Jarošenko* in: *Sadikov*, Graždanskoe pravo Rossii. Čast' vtoraja, S. 656; *Em* in: *Suchanov*, Graždanskoe pravo, Band 2, Halbband 2, S. 417.

1119 *Em* in: *Suchanov*, Graždanskoe pravo, Band 2, Halbband 2, S. 417; *Sergeev* in: *Sergeev/Tolstoj*, Graždanskoe pravo, Band 3, S. 41; *Beljakova*, Vozmeščenie vreda, pričinennogo istočnikom povyščennoj opasnosti, S. 8.

1120 *Fajzutdinov* in: *Sadikov*, Kommentarij k Graždanskomu kodeksu RF časti vtoroj, Anm 3 zu Art. 1079.

1121 Vgl. *Em* in: *Suchanov*, Graždanskoe pravo, Band 2, Halbband 2, S. 417.

praxis zählt zu den Transportmitteln Autos, Motorräder, Mopeds, Elektrolokomotiven, Diesellokomotiven, Oberleitungsbusse, Straßenbahnen usw. Kein Kriterium bei der Frage, ob die Nutzung eines Transportmittels eine Quelle erhöhter Gefahr darstellt, ist die Notwendigkeit einer Registrierung des Transportmittels bei der Staatlichen Inspektion für die Sicherheit des Straßenverkehrs[1122], weil landwirtschaftstechnische Geräte (Traktoren, Planierraupen, Vollerntemaschinen usw.) in ländlichen Gegenden nicht registriert werden müssen, deren Nutzung aber dennoch mit einer erhöhter Gefahr verbunden ist[1123].

> Nicht zu den Quellen erhöhter Gefahr zählen nach der Rechtsprechung des Obersten Gerichtshofs der RSFSR die Eisenbahnzufahrtswege (der Bahnkörper) auf einem Fabrikgelände. Eine Quelle erhöhter Gefahr stellt lediglich der sich in Bewegung befindliche Eisenbahnzug dar[1124]. Insofern hat der Oberste Gerichtshofs den von ihm aufgestellten Grundsatz, wonach es nicht auf die Sache selbst, sondern auf deren Nutzung ankommt, konsequent angewendet.

Aus dem ZGB ergibt sich nicht unmittelbar, inwieweit das Halten von Tieren zu den Quellen erhöhter Gefahr zählt. In der Literatur wird vorgeschlagen, das Halten von großen Haustieren (einschließlich Dienst- und Wachhunden) und wilden Tieren, die sich im Besitz von Menschen befinden, zu den Quellen erhöhter Gefahr zu zählen. Dagegen sollen in freier Wildbahn befindliche Tiere, die im Eigentum des Staates stehen, nicht zu den Quellen erhöhter Gefahr gehören[1125].

1122 Russ.: Gosudarstvennaja inspekcija bezopasnosti dorožnogo dviženija (GIBDD), früher: Gosudarstvennaja avtomobil'naja inspekcija (GAI) = Staatliche Kraftfahrzeuginspektion.

1123 *Fajzutdinov* in: *Sadikov*, Kommentarij k Graždanskomu kodeksu RF časti vtoroj, Anm 5 zu Art. 1079.

1124 Vgl. BVS RSFSR 1982, Nr. 11, S. 7 f.

1125 *Jarošenko* in: *Sadikov*, Graždanskoe pravo Rossii. Čast' vtoraja, S. 655; *Fajzutdinov* in: *Sadikov*, Kommentarij k Graždanskomu kodeksu RF časti vtoroj, Anm 4 zu Art. 1079; *Em* in: *Suchanov*, Graždanskoe pravo, Band 2, Halbband 2, S. 417; *Sergeev* in: *Sergeev/Tolstoj*, Graždanskoe pravo, Band 3, S. 41; *Rožkova*, VVAS 2002, Nr. 2, S. 93; *Krasavčikov*, Vozmeščenie vreda, pričinennogo istočnikom povyšennoj opasnosti, S. 64; vgl. auch *Beljakova*, Vozmeščenie vreda, pričinennogo istočnikom povyščennoj opasnosti, S. 5; *N. Gusev*, BVS SSSR 1959, Nr. 1, S. 24.

In manchen Fällen spielen für die Frage, ob eine Tätigkeit mit einer erhöhten Gefahr verbunden ist, nicht nur qualitative, sondern auch quantitative Kriterien eine Rolle. So ist die Aufbewahrung eines Kanisters Benzin oder eines Medikaments in einer geringen Dosis nicht mit einer erhöhten Gefahr für die Umgebung verbunden, jedoch die Aufbewahrung großer Mengen von Benzin an einer Tankstelle oder die Produktion starkwirkender Medikamente[1126]. Das Verwenden von gewöhnlichen Mineraldüngern, die in der Landwirtschaft benutzt werden, und bestimmten chemischen Substanzen in geringen Konzentrationen stellt in der Regel keine erhöhte Gefahr dar, kann allerdings in bestimmten Situationen zu einer erhöhten Gefahr führen[1127].

Ob eine Tätigkeit, die nicht in der Aufzählung des Art. 1079 Abs. 1 Satz 1 ZGB enthalten ist, eine Quelle erhöhter Gefahr darstellt, hat das Gericht in jedem konkreten Fall festzustellen[1128]. Falls es notwendig ist, kann es dazu ein entsprechendes Sachverständigengutachten einholen[1129].

In der Literatur hat man versucht, die Quellen erhöhter Gefahr in bestimmte Arten einzuteilen. Am bekanntesten und am häufigsten zitiert[1130] ist die Klassifizierung von *Krasavčikov*, der die Quellen erhöhter Gefahr wie folgt in vier Kategorien eingeteilt hat (wobei er allerdings davon ausgeht, daß es sich bei Quellen erhöhter Gefahr allein um Gegenstände und nicht um Tätigkeiten handelt)[1131].

Zur ersten Kategorie zählen die *physischen Quellen* erhöhter Gefahr, die in mechanische, elektrische und thermische unterteilt werden. Zu den mechanischen Quellen erhöhter Gefahr gehören z. B. Transportmittel, zu den elektrischen z. B. Hochspannungsanlagen und zu den thermischen z. B. Dampfkraftanlagen[1132].

1126 *Jarošenko* in: *Sadikov*, Graždanskoe pravo Rossii. Čast' vtoraja, S. 656; *Sergeev* in: *Sergeev/Tolstoj*, Graždanskoe pravo, Band 3, S. 40.

1127 Vgl. *V. Romanov*, Žurnal rossijskogo prava 2000, Nr. 12, S. 80.

1128 *Jarošenko* in: *Sadikov*, Graždanskoe pravo Rossii. Čast' vtoraja, S. 656.

1129 *Fajzutdinov* in: *Sadikov*, Kommentarij k Graždanskomu kodeksu RF časti vtoroj, Anm. 3 zu Art. 1079; *Sergeev* in: *Sergeev/Tolstoj*, Graždanskoe pravo, Band 3, S. 40.

1130 *Sergeev* in: *Sergeev/Tolstoj*, Graždanskoe pravo, Band 3, S. 40; *Em* in: *Suchanov*, Graždanskoe pravo, Band 2, Halbband 2, S. 416 f.

1131 Vozmeščenie vreda, pričinennogo istočnikom povyšennoj opasnosti, S. 44 f.

1132 Vgl. *Sergeev* in: *Sergeev/Tolstoj*, Graždanskoe pravo, Band 3, S. 40.

Zur zweiten Kategorie gehören die *physisch-chemischen Quellen* erhöhter Gefahr, zu denen die radioaktiven Quellen erhöhter Gefahr zählen.

Bei der dritten Kategorie handelt es sich um die *chemischen Quellen* erhöhter Gefahr. Zu diesen Quellen erhöhter Gefahr zählen die giftigen (Gifte), explosions- (z. B. bestimmte Gase) und feuergefährlichen (z. B. bestimmte Brennstoffe)[1133].

Die vierte Kategorie umfaßt die *biologischen Quellen* erhöhter Gefahr. Diese Kategorie wird unterteilt in die zoologischen (z. B. wilde Tiere) und die mikrobiologischen (z. B. Stämme von ansteckenden Mikroorganismen) Quellen erhöhter Gefahr[1134].

Für die praktische Rechtsanwendung ist die Klassifizierung der Quellen erhöhter Gefahr allerdings nur bedingt hilfreich und kann allenfalls als Orientierungshilfe dienen[1135]. Sie ändert nichts daran, daß in jedem Einzelfall festgestellt werden muß, ob eine Tätigkeit eine Quelle erhöhter Gefahr darstellt. Zudem ist die Klassifizierung auch deshalb nur bedingt hilfreich, weil nicht selten die Quelle erhöhter Gefahr in mehrere der genannten Kategorien eingeordnet werden kann[1136].

c) Haftung nur für Schäden bei Betrieb der Quelle erhöhter Gefahr

Eine Haftung für Schäden nach den Regeln des Art. 1079 ZGB tritt nur in dem Fall ein, wenn der Schaden *bei Betrieb* der Quelle erhöhter Gefahr entstanden ist (z. B. bei Bewegung eines Kraftfahrzeugs, der Arbeit eines Mechanismus, einer Entwicklung von schädigenden Eigenschaften von Materialien, Substanzen aus eigenem Antrieb usw.)[1137]. Kein Betrieb in diesem Sinne liegt bei einem stehenden Kraftfahrzeug, Zug bzw. Werkzeugmaschine oder einem vertäuten Schiff vor[1138]. Der

---

1133 Zu den Beispielen vgl. *Sergeev* in: *Sergeev/Tolstoj*, Graždanskoe pravo, Band 3, S. 40.

1134 Zu den Beispielen vgl. *Sergeev* in: *Sergeev/Tolstoj*, Graždanskoe pravo, Band 3, S. 40; *Em* in: *Suchanov*, Graždanskoe pravo, Band 2, Halbband 2, S. 417.

1135 Vgl. *Sergeev* in: *Sergeev/Tolstoj*, Graždanskoe pravo, Band 3, S. 41.

1136 Vgl. *Em* in: *Suchanov*, Graždanskoe pravo, Band 2, Halbband 2, S. 417; *Sergeev* in: *Sergeev/Tolstoj*, Graždanskoe pravo, Band 3, S. 41.

1137 Vgl. Punkt 18 der erläuternden Leitentscheidung Nr. 3 des Plenums des Obersten Gerichtshofs der RF vom 28.04.1994, BVS RF 1994, Nr. 7, S. 6.

1138 *Fajzutdinov* in: *Sadikov*, Kommentarij k Graždanskomu kodeksu RF časti vtoroj, Anm. 2 zu Art. 1079; *Guev*, Postatejnyj kommentarij k časti vtoroj Graždanskogo

Grund hierfür ist, daß von einem stehenden Kraftfahrzeug etc. keine erhöhte Gefahr ausgeht. Eine erhöhte Gefahr geht von einem Kraftfahrzeug etc. nur dann aus, wenn es sich bewegt[1139].

Der Oberste Gerichtshof der RSFSR nahm deshalb bei folgender Fallkonstellation an, daß der Schaden nicht bei Betrieb einer Quelle erhöhter Gefahr entstanden ist: Der Fahrer einer Sovchose führte ein der Sovchose gehörendes Milchauto im betrunkenen Zustand. Beim Überholen eines Autos konnte er die Lenkung nicht mehr beherrschen. Das Milchauto stürzte um. Infolgedessen liefen Milch und Benzin aus dem Milchauto aus, vermischten sich miteinander und bildeten eine glatte Fahrbahn. Der Fahrer, der das Milchauto führte, stellte an der Unfallstelle dennoch kein Schild auf, um andere Kraftfahrer vor der glatten Fahrbahn zu warnen. Eine halbe Stunde später geriet ein anderes Fahrzeug auf der glatten Fahrbahn ins Schleudern, stieß gegen Stahlbetonpfosten, die die Fahrbahn abgrenzten, und fiel in einen Bach. Das Fahrzeug wurde beschädigt, der Fahrer erlitt leichte Körperverletzungen. Der Oberste Gerichtshof der RSFSR stellte fest, daß dem Fahrer des Fahrzeugs, das auf der glatten Fahrbahn ins Schleudern geraten war, gegen die Sovchose als Besitzerin des Milchautos kein Anspruch aus Gefährdungshaftung zustand, weil der Schaden nicht beim unmittelbaren Betrieb der Quelle erhöhter Gefahr zugefügt worden war, sondern dadurch, daß der Fahrer des Milchautos keine Maßnahmen zur Beseitigung der Hindernisse für den Straßenverkehr getroffen und den gefährlichen Teil der Fahrbahn nicht kenntlich gemacht hatte, infolgedessen das andere Fahrzeug auf diesen Teil der Fahrbahn geriet, umstürzte und beschädigt wurde[1140].

Bei bestimmten Gegenständen, z. B. radioaktiven, chemischen oder biologischen Substanzen, kann die Gefahr einer Schadenszufügung allein von deren Zustand ausgehen. Die haftungsbegründende Tätigkeit des Menschen soll in diesen Fällen in dem Nichtabwenden der Gefahr durch aktive Handlungen bestehen[1141].

---

kodeksa RF, Anm. 1 b) zu Art. 1079; vgl. auch *Beljakova*, Vozmeščenie vreda, pričinennogo istočnikom povyščennoj opasnosti, S. 8.

1139 Vgl. *Em* in: *Suchanov*, Graždanskoe pravo, Band 2, Halbband 2, S. 416; *Sergeev* in: *Sergeev/Tolstoj*, Graždanskoe pravo, Band 3, S. 40; *Romanov*, Žurnal rossijskogo prava 2000, Nr. 12, S. 80 f.

1140 BVS RSFSR 1979, Nr. 9, S. 15 f.

1141 *Romanov*, Žurnal rossijskogo prava 2000, Nr. 12, S. 80 f.; vgl. auch *Beljakova*, Vozmeščenie vreda, pričinennogo istočnikom povyščennoj opasnosti, S. 8.

2. Gläubiger

Gläubiger des Anspruchs aus Art. 1079 ZGB kann jeder Geschädigte sein. Es gibt davon keine Ausnahmen. Vor Inkrafttreten der GZG 1991 hafteten allerdings Besitzer einer Quelle erhöhter Gefahr nicht für Schäden, die ihren Arbeitnehmern durch die Quelle erhöhter Gefahr zugefügt wurden[1142]. Gerechtfertigt wurde es damit, daß die Arbeitgeber für ihre Arbeitnehmer Versicherungsbeiträge einzuzahlen hatten[1143]. Mit dem Inkrafttreten der GZG 1991 und des Zweiten Teils des geltenden ZGB änderte sich diese Rechtslage jedoch grundlegend. Ansprüche aus Art. 1079 ZGB können auch dann entstehen, wenn zwischen dem Schädiger und dem Geschädigten arbeitsrechtliche oder andere vertragliche Beziehungen bestehen[1144].

3. Schuldner

Die Haftung nach Art. 1079 ZGB obliegt dem *Besitzer*[1145] der Quelle der erhöhten Gefahr, unabhängig davon, wer der unmittelbare Schädiger war[1146].

a) Definition

In Art. 1079 Abs. 1 Satz 3 ZGB wird – im Gegensatz zum ZGB 1964 – genau bestimmt, wer Besitzer einer Quelle erhöhter Gefahr ist:

> *Die Schadensersatzpflicht wird der juristischen Person oder dem Bürger auferlegt, die die Quelle erhöhter Gefahr auf der Grundlage des Eigentumsrechts, des Rechts auf wirtschaftliche Verfügung oder operative Verwaltung oder auf einer anderen gesetzlichen Grundlage (Miet-/ Pachtrecht, Vollmacht über das Führen eines Fahrzeugs, kraft der Ver-*

1142 Vgl. *Ju. Koršunov*, Zakon 1993, Nr. 6, S. 53; *Sergeev* in: *Sergeev/Tolstoj*, Graždanskoe pravo, Band 3, S. 44; *Heidemann*, Unternehmenshaftung in Rußland, S. 78.

1143 Vgl. *Sergeev* in: *Sergeev/Tolstoj*, Graždanskoe pravo, Band 3, S. 44.

1144 Vgl. *Sergeev* in: *Sergeev/Tolstoj*, Graždanskoe pravo, Band 3, S. 44; *Em* in: *Suchanov*, Graždanskoe pravo, Band 2, Halbband 2, S. 421.

1145 Russ.: vladel'ec.

1146 *Jarošenko*, ChiP 1996, Nr. 12, S. 11; *Jarošenko* in: *Braginskij*, Kommentarij časti vtoroj Graždanskogo kodeksa RF, S. 370.

fügung eines entsprechenden Organs über die Übertragung der Quelle der erhöhten Gefahr an diese usw.) besitzen.

Diese Definition stimmt – von kleinen Abweichungen abgesehen – mit der Definition des Besitzers einer Quelle erhöhter Gefahr durch die Rechtsprechung des Plenums des Obersten Gerichtshofs der RF in seiner erläuternden Leitentscheidung Nr. 3 vom 28.04.1994 (Punkt 19)[1147] überein. Personen, die eine Quelle erhöhter Gefahr aufgrund eines des in Art. 1079 Abs. 1 Satz 3 ZGB aufgeführten Rechts besitzen, werden von der rußländischen Rechtswissenschaft auch als „titulierte Besitzer" bezeichnet[1148].

In Vorschriften, die eine dem Art. 1079 ZGB ähnliche Haftung vorsehen, wird zum Teil sogar unmittelbar im Gesetz genannt, wer für den Schaden haftet. So haftet z. B. nach Art. 54 AtomG[1149] die Betreiberorganisation unabhängig von ihrem Verschulden für Schäden, die durch Strahleneinflüsse zugefügt wurden.

Für die Frage, ob eine Person Besitzer einer Quelle erhöhter Gefahr im Sinne des Art. 1079 Abs. 1 Satz 3 ZGB ist, sind zwei Merkmale maßgeblich: ein juristisches und ein materielles[1150]. Das juristische Merkmal besteht darin, daß Besitzer einer Quelle erhöhter Gefahr nur eine Person sein kann, die über eine zivilrechtlich Befugnis zur Nutzung der entsprechenden Quelle erhöhter Gefahr verfügt[1151]. Das materielle Merkmal besteht darin, daß als Besitzer einer Quelle erhöhter Gefahr nur Personen gelten können, die neben der zivilrechtlichen Befugnis die

---

1147 BVS RF 1994, Nr. 7, S. 6, der zurückgeht auf Punkt 11 der erläuternden Leitentscheidung Nr. 13 des Plenums des Obersten Gerichtshofs der UdSSR vom 05.09.1986, BVS SSSR 1986, Nr. 6, S. 14 (außer Kraft gesetzt durch Punkt 39 der erläuternden Leitentscheidung Nr. 3 vom 28.04.1994) und Punkt 5 der erläuternden Leitentscheidung Nr. 16 des Plenums des Obersten Gerichtshofs der UdSSR vom 23.10.1963, BVS SSSR 1963, Nr. 6, S. 14 f. (außer Kraft gesetzt durch Punkt 27 der erläuternden Leitentscheidung Nr. 13 vom 05.09.1986); vgl. auch BVS RF 1996, Nr. 10, S. 12, und das Urteil Nr. 8051/99 des Höchsten Arbitragegerichts vom 18.04.2000, VVAS 2000, Nr. 7, S. 28.

1148 Vgl. *Em* in *Suchanov*, Graždanskoe pravo, Band 2, Halbband 2, S. 418; *Jarošenko* in *Sadikov*, Graždanskoe pravo Rossii. Čast' vtoraja, S. 656 f.

1149 Vgl. Fn. 7.

1150 *Em* in: *Suchanov*, Graždanskoe pravo, Band 2, Halbband 2, S. 418; *Sergeev* in: *Sergeev/Tolstoj*, Graždanskoe pravo, Band 3, S. 41.

1151 *Em* in: *Suchanov*, Graždanskoe pravo, Band 2, Halbband 2, S. 418; *Sergeev* in: *Sergeev/Tolstoj*, Graždanskoe pravo, Band 3, S. 41.

Quelle erhöhter Gefahr in ihrem Besitz haben, d. h. die tatsächliche Sachherrschaft über sie ausüben[1152].

Aus der Definition in Art. 1079 Abs. 1 Satz 1 ZGB ergibt sich, daß der Besitz an einer Quelle erhöhter Gefahr zum einen aufgrund eines dinglichen Rechts (Eigentum, Recht auf wirtschaftliche Verfügung oder operative Verwaltung, Art. 294-300 ZGB) beruhen kann.

Schwierig ist es aber, den Besitzer einer Quelle erhöhter Gefahr festzustellen, wenn die Quelle erhöhter Gefahr im Miteigentum mehrerer Personen steht oder mehrere Personen Rechte an ihr haben (z. B. ein Eigentümer und eine Person, die die Quelle erhöhter Gefahr aufgrund eines Vertrages mit dem Eigentümer nutzt). In einem solchen Fall ist entscheidend, wer die tatsächliche Sachherrschaft über die Quelle erhöhter Gefahr im Moment der Schadenszufügung hatte[1153]. Steht z. B. ein Kraftfahrzeug im Miteigentum eines Ehepaares, haftet nur derjenige Ehepartner, der den Schaden unmittelbar zugefügt, d. h. derjenige, der das Kraftfahrzeug tatsächlich geführt hat[1154].

Besitzer einer Quelle erhöhter Gefahr können aber auch Bürger und juristische Personen sein, denen der Besitz an einem Gegenstand mit Willen des Eigentümers auf Grundlage eines zivilrechtlichen Vertrages übertragen wurde[1155]. Neben dem in Art. 1079 Abs. 1 Satz 3 ZGB genannten Miet-/Pachtvertrag (Art. 606-625 ZGB) kann es sich dabei um jede beliebige andere zivilrechtliche Vertragsart handeln, z. B. einen Vertrag über die gewerbsmäßige Miete von beweglichen Sachen (Art. 626-631 ZGB), einen Vertrag über eine unentgeltliche Nutzung (Leihvertrag, Art. 689-701), einen Verwahrungsvertrag (Art. 886-906 ZGB), einen Beförderungsvertrag (Art. 784-800)[1156], einen Vertrag über die treuhänderische Vermögensverwaltung (Art. 1012-1026 ZGB) oder einen Werkvertrag (Art. 702-729 ZGB)[1157].

1152 *Em* in: *Suchanov*, Graždanskoe pravo, Band 2, Halbband 2, S. 419; *Sergeev* in: *Sergeev/Tolstoj*, Graždanskoe pravo, Band 3, S. 41.

1153 *Sergeev* in: *Sergeev/Tolstoj*, Graždanskoe pravo, Band 3, S. 42 f.

1154 Vgl. *Sergeev* in: *Sergeev/Tolstoj*, Graždanskoe pravo, Band 3, S. 43.

1155 *Jarošenko* in: *Sadikov*, Graždanskoe pravo Rossii. Čast' vtoraja, S. 657; *Jarošenko*, ChiP 1996, Nr. 12, S. 12; *Jarošenko* in: *Braginskij*, Kommentarij časti vtoroj Graždanskogo kodeksa RF, S. 370.

1156 *Jarošenko* in: *Sadikov*, Graždanskoe pravo Rossii. Čast' vtoraja, S. 657.

1157 *Guev*, Postatejnyj kommentarij k časti vtoroj Graždanskogo kodeksa RF, Anm. 1 c) zu Art. 1079.

Jedoch führt der formelle Vertragsschluß nicht immer zu einem Übergang der Besitzereigenschaft. Der bisherige Besitzer muß die Quelle erhöhter Gefahr zudem aufgrund des Miet-/Pachtvertrages oder eines anderen Vertrages an den Vertragspartner übergeben, wobei die Kontrolle des bisherigen Besitzers der Quelle erhöhter Gefahr beseitigt werden und die Quelle erhöhter Gefahr in die volle Kontrolle des neuen Besitzers übergehen muß. Erst unter dieser Voraussetzung wird der bisherige Besitzer von der Haftung befreit, mit der Folge, daß die Haftung dann dem Vertragspartner obliegt[1158]. Wenn hingegen die Kontrolle des bisherigen Besitzers über die Quelle erhöhter Gefahr nicht vollständig ausgeschlossen ist, ist eine gesamtschuldnerische Haftung beider Besitzer möglich[1159].

In einigen Fällen ist für die Frage, wer für den durch die Quelle erhöhter Gefahr zugefügten Schaden haftet, entscheidend, wer (wessen Arbeitnehmer) die schadensauslösende Tätigkeit ausgeübt hat[1160]:

Bei einem Mietvertrag über ein Transportmittel ohne Besatzung (vgl. Art. 642 ZGB) haftet der Mieter für den Schaden, der Dritten durch das Transportmittel, dessen Mechanismen, Anlagen, oder Ausrüstung zugefügt wurde, gemäß den Vorschriften des 59. Kapitels des ZGB (vgl. Art. 648 ZGB). Bei einem Mietvertrag über ein Transportmittel mit Besatzung (Art. 632 ZGB) haftet der Vermieter für den Schaden, der Dritten durch das Transportmittel zugefügt wurde, gemäß den Vorschriften des 59. Kapitels des ZGB (vgl. Art. 640 ZGB). Diese gesetzlich vorgesehene Haftungsverteilung beruht darauf, daß im ersten Fall das Transportmittel dem Mieter zur vollen Nutzung übergeben wird. Im zweiten Fall führt der Vermieter mit seinen Kräften das Transportmittel und übt damit die mit einer erhöhten Gefahr verbundene Tätigkeit aus[1161]. Dieses für

---

1158 Vgl. *Guev*, Postatejnyj kommentarij k časti vtoroj Graždanskogo kodeksa RF, Anm. 1 d) zu Art. 1079; *Gljancev*, RJu 1997, Nr. 11, S. 9.

1159 *Em* in: *Suchanov*, Graždanskoe pravo, Band 2, Halbband 2, S. 419.

1160 *Jarošenko*, ChiP 1996, Nr. 12, S. 12; *Jarošenko* in: *Sadikov*, Graždanskoe pravo Rossii. Čast' vtoraja, S. 657; *Jarošenko* in: *Braginskij*, Kommentarij časti vtoroj Graždanskogo kodeksa RF, S. 370.

1161 Vgl. *Jarošenko* in: *Sadikov*, Graždanskoe pravo Rossii. Čast' vtoraja, S. 657; *Malein* in: *Kalpin*, Graždanskoe pravo. Čast' vtoraja, S. 520 f.; *Fajzutdinov* in: *Sadikov*, Kommentarij k Graždanskomu kodeksu RF časti vtoroj, Anm. 9 zu Art. 1079; *Jarošenko*, ChiP 1996, Nr. 12, S. 12; *Em* in: *Suchanov*, Graždanskoe pravo, Band 2, Halbband 2, S. 419 f.; *Gljancev*, RJu 1997, Nr. 11, S. 9; vgl. auch *Sergeev* in: *Sergeev/Tolstoj*, Graždanskoe pravo, Band 3, S. 43.

Transportmittel im ZGB ausdrücklich formulierte Prinzip soll auch in anderen Fällen angewendet werden, d. h. bei der Bestimmung desjenigen, der für einen durch die Quelle erhöhter Gefahr verursachten Schaden haftet, soll in erster Linie berücksichtigt werden, wessen Arbeitnehmer die mit der erhöhten Gefahr verbundene Tätigkeit ausübten[1162]. Wenn z. B. eine Werkzeugmaschine vermietet/verpachtet wurde, diese jedoch weiterhin von einem Arbeitnehmer des Vermieters/Verpächters bedient wird, kann der Mieter/Pächter nicht als Besitzer der Quelle erhöhter Gefahr angesehen werden, weil der Besitz nicht tatsächlich übergegangen ist[1163].

Die Eigenschaft, Besitzer einer Quelle erhöhter Gefahr zu sein, kann auch bei einem Vertrag über die unentgeltliche Nutzung (Leihvertrag) der Quelle erhöhter Gefahr übergehen[1164]. Bei diesem Vertragstyp gilt im Hinblick auf die Haftungsverteilung für die vertragliche Haftung nach Art. 697 ZGB folgende Regel: Der Verleiher haftet für den Schaden, der einem Dritten durch den Gebrauch der Sache zugefügt wird, es sei denn, er beweist, daß der Schaden infolge des Vorsatzes oder grober Fahrlässigkeit des Entleihers oder der Person, der die Sache mit Zustimmung des Verleihers überlassen wurde, zugefügt wurde. Dieser Grundsatz wird im Zusammenhang mit der deliktischen Haftung nach Art. 1079 ZGB nicht angewendet, weil es sich bei Art. 1079 ZGB um eine Spezialvorschrift handelt, die auch in dem Fall gelten muß, wenn ein Gegenstand, dessen Nutzung mit einer erhöhten Gefahr für die Umgebung verbunden ist, zur unentgeltlichen Nutzung übergeben wurde. Als Besitzer der Quelle erhöhter Gefahr muß deshalb der Entleiher gelten, der die Sache in seinem Namen auf gesetzlicher Grundlage nutzt[1165].

Bei Werkverträgen ist für den Übergang der Haftung erforderlich, daß die Quelle erhöhter Gefahr dem Werkunternehmer vom Besteller übergeben wurde[1166]. Wenn ein Kraftfahrzeug zur Reparatur übergeben wurde und nach der Reparatur bei einer Kontrollfahrt mit dem Kraftfahr-

---

1162 *Jarošenko* in: *Sadikov*, Graždanskoe pravo Rossii. Čast' vtoraja, S. 657.

1163 *Em* in: *Suchanov*, Graždanskoe pravo, Band 2, Halbband 2, S. 419.

1164 *Guev*, Postatejnyj kommentarij k časti vtoroj Graždanskogo kodeksa RF, Anm. 1 c) zu Art. 1079.

1165 *Jarošenko*, ChiP 1996, Nr. 12, S. 12; *Jarošenko* in: *Braginskij*, Kommentarij časti vtoroj Graždanskogo kodeksa RF, S. 370.

1166 *Guev*, Postatejnyj kommentarij k časti vtoroj Graždanskogo kodeksa RF, Anm. 1 c) zu Art. 1079.

zeug ein Schaden zugefügt wurde, haftet deshalb die Werkstatt, die die Reparatur und die Kontrollfahrt durchgeführt hat[1167].

Nach Art. 1079 Abs. 1 Satz 3 ZGB haften auch Personen, die eine Quelle erhöhter Gefahr aufgrund einer Vollmacht über das Führen eines Fahrzeugs besitzen[1168]. Wenn eine Person ein Transportmittel aufgrund einer Vollmacht führt, haftet somit diese Person und nicht der Eigentümer für den zugefügten Schaden[1169]. In diesem Fall wird durch die Ausstellung der Vollmacht die tatsächliche Übergabe des Transportmittels zur unentgeltlichen Nutzung von der einen Person auf die andere vollzogen[1170]. Nach der Rechtsprechung bleibt der Eigentümer eines Kraftfahrzeugs allerdings dessen Besitzer, wenn er das Kraftfahrzeug zwar an eine andere Person aufgrund einer Vollmacht übergeben hat, er hierzu jedoch aufgrund gesetzlicher Vorschriften nicht berechtigt war[1171].

> Dieser Rechtsprechung liegt folgender vom Präsidium des Moskauer Stadtgerichts entschiedene Fall zugrunde: Der Eigentümer eines Kraftfahrzeugs hatte das Kraftfahrzeug an dessen Fahrer, einen bulgarischen Staatsbürger, aufgrund einer Vollmacht übergeben. Aufgrund eines Verschuldens des Fahrers kam es zu einem Verkehrsunfall, bei dem die Gesundheit und das Vermögen des Klägers beschädigt wurden. Der Fahrer kam bei dem Unfall um. Der Kläger machte deshalb gegenüber dem Eigentümer des Kraftfahrzeugs einen Anspruch auf Schadensersatz geltend. Dabei berief er sich darauf, daß die auf den Namen des Fahrers ausgestellte Vollmacht gesetzwidrig sei und deshalb der Eigentümer den Schaden als Besitzer der Quelle erhöhter Gefahr zu ersetzen habe. Das erstinstanzliche Gericht ging davon aus, daß es nicht darauf ankomme, ob die Vollmacht gesetzwidrig ausgestellt worden sei oder nicht, weil kein Kausalzusammenhang zwischen der Ausfertigung der Zolldoku-

---

1167 *Em* in: *Suchanov*, Graždanskoe pravo, Band 2, Halbband 2, S. 419.

1168 Dies Grundatz wurde bereits vor Inkrafttreten des Art. 1079 Abs. 1 Satz 3 ZGB vom Obersten Gerichtshofs der RSFSR und der UdSSR aufgestellt, vgl. BVS RSFSR 1981, Nr. 8, S. 3; Punkt 5 der erläuternden Leitentscheidung Nr. 16 des Plenums des Obersten Gerichtshofs der UdSSR vom 23.10.1963, BVS SSSR 1963, Nr. 6, S. 14 f.

1169 *Fajzutdinov* in: *Sadikov*, Kommentarij k Graždanskomu kodeksu RF časti vtoroj, Anm. 8 zu Art. 1079; *Jarošenko* in: *Sadikov*, Graždanskoe pravo Rossii. Čast' vtoraja, S. 658; *Malein*, Ochrana prav ličnosti sovetskim zakonodatel'stvom, S. 80.

1170 *Jarošenko*, ChiP 1996, Nr. 12, S. 12 f.; *Jarošenko* in: *Braginskij*, Kommentarij časti vtoroj Graždanskogo kodeksa RF, S. 371.

1171 BVS RF 2001, Nr. 10, S. 14 f.

mente für die Einfuhr des Kraftfahrzeugs auf das Gebiet der RF, der Ausstellung der Vollmacht zum Führen des Kraftfahrzeug auf den Namen des Fahrers und dem Unfall, bei dem dem Kläger ein Schaden zugefügt worden sei, bestehe und wies die Klage ab. Das Präsidium des Moskauer Stadtgerichts führte aus, daß das Vorliegen oder Nichtvorliegen eines Kausalzusammenhangs zwischen der Ausstellung der Vollmacht und dem zugefügten Schaden keine Bedeutung habe. Für die Frage der Haftung für einen zugefügten Schaden sei nur der Kausalzusammenhang zwischen den Handlungen (Unterlassung) des Schädigers und der eingetretenen Folgen wichtig. Indem das erstinstanzliche Gericht diesem Umstand Bedeutung beigemessen habe, habe es die Normen des materiellen Rechts über den Schadensersatz (Art. 1064, 1079 ZGB) falsch ausgelegt. Das erstinstanzliche Gericht habe nicht berücksichtigt, daß der Schaden dem Kläger durch ein Kraftfahrzeug zugefügt worden sei, das durch einen Staatsbürger eines anderen Staates auf das Gebiet der RF eingeführt worden sei. Diese Frage sei dafür wesentlich, ob die Verfügung des Eigentümers über das Kraftfahrzeug rechtswidrig gewesen sei, und folglich auch dafür, wer Besitzer der Quelle erhöhter Gefahr sei und im vorliegenden Fall hafte. Das Kraftfahrzeug sei auf das Gebiet der RF ohne Entrichtung der Zollgebühren eingeführt worden. Der Eigentümer sei deshalb nicht berechtigt gewesen, das Kraftfahrzeug an den Fahrer zur Nutzung zu übergeben. Er sei deshalb Besitzer der Quelle erhöhter Gefahr geblieben und müsse für den dem Kläger zugefügten Schaden haften. Dies folge aus Art. 1079 Abs. 1 Satz 3 ZGB, in dem festgelegt worden sei, daß Besitzer einer Quelle erhöhter Gefahr diejenige Person sei, die sie auf gesetzlicher Grundlage besitze.

Der Besitz an einer Quelle erhöhter Gefahr und die damit verbundene Haftung für eine Schadenszufügung kann nach Art. 1079 Abs. 1 Satz 3 ZGB vom Eigentümer (bzw. dem Inhaber des Rechts auf wirtschaftliche Verfügung oder operative Verwaltung) nicht nur aufgrund dessen Willens, sondern auch kraft einer Verfügung eines zuständigen staatlichen Organs über die zeitweise Übertragung an eine andere Person übergehen. Die *Straßenverkehrsordnung der Rußländischen Föderation*[1172] schreibt

[1172] Bestätigt durch die Verordnung Nr. 1090 des Ministerrats der Regierung der RF vom 23.10.1993, SA 1993, Nr. 47, Pos. 4531, i. d. F. der Verordnungen der Regierung der RF vom 08.01.1996, Nr. 3, SZ 1996, Nr. 3, Pos. 184, 31.10.1998, Nr. 1272, SZ 1998, Nr. 45, Pos. 5521, 21.04.2000, Nr. 370, SZ 2000, Nr. 18, Pos. 1985, 24.01.2001, Nr. 67, SZ 2001, Nr. 11, Pos. 1029, 21.02.2002, Nr. 127, SZ 2002, Nr. 9, Pos. 931, und 28.06.2002, Nr. 472, SZ 2002, Nr. 27, Pos. 2693.

z. B. in Art. 2.3.3. vor, daß Fahrzeugführer in bestimmten Notsituationen (z. B. um Verletzte ins Krankenhaus zu transportieren) ihr Transportmittel Angehörigen der Polizei oder medizinischem Personal zur Verfügung zu stellen haben. Unter einem „zur Verfügung stellen" wird eine Änderung der Route verstanden. Für den Übergang des Besitzes an einem Transportmittel von einer Person auf eine andere auf Grundlage einer Verfügung der zuständigen Behörde genügt jedoch nicht, daß der Besitzer und Fahrers des Transportmittels die Route auf Anordnung eines Bediensteten der Polizei ändert. Vielmehr ist eine tatsächliche Übergabe der „Quelle" in den Einflußbereich des anderen notwendig. Dies ist z. B. der Fall, wenn Angehörige der Polizei nicht den Fahrer des Transportmittels fahren lassen, sondern selbst das Transportmittel führen[1173].

Der Besitzer einer Quelle erhöhter Gefahr, die von einem Arbeitnehmer geführt wird, haftet auch dann gegenüber dem Geschädigten, wenn der Schaden außerhalb der Arbeitszeit oder zwar während der Arbeitszeit, aber nicht in Erfüllung der Arbeitspflichten durch den Arbeitnehmer zugefügt wurde[1174].

In der Praxis kommt es vor, daß Unternehmen (in der Regel Kraftverkehrsunternehmen) die in ihrem Eigentum stehenden Kraftfahrzeuge ihres Arbeitnehmers auf Grundlage eines Miet-/Pachtvertrages oder einer Vollmacht übergeben. Falls es zu einem Verkehrsunfall mit einem solchen Fahrzeug kommt, weigern sich häufig die Unternehmen, den dabei entstandenen Schaden zu ersetzen und berufen sich darauf, daß die Pflicht zum Schadensersatz dem Fahrer auferlegt werden muß, der das Transportmittel auf Grundlage des Miet-/Pachtvertrages oder der Vollmacht geführt hat. Wenn jedoch der Fahrer Arbeitnehmer des Unternehmens ist, in dessen Interesse handelt und dessen Werkstatt benutzt, wird das Transportmittel tatsächlich nicht aus dem Besitz des Unternehmens entfernt. Der Miet-/Pachtvertrag bzw. die Vollmacht zum Führen des Kraftfahrzeugs stellt in diesem Fall nur eine Form der Organisation

---

1173 Vgl. *Jarošenko* in: *Sadikov*, Graždanskoe pravo Rossii. Čast' vtoraja, S. 657 f.; *Jarošenko*, ChiP 1996, Nr. 12, S. 13; *Jarošenko* in: *Braginskij*, Kommentarij časti vtoroj Graždanskogo kodeksa RF, S. 371; *Sergeev* in: *Sergeev/Tolstoj*, Graždanskoe pravo, Band 3, S. 43.

1174 *Sergeev* in: *Sergeev/Tolstoj*, Graždanskoe pravo, Band 3, S. 42.

des Arbeitsverhältnisses dar. Deshalb haftet in diesem Fall das Unternehmen als Besitzer des Transportmittels nach Art. 1079 ZGB[1175].

b) Keine Haftung des Führers der Quelle erhöhter Gefahr

Eine Person gilt nicht als Besitzer einer Quelle erhöhter Gefahr und haftet nicht gegenüber dem Geschädigten, wenn sie die Quelle erhöhter Gefahr kraft eines Arbeitsverhältnisses mit dem Besitzer dieser Quelle bedient (Chauffeur, Lokomotivführer, Maschinenführer)[1176]. Der Arbeitnehmer haftet lediglich gegenüber dem Arbeitgeber im Wege des Regresses[1177].

Nach der herrschenden Meinung haftet eine Person, die eine Quelle erhöhter Gefahr ohne ordnungsgemäß ausgestellte Ermächtigung, aber im Rahmen des Gesetzes bedient (z. B. der Führer eines Kraftfahrzeugs in Anwesenheit und mit Erlaubnis des Eigentümers, aber ohne ausgestellte Vollmacht) nicht gegenüber dem Geschädigten[1178]. In diesen Fäl-

---

1175 *Gljancev*, BVS RF 1994, Nr. 9, S. 11; *Gljancev*, RJu 1997, Nr. 11, S. 9; *Fajzutdinov* in: *Sadikov*, Kommentarij k Graždanskomu kodeksu RF časti vtoroj, Anm. 7 zu Art. 1079; vgl. auch *Jarošenko*, ChiP 1996, Nr. 12, S. 13; *Jarošenko* in: *Braginskij*, Kommentarij časti vtoroj Graždanskogo kodeksa RF, S. 371; *Rožkova*, VVAS 2002, Nr. 2, S. 97. Dieser Grundsatz wird auch vom Obersten Gerichtshof der RF praktiziert, vgl. BVS RF 2002, Nr. 4, S. 16.

1176 Vgl. Punkt 19 der erläuternden Leitentscheidung Nr. 3 des Plenums des Obersten Gerichtshofs der RF vom 28.04.1994, BVS RF 1994, Nr. 7, S. 6, der zurückgeht auf Punkt 11 der erläuternden Leitentscheidung Nr. 13 des Plenums des Obersten Gerichtshofs der UdSSR vom 05.09.1986, BVS SSSR 1986, Nr. 6, S. 14 (außer Kraft gesetzt durch Punkt 39 der erläuternden Leitentscheidung Nr. 3 vom 28.04.1994) und Punkt 5 der erläuternden Leitentscheidung Nr. 16 des Plenums des Obersten Gerichtshofs der UdSSR vom 23.10.1963, BVS SSSR 1963, Nr. 6, S. 15 (außer Kraft gesetzt durch Punkt 27 der erläuternden Leitentscheidung Nr. 13 vom 05.09.1986); BVS RSRSR 1983, Nr. 1, S. 6; *Fajzutdinov* in: *Sadikov*, Kommentarij k Graždanskomu kodeksu RF časti vtoroj, Anm. 1 zu Art. 1079; *Malein* in: *Kalpin*, Graždanskoe pravo. Čast' vtoraja, S. 521; *Borisov*, Kommentarij k Graždanskomu kodeksu RF časti pervoj i vtoroj, S. 1106 f.; *Jarošenko* in: *Sadikov*, Graždanskoe pravo Rossii. Čast' vtoraja, S. 657; *Guev*, Postatejnyj kommentarij k časti vtoroj Graždanskogo kodeksa RF, Anm. 1 e) zu Art. 1079; *Em* in: *Suchanov*, Graždanskoe pravo, Band 2, Halbband 2, S. 418; *Sergeev* in: *Sergeev/Tolstoj*, Graždanskoe pravo, Band 3, S. 41 f.

1177 Vgl. *Sergeev* in: *Sergeev/Tolstoj*, Graždanskoe pravo, Band 3, S. 42. Näheres zum Regreßrecht vgl. oben S. 199 ff.

1178 *Borisov*, Kommentarij k Graždanskomu kodeksu RF časti pervoj i vtoroj, S. 1107; *Fajzutdinov* in: *Sadikov*, Kommentarij k Graždanskomu kodeksu RF časti vtoroj, len haftet weiterhin der juristische Besitzer, in dem genannten Beispielsfall der Eigentümer des Kraftfahrzeugs, weil sich das Kraftfahrzeug nach wie vor in seiner tatsächlichen Sachherrschaft befindet[1179]. Allerdings soll der juristische Besitzer der Quelle erhöhter Gefahr, der den Schaden gegenüber dem Geschädigten ersetzt hat, die Person, die die Quelle erhöhter Gefahr geführt hat, im Wege des Regresses zur Haftung heranziehen können[1180]. Es wird zwar auch vertreten, daß der juristische und der tatsächliche Besitzer gegenüber dem Geschädigten gesamtschuldnerisch haften[1181]. Der Oberste Gerichtshof der RF hat jedoch in einer neuen Entscheidung bestätigt, daß nur der Eigentümer eines Transportmittels haftet, wenn er das Transportmittel ohne ordnungsgemäße juristische Ausfertigung (Vollmacht) zu Steuerung übergibt. Der Fahrer soll in diesem Fall nicht gesamtschuldnerisch neben dem Eigentümer des Transportmittels haften[1182].

c) Keine Haftung des Besitzers, wenn die Quelle erhöhter Gefahr ohne sein Verschulden abhanden gekommen ist

Eine Tätigkeit, die eine erhöhte Gefahr für die Umgebung hervorruft, kann auch von Personen ausgeübt werden, die einen Gegenstand nicht mit Willen des Eigentümers und ohne Rechtsgrund besitzen. Diese Personen werden in der rußländischen Literatur als *„gesetzwidrige Besitzer“*[1183] bezeichnet. Für diese Fallkonstellation sieht Art. 1079 Abs. 2 ZGB folgende Regelung vor:

Anm. 8 zu Art. 1079; *Jarošenko* in: *Sadikov*, Graždanskoe pravo Rossii. Čast' vtoraja, S. 658; vgl. auch *Jarošenko*, ChiP 1996, Nr. 12, S. 13; *Jarošenko* in: *Braginskij*, Kommentarij časti vtoroj Graždanskogo kodeksa RF, S. 370; *Sergeev* in: *Sergeev/Tolstoj*, Graždanskoe pravo, Band 3, S. 43; vgl. auch *Em* in: *Suchanov*, Graždanskoe pravo, Band 2, Halbband 2, S. 418.

1179 *Jarošenko* in: *Sadikov*, Graždanskoe pravo Rossii. Čast' vtoraja, S. 658; vgl. auch *Em* in: *Suchanov*, Graždanskoe pravo, Band 2, Halbband 2, S. 418 f.; *Sergeev* in: *Sergeev/Tolstoj*, Graždanskoe pravo, Band 3, S. 43; *Malein*, Ochrana prav ličnosti sovetskim zakonodatel'stvom, S. 80.

1180 *Malein* in: *Kalpin*, Graždanskoe pravo. Čast' vtoraja, S. 521; vgl. auch *Romanov*, Žurnal rossijskogo prava 2000, Nr. 12, S. 80; *Gusev*, BVS SSSR 1959, Nr. 1, S. 24.

1181 *Em* in: *Suchanov*, Graždanskoe pravo, Band 2, Halbband 2, S. 419.

1182 Vgl. BVS 2002, Nr. 2, S. 14 f.

1183 Russ.: nezakonnyj vladel'ec, vgl. *Jarošenko* in: *Sadikov*, Graždanskoe pravo Rossii. Čast' vtoraja, S. 659.

„Der Besitzer einer Quelle erhöhter Gefahr haftet nicht für den Schaden, den diese Quelle zufügt, wenn er nachweist, daß die Quelle infolge rechtswidriger Handlungen anderer Personen seinem Besitz entzogen wurde. Für Schaden, der durch die Quelle der erhöhten Gefahr zugefügt wird, haften in solchen Fällen die Personen, die die Quelle der erhöhten Gefahr rechtswidrig in Besitz genommen haben. Hat der Besitzer die rechtswidrige Entziehung dieser Quelle der erhöhten Gefahr aus seinem Besitz verschuldet, so können sowohl der Besitzer als auch die Person, die die Quelle der erhöhten Gefahr in Besitz genommen hat, haftbar gemacht werden."

Diese Bestimmung war im ZGB 1964 und den GZG 1991 noch nicht enthalten. Allerdings handelt es sich bei ihr nicht um eine völlige Neuschöpfung. Die in dieser Vorschrift verankerten Grundsätze wurden bereits zuvor durch die Rechtsprechung des Plenums des Obersten Gerichtshofs[1184] aufgestellt.

Die von Art. 1079 Abs. 2 Satz 2 ZGB angeordnete Haftung von Personen, die eine Quelle erhöhter Gefahr zu Unrecht besitzen, stellt einen Fall dar, in dem – entgegen dem allgemeinen Grundsatz – auch einem rein tatsächlichen Besitzer die Haftung für eine Quelle erhöhter Gefahr obliegt, nämlich dann, wenn dieser die Quelle erhöhter Gefahr unrechtmäßig besitzt[1185]. Eine rechtwidrige Entziehung des Besitzes liegt insbesondere bei einer unbefugten Nutzung eines Transportmittels vor[1186]. An

---

1184 Vgl. Punkt 21 der erläuternden Leitentscheidung Nr. 3 des Plenums des Obersten Gerichtshofs der RF vom 28.04.1994, BVS RF 1994, Nr. 7, S. 6, der zurückgeht auf Punkt 11 der erläuternden Leitentscheidung Nr. 13 des Plenums des Obersten Gerichtshofs der UdSSR vom 05.09.1986, BVS SSSR 1986, Nr. 6, S. 14 (außer Kraft gesetzt durch Punkt 39 der erläuternden Leitentscheidung Nr. 3 vom 28.04.1994), und Punkt 5 der erläuternden Leitentscheidung Nr. 16 des Plenums des Obersten Gerichtshofs der UdSSR vom 23.10.1963, BVS SSSR 1963, Nr. 6, S. 15 (außer Kraft gesetzt durch Punkt 27 der erläuternden Leitentscheidung Nr. 13 vom 05.09.1986).

1185 *Em* in: *Suchanov*, Graždanskoe pravo, Band 2, Halbband 2, S. 423.

1186 Punkt 21 der erläuternden Leitentscheidung Nr. 3 des Plenums des Obersten Gerichtshofs der RF vom 28.04.1994, BVS RF 1994, Nr. 7, S. 6; *Borisov*, Kommentarij k Graždanskomu kodeksu RF časti pervoj i vtoroj, S. 1107; *Fajzutdinov* in: *Sadikov*, Kommentarij k Graždanskomu kodeksu RF časti vtoroj, Anm. 1 zu Art. 1079; *Jarošenko*, ChiP 1996, Nr. 12, S. 13; *Jarošenko* in: *Braginskij*, Kommentarij časti vtoroj Graždanskogo kodeksa RF, S. 371; *Jarošenko* in: *Sadikov*, Graždanskoe pravo Rossii. Čast' vtoraja, S. 659; *Sergeev* in: *Sergeev/Tolstoj*, Graždanskoe pravo, Band 3, S. 42.

Stelle des rechtmäßigen Besitzers haftet nicht nur die Person, die dem rechtmäßigen Besitzer die Quelle erhöhter Gefahr selbst entzogen hat, sondern auch Personen, die die Quelle erhöhter Gefahr im Anschluß daran besitzen (z. B. wenn ein Kraftfahrzeug von einer Person unbefugt genutzt, dann von ihr liegengelassen und anschließend von einer anderen Person benutzt wird, die dann mit dem Kraftfahrzeug einem anderen einen Schaden zufügt)[1187].

Grundlage für eine Haftung des Besitzers der Quelle erhöhter Gefahr nach Art. 1079 Abs. 2 Satz 3 ZGB können nur schuldhafte Handlungen sein, die mit der Entziehung der Quelle erhöhter Gefahr aus seinem Besitz zusammenhängen[1188]. Eine Haftung des Besitzers der Quelle erhöhter Gefahr kann insbesondere dann eintreten, wenn durch sein Verschulden ein ordnungsgemäßer Schutz der Quelle erhöhter Gefahr nicht mehr gewährleistet wurde. Ein solches Verschulden liegt z. B. dann vor, wenn er sein Kraftfahrzeug hat offen stehen lassen, ohne den Zündschlüssel abzuziehen[1189]. In diesem Fall kann beiden Schädigern die Haftung anteilig in Abhängigkeit vom Schuldmaß des jeweiligen von ihnen auferlegt werden[1190]. Je nach den Umständen kann das Gericht z. B. die Haftung dem rechtmäßigen und dem gesetzwidrigen Besitzer zu gleichen Teilen, nur dem rechtmäßigen Besitzer oder nur dem gesetzwidrigen

---

1187 *Guev*, Postatejnyj kommentarij k časti vtoroj Graždanskogo kodeksa RF, Anm. 2 a) zu Art. 1079.

1188 *Jarošenko*, ChiP 1996, Nr. 12, S. 14; *Jarošenko* in: *Braginskij*, Kommentarij časti vtoroj Graždanskogo kodeksa RF, S. 372.

1189 *Jarošenko*, Objazatel'stva vsledstvie pričinenija vreda, in: *Kozyr'/Makovskij/Chochlov*, Graždanskij kodeks RF. Čast' vtoraja, S. 582; *Jarošenko*, ChiP 1996, Nr. 12, S. 11; *Jarošenko* in: *Braginskij*, Kommentarij časti vtoroj Graždanskogo kodeksa RF, S. 372; *Jarošenko* in: Graždanskoe pravo Rossii. Čast' vtoraja, S. 659; *Em* in: *Suchanov*, Graždanskoe pravo, Band 2, Halbband 2, S. 423; *Sergeev* in: *Sergeev/Tolstoj*, Graždanskoe pravo, Band 3, S. 42.

1190 Punkt 21 der erläuternden Leitentscheidung Nr. 3 des Plenums des Obersten Gerichtshofs der RF vom 28.04.1994, BVS RF 1994, Nr. 7, S. 6; der zurückgeht auf Punkt 11 der erläuternden Leitentscheidung Nr. 13 des Plenums des Obersten Gerichtshofs der UdSSR vom 05.09.1986, BVS SSSR 1986, Nr. 6, S. 14 (außer Kraft gesetzt durch Punkt 39 der erläuternden Leitentscheidung Nr. 3 vom 28.04.1994), und Punkt 5 der erläuternden Leitentscheidung des Plenums des Obersten Gerichtshofs der UdSSR vom 23.10.1963, BVS SSSR 1963, Nr. 6, S. 15 (außer Kraft gesetzt durch Punkt 27 der erläuternden Leitentscheidung Nr. 13 vom 05.09.1986); *Jarošenko*, ChiP 1996, Nr. 12, S. 11; *Em* in: *Suchanov*, Graždanskoe pravo, Band 2, Halbband 2, S. 423; *Sergeev/Tolstoj*, Graždanskoe pravo, Band 3, S. 42.

Besitzer auferlegen[1191]. Hat der Besitzer hingegen alle notwendigen Maßnahmen getroffen, damit ihm die Quelle erhöhter Gefahr nicht entzogen wird (z. B. sein Kraftfahrzeug in verschlossenem Zustand in der Garage mit angezogener Bremse abgestellt hat), ist seine Haftung ausgeschlossen[1192].

4. *Kausalität*

Ein Anspruch aus Art. 1079 ZGB setzt neben dem Schaden, der durch eine mit einer erhöhten Gefahr verbundenen Tätigkeit zugefügt wurde, einen Kausalzusammenhang zwischen dem Verhalten des Schädigers und den eingetretenen Folgen voraus[1193], der nach den allgemeinen Regeln über die Beweislastverteilung vom Kläger bewiesen werden muß[1194]. Dabei muß der Kausalzusammenhang zwischen dem Schaden und der charakteristischen (spezifischen) Schädlichkeit der Quelle erhöhter Gefahr bei ihrer Nutzung festgestellt werden[1195].

5. *Rechtswidrigkeit*

Nicht eindeutig ist, ob die Haftung nach Art. 1079 ZGB ein rechtswidriges Handeln voraussetzt. In der Literatur zu Art. 454 ZGB 1964 war die Mehrzahl der Autoren der Meinung, daß eine Haftung nach die-

---

1191 *Guev*, Postatejnyj kommentarij k časti vtoroj Graždanskogo kodeksa RF, Anm. 2 b) zu Art. 1079.

1192 *Guev*, Postatejnyj kommentarij k časti vtoroj Graždanskogo kodeksa RF, Anm. 2 b) zu Art. 1079.

1193 *Zajcev* in: *Krylov/Gavrilov*, Rossijskoe graždanskoe pravo, S. 378; *Fajzutdinov* in: *Sadikov*, Kommentarij k Graždanskomu kodeksu RF časti vtoroj, Anm. 1 zu Art. 1079; *Jarošenko*, ChiP 1996, Nr. 12, S. 11; *Jarošenko* in: *Braginskij*, Kommentarij časti vtoroj Graždanskogo kodeksa RF, S. 369; *Jarošenko* in: *Sadikov*, Graždanskoe pravo Rossii. Čast' vtoraja, S. 659; *Rožkova*, VVAS 2002, Nr. 2, S. 94; *Smirnov/Sobčak*, Obščee učenie o deliktnych objazatel'stvach v sovetskom graždanskom prave, S. 71; vgl. auch das Urteil Nr. 50-096-32 des Obersten Gerichtshofs der RF in der Sache Čabanov und Trišin, BVS RF 1997, Nr. 8, S. 16; BVS RF 2001, Nr. 5, S. 3.

1194 Vgl. *Rožkova*, VVAS 2002, Nr. 2, S. 94 f.

1195 *Fajzutdinov* in: *Sadikov*, Kommentarij k Graždanskomu kodeksu RF časti vtoroj, Anm. 2 zu Art. 1079; *Jarošenko* in: *Sadikov*, Graždanskoe pravo Rossii. Čast' vtoraja, S. 659; *Smirnov/Sobčak*, Obščee učenie o deliktnych objazatel'stvach v sovetskom graždanskom prave, S. 34, 71.

ser Vorschrift voraussetzt, daß das Verhalten des Schädigers rechtswidrig sein muß[1196]. Dabei gingen einige davon aus, daß der Betrieb der Quelle erhöhter Gefahr rechtmäßig und nur die Schadenszufügung durch eine Quelle erhöhter Gefahr rechtswidrig sein soll[1197]. Diese Auffassung steht in klarem Widerspruch zum deutschen Recht, welches für die Gefährdungshaftung keine Rechtswidrigkeit voraussetzt[1198]. Als Grund dafür wird angegeben, daß die Schaffung und Unterhaltung der betreffenden Gefahrenquelle als Gegenstand eines Rechtswidrigkeitsurteils von vornherein nicht in Betracht komme, weil es sich dabei um ein erlaubtes Verhalten handele und dieses nicht nachträglich durch einen negativen Erfolg rechtswidrig werde[1199].

Heutzutage wird in der Literatur zu Art. 1079 ZGB überwiegend die Auffassung vertreten, daß die Handlungen des Schädigers nicht rechtswidrig sein müssen[1200]. Näher begründet wird dieser Standpunkt allerdings nicht. Wenn jedoch ein Rechtfertigungsgrund, insbesondere ein Fall der Notwehr (Art. 1066 ZGB) oder des Notstandes (Art. 1067 ZGB) vorliegt, soll eine Schadensersatzpflicht auf Art. 1079 ZGB ausgeschlossen sein[1201].

1196 *Krasavčikov*, Vozmeščenie vreda, pričinennogo istočnikom povyšennoj opasnosti, S. 168; *Ioffe*, Objazatel'stvennoe pravo, S. 803; *Smirnov/Sobčak*, Obščee učenie o deliktnych objazatel'stvach v sovetskom graždanskom prave, S. 89. Heute wird diese Auffassung nur noch von *Fajzutdinov* in: *Sadikov*, Kommentarij k Graždanskomu kodeksu RF časti vtoroj, Anm. 1 zu Art. 1079, vertreten.

1197 *Sedugin* in: *Flejšic/Ioffe*, Kommentarij k GK RSFSR, Anm. 1 zu Art. 454; *Sedugin* in: *E. Flejšic*, Naučno-praktičeskij kommentarij k GK RSFSR, Anm. 1 zu Art. 454; *Beljakova*, Vozmeščenie vreda, pričinennogo istočnikom povyščennoj opasnosti, S. 9; vgl. auch *Em* in: *Suchanov*, Graždanskoe pravo, Band 2, Halbband 2, S. 416; *Matveev*, Osnovanija graždanskopravovoj otvetstvennosti, S. 22 f.

1198 BGHZ 24, 21, 26; 34, 355, 361; 105, 65, 68; *Larenz/Canaris*, Lehrbuch des Schuldrechts II/2, S. 610; *Kötz/Wagner*, Deliktsrecht, Rn. 333.

1199 *Larenz/Canaris*, Lehrbuch des Schuldrechts II/2, S. 610.

1200 *Rožkova*, VVAS 2002, Nr. 2, S. 94; *Zajcev* in: *Krylov/Gavrilov*, Rossijskoe graždanskoe pravo, S. 378; *Jarošenko*, ChiP 1996, Nr. 12, S. 11; *Jarošenko* in: *Braginskij*, Kommentarij časti vtoroj Graždanskogo kodeksa RF, S. 369; *Jarošenko* in: *Sadikov*, Graždanskoe pravo Rossii. Čast' vtoraja, S. 659.

1201 Vgl. *Sergeev* in: *Sergeev/Tolstoj*, Graždanskoe pravo, Band 3, S. 45; *Romanov*, Žurnal rossijskogo prava 2000, Nr. 12, S. 81.

6. Kein Verschulden

Die wichtigste Besonderheit der Haftung nach Art. 1079 ZGB besteht darin, daß sie kein Verschulden voraussetzt. Der Besitzer der Quelle der erhöhten Gefahr haftet unabhängig davon, ob er schuldhaft gehandelt hat oder nicht. Er haftet auch für eine zufällige Schadenszufügung[1202].

Die Haftung nach Art. 1079 ZGB stellt somit eine besonders strenge Form der Haftung dar. In diesem Zusammenhang existieren verschiedene Theorien darüber, wodurch es gerechtfertigt ist, dem Besitzer einer Quelle erhöhter Gefahr diese strenge Haftung aufzuerlegen.

Die Anhänger der *Risikotheorie*[1203] nehmen an, daß ein Unternehmen, das eine Tätigkeit ausübt, die gefährlich für die Umgebung ist, die möglichen negativen Folgen dieser Tätigkeit bei der Kalkulation der Preise für ihre Produktion von vornherein berücksichtigen kann[1204]. Diese Theorie wurde von der Literatur zum sowjetischen Deliktsrecht als *„bourgeoise"* kritisiert[1205]. Im Schrifttum zum geltenden Deliktsrecht werden die Gedanken dieser Theorie wieder aufgegriffen: So meint *Em*, daß Grundlage für die Haftung des Besitzers der Quelle erhöhter Gefahr das Risiko darstellt, das er durch den Einsatz der Quelle erhöhter Gefahr eingegangen ist, ohne ein unerwünschtes Resultat auszuschließen, und welches er verwirklicht hat, indem er ein zufälliges Ergebnis und die damit verbundenen negativen Folgen zugelassen hat[1206].

1202 *Malein* in: *Kalpin*, Graždanskoe pravo. Čast' vtoraja, S. 522; *Fajzutdinov* in: *Sadikov*, Kommentarij k Graždanskomu kodeksu RF časti vtoroj, Anm. 1 zu Art. 1079; *Tolstoj* in: *Sergeev/Tolstoj*, Graždanskoe pravo, Band 3, S. 11; *Smirnov/ Sobčak*, Obščee učenie o deliktnych objazatel'stvach v sovetskom graždanskom prave, S. 34; *Zacharov/Koršunov/Cederbaum*, Vozmeščenie rabotadatel'jami vreda, pričinennogo zdorov'ju rabotnika pri ispolnenii trudovych objazannostej, § 2 zu Art. 3.

1203 Russ.: teorija professional'nogo riska.

1204 Vgl. *Beljakova*, Vozmeščenie vreda, pričinennogo istočnikom povyščennoj opasnosti, S. 13. Dieser Gedanke wird auch in der Literatur zum deutschen Recht vertreten, vgl. *Larenz/Canaris*, Lehrbuch des Schuldrechts II/2, S. 605; *Staudinger-Hager*, vor §§ 823 ff. Rn. 28; *Soergel/Zeuner*, vor § 823 Rn. 12; RGRK-*Steffen*, vor § 823 Rn. 15; *Deutsch*, Allgemeines Haftungsrecht, Rn. 635.

1205 Vgl. *B. Antimonov*, Graždanskaja otvetstvennost' za vred, pričinennyj istočnikom povyšennoj opasnosti, S. 43.

1206 In: *Suchanov*, Graždanskoe pravo, Band 2, Halbband 2, S. 420. Auch *Egorov* in: *Sergeev/Tolstoj*, Graždanskoe pravo, Band 1, S. 581, geht davon aus, daß die Haf-

In eine ähnliche Richtung wie die Vertreter der Risikotheorie gehen die Anhänger der *Vorteilstheorie*[1207]. Sie nehmen an, daß den Ersatz des Schadens, der unabhängig von einem Verschulden entstanden ist, derjenige tragen soll, dem der Vorteil von der Tätigkeit des Unternehmens zufließt[1208].

In der Literatur zum sowjetischen Deliktsrecht am weitesten verbreitet war die *Theorie des Anreizes*[1209]. Das Wesen dieser Theorie besteht in folgendem: Indem eine erhöhte Haftung der Besitzer von Quellen erhöhter Gefahr festgelegt wird, soll das Gesetz für die Besitzer einen Anreiz schaffen, ihre Tätigkeit so zu organisieren, daß die Schädlichkeit der Quellen erhöhter Gefahr größtmöglich gesenkt wird oder die Quellen erhöhter Gefahr sogar ganz beseitigt werden. Darüber hinaus soll die erhöhte Haftung auch einen Anreiz für neue Erfindungen auf dem Gebiet der Technik, insbesondere dem Gebiet der Sicherheitstechnik, schaffen[1210].

Für die praktische Rechtsanwendung sind diese Theorien nicht relevant. Darüber hinaus widersprechen sie einander auch nicht unmittelbar, weil sie alle einleuchtende Gründe enthalten, die die strenge verschuldensunabhängige Gefährdungshaftung rechtfertigen. Allerdings wird man die strenge Haftung in erster Linie mit den Argumenten der Risiko- und der Vorteilstheorie begründen müssen, da allein der Anreiz zu neuen Erfindungen eine strenge verschuldensunabhängige Haftung nicht rechtfertigen kann.

7. *Haftungsausschluß*

Die Haftung des Besitzers der Quelle erhöhter Gefahr ist nach Art. 1079 Abs. 1 Satz 1 (a. E.) ZGB ausgeschlossen, wenn der Schaden in-

---

tung nach Art. 1079 ZGB auf dem Risikoprinzip basiert, berufen sich jedoch gleichzeitig auf Argumente der Theorie des Anreizes.

1207 Russ.: teorija vygody.

1208 *Beljakova*, Vozmeščenie vreda, pričinennogo istočnikom povyščennoj opasnosti, S. 13 f.; vgl. dazu im deutschen Recht bei *Larenz/Canaris*, Lehrbuch des Schuldrechts II/2, S. 605; *Deutsch*, Allgemeines Haftungsrecht, Rn. 635.

1209 Russ.: teorija stimulirovanija.

1210 *Antimonov*, Graždanskaja otvetstvennost' za vred, pričinennyj istočnikom povyšennoj opasnosti, S. 43; *Ioffe*, Otvetstvennost' po sovetskomu graždanskomu pravu, S. 13; vgl. auch *Beljakova*, Vozmeščenie vreda, pričinennogo istočnikom povyščennoj opasnosti, S. 14 f.

folge höherer Gewalt oder des Vorsatzes des Geschädigten zugefügt worden ist. Die Beweislast dafür, daß höhere Gewalt vorlag oder der Geschädigte vorsätzlich gehandelt hat, obliegt dem Besitzer der Quelle erhöhter Gefahr[1211]. Darüber hinaus besteht nach Art. 1079 Abs. 1 Satz 2 ZGB die Möglichkeit eines vollständigen oder teilweisen Haftungsausschlusses bei einem Mitverschulden des Geschädigten und die Möglichkeit einer Berücksichtigung der Vermögenslage des Geschädigten. Ist der Besitzer der Quelle erhöhter Gefahr nach den Regeln des Art. 1079 ZGB von der Haftung befreit, hat er auch den immateriellen Schaden nicht zu ersetzen[1212].

a) Haftungsausschluß bei höherer Gewalt

Höhere Gewalt liegt bei außerordentlichen und unter den gegebenen Bedingungen unvermeidbaren Umständen vor (vgl. Art. 202 und 401 Abs. 3 ZGB). Hierzu zählen Naturkatastrophen (Überschwemmungen, Schneeverwehungen, Erdrutsche, Erdbeben, Brände, heftige Stürme, Orkane, Taifune, Blitzschlag), aber auch soziale Erscheinungen, wie z. B. kriegerische Auseinandersetzungen, Volksaufstände, Massenerkrankungen (Epidemien), großangelegte Streiks und staatliche Verbote (Verhängung von Quarantäne, Einschränkung von Transporten in bestimmte Richtungen, Verbot des Handels mit bestimmten Ländern wegen internationaler Sanktionen (Embargos))[1213]. Für die deliktische

---

1211 *Guev*, Postatejnyj kommentarij k časti vtoroj Graždanskogo kodeksa RF, Anm. 1 h) zu Art. 1079; *Jarošenko*, ChiP 1996, Nr. 12, S. 11; *Jarošenko* in: *Braginskij*, Kommentarij časti vtoroj Graždanskogo kodeksa RF, S. 369; *Rožkova*, VVAS 2002, Nr. 2, S. 98; vgl. auch *Zacharov/Koršunov/Cederbaum*, Vozmeščenie rabotadatel'jami vreda, pričinennogo zdorov'ju rabotnika pri ispolnenii trudovych objazannostej, § 2 zu Art. 3.

1212 *Guev*, Postatejnyj kommentarij k časti vtoroj Graždanskogo kodeksa RF, Anm. 2 zu Art. 1100.

1213 *Masevič* in: *Sadikov*, Kommentarij k Graždanskomu kodeksu RF, Anm. 1 zu Art. 202; *Sadikov*, Kommentarij k Graždanskomu kodeksu RF, Anm. 4 zu Art. 401; *Jakovlev* in: *Sadikov*, Kommentarij k Graždanskomu kodeksu RF časti pervoj, Anm. 3 zu Art. 401; *Masevič* in: *Sadikov*, Graždanskoe pravo. Obščaja čast', S. 354, *Braginskij* in: *Sadikov*, Graždanskoe pravo. Obščaja čast', S. 686; *Fajzutdinov* in: *Sadikov*, Kommentarij k Graždanskomu kodeksu RF časti vtoroj, Anm. 1 zu Art. 1079; *Zajcev* in: *Krylov/Gavrilov*, Rossijskoe graždanskoe pravo, S. 378; *Abova* in: *Abova/Kabalkin/Mozolin*, Graždanskij kodeks RF. Čast' pervaja, Anm. 1 zu Art. 202 und Anm. 4 zu 401; *Sergeev* in: *Sergeev/Tolstoj*, Graždanskoe

Haftung sind allerdings in der Regel nur die Naturkatastrophen relevant[1214]. Höhere Gewalt führt nur dann zu einem Ausschluß der Haftung, wenn sie der unmittelbare Grund dafür war, daß die Quelle erhöhter Gefahr aus der Kontrolle ihres Besitzers geraten ist[1215]. Das ist z. B. dann der Fall, wenn ein starkes Erdbeben einen Erdrutsch zur Folge hat, der das Entgleisen eines Zuges nach sich zieht[1216].

b) Haftungsausschluß bei Vorsatz des Geschädigten

Die Haftung für eine Quelle erhöhter Gefahr ist zudem ausgeschlossen, wenn der Geschädigte vorsätzlich gehandelt hat. Wann ein vorsätzliches Verhalten vorliegt, wurde bereits oben erläutert[1217]. Ein vorsätzliches Verhalten des Geschädigten befreit den Besitzer der Quelle erhöhter Gefahr auch dann von der Haftung, wenn der Schaden auf ein fahrlässiges Verhalten des Besitzers zurückzuführen ist[1218].

c) Berücksichtigung des Mitverschuldens des Geschädigten und der Vermögenslage des Schädigers

Wenn die Voraussetzungen des Art. 1083 Abs. 2 ZGB vorliegen, kann auch bei der Haftung nach Art. 1079 ZGB das Mitverschulden des

---

pravo, Band 1, S. 306 f., *Egorov* in: *Sergeev/Tolstoj*, Graždanskoe pravo, Band 1, S. 582, *Tolstoj* in: *Sergeev/Tolstoj*, Graždanskoe pravo, Band 3, S. 11; *Suchanov* in: *Braginskij*, Kommentarij časti pervoj Graždanskogo kodeksa RF, S. 264; *Braginskij/Vitrjanskij*, Dogovorne pravo, S. 752; *Parcij*, ChiP 1996, Nr. 12, S. 27; *Gusev* in: *Kalpin/Masljaev*, Graždanskoe pravo. Čast' pervaja, S. 239; *Malein* in: *Kalpin/Masljaev*, Graždanskoe pravo. Čast' pervaja, S. 522; *Kirillova* in: *Illarinova/Gongalo/Pletnev*, Graždanskoe pravo. Čast' pervaja, S. 261; *Illarinova* in: *Illarinova/Gongalo/Pletnev*, Graždanskoe pravo. Čast' pervaja, S. 445; *Ramzaev* in: *Cybulenko*, Graždanskoe pravo Rossii. Čast' pervaja, S. 227; *Zimenkova/Šerstobitov*, in: *O. Zimenkova/T. Levšina/V. Tobis/A. Šerstobitov*, Kommentarij k Zakonu „O zaščite prav potrebitelej", S. 99.

1214 Vgl. *Zacharov/Koršunov/Cederbaum*, Vozmeščenie rabotadatel'jami vreda, pričinennogo zdorov'ju rabotnika pri ispolnenii trudovych objazannostej, § 2 zu Art. 3; *Sergeev* in: *Sergeev/Tolstoj*, Graždanskoe pravo, Band 3, S. 44.

1215 *Em* in: *Suchanov*, Graždanskoe pravo, Band 2, Halbband 2, S. 422.

1216 *Em* in: *Suchanov*, Graždanskoe pravo, Band 2, Halbband 2, S. 422.

1217 Vgl. S. 178 f.

1218 *Fajzutdinov* in: *Sadikov*, Kommentarij k Graždanskomu kodeksu RF časti vtoroj, Anm. 1 zu Art. 1079.

Geschädigten zu einem Haftungsausschluß führen. Zudem kann auch im Rahmen der Haftung nach Art. 1079 ZGB die Vermögenslage des Schädigers berücksichtigt werden. Dies wird durch Art. 1079 Abs. 1 Satz 2 ZGB ausdrücklich angeordnet:

> *„Der Besitzer der Quelle erhöhter Gefahr kann durch das Gericht gleichfalls aus den Gründen, die durch Art. 1083 Abs. 2 und 3 ZGB bestimmt sind, vollständig oder teilweise von der Haftung befreit werden."*

Diese Vorschrift wurde neu in das ZGB eingefügt, weil während der Geltung des ZGB 1964 umstritten war, ob das Mitverschulden des Geschädigten und die Vermögenslage des Schädigers berücksichtigt werden durften. Art. 404 ZGB 1922 bestimmte ausdrücklich, daß der Schädiger bei Vorsatz oder grober Fahrlässigkeit des Geschädigten von der Haftung befreit werden kann. Art. 454 ZGB sah eine Befreiung von der Haftung nur bei Vorsatz des Geschädigten vor. Allerdings bestand die Möglichkeit der Berücksichtigung eines grob fahrlässigen Verhaltens des Geschädigten und der Vermögenslage des Schädigers nach Art. 458 ZGB 1964. Es war deshalb umstritten, ob auch im Falle der Haftung für Quellen erhöhter Gefahr nach Art. 454 ZGB 1964 bei grober Fahrlässigkeit des Geschädigten gemäß Art. 458 ZGB 1964 die Höhe des Schadensersatzes gesenkt oder der Schadensersatz verweigert werden konnte, wobei die Rechtsprechung[1219] und die herrschende Meinung dies annahmen[1220]. Mit Inkrafttreten des Art. 1079 Abs. 1 Satz 2 ZGB wurde dieser Streit nunmehr beendet.

1219 Vgl. BVS RSFSR 1985, Nr. 6, S. 8; BVS RSFSR 1982, Nr. 2, S. 5.

1220 Vgl. *Smirnov/Sobčak*, Obščee učenie o deliktnych objazatel'stvach v sovetskom graždanskom prave, S. 91 f.; *Sedugin* in: *Flejšic*, Naučno-praktičeskij kommentarij k GK RSFSR, Anm. 1 zu Art. 458; *Sedugin* in *Flejšic/Ioffe*, Kommentarij k GK RSFSR, Anm. 1 zu Art. 458; *Michajlič* in: *Bratus'/Sadikov*, Kommentarij k Graždanskomu kodeksu RSFSR, Anm. 2 zu Art. 458; *Faria e Castro*, Die Merkmale der unerlaubten Handlung im sowjetischen Zivilrecht unter Berücksichtigung ihrer historischen Entwicklung, S. 22 f.; *Bernasconi-Mamie*, Das russische Produktehaftpflichtrecht, S. 79, 133; *Heidemann*, Unternehmenshaftung in Rußland, S. 76; a. A. sind z. B. *Krasavčikov*, Vozmeščenie vreda, pričinennogo istočnikom povyšennoj opasnosti, S. 180 ff., und *Beljakova*, Vozmeščenie vreda, pričinennogo istočnikom povyšennoj opasnosti, S. 52 ff.

8. Besonderheiten bei mehreren Quellen erhöhter Gefahr

Wenn ein Schaden durch mehrere Quellen erhöhter Gefahr verursacht wurde, ist danach zu unterscheiden, ob der Schaden einem Dritten oder den Besitzern der Quellen erhöhter Gefahr zugefügt wurde.

a) Gesamtschuldnerische Haftung mehrerer Besitzer von Quellen erhöhter Gefahr bei Schädigung eines Dritten

Die Besitzer von Quellen erhöhter Gefahr haften gesamtschuldnerisch für den Schaden, der Dritten infolge der Wechselwirkung von Quellen erhöhter Gefahr (Zusammenstoß von Transportmitteln u. ä.) zugefügt wird, aus den in Art. 1079 Abs. 1 ZGB genannten Gründen (Art. 1079 Abs. 3 Satz 1 ZGB). Diese Vorschrift war im ZGB 1964 noch nicht enthalten. Der in Art. 1079 Abs. 1 Satz 1 ZGB verankerte Grundsatz wurde jedoch bereits vor dessen Inkrafttreten von der Rechtsprechung des Obersten Gerichtshofs der RF[1221] aufgestellt.

Hauptanwendungsfall des Art. 1079 Abs. 3 Satz 1 ZGB ist der in ihm ausdrücklich erwähnte Fall, nämlich der Zusammenstoß von Transportmitteln. Bei dieser Fallgestaltung können nach der Rechtsprechung Dritte i. S. d. Art. 1079 Abs. 3 Satz 1 ZGB sowohl Personen außerhalb des Transportmittels sein (Fußgänger, Fahrradfahrer, Personen, deren Eigentum beschädigt wurde), als auch Personen, die mit dem Besitzer einen zivilrechtlichen Vertrag (Passagiere) oder einen Arbeitsvertrag (Schaffner) abgeschlossen haben, sowie andere Personen, einschließlich der Familienmitglieder des Besitzers, die sich in dem Transportmittel befinden[1222].

Wenn ein Arbeitgeber seinem Arbeitnehmer den bei einem Verkehrsunfall entstandenen Schaden ganz oder teilweise ersetzt, kann er von den anderen Besitzern der zusammengestoßenen Quellen erhöhter Gefahr

---

1221 Punkt 20 der erläuternden Leitentscheidung Nr. 3 des Plenums des Obersten Gerichtshofs vom 28.04.1994, BVS RF 1994, Nr. 7, S. 6; vgl. auch BVS RF 2001, Nr. 5, S. 3.

1222 *S. Šiškin*, RJu 2001, Nr. 11, S. 38; *Jarošenko*, ChiP 1996, Nr. 12, S. 14; *Guev*, Postatejnyj kommentarij k časti vtoroj Graždanskogo kodeksa RF, Anm. 1 a) zu Art. 1079; *Jarošenko*, Objazatel'stva vsledstvie pričinenija vreda, in: *Kozyr'/ Makovskij/Chochlov*, Graždanskij kodeks RF. Čast' vtoraja, S. 583; *Jarošenko* in: *Braginskij*, Kommentarij časti vtoroj Graždanskogo kodeksa RF, S. 372; *Jarošenko* in: *Sadikov*, Graždanskoe pravo Rossii. Čast' vtoraja, S. 660.

den hierfür aufgewendeten Betrag im Wege des Regresses geltend machen[1223].

Für die gesamtschuldnerische Haftung nach Art. 1079 Abs. 3 Satz 1 ZGB ist grundsätzlich unerheblich, durch wessen Verschulden der Unfall zustandegekommen ist[1224]:

Die gesamtschuldnerische Haftung nach Art. 1079 Abs. 3 Satz 1 ZGB gilt zum einen dann, wenn keiner der Besitzer der Quelle erhöhter Gefahr schuldhaft gehandelt hat. Ein ausreichender Grund dafür, den Besitzern von zwei Quellen erhöhter Gefahr die gesamtschuldnerische Haftung für einen Schaden aufzuerlegen, ist bereits die Tatsache der Schadenszufügung infolge der Wechselwirkung dieser Quellen erhöhter Gefahr.

> Diesen Grundsatz hat der Oberste Gerichtshof der RF bei folgender Fallkonstellation angewendet: Infolge eines Zusammenstoßes von zwei Kraftfahrzeugen wurde der Sohn der Kläger getötet, der Insasse eines der Kraftfahrzeuge war. Ein Kraftfahrzeug wurde von seinem Besitzer geführt, das andere Kraftfahrzeug, das einer Offenen Aktiengesellschaft gehörte, von dessen Fahrer. Die Handlungen beider Fahrer waren weder rechtswidrig noch schuldhaft. Der Oberste Gerichtshof der RF stellte fest, daß beide Besitzer gesamtschuldnerisch gegenüber den Klägern haften[1225].

Unerheblich ist auch, wenn einer der Besitzer der Quellen erhöhter Gefahr infolge der Wechselwirkung der Quellen erhöhter Gefahr selbst verletzt wurde[1226].

Der Grundsatz der gesamtschuldnerischen Haftung wird auch dann angewendet, wenn ein Verschulden beider Besitzer vorliegt[1227].

Nicht völlig einheitlich ist die Rechtsanwendungspraxis, wenn bei einer Wechselwirkung von Quellen erhöhter Gefahr nur einer der Besitzer schuldhaft gehandelt hat. Gelegentlich wird bei einer solchen Situation nur demjenigen Besitzer die Haftung auferlegt, der schuldhaft ge-

---

1223 *Jarošenko*, ChiP 1996, Nr. 12, S. 13 f.; *Jarošenko* in: *Braginskij*, Kommentarij časti vtoroj Graždanskogo kodeksa RF, S. 373.

1224 *Jarošenko* in: *Sadikov*, Graždanskoe pravo Rossii. Čast' vtoraja, S. 660; *Sergeev* in: *Sergeev/Tolstoj*, Graždanskoe pravo, Band 3, S. 43; *Šiškin*, RJu 2001, Nr. 11, S. 38.

1225 Vgl. BVS RF 2001, Nr. 5, S. 3 f.

1226 Vgl. BVS RF 2001, Nr. 5, S. 3 f.

1227 *Šiškin*, RJu 2001, Nr. 11, S. 38.

handelt hat[1228]. Richtigerweise muß aber auch bei dieser Fallkonstellation die gesamtschuldnerische Haftung nach Art. 1079 Abs. 3 Satz 1 ZGB gelten. Hierfür spricht nicht nur der Gesetzeswortlaut. Würde nur derjenige haften, durch dessen Verschulden der Dritte geschädigt wurde, würde der geschädigte Dritte dadurch erheblich schlechter gestellt werden. Es würde ihm die Möglichkeit genommen werden, den Schaden auch gegenüber dem – möglicherweise solventeren – Besitzer der Quellen erhöhter Gefahr geltend zu machen, der nicht schuldhaft gehandelt hat. Außerdem ist es häufig in der Praxis schwierig festzustellen, ob überhaupt einer der Besitzer schuldhaft gehandelt hat bzw. auf welchen der Besitzer der Quellen erhöhter Gefahr dies zutrifft. Diese Feststellung dauert häufig Monate oder gar Jahre. Wenn nicht sofort beiden Besitzern der Quellen erhöhter Gefahr die gesamtschuldnerische Haftung auferlegt werden würde, sondern erst das Verschulden eines der Besitzer festgestellt werden müßte, würde dem Geschädigten die Durchsetzung seiner Rechte erheblich erschwert werden[1229].

Der Oberste Gerichtshof der RF hat deshalb folgenden Fall zutreffend entschieden: Bei einem Zusammenstoß eines LKWs und eines PKWs, den der Besitzer und Fahrer des Pkw verschuldet hatte, starben der Besitzer des PKW und drei Insassen des PKWs. Die Ehefrau eines der getöteten Insassen erhob Klage gegen den Besitzer des LKW auf Ersatz des Schadens, der ihr durch den Tod des Ernährers entstanden war. Als zweite Beklagte wurde die Ehefrau und Erbin des getöteten Besitzers des Pkws herangezogen. Der Besitzer des LKWs berief sich darauf, es sei festgestellt worden, daß der Zusammenstoß der Fahrzeuge aufgrund des Verschuldens des Besitzers des PKW geschehen sei. Der Oberste Gerichtshof der RF stellte fest, daß der Besitzer des LKWs und die Erbin des Besitzers des PKWs zu Recht als Gesamtschuldner zum Ersatz des der Ehefrau des getöteten Insassen entstandenen Schadens verurteilt wurden[1230].

Ausgeschlossen ist die gesamtschuldnerische Haftung nach Art. 1079 Abs. 3 Satz 1 ZGB – ebenso wie die Haftung nach Abs. 1 – bei höherer

[1228] *Šiškin*, RJu 2001, Nr. 11, S. 38.
[1229] Vgl. dazu *Šiškin*, RJu 2001, Nr. 11, S. 38.
[1230] Vgl. BVS RF 1992, Nr. 9, S. 4 f.

Gewalt oder vorsätzlichem Handeln des Geschädigten[1231]. Es wird auch ein grob fahrlässiges Verhalten des Geschädigten und die Vermögenslage des Schädigers nach Art. 1083 Abs. 2 und 3 ZGB berücksichtigt[1232].

b) Haftung für Schäden, die den Besitzern von Quellen erhöhter Gefahr durch deren Wechselwirkung zugefügt wurden

Von der Regel, daß Besitzer von Quellen erhöhter Gefahr nach Art. 1079 ZGB unabhängig von ihrem Verschulden haften, gibt es eine Ausnahme: Art. 1079 Abs. 3 Satz 2 ZGB ordnet an, daß Schaden, der infolge der Wechselwirkung von Quellen erhöhter Gefahr deren Besitzern zugefügt wird, auf der Grundlage der allgemeinen Vorschriften (Art. 1064 ZGB) ersetzt wird. Bei einer Wechselwirkung von Quellen erhöhter Gefahr gilt somit – und zwar sowohl für den Ersatz des materiellen als auch des immateriellen[1233] Schadens – das Verschuldensprinzip, wobei es auf das Verschulden der Besitzer und nicht der Führer der Quellen erhöhter Gefahr ankommt[1234]. Eine Situation, in der Art. 1079 Abs. 3 Satz 2 ZGB angewendet wird, liegt z. B. vor, wenn zwei Kraftfahrzeuge zusammenstoßen und beide Besitzer verletzt werden[1235].

Art. 1079 Abs. 3 Satz 2 ZGB geht auf Art. 128 Abs. 2 GZG 1991 zurück. Nach der Rechtsprechung des Plenums des Obersten Gerichtshofs in Punkt 20 seiner erläuternden Leitentscheidung Nr. 3 vom 28.04.1994[1236] ist bei der Anwendung dieser Vorschrift folgendes zu beachten:

1231 *Guev*, Postatejnyj kommentarij k časti vtoroj Graždanskogo kodeksa RF, Anm. 3 a) zu Art. 1079.

1232 *Fajzutdinov* in: *Sadikov*, Kommentarij k Graždanskomu kodeksu RF časti vtoroj, Anm. 13 zu Art. 1079; *Guev*, Postatejnyj kommentarij k časti vtoroj Graždanskogo kodeksa RF, Anm. 1 a) zu Art. 1079.

1233 Vgl. *Gljancev* in: *Sadikov*, Kommentarij k Graždanskomu kodeksu RF časti vtoroj, Anm. 1 zu Art. 1100.

1234 Vgl. das Urteil Nr. 8051/99 des Höchsten Arbitragegerichts vom 18.04.2000, VVAS 2000, Nr. 7, S. 27 f., und das Urteil Nr. 949/01 des Höchsten Arbitragegerichts vom 03.04.2001, VVAS 2001, Nr. 8, S. 48 f.

1235 *Guev*, Postatejnyj kommentarij k časti vtoroj Graždanskogo kodeksa RF, Anm. 3 b) zu Art. 1079.

1236 BVS RF 1994, Nr. 7, S. 6; vgl. auch BVS RSFSR 1982, Nr. 9, S. 12, und Punkt 11 der erläuternden Leitentscheidung Nr. 13 des Plenums des Obersten Gerichtshofs der UdSSR vom 05.09.1986, BVS SSSR 1986, Nr. 6, S. 14 f. (letzterer allerdings

- Schaden, der einem der Besitzer durch das Verschulden des anderen zugefügt wurde, wird von dem Schuldigen ersetzt;
- liegt nur ein Verschulden des Besitzers vor, dem ein Schaden zugefügt wurde, wird er ihm nicht ersetzt;
- liegt ein Verschulden beider Besitzer vor, wird die Höhe des Ersatzes entsprechend dem Schuldmaß des jeweiligen bestimmt[1237];
- liegt kein Verschulden der Besitzer der Quellen der erhöhten Gefahr bei einer wechselseitigen Zufügung eines Schadens (unabhängig von seiner Höhe) vor, hat keiner von ihnen Rechte auf Schadensersatz.

Nach ähnlichen Grundsätzen wird die Haftung nach Art. 129 LuftverkehrsGB[1238] im Falle des Zusammenstoßes von Flugzeugen sowie dann verteilt, wenn ein Flugzeug ein anderes Flugzeug beschädigt, ohne daß es zu einem Zusammenstoß kommt. Zusätzlich wird dort für den Fall bestimmt, daß es nicht möglich ist, das Schuldmaß der Besitzer festzustellen, daß die Haftung zwischen den Besitzern zu gleichen Teilen verteilt wird. Das gleiche Prinzip gilt für die Haftung bei Schiffskollisionen (vgl. Art. 311-313 Seehandelsgesetzbuch[1239]).

Wenn bei einer Wechselwirkung von Quellen erhöhter Gefahr beide Besitzer schuldhaft gehandelt haben, ist eine Aufrechnung mit den gegenseitigen Schadensersatzansprüchen nach Art. 410-412 ZGB möglich[1240].

III. VERGLEICH ZUM DEUTSCHEN RECHT

Die Gefährdungshaftung ist im deutschen und im rußländischen Recht bereits von der Systematik her sehr unterschiedlich ausgestaltet:

Das rußländische Recht ist dadurch gekennzeichnet, daß es mit Art. 1079 ZGB über einen allgemeinen Tatbestand der Gefährdungshaftung für Quellen erhöhter Gefahr verfügt. Darüber hinaus gibt es aber auch

außer Kraft gesetzt durch Punkt 39 der erläuternden Leitentscheidung Nr. 3 vom 28.04.1994).

1237 Vgl. dazu auch das Urteil Nr. 1266/02 des Höchsten Arbitragegerichts vom 05.04.2002, VVAS 2002, Nr. 7, S. 59 f.

1238 Vgl. Fn. 9.

1239 Vgl. Fn. 12.

1240 *Guev*, Postatejnyj kommentarij k časti vtoroj Graždanskogo kodeksa RF, Anm. 3 b) zu Art. 1079.

für bestimmte Gefahrenquellen Sondertatbestände (z. B. für den Betreiber von Flugzeugen in Art. 116 LuftverkehrsGB, den Eigentümer von Schiffen in Art. 328 Seehandelsgesetzbuch, den Betreiber von Atomanlagen in Art. 53 ff. AtomG)[1241]. Diese gesetzliche Ausgestaltung der Gefährdungshaftung ist grundsätzlich für den Geschädigten sehr günstig. Sofern es keine Spezialtatbestände für die betreffende Quelle erhöhter Gefahr gibt, hat der Geschädigte die Möglichkeit, aus Art. 1079 ZGB Ansprüche abzuleiten. Hilfreich für den Geschädigten ist diese Vorschrift vor allem dann, wenn es um neue Quellen erhöhter Gefahr geht, für die der Gesetzgeber noch keine Spezialvorschriften geschaffen hat. Es besteht dadurch keine Gefahr, daß ein durch eine neue Quelle erhöhter Gefahr Geschädigter leer auszugehen droht, weil der Gesetzgeber der technischen Entwicklung „hinterherhinkt".

Das deutsche Recht kennt hingegen keine gesetzliche Generalklausel für die Gefährdungshaftung, sondern nur Einzeltatbestände, die eine Gefährdungshaftung vorsehen. Als Beispiele sind die Gefährdungshaftung des Tierhalters nach § 833 BGB, die Gefährdungshaftung des Bahnunternehmers nach § 1 HaftpflichtG, die Haftung für Elektrizitäts- und Gasanlagen nach § 2 HaftpflichtG, die Haftung für Kraftfahrzeuge nach § 7 StVG, die Haftung für Luftfahrzeuge nach § 33 LuftVG, die Haftung für kernenergetische Gefahrenquellen nach §§ 25 ff. AtG, für Einwirkungen auf das Wasser nach § 22 WHG, für Bergschäden nach § 114 BBergG, für Umwelteinwirkungen nach § 1 UmweltHG, für gentechnische Anlagen nach § 32 GenTG, für Schäden durch Arzneimittel nach § 84 AMG und für Produktfehler nach §§ 1 ff. ProdHaftG zu nennen. Das deutsche Recht befindet sich somit in einem Zustand starker spezialgesetzlicher Zersplitterung. Folge dieser Gesetzestechnik ist, daß für das deutsche Recht der Gefährdungshaftung das Enumerationsprinzip gilt[1242]. Eine Analogie ist durch dieses Enumerationsprinzip zwar nicht schlechthin ausgeschlossen, jedoch sind ihr enge Grenzen gesetzt, weil das System der Einzeltatbestände nicht unterlaufen und in eine verdeckte Generalklausel verkehrt werden darf[1243]. Als Vorteil für dieses Enumerationsprinzip wird angeführt, daß bei der Gefährdungshaftung wegen des

---

1241 Vgl. dazu oben S. 174.

1242 Vgl. BGHZ 55, 229, 234; *Larenz/Canaris*, Lehrbuch des Schuldrechts II/2, S. 601; RGRK-*Steffen*, vor § 823 Rn. 16.

1243 *Larenz/Canaris*, Lehrbuch des Schuldrechts II/2, S. 601; vgl. auch *Staudinger-Hager*, vor §§ 823 ff. Rn. 29; BGHZ 54, 332, 336 f.; 63, 234, 237.

Verzichts auf das Verschuldenserfordernis ein besonders starkes Bedürfnis nach Rechtssicherheit besteht, damit der Betroffene von vornherein um die Bedrohung durch diese strenge Haftung weiß und demgemäß Vorsorge – insbesondere durch den Abschluß einer Haftpflichtversicherung – treffen kann. Zudem sei das Kriterium der „Gefährlichkeit" so vage und unsicher, daß sich kaum feststellen lasse, wann eine Gefahr einer anderen hinreichend ähnele, um eine Gleichstellung im Wege der Analogie wirklich überzeugungskräftig zu begründen[1244].

In der deutschen Rechtswissenschaft wird allerdings die Einführung einer gefährdungshaftungsrechtlichen Generalklausel de lege ferenda diskutiert[1245]. Dabei werden auch rechtsvergleichende Betrachtungen zum sowjetischen bzw. rußländischen Deliktsrecht angestellt[1246] und sogar vorgeschlagen, die Haftung an den Begriff der Quelle erhöhter Gefahr anzuknüpfen[1247].

Die Strenge der rußländischen Gefährdungshaftung zeigt sich auch darin, daß nach deutschem Recht die Gefährdungshaftung durch summenmäßige Höchstbeträge beschränkt ist[1248], während dies im rußländischen Recht bei der Haftung für Quellen erhöhter Gefahr nach Art. 1079 ZGB nicht der Fall ist. Lediglich Art. 55 AtomG sieht vor, daß durch Gesetz Haftungshöchstgrenzen festgelegt werden können und diese nicht höher sein dürfen als die in den internationalen Verträgen der RF festgelegten. Auch aus diesem Unterschied ergibt sich, daß der rußländische Gesetzgeber den Interessen des Geschädigten den Vorrang eingeräumt hat, während der deutsche Gesetzgeber aus Gründen der Rechtssicherheit bemüht ist, das Risiko der Halter von Gefahrenquellen zu begrenzen und

1244 *Larenz/Canaris*, Lehrbuch des Schuldrechts II/2, S. 601 f.; *Staudinger-Hager*, vor §§ 823 ff. Rn. 29.

1245 Vgl. *Will*, Quellen erhöhter Gefahr, S. 243 ff.; *H. Kötz*, AcP 170 (1970), 1 ff., 41; *Kötz*, Gefährdungshaftung, in: Gutachten und Vorschläge zur Überarbeitung des Schuldrechts, S. 1785 ff.; *Zweigert/Kötz*, Die Haftung für gefährliche Anlagen, S. 58 ff.; *Wilburg*, Die Elemente des Schadensrechts, S. 98 ff.; *E. von Caemmerer*, Reform der Gefährdungshaftung, S. 18 ff.; *Deutsch*, Allgemeines Haftungsrecht, Rn. 707 ff.; *H. Leser*, AcP 183 (1983), S. 568 ff., 599 ff.

1246 Vgl. *Will*, Quellen erhöhter Gefahr, S. 193 ff.

1247 Vgl. *Will*, Quellen erhöhter Gefahr, S. 277 ff., insbesondere S. 283.

1248 Vgl. zur Kritik an dieser Regelung bei *Will*, Quellen erhöhter Gefahr, S. 305 ff.; *von Caemmerer*, Reform der Gefährdungshaftung, S. 23; *Kötz/Wagner*, Deliktsrecht, Rn. 370; *Kötz*, Gefährdungshaftung in: Gutachten und Vorschläge zur Überarbeitung des Schuldrechts, S. 1826 ff.

ihnen die Möglichkeit eröffnen möchte, sich umfassend gegen alle Risiken zu versichern.

Die Frage, ob das vom deutschen oder vom rußländischen Gesetzgeber gewählte Modell der Gefährdungshaftung vorzuziehen ist, ist sicherlich in erster Linie eine rechtspolitische Frage, die darauf hinausläuft, ob man den Interessen der Geschädigten an einer umfassenden und strengen Haftung des Schädigers oder dem Interesse der Besitzer/Halter der Gefahrenquellen nach Rechtssicherheit und kalkulierbarem Risiko den Vorzug gibt. Die Tatsache, daß auch in der deutschen Rechtswissenschaft die Einführung einer Generalklausel zur Gefährdungshaftung diskutiert wird und dabei rechtsvergleichende Betrachtungen zum sowjetischen bzw. rußländischen Recht angestellt werden, spricht in jedem Fall dafür, daß das vom rußländischen Gesetzgeber gewählte Modell nicht grundsätzlich verfehlt sein kann[1249]. In ihrer konkreten Ausgestaltung hat die vom rußländischen Gesetzgeber gewählte Regelung allerdings erhebliche Schwächen. Die bereits durch die Wahl einer Generalklausel bestehende Rechtsunsicherheit wird noch dadurch verstärkt, daß trotz der Überarbeitung der Vorschriften über die Gefährdungshaftung auch nach geltendem Recht immer noch erhebliche Unklarheiten hinsichtlich der Fragen bestehen, was unter einer Quelle erhöhter Gefahr zu verstehen ist und wer als Besitzer der Quelle erhöhter Gefahr haftet. Daß die rußländischen Gerichte in absehbarer Zeit dadurch für Klarheit sorgen werden, daß sie die Vorschrift einheitlich auslegen werden und klare Fallgruppen bilden, ist nicht zu erwarten. Das gilt insbesondere deshalb, weil die Vorschrift von ihrem Grundsatz her schon seit etwa achtzig Jahren existiert, jedoch bisher nur einige Fragen geklärt und vom Gesetzgeber übernommen wurden. Hinzu kommt die bereits erwähnte Tatsache[1250], daß die rußländischen Gerichte es nach wie vor bevorzugen, eindeutige Rechtsvorschriften auf den konkreten Fall anzuwenden und sich schwertun, weitgefaßte und auslegungsbedürftige Rechtsvorschriften selbständig auszulegen.

Unter dem Gesichtspunkt der Rechtssicherheit wäre es deshalb wahrscheinlich die sinnvollere Lösung gewesen, wenn der rußländische Gesetzgeber statt einer allgemeinen Vorschrift über die Gefährdungshaf-

---

[1249] So ist z. B. die Bewertung der sowjetischen Generalklauseln zur Gefährdungshaftung von *Will*, Quellen erhöhter Gefahr, S. 230 ff., nicht grundsätzlich negativ ausgefallen.

[1250] Vgl. S. 222.

tung zahlreiche Einzeltatbestände in Spezialgesetzen vorgesehen hätte, in denen die Belange der Geschädigten möglichst weitgehend abgesichert werden. Eine solche Lösung würde zwar in erster Linie den Besitzern der Quellen erhöhter Gefahr zugute kommen, die unter diesen Umständen ihr Risiko besser abschätzen und auch versichern könnten. Aber auch für die Geschädigten hätte das nicht nur Nachteile, sondern auch Vorteile. Sie könnten in der Regel ihr Prozeßrisiko besser abschätzen und möglicherweise ihre Ansprüche leichter durchsetzen, wenn die Gerichte keine weit gefaßte Generalklausel auszulegen hätten, sondern konkrete Spezialvorschriften anwenden könnten.

Andererseits wäre es für den rußländischen Gesetzgeber – der bei der Neufassung des Deliktsrechts in erster Linie die Interessen der Geschädigten berücksichtigt und deren Rechte gestärkt hat – wohl unter rechtspolitischen Gesichtspunkten schwierig gewesen, die seit Jahrzehnten bestehende Generalklausel der Gefährdungshaftung einfach „abzuschaffen" und durch Spezialgesetze zu ersetzen. Er hat jedoch – trotz der von ihm gewählten Lösung – die Möglichkeit, durch Einführung von weiteren Spezialtatbeständen den Kreis der Quellen erhöhter Gefahr sowie den Kreis der Personen, die als deren Besitzer haften, näher zu umreißen, so daß ein Rückgriff auf die unbestimmte Vorschrift des Art. 1079 ZGB nur noch selten notwendig sein wird.

D. Die Staatshaftung

I. DIE RECHTSQUELLEN DES STAATSHAFTUNGSRECHTS

Das Staatshaftungsrecht ist bereits in der Verfassung der RF verankert, und zwar vor allem durch Art. 53 VerfRF. Diese Bestimmung gewährt jedem das Recht auf Ersatz des Schadens durch den Staat, der durch widerrechtliche Handlungen (oder durch Unterlassungen) der Organe der Staatsgewalt oder ihrer Amtspersonen zugefügt worden ist. Darüber hinaus wird das Recht, gegenüber dem Staat Schadensersatzansprüche geltend zu machen, auch durch Art. 33 VerfRF eingeräumt: Diese Vorschrift gewährt den Bürgern der RF das Recht, sich persönlich an die Staatsorgane der örtlichen Selbstverwaltung zu wenden sowie individuelle und kollektive Eingaben an diese zu richten.

Näher konkretisiert wird Art. 53 VerfRF in Art. 16 ZGB: Danach ist der einem Bürger bzw. einer juristischen Person infolge von Handlungen (Unterlassungen) von Staatsorganen und örtlichen Selbstverwaltungsorganen oder von Amtspersonen dieser Organe, unter anderem auch infolge des Erlasses eines dem Gesetz oder einem sonstigen Rechtsakt nicht entsprechenden Verwaltungsaktes eines Staatsorgans oder eines örtlichen Selbstverwaltungsorgans zugefügte Schaden durch die RF, durch das betreffende Subjekt der RF oder durch die kommunale Gebietskörperschaft zu ersetzen.

Geregelt ist das Staatshaftungsrecht im ZGB vor allem in den Art. 1069-1071 und Art. 1081 Abs. 3, in denen die in Art. 53 VerfRF und Art. 16 ZGB niedergelegten Grundsätze weiter entwickelt und zum Teil sogar erweitert werden. Art. 1069 ZGB enthält dabei die Grundnorm des Staatshaftungsrechts und betrifft die Haftung in allen Bereichen der Staatsgewalt[1251]. Art. 1070 ZGB sieht für den Bereich der Rechtspflege Sonderbestimmungen vor, wobei Art. 1070 Abs. 1 ZGB eine verschuldensunabhängige Haftung bei bestimmten gesetzwidrigen Strafverfolgungsmaßnahmen begründet und Art. 1070 Abs. 2 Satz 2 ZGB das sog. Spruchrichterprivileg betrifft. Art. 1071 ZGB bestimmt sowohl für die

[1251] Vgl. *Makovskij*, in: Graždanskij kodeks Rossii, S. 98 f., der zutreffend diejenigen Autoren kritisiert, die davon ausgehen, Art. 1069 ZGB betreffe nur den Bereich der Verwaltung.

Haftung nach Art. 1069 als auch für die Haftung nach Art. 1070 ZGB, welche Organe beim Schadensersatz zu Lasten des Fiskus in dessen Namen auftreten. Art. 1081 Abs. 3 ZGB regelt das Regreßrecht im Zusammenhang mit der Haftung nach Art. 1070 Abs. 1 ZGB.

Hinsichtlich des zeitlichen Anwendungsbereichs dieser Vorschriften ist eine Besonderheit zu beachten: Die Art. 1069 und 1070 ZGB erstrecken sich auch auf Fälle, in denen dem Betroffenen Schaden vor dem 01.03.1996, jedoch nicht vor dem 01.03.1993 entstanden ist, und der entstandene Schaden nicht ersetzt wurde (Art. 12 des Gesetzes über die Einführung von Teil II des ZGB[1252]).

Beispiel: Bei einem Einzelunternehmer wurde im Zusammenhang mit einem Strafverfahren im Jahre 1994 Zucker konfisziert. Das Strafverfahren gegen den Einzelunternehmer wurde eingestellt, weil seine Handlungen keine Straftat darstellten. Durch Gerichtsentscheidung wurde den Forderungen des Unternehmers auf Ersatz des entstandenen materiellen Schadens stattgegeben. Das Präsidium des Obersten Gerichtshofs des Subjekts der RF hob diese Entscheidung mit der Begründung auf, daß das erstinstanzliche Gericht die Art. 1069 und 1070 ZGB auf Sachverhalte angewendet habe, die sich vor dem Inkrafttreten dieser Bestimmungen am 01.03.1996 ereignet hätten. Der Oberste Gerichtshof der RF schloß sich jedoch diesem Einwand unter Hinweis auf Art. 12 des Gesetzes über die Einführung von Teil II des ZGB nicht an, weil der Schaden im Jahre 1994 und somit nach dem 01.03.1993 zugefügt wurde[1253].

Im Bereich der Haftung für Strafverfolgungsmaßnahmen wurden nach Inkrafttreten des Art. 1070 Abs. 1 ZGB ergänzend einige Rechtsnormen der UdSSR weiterhin herangezogen, nämlich

- der Erlaß des Präsidiums des Obersten Sowjets der UdSSR vom 18.05.1981 „Über den *Ersatz des Schadens, der einem Bürger durch gesetzwidrige Handlungen von staatlichen und gesellschaftlichen Organisationen sowie von Amtspersonen bei der Erfüllung ihrer Amtspflichten zugefügt wurde*“,
- die durch diesen Erlaß bestätigte Anordnung vom 18.05.1981 „Über das *Verfahren des Ersatzes des Schadens, der einem Bürger durch gesetz-*

[1252] Vgl. dazu oben Fn. 116.

[1253] Urteil Nr. 20Vp99-6, BVS RF 1999, Nr. 10, S. 14.

widrige Handlungen von Organen der Ermittlung, der Voruntersuchung, der Staatsanwaltschaft und der Gerichte zugefügt wurde"[1254] sowie
- die durch das Justizministerium der UdSSR, die Staatsanwaltschaft der UdSSR und das Finanzministerium der UdSSR bestätigte und mit dem Obersten Gerichtshof der UdSSR, dem Innenministerium der UdSSR und dem Komitee für Staatssicherheit der UdSSR abgestimmte Instruktion über die *Anwendung dieser Anordnung* vom 02.03.1982[1255].

Diese Rechtsakte waren allerdings bereits nach Inkrafttreten des Art. 1070 Abs. 1 ZGB in mehrerer Hinsicht veraltet und wurden deshalb nur in dem Teil angewendet, der nicht der Gesetzgebung der RF widerspricht[1256]. Hinweise zur Auslegung dieser Vorschriften befanden sich ferner in der – immer noch in Kraft befindlichen[1257] – erläuternden Leitentscheidung des Obersten Gerichtshofs der UdSSR Nr. 15 vom 23.12.1988 „ *Über einige Fragen der Anwendung des Erlasses des Präsidiums des Obersten Sowjets der UdSSR vom 18.05.1981 „Über den Ersatz des Schadens, der einem Bürger durch gesetzwidrige Handlungen von staatlichen und gesellschaftlichen Organisationen sowie von Amtspersonen bei der Erfüllung ihrer Amtspflichten zugefügt wurde" in der Gerichtspraxis*"[1258].

Ferner sieht nunmehr auch das 18. Kapitel (Art. 133-139) der *Strafprozeßordnung der Rußländischen Föderation* vom 18.12.2001[1259] (im folgenden: StPO RF) ein Recht auf Rehabilitierung vor, das das Recht auf Ersatz des materiellen Schadens, die Beseitigung der Folgen des immateriellen Schadens und die Wiederherstellung der Arbeits-, Pensions-, Wohnungs- und anderen Rechte in sich einschließt (Art. 133

1254 Nr. 4892-X, VVS SSSR 1981, Nr. 21, Pos. 741.

1255 BNA SSSR 1984, Nr. 3, S. 3 ff.

1256 *Jarošenko* in: *Sadikov*, Graždanskoe pravo Rossii. Čast' vtoraja, S. 653; *Suchanov*, Graždanskoe pravo, Band 2, Halbband 2, S. 404; *Ėrdelevskij* in: *Grišaev*, Graždanskoe pravo, S. 462; *Zajcev* in: *Krylov/Gavrilov*, Rossijskoe graždanskoe pravo, S. 375; *A. Ėrdelevskij*, Zakon 1997, Nr. 4, S. 76.

1257 Vgl. *Fajzutdinov* in: *Sadikov*, Kommentarij k Graždanskomu kodeksu RF časti vtoroj, Anm. 4 zu Art. 1070.

1258 BVS SSSR 1989, Nr. 1, S. 10 ff.

1259 Nr. 174-FZ, SZ 2001, Nr. 52, Teil 1, Pos. 4921, geändert durch Gesetze vom 29.05.2002, Nr. 58-FZ, SZ 2002, Nr. 22, Pos. 2027, 24.07.2002, Nr. 98-FZ, SZ 2002, Nr. 30, Pos. 3015, 24.07.2002, Nr. 103-FZ, SZ 2002, Nr. 30, Pos. 3020, 25.07.2002, Nr. 112-FZ, SZ 2002, Nr. 30, Pos. 3026, und 31.10.2002, Nr. 133-FZ, SZ 2002, Nr. 44, Pos. 4298.

Abs. 1 Satz 1). Die StPO RF trat am 01.07.2002 in Kraft, wobei das Gesetz über die *Einführung der Strafprozeßordnung der Rußländischen Föderation* vom 18.12.2001[1260] jedoch für einige Bestimmungen ein späteres Inkrafttreten vorsieht. Die StPO RF löst die *Strafprozeßordnung der RSFSR* vom 27.10.1960[1261] (im folgenden: StPO RSFSR) ab, die – mit Ausnahme einiger Bestimmungen[1262] – zum 01.07.2002 außer Kraft trat. Der Anwendungsbereich der Art. 133-139 StPO RF und der des Art. 1070 Abs. 1 ZGB sowie der genannten untergesetzlichen Rechtsakte der UdSSR überschneidet sich zwar weitgehend, dennoch gelten Art. 1070 Abs. 1 ZGB und die untergesetzlichen Rechtsakte auch nach Inkrafttreten der StPO RF fort. Sofern die StPO RF von Art 1070 Abs. 1 ZGB und den untergesetzlichen Rechtsakten der UdSSR abweichende Regelungen enthält, dürften allerdings die Vorschriften der StPO RF als die neueren Regelungen dem Art. 1070 Abs. 1 ZGB und den untergesetzlichen Rechtsakten der UdSSR vorgehen[1263].

Weitere Vorschriften, die die Haftung für Schäden regeln, die durch Staatsorgane oder Organe der örtlichen Selbstverwaltung zugefügt wurden, befinden sich in einigen Spezialgesetzen, insbesondere in Gesetzen, die die Tätigkeit bestimmter Staatsorgane regeln (z. B. Art. 60 des *Pfandgesetzes* vom 29.05.1992,[1264] Art. 6 des Gesetzes „Über die *Organe des Föderalen Sicherheitsdienstes in der Rußländischen Föderation*" vom 03.04.1995,[1265] Art. 35, 37 des *Steuergesetzbuchs der Rußländi-*

[1260] Nr. 177-FZ, SZ 2001, Nr. 52, Teil 1, Pos. 4924, geändert durch Gesetze vom 29.05.2002, Nr. 59-FZ, SZ 2002, Nr. 22, Pos. 2028, und 27.12.2002, Nr. 181-FZ, SZ 2002, Nr. 52, Pos. 5137.

[1261] Geändert durch eine große Anzahl von Gesetzen, die im Hinblick auf das Außerkrafttreten der StPO der RSFSR im folgenden nicht mehr im einzelnen aufgezählt werden.

[1262] Vgl. Art. 2 des Gesetzes über die *Einführung der Strafprozeßordnung der Rußländischen Föderation* vom 18.12.2001, vgl. Fn. 1260.

[1263] Vgl. dazu im einzelnen unten S. 392.

[1264] Nr. 2872-I, VSNDiVS RF 1992, Nr. 23, Pos. 1239, geändert durch Gesetz vom 16.07.1998, Nr. 102-FZ, SZ 1998, Nr. 29, Pos. 3400.

[1265] Nr. 40-FZ, SZ 1995, Nr. 15, Pos. 1269, geändert durch Gesetze vom 30.12.1999, Nr. 226-FZ, SZ 2000, Nr. 1, Pos. 9, 07.11.2000, Nr. 135-FZ, SZ 2000, Nr. 46, Pos. 4537, 30.12.2001, Nr. 194-FZ, SZ 2001, Nr. 53, Pos. 5030, 07.05.2002, Nr. 49-FZ, SZ 2002, Nr. 19, Pos. 1794, 25.07.2002, Nr. 116-FZ, SZ 2002, Nr. 30, Pos. 3033, und 10.01.2003, Nr. 4-FZ, SZ 2003, Nr. 2, Pos. 156.

schen Föderation vom 31.07.1998[1266]). Zum Teil befindet sich in diesen Gesetzen ein allgemeiner Verweis auf die Zivilgesetzgebung (z. B. in Art. 20 des Gesetzes „Über die *föderalen Organe der Steuerpolizei*" vom 24.06.1993[1267], Art. 26 des Gesetzes „Über den *Wettbewerb und die Begrenzung der Monopoltätigkeit auf den Warenmärkten*" vom 22.03.1991[1268], und Art. 40 des Gesetzes „Über die *Polizei*"[1269]). Allerdings haben die Vorschriften des ZGB gemäß Art. 3 Abs. 2 ZGB Vorrang vor den genannten Vorschriften[1270]. Sie werden deshalb im folgenden nicht im einzelnen erörtert.

II. DIE ENTWICKLUNGSGESCHICHTE DES STAATSHAFTUNGSRECHTS SEIT 1922

Die Entwicklungsgeschichte des Staatshaftungsrechts seit 1922 ist dadurch gekennzeichnet, daß es sich zunächst nur auf wenige Bereiche beschränkte, der Schutz der Bürger und juristischen Personen jedoch in mehreren Schritten deutlich verbessert wurde.

1266 Nr. 146-FZ, SZ 1998, Nr. 31, Pos. 3824, geändert durch Gesetze vom 30.03.1999, Nr. 51-FZ, SZ 1999, Nr. 14, Pos. 1649, 09.07.1999, Nr. 154-FZ, SZ 1999, Nr. 28, Pos. 3487, 02.01.2000, Nr. 13-FZ, SZ 2000, Nr. 2, Pos. 134, 05.08.2000, Nr. 118-FZ, SZ 2000, Nr. 32, Pos. 3341, 28.12.2001, Nr. 180-FZ, SZ 2001, Nr. 53, Pos. 5016, 29.12.2001, Nr. 190-FZ, SZ 2001, Nr. 53, Pos. 5026, und 30.12.2001, Nr. 196-FZ, SZ 2002, Nr. 1, Pos. 2.

1267 Nr. 5238-I, VSNDiVS 1993, Nr. 29, Pos. 1114, geändert durch Erlaß des Präsidenten der RF vom 24.12.1993, Nr. 2288, SA 1993, Nr. 52, Pos. 5086, und Gesetze vom 17.12.1995, Nr. 200-FZ, SZ 1995, Nr. 51, Pos. 4973, 07.11.2000, Nr. 135-FZ, SZ 2000, Nr. 46, Pos. 4537, 30.12.2001, Nr. 194-FZ, SZ 2001, Nr. 53, Pos. 5030, 30.12.2001, Nr. 196-FZ, SZ 2002, Nr. 1, Pos. 2, 30.06.2002, Nr. 78-FZ, SZ 2002, Nr. 27, Pos. 2620, 25.07.2002, Nr. 116-FZ, SZ 2002, Nr. 30, Pos. 3033, 31.12.2002, Nr. 199-FZ, SZ 2003, Nr. 1, Pos. 14, und das Urteil des Verfassungsgerichts der RF vom 17.12.1996, Nr. 20-P, VKS 1996, Nr. 5, S. 22 ff.

1268 Nr. 948-I, VSNDiVS RSFSR 1991, Nr. 16, Pos. 499, geändert durch Gesetze vom 24.06.1992, Nr. 3119-I, VSNDiVS RF 1992, Nr. 34, Pos. 1966, 15.07.1992, Nr. 3310-I, VSNDiVS RF 1992, Nr. 32, Pos. 1882, 25.05.1995, Nr. 83-FZ, SZ 1995, Nr. 22, Pos. 1977, 06.05.1998, Nr. 70-FZ, SZ 1998, Nr. 19, Pos. 2066, 02.01.2000, Nr. 3-FZ, SZ 2000, Nr. 2, Pos. 124, 30.12.2001, Nr. 196-FZ, SZ 2002, Nr. 1, Pos. 2, 21.03.2002, Nr. 31-FZ, SZ 2002, Nr. 12, Pos. 1093, und 09.10.2002, Nr. 122-FZ, SZ 2002, Nr. 41, Pos. 3969.

1269 Vgl. Fn. 283.

1270 Vgl. *Jarošenko* in: *Okun'kov*, Kommentarij k Konstitucii RF, Anm. zu Art. 53.

Das ZGB 1922 sah in Art. 407[1271] keine Staatshaftung, sondern nur eine Haftung der handelnden Behörden vor. Außerdem war diese Haftung auf wenige gesetzlich vorgesehene Fälle beschränkt. Diese Vorschrift lautete:

„Eine Behörde haftet für Schaden, der durch fehlerhafte Diensthandlungen von Amtspersonen zugefügt wird, nur in den durch Gesetz besonders vorgeschriebenen Fällen, wenn hierbei die Fehlerhaftigkeit der Handlung der Amtsperson von der zuständigen Gerichts- oder Verwaltungsbehörde anerkannt wird. Die Behörde wird von der Haftung frei, wenn der Geschädigte sich nicht rechtzeitig gegen die fehlerhafte Handlung beschwert hat. Die Behörde hat das Recht, ihrerseits gegen die Amtsperson in Höhe der dem Geschädigten gezahlten Entschädigung Rückgriff zu nehmen."

Besondere Regelungen über die Haftung von Behörden wurden jedoch nur für bestimmte Bereiche verabschiedet[1272]. Die wichtigste dieser Regelungen war der durch Verordnung des Allrußländischen Zentralen Exekutivkomitees vom 06.04.1928[1273] in das ZGB 1922 eingefügte Art. 407a, der eine Haftung für in Verwahrung gegebenes Vermögen vorsah und folgenden Wortlaut hatte:

„Eine Behörde haftet für Diensthandlungen von Amtspersonen, die von letzteren im Rahmen ihrer Zuständigkeit begangen wurden und für die von ihnen im Dienst begangenen Versäumnisse, die von der zuständigen Gerichts- oder Verwaltungsbehörde als fehlerhaft, gesetzwidrig oder verbrecherisch anerkannt wurden, in den Fällen, wenn der Geschädigte bei der Behörde oder der Amtsperson in Erfüllung der Anforderungen eines Gesetzes oder einer Gerichtsentscheidung, eines Strafurteils, eines Beschlusses oder einer auf ihnen oder den Regeln der inneren Ordnung der staatlichen Behörde beruhenden Verfügung einer Amtsperson Vermögen (insbesondere Geldbeträge) abgegeben hat. Die Behörde haftet nach denselben Grundsätzen in den Fällen, wenn Vermögen (insbesondere Geldbeträge) zugunsten des Geschädigten abgegeben wurden."

1271 Vgl. ausührlich zu dieser Vorschrift: *Makovskij*, in: Graždanskij kodeks Rossii, S. 67-76.

1272 Aufgeführt sind diese Bestimmungen in *E. Flejšic*, Otvetstvennost' gosudarstvennych organov za imuščestvennyj vred, pričinjaemyj dolžnostnymi licami, S. 30 ff.

1273 SU RSFSR 1928, Nr. 47, Pos. 355.

In der Praxis angewendet wurden die Vorschriften über die Haftung von Behörden jedoch nur selten, und wenn es dazu kam, wurde in der Regel festgestellt, daß die Behörden nicht haften[1274].

Mit Einführung der GZG 1961 und des ZGB 1964 blieb es zwar dabei, daß nicht der Staat, sondern die handelnden Behörden hafteten. Neu war jedoch die Einführung verschiedener Haftungsregelungen für die Bereiche der Verwaltung und der Rechtspflege. Für den Bereich der Verwaltung bestimmten Art. 89 Satz 1 GZG 1961 und Art. 446 Satz 1 ZGB 1964, daß Behörden für Schaden, der Bürgern durch fehlerhafte Diensthandlungen ihrer Amtspersonen im Bereich der Verwaltung zugefügt wird, nach den allgemeinen Grundsätzen haften, wenn etwas anderes nicht durch ein Spezialgesetz vorgesehen ist. Der Grundsatz des Art. 407 ZGB 1922, wonach Behörden nur in den gesetzlich bestimmten Ausnahmefällen für fehlerhafte Diensthandlungen hafteten, wurde somit umgekehrt: Die Haftung für die einem Bürger zugefügten Schäden wurde zum Regelfall erklärt, während Ausnahmen davon nur durch Gesetz bestimmt werden konnten[1275]. Für Organisationen blieb es jedoch bei dem bisher geltenden Grundsatz: Für den Schaden, der Organisationen durch fehlerhafte Handlungen von Amtspersonen zugefügt wurde, hafteten die Behörden nur in dem vom Gesetz bestimmten Verfahren (Art. 89 Satz 2 GZG 1961 und Art. 446 Satz 2 ZGB 1964). Jedoch sahen weder die GZG 1961 noch das ZGB 1964 eine solche Haftung vor.

Mit Art. 89 Satz 3 GZG 1961 und Art. 447 ZGB 1964 wurden erstmals Sondervorschriften über die Haftung von Organen der Ermittlung, der Voruntersuchung, der Staatsanwaltschaft und des Gerichts, somit in einem Teilbereich der Strafrechtspflege, erlassen, wobei die Haftung allerdings auf die gesetzlich vorgesehenen Fälle beschränkt war. Diese Vorschriften lauteten:

> *„Für den Schaden, der durch fehlerhafte Diensthandlungen von Amtspersonen der Organe der Ermittlung, der Voruntersuchung, der Staatsanwaltschaft und des Gerichts zugefügt wurde, obliegt den entsprechenden Staatsorganen die materielle Haftung in den Fällen und in dem Umfang, die durch das Gesetz besonders vorgesehen sind."*

1274 Vgl. *Makovskij*, in: Graždanskij kodeks Rossii, S. 70.

1275 Entsprechende Gesetze wurden jedoch nicht verabschiedet, vgl. *Makovskij*, in: Graždanskij kodeks Rossii, S. 78.

Es dauerte jedoch fast zwanzig Jahre, bis eine solche Haftung erstmals in einer Rechtsvorschrift vorgesehen wurde[1276].

Zuvor wurde das Recht auf Ersatz der von staatlichen oder gesellschaftlichen Organisationen sowie durch Amtspersonen zugefügten Schäden verfassungsrechtlich verankert, und zwar in Art. 58 Abs. 3 der *Verfassung der UdSSR* vom 07.10.1977[1277] und Art. 56 Abs. 3 der *Verfassung der RSFSR* vom 12.04.1978[1278]. Diese Bestimmungen sahen vor, daß die Bürger der UdSSR bzw. RSFSR das Recht auf Ersatz des Schadens haben, der ihnen durch gesetzwidrige Handlungen staatlicher und gesellschaftlicher Organisationen sowie von Amtspersonen in Erfüllung ihrer Dienstpflichten zugefügt wurde.

Diese Verfassungsänderung führte dazu, daß mit dem bereits erwähnten Erlaß des Präsidiums des Obersten Sowjets vom 18.05.1981 zum einen die Haftung im Bereich der Verwaltung den neuen Verfassungen angepaßt wurde[1279]. Als Grundnorm des Staatshaftungsrechts wurde durch Punkt 2 des Erlasses folgende Regelung eingeführt:

> *„Schaden, der einem Bürger der UdSSR durch gesetzwidrige Handlungen staatlicher und gesellschaftlicher Organisationen, sowie durch Amtspersonen in Erfüllung ihrer Amtspflichten im Bereich der Verwaltung zugefügt wurde, wird nach allgemeinen Grundsätzen (Art. 88 der Grundlagen der Zivilgesetzgebung der UdSSR) ersetzt, wenn anderes nicht durch Gesetz vorgesehen wurde."*

Außerdem wurde in Punkt 2 des Erlasses vom 18.05.1981 erstmals eine Vorschrift über die Haftung im Bereich der Strafrechtspflege verabschiedet. Danach war ein Schaden, der einem Bürger infolge einer gesetzwidrigen Verurteilung, eines gesetzwidrigen Strafverfahrens, der gesetzwidrigen Anwendung von Maßnahmen zur Sicherung der Durchführbarkeit eines Strafverfahrens in Form von Untersuchungshaft oder der Verhängung einer Ordnungsstrafe in Form von Inhaftierung oder Besserungsarbeiten zugefügt wird, durch den Staat in vollem Umfang

---

1276 Vgl. zur Auslegung der ursprünglichen Fassungen von Art. 89 GZG 1961 und Art. 446, 447 ZGB 1964: *Makovskij*, in: Graždanskij kodeks Rossii, S. 76-83; *V. Nor*, Imuščestvennaja otvetstvennost za nepravil'nye dejstvija dolžnostnych lic.

1277 VVS SSSR 1977, Nr. 41, Pos. 617.

1278 VVS RSFSR 1978, Nr. 15, Pos. 407.

1279 Vgl. dazu und zu den daraus resultierenden Änderungen bei *Makovskij*, in: Graždanskij kodeks Rossii, S. 83-91.

unabhängig vom Verschulden der Amtspersonen der Organe der Ermittlung, der Voruntersuchung, der Staatsanwaltschaft und des Gerichts zu ersetzen. Die Besonderheit bestand in der verschuldensunabhängigen Haftung. Die durch den Erlaß vom 18.05.1981 bestätigte Anordnung bestimmte die Art und die Höhe des zu ersetzenden Schadens sowie das dabei einzuhaltende Verfahren. Weitere Einzelheiten regelte die Instruktion über die Anwendung der Anordnung vom 02.03.1982. Art. 89 GZG 1961 wurde durch den Erlaß des Präsidiums des Obersten Sowjets der UdSSR vom 30.10.1981[1280], die Art. 446 und 447 ZGB 1964 durch Erlaß des Präsidiums des Obersten Sowjets vom 24.02.1987[1281], der durch den Erlaß vom 18.05.1981 geänderten Rechtslage angepaßt. Praktisch angewendet wurden die dargestellten Vorschriften in den GZG 1961 und dem ZGB 1964 jedoch vor dem Jahre 1985 nicht[1282].

Zu weiteren Änderungen kam es mit Inkrafttreten der GZG 1991[1283]. Art. 127 Abs. 1 GZG 1991 sah gegenüber Art. 446 Satz 1 ZGB 1964 eine bedeutende Neuerung vor: Aus Art. 446 Satz 1 ZGB 1964 konnten nur Bürger Ansprüche herleiten. Nach Art. 127 Abs. 1 GZG 1991 konnten dagegen auch juristische Personen bei gesetzwidrigen Handlungen von Staatsorganen sowie von Amtspersonen Ansprüche geltend machen. Art. 127 Abs. 2 Satz 1 GZG 1991 erweiterte den Anwendungsbereich des Art. 447 ZGB 1964 i. d. F. vom 24.02.1987 auf die gesetzwidrige Anwendung von Maßnahmen zur Sicherung der Durchführbarkeit eines Strafverfahrens in Form der schriftlichen Verpflichtung, seinen Aufenthaltsort nicht zu verlassen. Völlig neu war die Vorschrift des Art. 127 Abs. 2 Satz 2 GZG 1991. Danach war ein Schaden, der einem Bürger oder einer juristischen Person infolge anderer gesetzwidriger Tätigkeit der Organe der Ermittlung, der Voruntersuchung, der Staatsanwaltschaft und des Gerichts zugefügt wurde, nach den allgemeinen Grundsätzen zu ersetzen.

Das geltende ZGB enthält ebenso wie die GZG 1961 und das ZGB 1964 eine Grundnorm, die eine Haftung bei schuldhaftem Handeln vorsieht, sowie eine Spezialvorschrift, die eine verschuldensunabhängige Haftung bei bestimmten rechtswidrigen Handlungen von Rechtspflege-

---

1280 VVS SSSR 1981, Nr. 44, Pos. 1184.

1281 VVS RSFSR 1987, Nr. 9, Pos. 250.

1282 Vgl. *B. Bojcova/L. Bojcova*, GiP 1996, Nr. 4, S. 50.

1283 Ausfürlich werden diese von *Makovskij*, in: Graždanskij kodeks Rossii, S. 91-93, erörtert.

organen bestimmt. Gegenüber seinen Vorläufern enthält es jedoch einige Neuerungen: Während Art. 446 ZGB 1964 eine Haftung nach allgemeinen Grundsätzen bestimmte, also die staatlichen und gesellschaftlichen Organisationen selbst hafteten, sieht Art. 1069 ZGB vor, daß die Haftung der RF, den Subjekten der RF oder den kommunalen Gebietskörperschaften obliegt. Diese Änderung ist dadurch bedingt, daß Art. 53 VerfRF einen Ersatz des Schadens durch den Staat vorschreibt. Dementsprechend wurde der Kreis der möglichen unmittelbaren Schädiger in Art. 1069 ZGB auf Staatsorgane, Organe der örtlichen Selbstverwaltung und deren Amtspersonen begrenzt. Art. 1070 Abs. 1 ZGB und Art. 127 Abs. 2 Satz 1 GZG 1991 stimmen hingegen fast überein. Eine Änderung gab es nur in Bezug auf den Anspruchsgegner: Während nach Art. 127 Abs. 2 Satz 1 GZG 1991 der Schaden durch den Staat zu ersetzen war, ist nach Art. 1070 Abs. 1 ZGB der Schaden entweder zu Lasten des Staatsfiskus der RF, oder soweit dies gesetzlich bestimmt ist, zu Lasten der Kasse der Gebietskörperschaft zu ersetzen. Der in Art. 127 Abs. 2 Satz 2 GZG 1991 verankerte Grundsatz wurde in Art. 1070 Abs. 2 Satz 1 ZGB übernommen, allerdings wurde die Bestimmung klarer formuliert.

Vollkommen neu sind Art. 1070 Abs. 2 Satz 2 ZGB, der die Haftung für eine Schadenszufügung bei Ausübung der Rechtsprechung regelt, Art. 1081 Abs. 3 ZGB, der das Regreßrecht der haftenden Körperschaft gegenüber der handelnden Amtsperson betrifft, und Art. 1071 ZGB, der nunmehr konkretisiert, welche Organe und Personen beim Schadensersatz zu Lasten des Fiskus in dessen Namen auftreten.

Weitere Änderungen im Bereich der Haftung für Strafverfolgungsmaßnahmen haben sich schließlich mit dem Inkrafttreten der StPO RF am 01.07.2002 ergeben, in deren Art. 133-139 das Recht auf Rehabilitierung, einschließlich des Rechts auf Ersatz des materiellen und des immateriellen Schadens, im Strafprozeßrecht umfassend geregelt wird.

III. DIE GRUNDNORM DES STAATSHAFTUNGSRECHTS

Die Grundnorm des Staatshaftungsrechts ist in Art 1069 ZGB enthalten, der folgenden Wortlaut hat:

> *„Schaden, der einem Bürger oder einer juristischen Person infolge von gesetzwidrigen Handlungen (Unterlassungen) von Staatsorganen, Orga-*

nen der örtlichen Selbstverwaltung oder Amtspersonen dieser Organe, darunter auch infolge der Verabschiedung eines Rechtsaktes durch ein staatliches Organ oder ein Organ der örtlichen Selbstverwaltung zugefügt wird, der dem Gesetz oder einem anderen Rechtsakt nicht entspricht, ist zu ersetzen. Der Schaden wird jeweils zu Lasten des Staatsfiskus der Rußländischen Föderation, des Fiskus des Subjekts der Rußländischen Föderation oder der Kasse der kommunalen Gebietskörperschaft ersetzt."

Diese Vorschrift wird selbst in der rußländischen Rechtswissenschaft als schwer verständlich und ungenau formuliert kritisiert[1284].

Art. 1069 ZGB begründet eine einheitliche Haftung für Handlungen von Staatsorganen und Organen der örtlichen Selbstverwaltung, unabhängig davon, ob von der Verabschiedung eines Rechtsakts oder gesetzwidrigen Handlungen die Rede ist[1285]. Die Vorschrift betrifft nur die Fälle einer Schadenszufügung im Bereich der öffentlich-rechtlichen Rechtsbeziehungen. In allen anderen Fällen (z. B. im Bereich der wirtschaftlichen oder der technischen Tätigkeit) wird der Schaden, der durch Staatsorgane, Organe der örtlichen Selbstverwaltung oder Amtspersonen dieser Organe zugefügt wird, nach allgemeinen Grundsätzen (insbesondere nach Art. 1064 oder 1079 ZGB) ersetzt[1286]. Es wird somit – ähnlich wie im deutschen Recht – das fiskalische Handeln aus dem Bereich der Staatshaftung ausgeklammert[1287]. Genaue Kriterien oder Fallgruppen zur Abgrenzung der öffentlich-rechtlichen von der wirtschaftlichen/technischen Tätigkeit wurden jedoch noch nicht entwickelt.

Der Anspruch aus Art. 1069 ZGB entsteht nur dann, wenn sowohl die speziellen Voraussetzungen dieser Vorschrift als auch die allgemeinen (Art. 1064 ZGB) Voraussetzungen der deliktischen Haftung erfüllt

---

1284 Vgl. *L. Bojcova*, Žurnal rossijskogo prava 2001, Nr. 9, S. 52.

1285 Vgl. *Jarošenko*, ChiP 1996, Nr. 12, S. 7; *Jarošenko* in: *Braginskij*, Kommentarij časti vtoroj Graždanskogo kodeksa RF, S. 359.

1286 *Borisov*, Kommentarij k Graždanskomu kodeksu RF časti pervoj i vtoroj, S. 1098; *Jarošenko* in: *Sadikov*, Graždanskoe pravo Rossii. Čast' vtoraja, S. 653; *Fajzutdinov* in: *Sadikov*, Kommentarij k Graždanskomu kodeksu RF časti vtoroj, Anm. 7 zu Art. 1069; *Guev*, Postatejnyj kommentarij k časti vtoroj Graždanskogo kodeksa RF, Anm. 2 zu Art. 1069; *N. Modin*, RJu 2000, Nr. 1, S. 23; *Tokanova*, Žurnal rossijskogo prava 2001, Nr. 1, S. 100.

1287 Vgl. dazu unten S. 368 f.

sind[1288]. Da die allgemeinen Voraussetzungen der deliktischen Haftung bereits oben erläutert wurden, wird im folgenden jedoch nur noch auf die Besonderheiten des Art. 1069 ZGB eingegangen.

1. Gläubiger

Gläubiger eines Anspruchs aus Art. 1069 ZGB können nach dessen eindeutigem Wortlaut nicht nur Bürger, sondern auch juristische Personen sein.

2. Unmittelbarer Schädiger

Art. 1069 ZGB setzt voraus, daß der unmittelbare Schädiger ein Staatsorgan, ein Organ der örtlichen Selbstverwaltung oder eine Amtspersonen sein muß. Jeder beliebige Arbeitnehmer[1289] dieser Organe kann nicht unmittelbarer Schädiger im Sinne dieser Vorschrift sein.

Bei den Staatsorganen handelt es sich um die Organe aller Zweige der Staatsgewalt der RF und ihrer Subjekte[1290], somit die in Art. 10 Satz 2 VerfRF erwähnten Organe der gesetzgebenden, vollziehenden und rechtsprechenden Gewalt. Auf der Ebene der RF handelt es sich dabei zum einen um die ausdrücklich in der Verfassung erwähnten Organe der Staatsgewalt (vgl. Art. 11 Abs. 1 VerfRF), nämlich die Föderationsversammlung (Art. 94 ff. VerfRF), den Präsidenten (Art. 80 ff. VerfRF), die Regierung (Art. 110 ff. VerfRF), die Gerichte (Art. 118 ff. VerfRF) sowie andere in der Verfassung erwähnte Organe, z. B. die Staatsanwaltschaft der RF (Art. 129 VerfRF) und die Zentralbank der RF (Art. 75 Abs. 2 VerfRF). Darüber hinaus zählen zu den Staatsorganen im Sinne des Art. 1069 ZGB auch beliebige andere Staatsorgane (z. B. der Rechnungshof, der der Föderationsversammlung unterstellt ist, sowie die Mi-

---

1288 Vgl. das Urteil Nr. 8098/99 des Höchsten Arbitragegerichts vom 17.10.2000, VVAS 2001, Nr. 1, S. 38, und das Urteil Nr. 5656/98 des Höchsten Arbitragegerichts vom 08.12.1998, VVAS 1999, Nr. 3, S. 38.

1289 *Fajzutdinov* in: *Sadikov*, Kommentarij k Graždanskomu kodeksu RF časti vtoroj, Anm. 6 zu Art. 1069; *Sergeev* in: *Sergeev/Tolstoj*, Graždanskoe pravo, Band 3, S. 25; *Guev*, Postatejnyj kommentarij k časti vtoroj Graždanskogo kodeksa RF, Anm. 2 zu Art. 1069; *Modin*, RJu 2000, Nr. 1, S. 23; *Makarov*, ChiP 2000, Nr. 1, S. 103; *Tokanova*, Žurnal rossijskogo prava 2001, Nr. 1, S. 101.

1290 *Suchanov*, Graždanskoe pravo, Band 2, Halbband 2, S. 398.

nisterien, Komitees und Dienste, die der Regierung unterstellt sind)[1291]. Welche Organe zu den Staatsorganen der Subjekte der RF[1292] zählen, hängt von den jeweiligen Verfassungen bzw. Statuten der Subjekte ab, weil die Organe der Staatsmacht in den Subjekten der RF von den Subjekten selbst eingesetzt werden (vgl. Art. 11 Abs. 2 VerfRF). Auf Ebene der Republiken wird die gesetzgebende Gewalt von den Parlamenten ausgeübt, die in den einzelnen Republiken unterschiedliche Bezeichnungen haben. Die vollziehende Gewalt wird in den Republiken in der Regel von einem Präsidenten, einer Regierung sowie anderen Organen der vollziehenden Gewalt ausgeübt. Auf Ebene der anderen Subjekte der RF, den Regionen, Gebieten, dem jüdischen Autonomen Gebiet, den Städten von föderaler Bedeutung Moskau und Sankt-Petersburg und den Autonomen Kreisen, wird die gesetzgebende Gewalt ebenfalls von Parlamenten ausgeübt, die in den jeweiligen Subjekten unterschiedlich bezeichnet werden. An der Spitze der vollziehenden Gewalt dieser Subjekte steht in der Regel ein Gouverneur. Darüber hinaus wird die vollziehende Gewalt in diesen Subjekten von den Regierungen und anderen Organen der vollziehenden Gewalt ausgeübt[1293].

Die Organe der örtlichen Selbstverwaltung (Vertretungs- und Vollzugsorgane) sind keine Staatsorgane, allerdings hat ihnen der Staat durch Gesetz bestimmte Machtfunktionen im Bereich der Selbstverwaltung der Bürger übertragen[1294]. Es handelt sich dabei um beliebige Organe, die gemäß Art. 12 Satz. 3 und 131 VerfRF sowie anderen Gesetzgebungsakten der RF und ihren Subjekten, insbesondere dem Gesetz „Über die *allgemeinen Grundsätze der Organisation der örtlichen Selbstverwaltung in der Rußländischen Föderation*“ vom 28.08.1995[1295] (vgl. vor allem Art. 14-21 dieses Gesetzes), in den kommunalen Gebietskörper-

---

1291 Vgl. *Makovskij*, in: Graždanskij kodeks Rossii, S. 101 f.

1292 Bei den Subjekten der RF handelt es sich um die im einzelnen in Art. 65 Abs. 1 VerfRF aufgezählten Bestandteile der RF.

1293 Vgl. hierzu ausführlich *J. Strzebniok*, Die verfassungsrechtliche Stellung der Subjekte der Russischen Föderation in der Geschichte und Gegenwart, S. 282 ff.

1294 *Suchanov*, Graždanskoe pravo, Band 2, Halbband 2, S. 398; *Makovskij*, in: Graždanskij kodeks Rossii, S. 102.

1295 Nr. 154-FZ, SZ 1995, Nr. 35, Pos. 3506, geändert durch Gesetze vom 22.04.1996, Nr. 38-FZ, SZ 1996, Nr. 17, Pos. 1917, 26.11.1996, Nr. 141-FZ, SZ 1996, Nr. 49, Pos. 5500, 17.03.1997, Nr. 55-FZ, SZ 1997, Nr. 12, Pos. 1378, 04.08.2000, Nr. 107-FZ, SZ 2000, Nr. 32, Pos. 3330, und 21.03.2002, Nr. 31-FZ, SZ 2002, Nr. 12, Pos. 1093.

schaften[1296] eingerichtet wurden. Welche Organe der örtlichen Selbstverwaltung es in den einzelnen kommunalen Gebietskörperschaften gibt und welche Bezeichnungen diese Organe haben, wird in den Satzungen der kommunalen Gebietskörperschaften festgelegt (vgl. Art. 14 Abs. 1, 3 und 4 des Gesetzes über die allgemeinen Grundsätze der Organisation der örtlichen Selbstverwaltung). Für die Haftung der Organe der örtlichen Selbstverwaltung ist jedoch nicht deren Bezeichnung oder Organisationsform entscheidend, sondern allein, ob sie eine Funktion der öffentlichen Gewalt ausüben oder nicht[1297].

Welche Personen zu den Amtspersonen zählen, geht aus dem ZGB nicht hervor. Allerdings enthält das StGB eine Definition der Amtspersonen in Art. 285 (Anmerkung), die von vielen Autoren auch im Zivilrecht herangezogen wird[1298]. Danach gelten als Amtspersonen die Perso-

---

1296 Definiert werden die kommunalen Gebietskörperschaften in Art. 1 Abs. 1 des Gesetzes „Über die *allgemeinen Grundsätze der Organisation der örtlichen Selbstverwaltung in der Rußländischen Föderation*" als städtische oder dörfliche Siedlung, mehrere Siedlungen, die durch ein gemeinsames Gebiet vereinigt sind, der Teil einer Siedlung, anderes besiedeltes Gebiet, das durch dieses Föderalgesetz vorgesehen ist, in dessen Grenzen örtliche Selbstverwaltung ausgeübt wird, es kommunales Eigentum, einen kommunalen Haushalt und gewählte Organe der örtlichen Selbstverwaltung gibt.

1297 *Makovskij*, in: Graždanskij kodeks Rossii, S. 102.

1298 *Malein* in: *Kalpin*, Graždanskoe pravo. Čast' vtoraja, S. 515; *Jarošenko* in: *Sadikov*, Graždanskoe pravo Rossii. Čast' vtoraja, S. 652; *Suchanov*, Graždanskoe pravo, Band 2, Halbband 2, S. 399; *Modin*, RJu 2000, Nr. 1, S. 23; *Makarov*, ChiP 2000, Nr. 1, S. 103; *Guev*, Postatejnyj kommentarij k časti pervoj Graždanskogo kodeksa RF, Anm. 1 zu Art. 16. An anderer Stelle (Postatejnyj kommentarij k časti vtoroj Graždanskogo kodeksa RF, Anm. 1 zu Art. 1069) verweist *Guev* jedoch nicht auf die Definition im StGB, sondern auf die des Staatsbediensteten (russ.: gosudarstvennyj služaščij) in Art. 3 des Gesetzes „Über die *Grundlagen des Staatsdienstes der Rußländischen Föderation*" vom 31.07.1995 (Nr. 119-FZ, SZ 1995, Nr. 31, Pos. 2990, geändert durch Gesetze vom 18.02.1999, Nr. 35-FZ, SZ 1999, Nr. 8, Pos. 974, und 07.11.2000, Nr. 135-FZ, SZ 2000, Nr. 46, Pos. 4537) und die der Amtsperson in Art. 1 des Gesetzes „Über die *allgemeinen Grundsätze der Organisation der örtlichen Selbstverwaltung in der Rußländischen Föderation*". Der Begriff der Amtsperson in dem zuletzt genannten Gesetz kann jedoch nur für Amtspersonen der Organe der örtlichen Selbstverwaltung maßgeblich sein, vgl. *Tokanova*, Žurnal rossijskogo prava 2001, Nr. 1, S. 101. *Sergeev* in: *Sergeev/ Tolstoj*, Graždanskoe pravo, Band 3, S. 25, und *Tokanova*, Žurnal rossijskogo prava 2001, Nr. 1, S. 101, verweisen zwar ebenfalls auf die Definition in Art. 285 StGB, meinen jedoch, daß zu den Amtspersonen im Sinne der Art. 1069 f. ZGB nur jene staatliche und kommunale Bedienstete zählen sollen, denen Vollmachten nen, die ständig, zeitweise oder auf spezielle Bevollmächtigung hin Funktionen eines Vertreters der Staatsgewalt ausüben oder Organisations- und Dispositions- oder Verwaltungs- und Wirtschaftsfunktionen in staatlichen Organen, Organen der örtlichen Selbstverwaltung, staatlichen und städtischen Einrichtungen sowie in den Streitkräften der RF oder in sonstigen Truppen und militärischen Formationen der RF ausüben.

Des weiteren ist erforderlich, daß die Amtsperson den Schaden in Erfüllung ihrer Amtspflichten zugefügt hat[1299]. Der Kreis der Amtspflichten wird durch die Gesetzgebung, andere Rechtsakte, die die Befugnisse der entsprechenden Staatsorgane und Organe der örtlichen Selbstverwaltung regeln, und die Dienststellung der Amtsperson bestimmt[1300]. Bestimmte Amtspersonen können auch außerhalb der Arbeitszeit und des Arbeitsplatzes in Erfüllung ihrer Amtspflichten handeln[1301].

Für andere staatliche und kommunale Organisationen, die keine Staatsorgane oder Organe der örtlichen Selbstverwaltung sind (z. B. Bildungs-, Gesundheitsschutz-, Wissenschafts- und Kultureinrichtungen), und für ihre Amtspersonen haftet der Staat bzw. die kommunale Gebietskörperschaft nach Art. 1068 ZGB. Das gilt auch, wenn der Schaden von Arbeitnehmern der Staatsorgane oder der Organe der örtlichen Selbstverwaltung zugefügt wurde, die keine Machtfunktionen außerhalb dieser Organe ausüben oder nicht zu den Amtspersonen zählen (z. B. der Fahrer eines Dienstfahrzeugs)[1302].

---

verfügenden Charakters verliehen wurden, was vor allem bei Bediensteten der Polizei, des Zolls, der Steuerorgane und anderen der Fall ist. Diese Einschränkung dürfte jedoch nicht gerechtfertigt sein, da auch Amtspersonen, die keine Verfügungen erlassen dürfen, in Erfüllung ihrer Amtspflichten Schaden zufügen können. Daß dem Geschädigten in diesem Fall kein Schadensersatzanspruch nach den Art. 1069 f. ZGB zustehen soll, sondern nur nach den allgemeinen Vorschriften, läßt sich aus dem Gesetz nicht ableiten.

1299 *Fajzutdinov* in: *Sadikov*, Kommentarij k Graždanskomu kodeksu RF časti vtoroj, Anm. 6 zu Art. 1069; *Sergeev* in: *Sergeev/Tolstoj*, Graždanskoe pravo, Band 3, S. 25; *Suchanov*, Graždanskoe pravo, Band 2, Halbband 2, S. 398; *Tokanova*, Žurnal rossijskogo prava 2001, Nr. 1, S. 100.

1300 *Sergeev* in: *Sergeev/Tolstoj*, Graždanskoe pravo, Band 3, S. 25.

1301 Vgl. *Sergeev/Tolstoj*, Graždanskoe pravo, Band 3, S. 25 f.

1302 *Suchanov*, Graždanskoe pravo, Band 2, Halbband 2, S. 399.

3. Schuldner

Der unmittelbare Schädiger und der nach Art. 1069 ZGB haftende Schuldner fallen nicht zusammen[1303]: Schuldner ist entweder der Staatsfiskus der RF, der Fiskus des Subjekts der RF oder die Kasse der kommunalen Gebietskörperschaft (Art. 1069 Satz 2 ZGB). Für die rechtswidrigen Handlungen der in Art. 1069 Satz 1 ZGB erwähnten Organe oder Amtspersonen haftet somit nicht das handelnde Organ oder die Amtsperson selbst, sondern der entsprechende Fiskus[1304]. Gegen die Organe und Amtspersonen können keine Forderungen erhoben werden[1305]. Der Grund dafür besteht darin, daß die Organe und Amtspersonen eine Funktion der öffentlichen Gewalt ausüben und nicht im eigenen Namen, sondern im Namen öffentlich-rechtlicher Gebietskörperschaften – der RF, ihrer Subjekte und kommunaler Gebietskörperschaften – auftreten[1306].

Näher definiert wird der Fiskus der RF bzw. der Subjekte der RF in Art. 214 Abs. 4 Satz 2 ZGB: Danach bilden die Mittel des entsprechenden Haushalts sowie sonstiges, staatlichen Unternehmen und Institutionen nicht zugeordnetes Staatsvermögen den Staatsfiskus der RF, den Fiskus einer Republik der RF, den Fiskus einer Region, eines Gebiets, einer Stadt von föderaler Bedeutung, eines autonomen Gebiets und eines autonomen Kreises. Eine entsprechende Definition enthält Art. 215 Abs.

1303 *Suchanov*, Graždanskoe pravo, Band 2, Halbband 2, S. 399.

1304 *Jarošenko* in: *Sadikov*, Graždanskoe pravo Rossii. Čast' vtoraja, S. 651; *Fajzutdinov* in: *Sadikov*, Kommentarij k Graždanskomu kodeksu RF časti vtoroj, Anm. 9 zu Art. 1069; *Jarošenko* in: *Braginskij*, Kommentarij časti vtoroj Graždanskogo kodeksa RF, S. 359; *Jarošenko*, ChiP 1996, Nr. 12, S. 7 f.; vgl. auch *Abova* in: *Abova/Kabalkin/Mozolin*, Graždanskij kodeks RF. Čast' pervaja, Anm. 3 zu Art. 16; *Jarošenko* in: *Braginskij*, Kommentarij časti pervoj Graždanskogo kodeksa RF, S. 75; *Modin*, RJu 2000, Nr. 1, S. 23.

1305 Vgl. *Fajzutdinov* in: *Sadikov*, Kommentarij k Graždanskomu kodeksu RF časti vtoroj, Anm. 6 zu Art. 1069; *Jarošenko* in: *Braginskij*, Kommentarij časti pervoj Graždanskogo kodeksa RF, S. 75; *Klejn* in: *Sadikov*, Kommentarij k Graždanskomu kodeksu RF, Anm. 4 zu Art. 16; *Klejn* in: *Sadikov*, Kommentarij k Graždanskomu kodeksu RF časti pervoj, Anm. 4 zu Art. 16; *Modin*, RJu 2000, Nr. 1, S. 23; *Makarov*, ChiP 2000, Nr. 1, S. 103. In der Praxis kommt es dennoch gelegentlich vor, daß Gerichte – entgegen Art. 1069 Satz 2 ZGB – dem handelnden Organ oder einer Amtsperson die Haftung auferlegen, vgl. *N. Čerepanova*, Pravo i ėkonomika 2001, Nr. 6, S. 41.

1306 *Suchanov*, Graždanskoe pravo, Band 2, Halbband 2, S. 399.

3 Satz 3 ZGB für den kommunalen Fiskus: Danach bilden die Mittel des örtlichen Hauhalts und anderes den kommunalen Unternehmen und Institutionen nicht zugeordnetes Vermögen den kommunalen Fiskus einer städtischen oder ländlichen Siedlung oder einer anderen kommunalen Gebietskörperschaft.

Aus Art. 1071 ZGB ergibt sich, welche Organe und Personen beim Schadensersatz zu Lasten des Fiskus in dessen Namen auftreten: Ist der zugefügte Schaden gemäß dem ZGB oder anderen Gesetzen zu Lasten des Staatsfiskus des RF, des Fiskus eines Subjekts der RF oder des Fiskus einer Gebietskörperschaft zu ersetzen, so treten im Namen des Fiskus die entsprechenden Finanzorgane auf, soweit nicht gemäß Art. 125 Abs. 3 ZGB diese Pflicht einem anderen Organ, juristischen Person oder Bürger obliegt. Art. 125 Abs. 3 ZGB sieht vor, daß in den durch Föderalgesetze, durch Erlasse des Präsidenten der RF und durch Verordnungen der Regierung der RF sowie durch Normativakte der Subjekte der RF und der kommunalen Gebietskörperschaften bestimmten Fällen und dem danach anzuwendenden Verfahren in deren besonderem Auftrag, in deren Namen Staatsorgane, örtliche Selbstverwaltungsorgane sowie juristische Personen und Bürger handeln können. Die Finanzorgane treten somit immer kraft Gesetzes auf und die anderen Organe, juristischen Personen und Bürger auf Grundlage eines Auftrags, der in einem Normativakt oder einem mit ihnen geschlossen Vertrag über die Vertretung der Interessen des entsprechenden Subjekts enthalten ist[1307]. Reichen die Mittel der in Art. 125 Abs. 3 genannten Organe nicht zum Ersatz des Schadens aus, haftet deren Eigentümer subsidiär gemäß Art. 120 Abs. 2 ZGB[1308].

Die in Art. 1071 ZGB genannten Finanzorgane treten auch als Beklagte bei Schadensersatzklagen nach Art. 1069 und 1070 ZGB auf[1309].

1307 *Jarošenko*, ChiP 1996, Nr. 12, S. 8; *Jarošenko* in: *Braginskij*, Kommentarij časti vtoroj Graždanskogo kodeksa RF, S. 360.

1308 *Guev*, Postatejnyj kommentarij k časti vtoroj Graždanskogo kodeksa RF, Anm. 2 b) zu Art. 1070; *Klejn* in: *Sadikov*, Kommentarij k Graždanskomu kodeksu RF, Anm. 4 zu Art. 16.

1309 Vgl. Punkt 12 der erläuternden Leitentscheidung Nr. 6/8 des Plenums des Obersten Gerichtshofs der RF und des Höchsten Arbitragegerichts vom 01.07.1996, BVS RF 1996, Nr. 9, S. 3; das Urteil des Obersten Gerichtshofs der RF Nr. 15-0099-4 in der Sache *Chajdukov* und *Igošin*, BVS RF 2000, Nr. 1, S. 13; das Urteil Nr. 5656/98 des Höchsten Arbitragegerichts vom 08.12.1998, VVAS 1999, Nr. 3, S. 38;

Der Oberste Gerichtshof der RF hat in diesem Zusammenhang zur prozessualen Abwicklung folgendes ausgeführt:

> „*Bei der Verhandlung von Streitigkeiten über den Ersatz des Schadens, der einem Bürger oder einer juristischen Person zugefügt wurde und für den die Haftung in den Art. 1069 und 1070 ZGB bestimmt wurde, ist der richtige Beklagte das Finanzministerium der RF, wenn der Schaden zu Lasten des Fiskus der RF zu ersetzen ist, die Finanzverwaltung des Subjekts der RF, wenn der Schaden zu Lasten eines Subjekts der RF ersetzt wird, oder das Finanzamt der kommunalen Gebietskörperschaft, wenn der Schaden zu Lasten dieser Gebietskörperschaft ersetzt wird. Dabei muß in der Entscheidung über die Stattgabe der Klage darauf hingewiesen werden, daß die entsprechende Summe zu Lasten des Fiskus der RF (des Fiskus des Subjekts der RF, des Fiskus der kommunalen Gebietskörperschaft) und nicht zu Lasten des Finanzorgans selbst beigetrieben wird*[1310]. "

In dem Brief N 19-17/1324 vom 06.01.1998[1311] hat das Finanzministerium bestätigt, daß der Fiskus der RF bei den gegen ihn gerichteten Schadensersatzklagen aus Art. 1069 und 1070 ZGB durch das Finanzministerium der RF vertreten wird, wenn diese Pflicht nicht gemäß Art. 125 Abs. 3 ZGB einem anderen Organ, juristischen Person oder Bürger auferlegt wurde. Durch den Befehl Nr. 26 vom 12.02.1998 „Über die *Art und Weise der Organisation und der Durchführung der Tätigkeit des Auftretens im Namen des Fiskus der Rußländischen Föderation sowie des Vertretens der Interessen der Regierung der Rußländischen Föderation vor den Gerichten durch das Finanzministerium der Rußländischen Föderation*"[1312] hat es ab dem 16.03.1998 den Verwaltungen des föderalen Schatzamts der Hauptverwaltung des föderalen Schatzamts des Finanzministeriums der RF für die Republiken, Regio-

---

Suchanov, Graždanskoe pravo, Band 2, Halbband 2, S. 399, 403, *Klejn* in: *Sadikov*, Kommentarij k Graždanskomu kodeksu RF časti pervoj, Anm. 5 zu Art. 16.

1310 BVS RF 1997, Nr. 8, S. 20; vgl. auch BVS RF 1997, Nr. 10, S. 13. In der Praxis kommt es allerdings dennoch nicht selten vor, daß die Haftung dem Organ, das vor Gericht im Namen des Fiskus auftritt, auferlegt wird, vgl. *Čerepanova*, Pravo i ėkonomika 2001, Nr. 6, S. 41.

1311 Offiziell nicht veröffentlicht, der Wortlaut ist aber über www.garant.ru und www.consultant.ru erhältlich.

1312 Offiziell nicht veröffentlicht, der Wortlaut ist aber über www.garant.ru und www.consultant.ru erhältlich.

nen, Gebiete, autonomen Gebiete und Kreise sowie die Stadt Sankt-Petersburg auf Grundlage von entsprechend ausgestellten Vollmachten (mit dem Recht zur Unterbevollmächtigung), die vom Finanzministerium der RF den Leitern dieser Verwaltungen ausgestellt wurden, die Organisation und Durchführung der Tätigkeit des Auftretens im Namen des Fiskus der RF sowie gemeinsam mit der Rechtsabteilung im Auftrag der Regierung der RF auferlegt.

Mit dem Inkrafttreten von Art. 158 Abs. 10 des *Haushaltsgesetzbuchs* vom 31.07.1998[1313] (im folgenden: HaushaltsGB) am 01.01.2000 entstand Unklarheit darüber, welches Organ im Namen des Fiskus der RF vor Gericht auftreten soll[1314]. Nach dieser Vorschrift tritt der Hauptverfügungsberechtigte über die Mittel des föderalen Haushalts bei Klagen auf Ersatz des Schadens, der durch gesetzwidrige Entscheidungen und Handlungen (Unterlassung) entsprechender Amtspersonen und Organe zugefügt wurde, im Namen des Fiskus der RF vor Gericht auf. In der Literatur wurde deshalb von einigen Autoren angenommen, daß Art. 158 Abs. 10 HaushaltsGB auch bei Klagen nach Art. 1069 und 1070 ZGB anzuwenden sei[1315]. Der Oberste Gerichtshof der RF hat jedoch klargestellt, daß das nicht der Fall ist und weiterhin die Regelung in dem Befehl des Finanzministeriums von 12.02.1998 gilt[1316]. Der Grund dafür besteht zum einen darin, daß die Art. 1069 und 1070 ZGB gegenüber Art. 158 Abs. 10 des HaushaltsGB die spezielleren Vorschriften darstellen[1317]. Außerdem regelt das HaushaltsGB lediglich die Beziehungen zwischen den Subjekten von Haushaltsrechtsbeziehungen, die am Verfahren der Bildung der Einnahmen und der Durchführung der Ausgaben aus Haushalten sowie am Verfahren der Aufstellung und Überprüfung

---

1313 Nr. 145-FZ, SZ 1998, Nr. 31, Pos. 3823, geändert durch Gesetze von 31.12.1999, Nr. 227-FZ, SZ 2000, Nr. 1, Pos. 10, 05.08.2000, Nr. 116-FZ, SZ 2000, Nr. 32, Pos. 3309, 27.12.2000, Nr. 150-FZ, SZ 2001, Nr. 1, Pos. 2, 08.08.2001, Nr. 126-FZ, SZ 2001, Nr. 33, Pos. 3429, 30.12.2001, Nr. 194-FZ, SZ 2001, Nr. 53, Pos. 5030, 29.05.2002, Nr. 57-FZ, SZ 2002, Nr. 22, Pos. 2026, 24.07.2002, Nr. 104-FZ, SZ 2002, Nr. 30, Pos. 3021, 24.07.2002, Nr. 110-FZ, SZ 2002, Nr. 30, Pos. 3027, und 24.12.2002, Nr. 176-FZ, SZ 2002, Nr. 52, Pos. 5132.

1314 Vgl. dazu ausführlich *R. Bulygin*, RJu 2001, Nr. 11, S. 49 f.; *N. Il'jučenko*, Vestnik Moskovskogo universiteta 2002, Nr. 1, S. 53 ff.

1315 Vgl. *Čerepanova*, Pravo i ėkonomika 2001, Nr. 6, S. 40, *Bulygin*, RJu 2001, Nr. 11, S. 50.

1316 BVS RF 2001, Nr. 10, S. 23 f.; BVS RF 2001, Nr. 12, S. 19.

1317 Vgl. BVS RF 2001, Nr. 12, S. 19.

von Haushaltsentwürfen, ihrer Bestätigung und Ausführung beteiligt sind (vgl. Art. 1 HaushaltsGB). Am Haushaltsverfahren sind nur die in Art. 152 HaushaltsGB genannten Staatsorgane beteiligt. Auf natürliche Personen und auch auf juristische Personen, die nicht in Art. 152 HaushaltsGB aufgeführt sind, können die Vorschriften des HaushaltsGB nicht angewendet werden[1318].

In einigen vor Inkrafttreten der Art. 1069-1071 ZGB verabschiedeten Gesetzen sind Vorschriften enthalten, die die Haftung für von Staatsorganen und von Organen der örtlichen Selbstverwaltung zugefügte Schäden regeln, in denen jedoch als Anspruchsgegner die handelnden Organe selbst und nicht – wie in Art. 1069 ZGB – der entsprechende Fiskus bestimmt sind. Bei diesen Gesetzen handelt es sich z. B. um Art. 60 des Pfandgesetzes[1319] und Art. 16 Abs. 6 des Gesetzes „Über die *Investitionstätigkeit in der RSFSR*“ vom 26.06.1991[1320]. Nach Inkrafttreten der Art. 16 und 1069 ZGB sind nunmehr alle Schadensersatzklagen gegen den entsprechenden Fiskus zu erheben, auch wenn in einigen Gesetzen noch anderes vorgesehen ist[1321]. Für den Fall, daß dennoch versehentlich die Klage nicht gegen den Fiskus, sondern gegen das Staatsorgan bzw. das Organ der örtlichen Selbstverwaltung erhoben wird, hat das Plenum des Obersten Gerichtshofs und des Höchsten Arbitragegerichts in Punkt 12 seiner erläuternden Leitentscheidung Nr. 6/8 vom 01.07.1996 folgendes klargestellt:

> *„Wenn ein Bürger oder eine juristische Person eine Klage unmittelbar gegen ein Staatsorgan oder ein Organ der örtlichen Selbstverwaltung erhebt, das die entsprechende Verletzung begangen hat, kann dies kein Grund dafür sein, die Klage nicht anzunehmen oder sie als unzulässig zurückzuweisen. In diesem Fall zieht das Gericht das entsprechende Fi-*

1318 Vgl. BVS RF 2001, Nr. 10, S. 24; BVS RF 2002, Nr. 7, S. 5. Das wird von *V. Gnedenko*, RJu 2002, Nr. 12, S. 29, kritisiert. Seiner Meinung nach können auch natürliche Personen am Haushaltsverfahren beteiligt sein, weil die Aufzählung der Beteiligten in Art. 152 HaushaltsGB nicht abschließend sei. Außerdem verweist er auf die Art. 227 und 239 HaushaltsGB, in denen natürliche Personen erwähnt sind.

1319 Vgl. Fn. 1264.

1320 VSNDiVS RSFSR 1991, Nr. 29, Pos. 1005, das inzwischen allerdings außer Kraft gesetzt ist.

1321 Vgl. *Fajzutdinov* in: *Sadikov*, Kommentarij k Graždanskomu kodeksu RF časti vtoroj, Anm. 9 zu Art. 1069; *Jarošenko*, ChiP 1996, Nr. 12, S. 9; *Klejn* in: *Sadikov*, Kommentarij k Graždanskomu kodeksu RF časti pervoj, Anm. 4 zu Art. 16.

nanzorgan oder ein anderes bevollmächtigtes Organ als Beklagten heran. Bei Stattgabe der Klage wird der Geldbetrag zu Lasten des entsprechenden Fiskus beigetrieben, und falls die Geldmittel nicht vorhanden sind, zu Lasten des übrigen Vermögens, das den entsprechenden Fiskus bildet[1322]*."*

Ferner wird die Frage diskutiert, ob das Staatsorgan oder das kommunale Selbstverwaltungsorgan sowie deren Amtspersonen, die den Schaden zugefügt haben, berechtigt sind, sich am Schadensersatzprozeß zu beteiligen, und für den Fall, daß sie dazu berechtigt sein sollten, in welcher Rolle. Da die Schadensersatzklage immer direkt oder indirekt die Interessen dieser Organe oder Amtspersonen berührt, wird von mehreren Autoren vorgeschlagen, daß die betreffenden Organe oder Amtspersonen nicht nur berechtigt sind, an den Gerichtsverhandlungen teilzunehmen, sondern das Gericht sie gemäß Art. 38 ZPO RSFSR/Art. 43 ZPO RF bzw. Art. 39 APO a.F./Art. 51 APO n.F. als dritte Person, die keine selbständigen Ansprüche auf den Streitgegenstand geltend machen kann (Nebenintervenient), heranzuziehen hat[1323].

4. Gesetzwidrige Handlungen oder Unterlassungen bzw. dem Gesetz oder anderen Rechtsakten nicht entsprechende Rechtsakte

Gegenstand der Haftung nach Art. 1069 ZGB sind gesetzwidrige Handlungen und Unterlassungen der in dieser Vorschrift aufgeführten Organe bzw. ihrer Amtspersonen, wozu auch die Verabschiedung eines dem Gesetz oder anderen Rechtsakten nicht entsprechenden Rechtsakts zählt.

1322 BVS RF 1996, Nr. 9, S. 3.

1323 *Fajzutdinov* in: *Sadikov*, Kommentarij k Graždanskomu kodeksu RF časti vtoroj, Anm. 5 zu Art. 1071; *Jarošenko*, ChiP 1996, Nr. 12, S. 9; *Abova* in: *Abova/ Kabalkin/Mozolin*, Graždanskij kodeks RF. Čast' pervaja, Anm. 3 zu Art. 16; vgl. auch *Klejn* in: *Sadikov*, Kommentarij k Graždanskomu kodeksu RF časti pervoj, Anm. 5 zu Art. 16.

a) Handlungen, Unterlassungen sowie Rechtsakte

Sowohl die Handlungen als auch die Unterlassungen können von einer einzelnen Amtsperson als auch von einem Kollegialorgan ausgehen[1324].

Die Handlungen der Organe der öffentlichen Gewalt und der Amtspersonen können in verschiedenen Arten (z. B. Befehle, Verfügungen, Instruktionen, Anweisungen und andere Anordnungen, die von den Personen, an die sie adressiert sind, zwingend zu erfüllen sind)[1325] und Formen (sie können mündlich oder schriftlich erlassen werden) auftreten[1326]. In der Regel ergehen sie schriftlich, weil die Schriftform durch Gesetz oder einen anderen Rechtsakt vorgesehen ist. Es ist aber auch möglich, daß sie mündlich erlassen werden, wenn dies mit den Umständen und dem Wesen der Tätigkeit der entsprechenden Amtsperson vereinbar ist[1327]. Das kommt vor allem bei Handlungen von Kontroll- oder Aufsichtsorganen, z. B. den Organen der Polizei, der Steuerpolizei oder des Zolls vor[1328]. Zu den Handlungen zählen nicht nur staatliche Vorschriften, sondern auch andere Handlungen[1329].

Der Oberste Gerichtshof der RF hat deshalb entschieden, daß ein Schaden, den eine Amtsperson unter Überschreitung ihrer Dienstvollmachten

---

1324 *Guev*, Postatejnyj Kommentarij k časti vtoroj Graždanskogo kodeksa RF, Anm. 2 zu Art. 1069; *Guev*, Postatejnyj kommentarij k časti pervoj Graždanskogo kodeksa RF, Anm. 2 zu Art. 16; *Fajzutdinov* in: *Sadikov*, Kommentarij k Graždanskomu kodeksu RF časti vtoroj, Anm. 4 zu Art. 1069; *Sergeev* in: *Sergeev/Tolstoj*, Graždanskoe pravo, Band 3, S. 26.

1325 *Sergeev* in: *Sergeev/Tolstoj*, Graždanskoe pravo, Band 3, S. 26; *Fajzutdinov* in: *Sadikov*, Kommentarij k Graždanskomu kodeksu RF časti vtoroj, Anm. 3 zu Art. 1069; *Suchanov*, Graždanskoe pravo, Band 2, Halbband 2, S. 400; *Guev*, Postatejnyj kommentarij k časti vtoroj Graždanskogo kodeksa RF, Anm. 2 zu Art. 1069; *Modin*, RJu 2000, Nr. 1, S. 22.

1326 *Fajzutdinov* in: *Sadikov*, Kommentarij k Graždanskomu kodeksu RF časti vtoroj, Anm. 3 zu Art. 1069; *Suchanov*, Graždanskoe pravo, Band 2, Halbband 2, S. 400; *Guev*, Postatejnyj kommentarij k časti vtoroj Graždanskogo kodeksa RF, Anm. 3 zu Art. 1069; *Sergeev* in: *Sergeev/Tolstoj*, Graždanskoe pravo, Band 3, S. 26; *Modin*, RJu 2000, Nr. 1, S. 22.

1327 *Sergeev* in: *Sergeev/Tolstoj*, Graždanskoe pravo, Band 3, S. 26; *Tokanova*, Žurnal rossijskogo prava 2001, Nr. 1, S. 101.

1328 *Tokanova*, Žurnal rossijskogo prava 2001, Nr. 1, S. 101.

1329 *Suchanov*, Graždanskoe pravo, Band 2, Halbband 2, S. 401.

durch Waffengebrauch zugefügt hat, nach Art. 1069 ZGB und nicht nach Art. 1068 ZGB zu ersetzen ist[1330].

Eine Unterlassung von Organen der öffentlichen Gewalt oder ihrer Amtspersonen liegt vor, wenn sie die ihnen auferlegten Pflichten nicht bzw. nicht innerhalb der festgelegten Fristen und des vorgeschriebenen Verfahrens erfüllen oder jene Handlungen, die sie nach dem Gesetz oder anderen Rechtsakten verpflichtet sind, vorzunehmen, nicht ausführen[1331]. Das ist z. B. dann der Fall, wenn sie trotz gesetzlicher Verpflichtung oder eines begründeten Ersuchens eines Bürgers keine Maßnahmen zur Verhinderung einer Rechtsverletzung getroffen haben und dies zu einem Schaden geführt hat[1332].

Daß nicht nur Handlungen, sondern auch Unterlassungen von Organen der Staatgewalt, Organen der örtlichen Selbstverwaltung, gesellschaftlichen Vereinigungen und Amtspersonen vor Gericht angefochten werden können, ergibt sich bereits aus Art. 46 Abs. 2 VerfRF. Ein Bürger hatte gegen die Regierung und den Bürgermeister von St. Petersburg Klage auf Ersatz des immateriellen Schadens erhoben, der ihm dadurch entstanden war, daß die Regierung und der Bürgermeister keine Maßnahmen getroffen hatten, Art. 20 des Gesetzes „Über die *Veteranen*“ vom 12.01.1995[1333] umzusetzen. Nach dieser Vorschrift hatte der Kläger einen Anspruch darauf, daß ihm bei Nutzung des Eisenbahn- und

---

1330 BVS RF 2002, Nr. 7, S. 7 f.

1331 *Jarošenko* in *Okun'kov*, Kommentarij k Konstitucii RF, Anm. zu Art. 53; *Suchanov*, Graždanskoe pravo, Band 2, Halbband 2, S. 401; *Klejn* in: *Sadikov*, Kommentarij k Graždanskomu kodeksu RF časti pervoj, Anm. 3 zu Art. 16; vgl. auch *Fajzutdinov* in: *Sadikov*, Kommentarij k Graždanskomu kodeksu, Anm. 3 zu Art. 1069; *Sergeev* in: *Sergeev/Tolstoj*, Graždanskoe pravo, Band 3, S. 26; *Jarošenko* in: *Braginskij*, Kommentarij časti pervoj Graždanskogo kodeksa RF, S. 75; *Klejn* in: *Sadikov*, Kommentarij k Graždanskomu kodeksu RF, Anm. 2 zu Art. 16; *Modin*, RJu 2000, Nr. 1, S. 22; *Tokanova*, Žurnal rossijskogo prava 2001, Nr. 1, S. 100; vgl. auch *Makovskij*, in: Graždanskij kodeks Rossii, S. 99 f.

1332 Vgl. BVS RF 2002, Nr. 7, S. 8; *Sergeev* in: *Sergeev/Tolstoj*, Graždanskoe pravo, Band 3, S. 26.

1333 Nr. 5-FZ, SZ 1995, Nr. 3, Pos. 168, geändert durch Gesetz vom 02.01.2000, Nr. 40-FZ, SZ 2000, Nr. 2, Pos. 161, 04.05.2000, Nr. 57-FZ, SZ 2000, Nr. 19, Pos. 2023, 27.12.2000, Nr. 150-FZ, SZ 2001, Nr. 1, Pos. 2, 08.08.2001, Nr. 124-FZ, SZ 2001 Nr. 33, Pos. 3427, 30.12.2001, Nr. 194-FZ, SZ 2001, Nr. 53, Pos. 5030, 25.07.2002, Nr. 116-FZ, SZ 2002, Nr. 30, Pos. 3033, und 27.11.2002, Nr. 158-FZ, SZ 2002, Nr. 48, Pos. 4743.

Schiffsvorortverkehrs eine 50%ige Ermäßigung auf den Fahrpreis gewährt wird. Weil keine Maßnahmen zur Umsetzung des Gesetzes getroffen wurden, wurden dem Kläger diese Vergünstigungen nicht gewährt. Das Stadtgericht von St. Petersburg wies die Klage mit der Begründung ab, es könnten nur Rechtsakte der Verwaltung von St. Petersburg und nicht das Fehlen solcher Rechtsakte angefochten werden. Der Oberste Gerichtshof der RF hob diese Entscheidung jedoch unter Berufung auf Art. 46 Abs. 2 VerfRF auf[1334].

In der Literatur werden als Beispiele für Rechtsakte Entscheidungen über die Requirierung (Art. 242 ZGB) bzw. die Konfiskation (Art. 243 ZGB) von Vermögen, das Verbot oder die Beschränkung der unternehmerischen oder anderen Tätigkeit eines Bürgers oder einer juristischen Person sowie die Beschränkung der Nutzung von Räumlichkeiten genannt[1335]. Als Beispiele für Unterlassungen werden die Ablehnung einer Genehmigung, eines Dokumentes oder einer staatlichen Registrierung[1336] sowie das Nichttreffen vom Maßnahmen zur Reparatur eines beschädigten Gebäudes oder zur Evakuierung von Personen, die sich in ihm befinden[1337], aufgeführt.

b) Gesetzwidrigkeit

Eine Handlung (Unterlassung) oder ein Rechtsakt ist gesetzwidrig, wenn sie/er der Verfassung der RF, einem Föderalgesetz oder anderen Rechtsakten eines Staatsorgans (einem Erlaß des Präsidenten der RF oder einer Verordnung der Regierung der RF) oder eines kommunalen Selbstverwaltungsorgans widerspricht[1338]. Dabei ist nicht erforderlich,

---

1334 Vgl. BVS RF 1996, Nr. 5, S. 2 f.

1335 *Zajcev* in: *Krylov/Gavrilov*, Rossijskoe graždanskoe pravo, S. 374; *Guev*, Postatejnyj kommentarij k časti vtoroj Graždanskogo kodeksa RF, Anm. 2 und 3 zu Art. 1069; *Abova* in: *Abova/Kabalkin/Mozolin*, Graždanskij kodeks RF. Čast' pervaja, Anm. 5 zu Art. 16.

1336 *Suchanov*, Graždanskoe pravo, Band 2, Halbband 2, S. 401.

1337 *Abova* in: *Abova/Kabalkin/Mozolin*, Graždanskij kodeks RF. Čast' pervaja, Anm. 5 zu Art. 16.

1338 *Makovskij*, in: Graždanskij kodeks Rossii, S. 100; *Fajzutdinov* in: *Sadikov*, Kommentarij k Graždanskomu kodeksu RF časti vtoroj, Anm. 3 zu Art. 1069; *Suchanov*, Graždanskoe pravo, Band 2, Halbband 2, S. 400, 401; *Jarošenko* in: *Braginskij*, Kommentarij časti pervoj Graždanskogo kodeksa RF, S. 75; *Modin*, RJu 2000, Nr. 1, S. 22; *Tokanova*, Žurnal rossijskogo prava 2001, Nr. 1, S. 100; vgl.

daß die Gesetze oder Rechtsakte zivilrechtlicher Natur sind. Zivilrechtlicher Natur müssen lediglich die materiellen Folgen der Handlungen (Unterlassungen) bzw. der Rechtsakte sein[1339].

Im Falle der Haftung für Rechtsakte (und nicht für rein tatsächliche Handlungen) ist es nach Meinung der Mehrzahl der Autoren erforderlich, daß sie für unwirksam erklärt wurden[1340]. Andere Autoren sind hingegen der Auffassung, es sei nicht erforderlich, daß die Rechtsakte zuvor vom Gericht für unwirksam erklärt wurden. Vielmehr soll die Gesetzwidrigkeit des Rechtsaktes im Rahmen des Schadensersatzprozesses nach Art. 1069 ZGB untersucht werden[1341].

Wenn man davon ausgeht, daß ein Schadensersatzanspruch wegen gesetzwidriger Rechtsakte nur dann besteht, wenn diese zuvor für unwirksam erklärt wurden, hat das folgende Konsequenzen:

Gemäß Art. 13 Satz 1 ZGB kann ein Verwaltungsakt eines Staatsorgans oder eines örtlichen Selbstverwaltungsorgans, und in den gesetzlich bestimmten Fällen auch eine Rechtsnorm, der/die nicht dem Gesetz oder einem sonstigen Rechtsakt entspricht und zivile Rechte sowie gesetzlich geschützte Interessen eines Bürgers oder einer juristischen Person verletzt, durch das Gericht aufgehoben werden.

Art. 13 ZGB unterscheidet somit Verwaltungsakte und Rechtsnormen. *Verwaltungsakte* sind Einzelakte, die an eine konkrete Person oder eine Gruppe von Personen adressiert sind[1342]. Sie bestimmen, ändern und beseitigen Rechte und Pflichten konkreter Personen[1343]. Sie können in

---

hierzu auch Punkt 8 der erläuternden Leitentscheidung des Obersten Gerichtshofs der RF vom 27.04.1993, BVS RF 1993, Nr. 7, S. 9. Für unwirksam erklärt wurden Handlungen (Unterlassungen) von Amtspersonen z. B. in den Verfahren BVS RF 1996, Nr. 1, S. 7; BVS RF 1997, Nr. 6, S. 9 f.

1339 *Suchanov*, Graždanskoe pravo, Band 2, Halbband 2, S. 401.

1340 *Jarošenko* in: *Braginskij*, Kommentarij časti vtoroj Graždanskogo kodeksa RF, S. 361; *Jarošenko*, ChiP 1996, Nr. 12, S. 9; *Suchanov*, Graždanskoe pravo, Band 2, Halbband 2, S. 401; *Abova* in: *Abova/Kabalkin/Mozolin*, Graždanskij kodeks RF. Čast' pervaja, Anm. 2 und 4 zu Art. 16.

1341 Vgl. *R. Ljubimova*, VVAS 2000, Nr. 3, S. 55 f., und *Makovskij*, in: Graždanskij kodeks Rossii, S. 108.

1342 *Jarošenko* in: *Okun'kov*, Kommentarij k Konstitucii RF, Anm. zu Art. 53; *Braginskij*, Kommentarij časti pervoj Graždanskogo kodeksa RF, S. 68; vgl. auch *Guev*, Postatejnyj kommentarij k časti vtoroj Graždanskogo kodeksa RF, Anm. 2 zu Art. 1069.

1343 Vgl. Punkt 2 der erläuternden Leitentscheidung Nr. 5 des Plenums des Obersten Gerichtshofs der RF vom 27.04.1993, BVS RF 1993, Nr. 7, S. 8.

demselben Verfahren, in dem über den Ersatz des durch sie entstandenen Schadens verhandelt wird, für unwirksam erklärt werden. Möglich ist aber auch, daß das Gericht beide Ansprüche gesondert verhandelt (vgl. Art. 105 APO a.F./Art. 130 APO n.F.)[1344]. *Rechtsnormen* sind Rechtsakte, die für einen unbestimmten Kreis von Personen verbindlich sowie für eine mehrmalige Anwendung zugeschnitten sind, und gelten unabhängig davon, ob durch diesen Rechtsakt konkrete Rechtsbeziehungen entstanden sind oder beendet wurden[1345]. Sie können nur in den gesetzlich vorgesehenen Fällen für unwirksam erklärt werden. Da für die Anfechtung von Rechtsnormen und die Klagen auf Ersatz des durch Rechtsnormen entstandenen Schadens gewöhnlich unterschiedliche gerichtliche Verfahren vorgesehen sind, können Rechtsnormen in der Regel nicht im Schadensersatzprozeß, sondern nur in einem anderen Verfahren für unwirksam erklärt werden[1346].

Vor den ordentlichen Gerichten und den Arbitragegerichten bestehen folgende Möglichkeiten, Rechtsakte für unwirksam erklären zu lassen: Bürger können Handlungen und Entscheidungen von Staatsorganen, Organen der örtlichen Selbstverwaltung, Behörden, Unternehmen und ihren Vereinigungen, gesellschaftlichen Organisationen oder Amtspersonen in dem in dem Gesetz „Über die *Anfechtung von Handlungen und Entscheidungen, die Rechte und Freiheiten von Bürgern verletzen, vor Gericht*" vom 27.04.1993[1347] vorgesehenen Verfahren vor den ordentlichen

---

1344 *Abova* in: *Abova/Kabalkin/Mozolin*, Graždanskij kodeks RF. Čast' pervaja, Anm. 4 zu Art. 16. Zur Handhabung dieser Frage durch die Gerichte vgl. *N. Suchareva*, Pravo i ėkonomika 2001, Nr. 11, S. 29. Nach Auffassung von *Jarošenko*, ChiP 1996, Nr. 12, S. 9; *Suchanov*, Graždanskoe pravo, Band 2, Halbband 2, S. 401; *Jarošenko* in: *Braginskij*, Kommentarij časti vtoroj Graždanskogo kodeksa RF, S. 361, *Tokanova*, Žurnal rossijskogo prava 2001, Nr. 1, S. 106, sollen die Handlungen (Unterlassungen) sogar immer in dem Verfahren für unwirksam erklärt werden, in dem auch der Schadensersatzanspruch verhandelt wird.

1345 Vgl. Punkt 2 der erläuternden Leitentscheidung Nr. 5 des Plenums des Obersten Gerichtshofs der RF vom 27.04.1993, BVS RF 1993, Nr. 7, S. 8; *Jarošenko* in: *Braginskij*, Kommentarij časti vtoroj Graždanskogo kodeksa RF, S. 361 f.; *Jarošenko*, ChiP 1996, Nr. 12, S. 9.

1346 *Jarošenko*, ChiP 1996, Nr. 12, S. 9; *Suchanov*, Graždanskoe pravo, Band 2, Halbband 2, S. 401; *Jarošenko* in: *Braginskij*, Kommentarij časti vtoroj Graždanskogo kodeksa RF, S. 362.

1347 Nr. 4866-I, VSNDiVS RF 1993, Nr. 19, Pos. 685, i. d. F. des Gesetzes vom 14.12.1995, Nr. 197-FZ, SZ 1995, Nr. 51, Pos. 4970. Weitere Hinweise zu diesem Verfahren ergeben sich aus der erläuternden Leitentscheidung Nr. 10 des Plenums

Gerichten anfechten. Nach den Vorgaben dieses Gesetzes wurde das Verfahren vor den ordentlichen Gerichten in der bis zum 31.01.2003 geltenden ZPO RSFSR in dem Abschnitt „Beschwerden über Handlungen staatlicher Organe, gesellschaftlicher Organisationen und Amtspersonen, die Rechte und Freiheiten von Bürgern verletzen" (Art. 239^1 – 239^8 ZPO RSFSR) ausgestaltet. Zu den wichtigsten Fragen, die in diesem Verfahren in der Gerichtspraxis entstanden sind, hat das Plenum des Obersten Gerichtshofs in seiner erläuternden Leitentscheidung Nr. 10 vom 21.12.1993[1348] *„Über die Verhandlung von Beschwerden über rechtswidrige Handlungen, die die Rechte und Freiheiten von Bürgern verletzen, durch die Gerichte"* Stellung genommen. In diesem Verfahren konnten nicht nur Verwaltungsakte, sondern auch Rechtsnormen überprüft werden[1349]. Diese Möglichkeit besteht auch nach der seit dem 01.02.2003 geltenden ZPO RF. Dort ist sogar im 24. Kapitel (Art. 251-253 ZPO RF) ein Verfahren für Streitigkeiten über die vollständige oder teilweise Unwirksamkeitserklärung von normativen Rechtsakten ausdrücklich vorgesehen. Das Verfahren für Streitigkeiten über die Anfechtung von Entscheidungen, Handlungen (Unterlassungen) von Organen der Staatsmacht, Organen der örtlichen Selbstverwaltung, Amtspersonen, staatlichen und kommunalen Bediensteten ist nunmehr im 25. Kapitel (Art. 254-258 ZPO RF) geregelt.

Juristische Personen (Organisationen) und Bürger, die eine unternehmerische Tätigkeit ohne Gründung einer juristischen Person ausüben und die über den Status eines Einzelunternehmers verfügen, haben die Möglichkeit, die Arbitragegerichte anzurufen. Die Arbitragegerichte sind für Streitigkeiten über die Unwirksamkeitserklärung nichtnormativer Akte von staatlichen Organen, Organen der örtlichen Selbstverwaltung und anderer Organe und Amtspersonen, die die Rechte und gesetzlichen Interessen des Antragstellers im Bereich der unternehmerischen und anderen wirtschaftlichen Tätigkeit verletzen, zuständig (vgl. Art. 22 Abs. 2 APO a.F./Art. 29 Ziff. 2 APO n.F.). Rechtsnormen durften nach der APO a.F.

---

des Obersten Gerichtshofs der RF vom 21.12.1993, BVS RF 1994, Nr. 3, S. 4 ff., geändert durch die erläuternden Leitentscheidungen Nr. 10 vom 25.10.1996, BVS RF 1997, Nr. 1, S. 14, Nr. 9 vom 14.02.2000, BVS RF 2000, Nr. 4, S. 13 ff., Nr. 19 vom 25.05.2000, BVS RF 2000, Nr. 7, S. 1, und Nr. 8 vom 24.04.2002, BVS RF 2002, Nr. 6, S. 1.

1348 BVS RF 1994, Nr. 3, S. 4 ff., geändert durch die erläuternde Leitentscheidung Nr. 10 des Plenums des Obersten Gerichtshofs der RF vom 25.10.1996, BVS RF 1997, Nr. 1, S. 9 ff.

1349 Vgl. *Černyševa*, in: *Abova/Kabalkin/Mozolin*, Graždanskij kodeks RF. Čast' pervaja, Anm. 4 zu Art. 13; *Klejn* in: *Sadikov*, Kommentarij k Graždanskomu kodeksu RF časti pervoj, Anm. 3 und 14 zu Art. 13.

nicht überprüft werden[1350]. Gemäß Art. 29 Ziff. 1 APO n.F. sind die Arbitragegerichte jetzt auch für die Anfechtung normativer Rechtsakte zuständig, die die Rechte und gesetzlichen Interessen des Antragstellers im Bereich der unternehmerischen und anderen wirtschaftlichen Tätigkeit berühren, wenn durch Föderalgesetz ihre Überprüfung dem Arbitragegericht übertragen wurde.

Auch die Staatsanwaltschaft kann beantragen, daß Rechtsakte durch die ordentlichen Gerichte oder die Arbitragegerichte für unwirksam erklärt werden (vgl. Art. 22 Abs. 3 des Gesetzes „Über die *Staatsanwaltschaft der Rußländischen Föderation*" vom 17.01.1992[1351] sowie die erläuternde Leitentscheidung Nr. 5 des Obersten Gerichtshofs der RF *„Über einige Fragen, die bei der Verhandlung von Streitigkeiten über die Anträge von Staatsanwälten auf Erklärung von Rechtsakten für gesetzwidrig entstehen"* vom 27.04.1993[1352]). In diesem Verfahren können auch Rechtsnormen für unwirksam erklärt werden (vgl. Punkt 2 der genannten erläuternden Leitentscheidung).

Daß Rechtsakte von den ordentlichen Gerichten oder den Arbitragegerichten auf ihre Wirksamkeit hin überprüft oder für unwirksam erklärt werden, kommt in der Praxis nicht selten vor[1353].

1350 Vgl. den Informationsbrief Nr. 16 des Höchsten Arbitragegerichts vom 02.07.1997, VVAS 1997, Nr. 8, S. 65 f.; BVS RF 1995, Nr. 12, S. 2; *Černyševa* in: *Abova/Kabalkin/Mozolin*, Graždanskij kodeks RF. Čast' pervaja, Anm. 4 zu Art. 13; *Klejn* in: *Sadikov*, Kommentarij k Graždanskomu kodeksu RF časti pervoj, Anm. 4 und 14 zu Art. 13.

1351 Nr. 2202-I, VSNDiVS RF 1992, Nr. 8, Pos. 366, i. d. F. der Gesetze vom 17.11.1995, Nr. 168-FZ, SZ 1995, Nr. 47, Pos. 4472, 10.02.1999, Nr. 31-FZ, SZ 1999, Nr. 7, Pos. 878, 19.11.1999, Nr. 202-FZ, SZ 1999, Nr. 47, Pos. 5620, 02.01.2000, Nr. 19-FZ, SZ 2000, Nr. 2, Pos. 140, 27.12.2000, Nr. 150-FZ, SZ 2001, Nr. 1, Pos. 2, 29.12.2001, Nr. 182-FZ, SZ 2001, Nr. 53, Pos. 5018, 30.12.2001, Nr. 194-FZ, SZ 2001, Nr. 53, Pos. 5030, 28.06.2002, Nr. 77-FZ, SZ 2002, Nr. 26, Pos. 2523, 25.07.2002, Nr. 112-FZ, SZ 2002, Nr. 30, Pos. 3026, und 05.10.2002, Nr. 120-FZ, SZ 2002, Nr. 40, Pos. 3853.

1352 BVS RF 1993, Nr. 7, S. 8 ff., geändert durch die erläuternde Leitentscheidung Nr. 10 des Plenums des Obersten Gerichtshofs der RF vom 25.10.1996, BVS RF 1997, Nr. 1, S. 9 ff.

1353 Vgl. dazu z. B. die Entscheidungen des Obersten Gerichtshofs der RF in BVS RF 1996, Nr. 5, S. 1, Nr. 6, S. 1, BVS RF 1998, Nr. 5, S. 1 ff., BVS RF 1999, Nr. 1, S. 10 f., 11 f. 12 f., Nr. 2, S. 1 f., 2 ff., 4 f., Nr. 3, S. 6 f., 7 ff., 9 f., 10 ff., BVS RF 2002, Nr. 1, S. 9 f., Nr. 2, S. 1 ff., 12 ff., BVS RF 2002, Nr. 3, S. 1 ff., BVS 2002, Nr. 4, S. 1 ff., BVS RF 2002, Nr. 5, S. 5 ff., BVS RF 2002, Nr. 6, S. 2 ff., BVS 2002, Nr. 11, S. 2 f., sowie die Urteile des Höchsten Arbitragegerichts in VVAS 1999, Nr. 2 S. 64 f. (Nr. 1699/98 vom 24.11.1998), Nr. 3, S. 23 f. (Nr. 5166/98 vom 22.12.1998), Nr. 5, S. 27 f. (Nr. 4106/98 vom 12.01.1999), S. 30 ff. (Nr. 5523/98

Für Rechtsnormen besteht außerdem die Möglichkeit der verfassungsgerichtlichen Überprüfung: Das Verfassungsgericht überprüft auf Beschwerden wegen Verletzung der verfassungsmäßigen Rechte und Freiheiten der Bürger sowie auf Anfragen der Gerichte die Verfassungsmäßigkeit eines Gesetzes, das in einer konkreten Sache angewendet worden oder anzuwenden ist, gemäß dem durch Föderalgesetz festgelegten Verfahren (vgl. Art. 125 Abs. 4 VerfRF, Art. 3 Ziff. 3, 96 ff. des Gesetzes „Über das *Verfassungsgericht der Rußländischen Föderation*" vom 21.07.1994[1354], im folgenden: VerfGG). Zudem gibt es die Möglichkeit des Normenkontrollverfahrens. In einem solchen Verfahren werden durch das Verfassungsgericht Föderalgesetze und Normativakte des Präsidenten der RF, des Föderationsrats, der Staatsduma und der Regierung der RF sowie Verfassungen der Republiken, Satzungen sowie Gesetze und andere Normativakte der Subjekte der RF, die zu Fragen erlassen wurden, die zur Zuständigkeit der Organe der Staatsgewalt der RF und zur gemeinsamen Zuständigkeit der Organe der Staatsgewalt der RF und der Organe der Staatsgewalt der Subjekte der RF gehören, auf Anfragen des Präsidenten der RF, des Föderationsrates, der Staatsduma, eines Fünftels der Mitglieder des Föderationsrates oder der Deputierten der Staatsduma, der Regierung der RF, des Obersten Gerichtshofs der RF und des Höchsten Arbitragegerichts sowie der Organe der gesetzgebenden und der vollziehenden Gewalt der Subjekte der RF auf ihre Verfassungsmäßigkeit hin überprüft und für nicht verfassungsgemäß erklärt, falls sie der Verfassung widersprechen (vgl. Art 125 Abs. 2 VerfRF, Art. 3 Ziff. 1 a), 84 ff. VerfGG).

Für die Auffassung, wonach es für einen Schadensersatzanspruch aus Art. 1069 ZGB nicht erforderlich ist, daß ein gesetzwidriger Rechtsakt zunächst für unwirksam erklärt wurde, spricht der Wortlaut des Art. 1069 ZGB, der einen Schadensersatzanspruch nach dieser Vorschrift nicht davon abhängig macht, daß ein gesetzwidriger Rechtsakt für unwirksam erklärt wurde. Zudem ist nach dieser Rechtsmeinung das Verfahren sowohl für die Gerichte als auch für den Geschädigten einfacher als das der Fall ist, wenn man der Gegenposition folgt. Wenn man dage-

---

vom 19.01.1999), Nr. 6, S. 31 f. (Nr. 8646/98 vom 02.03.1999), VVAS 2001, Nr. 8, S. 51 f. (Nr. 8265/00 vom 27.03.2001), Nr. 9, S. 51 ff. (Nr. 2995/00 vom 03.07.2001).

1354 Nr. 1-FKZ, SZ 1994, Nr. 13, Pos. 1447, geändert durch Gesetze vom 08.02.2001, Nr. 1-FKZ, SZ 2001, Nr. 7, Pos. 607, und 15.12.2001, Nr. 4-FKZ, SZ 2001, Nr. 51, Pos. 4824.

gen verlangt, daß der Rechtsakt zunächst für unwirksam erklärt wurde, müssen unter Umständen zwei Prozesse durchgeführt werden, wenn nicht gerade eine Konstellation vorliegt, in der das Gericht sowohl für die Entscheidung über die Wirksamkeit des Rechtsakts als auch über den Schadensersatzanspruch zuständig ist.

Für die Meinung, wonach es erforderlich ist, einen Rechtsakte zunächst für unwirksam erklären zu lassen, spricht dagegen folgendes: Wenn die Gesetzwidrigkeit von Rechtsakten im Schadensersatzprozeß überprüft werden könnte, würden die speziellen gesetzlich hierfür vorgesehenen Verfahren umgangen werden. Das gilt insbesondere für die normativen Rechtsakte, die in der Regel nicht nur für den Geschädigten, sondern für eine Vielzahl von Personen von Bedeutung sind. Der zuletzt genannte Umstand sollte dafür ausschlaggebend sein, dieser Rechtsansicht zu folgen. Im Sinne einer einheitlichen Rechtsanwendung sollten Schadensersatzansprüche wegen einer Verletzung von Rechtsakten nur dann gewährt werden, wenn sie im gesetzlich vorgesehenen Verfahren für unwirksam erklärt wurden. Die Geschädigten werden auch bei Anwendung dieser Rechtsauffassung nicht allzu häufig gezwungen sein, bei Schadensersatzansprüchen zwei Prozesse anzustrengen. Bei Handlungen und Unterlassungen wird die Gesetzwidrigkeit nach einhelliger Auffassung immer im Schadensersatzprozeß überprüft. Nichtnormative Rechtsakte können im Schadensersatzprozeß für unwirksam erklärt werden. Nur bei normativen Rechtsakten sind in der Regel zwei Verfahren notwendig.

5. Kausalität

Ein Anspruch aus Art. 1069 ZGB setzt ferner das Vorliegen eines Kausalzusammenhangs zwischen der gesetzwidrigen Handlung (Unterlassung) bzw. dem gesetzwidrigen Rechtsakt und dem entstandenen Schaden voraus, der vom Kläger zu beweisen ist[1355]. Einen solchen Zusammenhang zwischen einem gesetzwidrigen Rechtsakt und dem geltend gemachten Schaden festzustellen, kann in der Praxis Schwierigkeiten

---

1355 Vgl. *N. Fedorenko*, VVAS 2001, Nr. 1, S. 109; *Lavrov*, Pravovedenie 1997, Nr. 3, S. 87; *Ljubimova*, VVAS 2000, Nr. 3, S. 55, 57; *Suchareva*, Pravo i ėkonomika 2001, Nr. 11, S. 29 f.; *Tokanova*, Žurnal rossijskogo prava 2001, Nr. 1, S. 99 und 103.

bereiten[1356]. Das gilt insbesondere dann, wenn der Schaden auf die Handlungen (Unterlassungen) mehrerer Organe oder ihrer Amtspersonen zurückzuführen ist (z. B. eine Amtsperson nimmt die rechtswidrige Handlung vor, eine andere Amtsperson duldet sie, eine dritte Person übt keine ausreichende Kontrolle aus)[1357]. Für die Haftung des Staates darf es aber keine Bedeutung haben, welche Amtsperson im einzelnen den Schaden verursacht hat. Es sollte ausreichend sein, wenn feststeht, daß der Schaden auf das Verhalten irgendeiner Amtsperson der haftenden Körperschaft zurückzuführen ist.

6. Rechtswidrigkeit

Ein Anspruch aus Art. 1069 ZGB setzt voraus, daß die allgemeinen Voraussetzungen der deliktischen Haftung erfüllt sind. Der Schädiger muß deshalb auch rechtswidrig gehandelt haben[1358].

Hierbei ist zu beachten, daß im Bereich der Haftung nach Art. 1069 ZGB die Rechtswidrigkeit nicht durch die Schadenszufügung indiziert wird. Die Handlungen (Unterlassungen) bzw. Rechtsakte sind nur dann rechtswidrig, wenn sie das in Art. 1069 ZGB ausdrücklich genannte und bereits oben erörterte Merkmal der Gesetzwidrigkeit erfüllen[1359]. Das hängt mit der besonderen Rechtsnatur von Rechtsakten von Staatsorganen und der Organe der örtlichen Selbstverwaltung zusammen.

Erläutert wird diese besondere Rechtsnatur wie folgt: Die Vollmachten und Rechte, die diesen Organen und ihren Amtspersonen verliehen wurden, seien nicht dahingehend begrenzt und könnten auch nicht dahingehend begrenzt werden, daß ihre Ausübung niemals und unter keinen Umständen eine Verringerung oder Beeinträchtigung von Vermögensrechten nach sich ziehe. Macht könne nicht nur zur Verteilung von Auszeichnungen und Lebkuchen geschaffen werden und existieren. Das Gesetz erlege den Organen der Staatsgewalt bestimmte Pflichten vom Entleeren von Mülleimern bis zum Eintreiben von Steuern auf und gebe

---

1356 Vgl. *Suchareva*, Pravo i ėkonomika 2001, Nr. 11, S. 29 f.

1357 *Sergeev* in: *Sergeev/Tolstoj*, Graždanskoe pravo, Band 3, S. 24; *Tokanova*, Žurnal rossijskogo prava 2001, Nr. 1, S. 103.

1358 Vgl. *Jarošenko* in: *Sadikov*, Graždanskoe pravo Rossii. Čast' vtoraja, S. 652; *Fajzutdinov* in: *Sadikov*, Kommentarij k Graždanskomu kodeksu RF časti vtoroj, Anm. 2 zu Art. 1069; *Ljubimova*, VVAS 2000, Nr. 3, S. 55.

1359 Vgl. *Suchanov*, Graždanskoe pravo, Band 2, Halbband 2, S. 400.

ihnen zur Erfüllung ihrer Pflichten bestimmte Rechte (Vollmachten). Die Erfüllung von Pflichten in den Grenzen der ihnen zur Verfügung gestellten Vollmachten durch die Staatsorgane, der Organe der örtlichen Selbstverwaltung und ihrer Amtspersonen sei rechtmäßig, und zwar auch hinsichtlich der Folgen dieser Handlungen. Im Rahmen der ihnen verliehenen Vollmachten seien die Organe der Staatsgewalt zu einer Schadenszufügung immer berechtigt[1360].

Die Handlungen (Unterlassungen) der in Art. 1069 ZGB aufgeführten Organe und dessen Amtspersonen gelten deshalb zunächst als gesetzmäßig, auch wenn durch sie ein Schaden zugefügt wird. Als gesetzwidrig gelten sie erst dann, wenn sie beseitigt oder für unwirksam erklärt wurden[1361]. Das hat zur Folge, daß ein Schaden, der durch eine Handlung (Unterlassung) eines Staatsorgans, eines Organs der örtlichen Selbstverwaltung oder durch Amtspersonen dieser Organe zugefügt wird, nur dann zu ersetzen ist, wenn die Rechtswidrigkeit positiv festgestellt wurde[1362].

Praktische Konsequenzen hat das vor allem im Zusammenhang mit der Beweislastverteilung für die Gesetzwidrigkeit und damit auch die Rechtswidrigkeit der Handlung (Unterlassung) bzw. des Rechtsaktes: Sie obliegt – entgegen den allgemeinen Regeln über die Beweislastverteilung – dem Geschädigten[1363]. *Makovskij*[1364] ist allerdings der Auffassung, daß diese Beweislastverteilung nur für Rechtsakte, insbesondere für Rechtsnormen gelten soll, nicht hingegen für rein tatsächliche Handlungen von Amtspersonen, weil es schwierig sei, bei tatsächlichen Handlungen hoheitliche von rein wirtschaftlichen Handlungen oder hoheitliche Handlungen in den Grenzen der verliehenen Vollmachten von Handlungen unter Überschreitung oder Mißbrauch der Vollmachten abzugrenzen. Diese Differenzierung erscheint sinnvoll. Allerdings bleibt abzuwarten, inwieweit die Rechtsprechung dem folgen wird.

1360 *Makovskij*, in: Graždanskij kodeks Rossii, S. 105.

1361 *Sergeev* in: *Sergeev/Tolstoj*, Graždanskoe pravo, Band 3, S. 24; vgl. auch *Suchanov*, Graždanskoe pravo, Band 2, Halbband 2, S. 400; *Makovskij*, in: Graždanskij kodeks Rossii, S. 107.

1362 Vgl. *Makovskij*, in: Graždanskij kodeks Rossii, S. 104.

1363 *Suchanov*, Graždanskoe pravo, Band 2, Halbband 2, S. 400. *Fedorenko*, VVAS 2001, Nr. 1, S. 109, vertritt hingegen die Auffassung, die Rechtswidrigkeit werde vom Gericht festgestellt.

1364 in: Graždanskij kodeks Rossii, S. 107.

7. Verschulden

Art. 1069 ZGB setzt ferner ein schuldhaftes Verhalten der Staatsorgane, der Organe der örtlichen Selbstverwaltung oder der Amtspersonen dieser Organe voraus. Das ergibt sich daraus, daß Art. 1069 ZGB – im Gegensatz zu Art. 1070 ZGB – keine besonderen Voraussetzungen für den Eintritt der Haftung vorsieht, so daß für einen Anspruch aus Art. 1069 ZGB nach den allgemeinen Regeln der deliktischen Haftung ein schuldhaftes Handeln erforderlich ist[1365]. Festgestellt wird das Verschulden im Rahmen der zivilrechtlichen Schadensersatzklage[1366]. Es wird gemäß Art. 1064 Abs. 2 ZGB vermutet. Eine Widerlegung dieser Verschuldensvermutung soll allerdings nur selten möglich sein, weil Amtspersonen und Organe der öffentlichen Gewalt verpflichtet sind, die Gesetzgebung zu kennen und ihre Handlungen danach auszurichten[1367].

IV. DIE HAFTUNG FÜR STRAFVERFOLGUNGSMAß-NAHMEN

Für bestimmte Staatsorgane sieht Art. 1070 Abs. 1 ZGB eine Sonderregelung vor, die den Bürgern einen gegenüber Art. 1069 ZGB weitergehenderen Schutz ihrer Rechte bei Verletzung von persönlichen Freiheiten in Form einer verschuldensunabhängigen Haftung gewährt. Diese – noch sehr viel schwerer verständlich als Art. 1069 ZGB formulierte[1368] – Vorschrift bestimmt, daß der Schaden, der einem Bürger infolge einer gesetzwidrigen Verurteilung, eines gesetzwidrigen Strafverfahrens[1369],

---

1365 *Jarošenko*, ChiP 1996, Nr. 12, S. 8; *Makovskij*, in: Graždanskij kodeks Rossii, S. 109; *Jarošenko* in: *Sadikov*, Graždanskoe pravo Rossii. Čast' vtoraja, S. 653; *Suchanov*, Graždanskoe pravo, Band 2, Halbband 2, S. 402; *Ljubimova*, VVAS 2000, Nr. 3, S. 55.

1366 *Jarošenko* in: *Braginskij*, Kommentarij časti vtoroj Graždanskogo kodeksa RF, S. 360; *Jarošenko*, ChiP 1996, Nr. 12, S. 8.

1367 *Suchanov*, Graždanskoe pravo, Band 2, Halbband 2, S. 402; vgl. auch *Sergeev* in: *Sergeev/Tolstoj*, Graždanskoe pravo, Band 3, S. 27.

1368 Kritik an der schweren Verständlichkeit und Ungenauigkeit des Wortlauts dieser Vorschrift wird auch in der rußländischen Rechtswissenschaft geäußert, vgl. *Bojcova*, Žurnal rossijskogo prava 2001, Nr. 9, S. 52.

1369 Wörtlich: privlečenie k ugolovnoj otvetstvennosti = Heranziehung zur strafrechtlichen Verantwortlichkeit.

der gesetzwidrigen Anwendung von Maßnahmen zur Sicherung der Durchführbarkeit eines Strafverfahrens in Form von Untersuchungshaft oder der schriftlichen Verpflichtung, seinen Aufenthaltsort nicht zu verlassen, der gesetzwidrigen Verhängung einer Ordnungsstrafe in Form von Inhaftierung oder Besserungsarbeiten zugefügt wird, in vollem Umfang unabhängig vom Verschulden der Amtspersonen der Organe der Ermittlung, der Voruntersuchung, der Staatsanwaltschaft und der Gerichte zu Lasten des Fiskus des Subjekts der RF oder des Fiskus der kommunalen Gebietskörperschaft in einem gesetzlich festgelegten Verfahren zu ersetzen ist.

Darüber hinaus sieht seit dem 01.07.2002 Art. 133 Abs. 1 Satz 2 StPO RF vor, daß ein Schaden, der einem Bürger infolge einer Strafverfolgung zugefügt wurde, durch den Staat in vollem Umfang unabhängig vom Verschulden des Organs der Voruntersuchung, des Untersuchungsführers, des Ermittlers, des Staatsanwalts und des Gerichts ersetzt wird. Nach Art. 133 Abs. 2 StPO RF haben ein Recht auf Rehabilitation, einschließlich des Rechts auf Ersatz des Schadens, der mit der Strafverfolgung verbunden ist:

- 1) ein Verurteilter, über den ein freisprechendes Urteil gefällt wurde;
- 2) ein Verurteilter, bei dem die Strafverfolgung im Zusammenhang mit einem Verzicht des staatlichen Anklägers oder des Privatklägers auf eine Anklage eingestellt wurde;
- 3) ein Tatverdächtiger oder ein Angeklagter, bei dem die Strafverfolgung unter den in Art. 24 Abs. 1 Ziff. 1, 2, 5 und 6 StPO RF und Art. 27 Abs. 1 Ziff. 1 und 4-6 StPO RF vorgesehenen Gründen eingestellt wurde;
- 4) ein Verurteilter in den Fällen einer vollständigen oder teilweisen Aufhebung einer rechtskräftigen Verurteilung und einer Einstellung der Strafsache aus den in Art. 27 Abs. 1 Ziff. 1 und 2 StPO RF vorgesehenen Gründen;
- 5) eine Person, bei der Zwangsmaßnahmen medizinischen Charakters angewendet wurden, wenn der gesetzwidrige oder unbegründete Beschluß des Gerichts über die Anwendung der entsprechenden Maßnahme aufgehoben wurde.

1. Das Verhältnis des Art. 1070 Abs. 1 ZGB zum Grundtatbestand des Art. 1069 ZGB und den Art. 133-139 StPO RF

Das Verhältnis von Art. 1069 ZGB und Art. 1070 Abs. 1 ZGB wird durch Art. 1070 Abs. 2 Satz 1 ZGB bestimmt: Schaden, der einem Bürger oder einer juristischen Person infolge einer gesetzwidrigen Tätigkeit der Organe der Ermittlung, der Voruntersuchung und der Staatsanwaltschaft zugefügt wird und nicht die in Art. 1070 Abs. 1 ZGB bestimmten Rechtsfolgen nach sich zieht, wird aus den Gründen sowie gemäß dem Verfahren, die in Art. 1069 ZGB bestimmt sind, ersetzt.

Schwieriger ist es dagegen, den Anwendungsbereich des Art. 1070 Abs. 1 ZGB von dem der Art. 133-139 StPO RF abzugrenzen. Die Voraussetzungen des Art. 1070 Abs. 1 ZGB und des Art. 133 StPO RF unterscheiden sich zwar, dennoch überschneiden sich die Sachverhalte, die von diesen Vorschriften geregelt werden, weitgehend. Der Anwendungsbereich der Art. 133-139 StPO RF geht jedoch teilweise über den des Art. 1070 Abs. 1 ZGB hinaus. Dabei ist davon auszugehen, daß die Art. 133-139 StPO RF – sofern es um die Haftung für Strafverfolgungsmaßnahmen geht – vor den Vorschriften des ZGB Vorrang haben, weil es sich insoweit um das neuere Gesetz handelt. Das bedeutet jedoch nicht, daß die Bestimmungen des Deliktsrechts im Zusammenhang mit der Haftung für Strafverfolgungsmaßnahmen gar nicht mehr angewendet werden können. Die Strafprozeßordnung geht selbst davon aus, daß für die Bestimmungen des Zivilrechts noch ein Anwendungsbereich verbleibt. Das ergibt sich zum einen aus Art. 133 Abs. 5 StPO RF, der wie folgt lautet:

> *„In anderen Fällen werden die Fragen, die mit dem Schadensersatz verbunden sind, im Zivilprozeßverfahren entschieden.“*

Sofern die StPO RF keine Schadensersatzansprüche vorsieht, ist also zu prüfen, ob sich welche aus dem ZGB ergeben. Außerdem bestimmt Art. 136 Abs. 2 StPO RF, daß Klagen auf Ersatz des immateriellen Schadens in Geldform im Zivilprozeßverfahren zu erheben sind. Im folgenden wird deshalb sowohl die Haftung nach Art. 1070 Abs. 1 ZGB als auch die nach den Vorschriften der StPO RF dargestellt. Dabei ist Art. 1070 Abs. 1 ZGB nicht nur insoweit von Interesse, als die StPO RF keine Schadensersatzansprüche vorsieht, sondern insbesondere auch für

Schadensfälle, die sich vor dem 01.07.2002 ereignet haben, die die Gerichte noch eine Zeit lang beschäftigen werden.

Weder Art. 1070 Abs. 1 ZGB noch die Art. 133-139 StPO RF werden im Falle des Ersatzes von Schäden, die Opfern politischer Unterdrückungsmaßnahmen zugefügt wurden, angewendet[1370]. In diesen Fällen sehen das Gesetz „Über die *Rehabilitation politisch unterdrückter Völker*" vom 26.04.1991[1371], das Gesetz „Über die *Rehabilitation von Opfern politischer Unterdrückungsmaßnahmen*" vom 18.10.1991[1372] sowie die Anordnung „Über das *Verfahren der Rückgabe ungesetzlich konfiszierten, beschlagnahmten oder auf anderem Weg im Zusammenhang mit politischen Repressionen dem Besitz entzogenen Vermögens an Bürger, den Ersatz seines Wertes oder die Auszahlung von Geldersatz*"[1373] ein besonderes Verfahren vor.

2. Die Voraussetzungen für die Haftung für Strafverfolgungsmaßnahmen

a) Gläubiger

Gläubiger eines Anspruchs aus Art. 1070 Abs. 1 ZGB können nur Bürger (natürliche Personen), nicht jedoch juristische Personen sein. Der Grund dafür, daß nur Bürger als mögliche Gläubiger in Art. 1070 Abs. 1

1370 Vgl. *Fajzutdinov* in: *Sadikov*, Kommentarij k Graždanskomu kodeksu RF časti vtoroj, Anm. 14 zu Art. 1070; *Sergeev* in: *Sergeev/Tolstoj*, Graždanskoe pravo, Band 3, S. 31; *Suchanov*, Graždanskoe pravo, Band 2, Halbband 2, S. 404 f.

1371 VSNDiVS RSFSR 1991, Nr. 18, Pos. 572, geändert durch Gesetz vom 01.07.1993, Nr. 5303-I, VSNDiVS RF 1993, Nr. 32, Pos. 1230.

1372 VVS RSFSR 1991, Nr. 44, Pos. 1428, Nr. 18, Pos. 572, geändert durch die Gesetze der RF vom 26.06.1992, Nr. 3130-I, VSNDiVS RF 1992, Nr. 28, Pos. 1624, 22.12.1992, Nr. 4185-I, VSNDiVS RF 1993, Nr. 1, Pos. 21, 03.09.1993, Nr. 5698-I, veröffentlicht in der Rossijskaja Gazeta vom 15.09.1993, den Erlaß des Präsidenten der RF vom 24.12.1993, Nr. 2288, SA 1993, Nr. 52, Pos. 5086, das Föderalgesetz vom 04.11.1995, Nr. 166-FZ, SZ 1995, Nr. 45, Pos. 4242, den Erlaß des Präsidenten der RF vom 08.06.1996, Nr. 858, SZ 1996, Nr. 24, Pos. 2888, und die Föderalgesetze vom 07.08.2000, Nr. 122-FZ, SZ 2000, Nr. 33, Pos. 3425, 27.12.2000, Nr. 150-FZ, SZ 2001, Nr. 1, Pos. 2, 30.12.2001, Nr. 194-FZ, SZ 2001, Nr. 53, Pos. 5030, 24.12.2002, Nr. 176-FZ, SZ 2002, Nr. 52, Pos. 5132, und 09.02.2003, Nr. 26-FZ, SZ 2003, Nr. 6, Pos. 509.

1373 Bestätigt durch Verordnung der Regierung der RF vom 12.08.1994, Nr. 926, SZ 1994, Nr. 18, Pos. 2082; geändert durch Verordnungen der Regierung der RF vom 09.10.1995, Nr. 988, SZ 1995, Nr. 42, Pos. 3987, und 21.12.2000, Nr. 999, SZ 2001, Nr. 1, Pos. 130.

ZGB aufgeführt werden, soll darin bestehen, daß in erster Linie Bürger durch die in Art. 1070 Abs. 1 ZGB genannten Handlungen der dort aufgeführten Rechtspflegeorgane des Gerichts geschädigt werden können. Es kann allerdings auch juristischen Personen durch die in Art. 1070 Abs. 1 ZGB genannten Handlungen ein Schaden entstehen, nämlich wenn eine dort aufgeführte Handlung gegenüber einem Bürger begangen wurde, der ein Organ der juristischen Person ist. Das ist z. B. dann der Fall, wenn eine solche Person verhaftet wird und dadurch das geschäftliche Ansehen der juristischen Person leidet oder andere Vermögensschäden entstehen. In diesem Fall kann die juristische Person zwar keinen Anspruch aus Art. 1070 Abs. 1 ZGB geltend machen, steht aber nicht völlig schutzlos da. Bei schuldhaftem Verhalten der handelnden Amtsperson kann der der juristischen Person entstandene Schaden – ausgehend vom Sinn und Zweck des Gesetzes und Art. 53 VerfRF – nach 1069 ZGB oder Art. 1064 ZGB ersetzt werden (vgl. Art. 1070 Abs. 2 ZGB)[1374].

Nach der StPO RF können dagegen nicht nur Bürger, sondern auch juristische Personen einen verschuldensunabhängigen Anspruch auf Schadensersatz im Zusammenhang mit Strafverfolgungsmaßnahmen haben. Art. 139 StPO RF sieht vor, daß ein Schaden, der juristischen Personen durch gesetzwidrige Handlungen (Unterlassung) und Entscheidungen eines Gerichts, eines Staatsanwaltes, eines Ermittlers, eines Untersuchungsführers, eines Organs der Voruntersuchung zugefügt wurde, durch den Staat in vollem Umfang und in dem Verfahren und den Fristen ersetzt wird, die im 18. Kapitel der StPO RF vorgesehen sind.

b) Unmittelbarer Schädiger

Art. 1070 Abs. 1 ZGB setzt voraus, daß unmittelbarer Schädiger eine Amtsperson der Organe der Ermittlung, der Voruntersuchung, der Staatsanwaltschaft oder der Gerichte ist. Der Begriff der Amtsperson im Sinne dieser Vorschrift unterscheidet sich nicht von dem Begriff der

---

1374 Vgl. das Urteil Nr. 5656/98 des Höchsten Arbitragegerichts vom 08.12.1998, VVAS 1999, Nr. 3, S. 37 f.; *Sergeev* in: *Sergeev/Tolstoj*, Graždanskoe pravo, Band 3, S. 30; *Suchanov*, Graždanskoe pravo, Band 2, Halbband 2, S. 403; *Fajzutdinov* in: *Sadikov*, Kommentarij k Graždanskomu kodeksu RF časti vtoroj, Anm. 2 zu Art. 1070; vgl. auch *Guev*, Postatejnyj kommentrij k časti vtoroj Graždanskogo kodeksa RF, Anm. 3 a) zu Art. 1070.

Amtsperson im Sinne des Art. 1069 ZGB, so daß auf die Ausführungen zu dieser Vorschrift[1375] verwiesen werden kann.

Nach Art. 133 Abs. 1 StPO RF haftet der Staat für Handlungen des Organs der Voruntersuchung, des Untersuchungsführers, des Ermittlers, des Staatsanwalts und des Gerichts.

Welche Organe zu den Organen der Ermittlung und der Voruntersuchung gehören bzw. wer Ermittler bzw. Untersuchungsführer ist, ergibt sich aus den Strafprozeßordnungen. Dabei knüpfen die in Art. 1070 Abs. 1 ZGB genannten Begriffe an die Terminologie der alten Strafprozeßordnung der RSFSR an, die in Art. 133 StPO RF an die in der neuen Strafprozeßordnung der RF.

Nach Art. 117 StPO RSFSR[1376] gehörten zu den Organen der Ermittlung

- die Polizei;
- die Kommandeure von Truppenteilen und -verbänden und die Vorgesetzten von Militäreinrichtungen bei allen Straftaten, die von ihnen untergebenen Militärangehörigen sowie von Wehrpflichtigen während des Ableistens von Lehrgängen begangen wurden; bei Straftaten, die von Arbeitnehmern und Bediensteten der Streitkräfte der UdSSR im Zusammenhang mit der Erfüllung von Dienstpflichten oder am Standort einer Einheit, eines Verbands oder einer Dienststelle begangen wurden;
- die Organe des Föderalen Sicherheitsdienstes in Angelegenheiten, die durch Gesetz in ihre Zuständigkeit überwiesen wurden;
- die Leiter von Besserungsanstalten und Isolierzellen bei Straftaten, die von Mitarbeitern dieser Anstalten im Zusammenhang mit der Erfüllung ihrer Dienstpflichten begangen wurden, und ebenso bei Straftaten, die am Standort der genannten Anstalten begangen wurden;
- die Organe der staatlichen Brandaufsicht bei Bränden und bei der Verletzung der Brandschutzbestimmungen;
- die Organe des Grenzschutzes der RF bei Verletzung der Ordnung der Staatsgrenze der RF, der Grenzordnung und der Ordnung an den Übergansstellen über die Staatsgrenze der RF sowie bei Straftaten, die auf dem Kontinentalschelf der RF begangen wurden;
- die Kapitäne von Seeschiffen, die sich auf großer Fahrt befinden, und die Vorgesetzten von Polarstationen in dem Zeitraum, in dem keine Transportverbindungen zur Polarstation bestehen;

1375 Vgl. S. 371 f.

1376 In der zum Zeitpunkt des Außerkrafttretens der StPO RSFSR gültigen Fassung.

- die föderalen Organe der Steuerpolizei in Angelegenheiten, die in ihre Zuständigkeit überwiesen wurden;
- die Zollorgane bei Straftaten, die in den Art. 188, 189, 190, 193 und 194 des Strafgesetzbuchs der RF vorgesehen sind.

Zu den Organen der Voruntersuchung in Strafsachen zählten nach Art. 125 StPO RSFSR die Ermittler der Staatsanwaltschaft sowie die Ermittler der Organe für innere Angelegenheiten, die Ermittler des Föderalen Sicherheitsdienstes und die Ermittler der föderalen Organe der Steuerpolizei.

Bei dem Ermittler handelt es sich nach Art. 38 Abs. 1 StPO RF um die Amtsperson, die in den Grenzen der in der StPO RF vorgesehenen Zuständigkeit bevollmächtigt ist, die Vorermittlung in einer Strafsache durchzuführen.

Nach Art. 40 Abs. 1 StPO RF zählen zu den Organen der Voruntersuchung

- die Organe für innere Angelegenheiten der RF sowie andere Organe der vollziehenden Gewalt, denen in Übereinstimmung mit der StPO der RF Vollmachten zur Durchführung der operativen Fahndungstätigkeit verliehen wurden;
- der Obergerichtsvollstrecker der RF, der Obermilitärvollstrecker, der Obergerichtsvollstrecker eines Subjekts der RF, ihre Stellvertreter, der Hauptgerichtsvollstrecker, der Hauptmilitärvollstrecker sowie die Hauptgerichtsvollstrecker des Verfassungsgerichts der RF, des Obersten Gerichtshofs der RF und des Höchsten Arbitragegerichts der RF;
- die Kommandeure von Truppenteilen und -verbänden, die Vorgesetzten von Militärdienststellen und Garnisonen;
- die Organe des Staatlichen Brandschutzdienstes.

Nach Art. 40 Abs. 3 StPO RF wird die Einleitung einer Strafsache und die Erfüllung der unaufschiebbaren Ermittlungshandlungen auch

- den Kapitänen von See- und Flußschiffen, die sich auf großer Fahrt befinden, bei Straftaten, die auf den entsprechenden Schiffen begangen wurden,
- den Leitern von geologischen Erkundungsposten und Polarstationen, die von den Sitzen der in Art. 40 Abs. 1 genannten Organe der Voruntersuchung entlegen sind, bei Straftaten, die am Sitz der entsprechenden Posten oder Polarstationen begangen wurden,

- den Leitern diplomatischer Vertretungen und Konsulareinrichtungen der RF bei Straftaten, die in den Grenzen des Gebiets der entsprechenden Vertretungen und Einrichtungen begangen wurden,

auferlegt. Inwieweit diese Personen auch zu den Organen der Voruntersuchung im Sinne des Art. 133 StPO RF zählen, ist nicht eindeutig, allerdings sollte dies im Interesse der Geschädigten angenommen werden.

Untersuchungsführer sind die Personen, denen die in Art. 40 StPO RF vorgesehenen Vollmachten des Organs der Voruntersuchungen durch den Vorgesetzten des Organs der Voruntersuchung auferlegt wurden (vgl. Art. 41 StPO RF).

Wird der Schaden von einer Amtsperson zugefügt, die nicht den in Art. 1070 Abs. 1 ZGB – oder Art. 133 StPO RF – genannten Organen angehört, kann der Schaden nicht nach Art. 1070 Abs. 1 ZGB – oder den Art. 133 ff. StPO RF –, sondern nur nach Art. 1069 ZGB ersetzt werden. Nach Art. 1069 ZGB – und nicht nach Art. 1070 Abs. 1 ZGB – richtet sich auch die Haftung für Schäden, die durch Gerichtsvollzieher bei der Vollstreckung von gerichtlichen und anderen Rechtsakten zugefügt wurden, die in Art. 338 ZPO RSFSR und Art. 7 des Gesetzes „Über das *Vollstreckungsverfahren*" vom 21.07.1997[1377] aufgeführt sind[1378]. Handelt es sich bei dem Schädiger nicht um eine Amtsperson, sondern um einen beliebigen Arbeitnehmer, der Aufgaben der Ermittlung oder der Voruntersuchung wahrnimmt, wird der Schaden nach Art. 1064, 1068 ZGB ersetzt[1379].

1377 Nr. 119-FZ, SZ 1997, Nr. 30, Pos. 3591, geändert durch Gesetz vom 10.01.2003, Nr. 8-FZ, SZ 2003, Nr. 2, Pos. 160, und Urteil des Verfassungsgerichts vom 30.07.2001, Nr. 13-P, VKS 2001, Nr. 6, S. 52 ff.

1378 *Fajzutdinov* in: *Sadikov*, Kommentarij k Graždanskomu kodeksu RF časti vtoroj, Anm. 6 zu Art. 1070; vgl. auch *N. Pavlov/N. Romanenko*, VVAS 2000, Nr. 1, S. 104.

1379 Vgl. *Rabec* in: *L. Morozova*, GiP 2000, Nr. 4, S. 18, der gleichzeitig deutliche Kritik daran übt, daß in diesen Fällen nicht die verschuldensunabhängige Haftung nach Art. 1070 Abs. 1 ZGB eingreift.

c) Schuldner

Der unmittelbare Schädiger und der Schuldner fallen – wie bei der Haftung nach Art. 1069 ZGB – auseinander[1380]: Nach Art. 1070 Abs. 1 ZGB sind nicht die dort aufgeführten Amtspersonen gegenüber dem Geschädigten ersatzpflichtig[1381], sondern der Staatsfiskus der RF, der Fiskus des Subjekts der RF oder die Kasse der kommunalen Gebietskörperschaft. In Art. 133 Abs. 1 Satz 2 StPO RF ist lediglich davon die Rede, daß der Schaden durch den Staat ersetzt wird. Welche Körperschaft oder welcher Fiskus im einzelnen ersatzpflichtig ist, wird dort nicht angegeben.

Der Kreis möglicher Schuldner ist im Falle der Haftung nach Art. 1069 ZGB und der nach Art. 1070 Abs. 1 ZGB identisch. Ein Unterschied besteht nur insofern, als Ansprüche aus Art. 1070 Abs. 1 ZGB grundsätzlich gegen den Staatsfiskus der RF und nur in den gesetzlich bestimmten Ausnahmefällen gegen den Fiskus eines Subjekts der RF oder den Fiskus einer kommunalen Gebietskörperschaft geltend zu machen sind. Das hängt damit zusammen, daß die in Art. 1070 Abs. 1 ZGB genannten Organe bzw. die Amtspersonen, die für sie auftreten, gewöhnlich im Namen der RF auf Grundlage von Föderalgesetzen handeln. Wenn hingegen ausnahmsweise die Amtspersonen der in Art. 1070 Abs. 1 ZGB genannten Organe im Namen eines Subjekts der RF oder einer kommunalen Gebietskörperschaft handeln, haftet für deren gesetzwidrige Handlungen die entsprechende öffentlich-rechtliche Körperschaft[1382]. Gesetze, die vorsehen, daß die Amtspersonen der in Art. 1070 Abs. 1 ZGB genannten Organe im Namen eines Subjekts der RF oder einer kommunalen Gebietskörperschaft handeln, sind allerdings noch nicht erlassen worden[1383].

Dennoch haben manche Gerichte nicht immer die richtigen Schuldner verurteilt, was zur Folge hatte, daß solche Entscheidungen vom Obersten

1380 *Suchanov*, Graždanskoe pravo, Band 2, Halbband 2, S. 403.

1381 *Fajzutdinov* in: *Sadikov*, Kommentarij k Graždanskomu kodeksu RF časti vtoroj, Anm. 12 zu Art. 1070; *Jarošenko* in: *Okun'kov*, Kommentarij k Konstitucii RF, Anm. zu Art. 53.

1382 *Suchanov*, Graždanskoe pravo, Band 2, Halbband 2, S. 403.

1383 Vgl. das Urteil des Obersten Gerichtshofs der RF Nr. 64V-98pr-3, BVS RF 1998, Nr. 11, S. 14; *Fajzutdinov* in: *Sadikov*, Kommentarij k Graždanskomu kodeksu RF časti vtoroj, Anm. 10 zu Art. 1070; *Sergeev* in: *Sergeev/Tolstoj*, Graždanskoe pravo, Band 3, S. 30.

Gerichtshof der RF aufgehoben werden mußten. So hat der Oberste Gerichtshof der RF entschieden, daß es dem Gesetz widerspricht, wenn einem Organ der örtlichen Selbstverwaltung die Haftung im Zusammenhang mit einem gesetzwidrigen Strafverfahren auferlegt wird, weil es sich bei den Organen der örtlichen Selbstverwaltung gemäß Art. 12 Satz 3 VerfRF nicht um Organe der Staatsgewalt handelt[1384]. Ebenso ist es nach der Rechtsprechung des Obersten Gerichtshofs der RF unrichtig, wenn der Ersatz eines durch eine gesetzwidrige Freiheitsentziehung entstandenen Schadens von der Finanzverwaltung einer Stadt beigetrieben wird und die Finanzverwaltung auch nicht gemäß Art. 125 ZGB beauftragt worden war, im Namen des Finanzministeriums der RF aufzutreten[1385].

d) Umstände, die einen Schadensersatzanspruch auslösen

Der Anspruch aus Art. 1070 Abs. 1 ZGB setzt voraus, daß der Schaden infolge

- einer gesetzwidrigen Verurteilung,
- eines gesetzwidrigen Strafverfahrens,
- der gesetzwidrigen Anwendung von Maßnahmen zur Sicherung der Durchführbarkeit eines Strafverfahrens in Form der Untersuchungshaft oder der Verpflichtung, seinen Aufenthaltsort nicht zu verlassen, oder
- der gesetzwidrigen Verhängung einer Ordnungsstrafe in Form von Inhaftierung oder Besserungsarbeiten

zugefügt wurde.

Die Aufzählung in Art. 1070 Abs. 1 ZGB ist abschließend[1386]. Wenn der Schaden einem Bürger durch Amtspersonen der in Art. 1070 Abs. 1 ZGB genannten Organe in anderen Fällen zugefügt wird, die nicht unter diese Aufzählung fallen, z. B. infolge der gesetzwidrigen vorläufigen Festnahme als Verdächtiger (vgl. Art. 122 StPO RSFSR/Art. 91 StPO

1384 Urteil Nr. 2-D96-18 in der Sache Kiselev und Noženko, BVS RF 1997, Nr. 8, S. 17.

1385 Urteil Nr. 64V-98-pr-3, BVS RF 1998, Nr. 11, S. 14 f.

1386 Urteil des Höchsten Arbitragegerichts Nr. 5656/98 vom 08.12.1998, VVAS 1999, Nr. 3, S. 37; *Jarošenko*, ChiP 1996, Nr. 12, S. 8; *Jarošenko* in: *Braginskij*, Kommentarij časti vtoroj Graždanskogo kodeksa RF, S. 360; *Fajzutdinov* in: *Sadikov*, Kommentarij k Graždanskomu kodeksu RF časti vtoroj, Anm. 1 zu Art. 1070; *Sergeev* in: *Sergeev/Tolstoj*, Graždanskoe pravo, Band 3, S. 28.

RF), der gesetzwidrigen Durchführung einer Durchsuchung (vgl. Art. 168 StPO RSFSR/Art. 182 StPO RF), der gesetzwidrigen Anwendung von Zwangsmaßnahmen medizinischen Charakters (vgl. Art. 403 StPO RSFSR/Art. 433 StPO RF), der Vermögensbeschlagnahme (vgl. Art. 175 ff. StPO RSFSR/Art. 115 ff. StPO RF) oder der vorläufigen Festnahme im Verwaltungsverfahren (Art. 240 des Gesetzbuchs der RSFSR über administrative Rechtsverletzungen/Art. 27.3 des Gesetzbuchs der RF über administrative Rechtsverletzungen), wird er nach Art. 1069 ZGB ersetzt (vgl. Art. 1070 Abs. 2 ZGB)[1387]. Andere gesetzwidrige Rechtsakte, die Amtspersonen der Organe der Ermittlung, der Voruntersuchung, der Staatsanwaltschaft und des Gerichts verübt haben, werden somit in ihren zivilrechtlichen Folgen den gesetzwidrigen Rechtsakten im Bereich der Verwaltung gleichgesetzt[1388].

Die Begrenzung der Haftung nach Art. 1070 Abs. 1 ZGB auf die dort aufgezählten gesetzwidrigen Rechtsakte wird von einigen Autoren kritisiert. Stattdessen wird vorgeschlagen, den Katalog dahingehend zu erweitern, daß alle Formen der gesetzwidrigen Festnahme und auch die gesetzwidrige Anwendung von Zwangsmaßnahmen medizinischen Charakters in den Katalog mit einzubeziehen seien[1389] oder auf den Katalog der gesetzwidrigen Handlungen in Art. 1070 Abs. 1 ZGB ganz zu verzichten, mit der Folge, daß der Staat nach Art. 1070 Abs. 1 ZGB bei allen gesetzwidrigen Handlungen von Amtspersonen der Organe der Ermittlung, der Voruntersuchung, der Staatsanwaltschaft und der Gerichte zu haften habe[1390].

1387 *Suchanov*, Graždanskoe pravo, Band 2, Halbband 2, S. 403; *Sergeev* in: *Sergeev/Tolstoj*, Graždanskoe pravo, Band 3, S. 28; *Jarošenko* in: *Braginskij*, Kommentarij časti vtoroj Graždanskogo kodeksa RF, S. 360; *Jarošenko*, ChiP 1996, Nr. 12, S. 8; vgl. auch das Urteil des Höchsten Arbitragegerichts Nr. 5656/98 vom 08.12.1998, VVAS 1999, Nr. 3, S. 37. Für den Fall der vorläufigen Feststnahme ist allerdings *V. Rudenev*, RJu 1997, Nr. 12, S. 21, der Auffassung, daß die vorläufig Festgenommenen den Untersuchungsgefangenen gleichzustellen sind und deshalb auch ein Recht auf Schadensersatz nach Art. 1070 Abs. 1 ZGB haben. *Zavidov/Gusev*, Graždansko-pravovaja otvetstvennost', S. 476, sind dagegen der Meinung, daß der Schaden in diesem Fall nach Art. 1064 ZGB ersetzt werden soll.

1388 *Sergeev* in: *Sergeev/Tolstoj*, Graždanskoe pravo, Band 3, S. 28 f.

1389 *Makovskij*, in: Graždanskij kodeks Rossii, S. 112.

1390 *Sergeev* in: *Sergeev/Tolstoj*, Graždanskoe pravo, Band 3, S. 28; vgl. auch *L. Bojcova*, RJu 1994, Nr. 6, S. 45.

Die Frage, ob eine der in Art. 1070 Abs. 1 ZGB aufgeführten Handlungen oder Entscheidungen gesetzwidrig ist, richtet sich nach den Vorschriften der StPO bzw. des Gesetzbuchs über administrative Rechtsverletzungen (wobei bis zum 30.06.2002 das Gesetzbuch der RSFSR über administrative Rechtsverletzungen galt und am 01.07.2002 das Gesetzbuch der RF über administrative Rechtsverletzungen in Kraft getreten ist)[1391]. Ein Bürger gilt als verurteilt, wenn über ihn ein Urteil gemäß Art. 300 StPO RSFSR/Art. 296 StPO RF, Art. 303 StPO RSFSR/Art. 299 StPO RF, 461 Ziff. 3 und 4 StPO RSFSR/Art. 350 Ziff. 3 StPO RF gefällt wurde[1392]. Ein Strafverfahren gegen einen Bürger läuft, wenn die Organe der Ermittlung, der Voruntersuchung und die Staatsanwaltschaft gemäß Art. 143, 144 StPO RSFSR/Art. 171 StPO RF einen Beschluß gefaßt haben, ihn als Beschuldigten verantwortlich zu machen[1393]. Die Voraussetzungen und das Verfahren für die Untersuchungshaft richten sich nach den Art. 96 ff. StPO RSFSR/Art. 108 ff. StPO RF, für die Verpflichtung, seinen Aufenthaltsort nicht zu verlassen, nach Art. 93 StPO RSFSR/Art. 102 StPO RF. Die Voraussetzungen einer Ordnungsstrafe in Form von Inhaftierung richten sich nach Art. 32 des Gesetzbuchs der RSFSR über administrative Rechtsverletzungen/Art. 3.9 des Gesetzbuchs der RF über administrative Rechtsverletzungen. Eine Ordnungsstrafe in Form von Besserungsarbeiten konnte nur bis zum 30.06.2002 unter den Voraussetzungen des Art. 31 des Gesetzbuchs der RSFSR über administrative Rechtsverletzungen verhängt werden. Im neuen Gesetzbuch der RF über administrative Rechtsverletzungen ist diese Sanktion nicht mehr vorgesehen.

Nach Art. 133 Abs. 2 StPO RF haben ein Recht auf Rehabilitierung

- ein Verurteilter, über den ein freisprechendes Urteil gefällt wurde,
- ein Verurteilter, bei dem die Strafverfolgung im Zusammenhang mit einem Verzicht des staatlichen Anklägers oder des Privatklägers auf eine Anklage eingestellt wurde,

---

1391 Vgl. zum Gesetzbuch über administrative Rechtsverletzungen Fn. 167.

1392 *Fajzutdinov* in: *Sadikov*, Kommentarij k Graždanskomu kodeksu RF časti vtoroj, Anm. 3 zu Art. 1070.

1393 *Fajzutdinov* in: *Sadikov*, Kommentarij k Graždanskomu kodeksu RF časti vtoroj, Anm. 3 zu Art. 1070; vgl. auch *Guev*, Postatejnyj kommentarij k časti vtoroj Graždanskogo kodeksa RF, Anm. 1 d) zu Art. 1070.

- ein Tatverdächtiger oder ein Angeklagter, bei dem die Strafverfolgung unter den in Art. 24 Abs. 1 Ziff. 1, 2, 5 und 6 StPO RF und Art. 27 Abs. 1 Ziff. 1 und 4-6 StPO RF vorgesehenen Gründen eingestellt wurde,
- ein Verurteilter in den Fällen einer vollständigen oder teilweisen Aufhebung einer rechtskräftigen Verurteilung und einer Einstellung der Strafsache aus den in Art. 27 Abs. 1 Ziff. 1 und 2 StPO RF vorgesehenen Gründen,
- eine Person, bei der Zwangsmaßnahmen medizinischen Charakters angewendet wurden, wenn der gesetzwidrige oder unbegründete Beschluß des Gerichts über die Anwendung der entsprechenden Maßnahme aufgehoben wurde.

Nach Art. 24 Abs. 1 StPO RF darf das Strafverfahren aus folgenden Gründen nicht eingeleitet werden und ein eingeleitetes Strafverfahren ist einzustellen: wenn keine Straftat geschehen ist (Ziff. 1), die Handlung keinen Straftatbestand erfüllt (Ziff. 2), die Verjährungsfrist für die Strafverfolgung abgelaufen ist (Ziff. 3), der Tatverdächtige oder der Angeklagte verstorben ist, außer wenn das Strafverfahren für die Rehabilitierung des Verstorbenen notwendig ist (Ziff. 4), ein Antrag des Geschädigten fehlt, obwohl die Strafsache ohne seinen Antrag nicht eingeleitet werden kann (Ziff. 5), ein Gutachten eines Gerichts über das Vorliegen der Merkmale einer Straftat in den Handlungen von Abgeordneten von Gesetzgebungsorganen, Richtern, Ermittlern, Rechtsanwälten oder die Zustimmung des Föderationsrates, der Staatsduma, des Verfassungsgerichts der RF oder eines Richterkollegiums zur Eröffnung der Strafsache oder zur Anklage einer dieser Personen fehlt (Ziff. 6 i. V. m. Art. 448 StPO RF). Nach Art. 27 Abs. 1 StPO RF ist die Strafverfolgung hinsichtlich eines Tatverdächtigen oder eines Angeklagten unter anderem aus folgenden Gründen einzustellen: der Tatverdächtige oder Angeklagte war an der Begehung der Straftat nicht beteiligt (Ziff. 1), die Strafsache wird aus den Gründen eingestellt, die in Art. 24 Abs. 1 Ziff. 1-6 StPO RF vorgesehen sind (Ziff. 2), hinsichtlich des Tatverdächtigen oder Angeklagten liegt bereits ein rechtskräftiges Strafurteil in derselben Strafsache oder ein Beschluß über die Einstellung der Strafsache wegen derselben Beschuldigung vor (Ziff. 4), hinsichtlich des Tatverdächtigen oder des Angeklagten liegt ein nicht aufgehobener Beschluß des Organs der Voruntersuchung, des Ermittlers oder des Staatsanwaltes über die Einstellung der Strafsache über dieselbe Beschuldigung oder ein Verzicht auf die Einleitung der Strafsache vor (Ziff. 5), Verweigerung der Staatsduma der Föderationsversammlung der RF, die Zustimmung zur Entziehung der Immunität des Präsidenten der RF, der die Ausübung seiner Befugnisse beendet hat, zu geben und (oder) der Föderationsrat verweigert die Entziehung der Immunität der entsprechenden Person (Ziff. 6).

Der Katalog des Art. 133 Abs. 2 StPO RF ist sehr viel weiter als der des Art. 1070 Abs. 1 ZGB. Das ergibt sich daraus, daß der Anspruch auf Schadensersatz nach Art. 133 ff. StPO RF nicht daran anknüpft, daß bestimmte gesetzwidrige Handlungen vorgenommen wurden, sondern ein Anspruch bereits dann besteht, wenn bestimmte Strafverfolgungsmaßnahmen aufgehoben bzw. eingestellt wurden. Daß die aufgehobenen bzw. eingestellten Strafverfolgungsmaßnahmen gesetzwidrig waren, ist für den Schadensersatzanspruch nicht erforderlich. Darüber hinaus besteht nach Art. 133 Abs. 2 StPO RF ein Anspruch auf Ersatz des gesamten Schadens, der mit der Strafverfolgung verbunden ist, und nicht nur ein Anspruch auf Ersatz der Schäden, die durch die in dem Katalog des Art. 1070 Abs. 1 ZGB genannten Handlungen entstanden sind. Nach Art. 133 ff. StPO RF können somit auch Schäden infolge einer vorläufigen Festnahme, infolge der Anwendung von Zwangsmaßnahmen medizinischen Charakters, infolge von Durchsuchungen oder Beschlagnahmen ersetzt werden. Dabei können nicht nur Verurteilte, Angeklagte oder Tatverdächtige Schadensersatzansprüche geltend machen. Ein Recht auf Schadensersatz in dem im 18. Kapitel der StPO RF vorgesehenen Verfahren hat auch eine beliebige Person, die gesetzwidrig prozessualen Zwangsmaßnahmen im Laufe eines Strafverfahrens ausgesetzt war (Art. 133 Abs. 3 StPO RF). Im Gegensatz zu Art. 1070 Abs. 1 ZGB erfassen die Art. 133 ff. StPO RF jedoch nicht die gesetzwidrige Verhängung einer Ordnungsstrafe in Form von Inhaftierung oder Besserungsarbeiten, weil es sich dabei nicht um strafprozessuale Maßnahmen, sondern um Maßnahmen nach dem Gesetzbuch über administrative Rechtsverletzungen handelt.

e) Kausalität

Erforderlich ist ferner das Vorliegen eines Kausalzusammenhangs zwischen den gesetzwidrigen Handlungen der genannten Amtspersonen und dem eingetretenen Schaden[1394].

f) Rechtswidrigkeit

Für eine Haftung nach Art. 1070 Abs. 1 ZGB ist außerdem erforderlich, daß die Amtspersonen der dort aufgeführten Organe rechtswidrig gehandelt haben[1395]. Dabei ist davon auszugehen, daß – wie im Falle der Haftung nach Art. 1069 ZGB – die Rechtswidrigkeit nicht allein durch die Schadenszufügung indiziert wird, sondern die in Art. 1070 Abs. 1 ZGB genannten Handlungen der Rechtspflegeorgane gesetzwidrig sein müssen, damit durch sie eine Schadensersatzpflicht ausgelöst wird. In diesem Zusammenhang wird das Problem diskutiert, daß die Handlungen im Zeitpunkt ihrer Vornahme formal den Anforderungen des Gesetzes entsprechen, sich jedoch letztlich als gesetzwidrig erweisen können[1396]. Es können z. B. Gründe für einen Haftbefehl vorliegen, sich später jedoch herausstellen, daß der Verhaftete unschuldig ist. Die Handlung (der Haftbefehl) soll aber auch bei einer solchen Konstellation als gesetzwidrig gelten[1397]. Bei der Haftung nach den Art. 133 ff. StPO RF stellt sich dieses Problem jedoch nicht, weil die Vorschriften nicht auf das Merkmal der Gesetzwidrigkeit abstellen, sondern darauf, daß die Strafverfolgungsmaßnahmen aufgehoben wurden.

1394 *Rudenev*, RJu 1997, Nr. 12, S. 21.

1395 Vgl. *Fajzutdinov* in: *Sadikov*, Kommentarij k Graždanskomu kodeksu RF časti vtoroj, Anm. 3 zu Art. 1070; *Guev*, Postatejnyj kommentarij k časti vtoroj Graždanskogo kodeksa RF, Anm. 1 a) zu Art. 1070.

1396 Vgl. *Sergeev* in: *Sergeev/Tolstoj*, Graždanskoe pravo, Band 3, S. 24; *Bojcova*, Žurnal rossijskogo prava 2001, Nr. 9, S. 54.

1397 Vgl. *Sergeev* in: *Sergeev/Tolstoj*, Graždanskoe pravo, Band 3, S. 24; a. A. offensichtlich *V. Rakhmilovich*, The Parker School Journal of East European Law 1997, S. 473, der darauf hinweist, daß Personen, die entsprechend den Vorschriften des StGB Strafverfolgungsmaßnahmen ausgesetzt waren, deren Schuld jedoch nicht bewiesen werden konnte, keinen Schadensersatz nach Art. 1070 ZGB erhalten, weil die ursprüglich gemäß dem Gesetz getroffenen Maßnahmen nicht rechtswidrig werden.

g) Kein Verschulden

Die Besonderheit der Haftung nach Art. 1070 Abs. 1 ZGB sowie den Art. 133 ff. StPO RF gegenüber der Haftung nach Art. 1069 ZGB besteht darin, daß sie kein Verschulden voraussetzt. Diese verschuldensunabhängige Haftung wird damit gerechtfertigt, daß durch eine der in Art. 1070 Abs. 1 ZGB sowie Art. 133 StPO RF aufgeführten Handlungen eines der grundlegenden verfassungsmäßigen Rechte des Bürgers, nämlich die Unantastbarkeit seiner Person, verletzt wird[1398]. Zudem können die handelnden Amtspersonen bei der Strafverfolgung leicht einem unverschuldeten Irrtum unterliegen, z. B. wenn sie einen unschuldigen Bürger unter dem Einfluß einer bei den Ermittlungen zustandegekommenen Version von der Begehung einer Straftat strafrechtlich verfolgen. In diesen Fällen könnte eine Verschuldensvermutung begründet widerlegt werden mit der Folge, daß der Schaden unersetzt bliebe, wenn das Gesetz keine verschuldensunabhängige Haftung vorsehen würde[1399]. Ferner ist es gerade im Falle der Haftung von Rechtspflegeorganen für den Geschädigten schwierig, ein Verschulden zu beweisen, insbesondere dann, wenn mehrere Amtspersonen gehandelt haben[1400].

h) Ausschluß des Schadensersatzanspruchs, Verfahren sowie Höhe des Schadensersatzes

Art. 1070 Abs. 1 ZGB bestimmt, daß der Schaden im gesetzlich festgelegten Verfahren ersetzt wird. Nach dem Inkrafttreten des ZGB gab es ein solches Verfahren noch nicht, so daß weiterhin das in den entsprechenden Rechtsakten der UdSSR festgelegte Verfahren angewendet wurde, soweit diese Rechtsakte nicht der geltenden rußländischen Gesetzgebung widersprechen[1401]. Bei diesen Rechtsakten handelt es sich um

---

1398 Vgl. *Makovskij*, in: Graždanskij kodeks Rossii, S. 111 f.

1399 *Suchanov*, Graždanskoe pravo, Band 2, Halbband 2, S. 404; vgl. auch *S. Nарižnij*, RJu 1997, Nr. 10, S. 41.

1400 *Sergeev* in: *Sergeev/Tolstoj*, Graždanskoe pravo, Band 3, S. 24; *Nаrižnij*, RJu 1997, Nr. 10, S. 41; vgl. dazu auch *Bojcova*, RJu 1994, Nr. 6, S. 45.

1401 *Jarošenko* in: *Sadikov*, Graždanskoe pravo Rossii. Čast' vtoraja, S. 653; *Suchanov*, Graždanskoe pravo, Band 2, Halbband 2, S. 404; *Jarošenko*, ChiP 1996, Nr. 12, S. 10; *Fajzutdinov* in: *Sadikov*, Kommentarij k Graždanskomu kodeksu RF časti vtoroj, Anm. 4 zu Art. 1070; *Guev*, Postatejnyj kommentarij k časti vtoroj Graždanskogo kodeksa RF, Anm. 2 zu Art. 1070; *Jarošenko* in: *Braginskij*, Kommentaden – bereits erwähnten – Erlaß des Präsidiums des Obersten Sowjets vom 18.05.1981 (im folgenden: „Erlaß") und die durch diesen Erlaß bestätigte Anordnung „Über das *Verfahren des Ersatzes des Schadens, der einem Bürger durch gesetzwidrige Handlungen von Organen der Ermittlung, der Voruntersuchung, der Staatsanwaltschaft und der Gerichte zugefügt wurde*" (im folgenden: „Anordnung") sowie die Instruktion über die *Anwendung dieser Anordnung* vom 02.03.1982 (im folgenden: „Instruktion"). Diese Rechtsakte sind bis heute nicht außer Kraft gesetzt worden. Allerdings sieht die neue StPO RF ebenfalls umfangreiche Regelungen zum Verfahren sowie zur Höhe des Schadensersatzes vor. In welchem Verhältnis die Vorschriften in den untergesetzlichen Rechtsakten der UdSSR zu den Verfahrensvorschriften der StPO RF stehen, ist nicht geregelt. Die Vorschriften der StPO RF dürften jedoch dem in dem „Erlaß", der „Anordnung" und der „Instruktion" vorgesehenen Verfahren vorgehen, weil es sich bei den Regelungen StPO RF sowohl um die in der Normenhierarchie höherstehenderen als auch um die neueren Vorschriften handelt[1402]. Die alten Vorschriften haben jedoch für Schadensfälle, die sich vor dem 01.07.2002 ereignet haben und die die Gerichte noch einige Zeit beschäftigen werden, weiterhin Bedeutung. Es wird deshalb im folgenden sowohl das Verfahren nach den alten Rechtsakten der UdSSR als auch nach der neuen StPO RF dargestellt.

aa) Schadensersatz nur bei vollständiger Rehabilitierung?. Nach Art. 2 des „Erlasses" entstand ein Recht auf Schadensersatz nur, wenn ein freisprechendes Urteil gefällt wurde[1403], das Strafverfahrens wegen Nichtgeschehens einer Straftat eingestellt wurde[1404], kein Straftatbestand in der Handlung des Bürgers vorlag[1405], die Beteiligung des Bürgers an der Begehung einer Straftat nicht erwiesen wurde[1406] oder die Sache über

---

rij časti vtoroj Graždanskogo kodeksa RF, S. 362; *Sergeev* in: *Sergeev/Tolstoj*, Graždanskoe pravo, Band 3, S. 28; *Ėrdelevskij*, Zakon 1997, Nr. 4, S. 13.

1402 So geht *Il'jučenko*, Vestnik Moskovskogo universiteta 2002, Nr. 1, S. 48, davon aus, daß der „Erlaß" und die „Anordnung" nach Inkrafttreten der StPO RF nicht mehr angewendet werden.

1403 Vgl. zum freisprechenden Urteil Art. 309, 316 und 461 Ziff. 2 StPO RSFSR/Art. 302, 305 f. StPO RF.

1404 Vgl. Art. 5 Ziff. 1 StPO RSFSR/Art. 24 Abs. 1 Ziff. 1 StPO RF.

1405 Vgl. Art. 5 Ziff. 2 StPO RSFSR/Art. 24 Abs. 1 Ziff. 2 StPO RF.

1406 Vgl. Art. 208 Ziff. 2 StPO RSFSR/Art. 27 Abs. 1 Ziff. 1 StPO RF.

eine administrative Rechtsverletzung eingestellt wurde[1407] (vgl. dazu auch Art. 5 der „Anordnung"). Das Recht auf Schadensersatz bestand zudem nur im Falle der *vollständigen* Rehabilitierung des Bürgers. Wenn das Urteil nur teilweise abgeändert wurde, lagen die Voraussetzungen für einen Schadensersatz auf Grundlage des „Erlasses" nicht vor[1408]. Eine Einstellung des Strafverfahrens aus anderen als in Art. 2 des „Erlasses" genannten Gründen, die den Beschuldigten nicht rehabilitieren (Amnestie, der Beschuldigte erreicht nicht das Alter, in dem die strafrechtliche Verantwortlichkeit beginnt, der Beschuldigte söhnt sich mit dem Geschädigten aus, der Geschädigte legt keine Beschwerde ein, Tod des Beschuldigten, Ablauf der Verjährungsfrist im Strafverfahren, der Beschuldigte wird gegen Bürgschaft freigelassen, Änderung der Umstände usw.), schloß das Recht, Schadensersatz zu fordern, aus[1409]. Das galt auch, wenn durch Gesetz die Strafbarkeit der Handlung beseitigt oder das Strafmaß gesenkt wurde (vgl. Art. 10 StGB)[1410].

Für den Schadensersatzanspruch nach der neuen Strafprozeßordnung gilt zwar ebenfalls, daß dieser im Falle eines freisprechendes Urteils (Art. 133 Abs. 2 Ziff. 1), der Einstellung der Strafverfolgung wegen Nichtgeschehens einer Straftat (Art. 133 Abs. 2 Ziff. 3 i. V. m. Art. 24 Abs. 1 Ziff. 1), Nichtvorliegens eines Straftatbestandes in der Handlung (Art. 133 Abs. 2 Ziff. 3 i. V. m. Art. 24 Abs. 1 Ziff. 2) oder der Nichtbeteiligung des Tatverdächtigen oder Angeklagten an der Straftat (Art.

1407 Vgl. Art. 227 des Gesetzbuchs der RSFSR über administrative Rechtsverletzungen/Art. 28.9 des Gesetzbuchs der RF über administrative Rechtsverletzungen.

1408 BVS RF 1993, Nr. 1, S. 5 f. Nach Auffassung von Kondratov soll eine gesetzwidrige Verurteilung aber auch dann vorliegen, wenn das Strafmaß im Aufsichtsverfahren deutlich gesenkt wurde, vgl. den Kommentarij k Konstitucii Rossijskoj Federacii, Anm. zu Art. 53, in der Datenbank „Garant".

1409 *Suchanov*, Graždanskoe pravo, Band 2, Halbband 2, S. 404; *Jarošenko* in: *Sadikov*, Graždanskoe pravo Rossii. Čast' vtoraja, S. 654; *Fajzutdinov* in: *Sadikov*, Kommentarij k Graždanskomu kodeksu RF časti vtoroj, Anm. 5 zu Art. 1070; *Sergeev* in: *Sergeev/Tolstoj*, Graždanskoe pravo, Band 3, S. 29; vgl. auch Punkt 3 der erläuternden Leitentscheidung Nr. 15 des Plenums des Obersten Gerichtshofs des UdSSR vom 23.12.1988, BVS SSSR 1989, Nr. 1, S. 11; BVS RSFSR 1991, Nr. 3, S. 14.

1410 *Fajzutdinov* in: *Sadikov*, Kommentarij k Graždanskomu kodeksu RF časti vtoroj, Anm. 5 zu Art. 1070; *Sergeev* in: *Sergeev/Tolstoj*, Graždanskoe pravo, Band 3, S. 29; vgl. auch Punkt 3 der erläuternden Leitentscheidung Nr. 15 des Plenums des Obersten Gerichtshofs der UdSSR vom 23.12.1988, BVS SSSR 1989, Nr. 1, S. 11; BVS RSFSR 1991, Nr. 3, S. 14 f.; BVS RF 1993, Nr. 1, S. 6.

133 Abs. 2 Ziff. 3 i. V. m. Art. 27 Abs. 1 Ziff. 1) begründet ist. Wie bereits oben[1411] dargelegt, besteht der Schadensersatzanspruch nach der neuen Strafprozeßordnung aber nicht nur in diesen Fällen, sondern ist sehr viel weiter. Vor allem ist für ein Recht auf Rehabilitierung ausreichend, daß eine Verurteilung teilweise aufgehoben wird (vgl. Art. 133 Abs. 2 Ziff. 4 StPO RF). Allerdings gilt auch nach dem neuen Strafprozeßrecht, daß in bestimmten Fällen das Recht auf Schadensersatz ausgeschlossen ist. Das ergibt sich aus Art. 133 Abs. 4 StPO RF. Danach erstrecken sich Regeln des Art. 133 StPO RF nicht auf Fälle, bei denen die auf Personen angewendeten prozessualen Zwangsmaßnahmen oder die Verurteilung infolge einer Amnestie, des Ablaufs der Verjährungsfrist, des Nichterreichens des Alters, in dem die strafrechtliche Verantwortlichkeit beginnt, oder hinsichtlich eines Minderjährigen, der, obwohl der das Alter erreicht hat, ab dem die strafrechtliche Verantwortlichkeit eintritt, aber infolge eines Zurückbleibens in der psychischen Entwicklung, die nicht mit einer Geisteskrankheit zusammenhängt, den tatsächlichen Charakter oder die Gemeingefahr seiner Handlungen (Unterlassung) nicht in vollem Umfang erkennen und sie zum Zeitpunkt der Begehung der Handlung, die im Strafgesetz vorgesehen ist, nicht steuern konnte, oder der Verabschiedung eines Gesetzes, das den verbrecherischen Charakter oder die Strafbarkeit der Tat beseitigt, aufgehoben oder geändert wurden.

bb) Schadensersatz im Falle der Selbstbeschuldigung?. Nach Art. 2 des „Erlasses" war der Schaden auch dann nicht zu ersetzen, wenn der Bürger im Verlauf der Ermittlung, der Voruntersuchung und der Gerichtsverhandlung im Wege der unrichtigen Selbstbeschuldigung die Feststellung der Wahrheit verhindert und dadurch selbst den Eintritt der in Art. 1070 Abs. 1 ZGB aufgeführten Folgen gefördert hat. Unter einer Selbstbeschuldigung verstand man wissentlich unwahre Aussagen eines Verdächtigen, eines Beschuldigten oder eines Verurteilten, die mit dem Ziel gemacht wurden, die Organe der Voruntersuchung und das Gericht davon zu überzeugen, daß gerade er eine Straftat begangen hat, die er in Wirklichkeit nicht verübt hat[1412].

[1411] S. 401 ff.

[1412] Punkt 4 der erläuternden Leitentscheidung Nr. 15 des Obersten Gerichtshofs der UdSSR vom 23.12.1988, BVS SSSR 1989, Nr. 1, S. 12.

Der Oberste Gerichtshof der RSFSR lehnte in folgender Fallkonstellation einen Schadensersatzanspruch ab, weil der gesetzwidrig Verurteilte im Laufe der Ermittlung, der Voruntersuchung und der Gerichtsverhandlung durch eine Selbstbeschuldigung die Feststellung der Wahrheit verhindert und dadurch die gesetzwidrige Verurteilung gefördert hatte: Der Verurteilte wurde als Beschuldigter vernommen und machte Angaben über seine Beteiligung an der Gruppenvergewaltigung der Geschädigten. An demselben Tag bestätigte er seine Angaben bei einer Gegenüberstellung mit der Geschädigten. Außerdem zeigte er selbst den Ort der Vergewaltigung. Dabei wurde ein Protokoll über diese Untersuchungshandlung erstellt. Die Analyse der Angaben des Beschuldigten, einschließlich der von ihm eigenhändig unterzeichneten, in denen er ausführlich über seinen psychischen und körperlichen Zustand im Zeitpunkt der Begehung der Straftat und über seine Handlungen berichtete, zeugten davon, daß er sie freiwillig abgegeben hatte, als er das Geständnis von der Tat ablegte. Indem der Beschuldigte diese Angaben wiederholt bei der Voruntersuchung machte, förderte er seine gesetzwidrige Strafverfolgung und seine Verurteilung. Aus den Materialien zu der Strafsache war auch zu erkennen, daß die Selbstbeschuldigung keine Folge der Anwendung von Gewalt, Drohung oder anderen gesetzwidrigen Maßnahmen war. Der Beschuldigte war erst nach Abgabe der ihn belastenden Angaben festgenommen worden. Die Angaben des Beschuldigten befanden sich auch nicht im Widerspruch zu anderen Beweisen[1413].

In der neuen StPO RF ist eine solche Regelung nicht mehr vorgesehen. Bereits vor Inkrafttreten der neuen StPO war allerdings umstritten, ob Art. 2 des „Erlasses" überhaupt noch anwendbar ist, weil Art. 53 VerfRF und Art. 1070 Abs. 1 ZGB keinen Ausschluß des Schadensersatzanspruchs im Fall einer Selbstbeschuldigung anordnen.

Einige Autoren sahen in dieser Regelung keinen Widerspruch zu Art. 53 VerfRF und Art. 1070 Abs. 1 ZGB. Argumentiert wurde damit, daß auch in der Vorläuferbestimmung des Art. 1070 Abs. 1 ZGB – dem Art. 449 ZGB 1964 – nicht von einer Selbstbeschuldigung die Rede war und dennoch kein Widerspruch zwischen Art. 449 ZGB 1964 und Art. 2 des „Erlasses" festgestellt wurde[1414]. Zudem wurde darauf verwiesen, daß Art. 2 des „Erlasses" Art. 14 Abs. 6 des Internationalen Pakts über bür-

---

1413 Vgl. BVS RSFSR 1991, Nr. 4, S. 7; BVS RSFSR 1991, Nr. 1, S. 16.

1414 *Sergeev* in: *Sergeev/Tolstoj*, Graždanskoe pravo, Band 3, S. 29.

gerliche und politische Rechte entspricht[1415]. Diese Vorschrift bestimmt für den Fall, daß ein Strafurteil später aufgehoben oder der Verurteilte begnadigt worden ist, weil eine neue oder neu bekannt gewordene Tatsache schlüssig beweist, daß ein Fehlurteil vorlag, derjenige, der auf Grund eines solchen Urteils eine Strafe verbüßt hat, nicht zu entschädigen ist, sofern nachgewiesen wird, daß das nicht rechtzeitige Bekanntwerden der Tatsache ganz oder teilweise ihm zuzuschreiben ist.

Allerdings galt selbst nach Meinung der Autoren, die Art. 2 des „Erlasses" grundsätzlich noch für anwendbar hielten, diese Vorschrift nicht ohne Einschränkungen. Gemäß Punkt 3 der „Instruktion" und nach der Rechtsprechung des Obersten Gerichtshofs der UdSSR stand eine Selbstbeschuldigung, die die Folge einer Anwendung von Gewalt, Drohung und anderen gesetzwidrigen Maßnahmen war, dem Schadensersatz nicht entgegen[1416]. Deshalb waren auch diese Autoren der Meinung, daß eine Selbstbeschuldigung, die infolge Gewalt, Drohung, körperlicher oder psychischer Einwirkung oder anderen gesetzwidrigen Maßnahmen ausgesprochen wurde, nicht das Recht auf Schadensersatz beeinträchtigt. Dabei verwiesen einige Autoren auch auf Art. 21 Abs. 2 Satz 1 VerfRF, wonach niemand der Folter, der Gewalt oder einer anderen grausamen oder die menschliche Würde herabsetzenden Behandlung oder Bestrafung unterworfen werden darf[1417].

Nach Auffassung einiger anderer Autoren war Art. 2 des „Erlasses" auch vor Inkrafttreten der neuen StPO gar nicht mehr anzuwenden, weil weder Art. 53 VerfRF noch Art. 1070 Abs. 1 ZGB eine Einschränkung des Schadensersatzanspruchs im Falle einer Selbstbeschuldigung vorsehen[1418]. Außerdem wurde damit argumentiert, daß das Gesetz das Gericht, den Staatsanwalt, den Ermittler und die Person, die die Voruntersuchung durchführt, verpflichtet, eine allseitige, vollständige und objek-

---

1415 *Kondratov*, Kommentarij k Konstitucii Rossijskoj Federacii, Anm. zu Art. 53 in der Datenbank „Garant".

1416 Punkt 4 der erläuternden Leitentscheidung Nr. 15 des Obersten Gerichtshofs der UdSSR vom 23.12.1988, BVS SSSR 1989, Nr. 1, S. 12; vgl. auch BVS RSFSR 1991, Nr. 4, S. 7; BVS RSFSR 1991, Nr. 1, S. 16.

1417 *Malein* in: *Kalpin*, Graždanskoe pravo. Čast' vtoraja, S. 515, *Sergeev* in: *Sergeev/Tolstoj*, Graždanskoe pravo, Band 3, S. 29; *Rudenev*, RJu 1997, Nr. 12, S. 21.

1418 *Fajzutdinov* in: *Sadikov*, Kommentarij k Graždanskomu kodeksu RF časti vtoroj, Anm. 4 zu Art. 1070; *Larin* in: *Topornin/Baturin/Orechov*, Konstitucija RF, Anm. zu Art. 53; *Narižnij*, RJu 1997, Nr. 10, S. 41 f.

tive Ermittlung der Umständen der Angelegenheit zu gewährleisten und es verbietet, die Beschuldigung auf ein Geständnis des Beschuldigten zu begründen, ohne das Geständnis durch Beweise zu bestätigen (vgl. Art. 20, 77 StPO RSFSR)[1419].

Eine weitere Position wurde von *Erdelevskij*[1420] vertreten. Nach seiner Auffassung sollte im Falle einer Selbstbeschuldigung Art. 1083 Abs. 1 ZGB angewendet werden, wonach der Schaden, der infolge des Vorsatzes des Geschädigten entstanden ist, nicht zu ersetzen ist. Die Selbstbeschuldigung sei eine rechtswidrige vorsätzliche Handlung, die die normale Tätigkeit der Rechtspflegeorgane bei Erfüllung der in Art. 2 StPO RSFSR festgelegten Aufgaben im Strafprozeß – der schnellen und vollständigen Aufklärung von Straftaten, damit jede begangene Straftat ihrer gerechten Strafe unterworfen und kein einziger Unschuldiger zur strafrechtlichen Verantwortlichkeit herangezogen wird – behindert. Angaben, die eine Selbstbeschuldigung enthalten, hätten im Strafprozeß keine größere, aber auch keine geringere Bedeutung als andere Arten von Beweisen. Das Gesetz verbiete es, die Anklageschrift und den Schuldspruch auf ein Geständnis des Beschuldigten zu begründen, wenn es nicht durch die Gesamtheit der in der Sache vorhandenen Beweise bestätigt werde. Diese Gesamtheit werde im Stadium der Ermittlung und der Voruntersuchung zusammengestellt und nicht selten im Stadium der gerichtlichen Beweisaufnahme ergänzt. Im Zeitpunkt der Fällung des Schuldurteils dürften die in der Sache gesammelten Beweise keine Zweifel an der Täterschaft des Verurteilten lassen. Indessen erforderten die Angaben, die eine Selbstbeschuldigung enthalten, wie auch die anderen Beweise eine Überprüfung, für die eine bestimmte Zeit notwendig sei. Die Selbstbeschuldigung könne die Anwendung von Maßnahmen zur Sicherung der Durchführbarkeit des Strafverfahrens oder deren Verlängerung nach sich ziehen, und in diesem Fall sei sie – obwohl nur mittelbar – der Hauptgrund für die Schadenszufügung, die infolge der Anwendung der Maßnahmen zur Sicherung der Durchführbarkeit des Strafverfahrens entstanden sei. Zwischen einem Schaden und einer Selbstbeschuldigung bestehe aber kein Kausalzusammenhang, wenn die Anforderungen des Art. 77 StPO RSFSR verletzt worden seien, d. h. das Ges-

---

1419 *Larin* in: *Topornin/Baturin/Orechov*, Konstitucija RF, Anm. zu Art. 253.

1420 Kompensacija moral'nogo vreda, S. 141-144; Zakon 1997, Nr. 4, S. 76 f.; Moral'nyj vred i kompensacija za stradanija, S. 28 ff.; Kompensacija moral'nogo vreda v Rossii i za rubežom, S. 85 ff.

tändnis des Beschuldigten zur Grundlage der Anklage gemacht worden sei, ohne daß es durch die Gesamtheit der in der Sache gesammelten Beweise untermauert worden sei. Durch die Anwendung von Art. 1083 Abs. 1 ZGB werde auch nicht das durch Art. 53 VerfRF garantierte Recht auf Schadensersatz eingeschränkt. Die Voraussetzungen für das Recht auf Schadensersatz aus dieser Vorschrift werde durch die Zivilgesetzgebung konkretisiert. Wenn man in der Vorschrift des Art. 1083 ZGB eine Einschränkung des durch Art. 53 VerfRF garantierten Rechts auf Schadensersatz sehen würde, müßte man auch zwischen Art. 1069 ZGB und Art. 53 VerfRF einen Widerspruch erkennen, weil in Art. 53 VerfRF von einem Verschulden nichts erwähnt sei, Art. 1069 ZGB jedoch ein Verschulden für die Schadensersatzpflicht voraussetze. Dennoch bestünden unter diesem Gesichtspunkt keine Zweifel an der Verfassungsmäßigkeit des Art. 1069 ZGB.

Die zuletzt dargestellte Auffassung erschien im Ergebnis am einleuchtendsten. Art. 1083 ZGB stellt eine allgemeine Vorschrift des Deliktsrechts dar und ist auf alle deliktischen Ansprüche, somit auch auf die Ansprüche aus Art. 1070 Abs. 1 ZGB anzuwenden. Es besteht kein sachlicher Grund dafür, weshalb eine Person, die vorsätzlich durch eine Selbstbeschuldigung einen Schaden herbeigeführt hat, besser behandelt werden sollte als andere Personen, durch deren vorsätzliches Handeln ein Schaden entstanden ist. Es ist deshalb denkbar, die Vorschrift des Art. 1083 ZGB als einen allgemeinen Rechtsgrundsatz auch im Zusammenhang mit dem Schadensersatzanspruch nach Art. 133 ff. StPO RF anzuwenden. Inwieweit das möglich ist, muß jedoch noch durch die Rechtsprechung geklärt werden.

cc) Zu ersetzende Schäden. Art. 1070 Abs. 1 ZGB ordnet an, daß der Schaden in vollem Umfang zu ersetzen ist. Nach Art. 2 der „Anordnung“ waren jedoch nur folgende Schäden ersatzfähig:

- 1) der Verdienst oder anderes Arbeitseinkommen, welche die Hauptquelle von Mitteln zum Lebensunterhalt des Bürgers darstellen, die er infolge der gesetzwidrigen Handlungen eingebüßt hat;
- 2) die Rente oder die Beihilfe, deren Auszahlung im Zusammenhang mit dem gesetzwidrigen Freiheitsentzug unterbrochen wurde;
- 3) Vermögen (einschließlich Geld, Geldeinlagen und auf sie angefallene Zinsen, staatliche Schuldverschreibungen und auf sie entfallene Gewinne, andere Werte), das durch das Gericht konfisziert oder zugunsten

des Staates eingezogen oder von den Organen der Ermittlung oder Voruntersuchung beschlagnahmt wurde, sowie Vermögen, das sichergestellt wurde;

- 4) Geldstrafen, die bei der Vollstreckung des Gerichtsurteils eingezogen wurden; Gerichtsauslagen und andere Beträge, die durch den Bürger im Zusammenhang mit den gesetzwidrigen Handlungen gezahlt wurden;
- 5) Beträge, die durch den Bürger einer juristischen Beratungsstelle für die Gewährung juristischen Beistands gezahlt wurden.

Nach dem Inkrafttreten des ZGB wurde jedoch darauf hingewiesen, daß die Aufzählung in Art. 2 der „Anordnung" dem geltenden Recht widerspricht, sofern darin das Recht des Bürgers auf Ersatz des materiellen Schadens begrenzt wird und deshalb insoweit für unwirksam erklärt werden muß[1421]. Sie könne allenfalls beispielhaften Charakter haben. Zu ersetzen sei vielmehr jeder materielle Schaden (z. B. auch nicht erzielte Einkünfte aus Einlagen, Schuldverschreibungen und anderen Wertpapieren, Verluste und entgangene Gewinne aus Geschäften, die aufgrund der gesetzwidrigen Strafverfolgung nicht rechtzeitig erfüllt oder zwangsweise abgebrochen wurden, Schaden, der dadurch entstanden ist, daß der Geschädigte keine Möglichkeit hatte, eine Erbschaft anzunehmen oder zu verhindern, daß andere sie in Besitz nehmen)[1422].

Der Oberste Gerichtshof der RF lehnte es in einer seiner Entscheidungen ab, dem Eigentümer eines Kleinunternehmens Ersatz für den Schaden zuzusprechen, der ihm im Jahre 1991 dadurch entstanden war, daß er gesetzwidrig in Untersuchungshaft genommen wurde und dadurch während dieser Zeit keine Einnahmen erzielt hatte. Der Oberste Gerichtshof der RF berief sich darauf, daß gemäß Punkt 9 der „Instruktion" zu den anderen Arbeitseinkommen, die die Hauptquelle von Mitteln zum Lebensunterhalt darstellen, nur Einkommen aus einer Tätigkeit gehören, die ausschließlich auf persönlicher Arbeit begründet ist[1423]. Nach der seit dem Inkrafttreten des Art. 1070 Abs. 1 ZGB bestehenden Rechtslage wäre der geltend gemachte Schaden hingegen zu ersetzen und Punkt 9 der „Instruktion" nicht mehr anzuwenden.

1421 *Kondratov*, Kommentarij k Konstitucii Rossijskoj Federacii, Anm. zu Art. 53 in der Datenbank „Garant".

1422 Vgl. *Sergeev* in: *Sergeev/Tolstoj*, Graždanskoe pravo, Band 3, S. 30; *Kondratov*, Kommentarij k Konstitucii Rossijskoj Federacii, Anm. zu Art. 53 in der Datenbank „Garant".

1423 BVS RF 1997, Nr. 7, S. 15.

Seit dem Inkrafttreten der neuen StPO ist nunmehr eindeutig, daß alle und nicht nur die ausdrücklich genannten Schäden zu ersetzen sind. Art. 135 Abs. 1 StPO RF sieht zwar einen dem Art. 2 der „Anordnung" ähnelnden Katalog vor, in dem aufgezählt ist, welche Vermögensschäden dem Rehabilitierten zu ersetzen sind. Allerdings geht aus dem Wortlaut des Art. 135 Abs. 1 StPO RF jetzt deutlich hervor, daß die Aufzählung nur beispielhaft ist. Nach dieser Vorschrift schließt der Ersatz des Vermögensschadens gegenüber dem Rehabilitierten den Ersatz

- 1) des Verdienstes, der Rente, der Beihilfe, der anderen Mittel, die er infolge der Strafverfolgung verloren hat;
- 2) seines konfiszierten oder auf Grundlage eines Strafurteils oder einer Gerichtsentscheidung zugunsten des Staates eingezogenen Vermögens;
- 3) der Geldstrafen und Gerichtsauslagen, die von ihm bei der Vollstreckung des Gerichtsurteils eingezogen wurden;
- 4) der Beträge, die durch ihn für die Gewährung juristischen Beistands gezahlt wurden;
- 5) anderer Ausgaben

ein.

In der „Anordnung" war ferner vorgesehen, daß der Bürger seinen bisherigen Arbeitsplatz bzw. sein bisheriges Amt zurückerhält, und falls das nicht möglich ist, einen gleichwertigen Arbeitsplatz bzw. ein gleichwertiges Amt. Außerdem war ein Vermerk über die Entlassung aus dem Arbeitsverhältnis im Arbeitsbuch für ungültig zu erklären und dem Bürger auf seinen Antrag ein neues Arbeitsbuch ohne diesen Vermerk zur Verfügung zu stellen (vgl. Art. 5). Die Zeit, die der Bürger wegen der rechtswidrigen Strafverfolgungsmaßnahmen von seinem Dienstposten entfernt war, war seinem Dienstalter hinzuzuzählen (vgl. Art. 6 der „Anordnung"). Wenn der Bürger bis zum Tag seines Rentenantrags nicht arbeitete oder einen geringeren Verdienst als vor der Verurteilung oder Heranziehung zur strafrechtlichen Verantwortung erhielt, wurde die Rente auf seinen Antrag ausgehend vom Gehalt des Amtes bzw. der Arbeit festgesetzt, das bzw. die er bis zur Verurteilung oder Heranziehung zur strafrechtlichen Verantwortlichkeit innegehabt hatte (vgl. Art. 7 der „Anordnung"). Bei Verlust des Wohnraums war dem Bürger sein bisheriger Wohnraum zurückzugeben, und falls eine Rückgabe nicht möglich war, ein gleichwertiger Wohnraum zur Verfügung zu stellen (vgl. Art. 8 der „Anordnung"). In der StPO RF ist ebenfalls festgelegt, daß der Geschädigte ein Recht auf Wiederherstellung seiner Arbeits-, Renten- und Wohnrechte hat (vgl. Art. 133 Abs. 1 Satz 1). Allerdings wird dort nicht so detailliert wie in der „Anordnung“ geregelt, wie die Rechte wiederherzustellen sind.

Vor dem Inkrafttreten der StPO RF wurde von der Rechtsprechung der Grundsatz aufgestellt, daß nicht nur der Schaden, der durch den Verlust des Verdiensts und anderen Einkommens im Zusammenhang mit dem gesetzwidrigen Strafverfahren zugefügt wurde, einschließlich für die Zeit ab der Verkündung des freisprechenden Urteils und bis zu seinem Inkrafttreten, sondern auch der Schaden für die Zeit, in der der Bürger Maßnahmen zur Wiederherstellung seiner verletzten Arbeitsrechte unternommen hat, zu ersetzen ist[1424]. Dieser Grundsatz muß auch nach Inkrafttreten der neuen StPO RF fortgelten, weil diese Verfahrensweise dem in Art. 133 Abs. 1 Satz 2 ausdrücklich verankerten Grundsatz des vollen Schadensersatzes entspricht.

Nicht in der „Anordnung“ oder der „Instruktion“ vorgesehen war der Ersatz von Schäden, die dem Leben oder der Gesundheit des Geschädigten infolge der in Art. 1070 Abs. 1 ZGB aufgeführten Handlungen zugefügt wurden. Dies wurde kritisiert. Art. 1070 Abs. 1 ZGB ordne an, daß der Schaden, der durch die in dieser Vorschrift bezeichneten Handlungen zugefügt worden sei, in vollem Umfang zu ersetzen sei. Deshalb müsse auch ein dem Leben oder der Gesundheit zugefügter Schaden nach den Art. 1064 ff. ZGB ersetzt werden und dürfe nicht mit Hinweis darauf verweigert werden, daß weder die „Anordnung“ noch die „Instruktion“ den Ersatz solcher Schäden vorsähen[1425]. In der neuen StPO wird ein Ersatz von Schäden, die dem Leben oder der Gesundheit zugefügt wurden, nach wie vor nicht ausdrücklich angeordnet. Allerdings kann das nicht bedeuten, daß bei solchen Schäden keine Ansprüche bestehen. Vielmehr muß der Schaden in diesen Fällen nach den Art. 1064 ff. ZGB ersetzt werden.

Neben dem materiellen ist in den in Art. 1070 Abs. 1 ZGB genannten Fällen nach Art. 1100 (2. Alt.) ZGB auch der immaterielle Schaden unabhängig vom Verschulden des Schädigers zu ersetzen. Für die Zeit vor dem Inkrafttreten dieser Vorschrift am 01.03.1996 hatte es der Oberste

---

[1424] BVS RF 1998, Nr. 5, S. 14; Punkt 7 der erläuternden Leitentscheidung Nr. 15 des Obersten Gerichtshofs der UdSSR vom 23.12.1988, BVS SSSR 1989, Nr. 1, S. 13.

[1425] Vgl. *Rabec* in: *Morozova*, GiP 2000, Nr. 4, S. 17 f.

Gerichtshof der RF mehrfach abgelehnt, Klagen auf Ersatz des immateriellen Schaden infolge einer gesetzwidrigen Verurteilung, eines gesetzwidrigen Strafverfahrens, einer gesetzwidrigen Durchführung von Maßnahmen zur Sicherung der Durchführbarkeit eines Strafverfahrens in Form von Untersuchungshaft oder der schriftlichen Verpflichtung, seinen Aufenthaltsort nicht zu verlassen, einer gesetzwidrigen Verhängung einer Ordnungsstrafe in Form von Inhaftierung oder Besserungsarbeiten stattzugeben, weil nach Art. 127 Abs. 2 GZG 1991 ein solcher Schaden nur in dem durch Gesetzgebungsakte vorgesehenen Verfahren ersetzt werde und ein Ersatz des immateriellen Schadens in den einschlägigen Gesetzgebungsakten, insbesondere in der „Anordnung" nicht vorgesehen sei[1426].

Diese Position ist jedoch nicht unumstritten. In der Literatur wird die Meinung vertreten, daß ein solcher Anspruch bereits seit dem Inkrafttreten der GZG 1991 am 03.08.1992 gemäß den Art. 127 Abs. 2, 131 GZG 1991 bestanden habe. Vor allem sei nicht zutreffend, daß die „Anordnung" einen Ersatz des immateriellen Schadens nicht vorgesehen habe. Nach Art. 1 der „Anordnung" sei nicht nur der Vermögensschaden zu ersetzen gewesen, sondern auch bestimmte Rechte wiederherzustellen und anderer Schaden zu ersetzen. Durch Aufnahme der Worte „anderer Schaden" in Art. 1 der „Anordnung" habe der Gesetzgeber zwar nicht unmittelbar den Ersatz des immateriellen Schadens vorgesehen, aber auf die potentielle Möglichkeit des Ersatzes immaterieller Schäden hingewiesen. Außerdem sei auch in den GZG 1991 ein Verfahren vorgesehen gewesen, in dem der immaterielle Schaden zu ersetzen gewesen sei: Art. 127 Abs. 2 GZG 1991 bestimmte, daß der Schaden zu Lasten des Fiskus zu ersetzen war. Nach Art. 131 GZG 1991 war die Höhe des immateriellen Schadens in Geldform durch das Gericht zu bestimmen[1427]. Allerdings war der immaterielle Schaden selbst nach Meinung der Autoren, die einen entsprechenden Anspruch aus Art. 127 Abs. 2, 131 GZG 1991 ableiteten, nur im Falle eines Verschuldens des Schädigers zu ersetzen, weil Art. 131 GZG 1991 einen Anspruch auf Ersatz des immateriellen

1426 Vgl. BVS RF 1995, Nr. 1, S. 13; BVS RF 1995, Nr. 6, S. 2; BVS RF 1996, Nr. 10, S. 1 f.

1427 *Ėrdelevskij*, Kompensacija moral'nogo vreda, S. 140; *Ėrdelevskij*, Zakon 1997, Nr. 4, S. 78; *Ėrdelevskij*, Moral'nyj vred i kompensacija za stradanija, S. 23 ff.; *Ėrdelevskij*, Kompensacija moral'nogo vreda v Rossii i za rubežom, S. 80 ff.

Schadens nur unter dieser Voraussetzung vorsah und eine dem Art. 1100 ZGB vergleichbare Norm noch fehlte[1428].

Mit dem Inkrafttreten des Art. 1100 ZGB wurde eine eindeutige Rechtslage geschaffen und gleichzeitig bestimmt, daß der immaterielle Schaden ebenso wie der materielle Schaden unabhängig vom Verschulden zu ersetzen ist, damit der Anspruch auf Ersatz des immateriellen Schadens nicht daran scheitert, daß die Schädiger ohne Verschulden gehandelt haben oder ein solches nicht nachzuweisen ist[1429]. Zu beachten ist allerdings, daß Art. 1100 ZGB – im Gegensatz zu Art. 1069 und 1070 ZGB – nicht rückwirkend zum 01.03.1993 gilt. Art. 1100 kann nur auf Rechtsbeziehungen angewendet werden, die nach dem 01.03.1996 entstanden sind[1430].

Der Katalog der Rechtspflegeorgane des Art. 1100 (2. Alt.) ZGB entspricht dem des Art. 1070 Abs. 1 ZGB. Allerdings wird der immaterielle Schaden nur in den ausdrücklich in Art. 1100 (2. Alt.) ZGB vorgesehenen Fällen unabhängig vom Verschulden der Rechtspflegeorgane ersetzt. In den anderen Fällen haften die Rechtspflegeorgane für den von ihnen zugefügten immateriellen Schaden nur bei Verschulden (vgl. 1070 Abs. 2 ZGB)[1431].

In der neuen StPO RF ist der – verschuldensunabhängige – Anspruch des Geschädigten auf Ersatz des immateriellen Schadens ausdrücklich in den Art. 133 und 136 verankert. Dabei sieht Art. 136 StPO RF neben der Zahlung eines Geldbetrages auch weitere Möglichkeiten zum Ersatz immaterieller Schäden vor. Nach Art. 136 Abs. 1 StPO RF spricht der Staatsanwalt dem Rehabilitierten im Namen des Staates eine offizielle Entschuldigung für den ihm zugefügten Schaden aus. Wenn Behauptungen über die Festnahme des Rehabilitierten, seine Untersuchungshaft, eine zeitweilige Entfernung von seinem Dienstposten, die Anwendung von Zwangsmaßnahmen medizinischen Charakters bei ihm, die Verur-

---

1428 Vgl. hierzu *Ėrdelevskij*, RJu 1994, Nr. 7, S. 37 f.; *Ėrdelevskij*, Zakon 1997, Nr. 4, S. 77 ff.; *Ėrdelevskij*, Kompensacija moral'nogo vreda, S. 138 ff.; *Naričnij*, RJu 1997, Nr. 10, S. 40 f.

1429 Gerade in den Fällen des Art. 1070 Abs. 1 ZGB liegt häufig kein Verschulden vor bzw. das Verschulden ist nur schwer nachzuweisen, vgl. oben S. 405.

1430 Vgl. dazu BVS RF 1996, Nr. 10, S. 2; *Fajzutdinov* in: *Sadikov*, Kommentarij k Graždanskomu kodeksu RF časti vtoroj, Anm. 9 zu Art. 1070; *Il'jučenko*, Vestnik Moskovskogo universiteta 2002, Nr. 1, S. 52 f.

1431 *Gljancev* in: *Sadikov*, Kommentarij k Graždanskomu kodeksu RF časti vtoroj, Anm. 2 zu Art. 1100.

teilung des Rehabilitierten und andere bei ihm angewendete gesetzwidrige Handlungen in der Presse veröffentlicht, im Radio, Fernsehen oder in anderen Massenmedien verbreitet wurden, sind auf Verlangen des Rehabilitierten und im Falle seines Todes seiner engsten Verwandten oder Verwandten oder auf schriftliche Anweisung des Gerichts, des Staatsanwalts, des Ermittlers oder des Untersuchungsführers die entsprechenden Massenmedien verpflichtet, innerhalb von 30 Tagen eine Mitteilung über die Rehabilitierung zu machen (Art. 136 Abs. 3 StPO RF). Auf Verlangen des Rehabilitierten und im Falle seines Todes seiner engsten Verwandten oder Verwandten, sind das Gericht, der Staatsanwalt, der Ermittler oder der Untersuchungsführer verpflichtet, innerhalb einer Frist von nicht mehr als 14 Tagen schriftliche Mitteilungen über die getroffenen Entscheidungen, die den Bürger freisprechen, an seine Arbeits- bzw. Ausbildungsstelle oder an seinen Wohnort zu richten (Art. 136 Abs. 4 StPO RF). Welche Art und Weise des Ersatzes des immateriellen Schadens gewählt wird, hängt allein vom Willen des Geschädigten ab[1432].

dd) Ablauf des Verfahrens. Hinsichtlich des Verfahrens waren nach der „Anordnung" und der „Instruktion" folgende Besonderheiten zu beachten:

An den geschädigten Bürger und im Falle seines Todes an seine Erben und die Personen, die von ihm Unterhalt bezogen haben, wurde gleichzeitig mit der Benachrichtigung über die Einstellung des Verfahrens im Stadium der Ermittlung und der Voruntersuchung oder der Kopie des rechtskräftigen freisprechenden Strafurteils oder des Beschlusses des Gerichtes (Volksgerichtes) eine Mitteilung gerichtet, die das Recht und das Verfahren auf Ersatz des Schaden erläutert (vgl. Punkt 6 der „Instruktion").

Eine solche Belehrungspflicht war auch in Art. 58^1 StPO RSFSR vorgesehen: Danach war bei Einstellung eines Strafverfahrens wegen Nichtgeschehens eines Verbrechens, wegen Nichtvorliegens eines Straftatbestandes in der Handlung oder der Nichterwiesenheit der Beteiligung eines Bürgers an der Begehung einer Straftat sowie bei Fällung eines freisprechenden Urteils, das Organ der Voruntersuchung, der Ermittler, der Staatsanwalt und das Gericht verpflichtet, dem Bürger das Verfahren

---

1432 *Il'jučenko*, Vestnik Moskovskogo universiteta 2002, Nr. 1, S. 51.

der Wiederherstellung seiner verletzten Rechte zu erläutern und die durch Gesetz vorgesehenen Maßnahmen zum Ersatz des Schadens zu treffen, der dem Bürger infolge der gesetzwidrigen Verurteilung, des gesetzwidrigen Strafverfahrens oder der gesetzwidrigen Anwendung von Maßnahmen zur Sicherung der Durchführbarkeit eines Strafverfahrens in Form von Untersuchungshaft zugefügt wurde. Ferner hatte der Oberste Gerichtshof der RF bekräftigt, daß im Falle eines freisprechenden Urteils dem Freigesprochenen sein Recht auf Schadensersatz und Ersatz des immateriellen Schadens, der ihm durch die gesetzwidrige Strafverfolgung zugefügt wurde, zu erläutern ist[1433]. In der Praxis soll seine solche Belehrung jedoch in der Mehrzahl der Fälle unterblieben sein, weil die zuständigen Amtspersonen die einschlägigen Vorschriften nicht kannten[1434].

Zur Bestimmung der Höhe des in Ziff. 1, 4, 5 von Art. 2 der „Anordnung“ aufgeführten Vermögensschadens konnte sich der Bürger innerhalb von sechs Monaten, nachdem die Mitteilung an ihn gerichtet wurde, an die in Punkt 10 der „Instruktion“ im einzelnen aufgezählten Organe der Ermittlung, der Voruntersuchung, der Staatsanwaltschaft bzw. die dort genannten Gerichte wenden.

Die Höhe des in den Ziff. 1, 4 und 5 von Art. 2 der „Anordnung“ aufgeführten Schadens wurde innerhalb einer Frist von einem Monat ab dem Tag des Antrags des Bürgers an die entsprechenden Organe der Ermittlung, der Voruntersuchung, der Staatsanwaltschaft und an das Gericht bestimmt, worüber ein Urteil gefällt wurde (vgl. Art. 11 Abs. 1 der „Anordnung“, Punkt 11 der „Instruktion“).

Nicht später als drei Tage, nachdem das Urteil über die Schadenshöhe gefällt wurde, war eine mit einem Wappenstempel beglaubigte Kopie von ihm an den Bürger oder seine Erben zu richten, die sie bei der Finanzabteilung des Exekutivkomitees des regionalen (städtischen) Sowjets der Volksdeputierten einzureichen hatten, um einen Scheck zu erhalten, den sie bei der Staatsbank einreichen konnten (vgl. Punkt 12 der „Instruktion“).

Wenn der Bürger, der die Schadensersatzforderungen eingereicht hatte, mit dem Urteil, das gemäß Art. 11 Abs. 1 der „Anordnung“ gefällt wurde, nicht einverstanden war, konnte er es im gesetzlich vorgesehenen

---

1433 Vgl. Punkt 18 der erläuternden Leitentscheidung Nr. 1 des Plenums des Obersten Gerichtshofs der RF vom 29.04.1996, BVS 1996, Nr. 7, S. 7.

1434 Vgl. *Naričnij*, RJu 1997, Nr. 10, S. 40.

Verfahren bei dem Staatsanwalt oder bei dem an höchster Stelle stehenden Gericht anfechten (vgl. Art. 11 Abs. 2 der „Anordnung“). Forderungen auf Ersatz des Schadens, der in Art. 2 Ziff. 1, 4 und 5 der „Anordnung“ aufgeführt ist (Ersatz des Verdienstes und anderer Arbeitseinkommen; Geldstrafen, die bei der Vollstreckung des Gerichtsurteils eingezogen wurden; Gerichtsauslagen; Beträge, die durch den Bürger an eine Rechtsberatungsstelle für das Gewähren juristischen Beistands gezahlt wurden; andere Beträge, die durch den Bürger im Zusammenhang mit den gesetzwidrigen Handlungen gezahlt wurden), wurden in dem durch die Strafprozeßgesetzgebung vorgesehenen Verfahren für die Entscheidung von Streitigkeiten, die mit der Vollstreckung des Urteils verbunden sind (Art. 369 StPO RSFSR), überprüft (vgl. Punkt 5 der erläuternden Leitentscheidung Nr. 15 des Obersten Gerichtshofs der UdSSR vom 23.12.1988[1435]). Das Recht, den Klageweg im Zivilverfahren einzuschlagen, war gemäß Art. 118 ZPO RSFSR, Art. 12 der „Anordnung“ und Punkt 5 der erläuternden Leitentscheidung Nr. 15 des Obersten Gerichtshofs der UdSSR vom 23.12.1988[1436] nur für den Fall vorgesehen, daß die Forderung auf Wiederherstellung der Arbeits-, Renten- und Wohnrechte, die in den Art. 5, 7 und 8 der „Anordnung“ erwähnt werden, sowie die Forderung auf Rückgabe des in Art. 2 Ziff. 3 der „Anordnung“ erwähnten Vermögens oder seines Wertes nicht erfüllt wurde oder der Bürger mit der getroffenen Entscheidung nicht einverstanden war. *Sergeev*[1437] wies jedoch zutreffend darauf hin, daß seit dem Inkrafttreten des Gesetzes “Über die *Anfechtung von Handlungen und Entscheidungen, die Rechte und Freiheiten von Bürgern verletzen, vor Gericht*“ vom 27.04.1993[1438] jede beliebige Entscheidung in dem durch dieses Gesetz vorgesehenen Verfahren angefochten werden kann.

Dieses sehr komplizierte in der „Anordnung“ und der „Instruktion“ vorgesehene Verfahren, hat in der Praxis nicht in vollem Umfang funktioniert[1439].

Das in der neuen StPO RF vorgesehene Verfahren unterscheidet sich deutlich vom bisherigen Verfahren. Eine Punkt 6 der „Instruktion“ bzw. Art. 58^1 StPO RSFSR entsprechende Belehrungspflicht über das Recht

---

1435 BVS SSSR 1989, Nr. 1, S. 12.
1436 BVS SSSR 1989, Nr. 1, S. 12, BVS RF 1998, Nr. 5, S. 14.
1437 In: *Sergeev/Tolstoj*, Graždanskoe pravo, Band 3, S. 31.
1438 Vgl. Fn. 1347.
1439 Vgl. *Naričnij*, RJu 1997, Nr. 10, S. 42.

auf Schadenersatz kennt die neue StPO RF nicht mehr. In Art. 11 Abs. 1 StPO RF ist lediglich allgemein vorgesehen, daß das Gericht, der Staatsanwalt, der Ermittler, der Untersuchungsführer verpflichtet sind, dem Tatverdächtigten, dem Angeklagten, dem Geschädigten, dem Zivilkläger, dem Zivilbeklagten sowie den anderen Beteiligten am Strafverfahren ihre Rechte, Pflichten und Verantwortlichkeit zu erläutern sowie die Möglichkeit der Ausübung ihrer Rechte zu gewährleisten[1440].

Des weiteren verläuft das Verfahren nach der StPO RF nunmehr wie folgt: Das Gericht erkennt in einem Urteil oder Beschluß[1441] und der Staatsanwalt, der Ermittler, der Untersuchungsführer in einem Beschluß, für den Freigesprochenen oder die Person, bei der das Strafverfahren eingestellt wurde, das Recht auf Rehabilitierung an. Gleichzeitig wird an den Rehabilitierten eine Benachrichtigung mit der Erläuterung des Verfahrens auf Ersatz des Schadens gerichtet, der mit dem Strafverfahren zusammenhängt (Art. 134 Abs. 1 StPO RF). Falls Informationen über den Wohnort der Erben, engsten Verwandten, Verwandten oder Unterhaltsberechtigten eines verstorbenen Rehabilitierten fehlen, wird die Benachrichtigung an sie nicht später als fünf Tage ab dem Tag gerichtet, an dem sie sich an die Organe der Voruntersuchung, die Organe der Vorermittlung oder das Gericht wenden (Art. 134 Abs. 2 StPO RF). Im Laufe der im Zivilgesetzbuch der RF festgelegten Verjährungsfristen ist der Rehabilitierte ab dem Tag des Erhaltes der Kopien der Dokumente, die in Art. 134 Abs. 1 StPO RF aufgeführt sind, und der Benachrichtigung über das Verfahren des Schadensersatzes berechtigt, sich mit der Forderung auf Ersatz des Vermögensschadens an das Organ zu wenden, das das Strafurteil gefällt und (oder) den Beschluß[1442] über die Einstellung der Strafsache, über die Aufhebung oder Änderung der gesetzwidrigen oder unbegründeten Entscheidungen gefaßt hat. Wenn die Strafsache beendet oder das Strafurteil durch das an höchster Stelle stehende Gericht geändert wurde, wird die Forderung auf Schadensersatz an das Gericht gerichtet, das das Strafurteil gefällt hat (Art. 135 Abs. 2 StPO RF). Nicht später als ein Monat ab dem Zugang der Forderung auf Ersatz des Vermögensschadens bestimmt der Richter, der Staatsanwalt, der

---

1440 *Il'jučenko*, Vestnik Moskovskogo universiteta 2002, Nr. 1, S. 50, hält dies nicht für ausreichend und fordert, spezielle Vorschriften in die StPO einzufügen, die eine Pflicht zur Belehrung über das Recht auf Schadensersatz vorsehen.

1441 Russ.: prigovor, opredelenie, postanovlenie.

1442 Russ.: opredelenie, postanovlenie.

Ermittler, der Untersuchungsführer seine Höhe und fällt ein Urteil über das Verfahren der Auszahlungen des Ersatzes dieses Schadens. Die angegebenen Auszahlungen werden unter Berücksichtigung des Inflationsniveaus ausgeführt (Art. 135 Abs. 4 StPO RF).

Die Forderung auf Ersatz des Vermögensschadens wird durch den Richter in dem Verfahren entschieden, das in Art. 399 StPO RF für die Entscheidung der Fragen festgelegt wurde, die mit der Vollstreckung des Urteils verbunden sind (Art. 135 Abs. 5 StPO RF). Eine Kopie des Urteils wird dem Rehabilitierten ausgehändigt oder an ihn gerichtet und im Falle seines Todes an die in Art. 134 Abs. 2 aufgeführten Personen (Art. 135 Abs. 6 StPO RF). Die Beschlüsse des Gerichts, des Staatsanwalts, des Ermittlers, des Untersuchungsführers über das Verfahren der Auszahlungen, die Rückgabe des Vermögens können in dem Verfahren angefochten werden, das im 16. Kapitel der StPO RF für die Anfechtung von Handlungen und Entscheidungen des Gerichts und der Amtspersonen, die das Strafverfahren durchführen (Art. 123- 127 StPO RF), vorgesehen ist (vgl. Art. 137 StPO RF).

Im Gegensatz zur „Anordnung" und der „Instruktion" regelt die neue StPO RF allerdings nicht mehr, wie der Geschädigte den Schadensersatz konkret erhält[1443].

Die Wiederherstellung der Arbeits-, Pensions-, Wohn- und anderen Rechte des Rehabilitierten geschieht in dem Verfahren, das in Art. 399 StPO RF für die Entscheidung von Fragen festgelegt wurde, die mit der Vollstreckung eines Strafurteils zusammenhängen. Wenn der Forderung auf Schadensersatz nicht stattgegeben wurde oder der Rehabilitierte mit der vom Gericht getroffenen Entscheidung nicht einverstanden ist, kann er sich an das Gericht im Zivilprozeßverfahren wenden (Art. 138 Abs. 1 StPO RF). Rehabilitierte, denen auf Grundlage einer Gerichtsentscheidung spezielle militärische oder Ehrentitel, Dienstränge sowie staatliche Auszeichnungen entzogen wurden, werden die entsprechenden Titel, Dienstränge verliehen und die staatlichen Auszeichnungen zurückgegeben (Art. 138 Abs. 2 StPO RF).

Das in der „Anordnung" und der „Instruktion" vorgesehene Verfahren wurde bereits vor Inkrafttreten der neuen StPO nicht angewendet, sofern es sich um den Ersatz immaterieller Schäden nach Art. 1070

[1443] Kritisiert wird das von *Il'jučenko*, Vestnik Moskovskogo universiteta 2002, Nr. 1, S. 49.

Abs. 1, 1100 ZGB handelte. Die Höhe des immateriellen Schadens hat vielmehr das Gericht nach den Vorschriften des ZGB (insbesondere dem Art. 1101) im Zivilprozeß zu bestimmen, weil Art. 1101 Satz 2 ZGB zwingend vorschreibt, daß die Höhe des Ersatzes von immateriellem Schaden durch das Gericht bestimmt wird[1444]. Art. 136 Abs. 2 StPO RF sieht jetzt sogar ausdrücklich vor, daß Klagen auf Ersatz des immateriellen Schadens in Geldform im Zivilprozeßverfahren zu erheben sind.

i) Regreß

Das ZGB regelt in Art. 1081 Abs. 3 ZGB die Frage des Regresses des haftenden Schuldners gegenüber dem unmittelbaren Schädiger im Rahmen der Haftung nach Art. 1070 Abs. 1 ZGB:

> *„Die Rußländische Föderation, ein Subjekt der Rußländischen Föderation oder eine kommunale Gebietskörperschaft sind im Falle, daß sie einen Schaden ersetzten, der durch Amtspersonen der Ermittlungsorgane, der Untersuchungsorgane, der Staatsanwaltschaft oder der Gerichte (Art. 1070 Abs. 1 ZGB) zugefügt wurde, gegen diese Person rückgriffsberechtigt, soweit deren Verschulden durch ein rechtskräftiges Strafgerichtsurteil festgestellt wurde.“*

Eine Regreßmöglichkeit besteht somit nicht, wenn die RF, das Subjekt der RF oder die kommunale Gebietskörperschaft nach Art. 1070 Abs. 1 ZGB haftet, aber die handelnde Amtsperson nicht schuldhaft gehandelt hat. Liegt hingegen nach Art. 1081 Abs. 3 ZGB ein Regreßrecht

[1444] Vgl. *T. Levinova*, RJu 2000, Nr. 9, S. 39 f.; *Ėrdelevskij*, Kompensacija moral'nogo vreda, S. 141; *Ėrdelevskij*, Zakon 1997, Nr. 4, S. 80; *Ėrdelevskij*, Moral'nyj vred i kompensacija za stradanija, S. 28, *Ėrdelevskij*, Kompensacija moral'nogo vreda v Rossii i za rubežom, S. 85; *Ėrdelevskij*, RJu 1994, Nr. 7, S. 38 (allerdings noch zum sowjetischen Recht). *Narižnij*, RJu 1997, Nr. 10, S. 41, hat allerdings eine analoge Anwendung des in der „Anordung“ und der „Instruktion“ vorgesehenen Verfahrens beim Ersatz immaterieller Schäden vorgeschlagen, damit der Geschädigte seinen Schadensersatzanspruch in einem Verfahren durchsetzen kann. Jedoch ist zu bezweifeln, ob es für den Geschädigten wirklich hilfreich wäre, wenn die Strafgerichte die Höhe des Ersatzes des immateriellen Schadens zu bestimmen hätten.

vor, so besteht es in Höhe des gezahlten Schadensersatzes, wenn gesetzlich nichts anderes bestimmt ist[1445].

3. Besonderheiten bei Schäden, die bei der Ausübung der Rechtsprechung verursacht wurden

Für den Bereich der Rechtsprechung sieht Art. 1070 Abs. 2 Satz 2 ZGB folgende Sonderregelung vor:

> *„Schaden, der bei der Ausübung der Rechtsprechung zugefügt wird, wird ersetzt, soweit die Schuld des Richters durch ein rechtskräftiges Strafgerichtsurteil festgestellt wurde."*

Zum Anwendungsbereich dieser Vorschrift ist zu beachten daß sie – im Unterschied zu Art. 1070 Abs. 1 ZGB – nicht nur für Bürger gilt, sondern auch dann, wenn der Schaden einer juristischen Person zugefügt wurde[1446]. Art. 1070 Abs. 2 Satz 2 ZGB wird zudem nicht auf die in Art. 1070 Abs. 1 ZGB vorgesehen Fälle einer Schadenszufügung durch ein Gericht angewendet[1447]. Sie betrifft nur solche Handlungen eines Gerichts, die nicht in Art. 1070 Abs. 1 ZGB aufgeführt sind und deshalb nach Art. 1069 ZGB ersetzt werden.

Einzelheiten dazu, wie Art. 1070 Abs. 2 Satz 2 ZGB auszulegen ist, ergeben sich aus einem Urteil des Verfassungsgerichts der RF vom 25.01.2001[1448]. In diesem Urteil hat das Verfassungsgericht Art. 1070 Abs. 2 Satz 2 ZGB zwar für nicht verfassungswidrig erklärt, aber umfassend und für alle Gerichte verbindlich dargelegt, wie die Vorschrift verfassungskonform auszulegen ist. Der Entscheidung lagen die Verfassungsbeschwerden von vier Bürgern zugrunde. Die Bürger hatten gegen den Staat Klagen auf Ersatz des Schadens erhoben, der ihnen bei der Durchführung eines Zivilprozesses zugefügt wurde. Die Klagen wurden abgewiesen, weil die Gerichte Art. 1070 Abs. 2 Satz 2 ZGB anwendeten

---

1445 *Fajzutdinov* in: *Sadikov*, Kommentarij k Graždanskomu kodeksu RF časti vtoroj, Anm. 11 zu Art. 1069; *Sergeev* in: *Sergeev/Tolstoj*, Graždanskoe pravo, Band 3, S. 27 f.

1446 *Guev*, Postatejnyj Kommentarij k časti vtoroj Graždanskogo kodeksa RF, Anm. 3 c) zu Art. 1070.

1447 *Suchanov*, Graždanskoe pravo, Band 2, Halbband 2, S. 402; *Makovskij*, in: Graždanskij kodeks Rossii, S. 110.

1448 VVAS 2001, Nr. 4, S. 48 ff.; VKS 2001, Nr. 3, S. 11 ff.

und annahmen, daß der Schaden nicht zu ersetzen sei, weil kein rechtskräftiges Strafgerichtsurteil vorliege, in dem die Schuld der Richter festgestellt worden sei. Die vier Bürger fochten deshalb die Verfassungsmäßigkeit des Art. 1070 Abs. 2 Satz 2 ZGB an und beriefen sich darauf, daß durch diese Vorschrift ihre Rechte auf gerichtlichen Schutz (Art. 46 VerfRF) und Ersatz des Schadens durch den Staat, der ihnen durch gesetzwidrige Handlungen von Organen der Staatsgewalt oder ihren Amtspersonen zugefügt worden ist (Art. 53 VerfRF), verletzt würden.

Gegen die Verfassungsmäßigkeit des Art. 1070 Abs. 2 Satz 2 ZGB wurden folgende Argumente vorgebracht[1449]:

- Aufgrund der Regelung in Art. 1070 Abs. 2 Satz 2 ZGB würden zahlreiche Bürger juristisch und tatsächlich ihr Recht auf Schadensersatz durch den Staat verlieren, das ihnen durch Art. 53 VerfRF garantiert werde. Art. 53 VerfRF funktioniere praktisch nicht, wenn es um im Zivilprozeß zugefügte Schäden gehe, weil Art. 1070 Abs. 2 Satz 2 ZGB den Geschädigten die Möglichkeit entziehe, eine Schadensersatzklage gegen die Richter im Zivilverfahren zu erheben. Die Richter wiesen die Klagen von Bürgern gegen den Staat auf Ersatz des Schadens ab, der infolge einer gesetzwidrigen Arrestierung ihres Bankkontos, einer gesetzwidrigen Einziehung von Gerichtsgebühren, eines langwierigen Aufschubs der Verhandlung ihrer Zivilsachen vor Gericht und ähnlichen Rechtsverletzungen zugefügt worden sei. Es sei auch nicht möglich, Ersatz für Schäden zu erlangen, die durch Verletzung der Art. 99, 213 ZPO RSFSR[1450] (Überschreitung der Fristen für Vorbereitung der Streitigkeit zur Gerichtsverhandlung) zugefügt worden seien. Dabei beriefen sich die Richter darauf, daß Art. 1070 Abs. 2 Satz 2 ZGB die zivilrechtliche Haftung des Staates von der strafrechtlichen Verantwortlichkeit des Richters abhängig mache und das Strafgesetzbuch eine solche Verantwortlichkeit nur bei vorsätzlichen Rechtsverletzungen vorsehe. Art. 1070 Abs. 2 Satz 2 ZGB schließe deshalb die unmittelbare Geltung des Art. 53 VerfRF, der allgemeinen Bestimmungen des ZGB und des Art. 6 der Europäischen Konvention zum Schutze der Menschenrechte und Grundfreiheiten

[1449] Diese Argumente ergeben sich aus dem Aufsatz von *Bojcova*, Žurnal rossijskogo prava 2001, Nr. 9, S. 53 ff., die in dem Verfahren zur Überprüfung der Verfassungsmäßigkeit des Art. 1070 Abs. 2 ZGB vor dem Verfassungsgericht der RF ein Sachverständigengutachen zur Verfassungsmäßigkeit des Art. 1070 Abs. 2 ZGB erstellt und eingereicht hat.

[1450] In der ZPO RF sind ebenfalls bestimmte Fristen vorgesehen, vgl. Art. 154, 214.

(in folgenden: EMRK)[1451] bei der Verhandlung von Klagen auf Ersatz eines im Zivilprozeß zugefügten Schadens aus.

- Im Unterschied zu Art. 1070 Abs. 2 Satz 2 ZGB enthalte Art. 53 VerfRF keine Einschränkungen im Bereich seiner Geltung, des Haftungsgrundes und des Kreises der Amtspersonen, die den Schaden zufügen. Deshalb entziehe Art. 1070 Abs. 2 Satz 2 ZGB den Bürgern das in Art. 46 VerfRF verankerte Recht, nach dem jedem der gerichtliche Schutz seiner Rechte und Freiheiten garantiert werde.
- Art 1070 Abs. 2 Satz 2 ZGB verletze auch die Vorschriften des Art. 52 VerfRF, des Art. 6 Abs. 1 der EMRK und des Art. 14 des Internationalen Paktes über bürgerliche und politische Rechte, welche den Bürgern ein Recht auf gerichtlichen Schutz gewähren.
- Art. 1070 Abs. 2 Satz 2 ZGB widerspreche dem gesunden Menschenverstand. Es dürfe keine Ausnahmen vom allgemeinen Prinzip der Staatshaftung geben, außer wenn dies durch sehr bedeutsame Gründe bestimmt werde.
- Art. 53 VerfRF gehöre zu den Vorschriften, die eine Konkretisierung durch den Gesetzgeber erforderten, die jedoch bis heute fehle. Dies führe insbesondere deshalb zu Schwierigkeiten, weil die rußländischen Richter nicht gern von ihrem richterlichen Ermessen Gebrauch machten, sondern sie es aus Tradition vorzögen, Gesetzgebungsakte und nicht Verfassungsnormen anzuwenden. Dieser verfassungswidrige Zustand könne nur beseitigt werden, wenn das Verfassungsgericht der RF Änderungen in Art. 1070 ZGB einfüge und ein Spezialgesetz über die Haftung des Staates für rechtswidrige Handlungen (Unterlassungen) von Amtspersonen verabschiedet werde.

Das Verfassungsgericht der RF hat sich dieser Argumentation nicht angeschlossen. In seiner Entscheidung vom 25.01.2001 begründete es zunächst die Verfassungsmäßigkeit des Art. 1070 Abs. 2 Satz 2 ZGB, und zwar im wesentlichen mit folgenden Argumenten[1452]:

- Die Tatsache, daß nach Art. 1070 Abs. 2 Satz 2 ZGB ein bei der Ausübung der Rechtsprechung zugefügter Schaden nur bei einem Verschulden des Richters zu ersetzen sei, stelle keinen Widerspruch zu Art. 53 VerfRF dar, obwohl Art. 53 VerfRF die Schadensersatzpflicht des Staa-

[1451] In der Fassung des Protokolls Nr. 11 vom 11.05.1994.

[1452] Da das Verfassungsgerichturteil für die Auslegung des Art. 1070 Abs. 2 Satz 2 ZGB von enormer Bedeutung ist, ist eine Übersetzung des vollständigen Wortlauts dieses Urteils als Anlage zu dieser Arbeit (S. 596 ff.) begefügt.

tes nicht ausdrücklich davon abhängig mache, daß die Amtsperson schuldhaft gehandelt habe. Das Erfordernis eines Verschuldens sei ein allgemeines und anerkanntes Prinzip der juristischen Verantwortlichkeit in allen Rechtsgebieten. Ausnahmen hiervon müßten ausdrücklich vorgesehen werden.

- Der Grund dafür, daß im Falle der Haftung für bei der Ausübung der Rechtsprechung zugefügte Schäden die Beweislast für das Nichtvorliegen eines Verschuldens entgegen der allgemeinen Regelung des Art. 1064 Abs. 2 ZGB nicht dem Schädiger auferlegt werde, sei mit den Besonderheiten der Funktionsweise der Gerichtsbarkeit verbunden. Für die Überprüfung von Gerichtsentscheidungen sehe die Prozeßgesetzgebung ein spezielles Verfahren vor, nämlich die Überprüfung in der Berufungs-, Revisions- und Aufsichtsinstanz. Wenn ein Bürger mit Hilfe einer Klage auf Ersatz eines bei der Ausübung der Rechtsprechung zugefügten Schadens eine Gerichtsentscheidung überprüfen lassen könnte, würde damit eine weitere Möglichkeit zur Überprüfung der Gesetzmäßigkeit und Begründetheit von Gerichtsentscheidungen geschaffen werden: Dem Bürger würde dann die Möglichkeit gegeben werden, Gerichtsentscheidungen nicht in den vorgesehenen Verfahrensweisen überprüfen zu lassen, sondern auch im Wege der Erhebung einer deliktischen Schadensersatzklage. Das sei jedoch unzulässig, weil in diesem Falle eine Partei, die – nach ihrer Meinung – bei der Verhandlung eines Zivilprozesses durch eine gesetzwidrige Handlung des Richters geschädigt worden sei, nicht nur Berufung oder Revision einlegen, sondern auch eine Schadensersatzklage erheben könnte und der Richter im Rahmen solcher Schadensersatzklagen jedes Mal gezwungen sein würde, zu beweisen, daß er nicht schuldhaft gehandelt habe. Das laufe jedoch der durch die Prozeßgesetzgebung festgelegten Verfahrensweise zur Überprüfung von Gerichtsentscheidungen zuwider.
- Wenn ein Richter eine Rechtsvorschrift anwende, nehme er eine eigene Auslegung vor und entscheide innerhalb des ihm vom Gesetz eingeräumten Ermessensspielraums. Aufgrund dieses Ermessenspielraums sei es schwierig, die Anzahl gesetzwidriger Entscheidungen, die nicht auf einen verschuldeten Fehler des Richters oder nur auf dessen Fahrlässigkeit zurückzuführen seien, zu begrenzen. Wenn eine Gerichtsentscheidung durch eine höhere Instanz aufgehoben werde, werde der Prozeßbeteiligte davon ausgehen, daß sie ursprünglich aufgrund eines Verschuldens des Richters nicht entsprechend dem Gesetz getroffen worden sei. Wenn in einem solchen Fall die für deliktische Schuldverhältnisse übliche Beweislastverteilung gelten würde, könnte die Kontrolle und Aufsicht über die Ausübung der Rechtsprechung lahmgelegt werden, weil die Gefahr bestünde, daß dadurch eine Streitigkeit über den Ersatz des

dabei zugefügten Schadens hervorgerufen werde. Dabei schließe Art. 1070 Abs. 2 Satz 2 ZGB nicht nur aus, daß das Verschulden des Schädigers vermutet werde, sondern setze zudem voraus, daß die Schuld des Richters durch ein Strafgerichtsurteil festgestellt werde. Der Staat hafte nur, wenn der Richter eine vorsätzliche Straftat nach Art 305 StGB (Wissentlicher Erlaß eines gesetzwidrigen Urteils, einer Entscheidung oder eines sonstigen Rechtsakts) oder eine fahrlässige Straftat nach Art. 293 StGB (Nichterfüllung oder nicht ordnungsgemäße Erfüllung von Pflichten durch Richter als Amtspersonen infolge einer gewissenlosen oder nachlässigen Einstellung zum Dienst, wenn dies eine wesentliche Verletzung von Rechten oder gesetzmäßigen Interessen von Bürgern nach sich gezogen hat) begangen habe[1453].

Das Verfassungsgericht legte Art. 1070 Abs. 2 Satz 2 ZGB sodann wie folgt verfassungskonform aus:

- Unter Ausübung der Rechtsprechung sei nicht das gesamte Gerichtsverfahren zu verstehen, sondern nur derjenige Teil von ihm, der mit einem Beschluß von Rechtsakten von dem Gericht unterstellten Streitigkeiten abschließe, d. h. gerichtlicher Rechtsakte, die die Streitigkeit ihrem Wesen nach entscheiden[1454].
- Die gerichtlichen Rechtsakte, durch die eine Streitigkeit nicht in ihrem Wesen entschieden worden sei und durch die die materiell-rechtliche Lage der Parteien nicht bestimmt werde, sondern in denen in erster Linie prozeßrechtliche Fragen entschieden würden, seien vom Begriff der „Ausübung der Rechtsprechung“ im Sinne des Art. 1070 Abs. 2 Satz 2 ZGB nicht umfaßt. Wenn ein Richter im Laufe der Durchführung eines Zivilprozesses bei Fragen, die nicht die materiell-rechtliche, sondern die

1453 Vgl. hierzu auch *Jarošenko*, ChiP 1996, Nr. 12, S. 10; *Jarošenko* in: *Braginskij*, Kommentarij časti vtoroj Graždankogo kodeksa RF, S. 363.

1454 Bereits vor der Entscheidung des Verfassungsgerichts ist *Makovskij*, in: Graždanskij kodeks Rossii, S. 110, hinsichtlich der Frage, was unter der „Ausübung der Rechtsprechung“ zu verstehen ist, zu einem ähnlichen Ergebnis gelangt. Zu den Rechtsakten, die eine Streitigkeit ihrem Wesen nach entscheiden, werden folgende gezählt: a) Urteile (postanovlenija) des Gerichts der ersten Instanz, durch die die Streitigkeit in ihrem Wesen entschieden wird, b) gerichtliche Befehle, c) Urteile (rešenija) des Friedensrichters, die die ihm unterstellten Zivilsachen in ihrem Wesen entscheiden, d) Urteile (opredelenija) der Revisionsinstanz, durch die die Frage über die Richtigkeit der Urteile (rešenija) der Gerichte der ersten Instanz entschieden wird, e) Urteile (postanovlenija) der Berufungsinstanz, die in Form einer rešenie oder einer opredelenie gemäß Art. 318^{10} ZPO RSFSR/Art. 329 ZPO RF gefällt werden, vgl. *V. Kazancev*, RJu 2002, Nr. 2, S. 12.

prozeßrechtliche Lage der Parteien bestimmten, gesetzwidrig handele (oder etwas rechtswidrig unterlasse) verhindere Art. 1070 Abs. 2 Satz 2 ZGB nicht, daß der dadurch entstandene Schaden ersetzt werde. In diesen Fällen könne das Verschulden des Richters nicht nur durch ein Strafgerichtsurteil festgestellt werden, sondern auch durch eine andere Gerichtsentscheidung, wobei allerdings die Verschuldensvermutung des Art. 1064 Abs. 2 ZGB nicht gelte. Das Verfahren für den Ersatz des in diesen Fällen zugefügten Schadens sei gesetzlich zu regeln. Hierfür sei jedoch nach den Grundsätzen der Gewaltenteilung, der Selbständigkeit der Organe der Gesetzgebung und der Gerichtsbarkeit sowie dem Prärogativ der Föderationsversammlung nicht das Verfassungsgericht, sondern die Föderationsversammlung zuständig.

Das Verfassungsgericht erläuterte zudem, wie Art. 1070 Abs. 2 Satz 2 ZGB unter Berücksichtigung der internationalen Verträge, die die RF ratifiziert hat, auszulegen ist:

- Insoweit maßgeblich seien die Bestimmungen des Art. 6 EMRK, des Art. 41 EMRK und des Art. 3 des Protokolls Nr. 7 zur EMRK[1455]. Aus diesen Bestimmungen folge, daß der Staat nur dann eine Entschädigung unabhängig vom Verschulden eines Richters zu gewährleisten habe, wenn jemand aufgrund eines Fehlers eines Gerichts strafrechtlich verurteilt worden sei. Die Konvention verpflichte den vertragsschließenden Staat dagegen nicht, unabhängig vom Verschulden des Richters einen bei der Ausübung der Rechtsprechung im Zivilprozeß zugefügten Schaden zu

---

1455 Jede Person hat ein Recht darauf, daß über Streitigkeiten in bezug auf ihre zivilrechtlichen Ansprüche oder Verpflichtungen oder über eine gegen sie erhobene strafrechtliche Anklage von einem unabhängigen und unparteiischen, auf Gesetz beruhenden Gericht in einem fairen Verfahren, öffentlich und innerhalb angemessener Frist verhandelt wird (Art. 6 Abs. 1 Satz 1 EMRK).
Stellt der Gerichtshof für Menschenrechte fest, daß die Konvention oder die Protokolle dazu verletzt worden sind, und gestattet das innerstaatliche Recht der Hohen Vertragspartei nur eine unvollkommene Wiedergutmachung für die Folgen dieser Verletzung, so spricht der Gerichtshof der verletzten Partei eine gerechte Entschädigung zu, wenn dies notwendig ist (Art. 41 EMRK).
Ist eine Person wegen einer Straftat rechtskräftig verurteilt oder ist das Urteil später aufgehoben oder die Person begnadigt worden, weil eine neue oder neu bekannt gewordene Tatsache schlüssig beweist, daß ein Fehlurteil vorlag, so muß sie, wenn sie aufgrund eines solchen Urteils eine Strafe verbüßt hat, entsprechend dem Gesetz oder der Übung des betreffenden Staates entschädigt werden, sofern nicht nachgewiesen wird, daß das nicht rechtzeitige Bekanntwerden der betreffenden Tatsache ganz oder teilweise ihr zuzuschreiben ist (Art. 3 des Protokolls Nr. 7 zur EMRK).

ersetzen. Bei Klagen auf Ersatz eines im Zivilprozeß zugefügten Schadens, der nicht durch Rechtsakte verursacht worden sei, die die Streitigkeit ihrem Wesen nach entscheiden, dürfe jedoch das Verfassungsrecht auf Schadensersatz durch den Staat nicht mit einer persönlichen durch ein Strafgerichtsurteil festgestellten Schuld des Richters verbunden werden. Strafrechtlich nicht sanktionierte, aber gesetzwidrige schuldhafte Handlungen oder Unterlassungen eines Richters im Zivilprozeß (z. B. die gesetzwidrige Beschlagnahme von Vermögen, die Überschreitung der angemessenen Fristen für die Gerichtsverhandlung, die nicht rechtzeitige Zustellung von Prozeßdokumenten, die zur Versäumung einer Beschwerdefrist geführt hat, die unrechtmäßige Verzögerung der Vollstreckung) müßten deshalb ausgehend von Art. 1070 Abs. 2 Satz 2 ZGB in dem durch das vorliegende Urteil aufgezeigten verfassungsrechtlichen Sinn in Verbindung mit Art. 6 und 41 EMRK als Verletzung des Rechts auf eine faire Gerichtsverhandlung betrachtet werden. In diesem Fall sei der Person, der durch Verletzung dieses Rechts ein Schaden zugefügt worden sei, eine gerechte Entschädigung zu zahlen.

Das Verfassungsgericht stellte schließlich fest, daß die durch Verfassungsbeschwerden angefochtenen Gerichtsentscheidungen auf der Vorschrift des Art. 1070 Abs. 2 Satz 2 ZGB in einer Auslegung basierten, die seinem verfassungsrechtlichen Sinn zuwiderlaufe, der in dem vorliegenden Urteil aufgezeigt worden sei, weshalb die Entscheidungen im gesetzlich festgelegten Verfahren überprüft werden müßten.

Das Verfassungsgericht hat den Begriff der „Ausübung der Rechtsprechung“ in seinem Urteil zwar nur hinsichtlich des Zivilprozesses näher definiert. Es spricht jedoch vieles dafür, diese Auslegung auch auf das Strafverfahren anzuwenden[1456].

Der Argumentation des Verfassungsgerichts der RF ist uneingeschränkt zuzustimmen[1457]. Dafür spricht zum einen die entsprechende gesetzliche Regelung in Deutschland und die Art und Weise, wie diese Vorschrift von der Rechtsprechung ausgelegt wird: Verletzt ein Beamter bei einem Urteil in einer Rechtssache seine Amtspflicht, so ist er für den daraus entstehenden Schaden nur dann verantwortlich, wenn die Pflichtverletzung in einer Straftat besteht (§ 839 Abs. 2 Satz 1 BGB). Dabei ist

---

1456 Vgl. *Kazancev*, RJu 2002, Nr. 2, S. 12.

1457 In der rußländischen rechtswissenschaftlichen Literatur wurde die Entscheidung von *Kazancev*, RJu 2002, Nr. 2, S. 11, erörtert, der ihr ebenfalls im Ergebnis zustimmt.

für die Frage, ob es sich um ein Urteil im Sinne des § 839 Abs. 2 Satz 1 BGB handelt, nicht die (prozeßtechnische) Form, sondern das Wesen der richterlichen Entscheidung maßgeblich[1458]. Es muß darauf abgestellt werden, ob es um eine richterliche Entscheidung geht, die unter den für ein Urteil wesentlichen Voraussetzungen erlassen und durch die ein Prozeßverhältnis für die Instanz ganz oder teilweise beendet wird[1459]. Der Haftungsbeschränkung des § 839 Abs. 2 Satz 1 BGB liegt der Gedanke zugrunde, daß es mit dem Wesen der Rechtskraft unverträglich wäre, wenn jede Entscheidung des Spruchrichters allein schon wegen angeblicher Unrichtigkeit, die den Tatbestand einer strafbaren Handlung nicht erfüllt, zur Grundlage von Ersatzansprüchen gemacht und damit über die von den Prozeßordnungen eingeräumten Rechtsbehelfe hinaus auf dem Weg über das materielle (Haftungs-) Recht zur Nachprüfung durch andere Richter gestellt werden könnte. Deshalb sollen richterliche Entscheidungen, durch die unabhängige Richter in Anwendung materieller Rechtsnormen auf einen bestimmten Tatbestand ein Streit- oder Strafverfahren nach bestimmten rechtsstaatlichen prozessualen Regeln für die Instanz abschließend entscheiden, grundsätzlich nicht zum Gegenstand von Amtshaftungsansprüchen gemacht werden dürfen[1460]. Richterliche Entscheidungen, die diese Voraussetzungen erfüllen, können auch Beschlüsse sein, sofern sie ihrem Wesen nach Urteile und diesen in allen Voraussetzungen gleichzusetzen, also „urteilsvertretende" Erkenntnisse sind[1461]. Legt man Art. 1070 Abs. 2 Satz 2 ZGB in der Weise aus, wie es das Verfassungsgericht der RF aufgezeigt hat, ist die Rechtslage in Deutschland und der RF ähnlich: Wird ein Rechtsstreit in der Sache unrichtig abschließend entschieden, besteht sowohl nach deutschem als auch nach rußländischem Recht nur dann ein Schadensersatzanspruch, wenn die unrichtige Entscheidung gleichzeitig eine Straftat darstellt. Das ist jedoch nur ausnahmsweise der Fall, so daß praktisch bei Fehlurteilen (und anderen unrichtigen Entscheidungen, durch die der Rechtsstreit in seinem Wesen entschieden wurde) sowohl in Deutschland als auch in der RF kein Schadensersatz zu erlangen ist. Dennoch kommen die deutschen Gerichte und die deutsche Rechtswissenschaft nicht zu dem Ergebnis, daß die Regelung des § 839 Abs. 2 Satz 1 BGB gegen das Rechtsstaats-

---

1458 BGHZ 51, 326, 327; 64, 347, 349; vgl. auch BGHZ 46, 106.

1459 BGHZ 46, 106; vgl. auch BGHZ 13, 142, 143.

1460 BGHZ 51, 326, 327; vgl. auch BGHZ 64, 347, 349.

1461 BGHZ 51, 326, 327; vgl. auch BGHZ 36, 379, 382; 46, 106; 64, 347, 349.

prinzip (Art. 20 Abs. 3 GG) oder die genannten internationalen Verträge verstoße, die die Bundesrepublik Deutschland ebenfalls ratifiziert hat. Das Spruchrichterprivileg des § 839 Abs. 2 Satz 1 BGB wird in Deutschland auch in der Praxis im Interesse einer funktionierenden Rechtspflege weitgehend akzeptiert.

Dafür, daß die Entscheidung des Verfassungsgerichts der RF – gerade in Bezug auf die Vereinbarkeit mit internationalen Verträgen – zutreffend ist, spricht ferner, daß auch die Grenzen des Spruchrichterprivilegs vom Verfassungsgericht der RF ähnlich wie im deutschen Recht bestimmt werden. § 839 Abs. 2 Satz 2 BGB bestimmt, daß die Vorschrift des § 839 Abs. 2 Satz 1 BGB auf eine pflichtwidrige Verweigerung oder Verzögerung der Ausübung des Amtes keine Anwendung findet. Ähnliches gilt im Ergebnis im rußländischen Recht, weil das Verfassungsgericht der RF gerichtliche Rechtsakte, in denen lediglich prozeßrechtliche Fragen entschieden werden, aus dem Anwendungsbereich des Art. 1070 Abs. 2 Satz 2 ZGB ausgeklammert hat.

Für die Richtigkeit dieser Entscheidung des Verfassungsgerichts der RF sprechen zudem auch praktische Erwägungen. Würde Art. 1070 Abs. 2 Satz 2 ZGB abgeschafft oder für verfassungswidrig erklärt werden, würde das die Lage der Prozeßbeteiligten nicht insgesamt verbessern. Wären die Richter einem erhöhten Haftungsrisiko ausgesetzt, wäre das Interesse qualifizierter Juristen, den Richterberuf zu ergreifen, welches ohnehin aufgrund der geringen Bezahlung der Richtertätigkeit eingeschränkt ist, noch geringer und damit die Gefahr qualitativ schlechter oder gar offensichtlich falscher Gerichtsentscheidungen größer. Zudem wäre zu befürchten, daß die Richter aufgrund des erhöhten Haftungsrisikos weniger entscheidungsfreudig wären. Zu weiteren Problemen würde es möglicherweise auch dadurch kommen, daß die Arbeitsbelastung der Richter durch die in diesem Fall möglichen zahlreichen Schadensersatzprozesse erheblich ansteigt. Ein insgesamt effektiverer Rechtsschutz wäre somit durch die Abschaffung des Art. 1070 Abs. 2 Satz 2 ZGB praktisch nicht zu erreichen. Die Zahl der Fehlurteile kann sinnvoll nur durch eine bessere Ausbildung und Bezahlung der Richter verringert werden.

V. DURCHSETZUNG DER SCHADENSERSATZANSPRÜCHE GEGEN DEN STAAT

Das geltende rußländische Staatshaftungsrecht steht im Gegensatz zum Staatshaftungsrecht der UdSSR nicht nur auf dem Papier, sondern wird auch praktisch angewendet, was man daran erkennen kann, daß es schon zahlreiche höchstrichterliche Entscheidungen dazu gibt. Nach wie vor problematisch ist allerdings die Vollsteckung der Gerichtsentscheidungen. Insbesondere wurde beklagt, daß das durch Art. 53 VerfRF garantierte Recht auf Schadensersatz praktisch nicht verwirklicht werden könne: Selbst wenn die Gerichte Schadensersatzklagen aus Art. 1069 und 1070 ZGB stattgäben, fände eine tatsächliche Erfüllung dieser Entscheidungen nicht statt, weil im Haushalt diese Art von Ausgaben nicht vorgesehen sei und ohne dem die staatlichen Organe oder Amtspersonen nicht berechtigt seien, Auszahlungen aus dem Fiskus vorzunehmen. Im Rahmen der Zwangsvollstreckung sei durch die Gesetzgebung nicht geregelt, ob der Gerichtsvollzieher Mittel aus dem Haushalt entnehmen dürfe, die dafür nicht vorgesehen seien, oder ob er die Gerichtsentscheidung durch den Verkauf staatlichen Vermögens vollstrecken dürfe[1462].

In Art. 110 des Gesetzes „Über den *föderalen Haushalt für das Jahr 2001*" vom 27.12.2000[1463] wurde nunmehr zwecks Abhilfe dieses Zustandes für die Vollstreckung folgendes Verfahren angeordnet: Die Vollstreckungsklauseln werden von den Gerichtsorganen bei Klagen gegen den Fiskus der RF zur Vollstreckung an das Finanzministerium der RF gerichtet und von ihm in dem von der Regierung der RF festgelegten Verfahren vollstreckt. Die Vollstreckung von Gerichtsentscheidungen bei Klagen gegen den Fiskus der RF wird zu Lasten der bereitgestellten Mittel, die für diese Ziele durch das Gesetz „Über den föderalen Haushalt für das Jahr 2001" vorgesehen wurden, ausgeführt (Art. 110 Satz 1 und 2). Es wird jedoch auch eine Vollstreckung der Gerichtsentscheidungen in Ausmaßen zugelassen, die die durch das Gesetz „Über

[1462] Vgl. dazu ausführlich *Morozova*, GiP 2000, Nr. 3, S. 23 f.; *V. Jakovlev*, VVAS 1997, Nr. 6, S. 137.

[1463] Nr. 150-FZ, SZ 2001, Nr. 1, Pos 2, geändert durch Gesetze vom 24.03.2001, Nr. 34-FZ, SZ 2001, Nr. 13, Pos. 1148; 08.08.2001, Nr. 132-FZ, SZ 2001, Nr. 33, Pos. 3434, 17.10.2001, Nr. 135-FZ, SZ 2001, Nr. 43, Pos. 4003, 14.12.2001, Nr. 161-FZ, SZ 2001, Nr. 51, Pos. 4826, 25.07.2002, Nr. 116-FZ, SZ 2002, Nr. 30, Pos. 3033, und 24.12.2002, Nr. 176-FZ, SZ 2002, Nr. 52, Pos. 5132.

den föderalen Haushalt für das Jahr 2001“ bestätigten bereitgestellten Mittel für diesen Zweck übersteigen (Art. 110 Satz 3). In Art. 128 des Gesetzes „Über den *föderalen Haushalt für das Jahr 2002*“ vom 30.12.2001[1464] befindet sich für Klagen gegen den Fiskus der RF auf Ersatz des Schadens, der durch gesetzwidrige Handlungen (oder eine Unterlassung) von Organen der Staatsmacht oder ihren Amtspersonen zugefügt wurde, eine entsprechende Regelung. Gleiches gilt für Art. 122 des Gesetzes „Über den *föderalen Haushalt für das Jahr 2003*“ vom 24.12.2002[1465]. Zusätzlich wurde dort klargestellt, daß die Vollstreckung gerichtlicher Akte bei Klagen gegen die RF nicht durch den Dienst der Gerichtsvollzieher ausgeführt wird. Ob durch diese Vorschriften alle Probleme im Zusammenhang mit der Vollstreckung gelöst und die auf Art. 1069 und 1070 ZGB basierenden Gerichtsentscheidungen ab dem Jahre 2001 auch tatsächlich erfüllt wurden, ist gegenwärtig noch nicht erkennbar, allerdings auch zu bezweifeln.

VI. VERGLEICH DER DEUTSCHEN UND DER RUßLÄNDISCHEN STAATSHAFTUNG

Im rußländischen Zivilrecht stellen die Art. 1069, 1070 ZGB die zentralen Normen des Staatshaftungsrechts dar, wobei Art. 1070 Abs. 1 ZGB die deliktische Haftung für Strafverfolgungsmaßnahmen betrifft und Art. 1069 ZGB alle sonstigen Bereiche staatlichen Handelns (Unterlassens). Darüber hinaus enthält auch die neue Strafprozeßordnung der RF einen Abschnitt, der die Haftung für Strafverfolgungsmaßnahmen betrifft. Im deutschen Recht wird unter dem Stichwort der Staatshaftung nicht nur die das Gegenstück zur Haftung nach Art. 1069 ZGB bildende deliktische Amtshaftung nach § 839 BGB erörtert, sondern sämtliche Schadensersatz-, Ausgleichs- und Wiederherstellungsansprüche des Bür-

[1464] Nr. 194-FZ, SZ 2001, Nr. 53, Pos. 5030, geändert durch Gesetze vom 12.03.2001, Nr. 27-FZ, SZ 2002, Nr. 11, Pos. 1019, 30.06.2002, Nr. 78-FZ, SZ 2002, Nr. 27, Pos. 2620, 24.07.2002, Nr. 99-FZ, SZ 2002, Nr. 30, Pos. 3016, 24.07.2002, Nr. 110-FZ, SZ 2002, Nr. 30, Pos. 3027, 25.07.2002, Nr. 116-FZ, SZ 2002, Nr. 30, Pos. 3033, 27.11.2002, Nr. 154-FZ, SZ 2002, Nr. 48, Pos. 4739, 19.12.2002, Nr. 174-FZ, SZ 2002, Nr. 51, Pos. 4981, 24.12.2002, Nr. 180-FZ, SZ 2002, Nr. 52, Pos. 5136, und 31.12.2002, Nr. 187-FZ, SZ 2003, Nr. 1, Pos. 2.

[1465] Nr. 176-FZ, SZ 2002, Nr. 52, Pos. 5132.

gers bei einer Beeinträchtigung seiner Rechte durch staatliches Verhalten, wozu vor allem der Aufopferungsanspruch, der enteignungsgleiche Eingriff, der enteignende Eingriff, Schadensersatzansprüche aus verwaltungsrechtlichen Schuldverhältnissen, der Folgenbeseitigungsanspruch sowie der öffentlich-rechtliche Erstattungsanspruch zählen[1466]. Die Haftung für Strafverfolgungsmaßnahmen wird dagegen in der deutschen Rechtswissenschaft in der Regel nicht gemeinsam mit anderen Staatshaftungsansprüchen erörtert, sondern nur als Annex zum Strafverfahren betrachtet. Der Grund dafür besteht darin, daß die Haftung für Strafverfolgungsmaßnahmen in einem Spezialgesetz, nämlich dem Gesetz über die Entschädigung für Strafverfolgungsmaßnahmen (im folgenden: StrEG) behandelt wird.

Im folgenden wird nicht das gesamte System der öffentlich-rechtlichen Ersatzleistungen im deutschen und im rußländischen Recht gegenübergestellt, weil das bei weitem über den Rahmen dieser Arbeit hinausginge. Es werden nur die wichtigsten Unterschiede zwischen den Art. 1069 und 1070 Abs. 1 ZGB/Art. 133 ff. StPO RF und den entsprechenden Rechtsinstituten im deutschen Recht (§ 839 BGB und das StrEG) hervorgehoben.

1. Vergleich der Haftung nach Art. 1069 ZGB mit der Amtshaftung nach § 839 BGB

Die Amtshaftung des § 839 BGB stellt von ihrem Wortlaut und ihrer ursprünglichen Konzeption her keine Staatshaftung, sondern eine Haftung des handelnden Beamten selbst dar. Daß heute im Ergebnis nicht der Beamte, sondern der Staat haftet, ergibt sich aus einem Zusammenspiel mit Art. 34 Satz 1 GG, der für den Fall, daß jemand in Ausübung eines ihm anvertrauten öffentlichen Amtes die ihm einem Dritten gegenüber obliegende Amtspflicht verletzt, anordnet, daß die Verantwortlichkeit grundsätzlich den Staat oder die Körperschaft trifft, in deren Dienst er steht. Der Amtshaftungsanspruch wegen hoheitlicher Schädigung beruht somit auf einer doppelstöckigen Konstruktion (Haftungsbegründung durch § 839 BGB – Haftungsverlagerung durch Art. 34 GG)[1467],

---

[1466] Vgl. *Soergel/Vinke*, § 839 Rn 7 f.; *Soergel/Klein*, Anh § 839 Rn. 1, 114 f.; *F. Ossenbühl*, Staatshaftungsrecht; MüKo-*Papier*, § 839 Rn. 3.

[1467] Vgl. *Erman/Küchenhoff/Hecker*, § 839 Rn. 10.

die auch als mittelbare Staatshaftung[1468] bezeichnet wird. Im rußländischen Staathaftungsrecht beruht die Haftung des Staates hingegen nicht auf einer derart umständlichen Konstruktion. In Art. 1069 ZGB ist vielmehr vorgesehen, daß der Fiskus der RF, des Subjekts der RF oder der Gebietskörperschaft haftet. Im rußländischen Recht gilt somit eine unmittelbare Staatshaftung. Die Ursache für diesen konzeptionellen Unterschied ist historisch bedingt. Die persönliche Haftung des Beamten geht auf die Ende des 18. Jahrhunderts herrschende Rechtsvorstellung zurück, nach der zwischen Landesherr und Staatsdiener ein privatrechtliches Vertragsverhältnis – ein sog. Mandatskontrakt – bestand, der nur zu rechtmäßigem Handeln ermächtigte. Rechtswidriges Handeln des Staatsdieners lag außerhalb seines Mandates und war nicht vom Staat, sondern vom Staatsdiener selbst – als Privatmann – zu verantworten. Die Zurechnung rechtswidrigen Handelns an den Staat galt als unvorstellbar[1469]. Die Eigenhaftung des Beamten in § 839 BGB wurde jedoch bald nach dessen Inkrafttreten im Jahre 1900 durch Gesetze der meisten Gliedstaaten des Deutschen Reichs und des Deutschen Reichs auf den Staat bzw. die Gemeinden oder Gemeindeverbände übergeleitet[1470]. Diese Konstruktion einer an die persönliche Beamtenhaftung „angeseilten" Staatshaftung wurde in Art. 131 WRV und sodann in Art. 34 GG übernommen[1471]. In der Rußländischen Föderation wurde hingegen erst die Haftung des Staates in Art. 53 VerfRF verankert und anschließend die ausführende Bestimmung in Art. 1069 ZGB erlassen.

Gewisse Parallelen bestehen insoweit, als im deutschen Recht bei privatrechtlichem Handeln die Haftung des Art. 34 GG nicht eingreift, weil kein Handeln in Ausübung eines öffentlichen Amtes vorliegt[1472], und Art. 1069 ZGB ebenfalls nur die Fälle einer Schadenszufügung im Bereich der öffentlich-rechtlichen Rechtsbeziehungen betrifft und nicht den Bereich der wirtschaftlichen oder technischen Tätigkeit. Die Haftung bei fiskalischem Handeln richtet sich jedoch nach unterschiedlichen

---

1468 Vgl. *Ossenbühl*, Staatshaftungsrecht, S. 10.

1469 Vgl. *Erman/Küchenhoff/Hecker*, § 839 Rn. 10; *Ossenbühl*, Staatshaftungsrecht, S. 7; MüKo-*Papier*, § 839 Rn. 5; vgl. auch *Soergel/Vinke*, § 839 Rn. 1.

1470 Vgl. dazu näher bei RGRK-*Kreft*, § 839 Rn. 18.

1471 Vgl. *Erman/Küchenhoff/Hecker*, § 839 Rn. 10; *Ossenbühl*, Staatshaftungsrecht, S. 9 ff.; *Soergel/Vinke*, § 839 Rn. 3 f.; MüKo-*Papier*, § 839 Rn. 7.

1472 Vgl. BGHZ 85, 393, 395; *Erman/Küchenhoff/Hecker*, § 839 Rn. 6; *Esser/Weyers*, Schuldrecht, Band II, Teilband 2, S. 222; *Soergel/Vinke* § 839 Rn. 31.

Grundsätzen: Nach deutschem Recht haftet der Beamte gegenüber dem Geschädigten nach § 839 BGB persönlich[1473]. Daneben haftet der Dienstherr für den Beamten wie jeder andere Geschäftsherr nach allgemeinen Regeln: Handelt es sich bei dem Beamten um einen satzungs- oder verfassungsmäßigen Vertreter einer öffentlichen Körperschaft, so haftet diese für ihn als Organ nach §§ 31, 89 BGB. Ist er im Rahmen vertraglicher Beziehungen „Erfüllungsgehilfe", haftet die öffentliche Körperschaft nach § 278 BGB. Im übrigen haftet sie für ihn als Verrichtungsgehilfe nach § 831 BGB[1474]. Im rußländischen Recht wird der Schaden, der durch Staatsorgane, Organe der örtlichen Selbstverwaltung oder Amtspersonen dieser Organe im Bereich der wirtschaftlichen oder technischen Tätigkeit zugefügt wird, nach allgemeinen Grundsätzen ersetzt. Dabei richtet sich die Haftung des Staates für seine Organe und Amtspersonen nach Art. 1068 ZGB. Das führt dazu, daß das handelnde Organ bzw. die handelnde Amtsperson gegenüber dem Geschädigten in keinem Falle selbst haftet, sondern immer nur der Staat gegenüber dem Geschädigten ersatzpflichtig ist. Das Organ bzw. die Amtsperson haftet lediglich gegenüber dem Staat im Wege des Regresses.

Im deutschen Recht gilt im Bereich der Staatshaftung nach Art. 34 GG und der Eigenhaftung des Beamten für hoheitliche Tätigkeit der weite haftungsrechtliche Beamtenbegriff, der sich nicht auf Beamte im staatsrechtlichen Sinne beschränkt, sondern alle mit der Wahrnehmung hoheitlicher Aufgaben betraute Personen umfaßt[1475]. Bei privatrechtlichem Handeln gilt für die Eigenhaftung des Beamten nach § 839 BGB der staatsrechtliche Beamtenbegriff[1476], der nur Beamte, die unter Berufung in das Beamtenverhältnis eingestellt worden sind, erfaßt (vgl. Art. 6 Abs. 2 BBG). Für nichtbeamtete Bedienstete haftet der Staat nach allgemeinem Deliktsrecht[1477]. Im rußländischen Recht haftet der Staat bei

---

1473 BGHZ 85, 393, 395; vgl. auch *Soergel/Vinke*, § 839 Rn. 23 f.

1474 Vgl. *Esser/Weyers*, Schuldrecht, Band II, Teilband 2, S. 222; MüKo-*Papier*, § 839 Rn. 4; *Erman/Küchenhoff/Hecker*, § 839 Rn. 7; *Soergel/Vinke*, § 839 Rn. 24, 32; BGHZ 85, 393, 395.

1475 Vgl. BGHZ 11, 192, 197; BGH VersR 1996, 202; *Palandt-Thomas*, § 839 Rn. 27, 29; *Erman/Küchenhoff/Hecker*, § 839 Rn. 34; *Ossenbühl*, Staatshaftungsrecht, S. 14; *Soergel/Vinke*, § 839 Rn. 42.

1476 Vgl. BGHZ 42, 176, 178; BGH VersR 1964, 614; MüKo-*Papier*, § 839 Rn. 17, 128; *Palandt-Thomas*, § 839 Rn. 27 f.; *Erman/Küchenhoff/Hecker* § 839 Rn. 6; *Soergel/Vinke*, § 839 Rn. 40.

1477 Vgl. *Erman/Küchenhoff/Hecker*, § 839 Rn. 8.

hoheitlicher Tätigkeit nach Art. 1069 ZGB nur für Staatsorgane, Organe der örtlichen Selbstverwaltung und deren Amtspersonen, nicht hingegen für andere staatliche und kommunale Organisationen und deren Amtspersonen sowie beliebige Arbeitnehmer[1478]. Bei privatrechtlichem Handeln ist es dagegen unerheblich, ob es sich um Organe, Amtspersonen oder Arbeitnehmer handelt. Der Staat haftet in allen Fällen nach allgemeinem Deliktsrecht.

Das deutsche Recht unterscheidet sich vom rußländischen Recht auch in Bezug auf die Frage, *wofür* gehaftet wird. Eine Haftung nach § 839 BGB besteht nur im Falle der Verletzung einer „einem Dritten gegenüber obliegenden Amtspflicht". Dabei können sich die Amtspflichten aus allen denkbaren Rechtsquellen (Verfassungen, Gesetzen, Verordnungen, Satzungen, Verwaltungsvorschriften, Gewohnheitsrecht und allgemeinen Rechtsgrundsätzen) ergeben[1479]. Gegenüber einem Dritten besteht die Amtspflicht, wenn sie nicht notwendig allein, so doch auch den Zweck hat, das Interesse gerade dieses Geschädigten wahrzunehmen[1480]. Das hat zur Folge, daß für fehlerhaftes Verhalten des Gesetz- und Verordnungsgebers (sog. normatives Unrecht) nach deutschem Recht in der Regel nicht gehaftet wird. Der Bundesgerichtshof geht davon aus, daß den allgemeinen Pflichten, die für die dafür Verantwortlichen im Rahmen der Gesetzgebungsaufgaben bestehen, wegen des abstrakt-generellen Charakters von Gesetzen und Verordnungen die Drittbezogenheit fehlt, diese Pflichten sollen nur gegenüber der Allgemeinheit bestehen. Nur ausnahmsweise – etwa bei sogenannten Maßnahme- oder Einzelfallgesetzen – kann etwas anderes in Betracht kommen und können Belange bestimmter einzelner unmittelbar berührt werden, so daß sie als „Dritte" im Sinne des § 839 BGB angesehen werden können[1481]. Im rußländischen Recht wird hingegen für gesetzwidrige Handlungen, Unterlassungen und Rechtsakte gehaftet. Daß gegenüber einem Dritten bestehende Pflichten verletzt wurden, wird nicht verlangt. Zu den gesetzwidrigen Rechtsakten, für die nach Art. 1069 ZGB gehaftet wird, zählen auch Rechtsnor-

[1478] Vgl. oben S. 369.

[1479] Vgl. *Ossenbühl*, Staatshaftungsrecht, S. 42; *Erman/Küchenhoff/Hecker*, § 839 Rn. 42; *Esser/Weyers*, Schuldrecht, Band II, Teilband 2, S. 225; *Palandt-Thomas*, § 839 Rn. 32; *Soergel/Vinke*, § 839 Rn. 135.

[1480] Vgl. BGHZ 63, 35, 38 f.; 110, 1, 9 f.

[1481] Vgl. BGHZ 56, 40, 46; 84, 292, 300; 87, 321, 335; 102, 350, 367.

men[1482]. Somit ist der Anwendungsbereich der Haftung nach Art. 1069 ZGB deutlich weitergehender als der der deutschen Amtshaftung.

Keinerlei Abweichungen zwischen dem deutschen und dem rußländischen Recht bestehen hinsichtlich des Erfordernisses des Verschuldens. Sowohl nach § 839 BGB als auch nach Art. 1069 ZGB wird nur für schuldhaftes (vorsätzliches oder fahrlässiges) Handeln gehaftet.

Ein weiterer wichtiger Unterschied zwischen dem deutschen und dem rußländischen Recht liegt darin, daß das deutsche Recht im Bereich der Amtshaftung weitgehende Ausschlußtatbestände vorsieht, die das rußländische Recht nicht kennt. Dabei handelt es sich zum einen um das Subsidiaritätsprinzip des § 839 Abs. 1 Satz 2 BGB, wonach ein Beamter, wenn ihm nur Fahrlässigkeit zur Last fällt, nur dann in Anspruch genommen werden kann, wenn der Verletzte nicht auf andere Weise Ersatz zu erlangen vermag. Daß das deutsche Recht die Amtshaftung insoweit einschränkt, ist darauf zurückzuführen, daß der historische Gesetzgeber mit der Regelung des § 839 BGB den Zweck verfolgte, ausschließlich die persönliche Haftung des Beamten zu regeln. Das Subsidiaritätsprinzip des § 839 Abs. 1 Satz 2 BGB sollte dem Schutz des Beamten dienen und vor allem bewirken, daß die Entschlußfreude und Tatkraft des Beamten nicht aus Angst, für jedes Versagen mit seinem Vermögen einstehen zu müssen, gefährdet wird[1483]. Es ist deshalb heute rechtspolitisch sehr umstritten[1484]. Im rußländischen Recht ist dagegen in der Verfassung eine unmittelbare Staatshaftung vorgesehen, mit der sich eine dem deutschen Recht vergleichbare Subsidiaritätsklausel nicht vereinbaren läßt.

Des weiteren ist im deutschen Recht die Amtshaftung gemäß § 839 Abs. 3 BGB im Falle der Rechtsmittelversäumung ausgeschlossen. Nach dieser Vorschrift tritt die Ersatzpflicht nicht ein, wenn der Verletzte vorsätzlich oder fahrlässig unterlassen hat, den Schaden durch Gebrauch eines Rechtsmittels abzuwenden. Auch diese Vorschrift sollte ebenso wie die Subsidiaritätsklausel ursprünglich den leistungsschwachen Beamten schützen, wobei diese Zwecksetzung nach der Haftungsüber-

---

1482 Vgl. oben S. 382 ff.

1483 Vgl. *Ossenbühl*, Staatshaftungsrecht, S. 79; *Esser/Weyers*, Schuldrecht, Band II, Teilband 2, S. 221; *Erman/Küchenhoff/Hecker*, § 839 Rn. 67; *Soergel/Vinke*, § 839 Rn. 205.

1484 Vgl. *Ossenbühl*, Staatshaftungsrecht, S. 79 f., 86 ff.; *Soergel/Vinke*, § 839 Rn. 205; MüKo-*Papier*, § 839 Rn. 296 ff.

nahme durch den Staat nunmehr rechtspolitisch umstritten ist[1485]. Der BGH nimmt stattdessen an, daß § 839 Abs. 3 BGB eine besondere Ausprägung des § 254 BGB darstellt und nach Treu und Glauben nur demjenigen Schadensersatz zuerkannt werden kann, der sich in gehörigem und ihm zumutbaren Maße für seine Belange einsetzt und damit den Schaden abzuwenden bemüht. Es soll nicht erlaubt sein, den Schaden entstehen oder größer werden zu lassen, um ihn später als Lohn für eigene Untätigkeit dem Beamten oder dem Staat in Rechnung zu stellen[1486]. Darüber hinaus soll § 839 Abs. 3 BGB eine Sanktion für den Verstoß gegen das Gebot, Primärrechtsschutz in Anspruch zu nehmen, darstellen und die sekundäre Schadensersatzpflicht in den Nachrang verweisen. Wer durch hoheitliches Unrecht Schaden erleidet, muß sich unmittelbar gegen den schädigenden Hoheitsakt wenden, soweit dies möglich und zumutbar ist[1487]. Im rußländischen Recht erfordert der Schadensersatzanspruch nach Art. 1069 ZGB hingegen nicht, daß der Geschädigte zunächst versucht hat, Primärrechtsschutz in Anspruch zu nehmen. Ein solches Erfordernis würde für die Geschädigten die Möglichkeit eines Schadensersatzanspruchs faktisch erheblich einschränken, zumal sich in der RF die Bürger ihrer Möglichkeit, Rechtsschutz gegen den Staat in Anspruch zu nehmen, nicht in dem Maße wie in Deutschland bewußt sind.

Als Fazit läßt sich ziehen, daß die Konstruktion der mittelbaren Staatshaftung im deutschen Recht aus historischen Gründen sehr viel komplizierter ist als die unmittelbare Staatshaftung im rußländischen Recht und der Amtshaftungsanspruch aus § 839 BGB – ebenfalls vorwiegend aus historischen Gründen – sehr viel weitergehenderen Einschränkungen unterliegt als die Haftung nach Art. 1069 ZGB. Die Haftung nach Art. 1069 ZGB ist somit – wenn man allein den Inhalt der Rechtsnormen betrachtet – für den Geschädigten in der Regel günstiger als die Amtshaftung des § 839 BGB. Das ändert jedoch nichts daran, daß die Möglichkeiten, Schadensersatzansprüche gegen den Staat tatsächlich durchzusetzen, in Deutschland aufgrund des besser funktionierenden Rechtsschutzes größer als in der RF sind.

1485 Vgl. *Ossenbühl*. Staatshaftungsrecht, S. 92; *Soergel/Vinke*, § 839 Rn. 229; *Esser/Weyers*, Schuldrecht, Band II, Teilband 2, S. 226.

1486 Vgl. BGHZ 56, 57, 63.

1487 *Ossenbühl*, Staatshaftungsrecht, S. 92; vgl. auch *Soergel/Vinke*, § 839 Rn. 229.

2. Vergleich der Haftung für Strafverfolgungsmaßnahmen

Im Bereich der Haftung für Strafverfolgungsmaßnahmen gibt es inhaltlich einige Übereinstimmungen, zum Teil aber auch gewichtige Unterschiede zwischen dem deutschen und dem rußländischen Recht:

Hinsichtlich der Anspruchsvoraussetzungen läßt sich insofern eine gewisse Parallele feststellen, als sowohl nach dem rußländischen als auch nach dem deutsche Recht nicht bei allen durch Strafverfolgungsmaßnahmen entstandenen Schäden ein Anspruch auf Entschädigung besteht, sondern nur, wenn bestimmte im Gesetz vorgesehene Voraussetzungen erfüllt sind. Nach deutschem Recht wird ein Anspruch auf Entschädigung zum einen im Falle einer fortgefallenen Verurteilung gewährt (§ 1 StrEG) oder wenn jemand durch den Vollzug der Untersuchungshaft einen Schaden erlitten hat, soweit er freigesprochen oder das Verfahren gegen ihn eingestellt wird oder soweit das Gericht die Eröffnung des Hauptverfahrens gegen ihn ablehnt (§ 2 Abs. 1 StrEG). In diesen Fällen besteht auch im rußländischen Recht ein Anspruch auf Schadensersatz, und zwar sowohl nach Art. 1070 Abs. 1 ZGB als auch nach den Art. 133 ff. StPO RF. Darüber hinaus gewährt das deutsche Recht unter anderem auch ein Recht auf Entschädigung im Falle der vorläufigen Festnahme (§ 2 Abs. 2 Ziff. 2 StrEG), der Sicherstellung, der Beschlagnahme, des Arrestes und der Durchsuchung (§ 2 Abs. 2 Ziff. 4 StrEG), der vorläufigen Entziehung der Fahrerlaubnis (§ 2 Abs. 2 Ziff. 5 StrEG) und des vorläufigen Berufsverbots (§ 2 Abs. 2 Ziff. 6 StrEG). Art. 1070 Abs. 1 ZGB sieht dagegen für diese Fälle keinen Anspruch auf Schadensersatz vor. Nach den Art. 133 ff. StPO RF können jedoch nicht nur Schäden im Zusammenhang mit bestimmten im Gesetz vorgesehenen Strafverfolgungsmaßnahmen geltend gemacht werden, sondern auch bei anderen Schäden, sofern die Strafverfolgung aus den im Gesetz genannten Gründen eingestellt wurde.

Sowohl nach deutschem als auch nach rußländischem Recht wird unabhängig vom Verschulden für unrechtmäßige bzw. aufgehobene Strafverfolgungsmaßnahmen gehaftet.

Das deutsche Recht sieht allerdings in sehr viel größerem Umfang als das rußländische Recht Gründe vor, aus denen die Entschädigung ausgeschlossen ist (§ 5 StrEG) oder ganz oder teilweise versagt werden kann (§ 6 StrEG). Parallelen zu der vor dem Inkrafttreten der neuen StPO RF bestehenden Rechtslage – nach der gemäß der überwiegend vertretenen

Meinung der Schadensersatz im Fall einer Selbstbeschuldigung ausgeschlossen war (vgl. Art. 2 des „Erlasses“) oder der Schadensersatzanspruch nach Art. 1083 ZGB gemindert werden konnte – bestanden insoweit, als auch nach deutschem Recht die Entschädigung ausgeschlossen ist, wenn und soweit der Beschuldigte die Strafverfolgungsmaßnahme vorsätzlich oder grob fahrlässig verursacht hat (§ 5 Abs. 2 Satz 1 StrEG) und die Entschädigung ganz oder teilweise versagt werden kann, wenn der Beschuldigte die Strafverfolgungsmaßnahme dadurch veranlaßt hat, daß er sich selbst in wesentlichen Punkten wahrheitswidrig oder im Widerspruch zu seinen späteren Erklärungen belastet oder wesentliche entlastende Umstände verschwiegen hat, obwohl er sich zu den Beschuldigungen geäußert hat (§ 6 Abs. 1 Ziff. 1 StrEG). Die neue StPO RF sieht einen Ausschluß des Schadensersatzanspruchs im Fall einer Selbstbeschuldigung oder eines Mitverschuldens des Geschädigten jedoch nicht mehr ausdrücklich vor. Inwieweit der Schadensersatzanspruch in diesem Fall nach Art. 1083 ZGB gemindert werden kann, ist noch nicht geklärt.

Unterschiede bestehen auch hinsichtlich des Umfangs des Schadensersatzanspruchs. Während nach Art. 1070 Abs. 1 ZGB und Art. 133 StPO RF der Grundsatz des vollen Schadensersatzes gilt, wird nach § 7 Abs. 2 StrEG Entschädigung für Vermögensschäden nur geleistet, wenn der nachgewiesene Schaden den Betrag von fünfundzwanzig Euro übersteigt. Ebenso wie nach rußländischem Recht auch der immaterielle Schaden nach Art. 1070 Abs. 1, 1100 ZGB, Art. 133, 136 StPO RF zu ersetzen ist, ist nach deutschem Recht Gegenstand der Entschädigung im Falle der Freiheitsentziehung auf Grund gerichtlicher Entscheidung auch der Schaden, der nicht Vermögensschaden ist (§ 7 Abs. 1 StrEG). Das StrEG sieht allerdings für diesen Fall in § 7 Abs. 3 einen festen Betrag von elf Euro für jeden angefangenen Tag der Freiheitsentziehung vor, während nach rußländischem Recht die Höhe des Ersatzes des immateriellen Schadens nach allgemeinen Grundsätzen durch das Gericht nach dessen Ermessen bestimmt wird. Ferner ist nach deutschem Recht der Ersatz des immateriellen Schadens allein auf Geldzahlungen beschränkt, während die neue StPO der RF auch andere Formen des Ersatzes immaterieller Schäden vorsieht (Entschuldigung durch den Staatsanwalt gemäß Art. 136 Abs. 1, Mitteilung der Rehabilitierung in Massenmedien gemäß Art. 136 Abs. 3, Mitteilung der Rehabilitierung gegenüber dem Arbeitgeber und dem Wohnort nach Art. 136 Abs. 4). Das deutsche Recht enthält in § 11 StrEG auch einen Entschädigungsanspruch von

Personen, denen der Geschädigte kraft Gesetzes unterhaltspflichtig war. Diesen Personen ist insoweit Ersatz zu leisten, als ihnen durch die Strafverfolgungsmaßnahme Unterhalt entzogen worden ist. Das rußländische Recht kennt hingegen einen solchen Anspruch nicht. Nach rußländischem Recht können Erben, Verwandte und Unterhaltsempfänger des Rehabilitierten nur dann Ansprüche geltend machen, wenn der Rehabilitierte verstorben ist (vgl. Art. 134 Abs. 2, 136 Abs. 3 und 4 StPO RF).

Das deutsche Recht sieht in den §§ 8 ff. StrEG ebenso wie das rußländische Recht (früher in der „Anordnung“ und der „Instruktion“, heute in der StPO RF) ein besonderes Verfahren für den Schadensersatz aufgrund von Strafverfolgungsmaßnahmen vor. Sowohl nach deutschem Recht (§§ 8 und 9 StrEG) als auch nach rußländischem Recht (früher Punkt 10 der „Instruktion“, heute Art. 135 Abs. 2 und 4 StPO RF) hat je nach dem, in welchem Stadium das Strafverfahren abgeschlossen wurde, über den Schadensersatzanspruch entweder das (Straf-)Gericht oder die Strafverfolgungsbehörden zu entscheiden. Unterschiedlich geregelt ist der Rechtsweg gegen die Entscheidung über Schadensersatzanspruch: Nach deutschem Recht sind die Zivilkammern der Landgerichte ausschließlich zuständig (§ 13 StrEG). Nach rußländischem Recht hängt es von der Art der Forderung ab, ob sie im Straf- oder Zivilverfahren geltend zu machen ist.

Ebenso wie beim Vergleich der Amtshaftung und der Haftung nach Art. 1069 ZGB fällt bei der Gegenüberstellung der deutschen und rußländischen Regelungen über den Ersatz von durch Strafverfolgungsmaßnahmen erlittenen Schäden auf, daß die deutschen Regelungen für den Geschädigten teilweise ungünstiger sind, insbesondere im Hinblick auf die Schadenshöhe und die Ausschlußtatbestände. Allerdings hat das den Geschädigten in Rußland bisher nur bedingt genützt, weil die komplizierten Regelungen des rußländischen Rechts in der Praxis – im Gegensatz zu der in Deutschland üblichen Verfahrensweise – häufig nicht umgesetzt werden. Ob sich das nach dem Inkrafttreten der neuen StPO ändert wird, bleibt abzuwarten[1488].

[1488] In der Literatur wird bereits darauf hingewiesen, daß mit dem Inkrafttreten der StPO RF die bisherigen Probleme im Zusammenhang mit gesetzwidrigen Strafverfolgungsmaßnahmen nicht verschwunden sind, vgl. *Il'jučenko*, Vestnik Moskovskogo universiteta 2002, Nr. 1, S. 56.

E. Die Haftung für und von Minderjährigen, Geschäftsunfähigen sowie Personen, die nicht in der Lage sind, ihre Handlungen zu erkennen oder zu steuern

Die Art. 1073-1078 ZGB enthalten eine Gruppe von Vorschriften, die sich mit der Haftung für Schäden befassen, die durch Minderjährige oder Bürger zugefügt wurden, denen teilweise oder vollständig ihre Geschäftsfähigkeit entzogen wurde oder die nicht in der Lage sind, die Bedeutung ihrer Handlungen zu erkennen oder zu steuern. Diese Vorschriften haben gemeinsam, daß sie die Haftung für die Schäden, die von diesen Bürgern zugefügt wurden, in den meisten Fällen nicht (nur) dem Schädiger, sondern anderen im Gesetz genannten Bürgern, Anstalten oder Organisationen unmittelbar oder subsidiär auferlegen[1489]. Die Haftung dieser Bürger, Anstalten oder Organisationen ist dadurch gekennzeichnet, daß sie selbständigen Charakter hat und die Bürger, Anstalten oder Organisationen für ihre eigenen rechtswidrigen und schuldhaften Handlungen haften, wobei das Verschulden vermutet wird[1490]. Unter bestimmten Voraussetzungen haften Minderjährige, Geschäftsunfähige sowie Bürger, die nicht in der Lage sind, die Bedeutung ihrer Handlungen zu erkennen oder zu steuern, allerdings selbst.

I. MINDERJÄHRIGE

Bei der Haftung für Minderjährige unterscheidet das Gesetz danach, ob die Minderjährigen das vierzehnte Lebensjahr noch nicht vollendet haben (1.) oder ob es sich um Minderjährige im Alter von vierzehn bis achtzehn Jahren handelt (2.). Besondere Regelungen gelten für die Haftung von Eltern, denen die Elternrechte entzogen wurden (3.). Minderjährige haften unter bestimmten Voraussetzungen selbst, wobei wiederum danach zu differenzieren ist, ob die Minderjährigen das vierzehnte Lebensjahr noch nicht vollendet haben, oder es sich um Minderjährige im Alter von vierzehn bis achtzehn Jahren handelt (4.).

1489 *Jarošenko* in: *Braginskij*, Kommentarij časti vtoroj Graždanskogo kodeksa RF, S. 364; *Jarošenko* in: *Sadikov*, Graždanskoe pravo Rossii. Čast' vtoraja, S. 661.

1490 *Jarošenko* in: *Sadikov*, Graždanskoe pravo Rossii. Čast' vtoraja, S. 661.

1. Die Haftung für Minderjährige bis vierzehn Jahre

Wie bereits oben[1491] dargelegt, sind Minderjährige, die das vierzehnte Lebensjahr nicht vollendet haben (Minderjährige im Kindesalter), nicht deliktsfähig, so daß sie für die von ihnen zugefügten Schäden grundsätzlich nicht haften. Deshalb sieht Art. 1073 ZGB vor, daß an Stelle des Minderjährigen dessen

- Eltern, Adoptiveltern, Vormünder, bzw.
- Anstalten, die von Gesetzes wegen sein Vormund sind, bzw.
- Anstalten, die verpflichtet sind, die Aufsicht über den Minderjährigen auszuüben, oder
- Personen, die die Aufsicht auf Grundlage eines Vertrages ausüben,

haften.

a) Charakter der Haftung

Die Haftung der in Art. 1073 ZGB aufgeführten Personen und Anstalten hat selbständigen Charakter, d. h. es handelt sich um eine Haftung für eigene und nicht für fremde rechtswidrige und schuldhafte Handlungen (Unterlassungen)[1492]. Sie tritt ein, wenn die allgemeinen Voraussetzungen der deliktischen Haftung vorliegen, nämlich

- der Minderjährige einen Schaden zugefügt hat,
- ein Kausalzusammenhang zwischen dem Verhalten des Minderjährigen und dem Schaden sowie dem Verhalten der an Stelle des Minderjährigen haftenden Personen bzw. Anstalten und den Handlungen des Minderjäh-

---

1491 Vgl. S. 172.

1492 *Jarošenko* in: *Braginskij*, Kommentarij časti vtoroj Graždanskogo kodeksa RF, S. 364, 365; *Fajzutdinov* in: *Sadikov*, Kommentarij k Graždanskomu kodeksu RF časti vtoroj, Anm. 5 zu Art. 1073; vgl. *Suchanov*, Graždanskoe pravo, Band 2, Halbband 2, S. 406; *Jarošenko* in: *Sadikov*, Graždanskoe pravo Rossii. Čast' vtoraja, S. 663; *Sergeev* in: *Sergeev/Tolstoj*, Graždanskoe pravo, Band 3, S. 32; *Illarinova* in: *Illarinova/Gongalo/Pletnev*, Graždanskoe pravo. Čast' pervaja, S. 433.

rigen besteht, d. h. der Schaden aufgrund einer schlechten Erziehung oder mangelnden Beaufsichtigung des Minderjährigen entstanden ist[1493],
- das Verhalten der an Stelle des Minderjährigen haftenden Personen bzw. Anstalten rechtswidrig und
- schuldhaft war[1494].

b) Schuldner

Art. 1073 ZGB sieht drei Gruppen von möglichen Schuldnern vor, die an Stelle eines Minderjährigen im Alter von vierzehn bis achtzehn Jahren haften können:

aa) Die Haftung der gesetzlichen Vertreter. Für Schaden, den ein Minderjähriger zufügt, der das vierzehnte Lebensjahr nicht vollendet hat (ein Minderjähriger im Kindesalter), haften zum einen seine Eltern (Adoptiveltern) oder Vormünder, es sei denn, sie beweisen, daß sie den Schaden nicht verschuldet haben (Art. 1073 Abs. 1 ZGB).

Bei den in Art. 1073 Abs. 1 ZGB aufgeführten Personen handelt es sich um die gesetzlichen Vertreter eines Minderjährigen, der das vierzehnte Lebensjahr noch nicht vollendet hat (vgl. Art. 20 Abs. 2, 32 Abs. 2 ZGB)[1495]. Pflegeeltern eines Minderjährigen im Alter bis vierzehn Jahre haben die Rechte und Pflichten eines Vormundes (vgl. Art. 153 Abs. 3 FamGB[1496]). Ihnen kann deshalb die Haftung für Schäden, die der von ihnen erzogene Minderjährige zugefügt hat, auferlegt werden[1497].

In Art. 450 Satz 1 ZGB 1964 befand sich eine dem Art. 1073 Abs. 1 ZGB fast gleichlautende Bestimmung. Ein wesentlicher Unterschied bestand allerdings darin, daß die Eltern und Vormünder nach Art. 450 Satz 1 ZGB 1964 für Minderjährige nicht nur bis zur Vollendung des

---

1493 *Fajzutdinov* in: *Sadikov*, Kommentarij k Graždanskomu kodeksu RF časti vtoroj, Anm. 1 zu Art. 1073; *Jarošenko* in: *Sadikov*, Graždanskoe pravo Rossii. Čast' vtoraja, S. 661.

1494 Vgl. *Korneev* in: *Suchanov*, Graždanskoe pravo, Band 2, Halbband 2, S. 406; *Jarošenko* in: *Sadikov*, Graždanskoe pravo Rossii. Čast' vtoraja, S. 663; *Jarošenko* in: *Braginskij*, Kommentarij časti vtoroj Graždanskogo kodeksa RF, S. 364.

1495 Vgl. dazu auch *Guev*, Postatejnyj kommentarij k časti vtoroj Graždanskogo kodeksa RF, Anm. 1 a) zu Art. 1073.

1496 Vgl. Fn. 541.

1497 Vgl. *Ju. Bespalov*, RJu 1996, Nr. 10, S. 20; BVS RF 2001, Nr. 4, S. 5.

vierzehnten, sondern bis zur Vollendung des fünfzehnten Lebensjahres hafteten.

Die Pflicht zur Erziehung ihrer Kinder müssen beide Eltern in gleichem Maße erfüllen (vgl. Art. 61, 63 FamGB). Die Haftung für die von ihren Kindern zugefügten Schäden wird deshalb beiden Eltern nach dem Prinzip der anteiligen Haftung (Art. 321 ZGB) auferlegt[1498]. Eltern, die von ihrem Kind getrennt leben, haften für Schäden, die durch ihr Kind zugefügt wurden, nach den allgemeinen Grundsätzen. Ein Elternteil kann von der Haftung befreit werden, wenn ihm die Möglichkeit der Beteiligung an der Erziehung des Kindes durch Verschulden des anderen Elternteils entzogen wurde[1499]. Wenn ein Elternteil den Schaden vollständig ersetzt hat, ist er berechtigt, vom anderen Elternteil den Ersatz eines Anteils der Kosten zu fordern[1500].

bb) Die Haftung von Anstalten, die von Gesetzes wegen Vormund des Minderjährigen sind. Befand sich ein Minderjähriger im Kindesalter, der einer Vormundschaft bedarf, in einer entsprechenden Erziehungs-, Heilanstalt, einer Anstalt der Sozialfürsorge oder einer anderen vergleichbaren Einrichtung, die von Gesetzes wegen sein Vormund (Art. 35 ZGB) ist, so ist diese Anstalt verpflichtet, den durch den Minderjährigen im Kindesalter zugefügten Schaden zu ersetzen, es sei denn, sie beweist, daß der Schaden ohne ihr Verschulden entstanden ist (Art. 1073 Abs. 2 ZGB).

Art. 1073 Abs. 2 ZGB ist – gegenüber dem ZGB 1964 – eine Novelle. Die in dieser Vorschrift aufgeführten Anstalten haften nach den gleichen Grundsätzen wie Vormünder, die Bürger sind. Der Status der

---

1498 *Jarošenko* in: *Sadikov*, Graždanskoe pravo Rossii. Čast' vtoraja, S. 661 f.; *Fajzutdinov* in: *Sadikov*, Kommentarij k Graždanskomu kodeksu časti vtoroj, Anm. 2 zu Art. 1073; *Tolstoj* in: *Sergeev/Tolstoj*, Graždanskoe pravo, Band 3, S. 7; *Makarov*, ChiP 2000, Nr. 1, S. 107 f.; *Illarinova* in: *Illarinova/Gongalo/Pletnev*, Graždanskoe pravo. Čast' pervaja, S. 433.

1499 Punkt 15 der erläuternden Leitentscheidung Nr. 3 des Obersten Gerichtshofs der RF vom 28.04.1994, BVS RF 1994, Nr. 7, S. 6; vgl. auch Punkt 23 der erläuternden Leitentscheidung Nr. 13 des Plenums des Obersten Gerichtshofs der RSFSR vom 20.12.1988, BVS RSFSR 1989, Nr. 3, S. 10 (allerdings außer Kraft gesetzt durch Punkt 39 der erläuternden Leitentscheidung Nr. 3 vom 28.04.1994); BVS RSFSR 1988, Nr. 2, S. 11 f.

1500 *Guev*, Postatejnyj kommentarij k časti vtoroj Graždanskogo kodeksa RF, Anm. 1 d) zu Art. 1073.

Anstalten als Vormund muß sich aus ihrer Satzung (Organisationsstatut) ergeben[1501].

cc) Die Haftung von Anstalten, die verpflichtet sind, die Aufsicht über den Minderjährigen auszuüben, und von Personen, die die Haftung auf Grundlage eines Vertrages ausüben. Darüber hinaus kann nach Art. 1073 Abs. 3 ZGB die Haftung auch bestimmten Anstalten und Personen auferlegt werden, wenn sie den Minderjährigen nicht ordnungsgemäß beaufsichtigt haben und sich der Minderjährige im Zeitpunkt der Schadenszufügung unter ihrer Aufsicht befand. Diese Vorschrift sieht folgendes vor:

> *„Wird der Schaden durch einen Minderjährigen im Kindesalter in der Zeit zugefügt, in der er sich unter der Aufsicht einer Bildungsanstalt, einer Erziehungs-, Heil- oder anderen Anstalt, die verpflichtet ist, die Aufsicht über den Minderjährigen im Kindesalter auszuüben, oder einer Person befand, die die Aufsicht auf der Grundlage eines Vertrages ausübte, so haftet diese Anstalt oder Person für den Schaden, es sei denn, sie beweist, daß der Schaden nicht infolge einer schuldhaften Verletzung der Aufsichtspflicht durch sie zugefügt wurde.“*

Das ZGB 1964 sah in Art. 450 Satz 2 bereits eine Haftung von Bildungseinrichtungen sowie Erziehungs- oder Heilanstalten für den Fall vor, daß ein Minderjähriger, der das fünfzehnte Lebensjahr noch nicht vollendet hat, einen Schaden in der Zeit zufügt, in der er sich unter ihrer Aufsicht befand. Die Haftung von Personen, die die Aufsicht über einen Minderjährigen aufgrund eines zivilrechtlichen Vertrages (z. B. eines Vertrages über die private Ausbildung oder Erziehung des Kindes[1502]) ausüben, ist hingegen neu.

Art. 1073 Abs. 3 ZGB setzt den systematischen oder regelmäßigen Aufenthalt des Minderjährigen unter der Kontrolle der Anstalten bzw. vertraglich verpflichteten Personen voraus[1503]. Zu den Bildungsanstalten im Sinne dieser Vorschrift zählen z. B staatliche oder private Schulen,

---

1501 *Jarošenko* in: *Braginskij*, Kommentarij časti vtoroj Graždanskogo kodeksa RF, S. 364.

1502 *Fajzutdinov* in: *Sadikov*, Kommentarij k Graždanskomu kodeksu RF časti vtoroj, Anm. 4 zu Art. 1073.

1503 *Fajzutdinov* in: *Sadikov*, Kommentarij k Graždanskomu kodeksu RF časti vtoroj, Anm. 4 zu Art. 1073.

Lyzeen, Gymnasien, zu den Erziehungsanstalten Kinderkrippen und Kindergärten sowie Genesungsheime, zu den Heilanstalten Krankenhäuser, Kliniken, medizinische Zentren sowie andere medizinische Anstalten und zu den anderen Anstalten z. B. geschlossene Schulinternate und erzieherische Spezialschulen[1504].

c) Verschulden/Beweislast

Die in Art. 1073 Abs. 1-3 ZGB aufgeführten Personen bzw. Anstalten haften nur, wenn der Schaden durch ihr Verschulden entstanden ist. Ein Verschulden dieser Personen bzw. Anstalten liegt nicht nur bei vorsätzlichem, sondern auch bei fahrlässigem Handeln vor[1505].

Ein Verschulden von Eltern (Adoptiveltern) oder Vormündern, die nach Art. 1073 Abs. 1 ZGB haften, liegt nach ständiger Rechtsprechung vor, wenn das Fehlverhalten der Kinder, das zum Schaden geführt hat, das Ergebnis mangelnder Aufsicht über sie, einer verantwortungslosen Einstellung gegenüber ihrer Erziehung oder eines unrechtmäßigen Gebrauchs des Umgangsrechts mit den Kindern darstellt (z. B. Duldung oder Förderung von Streichen oder rowdyhaften Handlungen, Unbeaufsichtigtseinlassen der Kinder, fehlende Aufmerksamkeit ihnen gegenüber)[1506].

Ein Verschulden der in Art. 1073 Abs. 2 ZGB genannten Anstalten liegt – ebenso wie das Verschulden der in Art. 1073 Abs. 1 ZGB aufge-

---

1504 *Guev*, Postatejnyj kommentarij k časti vtoroj Graždanskogo kodeksa RF, Anm. 2 a) zu Art. 1073; *Fajzutdinov* in: *Sadikov*, Kommentarij k Graždanskomu kodeksu RF časti vtoroj, Anm. 4 zu Art. 1073.

1505 *Guev*, Postatejnyj kommentarij k časti vtoroj Graždanskogo kodeksa RF, Anm. 1 c) zu Art. 1073.

1506 Punkt 15 der erläuternden Leitentscheidung Nr. 3 des Obersten Gerichtshofs der RF vom 28.04.1994, BVS 1994, Nr. 7, S. 5; vgl. auch Punkt 23 der erläuternden Leitentscheidung Nr. 13 des Plenums des Obersten Gerichtshofs der RSFSR vom 20.12.1988, BVS RSFSR 1989, Nr. 3, S. 10 (allerdings außer Kraft gesetzt durch Punkt 39 der erläuternden Leitentscheidung Nr. 3 vom 28.04.1994); BVS RSFSR 1982, Nr. 1, S. 9; BVS RSFSR 1979, Nr. 7, S. 4; Punkt 13 der erläuternden Leitentscheidung des Obersten Gerichtshofs der UdSSR vom 18.04.1986, BVS SSSR 1986, Nr. 6, S. 15; *Jarošenko* in: *Sadikov*, Graždanskoe pravo Rossii. Čast' vtoraja, S. 661; *Malein* in: *Kalpin*, Graždanskoe pravo. Čast' vtoraja, S. 517; *Fajzutdinov* in: *Sadikov*, Kommantarij k Graždanskomu kodeksu RF časti vtoroj, Anm. 3 zu Art. 1073; *Bespalov*, RJu 1996, Nr. 10, S. 20; *Illarinova* in: *Illarinova/Gongalo/Pletnev*, Graždanskoe pravo. Čast' pervaja, S. 433.

führten gesetzlichen Vertreter – bei nicht ordnungsgemäßer[1507] Erziehung oder nicht ordnungsgemäßer Aufsicht im Zeitpunkt der Schadenszufügung vor[1508]. Der Begriff der „nicht ordnungsgemäßen" Erziehung oder Aufsicht wird häufig in der Rechtsprechung und der Literatur (sogar im Gesetz in Art. 1075 ZGB) verwendet, allerdings wird nur selten erläutert, was darunter zu verstehen ist. Lediglich ein Autor definiert die nicht ordnungsgemäße Erfüllung der Elternpflichten als „verantwortungsloses Verhalten bei der Erziehung ihrer Kinder, das in der Weigerung, die Pflichten zu ihrer sittlichen Entwicklung und Ausbildung zu erfüllen, in einem unmoralischen oder gesellschaftswidrigen Verhalten der Eltern, das die Kinder negativ beeinflußt, oder in einer unzulässigen Einstellung zur Erziehung bestehen kann, die in körperlicher oder seelischer Gewalt gegenüber den Kindern in Erscheinung tritt[1509]."

Die in Art. 1073 Abs. 3 ZGB genannten Anstalten und Personen haften hingegen nur, wenn sie den Minderjährigen, nicht ausreichend beaufsichtigt haben. Für Erziehungsmängel haften sie nicht[1510]. Das entspricht der Rechtsprechung zu Art. 450 Satz 2 ZGB 1964 (der Vorläuferbestimmung von Art. 1073 Abs. 3 ZGB): Unter Verschulden der in Art. 450 Abs. 2 ZGB 1964 genannten Erziehungs- und Heilanstalten verstanden der Oberste Gerichtshof der RSFSR und der RF die Nichtausübung der pflichtgemäßen Aufsicht über die Minderjährigen im Zeitpunkt der Schadenszufügung[1511].

Das Verschulden der in Art. 1073 Abs. 1-3 ZGB genannten Personen bzw. Anstalten wird vermutet, d. h. sie haften, wenn sie nicht beweisen,

---

1507 Russ.: nenadležaščij.

1508 *Jarošenko* in: *Sadikov*, Graždanskoe pravo Rossii. Čast' vtoraja, S. 662; *Korneev* in: *Suchanov*, Graždanskoe pravo, Band 2, Halbband 2, S. 407.

1509 *Fajzutdinov* in: *Sadikov*, Kommentarij k Graždanskomu kodeksu RF časti vtoroj, Anm. 2 zu Art. 1075.

1510 *Korneev* in: *Suchanov*, Graždanskoe pravo, Band 2, Halbband 2, S. 407 f.; *Jarošenko* in: *Braginskij*, Kommentarij časti vtoroj Graždanskogo kodeksa RF, S. 364; *Sergeev* in: *Sergeev/Tolstoj*, Graždanskoe pravo, Band 3, S. 33.

1511 Punkt 15 der erläuternden Leitentscheidung Nr. 3 des Plenums des Obersten Gerichtshofs der RF vom 28.04.1994, BVS RF 1994, Nr. 7, S. 6; vgl. auch Punkt 23 der erläuternden Leitentscheidung Nr. 13 des Plenums des Obersten Gerichtshofs der RSFSR vom 20.12.1988, BVS RSFSR 1989, Nr. 3, S. 10 (allerdings außer Kraft gesetzt durch Punkt 39 der erläuternden Leitentscheidung Nr. 3 vom 28.04.1994).

daß der Schaden nicht durch ihr Verschulden entstanden ist[1512]. Dabei haben die Personen bzw. Anstalten zu beweisen, daß ihnen nicht einmal kleinste Versäumnisse bei der Erziehung bzw. Beaufsichtigung des Minderjährigen vorzuwerfen sind. Die Widerlegung der Verschuldensvermutung soll deshalb praktisch unmöglich sein[1513]. Um das Fehlen ihres Verschuldens zu beweisen, müssen die Personen bzw. Anstalten deshalb gewichtige Gründe vorbringen, z. B. daß die Erziehung und Beaufsichtigung der Kinder aufgrund einer schweren, langandauernden Krankheit oder einer langen Dienstreise o. ä. unmöglich war[1514].

d) Kein Ende der Haftung nach Art. 1073 ZGB

Da die Haftung nach Art. 1073 ZGB – wie bereits oben dargelegt – selbständigen Charakter hat, ist sie grundsätzlich nicht zeitlich begrenzt. Art. 1073 Abs. 4 Satz 1 ZGB sieht ausdrücklich vor, daß die Ersatzpflicht der Eltern (Adoptiveltern), der Vormünder, der Bildungs-, Erziehungs-, Heil- und anderen Anstalten für Schaden, den ein Minderjähriger im Kindesalter zugefügt hat, nicht endet, wenn der Minderjährige die Volljährigkeit erreicht oder Vermögen erhält, das für den Ersatz des Schadens ausreichend ist. In diesen Fällen sind die Eltern, Vormünder und Anstalten vielmehr weiterhin zum Ersatz des Schadens verpflichtet, den der Minderjährige zugefügt hat.

In Art. 450 ZGB 1964 war dieser Grundsatz noch nicht ausdrücklich verankert, jedoch folgte er aus dem Sinn und Zweck dieser Vorschrift und wurde deshalb so in der Praxis angewendet[1515].

Ausnahmsweise endet die Haftung der in Art. 1073 Abs. 1-3 ZGB aufgeführten Personen oder Anstalten dennoch, nämlich dann, wenn die Voraussetzungen des Art. 1073 Abs. 4 Satz 2 ZGB erfüllt sind. In diesem Fall haftet der Minderjährige selbst[1516].

1512 *Malein* in: *Kalpin*, Graždanskoe pravo. Čast' vtoraja, S. 517; *Fajzutdinov* in: *Sadikov*, Kommantarij k Graždanskomu kodeksu RF časti vtoroj, Anm. 3, 4 zu Art. 1073; *Guev*, Postatejnyj kommentarij k časti vtoroj Graždanskogo kodeksa RF, Anm. 1 c) zu Art. 1073 und Anm. 2 c) zu Art. 1073.

1513 *Korneev* in: *Suchanov*, Graždanskoe pravo, Band 2, Halbband 2, S. 406.

1514 *Sergeev* in: *Sergeev/Tolstoj*, Graždanskoe pravo, Band 3, S. 32.

1515 *Sergeev* in: *Sergeev/Tolstoj*, Graždanskoe pravo, Band 3, S. 34.

1516 Vgl. dazu unten S. 464 ff.

e) Die Haftung mehrerer Verantwortlicher

Da die gesetzlichen Vertreter (Art. 1073 Abs. 1 und 2 ZGB) und die Aufsichtspflichtigen (Art. 1073 Abs. 3 ZGB) aufgrund verschiedener Kriterien haften, ist es grundsätzlich möglich, daß beide gleichzeitig haften[1517]. Wenn ein Minderjähriger während des Schulunterrichts einen Schaden zugefügt hat, also zu einem Zeitpunkt, in dem er sich unter der Aufsicht der Schule befand, die die Aufsicht über ihn auszuüben hat, haftet in erster Linie die Schule nach Art. 1073 Abs. 3 ZGB. Die Schule wird nur dann von der Haftung für den Schaden befreit, den der minderjährige Schüler zugefügt hat, wenn sie beweist, daß der Schaden nicht durch ihr Verschulden bei der Ausübung der Aufsicht entstanden ist. Nur in diesem Fall stellt sich die Frage der Haftung der Eltern des minderjährigen Schädigers[1518].

Wenn bewiesen wird, daß die Schadenszufügung durch Minderjährige sowohl infolge eines Verschuldens der Eltern oder Vormünder, als auch infolge eines Verschuldens von Bildungs-, Erziehungs- oder Heilanstalten stattfand, wird der Schaden nach dem Prinzip der anteiligen Haftung (Art. 321 ZGB) in Abhängigkeit vom Schuldmaß des jeweiligen ersetzt[1519].

Das Prinzip der anteiligen Haftung nach Art. 321 ZGB gilt auch im Falle einer Schadenszufügung mehrerer Minderjähriger, die von verschiedenen Eltern stammen bzw. sich unter der Vormundschaft oder

---

1517 *Fajzutdinov* in: *Sadikov*, Kommentarij k Graždanskomu kodeksu RF časti vtoroj, Anm. 5 zu Art. 1073; *Jarošenko* in: *Braginskij*, Kommentarij časti vtoroj Graždanskogo kodeksa RF, S. 364.

1518 BVS RF 2000, Nr. 1, S. 23 f.

1519 Punkt 15 der erläuternden Leitentscheidung Nr. 3 des Plenums des Obersten Gerichtshofs der RF vom 28.04.1994, BVS RF 1994, Nr. 7, S. 6; vgl. auch Punkt 23 der erläuternden Leitentscheidung Nr. 13 des Plenums des Obersten Gerichtshofs der RSFSR vom 20.12.1988, BVS RSFSR 1989, Nr. 3, S. 10 (allerdings außer Kraft gesetzt durch Punkt 39 der erläuternden Leitentscheidung Nr. 3 vom 28.04.1994); *Fajzutdinov* in: *Sadikov*, Kommentarij k Graždanskomu kodeksu RF časti vtoroj, Anm. 5 zu Art. 1073; *Guev*, Postatejnyj kommentarij k časti vtoroj Graždanskogo kodeksa RF, Anm. 3 b) zu Art. 1073; *Sergeev* in: *Sergeev/Tolstoj*, Graždanskoe pravo, Band 3, S. 7, 33; *Zavidov/Gusev*, Graždansko-pravovaja otvetstvennost', S. 465.

Aufsicht verschiedener Personen befinden[1520]. Art. 1080 ZGB, der eine gesamtschuldnerische Haftung vorsieht, wird in diesem Fall nicht angewendet[1521]. Es wird dabei angenommen, daß die Anteile der Haftung von den Eltern (Vormündern) mehrerer Minderjähriger gleich sind, wenn nicht einer von ihnen beweist, daß sein Verschulden bei der nicht ordnungsgemäßen Erziehung oder Aufsicht über das Kind geringer ist. Das „Schuldmaß“ der minderjährigen Schädiger selbst beeinflußt den Umfang der Haftung ihrer Eltern nicht[1522].

f) Kein Regreß

Da es sich bei der Haftung nach Art. 1073 Abs. 1-3 ZGB um eine Haftung für eigenes Verschulden handelt, steht den nach diesen Vorschriften haftenden Personen bzw. Anstalten gegenüber dem Minderjährigen kein Regreßrecht zu, wenn er die volle Geschäftsfähigkeit erlangt (vgl. 1081 Abs. 4 ZGB).

2. Subsidiäre Haftung für Minderjährige im Alter von vierzehn bis achtzehn Jahren

Auch für Minderjährige im Alter von vierzehn bis achtzehn Jahren haften unter besonderen Voraussetzungen

- Eltern, Adoptiveltern, Pfleger und
- Anstalten, die von Gesetzes wegen Pfleger des Minderjährigen sind.

Diese Haftung richtet sich nach Art. 1074 Abs. 2 und 3 ZGB.

a) Charakter der Haftung

Das Verhalten der Personen bzw. der Anstalten, denen die Haftung für Schäden, die von einem Minderjährigen im Alter von vierzehn bis achtzehn Jahren zugefügt wurden, gemäß Art. 1074 Abs. 2 ZGB aufer-

---

1520 *Fajzutdinov* in: *Sadikov*, Kommentarij k Graždanskomu kodeksu RF časti vtoroj, Anm. 5 zu Art. 1073; *Sergeev* in: *Sergeev/Tolstoj*, Graždanskoe pravo, Band 3, S. 33; *Zavidov/Gusev*, Graždansko-pravovaja otvetstvennost', S. 465.

1521 *Sergeev* in: *Sergeev/Tolstoj*, Graždanskoe pravo, Band 3, S. 33.

1522 *Sergeev* in: *Sergeev/Tolstoj*, Graždanskoe pravo, Band 3, S. 33.

legt wird, wird ebenso wie das Verhalten der Personen, die für durch Minderjährige im Kindesalter zugefügte Schäden nach Art. 1073 ZGB haften, unter dem Gesichtspunkt der Rechtswidrigkeit, der Kausalität zwischen ihrem Verhalten und dem Verhalten des Kindes, der Kausalität zwischen dem Verhalten des Kindes und dem eingetretenen Schaden sowie dem Verschulden dieser Personen bzw. Anstalten bewertet[1523].

Bei der Haftung der Eltern (Adoptiveltern) oder Pfleger nach Art. 1074 Abs. 2 Satz 1 ZGB handelt es sich allerdings – im Gegensatz zu der Haftung nach Art. 1073 ZGB – nur um eine zusätzliche[1524] und subsidiäre[1525] Haftung: Wenn der Minderjährige selbst über ausreichendes Vermögen verfügt, um den von ihm zugefügten Schaden zu ersetzen, werden die Eltern (Adoptiveltern) oder der Pfleger nicht zur Haftung herangezogen. Nur wenn die Minderjährigen keine ausreichenden Einkünfte oder anderes Vermögen zum Schadensersatz haben, muß der Schaden von den Eltern (Adoptiveltern, Pflegern) vollständig oder in dem verbleibenden Teil ersetzt werden, weil anderenfalls die Interessen des Geschädigten grundlos verletzt werden würden[1526]. Das Gericht muß so-

---

1523 *Jarošenko* in: *Sadikov*, Graždanskoe pravo Rossii. Čast' vtoraja, S. 661, 663; *Jarošenko* in: *Braginskij*, Kommentarij časti vtoroj Graždanskogo kodeksa RF, S. 366; *Bulaevskij*, Kommentarij sudebnoj praktiki 2002, Vypusk 8, S. 63.

1524 *Jarošenko* in: *Braginskij*, Kommentarij časti vtoroj Graždanskogo kodeksa RF, S. 366; *Jarošenko* in: *Sadikov*, Graždanskoe pravo Rossii. Čast' vtoraja, S. 664; *Fajzutdinov* in: *Sadikov*, Kommentarij k Graždanskomu kodeksu RF časti vtoroj, Anm. 3 zu Art. 1074; *Sergeev* in: *Sergeev/Tolstoj*, Graždanskoe pravo, Band 3, S. 35; *Bespalov*, RJu 1996, Nr. 10, S. 20; *Bulaevskij*, Kommentarij sudebnoj praktiki 2002, Vypusk 8, S. 63; vgl. auch Punkt 15 der erläuternden Leitentscheidung Nr. 16 des Obersten Gerichtshofs der UdSSR vom 23.10.1963, BVS SSSR 1963, Nr. 6, S. 18; BVS RSFSR 1977, Nr. 10, S. 8 f.; BVS RSFSR 1983, Nr. 4, S. 9.

1525 *Jarošenko* in: *Braginskij*, Kommentarij časti vtoroj Graždanskogo kodeksa RF, S. 366; *Fajzutdinov* in: *Sadikov*, Kommentarij k Graždanskomu kodeksu RF časti vtoroj, Anm. 3 zu Art. 1074; *Sergeev* in: *Sergeev/Tolstoj*, Graždanskoe pravo, Band 3, S. 35; *Borisov*, Kommentarij k Graždanskomu kodeksu RF časti pervoj i vtoroj, S. 1102; *Zavidov/Gusev*, Graždansko-pravovaja otvetstvennost', S. 465; *Illarinova* in: *Illarinova/Gongalo/Pletnev*, Graždanskoe pravo. Čast' pervaja, S. 436.

1526 Vgl. Punkt 19 der erläuternden Leitentscheidung Nr. 7 des Plenums des Obersten Gerichtshofs der RF vom 14.02.2000, BVS RF 2000, Nr. 4, S. 12; *Korneev* in: *Suchanov*, Graždanskoe pravo, Band 2, Halbband 2, S. 409; *Jarošenko* in: *Braginskij*, Kommentarij časti vtoroj Graždanskogo kodeksa RF, S. 366; *Guev*, Postatejnyj kommentarij k časti vtoroj Graždanskogo kodeksa RF, Anm. 3 zu Art. 1074; vgl. auch *Sergeev* in: *Sergeev/Tolstoj*, Graždanskoe pravo, Band 3, S. 35.

mit in erster Line die Frage der Möglichkeit des Schadensersatzes durch die Minderjährigen selbst erörtern[1527]. Es hat im Streitfall zunächst festzustellen, ob der Minderjährige im Zeitpunkt der Entscheidung des Rechtsstreits über ausreichendes Vermögen verfügt und die Möglichkeit besteht, in dieses Vermögen zu vollstrecken. Wenn der Minderjährige nicht ausreichend Vermögen hat, um den Schaden vollständig zu ersetzen, muß der Teil des Schadens ermittelt werden, der vom Minderjährigen selbst ersetzt werden kann und der Ersatz des verbleibenden Teils den Eltern (Adoptiveltern, Pflegern) auferlegt werden[1528]. Das Gericht darf nicht – ohne im Urteil dafür Gründe und Daten anzugeben, aus denen sich ergibt, daß der Minderjährige über kein Einkommen oder ausreichendes Vermögen zum Schadensersatz verfügt – den Minderjährigen von der Haftung befreien und die Haftung nur seinen Eltern auferlegen[1529].

> Die wichtigste Rechtsfolge der subsidiären Haftung ergibt sich aus Art. 399 Abs. 1 ZGB. Vor der Geltendmachung von Forderungen gegen eine Person, die nach dem Gesetz, sonstigen Rechtsakten oder den Bedingungen eines Schuldverhältnisses zusätzlich zur Haftung einer anderen Person haftet, die der Hauptschuldner ist (subsidiäre Haftung), muß der Gläubiger die Forderung gegen den Hauptschuldner geltendmachen. Hat sich der Hauptschuldner geweigert, die Forderung des Gläubigers zu befriedigen, oder hat der Gläubiger von ihm innerhalb einer angemessenen Frist keine Antwort auf die geltendgemachte Forderung erhalten, so kann diese Forderung gegen die Person, der die subsidiäre Haftung obliegt, geltend gemacht werden[1530].

1527 Vgl. Punkt 19 der erläuternden Leitentscheidung Nr. 7 des Plenums des Obersten Gerichtshofs der RF vom 14.02.2000, BVS RF 2000, Nr. 4, S. 12; siehe auch BVS RF 2001, Nr. 4, S. 4 f.; *A. Merkušov*, BVS RF 2000, Nr. 6, S. 23.

1528 *Bespalov*, RJu 1996, Nr. 10, S. 21; vgl. auch *Bulaevskij*, Kommentarij sudebnoj praktiki 2002, Vypusk 8, S. 63 f.

1529 Vgl. BVS RSFSR 1988, Nr. 2, S. 11.

1530 Weitere Rechtsfolgen ergeben sich aus den Abs. 2 und 3 des Art. 399 ZGB, die folgenden Wortlaut haben:
„Der Gläubiger ist nicht berechtigt, von der subsidiär haftenden Person Befriedigung seiner Forderung gegen den Hauptschuldner zu verlangen, wenn diese Forderung durch Aufrechnung mit einer Gegenforderung gegen den Hauptschuldner oder durch nicht streitige Einziehung von Mitteln des Hauptschuldners befriedigt werden kann.
Eine Person, die subsidiär haftet, muß vor Befriedigung der vom Gläubiger gegen sie geltendgemachten Forderung den Hauptschuldner davon in Kenntnis setzen

b) Schuldner

Für Minderjährige im Alter von vierzehn bis achtzehn Jahren haften zum einen seine Eltern, Adoptiveltern oder Pfleger (Art. 1074 Abs. 2 Satz 1 ZGB) und zum anderen Erziehungs-, Heilanstalten, Anstalten für Sozialfürsorge oder andere Anstalten, die von Gesetzes wegen Pfleger des Minderjährigen sind (Art. 1074 Abs. 2 Satz 2 ZGB).

Anstalten und Personen, die einen Minderjährigen im Alter von vierzehn bis achtzehn Jahren nur beaufsichtigen, haften hingegen nicht für Schäden, die der Minderjährige unter ihrer Aufsicht zufügt. Eine dem Art. 1073 Abs. 3 ZGB vergleichbare Vorschrift existiert für die Minderjährigen im Alter von vierzehn bis achtzehn Jahren nicht[1531].

aa) Haftung von Eltern, Adoptiveltern und Pflegern. Hat ein Minderjähriger im Alter von vierzehn bis achtzehn Jahren keine Einkünfte oder anderweitiges Vermögen, die für den Ersatz des Schadens ausreichend sind, muß der Schaden vollständig oder in dem verbleibenden Teil von seinen Eltern (Adoptiveltern) oder seinem Pfleger ersetzt werden, es sei denn, sie beweisen, daß der Schaden ohne ihr Verschulden entstanden ist (Art. 1074 Abs. 2 Satz 1 ZGB).

Bei den in dieser Vorschrift genannten Personen handelt es sich um die gesetzlichen Vertreter eines Minderjährigen im Alter von vierzehn bis achtzehn Jahren (vgl. Art. 26 Abs. 1, 33 ZGB). Die Pflegeeltern eines Minderjährigen im Alter von vierzehn bis achtzehn Jahren haben die Rechte und Pflichten eines Pflegers (vgl. Art. 153 Abs. 3 FamGB). Sie haften deshalb ebenfalls nach Art. 1074 Abs. 2 ZGB für die Schäden, die der Minderjährige zugefügt hat[1532].

---

und, wenn gegen eine solche Person eine Klage erhoben worden ist, den Hauptschuldner als Streitgenossen heranziehen. Andernfalls ist der Hauptschuldner berechtigt, gegen die Regreßforderung der subsidiär haftenden Person die Einwendungen zu erheben, die ihm gegen den Gläubiger zustanden."

1531 Vgl. *Fajzutdinov* in: *Sadikov*, Kommentarij k Graždanskomu kodeksu RF časti vtoroj, Anm. 2 zu Art. 1074; *Sergeev* in: *Sergeev/Tolstoj*, Graždanskoe pravo, Band 3, S. 35; *Bespalov*, RJu 1996, Nr. 10, S. 20.

1532 Vgl. Punkt 20 der erläuternden Leitentscheidung Nr. 7 des Plenums des Obersten Gerichtshofs der RF vom 14.02.2000, BVS RF 2000, Nr. 4, S. 12; *Bespalov*, RJu 1996, Nr. 10, S. 20; BVS RF 2001, Nr. 4, S. 5.

Eine Art. 1074 Abs. 2 Satz 1 ZGB fast gleichlautende Bestimmung befand sich bereits in Art. 451 Satz 2 ZGB 1964. Sie bezog sich allerdings auf Minderjährige im Alter von fünfzehn bis achtzehn Jahren.

Der Grund für subsidiäre Haftung der gesetzlichen Vertreter eines Minderjährigen im Alter von vierzehn bis achtzehn Jahren besteht darin, daß sich die Minderjährigen im Alter von vierzehn bis achtzehn Jahren in der Regel weiterhin in der Ausbildung befinden und noch nicht über Verdienst, Einkommen oder ausreichendes Vermögen zum Schadensersatz verfügen. Außerdem benötigen sie – obwohl sie bereits die Folgen ihrer rechtswidrigen Handlungen einschätzen können – weiterhin Erziehung und Beaufsichtigung. Die Pflichten der Eltern (Adoptiveltern, Pfleger) zur Erziehung und Beaufsichtigung der Minderjährigen enden nicht, bis die Minderjährigen die volle Geschäftsfähigkeit erlangt haben. Wenn sie diese Pflichten nicht erfüllen, können sie deshalb zum Ersatz des Schadens, den ihr Kind zugefügt hat, herangezogen werden[1533].

Sind den Eltern die Elternrechte entzogen und lebt der minderjährige Schädiger bei Verwandten, die nicht sein Pfleger sind, darf das Gericht die Haftung nicht den Verwandten, die mit dem Minderjährigen zusammenleben, auferlegen[1534]. Personen, die als gesetzliche Vertreter des Minderjährigen im Strafverfahren auftreten, aber nicht dessen Eltern (Adoptiveltern) oder Pfleger sind, haften ebenfalls nicht nach Art. 1074 Abs. 2 ZGB[1535].

bb) Die Haftung von Anstalten, die von Gesetzes wegen Pfleger des Minderjährigen sind. Befand sich ein Minderjähriger im Alter von vierzehn bis achtzehn Jahren, der einer Pflegschaft bedarf, in einer entsprechenden Erziehungs-, Heilanstalt, einer Anstalt für Sozialfürsorge oder einer anderen vergleichbaren Anstalt, die von Gesetzes wegen sein Pfleger (Art. 35 ZGB) ist, so ist diese Anstalt verpflichtet, den zugefügten Schaden vollständig oder in dem verbleibenden Teil zu ersetzen, es sei denn, sie beweist, daß der Schaden ohne ihr Verschulden entstanden ist

---

[1533] *Jarošenko* in: *Sadikov*, Graždanskoe pravo Rossii. Čast' vtoraja, S. 663 f.; *Korneev* in: *Suchanov*, Graždanskoe pravo, Band 2, Halbband 2, S. 408 f.; vgl. auch *Jarošenko* in: *Braginskij*, Kommentarij časti vtoroj Graždanskogo kodeksa RF, S. 365.

[1534] Vgl. BVS RF 1993, Nr. 9, S. 4.

[1535] Vgl. BVS RF 1997, Nr. 10, S. 8.

(Art. 1074 Abs. 2 Satz 2 ZGB). Diese Vorschrift geht nicht auf das ZGB 1964 zurück.

Andere als die in Art. 1074 Abs. 2 Satz 2 ZGB aufgeführten Anstalten haften nicht für Schäden, die von Minderjährigen im Alter von vierzehn bis achtzehn Jahren zugefügt wurden[1536]. Bei der Haftung der Anstalten im Sinne des Art. 1074 Abs. 2 Satz 2 ZGB wird – im Gegensatz zu der Haftung der im Art. 1074 Abs. 2 Satz 1 ZGB genannten gesetzlichen Vertreter – nicht berücksichtigt, ob der Minderjährige über ausreichendes Vermögen zum Ersatz des Schadens verfügt oder nicht[1537].

c) Verschulden/Beweislast

Die in Art. 1074 Abs. 2 ZGB aufgeführten Personen bzw. Anstalten haften für eigenes Verschulden[1538]. Das Verschulden wird – wie im Falle der Haftung nach Art. 1073 ZGB – vermutet[1539].

Das Verschulden der Eltern (Adoptiveltern) oder Pfleger (Art. 1074 Abs. 2 Satz 1 ZGB) besteht in der nicht ordnungsgemäßen Erziehung und Beaufsichtigung der Minderjährigen[1540].

Für das Verschulden der in Art. 1074 Abs. 2 Satz 2 ZGB aufgeführten Anstalten kann nichts anderes gelten als für das Verschulden der in Art. 1074 Abs. 2 Satz 1 ZGB genannten gesetzlichen Vertreter. *Korneev* vertritt zwar die Auffassung, das Verschulden der Anstalten im Sinne von Art. 1074 Abs. 2 Satz 2 ZGB bestehe nur in der Nichtausübung der gebührenden Aufsicht über die Minderjährigen im Moment der Schadenszufügung[1541]. Dagegen spricht jedoch, daß die Anstalten im Sinne von Art. 1074 Abs. 2 Satz 2 ZGB ebenso wie die in Art. 1074 Abs. 2 Satz 1 ZGB genannten Personen gesetzliche Vertreter des Minderjähri-

---

1536 *Jarošenko* in: *Braginskij*, Kommentarij časti vtoroj Graždanskogo kodeksa RF, S. 365.

1537 *Malein* in: *Kalpin*, Graždanskoe pravo. Čast' vtoraja, S. 518.

1538 *Fajzutdinov* in: *Sadikov*, Kommentarij k Graždanskomu kodeksu RF časti vtoroj, Anm. 2 und 7 zu Art. 1074; *Korneev* in: *Suchanov*, Graždanskoe pravo, Band 2, Halbband 2, S. 408 f.; *Makarov*, ChiP 2000, Nr. 1, S. 108; *Illarinova* in: *Illarinova/ Gongalo/Pletnev*, Graždanskoe pravo. Čast' pervaja, S. 436.

1539 *Sergeev* in: *Sergeev/Tolstoj*, Graždanskoe pravo, Band 3, S. 35.

1540 *Malein* in: *Kalpin*, Graždanskoe pravo. Čast' vtoraja, S. 518; *Sergeev* in: *Sergeev/ Tolstoj*, Graždanskoe pravo, Band 3, S. 35; vgl. auch BVS RSFSR 1988, Nr. 2, S. 11; BVS RSFSR 1979, Nr. 7, S. 4.

1541 In: *Suchanov*, Graždanskoe pravo, Band 2, Halbband 2, S. 409.

gen sind und deshalb auch für Erziehungsfehler und nicht nur im Falle einer nicht ausreichenden Aufsicht haften müssen. Dafür, daß die Anstalten im Sinne des Art. 1074 Abs. 2 Satz 2 ZGB auch für Erziehungsfehler haften müssen, spricht zudem ein Vergleich mit den Bestimmungen des Art. 1073 ZGB: Art. 1074 Abs. 2 Satz 2 ZGB ist der Vorschrift des Art. 1073 Abs. 2 ZGB und nicht der des Art. 1073 Abs. 3 ZGB nachgebildet. Daraus folgt, daß die Anstalten im Sinne des Art. 1074 Abs. 2 Satz 2 ZGB ebenso wie die Anstalten im Sinne des Art. 1073 Abs. 2 ZGB auch bei einer nicht ordnungsgemäßen Erziehung haften müssen und nicht nur – wie die in Art. 1073 Abs. 3 ZGB genannten Anstalten und Personen – im Falle einer nicht gebührenden Aufsicht.

d) Ende der Haftung

Im Gegensatz zur Haftung nach Art. 1073 Abs. 1-3 ZGB ist die Haftung nach Art. 1074 Abs. 2 ZGB gemäß Art. 1074 Abs. 3 ZGB zeitlich begrenzt:

> *„Die Ersatzpflicht der Eltern (Adoptiveltern), des Pflegers und der entsprechenden Anstalt für den Schaden, den ein Minderjähriger im Alter von vierzehn bis achtzehn Jahren zugefügt hat, endet, wenn der Schädiger die Volljährigkeit erreicht oder er vor dem Eintritt der Volljährigkeit Einkommen oder anderes Vermögen erhält, die für den Ersatz des Schadens ausreichend sind, oder wenn er vor Eintritt der Volljährigkeit die Geschäftsfähigkeit erlangt."*

Eine ähnliche Rechtsfolge ordnete bereits Art. 451 Satz 3 ZGB 1964 an.

Die volle Geschäftsfähigkeit wird mit Vollendung des achtzehnten Lebensjahres erlangt (Art. 21 Abs. 1 ZGB). Vor Eintritt der Volljährigkeit kann eine Person durch Eheschließung (Art. 21 Abs. 2 ZGB) oder durch Verleihung der unbeschränkten Geschäftsfähigkeit (Emanzipation, Art. 27 ZGB) die volle Geschäftsfähigkeit erlangen. Minderjährige, die im Zeitpunkt der Schadenszufügung sowie im Zeitpunkt der Gerichtsverhandlung die volle Geschäftsfähigkeit im Wege der Verleihung der unbeschränkten Geschäftsfähigkeit oder durch Eheschließung vor Vollendung des achtzehnten Lebensjahres erlangt haben, haften somit selbständig für die von ihnen zugefügten Schäden[1542]. Für die Beendigung der Haftung nach Art. 1074 Abs. 2 ZGB genügt es, daß einer der in Art. 1074 Abs. 3 ZGB genannten Beendigungsgründe vorliegt[1543].

e) Die Haftung mehrerer Verantwortlicher

Die subsidiäre Haftung für Minderjährige im Alter von vierzehn bis achtzehn Jahren obliegt beiden Eltern nach dem Prinzip der anteiligen (und nicht der gesamtschuldnerischen) Haftung, unabhängig davon, ob sie zusammenleben oder nicht[1544]. Das Prinzip der anteiligen Haftung gilt auch für mehrere Pfleger[1545].

Auch wenn mehrere Minderjährige im Alter von vierzehn bis achtzehn Jahren, die von verschiedenen Eltern (Adoptiveltern) stammen und (oder) sich unter der Pflegschaft verschiedener Personen befinden, gemeinschaftlich einen Schaden zugefügt haben, haften die Eltern (Adoptiveltern) oder Pfleger nicht gesamtschuldnerisch, sondern nach dem Prinzip der anteiligen Haftung[1546]. Wenn die Eltern eines Schädigers ihren Anteil gezahlt haben, kann ihnen nicht die zusätzliche Haftung für den noch nicht gezahlten Anteil der Eltern der anderen Schädiger auferlegt werden[1547].

f) Kein Regreßrecht

Den nach Art. 1074 Abs. 2 ZGB haftenden Personen bzw. Anstalten steht gegenüber dem minderjährigen Schädiger im Alter von vierzehn bis

---

1542 Vgl. Punkt 19 der erläuternden Leitentscheidung Nr. 7 des Plenums des Obersten Gerichtshofs der RF vom 14.02.2000, BVS RF 2000, Nr. 4, S. 12; *Merkušov*, BVS RF 2000, Nr. 6, S. 23.

1543 *Bespalov*, RJu 1996, Nr. 10, S. 21.

1544 *Fajzutdinov* in: *Sadikov*, Kommentarij k Graždanskomu kodeksu RF časti vtoroj, Anm. 5 zu Art. 1074; *Sergeev* in: *Sergeev/Tolstoj*, Graždanskoe pravo, Band 3, S. 7, 35; vgl. auch BVS RSFSR 1983, Nr. 4, S. 9.

1545 *Sergeev* in: *Sergeev/Tolstoj*, Graždanskoe pravo, Band 3, S. 7, 35.

1546 BVS RSFSR 1989, Nr. 10, S. 9; BVS RSFSR 1977, Nr. 10, S. 8, S. 9; *Fajzutdinov* in: *Sadikov*, Kommentarij k Graždanskomu kodeksu RF časti vtoroj, Anm. 6 zu Art. 1074; *Tolstoj* in: *Sergeev/Tolstoj*, Graždanskoe pravo, Band 3, S. 7; vgl. auch Punkt 15 der erläuternden Leitentscheidung Nr. 16 des Plenums des Obersten Gerichtshofs der UdSSR vom 23.10.1963, BVS SSSR 1963, Nr. 6, S. 18.

1547 Vgl. BVS RSFSR 1977, Nr. 10, S. 8 f.

achtzehn Jahren kein Regreßrecht zu (vgl. Art. 1081 Abs. 4 ZGB), weil es sich um eine Haftung für eigenes Verschulden handelt.

g) Ersatz des immateriellen Schadens

Die Frage, ob auch der immaterielle Schaden durch die gemäß Art. 1074 Abs. 2 ZGB haftenden Personen und Anstalten zu ersetzen ist, wenn ein minderjähriger Schädiger im Alter von vierzehn bis achtzehn Jahren nicht über ausreichendes Vermögen verfügt, bereitete in der gerichtlichen Anwendungspraxis Probleme. In einigen Fällen lehnten Gerichte den Ersatz des immateriellen Schadens mit der Begründung ab, daß es im Gesetz keinen konkreten Hinweis gäbe, wie der immaterielle Schaden in diesem Fall auszugleichen sei[1548]. Der Oberste Gerichtshof der RF hat sich dieser Rechtsprechung jedoch nicht angeschlossen, sondern diese Entscheidungen mit folgenden Hinweisen korrigiert: Wenn ein minderjähriger Schädiger im Alter von vierzehn bis achtzehn Jahren nicht über ausreichendes Vermögen verfügt, kann seinen Eltern, Adoptiveltern, Pflegern, Pflegeeltern oder der Anstalt, die sein Pfleger ist, die zusätzliche Haftung auferlegt werden, es sei denn, sie beweisen, daß der Schaden nicht durch ihr Verschulden entstanden ist[1549]. Art. 1074 ZGB befindet sich nämlich in § 1 des 59. Kapitels des ZGB, welches die allgemeinen Vorschriften enthält. Diese Vorschrift wird deshalb auch auf Rechtsbeziehungen angewendet, die infolge der Zufügung eines immateriellen Schadens entstehen[1550]. Für die Bestimmung der Höhe des immateriellen Schadens sind keine Berechnungen notwendig[1551]. Die Höhe des Ersatzes des immateriellen Schadens wird vielmehr vom Gericht unter Berücksichtigung des Charakters der körperlichen und seelischen Leiden des Geschädigten, dem Schuldmaß des minderjährigen Schädigers und der Personen, die die Aufsicht über ihn ausüben, sowie der Vermögenslage der schuldigen Personen und sonstiger erörterungswürdiger Umstände bestimmt[1552].

1548 Vgl. BVS RF 2001, Nr. 4, S. 5; *Merkušov*, BVS RF 2000, Nr. 6, S. 23.

1549 Punkt 20 der erläuternden Leitentscheidung Nr. 7 des Plenums des Obersten Gerichtshofs der RF vom 14.02.2000, BVS RF 2000, Nr. 4, S. 12.

1550 BVS RF 2001, Nr. 4, S. 5; vgl. auch BVS RF 2001, Nr. 1, S. 24.

1551 *Merkušov*, BVS RF 2000, Nr. 6, S. 23.

1552 Punkt 20 der erläuternden Leitentscheidung Nr. 7 des Plenums des Obersten Gerichtshofs der RF vom 14.02.2000, BVS RF 2000, Nr. 4, S. 12.

3. Die Haftung von Eltern, denen die Elternrechte entzogen wurden

Die Art. 69-71 FamGB sehen die Möglichkeit vor, daß den Eltern deren Elternrechte entzogen werden können. Vor Erlaß des geltenden ZGB bestand ein Streit darüber, ob die Vermögenshaftung für von Kindern zugefügte Schäden auch Eltern auferlegt werden kann, denen die Elternrechte entzogen wurden. Gemäß Art. 71 FamGB verlieren nämlich die Eltern, denen die Elternrechte entzogen wurden, alle Rechte, die sich aus der Tatsache der Verwandtschaft mit dem Kind ergeben. Der Gesetzgeber hat diese Frage entschieden. In Art. 1075 ZGB ist nunmehr vorgesehen, daß ein Elternteil, dem die elterlichen Rechte entzogen wurden, gerichtlich für den Schaden haftbar gemacht werden kann, der durch sein minderjähriges Kind innerhalb von drei Jahren nach dem Entzug der elterlichen Rechte zugefügt wird, soweit das Verhalten des Kindes, infolge dessen der Schaden entstanden ist, eine Folge nicht ordnungsgemäßer Erfüllung der elterlichen Pflichten darstellte.

Bei der Haftung nach Art. 1075 ZGB handelt es sich um eine zusätzliche Haftung[1553]. Die Vorschrift wird auch auf Fälle angewendet, in denen ein Minderjähriger im Alter von vierzehn bis achtzehn Jahren einen Schaden zugefügt hat[1554].

Umstritten ist, ob Art. 1075 ZGB auch dann anwendbar ist, wenn die Eltern gemäß Art. 73 und 74 FamGB in ihren Elternrechten beschränkt sind. Nach einer Auffassung bestimmt sich deren Haftung nicht nach Art. 1075 ZGB, sondern nach den Art. 1073 und 1074 ZGB[1555]. Nach anderer Auffassung soll Art. 1075 ZGB auch bei einer Beschränkung der Elternrechte gelten, weil die Eltern das Recht auf persönliche Erziehung des Kindes eingebüßt haben[1556]. Für die zuerst aufgeführte Meinung spricht zwar der Wortlaut des Art. 1075 ZGB, in dem nur von einer Entziehung und nicht von einer Beschränkung der Elternrechte die Rede ist. Die Situation der Eltern, deren Elternrechte mit der Folge eingeschränkt

---

1553 *Bespalov*, RJu 1996, Nr. 10, S. 20.

1554 *Korneev* in: *Suchanov*, Graždanskoe pravo, Band 2, Halbband 2, S. 407; *Fajzutdinov* in: *Sadikov*, Kommentarij k Graždanskomu kodeksu RF časti vtoroj, Anm. 3 zu Art. 1075; *Guev*, Postatejnyj kommentarij k časti vtoroj Graždanskogo kodeksa RF, Anm. 3 zu Art. 1074 und Anm. 1 zu Art. 1075; vgl. auch *Makarov*, ChiP 2000, Nr. 1, S. 108.

1555 *Fajzutdinov* in: *Sadikov*, Kommentarij k Graždanskomu kodeksu RF časti vtoroj, Anm. 3 zu Art. 1075.

1556 *Sergeev* in: *Sergeev/Tolstoj*, Graždanskoe pravo, Band 3, S. 33.

sind, daß sie das Kind nicht mehr persönlich erziehen können, ist jedoch mit derjenigen der Eltern vergleichbar, denen die Elternrechte vollständig entzogen wurden. In beiden Fällen können die Eltern keinen Einfluß mehr auf die Erziehung der Kinder ausüben und in keiner Weise steuern, ob die Kinder anderen Schäden zufügen können oder nicht. Das spricht dafür, die Vorschrift des Art. 1075 ZGB in den Fällen entsprechend anzuwenden, in denen Eltern in ihren Elternrechten beschränkt wurden.

Um einem Elternteil, dem die Elternrechte entzogen wurden, die Haftung aufzuerlegen, ist es notwendig, einen Kausalzusammenhang zwischen der nicht ordnungsgemäßen Erfüllung der Pflichten durch das ehemalige Elternteil und dem Verhalten des Kindes festzustellen, das zu einer Schadenszufügung geführt hat[1557]. Von einer nicht ordnungsgemäßen Erfüllung der Elternpflichten können insbesondere die Tatsachen und Umstände zeugen, die ihrerzeit als Grundlage für die Entziehung der Elternrechte gedient haben (vgl. Art. 69-71 FamGB)[1558].

Die Möglichkeit, die Haftung Eltern aufzuerlegen, denen die elterlichen Rechte entzogen wurden, ist zeitlich begrenzt, nämlich auf drei Jahre nach Entzug der Elternrechte. Nach Ablauf dieser Frist ist eine Haftung der ehemaligen Eltern ausgeschlossen. Der Grund für diese zeitliche Begrenzung besteht darin, daß sich die Eltern nach Entziehung der Elternrechte nicht mehr an der Erziehung der Kinder beteiligen können[1559].

Wenn beiden Eltern die Elternrechte entzogen wurden und sie nach Art. 1075 ZGB haften, gilt der Grundsatz der anteiligen Haftung nach

[1557] *Guev*, Postatejnyj kommentarij k časti vtoroj Graždanskogo kodeksa RF, Anm. 2 zu Art. 1075; *Fajzutdinov* in: *Sadikov*, Kommentarij k Graždanskomu kodeksu RF časti vtoroj, Anm. 2 zu Art. 1075; *Sergeev* in: *Sergeev/Tolstoj*, Graždanskoe pravo, Band 3, S. 33.

[1558] *Guev*, Postatejnyj kommentarij k časti vtoroj Graždanskogo kodeksa RF, Anm. 2 zu Art. 1075; *Sergeev* in: *Sergeev/Tolstoj*, Graždanskoe pravo, Band 3, S. 33.

[1559] *Fajzutdinov* in: *Sadikov*, Kommentarij k Graždanskomu kodeksu RF časti vtoroj, Anm. 4 zu Art. 1075; *Sergeev* in: *Sergeev/Tolstoj*, Graždanskoe pravo, Band 3, S. 33.

Art. 321 ZGB[1560]. Auch Art. 1081 Abs. 4 ZGB gilt im Falle der Haftung von Eltern, denen die elterlichen Rechte entzogen wurden[1561].

Die Entscheidung, einem Elternteil die Haftung aufzuerlegen, dem die elterlichen Rechte entzogen wurden, trifft ausschließlich das Gericht aufgrund einer Klage des Geschädigten oder anderen in eigenen Interessen betroffenen Personen[1562].

4. Fälle, in denen Minderjährige selbst haften

Bei der Frage, unter welchen Umständen Minderjährige selbst haften, ist danach zu differenzieren, ob es sich um Minderjährige im Alter bis vierzehn Jahre oder um Minderjährige im Alter von vierzehn bis achtzehn Jahren handelt.

a) Die Haftung von Minderjährigen bis vierzehn Jahre

Obwohl Minderjährige im Alter bis zu vierzehn Jahren nicht verschuldensfähig sind, haften sie nach Art. 1073 Abs. 4 Satz 2 ZGB unter folgenden Voraussetzungen:

> *„Sind die Eltern (Adoptiveltern), Vormünder oder anderen in Art. 1073 Abs. 3 ZGB genannten Bürger verstorben oder verfügen sie nicht über die für den Ersatz des Schadens, der dem Leben oder der Gesundheit eines Geschädigten zugefügt wurde, ausreichenden Mittel, verfügt jedoch der Schädiger selbst nach Eintritt der vollen Geschäftsfähigkeit über solche Mittel, so ist das Gericht unter Berücksichtigung der Vermögenslage des Geschädigten und des Schädigers sowie anderer Umstände berechtigt, den vollständigen oder teilweisen Schadensersatz auf Kosten des Schädigers zu beschließen."*

Diese Vorschrift wurde im Interesse des Geschädigten neu in das ZGB eingefügt. Sie kann nicht rückwirkend auf vor ihrem Inkrafttreten

---

1560 *Guev*, Postatejnyj kommentarij k časti vtoroj Graždanskogo kodeksa RF, Anm. 3 zu Art. 1073.

1561 *Fajzutdinov* in: *Sadikov*, Kommentarij k Graždanskomu kodeksu RF časti vtoroj, Anm. 5 zu Art. 1075; *Guev*, Postatejnyj kommentarij k časti vtoroj Graždanskogo kodeksa RF, Anm. 3 zu Art. 1075.

1562 *Guev*, Postatejnyj kommentarij k časti vtoroj Graždanskogo kodeksa RF, Anm. 1 zu Art. 1075.

am 01.03.1996 entstandene Rechtsbeziehungen angewendet werden, weil dies Art. 5 des Gesetzes über die Einführung von Teil II des ZGB und Art. 54 VerfRF widersprechen würde. Hat ein Minderjähriger im Alter bis fünfzehn Jahren vor dem 01.03.1996 einen Schaden zugefügt, haften nach Art. 450 ZGB 1964 nur seine Eltern und Vormünder, nicht jedoch der Minderjährige selbst, weil es zu diesem Zeitpunkt keine Vorschrift gab, die eine solche Haftung vorsah[1563].

Dem Minderjährigen darf nur der Ersatz von Schäden, die dem Leben oder der Gesundheit des Geschädigten zugefügt wurden, auferlegt werden. Andere Schäden, insbesondere Vermögensschäden, werden nur von den Eltern oder Vormündern ersetzt[1564].

Anstalten im Sinne von Art. 1073 Abs. 2-3 ZGB oder juristische Personen, mit denen ein Vertrag über die Beaufsichtigung des Minderjährigen geschlossen wurde, können nicht gemäß Art. 1073 Abs. 4 Satz 2 ZGB durch das Gericht von der Haftung befreit werden[1565]. Nach dieser Vorschrift können nur Eltern (Adoptiveltern), Vormünder und andere Bürger, mit denen ein Vertrag über die Beaufsichtigung des Kindes geschlossen wurde, von der Haftung befreit werden[1566].

Die Frage, ob dem minderjährigen Schädiger die Haftung auferlegt werden kann, stellt sich nur, wenn der nach Art. 1073 Abs. 1 oder 3 ZGB haftende Bürger verstorben ist oder wenn er nicht über ausreichende Mittel zum Schadensersatz verfügt. Wenn ein Bürger nicht mehr über ausreichende Mittel zum Schadensersatz verfügt, aber früher in der Lage gewesen war, den Schaden gegenüber dem Geschädigten zu ersetzen, wird er nicht von der Haftung befreit[1567].

Der Schädiger muß zudem die volle Geschäftsfähigkeit erlangt haben. Nach Sinn und Zweck des Gesetzes kann der Zeitpunkt des Eintritts der vollen Geschäftsfähigkeit des Schädigers vor oder nach dem Tod der Eltern (Adoptiveltern), Vormünder oder der anderen Bürger liegen, die gegenüber dem Geschädigten haften[1568].

1563 Vgl. BVS RF 2001, Nr. 12, S. 23.

1564 *Sergeev* in: *Sergeev/Tolstoj*, Graždanskoe pravo, Band 3, S. 34.

1565 *Guev*, Postatejnyj kommentarij k časti vtoroj Graždanskogo kodeksa RF, Anm. 3 b) zu Art. 1073.

1566 Vgl. *Sergeev* in: *Sergeev/Tolstoj*, Graždanskoe pravo, Band 3, S. 34.

1567 *Sergeev* in: *Sergeev/Tolstoj*, Graždanskoe pravo, Band 3, S. 34.

1568 *Sergeev* in: *Sergeev/Tolstoj*, Graždanskoe pravo, Band 3, S. 34.

Eine Klage mit dem Ziel, die Haftung dem Minderjährigen auferlegen zu lassen, können sowohl der Geschädigte als auch die Personen erheben, die an Stelle des Minderjährigen haften und nicht über ausreichende Mittel verfügen, um den Schaden zu ersetzen, der dem Leben oder der Gesundheit des Geschädigten zugefügt wurde[1569]. Wenn das Gericht alle oben dargelegten Voraussetzungen festgestellt, die Vermögenslage des Geschädigten und des Schädigers sowie alle anderen Umstände berücksichtigt hat, kann es die Entscheidung treffen, daß der Schädiger selbst den Schaden ganz oder teilweise zu ersetzten hat. Im Falle der Veränderung der Umstände (z. B. wenn die Eltern oder die Vormünder ausreichende Mittel zum Schadensersatz erlangen oder sich die Vermögenslage des Schädigers verschlechtert hat) stellt dies einen Grund für eine Abänderung der vom Gericht getroffenen Entscheidung dar[1570].

b) Die Haftung von Minderjährigen im Alter von vierzehn bis achtzehn Jahren

Wie bereits dargelegt, sind Minderjährige im Alter von vierzehn bis achtzehn Jahren zwar nicht in vollem Umfang geschäftsfähig, allerdings voll deliktsfähig. Art. 1074 Abs. 1 ZGB sieht deshalb vor, daß Minderjährige im Alter von vierzehn bis achtzehn Jahren für den durch sie zugefügten Schaden selbst nach allgemeinen Grundsätzen haften. Minderjährige im Alter von vierzehn bis achtzehn Jahren haften somit selbständig[1571]. Ihre Handlungen werden unter dem Gesichtspunkt der Rechtswidrigkeit und des Verschuldens bewertet, mit der Folge, daß ihnen die Pflicht zum Schadensersatz auferlegt werden kann[1572]. Das Gericht ist deshalb verpflichtet, zu prüfen, ob der Minderjährige den Schaden selbst ersetzen kann[1573]. Wenn das Gericht an Stelle eines minderjährigen ver-

---

1569 *Fajzutdinov* in: *Sadikov*, Kommentarij k Graždanskomu kodeksu RF časti vtoroj, Anm. 7 zu Art. 1073; *Guev*, Postatejnyj kommentarij k časti vtoroj Graždanskogo kodeksa RF, Anm. 3 b) zu Art. 1073; *Sergeev* in: *Sergeev/Tolstoj*, Graždanskoe pravo, Band 3, S. 34; vgl. auch *Bespalov*, RJu 1996, Nr. 10, S. 21.

1570 *Sergeev* in: *Sergeev/Tolstoj*, Graždanskoe pravo, Band 3, S. 34.

1571 *Jarošenko* in: *Braginskij*, Kommentarij časti vtoroj Graždanskogo kodeksa RF, S. 365.

1572 *Jarošenko* in: *Sadikov*, Graždanskoe pravo Rossii. Čast' vtoraja, S. 663; *Korneev* in: *Suchanov*, Graždanskoe pravo, Band 2, Halbband 2, S. 408; *Jarošenko* in: *Braginskij*, Kommentarij časti vtoroj Graždanskogo kodeksa RF, S. 365.

1573 BVS RF 1997, Nr. 6, S. 15 f.

urteilten Straftäters im Alter von vierzehn bis achtzehn Jahren seine gesetzlichen Vertreter zum Schadensersatz verurteilt, hat es das im Urteil zu begründen[1574].

Art. 1074 Abs. 1 ZGB geht auf die Bestimmung des Art. 451 Satz 1 ZGB 1964 zurück. Art. 451 Satz 1 ZGB 1964 sah allerdings eine Haftung von Minderjährigen nach allgemeinen Grundsätzen erst ab dem Alter von fünfzehn Jahren vor.

Wenn zwei oder mehrere Minderjährige im Alter von vierzehn bis achtzehn Jahren einen Schaden gemeinschaftlich zugefügt haben, haften sie gemäß Art. 1080 ZGB gesamtschuldnerisch[1575].

Die Forderung des Geschädigten auf Ersatz des Schadens, der von einem Minderjährigen im Alter von vierzehn bis achtzehn Jahren zugefügt wurde, ist gegenüber dem Minderjährigen selbst zu erheben. Wenn ein Minderjähriger im Alter von vierzehn bis achtzehn Jahren einen Schaden zugefügt hat, ist also er der richtige Beklagte[1576]. Falls eine zusätzliche Haftung der Eltern (Adoptiveltern) oder Pfleger erforderlich sein sollte, treten der Minderjährige und sein gesetzlicher Vertreter als Mitbeklagte vor Gericht auf. Wenn die notwendigen Voraussetzungen dafür vorliegen, wird die Entscheidung sowohl gegen den Minderjährigen als auch gegen seine gesetzlichen Vertreter gefällt[1577]. Die Entscheidung wird allerdings in erster Linie in das Vermögen des unmittelbaren Schädigers vollstreckt. Der Anteil des Schadens, der nicht von dem Schädiger ersetzt wird, wird von den gesetzlichen Vertretern ersetzt, bis die in Art. 1074 Abs. 3 ZGB genannten Umstände eintreten[1578].

1574 Vgl. BVS RF 1998, Nr. 5, S. 11.

1575 *Sergeev* in: *Sergeev/Tolstoj*, Graždanskoe pravo, Band 3, S. 35; *Guev*, Postatejnyj kommentarij k časti vtoroj Graždanskogo kodeksa, Anm. 3 zu Art. 1074; vgl. auch Punkt 15 der erläuternden Leitentscheidung Nr. 16 des Plenums des Obersten Gerichtshofs der UdSSR vom 23.10.1963, BVS SSSR 1963, Nr. 6, S. 18.

1576 Vgl. BVS RF 2001, Nr. 4, S. 5; *Jarošenko* in: *Sadikov*, Graždanskoe pravo Rossii. Čast' vtoraja, S. 663; *Korneev* in: *Suchanov*, Graždanskoe pravo, Band 2, Halbband 2, S. 408; *Jarošenko* in: *Braginskij*, Kommentarij časti vtoroj Graždanskogo kodeksa RF, S. 365; *Fajzutdinov* in: *Sadikov*, Kommentarij k Graždanskomu kodeksu RF časti vtoroj, Anm. 4 zu Art. 1074; *Makarov*, ChiP 2000, Nr. 1, S. 108.

1577 BVS RF 2001, Nr. 4, S. 5; vgl. auch *Makarov*, ChiP 2000, Nr. 1, S. 108.

1578 *Fajzutdinov* in: *Sadikov*, Kommentarij k Graždanskomu kodeksu RF časti vtoroj, Anm. 4 zu Art. 1074.

Auch der immaterielle Schaden, der von Minderjährigen im Alter von vierzehn bis achtzehn Jahren zugefügt wurde, ist gemäß Art 1074 Abs. 1 ZGB durch den unmittelbaren Schädiger zu ersetzen[1579].

II. DIE HAFTUNG FÜR BÜRGER, DIE FÜR GESCHÄFTSUNFÄHIG ERKLÄRT WURDEN BZW. BÜRGER, DIE DIE BEDEUTUNG IHRER HANDLUNGEN NICHT ERKENNEN ODER NICHT STEUERN KÖNNEN

Für einen Geschäftsunfähigen haftet entweder sein Vormund oder die Organisation, die verpflichtet ist, ihn zu beaufsichtigen (1.). Für einen Bürger, der die Bedeutung seiner Handlungen nicht erkennen oder nicht steuern kann, haften unter besonderen Voraussetzungen mit ihm zusammen wohnende Familienangehörige (2.). Unter bestimmten Voraussetzungen haften jedoch Bürger, die ganz oder teilweise für geschäftsunfähig erklärt wurden oder die einen Schaden in einem Zustand zufügen, in dem sie die Bedeutung ihrer Handlungen nicht erkennen oder nicht steuern konnten, selbst (3.).

1. Die Haftung für Bürger, die für geschäftsunfähig erklärt wurden

Schaden, der durch einen für geschäftsunfähig erklärten Bürger zugefügt wird, wird von seinem Vormund oder von der Organisation ersetzt, die verpflichtet ist, ihn zu beaufsichtigen, es sei denn, sie beweisen, daß der Schaden ohne ihr Verschulden entstanden ist (Art. 1076 Abs. 1 ZGB). Diese Vorschrift geht auf Art. 452 ZGB 1964 zurück, der einen fast gleichlautenden Wortlaut hatte.

a) Geschäftsunfähiger

Art. 1076 Abs. 1 ZGB setzt zunächst voraus, daß der Schädiger für geschäftsunfähig erklärt wurde. Von einem Gericht gemäß Art. 29 Abs. 1 Satz 1 ZGB für geschäftsunfähig erklärt werden kann ein Bürger, der infolge psychischer Störung die Bedeutung seiner Handlungen nicht

[1579] Punkt 20 der erläuternden Leitentscheidung Nr. 7 des Plenums des Obersten Gerichtshofs der RF vom 20.02.2000, BVS RF 2000, Nr. 4, S. 12.

verstehen oder diese nicht beherrschen kann. Da Art. 29 ZGB nicht nur die Möglichkeit vorsieht, daß volljährige Personen für geschäftsunfähig erklärt werden, können auch Minderjährige im Alter von vierzehn bis achtzehn Jahren für geschäftsunfähig erklärt werden[1580]. Das Verfahren, in dem ein Bürger für geschäftsunfähig erklärt wird, richtet sich nach den Art. 258-263 ZPO RSFSR/Art. 281-286 ZPO RF.

Bürger, die einen Schaden im Zustand der Unzurechnungsfähigkeit zugefügt haben, aber vom Gericht nicht für geschäftsunfähig erklärt wurden, werden nicht nach Art. 1076 Abs. 1 ZGB, sondern nach Art. 1078 Abs. 1 ZGB von der Haftung befreit[1581].

b) Schuldner

An Stelle eines für geschäftsunfähig erklärten Bürgers haften lediglich sein Vormund oder Organisationen, die verpflichtet sind, den Geschäftsunfähigen zu beaufsichtigen. Ein Elternteil des Geschäftsunfähigen haftet nur dann für Schäden, die der Geschäftsunfähige zugefügt hat, wenn er in dem gesetzlich festgelegten Verfahren zum Vormund des Geschäftsunfähigen ernannt wurde[1582].

c) Verschulden/Beweislast

Die Vormünder und Organisationen im Sinne von Art. 1076 Abs. 1 ZGB haften für eigenes Verschulden[1583]. Ein Verschulden der Vormünder liegt vor, wenn sie den Geschäftsunfähigen im Zeitpunkt der Schadenszufügung nicht ordnungsgemäß beaufsichtigt haben[1584]. Bei den

---

1580 *Jarošenko* in: *Braginskij*, Kommentarij časti vtoroj Graždanskogo kodeksa RF, S. 366 f.

1581 *Fajzutdinov* in: *Sadikov*, Kommentarij k Graždanskomu kodeksu RF časti vtoroj, Anm. 1 zu Art. 1076.

1582 *Korneev* in: *Suchanov*, Graždanskoe pravo, Band 2, Halbband 2, S. 410; *Jarošenko* in: *Braginskij*, Kommentarij časti vtoroj Graždanskogo kodeksa RF, S. 367.

1583 *Jarošenko* in: *Sadikov*, Graždanskoe pravo Rossii. Čast' vtoraja, S. 664; *Jarošenko* in: *Braginskij*, Kommentarij časti vtoroj Graždanskogo kodeksa RF, S. 367; *Fajzutdinov* in: *Sadikov*, Kommentarij k Graždanskomu kodeksu RF časti vtoroj, Anm. 2 zu Art. 1076; *Sergeev* in: *Sergeev/Tolstoj*, Graždanskoe pravo, Band 3, S. 36.

1584 *Jarošenko* in: *Braginskij*, Kommentarij časti vtoroj Graždanskogo kodeksa RF, S. 367; *Korneev* in: *Suchanov*, Graždanskoe pravo, Band 2, Halbband 2, S. 410;

Organisationen, die verpflichtet sind, einen für geschäftsunfähig erklärten Bürger zu beaufsichtigen, handelt es sich in der Regel um Heilanstalten oder andere soziale Einrichtungen. Ein Verschulden solcher Organisationen liegt nicht nur dann vor, wenn sie den Geschäftsunfähigen nicht ausreichend beaufsichtigen, während er sich dort befindet, sondern auch dann, wenn sie eine Beaufsichtigung des Geschäftsunfähigen erst gar nicht veranlassen, obwohl er diese seinem Gesundheitszustand nach benötigt hätte[1585].

Die Beweislast dafür, daß sie nicht schuldhaft gehandelt haben, obliegt den Vormündern und den Organisationen[1586]. Wenn die Vormünder und Organisationen beweisen, daß sie alle vernünftigen Vorsichtsmaßnahmen getroffen haben oder triftige Gründe dafür vorliegen, daß sie im Moment der Schadenszufügung keine Maßnahmen getroffen hatten, müssen sie von der Haftung befreit werden[1587].

d) Kein Ende der Haftung

Vor Inkrafttreten des geltenden ZGB entstand in der Praxis die Frage, ob der Vormund oder die Organisation, die verpflichtet war, den Geschäftsunfähigen zu beaufsichtigen, von der Haftung befreit wird, wenn das Mündel oder der Patient, der den Schaden während der Dauer der psychischen Störung zugefügt hat, wieder gesund geworden und für geschäftsfähig erklärt wurde[1588]. Diese Frage hat der Gesetzgeber durch Verabschiedung des Art. 1076 Abs. 2 ZGB nunmehr wie folgt entschieden:

> „*Die Pflicht des Vormundes oder der aufsichtspflichtigen Organisation zum Ersatz des Schadens, der durch einen für geschäftsunfähig erklärten Bürger zugefügt wird, erlischt nicht, wenn seine Geschäftsfähigkeit wieder hergestellt wird.*“

Fajzutdinov in: *Sadikov*, Kommentarij k Graždanskomu kodeksu RF časti vtoroj, Anm. 2 zu Art. 1076; *Makarov*, ChiP 2000, Nr. 1, S. 109.

1585 *Jarošenko* in: *Braginskij*, Kommentarij časti vtoroj Graždanskogo kodeksa RF, S. 367; *Jarošenko* in: *Sadikov*, Graždanskoe pravo Rossii. Čast' vtoraja, S. 664.

1586 *Guev*, Postatejnyj kommentarij k časti vtoroj Graždanskogo kodeksa RF, Anm. 1 zu Art. 1076.

1587 *Sergeev* in: *Sergeev/Tolstoj*, Graždanskoe pravo, Band 3, S. 36.

1588 *Korneev* in: *Suchanov*, Graždanskoe pravo, Band 2, Halbband 2, S. 410.

Die Haftung endet auch dann nicht, wenn der Geschäftsunfähige über ausreichendes Vermögen verfügt, um den Schaden zu ersetzen[1589]. Nur unter den Voraussetzungen des Art. 1076 Abs. 3 ZGB endet die Haftung des Vormundes (im Falle des Todes des Vormundes oder wenn dieser nicht über ausreichende Mittel verfügt)[1590].

Der Grund dafür, daß die Haftung der Vormünder und Organisationen nicht endet, besteht darin, daß sie für ihre eigenen Handlungen, nämlich für eine nicht ordnungsgemäße Erfüllung ihrer Pflicht zur Beaufsichtigung des Geschäftsunfähigen, haften[1591].

e) Die Haftung mehrerer Verantwortlicher

Da sowohl Vormünder als auch die entsprechenden Organisationen nur für die nicht ordnungsgemäße Beaufsichtigung des Geschäftsunfähigen haften, ist eine gemeinsame Haftung grundsätzlich ausgeschlossen. Die Haftung wird im konkreten Fall demjenigen auferlegt, der den Geschäftsunfähigen im Zeitpunkt der Schadenszufügung zu beaufsichtigen hatte[1592].

f) Kein Regreß

Da die Vormünder und Organisationen für eigenes Verschulden haften, steht ihnen ebenfalls gemäß Art. 1081 Abs. 4 ZGB kein Regreßrecht zu[1593]. Das gilt auch, wenn der Schädiger wieder für geschäftsfähig erklärt wurde[1594].

1589 *Jarošenko* in: *Sadikov*, Graždanskoe pravo Rossii. Čast' vtoraja, S. 664.

1590 Vgl. dazu unten S. 473 ff.

1591 *Guev*, Postatejnyj kommentarij k časti vtoroj Graždanskogo kodeksa RF, Anm. 2 zu Art. 1076; *Sergeev* in: *Sergeev/Tolstoj*, Graždanskoe pravo, Band 3, S. 36.

1592 *Jarošenko* in: *Braginskij*, Kommentarij časti vtoroj Graždanskogo kodeksa RF, S. 367.

1593 *Fajzutdinov* in: *Sadikov*, Kommentarij k Graždanskomu kodeksu časti vtoroj, Anm. 2 zu Art. 1076; *Malein* in: *Kalpin*, Graždanskoe pravo. Čast' vtoraja, S. 519.

1594 *Guev*, Postatejnyj kommentarij k časti vtoroj Graždanskogo kodeksa RF, Anm. 4 zu Art. 1076.

2. *Die Haftung für Personen, die infolge einer psychischen Störung die Bedeutung ihrer Handlungen nicht erkennen können*

In der Praxis ist es vorgekommen, daß bei Personen, die an psychischen Krankheiten leiden und die Gefährlichkeit ihrer Handlungen nicht erkennen oder steuern können, kein Antrag gestellt wurde, sie für geschäftsunfähig zu erklären, und deshalb für sie auch kein Vormund bestellt wurde. Dadurch fehlte es an Personen, die für die von solchen Personen zugefügten Schäden hafteten[1595]. Art. 1078 Abs. 3 ZGB sieht deshalb nunmehr folgendes vor:

> *„Wird ein Schaden durch eine Person zugefügt, die infolge einer psychischen Störung die Bedeutung ihrer Handlungen nicht erkennen oder diese nicht steuern konnte, so kann die Schadensersatzpflicht durch das Gericht den mit dieser Person zusammen wohnenden erwerbsfähigen Ehegatten, Eltern, volljährigen Kindern auferlegt werden, die von der psychischen Störung des Schädigers Kenntnis hatten, die Erklärung seiner Geschäftsunfähigkeit jedoch nicht angestrengt hatten.“*

Diese Vorschrift wurde im Interesse der Geschädigten neu in das ZGB eingefügt. Sie dient auch dazu, die Aufsicht über psychisch kranke Personen zu verstärken und sie davon abzuhalten, Schäden zuzufügen[1596].

Die in Art. 1078 Abs. 3 ZGB aufgeführten Personen haften nur, wenn ihnen ein Verschulden nachzuweisen ist[1597]. Dieses Verschulden besteht darin, daß sie von ihrem Recht nach Art. 258 ZPO RSFSR/Art. 281 Abs. 2 ZPO RF, die unter der psychischen Störung leidende Person durch das Gericht für geschäftsunfähig erklären zu lassen, keinen Gebrauch gemacht haben und deshalb kein Vormund bestellt wurde, der für die psychisch kranke Person haftet. Allerdings muß man den in Art. 1078 Abs. 3 ZGB genannten Personen für die Einleitung des Verfahrens eine angemessene Frist einräumen[1598].

1595 *Jarošenko* in: *Sadikov*, Graždanskoe pravo Rossii. Čast' vtoraja, S. 665.

1596 *Jarošenko* in: *Braginskij*, Kommentarij časti vtoroj Graždanskogo kodeksa RF, S. 368; *Sadikov*, Graždanskoe pravo Rossii. Čast' vtoraja, S. 666.

1597 *Sergeev* in: *Sergeev/Tolstoj*, Graždanskoe pravo, Band 3, S. 37.

1598 *Guev*, Postatejnyj kommentarij k časti vtoroj Graždanskogo kodeksa RF, Anm. 3 zu Art. 1078; vgl. auch *Korneev* in: *Suchanov*, Graždanskoe pravo, Band 2, Halbband 2, S. 412.

3. Fälle, in denen für geschäftsfähig bzw. beschränkt geschäftsunfähig erklärte Personen sowie Personen, die die Bedeutung ihrer Handlungen nicht erkennen können, selbst haften

a) Die Haftung von für geschäftsunfähig erklärten Bürgern, die über eigene Mittel verfügen

Nach Art. 1076 Abs. 3 ZGB sind unter bestimmten Voraussetzungen auch für geschäftsunfähig erklärte Bürger verpflichtet, einen von ihnen zugefügten Schaden zu ersetzen:

> *„Ist der Vormund eines für geschäftsunfähig erklärten Bürgers verstorben oder verfügt er nicht über die für den Ersatz des dem Leben oder der Gesundheit eines Geschädigten zugefügten Schadens zulänglichen Mittel, so ist das Gericht unter Berücksichtigung der Vermögenslage des Geschädigten und des Schädigers sowie anderer Umstände berechtigt, den vollständigen oder teilweisen Ersatz des Schadens zu Lasten des Schädigers selbst zu beschließen."*

Diese Vorschrift wurde im Interesse des Geschädigten in das ZGB eingefügt. Durch sie sollen die materiellen Interessen des Geschädigten ohne wesentliche Beeinträchtigung der Interessen der geschäftsunfähigen Person geschützt werden, was dem Prinzip der Gerechtigkeit entsprechen soll[1599].

Die Voraussetzungen für einen Schadensersatz nach Art. 1076 Abs. 3 ZGB sind:

- das Vorliegen eines Schadens,
- die Rechtswidrigkeit des Verhaltens des Schädigers,
- ein Kausalzusammenhang zwischen dem rechtswidrigen Verhalten und dem eingetretenen Schaden,
- der Tod des Vormunds bzw. der Vormund verfügt nicht über ausreichende Mittel zum Schadensersatz, der Schädiger verfügt jedoch über ausreichende Mittel[1600].

[1599] *Korneev* in: *Suchanov*, Graždanskoe pravo, Band 2, Halbband 2, S. 411; *Fajzutdinov* in: *Sadikov*, Kommentarij k Graždanskomu kodeksu časti vtoroj, Anm. 2 zu Art. 1076.

[1600] *Malein* in: *Kalpin*, Graždanskoe pravo. Čast' vtoraja, S. 514.

Art. 1076 Abs. 3 ZGB stellt keine Verschuldenshaftung, sondern einen Fall der Billigkeitshaftung dar. Es wird sogar die Auffassung vertreten, daß es sich bei der Pflicht zum Schadensersatz nach Art. 1076 Abs. 3 ZGB nicht einmal um einen Fall der Haftung handele[1601].

Art. 1076 Abs. 3 ZGB ist nicht nur im Falle des Todes des Vormundes, sondern auch dann anwendbar, wenn der Vormund verschollen ist (Art. 42-44 ZGB) oder für tot erklärt wurde (Art. 45, 46 ZGB)[1602]. Sofern in Art. 1076 Abs. 3 ZGB von nicht zulänglichen Mitteln die Rede ist, sind damit die eigenen Mittel des Vormundes bzw. der Organisation und nicht die Mittel des geschäftsunfähigen Bürgers gemeint[1603]. Art. 1076 Abs. 3 ZGB setzt nicht voraus, daß der Geschäftsunfähige wieder geschäftsfähig geworden ist, sondern darf auch bei Schädigern angewendet werden, die geschäftsunfähig geblieben sind[1604]. Art. 1076 Abs. 3 ZGB ist ferner nur bei Schäden an Leben oder Gesundheit anwendbar, nicht dagegen bei Schädigung des Vermögens[1605].

Das Gericht trifft die Entscheidung nach Art. 1076 Abs. 3 ZGB unabhängig davon, ob der Schädiger wieder gesund geworden ist und seine Geschäftsfähigkeit wieder hergestellt wurde. Das Gericht muß vielmehr in erster Linie die materiellen Möglichkeiten des Geschäftsunfähigen selbst und andere Umstände berücksichtigen[1606]. Dabei darf das Gericht dem Schädiger die Pflicht zum Schadensersatz nur in Ausnahmefällen auferlegen, nämlich wenn die Vermögenslage des Geschädigten und des Vormunds unzureichend ist und wenn ausreichendes Einkommen oder anderes Vermögen bei dem geschäftsunfähigen Schädiger vorhanden ist[1607].

1601 *Sergeev* in: *Sergeev/Tolstoj*, Graždanskoe pravo, Band 3, S. 36.

1602 *Guev*, Postatejnyj kommentarij k časti vtoroj Graždanskogo kodeksa RF, Anm. 3 zu Art. 1076.

1603 *Guev*, Postatejnyj kommentarij k časti vtoroj Graždanskogo kodeksa RF, Anm. 3 zu Art. 1076.

1604 *Sergeev* in: *Sergeev/Tolstoj*, Graždanskoe pravo, Band 3, S. 36.

1605 *Borisov*, Kommentarij k Graždanskomu kodeksu RF časti pervoj i vtoroj, S. 1104.

1606 *Jarošenko* in: *Braginskij*, Kommentarij časti vtoroj Graždanskogo kodeksa RF, S. 367.

1607 *Fajzutdinov* in: *Sadikov*, Kommentarij k Graždanskomu kodeksu časti vtoroj, Anm. 3 zu Art. 1076; vgl. auch *Guev*, Postatejnyj kommentarij k časti vtoroj Graždanskogo kodeksa RF, Anm. 3 zu Art. 1076; vgl. *Sergeev* in: *Sergeev/Tolstoj*, Graždanskoe pravo, Band 3, S. 36.

Eine Klage nach Art. 1076 Abs. 3 ZGB kann der Geschädigte erheben, dessen Leben oder dessen Gesundheit ein Schaden zugefügt wurde, und der Vormund, der für diesen Schaden haftet. Das Gericht kann unter Berücksichtigung der konkreten Umstände dem Schädiger die Pflicht zum Schadensersatz entweder ganz oder teilweise auferlegen[1608].

b) Die Haftung von Bürgern, die infolge von Spirituosen- bzw. Rauschmittelmißbrauch für beschränkt geschäftsfähig erklärt wurden

Wie bereits oben dargelegt[1609], ist ein Schaden, der durch einen Bürger zugefügt wird, der infolge des Mißbrauchs von Spirituosen oder Rauschmitteln für beschränkt geschäftsfähig erklärt wurde, vom Schädiger selbst zu ersetzen (Art. 1077 ZGB). Diese Vorschrift steht im Zusammenhang mit der Regelung des Art. 30 Abs. 1 ZGB, wonach ein Bürger, der infolge des Mißbrauchs von alkoholischen Getränken oder Betäubungsmitteln durch das Gericht in seiner Geschäftsfähigkeit beschränkt wurde, selbständig für die von ihm vorgenommenen Rechtsgeschäfte sowie für den von ihm zugefügten Schaden haftet.

Das ZGB 1964 enthielt keine dem Art. 1077 ZGB vergleichbare Vorschrift. Allerdings ergab sich die Rechtsfolge des Art. 1077 ZGB schon damals aus dem Sinn und Zweck der Gesetzgebung. Die (bereits im ZGB 1964 in Art. 16 vorhandene) Regelung, wonach ein Bürger wegen des Mißbrauchs von Spirituosen oder Rauschmitteln für beschränkt geschäftsfähig erklärt werden kann, dient vor allem dem Schutz der Vermögensinteressen von dessen Familie. Wenn ein Bürger wegen des Mißbrauchs von Spirituosen oder Rauschmitteln für beschränkt geschäftsfähig erklärt wird, hat dies deshalb nur Auswirkungen auf seine Geschäftsfähigkeit und nicht seine Deliktsfähigkeit[1610].

Die Rechtsfolgen des Art. 1077 ZGB treten unabhängig davon ein, ob der für beschränkt geschäftsfähig erklärte Bürger den Schaden im Zustand der Trunkenheit bzw. des Betäubungsmittelrausches zugefügt hat

1608 *Fajzutdinov* in: *Sadikov*, Kommentarij k Graždanskomu kodeksu časti vtoroj, Anm. 3 zu Art. 1076; *Guev*, Postatejnyj kommentarij k časti vtoroj Graždanskogo kodeksa RF, Anm. 3 zu Art. 1076.

1609 Vgl. S. 172.

1610 *Sergeev* in: *Sergeev/Tolstoj*, Graždanskoe pravo, Band 3, S. 36.

oder nicht[1611]. Mehrere Personen, die infolge des Mißbrauchs von Spirituosen oder Rauschmitteln für beschränkt geschäftsfähig erklärt wurden und gemeinsam mit anderen Personen einen Schaden zufügen, haften mit den anderen Schädigern gesamtschuldnerisch[1612].

c) Die Haftung von geschäftsfähigen Personen, die die Bedeutung ihrer Handlungen nicht erkennen oder nicht steuern konnten

Wie ebenfalls bereits oben dargelegt[1613], haften gemäß Art. 1078 Abs. 1 ZGB geschäftsfähige Bürger und Minderjährige im Alter von vierzehn bis achtzehn Jahren, die Schaden in einem Zustand zufügen, in dem sie die Bedeutung ihrer Handlungen nicht erkennen oder diese nicht steuern konnten, nicht für den durch sie zugefügten Schaden. Ein von solchen Personen zugefügter Schaden bleibt deshalb grundsätzlich unersetzt[1614]. Art. 453 Satz 1 ZGB 1964 ordnete ebenfalls diese Rechtsfolge an. Allerdings waren in dieser Vorschrift Minderjährige im Alter von vierzehn bis achtzehn Jahren noch nicht erwähnt.

Von diesem Grundsatz hat der Gesetzgeber jedoch zwei Ausnahmen vorgesehen:

Wurde der Schaden dem Leben oder der Gesundheit des Geschädigten zugefügt, so kann das Gericht unter der Berücksichtigung der Vermögenslage des Geschädigten und des Schädigers sowie anderer Umstände die Pflicht zum vollständigen oder teilweisen Ersatz des Schadens dem Schädiger auferlegen (Art. 1078 Abs. 1 Satz 2 ZGB).

Auch diese Vorschrift ist neu und entspricht von ihrem Regelungsgehalt her den Art. 1073 Abs. 4 Satz 2 und Art. 1076 Abs. 3 ZGB. Sie dient den Interessen des Geschädigten und soll dem Prinzip der Gerechtigkeit

---

1611 *Guev*, Postatejnyj kommentarij k časti vtoroj Graždanskogo kodeksa RF, Anm. 1 zu Art. 1077.

1612 *Guev*, Postatejnyj kommentarij k časti vtoroj Graždanskogo kodeksa RF, Anm. 2 zu Art. 1077.

1613 Vgl. S. 172 f.

1614 *Jarošenko* in: *Braginskij*, Kommentarij časti vtoroj Graždanskogo kodeksa RF, S. 368; *Fajzutdinov* in: *Sadikov*, Kommentarij k Graždanskomu kodeksu časti vtoroj, Anm. 2 zu Art. 1078; *Jarošenko* in: *Sadikov*, Graždanskoe pravo Rossii. Časť vtoraja, S. 665; *Korneev* in: *Suchanov*, Graždanskoe pravo, Band 2, Halbband 2, S. 412.

entsprechen[1615]. Sie darf nur bei Schäden an Leben oder Gesundheit, nicht jedoch bei Schädigung des Vermögens angewendet werden[1616].

Der Schädiger wird auch dann nicht von der Haftung frei, soweit er den Zustand, in dem er die Bedeutung seiner Handlungen nicht erkennen oder diese nicht steuern konnte, selbst durch den Genuß von Spirituosen, Rauschmitteln oder auf eine andere Art und Weise herbeigeführt hat (Art. 1078 Abs. 2 ZGB). Eine ähnliche Bestimmung gab es bereits in Art. 453 Satz 2 ZGB 1964.

Diese Vorschrift unterscheidet sich von Art. 1077 ZGB dadurch, daß Art. 1077 ZGB Schädiger erfaßt, die infolge des Mißbrauchs von Spirituosen für beschränkt geschäftsunfähig erklärt wurden, während Art. 1078 Abs. 2 ZGB voll geschäftsfähige Personen betrifft, die sich (nur vorübergehend) durch den Genuß von Spirituosen oder Rauschmitteln in einen Zustand versetzt haben, in dem sie die Bedeutung ihrer Handlungen nicht erkennen oder diese nicht steuern konnten.

Die Aufzählung des Art. 1078 Abs. 2 ZGB ist nicht abschließend. Zu den anderen Art und Weisen, sich in einen Zustand zu versetzen, in dem man die Bedeutung seiner Handlungen nicht erkennen oder nicht steuern kann, zählt insbesondere der Genuß von Mitteln, die nicht zu den Spirituosen oder Rauschmitteln gehören.

Art. 1078 Abs. 2 ZGB wird zudem nur angewendet, wenn sich die Person freiwillig und bewußt in diesen Zustand versetzt hat. Wenn z. B. jemand durch Gewalt oder Drohung dazu gezwungen wurde, ein Rauschmittel zu nehmen oder derjenige es versehentlich eingenommen hat, gilt die Regelung des Art. 1078 Abs. 2 ZGB nicht[1617].

Hinsichtlich der Trunkenheit wird in der Literatur zwischen der physiologischen (gewöhnlichen) und der pathologischen Trunkenheit unterschieden[1618]. Die physiologische (gewöhnliche) Trunkenheit ist der für einen Menschen charakteristische Zustand, wenn er alkoholische Getränke zu sich genommen hat und die Kontrolle über sich und seine Fä-

---

1615 *Jarošenko* in: *Sadikov*, Graždanskoe pravo Rossii. Čast' vtoraja, S. 665; *Korneev* in: *Suchanov*, Graždanskoe pravo, Band 2, Halbband 2, S. 413; vgl. auch *Sergeev* in: *Sergeev/Tolstoj*, Graždanskoe pravo, Band 3, S. 37.

1616 *Borisov*, Kommentarij k Graždanskomu kodeksu RF časti pervoj i vtoroj, S. 1105.

1617 *Guev*, Postatejnyj kommentarij k časti vtoroj Graždanskogo kodeksa RF, Anm. 2 zu Art. 1078.

1618 *Korneev* in: *Suchanov*, Graždanskoe pravo, Band 2, Halbband 2, S. 412; *Ioffe* in: *O. Ioffe/Ju. Tolstoj*, Novyj Graždanskij kodeks RSFSR, S. 372; *Beljakova*, Imuščestvennaja otvetstvennost' za pričinenie vreda, S. 64.

higkeit, die Bedeutung seiner Handlung zu verstehen, verloren hat. Wenn jemand in diesem Zustand einen Schaden zufügt, wird sein Verhalten als schuldhaft betrachtet, weil er sich selbst in diesen Zustand versetzt hat. Folglich muß er auch für den zugefügten Schaden in vollem Umfang haften[1619]. Bei einer pathologischen Trunkenheit liegt hingegen eine Reaktion des menschlichen Organismus auf Alkohol vor. Es handelt sich dabei um eine Krankheit, die durch eine minimale Dosis von Alkohol oder sogar die Einnahme von Medizin, die auf Alkoholbasis hergestellt wurde, hervorgerufen werden kann. Wenn ein Mensch zufällig eine solche Reaktion erleidet und die Fähigkeit, die Bedeutung seiner Handlungen zu verstehen oder sie zu steuern, verliert, muß er von der Haftung für den in diesem Zustand zugefügten Schaden befreit werden. Allerdings ist eine Befreiung von der Haftung für einen im Zustand der pathologischen Trunkenheit zugefügten Schaden nur zulässig, wenn dieser Zustand zum ersten Mal eingetreten ist. Wenn die Person weiß, daß sie eine pathologische Trunkenheit durchlebt hat und trotzdem Alkohol zu sich nimmt, muß sie für den Schaden, den sie in diesem Zustand zugefügt hat, haften, weil sie daran schuld ist, daß sie diesen Zustand herbeigeführt hat[1620]. Bei der Einwirkung von Betäubungsmitteln gelten die vorstehenden Ausführungen entsprechend[1621].

Bei Anwendung des Art. 1078 Abs. 2 ZGB haftet der Schädiger für sein schuldhaftes Verhalten[1622]. Das Verschulden des Schädigers besteht im Falle des Art. 1078 Abs. 2 ZGB darin, daß er sich selbst in den Zustand der Unzurechnungsfähigkeit versetzt hat. Es liegt somit ein Fall des sogenannten vorausgegangenen Verschuldens vor[1623].

Da für die Gefährdungshaftung (Art. 1079 ZGB) kein Verschulden erforderlich ist, wird die Regelung des Art. 1078 Abs. 1 ZGB auch dann nicht angewendet, wenn der Schaden durch eine Quelle erhöhter Gefahr

---

1619 *Korneev* in: *Suchanov*, Graždanskoe pravo, Band 2, Halbband 2, S. 412.

1620 *Korneev* in: *Suchanov*, Graždanskoe pravo, Band 2, Halbband 2, S. 412 f.; *Beljakova*, Imuščestvennaja otvetstvennost' za pričinenie vreda, S. 64. *Ioffe* in: *Ioffe/Tolstoj*, Novyj Graždanskij kodeks RSFSR, S. 372, spricht sich hingegen für eine generelle Befreiung von der Haftung im Falle der pathologischen Trunkenheit aus.

1621 *Korneev* in: *Suchanov*, Graždanskoe pravo, Band 2, Halbband 2, S. 413.

1622 *Korneev* in: *Suchanov*, Graždanskoe pravo, Band 2, Halbband 2, S. 412.

1623 *Sergeev* in: *Sergeev/Tolstoj*, Graždanskoe pravo, Band 3, S. 37.

zugefügt wurde[1624]. Dies muß auch in anderen Fällen der Haftung ohne Verschulden, insbesondere bei der Produkthaftung (Art. 1095 ZGB), gelten.

[1624] *Fajzutdinov* in: *Sadikov*, Kommentarij k Graždanskomu kodeksu časti vtoroj, Anm. 3 zu Art. 1078; vgl. auch Punkt 7 der erläuternden Leitentscheidung Nr. 13 des Plenums des Obersten Gerichtshofs der RSFSR vom 20.12.1988, BVS RSFSR 1989, Nr. 3, S. 8 f. (allerdings außer Kraft gesetzt durch Punkt 3 der erläuternden Leitentscheidung Nr. 3 des Plenums des Obersten Gerichtshofs der RF vom 28.04.1994, BVS RF 1994, Nr. 7, S. 9).

F. Die Produkthaftung

I. RECHTSQUELLEN

1. Die einschlägigen Rechtsnormen und ihr Anwendungsbereich

Die Art. 1095-1098 ZGB regeln den Ersatz des durch mangelhafte Waren, Arbeiten oder Dienstleistungen zugefügten Schadens. Daneben enthält auch das Verbraucherschutzgesetz[1625] Bestimmungen, die diese Materie betreffen. Art. 14 Abs. 1-3 und 5 VerbraucherschutzG und die Art. 1095-1098 ZGB stimmen von ihrem Regelungsgehalt her fast überein. Die Art. 1095-1098 ZGB und das VerbraucherschutzG sind damit eng miteinander verzahnt.

Der Anwendungs- und Regelungsbereich der Art. 1095-1098 ZGB und des VerbraucherschutzG fallen allerdings nicht in vollem Umfang zusammen. Die Art. 1095-1098 ZGB sehen ausschließlich deliktische Ansprüche zwischen dem Schädiger und dem Geschädigten vor[1626]. Das Verbraucherschutzgesetz hingegen regelt nicht nur deliktische Ansprüche, sondern enthält auch vertragliche Ansprüche sowie wettbewerbs-, kartell- und verwaltungsrechtliche Bestimmungen.

Gegliedert ist das VerbraucherschutzG in vier Abschnitte. Abschnitt I enthält allgemeine Bestimmungen, die u. a. die allgemeinen Anforderungen an die Qualität von Waren (Arbeiten, Dienstleistungen), Rechte und Pflichten des Herstellers (Ausführenden, Verkäufers) bei der Festlegung der Lebensdauer, der Verwendbarkeitsfrist einer Ware (Arbeit) sowie der Garantiefrist für die Ware (Arbeit), das Recht des Verbrauchers auf eine sichere Ware (Arbeit, Dienstleistung) sowie Informationspflichten über den Hersteller (Ausführenden, Verkäufer) und über die Waren (Arbeiten, Dienstleistungen) regeln. Darüber hinaus enthält dieser Abschnitt Bestimmungen über die Rechtsfolgen bei Verletzung von Verbraucherrechten, und zwar sowohl vertragrechtliche Gewährleistungsansprüche als auch die deliktischen Produkthaftungsregelungen. Abschnitt II betrifft den (vertragsrechtlichen) Verbraucherschutz beim Verkauf von Waren. Abschnitt III regelt den Verbraucherschutz bei der Ausführung

---

[1625] Vgl. Fn. 5.

[1626] Vgl. *Sergeev* in: *Sergeev/Tolstoj*, Graždanskoe pravo, Band 3, S. 57.

von Arbeiten und der Erbringung von Dienstleistungen. Abschnitt IV betrifft den staatlichen und gesellschaftlichen Verbraucherschutz und sieht weitgespannte Befugnisse von staatlichen Organen und Verbraucherschutzvereinigungen vor.

Unterschiedlich ist nicht nur der sachliche, sondern auch der persönliche Anwendungsbereich der Art. 1095-1098 ZGB und des VerbraucherschutzG: Die Art. 1095-1098 ZGB beziehen sich auf jeden Bürger und jede juristische Person bei Erwerb einer Ware (Bestellung einer Arbeit oder Dienstleistung) zu Verbraucherzwecken. Der Anwendungsbereich des VerbraucherschutzG erstreckt sich hingegen lediglich auf Verbraucher, d. h. Bürger, die die Absicht haben, ausschließlich für persönliche, familiäre, häusliche oder andere Bedürfnisse, die nicht mit der Ausübung unternehmerischer Tätigkeit[1627] verbunden sind, Waren (Arbeiten, Dienstleistungen) zu bestellen oder zu erwerben oder die diese bestellen, erwerben oder verwenden (vgl. die Präambel zum VerbraucherschutzG). Das VerbraucherschutzG bezieht sich somit im Gegensatz zu den Art. 1095-1098 ZGB nicht auf juristische Personen, sondern nur auf Bürger (natürliche Personen). Aus der Einschränkung, daß die Ware (Arbeit, Dienstleistung) nicht zu unternehmerischen Zwecken erworben worden sein darf, folgt zudem, daß lediglich die Endverbraucher Ansprüche nach dem VerbraucherschutzG geltend machen können[1628]. Nicht um Verbraucher handelt es sich deshalb bei Bürgern, die Waren für Organisationen oder für ihre Rechnung zum Zwecke der Nutzung dieser Waren für die Produktion erwerben sowie für Organisationen oder für ihre Rechnung Arbeiten oder Dienstleistungen zu diesen Zwecken erwerben. Ein Bürger befindet sich jedoch in der Rolle des Verbrauchers, wenn er eine Dienstleistung persönlichen Charakters nutzt, obwohl sie für betriebliche Zwecke bestellt wurde (z. B. eine Be-

---

1627 *Burian/Strzebniok*, PHi 2001, Nr. 2, S. 61, weisen zutreffend darauf hin, daß die Anknüpfung der Verbrauchereigenschaft an das Nichtvorliegen einer unternehmerischen Tätigkeit in der Praxis vielfach zu Problemen führe, weil eine unternehmerische Tätigkeit nur dann vorliege, wenn eine Registrierung als Unternehmer erfolgt sei. Dies werde aber aus steuerlichen Gründen oftmals unterlassen. Allerdings sollen die Gerichte auch dem Unternehmer, der nicht als solcher registriet ist, Pflichten aus dem VerbraucherschutzG auferlegen können, vgl. *E. Belousov/P. Krjučkova/L. Orlova/D. Sork/D. Janin*, Juridičeskij spravočnik potrebitelja kak zaščitit' svoi prava, S. 6.

1628 Vgl. auch *Bernasconi-Mamie*, Das russische Produktehaftpflichtrecht, S. 96.

förderungsleistung, eine Übernachtung im Hotel auf einer Dienstreise)[1629].

Das VerbraucherschutzG hat einen sehr breiten Anwendungsbereich: Die Rechtsbeziehungen, die durch das VerbraucherschutzG geregelt werden, können

- aus Einzelhandelskaufverträgen;
- aus Miet-/Pachtverträgen, einschließlich Verträgen über die gewerbsmäßige Miete von beweglichen Sachen;
- aus Verträgen über die Miete von Wohnraum, einschließlich Verträgen über die Miete von Sozialwohnungen[1630], im Bereich der Erfüllung von Arbeiten, Erbringung von Dienstleistungen zur Sicherung der ordnungsgemäßen Nutzung des Wohnhauses, in dem sich der Wohnraum befindet, der Zurverfügungstellung und Gewährleistung der notwendigen Versorgungsdienstleistungen[1631] gegenüber dem Mieter, der Durchführung der laufenden Reparatur des Gemeinschaftsvermögens eines Mehrfamilienhauses und der Anlagen für die Erbringung der Versorgungsdienstleistungen (Art. 676 Abs. 2 ZGB);
- aus Werkverträgen (Werkverträge über Alltagsleistungen an Privatverbraucher[1632], Bauverträge, Werkverträge über die Ausführung von Projektierungs- und Erschließungsarbeiten, Werkverträge zur technischen Wartung von privatisiertem sowie anderem Wohnraum, der sich im Eigentum von Bürgern befindet);
- aus Verträgen über die Beförderung von Bürgern, ihres Gepäcks und Transportguts;
- aus Kommissionsverträgen, Verwahrungsverträgen, Verträgen über die Erbringung von Finanzdienstleistungen, die auf die Befriedigung der per-

---

1629 Vgl. Ziff. I der durch den Befehl Nr. 160 des Ministeriums der RF für Antimonopolpolitik und Unterstützung des Unternehmertums vom 20.05.1998 bestätigten Erläuterungen „Über *einige Fragen, die mit der Anwendung des Gesetzes der Rußländischen Föderation „Über den Verbraucherschutz" (in der Fassung des Föderalgesetzes vom 09.01.1996, Nr. 2-FZ „Über die Einführung von Änderungen und Ergänzungen in das Gesetz der Rußländischen Föderation „Über den Verbraucherschutz" und das Gesetzbuch der RSFSR über administrative Rechtsverletzungen") verbunden sind*", i. d. F. des Befehls Nr. 71 des Ministeriums für Antimonopolpolitik vom 11.03.1999, registriert im Justizministerium der RF am 28.12.1998 unter der Nummer 1669, veröffentlicht im BNA vom 11.01.1999, Nr. 2, und der Rossijskaja gazeta vom 14.01.1999 (im folgenden: Erläuterungen des MAP zum VerbraucherschutzG).

1630 Russ.: social'nyj naem.

1631 Wörtlich übersetzt: kommunale Dienstleistungen.

1632 Russ.: bytovoj podrjad = alltäglicher Werkvertrag.

sönlichen, familiären, häuslichen und anderen Bedürfnisse des Verbrauchers (Bürgers), die nicht mit der Ausübung unternehmerischer Tätigkeit verbunden sind, einschließlich der Zurverfügungstellung von Krediten, die Eröffnung und Führung von Konten von Kunden (Bürgern), die Ausführung von Überweisungen in deren Auftrag, Dienstleistungen über die Annahme und die Verwahrung von Wertpapieren und anderen Wertgegenständen, das Erbringen von Beratungsdienstleistungen ihnen gegenüber;

- und anderen Verträgen entstehen, die auf die Befriedigung von persönlichen, familiären, häuslichen und anderen Bedürfnissen gerichtet sind, die nicht mit der Ausübung unternehmerischer Tätigkeit verbunden sind.

Außerdem können ab dem 20.12.1999 die Rechtsbeziehungen auch aus einem Bankeinlagenvertrag entstehen, bei dem der Einleger ein Bürger ist[1633]. Das VerbraucherschutzG ist ferner auf internationale Lufttransporte anwendbar[1634].

Nicht anwendbar ist das VerbraucherschutzG hingegen bei Streitigkeiten, die sich aus Beziehungen zwischen Bürgern ergeben, die untereinander in vertraglichen Beziehungen mit dem Ziel der Befriedigung der persönlichen, familiären, häuslichen oder anderen Bedürfnisse, die nicht mit der Ausübung unternehmerischer Tätigkeit verbunden sind, sowie aus Beziehungen, die im Zusammenhang mit dem Erwerb von Waren durch einen Bürger, der Unternehmer ist, der Erfüllung von Arbeiten oder dem Zurverfügungstellen von Dienstleistungen für ihn nicht für persönliche, familiäre, häusliche oder andere Bedürfnisse, sondern zur Ausübung unternehmerischer Tätigkeit oder im Zusammenhang mit dem Erwerb von Waren, der Erfüllung von Arbeiten oder dem Erbringen von Dienstleistungen zum Zwecke der Befriedigung des Bedarfs von Unternehmen, Einrichtungen, Organisationen entstehen[1635].

Die Vorschriften des VerbraucherschutzG sind – ebenso wie die Vorschriften des Deliktsrechts – zwingend. Das ergibt sich aus Art. 16 Abs. 1 Satz 1 VerbraucherschutzG: Danach sind Vertragsbedingungen, die Rechte des Verbrauchers im Vergleich zu den durch Gesetze oder andere

---

1633 Punkt 1 der erläuternden Leitentscheidung Nr. 7 des Plenums des Obersten Gerichtshofs der RF vom 29.09.1994, BVS RF 1995, Nr. 1, S. 4 ff., i. d. F. der erläuternden Leitentscheidung Nr. 32 vom 21.11.2000, BVS RF 2001, Nr. 2, S. 1.

1634 BVS RF 1999, Nr. 5, S. 8 f.

1635 Punkt 1 der erläuternden Leitentscheidung Nr. 7 des Plenums des Obersten Gerichtshofs der RF vom 29.09.1994, BVS RF 1995, Nr. 1, S. 4 ff., i. d. F. der erläuternden Leitentscheidung Nr. 32 vom 21.11.2000, BVS RF 2001, Nr. 2, S. 1.

Rechtsakte der RF im Bereich des Schutzes der Rechte der Verbraucher bestimmten Vorschriften schmälern, ungültig.

Was das Verhältnis der Art. 1095-1098 ZGB zu den Vorschriften des VerbraucherschutzG betrifft, so dürfen die Bestimmungen des VerbraucherschutzG nach Art. 3 Abs. 2 Satz 2 ZGB denen des ZGB nicht widersprechen. Das bedeutet jedoch nicht, daß das VerbraucherschutzG nicht anwendbar ist, soweit es bestimmte Materien umfassender als das ZGB regelt. Art. 9 des Einführungsgesetzes zu Teil II des ZGB sieht ausdrücklich vor, daß das VerbraucherschutzG neben dem Zweiten Teil des ZGB anzuwenden ist. Ähnliches ergibt sich auch aus Art. 1 VerbraucherschutzG. Danach werden die Rechtsbeziehungen auf dem Gebiet des Verbraucherschutzes durch das Zivilgesetzbuch der RF, das Verbraucherschutzgesetz und andere in Übereinstimmung mit ihnen verabschiedete Föderalgesetze und Rechtsakte der RF geregelt. Sofern es sich bei dem Geschädigten um einen Verbraucher im Sinne des VerbraucherschutzG handelt, werden deshalb neben dem ZGB in Bezug auf die Materien, die nicht im ZGB geregelt sind, die Vorschriften des VerbraucherschutzG herangezogen, sofern sie die Regelungen des ZGB konkretisieren und im Detail regeln[1636]. Deshalb wird die (deliktische) Produkthaftung im folgenden sowohl anhand des ZGB als auch des VerbraucherschutzG dargestellt, wobei allerdings die Vorschriften des VerbraucherschutzG nur auf Verbraucher anzuwenden sind.

2. Abgrenzung der deliktischen Produkthaftungsansprüche von den vertraglichen Gewährleistungsansprüchen

Wenn es sich bei dem Geschädigten um den Käufer einer Ware bzw. den Besteller eines Arbeitsergebnisses oder einer Dienstleistung handelt, kann dieser nicht nur deliktische Schadensersatzforderungen nach den Art. 1095-1098 ZGB, sondern auch vertragliche Gewährleistungsansprüche nach dem ZGB und – wenn es sich um einen Verbraucher handelt – nach dem VerbraucherschutzG geltend machen. Dem Käufer einer mangelhaften Ware stehen Ansprüche wegen Nichterfüllung bzw. Schlecht-

---

[1636] Vgl. hierzu Punkt 2 der erläuternden Leitentscheidung Nr. 7 des Plenums des Obersten Gerichtshofs der RF vom 29.09.1994, BVS RF 1995, Nr. 1, S. 4 ff., i. d. F. der erläuternden Leitentscheidungen Nr. 2 vom 17.01.1997, BVS RF 1997, Nr. 3, S. 4, und Nr. 32 vom 21.11.2000, BVS RF 2001, Nr. 2, S. 2, sowie Ziff. III der Erläuterungen des MAP zum VerbraucherschutzG.

erfüllung des Kaufvertrages nach Art. 454-566 ZGB (vgl. insbesondere Art. 503 ZGB) und, wenn es sich dabei um einen Verbraucher handelt, auch aus Art. 18-26 VerbraucherschutzG zu. Wenn eine aufgrund eines Werkvertrages oder Dienstvertrages ausgeführte Arbeit mangelhaft ist, kann der Besteller Ansprüche aus dem Werkvertrag nach Art. 702-768 ZGB (vgl. insbesondere Art. 737 ZGB) oder dem Dienstvertrag nach Art. 779-783 ZGB (wobei in Art. 783 ZGB auf zahlreiche Vorschriften über den Werkvertrag verwiesen wird), und, wenn es sich um einen Verbraucher handelt, darüber hinaus aus Art. 27-39 VerbraucherschutzG geltend machen.

Die vertraglichen Ansprüche und die deliktischen Ansprüche aus den Art. 1095-1098 ZGB sind streng voneinander zu unterscheiden, da sie unterschiedliche Voraussetzungen und auch verschiedene Rechtsfolgen haben.

> *Beispiele:* Ist für eine Ware eine Garantie- oder Verwendbarkeitsfrist festgelegt, ist der Käufer berechtigt, Gewährleistungsansprüche geltend zu machen, soweit die Mängel innerhalb der Garantie- bzw. Verwendbarkeitsfrist entdeckt worden sind (vgl. Art. 477 Abs. 3 und 4 ZGB). Wenn für eine Ware keine Garantie- oder Verwendbarkeitsfrist festgelegt wurde, kann der Käufer nach Art. 477 Abs. 2 ZGB Gewährleistungsansprüche geltend machen, wenn die Mängel innerhalb einer angemessenen Frist entdeckt worden sind, jedoch nicht später als zwei Jahre nach der Übergabe der Ware. Eine deliktische Forderung auf Ersatz des Schadens, der durch eine mangelhafte Ware zugefügt wurde, besteht hingegen, wenn der Mangel innerhalb der Verwendbarkeitsfrist oder Lebensdauer, und wenn keine Verwendbarkeitsfrist oder Lebensdauer festgelegt wurde, innerhalb von zehn Jahren ab der Herstellung der Ware zugefügt wurde (vgl. Art. 1097 ZGB). Macht ein Käufer Ansprüche wegen Übergabe einer mangelhaften Ware geltend, kann er vom Verkäufer nach seiner Wahl Herabsetzung des Kaufpreises, unentgeltliche Mängelbeseitigung durch den Verkäufer oder den Ersatz eigener Aufwendungen für die Mängelbeseitigung verlangen (vgl. Art. 475 Abs. 1 ZGB). Bei Erhebung von deliktischen Ansprüchen wegen einer Vermögensverletzung wird die Art und Weise des Schadensersatzes – in natura oder Ersatz des zugefügten Schadens – hingegen durch das Gericht bestimmt (vgl. Art. 1082 ZGB)[1637].

1637 *Levšina* in: *Sadikov*, Kommentarij k Graždanskomu kodeksu RF časti vtoroj, Anm. 4 zu Art. 1096.

Es ist deshalb die Frage zu klären, in welchem Verhältnis die vertraglichen Gewährleistungsansprüche und die deliktischen Ansprüche nach Art. 1095-1098 ZGB zueinander stehen. Hierzu werden zwei verschiedene Positionen vertreten:

Levšina[1638] meint, es bestehe zwischen den Ansprüchen nach Art. 1095-1098 ZGB und den vertraglichen Gewährleistungsansprüchen kein Ausschließlichkeitsverhältnis[1639], sondern dem Geschädigten werde ein Wahlrecht vorbehalten. Das Gesetz lasse eine „Konkurrenz vertraglicher und deliktischer Klagen" zu[1640], Der Geschädigte könne zum einen gegen den Verkäufer oder den Ausführenden vertragliche Ansprüche wegen Mängeln an Sachen, Arbeitsergebnissen oder Dienstleistungen geltend machen und Ersatz für die infolge dieser Mängel zugefügten Schäden verlangen, die aus der Nichterfüllung oder Schlechterfüllung der Verpflichtungen aus dem Kaufvertrag, dem Werkvertrag bzw. dem Dienstleistungsvertrag folgen. Gleichzeitig könne er eine deliktische Schadensersatzforderung stellen. Zum Beispiel könne bei einem Fernseherbrand der Käufer des Fernsehers entweder eine vertragliche Forderung auf Ersatz des fehlerhaften Fernsehers und auf Ersatz aller Schäden erheben, die seinem Vermögen durch den Brand zugefügt wurden, oder eine deliktische Schadensersatzforderung stellen.

Sergeev[1641] ist hingegen der Meinung, das Gesetz lasse bei Produktmängeln keine Konkurrenz zwischen vertraglichen und deliktischen Klagen zu. Vielmehr müßten die Rechte und Pflichten, die im Rahmen des geschlossenen Vertrages ausgeübt werden, von den Rechten und Pflichten genau unterschieden werden, die außerhalb des Vertrages entstehen. Bei Verkauf einer Ware von schlechter Qualität entstünden dem Käufer eine Reihe von Rechten, darunter auch das Recht, vom Verkäufer den Ersatz zugefügter Schäden nach Art. 393 ZGB[1642] zu fordern. Dieses

---

1638 In: *Sadikov*, Kommentarij k Graždanskomu kodeksu RF časti vtoroj, Anm. 4 zu Art. 1096.

1639 Vgl. oben S. 88 f.

1640 Vgl. dazu auch *Šerstobitov* in: *Suchanov*, Graždanskoe pravo, Band 2, Halbband 2, S. 437; *T. Levšina*, Osnovy zakonodatel'stva o zaščite prav potrebitelej, S. 63; *Levšina*, in: Pravovye problemy rynočnoj ėkonomiki, S. 41; *A. Šerstobitov*, Graždansko-pravovye voprosy ochrany prav potrebitelej, S. 46; *Levšina/Šerstobitov* in: *Zimenkova/Levšina/Tobis/Šerstobitov*, Kommentarij k Zakonu RF „O zaščite prav potrebitelej", S. 19, 108.

1641 In: *Sergeev/Tolstoj*, Graždanskoe pravo, Band 3, S. 58.

1642 Vgl. zu Abs. 3 dieser Vorschrift oben S. 217.

Recht habe vertraglichen Charakter und werde im Rahmen des Kaufvertrages ausgeübt. Wenn aber infolge von Mängeln an der Ware dem Leben, der Gesundheit oder dem Vermögen des Käufers ein Schaden zugefügt werde, seien die Rechtsbeziehungen der Parteien, die im Zusammenhang mit dem Ersatz eines solchen Schadens entstehen, als außervertraglich zu qualifizieren.

Der zuletzt genannten Auffassung ist insofern zu folgen, als zwischen den Ansprüchen kein Konkurrenzverhältnis in dem Sinne besteht, daß verschiedene Anspruchsgrundlagen auf Ersatz ein und desselben Schadens gerichtet sind. Die deliktischen Ansprüche aus den Art. 1095-1098 ZGB sind ausschließlich auf Ersatz des Schadens gerichtet, der nicht an der erworbenen Ware (Arbeit, Dienstleistung), sondern an anderen Rechtsgütern des Käufers (Bestellers), nämlich an dessen Leben, Gesundheit oder Vermögen, entstanden ist. Von den deliktsrechtlichen Vorschriften werden deshalb nur Mangelfolgeschäden erfaßt[1643]. Ansprüche auf den Ersatz des Schadens, der dem Käufer bzw. dem Besteller dadurch entstanden ist, daß ihm eine mangelhafte Ware (Arbeitsergebnis, Dienstleistung) geliefert wurde (Ansprüche auf Ersatz des Mangelschadens) ergeben sich ausschließlich aus den vertragsrechtlichen Bestimmungen[1644].

Zu einer „Überschneidung" der vertraglichen und deliktischen Ansprüche kann es aber insofern kommen, als auch nach Art. 393 ZGB – einer Vorschrift des allgemeinen Schuldrechts, die für alle vertraglichen Ansprüche gilt – Mangelfolgeschäden ersetzt werden. Insofern besteht ein Konkurrenzverhältnis zwischen den vertraglichen und deliktischen Ansprüchen. Allerdings besteht ein Unterschied zwischen den vertraglichen und deliktischen Ansprüchen auf Ersatz von Mangelfolgeschäden: Während nach Art. 393 ZGB jeglicher Vermögensschaden ersetzt wird, werden nach Art. 1095 ZGB nur Schäden an Leben, Gesundheit oder Vermögen ersetzt, wobei der Begriff des Vermögens in Art. 1095 ZGB – wie bereits dargelegt[1645] – nur absolute Rechte umfaßt. Es sollte deshalb dem Geschädigten ein Wahlrecht eingeräumt werden, ob er die Mangelfolgeschäden auf Grund einer vertraglichen oder einer deliktischen Anspruchsgrundlage geltend macht.

1643 So auch *Bernasconi-Mamie*, Das russische Produktehaftpflichtrecht, S. 104, 110 f., 113 f., 123.

1644 Vgl. *O. Mosgo*, PHi 1997, Nr. 5, S. 185.

1645 Vgl. S. 134 ff.

II. DIE ENTWICKLUNGSGESCHICHTE DES PRODUKTHAFTUNGSRECHTS[1646]

Das ZGB 1922 und das ZGB 1964 kannten keine speziellen Vorschriften zum Produkthaftungsrecht. Die Hersteller hafteten nur nach den allgemeinen deliktischen Vorschriften. Allerdings scheiterten Ansprüche gegen den Hersteller in der Regel daran, daß kein Verschulden des Herstellers vorlag. Ansprüche aus Gefährdungshaftung schieden aus, weil der Hersteller nicht mehr Besitzer der mangelhaften Produkte war[1647].

In der westeuropäischen Literatur wurde zwar die Behauptung aufgestellt, die allgemeine Gefährdungshaftung in Art. 454 ZGB 1964[1648] hätte eine für westeuropäisches Verständnis geradezu ideale Ausgangslage zur Entwicklung eines Produkthaftungsrechts abgeben können und es wäre der Rechtsprechung – vom Wortlaut her – ein leichtes gewesen, einen Produktionsbetrieb als Quelle erhöhter Gefahr zu qualifizieren und damit auf Basis der vorhandenen Rechtsgrundlagen sogar eine echt verschuldensunabhängige, strikte Haftung zugunsten des geschädigten Verbrauchers einzuführen[1649]. Ausgehend von dieser Behauptung wurden umfangreiche Überlegungen dazu angestellt, weshalb die Rechtsprechung aufgrund von Art. 454 ZGB 1964 nicht ein Produkthaftungsrecht entwickelt hat[1650]. Dieser Ausgangsthese ist jedoch zu widersprechen. Zwar wäre ein Produktionsbetrieb in der Regel als Industrieunternehmen im Sinne des Art. 454 ZGB 1964 zu qualifizieren gewesen. Nach Art. 454 ZGB 1964 zu ersetzen wären aber lediglich bei der Produktion entstandene Schäden, vor allem Schäden, die Arbeitern des Produktionsbetriebs durch Maschinen u. ä. zugefügt wurden. Die Endprodukte als Quelle erhöhter Gefahr im Sinne des Art. 454 ZGB 1964 einzustufen, wäre nur unter der Voraussetzung möglich gewesen, daß ihr Betrieb selbst mit einer erhöhten Gefahr verbunden war, was jedoch bei den meisten Produkten nicht der Fall war. Man hätte allenfalls im Wege einer extensiven Auslegung des Art. 454 ZGB 1964 begründen können,

---

1646 Einzelheiten zur Entwicklung bis einschließlich 1996 vgl. *Mosgo*, PHi 1997, Nr. 5, S. 183 ff.; bis 1993 vgl. bei *Bernasconi-Mamie*, Das russische Produktehaftpflichtrecht, S. 90 ff.

1647 Vgl. *Heidemann*, Unternehmenshaftung in Rußland, S. 198.

1648 Vgl. zum Wortlaut des Art. 454 ZGB 1964 oben S. 319.

1649 *Bernasconi-Mamie*, Das russische Produktehaftpflichtrecht, S. 82.

1650 *Bernasconi-Mamie*, Das russische Produktehaftpflichtrecht, S. 82-89.

daß mangelhafte Produkte aufgrund des Mangels eine erhöhte Gefahr darstellten und deshalb die Produkte als Quelle erhöhter Gefahr einzustufen gewesen seien. Wäre man zu diesem Schluß gekommen, hätte für den durch das mangelhafte Produkt zugefügten Schaden nach dem Wortlaut des Art. 454 ZGB 1964 allerdings nicht der Hersteller haften müssen, weil er nicht mehr Besitzer des mangelhaften Produkts war, sondern der Erwerber des Produkts. Um eine Haftung des Herstellers zu begründen, wäre somit eine weit über den Wortlaut hinausgehende Auslegung des Art. 454 ZGB 1964 erforderlich gewesen. Wie bereits oben[1651] angesprochen, waren die Gerichte in der Sowjetunion es jedoch gewohnt, in erster Linie Rechtsnormen auf den konkreten Einzelfall anzuwenden, nicht jedoch eine umfangreiche Rechtsfortbildung zu betreiben. Unter diesem Gesichtspunkt ist es nicht verwunderlich, daß die Rechtsprechung den Art. 454 ZGB 1964 nicht zu einer Anspruchsgrundlage im Bereich der Produkthaftung entwickelt hat.

Zudem wurden zu Sowjetzeiten Zivilklagen im Bereich der Produkthaftung – wie auch in anderen Bereichen des Zivilrechts – nur selten erhoben, obwohl die schlechte Qualität der sowjetischen Produkte sicherlich zu zahlreichen Schäden bei den Verbrauchern geführt hat. Rechtsprechung zur Haftung von Herstellern fehlerhafter Waren, deren Mängel einen Schaden an Leben, Gesundheit oder Vermögen von Bürgern zugefügt haben, gab es nur vereinzelt und auch erst ab Mitte der 80er Jahre[1652]. Statt eines echten Produkthaftungsrechts, das den durch mangelhafte Produkte Geschädigten umfassende Schadensersatzansprüche gewährt, gab es in der Sowjetunion lediglich zahlreiche Rechtsvor-

---

1651 Vgl. S. 222, 356.

1652 Vgl. *Sergeev* in: *Sergeev/Tolstoj*, Graždanskoe pravo, Band 3, S. 57; *Heidemann*, Unternehmenshaftung in Rußland, S. 198. Nach der Rechtsprechung des Obersten Gerichtshofs der UdSSR hafteten für Produktmängel, die innerhalb der Garantiefrist entdeckt wurden, nur die Verkäufer. Der Hersteller haftete nur bei Mängeln, infolge derer der Person oder dem Vermögen eines Bürgers ein Schaden zugefügt wurde, wenn der Mangel nach Ablauf der Garantiefrist entdeckt wurde und der Hersteller nicht beweist, daß der Schaden infolge der unrichtigen Benutzung oder Aufbewahrung der Sache entstanden ist, vgl. Punkt 19 der erläuternden Leitentscheidung Nr. 1 des Plenums des Obersten Gerichtshofs der UdSSR vom 05.04.1985 „*Über die gerichtliche Anwendungspraxis der Gesetzgebung über die Haftung für die Herstellung fehlerhafter, nicht dem Standard entsprechender oder unvollständiger Produktion durch Industrieunternehmen und für die Ausgabe dieser Waren zum Verkauf in Handelsunternehmen*“, BVS SSSR 1985, Nr. 3, S. 13 ff.

schriften, die vor allem auf die Steigerung der Quantität und Qualität der Waren abzielten und daneben nur einige öffentlich-rechtliche Normen über die Produktsicherheit, die auch für die Produkthaftung relevante Regelungen enthielten[1653].

Erst 1989 wurde ein Entwurf eines Gesetzes der UdSSR „Über die *Qualität der Produktion und den Verbraucherschutz*“ ausgearbeitet und veröffentlicht[1654]. Überwiegend zielten die Vorschriften des Entwurfs aber lediglich auf eine Verbesserung der staatlichen Standards und Qualitätsvorschriften. Erst im Abschnitt V des Entwurfs befanden sich einige wenige Bestimmungen über den Verbraucherschutz, unter anderem in Art. 33 eine Bestimmung über eine verschuldensunabhängige Haftung für durch mangelhafte Produkte zugefügte Schäden[1655]. Der Entwurf wurde jedoch im Rahmen der folgenden öffentlichen Diskussion einhellig abgelehnt, weil die meisten seiner Bestimmungen nur unverbindlichen und rein deklaratorischen Charakter hatten[1656].

Die erste gesetzliche Regelung der UdSSR zum Verbraucherschutz war das Gesetz der UdSSR „Über den *Verbraucherschutz*“[1657] vom 22.05.1991[1658]. Das Gesetz sollte am 01.01.1992 in Kraft treten (vgl. Punkt 1 der Verordnung des Obersten Sowjets der UdSSR „Über die *Einführung des Gesetzes der UdSSR „Über den Verbraucherschutz“*“ vom 22.05.1991[1659]), wurde jedoch aufgrund des Zerfalls der UdSSR Ende 1991 hinfällig[1660].

1653 Vgl. *Mosgo*, PHi 1997, Nr. 5, S. 183; *Bernasconi-Mamie*, Das russische Produktehaftpflichtrecht, S. 46 f., 83 f., 148 ff.

1654 In der Izvestija vom 11.02.1989 und der Pravda vom 12.02.1989. Ausführlich in der deutschsprchigen Literatur beschrieben wird dieser Entwurf von *Bernasconi-Mamie*, Das russische Produktehaftpflichtrecht, S. 90 ff.

1655 Eine deutsche Übersetzung dieses Abschnitts des Entwurfs eines sowjetischen Verbraucherschutzgesetzes befindet sich in *G. Brand/J. Woltz*, Produkthaftung, S. 129 ff.

1656 Vgl. *Levšina/Šerstobitov* in: *Zimenkova/Levšina/Tobis/Šerstobitov*, Kommentarij k Zakonu RF „O zaščite prav potrebitelej“, S. 13; *Šerstobitov*, Graždansko-pravovye voprosy ochrany prav potrebitelej, S. 43; *Bernasconi-Mamie*, Das russische Produktehaftpflichtrecht, S. 46 f., 90, 150; *P. Jordan*, The Parker School Journal of East European Law 1996, Vol. 4-5, S. 490.

1657 Nr. 2184-I, VSNDiVS SSSR 1991, Nr. 24, Pos. 689.

1658 Vgl. dazu *M. Krotov*, Pravovedenie 1991, Nr. 6, S. 30 ff.

1659 Nr. 2185-I, VSNDiVS SSSR 1991, Nr. 24, Pos. 690.

1660 Vgl. *Levšina/Šerstobitov* in: *Zimenkova/Levšina/Tobis/Šerstobitov*, Kommentarij k Zakonu RF „O zaščite prav potrebitelej“, S. 14; *Bernasconi-Mamie*, Das russische

Wenige Tage nach Annahme des VerbraucherschutzG der UdSSR – nämlich am 31.05.1991 – verabschiedete der Oberste Sowjet der UdSSR mit Art. 129 GZG 1991 eine weitere Regelung zum Produkthaftungsrecht[1661]. Der Wortlaut des Art. 129 GZG 1991 stimmte mit dem des Art. 11 Abs. 1 Satz 1 des VerbraucherschutzG der UdSSR überein. Nach diesen Vorschriften war ein Schaden, der dem Leben, der Gesundheit oder dem Vermögen eines Bürgers infolge von Produktions-, Konstruktions-, Rezeptur- und anderen Mängeln einer Ware oder von Arbeitsergebnissen zugefügt wurde, durch den Verkäufer oder den Hersteller dieser Ware (Arbeit) unabhängig davon zu ersetzen, ob zwischen ihm und dem Geschädigten ein Vertrag abgeschlossen war.

Im Jahre 1991 begannen auch in der RSFSR die Arbeiten an einem Verbraucherschutzgesetz[1662]. Bereits wenige Wochen nach dem Zerfall der Sowjetunion, am 07.02.1992, wurde sodann das Gesetz der Rußländischen Föderation „Über den *Verbraucherschutz*“[1663] verabschiedet, welches mit dem Tag seiner Veröffentlichung in der Rossijskaja Gazeta, dem 07.04.1992, in Kraft trat. Die Vorschriften des VerbraucherschutzG der RF vom 07.02.1992 hatten nach Ziff. 2 der Verordnung des Obersten Sowjets der RF vom 14.07.1992 „Über die *Regelung der zivilrechtlichen Beziehungen während der Durchführung der Wirtschaftsreformen*“[1664] als nach dem 12.06.1990 erlassenes Gesetz der RF Vorrang vor den Vorschriften des ZGB 1964 und der GZG 1991[1665]. Art. 6 der Verordnung des Obersten Sowjets der RF vom 07.02.1992 „Über die *Einführung des Gesetzes der Rußländischen Föderation „Über den Verbraucherschutz“*“[1666] stellte darüber hinaus klar, daß bis die Gesetzgebung der RF und der Republiken der RF in Übereinstimmung mit dem VerbraucherschutzG gebracht ist, die geltende Gesetzgebung der RF und der Republiken der RF nur insoweit Anwendung findet, als sie nicht dem VerbraucherschutzG der RF widerspricht[1667]. Damit keine Widersprüche

---

Produktehaftpflichtrecht, S. 93. Siehe zur parallelen Problematik im Zusammenhang mit den GZG 1991 oben S. 54 f.

1661 Vgl. zum Inkrafttreten der GZG 1991 oben S. 54 f.

1662 *Jordan*, The Parker School Journal of East European Law 1996, Vol. 4-5, S. 490.

1663 Vgl. Fn. 5.

1664 Vgl. dazu oben S. 55 f.

1665 Vgl. dazu ausführlich bei *Bernasconi-Mamie*, Das russische Produktehaftpflichtrecht, S. 45 f.

1666 Nr. 2300/1-I, VSNDiVS RF 1992, Nr. 15, Pos. 767.

1667 Vgl. hierzu auch BVS RF 1993, Nr. 4, S. 6 f.; BVS RF 1993, Nr. 9, S. 12.

zu den bereits oben erwähnten Rechtsvorschriften aus der Sowjetzeit entstehen konnten, die in erster Linie auf die Steigerung der Produktqualität zielten, darüber hinaus aber auch einzelne Vorschriften zum Verbraucherschutz enthielten, wurden durch Verordnung der Regierung der RF vom 28.05.1992, Nr. 359, „Über die *Aufhebung der behördlichen Normativakte, die die Beziehungen auf dem Gebiet der Verbraucherrechte regeln*" die Ministerien und Behörden der RF angewiesen, bis zum 01.08.1992 die behördlichen Rechtsakte, einschließlich der Instruktionen, welche die Beziehungen im Bereich der Verbraucherrechte regeln, aufzuheben[1668]. Inhaltlich orientierte sich das VerbraucherschutzG der RF weitgehend an dem VerbraucherschutzG der UdSSR, allerdings wurde die Produkthaftung auch auf Instruktionsmängel ausgedehnt.

Bereits durch Gesetz vom 02.06.1993[1669] wurde das VerbraucherschutzG der RF in einigen Punkten geändert. Grundlegende Änderungen und Erweiterungen der deliktischen Produkthaftung ergaben sich sodann mit dem Inkrafttreten des Zweiten Teils des ZGB und damit der Art. 1095-1098 ZGB am 01.03.1996[1670], nach denen im Gegensatz zu Art. 129 GZG 1991 und dem VerbraucherschutzG auch juristische Personen Ansprüche geltend machen können. Im Hinblick auf das Inkrafttreten des Zweiten Teils des ZGB mußte das VerbraucherschutzG der RF an die neuen Bestimmungen des ZGB und deren Terminologie angepaßt werden. Es wurde deshalb durch Gesetz vom 09.01.1996[1671] neu gefaßt, welches am Tag seiner offiziellen Veröffentlichung, dem 15.01.1996, in Kraft trat. Die in diesem Gesetz vorgesehenen Änderungen waren sehr tiefgreifend, sogar die Numerierung der Artikel wurde weitgehend geändert. Bei dieser Gelegenheit wurden auch zahlreiche mißverständliche Formulierungen beseitigt. Art. 1097 ZGB und das VerbraucherschutzG der RF wurden nochmals durch Gesetze vom 17.12.1999[1672] geändert. Dabei wurden einige noch bestehende Unterschiede zwischen dem ZGB und dem VerbraucherschutzG beseitigt sowie in einigen Fällen die Rechte des Verbrauchers bzw. der Verkäufers (Herstellers, Ausführenden) verbessert.

1668 Vgl. dazu näher bei *Bernasconi-Mamie*, Das russische Produktehaftpflichtrecht, S. 47 f.

1669 Vgl. Fn. 5.

1670 Vgl. dazu oben S. 59.

1671 Vgl. Fn. 5.

1672 Vgl. Fn. 2 und Fn. 5.

Die praktische Bedeutung des Verbraucherschutzgesetzes nimmt ständig zu. In den ersten Jahren nach Inkrafttreten des VerbraucherschutzG wurden zwar zunächst nur sehr wenige Fälle auf Grundlage dieses Gesetzes durch die Gerichte entschieden[1673]. Zurückzuführen war dies in erster Linie darauf, daß sich die Verbraucher ihrer Rechte noch gar nicht bewußt waren, es aus Sowjetzeiten nicht gewohnt waren, ihre Rechte vor Gericht durchzusetzen und zudem auch nicht über die notwendigen finanziellen Mittel für einen Rechtsstreit verfügten. Soweit es zu Gerichtsverfahren kam, traten deshalb als Kläger in der Anfangszeit in erster Linie nicht die geschädigten Verbraucher auf. Die Mehrzahl der Fälle wurde vielmehr vom Staatskomitee für Antimonopolpolitik vor Gericht gebracht, wobei es sich allerdings weniger um Schadensersatzklagen handelte, sondern die Rechtsstreitigkeiten überwiegend die sonstigen Aufgaben des Staatskomitees für Antimonopolpolitik nach dem VerbraucherschutzG betrafen[1674]. In letzter Zeit gewinnen die aufgrund des VerbraucherschutzG entschiedenen Rechtsstreitigkeiten jedoch immer mehr an Bedeutung, weil sich die Verbraucher ihrer Rechte zunehmend bewußt werden und davon Gebrauch machen[1675]. Allerdings ist der Umfang der höchstrichterlichen Rechtsprechung zum Verbraucherschutz nach wie vor gering[1676]. Den höchstrichterlichen Entscheidungen zum VerbraucherschutzG liegen zudem nur teilweise Produkthaftungsansprüche zugrunde. So betrifft auch die erläuternde Leitentscheidung Nr. 7 des Obersten Gerichtshofs der RF vom 29.09.1994 *„Über die Praxis der Verhandlung von Streitigkeiten über den Verbraucherschutz durch die Gerichte"*[1677] nur in geringem Umfang die deliktische

1673 Vgl. *Heidemann*, Unternehmenshaftung in Rußland, S. 208 ff.; *Jordan*, The Parker School Journal of East European Law 1996, Vol. 4-5, S. 488; *Steininger*, Das russische Kaufrecht, S. 370 f. *T. Levšina*, Kommentarij sudebnoj praktiki 1994, Vypusk 1, S. 81 ff., berichtet zwar über einige Fälle, die in den Jahren 1992 und 1993 von Gerichten auf Grundlage des VerbraucherschutzG entschieden wurden, allerdings handelte es sich dabei nicht um Fälle der deliktischen Produkthaftung.

1674 Vgl. *Heidemann*, Unternehmenshaftung in Rußland, S. 208 f.

1675 Vgl. *Burian/Strzebniok*, PHi 2001, Nr. 2, S. 69; *S. Sevillano*, WiRO 2000, Nr. 11, S. 362; *Jordan*, The Parker School Journal of East European Law 1996, Vol. 4-5, S. 488; *V. Argunov/S. Krasnov*, Vestnik Moskovskogo universiteta 1996, Nr. 4, S. 16; *Steininger*, Das russische Kaufrecht, S. 370.

1676 Vgl. dazu auch *Steininger*, Das russische Kaufrecht, S. 371.

1677 Vgl. Fn. 37.

Produkthaftung. Überwiegend wird dort zu anderen Fragen des Verbraucherschutzes Stellung genommen.

III. DIE EINZELNEN TATBESTANDSMERKMALE DER PRODUKTHAFTUNG

Art. 1095 Satz 1 ZGB sieht vor, daß ein Schaden, der dem Leben, der Gesundheit oder dem Vermögen eines Bürgers oder dem Vermögen einer juristischen Person infolge von Konstruktions-, Rezeptur- oder anderen Mängeln einer Ware, Arbeit oder Dienstleistung sowie infolge von nicht wahrheitsgemäßen oder unzulänglichen Informationen über eine Ware (Arbeit, Dienstleistung) zugefügt wird, durch den Verkäufer oder Hersteller der Ware, die Person, die die Arbeit ausgeführt oder die Dienstleistung erbracht hat (Ausführender), unabhängig von ihrem Verschulden und davon, ob zwischen ihm und dem Geschädigten ein Vertrag abgeschlossen war, zu ersetzen ist. Mit dieser Vorschrift stimmen die Regelungen des Art. 14 Abs. 1 und 2 VerbraucherschutzG inhaltlich weitgehend überein.

1. Gläubiger

Gläubiger eines Anspruchs aus Art. 1095 ZGB können nicht nur Bürger, sondern auch juristische Personen sein. Die Vorschriften des Art. 1095 ZGB finden allerdings nur Anwendung, soweit es sich um den Erwerb einer Ware (die Ausführung einer Arbeit, die Erbringung einer Dienstleistung) zu Verbraucherzwecken, nicht jedoch zur Nutzung im Rahmen einer unternehmerischen Tätigkeit handelt (Art. 1095 Satz 2 ZGB). Unternehmerisch tätige Bürger und juristische Personen können somit nur dann Ansprüche aus Art. 1095 ZGB herleiten, wenn sie zu Verbraucherzwecken eine Ware erworben bzw. eine Dienstleistung oder das Ergebnis einer Arbeit entgegengenommen haben[1678]. Wenn der Hersteller, Verkäufer oder Ausführende beweist, daß er keine Waren zu Verbraucherzwecken hergestellt hat sowie zu diesem Zweck auch keine

[1678] *Malein* in: *Kalpin*, Graždanskoe pravo. Čast' vtoraja, S. 528; vgl. auch *Guev*, Postatejnyj kommentarij k časti vtoroj Graždanskogo kodeksa RF, Anm. 2 zu Art. 1095.

Arbeiten ausgeführt und keine Dienstleistungen erbracht hat oder der Geschädigte die Ware (Arbeit, Dienstleistung) zu unternehmerischen Zwecken erworben hat, haftet er nicht nach den Art. 1095-1098 ZGB[1679]. Eine deliktische Haftung kommt bei einem Erwerb von Waren (Entgegennahme einer Arbeit, Dienstleistung) zu unternehmerischen Zwecken nur nach den allgemeinen Vorschriften des Deliktsrecht (z. B. Art. 1064 oder Art. 1079 ZGB) in Betracht.

Gläubiger eines Anspruchs nach Art. 14 VerbraucherschutzG können dagegen nur Bürger sein, die Verbraucher sind. Wann sich ein Bürger in der Rolle des Verbrauchers befindet, wurde bereits dargestellt[1680].

Sowohl bei Geltendmachung eines Anspruchs nach Art. 1095 ZGB als auch eines Anspruchs nach Art. 14 VerbraucherschutzG kann der Geschädigte mit dem Schädiger in vertraglichen Beziehungen stehen bzw. mit ihm nicht in vertraglichen Beziehungen stehen. Geschädigter kann deshalb nicht nur der Käufer der Ware bzw. der Besteller der Arbeit oder Dienstleistung sein, sondern auch Personen, auf die die Ware oder das Arbeitsergebnis (z. B. im Wege des Kaufs, des Tausches, der Schenkung oder der Erbfolge) übergegangen ist, sowie sonstige Personen (z. B. Nachbarn, Freunde, Gäste, Familienmitglieder des Käufers bzw. Bestellers), deren Leben, Gesundheit oder Vermögen ein Schaden zugefügt wurde[1681]. Der Geschädigte muß die Ware (das Arbeitsergebnis, die Dienstleistung) nicht einmal selbst benutzt haben[1682].

1679 *Šerstobitov* in: *Suchanov*, Graždanskoe pravo, Band 2, Halbband 2, S. 436.

1680 Vgl. oben S. 481 f.

1681 *Malein* in: *Kalpin*, Graždanskoe pravo. Čast' vtoraja, S. 528; *Jarošenko* in: *Braginskij*; Kommentarij časti vtoroj Graždanskogo kodeksa RF, S. 386 f.; *Jarošenko* in: *Sadikov*, Graždanskoe pravo Rossii. Čast' vtoraja, S. 671 f.; *Levšina* in: *Sadikov*, Kommentarij k Graždanskomu kodeksu RF časti vtoroj, Anm. 3 zu Art. 1095; *Sergeev* in: *Sergeev/Tolstoj*, Graždanskoe pravo, Band 3, S. 58; *Jarošenko*, Objazatel'stva vsledstvie pričinenija vreda, in: *Kozyr'/Makovskij/Chochlov*, Graždanskij kodeks RF. Čast' vtoraja, S. 588; *Jarošenko* in: *T. Levšina/L. Lesnickaja/K. Jarošenko*, Kommentarij k zakonu RF „O zaščite prav potrebitelej", S. 35 f.; *Levšina*, Osnovy zakonodatel'stva o zaščite prav potrebitelej, S. 61; *Belousov/ Krjučkova/Orlova/Sork/Janin*, Juridičeskij spravočnik potrebitelja kak zaščitit' svoi prava, S. 20; *Levšina/Šerstobitov* in: *Zimenkova/Levšina/Tobis/Šerstobitov*, Kommentarij k Zakonu RF „O zaščite prav potrebitelej", S. 18; vgl. auch *Zajcev* in: *Krylov/Gavrilov*, Rossijskoe graždanskoe pravo, S. 384; *Borisov*, Kommentarij k Graždanskomu kodeksu RF časti pervoj i vtoroj, S. 1123; *Burov* in: *V. Burov/M. Emel'janov/O. Lomidze/A. Torpudžian/S. Ugol'nikov*, Kommentarij k Zakonu RF „O zaščite prav potrebitelej", § 4 zur Präambel; a. A. ist lediglich *Bernasconi-*

2. Schaden, der dem Leben, der Gesundheit oder dem Vermögen infolge von Konstruktions-, Rezeptur- oder anderen Mängeln an einer Ware, Arbeit oder Dienstleistung sowie infolge von nicht wahrheitsgemäßen oder unzulänglichen Informationen zugefügt wurde

Des weiteren setzen Art. 1095 Abs. 1 ZGB und Art. 14 Abs. 1 (i. V. m. Art. 12 Abs. 1) VerbraucherschutzG voraus, daß dem Leben, der Gesundheit oder dem Vermögen eines Bürgers oder dem Vermögen einer juristischen Person infolge von Konstruktions-, Rezeptur- oder anderen Mängeln einer Ware, Arbeit, Dienstleistung sowie infolge von nicht wahrheitsgemäßen oder unzulänglichen Informationen über eine Ware (Arbeit, Dienstleistung) ein Schaden zugefügt wurde.

a) Leben, Gesundheit, Vermögen

Zu den Rechtsgütern Leben, Gesundheit und Vermögen sowie dem Schadensbegriff wurde bereits im Rahmen der Ausführungen zu Art. 1064 ZGB Stellung[1683] genommen, so daß an dieser Stelle darauf nicht mehr eingegangen werden muß. Zu beachten sind lediglich zwei Umstände: Art. 1095 ZGB sieht im Gegensatz zu Art. 1064 ZGB nur bei Verletzung der Rechtsgüter Leben und Gesundheit Schadensersatzansprüche vor, nicht jedoch bei Verletzung sonstiger immaterielle Rechtsgüter eines Bürgers. Sofern es um die Schädigung von Vermögen geht, ist es unerheblich, ob das geschädigte Vermögen zu Verbraucherzwecken oder im Rahmen unternehmerischer Tätigkeit genutzt wurde. Zu Verbraucherzwecken muß lediglich die Ware erworben bzw. die Arbeit ausgeführt oder die Dienstleistung erbracht worden sein[1684].

Mamie, Das russische Produktehaftpflichtrecht, S. 96, die sich dabei eng an den Wortlaut der Definition des Verbrauchers in der Präambel des VerbraucherschutzG hält.

1682 *Jarošenko* in: *Braginskij*, Kommentarij časti vtoroj Graždanskogo kodeksa RF, S. 386.

1683 Vgl. S. 128, 134 ff., S. 201 f.

1684 Vgl. dazu auch *Bernasconi-Mamie*, Das russische Produktehaftpflichtrecht, S. 124.

b) Produkte im Sinne des Art. 1095 ZGB und des VerbraucherschutzG (Ware, Arbeit, Dienstleistung)

In den Art. 1095-1098 ZGB und dem VerbraucherschutzG werden die Begriffe Ware, Arbeit, Dienstleistung nicht unmittelbar definiert. Was unter einer Ware, Arbeit oder Dienstleistung zu verstehen ist, ergibt sich allerdings aus Ziff. I der durch den Befehl Nr. 160 des Ministeriums für Antimonopolpolitik und Unterstützung des Unternehmertums vom 20.05.1998 bestätigten Erläuterungen „Über *einige Fragen, die mit der Anwendung des Gesetzes der Rußländischen Föderation „Über den Verbraucherschutz" verbunden sind*" (im folgenden: Erläuterungen des MAP zum VerbraucherschutzG)[1685]:

Gemäß den Art. 129 und 455 ZGB sowie dem VerbraucherschutzG (siehe die Präambel) ist unter einer *Ware* eine beliebige Sache zu verstehen, die dem zivilen Verkehr nicht entzogen ist, die einem Bürger für persönliche (häusliche) Bedürfnisse[1686], die nicht mit unternehmerischer Tätigkeit verbunden sind, durch einen Kaufvertrag veräußert wird. Rohstoffe, Materialien, Zulieferteile u. ä. können in jenen Fällen als Ware betrachtet werden, wenn sie dem Verbraucher durch den Verkäufer im Wege eines Kaufvertrages als selbständige Wareneinheit veräußert werden.

Gemäß den Art. 702, 730 ZGB und dem VerbraucherschutzG (siehe Präambel) ist unter *Arbeiten* die Tätigkeit (Arbeit) eines Ausführenden zu verstehen, die gegen Bezahlung im Auftrag des Verbrauchers durchgeführt wird, die ein materielles Ergebnis (Bau eines Hauses, Reparatur von Schuhen u. ä.) hat, das dem Bürger zur Befriedigung persönlicher (häuslicher) Bedürfnisse übergeben wird.

Unter Berücksichtigung des Art. 779 ZGB sowie des VerbraucherschutzG (siehe Präambel) ist unter *Dienstleistungen* die Vornahme bestimmter Handlungen gegen Bezahlung oder die Durchführung einer bestimmten Tätigkeit auf Bestellung eines Bürgers zur Befriedigung per-

---

[1685] Vgl. dazu Fn. 1629.

[1686] Diese Definition knüpft noch an die Definition des Verbrauchers vor der Gesetzesänderung vom 17.12.1999 an. Nach der heutigen Definition des Verbrauchers müßte von „persönlichen, familiären, häuslichen und anderen Bedürfnissen, die nicht mit der Ausübung unternehmerischer Tätigkeit verbunden sind," die Rede sein.

sönlicher (häuslicher) Bedürfnisse (Transport-, Kommunikations-, Beratungs-, Bildungs- u. ä. Dienstleistungen) zu verstehen.

Waren und Arbeiten beziehen sich somit beide auf Gegenstände, wobei der Unterschied darin besteht, daß Waren aufgrund eines Kaufvertrages veräußert werden, während eine Arbeit auf Bestellung und an einem Gegenstand ausgeführt wird oder dadurch ein Gegenstand geschaffen wird. Dienstleistungen werden ebenso wie Arbeiten auf Bestellung erbracht, sie unterscheiden sich jedoch von den Arbeiten dadurch, daß nur eine bestimmte Tätigkeit geschuldet wird, die kein materielles Ergebnis hat.

Diese Erläuterungen der Begriffe Ware, Arbeit und Dienstleistung sind zwar auf das VerbraucherschutzG zugeschnitten, können jedoch – mit einer Einschränkung – auch im Rahmen der Haftung nach Art. 1095 ff. ZGB zugrunde gelegt werden. Sofern in diesen Definitionen von einem Bürger oder einem Verbraucher die Rede ist, müssen im Rahmen der Haftung nach Art. 1095 ff. ZGB aufgrund des anderen Anwendungsbereichs der Vorschriften darunter Bürger *und* juristische Personen verstanden werden, die eine Ware zu Verbraucherzwecken und nicht zur Nutzung im Rahmen einer unternehmerischen Tätigkeit erwerben (bzw. die Arbeit zu diesem Zweck ausführen oder die Dienstleistung erbringen lassen).

c) Der Begriff des Mangels und der der nicht wahrheitsgemäßen oder unzulänglichen Information

Sowohl nach dem ZGB als auch nach dem VerbraucherschutzG wird im Falle eines Mangels[1687] und für nicht wahrheitsgemäße oder unzulängliche Informationen gehaftet.

> Wenn eine Ware (Arbeit, Dienstleistung) die in Art. 1095 Abs. 1 ZGB sowie Art. 14 Abs. 1 VerbraucherschutzG genannten Mängel aufweist oder wenn nicht wahrheitsgemäße oder unzulängliche Informationen zur Verfügung gestellt werden, verletzt dies das in Art. 7 Abs. 1 VerbraucherschutzG verankerte Recht des Verbrauchers auf Sicherheit der Ware (Arbeit, Dienstleistung). Nach dieser Vorschrift hat der Verbraucher ein Recht darauf, daß die Ware (Arbeit, Dienstleistung) unter gewöhnlichen Bedingungen ihrer Nutzung, Lagerung, ihres Trans-

---

[1687] Russ.: nedostatok.

ports und ihrer Verwertung ungefährlich für Leben und Gesundheit des Verbrauchers sowie die Umwelt ist und dem Vermögen des Verbrauchers nicht schadet. Die Anforderungen an die Ungefährlichkeit der Ware (Arbeit, Dienstleistung) für Leben und Gesundheit des Verbrauchers sowie für die Umwelt und zur Abwendung von Vermögensschäden des Verbrauchers sind verbindlich und werden in der vom Gesetz oder in der von ihm bestimmten Art und Weise festgelegt.

aa) Der allgemeine Begriff des Mangels. Das ZGB kennt keine allgemeine Definition des Mangels. Dort ist nur für einzelne Vertragsarten festgelegt, wann ein Vertragsgegenstand mangelhaft ist.

Eine allgemeine Definition des Mangels ist allerdings in der Präambel zum VerbraucherschutzG enthalten, die sowohl für vertragliche als auch deliktische Ansprüche gilt und mehrfach geändert wurde. In der ursprünglichen Fassung des VerbraucherschutzG wurde der Mangel als

> „einzelne Nichtübereinstimmung einer Ware (Arbeit, Dienstleistung) mit den zwingenden Anforderungen der Standards, den Bedingungen des Vertrages oder den gewöhnlich zu stellenden Anforderungen sowie mit den Informationen, die der Hersteller (Ausführende, Verkäufer) zur Verfügung gestellt hat,“

definiert. In der in der Präambel des VerbraucherschutzG i. d. F. vom 09.01.1996 enthaltenen Begriffsbestimmung des Mangels einer Ware (Arbeit, Dienstleistung) wurde das zuletzt genannte Kriterium weggelassen und der Mangel als

> „Nichtübereinstimmung der Ware (Arbeit, Dienstleistung) mit dem Standard, den Bedingungen des Vertrages oder den gewöhnlich an die Qualität der Ware (Arbeit, Dienstleistung) zu stellenden Anforderungen“

definiert. Der nach diesen Definitionen in erster Linie maßgebliche Standard wird ebenfalls in der Präambel zum VerbraucherschutzG erläutert, und zwar als

> „staatlicher Standard, Sanitärnormen und -regeln, Baunormen und -regeln und andere Dokumente, die in Übereinstimmung mit dem Gesetz verbindliche Anforderungen an die Qualität der Waren (Arbeiten, Dienstleistungen) festlegen“.

Durch das Änderungsgesetz zum VerbraucherschutzG vom 17.12.1999[1688] wurde die Definition des Mangels neu gefaßt. Danach liegt ein Mangel der Ware (Arbeit, Dienstleistung) vor, wenn sie entweder

- den zwingenden Anforderungen, die im Gesetz oder dem in ihm festgelegten Verfahren vorgesehen sind, oder
- den Bedingungen des Vertrages oder
- den Zwecken, für die die Ware (Arbeit, Dienstleistung) dieser Art gewöhnlich genutzt wird, oder
- den Zwecken, über die der Verkäufer (Ausführende) durch den Verbraucher bei Vertragsschluß in Kenntnis gesetzt wurde, oder
- dem Muster und (oder) der Beschreibung beim Kauf nach Muster und (oder) Beschreibung

nicht entspricht. Dabei ist davon auszugehen, daß die genannten Kriterien nicht kumulativ, sondern alternativ gelten[1689].

Das ZGB, das keine allgemeine Definition des Mangels, aber mehrere Vorschriften enthält, aus denen sich ergibt, wann eine Ware (Arbeit, Dienstleistung) mangelhaft ist, stellt auf die gleichen Kriterien ab wie das VerbraucherschutzG. Dies ist kein Zufall, denn durch die Änderungsgesetze vom 17.12.1999[1690] wurde der Wortlaut der Gesetze aufeinander abgestimmt. Um zu verdeutlichen, daß beide Gesetze auf die gleichen Kriterien abstellen, werden im folgenden die entscheidenden Passagen der Vorschriften im Zivilgesetzbuch in kursiver Schrift hervorgehoben.

> So ist eine verkaufte Ware mangelhaft, wenn sie nicht den Anforderungen des Art. 469 ZGB genügt[1691]. Art. 469 Abs. 1 ZGB sieht vor, daß der Verkäufer verpflichtet ist, dem Käufer eine Ware zu übergeben, deren Qualität dem Kauf*vertrag* entspricht. Fehlen die Bedingungen bezüglich der Qualität der Ware im Kaufvertrag, so ist der Verkäufer verpflichtet, dem Käufer die Ware zu übergeben, welche für die *Zwecke geeignet ist, für die die Ware dieser Art gewöhnlich verwendet wird.* Wurde der Verkäufer beim Vertragsschluß durch den Käufer über die *konkreten Er-*

1688 Vgl. Fn. 5.
1689 Vgl. dazu auch *Bernasconi-Mamie*, Das russische Produktehaftpflichtrecht, S. 103.
1690 Vgl. oben S. 492 sowie Fn. 2 und 5.
1691 Vgl. dazu im einzelnen *Steininger*, Das russische Kaufrecht, S. 187 ff., S. 301 ff.

werbszwecke der Ware in Kenntnis gesetzt, so ist der Verkäufer verpflichtet, dem Käufer eine Ware zu übergeben, die für die Verwendung zu diesen Zwecken geeignet ist (Art. 469 Abs. 2 ZGB). Beim Verkauf einer Ware aufgrund eines *Musters* und (oder) einer *Beschreibung* ist der Verkäufer verpflichtet, dem Käufer eine Ware zu übergeben, die dem *Muster* und (oder) der *Beschreibung* entspricht (Art. 469 Abs. 3 ZGB). Sind die zwingenden Anforderungen an die Qualität der zu verkaufenden Ware durch *Gesetz oder durch ein gesetzlich festgelegtes Verfahren* bestimmt, so ist der Verkäufer, der eine unternehmerische Tätigkeit betreibt, verpflichtet, dem Käufer eine Ware zu übergeben, welche diesen zwingenden Anforderungen entspricht. Aufgrund einer Vereinbarung zwischen dem Verkäufer und dem Käufer kann eine Ware übergeben werden, die höheren Qualitätsanforderungen als die durch Gesetz oder in einem gesetzlich festgelegten Verfahren bestimmten Anforderungen entspricht (Art. 469 Abs. 4 ZGB).

Eine Arbeit ist mangelhaft, wenn sie nicht den in Art. 721 ZGB aufgestellten Anforderungen genügt. Die Qualität muß den Bedingungen des Werk*vertrages* und, soweit solche Vertragsbedingungen fehlen oder nicht vollständig sind, den *gewöhnlichen Anforderungen* an Werke dieser Art entsprechen. Soweit durch Gesetz, andere Rechtsakte oder den Vertrag nichts anderes bestimmt ist, muß das Werk zum Zeitpunkt der Übergabe an den Besteller die *vertragsmäßigen oder durch die* gewöhnlichen *Anforderungen* bestimmten Eigenschaften haben und innerhalb eines angemessenen Zeitraums für den nach dem Vertrag vorausgesetzten Gebrauch und, soweit der Gebrauchszweck nicht vertraglich bestimmt ist, für den gewöhnlichen Gebrauch von Werken dieser Art tauglich sein (Art. 721 Abs. 1 ZGB). Soweit durch *Gesetz, andere Rechtsakte oder in einem durch diese bestimmten Verfahren* zwingende Anforderungen an die Herstellung des Werkes aufgrund des Werkvertrages festgelegt sind, ist der Unternehmer, der eine unternehmerische Tätigkeit betreibt, verpflichtet, das Werk entsprechend diesen Anforderungen herzustellen. Der Unternehmer kann durch den Vertrag die Pflicht zur Herstellung eines Werkes, das höheren Anforderungen an die Qualität im Vergleich zu den für die Parteien zwingenden Anforderungen entspricht, übernehmen (Art. 721 Abs. 2 ZGB).

Die in Art. 469 und 721 ZGB genannten Kriterien sind auch für die Haftung nach Art. 1095-1098 ZGB maßgeblich, zumal in einer Kommentierung zu Art. 1095 ZGB auf sie verwiesen wird[1692].

1692 Vgl. *Levšina* in: *Sadikov*, Kommentarij k Graždanskomu kodeksu RF časti vtoroj, Anm. 1 zu Art. 1095.

Der geltende Begriff des Mangels stellt nicht mehr nur auf die Standards, sondern auf das Gesetz und das in ihm festgelegte Verfahren, somit auf alle untergesetzlichen Akte[1693] ab. Maßgeblich ist in diesem Zusammenhang insbesondere das „Gesetz über die *Zertifizierung von Produktion und Dienstleistungen*“ vom 10.06.1993[1694]. Darüber hinaus kommt es nicht mehr auf den – in der Praxis schwer zu handhabenden[1695] – Begriff der „gewöhnlich an die Qualität der Ware (Arbeit, Dienstleistung) zu stellenden Anforderungen“ an, sondern auf sehr viel konkretere Kriterien (Zweck, zu dem die Ware, Arbeit gewöhnlich genutzt wird, Zwecke, über die der Verkäufer bei Vertragsschluß in Kenntnis gesetzt wurde, Muster bzw. Beschreibung).

Problematisch ist die allgemeine Definition des Mangels im Bereich der deliktischen Produkthaftung jedoch insoweit, als sie auf die Bedingungen des Vertrages, die Zwecke, über die der Verkäufer (Ausführende) bei Vertragsschluß in Kenntnis gesetzt wurde, oder das Muster und/oder die Beschreibung beim Kauf nach Muster und/oder Beschreibung abstellt, somit auf Kriterien, die in erster Linie auf den Bereich der vertraglichen Gewährleistung zugeschnitten sind. Das gilt insbesondere dann, wenn es um Produkthaftungsansprüche geht, bei denen der Schädiger und der Geschädigte nicht in vertraglichen Beziehungen stehen, welche sowohl nach Art. 1095 Abs. 1 ZGB als auch nach Art. 14 Abs. 2 VerbraucherschutzG möglich sind. In diesem Fall kann es dazu kommen, daß ein Vertrag, den der Schädiger mit einem Dritten geschlossen hat, dafür maßgeblich ist, ob die Ware (Arbeit, Dienstleistung) mangelhaft ist[1696].

Das ZGB (vgl. Art. 737 Abs. 2) und das VerbraucherschutzG kennen darüber hinaus den Begriff des *wesentlichen Mangels* einer Ware (Arbeit, Dienstleistung). Dieser Begriff wird in der Präambel zum VerbraucherschutzG definiert als „nicht zu beseitigender Mangel oder Mangel, der nicht ohne unverhältnismäßigen Zeitaufwand beseitigt werden kann oder wiederholt zum Vorschein kommt oder nach seiner Beseitigung

1693 Vgl. *O. Gutnikov*, ChiP 2000, Nr. 10, S. 5.

1694 Nr. 5151-I, VSNDiVS 1993, Nr. 26, Pos. 966, geändert durch Gesetze vom 27.12.1995, Nr. 211-FZ, SZ 1996, Nr. 1, Pos. 4, 30.12.2001, Nr. 196-FZ, SZ 2002, Nr. 1, Pos. 2, und 25.07.2002, Nr. 116-FZ, SZ 2002, Nr. 30, Pos. 3033.

1695 *Gutnikov*, ChiP 2000, Nr. 10, S. 5.

1696 Vgl. dazu auch *Bernasconi-Mamie*, Das russische Produktehaftpflichtrecht, S. 105 f.

wieder auftritt oder sonstige ähnliche Mängel." Dieser Begriff ist allerdings für die deliktische Produkthaftung nicht von Bedeutung.

bb) Die einzelnen Arten von Mängeln. Neben dem allgemeinen Begriff des Mangels gibt es im rußländischen Produkthaftungsrecht verschiedene Kategorien von Mängeln. Im Gesetz ausdrücklich genannt werden Konstruktions-, Rezeptur- und andere Mängel. Diese Aufzählung ist jedoch nur beispielhaft. Gehaftet wird für alle Arten von Mängeln, unabhängig von den Ursachen, durch die sie hervorgerufen wurden[1697].

In den einschlägigen rußländischen Rechtsvorschriften werden die verschiedenen Arten von Mängeln nicht näher definiert. Erläutert werden die Arten von Mängeln jedoch in einem Kommentar.

Zu den Konstruktionsmängeln zählen danach Mängel, die in den Erzeugnissen selbst und den Neuerungen, auf deren Grundlage die Ware hergestellt wurde, stecken. Sie hängen nicht vom Herstellungsprozeß oder von der Beachtung der Technologie ab, weil bereits die technischen Ideen oder Entscheidungen, die in der Konstruktion der Ware stecken, geeignet sind, unter bestimmten Umständen einen Schaden zuzufügen[1698].

Bei den Rezepturmängeln handelt es sich um Mängel an Waren, die durch eine Überschreitung der Mengen, Verhältnisse dieser oder jener Komponenten der Erzeugnisse hervorgerufen wurden, infolge dessen die Ware (das Erzeugnis) dem Verbraucher einen Schaden zufügt[1699]. Entscheidend für einen Rezepturmangel ist somit die falsche Zusammensetzung.

Zu den anderen Mängeln zählen insbesondere die Produktionsmängel sowie beliebige andere Mängel, die einen Schaden zufügen können[1700]. In Art. 129 GZG 1991 wurde der Produktionsmangel noch ausdrücklich aufgeführt. Daß der Produktionsmangel nicht mehr im Gesetz erwähnt wird, bedeutet jedoch nicht, daß für solche Fehler nicht mehr gehaftet

---

1697 *Jarošenko* in: *Sadikov*, Graždanskoe pravo Rossii. Čast' vtoraja, S. 672; vgl. auch *Parcij*, Kommentarij k Zakonu RF „O zaščite prav potrebitelej", Anm. 1 zu Art. 14.

1698 *Guev*, Postatejnyj kommentarij k časti vtoroj Graždanskogo kodeksa RF, Anm. 1 zu Art. 1095.

1699 *Guev*, Postatejnyj kommentarij k časti vtoroj Graždanskogo kodeksa RF, Anm. 1 zu Art. 1095.

1700 *Guev*, Postatejnyj kommentarij k časti vtoroj Graždanskogo kodeksa RF, Anm. 1 zu Art. 1095; vgl. auch *Jarošenko* in: *Braginskij*, Kommentarij časti vtoroj Graždanskogo kodeksa RF, S. 387.

wird. Näher definiert werden die Produktionsmängel allerdings von der rußländischen Rechtswissenschaft nicht.

cc) Nicht wahrheitsgemäße oder unzulängliche Informationen. Im rußländischen Recht wird nicht nur für Mängel, sondern auch für nicht wahrheitsgemäße und unzulängliche Informationen gehaftet.

Informationen sind *unzulänglich*, wenn sie nicht den gesetzlichen Anforderungen genügen[1701] oder wenn sie dem Verbraucher eine sachkundige Auswahl der von ihm benötigten Ware nicht ermöglichen oder ihm nicht erlauben, die Ware bestimmungsgemäß zu gebrauchen[1702]. *Nicht wahrheitsgemäß* sind Informationen, wenn sie mit der Wirklichkeit, d. h. den tatsächlichen Daten, Meßwerten u. ä. nicht übereinstimmen[1703]. Allerdings soll nicht nur bei Verletzung gesetzlicher Vorschriften gehaftet werden, sondern in allen Fällen nicht wahrheitsgemäßer oder unzulänglicher Information, wenn das zu einer Schadenszufügung führen kann, weil die Ware (das Arbeitsergebnis) nicht richtig genutzt wird[1704].

Im Deliktsrecht des ZGB gibt es keine zusammenhängende Regelung darüber, wann Informationen unzulänglich oder nicht wahrheitsgemäß sind. Vielmehr wird in den Kommentaren zum ZGB auf mehrere Vorschriften zum Kaufrecht und Werkvertragsrecht verwiesen[1705].

Verwiesen wird zum einen auf Art. 495 Abs. 1 ZGB. Danach ist der Verkäufer verpflichtet, dem Käufer die erforderlichen und wahrheitsgemäßen Informationen über die zum Verkauf angebotene Ware mitzuteilen, die den durch Gesetz, andere Rechtsakte bestimmten und im Einzel-

---

1701 *Parcij*, Kommentarij k Zakonu RF „O zaščite prav potrebitelej", Anm. 1 zu Art. 12; *Parcij*, ChiP 1996, Nr. 11, S. 32; vgl. auch *Sergeev* in: *Sergeev/Tolstoj*, Graždanskoe pravo, Band 3, S. 59 f.

1702 *Belousov/Krjučkova/Orlova/Sork/Janin*, Juridičeskij spravočnik potrebitelja kak zaščitit' svoi prava, S. 25.

1703 Vgl. *Parcij*, Kommentarij k Zakonu RF „O zaščite prav potrebitelej", Anm. 1 zu Art. 12; *Parcij*, ChiP 1996, Nr. 11, S. 32; *Belousov/Krjučkova/Orlova/Sork/Janin*, Juridičeskij spravočnik potrebitelja kak zaščitit' svoi prava, S. 25; *Zimenkova/ Šerstobitov*, in: *Zimenkova/Levšina/Tobis/Šerstobitov*, Kommentarij k Zakonu „O zaščite prav potrebitelej", S. 73.

1704 Vgl. *Sergeev* in: *Sergeev/Tolstoj*, Graždanskoe pravo, Band 3, S. 59.

1705 Vgl. *Levšina* in: *Sadikov*, Kommentarij k Graždanskomu kodeksu RF časti vtoroj, Anm. 1 zu Art. 1095; *Guev*, Postatejnyj kommentarij k časti vtoroj Graždanskogo kodeksa RF, Anm. 1 zu Art. 1095; *Borisov*, Kommentarij k Graždanskomu kodeksu RF časti pervoj i vtoroj, S. 1124.

handel gewöhnlich zu stellenden Anforderungen an den Inhalt und die Art und Weise der Mitteilung dieser Informationen entsprechen.
Für Werkverträge sehen folgende Bestimmungen Informationspflichten vor: Der Unternehmer ist verpflichtet, dem Besteller gleichzeitig mit der Übergabe des Werkes Informationen über den Betrieb oder andere Nutzungen des Werkes mitzuteilen, soweit dies durch den Vertrag bestimmt ist oder soweit ohne diese Information der vertragsmäßige Gebrauch des Werkes nicht möglich ist (Art. 726 ZGB). Der Unternehmer ist vor dem Abschluß des Werkvertrages über Alltagsleistungen an Privatverbraucher verpflichtet, dem Besteller die erforderlichen und wahrheitsgemäßen Informationen über die angebotene Leistung, deren Arten und Besonderheiten, über den Preis und die Form der Bezahlung sowie auf Ersuchen des Bestellers andere Angaben bezüglich des Vertrages und der entsprechenden Leistung mitzuteilen. Soweit dies für den Charakter der Leistung von Bedeutung ist, ist der Unternehmer verpflichtet, dem Besteller die Person zu nennen, die die Leistung erbringen wird (Art. 732 Abs. 1 ZGB). Der Unternehmer ist verpflichtet, bei der Ablieferung des Werkes an den Besteller diesen über die Anforderungen, die für den effektiven und gefahrfreien Gebrauch des Werkes einzuhalten sind, sowie über die möglichen Folgen der Nichteinhaltung der entsprechenden Anforderungen für den Besteller und andere Personen in Kenntnis zu setzten (Art. 736 ZGB).

Das VerbraucherschutzG kennt ebenfalls keine zusammenhängende Regelung der Frage, wann Informationen nicht wahrheitsgemäß oder unzulänglich sind. Vielmehr befinden sich in verschiedenen Vorschriften des Abschnitts I des VerbraucherschutzG Informationspflichten. Insbesondere nach den Art. 8-11 VerbraucherschutzG ist der Hersteller (Ausführende, Verkäufer) zu einer umfangreichen Information über die Ware (Arbeit, Dienstleistung) und sich selbst verpflichtet.

Nach Art. 8 Abs. 1 VerbraucherschutzG ist der Verbraucher berechtigt, notwendige und wahrheitsgemäße Informationen über den Hersteller (Ausführenden, Verkäufer), sein Arbeitsregime und die von ihm vertriebenen Waren (Arbeiten, Dienstleistungen) zu fordern. Art. 8 Abs. 2 VerbraucherschutzG ordnet an, daß die Informationen dem Verbraucher in anschaulicher und zugänglicher Form bei Abschluß des Kaufvertrages und von Verträgen zur Ausführung von Arbeiten (Erbringung von Dienstleistungen) auf die Weise, die in einzelnen Bereichen der Bedienung der Verbraucher üblich ist, in russischer Sprache und nach Ermessen des Herstellers (Ausführenden, Verkäufers) zusätzlich in den Staatssprachen der Subjekte der RF und in den Muttersprachen der Völker der RF zur Kenntnis gebracht werden müssen. Wenn diese Informationen in einer Fremdsprache ohne Mitteilung einer Übersetzung in dem in Art. 10 Abs. 2 VerbraucherschutzG vorgeschriebenen Umfang zur Verfügung gestellt werden, gilt dies als Nichtzurverfügungstellung der notwendigen und wahrheitsgemäßen Informationen[1706]. Wenn eine Übersetzung in die russische Sprache nicht wahrheitsgemäß ist, so gilt dies als Zurverfügungstellung nicht ordnungsgemäßer, d. h. nicht wahrheitsgemäßer oder unzulänglicher Informationen[1707].

> In Art. 9 VerbraucherschutzG wird näher konkretisiert, welche Informationen zu den notwendigen Informationen über den Hersteller zählen, wobei allerdings die dort genannten Informationen nicht abschließend sind[1708]. Nach Art. 9 Abs. 1 Satz 1 VerbraucherschutzG ist der Hersteller (Ausführende, Verkäufer) verpflichtet, den Verbraucher über die Firma (Bezeichnung) seiner Organisation, seinen Sitz (juristische Adresse) und das Arbeitsregime in Kenntnis zu setzen. Der Verkäufer hat die genannten Informationen in einem Aushang anzugeben (Art. 9 Abs. 1 Satz 2 VerbraucherschutzG). Wenn die Art (Arten) der durch den Hersteller (Ausführenden, Verkäufer) betriebenen Tätigkeit einer Lizenzierung unterliegt, muß der Verbraucher die Information über die Nummer der Lizenz, ihre Geltungsdauer und die Information über das Organ, das diese Lizenz erteilt hat, gewährt werden (Art. 9 Abs. 2 VerbraucherschutzG).

Der Hersteller (Ausführende, Verkäufer) ist nach Art. 10 Abs. 1 Satz 1 VerbraucherschutzG verpflichtet, dem Verbraucher die notwendigen und wahrheitsgemäßen Informationen über die Waren (Arbeiten, Dienstleistungen), die eine richtige Auswahl ermöglichen, rechtzeitig zur Verfügung zu stellen. Art. 10 Abs. 2 VerbraucherschutzG enthält ein – nicht abschließendes[1709] – Verzeichnis von Informationspflichten über

---

1706 Vgl. Punkt 22 Abs. 2 der erläuternden Leitentscheidung Nr. 7 des Plenums des Obersten Gerichtshofs der RF vom 29.09.1994, BVS RF 1995, Nr. 1, S. 8, i. d. F. der erläuternden Leitentscheidungen Nr. 10 vom 25.10.1996, BVS RF 1997, Nr. 1, S. 16, und vom 21.11.2000, Nr. 32, BVS RF 2001, Nr. 2, S. 4.

1707 Vgl. Ziff. 7 der Erläuterungen des MAP zum VerbraucherschutzG.

1708 *Zimenkova/Šerstobitov* in: *Zimenkova/Levšina/Tobis/Šerstobitov*, Kommentarij k Zakonu „O zaščite prav potrebitelej", S. 73.

1709 *Zimenkova/Šerstobitov* in: *Zimenkova/Levšina/Tobis/Šerstobitov*, Kommentarij k Zakonu „O zaščite prav potrebitelej", S. 84

das Produkt. Danach muß die Information über Waren (Arbeiten, Dienstleistungen) unbedingt enthalten:

- Bezeichnung der Standards, deren verbindlichen Anforderungen, die Waren (Arbeiten, Dienstleistungen) entsprechen müssen;
- Angaben über die grundlegenden Verbrauchereigenschaften und, in bezug auf Lebensmittel, Angaben über die Zusammensetzung (darunter auch ein Verzeichnis anderer im Herstellungsprozeß verwendeter Lebensmittel und Lebensmittelzusätze), über Gewicht und Umfang, über den Kaloriengehalt der Lebensmittel, über den Gehalt an gesundheitsschädlichen Stoffen im Verhältnis zu den verbindlichen Anforderungen der Standards und Gegenanzeigen für die Verwendung bei bestimmten Erkrankungen. Die Regierung der RF legt ein Verzeichnis von Waren (Arbeiten, Dienstleistungen) fest, bei denen die Wareninformation Gegenanzeigen für die Verwendung bei bestimmten Erkrankungen enthalten muß;
- Preise und Bedingungen des Erwerbs der Waren (Arbeiten, Dienstleistungen);
- Garantiefrist, wenn sie in Übereinstimmung mit diesem Gesetz festgelegt wurde;
- Regeln und Bedingungen der effektiven und ungefährlichen Verwendung von Waren (Arbeiten, Dienstleistungen);
- die Lebensdauer oder die Verwendbarkeitsfrist der Waren (Arbeiten), die in Übereinstimmung mit diesem Gesetz festgelegt wurde, und Angaben über notwendige Maßnahmen des Verbrauchers und mögliche Folgen bei Nichtvornahme dieser Maßnahmen bei Auslauf der genannten Fristen, falls Waren (Arbeiten) nach Ablauf der genannten Fristen eine Gefahr für Leben, Gesundheit und Vermögen des Verbrauchers darstellen oder für diesen Verwendungszweck nicht mehr nutzbar sind;
- den Sitz (die juristische Adresse), die Firmenbezeichnung (Name) des Herstellers (Ausführenden, Verkäufers) und den Sitz der Organisation (Organisationen), die vom Hersteller (Verkäufer) zur Entgegennahme von Beanstandungen der Verbraucher ermächtigt sind und die Reparatur und die technische Wartung der Ware (Arbeit) vornehmen;
- Information über die zwingende Bestätigung der Entsprechung der Waren (Arbeiten, Dienstleistungen), die in Art. 7 Abs. 4 VerbraucherschutzG aufgeführt sind;
- Information über die Regeln des Verkaufs der Waren (Ausführung der Arbeiten, Erbringung der Dienstleistungen);

- Hinweis auf die konkrete Person, die die Arbeit ausführen (die Dienstleistung erbringen) wird, und Information über sie, wenn dies, ausgehend vom Charakter der Arbeit (Dienstleistung), Bedeutung hat;
- Hinweis auf die Benutzung von Phonogrammen bei der Erbringung von Unterhaltungsdienstleistungen durch Interpreten musikalischer Werke.

Gemäß Art. 10 Abs. 3 Satz 1 VerbraucherschutzG werden die in Art. 10 Abs. 2 VerbraucherschutzG vorgesehenen Informationen dem Verbraucher in der technischen Dokumentation, die der Ware (Arbeit, Dienstleistung) beigefügt wird, auf dem Etikett, der Markierung oder auf anderem Wege, die für bestimmte Warenarten (Arbeiten, Dienstleistungen) üblich sind, zur Kenntnis gebracht.

Nach Art. 11 VerbraucherschutzG hat der Verkäufer (Ausführende) dem Verbraucher ferner sein Arbeitsregime (womit seine Arbeits- bzw. Öffnungszeiten gemeint sind) zur Kenntnis zu bringen, wobei eine Verletzung dieser Informationspflicht keine Produkthaftungsansprüche nach sich ziehen dürfte.

Die Informationspflichten sind in den Art. 8-11 VerbraucherschutzG nicht abschließend aufgeführt[1710]. Auch in anderen Vorschriften des VerbraucherschutzG sind Informationspflichten enthalten. Eine weitere sehr wichtige Informationspflicht hinsichtlich des Produkts ergibt sich beispielsweise aus Art. 7 Abs. 3 VerbraucherschutzG, der folgendes vorsieht: Wenn für die ungefährliche Nutzung der Ware (Arbeit), ihre Lagerung, Transport und Verwertung besondere Regeln zu beachten sind, ist der Hersteller (Ausführende) verpflichtet, in der Begleitdokumentation der Ware (Arbeit, Dienstleistung), auf dem Etikett, der Markierung oder auf anderem Wege auf diese Regeln hinzuweisen, und ist der Verkäufer (Ausführende) verpflichtet, dem Verbraucher diese Regeln zur Kenntnis zu geben.

Das VerbraucherschutzG stellt hinsichtlich der Informationspflichten auf Verbraucher ab, die über keine speziellen Kenntnisse über die Eigenschaften und das Verhalten von Waren, Arbeiten und Dienstleistungen verfügen: Dies ergibt sich aus Art. 12 Abs. 4 VerbraucherschutzG, wonach bei der Verhandlung von Ansprüchen des Verbrauchers auf Ersatz von Schaden aus nicht wahrheitsgemäßer oder nicht ausreichend vollständiger Information über die Ware (Arbeit, Dienstleistung) davon auszugehen ist, daß dem Verbraucher Spezialkenntnisse über Eigenschaften und Charakteristika der Ware (Arbeit, Dienstleistung) fehlen.

1710 *Zimenkova/Šerstobitov* in: *Zimenkova/Levšina/Tobis/Šerstobitov*, Kommentarij k Zakonu „O zaščite prav potrebitelej", S. 72.

Gemäß Art. 12 Abs. 3 VerbraucherschutzG kann der Verbraucher bei Schäden infolge von nicht wahrheitsgemäßer oder unzulänglicher Information auch vollen Ersatz des Schadens verlangen, der Naturobjekten zugefügt wurde, die sich im Eigentum (Besitz) des Verbrauchers befinden. Zu den Naturobjekten werden Grundstücke, das Pflanzenreich, Wasserquellen und andere Objekte, die auf natürlichem Weg entstehen, gezählt[1711]. Der Zusatz, daß der Hersteller auch für Schäden an Naturobjekten haftet, soll jedoch nur deklaratorischer Natur sein, weil die Naturobjekte, die sich im Eigentum (Besitz) des Verbrauchers befinden, ohnehin zum Vermögen des Geschädigten gehören[1712].

3. *Schuldner*

a) Verkäufer oder Hersteller einer Ware

Schaden, der durch eine mangelhafte Ware zugefügt wird, ist nach der Wahl des Geschädigten durch den Verkäufer oder den Hersteller der Ware zu ersetzen (Art. 1096 Abs. 1 ZGB, Art. 14 Abs. 3 Satz 4 VerbraucherschutzG).

Das ZGB definiert die Begriffe des Verkäufers und des Herstellers nicht. Allerdings sind entsprechende Definitionen in der Präambel zum VerbraucherschutzG enthalten. Danach ist *Verkäufer* eine von der Organisations- und Rechtsform unabhängige Organisation oder ein Einzelunternehmer, die/der Waren aufgrund eines Kaufvertrages an Verbraucher absetzt. *Hersteller* ist eine von der Organisations- und Rechtsform unabhängige Organisation oder ein Einzelunternehmer, die/der Waren für den Absatz an den Verbraucher herstellt.

Nach dem Wortlaut dieser Definitionen kann sich somit der Verkäufer von der Haftung befreien, wenn er sich darauf beruft, er habe die Ware nicht an einen Verbraucher verkauft hat, und der Hersteller, wenn er sich darauf beruft, er habe die Ware nicht für den Absatz an den Verbraucher hergestellt. Sofern es um die Haftung nach den Art. 1095-1098 ZGB geht, kann diese Einschränkung nicht ohne weiteres übertragen werden, weil sich der Anwendungsbereich dieser Vorschriften nicht

---

1711 *Parcij*, Kommentarij k Zakonu RF „O zaščite prav potrebitelej“, Anm. 1 zu Art. 12; *Parcij*, ChiP 1996, Nr. 11, S. 34.

1712 Vgl. *Heidemann*, Unternehmenshaftung in Rußland, S. 206.

nur auf Verbraucher, also natürliche Personen, sondern auch auf juristische Personen erstreckt[1713]. Sofern in den Definitionen des Herstellers und des Verkäufers im VerbraucherschutzG von Verbrauchern die Rede ist, muß im Rahmen der Haftung nach Art. 1095-1098 ZGB stattdessen auf den in Art. 1095 ZGB umschriebenen Anwendungsbereich („Erwerb der Ware zu Verbraucherzwecken, nicht jedoch zur Nutzung im Rahmen unternehmerischer Tätigkeit") abgestellt werden, der mit dem Anwendungsbereich des VerbraucherschutzG zwar weitgehend übereinstimmt, sich aber zusätzlich auf juristische Personen erstreckt.

Der Geschädigte kann nach seiner Wahl bestimmen, ob er gegen den Verkäufer oder den Hersteller Ansprüche geltend macht oder Klage erhebt[1714]. Nach einer in der Literatur vertretenen Auffassung ist es nicht ausgeschlossen, daß der Geschädigte gleichzeitig gegen beide Ansprüche erhebt oder sie gar gemeinsam verklagt[1715]. Es wird aber auch die Meinung vertreten, eine gleichzeitige Klageerhebung gegen Verkäufer und Hersteller sei ausgeschlossen[1716]. Der Gesetzeswortlaut („nach der Wahl") spricht zwar eher für die zuletzt genannte Ansicht. Dem Sinn und Zweck der Regelung, der darin besteht, den Geschädigten dadurch zu begünstigen, daß man ihm die Wahl überläßt, wen er verklagt, entspricht jedoch mehr die zuerst genannte Lösung. Vor Klageerhebung kann der Verbraucher nicht in jedem Fall genau abschätzen, ob der Hersteller oder der Verkäufer der solventere Schuldner ist. Deshalb sollte dem Geschädigten die Möglichkeit eröffnet werden, den Hersteller und den Verkäufer als Gesamtschuldner zu verklagen oder gegen den Hersteller und den Verkäufer jeweils einen Teilbetrag des Gesamtschadens

---

1713 Vgl. dazu oben S. 481, 494.

1714 *Sergeev* in: *Sergeev/Tolstoj*, Graždanskoe pravo, Band 3, S. 59; *Zajcev* in: *Krylov/Gavrilov*, Rossijskoe graždanskoe pravo, S. 385; *Guev*, Postatejnyj kommentarij k časti vtoroj Graždanskogo kodeksa RF, Anm. 1 zu Art. 1096; *Levšina* in: *Sadikov*, Kommentarij k Graždanskomu kodeksu RF časti vtoroj, Anm. 2 zu Art. 1096; *Parcij*, Kommentarij k Zakonu RF „O zaščite prav potrebitelej", Anm. 4 zu Art. 14; *Ė. Kornilov*, ChiP 1998, Nr. 12, S. 97; *Ė. Kornilov*, Zakon 1998, Nr. 9, S. 122; *Ė. Kornilov*, Žurnal rossijskogo prava, 1999, Nr. 2, S. 98; *Ė. Kornilov*, RJu 1998, Nr. 8, S. 14; *Ė. Kornilov*, Zakonnost' 1998, Nr. 9, S. 37; *Šerstobitov* in: *Zimenkova/Levšina/Tobis/Šerstobitov*, Kommentarij k Zakonu RF „O zaščite prav potrebitelej", S. 108.

1715 *Sergeev* in: *Sergeev/Tolstoj*, Graždanskoe pravo, Band 3, S. 59.

1716 *Guev*, Postatejnyj kommentarij k časti vtoroj Graždanskogo kodeksa RF, Anm. 1 zu Art. 1096.

geltend zu machen. Nicht zulässig sein sollte allerdings, daß der Geschädigte den Hersteller und den Verkäufer nicht als Gesamtschuldner verklagt, sondern gegen beide den Gesamtschaden in verschiedenen Prozessen geltend macht, mit der Folge, daß der Geschädigte über denselben Streitgegenstand zwei Titel erhält.

Sind mehrere Geschädigte vorhanden, kann jeder Geschädigte für sich entscheiden, ob er vom Verkäufer oder vom Hersteller Schadensersatz verlangt[1717]. Das Wahlrecht besteht unabhängig davon, ob die Klage innerhalb der Garantiefrist, der Verwendbarkeitsfrist bzw. der Lebensdauer oder nach deren Ablauf erhoben wurde[1718]. Unerheblich ist auch, ob der Verkäufer oder der Hersteller schuldhaft gehandelt hat. Dies spielt nur dann eine Rolle, wenn sie gegeneinander Regreßansprüche geltend machen[1719].

Daß dem Geschädigten durch die Art. 1096 Abs. 1 ZGB, 14 Abs. 3 Satz 4 VerbraucherschutzG ein Wahlrecht eingeräumt wird, hängt damit zusammen, daß sich auf dem rußländischen Markt überwiegend Importwaren befinden, deren Hersteller unbekannt oder zumindest für den Verbraucher nicht erreichbar ist. Wenn der Geschädigte seine Forderungen nur gegen den Hersteller und nicht gegen den Verkäufer der mangelhaften Waren erheben könnte, wäre dem Geschädigten die Rechtsverfolgung in der Regel sehr erschwert oder gar unmöglich[1720].

b) Ausführender einer Arbeit bzw. Dienstleistung

Schaden, der durch eine mangelhafte Arbeit oder Dienstleistung zugefügt wird, ist durch die Person zu ersetzen, die die Arbeit ausgeführt oder die Dienstleistung erbracht hat (Art. 1096 Abs. 2 ZGB, Art. 14 Abs. 3 Satz 5 VerbraucherschutzG). Ein Wahlrecht steht dem Geschädigten in diesem Fall nicht zu. Er kann seine Schadensersatzforderung ausschließlich gegen den Ausführenden geltend machen.

1717 *Sergeev* in: *Sergeev/Tolstoj*, Graždanskoe pravo, Band 3, S. 59.

1718 *Jarošenko* in: *Braginskij*, Kommentarij časti vtoroj Graždanskogo kodeksa RF, S. 388.

1719 *Parcij*, Kommentarij k Zakonu RF „O zaščite prav potrebitelej", Anm. 4 zu Art. 14; *Parcij*, ChiP 1996, Nr. 12, S. 39.

1720 *Jarošenko* in: *Sadikov*, Graždanskoe pravo Rossii. Čast' vtoraja, S. 672; vgl. auch *Jarošenko*, Objazatel'stva vsledstvie pričinenija vreda, in *Kozyr'/Makovskij/ Chochlov*, Graždanskij kodeks RF. Čast' vtoraja, S. 588; *Jarošenko* in: *Braginskij*, Kommentarij časti vtoroj Graždanskogo kodeksa RF, S. 388.

Der Begriff des Ausführenden wird ebenfalls nicht im ZGB, sondern nur in der Präambel zum VerbraucherschutzG definiert. Danach ist *Ausführender* eine von der Organisations- und Rechtsform unabhängige Organisation oder ein Einzelunternehmer, die/der auf Grundlage eines entgeltlichen Vertrages für Verbraucher Arbeiten ausführt oder Dienstleistungen erbringt. Sofern in dieser Definition davon die Rede ist, daß die Arbeiten für Verbraucher ausgeführt bzw. die Dienstleistungen für Verbraucher erbracht werden müssen, kann diese Definition im Rahmen der Haftung nach Art. 1095-1098 ZGB nur mit der oben dargestellten Einschränkung[1721] gelten.

Die in Art. 1096 Abs. 2 ZGB erwähnten Personen können sich nicht dadurch von der Haftung befreien, indem sie sich darauf berufen, daß die Arbeit (Dienstleistung) mit Hilfe von anderweitig erworbenen Gegenständen erbracht wurde, die verdeckte Mängel aufweisen und dadurch der Schaden hervorgerufen wurde[1722].

c) Schuldner bei unvollständigen oder nicht wahrheitsgemäßen Informationen

Schaden, der dadurch zugefügt wird, daß über eine Ware (Arbeit, Dienstleistung) unvollständige oder nicht wahrheitsgemäße Informationen mitgeteilt wurden, wird nach Art. 1096 Abs. 3 ZGB durch die in Abs. 1 und 2 des Art. 1096 ZGB genannten Personen ersetzt. Bei Schäden aufgrund unvollständiger oder nicht wahrheitsgemäßer Informationen haftet somit derjenige, der für die Information in dem jeweiligen Fall verantwortlich war.

d) Keine Haftung von Importeuren, Zwischenhändlern, Quasiherstellern, Zulieferern

Weder nach dem ZGB noch nach dem VerbraucherschutzG haften die Importeure von Produkten[1723] sowie Händler in einer Handelskette, die nicht direkt an Verbraucher, sondern an Zwischenhändler ihre Produkte

---

1721 Vgl. S. 510.

1722 *Guev*, Postatejnyj kommentarij k časti vtoroj Graždanskogo kodeksa RF, Anm. 2 zu Art. 1096.

1723 *Bustin/Krylov*, NYSBA International Law Practicum, Vol. 9/2, S. 21; *Sevillano*, WiRO 2000, Nr. 11, S. 362.

absetzen[1724]. Unklar ist, ob Unternehmen haften, die keine Produkte selbst hergestellt haben, die sich jedoch durch Anbringen eines Markennamens oder eines anderen Kennzeichens als Hersteller gerieren[1725]. Dabei spricht der Wortlaut der Definition des Herstellers im VerbraucherschutzG eher dafür, daß sie nicht haften[1726]. Nicht eindeutig ist auch, ob ein Zulieferer haftet, welcher Teile produziert, die er zwar selbst an einen Kaufmann liefert, von denen er aber weiß, daß sie von ihm in Güter eingebaut werden, die an Verbraucher verkauft werden[1727], oder ob die Verkäufer solcher Zulieferteile haften[1728]. Allerdings spricht auch in diesem Fall der Wortlaut der Definition des Herstellers im VerbraucherschutzG („die Waren für den Absatz an den Verbraucher herstellen") gegen eine Haftung des Herstellers von Zulieferteilen und die Definition des Verkäufers in der Präambel des VerbraucherschutzG („die Waren ... an Verbraucher absetzen") gegen eine Haftung des Verkäufers von Zulieferteilen.

e) Keine Haftung anderer Vertragspartner

Der Kreis der möglichen Schuldner, die für einen durch eine mangelhafte Ware, Arbeit oder Dienstleistung zugefügten Schaden haften können, wird in Art. 1096 ZGB und Art. 14 Abs. 3 VerbraucherschutzG abschließend genannt und darf nicht im Wege der Auslegung erweitert werden[1729]. Er ist deshalb auf die Vertragspartner bei Kauf-, Werk- und Dienstleistungsverträgen sowie die Hersteller von Waren beschränkt. Die Schuldner anderer Verträge, z. B. ein Vermieter von Wohnraum, ein Verleiher oder andere Schuldner, haften für Schäden, die durch Mängel an einem Vertragsgegenstand zugefügt wurden, nur nach den allgemeinen Vorschriften des Deliktsrechts. Der Mieter eines Wohnraums, ein

---

1724 *Sevillano*, WiRO 2000, Nr. 11, S. 366; vgl. auch *Burov* in: *Burov/Emel'janov/Lomidze/Torpudžian/Ugol'nikov*, Kommentarij k Zakonu RF „O zaščite prav potrebitelej", Anm. 8 zu Art. 14.

1725 Vgl. *Bustin/Krylov*, NYSBA International Law Practicum, Vol. 9/2, S. 21.

1726 Vgl. *Sevillano*, WiRO 2000, Nr. 11, S. 362.

1727 *Bernasconi-Mamie*, Das russische Produktehaftpflichtrecht, S. 99; *Bustin/Krylov*, NYSBA International Law Practicum, Vol. 9/2, S. 21.

1728 *Bustin/Krylov*, NYSBA International Law Practicum, Vol. 9/2, S. 21.

1729 Vgl. *Levšina* in: *Sadikov*, Kommentarij k Graždanskomu kodeksu RF časti vtoroj, Anm. 1 zu Art. 1096; *Borisov*, Kommentarij k Graždanskomu kodeksu RF časti pervoj i vtoroj, S. 1125.

Entleiher oder ein Beschenkter können nur dann Schadensersatzansprüche nach den Art. 1095-1098 ZGB geltend machen, wenn die Mängel an dem Vertragsgegenstand mit einer Herstellertätigkeit ihres Vertragspartners zusammenhängen[1730]. Der Grund für die Beschränkung des Kreises der möglichen Schuldner auf die in Art. 1096 ZGB genannten Personen besteht darin, daß einige Verträge besondere Schadensersatzvorschriften vorsehen. Der Schenker haftet z. B. nach Art. 580 ZGB für Schäden, die dem Leben, der Gesundheit oder dem Vermögen des Beschenkten infolge von Mängeln der geschenkten Sache zugefügt wurden, nur soweit die Mängel vor der Übergabe der Sache an den Beschenkten entstanden sind, nicht zu den offenen Mängeln gehören und der Schenker, obwohl er die Mängel kannte, den Beschenkten über sie nicht in Kenntnis gesetzt hat.

f) Nur Haftung von Unternehmern?

Wie sich aus den bereits oben dargestellten Definitionen des Verkäufers, des Herstellers und des Ausführenden ergibt, haften diese nach dem VerbraucherschutzG nur dann, wenn sie Unternehmer sind. Bürger, die nur einmalig eine Ware verkaufen oder eine Arbeit ausführen bzw. Dienstleistung erbringen, gelten nicht als Unternehmer und haften nicht nach dem VerbraucherschutzG[1731].

Umstritten ist jedoch, ob auch nach den Art. 1095-1098 ZGB nur Unternehmer haften. Zum einen wird die Auffassung vertreten, daß Verkäufer, Hersteller oder Ausführender nicht nur Unternehmer, sondern beliebige Bürger und juristische Personen sein können, die eine Ware verkauft, eine Arbeit ausgeführt oder eine Dienstleistung erbracht haben[1732]. Die Unternehmereigenschaft ist nach dieser Auffassung nur für die zusätzlichen Rechte von Verbrauchern nach dem VerbraucherschutzG von Bedeutung[1733]. Nach anderer Ansicht sollen die Art. 1095-1098 ZGB nur auf Verkäufer, Hersteller und Ausführende anzuwenden sein, die eine unternehmerische Tätigkeit ausüben. Begründet wird dies damit, daß das ZGB und andere Gesetze den Personen, die keine

---

1730 *Levšina* in: *Sadikov*, Kommentarij k Graždanskomu kodeksu RF časti vtoroj, Anm. 8 zu Art. 1096.

1731 *Parcij*, ChiP 1996, Nr. 8, S. 29.

1732 *Sergeev* in: *Sergeev/Tolstoj*, Graždanskoe pravo, Band 3, S. 59.

1733 *Sergeev* in: *Sergeev/Tolstoj*, Graždanskoe pravo, Band 3, S. 59.

unternehmerische Tätigkeit ausüben, keine Verpflichtung auferlege, Waren bzw. Arbeitsergebnissen zu übergeben oder Dienstleistungen zu erbringen, die bestimmten zwingenden Anforderungen entsprechen, oder vollständige und wahrheitsgemäße Informationen über eine Ware, Arbeit oder Dienstleistung zur Verfügung zu stellen oder eine Lebensdauer oder Verwendbarkeitsfrist festzulegen. Diese Verpflichtungen könnten nur aus einer beruflichen, d. h. einer unternehmerischen Tätigkeit folgen[1734]. Die zuerst genannte Auffassung entspricht dem Wortlaut der Art. 1095-1098 ZGB. Für eine Einschränkung des Anwendungsbereichs der Art. 1095-1098 ZGB auf Unternehmer spricht allerdings, daß die in diesen Vorschriften statuierte weitreichende verschuldensunabhängige Haftung für Privatpersonen nicht angemessen wäre. In jedem Fall bleibt abzuwarten, wie die Rechtsprechung diese Frage entscheiden wird.

4. Kausalität

Ein Schadensersatzanspruch aus den Art. 1095 ff. ZGB bzw. Art. 14 VerbraucherschutzG setzt ferner einen Kausalzusammenhang zwischen dem Mangel bzw. den nicht wahrheitsgemäßen oder unzulänglichen Informationen und dem eingetretenen Schaden voraus[1735]. Die Beweislast für das Vorliegen dieses Kausalzusammenhangs obliegt dem Geschädigten[1736]. Fehlt ein solcher spezifischer Kausalzusammenhang, kann der Schaden dennoch nach allgemeinen Grundsätzen ersetzt werden[1737].

5. Rechtswidrigkeit

Der Anspruch besteht zudem nur dann, wenn der Schädiger rechtswidrig gehandelt hat[1738]. Ein solches rechtswidriges Handeln liegt vor,

---

1734 *Levšina* in: *Sadikov*, Kommentarij k Graždanskomu kodeksu RF časti vtoroj, Anm. 7 zu Art. 1096.

1735 *Malein* in: *Kalpin*, Graždanskoe pravo. Čast' vtoraja, S. 527; *Levšina* in: *Sadikov*, Kommentarij k Graždanskomu kodeksu RF časti vtoroj, Anm. 1 zu Art. 1095; *Sergeev* in: *Sergeev/Tolstoj*, Graždanskoe pravo, Band 3, S. 63.

1736 *Sergeev* in: *Sergeev/Tolstoj*, Graždanskoe pravo, Band 3, S. 60.

1737 Vgl. *Šerstobitov* in: *Suchanov*, Graždanskoe pravo, Band 2, Halbband 2, S. 436.

1738 *Malein* in: *Kalpin*, Graždanskoe pravo. Čast' vtoraja, S. 527; *Levšina* in: *Sadikov*, Kommentarij k Graždanskomu kodeksu RF časti vtoroj, Anm. 1 zu Art. 1095;

wenn der Verkäufer (Ausführende) dem Käufer (Besteller) eine Ware (ein Arbeitsergebnis, eine Dienstleistung) mit einem nach Art. 1095 Abs. 1 ZGB/Art. 14 VerbraucherschutzG relevanten Mangel übergibt, wenn der Hersteller eine Ware mit einem solchen Mangel herstellt oder wenn nicht wahrheitsgemäße oder unzureichende Informationen zur Verfügung gestellt werden[1739].

6. Kein Verschulden

Ein Verschulden des Schädigers ist für einen Anspruch auf Ersatz des materiellen Schadens aus Art. 1095 ZGB nicht erforderlich. Es genügt allein die Tatsache der Schadenszufügung, um dem Schädiger die Haftung auferlegen zu können[1740]. Es hat keine Bedeutung, ob der Schädiger den Mangel an der Ware (Arbeit, Dienstleistung) kannte[1741].

Der Hersteller und der Ausführende – nicht jedoch der Verkäufer[1742] – haften bei Ansprüchen nach dem VerbraucherschutzG auch für sog. Entwicklungsgefahren, die zum Zeitpunkt des Inverkehrbringens des Produkts objektiv noch nicht erkannt werden konnten, sondern erst aufgrund späterer Erkenntnisse der Forschung[1743]. Dies ergibt sich aus Art. 14 Abs. 4 VerbraucherschutzG. Danach haftet der Hersteller (Ausführende) für Schaden, der Leben, Gesundheit oder Vermögen des Verbrauchers im Zusammenhang mit der Verwendung von Materialien, Ausrüstung, Instrumenten und anderer für die Produktion der Ware (Leistung der Arbeit, Erbringung der Dienstleistung) notwendiger Mittel zugefügt wurde, unabhängig davon, ob der Stand der wissenschaftlichen und technischen Erkenntnis ihre besonderen Eigenschaften erkennen ließ oder nicht. Das Gesetz sieht auch für diesen Fall eine ausgesprochen strenge „absolute Haftung" vor, d. h. eine Haftung, von der der Herstel-

---

Sergeev in: *Sergeev/Tolstoj*, Graždanskoe pravo, Band 3, S. 59; *Levšina*, Osnovy zakonodatel'stva o zaščite prav potrebitelej, S. 64.

1739 Vgl. *Sergeev* in: *Sergeev/Tolstoj*, Graždanskoe pravo, Band 3, S. 62; *Levšina*, Osnovy zakonodatel'stva o zaščite prav potrebitelej, S. 64.

1740 *Jarošenko* in: *Braginskij*, Kommentarij časti vtoroj Graždanskogo kodeksa RF, S. 389.

1741 *Sergeev* in: *Sergeev/Tolstoj*, Graždanskoe pravo, Band 3, S. 62.

1742 Vgl. *Burov* in: *Burov/Emel'janov/Lomidze/Torpudžian/Ugol'nikov*, Kommentarij k Zakonu RF „O zaščite prav potrebitelej", Anm. 9 zu Art. 14.

1743 Vgl. *Sevillano*, WiRO 2000, Nr. 11, S. 363; *Bernasconi-Mamie*, Das russische Produktehaftpflichtrecht, S. 122.

ler und der Ausführende unter keine Umständen befreit werden können[1744].

7. Haftungsausschluß

Nach Art. 1098 ZGB wird der Verkäufer oder der Hersteller der Ware, der Ausführende der Arbeit oder Dienstleistung von der Haftung befreit, wenn er beweist, daß der Schaden infolge höherer Gewalt oder der Verletzung der geltenden Regeln der Nutzung oder Aufbewahrung der Ware, der Ergebnisse der Arbeit oder Dienstleistung durch den Verbraucher entstanden ist. Art. 14 Abs. 5 VerbraucherschutzG enthält eine ähnliche Regelung, nach der jedoch nicht nur bei Verletzung der Regeln der Nutzung oder Aufbewahrung, sondern darüber hinaus auch bei Verletzung der Regeln des Transports ein Haftungsausschluß vorgesehen ist. Dies wirft die Frage auf, ob Art. 14 Abs. 5 VerbraucherschutzG überhaupt anwendbar ist, sofern danach die Haftung auch bei Verletzung der Regeln des Transports ausgeschlossen sein soll. Hierfür spricht, daß in der Literatur die Meinung vertreten wird, die Aufzählung der Haftungsausschlußgründe in Art. 1098 ZGB sei abschließend[1745]. Geht man davon aus, daß Art. 1098 ZGB abschließend ist, kann Art. 14 Abs. 5 VerbraucherschutzG nicht angewendet werden, soweit darin von einem Haftungsausschluß bei Verletzung der Regeln des Transports die Rede ist, weil das VerbraucherschutzG dem ZGB nicht widersprechen darf. Abschließend geklärt ist die Frage jedoch noch nicht. Es bleibt abzuwarten, wie die Rechtsprechung sie entscheidet.

Verbraucher im Sinne des Art. 1098 ZGB können – trotz der Beschränkung des Begriffs des Verbrauchers auf natürliche Personen in der Präambel des VerbraucherschutzG – auch juristische Personen sein, wenn sie die Ware (Arbeit, Dienstleistung) nur zu Verbraucherwecken erworben haben[1746].

1744 *Šerstobitov* in: *Suchanov*, Graždanskoe pravo, Band 2, Halbband 2, S. 437 f.; *Zimenkova/Šerstobitov*, in: *Zimenkova/Levšina/Tobis/Šerstobitov*, Kommentarij k Zakonu „O zaščite prav potrebitelej", S. 100, 109.

1745 Vgl. *Borisov*, Kommentarij k Graždanskomu kodeksu RF časti pervoj i vtoroj, S. 1126.

1746 *Guev*, Postatejnyj kommentarij k časti vtoroj Graždanskogo kodeksa RF, Anm. 2 zu Art. 1098.

Der Begriff der höheren Gewalt wurde bereits oben[1747] erläutert, so daß an dieser Stelle darauf nicht mehr eingegangen werden muß. Die Haftung ist auch dann wegen höherer Gewalt ausgeschlossen, wenn ein Schaden zwar aufgrund eines Mangels einer Ware (Arbeit, Dienstleistung), aber unter Einwirkung von höherer Gewalt zugefügt wird[1748].

Die Verletzung der Regeln über die Nutzung, Aufbewahrung sowie des Transports stellt eine spezielle Form des Mitverschuldens des Geschädigten dar, welches nach allgemeinen Grundsätzen (Art. 1083 Abs. 2 Satz 2 ZGB) nur zu einer Herabsetzung der Höhe des Schadensersatzes, nicht jedoch zu einem Haftungsausschluß führt. Die Regeln der Nutzung oder Aufbewahrung können entweder vom Hersteller der Ware (oder vom Ausführenden der Arbeit bzw. Dienstleistung) oder durch Gesetz aufgestellt werden[1749]. Zu unterscheiden sind die gewöhnlichen Regeln der Nutzung oder Aufbewahrung und die speziellen Regeln, die für die Nutzung und Aufbewahrung der konkreten Ware (Arbeitsergebnis) charakteristisch sind[1750]. Die gewöhnlichen Regeln sind von allen zu beachten, weil davon ausgegangen wird, daß sie jedem vernünftig denkenden Menschen bekannt sind. Die speziellen Regeln können dagegen nur diejenigen Personen beachten, die über sie informiert wurden[1751]. Der Verkäufer (Hersteller, Ausführende) kann sich deshalb nicht darauf berufen, daß der Verbraucher die Regeln der Nutzung oder Aufbewahrung der Ware (des Arbeitsergebnisses) verletzt hat, wenn der Hersteller (Ausführende) die in Art. 7 Abs. 3 VerbraucherschutzG vorgesehene Pflicht, dem Verbraucher die für die ungefährliche Nutzung der Ware (Arbeit), ihre Lagerung, ihren Transport und ihre Verwertung zu beachtenden besonderen Regeln zur Kenntnis zu geben, nicht erfüllt hat. Gleiches gilt, wenn dem Verbraucher diese Informationen entgegen Art. 8

[1747] S. 346.

[1748] *Sergeev* in: *Sergeev/Tolstoj*, Graždanskoe pravo, Band 3, S. 62.

[1749] *Levšina* in: *Sadikov*, Kommentarij k Graždanskomu kodeksu RF časti vtoroj, Anm. 2 zu Art. 1098.

[1750] *Sergeev* in: *Sergeev/Tolstoj*, Graždanskoe pravo, Band 3, S. 62; *Levšina* in: *Sadikov*, Kommentarij k Graždanskomu kodeksu RF časti vtoroj, Anm. 2 zu Art. 1098; *Argunov/Krasnov*, Vestnik Moskovskogo universiteta 1996, Nr. 4, S. 27; vgl. auch *Levšina*, Osnovy zakonodatel'stva o zaščite prav potrebitelej, S. 66.

[1751] *Sergeev* in: *Sergeev/Tolstoj*, Graždanskoe pravo, Band 3, S. 62; *Levšina*, Osnovy zakonodatel'stva o zaščite prav potrebitelej, S. 66; *Jarošenko* in: *Levšina/Lesnickaja/Jarošenko*, Kommentarij k zakonu RF „O zaščite prav potrebitelej", S. 39.

Abs. 2 VerbraucherschutzG nur in einer Fremdsprache zur Kenntnis gegeben wurden[1752].

Der Verkäufer (Hersteller, Ausführende) wird nur dann von der Haftung befreit, wenn der Verbraucher die Regeln der Nutzung oder Aufbewahrung schuldhaft verletzt hat. Dabei wird gemäß Art. 1083 ZGB nur ein Verschulden in Form von Vorsatz oder grober Fahrlässigkeit des Geschädigten berücksichtigt[1753]. Die Beweislast dafür, daß die Haftung infolge der in Art. 1098 ZGB genannten Umstände ausgeschlossen ist, obliegt dem Verkäufer oder Hersteller der Ware bzw. dem Ausführenden der Arbeit oder der Dienstleistung, gegenüber dem die Forderung erhoben wurde[1754].

8. Ausschlußfristen

Die Haftung für mangelhafte Waren, Arbeiten oder Dienstleistungen ist grundsätzlich zeitlich begrenzt. Das ergibt sich aus Art. 1097 Abs. 1 ZGB. Danach ist ein Schaden, der durch eine mangelhafte Ware, Arbeit oder Dienstleistung zugefügt wird, zu ersetzen, soweit er innerhalb der festgelegten Verwendbarkeitsfrist oder Lebensdauer der Ware (Arbeit, Dienstleistung) entsteht, und wenn die Verwendbarkeitsfrist oder Lebensdauer nicht festgelegt ist, ist er innerhalb von zehn Jahren ab der Herstellung der Ware (der Ausführung der Arbeit oder Erbringung der Dienstleistung) zu ersetzen.

1752 *Sergeev* in: *Sergeev/Tolstoj*, Graždanskoe pravo, Band 3, S. 62; *Levšina* in: *Sadikov*, Kommentarij k Graždanskomu kodeksu RF časti vtoroj, Anm. 2 zu Art. 1098; vgl. auch *Argunov/Krasnov*, Vestnik Moskovskogo universiteta, S. 27.

1753 *Levšina* in: *Sadikov*, Kommentarij k Graždanskomu kodeksu RF časti vtoroj, Anm. 2 zu Art. 1098; *Jarošenko* in: *Sadikov*, Graždanskoe pravo Rossii. Čast' vtoraja, S. 672 f.; vgl. auch *Guev*, Postatejnyj kommentarij k časti vtoroj Graždanskogo kodeksa RF, Anm. 2 zu Art. 1098; *Levšina*, Osnovy zakonodatel'stva o zaščite prav potrebitelej, S. 67. Daß es nicht auf ein Verschulden des Verbrauchers ankommen soll, vertreten lediglich *Burian/Strzebniok*, PHi 2001, Nr. 2, S. 64, ohne dies allerdings näher zu begründen.

1754 Vgl. *Borisov*, Kommentarij k Graždanskomu kodeksu RF časti pervoj i vtoroj, S. 1126; *Šerstobitov* in: *Suchanov*, Graždanskoe pravo, Band 2, Halbband 2, S. 435; *Levšina* in: *Sadikov*, Kommentarij k Graždanskomu kodeksu RF časti vtoroj, Anm. 4 zu Art. 1098; *Sergeev* in: *Sergeev/Tolstoj*, Graždanskoe pravo, Band 3, S. 62; *Levšina*, Osnovy zakonodatel'stva o zaščite prav potrebitelej, S. 67; *Zimenkova/Šerstobitov* in: *Zimenkova/Levšina/Tobis/Šerstobitov*, Kommentarij k Zakonu „O zaščite prav potrebitelej", S. 99.

Das VerbraucherschutzG enthält mit Art. 1097 Abs. 1 ZGB fast übereinstimmende Regelungen: Ein Schaden, der dem Leben, der Gesundheit, oder dem Vermögen des Verbrauchers zugefügt wurde, ist zu ersetzen, wenn der Schaden im Verlauf der festgelegten Lebensdauer oder Verwendbarkeitsfrist der Ware (Arbeit) zugefügt wurde (Art. 14 Abs. 3 Satz 1 VerbraucherschutzG). Wenn der Hersteller (Ausführende) die in Art. 5 Abs. 1 VerbraucherschutzG vorgesehene Lebensdauer der Ware (Arbeit) nicht bestimmt hat, ist der Schaden zehn Jahre ab dem Tag der Übergabe der Ware (Arbeit) an den Verbraucher, und wenn der Tag der Übergabe nicht bestimmbar ist, ab dem Tag der Herstellung der Ware (Beendigung der Ausführung der Arbeit) zu ersetzen (Art. 14 Abs. 3 Satz 3 VerbraucherschutzG).

Sinn dieser Vorschriften ist es, der Tatsache Rechnung zu tragen, daß die meisten Waren nur eine begrenzte Lebensdauer haben, nach deren Ablauf ihr Gebrauch zwangsläufig zu Gefahren führt, für die der Hersteller oder Verkäufer nicht mehr verantwortlich gemacht werden kann[1755].

In der zum Zeitpunkt seines Inkrafttretens gültigen Fassung des Art. 1097 ZGB war zunächst nur von einer Verwendbarkeitsfrist die Rede, während das VerbraucherschutzG sowohl eine Verwendbarkeitsfrist als auch eine Lebensdauer vorsieht. Das Plenum des Obersten Gerichtshofs der RF hat allerdings in Punkt 13 seiner erläuternden Leitentscheidung Nr. 7 vom 29.09.1994[1756] i. d. F. der erläuternden Leitentscheidung Nr. 2 vom 17.01.1997[1757] klargestellt, daß unter den Begriff der Verwendbarkeitsfrist auch die Lebensdauer fällt, die für Waren (Arbeiten) festgelegt wird, die für eine langfristige Nutzung bestimmt sind[1758]. Durch Änderungsgesetz vom 17.12.1999[1759] wurde diese Diskrepanz zwischen dem ZGB und dem VerbraucherschutzG behoben und auch Punkt 13 der er-

---

1755 *Burian/Strzebniok*, PHi 2001, Nr. 2, S. 65.

1756 BVS RF 1995, Nr. 1, S. 7.

1757 BVS RF 1997, Nr. 3, S. 7.

1758 Auch in der Literatur waren alle Autoren einhellig der Auffassung, daß unter den Begriff der Verwendbarkeitsfrist in Art. 1097 ZGB auch die Lebensdauer fällt, vgl. *Sergeev* in: *Sergeev/Tolstoj*, Graždanskoe pravo, Band 3, S. 61; *Levšina* in: *Sadikov*, Kommentarij k Graždanskomu kodeksu RF časti vtoroj, Anm. 1 zu Art. 1097; *Jarošenko* in: *Braginskij*, Kommentarij časti vtoroj Graždanskogo kodeksa RF, S. 386; *Jarošenko* in: *Sadikov*, Graždanskoe pravo Rossii. Čast' vtoraja, S. 673; *Borisov*, Kommentarij k Graždanskomu kodeksu RF časti pervoj i vtoroj, S. 1125 f.

1759 Vgl. Fn. 2.

wähnten erläuternden Leitentscheidung des Obersten Gerichtshofs der RF durch die erläuternde Leitentscheidung Nr. 32 vom 21.11.2000[1760] der neuen Rechtslage angepaßt.

Unter einer Verwendbarkeitsfrist versteht man gemäß Art. 5 Abs. 4 Satz 1 VerbraucherschutzG den Zeitraum, nach deren Ablauf eine Ware (Arbeit) als ungeeignet für die zweckgerichtete Verwendung betrachtet wird. Ähnlich wird die Verwendbarkeitsfrist in Art. 472 ZGB (Frist, nach deren Ablauf die Ware für den bestimmungsgemäßen Gebrauch nicht mehr tauglich ist) definiert. Dabei spielt es keine Rolle, aus welchen Gründen (Verlust ihrer Gebrauchseigenschaften, Gefahr für Leben, Gesundheit, Möglichkeit der Schädigung des Vermögens des Verbrauchers oder der Umwelt) die Ware (Arbeit) für die zweckgerichtete Verwendung ungeeignet wird[1761]. Eine solche Verwendbarkeitsfrist hat der Hersteller (Ausführende) von Lebensmitteln, Parfümerieartikeln und Kosmetika, Medikamenten, Waren der Haushaltschemie und gleichartigen Waren (Arbeiten) festzulegen, die im Verlauf ihrer Aufbewahrung oder Nutzung ihre Eigenschaften zum Verbrauch verlieren (vgl. Art. 5 Abs. 4 Satz 1 VerbraucherschutzG, Ziff. VI der Erläuterungen des MAP zum VerbraucherschutzG)[1762]. Der Begriff der Verwendbarkeitsfrist wird

---

1760 BVS RF 2001, Nr. 2, S. 3.

1761 *Levšina* in: *Zimenkova/Levšina/Tobis/Šerstobitov*, Kommentarij k Zakonu RF „O zaščite prav potrebitelej“, S. 61.

1762 Ein Verzeichnis solcher Waren (Arbeiten) wird von der Regierung der RF bestätigt (Art. 5 Abs. 4 Satz 2 VerbraucherschutzG). Das Verzeichnis der Waren, für die der Hersteller eine Verwendbarkeitsfrist oder eine Lebensdauer festlegen muß, wurde durch die Verordnung der Regierung der RF vom 16.06.1997, Nr. 720, „Über die *Bestätigung des Verzeichnisses von Waren langfristiger Nutzung, einschließlich Zulieferteile (Ersatzteile, Baugruppen, Maschinenbausätze), welche nach Ablauf eines bestimmten Zeitraums eine Gefahr für Leben, Gesundheit des Verbrauchers darstellen sowie seinem Vermögen oder der Umwelt Schaden zufügen können, und auf die der Hersteller verpflichtet ist, eine Lebensdauer festzulegen, und des Verzeichnisses von Waren, die nach Ablauf der Verwendbarkeitsfrist als ungeeignet für die zweckgerichtete Verwendung gelten*“, SZ 1997, Nr. 25, Pos. 2942, i. d. F. der Verordnungen vom 05.10.1999, Nr. 1119, SZ 1999, Nr. 42, Pos. 5037, und 10.05.2001, Nr. 361, SZ 2001 Nr. 20, Pos. 2023, bestätigt. Der Verkauf einer Ware (Ausführung einer Arbeit) nach Ablauf der festgelegten Verwendbarkeitsfrist oder einer Ware (Ausführung einer Arbeit), für welche eine Verwendbarkeitsfrist festgelegt werden mußte, aber nicht festgelegt wurde, ist verboten (Art. 5 Abs. 5 VerbraucherschutzG).

somit im Hinblick auf Waren (Arbeiten, Dienstleistungen) benutzt, die im Verlauf ihrer Nutzung vollständig verbraucht werden[1763].

Die Lebensdauer wird für Waren festgelegt, die für eine langfristige Nutzung vorgesehen sind, und stellt gemäß Art. 5 Abs. 1 VerbraucherschutzG einen Zeitraum dar, für den der Hersteller (Ausführende) sich verpflichtet, dem Verbraucher die Möglichkeit zur bestimmungsgemäßen Nutzung der Ware (Arbeit) zu gewährleisten und für wesentliche Mängel, die durch sein Verschulden auftreten, zu haften. Im Regelfall wird die Lebensdauer freiwillig festgelegt: Nach Art. 5 Abs. 1 VerbraucherschutzG ist der Hersteller (Ausführende) berechtigt (und nicht verpflichtet), für eine Ware (Arbeit), die für eine langfristige Nutzung vorgesehen ist[1764], eine solche Lebensdauer festzulegen. In den in Art. 5 Abs. 2 Satz 1 VerbraucherschutzG vorgesehenen Fällen ist die Festlegung einer Lebensdauer jedoch obligatorisch. Nach dieser Vorschrift ist der Hersteller (Ausführende) verpflichtet, die Lebensdauer einer langfristig genutzten Ware (Arbeit) festzulegen, darunter auch für Zulieferteile (Ersatzteile, Baugruppen, Maschinenbausätze), welche nach Ablauf eines bestimmten Zeitraums eine Gefahr für Leben oder Gesundheit des Verbrauchers darstellen sowie seinem Vermögen oder der Umwelt Schaden zufügen können[1765]. Die Lebensdauer von Waren (Arbeiten) kann in Zeiteinheiten und anderen Meßeinheiten (Kilometern, Metern und anderen Messeinheiten ausgehend von der funktionalen Bestimmung der Ware (des Arbeitsergebnisses)) berechnet werden (Art. 5 Abs. 3 VerbraucherschutzG). Der Begriff der Lebensdauer wird im Gegensatz

---

1763 Vgl. *Levšina* in: *Sadikov*, Kommentarij k Graždanskomu kodeksu RF časti vtoroj, Anm. 1 zu Art. 1097; *Borisov*, Kommentarij k Graždanskomu kodeksu RF časti pervoj i vtoroj, S. 1125; *Levšina* in: *Zimenkova/Levšina/Tobis/Šerstobitov*, Kommentarij k Zakonu RF „O zaščite prav potrebitelej", S. 59, 61.

1764 Dabei soll es sich um Waren mit einer Gebrauchsdauer von nicht weniger als drei Jahren handeln, vgl. *Burov* in: *Burov/Emel'janov/Lomidze/Torpudžian/Ugol'nikov*, Kommentarij k Zakonu RF „O zaščite prav potrebitelej", Anm. 6 zu Art. 14.

1765 Ein Verzeichnis solcher Waren (Arbeiten) wird von der Regierung der RF bestätigt (Art. 5 Abs. 2 Satz 2 VerbraucherschutzG). Das Verzeichnis der Waren, für die der Hersteller eine Verwendbarkeitsfrist oder eine Lebensdauer festlegen muß, wurde durch die Verordnung der Regierung der RF vom 16.07.1997, Nr. 720 (vgl. Fn. 1762) bestätigt. Die nach diesem Verzeichnis festgelegte Lebensdauer beginnt ab dem Tag des Verkaufs zu laufen, vgl. Ziff. VI. der Erläuterungen des MAP zum VerbraucherschutzG.

zum Begriff der Verwendbarkeitsfrist für Waren benutzt, die im Verlauf ihrer Nutzung nicht vollständig verbraucht werden[1766].

Der Hersteller kann also durch die Bestimmung einer Lebensdauer bzw. einer Verwendbarkeitsfrist die Dauer seiner Haftung beeinflussen und vor allem durch Festlegung von kurzen Fristen seine Haftung begrenzen[1767]. Die Festlegung einer Lebensdauer bzw. einer Verwendbarkeitsfrist liegt deshalb ganz im Interesse des Herstellers[1768]. Allerdings muß der Hersteller bei Festlegung einer für das betreffende Produkt relativ kurzen Lebensdauer oder Verwendbarkeitsfrist auch damit rechnen, daß der Verbraucher sich für ein Konkurrenzprodukt entscheiden wird.

Wenn keine Lebensdauer oder Verwendbarkeitsfrist festgelegt wurde und die Festlegung einer Lebensdauer auch keine Pflicht des Herstellers (Ausführenden) war[1769], beträgt die Ausschlußfrist sowohl nach Art. 1097 Abs. 1 ZGB als auch nach Art. 14 Abs. 3 Satz 3 VerbraucherschutzG zehn Jahre. Im Hinblick auf den Beginn der Frist sehen jedoch beide Vorschriften unterschiedliches vor: Nach Art. 1097 ZGB beginnt die Frist ab der Herstellung der Ware (der Ausführung der Arbeit oder Erbringung der Dienstleistung) zu laufen, nach Art. 14 Abs. 3 Satz 3 VerbraucherschutzG ab dem Tag der Übergabe der Ware (Arbeit) an den Verbraucher, und wenn der Tag der Herstellung der Ware (Beendigung der Ausführung der Arbeit) nicht bestimmbar ist, ab dem Tag der Herstellung der Ware (Beendigung der Ausführung der Arbeit). Soweit auf das Herstellungsdatum abgestellt wird, stellt dies eine für den Geschädigten nachteilige Lösung dar, weil ihm das Herstellungsdatum unter Umständen nicht genau bekannt ist und zudem für den Geschädigten die Frist verkürzt wird, wenn sich die Ware lange Zeit auf Lager befindet[1770]. Soweit Art. 14 Abs. 3 Satz 3 VerbraucherschutzG auf den Tag der Übergabe abstellt, ist dies für den Geschädigten günstiger, erhöht jedoch das Risiko für den Hersteller, weil der den Tag der Übergabe in der Regel nicht beeinflussen kann. Dies wirft die Frage auf, ob Art. 14

1766 *Levšina* in: *Zimenkova/Levšina/Tobis/Šerstobitov*, Kommentarij k Zakonu RF „O zaščite prav potrebitelej", S. 59.

1767 Vgl. ausführlich dazu bei *Bernasconi-Mamie*, Das russische Produktehaftpflichtrecht, S. 141 f.

1768 Vgl. dazu auch Ziff. 6 der Erläuterungen des MAP zum VerbraucherschutzG.

1769 Vgl. *Levšina* in: *Sadikov*, Kommentarij k Graždanskomu kodeksu RF časti vtoroj, Anm. 3 zu Art. 1097.

1770 Vgl. dazu auch *Bernasconi-Mamie*, Das russische Produktehaftpflichtrecht, S. 204.

Abs. 3 Satz 3 VerbraucherschutzG überhaupt anwendbar ist, soweit darin auf den Tag der Übergabe abgestellt wird. Art. 14 Abs. 3 Satz 3 VerbraucherschutzG widerspricht insoweit der Regelung des Art. 1097 ZGB und regelt nicht lediglich die Vorschrift weiter im Detail. Die Regelung des ZGB müßte deshalb nach Art. 3 Abs. 2 ZGB Vorrang haben. Die Frage muß jedoch noch endgültig von der Rechtsprechung geklärt werden.

Was die Rechtsnatur der in Art. 1097 ZGB und Art. 14 Abs. 3 Satz 1 und 3 ZGB genannten Fristen betrifft ist inzwischen geklärt, daß es sich bei diesen Fristen um Ausschlußfristen und nicht um Verjährungsfristen handelt, so daß die Vorschriften des ZGB über die Hemmung und Unterbrechung der Verjährung auf sie nicht angewendet werden können[1771]. Ein Anspruch aus Art. 1095 ff. ZGB, 14 VerbraucherschutzG kann somit nur innerhalb der in den Art. 1097 ZGB, 14 Abs. 3 Satz 1 und 3 VerbraucherschutzG genannten Fristen entstehen[1772]. Das bedeutet jedoch nicht, daß der Anspruch auch innerhalb dieser Fristen eingeklagt werden muß[1773]. Vielmehr gelten für die Ansprüche nach Art. 1095 ff. ZGB, 14 VerbraucherschutzG die auch für andere deliktische Ansprüche geltenden Verjährungsfristen[1774]. Das bedeutet, daß der Verbraucher auch dann innerhalb der Verjährungsfrist Klage erheben muß, wenn der Schaden am Anfang einer langen Ausschlußfrist nach Art. 1097 ZGB, 14 Abs. 3 Satz 1 und 3 VerbraucherschutzG entstanden ist, also nicht das Ende der unter Umständen längeren Ausschlußfrist abwarten kann. Wenn hingegen der Schaden gegen Ende der Ausschlußfrist entsteht, bedeutet das nicht, daß der Geschädigte kurzfristig vor Ablauf der

---

1771 *Parcij*, Kommentarij k Zakonu RF „O zaščite prav potrebitelej", Anm. 2 zu Art. 14; *Ja. Parcij*, ChiP 1996, Nr. 7, S. 59; *Parcij*, ChiP 1996, Nr. 12, S. 38 und ChiP 1997, Nr. 1, S. 11; *Burian/Strzebniok*, PHi 2001, Nr. 2, S. 65 f.

1772 Gegen eine Qualifikation der Fristen als Verjährungsfristen und für eine Auslegung der Fristen als Fristen, innerhalb derer die Ansprüche entstehen können, hatte sich kurz nach dem Erlaß des VerbraucherschutzG auch *Bernasconi-Mamie*, Das russische Produktehaftpflichtrecht, S. 138 ff., ausgesprochen.

1773 Für diese Lösung hatte *Bernasconi-Mamie*, Das russische Produktehaftpflichtrecht, S. 140, plädiert.

1774 Vgl. *Parcij*, Kommentarij k Zakonu RF „O zaščite prav potrebitelej", Anm. 6 zu Art. 14; *Bustin/Krylov*, NYSBA International Law Practicum, Vol. 9/2, S. 24 f.; *Burian/Strzebniok*, PHi 2001, Nr. 2, S. 68; *Solotych*, Das Zivilgesetzbuch der Russischen Föderation – Zweiter Teil –, S. 84.

Ausschlußfrist Klage erheben muß, sondern sich hiermit bis zum Ende der Verjährungsfrist Zeit lassen kann.

Von dem in Art. 1097 Abs. 1 ZGB aufgestellten Grundsatz, daß der Schaden innerhalb der festgelegten Verwendbarkeitsfrist oder Lebensdauer, und wenn solche Fristen nicht festgelegt wurden, innerhalb von zehn Jahren ab der Herstellung der Ware (der Ausführung der Arbeit oder der Erbringung der Dienstleistung) zu ersetzen ist, sieht das Gesetz in Art. 1097 Abs. 2 ZGB drei Ausnahmen vor: Unabhängig vom Zeitpunkt der Schadenszufügung ist nach Art. 1097 Abs. 2 ZGB der Schaden zu ersetzen, sofern

- entgegen den gesetzlichen Anforderungen keine Verwendbarkeitsfrist oder Lebensdauer festgelegt ist (1. Fall);
- die Person, der die Ware verkauft oder für die die Arbeit ausgeführt oder die Dienstleistung erbracht worden ist, über die nach Ablauf der Verwendbarkeitsfrist oder der Lebensdauer erforderlichen Handlungen nicht in Kenntnis gesetzt wurde (2. Fall) oder ihr keine vollständigen und wahrheitsgetreuen Informationen über die Ware (Arbeit, Dienstleistung) bereitgestellt wurden (3. Fall).

Auch diese Bestimmung wurde durch das Änderungsgesetz vom 17.12.1999[1775] neu gefaßt, weil sie ursprünglich ungenau formuliert war[1776].

Das VerbraucherschutzG enthält in Art. 14 Abs. 3 Satz 2 eine ähnliche Vorschrift, die allerdings nicht nur drei, sondern vier verschiedene Fallgruppen vorsieht: Wenn in Übereinstimmung mit dem Gesetz eine Lebensdauer oder eine Verwendbarkeitsfrist bestimmt werden mußte, dies jedoch nicht geschah (1. Fall), oder dem Verbraucher keine vollständigen und wahrheitsgetreuen Informationen über die Lebensdauer oder die Verwendbarkeitsfrist bereitgestellt wurden (2. Fall) oder der Verbraucher, dem die Ware verkauft worden ist (für den die Arbeit ausgeführt wurde), nicht über die notwendigen Handlungen bei Auslaufen der Verwendbarkeitsfrist oder der Lebensdauer und mögliche Folgen der Nichtvornahme der Handlungen informiert wurde (3. Fall) oder die Ware (das Arbeitsergebnis) nach Ablauf dieser Fristen eine Gefahr für Leben

---

[1775] Vgl. Fn. 2.

[1776] Vgl. hierzu *Levšina* in: *Sadikov*, Kommentarij k Graždanskomu kodeksu RF časti vtoroj, Anm. 4 zu Art. 1097.

oder Gesundheit darstellt (4. Fall), ist der Schaden unabhängig vom Zeitpunkt der Zufügung zu ersetzen.

Der erste in Art. 1097 Abs. 2 ZGB und Art. 14 Abs. 3 Satz 2 VerbraucherschutzG vorgesehene Fall einer zeitlich unbegrenzten Haftung greift ein, wenn der Hersteller einer Ware (der Ausführende einer Arbeit) unter Verletzung von Art. 472 ZGB oder Art. 5 VerbraucherschutzG keine Verwendbarkeitsfrist oder Lebensdauer festgelegt hat. In diesem Fall haftet er für den durch mangelhafte Waren, Arbeiten oder Dienstleistungen zugefügten Schaden unabhängig vom Zeitpunkt der Schadenszufügung, somit über die festzusetzende Frist und auch über die in Art. 1097 Abs. 1 ZGB und Art. 14 Abs. 3 Satz 3 VerbraucherschutzG vorgesehene Zehn-Jahres-Frist hinaus.

Nicht ausdrücklich vom Gesetz erfaßt wird der Fall, daß der Hersteller (Ausführende) zwar eine Verwendbarkeitsfrist oder Lebensdauer festgelegt, den Verbraucher hierüber aber nicht informiert hat. In diesem Fall soll Art. 1097 Abs. 2 ZGB entsprechend angewendet, der Schaden also unabhängig vom Zeitpunkt seiner Zufügung ersetzt werden[1777].

Der zweite in Art. 1097 Abs. 2 ZGB und der dritte in Art. 14 Abs. 3 Satz 2 VerbraucherschutzG vorgesehene Fall einer zeitlich unbegrenzten Haftung betrifft folgende Konstellation: Wie bereits oben[1778] dargelegt, hat der Hersteller (Ausführende) nicht nur eine Verwendbarkeitsfrist oder eine Lebensdauer festzulegen, sondern dem Verbraucher auch vollständige Informationen über die Ware zur Verfügung zu stellen, darunter auch über die notwendigen Handlungen des Verbrauchers nach Ablauf der Verwendbarkeitsfrist oder Lebensdauer (z. B. die Nutzung der erworbenen Sache zu beenden) und die möglichen Folgen für den Fall, daß die entsprechenden Empfehlungen nicht befolgt werden (vgl. Art. 736 ZGB, Art. 10 Abs. 2 VerbraucherschutzG). Wenn der Hersteller (Ausführende) zwar eine Lebensdauer oder eine Verwendbarkeitsfrist festgelegt hat, aber den Verbraucher nicht über die notwendigen Handlungen nach Ablauf dieser Fristen und die möglichen Folgen im Falle einer Unterlassung dieser Handlungen in Kenntnis gesetzt hat, haftet er ebenfalls unabhängig vom Zeitpunkt der Schadenszufügung[1779].

1777 *Levšina* in: *Sadikov*, Kommentarij k Graždanskomu kodeksu RF časti vtoroj, Anm. 4 zu Art. 1097.

1778 S. 504 ff.

1779 Vgl. *Jarošenko* in: *Sadikov*, Graždanskoe pravo Rossii. Čast' vtoraja, S. 673; *Jarošenko* in: *Braginskij*, Kommentarij časti vtoroj Graždanskogo kodeksa RF,

Der dritte in Art. 1097 Abs. 2 ZGB vorgesehene Fall einer zeitlich unbegrenzten Haftung betrifft die Konstellation, daß dem Käufer (Besteller) keine vollständigen und wahrheitsgetreuen Informationen über die Ware (Arbeit, Dienstleistung) bereitgestellt wurden. Diese Fallgruppe wurde durch das Änderungsgesetz vom 17.12.1999[1780] neu eingefügt. Nach Art. 14 Abs. 3 Satz 2 (2. Fall) VerbraucherschutzG ist die Haftung hingegen nur dann zeitlich unbegrenzt, wenn dem Verbraucher keine vollständigen und wahrheitsgetreuen Informationen über die Lebensdauer oder die Verwendbarkeitsfrist bereitgestellt wurden. Diese Regelung ist enger als die des Art. 1097 Abs. 2 ZGB, steht somit zu ihr im Widerspruch. Es dürfte daher auch bei Verbrauchern der Art. 1097 Abs. 2 (3. Fall) ZGB anzuwenden sein.

Das VerbraucherschutzG enthält darüber hinaus in Art. 14 Abs. 3 Satz 2 eine vierte Fallgruppe einer zeitlich unbegrenzten Haftung, nämlich, daß die Ware (das Arbeitsergebnis) nach Ablauf der Lebensdauer bzw. der Verwendbarkeitsfrist eine Gefahr für Leben oder Gesundheit darstellt. Dies wirft die Frage auf, ob darin ein Widerspruch zu der Regelung des Art. 1097 ZGB besteht, mit der Folge, daß Art. 14 Abs. 3 Satz 2 ZGB nicht anwendbar ist. In der Literatur wird hierzu der Standpunkt vertreten, daß dieser Zusatz gegenüber der Regelung des ZGB nur schwerlich zu rechtfertigen sei, weil sowohl Art. 14 Abs. 3 Satz 2 VerbraucherschutzG als auch Art. 1097 ZGB die Haftung für einen bereits zugefügten Schaden regeln, der Zusatz in Art. 14 Abs. 3 Satz 2 VerbraucherschutzG jedoch eine andere Frage beträfe. Es soll deshalb die Regelung des Art. 1097 ZGB maßgeblich sein, weil das ZGB dem VerbraucherschutzG vorgehe[1781]. Inwieweit sich dieser Standpunkt auch in der Rechtssprechung durchsetzen wird, bleibt jedoch abzuwarten.

S. 388; *Levšina* in: *Sadikov*, Kommentarij k Graždanskomu kodeksu RF časti vtoroj, Anm. 4 zu Art. 1097; *Šerstobitov* in: *Zimenkova/Levšina/Tobis/Šerstobitov*, Kommentarij k Zakonu „O zaščite prav potrebitelej“, S. 108.

1780 Vgl. Fn. 2.

1781 Vgl. *Parcij*, Kommentarij k Zakonu RF „O zaščite prav potrebitelej“, Anm. 2 zu Art. 14.

9. Art und Höhe des Schadensersatzes

In Bezug auf die Art und die Höhe des Schadensersatzes gelten bei Produkthaftungsansprüchen grundsätzlich die allgemeinen, bereits oben dargestellten[1782] Vorschriften und Grundsätze.

Zu beachten ist jedoch folgende Besonderheit: Wenn es sich bei dem Geschädigten um einen Verbraucher handelt, hat er neben dem Anspruch auf Ersatz des materiellen Schadens einen Anspruch auf Ersatz des immateriellen Schadens nach Art. 15 VerbraucherschutzG, der über den Anspruch auf Ersatz des immateriellen Schadens nach Art. 151, 1099-1101 ZGB hinausgeht. Diese Vorschrift hat folgenden Wortlaut:

> *„Immaterieller Schaden, der dem Verbraucher durch Verletzung der durch Gesetze und Rechtsakte der RF, die die Beziehungen im Bereich des Verbraucherschutzes regeln, vorgesehenen Rechte der Verbraucher durch den Hersteller (Ausführenden, Verkäufer) oder eine Organisation, die die Funktion des Herstellers (Verkäufers) auf Grundlage eines Vertrages mit ihm erfüllen, zugefügt wird, ist durch den Schädiger bei Vorliegen eines Verschuldens zu ersetzen. Die Höhe des Ersatzes des immateriellen Schadens wird durch das Gericht bestimmt und hängt nicht von der Höhe des Ersatzes des Vermögensschadens ab. Der Ersatz des immateriellen Schadens wird unabhängig vom Ersatz des Vermögensschadens und der dem Verbraucher entstandenen Schäden durchgeführt."*

Der Ersatz immaterieller Schäden nach Art. 15 VerbraucherschutzG wird somit nicht nur bei Verletzung immaterieller Rechtsgüter (Leben, Gesundheit), sondern auch bei Verletzung eines materiellen Rechts gewährt[1783]. Nach dieser Vorschrift hat der Geschädigte z. B. einen Anspruch auf Ersatz des immateriellen Schadens bei Zeitverlusten und anderen Unannehmlichkeiten[1784]. Daß Art. 15 VerbraucherschutzG den Verbrauchern auch bei Verletzung materieller Rechte einen Anspruch auf Ersatz des dabei entstandenen immateriellen Schadens gewährt, wird damit gerechtfertigt, daß den Verbrauchern zusätzliche Rechte und Vorteile eingeräumt werden müssen, um die wirtschaftliche Unterlegenheit

---

[1782] Vgl. S. 201 ff.

[1783] Vgl. *Faddeeva* in: *Sergeev/Tolstoj*, Graždanskoe pravo, Band 1, S. 324.

[1784] Vgl. *Levšina*, Osnovy zakonodatel'stva o zaščite prav potrebitelej, S. 67 f.; *Šerstobitov* in: *Zimenkova/Levšina/Tobis/Šerstobitov*, Kommentarij k Zakonu RF „O zaščite prav potrebitelej", S. 109.

gegenüber den Herstellern und Verkäufern zu überwinden sowie um letzteren einen Anreiz für eine ehrliche Geschäftspraxis zu geben[1785].

Ein Anspruch auf Ersatz des immateriellen Schadens nach Art. 15 VerbraucherschutzG besteht allerdings nur dann, wenn ein Verschulden des Schädigers vorliegt[1786]. Das soll bereits dann der Fall sein, wenn der Beklagte seine Pflicht, dem Kläger eine mangelfreie Ware zur Verfügung zu stellen, nicht erfüllt[1787] oder wenn er seine Pflicht zur Reparatur der Ware nicht rechtzeitig erfüllt hat[1788]. Umstritten ist allerdings, wem in diesem Zusammenhang die Beweislast obliegt. Nach einer Auffassung muß das Vorliegen des Verschuldens in diesem Fall vom Verbraucher bewiesen werden[1789]. Die überwiegende Zahl der Autoren vertritt jedoch die Ansicht, daß das Verschulden auch im Rahmen der Haftung nach Art. 15 VerbraucherschutzG vermutet wird, d. h. der Schädiger muß beweisen, daß er nicht schuldhaft gehandelt hat[1790]. Für die zuerst genannte Ansicht spricht zwar der Wortlaut des Art. 15 VerbraucherschutzG, wonach der immaterielle Schaden „bei Vorliegen" eines Verschuldens zu ersetzen ist. Diesen Wortlaut kann man in der Tat dahingehend verstehen, daß das Verschulden nicht vermutet wird, sondern der Verbraucher es zu beweisen hat. Im Ergebnis einleuchtender ist jedoch die zuletzt genannte Auffassung. Für sie spricht, daß im Falle einer Verschuldenshaftung nach dem ZGB das Verschulden gemäß Art. 1064 Abs. 2 ZGB immer vermutet wird. Daß die nach Art. 15 Verbrau-

---

1785 Vgl. *Šerstobitov* in: *Zimenkova/Levšina/Tobis/Šerstobitov*, Kommentarij k Zakonu RF „O zaščite prav potrebitelej", S. 110.

1786 Vgl. dazu auch Punkt 15 der erläuternden Leitentscheidung Nr. 7 des Plenums des Obersten Gerichtshofs der RF vom 29.09.1994, BVS RF 1995, Nr. 1, S. 9 f., i. d. F. der erläuternden Leitentscheidung Nr. 10 vom 25.10.1996, BVS RF 1997, Nr. 1, S. 16.

1787 Vgl. BVS RF 1993, Nr. 9, S. 15.

1788 Vgl. BVS RF 1993, Nr. 9, S. 16.

1789 *A. Malov/V. Sidorenko*, Arbitražnyj i graždanskij process 2000, Nr. 4, S. 14. Über einen Fall, in dem zunächst die Klage eines Verbrauchers auf Ersatz des immateriellen Schadens abgewiesen, die Entscheidung aber in 2. Instanz vom Moskauer Stadtgericht aufgehoben wird, wird in BVS RF 1993, Nr. 9, S. 15 f., berichtet. Allerdings betrifft dieser Fall nicht die deliktische Produkthaftung.

1790 *Parcij*, Kommentarij k Zakonu RF „O zaščite prav potrebitelej", Anm. 1 zu Art. 15; *Parcij*, ChiP 1997, Nr. 1, S. 4; *Levšina*, Osnovy zakonodatel'stva o zaščite prav potrebitelej, S. 68; *Jarošenko* in: *Levšina/Lesnickaja/Jarošenko*, Kommentarij k zakonu RF „O zaščite prav potrebitelej", S. 39; *Bernasconi-Mamie*, Das russische Produktehaftpflichtrecht, S. 132.

cherschutzG Haftenden gegenüber der Regelung des Art. 1064 Abs. 2 ZGB besser gestellt werden sollen, ist jedoch nach dem Sinn und Zweck des VerbraucherschutzG, nach dem die Verbraucher besonders geschützt werden sollen, nicht anzunehmen[1791]. Zudem ist sehr zweifelhaft, ob eine von Art. 1064 Abs. 2 ZGB abweichende Beweislastverteilung durch Art. 15 VerbraucherschutzG überhaupt angeordnet werden dürfte, weil die Regelungen des VerbraucherschutzG nicht den Vorschriften des ZGB widersprechen dürfen. Schließlich wären Ansprüche auf Ersatz des immateriellen Schadens nach dem VerbraucherschutzG praktisch kaum zu realisieren, wenn der Verbraucher das Vorliegen des Verschuldens zu beweisen hätte.

In der Praxis kommt es sehr häufig vor, daß bei Klagen nach dem VerbraucherschutzG Ansprüche auf Ersatz des immateriellen Schadens geltend gemacht werden[1792]. Der Oberste Gerichtshof der RF hat unter anderem bei folgenden Fallkonstellationen einen Anspruch auf Ersatz des immateriellen Schadens zuerkannt[1793]:

- Die Beklagte, die Herstellerin eines Fernsehers, hatte sich über ein Jahr lang geweigert, den von ihr hergestellten Fernseher des Klägers zu reparieren, obwohl der Kläger mehrfach Arbeitnehmer der Beklagten um eine Reparatur gebeten hatte, so daß der Kläger und seine Familie den Fernseher über ein Jahr lang nicht benutzen konnten. Das Gericht berücksichtigte dabei auch, daß sich die Arbeitnehmer der Beklagten gegenüber dem Kläger achtlos verhalten hatten. Dieses Verhalten hatte bei dem Kläger seelische Leiden hervorgerufen, was auch in einem Gutachten eines psychologischen Sachverständigen bestätigt wurde[1794].
- Der Beklagte, der Hersteller eines Kühlschranks, weigerte sich, einen vom Kläger vor drei Jahren gekauften defekten Kühlschrank zu ersetzen, obwohl der hochbetagte Kläger mehrfach um eine Reparatur gebeten hatte. Der Kläger konnte den Kühlschrank deshalb über einen langen

1791 Vgl. auch *Bernasconi-Mamie*, Das russische Produktehaftpflichtrecht, S. 132.

1792 Vgl. *Ė. Kornilov*, ChiP 1999, Nr. 11, S. 41; *Ėrdelevskij*, Kompensacija moral'nogo vreda, S. 100; *Ėrdelevskij*, Kompensacija moral'nogo vreda v Rossii i za rubežom, S. 168; *Ėrdelevskij*, Moral'nyj vred i kompemsacija za stradanija, S. 95.

1793 Die zitierten Entscheidungen betreffen zwar keine Produkthaftungsansprüche, allerdings können ähnliche Situationen auch bei Produkthaftungsfällen eintreten.

1794 BVS RF 1993, Nr. 11, S. 7 f.; zu einer ähnlichen Fallkonstellation vgl. BVS RF 1993, Nr. 9, S. 16.

Zeitraum hinweg nicht nutzen, was zu einer Reihe von Unbequemlichkeiten bei der Aufbewahrung der Lebensmittel geführt hatte[1795].

- Der Kläger hatte bei der Beklagten, einer Fluggesellschaft, einen Hin- und Rückflug nach Pusan für sich und seine Familie gebucht. Als er am 29.06.1996 den Rückflug antreten wollte, stellte er auf dem Flughafen fest, daß sein Rückflug nach Južno-Sachalinsk gestrichen worden war. Er und seine Familie konnten erst am 02.07.1996 zurückfliegen, allerdings nur von Seoul aus, wohin sie mit dem Taxi fahren mußten. Der Oberste Gerichtshof der RF stellte in diesem Zusammenhang auch fest, daß es nicht den Vorschriften des internationalen Rechts (insbesondere dem Warschauer Abkommen vom 12.10.1929 zur Vereinheitlichung von Regeln über die Beförderung im internationalen Luftverkehr) widerspricht, dem Kläger wegen der von ihm erlittenen Unannehmlichkeiten einen Anspruch auf Ersatz des immateriellen Schadens nach dem VerbraucherschutzG zuzuerkennen[1796].
- Die Beklagte, die dem Kläger einen defekten Videorecorder verkauft hatte, hatte sich zu Unrecht lange Zeit beharrlich geweigert, den Kaufvertrag mit dem Kläger über den Videorecorder aufzulösen und den Kaufpreis unter Berücksichtigung der durch die Inflation entstandenen Verluste zu erstatten[1797].

Aus der Formulierung in Art. 15 VerbraucherschutzG, wonach die Höhe des Ersatzes des immateriellen Schadens vom Gericht bestimmt wird, wird geschlossen, daß vertragliche Vereinbarungen über die Höhe des Ersatzes des immateriellen Schadens nichtig sein sollen – außer wenn es sich bei der Vereinbarung um einen gerichtlichen Vergleich handelt[1798]. Der Geschädigte hat somit keine Möglichkeit, seinen Anspruch auf Ersatz des immateriellen Schadens nach Art. 15 VerbraucherschutzG außergerichtlich geltend zu machen[1799].

Ein Hinweis darauf, daß der immaterielle Schaden unabhängig vom Vermögensschaden zu ersetzen ist, war in Art. 13 VerbraucherschutzG i. d. F. vom 07.02.1992 noch nicht enthalten. Das hatte zur Folge, daß einige Gerichte im Hinblick auf den Ersatz anderer – materieller – Schä-

---

1795 BVS RF 1995, Nr. 10, S. 14 f.

1796 BVS RF 1999, Nr. 5, S. 8 f.

1797 BVS RF 1999, Nr. 6, S. 6 f.

1798 *Burov* in: *Burov/Emel'janov/Lomidze/Torpudžian/Ugol'nikov*, Kommentarij k Zakonu RF „O zaščite prav potrebitelej", Anm. 7 zu Art. 15.

1799 Vgl. *O. Blochina*, Pravovedenie 1996, Nr. 2, S. 45; *Kornilov*, ChiP 1999, Nr. 11, S. 41 f.

den gar keinen Ersatz des immateriellen Schadens zusprachen oder dessen Höhe senkten[1800] oder einen Ersatz des immateriellen Schadens in Höhe des materiellen Schadens[1801] bzw. einen bestimmten Prozentsatz des materiellen Schadens als Ersatz des immateriellen Schadens zuerkannten[1802]. Deshalb wurde im Rahmen der Gesetzesänderung vom 09.01.1996[1803] in Art. 15 Satz 3 VerbraucherschutzG ausdrücklich verankert, daß der Ersatz des immateriellen Schadens unabhängig vom Ersatz des Vermögensschadens und der dem Verbraucher entstandenen Schäden erfolgt. Allerdings wird auch nach dieser Gesetzesänderung berichtet, daß es in der Gerichtspraxis häufig vorkommt, daß ein Ersatz des immateriellen Schadens entsprechend der Höhe des materiellen Schadens zugesprochen wird[1804]. Diese Praxis widerspricht allerdings nicht nur dem Wortlaut des Art. 15 Satz 3 VerbraucherschutzG, sondern auch Art. 1099 Abs. 3 ZGB und der Rechtsprechung des Obersten Gerichtshofs der RF. Der Oberste Gerichtshof der RF hat ausdrücklich klargestellt, daß der immaterielle Schaden nach Art. 15 VerbraucherschutzG unabhängig von dem zu ersetzenden Vermögensschaden ersetzt wird und die Höhe der vom Gericht stattgegebenen Klage nicht in Abhängigkeit von dem Wert der Ware (Arbeit, Dienstleistung) oder der Summe der einzuziehenden Vertragsstrafe gestellt werden darf, sondern auf dem Charakter und dem Umfang der dem Verbraucher zugefügten seelischen und körperlichen Leiden in jedem konkreten Fall beruhen muß[1805].

1800 *Ė. Kornilov*, Pravo i ėkonomika 1998, Nr. 8, S. 36; *Kornilov*, ChiP 1998, Nr. 12, S. 97 f.; *Kornilov*, Zakon 1998, Nr. 9, S. 122; *Kornilov*, Zakonnost' 1998, Nr. 9, S. 37 f.; *Kornilov*, RJu 1998, Nr. 8, S. 14; *Kornilov*, Žurnal rossijskogo prava 1999, Nr. 2, S. 99.

1801 Vgl. *Ėrdelevskij*, Kompensacija moral'nogo vreda, S. 100; *Ėrdelevskij*, Kompensacija moral'nogo vreda v Rossii i za rubežom, S. 168; *Ėrdelevskij*, Moral'nyj vred i kompensacija za stradanija, S. 95 f.

1802 Vgl. in: Über einige Fragen der Gerichtspraxis über den Ersatz des immateriellen Schadens (russ.), ChiP 1994, Nr. 8, S. 79 f.

1803 Vgl. dazu oben S. 492.

1804 Vgl. *Burov* in: *Burov/Emel'janov/Lomidze/Torpudžian/Ugol'nikov*, Kommentarij k Zakonu RF „O zaščite prav potrebitelej", Anm. 8 zu Art. 15; *Argunov/Krasnov*, Vestnik Moskovskogo universiteta 1996, Nr. 4, S. 25.

1805 Punkt 25 der erläuternden Leitentscheidung Nr. 7 vom 29.04.1994, BVS RF 1995, Nr. 1, S. 9 f., i. d. F. der erläuternden Leitentscheidung Nr. 2 vom 25.10.1996, BVS RF 1997, Nr. 1, S. 16; vgl. auch Punkt 8 der erläuternden Leitentscheidung Nr. 10 vom 20.12.1994, BVS RF 1995, Nr. 3, S. 10.

IV. VERGLEICH ZUM DEUTSCHEN/EUROPÄISCHEN RECHT

In der Literatur wird in erster Linie betont, daß als Vorbild für das rußländische Produkthaftungsrecht das amerikanische Produkthaftungsrecht gedient habe[1806]. Die Anlehnung an das amerikanische Recht soll besonders daran zu erkennen sein, daß dem rußländischen VerbraucherschutzG nach amerikanischen Vorbild[1807] ein Definitionenkatalog in der Präambel vorangestellt wurde, während in anderen modernen rußländischen Gesetzen Begriffe nicht in der Präambel vorweg, sondern in den einzelnen Artikeln definiert werden. Einige Autoren verweisen jedoch darauf, daß das rußländische Produkthaftungsrecht auch vom kontinentaleuropäischen Produkthaftungsrecht geprägt worden sei[1808].

Im folgenden wird dargestellt, inwieweit Gemeinsamkeiten und Unterschiede zwischen dem rußländischen und dem auf dem europäischen Recht beruhenden deutschen Produkthaftungsrecht bestehen. Das deutsche Gesetz über die Haftung für fehlerhafte Produkte (Produkthaftungsgesetz – ProdHaftG) orientiert sich an der EU-Richtlinie des Rates vom 25.07.1985 zur Angleichung der Rechts- und Verwaltungsvorschriften der Mitgliedsstaaten über die Haftung für fehlerhafte Produkte (Nr. 85/374/EWG)[1809], geändert durch die Richtlinie 1999/34/EG des Europäischen Parlaments und des Rates vom 10.05.1999 zur Änderung der Richtlinie 85/374/EWG des Rates zur Angleichung der Rechts- und Verwaltungsvorschriften der Mitgliedsstaaten über die Haftung für fehlerhafte Produkte[1810]. Neben dem ProdHaftG gilt im deutschen Recht weiterhin die allgemeine Produkt-Verschuldenshaftung fort, die die deutschen Gerichte auf Grundlage des § 823 Abs. 1 BGB entwickelt

---

1806 Vgl. *Sevillano*, WiRO 2000, Nr. 11, S. 361; *Bernasconi-Mamie*, Das russische Produktehaftpflichtrecht, S. 53 f., 158 f., 227 ff.; *Neumüller*, Umwelthaftung in Rußland, S. 81. *Jordan*, The Parker School Journal of East European Law 1996, Vol. 4-5, S. 493, meint hingegen, daß die russischen Entwurfsverfasser in erster Linie vom deutschen Recht beeinflußt worden seien.

1807 Vgl. dazu ausführlich *Bernasconi-Mamie*, Das russische Produktehaftpflichtrecht, S. 158 f.

1808 Vgl. *Heidemann*, Unternehmenshaftung in Rußland, S. 200; *Neumüller*, Umwelthaftung in Rußland, S. 81.

1809 Amtsblatt Nr. L 210 vom 07.08.1985, S. 0029-0033.

1810 Amtsblatt Nr. L 141 vom 04.06.1999, S. 0020-0021.

haben[1811]. Bei der folgenden Darstellung wird das rußländische Produkthaftungsrecht jedoch allein der Richtlinie (im folgenden: RL) und dem auf ihr beruhenden ProdHaftG gegenübergestellt.

1. Anwendungsbereich

Sowohl nach europäischem (Art. 9 a) RL, § 1 Abs. 1 ProdHaftG) als auch nach rußländischem Produkthaftungsrecht (Art. 1095 ZGB, Art. 14 Abs. 1 VerbraucherschutzG) wird für Personenschäden (Schäden an Leben oder Gesundheit eines Menschen) gehaftet. Darüber hinaus unterscheidet sich der Anwendungsbereich des rußländischen Produkthaftungsrecht von dem des europäischen Rechts: Das europäische Recht erstreckt sich nur auf Sachschäden, das rußländische Recht dagegen auf Schäden am gesamten Vermögen, wobei allerdings der Begriff des Vermögens lediglich absolute Rechte umfaßt[1812]. Das europäische Recht sieht zudem im Bereich des Sachschadens nur eine Haftung für Schäden an für den privaten Ge- und Verbrauch bestimmten Sachen vor, die vom Geschädigten auch hauptsächlich zum privaten Ge- oder Verbrauch verwendet worden sind (Art. 9 b) RL, § 1 Abs. 1 ProdHaftG). Das rußländische Recht stellt dagegen darauf ab, ob das mangelhafte Produkt privat oder gewerblich genutzt wird (vgl. Art. 1095 Satz 2 ZGB, Präambel zum VerbraucherschutzG). Das europäische Recht beschränkt somit den Anwendungsbereich der Produkthaftungsregelungen durch eine Einschränkung der zu ersetzenden Mangelfolgeschäden. Das rußländische Recht stellt hingegen darauf ab, zu welchem Zweck das mangelhafte Produkt genutzt wird. Ob der Schaden an privat oder gewerblich genutzten Sachen entstanden ist, ist nach dem rußländischen Recht unerheblich. Das hat zu Folge, daß nach rußländischem Recht Schäden nicht zu ersetzen sind, wenn sie einer Privatperson an Leib oder Leben bzw. privat genutzten Sachen durch ein gewerblich genutztes Produkt zugefügt wurden, während nach europäischem Recht in diesem Fall ein Anspruch besteht[1813].

[1811] *J. Schmidt-Salzer*, Produkthaftung, Band III/1, Rn. 4.103.
[1812] Vgl. dazu oben S. 134 ff.
[1813] Vgl. *Bernasconi-Mamie*, Das russische Produktehaftpflichtrecht, S. 156.

2. Der Begriff des Produkts

Der Begriff des Produkts ist nach rußländischem Recht sehr viel weiter als nach europäischem Recht: Nach europäischem Recht sind Produkte nur bewegliche Sachen, auch wenn sie einen Teil einer anderen beweglichen Sache oder einer unbeweglichen Sache bilden, sowie Elektrizität (Art. 2 RL, § 2 Satz 1 ProdHaftG). Dienst- und Werkleistungen fallen nicht unter den Anwendungsbereich des europäischen Produkthaftungsrechts. Nach rußländischem Recht wird dagegen sowohl für mangelhafte Waren als auch für mangelhafte Arbeiten oder Dienstleistungen gehaftet (Art. 1095 ZGB, Art. 14 Abs. 1 VerbraucherschutzG). Dabei können Waren und Arbeitsergebnisse nicht nur bewegliche, sondern auch unbewegliche Sachen sein[1814]. Da auch Dienstleistungen in den Anwendungsbereich mit einbezogen werden, muß es sich nicht einmal um eine Sache handeln.

3. Ersatzpflichtige Personen

Unterschiedlich ist auch der Kreis derjenigen, die als Ersatzpflichtige in Betracht kommen. Nach europäischem Recht haften sowohl Hersteller, darunter auch Zulieferer sowie Personen, die sich als Hersteller ausgeben, indem sie ihren Namen, ihr Warenzeichen oder ein anderes Erkennungszeichen auf dem Produkt anbringen (sog. Quasihersteller, vgl. Art. 3 Abs. 1 RL, § 4 Abs. 1 ProdHaftG), als auch Importeure (Art. 3 Abs. 2 RL, § 4 Abs. 2 ProdHaftG). Lieferanten haften nach europäischem Recht nur, wenn sich der Hersteller nicht ermitteln läßt (Art. 3 Abs. 3 RL, § 4 Abs. 3 ProdHaftG). Das rußländische Recht sieht hingegen nicht nur eine Haftung des Herstellers, sondern auch des Verkäufers vor (vgl. Art. 1096 Abs. 1 ZGB, Art. 14 Abs. 3 VerbraucherschutzG), die in jedem Fall und nicht nur dann besteht, wenn sich der Hersteller nicht feststellen läßt. Darüber hinaus haften auch die Ausführenden einer Arbeit oder Dienstleistung, was darauf beruht, daß der Begriff des Produkts nach rußländischem Recht auch Arbeiten und Dienstleistungen umfaßt. Dagegen ist nicht davon auszugehen, daß Zulieferer, Quasiher-

---

[1814] Vgl. *Bustin/Krylov*, NYSBA International Law Practicum, Vol. 9/2, S. 22.

steller sowie Importeure nach dem rußländischen Produkthaftungsrecht haften[1815].

4. Der Begriff des Mangels/Fehlers

Das rußländische Recht stellt auf einen sowohl für das Vertragsrecht als auch das Deliktsrecht geltenden Begriff des Mangels ab, was zur Folge hat, daß der deliktische Begriff des Mangels durch vertragliche Absprachen mitbestimmt wird. Im europäischen Recht gibt es hingegen den speziell für das Produkthaftungsrecht geltenden, auf objektiven Kriterien beruhenden Begriff des Fehlers, der dann vorliegt, wenn das Produkt nicht die Sicherheit bietet, die unter Berücksichtigung aller Umstände berechtigterweise erwartet werden kann (vgl. Art. 6 RL, § 3 ProdHaftG). Dabei wird die berechtigte Sicherheitserwartung durch die anerkannten Regeln des Fachs (technische und wissenschaftliche Standards) sowie den aktuellen Stand von Wissenschaft und Technik beeinflußt[1816]. Im rußländischen Recht wird dagegen nicht auf die berechtigten Sicherheitserwartungen abgestellt, sondern stattdessen auf bestehende gesetzliche Vorschriften und untergesetzliche Rechtsakte Bezug genommen. Diese Regelung ist für den Hersteller von Vorteil, weil für ihn eindeutiger als nach europäischem Recht ist, welchen Vorgaben das Produkt entsprechen muß. Die Verbraucher werden durch diese Regelung insofern nicht optimal geschützt, als die gesetzlichen Vorschriften in der Praxis dem aktuellen Stand von Wissenschaft und Technik zwangsläufig „hinterherhinken"[1817].

Das rußländische Recht kennt verschiedene Arten von Mängeln, nämlich Konstruktions-, Rezeptur- und andere Mängel (Art. 1095 ZGB, Art. 14 Abs. 1 VerbraucherschutzG). Darüber hinaus gibt es den Begriff des Produktionsmangels, der jedoch nicht mehr im Gesetz ausdrücklich erwähnt wird[1818]. Ebenso kennt das deutsche Recht verschiedene Fehlerkategorien, nämlich den Konstruktionsfehler und den Fabrikationsfehler. Der Konstruktionsmangel nach rußländischem Recht entspricht in etwa

---

1815 Vgl. oben S. 512 f.

1816 Vgl. *Palandt-Thomas*, § 3 ProdHaftG Rn. 9; *Erman/Schiemann*, § 3 ProdHaftG Rn. 7; *F. von Westphalen*, Produkthaftungshandbuch, Band 2, § 62 Rn. 18 f.; *Schmidt-Salzer*, Produkthaftung, Band III/1, Rn. 4.785 ff.

1817 Vgl. *Burian/Strzebniok*, PHi 2001, Nr. 2, S. 62.

1818 Vgl. oben S. 503 f.

dem deutschen Konstruktionsfehler. Konstruktionsfehler machen das Produkt infolge technischer Konzeption, Planung für eine gefahrlose Benutzung ungeeignet. Sie haften der ganzen Serie an. Sie beruhen auf einem Verstoß gegen technische Erkenntnisse schon bei der Herstellung[1819]. Der russische Begriff des Produktionsmangels entspricht in etwa dem deutschen Begriff des Fabrikationsfehlers[1820]. Fabrikationsfehler sind Abweichungen des einzelnen Produkts von den Konstruktionsvorgaben des Herstellers[1821]. Sie entstehen bei der Herstellung selbst[1822] und haften nur einzelnen Stücken an[1823]. Zu ihnen gehören die sogenannten Ausreißer, nämlich Fabrikationsfehler, die trotz aller zumutbaren Vorkehrungen unvermeidbar sind[1824]. Das deutsche Recht kennt allerdings im Gegensatz zum rußländischen Recht keinen Rezepturfehler. Derartige Fehler fallen vielmehr unter den Begriff des Konstruktions- oder Fabrikationsfehlers.

Der Haftung für nicht wahrheitsgemäße oder unzulängliche Informationen im rußländischen Recht entspricht im deutschen Recht die Haftung für Instruktionsfehler. Instruktionsfehler liegen nach deutschem Recht im Falle einer unzureichenden Aufklärung über die Produktverwendung bzw. die Produktrisiken vor[1825]. Demgegenüber sind die im rußländische Recht bestehenden Informationspflichten deutlich umfangreicher, so daß die rußländische Haftung für nicht wahrheitsgemäße oder

---

1819 *Palandt-Thomas*, § 3 ProdHaftG Rn. 3; vgl. auch *Foerste* in: *von Westphalen*, Produkthaftungshandbuch, Band 1, § 24 Rn. 62; *Soergel/Zeuner*, § 823 Rn. 177. Zur Rechtsprechung im Bereich der Fabrikationsfehler (die sich allerdings nicht auf das ProdHaftG, sondern die deliktische Produkthaftung bezieht) vgl. BGH BB 1984, 2150 f.

1820 Vgl. *Burian/Strzebniok*, PHi 2001, Nr. 2, S. 62; *Heidemann*, Unternehmenshaftung in Rußland, S. 204.

1821 Vgl. *Staudinger-Oechsler*, § 3 ProdHaftG Rn. 104.

1822 *Foerste* in: *von Westphalen*, Produkthaftungshandbuch, Band 1, § 24 Rn. 124.

1823 *Palandt-Thomas*, § 3 ProdHaftG Rn. 4; *von Westphalen*, Produkthaftungshandbuch, Band 2, § 62 Rn. 36; *Soergel/Zeuner*, § 823 Rn. 177.

1824 *Palandt-Thomas*, § 3 ProdHaftG Rn. 4; *Staudinger-Oechler*, § 3 ProdHaftG, Rn. 104; *Schmidt-Salzer*, Produkthaftung, Band III/1, Rn. 4.289, 4.406; *Larenz/Canaris*, Lehrbuch des Schuldrechts II/2, S. 643.

1825 *Staudinger-Oechsler*, § 3 ProdHaftG Rn. 46; vgl. auch *Foerste* in: *von Westphalen*, Produkthaftungshandbuch, Band 1, § 24 Rn. 161; *Kötz/Wagner*, Deliktsrecht, Rn. 437; *Esser/Weyers*, Schuldrecht, Band II, Teilband 2, S. 185; *Soergel/Zeuner*, § 823 Rn. 177, § 3 ProdHaftG Rn. 2. Zur Rechtsprechung im Bereich der Instruktionsfehler (die sich allerdings nicht auf das ProdHaftG, sondern die deliktische Produkthaftung bezieht) vgl. BGHZ 80, 186.

unzulängliche Informationen im Ergebnis sehr viel strenger als die Haftung für Instruktionsfehler nach deutschem Recht ist.

5. Verschulden

Das rußländische Recht (Art. 1095 ZGB, Art. 14 Abs. 1 VerbraucherschutzG) sieht ebenso wie das europäische Recht (vgl. die Präambel zur RL) eine verschuldensunabhängige Haftung[1826] vor. Dabei ist das rußländische Recht unter einem Gesichtspunkt noch strenger als das europäische Recht: Nach rußländischem Recht wird auch für sogenannte Entwicklungsrisiken gehaftet (vgl. Art. 14 Abs. 4 VerbraucherschutzG). Nach europäischen Recht ist hingegen eine Haftung für Entwicklungsrisiken ausgeschlossen (Art. 7 lit. e) RL, § 1 Abs. 2 Nr. 5 ProdHaftG).

6. Haftungsausschlüsse

Die Haftung ist nach dem europäischen Recht auf die Dauer von zehn Jahren ab dem Inverkehrbringen des Produkts durch den Hersteller (vgl. Art. 10 Abs. 2 RL, § 13 ProdHaftG) begrenzt. Auch nach dem rußländischen Recht ist die Haftung grundsätzlich auf die Dauer von zehn Jahren begrenzt, wobei allerdings diese Frist nach dem ZGB bereits ab der Herstellung und nicht erst ab dem Inverkehrbringen läuft (vgl. Art. 1097 Abs. 1 ZGB)[1827]. Zudem kann der Ersatzpflichtige die Dauer seiner Haftung begrenzen, indem er nach Art. 1097 Abs. 1 ZGB eine Verwendbarkeitsfrist bzw. eine Lebensdauer für die Ware (Arbeit, Dienstleistung) festlegt.

Das rußländische Recht (vgl. Art. 1083 ZGB) sieht ebenso wie das europäischen Recht (Art. 8 Abs. 2 RL, § 6 ProdHaftG) vor, daß die Haftung im Falle eines Verschuldens des Geschädigten gemindert wer-

---

[1826] Inwieweit es sich bei der Haftung nach dem deutschen ProdHaftG dogmatisch gesehen um eine Gefährdungshaftung oder eine verschuldensunabhängige Haftung für objektives Verhaltensunrecht handelt, ist im einzelnen umstritten (vgl. z. B. *Staudinger-Oechsler*, Einl zum ProdHaftG, Rn. 27 ff.; *von Westphalen*, Produkthaftungshandbuch, § 59 Rn. 7 ff.), aber für die rechtsvergleichenden Betrachtungen im einzelnen nicht näher relevant, zumal es im rußländischen Recht keine vergleichbaren Überlegungen gibt.

[1827] Etwas anderes sieht Art. 14 Abs. 3 Satz 3 VerbraucherschutzG vor, vgl. oben S. 523 f.

den kann. Allerdings hat der Hersteller (Verkäufer, Ausführende) nach rußländischem Recht insoweit weitergehendere Entlastungsmöglichkeiten, als die Haftung im Falle höherer Gewalt ausgeschlossen ist und er beweisen kann, daß der Verbraucher die geltenden Regeln der Nutzung oder Aufbewahrung der Ware, der Ergebnisse der Arbeit oder der Dienstleistung verletzt hat (vgl. Art. 1098 ZGB).

Einen Ausschluß der Haftung für den Fall, daß das Produkt einer zwingenden Rechtsvorschrift entsprochen hat, kennt das rußländische Recht im Gegensatz zum europäischen Recht (Art. 7 d) RL, § 1 Abs. 2 Nr. 4 ProdHaftG) nicht.

Übereinstimmend ist die Rechtslage, was die Freizeichnung von der Haftung betrifft: Sie ist sowohl nach europäischem (Art. 12 RL, § 14 ProdHaftG) als auch nach rußländischem Recht (Art. 16 VerbraucherschutzG) nicht möglich.

7. Die Art und Weise sowie Höhe des Schadensersatzes

Strengere Regelungen sieht das rußländische Recht vor, soweit es um die Höhe des Ersatzes materieller Schäden geht. Nach rußländischem Recht sind materielle Schäden in vollem Umfang zu ersetzen. Einen Selbstbehalt, bis zu dem ein Verbraucher den Schaden selbst zu tragen hat, gibt es im rußländischen Produkthaftungsrecht im Gegensatz zum europäischen Produkthaftungsrecht (Art. 9 b) RL, § 11 ProdHaftG) nicht. Nach dem rußländischen Produkthaftungsrecht wird somit auch für Bagatellschäden gehaftet. Haftungshöchstgrenzen kennt das rußländische Produkthaftungsrecht im Gegensatz zum europäischen (vgl. Art. 16 RL, § 10 ProdHaftG) ebenfalls nicht.

Unterschiede zwischen dem rußländischen und dem deutschen Produkthaftungsrecht bestehen zudem beim Ersatz des immateriellen Schadens. Das deutsche ProdHaftG kannte einen solchen Anspruch bis zum 31.07.2002 nicht. Immaterielle Schäden wurden nur nach den allgemeinen Grundsätzen, d. h. bei Verletzung eines der in § 847 BGB genannten Rechtsgüter ersetzt. Das rußländische VerbraucherschutzG (Art. 15) sieht hingegen eine spezielle Anspruchsgrundlage für den Ersatz immaterieller Schäden unabhängig vom verletzten Rechtsgut (somit auch bei Schädigung des Vermögens) vor. In das deutsche ProdHaftG wurde erst mit Inkrafttreten des Zweiten Gesetzes zur Änderung schadensersatzrechtlicher Vorschriften in § 8 ein Schmerzensgeldanspruch eingefügt.

Dieser Anspruch ist einerseits weitergehender als der im rußländischen Recht in Art. 15 VerbraucherschutzG vorgesehene Anspruch, weil er im Gegensatz zum rußländischen Recht unabhängig vom Verschulden des Schädigers ist. Andererseits besteht der Anspruch nach dem neuen deutschen Recht – im Gegensatz zum rußländischen Recht – nur bei Verletzung der in § 253 Abs. 2 BGB n.F. genannten immateriellen Rechtsgüter, also nicht im Falle der Schädigung materieller Rechtsgüter[1828].

8. Bewertung

Eine deutliche Anlehnung des rußländischen Produkthaftungsrechts an das europäische Recht läßt sich nicht feststellen, auch wenn in einzelnen Fragen einige Parallelen bestehen. Das europäische Recht ist zwar ebenso wie das rußländische Recht zum Schutz der Verbraucher verabschiedet worden, es berücksichtigt aber auch die Interessen der Hersteller, indem es deren Haftung durch zahlreiche Einschränkungen begrenzt. Das rußländische Produkthaftungsrecht betont in stärkerem Umfang den Schutz der Geschädigten. Es ist für die Geschädigten in der Regel deutlich günstiger als das europäische Recht. Zahlreiche der im europäischen Recht vorgesehene Einschränkungen der Haftung kennt das rußländische Recht nicht. Für die nach dem rußländischen Recht Ersatzpflichtigen besteht deshalb eine erhebliche Rechtsunsicherheit[1829] und ein hohes, schwer kalkulierbares Haftungsrisiko. Diese vergleichsweise strenge Produkthaftung nach dem rußländischen Recht ist vor allem darauf zurückzuführen, daß nach der Öffnung des rußländischen Marktes für Importe Anfang der 90er Jahre vielfach minderwertige Waren oder Lebensmittel oder Medikamente nach Ablauf des Verfallsdatums auf den rußländischen Markt gelangten[1830]. Hinzu kam, daß die Waren häufig keine Kennzeichnungen oder Beschreibungen in russischer Sprache aufwiesen, so daß die Verbraucher keine Möglichkeit hatten, sich über eventuelle Risiken der Waren zu informieren. Ferner waren die Verbraucher nach Jahrzehnten eines genormten und überschaubaren, staatlich kontrollierten Angebots nicht gewohnt, die Qualität der Waren zu über-

[1828] Vgl. im einzelnen zu den Unterschieden zwischen dem deutschen und dem rußländischen Recht beim Ersatz immaterieller Schäden oben S. 305 ff.

[1829] Vgl. auch *Sevillano*, WiRO 2000, Nr. 11, S. 362.

[1830] Vgl. *Levšina*, in: Pravovye problemy rynočnoj ėkonomiki v Rossijskoj Federacii, S. 26; *Burian/Strzebniok*, PHi 2001, Nr. 2, S. 60.

prüfen oder zu vergleichen. Vor diesem Hintergrund ist es nachvollziehbar, daß das VerbraucherschutzG strengere Maßstäbe als in Westeuropa üblich anlegt, und insbesondere den Verkäufern, Herstellern und Ausführenden außerordentlich umfangreiche Informationspflichten auferlegt[1831]. Auf der anderen Seite erschwert der rußländische Gesetzgeber damit ausländischen Herstellern den Zugang zum rußländischen Markt erheblich[1832] und geht das Risiko ein, daß sie den rußländischen Markt meiden werden oder zum Ausgleich für ihr Haftungsrisiko höhere Preise ansetzen, was nicht im Interesse der Verbraucher sein kann.

1831 Vgl. *Burian/Strzebniok*, PHi 2001, Nr. 2, S. 60; *Sevillano*, WiRO 2000, Nr. 11, S. 361.

1832 Vgl. auch *Sevillano*, WiRO 2000, Nr. 11, S. 361 f.

G. Unterlassungsansprüche und andere nicht auf Schadensersatz gerichtete Ansprüche

I. DIE ALLGEMEINE SYSTEMATIK DER UNTERLASSUNGS- UND ANDEREN NICHT AUF SCHADENSERSATZ GERICHTETEN ANSPRÜCHE

Wenn die Voraussetzungen einer deliktsrechtlichen Anspruchsgrundlage erfüllt sind, kann im deutschen Recht der Gläubiger nicht nur Schadensersatz verlangen, sondern auch einen quasinegatorischen Unterlassungs- oder Beseitigungsanspruch geltend machen[1833]. Dogmatisch abgeleitet wird diese Rechtsfolge in erster Linie aus einer analogen Anwendung des § 1004 BGB[1834], wonach der Eigentümer von dem Störer die Beseitigung der Beeinträchtigung verlangen kann, wenn sein Eigentum in anderer Weise als durch Entziehung oder Vorenthaltung des Besitzes beeinträchtigt wird, und ferner der Eigentümer auf Unterlassung klagen kann, wenn weitere Beeinträchtigungen zu besorgen sind. Hergeleitet wird er aber auch aus einer analogen Anwendung anderer einen Unterlassungsanspruch gewährender Vorschriften (vor allem der §§ 12, 862 BGB)[1835]. Der quasinegatorische Anspruch auf Unterlassung bzw. Beseitigung setzt kein Verschulden voraus[1836]. Er stellt deshalb im deutschen Recht eine in der Praxis sehr wichtige Ergänzung des Deliktsschutzes dar[1837].

Das rußländische Recht kennt keinen dem deutschen Recht vergleichbaren allgemeinen Unterlassungs- oder Beseitigungsanspruch. Der Gläubiger eines deliktischen Schuldverhältnisses kann nach rußländi-

---

1833 *Staudinger-Hager*, vor §§ 823 ff. Rn. 63, 67; *Larenz/Canaris*, Lehrbuch des Schuldrechts II/2, S. 673; *Erman/Schiemann*, vor § 823 Rn. 20; *Esser/Weyers*, Schuldrecht, Band II, Teilband 2, S. 257; MüKo-*Mertens*, § 823 Rn. 63 f.

1834 *Staudinger-Hager*, vor §§ 823 ff. Rn 63; *Larenz/Canaris*, Lehrbuch des Schuldrechts II/2, S. 673; *Esser/Weyers*, Schudrecht, Band II, Teilband 2, S. 257; MüKo-*Mertens*, § 823 Rn. 63.

1835 Vgl. *Staudinger-Hager*, vor §§ 823 ff. Rn. 63; *Erman/Schiemann*, vor § 823 Rn. 20; MüKo-*Mertens*, § 823 Rn. 63.

1836 MüKo-*Mertens*, § 823 Rn. 63; *Larenz/Canaris*, Lehrbuch des Schuldrechts II/2, S. 673; *Erman-Schiemann*, vor § 823 Rn. 20.

1837 *Larenz/Canaris*, Lehrbuch des Schuldrechts II/2, S. 673.

schem Recht vom Schuldner grundsätzlich nicht die Unterlassung einer Handlung verlangen, sondern nur die Vornahme einer aktiven Handlung, die auf Schadensersatz gerichtet ist[1838]. Das bedeutet allerdings nicht, daß das rußländische Recht überhaupt keine Unterlassungs- und Beseitigungsansprüche vorsieht. Dies ergibt sich bereits aus Art. 12 ZGB, wonach der Schutz ziviler Rechte unter anderem durch

- die Wiederherstellung des vor der Rechtsverletzung bestehenden Zustands und Unterbindung der Handlungen, die das Recht verletzen oder die Gefahr einer solchen Verletzung schaffen, sowie
- durch Beendigung oder Änderung von Rechtsbeziehungen

erfolgt.

Dementsprechend enthält das ZGB spezielle Vorschriften, die unter bestimmten Voraussetzungen Beseitigungs-, Unterlassungs- und andere nicht auf Schadensersatz gerichtete Ansprüche gewähren.

II. ANSPRÜCHE AUS ART. 1065 ZGB

Bis zum Inkrafttreten des ZGB kannte die rußländische Zivilgesetzgebung keine Instrumentarien zum Schutz der Rechte und Interessen von natürlichen und juristischen Personen vor der Gefahr einer künftigen Schadenszufügung. Art. 1065 ZGB sieht erstmals in der rußländischen Zivilgesetzgebung zwei Ansprüche auf Abwehr künftiger Schäden vor. Dabei betrifft Art. 1065 Abs. 1 ZGB den Fall, daß bisher noch kein Schaden entstanden ist, während Art. 1065 Abs. 2 ZGB voraussetzt, daß bereits ein Schaden zugefügt wurde. Art. 1065 Abs. 2 ZGB greift zudem nur dann ein, wenn der Schaden infolge des Betriebs eines Unternehmens, eines Bauwerks oder einer anderweitigen Produktionstätigkeit zugefügt wurde.

Art. 1065 ZGB hat in erster Linie präventiven Charakter[1839]. Die aus Art. 1065 ZGB entstehenden Schuldverhältnisse werden deshalb nicht zu

---

1838 *Ėrdelevskij* in: *Grišaev*, Graždanskoe pravo, S. 458; vgl. auch *Heidemann*, Umwelthaftung in Rußland, S. 91, zum sowjetischen Recht.

1839 Vgl. *Fajzutdinov* in: *Sadikov*, Kommentarij k Graždanskomu kodeksu RF časti vtoroj, Anm. 2 zu Art. 1065; *Jarošenko* in: *Sadikov*, Graždanskoe pravo Rossii. Čast' vtoraja, S. 646.

den deliktischen Schuldverhältnissen gezählt, sondern als quasi-deliktische[1840] oder besondere Schuldverhältnisse[1841] bezeichnet. Daß Art. 1065 ZGB dennoch in das Kapitel über die deliktischen Schuldverhältnisse eingefügt wurde, wird damit begründet, daß nach dieser Vorschrift gleichzeitig eine Verpflichtung zur Unterbrechung oder Einstellung einer Tätigkeit und zum Schadensersatz entstehen kann[1842].

Bereits vor Inkrafttreten des ZGB gab es eine Bestimmung, die dem Art. 1065 ZGB ähnliche Rechtsfolgen vorsah. Art. 91 Abs. 1 des Gesetzes „Über den *Schutz der natürlichen Umwelt*" vom 19.12.1991[1843] bestimmte, daß Unternehmen, Institutionen, Organisationen und Bürger das Recht haben, Klagen auf Einstellung einer umweltschädlichen Tätigkeit, die der Gesundheit oder dem Vermögen von Bürgern, der Volkswirtschaft oder der natürlichen Umwelt einen Schaden zufügt, beim ordentlichen Gericht oder dem Arbitragegericht, Bürger beim ordentlichen Gericht, zu erheben. Ähnliches sieht nunmehr Art. 80 des geltenden UmweltschutzG vor. Danach werden Forderungen auf Unterbrechung oder Einstellung der Tätigkeit juristischer und natürlicher Personen, die unter Verletzung der Gesetzgebung auf dem Gebiet des Umweltschutzes ausgeübt wird, vom ordentlichen oder dem Arbitragegericht verhandelt.

1. Der vorbeugende Unterlassungsanspruch des Art. 1065 Abs. 1 ZGB

Art. 1065 Abs. 1 ZGB sieht einen vorbeugenden Unterlassungsanspruch vor. Diese Vorschrift lautet:

> *„Die Gefahr eines künftigen Schadens kann eine Klage auf das Verbot der Tätigkeit, die eine solche Gefahr hervorbringt, begründen."*

a) Gläubiger

Der Gläubiger des vorbeugenden Unterlassungsanspruchs aus Art. 1065 Abs. 1 ZGB ist der potentielle Geschädigte, d. h. die Person, der

---

1840 *Tolstoj* in: *Sergeev/Tolstoj*, Graždanskoe pravo, Band 3, S. 19.

1841 *Korneev* in: *Suchanov*, Graždanskoe pravo, Band 2, Halbband 2, S. 383; *Jarošenko* in: *Sadikov*, Graždanskoe pravo Rossii. Čast' vtoraja, S. 646.

1842 *Jarošenko* in: *Sadikov*, Graždanskoe pravo Rossii. Čast' vtoraja, S. 647.

1843 Vgl. Fn. 975.

ein Schaden zugefügt werden kann[1844]. Mögliche Geschädigte können sowohl Bürger als auch juristische Personen sein[1845].

Eine Klage auf Grundlage von Art. 1065 Abs. 1 ZGB kann sowohl von einzelnen als auch von mehreren Bürgern oder juristischen Personen eingereicht werden. Allerdings ist in diesem Fall jede einzelne Person und nicht die gesamte Gruppe Gläubigerin des Anspruchs und Klägerin[1846]. Eine Klage auf Verbot einer Tätigkeit, die eine Gefahr darstellt, sollen nicht nur Bürger und juristische Personen, denen ein Schaden droht, sowie andere in eigenen Interessen betroffene Personen erheben können, sondern auch die zuständigen Behörden (z. B. die Staatsanwaltschaft, Naturschutzbehörden, Organe der örtlichen Selbstverwaltung)[1847].

b) Schuldner

Schuldner des vorläufigen Unterlassungsanspruchs aus Art. 1065 Abs. 1 ZGB ist der potentielle Schädiger, d. h. die Person, die die Tätigkeit ausübt, die in Zukunft einen Schaden zufügen kann[1848]. Als Schuldner kommen sowohl Bürger (Einzelunternehmer) als auch juristische Personen in Betracht[1849].

c) Gefahr eines künftigen Schadens

Grund für die Entstehung eines Schuldverhältnisses aus Art. 1065 Abs. 1 ZGB ist die Gefahr eines künftigen Schadens, somit nicht eine vorliegende Rechtsverletzung, sondern die Möglichkeit ihrer Entste-

---

1844 *Jarošenko* in: *Sadikov*, Graždanskoe pravo Rossii. Čast' vtoraja, S. 646; *Fajzutdinov* in: *Sadikov*, Kommentarij k Graždanskomu kodeksu RF časti vtoroj, Anm. 2 zu Art. 1065; *Korneev* in: *Suchanov*, Graždanskoe pravo, Band 2, Halbband 2, S. 384.

1845 *Korneev* in: *Suchanov*, Graždanskoe pravo. Band 2, Halbband 2, S. 384.

1846 *Korneev* in: *Suchanov*, Graždanskoe pravo. Band 2, Halbband 2, S. 384.

1847 *Guev*, Postatejnyj kommentarij k časti vtoroj Graždanskogo kodeksa RF, Anm. 1 b) zu Art. 1065; vgl. auch *Tolstoj* in: *Sergeev/Tolstoj*, Graždanskoe pravo, Band 3, S. 19.

1848 *Jarošenko* in: *Sadikov*, Graždanskoe pravo Rossii. Čast' vtoraja, S. 646; *Fajzutdinov* in: *Sadikov*, Kommentarij k Graždanskomu kodeksu RF časti vtoroj, Anm. 2 zu Art. 1065.

1849 *Korneev* in: *Suchanov*, Graždanskoe pravo, Band 2, Halbband 2, S. 384.

hung[1850]. Eine Gefahr ist die Wahrscheinlichkeit der Zufügung eines Schadens für eines der durch Art. 1064 ZGB geschützten Rechtsgüter, also die Person und/oder das Vermögen[1851]. Die Gefahr muß tatsächlich bestehen[1852]. Daß sie vorliegt, muß durch Gutachten von entsprechenden Sachverständigen begründet werden[1853]. Ein Schaden darf noch nicht entstanden sein[1854]. Art. 1065 Abs. 1 ZGB sieht nur Maßnahmen zur Schadensprävention vor[1855].

Als Beispiel für eine künftige Gefahr im Sinne des Art. 1065 Abs. 1 ZGB wird in der Literatur folgende Situation genannt: In der Nähe eines Wohngebietes wird der Bau einer riesigen Müllverbrennungsanlage geplant. Nach einem Gutachten von Umweltspezialisten und Ärzten wird es im Falle einer Verwirklichung der Planung zu einer unausweichlichen katastrophalen Verschlechterung der Lebensbedingungen einiger Wohnsiedlungen und einer Vergrößerung der Anzahl gefährlicher Erkrankungen sowie anderen negativen Folgen kommen, somit zu einer Gefahr von Gesundheitsschäden für eine Vielzahl von Personen. Ähnliche Situationen können z. B. bei der Planung des Baus von Atomkraftwerken, chemischen Fabriken und anderen Anlagen entstehen[1856].

1850 *Jarošenko* in: *Sadikov*, Graždanskoe pravo Rossii. Čast' vtoraja, S. 646; vgl. auch *Fajzutdinov* in: *Sadikov*, Kommentarij k Graždanskomu kodeksu RF časti vtoroj, Anm. 2 zu Art. 1065; *Tolstoj* in: *Sergeev/Tolstoj*, Graždanskoe pravo, Band 3, S. 19.

1851 *Guev*, Postatejnyj kommentarij k časti vtoroj Graždanskogo kodeksa RF, Anm. 1 a) zu Art. 1065; ähnlich auch *Neumüller*, Umwelthaftung in Rußland, S. 54, der allerdings – wie bereits oben dargelegt – das Rechtsgut „Vermögen" nicht auf absolute Rechte beschränkt, so daß der Abwehranspruch seiner Meinung nach als umfassender quasinegatorischer Anspruch anzusehen ist.

1852 *Guev*, Postatejnyj kommentarij k časti vtoroj Graždanskogo kodeksa RF, Anm. 1 a) zu Art. 1065; *Korneev* in: *Suchanov*, Graždanskoe pravo, Band 2, Halbband 2, S. 383 f.; *Zavidov/Gusev*, Graždansko-pravovaja otvetstvennost', S. 469.

1853 *Korneev* in: *Suchanov*, Graždanskoe pravo, Band 2, Halbband 2, S. 384.

1854 *Guev*, Postatejnyj kommentarij k časti vtoroj Graždanskogo kodeksa RF, Anm. 1 a) zu Art. 1065.

1855 *Fajzutdinov* in: *Sadikov*, Kommentarij k Graždanskomu kodeksu RF časti vtoroj, Anm. 3 zu Art. 1065.

1856 *Korneev* in: *Suchanov*, Graždanskoe pravo, Band 2, Halbband 2, S. 382 f.; vgl. auch *Jarošenko* in: *Sadikov*, Graždanskoe pravo Rossii. Čast' vtoraja, S. 646; *Jarošenko*, ChiP 1996, Nr. 12, S. 6; *Jarošenko* in: *Braginskij*, Kommentarij časti vtoroj Graždanskogo kodeksa RF, S. 358; *Modin*, RJu 2000, Nr. 1, S. 23; *Zavidov/Gusev*, Graždansko-pravovaja otvetstvennost', S. 469.

Die Beweislast für die Möglichkeit einer zukünftigen Schadenszufügung und die Notwendigkeit, diese oder eine andere Tätigkeit zu verbieten, obliegt dem Kläger[1857].

d) Verschulden

Unterschiedlich beurteilt wird die Frage, ob ein Anspruch aus Art. 1065 Abs. 1 ZGB nur dann begründet ist, wenn der potentielle Schädiger schuldhaft handelt. Nach der überwiegend vertretenen Auffassung ist das Vorliegen eines Verschuldens nicht erforderlich[1858]. *Fajzutdinov*[1859] hält es dagegen für notwendig, daß der potentielle Schädiger schuldhaft handelt und geht darüber hinaus sogar davon aus, daß das Verschulden des Beklagten – im Gegensatz zu anderen deliktischen Schuldverhältnissen – nicht einmal vermutet wird. Gegen die zuletzt genannte Auffassung spricht jedoch, daß die Gläubiger nur in seltenen Fällen einen vorbeugenden Unterlassungsanspruch nach Art. 1065 Abs. 1 ZGB mit Erfolg geltend machen könnten, wenn sie ein Verschulden des potentiellen Schädigers nachweisen müßten. Gerade bei vorbeugenden Unterlassungsansprüchen ist es schwierig, diesen Nachweis zu führen.

e) Rechtsfolge

Art. 1065 Abs. 1 ZGB sieht als Rechtsfolge keine Verpflichtung vor, einen Schaden zu ersetzen, weil noch kein Schaden zugefügt wurde. Die Rechtsfolge besteht stattdessen darin, daß das Gericht ein Verbot der Tätigkeit anordnet, die die Gefahr eines zukünftigen Schadens hervorruft.

Die dem Kläger eingeräumte Möglichkeit, ein Verbot der die Gefahr verursachende Tätigkeit durch das Gericht zu verlangen, entzieht ihm nicht das Recht, eine gleichartige Forderung unmittelbar gegenüber der

---

1857 *Borisov*, Kommentarij k Graždanskomu kodeksu RF časti pervoj i vtoroj, S. 1095; *Fajzutdinov* in: *Sadikov*, Kommentarij k Graždanskomu kodeksu RF časti vtoroj, Anm. 2 zu Art. 1065.

1858 *Jarošenko*, ChiP 1996, Nr. 12, S. 6; *Jarošenko* in: *Braginskij*, Kommentarij časti vtoroj Graždanskogo kodeksa RF, S. 358; *Modin*, RJu 2000, Nr. 1, S. 23; *Neumüller*, Umwelthaftung in Rußland, S. 54.

1859 In: *Sadikov*, Kommentarij k Graždanskomu kodeksu RF časti vtoroj, Anm. 2 zu Art. 1065.

Person zu erheben, die die Gefahr hervorruft. In diesem Fall kann die Forderung sowohl von ihrem Umfang als auch von ihrem Inhalt her weiter sein. Der Kläger kann unter diesem Umständen nicht nur ein Verbot, sondern auch eine Einschränkung oder Änderung der Art und Weise der Tätigkeit fordern[1860].

2. Der Abwehranspruch des Art. 1065 Abs. 2 ZGB

Einen Abwehranspruch gegen Schäden, die von Anlagen ausgehen, sieht Art. 1065 Abs. 2 ZGB vor, der folgenden Wortlaut hat:

> *„Wenn infolge des Betriebs eines Unternehmens, eines Bauwerks oder einer anderweitigen Produktionstätigkeit Schaden zugefügt wurde, die weiterhin Schaden zufügt oder einen neuen Schaden droht, so ist das Gericht berechtigt, den Beklagten über den Ersatz des Schadens hinaus zu verpflichten, die entsprechende Tätigkeit zu unterbrechen oder einzustellen. Das Gericht kann die Klage auf Unterbrechung oder Einstellung der Tätigkeit nur dann abweisen, wenn ihre Unterbrechung oder Einstellung den Interessen der Allgemeinheit widerspricht. Die Abweisung der Klage auf Unterbrechung oder Einstellung einer solchen Tätigkeit durch das Gericht führt nicht zum Erlöschen des Anspruchs der Geschädigten auf den Ersatz des durch diese Tätigkeit zugefügten Schadens."*

a) Bereits infolge des Betriebs eines Unternehmens, eines Bauwerks oder einer anderweitigen Produktionstätigkeit zugefügter Schaden

Art. 1065 Abs. 2 ZGB regelt den Fall, daß dem Kläger bereits ein Schaden zugefügt wurde und die Tätigkeit, die zur Schadenszufügung geführt hat, weiterhin Schaden zufügt oder neuen Schaden droht[1861]. Die Vorschrift ist für die Fallkonstellation geschaffen, bei der bereits ein Schaden eingetreten ist, der zu ersetzen ist, und nunmehr präventive Maßnahmen ergriffen werden sollen, die in der Einstellung oder Unter-

---

1860 *Guev*, Postatejnyj Kommentarij k časti vtoroj Graždanskogo kodeksa RF, Anm. 1 c) zu Art. 1065.

1861 *Borisov*, Kommentarij k Graždanskomu kodeksu RF časti pervoj i vtoroj, S. 1095; *Jarošenko* in: *Sadikov*, Graždanskoe pravo Rossii. Čast' vtoraja, S. 646; *Guev*, Postatejnyj kommentarij k časti vtoroj Graždanskogo kodeksa RF, Anm. 2 a) zu Art. 1065; *Korneev* in: *Suchanov*, Graždanskoe pravo, Band 2, Halbband 2, S. 383.

brechung der schädigenden Produktionstätigkeit bestehen[1862]. Im Fall des Art. 1065 Abs. 2 ZGB ist somit das Schuldverhältnis aufgrund der Gefahr einer Schadenszufügung mit einem schon existierenden deliktischen Schuldverhältnis verbunden, wobei es allerdings einen eigenen Inhalt hat und selbständige Rechtsfolgen nach sich zieht[1863].

Art. 1065 Abs. 2 ZGB setzt zudem voraus, daß der Schaden infolge des Betriebs eines Unternehmens, eines Bauwerks oder einer anderweitigen Produktionstätigkeit zugefügt wurde. Der Begriff des Unternehmens in Art. 1065 Abs. 2 ZGB entspricht dabei dem Begriff des Unternehmens in Art. 132 ZGB[1864]. Unter den Begriff des Bauwerks fallen z. B. Hochstraßen und Fernsehtürme[1865]. Unter einer Produktionstätigkeit versteht man nicht nur die materielle Produktion (z. B. die Industrie-, Transport- und Bautätigkeit), sondern auch die Tätigkeit in anderen Bereichen des Unternehmens[1866].

b) Die Schadenszufügung dauert weiter an oder es droht ein neuer Schaden

Weitere Voraussetzung für einen Anspruch aus Art. 1065 Abs. 2 ZGB ist, daß die in dieser Vorschrift erwähnte Tätigkeit weiterhin einen Schaden zufügt oder die Zufügung eines neuen Schadens droht, wenn die Tätigkeit nicht eingestellt oder unterbrochen wird. Ebenso wie im Fall des Art. 1065 Abs. 1 ZGB muß die Gefahr eines neuen Schadens tatsächlich drohen[1867].

c) Die Parteien des Schuldverhältnisses

Gläubiger des Anspruchs aus Art. 1065 Abs. 2 ZGB sind die Personen, denen infolge des Betriebs eines Unternehmens, eines Bauwerks

---

1862 Vgl. *Fajzutdinov* in: *Sadikov*, Kommentarij k Graždanskomu kodeksu RF časti vtoroj, Anm. 3 zu Art. 1065.

1863 Vgl. *Korneev* in: *Suchanov*, Graždanskoe pravo, Band 2, Halbband 2, S. 383.

1864 *Guev*, Postatejnyj Kommentarij k časti vtoroj Graždanskogo kodeksa RF, Anm. 2 b) zu Art. 1065; vgl. zum Inhalt dieser Vorschrift oben S. 136.

1865 *Guev*, Postatejnyj Kommentarij k časti vtoroj Graždanskogo kodeksa RF, Anm. 2 b) zu Art. 1065.

1866 Vgl. *Guev*, Postatejnyj Kommentarij k časti vtoroj Graždanskogo kodeksa RF, Anm. 2 b) zu Art. 1065.

1867 *Korneev* in: *Suchanov*, Graždanskoe pravo, Band 2, Halbband 2, S. 384.

oder einer anderweitigen Produktionstätigkeit weiterhin Schaden zugefügt wird oder droht. Schuldner des Anspruchs ist die Person, die das Unternehmen bzw. das Bauwerk betreibt oder die anderweitige Produktionstätigkeit ausübt. Im übrigen gelten die Ausführungen zu Art. 1065 Abs. 1 ZGB entsprechend.

d) Rechtsfolge

Die in Art. 1065 Abs. 2 ZGB vorgesehene Rechtsfolge besteht darin, daß das Gericht berechtigt ist, den Beklagten über den Ersatz des Schadens hinaus zu verpflichten, die Tätigkeit, die den Schaden zugefügt hat und neuen Schaden droht, zu unterbrechen oder einzustellen, und dadurch die Gefahr einer künftigen Schadenszufügung zu beseitigen. Das Gericht hat somit zwei Möglichkeiten:

- Es kann dem Schädiger nur die Pflicht zum Schadensersatz auferlegen und es dabei belassen.
- Es kann den Schädiger aber auch verpflichten, den Schaden zu ersetzen und die in Art. 1065 Abs. 2 ZGB erwähnte Tätigkeit zu unterbrechen oder einzustellen[1868].

Im Falle einer Einstellung der Tätigkeit kann sie in der Regel nur dann wieder begonnen werden, wenn die entsprechende Gerichtsentscheidung aufgehoben wurde. Eine unterbrochene Tätigkeit kann dagegen wieder begonnen werden, wenn die Gefahr einer weiteren Schadenszufügung beseitigt wurde[1869]. Eine Unterbrechung der Produktionstätigkeit kommt in Betracht, wenn eine tatsächliche Möglichkeit besteht, sie zu ändern und infolge dessen die Gefahr einer Schadenszufügung ausgeschlossen werden kann (z. B. durch den Einbau von Filteranlagen in einem Betrieb). Die Einstellung der Tätigkeit ist notwendig, wenn sonst keine Möglichkeit besteht, die Gefahr einer Schadenszufügung auszuschließen (z. B. weil das nach dem Stand der Technik nicht möglich

---

[1868] *Guev*, Postatejnyj kommentarij k časti vtoroj Graždanskogo kodeksa RF, Anm. 2 e) zu Art. 1065.

[1869] *Guev*, Postatejnyj kommentarij k časti vtoroj Graždanskogo kodeksa RF, Anm. 2 d) zu Art. 1065.

ist)[1870]. Einer Unterbrechung der Tätigkeit muß deshalb nicht notwendig eine Einstellung der Tätigkeit folgen[1871].

Die in Art. 1065 Abs. 2 ZGB vorgesehene Rechtsfolge kann nur das Gericht anordnen[1872]. Das Gericht wählt dabei je nach den Umständen eine der vorgesehenen Rechtsfolgen aus[1873].

Der einzige Grund, der es dem Gericht erlaubt, eine Klage auf Unterbrechung oder Einstellung einer entsprechenden schädigenden Tätigkeit abzuweisen, ist die Notwendigkeit des Schutzes öffentlicher Interessen (vgl. Art. 1065 Abs. 2 Satz 2 ZGB)[1874]. Das Gericht hat die Bewertung, ob die Einstellung oder Unterbrechung der Tätigkeit den Interessen der Allgemeinheit widerspricht, auf Grundlage aller Umstände des konkreten Falles vorzunehmen und dabei sowohl die sozialen und wirtschaftlichen Bedürfnisse der Gesellschaft als auch die Faktoren, die die normale Lebenstätigkeit von Menschen und Organisationen gewährleisten, zu berücksichtigen[1875]. Dabei hat das Gericht den Konflikt zwischen den privaten und den öffentlichen Interessen in jedem konkreten Fall abzuwägen[1876]. In der Regel den öffentlichen Interessen widersprechen würde die Stillegung eines dem Gemeinwohl dienenden Betriebs[1877], z. B. die Unterbrechung der Tätigkeit des einzigen Fernheizkraftwerks in einer Stadt[1878]. Nicht in die Abwägung mit einzubeziehen sind nach dem

---

1870 *Fajzutdinov* in: *Sadikov*, Kommentarij k Graždanskomu kodeksu RF časti vtoroj, Anm. 3 zu Art. 1065; vgl. auch *Tolstoj* in: *Sergeev/Tolstoj*, Graždanskoe pravo, Band 3, S. 19.

1871 *Jarošenko* in: *Sadikov*, Graždanskoe pravo Rossii. Čast' vtoraja, S. 646; *Jarošenko*, ChiP 1996, Nr. 12, S. 6; *Jarošenko* in: *Braginskij*, Kommentarij časti vtoroj Graždanskogo kodeksa RF, S. 358; *Modin*, RJu 2000, Nr. 1, S. 23.

1872 *Fajzutdinov* in: *Sadikov*, Kommentarij k Graždanskomu kodeksu RF časti vtoroj, Anm. 4 zu Art. 1065.

1873 *Jarošenko*, ChiP 1996, Nr. 12, S. 6; *Jarošenko* in: *Braginskij*, Kommentarij časti vtoroj Graždanskogo kodeksa RF, S. 358; *Modin*, RJu 2000, Nr. 1, S. 23; vgl. auch *Korneev* in: *Suchanov*, Graždanskoe pravo, Band 2, Halbband 2, S. 385.

1874 *Fajzutdinov* in: *Sadikov*, Kommentarij k Graždanskomu kodeksu RF časti vtoroj, Anm. 4 zu Art. 1065; *Modin*, RJu 2000, Nr. 1, S. 23.

1875 *Fajzutdinov* in: *Sadikov*, Kommentarij k Graždanskomu kodeksu RF časti vtoroj, Anm. 2 zu Art. 1065; *Jarošenko*, ChiP 1996, Nr. 12, S. 6; *Jarošenko* in: *Braginskij*, Kommentarij časti vtoroj Graždanskogo kodeksa RF, S. 358; *Modin*, RJu 2000, Nr. 1, S. 23.

1876 *Malein* in: *Kalpin*, Graždanskoe pravo. Čast' vtoraja, S. 520.

1877 Vgl. *Neumüller*, Umwelthaftung in Rußland, S. 55.

1878 *Guev*, Postatejnyj kommentarij k časti vtoroj Graždanskogo kodeksa RF, Anm. 2 e) zu Art. 1065.

Wortlaut des Art. 1065 Abs. 2 Satz 2 ZGB die Interessen von Privateigentümern der schädlichen Anlagen. Da sich die Mehrzahl dieser Anlagen nach wie vor im Eigentum des Staates oder von Kommunen befinden dürfte, kommt es allerdings praktisch nicht sehr häufig vor, daß die Interessen eines Privateigentümers solcher Anlagen von deren Stillegung betroffen sind[1879].

Nach Art. 1065 Abs. 2 Satz 3 ZGB führt die Abweisung der Klage auf Unterbrechung oder Einstellung der Produktionstätigkeit durch das Gericht nicht zum Erlöschen des Anspruchs des Geschädigten auf den Ersatz des durch diese Tätigkeit zugefügten Schadens. *Neumüller*[1880] hat in diesem Zusammenhang die Frage aufgeworfen, ob diese Vorschrift eine Rechtsgrundverweisung auf die Art. 1064 bzw. 1079 ZGB darstellt oder ob Art. 1065 Abs. 2 Satz 3 ZGB eine – mit §§ 906 Abs. 2 Satz 2 BGB, 14 Satz 2 BImSchG vergleichbare – eigene Anspruchsgrundlage für den Ersatz von im überwiegenden Gemeininteresse hinzunehmenden Beeinträchtigungen enthält, die im Sinne eines zivilrechtlichen Aufopferungs- oder Entschädigungsanspruchs lediglich eine schädliche Einwirkung auf die durch Art. 1064 ZGB geschützten Rechtsgüter voraussetzen würde. Eine eindeutige Stellungnahme durch die Rechtsprechung oder die rußländische rechtswissenschaftliche Literatur gibt es hierzu nach wie vor nicht. Allerdings deuten die vorhandenen Stellungnahmen eher darauf hin, daß es sich bei dieser Vorschrift nicht um eine eigenständige Anspruchsgrundlage handelt, zumal davon ausgegangen wird, daß Art. 1065 Abs. 2 ZGB ein bereits existierendes Schuldverhältnis voraussetzt.

III. EXKURS: ANSPRÜCHE BEI VERLETZUNG VON EHRE, WÜRDE UND GESCHÄFTLICHEM ANSEHEN (ART. 152 ZGB)

Die Vorschrift des Art. 152 ZGB, die im folgenden in ihren Grundzügen dargestellt wird, befindet sich zwar außerhalb des Deliktsrechts im Ersten Teil des ZGB. Sie weist jedoch enge Bezüge zum Deliktsrecht auf, sofern es um den Schutz der Ehre, der Würde und des geschäftlichen Ansehens geht. Bei Verletzung dieser Rechtsgüter können natürliche

1879 Vgl. *Neumüller*, Umwelthaftung in Rußland, S. 55.
1880 Umwelthaftung in Rußland, S. 55, 180.

Personen Schadensersatz nach Art. 1064 ZGB verlangen[1881]. Art. 152 ZGB sieht für den Schutz der Ehre, Würde und des geschäftlichen Ansehens weitere Anspruchsgrundlagen vor. Für juristische Personen ist Art. 152 ZGB von noch größerer Bedeutung als für natürliche Personen, weil sie im Falle einer Verletzung immaterieller Rechtsgüter keinen Schadensersatz nach Art. 1064 ZGB verlangen können[1882]. Sie können bei Verletzung ihres geschäftlichen Ansehens nur auf die in Art. 152 ZGB vorgesehenen Anspruchsgrundlagen zurückgreifen.

Art. 152 Abs. 1 und 2 ZGB sieht einen Anspruch auf Widerruf im Falle der Verbreitung von nicht der Wirklichkeit entsprechenden verleumdenden Behauptungen vor. Bei einer Verbreitung von verleumdenden Behauptungen in einem Massenmedium kann der Geschädigte zudem unter den Voraussetzungen des Art. 152 Abs. 5 ZGB Ersatz des materiellen und des immateriellen Schadens verlangen. Falls es nicht möglich ist, die Person festzustellen, die die verleumdenden Behauptungen verbreitet hat, kann gemäß Art. 152 Abs. 6 ZGB eine Feststellungsklage erhoben werden. Darüber hinaus besteht nach Art. 152 Abs. 3 ZGB ein Recht auf Veröffentlichung einer Antwort, wenn Behauptungen, die die Rechte oder gesetzlich geschützten Interessen des Geschädigten beeinträchtigen, in einem Massenmedium veröffentlicht wurden. Von diesen Ansprüchen wird zunächst der Anspruch auf Widerruf dargestellt. Auf die übrigen Anspruchsgrundlagen des Art. 152 ZGB wird im Anschluß daran nur insoweit eingegangen, als deren Voraussetzungen und Rechtsfolgen von dem Anspruch auf Widerruf abweichen.

Bei Verletzung von Ehre, Würde oder geschäftlichem Ansehen durch ein Massenmedium können sich zivilrechtliche Ansprüche nicht nur aus Art. 152 ZGB, sondern auch aus dem Gesetz „Über die *Massenmedien*“[1883] (im folgenden MassenmedienG) ergeben. Zu den Massenmedien zählen nach Art. 2 MassenmedienG periodische Druckausgaben, Radio-, Fernseh- und Videoprogramme, Wochenschauprogramme und andere periodische Verbreitungen von Masseninformationen. Die in Art. 152 ZGB und dem MassenmedienG vorgesehenen Anspruchsgrundlagen zum Schutz von Ehre und Würde stimmen zwar weitgehend überein. Das MassenmedienG enthält zum Teil jedoch über Art. 152 ZGB hinausge-

---

1881 Vgl. dazu oben S. 124 ff.

1882 Vgl. dazu oben S. 134.

1883 Vgl. Fn. 15.

hende oder von Art. 152 ZGB abweichende Regelungen. In diesen Fällen ist es häufig schwierig festzustellen, in welchem Verhältnis Art. 152 ZGB zu den Vorschriften des MassenmedienG steht[1884]. Einzelheiten zu dieser Problematik werden nicht an dieser Stelle, sondern im jeweiligen Zusammenhang erörtert.

1. Die Vorläuferbestimmungen des Art. 152 ZGB

Bei Art. 152 ZGB handelt es sich – ebenso wie bei vielen Vorschriften des Deliktsrechts – nicht um eine vollkommen neue Vorschrift, sondern um eine Bestimmung, deren Grundsätze zum Teil bereits in älteren Kodifikationen des rußländischen Zivilrechts verankert waren.

Den Vorschriften des Art. 152 Abs. 1, 2 und 4 ZGB entsprechende Bestimmungen waren bereits in den ursprünglichen Fassungen des Art. 7 GZG 1961 und des Art. 7 ZGB 1964 enthalten. Allerdings sahen die Art. 7 GZG 1961 und Art. 7 ZGB 1964 nur bei Verletzung von Ehre und Würde Ansprüche vor, nicht jedoch bei Verletzung des geschäftlichen Ansehens. Obwohl Art. 7 GZG 1961 und Art. 7 ZGB 1964 keine Ansprüche bei Verletzung des geschäftlichen Ansehens gewährten, waren sie unmittelbar auch auf Organisationen anwendbar. Der Gesetzgeber des geltenden ZGB geht hingegen davon aus, daß juristische Personen keine Ehre oder Würde haben können, sondern nur ein geschäftliches Ansehen. In Art. 152 Abs. 7 ZGB ist deshalb vorgesehen, daß Art. 152 ZGB nur „entsprechend" auf den Schutz des geschäftlichen Ansehens juristischer Personen anzuwenden ist. Ansprüche auf Veröffentlichung einer Antwort und auf Schadensersatz sowie die Möglichkeit einer Feststellungsklage waren in Art. 7 GZG 1961 und der ursprünglichen Fassung des Art. 7 ZGB 1964 noch nicht vorgesehen. Erst durch Änderungsgesetze vom 21.03.1992[1885] und 24.06.1992[1886] wurde Art. 7 ZGB 1964 erweitert und weitere Anspruchsgrundlagen (der Anspruch auf Veröffentlichung einer Antwort und – für Bürger – der Anspruch auf Ersatz des immateriellen Schadens) eingefügt.

Art. 152 ZGB geht zudem auf Art. 7 GZG 1991 zurück. Art. 7 GZG 1991 sah im Gegensatz zu Art. 7 ZGB 1964 nicht nur Ansprüche bei

---

[1884] Vgl. *Trunk*, Osteuropa Recht 1999, Nr. 4, S. 315 f.
[1885] VSNDiVS RSFSR 1991, Nr. 15, Pos. 494.
[1886] Nr. 3119/1-I, VSNDiVS RF 1992, Nr. 29, Pos. 1689.

Verletzung von Ehre und Würde, sondern auch bei Verletzung des geschäftlichen Ansehens vor. Art. 7 Abs. 1-3 GZG 1991 und Art. 152 Abs. 1-3 ZGB sowie Art. 7 Abs. 5-7 GZG 1991 und Art. 152 Abs. 4-6 ZGB stimmen weitgehend überein. Ein wesentlicher Unterschied besteht allerdings darin, daß die Vorschriften des Art. 7 GZG 1991 im Gegensatz zu Art. 152 ZGB unmittelbar auf juristische Personen anzuwenden waren.

2. Das Recht auf Widerruf (Art. 152 Abs. 1 und 2 ZGB)

Die Grundlage für Ansprüche auf Widerruf befindet sich in Art. 152 Abs. 1 ZGB. Nach dieser Vorschrift ist ein Bürger berechtigt, auf gerichtlichem Wege den Widerruf von Behauptungen zu verlangen, die seine Ehre, seine Würde oder sein geschäftliches Ansehen verleumden, wenn derjenige, der diese Behauptungen verbreitet hat, nicht nachweist, daß diese der Wahrheit entsprechen.

Die gleichlautende Vorläuferbestimmung dieser Vorschrift in Art. 7 Abs. 1 ZGB 1964 wurde vom Verfassungsgericht der RF auf ihre Verfassungsmäßigkeit hin überprüft. Das Verfassungsgericht ist jedoch zu dem Ergebnis gekommen, daß diese Vorschrift nicht die durch Art. 29 VerfRF garantierte Freiheit des Gedankens und des Wortes verletze. Begründet wurde das damit, daß die Art. 17 Abs. 3, 29 Abs. 2 und 55 Abs. 3 VerfRF eine Einschränkung der Freiheit des Wortes erlaubten. Aus diesen Verfassungsbestimmungen folge, daß die Rechte und Freiheiten, einschließlich der Freiheit des Wortes, nicht zum Schaden der Grundlagen der Verfassungsordnung, der Sittlichkeit und der gesetzlich geschützten Interessen anderer Personen und der Staatssicherheit gebraucht werden dürften[1887].

a) Gläubiger/Kläger

Nach dem Wortlaut des Art. 152 Abs. 1 ZGB können nur Bürger Gläubiger eines Anspruchs auf Widerruf im Falle einer Verleumdung von Ehre, Würde und geschäftlichem Ansehen sein. Ansprüche auf Schutz des geschäftlichen Ansehens können aber auch juristische Personen geltend machen. Das ergibt sich aus Art. 152 Abs. 7 ZGB: Danach

---

[1887] Urteil des Verfassungsgerichts der RF vom 27.09.1995, VKS 1995, Nr. 6, S. 2 ff.

finden die Bestimmungen des Art. 152 ZGB über den Schutz des geschäftlichen Ansehens eines Bürgers entsprechende Anwendung auf den Schutz des geschäftlichen Ansehens einer juristischen Person. Wenn die verbreitete Behauptung die Unterabteilung einer Organisation verleumdet, wird das Recht auf Widerruf von der juristischen Person ausgeübt, zu der die Unterabteilung gehört[1888].

Auf Antrag von in eigenen Interessen betroffenen Personen ist der Schutz der Ehre und Würde eines Bürgers auch nach dessen Tod zulässig (Art. 152 Abs. 1 Satz 2 ZGB). In eigenen Interessen betroffen sein können nicht nur Bürger (z. B. die Erben des Verstorbenen, seine Verwandten, Mitautoren), sondern auch juristische Personen[1889]. Ein Schutz des geschäftlichen Ansehens eines Bürgers nach dessen Tod ist zwar vom Gesetz nicht vorgesehen[1890]. Dennoch soll das geschäftliche Ansehen eines Verstorbenen auf Antrag von in eigenen Interessen betroffenen Personen wiederhergestellt werden können, und zwar im Wege des Schutzes der Ehre des Verstorbenen. Der Begriff der Ehre umfaßt nämlich auch das geschäftliche Ansehen[1891].

Wenn ein Bürger eine unternehmerische Tätigkeit ohne Gründung einer juristischen Person ausübt, für die er nach Art. 23 Abs. 3 ZGB eine staatliche Registrierung benötigt, so kann er auch dann noch Ansprüche auf Schutz seines geschäftlichen Ansehens geltend machen, wenn die staatliche Registrierung ihre Wirksamkeit verloren hat[1892]. Bei juristischen Personen endet das Recht auf Schutz des geschäftlichen Ansehens nicht mit deren Auflösung. Vielmehr ist auf Antrag von in eigenen Interessen betroffenen Personen (z. B. einem Rechtsnachfolger oder dem

---

1888 *Djuževa* in: *Suchanov*, Graždanskoe pravo, Band 1, S. 738; *Krasavčikova* in: *Illarinova/Gongalo/Pletnev*, Graždanskoe pravo. Čast' pervaja, S. 188.

1889 *Reznik* in: *Abova/Kabalkin/Mozolin*, Graždanskij kodeks RF. Čast' pervaja, Anm. 5 zu Art. 152; *Litovkin* in: *Sadikov*, Kommentarij k Graždanskomu kodeksu RF, Anm. 2 zu Art. 152; *Gapeev/Zinčenko/Luk'jancev*, Novyj Graždanskij kodeks RF, S. 180; *Djuževa* in: *Suchanov*, Graždanskoe pravo, Band 1, S. 738; vgl. auch *Guev*, Postatejnyj kommentarij k časti pervoj Graždanskogo kodeksa RF, Anm. 1 zu Art. 152; *Guev*, Kommentarij k postanovlenijam Plenuma Verchovnogo Suda RF po graždanskim delam, S. 194.

1890 *Gapeev/Zinčenko/Luk'jancev*, Novyj Graždanskij kodeks RF, S. 180; *Šeljutto*, Žurnal rossijskogo prava 1997, Nr. 12, S. 34.

1891 *Šeljutto*, Žurnal rossijskogo prava 1997, Nr. 12, S. 34; vgl. dazu auch oben S. 130.

1892 Vgl. *Šeljutto*, Žurnal rossijskogo prava 1997, Nr. 12, S. 34 f.

Gründer) ein Schutz des geschäftlichen Ansehens einer juristischen Person auch nach deren Auflösung möglich[1893].

Zu der Frage, wer berechtigt ist, Klagen auf Widerruf nach Art. 152 Abs. 1 ZGB zu erheben, sind nach der höchstrichterlichen Rechtsprechung folgende Grundsätze zu beachten:

Klagen auf Widerruf von Behauptungen, die die Ehre, Würde oder das geschäftliche Ansehen verleumden, können nach der Rechtsprechung des Obersten Gerichtshofs der RF juristische Personen und Bürger erheben, die der Meinung sind, daß über sie nicht der Wirklichkeit entsprechende verleumdende Behauptungen verbreitet wurden[1894]. Bei Verbreitung von verleumdenden Behauptungen über Minderjährige oder Geschäftsunfähige können gemäß Art. 48 ZPO RSFSR/Art. 52 ZPO RF die gesetzlichen Vertreter die Klage auf Schutz ihrer Ehre und Würde erheben[1895]. Das Höchste Arbitragegericht hat klargestellt, daß die Arbitragegerichte nicht für Klagen zuständig sind, die juristische Personen zum Schutz ihrer Arbeitnehmer auf Widerruf von nicht der Wirklichkeit entsprechenden Tatsachen erheben, die diese Arbeitnehmer betreffen[1896].

b) Beklagter

Wer der richtige Beklagte bei Widerrufsklagen nach Art. 152 Abs. 1 ZGB ist, wird nach folgenden Grundsätzen bestimmt:

Beklagte bei Klagen auf Widerruf von Behauptungen, die die Ehre und Würde oder das geschäftliche Ansehen verleumden, sind nach der

---

[1893] *Reznik* in: *Abova/Kabalkin/Mozolin*, Graždanskij kodeks RF. Čast' pervaja, Anm. 10 zu Art. 152; *Djuževa* in: *Suchanov*, Graždanskoe pravo, Band 1, S. 738, *Bonner*, RJu 1996, Nr. 6, S. 44; vgl. auch *Guev*, Postatejnyj kommentarij k časti pervoj Graždanskogo kodeksa RF, Anm. 1 zu Art. 152; anderer Auffassung ist jedoch *Šeljutto*, Žurnal rossijskogo prava 1997, Nr. 12, S. 34.

[1894] Punkt 4 der erläuternden Leitentscheidung Nr. 11 des Plenums des Obersten Gerichtshofs der RF vom 18.08.1992, BVS RF 1992, Nr. 11, S. 7, i. d. F. der erläuternden Leitentscheidung Nr. 6 vom 25.04.1995, BVS RF 1995, Nr. 7, S. 5.

[1895] Punkt 4 der erläuternden Leitentscheidung Nr. 11 des Plenums des Obersten Gerichtshofs der RF vom 18.08.1992, BVS RF 1992, Nr. 11, S. 7, i. d. F. der erläuternden Leitentscheidung Nr. 6 vom 25.04.1995, BVS RF 1995, Nr. 7, S. 5; ähnlich bereits Punkt 5 der erläuternden Leitentscheidung Nr. 2 des Plenums des Obersten Gerichtshofs der UdSSR vom 02.03.1989, BVS SSSR 1989, Nr. 3, S. 10.

[1896] Urteil Nr. 813/98 des Höchsten Arbitragegerichts vom 01.12.1998, VVAS 1999, Nr. 2, S. 85.

Rechtsprechung des Obersten Gerichtshofs der RF die Personen, die die Behauptungen verbreitet haben[1897].

Wenn eine Klage eine Forderung auf Widerruf von Behauptungen enthält, die in Massenmedien verbreitet wurden, werden als Beklagte der Autor und die Redaktion des entsprechenden Massenmediums herangezogen. Bei Veröffentlichung oder anderer Verbreitung solcher Behauptungen ohne Kenntlichmachung des Autors (z. B. in einem redaktionellen Beitrag) ist Beklagte in der Sache die Redaktion des entsprechenden Massenmediums[1898]. Legt der Autor eines anonymen Artikels seinen Namen offen, kann er als Mitbeklagter herangezogen werden[1899]. Wenn die Klage auf Widerruf nicht nur gegen die Redaktion, sondern auch gegen den Autor erhoben werden muß, kann diese Klage allerdings nicht vor den Arbitragegerichten erhoben werden, weil die Arbitragegerichte für Widerrufsklagen gegen natürliche Personen nicht zuständig sind (sofern diese nicht den Status eines Einzelunternehmers haben)[1900].

Nach der Rechtsprechung muß in dem Fall, wenn es sich bei der Redaktion eines Massenmediums nicht um eine juristische Person handelt[1901], zur Beteiligung in der Streitigkeit in der Eigenschaft als Beklagter der Gründer des entsprechenden Massenmediums herangezogen werden[1902].

1897 Punkt 6 der erläuternden Leitentscheidung Nr. 11 des Plenums des Obersten Gerichtshofs der RF vom 18.08.1992, BVS RF 1992, Nr. 11, S. 7, i. d. F. der erläuternden Leitentscheidung Nr. 6 vom 25.04.1995, BVS RF 1995, Nr. 7, S. 5.

1898 Punkt 6 der erläuternden Leitentscheidung Nr. 11 des Plenums des Obersten Gerichtshofs der RF vom 18.08.1992, BVS RF 1992, Nr. 11, S. 7; vgl. auch BVS RF 1997, Nr. 1, S. 19 f. Ein ähnlicher Grundsatz galt bereits nach Punkt 3 der erläuternden Leitentscheidung Nr. 11 des Plenums des Obersten Gerichtshofs der UdSSR vom 17.12.1971, BVS SSSR 1972, Nr. 1, S. 12, und Punkt 7 der erläuternden Leitentscheidung Nr. 2 des Plenums des Obersten Gerichtshofs der UdSSR vom 02.03.1989, BVS SSSR 1989, Nr. 3, S. 10.

1899 *Djuževa* in: *Suchanov*, Graždanskoe pravo, Band 1, S. 739; vgl. auch *Guev*, Kommentarij k postanovlenijam Plenuma Verchovnogo Suda RF po graždanskim delam, S. 196.

1900 Vgl. Punkt 10 des Informationsbriefs Nr. 46 des Höchsten Arbitragegerichts vom 23.09.1999, VVAS 1999, Nr. 11, S. 67 f.; vgl. auch *Ėrdelevskij*, Kompensacija moral'nogo vreda, S. 138. Zur Zuständigkeit der Arbitragegerichte im allgemeinen vgl. oben S. 114 ff.

1901 Bei der Redaktion kann es sich gemäß Art. 19 MassenmedienG um eine juristische Person handeln. Zwingend ist dies jedoch nicht.

1902 Punkt 6 der erläuternden Leitentscheidung Nr. 11 des Plenums des Obersten Gerichtshofs der RF vom 18.08.1992, BVS RF 1992, Nr. 11, S. 7; vgl. auch die

Eine Klage auf Widerruf nach Art. 152 Abs. 1 ZGB soll auch gegen mehrere Massenmedien erhoben werden können, die ein und dieselbe verleumdende Behauptung verbreitet haben. In diesem Falle werden alle Beklagten verpflichtet, die Behauptung zu widerrufen. Haften soll jedoch nur die Redaktion, die die Behauptung erstmals verbreitet hat, oder die Organisation bzw. der Bürger, von der/dem die Information bezogen wurde[1903].

Bei Klagen auf Widerruf von verleumdenden Behauptungen, die in dienstlichen Beurteilungen niedergelegt wurden, ist Beklagter die Person, die sie unterschrieben hat, und das Unternehmen, die Institution oder die Organisation, in deren Namen die Beurteilung ausgestellt wurde[1904].

c) Behauptung, die die Ehre, die Würde oder das geschäftliche Ansehen verleumdet

Gegenstand eines Anspruchs auf Widerruf nach Art. 152 Abs. 1 ZGB können nur Behauptungen sein. Eine Behauptung i. S. d. Art. 152 Abs. 1 ZGB umfaßt lediglich die Bestätigung von Tatsachen[1905]. Nicht um Be-

---

Urteile des Höchsten Arbitragegerichts Nr. 4264/98 vom 15.09.1998, VVAS 1998, Nr. 12, S. 78, und Nr. 813/98 vom 01.12.1998, VVAS 1999, Nr. 2, S. 86. Diese Rechtsauffassung ist allerdings nicht unumstritten. *Reznik* (in: *Abova/Kabalkin/Mozolin*, Graždanskij kodeks RF. Čast' pervaja, Anm. 6 zu Art. 152) vertritt die Meinung, daß auch in den Fällen, wenn es sich bei der Redaktion nicht um eine juristische Person handelt, sie die richtige Beklagte bei allen Klagen auf Widerruf verleumdender Behauptungen in einem Massenmedium sei. Gemäß Art. 18 MassenmedienG sei nämlich der Gründer nicht berechtigt, sich in die Tätigkeit des Massenmediums einzumischen. Deshalb müsse die Gerichtsentscheidung, die zur Veröffentlichung eines Widerrufes verpflichte, unmittelbar an die Redaktion des Massenmediums adressiert sein. Der Gründer des Massenmediums könne bei Stattgabe der Klage nur zum Ersatz des materiellen und immateriellen Schadens verurteilt werden.

1903 Vgl. *Reznik* in: *Abova/Kabalkin/Mozolin*, Graždanskij kodeks RF. Čast' pervaja, Anm. 7 zu Art. 152.

1904 Punkt 6 der erläuternden Leitentscheidung Nr. 11 des Plenums des Obersten Gerichtshofs der RF vom 18.08.1992, BVS RF 1992, Nr. 11, S. 7; so auch bereits Punkt 7 der erläuternden Leitentscheidung Nr. 2 des Obersten Gerichtshofs der UdSSR vom 02.03.1989, BVS SSSR 1989, Nr. 3, S. 10.

1905 *A. Ėrdelevskij*, RJu 1997, Nr. 6, S. 17; *Ėrdelevskij*, Kompensacija moral'nogo vreda, S. 118 f.; *Ėrdelevskij*, Kompesacija moral'nogo vreda v Rossii i za rubežom, S. 149; *S. Potapenko*, RJu 2001, Nr. 7, S. 28 f.; *Krasavčikova* in: *Illarinova/*

hauptungen im Sinne des Art. 152 Abs. 1 ZGB handelt es sich bei Meinungen und Bewertungen[1906]. Das Widerrufsrecht nach Art. 152 Abs. 1 ZGB wird aber nicht dadurch ausgeschlossen, daß die verleumdenden Tatsachenbehauptungen auch Werturteile enthalten[1907].

Der Grund dafür, daß Meinungsäußerungen nicht dem Widerruf nach Art. 152 Abs. 1 ZGB unterliegen, besteht darin, daß die Behauptung gemäß Art. 152 Abs. 1 ZGB auf ihre Wahrheit hin überprüft werden muß, was nur bei Tatsachen möglich ist, nicht hingegen bei Meinungen. Einer Verurteilung zum Widerruf einer Meinung steht zudem das Verfassungsrecht entgegen: Nach Art. 29 Abs. 3 VerfRF darf niemand zum Ausdruck seiner Meinungen und Überzeugungen oder zum Verzicht auf sie gezwungen werden[1908].

Erläutert wird der Unterschied zwischen Tatsachenbehauptungen und der Äußerung von Meinungen und Bewertungen auch anhand der Straftatbestände der Verleumdung (Art. 129 StGB) und der Beleidigung (Art. 130 StGB). Bei einer Verleumdung handelt es sich um die Verbreitung von wissentlich unwahren Behauptungen, die die Ehre und Würde einer anderen Person in Verruf bringen oder ihr Ansehen untergraben. Eine Beleidigung ist dagegen eine in anstößiger Form zum Ausdruck gebrachte Herabsetzung der Ehre und Würde einer anderen Person, somit eine negative Bewertung. Im Falle einer Verleumdung im Sinne des Art. 129 StGB (und auch dann, wenn nicht vorsätzlich nicht der Wirklichkeit entsprechende verleumdende Behauptungen verbreitet wurden) besteht ein Anspruch auf Widerruf nach Art. 152 Abs. 1 ZGB. Bei Beleidigungen (sowie bei anderen Meinungsäußerungen) handelt es sich hingegen

---

Gongalo/Pletnev, Graždanskoe pravo. Čast' pervaja, S. 190; *Šeljutto* in: *Sadikov*, Graždanskoe pravo Rossii. Obščaja čast', S. 285; vgl. auch *Malein*, Ochrana prav ličnosti sovetskim zakonodatel'stvom, S. 33, und das Urteil des Verfassungsgerichts der RF vom 27.09.1995, VKS 1995, Nr. 6, S. 4.

1906 *Ėrdelevskij*, RJu 1997, Nr. 6, S. 17; *Ėrdelevskij*, Kompensacija moral'nogo vreda, S. 119; *Ėrdelevskij*, Kompensacija moral'nogo vreda v Rossii i za rubežom, S. 149; *Potapenko*, RJu 2001, Nr. 7, S. 28; *Šeljutto* in *Sadikov*, Graždanskoe pravo Rossii. Obščaja čast', S. 285 f.; vgl. auch *Malein*, Ochrana prav ličnosti sovetskim zakonodatel'stvom, S. 33.

1907 Vgl. *Krasavčikova* in: *Illarinova/Gongalo/Pletnev*, Graždanskoe pravo. Čast' pervaja, S. 191.

1908 Vgl. *Ėrdelevskij*, RJu 1997, Nr. 6, S. 17; *Ėrdelevskij*, Kompensacija moral'nogo vreda, S. 119; *Ėrdelevskij*, Kompensacija moral'nogo vreda v Rossii i za rubežom, S. 150.

nicht um Behauptungen im Sinne des Art. 152 Abs. 1 ZGB, weil man sie nicht auf ihre Wahrheit hin überprüfen kann. Eine Klage auf Widerruf einer beleidigenden Bewertung (oder einer anderen Meinungsäußerung) ist deshalb abzuweisen[1909]. Im Falle einer Beleidigung (oder anderen Meinungsäußerungen, die Rechte oder gesetzlich geschützte Interessen des Geschädigten beeinträchtigen) besteht nur ein Recht auf Veröffentlichung einer Antwort nach Art. 152 Abs. 3 ZGB sowie gegebenenfalls auch ein Anspruch auf Ersatz des materiellen und vor allem des immateriellen Schadens nach den Art. 1064 ff. ZGB[1910]. Falls der Kläger im Verlauf der Gerichtsverhandlung zu dem Ergebnis kommt, daß der Beklagte nur eine Meinung und keine Tatsachenbehauptung verbreitet hat, kann er seine Klage auf Widerruf in eine Klage auf Veröffentlichung einer Antwort umstellen[1911].

Grundsätzlich können die Behauptungen alle Bereiche der Lebenstätigkeit eines Bürgers (oder einer Organisation) betreffen[1912]. In dem in Art. 152 Abs. 1 ZGB bestimmten Verfahren können aber keine Forderungen auf Widerruf von Behauptungen verhandelt werden, die in gerichtlichen Entscheidungen[1913] und Strafgerichtsurteilen, Beschlüssen von Organen der Voruntersuchung[1914] und anderen offiziellen Dokumenten enthalten sind, für deren Anfechtung ein anderes gesetzlich festgelegtes Verfahren vorgesehen ist[1915].

1909 *Reznik* in: *Abova/Kabalkin/Mozolin*, Graždanskij kodeks RF. Čast' pervaja, Anm. 4 zu Art. 152; vgl. auch *Ėrdelevskij*, RJu 1997, Nr. 6, S. 19.

1910 Vgl. *Potapenko*, RJu 2001, Nr. 7, S. 29; vgl. auch *Ėrdelevskij*, RJu 1997, Nr. 6, S. 18 f.; *Ėrdelevskij*, Kompensacija moral'nogo vreda, S. 119 f.; *Ėrdelevskij*, Kompensacija moral'nogo vreda v Rossii i za rubežom, S. 152. Näheres zum Recht auf Veröffentlichung einer Antwort vgl. unten S. 574 ff.

1911 *Ėrdelevskij*, Kompensacija moral'nogo vreda, S. 123.

1912 *Krasavčikova* in: *Illarinova/Gongalo/Pletnev*, Graždanskoe pravo. Čast' pervaja, S. 191.

1913 Erfaßt sind davon nicht nur rešenija, sondern auch postanovlenija und opredelenija der Gerichte der allgemeinen Gerichtsbarkeit, vgl. *Guev*, Kommentarij k postanovlenijam Plenuma Verchovnogo Suda RF po graždanskim delam, S. 193.

1914 Nicht erfaßt sind Beschlüsse der Ermittlungsorgane, sofern sie nicht nach den Vorschriften der StPO angefochten werden können, vgl. *Guev*, Kommentarij k postanovlenijam Plenuma Verchovnogo Suda RF po graždanskim delam, S. 193.

1915 Punkt 3 der erläuternden Leitentscheidung Nr. 11 des Plenums des Obersten Gerichtshofs der RF vom 18.08.1992, BVS RF 1992, Nr. 11, S. 7, i. d. F. der erläuternden Leitentscheidung Nr. 6 vom 25.04.1995, BVS RF 1995, Nr. 7, S. 5; so auch bereits Punkt 3 der erläuternden Leitentscheidung Nr. 2 des Obersten Gerichtshofs der UdSSR vom 02.03.1989, BVS SSSR 1989, Nr. 3, S. 10.

Nach der Rechtsprechung des Höchsten Arbitragegerichts haben die Gerichte in der Urteilsbegründung festzustellen, welche Behauptungen genau auf Verlangen des Klägers als nicht der Wirklichkeit entsprechend erklärt werden sollen. Die Gerichte haben zu erläutern, welche Wortkonstruktionen und Sinneinheiten der Texte unter die Merkmale „Behauptungen, die nicht der Wirklichkeit entsprechen“ fallen und die inhaltliche Zielsetzung der streitigen Texte zu analysieren. Außerdem sind diese Behauptungen in dem Widerruf anzugeben[1916].

Ob eine Behauptung verleumdend ist, ist nicht subjektiv, sondern objektiv zu beurteilen[1917]. Verleumdend sind nach ständiger Rechtsprechung des Obersten Gerichtshofs der RF solche nicht der Wirklichkeit entsprechenden Behauptungen, die eine Bestätigung über die Verletzung der geltenden Gesetzgebung oder moralischer Prinzipien (über die Vornahme einer unehrlichen Handlung, über ein unrichtiges Verhalten im Arbeitskollektiv oder eine unrichtige Lebensweise und andere Nachrichten, die die betriebswirtschaftliche und gesellschaftliche Tätigkeit, das geschäftliche Ansehen u. ä. verleumden) durch einen Bürger oder eine juristische Person enthalten, welche die Ehre und die Würde eines Bürgers oder das geschäftliche Ansehen eines Bürgers oder einer juristischen Person schmälern[1918]. Nicht als verleumdend gelten Behauptungen neutralen Charakters[1919].

1916 Urteil Nr. 4264/98 des Höchsten Arbitragegerichts vom 15.09.1998, VVAS 1998, Nr. 12, S. 77; Urteil Nr. 813/98 des Höchsten Arbitragegerichts vom 01.12.1998, VVAS 1999, Nr. 2, S. 84.

1917 *Jarošenko* in: *Sadikov*, Kommentarij k Graždanskomu kodeksu RF časti pervoj, Anm. 2 zu Art. 152; *Jarošenko* in: *Braginskij*, Kommentarij časti pervoj Graždanskogo kodeksa RF, S. 228.

1918 Punkt 2 der erläuternden Leitentscheidung Nr. 11 des Plenums des Obersten Gerichtshofs der RF vom 18.08.1992, BVS RF 1992, Nr. 11, S. 7, i. d. F. der erläuternden Leitentscheidung Nr. 6 vom 25.04.1995, BVS RF 1995, Nr. 7, S. 5. Eine ähnliche Definition war bereits in Punkt 1 der erläuternden Leitentscheidung Nr. 11 des Plenums des Obersten Gerichtshofs der UdSSR vom 17.12.1971, BVS SSSR 1972, Nr. 1, S. 12, und Punkt 1 der erläuternden Leitentscheidung Nr. 2 des Plenums des Obersten Gerichtshofs der UdSSR vom 02.03.1989, BVS SSSR 1989, Nr. 3, S. 9, i. d. F. der erläuternden Leitentscheidung Nr. 4 vom 29.03.1991, enthalten.

1919 Vgl. *Reznik* in: *Abova/Kabalkin/Mozolin*, Graždanskij kodeks RF. Čast' pervaja, Anm. 3 zu Art. 152; *Krasavčikova* in: *Illarinova/Gongalo/Pletnev*, Graždanskoe pravo. Čast' pervaja, S. 190.

d) Verbreitung der Behauptung

Ein Anspruch auf Widerruf aus Art. 152 Abs. 1 ZGB setzt des weiteren voraus, daß die verleumdende Behauptung verbreitet wurde. Unter der Verbreitung von Behauptungen, die die Ehre und Würde eines Bürgers oder das geschäftliche Ansehen eines Bürgers oder einer juristischen Person verleumden, auf die in Art. 152 Abs. 1 ZGB hingewiesen wird, ist nach der Rechtsprechung des Obersten Gerichtshofs der RF die Veröffentlichung solcher Behauptungen in der Presse, die Übertragung im Radio und in Fernsehprogrammen, das Vorführen in Wochenschauprogrammen und anderen Massenmedien, die Wiedergabe in dienstlichen Beurteilungen, öffentlichen Ansprachen, an Amtspersonen gerichteten Eingaben oder die Mitteilung in anderer, einschließlich mündlicher Form an mehrere oder auch nur eine Person zu verstehen. Die Mitteilung solcher Behauptungen an die Person, die sie betreffen, kann nicht als Verbreitung anerkannt werden[1920]. Die möglichen Formen sowie Art und Weisen der Verbreitung von Behauptungen sind allerdings vom Obersten Gerichtshof nicht abschließend aufgezählt worden. Die Behauptungen können auch auf andere Art und Weise (z. B. auf einer Internetseite) verbreitet worden sein[1921].

e) Die Behauptung entspricht nicht der Wirklichkeit

Für einen Anspruch aus Art. 152 Abs. 1 ZGB ist zudem erforderlich, daß die verbreitete Behauptung nicht der Wirklichkeit entspricht. Das ist dann der Fall, wenn die in ihr enthaltenen Informationen entweder Umstände betreffen, die gar nicht existieren oder sie die Umstände nicht so

---

[1920] Punkt 2 der erläuternden Leitentscheidung Nr. 11 des Plenums des Obersten Gerichtshofs der RF vom 18.08.1992, BVS RF 1992, Nr. 11, S. 7, i. d. F. der erläuternden Leitentscheidung Nr. 6 vom 25.04.1995, BVS RF 1995, Nr. 7, S. 5. Eine ähnliche Definition war bereits in Punkt 1 der erläuternden Leitentscheidung Nr. 11 des Plenums des Obersten Gerichtshofs der UdSSR vom 17.12.1971, BVS SSSR 1972, Nr. 1, S. 12, und Punkt 1 der erläuternden Leitentscheidung Nr. 2 des Plenums des Obersten Gerichtshofs der UdSSR vom 02.03.1989, BVS SSSR 1989, Nr. 3, S. 9, enthalten.

[1921] *Guev*, Kommentarij k postanovlenijam Plenuma Verchovnogo Suda RF po graždanskim delam, S. 192.

wiedergibt, wie sie sich tatsächlich ereignet haben[1922]. Nicht dem Widerruf unterliegen Behauptungen, die eine der Wirklichkeit entsprechende Kritik an der Arbeit, dem Verhalten in der Gesellschaft, im Kollektiv oder der Lebensweise enthalten[1923]. Im Falle der Verbreitung von Tatsachen, die der Wirklichkeit entsprechen, ist der Geschädigte grundsätzlich nicht schutzwürdig, weil die Ehre, Würde oder das geschäftliche Ansehen des Betroffenen nicht durch die Verbreitung, sondern durch das eigene Verhalten der Person, das in den Behauptungen wiedergegeben wurde, herabgesetzt wurde[1924]. Nach Art. 152 Abs. 1 ZGB haben deshalb Bürger oder juristische Personen keinen Anspruch auf Widerruf, wenn über sie rufschädigende der Wirklichkeit entsprechende Tatsachen verbreitet wurden[1925]. Das bedeutet jedoch nicht, daß dem Geschädigten in diesem Fall gar keine Ansprüche zustehen: Wenn durch die Verbreitung von der Wirklichkeit entsprechenden Tatsachen die gesetzlich geschützten Interessen des Geschädigten verletzt werden, hat der Geschädigte ein Recht auf Veröffentlichung einer Antwort in demselben Massenmedium nach Art. 152 Abs. 3 ZGB. Bei der Verbreitung von der Wahrheit entsprechenden Tatsachen können zwar keine Schadensersatzansprüche aus Art. 1064 ZGB wegen Verletzung von Ehre, Würde oder geschäftlichem Ansehen entstehen. Allerdings können in diesem Fall andere immaterielle Rechtsgüter verletzt sein (z. B. die Unantastbarkeit des Privatle-

---

1922 Vgl. *Krasavčikova* in: *Illarinova/Gongalo/Pletnev*, Graždanskoe pravo. Čast' pervaja, S. 191.

1923 *Djuževa* in: *Suchanov*, Graždanskoe pravo, Band 1, S. 736; vgl. auch *Krasavčikova* in: *Illarinova/Gongalo/Pletnev*, Graždanskoe pravo. Čast' pervaja, S. 186, 191; *Ramzaev* in: *Cybulenko*, Graždanskoe pravo Rossii. Čast' pervaja, S. 170 f.

1924 *Faddeeva* in: *Sergeev/Tolstoj*, Graždanskoe pravo, Band 1, S. 318; *Krasavčikova* in: *Illarinova/Gongalo/Pletnev*, Graždanskoe pravo. Čast' pervaja, S. 186.

1925 Vgl. *Reznik* in: *Abova/Kabalkin/Mozolin*, Graždanskij kodeks RF. Čast' pervaja, Anm. 13 zu Art. 152; *Djuževa* in: *Suchanov*, Graždanskoe pravo, Band 1, S. 736; *Ėrdelevskij*, Kompensacija moral'nogo vreda, S. 131 f. Zur parallelen Rechtslage im sowjetischen Recht vgl. *E. Michno*, Pravovedenie 1992, Nr. 6, S. 63 ff., 68. Die Verbreitung von rufschädigenden, aber der Wirklichkeit entsprechenden Tatsachen wird von einigen Autoren (*Djuževa, Reznik*) mit dem Schlagwort der Diffamierung umschrieben. Andere Autoren fassen hingegen unter den Begriff der Diffamierung sowohl die Verbreitung von nicht der Wahrheit entsprechenden Tatsachen als auch die Verbreitung von der Wahrheit entsprechenden Tatsachen, vgl. *Ėrdelevskij*, Kompensacija moral'nogo, S. 130 f. *S. Potapenko*, RJu 2002, Nr. 6, S. 33 f., vertritt allerdings die Auffassung, eine Diffamierung sei lediglich die Verbreitung von nicht der Wahrheit entsprechenden Tatsachen.

bens, das persönliche oder das familiäre Geheimnis) und daraus ein Schadensersatzanspruch nach Art. 1064 ZGB resultieren[1926].

f) Verschulden?

Ein Anspruch auf Widerruf nach Art. 152 Abs. 1 ZGB besteht nach einhelliger Meinung unabhängig vom Verschulden des Schädigers[1927].

Etwas anderes ergibt sich nach der Rechtsprechung des Obersten Gerichtshofs der RF auch nicht aus Art. 57 MassenmedienG.

Diese Vorschrift sieht vor, daß der Redaktion, dem Chefredakteur, einem Journalisten keine Haftung für verbreitete Behauptungen, die nicht der Wirklichkeit entsprechen und die Ehre und die Würde von Bürgern und Organisationen verleumden, oder die Rechte und gesetzlich geschützten Interessen von Bürgern beeinträchtigen oder einen Mißbrauch der Masseninformationsfreiheit und (oder) der Rechte eines Journalisten darstellen, obliegt:

- 1) wenn sich diese Behauptungen in obligatorischen Bekanntmachungen befinden;
- 2) wenn sie von Nachrichtenagenturen bezogen wurden;
- 3) wenn sie in einer Antwort auf ein Informationsgesuch oder in Dokumentationen von Pressediensten staatlicher Organe, Organisationen, Institutionen, Unternehmen, Organen gesellschaftlicher Vereinigungen enthalten sind;
- 4) wenn sie eine wörtliche Wiedergabe von Bruchstücken der Ansprachen von Volksdeputierten, Delegierten von Kongressen, Plenen gesellschaftlicher Vereinigungen sowie offizieller Ansprachen von Amtsper-

1926 Vgl. *Ėrdelevskij*, Kompensacija moral'nogo vreda, S. 132.

1927 *Jarošenko* in: *Sadikov*, Kommentarij k Graždanskomu kodeksu RF časti pervoj, Anm. 9 zu Art. 152; *Jarošenko* in: *Braginskij*, Kommentarij časti pervoj Graždanskogo kodeksa RF, S. 230; *Reznik* in: *Abova/Kabalkin/Mozolin*, Graždanskij kodeks RF. Čast' pervaja, Anm. 7 zu Art. 152; *Krasavčikova* in: *Illarinova/ Gongalo/Pletnev*, Graždanskoe pravo. Čast' pervaja, S. 189; *Šeljutto* in: *Sadikov*, Graždanskoe pravo Rossii. Obščaja čast', S. 286; vgl. auch *Litovkin* in: *Sadikov*, Kommentarij k Graždanskomu kodeksu RF, Anm. 1 zu Art. 152; *Zavidov/Gusev*, Graždansko-pravovaja otvetstvennost', S. 492; *Šeljutto*, Kommentarij sudebnoj praktiki 1996, Vypusk 2, S. 60 f.; *Šeljutto*, Kommentarij sudebnoj praktiki 1997, Vypusk 3, S. 54; *Anisimov*, Čest', dostoinstvo, delovaja reputacija: graždansko-pravovaja zaščita, S. 44.

sonen staatlicher Organe, Organisationen und gesellschaftlicher Vereinigungen darstellen;

- 5) wenn sie in Autorenwerken enthalten sind, die ohne vorherige Aufzeichnung auf Sendung gehen und nicht der Redigierung gemäß dem MassenmedienG unterliegen;
- 6) wenn sie eine wörtliche Wiedergabe von Mitteilungen und Dokumentationen oder Bruchstücken von ihnen ist, die von einem anderen Massenmedium verbreitet wurden, das festgestellt und für die entsprechende Verletzung der Gesetzgebung der Rußländischen Föderation über die Massenmedien zur Verantwortung herangezogen werden kann.

Der Oberste Gerichtshof der RF hat klargestellt, daß das Vorliegen von Umständen, die gemäß Art. 57 MassenmedienG als Grund für die Befreiung der Redaktion, des Chefredakteurs, des Journalisten von der Haftung für die Verbreitung von Behauptungen dienen können, die nicht der Wirklichkeit entsprechen und die Ehre und Würde eines Bürgers sowie das geschäftliche Ansehen eines Bürgers oder einer juristischen Person verleumden, nicht die Möglichkeit der Verhandlung einer Klage einer juristischen Person oder eines Bürgers auf Widerruf dieser Behauptungen ausschließt. Dabei müssen Bürger und Organisationen, von denen sie diese Behauptungen bezogen haben und die beweisen müssen, daß die Behauptungen nicht der Wirklichkeit entsprechen, als Beteiligte in der Sache herangezogen werden. Der Redaktion des Massenmediums kann im Falle der Stattgabe der Klage die Pflicht auferlegt werden, die Gerichtsentscheidung mitzuteilen, und zwar auch in dem Fall, wenn Gründe vorhanden sind, die ihre Verantwortung ausschließen[1928].

g) Beweislast

Im rußländischen Recht gilt eine Vermutung, nach der über einen Bürger oder eine Organisation verbreitete verleumdende Behauptungen

[1928] Punkt 9 der erläuternden Leitentscheidung Nr. 11 des Plenums des Obersten Gerichtshofs der RF vom 18.08.1992, BVS RF 1992, Nr. 11, S. 8. Davon, daß Art. 57 MassenmedienG nur die Haftung, nicht jedoch die Verpflichtung zum Widerruf ausschließt, gehen auch die Arbitragegerichte aus, vgl. Punkt 7 des Informationsbriefs Nr. 46 des Höchsten Arbitragegerichts vom 23.09.1999, VVAS 1999, Nr. 11, S. 66.

als nicht der Wirklichkeit entsprechend gelten[1929]. Nach der Rechtsprechung des Obersten Gerichtshofs der RF obliegt gemäß Art. 152 ZGB die Pflicht, zu beweisen, daß die verbreiteten Behauptungen nicht der Wirklichkeit entsprechen, dem Beklagten, unabhängig davon, ob die Klage zur Verteidigung der Ehre, Würde, des geschäftlichen Ansehens oder zur Auferlegung der Pflicht zur Veröffentlichung einer Antwort des Klägers auf eine Publikation auf ein Massenmedium erhoben wurde. Der Kläger ist nur verpflichtet, die Tatsache der Verbreitung der Behauptungen durch die Person, gegen die die Klage erhoben wurde, zu beweisen[1930]. Der Kläger kann aber auch selbst Beweise dafür vorbringen, daß die verbreiteten Behauptungen nicht der Wirklichkeit entsprechen, ist hierzu jedoch nicht verpflichtet[1931]. Falls das Gericht bestimmte vom Beklagten vorgelegte Beweismittel ablehnt, durch die die Richtigkeit der von ihm verbreiteten Behauptungen bewiesen werden soll, hat das Gericht dies im Urteil zu begründen[1932]. Wurde bereits rechtkräftig von einem anderen Gericht entschieden, daß die Behauptungen der Wirklichkeit entsprechen, braucht der Beklagte keine Beweise mehr vorzule-

---

1929 *Jarošenko* in: *Braginskij*, Kommentarij časti pervoj Graždanskogo kodeksa RF, S. 229; *Djuževa* in: *Suchanov*, Graždanskoe pravo, Band 1, S. 735; *Guev*, Postatejnyj kommentarij k časti pervoj Graždanskogo kodeksa RF, Anm. 4 zu Art. 152; *Golubev/Naričnij*, RJu 1999, Nr. 7, S. 25; *Šeljutto* in: *Sadikov*, Graždanskoe pravo Rossii. Obščaja čast', S. 286; vgl. auch *Zavidov/Gusev*, Graždansko-pravovaja otvetstvennost', S. 491; *Zajcev* in: *Vikut/Zajcev*, Graždanskij process Rossii, S. 165.

1930 Punkt 7 der erläuternden Leitentscheidung Nr. 11 des Plenums des Obersten Gerichtshofs der RF vom 18.08.1992, BVS RF 1992, Nr. 11, S. 7 f., i. d. F. der erläuternden Leitentscheidung Nr. 6 vom 25.04.1995, BVS RF 1995, Nr. 7, S. 5; vgl. auch BVS RF 1995, Nr. 7, S. 6 f.; ebenso war die Beweislastverteilung, als noch Art. 7 GZG 1961 und Art. 7 ZGB 1964 galten, vgl. Punkt 4 der erläuternden Leitentscheidung Nr. 11 des Plenums des Obersten Gerichtshofs der UdSSR vom 17.12.1971, BVS SSSR 1972, Nr. 1, S. 12; BVS RSFSR 1979, Nr. 1, S. 15; BVS RSFSR 1989, Nr. 4, S. 12; Punkt 8 der erläuternden Leitentscheidung Nr. 2 des Plenums des Obersten Gerichtshofs der UdSSR vom 02.03.1989, BVS SSSR 1989, Nr. 3, S. 10.

1931 *Djuževa* in: *Suchanov*, Graždanskoe pravo, Band 1, S. 739; *Krasavčikova* in: *Illarinova/Gongalo/Pletnev*, Graždanskoe pravo. Čast' pervaja, S. 189; *Ramzaev* in: *Cybulenko*, Graždanskoe pravo Rossii. Čast' pervaja, S. 173; vgl. auch Punkt 4 der erläuternden Leitentscheidung Nr. 11 des Plenums des Obersten Gerichtshofs der UdSSR vom 17.12.1971, BVS SSSR 1972, Nr. 1, S. 12.

1932 Vgl. das Urteil Nr. 4264/98 des Höchten Arbitragegerichts vom 15.09.1998, VVAS 1998, Nr. 12, S. 77.

gen[1933]. Der Beklagte kann sich von seiner Pflicht, zu beweisen, daß die von ihm verbreitete Behauptung der Wirklichkeit entspricht, nicht dadurch befreien, daß er sich auf Gerüchte, Gerede, oder die Meinungen von namenlosen Experten oder kompetenten Quellen beruft[1934]. Das gilt insbesondere für den Journalisten, weil Art. 49 MassenmedienG ihn verpflichtet, die Richtigkeit der von ihm mitgeteilten Informationen zu überprüfen.

h) Verfahren

Art. 152 Abs. 2 ZGB regelt das Verfahren des Widerrufs von verleumdenden Behauptungen. Dabei ist zu unterscheiden, ob die verleumdende Behauptung in einem Massenmedium oder einen Dokument verbreitet wurde, oder ob es sich um einen anderen Fall der Verbreitung verleumdender Behauptungen handelt:

Sind die Behauptungen, welche die Ehre, die Würde oder das geschäftliche Ansehen eines Bürgers oder einer juristischen Person verleumden, in Massenmedien verbreitet, so müssen sie in demselben Massenmedium widerrufen werden (Art. 152 Abs. 2 Satz 1 ZGB).

Ähnliches sieht Art. 43 Satz 1 MassenmedienG vor. Danach kann ein Bürger oder eine Organisation von der Redaktion den Widerruf nicht der Wirklichkeit entsprechender und ihre Ehre und Würde verleumdender Behauptungen verlangen, die in dem entsprechenden Massenmedium verbreitet wurden.

Details zum Verfahren des Widerrufs ergeben sich aus Art. 43 Satz 4 und 5 MassenmedienG: Wenn der Bürger oder die Organisation einen Widerrufstext zur Verfügung gestellt haben, ist der entsprechende Text unter der Bedingung zu veröffentlichen, daß er den Anforderungen des MassenmedienG entspricht. Die Redaktion eines Radio- oder Fernsehprogramms, die verpflichtet ist, einen Widerruf zu verbreiten, kann dem Bürger oder dem Vertreter der Organisation, die dieses verlangt, die

---

1933 Vgl. Punkt 5 des Informationsbriefs Nr. 46 des Höchsten Arbitragegerichts vom 23.09.1999, VVAS 1999, Nr. 11, S. 65, unter Berufung auf Art. 58 Abs. 3 APO a.F./Art. 69 Abs. 3 und 4 APO n.F.; eine ähnliche Regelung befindet sich für die ordentlichen Gerichte in Art. 55 ZPO RSFSR/Art. 61 ZPO RF.

1934 *Reznik* in: *Abova/Kabalkin/Mozolin*, Graždanskij kodeks RF. Čast' pervaja, Anm. 4 zu Art. 152.

Möglichkeit zur Verfügung stellen, einen eigenen Text zu verlesen oder als Aufnahme zu senden.

Weitere Einzelheiten über das Verfahren des Widerrufs verleumdender Behauptungen in Massenmedien sind in Art. 44 MassenmedienG geregelt. In dem Widerruf muß darauf hingewiesen werden, welche Behauptungen nicht der Wirklichkeit entsprechen, wann und wie sie durch das entsprechende Massenmedium verbreitet wurden. Der Widerruf in einer periodischen gedruckten Veröffentlichung muß in derselben Schrift gesetzt und unter der Überschrift „Widerruf" veröffentlicht werden, in der Regel an demselben Ort der Kolumne wie auch die widerrufene Mitteilung oder die Dokumentation. Im Radio oder Fernsehen muß der Widerruf zu derselben Tageszeit und, in der Regel, in derselben Sendung wie die widerrufene Mitteilung oder die Dokumentation übertragen werden. Der Umfang des Widerrufs darf nicht mehr als zweimal den Umfang des widerrufenen Bruchstücks der verbreiteten Mitteilung oder der Dokumentation übersteigen. Es darf nicht verlangt werden, daß der Widerruf kürzer als eine Standardseite eines maschinengeschriebenen Textes ist. Der Widerruf im Radio oder Fernsehen darf nicht weniger Sendezeit einnehmen, als für das Vorlesen einer Standardseite eines maschinengeschriebenen Textes durch den Sprecher erforderlich ist.

Bei Stattgabe der Klage ist das Gericht verpflichtet, im Urteilstenor die Art und Weise des Widerrufs der verleumdenden Behauptungen anzugeben, die nicht der Wirklichkeit entsprechen, und, falls das notwendig ist, den Text dieses Widerrufs wiederzugeben, wo angegeben werden muß, welche Behauptungen nicht der Wirklichkeit entsprechen, wann und wie sie verbreitet wurden, sowie (in bezug auf Art. 44 MassenmedienG) die Frist bestimmen, innerhalb der er folgen muß[1935].

Sind die genannten Behauptungen in einem von einer Organisation ausgehenden Dokument enthalten, so ist dieses Dokument zu ersetzen oder zu widerrufen (Art. 152 Abs. 2 Satz 2 ZGB).

[1935] Punkt 13 der erläuternden Leitentscheidung Nr. 11 des Plenums des Obersten Gerichtshofs der RF vom 18.08.1992, BVS RF 1992, Nr. 11, S. 8. Eine Angabe der Art und Weise des Widerrufs im Urteilstenor war bereits nach Punkt 6 der erläuternden Leitentscheidung Nr. 11 des Plenums des Obersten Gerichtshofs der UdSSR vom 17.12.1971, BVS SSSR 1972, Nr. 1, S. 13, und der Rechtsprechung des Obersten Gerichtshofs der RSFSR, BVS RSFSR 1979, Nr. 4, S. 12, und Punkt 11 der erläuternden Leitentscheidung Nr. 2 des Plenums des Obersten Gerichtshofs der UdSSR vom 02.03.1989, BVS SSSR 1989, Nr. 3, S. 10 f., erforderlich.

Eine Organisation im Sinne dieser Vorschrift können Unternehmen, juristische Personen beliebiger Organisations-, Rechts- und Eigentumsformen, staatliche Organe, Einrichtungen von Banken, ausländische Investoren und andere Subjekte des Zivilrechts sein[1936].

Der Begriff des Dokuments ist weit auszulegen und umfaßt auch Arbeitsbücher und dienstliche Beurteilungen[1937]. Wenn z. B. ein Arbeitsbuch eine nicht der Wirklichkeit entsprechende Bemerkung über die Entlassung des Arbeitnehmers wegen einer Verletzung der Arbeitsdisziplin enthält, kann der Arbeitnehmer verlangen, daß das Arbeitsbuch durch eines ohne diese verleumdende Bemerkung ersetzt wird[1938]. Dienstliche Beurteilungen, die nicht der Wirklichkeit entsprechende verleumdende Behauptungen enthalten, müssen nach einer Auffassung widerrufen werden[1939], nach anderer Ansicht sind sie zu ersetzen[1940]. Am optimalsten wäre der Schutz des Geschädigten jedoch dann gewährleistet, wenn die fehlerhafte dienstliche Beurteilung sowohl durch eine neue ersetzt wird (damit dem Geschädigten für die Zukunft eine wahrheitsgemäße dienstliche Beurteilung zur Verfügung steht), als auch gegenüber denjenigen Personen, an die sie gelangt ist, widerrufen wird.

Das Verfahren des Widerrufs in anderen Fällen wird durch das Gericht bestimmt (Art. 152 Abs. 2 Satz 3 ZGB). Welches Verfahren das Gericht wählt, hängt von den konkreten Umständen ab. Dabei folgt aus dem Sinn des Art. 152 ZGB, daß die verleumdende Behauptung in der Art und Weise zu widerrufen ist, wie sie verbreitet wurde[1941]. Das kann

---

1936 *Guev*, Postatejnyj kommentarij k časti pervoj Graždanskogo kodeksa RF, Anm. 8 zu Art. 152.

1937 *Zavidov/Gusev*, Graždansko-pravovaja otvetstvennost', S. 490.

1938 *Faddeeva* in: *Sergeev/Tolstoj*, Graždanskoe pravo, Band 1, S. 319; *Jarošenko* in: *Braginskij*, Kommentarij časti pervoj Graždanskogo kodeksa RF, S. 229; *Braginskij/Suchanov/Jarošenko*, ChiP 1995, Nr. 5, S. 22; vgl. auch *Jarošenko* in: *Sadikov*, Kommentarij k Graždanskomu kodeksu RF časti pervoj, Anm. 6 zu Art. 152.

1939 *Jarošenko* in: *Braginskij*, Kommentarij časti pervoj Graždanskogo kodeksa RF, S. 229; *Braginskij/Suchanov/Jarošenko*, ChiP 1995, Nr. 5, S. 22.

1940 *Djuževa* in: *Suchanov*, Graždanskoe pravo, Band 1, S. 740.

1941 *Jarošenko* in: *Sadikov*, Kommentarij k Graždanskomu kodeksu RF časti pervoj, Anm. 6 zu Art. 152; *Jarošenko* in: *Braginskij*, Kommentarij časti pervoj Graždanskogo kodeksa RF, S. 229; vgl. auch *Faddeeva* in: *Sergeev/Tolstoj*, Graždanskoe pravo, Band 1, S. 319; *Braginskij/Suchanov/Jarošenko*, ChiP 1995, Nr. 5, S. 22; *Krasavčikova* in: *Illarinova/Gongalo/Pletnev*, Graždanskoe pravo. Čast' pervaja, S. 192.

z. B. auf folgende Art und Weise geschehen: Wenn die Behauptung in einer Versammlung verbreitet wurde, ist sie in einer entsprechenden Versammlung zu widerrufen, wenn die Behauptung in einem an eine Organisation gerichteten Brief verbreitet wurde, ist die Behauptung schriftlich gegenüber der Organisation zu widerrufen[1942].

> Eine Verpflichtung zu einem solchen schriftlichen Widerruf hat ein Arbitragegericht bei folgender Fallkonstellation ausgesprochen: Die Beklagte, ein Unternehmen, hatte über die Klägerin, ein anderes Unternehmen, unzutreffende Behauptungen gegenüber einem dritten Unternehmen aufgestellt, mit dem die Klägerin in vertragliche Beziehungen treten wollte. Insbesondere hatte die Beklagte an das dritte Unternehmen einen Brief gerichtet, in dem unzutreffende Angaben über die finanzielle Situation der Klägerin enthalten waren, die das geschäftliche Ansehen der Klägerin verleumdeten. Das Arbitragegericht verpflichtete die Beklagte, an das dritte Unternehmen einen neuen Brief mit einem Widerruf der aufgestellten Behauptungen zu richten[1943].

Umstritten ist, ob dem Beklagten auch die Pflicht auferlegt werden kann, sich gegenüber dem Kläger öffentlich zu entschuldigen. Einige Autoren sprechen sich dafür aus[1944]. *Reznik* ist hingegen der Meinung, dies entspräche nicht dem Gesetz[1945]. Dem ist zuzustimmen. Eine öffentliche Entschuldigung geht über einen bloßen Widerruf hinaus. Im Falle einer Verurteilung zu einer öffentlichen Entschuldigung würde dem Beklagten mehr abverlangt werden als bei einem Widerruf.

Die Arbitragegerichte können im Wege der Klagesicherung nach Art. 76 APO a.F./Art. 91 APO n.F. vor der Verhandlung der Klage in der

---

1942 *Krasavčikova* in: *Illarinova/Gongalo/Pletnev*, Graždanskoe pravo. Čast' pervaja, S. 192; vgl. auch *Malein* in: *Kalpin/Masljaev*, Graždanskoe pravo. Čast' pervaja, S. 164; *Guev*, Postatejnyj kommentarij k časti pervoj Graždanskogo kodeksa RF, Anm. 9 zu Art. 152; vgl. auch *Anisimov*, Čest', dostoinstvo, delovaja reputacija: graždansko-pravovaja zaščita, S. 43.

1943 Vgl. Punkt 3 des Informationsbriefs Nr. 46 des Höchsten Arbitragegerichts vom 23.09.1999, VVAS 1999, Nr. 11, S. 64.

1944 *Malein* in: *Kalpin/Masljaev*, Graždanskoe pravo. Čast' pervaja, S. 164; *Guev*, Postatejnyj kommentarij k časti pervoj Graždanskogo kodeksa RF, Anm. 9 zu Art. 152; *Anisimov*, Čest', dostoinstvo, delovaja reputacija: graždansko-pravovaja zaščita, S. 43.

1945 In: *Abova/Kabalkin/Mozolin*, Graždanskij kodeks RF. Čast' pervaja, Anm. 7 zu Art. 152.

Sache den Beklagten verpflichten, eine weitere Verbreitung der streitigen Behauptungen zu unterlassen, bis eine Entscheidung gefällt wurde[1946]. Allerdings können sie dem Beklagten nicht verbieten, neue Behauptungen über den Kläger vorzubereiten und zu verbreiten, wenn im Zeitpunkt der Gerichtsverhandlung noch gar keine neuen nicht der Wirklichkeit entsprechenden verleumdenden Behauptungen über den Kläger existieren[1947].

Die Möglichkeit eines gerichtlichen Rechtsschutzes hängt nicht davon ab, daß der Kläger die Forderung auf Widerruf einer verleumdenden Behauptung nach Art. 152 Abs. 1 und 2 ZGB zunächst gegenüber dem Beklagten außergerichtlich geltend gemacht hat, und zwar selbst dann nicht, wenn es sich bei dem Beklagten um ein Massenmedium handelt. In Art. 7 Abs. 4 GZG 1991 war zwar noch vorgesehen, daß eine Forderung auf Publikation eines Widerrufs oder einer Antwort in einem Massenmedium nur in dem Fall durch das Gericht verhandelt wird, wenn ein Organ des Massenmediums die Publikation abgelehnt oder die Publikation nicht innerhalb eines Monats ausgeführt hat. Auch in den Art. 43-45 MassenmedienG wurde ein spezielles Verfahren festgelegt, nach dem eine Forderung auf Veröffentlichung eines Widerrufs in einem Massenmedium zuvor gegenüber der Redaktion erhoben werden muß, die verpflichtet ist, innerhalb eines Monats in schriftlicher Form den in eigenen Interessen betroffenen Bürger oder die Organisation über die voraussichtliche Frist für die Verbreitung des Widerrufs oder die Ablehnung der Verbreitung des Widerrufs unter Angabe der Gründe für die Ablehnung zu benachrichtigen. Der Oberste Gerichtshof der RF hat jedoch klargestellt, daß das in Art. 7 Abs. 4 GZG 1991 und Art. 43-45 MassenmedienG vorgesehene Verfahren nicht bei Ansprüchen nach Art. 152 ZGB einzuhalten ist:

> *„In Art. 152 Abs. 1 und 7 ZGB wurde festgelegt, daß ein Bürger vor Gericht den Widerruf von seine Ehre, Würde oder geschäftliches Ansehen verleumdenden Behauptungen verlangen kann, und eine juristische Person von Behauptungen, die ihr geschäftliches Ansehen verleumden. Da-*

1946 Vgl. Punkt 9 des Informationsbriefs Nr. 46 des Höchsten Arbitragegerichts vom 23.09.1999, VVAS 1999, Nr. 11, S. 67; *Djuževa* in: *Suchanov*, Graždanskoe pravo, S. 739.

1947 Vgl. Punkt 9 des Informationsbriefs Nr. 46 des Höchsten Arbitragegerichts vom 23.09.1999, VVAS 1999, Nr. 11, S. 67.

bei sieht das Gesetz nicht vor, daß man sich zwingend vorher mit diesen Forderungen an den Beklagten zu richten hat, einschließlich in dem Fall, wenn die Klage gegen ein Massenmedium erhoben wurde, das die oben genannten Behauptungen verbreitet hat[1948]*."*

Hiervon geht das Höchste Arbitragegericht ebenfalls aus. Seiner Auffassung nach sieht das MassenmedienG nicht vor, daß die in ihm beschriebene Prozedur ein zwingendes außergerichtliches Verfahren darstellt. Sie muß vielmehr als ein alternatives Verfahren zum Schutz der verletzten Rechte betrachtet werden[1949].

Wenn die Streitigkeit in einem außergerichtlichen Verfahren verhandelt wird, schließt das nicht das Recht des Geschädigten aus, sich anschließend an das Gericht zu wenden[1950]. Wenn der Geschädigte vor Klageerhebung von der Redaktion die Veröffentlichung eines Widerrufs verlangt, beeinflußt das nicht die Rechtsnatur der Forderung auf Widerruf der verleumdenden und nicht der Wirklichkeit entsprechenden Behauptungen vor Gericht. Der gerichtliche Rechtsschutz wird immer im Klageverfahren verwirklicht und nicht in Form einer Anfechtung der Ablehnung des Widerrufs durch die Redaktion des Massenmediums[1951].

Wird der Entscheidung des Gerichts nicht Folge geleistet, so ist das Gericht berechtigt, gegenüber dem Schädiger eine Geldstrafe im durch die Prozeßgesetzgebung bestimmten Umfang und in dem danach anzuwendenden Verfahren zu verhängen, die zugunsten der RF beigetrieben wird. Die Bezahlung der Strafe befreit den Schädiger nicht von der Pflicht, die durch die Entscheidung des Gerichts bestimmte Handlung auszuführen (Art. 152 Abs. 4 ZGB, vgl. auch Art. 406 Satz 9 ZPO RSFSR bzw. Art. 206 APO a.F./Art. 332 Abs. 3 APO n.F.). Die Höhe der Geldstrafe betrug nach Art. 406 Satz 6 ZPO RSFSR bzw. Art. 206 Abs. 3 APO a.F. und beträgt heute für das Zivilverfahren nach Art. 85 Abs. 1 des Gesetzes „Über das *Vollstreckungsverfahren*"[1952] bis zu 200

1948 Punkt 5 der erläuternden Leitentscheidung Nr. 11 des Plenums des Obersten Gerichtshofs der RF vom 18.08.1992, BVS RF 1992, Nr. 11, S. 7, i. d. F. der erläuternden Leitentscheidung Nr. 6 vom 25.04.1995, BVS RF 1995, Nr. 7, S. 5.

1949 Vgl. Punkt 1 des Informationsbriefs Nr. 46 vom 23.09.1999, VVAS 1999, Nr. 11, S. 62 f.

1950 Vgl. *Ramzaev* in: *Cybulenko*, Graždanskoe pravo Rossii. Čast' pervaja, S. 171 f.

1951 *Reznik* in: *Abova/Kabalkin/Mozolin*, Graždanskij kodeks RF. Čast' pervaja, Anm. 8 zu Art. 152.

1952 Vgl. Fn. 1377.

Mindestarbeitslöhnen[1953]. Nach Art. 332 Abs. 2 i. V. m. 119 Abs. 1 APO n.F. kann die Höhe der Geldstrafe bei Bürgern bis zu 25 Mindestarbeitslöhnen, bei Amtspersonen bis zu 50 Mindestarbeitslöhnen und bei Organisationen bis zu 1.000 Mindesarbeitslöhnen betragen. Bei Verhängung der Geldstrafe hatte das Gericht nach Art. 406 Satz 6 ZPO RSFSR eine neue Frist für die Ausführung der Entscheidung zu setzen. Bei wiederholter und darauffolgender Verletzung von Fristen, die vom Gericht für die Ausführung der Entscheidung festgelegt wurden, konnte die Strafe mehrmals verhängt werden, weil die Zahlung der Strafe den Schuldner nicht von der Pflicht zur Erfüllung der Gerichtsentscheidung über den Widerruf der den Kläger verleumdenden Tatsachen befreite[1954]. Das Gesetz „Über das Vollstreckungsverfahren“ sieht jetzt in Art. 85 Abs. 1 vor, daß der Gerichtsvollzieher dem Schuldner eine neue Frist für die Ausführung der Entscheidung setzt. Bei darauffolgenden Verletzungen der neuen Fristen für die Ausführung des Vollstreckungsdokumentes durch den Schuldner ohne triftige Gründe verdoppelt sich die Strafe jedes Mal (Art. 85 Abs. 2 des Gesetzes „Über das Vollstreckungsverfahren“).

3. Das Recht auf Veröffentlichung einer Antwort

Ein Bürger, über den in Massenmedien Behauptungen veröffentlicht worden sind, die seine Rechte oder gesetzlich geschützten Interessen beeinträchtigen, hat das Recht auf Veröffentlichung seiner Antwort in denselben Massenmedien (Art. 152 Abs. 3 ZGB).

Diese Vorschrift regelt das Verfahren zum Schutz von Ehre, Würde oder geschäftlichem Ansehen, wenn Behauptungen in einem Massenmedium verbreitet wurden, aber die Voraussetzungen für einen Widerruf nicht vorliegen. Das ist vor allem dann der Fall, wenn die verbreiteten Behauptungen verleumdend sind, aber der Wirklichkeit entsprechen, oder wenn nicht der Wirklichkeit entsprechende Behauptungen verbreitet wurden, die zwar nicht verleumdend, sondern positiv oder neutral sind, aber ihre Verbreitung dennoch in einer bestimmten Art und Weise die Rechte oder gesetzlich geschützten Interessen des Bürgers beein-

---

1953 Zur Höhe des Mindestarbeitslohns vgl. Fn. 320.

1954 Punkt 14 der erläuternden Leitentscheidung Nr. 11 des Plenums des Obersten Gerichtshofs der RF vom 18.08.1992, BVS RF 1992, Nr. 11, S. 8, i. d. F. der erläuternden Leitentscheidung Nr. 6 vom 25.04.1995, BVS RF 1995, Nr. 7, S. 6.

trächtigt oder sein geschäftliches Ansehen herabwürdigt[1955]. Zudem ist Art. 152 Abs. 3 ZGB bei bewertenden Meinungsäußerungen sowie Kritiken über eine Person anwendbar[1956]. In diesen Fällen hat der Bürger zwar kein Recht auf Widerruf, aber auf eine Antwort, die in demselben Massenmedium veröffentlicht werden muß. Obwohl das Gesetz das Recht auf Veröffentlichung einer Antwort nur für den Fall einer Veröffentlichung in einem Massenmedium vorgesehen hat, ist es nicht ausgeschlossen, daß es auch bei der Verbreitung von Behauptungen auf andere Art und Weise angewendet werden kann[1957]. Bei den Rechten und gesetzlich geschützten Interessen soll es sich um beliebige (sowohl materielle als auch immaterielle) Interessen handeln[1958].

Nicht eindeutig ist inwieweit Art. 152 Abs. 3 ZGB auf juristische Personen anwendbar ist. Der Oberste Gerichtshof der RF hat dazu in Punkt 5 seiner erläuternden Leitentscheidung Nr. 11 vom 18.08.1992 erklärt, daß diese Regelung auch für juristische Personen gilt, wenn Behauptungen verbreitet wurden, die ihr geschäftliches Ansehen verleumden[1959]. Das bedeutet, daß juristische Personen kein Recht auf Veröffentlichung einer Antwort haben, wenn die Publikation ihre Rechte und gesetzlich geschützten Interessen beeinträchtigt, also für juristische Personen die Voraussetzungen für das Recht auf Widerruf und das Recht auf Veröffentlichung einer Antwort zusammenfallen[1960]. In der Literatur wird dies mit der Begründung kritisiert, daß sich die Voraussetzungen für das Recht auf Veröffentlichung einer Antwort bei Bürgern und

---

1955 *Jarošenko* in: *Sadikov*, Kommentarij k Graždanskomu kodeksu RF časti pervoj, Anm. 8 zu Art. 152; *Jarošenko* in: *Braginskij*, Kommentarij časti pervoj Graždanskogo kodeksa RF, S. 229; *Šeljutto*, Žurnal rossijskogo prava 1997, Nr. 12, S. 38; *Braginskij/Suchanov/Jarošenko*, ChiP 1995, Nr. 5, S. 22; *Krasavčikova* in: *Illarinova/Gongalo/Pletnev*, Graždanskoe pravo. Čast' pervaja, S. 193; *Šeljutto* in: *Sadikov*, Graždanskoe pravo Rossii. Obščaja čast', S. 286; vgl. auch *Reznik* in: *Abova/Kabalkin/Mozolin*, Graždanskij kodeks RF. Čast' pervaja, Anm. 8 zu Art. 152.

1956 Vgl. *Šeljutto*, Žurnal rossijskogo prava 1997, Nr. 12, S. 38; *Jarošenko* in: *Braginskij*, Kommentarij časti pervoj Graždanskogo kodeksa RF, S. 229.

1957 *Jarošenko* in: *Sadikov*, Kommentarij k Graždanskomu kodeksu RF časti pervoj, Anm. 8 zu Art. 152.

1958 Vgl. *Krasavčikova* in: *Illarinova/Gongalo/Pletnev*, Graždanskoe pravo. Čast' pervaja, S. 193.

1959 BVS RF 1992, Nr. 11, S. 7, i. d. F. der erläuternden Leitentscheidung Nr. 6 vom 25.04.1995, BVS RF 1995, Nr. 7, S. 5.

1960 *Šeljutto*, Žurnal rossijskogo prava 1997, Nr. 12, S. 38.

juristischen Personen nicht unterscheiden dürfen. Auch juristischen Personen muß unter den in Art. 152 Abs. 3 ZGB genannten Voraussetzungen das Recht auf Veröffentlichung einer Antwort zustehen[1961]. Zudem ist in Art. 152 Abs. 3 ZGB das Recht auf Veröffentlichung einer Antwort in einem Massenmedium anders als in Art. 46 MassenmedienG geregelt worden. Gemäß Art 46 Satz 1 MassenmedienG haben ein Bürger oder eine Organisation, über die in einem Massenmedium Behauptungen verbreitet wurden, die nicht der Wirklichkeit entsprechen oder die Rechte und gesetzlich geschützten Interessen eines Bürgers beeinträchtigen, ein Recht auf Antwort (Kommentar, Erwiderung) in demselben Massenmedium. Nach Art. 46 Satz 1 MassenmedienG haben somit Organisationen nur dann einen Anspruch auf Veröffentlichung einer Antwort, wenn über sie nicht der Wirklichkeit entsprechende (obwohl nicht notwendig verleumdende) Behauptungen verbreitet wurden, und Bürger sowohl dann, wenn über sie nicht der Wirklichkeit entsprechende Behauptungen verbreitet wurden, als auch dann, wenn ihre Rechte und gesetzlich geschützten Rechte beeinträchtigt wurden. Da in Art. 152 Abs. 3 ZGB nicht wie in Art. 46 Satz 1 MassenmedienG zwischen Bürgern und Organisationen differenziert wird, besteht kein Grund, juristischen Personen das Recht auf Veröffentlichung einer Antwort nur dann einzuräumen, wenn über sie Behauptungen verbreitet wurden, die ihr geschäftliches Ansehen verleumden. Die Kritik an der Rechtsprechung des Obersten Gerichtshofs der RF ist daher überzeugend.

Der Anspruch auf Veröffentlichung einer Antwort besteht ebenso wie der Anspruch auf Widerruf unabhängig vom Verschulden des Schädigers[1962].

Hinsichtlich des Verfahrens bei Veröffentlichung einer Antwort in einem Massenmedium verweist Art. 46 Satz 2 MassenmedienG auf die Art. 43-45 MassenmedienG, somit auf das Verfahren im Falle eines Widerrufs einer Publikation. Speziell für das Recht auf Veröffentlichung einer Antwort sieht Art. 46 Satz 3 MassenmedienG vor, daß eine Antwort auf eine Antwort nicht später als in der folgenden Ausgabe des Massenmediums untergebracht werden muß. Diese Regelung erstreckt

---

1961 *Šeljutto*, Žurnal rossijskogo prava 1997, Nr. 12, S. 38.

1962 *Zavidov/Gusev*, Graždansko-pravovaja otvetstvennost', S. 492; *Jarošenko* in: *Sadikov*, Kommentarij k Graždanskomu kodeksu RF časti pervoj, Anm. 9 zu Art. 152.

sich nach Art. 46 Satz 4 MassenmedienG nicht auf redaktionelle Kommentare.

4. Der Anspruch auf Ersatz des materiellen und des immateriellen Schadens

Ein Bürger, über den in Massenmedien Behauptungen verbreitet worden sind, die seine Ehre, seine Würde und sein geschäftliches Ansehen verleumden, ist berechtigt, neben dem Widerruf derartiger Behauptungen Ersatz des durch deren Verbreitung zugefügten Schadens sowie des immateriellen Schadens zu verlangen (Art. 152 Abs. 5 ZGB). Durch diese Vorschrift wird klargestellt, daß der Geschädigte zum Schutz seiner Ehre, seiner Würde und seines geschäftlichen Ansehens neben den speziellen, in Art. 152 ZGB vorgesehenen Möglichkeiten (Widerruf, Veröffentlichung einer Antwort) auch von den allgemeinen, in Art. 12 ZGB vorgesehenen Möglichkeiten zum Schutz seiner Rechte Gebrauch machen kann, wozu insbesondere der Anspruch auf Ersatz des materiellen und des immateriellen Schadens gehört.

Bei dieser Vorschrift handelt es sich nicht um eine Rechtsfolgen-, sondern um eine Rechtsgrundverweisung: Ein Anspruch auf Ersatz des materiellen und des immateriellen Schadens besteht nur dann, wenn sämtliche hierfür im Deliktsrecht vorgesehenen Voraussetzungen (vgl. insbesondere der Art. 1064, 1099-1101 ZGB) erfüllt sind[1963]. Den Ersatz des materiellen Schadens kann der Geschädigte deshalb nur bei schuldhaftem Verhalten des Schädigers verlangen (vgl. Art. 1064 ZGB). Der Anspruch auf Ersatz des immateriellen Schadens besteht hingegen unabhängig vom Verschulden des Schädigers (vgl. Art. 1101 ZGB). Ein Verschulden des Schädigers kann das Gericht jedoch bei der Höhe des Schadensersatzes berücksichtigen[1964]. Ausgeschlossen ist der Anspruch auf Schadensersatz, wenn die Voraussetzungen für eine Befreiung von der Haftung nach Art. 57 MassenmedienG vorliegen. Das soll auch für

---

[1963] *Jarošenko* in: *Sadikov*, Kommentarij k Graždanskomu kodeksu RF časti pervoj, Anm. 10 zu Art. 152; *Šeljutto*, Žurnal rossijskogo prava 1997, Nr. 12, S. 38; vgl. auch *Zavidov/Gusev*, Graždansko-pravovaja otvetstvennost', S. 492.

[1964] Vgl. *Reznik* in: *Abova/Kabalkin/Mozolin*, Graždanskij kodeks RF. Čast' pervaja, Anm. 9 zu Art. 152; *Zavidov/Gusev*, Graždansko-pravovaja otvetstvennost', S. 492; *Anisimov*, Čest', dostoinstvo, delovaja reputacija: graždansko-pravovaja zaščita, S. 44.

den Ersatz des immateriellen Schadens gelten, weil Art. 57 MassenmedienG gegenüber Art. 1100 ZGB die speziellere Vorschrift ist[1965].

Allerdings ist es gewöhnlich schwierig für den Kläger, dem hierfür nach den allgemeinen Regeln die Beweislast obliegt, den Kausalzusammenhang zwischen der Verbreitung der nicht der Wirklichkeit entsprechenden Behauptungen und dem dadurch eingetretenen Schaden zu beweisen. Wenn z. B. ein produzierendes Unternehmen nach der Verbreitung einer verleumdenden Behauptung weniger Waren absetzt, ist dies nicht notwendig auf die Verbreitung der verleumdenden Behauptungen zurückzuführen[1966]. In der Literatur wird deshalb vorgeschlagen, daß ein Unternehmen, über das in einem Massenmedium der Wahrheit zuwider verbreitet wurde, es stelle qualitativ schlechte Waren her, neben dem Widerruf dieser Behauptung von dem Massenmedium den Ersatz des Schadens verlangen kann, der ihm dadurch entstanden ist, daß es mehr Geld für Werbung ausgeben mußte, um den Imageschaden zu beseitigen[1967].

> Wegen eines fehlenden Kausalzusammenhangs zwischen einer nicht der Wirklichkeit entsprechenden verbreiteten Behauptung und einem Schaden hat ein Arbitragegericht bei folgender Fallkonstellation die Klage abgewiesen: Ein Zentrum für analytische Forschungen verlangte von dem örtlichen Radiosender Schadensersatz, weil dieser über das Forschungszentrum verleumdende Behauptungen verbreitet hatte, die nicht der Wirklichkeit entsprachen. Das Forschungszentrum begründete seine Schadensersatzklage damit, daß ihm durch die verbreiteten Behauptungen ein Schaden entstanden sei, weil dies der Grund dafür gewesen sei, daß ein Unternehmen den Abschluß eines Vertrages über die Durchführung einer Marktforschungsanalyse abgelehnt habe. Es stellte sich jedoch im Zuge der Gerichtsverhandlung heraus, daß der Vertrag nicht zustandegekommen war, weil das Forschungszentrum nicht innerhalb von zehn Tagen seinem Auftraggeber einen Entwurf des Programms für die Marktforschungsanalyse zur Verfügung gestellt hatte[1968].

1965 *Šeljutto*, Kommentarij sudebnoj praktiki 1997, Vypusk 3, S. 53.

1966 *Šeljutto*, Žurnal rossijskogo prava 1997, Nr. 12, S. 38; vgl. auch *Plotnikov*, ChiP 1995, Nr. 11, S. 97.

1967 Vgl. *Ėrdelevskij*, Zakon 1998, Nr. 11/12, S. 105 f.; *Ėrdelevskij*, Kompensacija moral'nogo vreda, S. 136.

1968 Vgl. Punkt 6 des Informationsbriefs Nr. 46 des Höchsten Arbitragegerichts vom 23.09.1999, VVAS 1999, Nr. 11, S. 65.

Eine Klage auf Ersatz des materiellen Schadens kann nach der Rechtsprechung des Höchsten Arbitragegerichts auch dann erhoben werden, wenn der Kläger zuvor keinen Anspruch auf Widerruf der verbreiteten nicht der Wirklichkeit entsprechenden Behauptungen geltend gemacht hat. Nach Art. 152 ZGB ist das Recht auf Ersatz des materiellen Schadens nicht von einer vorherigen oder gleichzeitigen Klage auf Widerruf der verbreiteten Behauptung abhängig. Die Frage, ob die verbreiteten Behauptungen der Wirklichkeit entsprechen oder nicht, wird im Falle einer Schadensersatzklage ohne vorherige oder gleichzeitige Klage auf Widerruf im Schadensersatzprozeß überprüft[1969].

Ein Anspruch auf Ersatz des immateriellen Schadens kann nach der Rechtsprechung des Obersten Gerichtshofs der RF auch dann selbständig geltend gemacht werden, wenn die Redaktion eines Massenmediums freiwillig einen Widerruf veröffentlicht hat, der den Kläger befriedigt[1970]. Wenn der Kläger mit dem Widerruf des Autors des veröffentlichten Materials nicht einverstanden ist, soll eine Umstellung einer Klage auf Schutz der Ehre, Würde und des geschäftlichen Ansehens in eine Klage auf Ersatz des immateriellen Schadens hingegen unzulässig sein[1971].

Art. 152 Abs. 5 ZGB ist unstreitig auch auf juristische Personen anwendbar, soweit es um den Ersatz des materiellen Schadens geht. Ob juristische Personen auch den Ersatz des immateriellen Schadens verlan-

---

1969 Vgl. Punkt 2 des Informationsbriefs Nr. 46 des Höchsten Arbitragegerichts vom 24.09.1999, VVAS 1999, Nr. 11, S. 63 f.

1970 Punkt 11 der erläuternden Leitentscheidung Nr. 11 des Plenums des Obersten Gerichtshofs der RF vom 18.08.1992, BVS RF 1992, Nr. 11, S. 8; vgl. auch BVS RF 1997, Nr. 1, S. 19. Eine abweichende Ansicht wird in der Literatur von *Bykov*, RJu 2002, Nr. 4, S. 46 f., vertreten. Nach Meinung von *Bykov* kann eine Klage auf Ersatz des immateriellen Schadens nur zusammen mit einer Klage auf Widerruf erhoben werden. Eine isolierte Klage auf Ersatz des immateriellen Schadens soll unzulässig sein, weil sie gegenüber der Klage auf Widerruf subsidiär sein soll. Für letztere Auffassung spricht zwar der Wortlaut des Art. 152 Abs. 5 ZGB, wonach der Anspruch auf Ersatz des immateriellen Schadens *neben* dem Widerruf geltend gemacht werden kann. Für die Auffassung der Rechtsprechung spricht jedoch, daß es nicht sinnvoll sein kann, den Kläger zu zwingen, den Anspruch auf Ersatz des immateriellen Schadens auch dann in Verbindung mit einer Klage auf Widerruf geltend zu machen, wenn der Kläger – aus welchen Gründen auch immer – an einem Widerruf nicht (mehr) interessiert ist. In diesem Fall würden die Gerichte nur mit unnötigen Klageanträgen beschäftigt werden.

1971 *Reznik* in: *Abova/Kabalkin/Mozolin*, Graždanskij kodeks RF. Čast' pervaja, Anm. 9 zu Art. 152.

gen können, ist umstritten. In Art. 7 Abs. 6 GZG 1991 war noch unmittelbar vorgesehen, daß sowohl Bürger als auch juristische Personen einen Anspruch auf Ersatz des immateriellen Schadens im Falle der Verbreitung von verleumdenden Behauptungen haben. Art. 152 Abs. 7 ZGB sieht hingegen nur eine entsprechende Anwendung des Art. 152 Abs. 5 ZGB auf juristische Personen vor. Wie bereits oben dargelegt[1972], ist der Oberste Gerichtshof der RF dennoch der Meinung, daß juristische Personen unter den Voraussetzungen des Art. 152 ZGB einen Ersatz des immateriellen Schadens verlangen können[1973]. Das Höchste Arbitragegericht und die herrschende Meinung in der Literatur[1974] sind hingegen der Auffassung, daß juristische Personen keinen Ersatz des immateriellen Schadens geltend machen können[1975]. Falls bei einer Verbreitung von nicht der Wirklichkeit entsprechenden verleumdenden Behauptungen über eine juristische Person gleichzeitig das geschäftliche Ansehen der Arbeitnehmer der juristischen Person verletzt wurde, haben deshalb nach der herrschenden Meinung nur die Arbeitnehmer einen Anspruch auf Ersatz des immateriellen Schadens[1976]. Diesen Anspruch kann nicht die juristische Person für die Arbeitnehmer vor dem Arbitragegericht geltend machen[1977].

5. Gerichtliche Feststellung, daß die verbreiteten Behauptungen nicht der Wirklichkeit entsprechen

Für den Fall einer anonymen Verbreitung von Behauptungen oder wenn es aus anderen Gründen nicht möglich ist, einen bestimmten Be-

---

1972 Vgl. S. 287 ff.

1973 Vgl. Punkt 5 der erläuternden Leitentscheidung Nr. 10 vom 20.12.1994, BVS RF 1995, Nr. 3, S. 10.

1974 Für die Einführung eines Anspruchs auf Ersatz des immateriellen Schadens von juristischen Personen bei Verletzung des geschäftlichen Ansehens sprechen sich *Golubev/Narižnij*, RJu 1999, Nr. 7, S. 25, aus.

1975 Punkt 11 der erläuternden Leitentscheidung Nr. 11 des Plenums des Obersten Gerichtshofs der RF vom 18.08.1992, BVS RF 1992, Nr. 11, S. 8, i. d. F. der erläuternden Leitentscheidung Nr. 6 vom 25.04.1995, BVS RF 1995, Nr. 7, S. 5.

1976 *Golubev/Narižnij*, RJu 1999, Nr. 7, S. 25; vgl. auch *Koževnikov*, Pravovedenie 1993, Nr. 6, S. 44; *Ėrdelevskij*, Kompensacija moral'nogo vreda, S. 112, 137 f.; *Ėrdelevskij*, Moral'nyj vred i kompensacija za stradanija, S. 14 f.

1977 Vgl. Punkt 12 des Informationsbriefs Nr. 46 des Höchsten Arbitragegerichts vom 23.09.1999, VVAS 1999, Nr. 11, S. 69.

klagten zu ermitteln, sieht Art. 152 Abs. 6 ZGB eine spezielle Art und Weise der Verteidigung von Ehre, Würde und geschäftlichem Ansehen vor: Ist es unmöglich, die Person festzustellen, welche die Ehre, die Würde oder das geschäftliche Ansehen eines Bürgers verleumdende Behauptungen verbreitet, so ist die Person, über die derartige Behauptungen verbreitet worden sind, berechtigt, zu beantragen, daß das Gericht die verbreiteten Behauptungen für unzutreffend erklärt.

Zu den Fällen der anonymen Verbreitung von Behauptungen gehört nicht die Publikation in einem Massenmedium ohne Angabe des Autors. In diesen Fällen ist nämlich der Verbreiter – das Massenmedium – bekannt, mit der Folge, daß ihm die Haftung auferlegt werden kann[1978].

Die Rechtsfolge des Art. 152 Abs. 6 ZGB besteht darin, daß das Gericht die geforderte Tatsache feststellt, ohne jemandem die Pflicht aufzuerlegen, sie zu widerrufen[1979].

Die ZPO sieht kein besonderes Verfahren für die Verhandlung solcher Forderungen vor. Deshalb müssen sie in dem Verfahren verhandelt werden, das für die Feststellung von Tatsachen, die juristische Bedeutung haben, in den Art. 245-251 ZPO RSFSR/Art. 264-268 ZPO RF vorgesehen ist[1980]. In diesem Verfahren kann auch geklagt werden, wenn es den Verbreiter nicht mehr gibt (z. B. weil der Bürger gestorben oder die juristische Person aufgelöst wurde)[1981].

1978 *Jarošenko* in: *Sadikov*, Kommentarij k Graždanskomu kodeksu RF časti pervoj, Anm. 11 zu Art. 152; *Jarošenko* in: *Braginskij*, Kommentarij časti pervoj Graždanskogo kodeksa RF, S. 230.

1979 *Jarošenko* in: *Braginskij*, Kommentarij časti pervoj Graždanskogo kodeksa RF, S. 230; *Braginskij/Suchanov/Jarošenko*, ChiP 1995, Nr. 5, S. 23; *Zavidov/Gusev*, Graždansko-pravovaja otvetstvennost', S. 492.

1980 *Jarošenko* in: *Sadikov*, Kommentarij k Graždanskomu kodeksu RF časti pervoj, Anm. 11 zu Art. 152; *Zavidov/Gusev*, Graždansko-pravovaja otvetstvennost', S. 492; vgl. auch *Šeljutto*, Žurnal rossijskogo prava 1997, Nr. 12, S. 37; *Krasavčikova* in: *Illarinova/Gongalo/Pletnev*, Graždanskoe pravo. Čast' pervaja, S. 194.

1981 *Jarošenko* in: *Sadikov*, Kommentarij k Graždanskomu kodeksu RF časti pervoj, Anm. 11 zu Art. 152.

6. Strafrechtliche Verfolgung

Zum Verhältnis der strafrechtlichen und zivilrechtlichen Möglichkeiten im Falle von Verleumdungen und Beleidigungen hat der Oberste Gerichtshof der RF folgendes ausgeführt:

In dem Fall, wenn die Handlungen der Person, die über eine andere Person verleumdende Behauptungen verbreitet hat, die Merkmale einer Straftat enthalten, die in Art. 129 StGB (Verleumdung) und Art. 130 StGB (Beleidigung) enthalten sind, kann sich der Geschädigte mit einem Antrag auf strafrechtliche Verfolgung an das Gericht wenden sowie eine Klage auf Schutz der Ehre und Würde oder des geschäftlichen Ansehens im Zivilprozeßverfahren erheben. Die Ablehnung der Einleitung eines Strafverfahrens nach Art. 129 und 130 StGB[1982], die Einstellung des eingeleiteten Strafverfahrens sowie die Fällung eines Strafurteils schließen die Möglichkeit der Erhebung einer Klage auf Schutz des Ehre und Würde oder des geschäftlichen Ansehens im Zivilprozeßverfahren nicht aus[1983].

Diese Klarstellung beruht darauf, daß nach der Rechtsprechung des Obersten Gerichtshofs der UdSSR[1984] und der RSFSR[1985] der Geschädigte bei dieser Fallkonstellation entweder das Gericht um strafrechtliche Verfolgung des Schuldigen ersuchen oder eine Klage auf Schutz der Ehre und Würde im Zivilprozeßverfahren erheben konnte. Der Geschädigte konnte somit früher den Schädiger nicht gleichzeitig strafrechtlich und zivilrechtlich verfolgen, sondern mußte sich für einen der beiden Wege entscheiden.

[1982] Im Originaltext der erläuternden Leitentscheidung werden Art. 130 und 131 StGB RSFSR genannt, weil damals das StGB der RF noch nicht in Kraft getreten war.

[1983] Vgl. Punkt 8 der erläuternden Leitentscheidung Nr. 11 des Plenums des Obersten Gerichtshofs der RF vom 18.08.1992, BVS RF 1992, Nr. 11, S. 8, i. d. F. der erläuternden Leitentscheidung Nr. 6 vom 25.04.1995, BVS RF 1995, Nr. 7, S. 5.

[1984] Punkt 2 der erläuternden Leitentscheidung Nr. 11 des Plenums des Obersten Gerichtshofs der UdSSR vom 17.12.1971, BVS SSSR 1972, Nr. 1, S. 12 f.; Punkt 6 der erläuternden Leitentscheidung Nr. 2 des Plenums des Obersten Gerichtshofs der UdSSR vom 02.03.1989, BVS SSSR 1989, Nr. 3, S. 10.

[1985] BVS RSFSR 1976, Nr. 1, S. 3.

H. Zusammenfassung der Ergebnisse und Bewertung

1. Das geltende rußländische Deliktsrecht stellt ein Konglomerat aus „altem“ und „neuem“ Recht dar. Viele Vorschriften gehen auf das ZGB 1964 sowie die GZG 1991 zurück. Einige wurden jedoch abgeändert oder ergänzt. Dabei wurden auch bestimmte Grundsätze, die durch die höchstrichterliche Rechtsprechung entwickelt worden waren, in den Gesetzestext aufgenommen. Zahlreiche Vorschriften des geltenden Deliktsrechts sind allerdings völlig neu. Ein spürbarer Einfluß ausländischer Rechtsordnungen ist im Deliktsrecht – mit Ausnahme des Produkthaftungsrechts – nicht zu erkennen.

2. Die rußländische Rechtswissenschaft geht von einem vierstufigen Deliktsaufbau (Schaden, Rechtswidrigkeit, Kausalität, Verschulden) aus, während die deutsche Rechtswissenschaft einen dreistufigen Deliktsaufbau (Tatbestand, Rechtswidrigkeit, Verschulden) zugrundelegt. Das führt dazu, daß im rußländischen Recht einige Probleme, die im deutschen Recht erst im Rahmen der Haftungsausfüllung erörtert werden, von der rußländischen Rechtswissenschaft im Zusammenhang mit der Haftungsbegründung behandelt werden, also gelegentlich Fragen der Haftungsbegründung und der Haftungsausfüllung „vermischt“ werden.

3. Bei der Abgrenzung vertraglicher und deliktischer Schuldverhältnisse unterscheiden sich das deutsche und das rußländische Recht grundlegend voneinander: Im deutschen Recht bestehen vertragliche und deliktische Ansprüche in der Regel nebeneinander. Im rußländischen Deliktsrecht werden hingegen entweder die Vorschriften über die vertragliche Haftung oder die über die deliktische Haftung angewendet. Für den Geschädigten ist dieses zwischen vertraglicher und deliktischer Haftung bestehende Ausschließlichkeitsverhältnis nicht von Nachteil. Die Beweislastverteilung ist im rußländischen Deliktsrecht nicht ungünstiger als im Vertragsrecht, weil das Deliktsrecht ebenso wie das Vertragsrecht eine Vermutung des Verschuldens des Geschädigten vorsieht. Im rußländischen Deliktsrecht besteht im Gegensatz zum deutschen Deliktsrecht auch keine Exculpationsmöglichkeit bei der Gehilfenhaftung. Zudem gilt sowohl für vertragliche als auch für deliktische Ansprüche eine einheitliche Verjährungsregelung. Das rußländische Deliktsrecht ist für den Geschädigten sogar insofern günstiger, als es absolut zwingend ist und Abweichungen durch Vertrag nur zugunsten des

Geschädigten möglich sind, während im deutschen Recht die deliktische Haftung grundsätzlich durch Vertrag abbedungen werden kann.

4. Das rußländische Deliktsrecht enthält in Art. 1064 Abs. 1 ZGB einen Grundtatbestand und darüber hinaus mehrere Spezialtatbestände (Staatshaftung, Produkthaftung, Haftung für Minderjährige und Geschäftsunfähige). Ob die Gefährdungshaftung für Quellen erhöhter Gefahr (1079 ZGB) einen zweiten Grundtatbestand oder einen Spezialtatbestand darstellt, ist umstritten.

5. In Art. 1064 Abs. 1 ZGB befindet sich der Grundtatbestand der deliktischen Haftung, der Ansprüche im Falle der Verletzung der Rechtsgüter „Person" und „Vermögen vorsieht. Dabei umfaßt das Rechtsgut „Person" alle immateriellen Rechtsgüter. Unterschiedliche Auffassungen werden zu der Frage vertreten, welche Rechte das Rechtsgut „Vermögen" in Art. 1064 Abs. 1 Satz 1 ZGB im einzelnen umfaßt. Nach einer Auffassung bestehen Ansprüche wegen einer Verletzung dieses Rechtsguts nur bei einer Beschädigung oder Zerstörung von körperlichen Gegenständen. Nach einer weiteren Auffassung soll Art. 1064 Abs. 1 Satz 1 ZGB im Sinne einer deliktsrechtlichen Generalklausel auszulegen sein und der Begriff „Vermögen" im Sinne dieser Vorschrift alle vermögenswerten Rechte und somit auch Forderungen umfassen. Überwiegend wird jedoch die Meinung vertreten, Art. 1064 Abs. 1 Satz 1 ZGB erfasse nur absolute Rechte. Bei der Frage, wer Ansprüche wegen der Verletzung welcher Rechtsgüter geltend machen kann, wird zwischen natürlichen und juristischen Personen differenziert: Natürliche Personen können sowohl bei Verletzung des Rechtsguts „Person" als auch des Rechtsguts „Vermögen" nach Art. 1064 Abs. 1 ZGB deliktische Ansprüche geltend machen. Bei juristischen Personen ist nur das Rechtsgut „Vermögen" und nicht das Rechtsgut „Person" geschützt. Das hat zur Folge, daß eine juristische Person bei Verletzung des geschäftlichen Ansehens – im Gegensatz zu einer natürlichen Person, die ein Unternehmen betreibt – nicht nach Art. 1064 Abs. 1 ZGB Schadensersatz verlangen kann, sondern nur nach der Spezialvorschrift des Art. 152 Abs. 5, 7 ZGB. Nicht durch das Deliktsrecht geschützt ist auch das geistige Eigentum juristischer Personen, welches zu den immateriellen Rechtsgütern zählt und deshalb unter das Rechtsgut „Person" fällt und nicht zum „Vermögen" im Sinne des Art. 1064 Abs. 1 ZGB gehört. Bei Verletzung des geistigen Eigentums juristischer Personen bestehen nur Ansprüche nach den einschlägigen Spezialgesetzen.

6. In der rußländischen Rechtswissenschaft werden verschiedene Kausalitätstheorien erörtert. Dabei handelt es sich einerseits um die auch im deutschen Recht bekannten Theorien (Äquivalenztheorie, Adäquanztheorie), andererseits um Theorien, die von der sowjetischen Rechtswissenschaft entwickelt wurden. Inwieweit bei Anwendung der verschiedenen Theorien unterschiedliche Ergebnisse erzielt werden, wird jedoch nicht deutlich. In der höchstrichterlichen Rechtsprechung zum Deliktsrecht spielt das Problem des Kausalzusammenhangs nur eine untergeordnete Rolle. Es wurden von der Rechtsprechung keine Grundsätze herausgearbeitet, anhand derer bestimmt werden kann, wann ein Kausalzusammenhang besteht und wann nicht. Im Bereich des Kausalzusammenhangs bestehen somit erhebliche Rechtsunsicherheiten. Zwischen haftungsbegründender und haftungsausfüllender Kausalität wird im rußländischen Recht zwar unterschieden, allerdings nicht so deutlich wie im deutschen Recht.

7. Deliktische Ansprüche nach rußländischem Recht setzen voraus, daß der Schädiger rechtswidrig gehandelt hat. Ein durch rechtmäßige Handlungen zugefügter Schaden ist nur in den gesetzlich vorgesehenen Fällen zu ersetzen. Im Zusammenhang mit dem Begriff der Rechtswidrigkeit wird diskutiert – ähnlich wie im deutschen Recht eine Kontroverse zwischen der Lehre vom Erfolgsunrecht und der Lehre vom Handlungsunrecht besteht –, ob allein eine Schadenszufügung ohne Ermächtigung dazu rechtswidrig ist oder ob der Schädiger zusätzlich eine Norm des objektiven Rechts verletzen muß. Das rußländische Recht kennt – wie das deutsche Recht – die Rechtfertigungsgründe der Notwehr (Art. 1066 ZGB) und des Notstandes (Art. 1067 ZGB). Im Falle eines Notstandes gilt das Verhalten des Schädigers zwar als rechtmäßig, allerdings hat er den zugefügten Schaden dennoch zu ersetzen. Der Schädiger kann nur unter bestimmten Voraussetzungen durch das Gericht von der Haftung befreit werden. Der Notstand ist also das Hauptbeispiel für eine Schadensersatzpflicht trotz rechtmäßigen Handelns. Darüber hinaus handelt der Schädiger auch dann nicht rechtswidrig, wenn er ihm durch Gesetz oder andere Rechtsakte auferlegte Pflichten erfüllt hat oder wenn der Geschädigte in die Schadenszufügung eingewilligt hat und die Handlungen des Schädigers nicht die sittlichen Grundsätze der Allgemeinheit verletzen.

8. Die deliktische Haftung nach dem rußländischen Recht setzt grundsätzlich ein Verschulden des Schädigers voraus, welches – anders

als im deutschen Deliktsrecht – vermutet wird. Sowohl im ZGB als auch in Spezialgesetzen sind jedoch zahlreiche Fälle einer verschuldensunabhängigen deliktischen Haftung vorgesehen. Das rußländische Recht unterscheidet ebenso wie das deutsche Recht zwei Verschuldensformen, nämlich Vorsatz und Fahrlässigkeit, wobei zwischen verschiedenen Formen des Vorsatzes (direkter Vorsatz, bedingter Vorsatz) und der Fahrlässigkeit (einfache und grobe Fahrlässigkeit) differenziert wird. Für den Eintritt und den Umfang der Haftung sind die verschiedenen Verschuldensformen grundsätzlich nicht von Bedeutung. Etwas anderes gilt im Bereich des Mitverschuldens des Geschädigten: Es wird nur bei Vorsatz oder grober Fahrlässigkeit des Geschädigten berücksichtigt (vgl. Art. 1083 Abs. 1 und 2 ZGB).

9. Nach Art. 1068 ZGB haften juristische Personen und Bürger für Schäden, die ihre Arbeitnehmer in Erfüllung ihrer Arbeitnehmerpflichten zugefügt haben. Dabei geht der Gesetzgeber davon aus, daß der Arbeitgeber für seine eigenen und nicht für fremde Handlungen haftet. Die Handlungen des Arbeitnehmers werden als Handlungen des Arbeitgebers betrachtet. Zurückzuführen ist diese dogmatische Konstruktion auf die von der sowjetischen Rechtswissenschaft entwickelte Kollektivtheorie, nach der juristische Personen nicht für fremdes, sondern für eigenes Verschulden haften und das Verschulden der Arbeitnehmer der juristischen Person als Verschulden der juristischen Person gilt. Damit unterscheidet sich die Haftung für Arbeitnehmer im rußländischen Recht grundlegend von der Haftung des Geschäftherrn für seine Verrichtungsgehilfen nach § 831 BGB, bei der der Geschäftsherr nur bei einer schuldhaften Verletzung seiner Auswahl- oder Überwachungspflicht haftet, mit der Folge, daß er sich von seiner Haftung exculpieren kann. Eine solche Exculpationsmöglichkeit besteht im rußländischen Deliktsrecht nicht.

10. Der Schaden ist nach dem rußländischem Deliktsrecht grundsätzlich in vollem Umfang, einschließlich des entgangenen Gewinns, zu ersetzen. Von diesem Grundsatz gibt es nur einige gesetzlich vorgesehene Ausnahmen. Die wichtigste Ausnahme besteht darin, daß das Gericht die Höhe des Schadensersatzes unter Berücksichtigung der Vermögenslage des Schädigers herabsetzen kann, sofern es sich bei dem Schädiger um einen Bürger handelt und er den Schaden nicht vorsätzlich zugefügt hat (vgl. Art. 1083 Abs. 3 ZGB).

11. Im rußländischen Recht wird ebenso wie im deutschen Recht zwischen dem Ersatz materieller und dem Ersatz immaterieller Schäden

differenziert. Bei Bestimmung der Höhe des Ersatzes materieller Schäden werden nicht nur Vorschriften des Deliktsrechts, sondern auch die Vorschriften des allgemeinen Schuldrechts über die Berechnung der Schadenshöhe herangezogen. Für Schäden an Leben oder Gesundheit hat jedoch der rußländische Gesetzgeber im Deliktsrecht (Art. 1084-1094 ZGB) sehr detailliert geregelt, welche Schäden im einzelnen zu ersetzen sind und wie die Schadenshöhe berechnet wird. Nicht angewendet werden die Art. 1084-1094 ZGB allerdings, soweit Arbeitnehmern ein Schaden an Leben oder Gesundheit bei Erfüllung ihrer Arbeitspflichten zugefügt wurde. In diesem Fall erhalten sie eine Versicherungssumme nach dem Pflichtsozialversicherungsgesetz.

12. In der Sowjetunion wurde der Ersatz immaterieller Schäden lange Zeit abgelehnt. Die ersten Anspruchsgrundlagen auf Ersatz immaterieller Schäden wurden erst ab 1990 eingeführt. Sie beschränkten sich zunächst nur auf bestimmte Sachverhalte. Einen allgemeinen, sich auf alle Rechtsgebiete erstreckenden Anspruch auf Ersatz immaterieller Schäden, der sowohl im Bereich der vertraglichen als auch der deliktischen Haftung gilt, gibt es erst seit dem Inkrafttreten des neuen Zivilgesetzbuchs (vgl. Art. 151). Auf diese Anspruchsgrundlage kann sich der Geschädigte allerdings nur bei Verletzung von immateriellen Rechtsgütern stützen. Ein Ersatz immaterieller Schäden bei der Verletzung von Vermögensrechten ist nur in den gesetzlich vorgesehenen Fällen zulässig (vgl. Art. 1099 Abs. 2 ZGB). Ein Anspruch auf Ersatz des immateriellen Schadens besteht grundsätzlich nur im Falle eines Verschuldens des Schädigers. In bestimmten, im Gesetz vorgesehenen Fällen (vgl. Art. 1100 ZGB) wird ein Anspruch auf Ersatz des immateriellen Schadens jedoch unabhängig vom Verschulden des Schädigers gewährt. Die Bestimmung der Höhe des immateriellen Schadens bereitet den Gerichten in der Praxis noch große Schwierigkeiten. Das Gesetz (Art. 151, 1101 ZGB) gibt den Gerichten zwar einige Kriterien vor, an denen sich die Höhe des Ersatzes immaterieller Schäden orientieren soll. Den deutschen Schmerzensgeldtabellen vergleichbare Zusammenstellungen der bisherigen Rechtsprechung zur Höhe des Ersatzes immaterieller Schäden gibt es jedoch noch nicht, so daß für alle Prozeßbeteiligten erhebliche Unsicherheiten bestehen. Man kann aber feststellen, daß die Beträge, die in Rußland als Ersatz immaterieller Schäden zugesprochen werden, in der Regel unter den in Deutschland üblichen Beträgen liegen.

13. Im Bereich der Gefährdungshaftung haben sich der rußländische und der deutsche Gesetzgeber für entgegengesetzte Regelungsmodelle entschieden: Im rußländischen Recht gibt es eine verschuldensunabhängige Haftung für sämtliche Quellen erhöhter Gefahr (Art. 1079 ZGB) und darüber hinaus Einzeltatbestände für bestimmte Gefahrenquellen in Spezialgesetzen. Der deutsche Gesetzgeber hat sich hingegen für das Enumerationsprinzip entschlossen, also keine Generalklausel zur Gefährdungshaftung eingeführt, sondern nur Einzeltatbestände einer verschuldensunabhängigen Haftung überwiegend in Spezialgesetzen vorgesehen. Das vom rußländischen Gesetzgeber gewählte Regelungsmodell ist zwar für den Geschädigten günstiger, weil es auch neuartige Quellen erhöhter Gefahr erfaßt, während beim Enumerationsprinzip in der Regel der Gesetzgeber der technischen Entwicklung „hinterherhinkt". Allerdings hat es den Nachteil, daß es zu Lasten der Rechtssicherheit geht. Für die Ersatzpflichtigen, die Besitzer der Quellen erhöhter Gefahr, ist es schwieriger, ihr Haftungsrisiko abzuschätzen und zu versichern. Außerdem ist in der rußländischen Rechtsprechung und Rechtswissenschaft nicht einmal weitgehend geklärt, was unter einer Quelle erhöhter Gefahr zu verstehen ist. Es besteht nach wie vor ein Theorienstreit darüber, ob eine Quelle erhöhter Gefahr eine Tätigkeit, einen materiellen Gegenstand oder sowohl eine Tätigkeit als auch einen materiellen Gegenstand darstellt. Ferner ist es oft schwierig zu bestimmen, wer als Besitzer der Quelle erhöhter Gefahr anzusehen ist und damit für den bei Betrieb der Quelle erhöhter Gefahr zugefügten Schaden einzustehen hat.

14. Die Entwicklungsgeschichte des Staatshaftungsrechts im Zeitraum von 1922 bis heute ist dadurch gekennzeichnet, daß die gesetzlich vorgesehenen Rechte der Geschädigten im Laufe der Zeit immer mehr ausgeweitet wurden. Die ersten Gerichtsentscheidungen zur Staatshaftung gab es jedoch erst nach dem Einsetzen der *Perestroika* Mitte der 80er Jahre, obwohl das Staatshaftungsrecht seit 1977 sogar durch die Verfassungen der UdSSR und der RSFSR garantiert wurde. Heutzutage werden zwar in nicht unerheblicher Anzahl höchstrichterliche Entscheidungen zum Staatshaftungsrecht gefällt. Nach wie vor problematisch ist jedoch die Vollstreckung von Gerichtsentscheidungen gegen den Staat.

15. Im rußländischen Deliktsrecht gibt es zum einen eine Grundnorm des Staatshaftungsrechts (Art. 1069 ZGB), die für alle Bereiche staatlichen Handelns gilt. Die Haftung nach Art. 1069 ZGB unterscheidet sich insoweit von der Amtshaftung des § 839 BGB, als Art. 1069 ZGB eine

unmittelbare Staatshaftung vorsieht, während § 839 BGB von einer persönlichen Haftung des Beamten ausgeht, die lediglich durch Art. 34 GG auf den Staat übergeleitet wird. Nach Art. 1069 ZGB haftet der Staat nur für Schadenszufügungen im Bereich öffentlich-rechtlicher Rechtsbeziehungen. Im Bereich wirtschaftlicher oder technischer Tätigkeit wird der Schaden nach allgemeinen Grundsätzen ersetzt. Ferner haftet der Staat nach Art. 1069 BGB nur für die Handlungen (Unterlassungen) von Staatsorganen, Organen der örtlichen Selbstverwaltung und Amtspersonen dieser Organe. Für andere Personen haftet er nur nach den allgemeinen Vorschriften des Deliktsrechts (insbesondere Art. 1068 ZGB). Gegenstand der Haftung nach Art. 1069 ZGB sind gesetzwidrige Handlungen und Unterlassungen, wozu auch die Verabschiedung eines dem Gesetz oder anderen Rechtsakten nicht entsprechenden Rechtsakts zählt. Nach rußländischem Recht haftet der Staat – im Gegensatz zum deutschen Recht – auch für normatives Unrecht, weil zu den Rechtsakten auch normative Rechtsakte gehören. Die Haftung nach Art. 1069 ZGB greift ferner nur im Falle eines Verschuldens des Schädigers ein.

16. Darüber hinaus gibt es in Art. 1070 Abs. 1 ZGB und den am 01.07.2002 in Kraft getretenen Art. 133 ff. StPO RF Sonderregelungen, die die Haftung für Strafverfolgungsmaßnahmen betreffen. Nach diesen Vorschriften gilt eine verschuldensunabhängige Haftung für Handlungen von Amtspersonen der Organe der Ermittlung (bzw. der Ermittler), der Amtspersonen der Organe der Voruntersuchung (bzw. der Untersuchungsführer), der Staatsanwaltschaft und der Gerichte. Allerdings enthalten Art. 1070 Abs. 1 ZGB und die Art. 133 ff. StPO RF Regelungen, die teilweise voneinander abweichen. Insbesondere wird nach Art. 1070 Abs. 1 ZGB für bestimmte gesetzwidrige Handlungen gehaftet, die in einem Katalog abschließend aufgezählt sind, während die Haftung nach den Art. 133 ff. StPO RF nicht an bestimmte gesetzwidrige Handlungen, sondern daran anknüpft, daß bestimmte Strafverfolgungsmaßnahmen aufgehoben bzw. eingestellt wurden. Sofern die Vorschriften des Art. 1070 Abs. 1 ZGB und die der StPO RF voneinander abweichen, müssen die Regelungen der StPO RF als das neuere Gesetz vorgehen. In den nicht von Art. 1070 Abs. 1 ZGB bzw. den Art. 133 ff. StPO RF erfaßten Fällen haftet der Staat für die Amtspersonen der Organe der Ermittlung (bzw. die Ermittler), der Amtspersonen der Organe der Voruntersuchung (bzw. die Untersuchungsführer), der Staatsanwaltschaft und der Gerichte nur nach der allgemeinen Vorschrift über die Staatshaftung, somit nur

bei Vorliegen eines Verschuldens. Der Schaden ist in vollem Umfang einschließlich des immateriellen Schadens zu ersetzen.

17. Nach Art. 1070 Abs. 2 Satz 2 ZGB wird ein bei der Ausübung der Rechtsprechung zugefügter Schaden nur dann ersetzt, soweit die Schuld des Richters durch ein rechtskräftiges Strafgerichtsurteil festgestellt wurde. Diese Vorschrift wurde vom Verfassungsgericht der RF auf ihre Verfassungsmäßigkeit hin überprüft und nicht für verfassungswidrig erklärt, aber verfassungskonform ausgelegt. Dabei hat das Verfassungsgericht der RF die Vorschrift ähnlich ausgelegt, wie im deutschen Recht das sog. Spruchrichterprivileg des § 839 Abs. 2 BGB ausgelegt wird: Unter der Ausübung der Rechtsprechung ist nicht das gesamte Gerichtsverfahren zu verstehen, sondern nur derjenige Teil von ihm, der mit dem Beschluß von Rechtsakten der Gerichtsbarkeit zur Entscheidung von dem Gericht unterstellten Streitigkeiten abschließt, d. h. gerichtlicher Rechtsakte, die die Streitigkeit ihrem Wesen nach entscheiden. Schäden, die bei der Durchführung eines Zivilprozesses in anderen Fällen infolge gesetzwidriger Handlungen (oder einer Unterlassung) eines Gerichts bzw. eines Richters zugefügt wurden, sind auch dann zu ersetzen, wenn die Schuld des Richters nicht in einem Strafgerichtsurteil, sondern in einer anderen Gerichtsentscheidung festgestellt wurde.

18. Im rußländischen Recht beginnt die Deliktsfähigkeit mit der Vollendung des vierzehnten Lebensjahres. Minderjährige vor Vollendung des vierzehnten Lebensjahres haften für die von ihnen zugefügten Schäden grundsätzlich nicht. An Stelle des Minderjährigen haften dessen gesetzliche Vertreter, Anstalten, die verpflichtet sind, die Aufsicht über den Minderjährigen auszuüben sowie Personen, die die Aufsicht auf Grundlage eines Vertrages ausüben (vgl. Art. 1073 Abs. 1-3 ZGB). Selbst haften Minderjährige vor Vollendung des vierzehnten Lebensjahres nur unter engen Voraussetzungen, nämlich wenn deren Eltern (Adoptiveltern), Vormünder oder Bürger, die die Aufsicht über den Minderjährigen auf Grundlage eines Vertrages ausgeübt haben, verstorben sind oder nicht über die für den Ersatz des dem Leben oder der Gesundheit des Geschädigten zugefügten Schadens ausreichenden Mittel verfügen, der Schädiger jedoch selbst nach Eintritt der Volljährigkeit über solche Mittel verfügt. Voll geschäftsfähige Personen sowie Minderjährige im Alter von vierzehn bis achtzehn Jahren (vgl. Art. 1074 Abs. 1 ZGB) haften dagegen selbst für die von ihnen zugefügten Schäden. Die gesetzlichen Vertreter eines Minderjährigen im Alter von vier-

zehn bis achtzehn Jahren haften nur subsidiär für die von dem Minderjährigen zugefügten Schäden (vgl. Art. 1074 Abs. 2 ZGB). Die an Stelle oder neben dem Minderjährigen nach Art. 1073 und Art. 1074 ZGB ersatzpflichtigen Personen bzw. Anstalten haften jeweils für ein eigenes Verschulden (nämlich die nicht ordnungsgemäße Erziehung bzw. Beaufsichtigung des Minderjährigen), welches vermutet wird.

19. Nicht deliktsfähig sind ferner Personen, die für geschäftsunfähig erklärt wurden, und Personen, die einen Schaden in einem Zustand zufügen, in dem sie die Bedeutung ihrer Handlungen nicht erkennen oder nicht steuern können. Für Geschäftsunfähige haften deren Vormünder oder Organisationen, die verpflichtet sind, sie zu beaufsichtigen (Art. 1076 Abs. 1 ZGB). Den Geschäftsunfähigen selbst kann die Haftung nur unter Berücksichtigung ihrer Vermögenslage und der des Geschädigten auferlegt werden, wenn ihr Vormund verstorben ist oder nicht über die für den Ersatz des dem Leben oder der Gesundheit des Geschädigten zugefügten Schadens ausreichenden Mittel verfügt (Art. 1076 Abs. 3 ZGB). Bürger, die infolge von Spirituosen- bzw. Rauschmittelmißbrauch für beschränkt geschäftsfähig erklärt wurden, sind trotz der Einschränkung ihrer Geschäftsfähigkeit voll deliktsfähig und haften für die von ihnen zugefügten Schäden selbst (vgl. Art. 1077 ZGB). Für Personen, die infolge einer psychischen Störung die Bedeutung ihrer Handlungen nicht erkennen können, haften nur ausnahmsweise die mit dieser Person wohnhaften erwerbsfähigen Ehegatten, Eltern oder volljährigen Kinder, wenn sie die psychische Störung des Schädigers kannten, jedoch keine Anstrengungen unternommen hatten, ihn für geschäftsunfähig erklären zu lassen (Art. 1078 Abs. 3 ZGB). Im übrigen bleiben die Schäden, die geschäftsfähige Personen zugefügt haben, die die Bedeutung ihrer Handlungen nicht erkennen oder nicht steuern konnten, grundsätzlich unersetzt (vgl. Art. 1078 Abs. 1 Satz 1 ZGB). Etwas anderes gilt lediglich, soweit sie diesen Zustand selbst durch den Genuß von Spirituosen, Rauschmittel oder auf eine andere Art und Weise herbeigeführt haben (vgl. Art. 1078 Abs. 1 Satz 2 ZGB). Außerdem kann ihnen unter Berücksichtigung ihrer Vermögenslage und der des Geschädigten die Haftung auferlegt werden, wenn der Schaden dem Leben oder der Gesundheit des Geschädigten zugefügt wurde (Art. 1078 Abs. 2 ZGB).

20. Das Produkthaftungsrecht der RF wird nicht nur im ZGB (Art. 1095-1098), sondern darüber hinaus auch durch das Verbraucherschutzgesetz geregelt, deren Bestimmungen zur Produkthaftung mit denen des

ZGB weitgehend übereinstimmen. Das Verbraucherschutzgesetz enthält allerdings einige Vorschriften, die bestimmte Fragen detaillierter als das ZGB regeln. Gelegentlich bestehen zwischen den Bestimmungen des ZGB und denen des VerbraucherschutzG auch Abweichungen. Die Art. 1095-1098 ZGB beziehen sich auf jeden Bürger und jede juristische Person bei Erwerb einer Ware (Bestellung einer Arbeit oder Dienstleistung) zu Verbraucherzwecken. Das Verbraucherschutzgesetz erstreckt sich hingegen auf Verbraucher, wobei nach der Definition des Verbrauchers im Verbraucherschutzgesetz nur Bürger unter diesen Begriff fallen können. Die Produkthaftung nach dem rußländischen Recht ist ebenso wie die nach europäischem Recht eine verschuldensunabhängige Haftung. Das rußländische Produkthaftungsrecht ist jedoch in vielen Punkten strenger als das europäische Recht. Es wird nicht nur für mangelhafte Waren, sondern auch für mangelhafte Arbeiten und Dienstleistungen gehaftet. Ersatzpflichtig sind dementsprechend die Hersteller und Verkäufer von Waren sowie die Ausführenden von Arbeiten und Dienstleistungen (vgl. Art. 1096 ZGB). Gehaftet wird auch für nicht wahrheitsgemäße oder unzulängliche Informationen, wobei die gesetzlich vorgesehenen Informationspflichten in der RF sehr viel umfangreicher sind als im deutschen bzw. europäischen Recht. Strenger ist das rußländische Produkthaftungsrecht auch insofern, als es eine Haftung für Entwicklungsrisiken vorsieht, die das europäische Produkthaftungsrecht ausdrücklich ausschließt. Haftungshöchstbeträge und einen Selbstbehalt, bis zu dem ein Verbraucher den Schaden selbst zu tragen hat, kennt das rußländische Produkthaftungsrecht im Gegensatz zum europäischen Recht nicht. Ferner besteht nach dem VerbraucherschutzG (Art. 15) auch bei Verletzung von Vermögensrechten ein Anspruch auf Ersatz immaterieller Schäden, den es weder im europäischen noch im deutschen Produkthaftungsrecht gibt.

21. Einen Anspruch, den man mit dem aus dem deutschen Recht bekannten quasinegatorischen Unterlassungs- und Beseitigungsanspruch vergleichen kann, gibt es im rußländischen Recht nicht. Der Gläubiger eines deliktischen Schuldverhältnisses kann nach dem rußländischen Recht grundsätzlich nicht die Unterlassung einer Handlung, sondern nur Schadensersatz verlangen. Das ZGB enthält allerdings spezielle Vorschriften, die unter bestimmten Voraussetzungen Beseitigungs-, Unterlassungs- und andere nicht auf Schadensersatz gerichtete Ansprüche vorsehen.

22. Im Deliktsrecht befindet sich in Art. 1065 ZGB ein Anspruch auf Abwehr künftiger Schäden. Bei diesem Anspruch handelt es sich nicht um einen deliktischen, sondern einen quasi-deliktischen Anspruch bzw. ein besonderes Schuldverhältnis. Dabei betrifft Abs. 1 dieser Vorschrift den Fall, daß noch kein Schaden entstanden ist, während Abs. 2 voraussetzt, daß bereits ein Schaden zugefügt wurde, aber die Schadenszufügung weiter andauert oder ein neuer Schaden droht. Art. 1065 Abs. 1 ZGB gilt zudem für alle künftigen Gefahren eines Schadens, während nach Art. 1065 Abs. 2 ZGB der Schaden infolge des Betriebs eines Unternehmens, eines Bauwerks oder einer anderweitigen Produktionstätigkeit zugefügt worden sein muß. Die Rechtsfolge des Art. 1065 Abs. 1 ZGB besteht darin, daß das Gericht ein Verbot der Tätigkeit anordnen kann, die die Gefahr eines zukünftigen Schadens hervorruft. Nach Art. 1065 Abs. 2 ZGB ist das Gericht berechtigt, den Beklagten über den Ersatz des Schadens hinaus zu verpflichten, die Tätigkeit, die den Schaden zugefügt hat, zu unterbrechen oder einzustellen. Zum Schutz öffentlicher Interessen kann das Gericht allerdings eine Klage auf Unterbrechung oder Einstellung einer der in Art. 1065 Abs. 2 ZGB genannten Tätigkeiten abweisen. In diesem Fall hat der Schädiger aber dennoch den von ihm zugefügten Schaden zu ersetzen.

23. Eine wichtige Ergänzung des deliktischen Rechtsschutzes bei Verletzung von Ehre, Würde und geschäftlichem Ansehen stellt die Vorschrift des Art. 152 ZGB dar. Nach Art. 152 Abs. 1 und 2 ZGB haben Bürger im Falle der Verbreitung von nicht der Wirklichkeit entsprechenden verleumdenden Behauptungen einen Anspruch auf Widerruf. Dabei kann – ähnlich wie im deutschen Recht – nur ein Widerruf von Tatsachenbehauptungen und nicht von Meinungsäußerungen verlangt werden. Nach Art. 152 Abs. 3 ZGB hat ein Bürger ein Recht auf Veröffentlichung einer Antwort, wenn Behauptungen, die die Rechte oder gesetzlich geschützten Interessen des Geschädigten beeinträchtigen, in einem Massenmedium veröffentlicht wurden. Die Ansprüche auf Widerruf und Veröffentlichung einer Antwort bestehen unabhängig vom Verschulden des Schädigers. Wenn der Schädiger den nach Art. 152 Abs. 1-3 ZGB verhängten Anordnungen des Gerichts nicht Folge leistet, kann es den Schädiger zur Zahlung einer Geldstrafe verurteilen, die allerdings nicht an den Geschädigten, sondern an die RF zu entrichten ist (vgl. Art. 152 Abs. 4 ZGB). Bei Verbreitung von verleumdenden Behauptungen in einem Massenmedium kann der Geschädigte zudem unter den Voraus-

setzungen des Art. 152 Abs. 5 ZGB den Ersatz des materiellen und des immateriellen Schadens verlangen. Falls es nicht möglich ist, die Person festzustellen, die die verleumdenden Behauptungen verbreitet hat, kann gemäß Art. 152 Abs. 6 ZGB eine Feststellungsklage erhoben werden. Die Bestimmungen des Art. 152 ZGB über den Schutz des geschäftlichen Ansehens sind nach Art. 152 Abs. 7 ZGB entsprechend auf den Schutz des geschäftlichen Ansehens einer juristischen Person anwendbar. Bei einer Verletzung ihres geschäftlichen Ansehens können juristische Personen in jedem Fall Ansprüche auf Widerruf, Veröffentlichung einer Antwort, Ersatz des materiellen Schadens und Feststellung geltend machen. Umstritten ist allerdings, ob juristische Personen auch einen Anspruch auf Ersatz des immateriellen Schadens gemäß Art. 152 Abs. 5 ZGB haben. Der Oberste Gerichtshof der RF nimmt dies an, das Höchste Arbitragegericht der RF und die herrschende Meinung in der Literatur lehnen es hingegen ab.

Ob das im neuen Zivilgesetzbuch verankerte rußländische Deliktsrecht insgesamt betrachtet eine gelungene Regelung darstellt oder nicht, läßt sich nicht pauschal beantworten. In jedem Fall ist das geltende Deliktsrecht eine deutliche Verbesserung gegenüber dem sowjetischen Deliktsrecht. Einige eklatante Schwächen des ZGB 1964 (kein Ersatz immaterieller Schäden, keine Produkthaftung, Ersatz des entgangenen Gewinns nur unter engen Voraussetzungen) weist das geltende Deliktsrecht nicht mehr auf. Es wurden aber nicht nur grundlegende Schwächen, sondern vor allem in vielen Einzelfragen Unklarheiten beseitigt, differenziertere Regelungen geschaffen oder die bisherige Rechtsprechung zu einigen Fragen in den Gesetzeswortlaut mit übernommen. Viele Fragen, die bereits unter der Geltung des sowjetischen Zivilrechts unklar oder umstritten waren, bestehen jedoch nach wie vor. Das gilt z. B. für die Frage, wie der Begriff „Vermögen“ im Grundtatbestand der deliktischen Haftung auszulegen oder was unter einer Quelle erhöhter Gefahr zu verstehen ist. Auch bei der dogmatischen Konstruktion der Haftung für Arbeitnehmer wurde kein Fortschritt erzielt, sondern es wurde eine Regelung verabschiedet, die auf einer von der sowjetischen Rechtswissenschaft entwickelten Theorie basiert.

Gegenüber dem seit über 100 Jahren bestehenden deutschen Deliktsrecht ist das relativ neue rußländische Deliktsrecht nicht annähernd so umfassend in der Literatur und durch die Rechtsprechung konkretisiert und fortentwickelt worden. Man kann aber nicht pauschal feststellen, daß das rußländische Recht dem deutschen Recht in jeder Beziehung „unterlegen“ ist. Gerade weil es sich bei dem rußländischen Zivilrecht um die neuere Kodifikation handelt, enthält es zum Teil Bestimmungen, die „moderner“ als die vergleichbaren Bestimmungen im deutschen Recht sind. Das gilt z. B. für die dogmatische Konstruktion der Staatshaftung, bei der das deutsche Recht von einer persönlichen Haftung des Beamten ausgeht und die Haftung lediglich auf den Staat übergeleitet wird, während das rußländische Recht von vornherein eine unmittelbare Staatshaftung vorsieht. Zudem gibt es im rußländischen Recht eine einheitliche Anspruchsgrundlage für den Ersatz immaterieller Schäden, die bei Verletzung aller immateriellen Rechtsgüter eingreift, während es im deutschen Recht den Schmerzensgeldanspruch einerseits und den aus Art. 1, 2 GG abgeleiteten Anspruch auf Ersatz immaterieller Schäden bei Verletzung des Persönlichkeitsrechts andererseits gibt.

Ferner ist festzustellen, daß der rußländische Gesetzgeber in stärkerem Maße als der deutsche Gesetzgeber die Tendenz verfolgt, bei Abwägung der Interessen des Schädigers und des Geschädigten die des Geschädigten in den Vordergrund zu stellen. Das äußert sich z. B. darin, daß es im rußländischen Recht eine Gefährdungshaftung für alle Quellen erhöhter Gefahr gibt, während im deutschen Recht im Bereich der Gefährdungshaftung das Enumerationsprinzip gilt. Zudem ist die Produkthaftung nach dem rußländischen Recht in weiten Bereichen strenger als im deutschen Recht. Ferner gibt es im deutschen Recht im Bereich der verschuldensunabhängigen Haftung (Gefährdungshaftung, Produkthaftung, Haftung für unrechtmäßige Strafverfolgungsmaßnahmen) Haftungshöchstgrenzen und Vorschriften, die eine Selbstbeteiligung des Geschädigten vorsehen, die im rußländische Deliktsrecht nicht vorkommen. Diese Umstände gehen auf der anderen Seite zu Lasten der Rechtssicherheit, weil das Haftungsrisiko für die potentiellen Schädiger schwerer zu kalkulieren und damit auch schwieriger zu versichern ist.

ANLAGE

Urteil
des Verfassungsgerichts der Rußländischen Föderation

in der Streitigkeit über die Überprüfung der Verfassungsmäßigkeit der Vorschrift des Artikels 1070 Absatz 2 des Zivilgesetzbuchs der Rußländischen Föderation im Zusammenhang mit den Beschwerden der Bürger I. V. Bogdanov, A. B. Zernov, S. I. Kal'janov und I. V. Truchanov
vom 25. Januar 2001
(Auszug)

Das Verfassungsgericht der Rußländischen Föderation hat in öffentlicher Sitzung die Streitigkeit über die Verfassungsmäßigkeit der Vorschrift des Art. 1070 Abs. 2 des Zivilgesetzbuchs der Rußländischen Föderation verhandelt.

Anlaß für die Verhandlung der Streitigkeit waren die Beschwerden der Bürger I. V. Bogdanov, A. B. Zernov, S. I. Kal'janov und N. V. Truchanov wegen der Verletzung ihrer verfassungsmäßigen Rechte und Freiheiten durch die in Art. 1070 Abs. 2 ZGB RF enthaltene Vorschrift über den Ersatz des Schadens, der bei der Ausübung der Rechtsprechung zugefügt wurde. Voraussetzung für die Verhandlung der Streitigkeit war die festgestellte Unklarheit der Frage, ob die erwähnte Vorschrift, die in den Streitigkeiten der Antragsteller angewendet wurde, der Verfassung der Rußländischen Föderation entspricht.

Das Verfassungsgericht der Rußländischen Föderation hat festgestellt:

1. Das Bezirksgericht „Oktjabrskij" der Stadt Sankt-Petersburg wies die Klageforderungen des Bürgers I. V. Bogdanov gegen das Finanzministerium der Rußländischen Föderation auf Ersatz des materiellen Schadens einschließlich des entgangenen Gewinns ab, der dadurch zugefügt wurde, daß die Gerichtsgebühr, die er bei Einreichung einer Klageschrift beim Bezirksgericht „Neva" der Stadt Sankt-Petersburg zuviel eingezahlt hatte, ihm nach zwei Jahren in nominaler Höhe ohne Berücksichtigung der Inflation zurückgezahlt wurde.

Das Jakutische Stadtgericht der Republik Sacha (Jakutien) wies die Klage des Bürgers A. B. Zernov gegen das Justizministerium der Republik Sacha (Jakutien) auf Ersatz des immateriellen Schadens ab, der dadurch zugefügt wurde, daß das Ust'-Jansker Rayongericht der Republik Sacha die Fristen für die Verhandlung seiner Sache in einem aus einem Arbeitsverhältnis entstandenen Streit überschritten hat und die entsprechende begründete Entscheidung ein halbes Jahr, nachdem sie gefällt wurde, zugestellt wurde.

Das Smol'niner Bezirksgericht der Stadt Sankt-Petersburg wies die Klage des Bürgers S. I. Kal'janov gegen die Verwaltung der Gerichtsabteilung des Leningrader Gebiets, die Justizverwaltung des Leningrader Gebiets und das Finanzministerium der Rußländischen Föderation auf Ersatz des materiellen Schadens ab, der nach Meinung des Klägers das Ergebnis einer Überschreitung der Fristen für die Verhandlung seiner Zivilsache und der Fristen für die Weiterleitung der Streitigkeit an die Revisionsinstanz durch das Volchovsker Stadtgericht des Leningrader Gebietes darstellt.

Durch eine Entscheidung des Arbitragegerichts des Amurgebietes, die durch das Urteil der Berufungsinstanz desselben Gerichts nicht abgeändert wurde, wurde eine Klage der Kollektivbauernwirtschaft „Lesnoe", deren Leiter der Bürger N. V. Truchanov ist, gegen das Föderale Schatzamt des Amurgebiets auf Ersatz der erlittenen Schäden, darunter auch des entgangenen Gewinns, die dadurch, daß das Ivanover Bezirksgericht des Amurgebiets einen gesetzwidrigen Beschluß über die Arrestierung des Girokontos der Wirtschaft „Lesnoe" als Maßnahme zur Sicherung einer gegen sie erhobenen Klage gefaßt hat, und durch den von den Richtern dieses Gerichts an den Tag gelegten Bürokratismus bei Weiterleitung der Streitigkeit an die Aufsichtsinstanz zugefügt wurden, was zur Zahlungsunfähigkeit der betreffenden juristischen Person führte.

In allen der erwähnten Fälle verfuhren die Richter bei der Entscheidung der Frage über den Ersatz des bei der Durchführung des Zivilprozesses zugefügten Schadens durch den Staat auf Grundlage der Vorschrift des Art. 1070 Abs. 2 ZGB RF, nach der ein Schaden, der bei der Ausübung der Rechtsprechung zugefügt wurde, ersetzt wird, soweit die Schuld des Richters durch ein rechtskräftiges Strafgerichtsurteil festgestellt wurde. Bei Anwendung dieser Norm gingen die Richter davon aus, daß bei Fehlen eines rechtskräftigen Strafgerichtsurteils über die Richter die Schadensersatzklagen gegen den Staat abzuweisen sind.

Die Bürger I. V. Bogdanov, A. B. Zernov, S. I. Kal'janov und N. V. Truchanov behaupten in ihren Beschwerden an das Verfassungsgericht der Rußländischen Föderation, mit denen sie die Verfassungsmäßigkeit der genannten Norm anfechten, daß durch sie das Recht auf gerichtlichen Schutz und das Recht auf Ersatz des Schadens durch den Staat verletzt wird, der durch gesetzwidrige Handlungen der Organe der Staatsgewalt und ihrer Amtspersonen zugefügt wurde (Art. 46 und 53 der Verfassung der Rußländischen Föderation).

Ausgehend davon, daß kraft Art. 74 Abs. 3 des Föderationsverfassungsgesetzes „Über das Verfassungsgericht der Rußländischen Föderation" das Verfassungsgericht der Rußländischen Föderation nur über den Gegenstand, der in dem Antrag aufgeführt wurde, und nur hinsichtlich des Teils eines Rechtsakts, dessen Verfassungsmäßigkeit einem Zweifel unterliegt, Urteile fällt, ist Gegenstand der Verhandlung in der vorliegenden Streitigkeit die Bestimmung des Art. 1070 Abs. 2 ZGB RF insofern, als sie als Grundlage für die Entscheidung der Streitigkeiten über die Klagen auf Ersatz des Schadens durch den Staat dient, der durch gesetzwidrige Handlungen (oder eine Unterlassung) eines Gerichts (eines Richters) bei der Ausübung der Rechtsprechung im Zivilprozeß zugefügt wurde.

2. Gemäß der Verfassung der Rußländischen Föderation hat jeder das Recht auf Ersatz des Schadens durch den Staat, der durch gesetzwidrige Handlungen (oder eine Unterlassung) der Organe der Staatsgewalt oder ihrer Amtspersonen zugefügt worden ist (Art. 53). Die Rechte der durch Straftaten und Mißbrauch im Amt Geschädigten werden durch das Gesetz geschützt, und der Staat gewährleistet den Geschädigten den Zugang zur Rechtsprechung und den Ersatz des zugefügten Schadens (Art. 52).

Das Fehlen eines unmittelbaren Hinweises in den entsprechenden Verfassungsnormen auf die Notwendigkeit des Verschuldens der entsprechenden Amtsperson oder der Personen, die im Namen des Organs der Staatsmacht auftreten, bedeutet nicht, daß der Schaden, der häufig bei der Ausübung der Rechtsprechung durch gesetzwidrige Handlungen (oder eine Unterlassung) von Organen der Gerichtsbarkeit und ihren Amtspersonen, darunter auch infolge vom Mißbrauch im Amt, zugefügt wird, durch den Staat unabhängig vom Vorliegen ihres Verschuldens ersetzt wird.

Das Vorliegen eines Verschuldens ist ein allgemeines und allgemein anerkanntes Prinzip der juristischen Verantwortlichkeit in allen Rechtsgebieten. Jede Ausnahme von ihm muß direkt und unzweideutig zum Ausdruck gebracht, d. h. unmittelbar verankert werden. Ausgehend davon wurden in der Zivilgesetzgebung die subjektiven Voraussetzungen für die Haftung für einen zugefügten Schaden vorgesehen und für die Fälle, in denen das Verschulden eine solche Voraussetzung darstellt, die Frage der Beweislast entschieden.

Für sich allein kann deshalb der Hinweis auf das Vorliegen eines Verschuldens des Richters in Art. 1070 Abs. 2 ZGB RF nicht als Widerspruch zu der sich aus der Verfassung der Rußländischen Föderation ergebenden Pflicht des Staates betrachtet werden, einen Schaden zu ersetzen, der bei Ausübung der Rechtsprechung durch ein Gericht als Organ der Staatsmacht oder einen Richter als seine Amtsperson zugefügt wurde.

Dabei ist jedoch der Gesetzgeber berechtigt – zum Zwecke der Gewährleistung des gemeinrechtlichen Prinzips der Gerechtigkeit und des Erreichens eines Gleichgewichts der verfassungsrechtlich geschützten Werte und Ziele – im Wege der Ausnahme den Ersatz eines Schadens durch den Staat gegenüber einem Bürger auch unabhängig vom Verschulden der Amtspersonen der Organe der Ermittlung, der Voruntersuchung der Staatsanwaltschaft und des Gerichts bestimmen, wie dies für die Fälle einer gesetzwidrigen Verurteilung, eines gesetzwidrigen Strafverfahrens und der gesetzwidrigen Untersuchungshaft geschehen ist (Art. 1070 Abs. 1 ZGB RF).

3. Wenn der Gesetzgeber in Ausführung der Anforderungen von Art. 53 der Verfassung der Rußländischen Föderation das Verfahren für den Ersatz des Schadens durch den Staat bestimmt, der durch gesetzwidrige Handlungen (oder eine Unterlassung) von Organen der Gerichtsbarkeit und ihren Amtspersonen zugefügt wurde, ist er verpflichtet, auch die Bestimmungen der Verfassung zu berücksichtigen, die die Ausübung der Rechtsprechung betreffen.

Durch das Zivilgesetzbuch der Rußländischen Föderation wurde als allgemeine Voraussetzung der Haftung für die Zufügung eines Schadens vorgesehen, daß die Person, die den Schaden zugefügt hat, von der Schadensersatzpflicht befreit wird, sofern sie beweist, daß der Schaden nicht durch ihr Verschulden zugefügt wurde (Art. 1064 Abs. 2 ZGB RF), d. h. nach der allgemeinen Regel wird die Beweislast für das Nichtvorliegen eines Verschuldens dem Schädiger auferlegt. Die angefochtene Bestimmung stellt eine Ausnahme von dieser Regel dar. In dem in ihr vorgesehenen Fall gilt keine Vermutung des Verschuldens des Schädigers, dessen Schuld im Strafverfahren, d. h. außerhalb des Schadensersatzprozesses, festgestellt wird.

Diese spezielle Bedingung der Haftung für bei der Ausübung der Rechtsprechung zugefügten Schaden ist mit den Besonderheiten der Funktionsweise der Gerichtsbarkeit verbunden, die in der Verfassung der Rußländischen Föderation (Kapitel 7) verankert und durch die Prozeßgesetzgebung (kontradiktorisches Verfahren, bedeutende Freiheit des richterlichen Ermessens u. a.) sowie dem besonderen Verfahren zur Überprüfung von Rechtsakten der Gerichtsbarkeit konkretisiert wurden. Das Verfahren zur Überprüfung von Gerichtsentscheidungen, und folglich die Bewertung ihrer Gesetzlichkeit und Begründetheit, wird in speziellen, durch die Prozeßgesetzgebung festgelegten Verfahrensweisen durchgeführt – durch Überprüfung der Streitigkeit in der Berufungs-, Revisions- und Aufsichtsinstanz. Die Überprüfung einer Gerichtsentscheidung im Wege einer Gerichtsverhandlung mit Hilfe einer Klage eines Bürgers auf Ersatz des in Ausübung der Rechtsprechung zugefügten Schadens würde faktisch zu einer Bewertung der Gesetzmäßigkeit der Handlungen des Richters (des Gerichts) im Zusammenhang mit dem beschlossenen Rechtsakt führen, d. h. noch eine Verfahrensweise zur Überprüfung der Gesetzmäßigkeit und Begründetheit einer bereits bestehenden Gerichtsentscheidung bedeuten, und darüber hinaus die Möglichkeit einer Auswechselung der festgelegten Verfahrensweisen zur Überprüfung von Gerichtsentscheidungen nach Wahl der betroffenen Person durch ihre Anfechtung im Wege der Erhebung deliktischer Klagen schaffen.

Dies ist indessen – kraft der aufgeführten Verfassungsbestimmungen – prinzipiell unzulässig. Ansonsten wird die Partei, die sich durch die aus ihrer Sicht gesetzwidrigen Handlungen des Richters im Laufe der Verhandlung im Zivilprozeß für geschädigt hält, nicht nur eine Berufungs- oder Kassationsbeschwerde einlegen, sondern auch eine entsprechende Klage erheben, und der Richter wäre jedes Mal gezwungen, seine Unschuld zu beweisen. Dadurch wäre die durch die Natur der Rechtsprechung bedingte und die durch die Prozeßgesetzgebung festgelegte Verfahrensweise zur Überprüfung von Gerichtsentscheidungen und die Kontrolle der Gerechtigkeit (Gesetzlichkeit und Begründetheit) gerichtlicher Rechtsakte durch die höherstehenden Instanzen in ihrem Wesen durchkreuzt.

4. Die Ausübung der Rechtsprechung stellt eine besondere Art der Ausübung von Staatsgewalt dar. Wenn der Richter eine allgemeine Rechtsvorschrift (Rechtsnorm) auf die konkreten Umstände des Falls anwendet, nimmt der Richter eine eigene Auslegung der Norm vor und trifft eine Entscheidung im Rahmen des ihm vom Gesetz eingeräumten Ermessensspielraums (der manchmal sehr bedeutend ist) und bewertet häufig Umstände, ohne über ausreichende Information zu verfügen (die manchmal vor ihm verborgen wird).

Bei einer so großen Abhängigkeit des Ergebnisses der Ausübung der Rechtsprechung von dem richterlichen Ermessen stellt die Begrenzung von gesetzwidrigen Entscheidungen, die infolge eines nicht verschuldeten Fehlers des Richters oder seiner Fahrlässigkeit gefällt wurden, eine schwer zu erfüllende Aufgabe dar. Deshalb kann der Prozeßbeteiligte, in dessen Interesse eine Gerichtsentscheidung durch eine höherstehende Instanz aufgehoben oder abgeändert wird, annehmen, daß sie anfangs durch ein Verschulden des Richters nicht dem Gesetz entsprechend getroffen wurde. Unter diesen Bedingungen könnte die für deliktische Schuldverhältnisse gewöhnliche Entscheidung über die Frage der Beweislastverteilung und über die Zulässigkeit von Beweisen des Verschuldens des Schädigers jegliche Kontrolle und Aufsicht über die Ausübung der Rechtsprechung wegen der Gefahr, Streitigkeiten über den Ersatz eines zugefügten Schadens hervorzurufen, lahm legen.

Die angefochtene Vorschrift des Art. 1070 Abs. 2 ZGB RF schließt nicht nur die Vermutung des Verschuldens des Schädigers aus, sondern setzt als zusätzliche zwingende Bedingung für den Schadensersatz durch den Staat die Feststellung der Schuld des Richters durch ein Strafgerichtsurteil voraus und verbindet folglich die Haftung des Staates mit einer strafbaren Handlung des Richters, die vorsätzlich (Art. 305 StGB RF: „Wissentlicher Erlaß eines gesetzwidrigen Urteils, einer Entscheidung oder eines sonstigen gerichtlichen Rechtsakts") oder fahrlässig begangen wurde (Nichterfüllung oder nicht ordnungsgemäße Erfüllung von Pflichten durch Richter als Amtsperson infolge einer gewissenlosen oder nachlässigen Einstellung zum Dienst, wenn dies eine wesentliche Verletzung von Rechten oder gesetzmäßigen Interessen von Bürgern nach sich gezogen hat – Art. 293 StGB RF „Pflichtverletzung"). Aus Art. 1070 Abs. 2 ZGB RF in Verbindung mit Art. 1069 ZGB RF sowie den genannten und anderen Bestimmungen des StGB der RF, auf Grundlage derer der Richter als Amtsperson zur strafrechtlichen Verantwortlichkeit herangezogen werden kann, folgt, daß der Staat einen Schaden in allen Fällen ersetzt, wenn er durch strafbare Handlungen des Richters bei Durchführung des Gerichtsverfahrens zugefügt wurde.

Der spezifische Charakter der angefochtenen Vorschrift als Ausnahme von den allgemeinen Regeln, die die Bedingungen des Ersatzes eines zugefügten Schadens regeln, erlaubt die Schlußfolgerung, daß in ihr unter der Ausübung der Rechtsprechung nicht das gesamte Gerichtsverfahren verstanden wird, sondern nur derjenige Teil von ihm, der mit einem Beschluß von Rechtsakten der Gerichtsbarkeit zur Entscheidung von dem Gericht unterstellten Streitigkeiten abschließt, d. h. gerichtlicher Rechtsakte, die die Streitigkeit ihrem Wesen nach entscheiden. Das Gerichtsverfahren endet mit dem Beschluß gerade solcher Rechtsakte, in denen sich der Wille des Staates niederschlägt, die Streitigkeit zu entscheiden, die in die Zuständigkeit des Gerichts fällt.

In diesem Sinne korrespondiert die angefochtene Bestimmung mit den Artikeln 18, 118 (Abs. 1 und 2), 125, 126 und 127 der Verfassung der Rußländischen Föderation, aus denen folgt, daß die Ausübung der Rechtsprechung vor allem mit der Entscheidung entsprechender Streitigkeiten verbunden ist. Die Entscheidung von Streitigkeiten durch ein Gericht mit Hilfe eines Zivilprozesses äußert sich auch in solchen Rechtsakten, durch die die Rechtsbeziehungen der Parteien und andere rechtliche Umstände bestimmt, die Strittigkeit beseitigt und die Möglichkeit einer ungehinderten Verwirklichung eines Rechts und eines gesetzlich geschützten Interesses sowie der Schutz verletzter oder bestrittener materieller Rechte und gesetzlicher Interessen gewährleistet werden.

In den Rechtsakten, die die Streitigkeit in ihrem Wesen entscheiden, bestimmt das Gericht die wirkliche materiell-rechtliche Lage der Parteien, d. h. es wendet die Rechtsnormen auf diesen oder jenen konkreten Fall im Rechtsstreit an. Wenn es eine Streitigkeit entscheidet (Art. 126, 127 und 128 der Verfassung der Rußländischen Föderation) und eine Entscheidung in Übereinstimmung mit dem Gesetz fällt (Art. 120 der Verfassung der Rußländischen Föderation), übt das Gericht Rechtsprechung im eigentlichen Sinne des Wortes aus, was auch das Ziel des Zivilprozesses darstellt, und gewährleistet dadurch, daß die Rechte und Freiheiten unmittelbar gelten (Art. 18 der Verfassung der Rußländischen Föderation).

Gemäß Art. 123 Abs. 3 der Verfassung der Rußländischen Föderation wird das Gerichtsverfahren auf Grundlage des kontradiktorischen Verfahrens und der Gleichberechtigung der Parteien durchgeführt. Im Zivilprozeß hat die Verwirklichung dieser Prinzipien ihre Besonderheiten, die vor allem mit dem für diese Prozeßart charakteristischen Dispositionsgrundsatz verbunden ist: Die Verfahren werden eingeleitet, gehen von einem Prozeßstadium ins andere oder werden vor allem unter dem Einfluß der Initiative der an der Streitigkeit beteiligten Parteien beendet. Wenn die Parteien ihr Recht auf gerichtlichen Schutz ausüben, bestimmen sie den Gegenstand und die Grundlagen der erhobenen Forderungen. Der Kläger darf die Grundlagen oder den Gegenstand der Klage ändern, den Umfang der Klageforderungen vergrößern oder verringern oder auf die Klage verzichten und der Beklagte die Klage anerkennen; die Parteien können die Streitigkeit durch einen Vergleich beenden. Jede Partei muß jene Umstände beweisen, auf die sie sich zur Begründung ihrer Forderungen oder Einwendungen beruft. Die Beweise werden von den Parteien und den anderen Personen, die an der Streitigkeit beteiligt sind, vorgelegt. Außerdem hat im Zivilprozeß die Partei, zu deren Gunsten die Entscheidung getroffen wurde, das Recht auf Ersatz der Verfahrenskosten zu Lasten der anderen Partei sowie auf Ersatz der Schäden, die durch eine Sicherung der Klage entstanden sind, und auf Geltendmachung einer Entschädigung für den Zeitverlust. Damit verbunden sind auch die Vorschriften über die Rückgängigmachung der Vollstreckung einer Entscheidung, über die Indexierung beigetriebener Geldbeträge ab dem Zeitpunkt der Vollstreckung der Gerichtsentscheidung und andere (Art. 92, 140, 207^1, 430-432 ZPO RSFSR, Art. 80 und 95 Abs. 1 und 3 APO RF).

Wenn man von den Besonderheiten des Zivilprozesses ausgeht und berücksichtigt, daß die Aktivität des Gerichts beim Sammeln von Beweisen begrenzt ist, darf der Gesetzgeber die Haftung des Staates für einen Schaden, der bei der Ausübung der Rechtsprechung (d. h. bei Entscheidung einer Streitigkeit ihrem Wesen nach) im Zivilprozeß zugefügt wurde, mit einer strafrechtlich sanktionierten Handlung des Richters verbinden – im Gegensatz zu dem, wie dies für die Fälle des Ersatzes eines Schadens festgelegt wurde, der die in Art. 1070 Abs. 1 ZGB RF vorgesehenen Folgen nach sich gezogen hat, gemäß dem die Haftung des Staates unabhängig vom Verschulden der Amtspersonen des Gerichts eintritt. In diesem Zusammenhang widerspricht die angefochtene Bestimmung nicht der Verfassung der Rußländischen Föderation.

5. Die gerichtlichen Rechtsakte, die zwar im Zivilprozeß beschlossen wurden, durch die jedoch die Streitigkeit nicht in ihrem Wesen entschieden wurde und durch die die materiell-rechtliche Lage der Parteien nicht bestimmt wird, werden von dem Begriff der „Ausübung der Rechtsprechung“ in demjenigen Sinn, in dem er in der angefochtenen Bestimmung des Art. 1070 Abs. 2 ZGB RF benutzt wird, nicht umfaßt. In diesen Rechtsakten werden in erster Linie prozeßrechtliche Fragen entschieden, die im Laufe des Prozesses – von der Annahme des Antrags bis zur Vollstreckung der Gerichtsentscheidung, einschließlich der Beendigung der Streitigkeit (Beendigung des Prozesses in der Sache oder Abweisung des Antrags wegen Formmängeln) – entstehen.

Infolgedessen kann die Vorschrift über das Verschulden des Richters, das durch Gerichtsurteil festgestellt wurde, in dem Fall nicht als Hindernis für den Ersatz des Schadens dienen, der durch Handlungen (oder eine Unterlassung) eines Richters im Laufe der Durchführung des Zivilprozesses zugefügt wurde, wenn er bei Fragen, die nicht die materiell-rechtliche (Entscheidung der Streitigkeit in ihrem Wesen), sondern die prozeßrechtliche Lage der Parteien bestimmen, einen gesetzwidrigen Rechtsakt beschließt (oder eine rechtswidrige Unterlassung an den Tag legt). In diesen Fällen, einschließlich im Falle einer rechtswidrigen Handlung eines Richters, die sich nicht in einem gerichtlichen Rechtsakt niederschlägt (Überschreitung der angemessenen Fristen für die Gerichtsverhandlung, andere grobe Verfahrensverletzung), kann sein Verschulden nicht nur durch ein Strafgerichtsurteil festgestellt werden, sondern auch durch eine andere Gerichtsentscheidung. Dabei gilt die in Art. 1064 Abs. 2 ZGB RF vorgesehene Vermutung des Verschuldens des Schädigers nicht.

Das Verfahren für den Ersatz des in allen diesen Fällen zugefügten Schadens und auch dann, wenn bei einer Schadenszufügung im Zivilprozeß die Strafverfolgung gegen den Richter aus nicht rehabilitierenden Gründen beendet wurde, unterliegt der gesetzlichen Regelung. Das Verfassungsgericht ist für die Entscheidung solcher Fragen nicht zuständig, weil das über den Rahmen seines Status als Organ, das Rechtsprechung im Verfassungsprozeß ausübt, hinausgeht. Etwas anderes würde eine Verletzung der in der Verfassung der Rußländischen Föderation verankerten Gewaltenteilung, der Selbständigkeit der Organe der Gesetzgebung und der Gerichtsbarkeit sowie des Prärogativs der Föderationsversammlung und des Verfassungsgerichts der Rußländischen Föderation bedeuten (Art. 10, 11, 94, 118 und 125).

Geht man davon aus, unterliegt es der Föderationsversammlung – ausgehend von der Verfassung der Rußländischen Föderation und unter Berücksichtigung dieses Urteils – hinsichtlich der genannten Fälle die Voraussetzungen und das Verfahren für den Ersatz des Schadens, der durch gesetzwidrige Handlungen (oder eine Unterlassung) des Gerichts (des Richters) zugefügt wurde, sowie die Zuständigkeit und den Rechtsweg für diese Art von Streitigkeiten zu regeln.

6. Gemäß den Vorschriften des Art. 74 Abs. 2 des Föderationsverfassungsgesetzes „Über das Verfassungsgericht der Rußländischen Föderation" bewertet das Verfassungsgericht den Sinn des überprüften Rechtsakts ausgehend von seinem Platz im System der Rechtsakte, einschließlich der internationalen Verträge der Rußländischen Föderation, die gemäß Art. 15 Abs. 4 der Verfassung der Rußländischen Föderation ein Bestandteil des Rechtssystems der Rußländischen Föderation sind.

Die Fragen des Ersatzes eines Schadens, der infolge einer Verletzung des Jedermannsrechts auf ein faires Gerichtsverfahren zugefügt wurde, sind in der Konvention über die Menschenrechte und Grundfreiheiten geregelt. Gemäß der Konvention hat jeder Mensch bei einem Rechtsspruch über seine zivilen Rechte und Pflichten oder bei der Verhandlung einer beliebigen strafrechtlichen Anklage, die gegen ihn erhoben wurde, ein Recht auf eine faire und öffentliche Verhandlung der Streitigkeit innerhalb einer angemessenen Frist durch ein unabhängiges und unparteiisches Gericht, das auf gesetzlicher Grundlage geschaffen wurde (Art. 6). Wenn der Europäische Gerichtshof für Menschenrechte erklärt, daß eine Verletzung der Vorschriften der Konvention oder der dazugehörigen Protokolle stattgefunden hat und das innerstaatliche Recht des vertragsschließenden Staates nur die Möglichkeit eines teilweisen Ersatzes zuläßt, wird der geschädigten Partei im Falle der Notwendigkeit die Auszahlung einer gerechten Entschädigung zugesprochen (Art. 41). Wenn jemand auf Grundlage einer rechtskräftigen Entscheidung für die Begehung einer Straftat verurteilt wurde und wenn das Urteil später aufgehoben oder diese Person begnadigt wurde, weil eine neue oder neu bekannt gewordene Tatsache schlüssig beweist, daß ein Fehlurteil vorlag, so erhält sie entsprechend dem Gesetz oder der Übung des betreffenden Staates eine Entschädigung, sofern nicht nachgewiesen wird, daß die vorher nicht bekannte Tatsache ganz oder teilweise durch ihr Verschulden nicht rechtzeitig entdeckt wurde (Art. 3 des Protokolls Nr. 7).

Aus diesen Bestimmungen folgt, daß für einen Fehler eines Gerichts, der eine strafrechtliche Verurteilung zur Folge hatte, der Staat haftet und eine Entschädigung unabhängig vom Verschulden des Richters gewährleistet. Gleichzeitig verpflichtet die Konvention den vertragschließenden Staat nicht, unter diesen Bedingungen (d. h. für einen beliebigen Fehler des Gerichts, unabhängig vom Verschulden des Richters) einen Schaden zu ersetzen, der bei der Ausübung der Rechtsprechung im Zivilprozeß zugefügt wurde.

Die Konvention über den Schutz der Menschenrechte und Grundfreiheiten wurde von der Rußländischen Föderation ratifiziert, trat auf ihrem Gebiet in Kraft und stellt folglich einen Bestandteil ihres Rechtssystems dar. Dabei hat die Rußländische Föderation die Gerichtsbarkeit des Europäischen Gerichtshofs für Menschenrechte anerkannt und sich verpflichtet, die Rechtsanwendungspraxis, einschließlich der Gerichtspraxis, in vollen Einklang mit den Pflichten der Rußländischen Föderation zu bringen, die sich aus der Beteiligung an der Konvention und den dazugehörigen Protokollen ergeben. In diesem Zusammenhang muß man berücksichtigen, daß bei Entscheidung der Frage darüber, ob die angemessenen Fristen für die Gerichtsverhandlung überschritten wurden, der Europäische Gerichtshof für Menschenrechte davon ausgeht, daß in jedem konkreten Fall die Besonderheiten der Streitigkeit berücksichtigt werden müssen, seine Schwierigkeit, das Verhalten des Antragstellers und der entsprechenden Organe der Staatsmacht sowie auch die Wichtigkeit der durch die Gerichtsverhandlung berührten Interessen des Antragstellers.

Folglich muß die angefochtene Bestimmung des Art. 1070 Abs. 2 ZGB RF in einer widerspruchsfreien normativen Einheit mit den Anforderungen der Konvention über den Schutz der Menschenrechte und die Grundfreiheiten betrachtet und angewendet werden. Etwas anderes würde ihrem tatsächlichem verfassungsrechtlichen Sinn zuwiderlaufen, der durch das vorliegende Urteil aufgezeigt wurde, und entgegen den Anforderungen des Art. 15 Abs. 4 der Verfassung der Rußländischen Föderation und dem Willen des Föderationsgesetzgebers, der die Konvention ratifiziert hat, zu einer Blockade ihrer Gültigkeit auf dem Gebiet der Rußländischen Föderation führen.

Wenn die Gerichte Klagen auf Ersatz eines Schadens durch den Staat verhandeln, der einer Person durch gesetzwidrige Handlungen (oder eine Unterlassung) eines Gerichts (eines Richters) im Zivilprozeß zugefügt wurde, – sofern sie nicht Rechtsakte betreffen, die eine Streitigkeit ihrem Wesen nach entscheiden – dürfen sie das Verfassungsrecht auf Schadensersatz durch den Staat nicht unbedingt mit einer persönlichen Schuld des Richters verbinden, die durch ein Strafgerichtsurteil festgestellt wurde. Strafrechtlich nicht sanktionierte, aber gesetzwidrige schuldhafte Handlungen (oder eine Unterlassung) eines Richters im Zivilprozeß (einschließlich der gesetzwidrigen Beschlagnahme von Vermögen, der Überschreitung der angemessenen Fristen für die Gerichtsverhandlung, der nicht rechtzeitigen Zustellung der Prozeßdokumente an eine Person, die zur Versäumung einer Beschwerdefrist geführt hat, der unrechtmäßigen Verzögerung der Vollstreckung) müssen, ausgehend von der angefochtenen Bestimmung des Art. 1070 Abs. 2 ZGB RF, in ihrem verfassungsrechtlichen Sinne, der durch das vorliegende Urteil aufgezeigt wurde, in Verbindung mit den Art. 6 und 41 der Konvention über den Schutz der Menschenrechte und der Grundfreiheiten als Verletzung des Rechts auf eine faire Gerichtsverhandlung betrachtet werden, was die Notwendigkeit einer gerechten Entschädigung der Person erfordert, der durch die Verletzung dieses Rechts ein Schaden zugefügt wurde.

7. Die Überprüfung der Gesetzlichkeit und Begründetheit der auf Grundlage der angefochtenen Bestimmung des Art. 1070 Abs. 2 ZGB RF getroffenen rechtsanwendenden Entscheidungen, einschließlich der in den Streitigkeiten über die Schadensersatzklagen der Bürger I. V. Bogdanov, A. B. Zernov, S. I. Kal'janov und N. V. Truchanov ergangenen, fällt nicht in die Zuständigkeit des Verfassungsgerichts der Rußländischen Föderation, weil es nach dem Sinn der Art. 118, 125, 126 und 127 der Verfassung der Rußländischen Föderation nicht berechtigt ist, den Rechtsanwender, insbesondere die Gerichte der allgemeinen Gerichtsbarkeit und die Arbitragegerichte, auszuwechseln.

Wenn ein Gericht der allgemeinen Gerichtsbarkeit oder ein Arbitragegericht auf Grundlage von Art. 120 der Verfassung der Rußländischen Föderation selbständig die Frage entscheidet, ob die eine oder die andere Norm in der von ihm verhandelten Streitigkeit anzuwenden ist, macht es sich den Sinn der Norm klar, das heißt, es nimmt eine fallbezogene Auslegung vor. Gleichzeitig muß in der Gerichtspraxis die verfassungsgemäße Auslegung der anzuwendenden Normen gewährleistet werden.

Wie sich aus Art. 74 Abs. 2 des Föderationsverfassungsgesetzes „Über das Verfassungsgericht der Rußländischen Föderation" ergibt, fällt die verfassungsgemäße Auslegung eines Normativakts oder einzelner seiner Bestimmungen, der im Verfassungsprozeß überprüft wird, in die Zuständigkeit des Verfassungsgerichts der Rußländischen Föderation, das, wenn es die Streitigkeit entscheidet und die Übereinstimmung des angefochtenen Rechtsakts mit der Verfassung der Rußländischen Föderation einschließlich des Inhalts der Normen feststellt, die Erschließung des verfassungsmäßigen Sinnes des geltenden Rechts gewährleistet. In diesem Fall ist die von ihm vorgenommen Auslegung – auch für die Gerichte – allgemeinverbindlich, wie sich dies aus Art. 74 Abs. 2 des Föderationsverfassungsgesetzes „Über das Verfassungsgericht der Rußländischen Föderation" in Verbindung mit seinen Artikeln 3, 6, 36, 79, 85, 86, 87, 96 und 100 ergibt.

Deshalb unterliegen die rechtsanwendenden Entscheidungen, die auf einem Rechtsakt basieren, der – obwohl er im Ergebnis der Entscheidung einer Streitigkeit im Verfassungsprozeß für verfassungsgemäß erklärt wurde, aber dem im Laufe der Anwendung in der konkreten Streitigkeit das Gericht der allgemeinen Gerichtsbarkeit oder das Arbitragegericht eine Auslegung verliehen hat, die seinem verfassungsrechtlichen Sinn zuwiderläuft, der vom Verfassungsgericht der Rußländischen Föderation aufgezeigt wurde, auch einer Überprüfung im gesetzlich festgelegten Verfahren. Etwas anderes würde bedeuten, daß das Gericht der allgemeinen Gerichtsbarkeit oder das Arbitragegericht eine Auslegung eines Rechtsakts vornehmen können, die ihm einen anderen Sinn verleiht, als der, der infolge der Überprüfung im Verfassungsprozeß aufgezeigt wurde, und dadurch das Verfassungsgericht auswechseln können, wozu sie kraft Art. 118, 125, 126, 127 und 128 der Verfassung der Rußländischen Föderation nicht berechtigt sind.

Auf diese Weise kann der Rechtsanwender, wenn er sich seiner Vollmachten bewußt ist, der angefochtenen Bestimmung des Art. 1070 Abs. 2 ZGB RF nicht irgendeine andere Bedeutung verleihen, die ihrem verfassungsrechtlichen Sinn zuwiderläuft, der durch das Verfassungsgericht der Rußländischen Föderation in dem vorliegenden Urteil aufgezeigt wurde. Die Gerichtsentscheidungen in den Streitigkeiten der Bürger I. V. Bogdanov, A. B. Zernov, S. I. Kal'janov und N. V. Truchanov, die auf dieser Bestimmung in einer Auslegung basieren, die ihrem verfassungsrechtlichen Sinn zuwiderläuft, müssen im gesetzlich festgelegten Verfahren überprüft werden, sofern dafür keine anderen Hindernisse bestehen.

Das Verfassungsgericht der Rußländischen Föderation hat beschlossen:

1. Die Vorschrift, die in Art. 1070 Abs. 2 ZGB RF enthalten ist, gemäß der ein Schaden, der bei der Ausübung der Rechtsprechung zugefügt wird, ersetzt wird, soweit die Schuld des Richters durch ein rechtskräftiges Strafgerichtsurteil festgestellt wurde, wird für nicht verfassungswidrig erklärt, sofern auf Grundlage dieser Bestimmung durch den Staat ein Schaden zu ersetzen ist, der bei der Ausübung der Rechtsprechung im Zivilprozeß infolge des Beschlusses von gesetzwidrigen gerichtlichen Rechtsakten zugefügt wurde, die den Rechtsstreit in seinem Wesen entscheiden.

Die vorliegende Vorschrift in ihrem verfassungsrechtlichen Sinn, der in diesem Urteil aufgezeigt wurde, und in gegenseitiger Verbindung mit den Artikeln 6 und 41 der Konvention zum Schutz der Menschenrechte und Grundfreiheiten, kann nicht als Grund für die Abweisung des Ersatzes eines Schadens durch den Staat dienen, der bei der Durchführung eines Zivilprozesses in anderen Fällen (nämlich wenn der Streit nicht in seinem Wesen entschieden wurde) infolge gesetzwidriger Handlungen (oder einer Unterlassung) eines Gerichts (eines Richters), darunter auch bei Überschreitung der angemessenen Fristen für die Gerichtsverhandlung zugefügt wurde, sofern die Schuld des Richters nicht in einem Strafgerichtsurteil festgestellt wurde, sondern in einer anderen entsprechenden Gerichtsentscheidung.

2. Der verfassungsrechtliche Sinn der Vorschrift des Art. 1070 Abs. 2 ZGB RF, der in dem vorliegenden Urteil aufgezeigt wurde, ist allgemeinverbindlich und schließt jede beliebige andere Auslegung in der Rechtsanwendungspraxis aus.

3. Die Föderationsversammlung muß im Gesetzgebungsverfahren die Voraussetzungen und das Verfahren für den Ersatz des Schadens durch den Staat, der durch gesetzwidrige Handlungen (oder eine Unterlassung) eines Gerichts (eines Richters) zugefügt wurde, und auch die Zuständigkeit und den Rechtsweg für die Streitigkeiten hinsichtlich der Fälle, die in Punkt 1 Abs. 2 des Tenors dieses Urteils vorgesehen sind, ausgehend von der Verfassung der Rußländischen Föderation und unter Berücksichtigung dieses Urteils regeln.

4. Die rechtsanwendenden Entscheidungen in den Streitigkeiten der Bürger I. V. Bogdanov, A. B. Zernov, S. I. Kal'janov und N. V. Truchanov, die auf der Vorschrift des Art. 1070 Abs. 2 ZGB RF in einer Auslegung basieren, die seinem verfassungsrechtlichen Sinn zuwiderläuft, der in diesem Urteil aufgezeigt wurde, müssen im festgelegten Verfahren überprüft werden, sofern dafür keine anderen Hindernisse bestehen.

Literaturverzeichnis

Abova, T. E./Kabalkin, A. Ju./Mozolin, V. P., Graždanskij kodeks Rossijskoj Federacii. Čast' pervaja (Zivilgesetzbuch der Rußländischen Föderation. Erster Teil), Moskva 1996.
(zit.: Bearbeiter[1986] in: *Abova/Kabalkin/Mozolin*, Graždanskij kodeks RF. Čast' pervaja)

Alekseev, S. S., Über den Tatbestand der zivilen Rechtsverletzung (russ.), Pravovedenie 1958, Nr. 1, S. 47-53[1987].

Alekseev, S. S., Zivilgesetzbuch. Aufzeichnungen zur Geschichte der Vorbereitung des Entwurfs. Bemerkungen über den Inhalt des Gesetzbuches, seine Bedeutung und sein Schicksal (russ.), in: Graždanskij kodeks Rossii. Problemy. Teoria. Praktika: Sbornik pamjati S. A. Chochlova, Moskva 1998.

Anisimov, A. L., Čest', dostoinstvo, delovaja reputacija: graždansko-pravovaja zaščita (Ehre, Würde, geschäftliches Ansehen: zivilrechtlicher Schutz), Moskva 1994.

Antimonov, B. S., Graždanskaja otvetstvennost' za vred, pričinennyj istočnikom povyšennoj opasnosti (Die zivilrechtliche Haftung für Schaden, der durch eine Quelle erhöhter Gefahr zugefügt wurde), Moskva 1952.
(zit.: *Antimonov*, Graždanskaja otvetstvennost' za vred, pričinennyj istočnikom povyšennoj opasnosti)

Apranič, M. L., Die gesetzlich geschützten persönlichen Nichtvermögensinteressen (russ.), Pravovedenie 2001, Nr. 2, S. 124-132.

Argunov, V. N./Krasnov, S. V., Die Besonderheiten der Verhandlung von Streitigkeiten über den Verbraucherschutz durch die Gerichte (russ.), Vestnik Moskovskogo universiteta, 1996, Nr. 4, S. 16-27.

Arnold, Hans, Zivilgesetzbuch der Russischen Föderation im Entstehen, RIW 1995, Nr. 11, S. 897-905.

1986 Wenn der Herausgeber und der Bearbeiter übereinstimmen, wird der Bearbeiter nicht gesondert in den Fußnoten aufgeführt.

1987 Bei Aufsätzen wird im Textteil nur die Quelle und kein Titel zitiert, deshalb wird im folgenden bei den Aufsätzen keine Zitierweise angegeben.

Arzig, Rainer/Galander, Tanja, Russisches Wirtschaftsrecht, 1. Aufl., Berlin-Reinickendorf 1997.
(zit.: *Arzig/Galander*, Russisches Wirtschaftsrecht)

Bahr, Christian von (Hrsg.), Deliktsrecht in Europa. Landesberichte Frankreich. Griechenland, Köln, Berlin, Bonn, München 1993.
(zit.: *von Bahr*, Deliktsrecht in Europa. Landesberichte Frankreich. Griechenland)

Bankovskij, A. V., Über die Autonomie des Parteiwillens bei der Wahl des Status eines deliktischen Schuldverhältnisses (russ.), Gosudarstvo i pravo, 2002, Nr. 3, S. 62-67.

Becker, Christian/Schröder, Olga, Schadensersatzansprüche der Arbeitnehmer bei Arbeitsunfällen in Rußland, WiRO 1998, Nr. 8, S. 294-301.

Beljakova, A. M., Imuščestvennaja otvetstvennost' za pričinenie vreda (Die materielle Haftung für eine Schadenszufügung), Moskva 1979.
(zit.: *Beljakova*, Imuščestvennaja otvetstvennost' za pričinenie vreda)

Beljakova, A. M., Vozmeščenie pričinennogo vreda (Der Ersatz eines zugefügten Schadens), Moskva 1972.
(zit.: *Beljakova*, Vozmeščenie pričinennogo vreda)

Beljakova, A. M., Vozmeščenie vreda, pričinennogo istočnikom povyšennoj opasnosti (Der Ersatz eines Schadens, der durch eine Quelle erhöhter Gefahr zugefügt wurde), Moskva 1967.
(zit.: *Beljakova*, Vozmeščenie vreda, pričinennogo istočnikom povyšennoj opasnosti)

Belousov, E. N./Krjučkova, P. B./Orlova, L. A./Sork, D. M./Janin, D. D., Juridičeskij spravočnik potrebitelja kak zaščitit' svoi prava (Juristisches Nachschlagewerk des Verbauchers, wie er seine Rechte verteidigt), Moskva 1997.
(zit.: *Belousov/Krjučkova/Orlova/Sork/Janin*, Juridičeskij spravočnik potrebitelja kak zaščitit' svoi prava)

Bergmann, Wilfried/Glöckner, Martin, Der Zweite Teil des ZGB – ein neues Zivilrecht für Rußland, WiRO 1995, Nr. 12, S. 445-448.

Bernasconi-Mamie, Evelyne, Das russische Produktehaftpflichtrecht, Hallstadt 1994.
(zit.: *Bernasconi-Mamie*, Das russische Produktehaftpflichtrecht)

Bespalov, Ju., Der Schädiger – ein Minderjähriger (russ.), Rossijskaja justicija 1996, Nr. 10, S. 19-21.

Bespalov, Ju., Der Ersatz eines Schaden, der dem Leben und der Gesundheit eines Kindes zugefügt wurde (russ.), Rossijskaja justicija 1998, Nr. 10, S. 24-26.

Blochina, O. Ju., Einige Fragen der Realisierung und des Schutzes der subjektiven Rechte der Verbraucher (russ.), Pravovedenie 1996, Nr. 2, S. 43-45.

Bočarnikov, A. P., Ersatz des immateriellen Schadens beim Schutz der Ehre und Würde, in: „Runder Tisch" Politik und Recht: regionaler Aspekt (russ.), Pravovedenie 1999, Nr. 1, S. 264-265.

Bojcova, B. B./Bojcova, L. B., Die Interpretation des Prinzips der Staatshaftung für Schaden, der Bürgern zugefügt wurde, in der Praxis des Verfassungsgerichts der RF (russ.), Gosudarstvo i pravo 1996, Nr. 4, S. 48-57.

Bojcova, L., Schadensersatz gegenüber den „Opfern der Rechtsprechung" in Rußland (russ.), Rossijskaja justicija 1994, Nr. 6, S. 45-47.

Bojcova, L. B., Die Haftung des Staates und der Richter für Schaden, der Bürgern bei der Rechtsprechung zugefügt wurde (russ.), Žurnal rossijskogo prava, 2001, Nr. 9, S. 51-60.

Bonner, A., Kann man einer juristischen Person einen immateriellen Schaden zufügen? (russ.), Rossijskaja justicija 1996, Nr. 6, S. 44-46, 52.

Borisov, A. B., Kommentarij k Graždanskomu kodeksu Rossijskoj Federacii časti pervoj i vtoroj (postatejnyj) (Kommentar zum Zivilgesetzbuch der Rußländischen Föderation erster und zweiter Teil (artikelweise)), Moskva 2000.
(zit.: *Borisov*, Kommentarij k Graždanskomu kodeksu RF časti pervoj i vtoroj)

Borisov, A. B., Kommentarij k Graždanskomu kodeksu Rossijskoj Federacii časti tret'ej (postatejnyj) (Kommentar zum Zivilgesetzbuch der Rußländischen Föderation dritter Teil (artikelweise)), Moskva 2002.
(zit.: *Borisov*, Kommentarij k Graždanskomu kodeksu RF časti tret'ej)

Braginskij, M./Suchanov, E./Jarošenko, K., Die Objekte ziviler Rechte (russ.), Chozjajstvo i pravo 1995, Nr. 5, S. 3-23.

Braginskij, M. I./Vitrjanskij, V. V., Dogovornoe pravo. Kniga pervaja. Obščie položenija (Vertragsrecht. Erstes Buch. Allgemeine Bestimmungen), 2. Aufl., Moskva 1999.
(zit.: *Braginskij/Vitrjanskij*, Dogovornoe pravo)

Braginskij, M. I./Vitrjanskij, V. V./Zvekov, V. P./Suchanov, E. A./ Jarošenko, K. B., Kommentarij časti pervoj Graždanskogo kodeksa Rossijskoj Federacii (Kommentar des ersten Teils des Zivilgesetzbuchs der Rußländischen Föderation), Moskva 1995[1988].
(zit.: Bearbeiter in: *Braginskij*, Kommentarij časti pervoj Graždanskogo kodeksa RF)

Braginskij, M. I./Vitrjanskij, V. V./Suchanov, E. A./Jarošenko, K. B., Kommentarij časti vtoroj Graždanskogo kodeksa Rossijskoj Federacii (Kommentar des zweiten Teils des Zivilgesetzbuchs der Rußländischen Föderation), Moskva 1996[1989].
(zit.: Bearbeiter in: *Braginskij*, Kommentarij časti vtoroj Graždanskogo kodeksa RF)

Brand, Gerhard/Woltz, Jürgen, Produkthaftung: Rechtsfragen, Konsequenzen, Texte, Berlin 1990.
(zit.: *Brand/Woltz*, Produkthaftung)

Bratus' S. N., Einige Fragen der Lehre über die Rechtssubjekte, in: Pergament, A. I., Im Allunionsinstitut der Rechtswissenschaften. Übersicht über die Sitzungen der Zivilrechtsabteilung (russ.), Sovetskoe gosudarstvo i pravo 1949, Nr. 11, S. 70-79.

Bratus', S. N., Juridičeskie lica v sovetskom graždanskom prave (Juristische Personen im sowjetischen Zivilrecht), Moskva 1947.
(zit.: *Bratus'*, Juridičeskie lica v sovetskom graždanskom prave)

Bratus', S. N./Sadikov, O. N., Kommentarij k Graždanskomu kodeksu RSFSR (Kommentar zum Zivilgesetzbuch der RSFSR), 3. Aufl., Moskva 1982.
(zit.: Bearbeiter in: *Bratus'/Sadikov*, Kommentarij k Graždanskomu kodeksu RSFSR)

Bratus', S. N., Sovetskoe graždanskoe pravo (Sowjetisches Zivilrecht), 4. Aufl., Moskva 1950.
(zit.: Bearbeiter in: *Bratus'*, Sovetskoe graždanskoe pravo)

[1988] Mit dieser Kommentierung stimmt die von Kuznecov, V./Braginskaja, T., Kommentarij časti pervoj Graždanskogo kodeksa Rossijskoj Federacii dlja predprinimatelej (Kommentar des ersten Teils des Zivilgesetzbuchs der Rußländischen Föderation für Unternehmer), Moskva 1995, überein.

[1989] Mit dieser Kommentierung stimmt die von Braginskaja, T./Kuznecov, V./ Sinjuchina, L., Kommentarij časti vtoroj Graždanskogo kodeksa Rossijskoj Federacii dlja predprinimatelej (Kommentar des zweiten Teils des Zivilgesetzbuchs der Rußländischen Föderation für Unternehmer), Moskva 1996, überein.

Bratus', S. N., Sovetskoe graždanskoe pravo (Sowjetisches Zivilrecht), Band 2, Moskva 1951.
(zit.: Bearbeiter in: *Bratus'*, Sovetskoe graždanskoe pravo, Band 2)

Breidenbach, Stephan (Hrsg.), Handbuch Wirtschaft und Recht in Osteuropa, Band 3, München (Loseblattsammlung).
(zit.: *Breidenbach*, Handbuch Wirtschaft und Recht in Osteuropa)

Brendel, Thomas J., Die allgemeinen Grundsätze im neuen Zivilgesetzbuch der Russischen Föderation, Jahrbuch für Ostrecht 1995, Nr. 2, S. 205-213.

Brunner, Georg/Schmid, Karin/Westen, Klaus (Hrsg.), Wirtschaftsrecht der osteuropäischen Staaten, Baden-Baden (Loseblattsammlung).
(zit.: *Brunner/Schmid/Westen*, Wirtschaftsrecht der osteuropäischen Staaten)

Das Bürgerliche Gesetzbuch mit besonderer Berücksichtigung der Rechtsprechung des Reichsgerichts und des Bundesgerichtshofs, Band II, 5. Teil, §§ 812-831, 12. Aufl., Berlin, New York 1974/1981/1989.
(zit.: RGRK-Bearbeiter)

Bulaevskij, B. A., Über den Ersatz des Schadens, der von Minderjährigen zugefügt wurde (russ.), Kommentarij sudebnoj praktiki 2002, Vypusk 8, S. 58-65.

Bulygin, R., Die Vertretung der Interessen des Fiskus der Rußländischen Föderation in Streitigkeiten über den Schadensersatz (russ.), Rossijskaja justicija 2001, Nr. 11, S. 49-50.

Burian, Michael/Strzebniok, Jan, Produkthaftung in der Russischen Föderation, Produkthaftung international 2001, Nr. 2, S. 60-69.

Burov, V. S./Emel'janov, M. V./Lomidze, O. G./Torpudžijan, A. M./Ugol'nikov, S. A., Kommentarij k Zakonu Rossijskoj Federacii „O zaščite prav potrebitelej" (s postatejnymi materialami) (Kommentar zum Gesetz der Rußländischen Föderation „Über den Verbraucherschutz" (mit Materialien zu den Artikeln)), Rostov-na-Donu 1997.
(zit.: Bearbeiter in: *Burov/Emel'janov/Lomidze/Torpudžian/Ugol'nikov*, Kommentarij k Zakonu RF „O zaščite prav potrebitelej")

Bustin, George L./Krylov, Andrei V., Product Liability in Emerging Markets: The Russian Model, NYSBA International Law Practicum 1996, Vol. 9/2, S. 20-26.

Bykov, V., Der Ersatz des immateriellen Schadens kann den guten Namen nicht wiederherstellen (russ.), Rossijskaja justicija 2002, Nr. 4, S. 46-47.

Caemmerer, Ernst von, Reform der Gefährdungshaftung, Berlin, New York 1971.
(zit.: *von Caemmerer*, Reform der Gefährdungshaftung)

Čerepanova, Natal'ja, Schadensersatz zu Lasten des Fiskus (russ.), Pravo i ėkonomika 2001, Nr. 6, S. 39-41.

Cereteli, T. V., Pričinnaja svjaz v ugolovnom prave (Kausalität im Strafrecht), Tbilisi 1957.
(zit.: *Cereteli*, Pričinnaja svjaz v ugolovnom prave)

Chochlov, V. A., Über die zivilrechtliche Haftung (russ.), Pravovedenie 1997, Nr. 1, S. 96-103.

Cybulenko, Z. I., Graždanskoe pravo. Čast' pervaja (Zivilrecht. Erster Teil), Moskva 2000.
(zit.: Bearbeiter in: *Cybulenko*, Graždanskoe pravo. Čast' pervaja)

Décsi, Gyula/Karcsay, Sándor, Wörterbuch der Rechts- und Wirtschaftssprache, Budapest, München 1990.
(zit.: *Décsi/Karcsay*, Wörterbuch der Rechts- und Wirtschaftssprache)

Denisova, E., Der Ersatz des Schadens, der Arbeitnehmern bei Erfüllung ihrer Arbeitspflichten zugefügt wurde (russ.), Zakonnost' 1998, Nr. 12, S. 33-37.

Deutsch, Erwin, Allgemeines Haftungsrecht, 2. Aufl., Köln, Berlin, Bonn, München 1996.
(zit.: *Deutsch*, Allgemeines Haftungsrecht)

Deutsch, Erwin/Ahrens, Hans-Jürgen, Deliktsrecht, 4. Aufl., Köln, Berlin, Bonn, München 2002.
(zit.: *Deutsch/Ahrens*, Deliktsrecht)

Doncov, S./Teljuškin, M., Anteilige und Gesamtschuldverhältnisse (russ.), Sovetskaja justicija 1973, Nr. 17, S. 20-22.

Doncov, S., Gesamtschuldverhältnisse (russ.), Sovetskaja justicija 1971, Nr. 2, S. 26-27.

Doncov, S. E., Die Gesamtschuldnerische und die anteilige Haftung bei Schuldverhältnissen aus Vermögensschädigung (russ.), Sovetskoe gosudarstvo i pravo 1977, Nr. 5, S. 123-127.

Doncov, S. E./Marinina, M. Ja., Imuščestvennaja otvetstvennost' za vred, pričinennyj ličnosti (Die materielle Haftung für Schaden, der der Person zugefügt wurde), Moskva 1986.
(zit.: *Doncov/Marinina*, Imuščestvennaja otvetstvennost' za vred, pričinennyj ličnosti)

Doncov, S. E./Gljancev, V. V., Vozmeščenie vreda po sovetskomu zakonodatel'stvu (Schadensersatz nach der sowjetischen Gesetzgebung), Moskva 1990.
(zit.: *Doncov/Gljancev*, Vozmeščenie vreda po sovetskomu zakonodatel'stvu)

Duchno, N. A./Ivankin, V. I., Der Begriff und die Arten der juristischen Verantwortlichkeit (russ.), Gosudarstvo i pravo 2000, Nr. 6, S. 12-17.

Egorov, N. D., Die Kausalität als Voraussetzung der juristischen Haftung (russ.), Sovetskoe gosudarstvo i pravo 1981, Nr. 9, S. 126-131.

Emel'janov, V., Entsteht immmer eine Pflicht zum Schadensersatz? (russ.), Rossijskaja justicija 2001, Nr. 1, S. 24-25.

Engelbert, Heinz/Berson, Alexander, Rechtswörterbuch Russisch-Deutsch, Berlin, Moskau 1986.
(zit.: *Engelbert/Berson*, Rechtswörterbuch Russisch-Deutsch)

Ėrdelevskij, A., Das Behaupten einer Tatsache und eine Meinungsäußerung sind Begriffe verschiedener Art (russ.), Rossijskaja justicija 1997, Nr. 6, S. 17-19.

Ėrdelevskij, A., Der Ersatz des immateriellen Schadens (russ.), Čelovek i Zakon, 1997, Nr. 5, S. 54-59.

Ėrdelevskij, A., Der Ersatz des immateriellen Schadens (russ.), Zakonnost' 1997, Nr. 5, S. 36-40.

Ėrdelevskij, A., Der Ersatz des immateriellen Schadens bei der Verletzung von Arbeitsrechten (russ.), Rossijskaja justicija 1997, Nr. 12, S. 39-41.

Ėrdelevskij, A., Der Ersatz des immateriellen Schadens gegenüber dritten Personen. Übergang und Aufrechnung des Rechts auf Ersatz (russ.), Zakonnost' 1998, Nr. 2, S. 16-21.

Ėrdelevskij, A., Die Haftung für das Zufügen eines immateriellen Schadens (russ.), Rossijskaja justicija 1994, Nr. 7, S. 35-38.

Ėrdelevskij, A., Immaterieller Schaden: Die Wechselbeziehung mit anderen Schadensarten (russ.), Rossijskaja justicija 1998, Nr. 6, S. 19-21.

Ėrdelevskij, A., Kompensacija moral'nogo vreda (Der Ersatz des immateriellen Schadens), 2. Aufl., Moskva 2000.
(zit.: *Ėrdelevskij*, Kompensacija moral'nogo vreda)
Ėrdelevskij, A., Kompensacija moral'nogo vreda v Rossii i za rubežom (Der Ersatz des immateriellen Schadens in Rußland und im Ausland), Moskva 1997.
(zit.: *Ėrdelevskij*, Kompensacija moral'nogo vreda v Rossii i za rubežom)
Ėrdelevskij, A., Das Namensrecht und sein Schutz (russ.), Zakonnost' 1999, Nr. 10, S. 15-18.
Ėrdelevskij, A., Über den Ersatz des immateriellen Schadens gegenüber juristischen Personen (russ.), Chozjajstvo i pravo 1996, Nr. 11, S. 104-108.
Ėrdelevskij, A. M., Kriterien und Methode zur Einschätzung der Höhe des immateriellen Schadens (russ.), Gosudarstvo i pravo 1997, Nr. 4, S. 5-12.
Ėrdelevskij, A. M., Moral'nyj vred i kompensacija za stradanija (Der immaterielle Schaden und der Ausgleich für Leiden), Moskva 1998.
(zit.: *Ėrdelevskij*, Moral'nyj vred i kompensacija za stradanija)
Ėrdelevskij, A. M., Probleme des Ersatzes des immateriellen Schadens in der ausländischen und der rußländischen Gesetzgebung und Gerichtspraxis (russ.), Gosudarstvo i pravo 1997, Nr. 10, S. 22-32.
Ėrdelevskij, Aleksandr, Einige Fragen des Ersatzes des immateriellen Schadens (russ.), Zakon 2001, Nr. 12, S. 82-88.
Ėrdelevskij, Aleksandr, Der Ersatz des immateriellen Schadens und die Klageverjährung (russ.), Zakon 1997, Nr. 12, S. 102-103.
Ėrdelevskij, Aleksandr, Normen. Anwendung. Haftung. (russ.), Zakon 1997, Nr. 4, S. 12-14.
Ėrdelevskij, Aleksandr, Die Rechtsprechung und das Recht auf Schadensersatz (russ.), Zakon 1997, Nr. 4, S. 76-80.
Ėrdelevskij, Aleksandr, Der Schutz des geschäftlichen Ansehens (russ.), Zakon 1998, Nr. 11/12, S. 103-106.
Ėrdelevskij, Aleksandr, Über den immateriellen Schaden bei Verletzungen von Leben und Gesundheit (russ.), Zakon 1997, Nr. 1, S. 120-122.
Erman, Bürgerliches Gesetzbuch, 10. Aufl., Köln 2001.
(zit.: *Erman*/Bearbeiter)

Erörterung der Grundlagen der Zivilgesetzgebung. „Runder Tisch“ der Zeitschrift „Pravovedenie“, Teil 2 (russ.), Pravovedenie 1992, Nr. 2, S. 104-110.

Esser, Josef/Weyers, Hans-Leo, Schuldrecht, Band II, Besonderer Teil, Teilband 2: Gesetzliche Schuldverhältnisse, 8. Aufl., Heidelberg 2000.
(zit.: *Esser/Weyers*, Schuldrecht, Band II, Teilband 2)

Faria e Castro, Alexander, Die Merkmale der unerlaubten Handlung im sowjetischen Zivilrecht unter Berücksichtigung ihrer historischen Entwicklung, Tübingen und Basel 1969.
(zit.: *Faria e Castro*, Die Merkmale der unerlaubten Handlung im sowjetischen Zivilrecht unter Berücksichtigung ihrer historischen Entwicklung)

Fedorenko, N. V., Die Besonderheiten der Beilegung von Streitigkeiten, die mit der Anwendung des Föderalgesetzes „Über das Vollstreckungsverfahren“ verbunden sind (russ.), Vestnik Vysšego Arbitražnogo Suda 2001, Nr. 1, S. 105-115.

Fedotov, A. V., Arten der Kausalität zwischen einer Handlung und eingetretenen schädlichen Folgen (russ.), Žurnal rossijskogo prava 2001, Nr. 12, S. 92-100.

Fedotov, A. V., Der Begriff und die Klassifikation der Beweisvermutungen (russ.), Žurnal rossijskogo prava 2001, Nr. 4, S. 45-55.

Feldbrugge, F. J. M., Das neue Zivilgesetzbuch der Rußländischen Föderation (engl.), Review of Central and East European Law 1995, Nr. 3/4, S. 237-243.

Flejšic, E. A./Ioffe, O. S., Kommentarij k GK RSFSR (Kommentar zum ZGB der RSFSR), 2. Aufl., Moskva 1970.
(zit.: Bearbeiter in: *Flejšic/Ioffe*, Kommentarij k GK RSFSR)

Flejšic, E. A., Naučno-praktičeskij kommentarij k GK RSFSR (Wissenschaftlich-praktischer Kommentar zum ZGB der RSFSR), Moskva 1966.
(zit.: Bearbeiter in: *Flejšic*, Naučno-praktičeskij kommentarij k GK RSFSR)

Flejšic, E. A., Objazatelstva iz pričinenija vreda i neosnovatel'nogo obogaščenija (Schuldverhältnisse aus Schadenszufügung und ungerechtfertiger Bereicherung), Moskva 1951.
(zit.: *Flejšic*, Objazatelstva iz pričinenija vreda i neosnovatel'nogo obogaščenija)

Flejšic, E. A., Otvetstvennost' gosudarstvennych organov za imuščestvennyj vred, pričinjaemyj dolžnostnymi licami (Die Haftung staatlicher Organe für einen materiellen Schaden, der von Amtspersonen zugefügt wurde), Moskva 1948.
(zit.: *Flejšic*, Otvetstvennost' gosudarstvennych organov za imuščestvennyj vred, pričinjaemyj dolžnostnymi licami)

Frenzke, Dietrich (Hrsg.), Das Zivilgesetzbuch und das Ehe- und Familiengesetzbuch der Russischen Sowjetrepublik (RSFSR), Berlin 1988.
(zit.: *Frenzke*, Das Zivilgesetzbuch und das Ehe- und Familiengesetzbuch der Russischen Sowjetrepublik (RSFSR))

Freund, Heinrich, Das Zivilrecht Sowjetrußlands, Mannheim, Berlin, Leipzig 1924.
(zit.: *Freund*, Das Zivilrecht Sowjetrußlands)

Gapeev, V. N./Zinčenko, S. A./Luk'jancev, A. A., Novyj Graždanskij kodeks Rossijskoj Federacii (Das neue Zivilgestzbuch der Rußländischen Föderation), Rostov-na-Donu 1996.
(zit.: *Gapeev/Zinčenko/Luk'jancev*, Novyj Graždanskij kodeks RF)

Garbrecht, Georg, Aus der Tätigkeit der IZR-Stiftung, WiRO 1994, Nr. 3, S. 104.

Gavrilov, Ė., Wie bestimmt man die Höhe des immateriellen Schadens? (russ.), Rossijskaja justicija 2000, Nr. 6, S. 21-22.

Gil'man, Ju. M., Streitige Fragen der gesamtschuldnerischen Haftung (russ.), Pravovedenie 1968, Nr. 6, S. 45-54.

Gljancev, V., Streitigkeiten über den der Gesundheit zugefügten Schaden (russ.), Rossijskaja justicija 1997, Nr. 11, S. 7-9.

Gljancev, V. V., Über den Ersatz des Schadens, der der Gesundheit von Bürgern zugefügt wurde (russ.), Bjulleten' Verchovnogo Suda Rossijskoj Federacii 1994, Nr. 9, S. 8-13.

Glöckner, Martin, Aus der Tätigkeit der IZR-Stiftung, WiRO 1994, Nr. 6, S. 232, und Nr. 9, S. 367-368.

Gnedenko, V., Natürliche Personen können Beteiligte des Haushaltsverfahrens sein (russ.), Rossijskaja justicija 2002, Nr. 12, S. 29.

Gojchbarg, A. G./Koblenc, I. G., Graždanskij kodeks RSFSR (Das Zivilgesetzbuch der RSFSR), 2. Aufl., Moskva, Leningrad 1925.
(zit.: *Gochbarg/Koblenc*, Graždanskij kodeks RSFSR)

Golubev, K./Narižnij, S., Der Schutz des geschäftlichen Ansehens juristischer Personen (russ.), Rossijskaja justicija 1999, Nr. 7, S. 24-25.

Gribanov, V. P., Die Haftung für die Verletzung ziviler Rechte und Pflichten (russ.), in: Osuščestvlenie i zaščita graždanskich prav, Moskva 2000.

Grišaev, S. P., Graždanskoe pravo (Zivilrecht), Moskva, 1999.
(zit.: Bearbeiter in: *Grišaev*, Graždanskoe pravo)

Guev, A. N., Kommentarij k postanovlenijam Plenuma Verchovnogo Suda Rossijskoj Federacii po graždanskim delam (Kommentar zu den erläuternden Leitentscheidungen des Plenums des Obersten Gerichtshofs der Rußländischen Föderation in Zivilsachen), Moskva 2001.
(zit.: *Guev*, Kommentarij k postanovlenijam Plenuma Verchovnogo Suda RF po graždanskim delam)

Guev, A. N., Postatejnyj kommentarij časti pervoj Graždanskogo kodeksa Rossijskoj Federacii (Artikelweiser Kommentar des ersten Teils des Zivilgesetzbuchs der Rußländischen Föderation), 2. Aufl., Moskva 2001.
(zit.: *Guev*, Postatejnyj kommentarij časti pervoj Graždanskogo kodeksa RF)

Guev, A. N., Postatejnyj kommentarij k časti vtoroj Graždanskogo kodeksa Rossijskoj Federacii (Artikelweiser Kommentar des zweiten Teils des Zivilgesetzbuchs der Rußländischen Föderation), 3. Aufl., Moskva 2001.
(zit.: *Guev*, Postatejnyj kommentarij časti vtoroj Graždanskogo kodeksa RF)

Gusev, N., Über die Gerichtspraxis bei Klagen über den Ersatz des der Person zugefügten Schadens (russ.), Bjulleten' Verchovnogo Suda SSSR 1959, Nr. 1, S. 23-31.

Gutachten und Vorschläge zur Überarbeitung des Schuldrechts (herausgegeben vom Bundesminister der Justiz), Band II, Köln 1981.
(zit.: Bearbeiter in: Gutachten und Vorschläge zur Überarbeitung des Schuldrechts)

Gutnikov, O., Kommentar zu den Änderungen in der Gesetzgebung über den Verbraucherschutz (russ.), Chozjajstvo i pravo 2000, Nr. 10, S. 3-18.

Heidemann, Thomas, Unternehmenshaftung in Rußland, Karlsruhe 1994.
(zit.: *Heidemann*, Unternehmenshaftung in Rußland)
Hüper, Christine, Das Einführungsgesetz zum neuen russischen Zivilgesetzbuch, WiRO 1995, Nr. 5, S. 161-165.

Illarinova, T. I./Gongalo, B. M./Pletnev, V. A., Graždanskoe pravo. Čast' pervaja (Zivilrecht. Erster Teil), Moskva 2001.
(zit: Bearbeiter in: *Illarinova/Gongalo/Pletnev*, Graždanskoe pravo. Čast' pervaja)
Il'jučenko, N. V., Die gesetzwidrige Haft: Probleme des Schadensersatzes (russ.), Vestnik Moskovskogo universiteta 2002, Nr. 1, S. 41-56.
Ioffe, O. S./Tolstoj, Ju. K., Novyj Graždanskij kodeks RSFSR (Das neue Zivilgesetzbuch der RSFSR), Leningrad 1965.
(zit.: Bearbeiter in *Ioffe/Tolstoj*, Novyj Graždanskij kodeks RSFSR)
Ioffe, O. S., Objazatel'stvennoe pravo (Schuldrecht), Moskva 1975.
(zit.: *Ioffe*, Objazatel'stvennoe pravo)
Ioffe, O. S., Otvetstvennost' po sovetskomu graždanskomu pravu (Die Haftung nach dem sowjetischen Zivilrecht), Leningrad 1955.
(zit.: *Ioffe*, Otvetstvennost' po sovetskomu graždanskomu pravu)
Ioffe, O. S., Sovetskoe graždanskoe pravo. Otdel'nye vidy objazatel'stv (Sowjetisches Zivilrecht. Einzelne Arten von Schuldverhältnissen), Leningrad 1961.
(zit.: *Ioffe*, Sovetskoe graždanskoe pravo)
Ioffe, O. S./Tolstoj, Ju. K./Čerepachin, B. B., Sovetskoe graždanskoe pravo (Sowjetisches Zivilrecht), Band 2, Leningrad 1971.
(zit.: Bearbeiter in: *Ioffe/Tolstoj/Čerepachin*, Sovetskoe graždanskoe pravo, Band 2)

J. von Staudingers Kommentar zum Bürgerlichen Gesetzbuch mit Einführungsgesetz und Nebengesetzen. Zweites Buch. Recht der Schuldverhältnisse §§ 823-825, 13. Aufl., Berlin 1999, §§ 830-838, Neubearbeitung, Berlin 2002, §§ 833-853, 12. Aufl. 1986, EGBGB/IPR Art. 38-42 EGBGB, Neubearbeitung, Berlin 2001.
(zit.: *Staudinger*-Bearbeiter)
Jaičkov, K. K., Das System der Schuldverhältnisse aus Schadenszufügung im sowjetischen Recht (russ.), in: Voprosy graždanskogo prava, Moskva 1957, S. 145-200.

Jakovlev, V. F., Kommentarij k Arbitražnomu processual'nomu kodeksu Rossijskoj Federacii (Kommentar zur Arbitrageprozeßordnung der Rußländischen Föderation), Moskva 1998.
(zit.: Bearbeiter in: *Jakovlev*, Kommentarij k Arbitražnomu processual'nomu kodeksu RF)

Jakovlev, V. F., Das Zivilgesetzbuch und der Staat (russ.), Vestnik Vysšego Arbitražnogo Suda Rossijskoj Federacii, 1997, Nr. 6, S. 133-138.

Jarkov, V. V., Arbitražnyj process (Der Arbitrageprozeß), Moskva 2000.
(zit.: Bearbeiter in: *Jarkov*, Arbitražnyj process)

Jarošenko, K., Schuldverhältnisse aus Schadenszufügung (Kapitel 59) (russ.), Chozjajstvo i pravo 1996, Nr. 12, S. 3-22.

Jarošenko, K. B., Der Ersatz des Schadens, der infolge einer Gesundheitsbeschädigung oder des Todes von Arbeitnehmern bei der Erfüllung ihrer Arbeitspflichten zugefügt wurde (russ.), Žurnal rossijskogo prava 1997, Nr. 1, S. 139-146.

Jarošenko, K. B., Žizn' i zdorov'e pod ochranoj zakona (Leben und Gesundheit unter dem Schutz des Gesetzes), Moskva 1990.
(zit.: *Jarošenko*, Žizn' i zdorov'e pod ochranoj zakona)

Jarošenko, Klavdija, Streitigkeiten über den Ersatz des Schadens, der dem Leben und der Gesundheit einzelner Kategorien von Arbeitnehmern zugefügt wurde (russ.), Pravo i ėkonomika 1998, Nr. 2, S. 90-94, Nr. 4, S. 73-76[1990].

Jordan, Pamela, Russische Juristen als Verbraucherschutzanwälte, 1992-1995 (engl.), The Parker School Journal of East European Law 1996, Vol. 4-5, S. 487-517.

Kalpin, A. G./Masljaev, A. I., Graždanskoe pravo. Čast' pervaja (Zivilrecht. Erster Teil), 2. Aufl., Moskva 2002.
(zit.: Bearbeiter in: *Kalpin/Masljaev*, Graždanskoe pravo. Čast' pervaja)

Kalpin, A. G., Graždanskoe pravo. Čast' vtoraja (Zivilrecht. Zweiter Teil), Moskva 2000.
(zit.: Bearbeiter in: *Kalpin*, Graždanskoe pravo. Čast' vtoraja)

[1990] Ein gleichlautender Aufsatz wurde in Kommentarij sudebnoj praktiki 1998, Vypusk 4, S. 5-18, veröffentlicht.

Kazancev, V., Die rechtliche Regulierung des Ersatzes des Schadens, der Arbeitnehmern bei der Produktion zugefügt wurde (russ.), Rossijskaja justicija 1996, Nr. 10, S. 35-36, Nr. 11, S. 35-36.

Kazancev, V., Die zivilrechtliche Haftung für Schaden, der durch Handlungen eines Richters zugefügt wurde (russ.), Rossijskaja justicija, 2002, Nr. 2, S. 11.

Kegel, Gerhard/Schurig, Klaus, Internationales Privatrecht, München 2000.
(zit.: *Kegel/Schurig*, Internationales Privatrecht)

Klibanski, Handbuch des gesamten russischen Zivilrechts, Band 1, Berlin 1911.
(zit.: *Klibanski*, Handbuch des gesamten russischen Zivilrechts)

Kötz, Hein/Wagner, Gerhard, Deliktsrecht, 9. Aufl., Neuwied, Kriftel 2001.
(zit.: *Kötz/Wagner*, Deliktsrecht)

Kötz, Hein, Haftung für besondere Gefahr, Archiv für civilistische Praxis, Band 170 (1970), S. 1-41.

Kofman, V. I., Die Grenzen der juristisch bedeutsamen Verursachung (russ.), Pravovedenie 1960, Nr. 3, S. 45-58.

Kofman, V. I., Die Wechselbeziehung zwischen Verschulden und Rechtswidrigkeit im Zivilprozeß (russ.), Pravovedenie 1957, Nr. 1, S. 65-76.

Komissarov, K. I./Osipkov, Ju. K., Graždanskij process (Der Zivilprozeß), 2. Aufl., Moskva 1996.
(zit.: Bearbeiter in: *Komissarov/Osipkov*, Graždanskij process)

Kornilov, Ė., Die Anwendungspraxis der Gesetzgebung über die Verbraucherrechte (russ.), Rossijskaja justicija 1998, Nr. 8, S. 13-15.

Kornilov, Ė., Die neue Fassung des Gesetzes der RF "Über den Verbraucherschutz" (russ.), Zakonnost' 1998, Nr. 9, S. 35-40.

Kornilov, Ė., Positive Tendenzen in der Entwicklung der Gesetzgebung über die Verbraucherrechte (russ.), Chozjajstvo i pravo 1998, Nr. 12, S. 94-100.

Kornilov, Ė., Zivilprozessuale Probleme des Verbraucherschutzes (russ.), Chozjajstvo i pravo 1999, Nr. 11, S. 37-41.

Kornilov, Ė. G., Die neue Fassung des Gesetzes der RF "Über den Verbraucherschutz": Änderungen, die dem Zeitgeist entsprechen (russ.), Žurnal rossijskogo prava 1999, Nr. 2, S. 95-101.

Kornilov, Ėduard, Das Gesetz über den Verbraucherschutz in der Entwicklung (russ.), Pravo i ėkonomika 1998, Nr. 8, S. 33-38.
Kornilov, Ėduard, Die gesetzlichen Rechte des Verbrauchers (russ.), Zakon 1998, Nr. 9, S. 120-123.
Koršunov, Ju., Die Regeln über den Ersatz des Schadens, der bei der Erfüllung von Arbeitspflichten zugefügt wurde (russ.), Chozjajstvo i pravo 1996, Nr. 5, S. 135-175.
Koršunov, Ju., Über den Ersatz des immateriellen Schadens (russ.), Chozjajstvo i pravo 1995, Nr. 4, S. 132-138.
Koršunov, Jurij, Schadensersatz (russ.), Zakon 1993, Nr. 6, S. 53-55.
Koževnikov, V. B., Probleme des Schutzes des geschäftlichen Ansehens (russ.), Pravovedenie 1993, Nr. 6, S. 36-44.
Kozyminych, E., Schuldverhältnisse aus einer Gesundheitsschädigung bei der Erbringung medizinischer Dienstleistungen (russ.), Rossijskaja justicija, 2001, Nr. 2, S. 32-34.
Kozyr', O. M./Makovskij, A. L./Chochlov, S. A., Graždanskij kodeks Rossijskoj Federacii. Čast' vtoraja (Das Zivilgesetzbuch der Rußländischen Föderation. Zweiter Teil), Moskva 1996.
(zit.: Bearbeiter in: *Kozyr'/Makovskij/Chochlov*, Graždanskij kodeks RF. Čast' vtoraja)
Krasavčikov, O. A., Graždanskij kodeks RSFSR (Das Zivilgesetzbuch der RSFSR), Sverdlovsk 1965.
(zit.: Bearbeiter in: *Krasavčikov*, Graždanskij kodeks RSFSR)
Krasavčikov, O. A., Sovetskoe Graždanskoe pravo (Sowjetisches Zivilrecht), Band 1, Moskva 1968.
(zit.: Bearbeiter in: *Krasavčikov*, Sovetskoe Graždanskoe pravo, Band 1)
Krasavčikov, O. A., Sovetskoe Graždanskoe pravo (Sowjetisches Zivilrecht), Band 2, Moskva 1969.
(zit.: Bearbeiter in: *Krasavčikov*, Sovetskoe Graždanskoe pravo, Band 2)
Krasavčikov, O. A., Sovetskoe Graždanskoe pravo (Sowjetisches Zivilrecht), Band 2, 2. Aufl., Moskva 1973.
(zit.: Bearbeiter in: *Krasavčikov*, Sovetskoe Graždanskoe pravo, Band 2, 2. Aufl.)

Krasavčikov, O. A., Vozmeščenie vreda, pričinennogo istočnikom povyšennoj opasnosti (Der Ersatz des Schadens, der durch eine Quelle erhöhter Gefahr zugefügt wurde), Moskva 1966.
(zit.: *Krasavčikov*, Vozmeščenie vreda, pričinennogo istočnikom povyšennoj opasnosti)
Krasavčikov, O. A., Das Wesen der juristischen Person (russ.), Sovetskoe gosudarstvo i pravo 1976, Nr. 1, S. 47-55.
Kropholler, Jan, Internationales Privatrecht, 4. Aufl., Tübingen 2001.
(zit.: *Kropholler*, Internationales Privatrecht)
Krotov, M. V., Das Verbraucherschutzgesetz (russ.), Pravovedenie 1991, Nr. 6, S. 30-39.
Krylov, Z. G./Gavrilov, Ė. G., Rossijskoe graždanskoe pravo (Rußländisches Zivilrecht), Moskva 1999.
(zit.: Bearbeiter in: *Krylov/Gavrilov*, Rossijskoe graždanskoe pravo)
Kunik, Ja. A., Sovetskoe graždanskoe pravo (Sowjetisches Zivilrecht), Moskva 1973.
(zit.: Bearbeiter in: *Kunik*, Sovetskoe graždanskoe pravo)

Larenz, Karl/Canaris, Claus-Wilhelm, Lehrbuch des Schuldrechts, Zweiter Band, Besonderer Teil, 2. Halbband, München 1994.
(zit.: *Larenz/Canaris*, Lehrbuch des Schuldrechts II/2)
Lavrov, D. G., Die zivilrechtliche Haftung der staatlichen Steuerorgane für die Verabschiedung von nicht dem Gesetz entsprechenden Akten (russ.), Pravovedenie 1997, Nr. 3, S. 86-95.
Lentz, Dominik, Die internationale Wirtschaftsschiedsgerichtsbarkeit in der Russischen Föderation, Frankfurt am Main, Berlin, Bern, Bruxelles, New York, Oxford, Wien 2000.
(zit.: *Lentz*, Die internationale Wirtschaftsschiedsgerichtsbarkeit in der Russischen Föderation)
Leser, Hans, Zu den Instrumentarien des Rechtsgüterschutzes im Delikts- und Gefährdungshaftungsrecht, Archiv für civilistische Praxis, Band 183 (1983), S. 568-602.
Leuthold, C. E., Russische Rechtskunde, Leipzig 1889.
(zit.: *Leuthold*, Russische Rechtskunde)
Levinova, T., Der Ersatz des immateriellen Schaden des gesetzwidrig zur strafrechtlichen Verantwortlichkeit Herangezogenen (russ.), Rossijskaja justicija 2000, Nr. 9, S. 39-40.

Levšina, T. L./Lesnickaja, L. F./Jarošenko, K. B., Kommentarij k zakonu Rossijskoj Federacii „O zaščite prav potrebitelej“ (Kommentar zum Gesetz der Rußländischen Föderation “Über den Verbraucherschutz”), Moskva 1993.
(zit.: Bearbeiter in: *Levšina/Lesnickaja/Jarošenko*, Kommentarij k zakonu RF „O zaščite prav potrebitelej“)
Levšina, T. L., Einige Fragen der Anwendungspraxis des Gesetzes der Rußländischen Föderation “Über den Verbraucherschutz” (russ.), Kommentarij sudebnoj praktiki 1994, Vypusk 1, S. 81-89.
Levšina, T. L., Die Gesetzgebung über den Verbraucherschutz (russ.), in: Pravovye problemy rynočnoj ėkonomiki v Rossijskoj Federacii, Moskva 1994.
Levšina, T. L., Osnovy zakonodatel'stva o zaščite prav potrebitelej (Die Grundlagen der Gesetzgbung über den Verbraucherschutz), Moskva 1994.
(zit.: *Levšina*, Osnovy zakonodatel'stva o zaščite prav potrebitelej)
Lippott, Joachim, Die Strukturreform der Rechte an technischen Erfindungen beim Übergang zur Marktwirtschaft. Die Entwicklung des Erfinder- und Patentrechts in Rußland, in der Gemeinschaft Unabhängiger Staaten und in den baltischen Staaten, Berlin 1998.
(zit.: *Lippott*, Die Strukturreform der Rechte an technischen Erfindungen beim Übergang zur Marktwirtschaft)
Ljubimova, R. N., Die Haftung der Organe der Staatsmacht für Schaden, der durch nicht dem Gesetz entsprechende Akte, gesetzwidrige Handlungen (Unterlassung) zugefügt wurde (russ.), Vestnik Vysščego Arbitražnogo Suda 2000, Nr. 3, S. 54-58.

Märkl, Petra, Schiedsgerichtsbarkeit in Rußland, Heidelberg 1998.
(zit.: *Märkl*, Schiedsgerichtsbarkeit in Rußland)
Majdanik, L., Das Recht des Geschädigten auf den Ersatz zusätzlicher Aufwendungen (russ.), Sovetskaja justicija 1969, Nr. 16, S. 22-23.
Majdanik, L. A./Sergeeva, N. Ju., Material'naja otvetstvennost' za povreždenie zdorov'ja (Die materielle Haftung für eine Gesundheitsbeschädigung), Moskva 1968.
(zit.: *Majdanik/Sergeeva*, Material'naja otvetstvennost' za povreždenie zdorov'ja)

Makarov, G., Der Ersatz des Schadens, der einem Wohnraum durch Bürger oder juristische Personen zugefügt wurde (russ.), Chozjajstvo i pravo 2000, Nr. 1, S. 96-111.
Maklezow, A./Timaschew, N./Aleksejew, N./Sawadsky, S. (Hrsg.), Das Recht Sowjetrusslands, Tübingen 1925.
(zit.: Bearbeiter in: *Maklezow/Timaschew/Aleksejew/Sawadsky*, Das Recht Sowjetrusslands)
Makovskij, A. L., Die zivilrechtliche Haftung des Staates für Akte der Staatsmacht (russ.), in: Graždanskij kodeks Rossii. Problemy. Teorija. Praktika: Sbornik pamjati S. A. Chochlova, Moskva 1998.
Malein, N. S., Graždanskij zakon i prava ličnosti v SSSR (Das Zivilgesetz und die Persönlichkeitsrechte in der UdSSR), Moskva 1981.
(zit.: *Malein*, Graždanskij zakon i prava ličnosti v SSSR)
Malein, N. S., Ochrana prav ličnosti sovetskim zakonodatel'stvom (Der Schutz der Rechte der Person durch die sowjetische Gesetzgebung), Moskva 1985.
(zit.: *Malein*, Ochrana prav ličnosti sovetskim zakonodatel'stvom)
Malein, N. S., Über den immateriellen Schaden (russ.), Gosudarstvo i pravo 1993, Nr. 3, S. 32-39.
Malein, N. S., Vozmeščenie vreda, pričinennogo ličnosti (Der Ersatz des Schadens, der der Person zugefügt wurde), Moskva 1965.
(zit.: *Malein*, Vozmeščenie vreda, pričinennogo ličnosti)
Malickij, Al., Graždanskij kodeks sovetskich respublik (Das Zivilgesetzbuch der sowjetischen Republiken), 1927.
(zit.: *Malickij*, Graždanskij kodeks sovetskich respublik)
Malov, A. A./Sidorenko, V. M., Die Verhandlung von Streitigkeiten über den Verbraucherschutz durch die Gerichte: einige Aspekte (russ.), Arbitražnyj i graždanskij process 2000, Nr. 4, S. 10-18.
Mamilova, E. G., Der Ersatz des Schaden, der durch den Tod des Ernährers zugefügt wurde (Kommentar zu einer Zivilstreitigkeit) (russ.), Kommentarij sudebnoj praktiki 1999, Vypusk 5, S. 97-103.
Maršunov, M. N., Kommentarij k zakonodatel'stvu o sudostrojstve Rossijskoj Federacii (Kommentar zur Gesetzgebung über den Gerichtsaufbau der Rußländischen Föderation), 2. Aufl., Moskva/Sankt-Peterburg 2000.
(zit.: *Maršunov*, Kommentarij k zakonodatel'stvu o sudostrojstve RF)
Marusin, I. S., Der Ersatz des immateriellen Schadens im neuen Zivilgesetzbuch der RF (russ.), Pravovedenie 1997, Nr. 1, S. 91-95.

Matveev, G. K., Osnovanija graždanskopravovoj otvetstvennosti (Die Grundlagen der zivilrechtlichen Haftung), Moskva 1970.
(zit.: *Matveev*, Osnovanija graždanskopravovoj otvetstvennosti)

Matveev, G. K., Vina v sovetskom graždanskom prave (Das Verschulden im sowjetischen Zivilrecht), Kiev 1955.
(zit.: *Matveev*, Vina v sovetskom graždanskom prave)

Meder, Walter (Hrsg.), Grundlagen des Zivilrechts und des Zivilprozeßrechts der UdSSR, in: Berichte des Osteuropa-Instituts an der Freien Universität Berlin, Heft 53, Berlin 1962.
(zit.: *Meder*, Grundlagen des Zivilrechts und des Zivilprozeßrechts der UdSSR)

Meder, Walter (Hrsg.), Zivilgesetzbuch der RSFSR, in: Berichte des Osteuropa-Instituts an der Freien Universität Berlin, Heft 67, Berlin 1965.
(zit.: *Meder*, Zivilgesetzbuch der RSFSR)

Merkušov, A. E., Über einige Fragen der Gerichtspraxis in Streitigkeiten über Straftaten von Minderjährigen (russ.), Bjulleten' Verchovnogo Suda Rossijskoj Federacii 2000, Nr. 6, S. 23.

Michno, E. A., Der Ersatz des immateriellen Schadens bei einer Diffamierung (russ.), Pravovedenie 1992, Nr. 6, S. 63-70.

Mickevič, A. V., Die Systematisierung der Gesetze des Rußländischen Reichs durch M. M. Speranskij (russ.), Žurnal rossijskogo prava, 2001, Nr. 5, S. 154-160.

Mochov, A., Die persönlichen Nichtvermögensrechte und ihre Einschränkung im Zivilprozeß (russ.), Rossijskaja justicija, 2001, Nr. 9, S. 25-26.

Modin, N., Die Haftung von Organen der örtlichen Selbstverwaltung für unrechtmäßige Handlungen (russ.), Rossijskaja justicija 2000, Nr. 1, S. 22-23.

Morozova, L. A., Probleme der rechtlichen Verantwortlichkeit des Staates, seiner Organe und Bediensteten (russ.), Gosudarstvo i pravo 2000, Nr. 3, S. 20-36, Nr. 4, S. 15-30.

Mosgo, Oleg, Die Reform des Produkthaftungsrechts in Rußland, Produkt- und Umwelthaftpflicht international 1997, Nr. 5, S. 183-185.

Münchener Kommentar zum Bürgerlichen Gesetzbuch, Band 2a, Schuldrecht, Allgemeiner Teil (§§ 241-432), 4. Aufl., München 2003, Band 5, Schuldrecht, Besonderer Teil III (§§ 705-853), 3. Aufl., München 1997.
(zit.: MüKo-Bearbeiter)

Musin, V. A./Čečina, M. A./Čečot, D. M., Graždanskij process (Der Zivilprozeß), Moskva 1999.
(zit.: Bearbeiter in: *Musin/Čečina/Čečot*, Graždanskij process)

Narižnij, S./Golubev, K., Ersatz des immateriellen Schadens bei der Verletzung von Vermögensrechten eines Bürgers (russ.), Rossijskaja justicija 2001, Nr. 4, S. 20-21.

Narižnij, S., Ersatz des immateriellen Schadens gegenüber Geschädigten von gerichtlichen Ermittlungsfehlern (russ.), Rossijskaja justicija 1997, Nr. 10, S. 40-42.

Naumov, A. V., Kommentarij k Ugolvnomu kodeksu Rossijskoj Federacii (Kommentar zum Strafgesetzbuch der Rußländischen Föderation), Moskva 1996.
(zit.: Bearbeiter in: *Naumov*, Kommentarij k Ugolvnomu kodeksu RF)

Nešataeva, T. N./Straženeckij, V. V., Ersatz des immateriellen Schadens zugunsten einer juristischen Person in der Streitigkeit der Firma Komigersol' gegen Portugal (Entscheidung des europäischen Gerichtshofs für Menschenrechte vom 6. April 2000) (russ.), Vestnik Vysšego Arbitražnogo suda 2001, Nr. 2, S. 56-60.

Neubecker, F. K., Der Entwurf eines russischen Zivilgesetzbuchs, Zeitschrift für vergleichende Rechtswissenschaft, 1910, 24. Band, S. 200-203.

Neumüller, Alexander, Umwelthaftung in Rußland, Berlin 1997.
(zit.: *Neumüller*, Umwelthaftung in Rußland)

Nor, V. T., Imuščestvennaja otvetsvennost' za nepravil'nye dejstvija dolžnostnych lic (Die materielle Haftung für unrechtmäßige Handlungen von Amtspersonen), L'vov 1974.
(zit.: *Nor*, Imuščestvennaja otvetsvennost' za nepravil'nye dejstvija dolžnostnych lic)

Novickij, I. B./Lunc, L. A., Obščee učenie ob objazatel'stve (Die allgemeine Lehre über das Schuldverhältnis), Moskva 1950.
(zit.: *Novickij/Lunc*, Obščee učenie ob objazatel'stve)

Okun'kov, L. A., Kommentarij k Konstitucii Rossijskoj Federacii (Kommentar zur Verfassung der Rußländischen Föderation), 2. Aufl., Moskva 1996.
(zit.: Bearbeiter in: *Okun'kov*, Kommentarij k Konstitucii RF)
Orlovskij, P. E./Korneev, S. M., Graždanskoe pravo (Zivilrecht), Band 1, Moskva 1969.
(zit.: Bearbeiter in *Orlovskij/Korneev*, Graždanskoe pravo, Band 1)
Orlovskij, P. E./Korneev, S. M., Graždanskoe pravo (Zivilrecht), Band 2, Moskva 1970.
(zit.: Bearbeiter in: *Orlovskij/Korneev*, Graždanskoe pravo, Band 2)
Ossenbühl, Fritz, Staatshaftungsrecht, 5. Aufl., München 1998.
(zit.: *Ossenbühl*, Staatshaftungsrecht)

Palandt, Bürgerliches Gesetzbuch, 61. Aufl., München 2002.
(zit.: *Palandt*-Bearbeiter, 61. Aufl.)
Palandt, Bürgerliches Gesetzbuch, 62. Aufl., München 2003.
(zit.: *Palandt*-Bearbeiter)
Parcij, Ja., Das neue Zivilgesetzbuch und die Gesetzgebung über den Verbraucherschutz und die Zertifizierung (russ.), Chozjajstvo i pravo 1996, Nr. 7, S. 58-67.
Parcij, Ja., Über den Verbraucherschutz (russ.), Chozjajstvo i pravo 1996, Nr. 8, S. 24-37, Nr. 9, S. 20-33, Nr. 10, S. 15-31, Nr. 11, S. 24-35, Nr. 12, S. 23-40, 1997, Nr. 1, S. 4-15, Nr. 2, S. 3-11, Nr. 3, S. 3-11, Nr. 4, S. 3-12, Nr. 5, S. 3-15, Nr. 6, S. 3-14, Nr. 7, S. 3-15, Nr. 8, S. 3-19.
Parcij, Jakov Efimovič, Kommentarij k Zakonu Rossijskoj Federacii "O zaščite prav potrebitelej": Postatejnyj (Kommentar zum Gesetz der Rußländischen Föderation "Über den Verbraucherschutz": artikelweise), Moskva 2001.
(zit.: *Parcij*, Kommentarij k Zakonu RF "O zaščite prav potrebitelej")
Pavlov, N. V./Romanenko, N. G., Über das Vollstreckungsverfahren (russ.), Vestnik Vysščego Arbitražnogo Suda 2000, Nr. 1, S. 97-105.
Plotnikov, V., Das geschäftliche Ansehen als Objekt des zivilrechtlichen Schutzes (russ.), Chozjajstvo i pravo 1995, Nr. 11, S. 94-99.
Ponomar', V., Die zivilrechtliche Haftung für die Zufügung eines "übermäßigen" Schadens bei der verläufigen Festnahme eines Straftäters (russ.), Rossijskaja justicija 1998, Nr. 12, S. 21-22.

Potapenko, S., Das Institut der Diffamierung und die rußländische Gesetzgebung (russ.), Rossijskaja justicija 2002, Nr. 6, S. 33-35.
Potapenko, S., Tatsachen und Meinungen in Streitigkeiten über den Schutz der Ehre (russ.), Rossijskaja justicija 2001, Nr. 7, S. 28-29.
Potapenko, Sergej, Der gerichtliche Schutz des geschäftlichen Ansehens juristischer Personen gegen eine Diffamierung (russ.), Pravo i ėkonomika 2000, Nr. 6, S. 69-71.

Rakhmilovich, V. A., Einige Lücken und Widersprüche im Zivilgesetzbuch der Russischen Föderation (engl.), The Parker School Journal of East European Law 1997, S. 467-478.
Reinsch, Andreas, Russische Föderation: Gesetz über das Gerichtssystem, WiRO 1997, Nr. 8, S. 307-311.
Reinsch, Andreas/Knaul, Andreas, Russische Föderation: Verbraucherschutzgesetz, WiRO 1997, Nr. 7, S. 263-272.
Rjasencev, V. A., Sovetskoe Graždanskoe pravo (Sowjetisches Zivilrecht), Moskva 1987.
(zit.: Bearbeiter in: *Rjasencev*, Sovetskoe Graždanskoe pravo)
Rjasencev, V. A., Sovetskoe Graždanskoe pravo (Sowjetisches Zivilrecht), Band 2, 2. Aufl., Moskva 1976.
(zit.: Bearbeiter in: *Rjasencev*, Sovetskoe Graždanskoe pravo, Band 2)
Rjasencev, V. A., Sovetskoe Graždanskoe pravo (Sowjetisches Zivilrecht), Teil 2, 3. Aufl., Moskva 1987.
(zit.: Bearbeiter in: *Rjasencev*, Sovetskoe Graždanskoe pravo, Teil 2)
Roggemann, Herwig, Entwicklung und allgemeine Grundlagen des sowjetischen Zivilrechts, Jahrbuch für Ostrecht 1971, Nr. 1, S. 149-199.
Roggemann, Herwig/Bergmann, Wilfried, Zivilgesetzbuch der Russischen Föderation (Erster Teil) von 1994, Berlin 1997.
(zit.: *Roggemann/Bergmann*, Zivilgesetzbuch der Russischen Föderation (Erster Teil))
Roggemann, Herwig/Bergmann, Wilfried, Zivilgesetzbuch der Russischen Föderation (Zweiter Teil) von 1995, Berlin 2000.
(zit.: *Roggemann/Bergmann*, Zivilgesetzbuch der Russischen Föderation (Zweiter Teil))

Romanov, V. I., Die juristische Verantwortlichkeit für ökologische Rechtsverstöße (russ.), Žurnal Rossijskogo prava 2000, Nr. 12, S. 74-83.
Rožkova, M., Einige Aspekte des Beweiserhebungsverfahrens in Schadensersatzstreitigkeiten (russ.), Chozjajstvo i pravo 2000, Nr. 9, S. 122-128.
Rožkova, M. A., Über die Quelle erhöhter Gefahr (russ.), Vestnik Vysšego Arbitražnogo Suda 2002, Nr. 2, S. 88-100.
Rudenev, Vl., Schadensersatz bei einer gesetzwidrigen Haft (russ.), Rossijskaja justicija 1997, Nr. 12, S. 21.

Sadikov, O. N., Graždanskoe pravo Rossii. Čast' vtoraja. Objazatel'stvennoe pravo (Das Zivilrecht Rußlands. Zweiter Teil. Schuldrecht), Moskva 1997.
(zit.: Bearbeiter in: *Sadikov*, Graždanskoe pravo Rossii. Čast' vtoraja)
Sadikov, O. N., Graždanskoe pravo Rossii. Obščaja čast' (Das Zivilrecht Rußlands. Allgemeiner Teil), Moskva 2001.
(zit.: Bearbeiter in: *Sadikov*, Graždanskoe pravo Rossii. Obščaja čast')
Sadikov, O. N., Kommentarij k Graždanskomu kodeksu Rossijskoj Federacii (Kommentar zum Zivilgesetzbuch der Rußländischen Föderation), Moskva 1997.
(zit.: Bearbeiter in: *Sadikov*, Kommentarij k Graždanskomu kodeksu RF)
Sadikov, O. N., Kommentarij k Graždanskomu kodeksu Rossijskoj Federacii časti pervoj (postatejnyj) (Kommentar zum Zivilgesetzbuch der Rußländischen Föderation erster Teil (artikelweise)), 2. Aufl., Moskva 2002.
(zit.: Bearbeiter in: *Sadikov*, Kommentarij k Graždanskomu kodeksu RF časti pervoj)
Sadikov, O. N., Kommentarij k Graždanskomu kodeksu Rossijskoj Federacii časti vtoroj (postatejnyj) (Kommentar zum Zivilgesetzbuch der Rußländischen Föderation zweiter Teil (artikelweise)), 3. Aufl., Moskva 1999.
(zit.: Bearbeiter in: *Sadikov*, Kommentarij k Graždanskomu kodeksu RF časti vtoroj)
Sadikov, Oleg, Das neue Zivilgesetzbuch Rußlands, Zeitschrift für Europäisches Privatrecht 1996, Nr. 2, S. 259-272.

Schmidt-Salzer, Joachim, Produkthaftung, Band III/1, 2. Aufl., Heidelberg 1990.
(zit.: *Schmidt-Salzer*, Produkthaftung, Band III/1)
Schmitt, Hermann/Weber, Anja, Zum Inkrafttreten des Zweiten Teils des russischen ZGB, WiRO 1996, Nr. 3, S. 86-89.
Schroeder, Friedrich-Christian (Hrsg.), Die neuen Kodifikationen in Rußland, 2. Aufl., Berlin 1999.
(zit.: Bearbeiter in: *Schroeder*, Die neuen Kodifikationen in Rußland)
Schroeder, Friedrich-Christian/Bednarz, Thomas, Strafgesetzbuch der Russischen Föderation, Freiburg im Breisgau 1998.
(zit.: *Schroeder/Bednarz*, Strafgesetzbuch der Russischen Föderation)
Schultz, Lothar, Russische Rechtsgeschichte, Schauenburg in Lahr 1951.
(zit.: *Schultz*, Russische Rechtsgeschichte)
Seeler, Nicolaus von, Bürgerliches Gesetzbuch. Buch V. Das Recht der Forderungen, Riga 1900.
(zit.: *von Seeler*, Bürgerliches Gesetzbuch. Buch V. Das Recht der Forderungen)
Seeler, Wilhelm von, Der Entwurf des Russischen Zivilgesetzbuchs, Berlin 1911.
(zit.: *von Seeler*, Der Entwurf des Russischen Zivilgesetzbuchs)
Seiffert, Wolfgang, Die Fortgeltung der völkerrechtlichen Verträge und Gesetze der untergegangenen Sowjetunion in der Russischen Föderation (RF), WiRO 1992, Nr. 5, S. 137-140.
Šeljutto, M. L., Einige Fragen der Gerichtspraxis über den Ersatz des immateriellen Schadens, der durch die Verbreitung von nicht der Wirklichkeit entsprechenden verleumdenden Behauptungen zugefügt wurde (russ.), Kommentarij sudebnoj praktiki 1997, Vypusk 3, S. 46-56.
Šeljutto, M. L., Die Gerichtspraxis in Streitigkeiten über die Ehre und Würde (russ.), Kommentarij sudebnoj praktiki 1996, Vypusk 2, S. 59-66.
Šeljutto, M. L., Der zivilrechtliche Schutz des geschäftlichen Ansehens juristischer Personen (russ.), Žurnal rossijskogo prava 1997, Nr. 12, S. 33-42.
Sergeev, A. P./Tolstoj, Ju. K., Graždanskoe pravo (Zivilrecht), Band 1, 3. Aufl., Moskva 1998.
(zit.: Bearbeiter in: *Sergeev/Tolstoj*, Graždanskoe pravo, Band 1)

Sergeev, A. P./Tolstoj, Ju. K., Graždanskoe pravo (Zivilrecht), Band 3, 2. Aufl., Moskva 1999.
(zit.: Bearbeiter in: *Sergeev/Tolstoj*, Graždanskoe pravo, Band 3, 2. Aufl.)

Sergeev, A. P./Tolstoj, Ju. K., Graždanskoe pravo (Zivilrecht), Band 3, 3. Aufl., Moskva 2001.
(zit.: Bearbeiter in: *Sergeev/Tolstoj*, Graždanskoe pravo, Band 3)

Sergeeva, T. L., Fragen der Kausalität in der Gerichtspraxis des Obersten Gerichtshofs der UdSSR in Strafsachen (russ.), Sovetskoe gosudarstvo i pravo 1950, Nr. 3, S. 26-37.

Šerstobitov, A. E., Graždansko-pravovye voprosy ochrany prav potrebitelej (Zivilrechtliche Fragen des Verbraucherschutzes), Moskva 1993.
(zit.: *Šerstobitov*, Graždansko-pravovye voprosy ochrany prav potrebitelej)

Sevillano, Svetlana, Das neue russische Verbraucherschutzgesetz und seine Implikationen für Investoren, WiRO 2000, Nr. 11, S. 362-366.

Šiminova, M. Ja., Die materielle Haftung für immateriellen Schaden (russ.), Sovetskoe gosudarstvo i pravo 1970, Nr. 1, S. 118-122.

Šiminova, Margarita Jakovlevna, Kompensacija vreda graždanam (Der Schadensersatz gegenüber Bürgern), Moskva 1979.
(zit.: *Šiminova*, Kompensacija vreda graždanam)

Šiškin, S., Deliktische Verbindlichkeiten der Besitzer von Quellen erhöhter Gefahr gegenüber Dritten Personen (russ.), Rossijskaja justicija 2001, Nr. 11, S. 38.

Smirnov, V. T., Die Begründung der deliktischen Haftung juristischer Personen (russ.), in: Problemy graždanskogo i administrativnogo prava, Leningrad 1962, S. 255-274.

Smirnov, V. T., Objazatel'stva, voznikajuščie iz pričinenija vreda (Schuldverhältnisse, die aus Schadenszufügung entstehen), Leningrad 1973.
(zit.: *Smirnov*, Objazatel'stva, voznikajuščie iz pričinenija vreda)

Smirnov, V. T./Sobčak, A. A., Obščee učenie o deliktnych objazatel'stvach v sovetskom graždanskom prave (Die allgemeine Lehre über deliktische Schuldverhältnisse im sowjetischen Zivilrecht), Leningrad 1983.
(zit.: *Smirnov/Sobčak*, Obščee učenie o deliktnych objazatel'stvach v sovetskom graždanskom prave)

Smirnov, V. T., Regressnye iski v objazatel'stvach iz pričinenija vreda (Regreßklagen bei Schuldverhältnissen aus Schadenszufügung), Moskva 1960.
(zit.: *Smirnov*, Regressnye iski v objazatel'stvach iz pričinenija vreda)

Smirnov, V. T./Tolstoj, Ju. K./Jurčenko, A. K., Sovetskoe graždanskoe pravo (Sowjetisches Zivilrecht), Teil 2, 2. Aufl., Leningrad 1982.
(zit.: Bearbeiter in: *Smirnov/Tolstoj/Jurčenko*, Sovetskoe graždanskoe pravo, Teil 2)

Soergel, Bürgerliches Gesetzbuch mit Einführungsgesetz und Nebengesetzen, Band 5/2, Schuldrecht IV/2 (§§ 823-853), 12. Aufl., Stuttgart 1999.
(zit.: *Soergel*/Bearbeiter)

Sofronenko, K. A., Pamjatniki russkogo prava (Denkmäler des russischen Rechts), Band 6 (Sobornoe Uloženie carja Alekseja Michajloviča (Die Gesetzessammlung des Zaren Aleksej Michajlovič)), Moskva 1957.
(zit.: *Sofronenko*, Pamjatniki russkogo prava, Band 6)

Solotych, Stefanie, Das Zivilgesetzbuch der Russischen Föderation – Erster Teil –, 2. Aufl., Baden-Baden 1997.
(zit.: *Solotych*, Das Zivilgesetzbuch der Russischen Föderation – Erster Teil –)

Solotych, Stefanie, Das Zivilgesetzbuch der Russischen Föderation – Zweiter Teil –, Baden-Baden 2001.
(zit.: *Solotych*, Das Zivilgesetzbuch der Russischen Föderation – Zweiter Teil –)

Sprague, Leigh, Rußlands Zivilgesetzbuch (ein ungeschliffener Diamant) Ein Modellgesetzbuch in einem nicht funktionierenden Staat (engl.), The Journal of East European Law 2000, Nr. 1, S. 1-46.

Stampe, Volker, Der Funktionsbereich der russischen Wirtschaftsgerichtsbarkeit, Hamburg 2000.
(zit.: *Stampe*, Der Funktionsbereich der russischen Wirtschaftsgerichtsbarkeit)

Steininger, Andreas, Der Gerichtsaufbau der Russischen Föderation unter besonderer Berücksichtigung der Wirtschafts- und Schiedsgerichtsbarkeit, Osteuropa Recht 1997, Nr. 4, S. 281-304.

Steininger, Andreas, Das russische Kaufrecht, Berlin 2001.
(zit.: *Steininger*, Das russische Kaufrecht)

Strzebniok, Jan, Die verfassungsrechtliche Stellung der Subjekte der Russischen Föderation in der Geschichte und Gegenwart, Moskau 1999.
(zit.: *Strzebniok,* Die verfassungsrechtliche Stellung der Subjekte der Russischen Föderation in der Geschichte und Gegenwart)

Suchanov, E., Die allgemeinen Bestimmungen über das Eigentumsrecht und andere dingliche Rechte (russ.), Chozjajstvo i pravo 1995, Nr. 6, S. 29-46.

Suchanov, E. A., Graždanskoe pravo (Zivilrecht), Band 1, 2. Aufl., Moskva 1998.
(zit.: Bearbeiter in: *Suchanov*, Graždanskoe pravo, Band 1)

Suchanov, E. A., Graždanskoe pravo (Zivilrecht), Band 2, Halbband 2, Moskva 2000.
(zit.: Bearbeiter in: *Suchanov*, Graždanskoe pravo, Band 2, Halbband 2)

Suchareva, Natalija, Der Ersatz der Verluste oder des Schadens im Streit mit der Staatsmacht (russ.), Pravo i ėkonomika 2001, Nr. 11, S. 25-32.

Tarchow, V. A., Vorlesungen über das sowjetische Zivilrecht, Berlin 1955.
(zit.: *Tarchow*, Vorlesungen über das sowjetische Zivilrecht)

Tjutrjumov, I. M., Graždanskoe Uloženie, Proekt- (Zivilgesetzbuch, Entwurf), Band 2, S.-Peterburg- 1910.
(zit.: *Tjutrjumov*, Graždanskoe Uloženie, Proekt-, Band 2)

Tokanova, A. V., Das Recht eines Bürgers auf Ersatz des Schadens, der durch gesetzwidrige Handlungen (Unterlassung) von Organen der vollziehenden Gewalt zugefügt wurde (russ.), Žurnal rossijskogo prava 2001, Nr. 11, S. 98-107.

Tolstoj, Ju. K., Soderžanie i graždansko-pravovaja zaščita prava sobstvennosti v SSSR (Der Inhalt und der zivilrechtliche Schutz des Eigentumsrechts in der UdSSR), Leningrad 1955.
(zit.: *Tolstoj*, Soderžanie i graždansko-pravovaja zaščita prava sobstvennosti v SSSR)

Topornin, B. N./Baturin, Ju. M./Orechov, P. G., Konstitucija Rossijskoj Federacii (Die Verfassung der Rußländischen Föderation), Moskva 1994.
(zit.: Bearbeiter in: *Topornin/Baturin/Orechov*, Konstitucija RF)

Topornin, B. N., Otvetstvennost' za jadernyj uščerb (Die Haftung für atomaren Schaden), Moskva 1997.
(zit.: *Topornin*, Otvetstvennost' za jadernyj uščerb)

Treušnikov, M. K., Arbitražnyj process (Der Arbitrageprozeß), Moskva 1995.
(zit.: Bearbeiter in: *Treušnikov*, Arbitražnyj process)

Treušnikov, M. K./Šerstjuk, V. M., Arbitražnyj process (Der Arbitrageprozeß), 4. Aufl., Moskva 2000.
(zit.: Bearbeiter in: *Treušnikov/Šerstjuk*, Arbitražnyj process)

Treušnikov, M. K., Graždanskij process (Der Zivilprozeß), 3. Aufl., Moskva 2001.
(zit.: *Treušnikov*, Graždanskij process)

Treušnikov, M. K., Naučno-praktičeskij kommentarij k Graždanskomu processual'nomu kodeksu RSFSR (Wissenschaftlich-praktischer Kommentar zur Zivilprozeßordnung der RSFSR), Moskva 2000.
(zit.: Bearbeiter in: *Treušnikov*, Naučno-praktičeskij kommentarij k Graždanskomu processual'nomu kodeksu RSFSR)

Trunk, Alexander, Persönlichkeitsschutz und Presserecht – Rechtsvergleichende Bemerkungen zum russischen Recht aus deutscher Sicht, Osteuropa Recht 1999, Nr. 4, S. 313-318.

Über einige Fragen der Gerichtspraxis über den Ersatz des immateriellen Schadens (russ.), Chozjajstvo i pravo 1994, Nr. 8, S. 71-80.

Uskov, V., Wie ersetzt man einem Reichen und einem Armen den immateriellen Schaden? (russ.), Rossijskaja justicija 2000, Nr. 12, S. 25.

Venediktov, A. V., Gosudarstvennaja socialističeskaja sobstvennost' (Das staatliche sozialistische Eigentum), Moskva, Leningrad 1948.
(zit.: *Venediktov*, Gosudarstvennaja socialističeskaja sobstvennost')

Vikut, M. A./Zajcev, I. M., Graždanskij process Rossii (Der Zivilprozeß Rußlands), Moskva 2001.
(zit.: *Vikut/Zajcev*, Graždanskij process Rossii)

Westphalen, Friedrich Graf von, Produkthaftungshandbuch, München 1989.
(zit.: Bearbeiter in: *von Westphalen*, Produkthaftungshandbuch)

Wilburg, Die Elemente des Schadensrechts, Marburg a. d. Lahn 1941.
(*Wilburg*, Die Elemente des Schadensrechts)

Will, Michael R., Quellen erhöhter Gefahr, München 1980.
(*Will*, Quellen erhöhter Gefahr)
Wladjimjirski-Budanoff, Geschichte des russischen Rechts, Zeitschrift für vergleichende Rechtswissenschaft, 1900, 14. Band, S. 219-293.
Wölk, Tatjana, Wirtschaftsgerichtsbarkeit der Russischen Föderation, Berlin 1997.
(zit.: *T. Wölk*, Wirtschaftsgerichtsbarkeit der Russischen Föderation)

Zacharov, M. L./Koršunov, Ju. N./Cederbaum, Ju. Ja., Vozmeščenie rabotadatel'jami vreda, pričinennogo zdorov'ju rabotnika pri ispolnenii trudovych objazannostej: Kommentarij k normativnomu aktu (Ersatz des Schadens durch Arbeitgeber, der der Gesundheit eines Arbeitnehmers bei Erfüllung seiner Arbeitspflichten zugefügt wurde: Kommentar zum Normativakt), Moskva 1994.
(zit.: *Zacharov/Koršunov/Cederbaum*, Vozmeščenie rabotadatel'jami vreda, pričinennogo zdorov'ju rabotnika pri ispolnenii trudovych objazannostej)
Zavidov, B. D./Gusev, O. B., Graždansko-pravovaja otvetstvennost' (Zivilrechtliche Haftung), Moskva 2000.
(zit.: *Zavidov/Gusev*, Graždansko-pravovaja otvetstvennost')
Zavidov, B. D., Pravovye problemy vozmeščenija moral'nogo vreda v Rossii (Rechtliche Probleme des Ersatzes des immateriellen Schadens in Rußland), Belgorod 1995.
(zit.: *Zavidov*, Pravovye problemy vozmeščenija moral'nogo vreda v Rossii)
Zimenkova, O. N./Levšina, T. L./Tobis, V. I./Šerstobitov, A. E., Kommentarij k Zakonu „O zaščite prav potrebitelej" (Kommentar zum Gesetz „Über den Verbraucherschutz"), Moskva 1997.
(zit.: Bearbeiter in: *Zimenkova/Levšina/Tobis/Šerstobitov*, Kommentarij k Zakonu „O zaščite prav potrebitelej")
Zinčenko, S. A./Luk'jancev, A. A., Kommentarij k Arbitražnomu processual'nomu kodeksu Rossijskoj Federacii (Kommentar zur Arbitrageprozeßordnung der Rußländischen Föderation), Rostov-na-Donu 1996.
(zit.: Bearbeiter in: *Zinčenko/Luk'jancev*, Kommentarij k Arbitražnomu processual'nomu kodeksu RF)

Žujkov, Viktor Martenianovič, Ersatz des immateriellen Schadens (russ.), Kommentarij Rossijskogo zakonodatel'stva, Vypusk 1, Moskva 1995, S. 43-66[1991].

Zweigert, Konrad/Kötz, Hein, Die Haftung für gefährliche Anlagen in den EWG-Ländern sowie in England und den Vereinigten Staaten von Amerika, Tübingen 1966.
(zit.: *Zweigert/Kötz*, Die Haftung für gefährliche Anlagen)

[1991] Ein gleichlautender Aufsatz befindet sich in Bjulleten' Verchovnogo Suda Rossijskoj Federacii 1994, Nr. 11, S. 6-16.

Studien des Instituts für Ostrecht München

Begründet von Professor Dr. Reinhart Maurach
Herausgegeben von Professor Dr. Friedrich-Christian Schroeder,
Dr. h.c. (Breslau), Regensburg

Band 41 Manfred Gratzl: Die Reform der tschechischen Strafprozeßordnung nach 1989. Im Spannungsfeld von Rechtsstaatlichkeit, Verfahrensökonomie und Effizienz. 2002.

Band 42 Thomas Paintner: Die Insolvenz des Unternehmers in Polen. 2003.

Band 43 Niels von Redecker (Hrsg.): Deutsch-Estnische Rechtsfragen. 2003.

Band 44 Niels von Redecker: Die polnischen Vertreibungsdekrete und die offenen Vermögensfragen zwischen Deutschland und Polen. 2003.

Band 45 Niels von Redecker: Das polnische Beamtenrecht. Entwicklung und Stand beim Beitritt Polens zur Europäischen Gemeinschaft. 2003.

Band 46 Cornelia Stefanie Wölk: Das Deliktsrecht Rußlands nach dem neuen Zivilgesetzbuch. 2003.

Kolibri 360 GmbH
Ferdinand-Jühlke-Straße 7
99095 Erfurt, Deutschland
produktsicherheit@kolibri360.de

Druck:
CPI Druckdienstleistungen GmbH
im Auftrag der
Kolibri 360 GmbH
Ferdinand-Jühlke-Str. 7
99095 Erfurt